Myßen/Killat · Renten, Raten, Dauernde Lasten

Online-Version inklusive!

Stellen Sie dieses Buch jetzt in Ihre „digitale Bibliothek" in der NWB Datenbank und nutzen Sie Ihre Vorteile:

▶ Ob am Arbeitsplatz, zu Hause oder unterwegs: Die Online-Version dieses Buches können Sie jederzeit und überall da nutzen, wo Sie Zugang zu einem mit dem Internet verbundenen PC haben.

▶ Die praktischen Recherchefunktionen der NWB Datenbank erleichtern Ihnen die gezielte Suche nach bestimmten Inhalten und Fragestellungen.

▶ Die Anlage Ihrer persönlichen „digitalen Bibliothek" und deren Nutzung in der NWB Datenbank online ist kostenlos. Sie müssen dazu nicht Abonnent der Datenbank sein.

Ihr Freischaltcode: CAYFVXFMCXQLCSTGMIBAQV

Myßen/K.-R., Renten, Raten, Dauernde Lasten

So einfach geht's:

① Rufen Sie im Internet die Seite **www.nwb.de/go/online-buch** auf.

② Geben Sie Ihren Freischaltcode in Großbuchstaben ein und folgen Sie dem Anmeldedialog.

③ Fertig!

Alternativ können Sie auch den Barcode direkt mit der **NWB Mobile** App einscannen und so Ihr Produkt freischalten! Die NWB Mobile App gibt es für iOS, Android und Windows Phone!

Die NWB Datenbank – alle digitalen Inhalte aus unserem Verlagsprogramm in einem System.

www.nwb.de

Renten, Raten, Dauernde Lasten

Besteuerung wiederkehrender Bezüge bei der Einkommensteuer

Von

Dr. Michael Myßen
Diplom-Finanzwirt
Bundesfinanzministerium

und

Anne Killat
Diplom-Finanzwirtin
Steuerberaterin

15. Auflage

Bearbeitungsvermerk:

Teil A
Kapitel I bis VI   Killat

Teil B
Kapitel I und II   Killat

Teil C
Kapitel I bis VII   Killat

Teil D
Kapitel I bis IV   Killat
Kapitel V   Myßen
Kapitel VI bis X   Killat

Teil E
Kapitel I bis V   Killat

ISBN 978-3-482-**54635**-8

15. Auflage 2014

© NWB Verlag GmbH & Co. KG, Herne 1967
www.nwb.de

Alle Rechte vorbehalten.

Dieses Buch und alle in ihm enthaltenen Beiträge und Abbildungen sind urheberrechtlich geschützt. Mit Ausnahme der gesetzlich zugelassenen Fälle ist eine Verwertung ohne Einwilligung des Verlages unzulässig.

Satz: Griebsch & Rochol Druck GmbH & Co. KG, Hamm
Druck: fgb. freiburger graphische betriebe, Freiburg

VORWORT

Die einkommensteuerrechtliche Beurteilung der Renten, Raten und dauernden Lasten war schon immer mit umfangreichen und vielschichtigen Problemen behaftet. Dies hat sich in den letzten Jahren nicht geändert.

In einem wesentlichen Kernbereich der wiederkehrenden Bezüge – der Vermögensübertragung gegen wiederkehrende Leistungen – hat der BFH die Rechtsprechung permanent fortentwickelt. Dies hat dazu geführt, dass sich die Abgrenzungskriterien zwischen der unentgeltlichen Vermögensübergabe gegen abziehbare Versorgungsleistungen (vorweggenommene Erbfolge) und den entgeltlichen Rechtsgeschäften gegen wiederkehrende Leistungen immer wieder verändert haben. Die Verwaltung hat ergänzend in umfangreichen Anweisungen zu zweifelhaften Fragen Stellung genommen. Seit 2010 scheint hier ein wenig Ruhe eingekehrt zu sein.

Die Besteuerung der Altersbezüge wurde durch den Gesetzgeber völlig neu geregelt. Auftakt war in 2002 die Einführung einer geförderten kapitalgedeckten Zusatzversorgung – der sog. „Riester-Rente". Für diese Bezüge wurden gänzlich neue Besteuerungsnormen sowohl für die steuerliche Behandlung der entsprechenden Beiträge als auch der steuerlichen Behandlung der späteren Altersbezüge geschaffen. Mit Wirkung ab 2005 wurde die Besteuerung aller übrigen Altersversorgungsprodukte – insbesondere der Renten aus gesetzlichen Absicherungssystemen wie der gesetzlichen Rentenversicherung und den berufsständischen Versorgungseinrichtungen – neu geregelt, um einem Urteil des BVerfG Rechnung zu tragen, mit dem es die bisherige unterschiedliche Renten- und Pensionsbesteuerung für verfassungswidrig erklärt und spätestens zum 1.1.2005 eine verfassungskonforme Neuregelung gefordert hatte.

Zum 1.1.2008 wurden die Regelungen zur „Riester-Rente" erweitert, um Fördermöglichkeiten nicht nur zum Aufbau regelmäßiger laufender Leistungen im Alter zur Verfügung zu stellen, sondern darüber hinaus auch das selbstgenutzte Wohneigentum über „Riester" zu fördern. Immer noch reformiert der Gesetzgeber in diesem Bereich weiter, indem er auf Rechtsprechung reagiert oder die bestehenden Fördermöglichkeiten ausbaut oder ergänzt.

Die kontinuierlichen Änderungen werden zum Anlass genommen, das – in der 13. Auflage grundlegend umgestaltete und mit der 14. Auflage in 2010 zuletzt aktualisierte – Buch erneut an die aktuelle Rechtsentwicklung anzupassen.

VORWORT

Mit dieser Ausgabe hat sich das Autorenteam geändert. Herr Dr. Jansen, der Mitbegründer dieses Werkes, ist im Jahr 2012 verstorben. Die Autoren Anne Killat und Herr Dr. Myßen werden das bewährte Standardwerk zukünftig fortführen.

Berlin/Neu-Anspach im Frühjahr 2014   Dr. M. Myßen
                                                       A. Killat

INHALTSÜBERSICHT

Seite

Vorwort	5
Inhaltsübersicht	7
Inhaltsverzeichnis	9
Literaturverzeichnis	39
Abkürzungsverzeichnis	51

TEIL A: EINFÜHRUNG IN DIE PROBLEME DER BESTEUERUNG WIEDERKEHRENDER BEZÜGE UND ALLGEMEINE GRUNDSÄTZE

I.	Allgemeines	59
II.	Begriff der „wiederkehrenden Bezüge"	60
III.	Subsidiäre Bedeutung des § 22 Nr. 1 EStG	70
IV.	Korrespondenzprinzip	72
V.	Nicht steuerbare Zuwendungen i. S. d. § 12 Nr. 2 EStG	74
VI.	Steuerbefreiungen in § 3 EStG	86

TEIL B: VERMÖGENSÜBERTRAGUNGEN GEGEN WIEDERKEHRENDE LEISTUNGEN

I.	Unentgeltliche Vermögensübergabe gegen Versorgungsleistungen	89
II.	Veräußerung von Privatvermögen gegen wiederkehrende Leistungen	232

TEIL C: BETRIEBLICHE WIEDERKEHRENDE BEZÜGE

I.	Veräußerung von Betriebsvermögen gegen wiederkehrende Bezüge	247
II.	Barwert der betrieblichen wiederkehrenden Bezüge geringer oder höher als der Wert des übertragenen Betriebs	320
III.	Betriebliche Versorgungsrenten	322
IV.	Laufende Bezüge, die keine Renten sind und aus Versorgungsgründen gezahlt werden	350
V.	Renten und Gewinn- oder Umsatzbeteiligungen an lästige Gesellschafter	352

		Seite
VI.	Betriebliche wiederkehrende Bezüge ohne Veräußerungs- und Versorgungscharakter	356
VII.	Steuerliche Behandlung laufender Bezüge mit betrieblichem Charakter im Falle beschränkter Steuerpflicht und Steuerpflicht gem. § 2 Außensteuergesetz	362

TEIL D: BESTEUERUNG VON ALTERSBEZÜGEN

I.	Allgemeines	365
II.	Steuerliche Behandlung der Beiträge und der Altersbezüge aus der Basisversorgung	367
III.	Steuerliche Behandlung der Beiträge und der Leistungen aus Verträgen außerhalb der Basisversorgung und außerhalb von Riester-Verträgen	457
IV.	Wirkungen der Günstigerprüfung nach § 10 Abs. 4a EStG	531
V.	Besteuerung nach § 22 Nr. 5 EStG (Riester-Renten)	547
VI.	Besteuerung von Leistungen aus der betrieblichen Altersversorgung	665
VII.	Steuerliche Behandlung der Versorgungsbezüge	716
VIII.	Erstellung und Auswertung von Rentenbezugsmitteilungen nach § 22a EStG	730
IX.	Tarifermäßigung bei Rentennachzahlungen	735
X.	Besteuerung von Alterseinkünften bei beschränkter Steuerpflicht	737

TEIL E: BESTEUERUNG DER ÜBRIGEN WIEDERKEHRENDEN BEZÜGE

I.	Schadensersatz- und Schmerzensgeldrenten	739
II.	Versorgungsausgleich nach Scheidung der Ehe	745
III.	Unterhaltsleistungen geschiedener oder dauernd getrennt lebender Ehegatten (Realsplitting)	775
IV.	Abzug der Jahreserbschaftsteuer nach § 23 ErbStG als dauernde Last	785
V.	Rentenversicherungen und Lebensversicherungen gegen fremdfinanzierten Einmalbetrag	790

Anhang	797
Stichwortverzeichnis	1045

INHALTSVERZEICHNIS

	Rdn.	Seite
Vorwort		5
Inhaltsübersicht		7
Literaturverzeichnis		39
Abkürzungsverzeichnis		51

TEIL A: EINFÜHRUNG IN DIE PROBLEME DER BESTEUERUNG WIEDERKEHRENDER BEZÜGE UND ALLGEMEINE GRUNDSÄTZE

		Rdn.	Seite
I.	Allgemeines	1	59
II.	Begriff der „wiederkehrenden Bezüge"	11	60
	1. Bedeutung des Begriffs	11	60
	2. Inhalt des Begriffs	16	61
	a) Noch ausstehende Klärung	16	61
	b) Häufigkeit und Dauer	17	61
	c) Einheitlicher Rechtsgrund oder einheitlicher Entschluss	26	62
	d) Regelmäßigkeit der Leistungen	29	63
	e) Güter in Geld oder Geldeswert	36	64
	aa) Allgemeine Grundsätze	36	64
	bb) Eigene Dienstleistungen	40	65
	f) Abgrenzung wiederkehrender Bezüge von der Vermögensumschichtung	46	66
	aa) Abgrenzung gegen Ratenzahlungen	46	66
	bb) Abgrenzung der anlässlich von Veräußerungsvorgängen vereinbarten wiederkehrenden Bezüge von den Vermögensumschichtungen	48	67
	3. Bedeutung der wiederkehrenden Leistungsform für die Steuerbarkeit der Bezüge	56	67
	a) Rechtsauffassung von 1920 bis 1994	56	67
	b) Aufgabe des bisherigen Grundsatzes durch den BFH in 1994	57	68

			Rdn.	Seite
	c)	Stellungnahme zu der neueren Rechtsprechung des BFH	59	69
	d)	Tragweite der neueren BFH-Rechtsprechung	60	69
III.	Subsidiäre Bedeutung des § 22 Nr. 1 EStG		66	70
IV.	Korrespondenzprinzip		76	72
V.	Nicht steuerbare Zuwendungen i. S. d. § 12 Nr. 2 EStG		81	74
	1. Grenzen der Wechselwirkung zwischen § 12 Nr. 2 EStG und § 22 Nr. 1 EStG		81	74
	2. Zuwendungen		86	76
	3. Freiwillige Zuwendungen		91	76
	4. Freiwillig begründete Rechtspflicht		96	77
	5. Zuwendungen an eine unterhaltsberechtigte Person		101	77
	a) Abgrenzung des betroffenen Personenkreises		101	77
	b) Übergang der Unterhaltsverpflichtung auf den Erben		105	80
	c) Ausnahmeregelung für dauernd getrennt lebende oder geschiedene Ehegatten		106	80
	d) Zuwendungen des Ehegatten/Lebenspartners des gesetzlich Unterhaltspflichtigen und Zuwendungen an den Ehegatten/Lebenspartner des gesetzlich Unterhaltsberechtigten		107	81
	6. Bedeutung der unbeschränkten Steuerpflicht des Leistenden (bis VZ 2008)		111	81
	7. Ausnahme von der Steuerbefreiung nach § 22 Nr. 1 Satz 2 EStG		116	83
	a) Grund für die Rückausnahme		116	83
	b) Voraussetzungen für § 22 Nr. 1 Satz 2 Halbsatz 2 Buchst. a EStG		126	84
	c) Voraussetzungen für § 22 Nr. 1 Satz 2 Halbsatz 2 Buchst. b EStG		127	85
	d) Konkurrenzverhältnis zu § 20 Abs. 1 Nr. 9 EStG		131	85
VI.	Steuerbefreiungen in § 3 EStG		136	86

TEIL B: VERMÖGENSÜBERTRAGUNGEN GEGEN WIEDERKEHRENDE LEISTUNGEN

		Rdn.	Seite
I.	Unentgeltliche Vermögensübergabe gegen Versorgungsleistungen	146	89
	1. Rechtsentwicklung	146	89

		Rdn.	Seite
a)	Aktuelle Abgrenzung	146	89
b)	Rechtslage bis Anfang der 1990er Jahre	151	90
	aa) Entgeltliche Rechtsgeschäfte	151	90
	bb) Unentgeltliche Rechtsgeschäfte	153	90
c)	Neuausrichtung der unentgeltlichen Rechtsgeschäfte durch die Beschlüsse des Großen Senats vom 5. 7. 1990 und 15. 7. 1991	156	91
d)	Folgerechtsprechung der Einzelsenate	161	92
	aa) Unentgeltliche Rechtsgeschäfte	161	92
	bb) Entgeltliche Rechtsgeschäfte	168	94
e)	Reaktion der Finanzverwaltung	172	95
	aa) Unentgeltliche Rechtsgeschäfte	172	95
	bb) Entgeltliche Rechtsgeschäfte	177	97
f)	Erneute Entscheidungen des Großen Senats vom 12. 5. 2003 zur unentgeltlichen Vermögensübergabe	183	97
	aa) Kritik an der bisherigen Rechtslage	183	97
	bb) Vorlagebeschlüsse	185	98
	cc) Entscheidung des Großen Senats zum Typus 2	191	99
	dd) Entscheidung des Großen Senats zum Typus 1	200	101
g)	Gesetzliche Einschränkung der unentgeltlichen Vermögensübergabe durch das JStG 2008	204	102
2.	Vermögensübergabe zur Regelung der vorweggenommenen Erbfolge	211	103
3.	Formelle Voraussetzungen eines Versorgungsvertrages	220	106
a)	Grundsatz	220	106
b)	Änderung von Vereinbarungen	221	107
c)	Nicht vertragsgemäßes Verhalten	222	107
d)	Geänderter Versorgungsbedarf/geänderte wirtschaftliche Leistungsfähigkeit	227	109
e)	Umwandlung einer dauernden Last in eine Rente und umgekehrt	228	110
f)	Wertsicherungsklauseln	230	111
g)	Begrenzung der Leistungen für den Fall der Pflegebedürftigkeit	236	113
	aa) Allgemeines	236	113
	bb) Regelungen zum sog. Sozialhilferegress	237	114
	(1) Rechtliche Grundlagen	237	114
	(2) Möglichkeiten der Vermeidung?	240	116

	Rdn.	Seite
4. Materielle Voraussetzungen einer begünstigten Vermögensübergabe	241	119
a) Vermögensübergabeverträge vor dem 1.1.2008	241	119
aa) Begriff und Definition existenzsichernden Vermögens	241	119
bb) Aufteilung der erwirtschafteten Erträge	246	121
cc) Vom Vermögensübernehmer zu eigenen Wohnzwecken genutzte Wohnung	249	122
(1) Ursprüngliche Auffassung	249	122
(2) Erste Entscheidung der Rechtsprechung	250	123
(3) Anpassung der Verwaltungsauffassung	251	124
(4) Abweichende Entscheidung des Großen Senats des BFH	252	124
(5) Erneut angepasste Auffassung der Finanzverwaltung	253	124
(6) Eigene Auffassung	254	125
dd) Übertragung eines Geldbetrages	256	125
(1) Existenzsichernde Wirtschaftseinheit bei Umschichtungsverpflichtung	256	125
(2) Weiterentwicklung der Grundsätze durch die Finanzverwaltung	261	127
ee) Wertpapiervermögen	267	130
b) Vermögensübergabeverträge nach dem 31.12.2007	269	131
aa) Begünstigtes Vermögen	269	131
(1) Begünstigte Mitunternehmeranteile	271	132
(2) Begünstigte Betriebe und Teilbetriebe	277	135
(3) Begünstigte Anteile an einer GmbH	279	136
(4) Missbrauchsregelung	285	139
bb) Wohnteil eines Betriebs der Land- und Forstwirtschaft	286	140
c) Empfänger des Vermögens (Person des Vermögensübernehmers)	290	143
aa) Übertragung an Abkömmlinge	290	143
bb) Übertragung an gesetzlich erbberechtigte entferntere Verwandte	291	143
cc) Erbausschlagung gegen Versorgungsleistungen	292	143
dd) Übertragung abweichend von der Erbfolge	293	144

			Rdn.	Seite
	ee)	Übertragung an nahe stehende Dritte	294	144
	ff)	Übertragung an fremde Dritte	295	145
d)	Empfänger der Versorgungsleistungen (Person des Vermögensübergebers)		296	146
	aa)	Grundsatz	296	146
	bb)	Abgrenzung zum Gleichstellungsgeld	298	146
	cc)	Versorgung von Personen außerhalb des Generationennachfolgeverbundes	301	147
e)	Wiederkehrende Leistungen auf die Lebenszeit des Berechtigten		306	149
	aa)	Grundsatz	306	149
	bb)	Vereinbarung von abgekürzten Leibrenten	309	150
	cc)	Vereinbarung einer Mindestzeitrente	311	151
f)	Ausreichend ertragbringende Wirtschaftseinheit		316	153
	aa)	Unklare Entscheidung des Großen Senats des BFH in den 1990er Jahren	316	153
	bb)	Folgerechtsprechung der Einzelsenate des BFH	317	153
	cc)	Auslegung der Finanzverwaltung	319	154
		(1) Typuseinteilung	319	154
		(2) Ermittlung der maßgebenden Erträge	320	155
	dd)	Erneute Entscheidung des Großen Senats in 2003	329	157
		(1) Einbeziehung von Nutzungsvorteilen in die Ermittlung des Nettoertrags	330	157
		(2) Ermittlung der ersparten Nettomiete	339	160
		(3) Berücksichtigung eines Unternehmerlohns	340	161
		(4) Zukunftsgerichtete Ertragsprognose	342	161
		(5) Beweiserleichterungen bei Unternehmensübertragungen	346	163
	ee)	Auswirkungen der Gesetzesänderung zum 1.1.2008	354	166
		(1) Allgemeines	354	166
		(2) Einbeziehung von Nutzungsvorteilen in die Ermittlung des Nettoertrags	357	167
		(3) Berücksichtigung eines Unternehmerlohns	360	168
		(4) Beweiserleichterung	360a	169
		(5) Ermittlung des Ertrags beim land- und forstwirtschaftlichen Betrieb	360c	170

			Rdn.	Seite
g)	Wert des übertragenen Vermögens		361	171
	aa)	Bedeutung des Vermögenswerts bei der Typuseinteilung der Finanzverwaltung	361	171
	bb)	Geänderte Sichtweise des GrS	362	171
	cc)	Vermögensübergabeverträge nach dem 31.12.2007	367	173
h)	Übergangsregelung für vor dem 1.11.2004 geschlossene Vermögensübergabeverträge (Weiteranwendung des Versorgungsvertrags Typus 2)		373	174
5. Besonderheiten in Einzelfällen			376	175
a)	Nachträgliche Umschichtung übertragenen Vermögens		376	175
	aa)	Rechtslage nach dem BMF-Schreiben vom 23.12.1996	376	175
	bb)	Abweichende Sichtweise beim X. Senat des BFH	380	176
		(1) Begründung des X. Senats	380	176
		(2) Kritik an der Entscheidung des X. Senats	383	177
	cc)	Umsetzung der abweichenden Rechtsprechung durch die Finanzverwaltung durch BMF-Schreiben vom 26.8.2002	396	180
		(1) Umschichtung von Privatvermögen aus der Sicht des Vermögensübernehmers	404	183
		(2) Umschichtung von Privatvermögen aus der Sicht des Vermögensübergebers	412	185
		(3) Umschichtung von Betriebsvermögen aus der Sicht des Vermögensübernehmers	421	188
		(4) Umschichtung von Betriebsvermögen aus der Sicht des Vermögensübergebers	431	191
		(5) Anwendungszeitraum für das BMF-Schreiben vom 26.8.2002	438	196
	dd)	Neuregelungen aufgrund der Beschlüsse des Großen Senats in 2003 (BMF-Schreiben vom 16.9.2004)	446	197
	ee)	Rechtslage ab 2008	458	201
		(1) Vermögensübergabeverträge, die vor dem 1.1.2008 abgeschlossen wurden	458	201
		(2) Vermögensübergabeverträge, die nach dem 31.12.2007 abgeschlossen wurden	459	202

			Rdn.	Seite
b)	Teilentgeltliche Vermögensübertragung		461	204
c)	Vermögensübertragung unter Nießbrauchsvorbehalt		466	206
	aa)	Grundsatz	466	206
	bb)	Sicherungsnießbrauch	467	207
	cc)	Gleitende Vermögensübergabe	468	207
	dd)	Ablösung des Nießbrauchsrechts zwecks lastenfreier Veräußerung	472	210
	ee)	Ablösung des Nießbrauchsrechts als eigenständige Vermögensübergabe	476	211
	ff)	Rechtsfolgen	478	213
d)	Versorgungsleistungen aufgrund einer Verfügung von Todes wegen		479	213
	aa)	Vermögensübergabeverträge, die vor dem 1.1.2008 abgeschlossen wurden	479	213
		(1) Einschränkungen gegenüber der vorweggenommenen Erbfolge	479	213
		(2) Kritik an der Einschränkung	480	214
		(3) Vermächtnisrente an die Geschwister des Erben	482	215
		(4) Erb- oder Pflichtteilsverzicht gegen wiederkehrende Leistungen	483	215
	bb)	Vermögensübergabeverträge, die nach dem 31.12.2007 abgeschlossen werden	484	216
e)	Stuttgarter Modell: Vermögensübergabe gegen Versorgungsleistungen mit Rückvermietung an den Vermögensübergeber (Verträge vor dem 1.1.2008)		486	217
	aa)	Kein Gestaltungsmissbrauch	486	217
	bb)	Späterer Verzicht auf ein Wohnrecht kein Gestaltungsmissbrauch	490	219
	cc)	Ablösung eines Wohnrechts gegen wiederkehrende Leistungen und Mietvertrag Gestaltungsmissbrauch	492	219
f)	Wirtschaftsüberlassungsverträge		496	220
6. Umfang der Versorgungsleistungen und ihre Bewertung			501	222
a)	Umfang		501	222
b)	Bewertung		502	222
c)	Wohnraumüberlassung an den Berechtigten		504	223
d)	Außergewöhnliche Instandhaltungskosten		506	223

			Rdn.	Seite
	e)	Kosten für ein Grabmal und für Beerdigungskosten	509	224
	f)	Aufteilung der wiederkehrenden Leistungen bei Mitübertragung von nicht begünstigtem Vermögen	511	226
7.		Korrespondenzprinzip zwischen § 10 Abs. 1 Nr. 1a EStG und § 22 Nr. 1b EStG	516	227
	a)	Besteuerung der Versorgungsleistungen beim Empfänger	516	227
	b)	Unbeschränkte Steuerpflicht des Empfängers der Versorgungsleistungen	521	228
8.		Versorgungsleistungen, die mit Einkünften in Zusammenhang stehen, die bei der Veranlagung außer Betracht bleiben	524	229
9.		Maßgeblicher Rechtsakt für die Anwendung des § 10 Abs. 1 Nr. 1a EStG in der Fassung des JStG 2008	525b	231

II. Veräußerung von Privatvermögen gegen wiederkehrende Leistungen

			Rdn.	Seite
			526	232
1.		Rechtsentwicklung	526	232
	a)	Ältere Rechtsprechung	526	232
	b)	Neuere Rechtsprechung	530	233
	c)	Auffassung der Finanzverwaltung	532	233
	d)	Stellungnahme	536	234
2.		Allgemeines auf der Basis der aktuellen Rechtslage	541	235
	a)	Abgrenzung von der unentgeltlichen Vermögensübergabe	541	235
	b)	Vereinbarung eines vollentgeltlichen Rechtsgeschäfts	542	235
	c)	Unterscheidung von Betriebsvermögen und Privatvermögen	543	235
3.		Einzelheiten der Besteuerung wiederkehrender Veräußerungsleistungen	546	236
	a)	Abgrenzung vollentgeltlicher und teilentgeltlicher Rechtsgeschäfte	546	236
	b)	Abgrenzung nicht abziehbarer Unterhaltsleistungen	551	237
	c)	Aufteilung in einen Zins- und Tilgungsanteil	556	238
	d)	Berechnung des Kapital- oder Barwerts	561	238
	e)	Berechnung des Zinsanteils	566	239
		aa) Veräußerungsleibrenten	567	239
		bb) Dauernde Lasten	568	239
		cc) Zeitlich befristete Leistungen	569	240

				Rdn.	Seite
		dd)	Mehrbeträge	572	241
	f)	\multicolumn{2}{l	}{Behandlung der wiederkehrenden Leistungen beim Verpflichteten}	576	241
		aa)	Tilgungsanteil als Anschaffungskosten	576	241
		bb)	Zinsanteil als Werbungskosten	578	242
		cc)	Nicht abziehbare Kosten der privaten Lebensführung	579	242
	g)	\multicolumn{2}{l	}{Behandlung der wiederkehrenden Leistungen beim Berechtigten}	586	242
		aa)	Tilgungsanteil als Veräußerungserlös	586	242
		bb)	Zinsanteil als Kapitaleinkünfte oder als sonstige Einkünfte	588	243
	h)	\multicolumn{2}{l	}{Veräußerung gegen Ratenzahlungen}	601	244

TEIL C: BETRIEBLICHE WIEDERKEHRENDE BEZÜGE

					Rdn.	Seite
I.	\multicolumn{4}{l	}{Veräußerung von Betriebsvermögen gegen wiederkehrende Bezüge}	611	247
	1.	\multicolumn{3}{l	}{Allgemeines}	611	247
	2.	\multicolumn{3}{l	}{Betriebliche Veräußerungsrenten auf Lebenszeit}	616	248
		a)	\multicolumn{2}{l	}{Begriff der betrieblichen Veräußerungsrente auf Lebenszeit}	616	248
			aa)	Grundsatz	616	248
			bb)	Merkmal der Veräußerung	617	248
			cc)	Gegenstände der Veräußerung	623	251
			dd)	Betriebliche Veräußerungsrente beim Rentenverpflichteten (Erwerber)	625	251
		b)	\multicolumn{2}{l	}{Steuerliche Behandlung der betrieblichen Veräußerungsleibrente beim Rentenberechtigten im Falle der Ermittlung des laufenden Gewinns nach § 5 EStG}	631	252
			aa)	Grundsatz	631	252
			bb)	Rechtsentwicklung	633	253
				(1) Nachträgliche Versteuerung des Veräußerungsgewinns (Zuflussversteuerung)	633	253
				(2) Sofortige Versteuerung des Veräußerungsgewinns	634	254

		Rdn.	Seite
cc)	Heutige steuerliche Behandlung im Grundsatz: Wahlrecht zwischen nachträglicher und sofortiger Versteuerung des Veräußerungsgewinns	635	254
dd)	Aufteilung der Rentenzahlungen in einen Zins- und Tilgungsanteil bei Wahl der nachträglichen Versteuerung	639	256
ee)	Versteuerung des Zinsanteils (Ertragsanteils) nach § 20 Abs. 1 Nr. 7 EStG bei Wahl der Sofortversteuerung?	645	257
ff)	Ausübung des Wahlrechts	647	258
gg)	Ermittlung der Einkünfte und Tarif im Falle der sofortigen Versteuerung	649	258
hh)	Ermittlung der Einkünfte und Tarif bei nachträglicher Versteuerung (Zuflussversteuerung)	650	259
ii)	Beispiele zu steuerlicher Behandlung	653	260
jj)	Veräußerung von Teilbetrieben, Anteilen an Mitunternehmerschaften und einzelnen Wirtschaftsgütern	654	261
kk)	Veräußerung von Grundstücken, die teilweise zum Betriebsvermögen und teilweise zum Privatvermögen gehören	658	262
ll)	Steuerliche Folgen bei vorzeitigem Ableben des Rentenberechtigten	659	262
	(1) Sofortige Versteuerung	659	262
	(2) Nachträgliche Versteuerung	661	263
c) Steuerliche Behandlung der betrieblichen Veräußerungsleibrente beim Rentenverpflichteten im Falle der Ermittlung des laufenden Gewinns nach § 5 EStG		671	264
aa)	Fragen der Aktivierung	671	264
bb)	Fragen der Passivierung und Ermittlung des Aufwands	678	267
cc)	Weiterveräußerung, Aufgabe oder Verpachtung des durch eine betriebliche Veräußerungsrente erworbenen Betriebs	686	269
dd)	Anwendung der buchhalterischen Methode	692	269
ee)	Unterlassen der Aktivierung und Passivierung	693	270

			Rdn.	Seite
d)	\multicolumn{2}{l	}{Steuerliche Behandlung der betrieblichen Veräußerungsleibrente im Falle der Ermittlung des laufenden Gewinns nach § 4 Abs. 1 EStG oder nach § 13a EStG}	701	271
	aa)	Besteuerung der Rente beim Rentenberechtigten	701	271
	bb)	Behandlung der Rente beim Rentenverpflichteten	706	271
e)	\multicolumn{2}{l	}{Steuerliche Behandlung der betrieblichen Veräußerungsleibrente im Falle der Ermittlung des laufenden Gewinns nach § 4 Abs. 3 EStG}	714	272
	aa)	Besteuerung der Rente beim Rentenberechtigten	714	272
	bb)	Behandlung der Rente beim Rentenverpflichteten	723	273
f)	\multicolumn{2}{l	}{Vereinbarung des Veräußerungsentgelts in Form einer Rente neben einem fest bestimmten Kaufpreisteil}	736	277
	aa)	Besteuerung beim Rentenberechtigten	736	277
	bb)	Steuerliche Behandlung beim Rentenverpflichteten	744	280
g)	\multicolumn{2}{l	}{Veräußerung einzelner zum Betriebsvermögen gehörender Wirtschaftsgüter gegen eine Rente}	751	280
	aa)	Besteuerung der Rente beim Rentenberechtigten	751	280
		(1) Veräußerung eines einzelnen Wirtschaftsguts	751	280
		(2) Veräußerung mehrerer Grundstücke	756	283
	bb)	Behandlung der Rente beim Rentenverpflichteten	757	283
h)	\multicolumn{2}{l	}{Veräußerung von Anteilen an Kapitalgesellschaften i. S. d. § 17 EStG gegen eine Leibrente}	766	284
	aa)	Grundsatz	766	284
	bb)	Besteuerung der Rente beim Rentenberechtigten	767	284
	cc)	Steuerliche Behandlung beim Rentenverpflichteten	771	285
i)	\multicolumn{2}{l	}{Betriebliche Veräußerungsrenten als abgekürzte oder verlängerte Leibrenten}	781	287
j)	\multicolumn{2}{l	}{Änderungen in der Höhe der jährlichen Rentenzahlungen}	786	288
	aa)	Vereinbarungen im Zeitpunkt der Veräußerung über die später wirksam werdende Erhöhung oder Herabsetzung der Rente (ausgenommen Wertsicherungsklauseln)	786	288
	bb)	Vereinbarung einer Wertsicherungsklausel	789	289

			Rdn.	Seite
		(1) Behandlung beim Rentenberechtigten	789	289
		(2) Behandlung beim Rentenverpflichteten	791	289
		(3) Gewinnermittlung nach § 4 Abs. 3 EStG	794	291
	cc)	Erhöhung der betrieblichen Veräußerungsrente durch spätere Vereinbarungen	796	292
	dd)	Herabsetzung der betrieblichen Veräußerungsrente durch spätere Vereinbarungen	800	293
		(1) Behandlung beim Rentenberechtigten	800	293
		(2) Behandlung beim Rentenverpflichteten	801	293
		(3) Folgen bei Ausgleichszahlungen	803	294
	ee)	Herabsetzung der betrieblichen Veräußerungsrente durch Geltendmachung von Gewährleistungsansprüchen	805	295
k)		Ablösung der Rentenverpflichtung durch eine Abfindungszahlung	811	296
	aa)	Behandlung beim Rentenberechtigten	811	296
	bb)	Behandlung beim Rentenverpflichteten	816	298
l)		Wegfall des Veräußerungsvertrags	819	298
m)		Uneinbringlichkeit einzelner Rentenzahlungen	821	298
3.		Betriebliche Veräußerungsrenten auf Zeit	826	299
	a)	Vorbemerkung	826	299
	b)	Begriff der betrieblichen Veräußerungsrente auf Zeit und Abgrenzung zu Kaufpreisraten	828	300
	c)	Steuerliche Behandlung beim Berechtigten im Falle der betrieblichen Veräußerungsrente auf Zeit	836	302
		aa) Veräußerung eines Betriebs, Teilbetriebs oder Mitunternehmeranteils	836	302
		(1) Wahlrecht zwischen sofortiger und nachträglicher Versteuerung	836	302
		(2) Nachträgliche Versteuerung	839	303
		(3) Sofortversteuerung	841	303
		bb) Veräußerung einer Beteiligung i. S. d. § 17 EStG	842	303
		cc) Veräußerung eines einzelnen Wirtschaftsguts	843	304
	d)	Steuerliche Behandlung beim Rentenverpflichteten im Falle der betrieblichen Veräußerungsrente auf Zeit	844	304
4.		Betriebsveräußerung gegen Kaufpreisraten	851	304
	a)	Steuerliche Behandlung beim Berechtigten	851	304

				Rdn.	Seite
		aa)	Ermittlung des Veräußerungsgewinns im Allgemeinen und Versteuerung der Zinsen	851	304
		bb)	Unverzinslichkeit und zu geringe Verzinsung des Kaufpreises	854	306
		cc)	Kaufpreisforderung in ausländischer Währung	860	308
		dd)	Wertsicherungsklausel	861	308
		ee)	Wegfall des Veräußerungsvertrages und Minderung der Kaufpreisraten	862	309
		ff)	Uneinbringlichkeit der Kaufpreisraten	863	309
		gg)	Umdeutung von verlängerten Leibrenten in Kaufpreisraten	864	310
	b)	Steuerliche Behandlung beim Verpflichteten		865	311
5.	Veräußerung eines Betriebs, Teilbetriebs oder Mitunternehmeranteils gegen andere laufende Bezüge als Renten			871	311
	a)	Allgemeine Grundsätze		871	311
	b)	Besteuerung der laufenden Bezüge in Form einer Gewinn- oder Umsatzbeteiligung beim Berechtigten		878	313
	c)	Behandlung der Gewinn- oder Umsatzbeteiligung beim Verpflichteten		886	315
		aa)	Passivierung der Gewinn- oder Umsatzbeteiligung und Aktivierung der erworbenen Wirtschaftsgüter	886	315
		bb)	Behandlung der jährlichen Gewinn- oder Umsatzbeteiligungszahlungen	892	318

II. **Barwert der betrieblichen wiederkehrenden Bezüge geringer oder höher als der Wert des übertragenen Betriebs** — 901 — 320

1. Barwert der betrieblichen wiederkehrenden Bezüge geringer als der Wert des übertragenen Betriebs — 901 — 320
   a) Grundsatz — 901 — 320
   b) Wiederkehrende Bezüge als teilentgeltlicher Veräußerungspreis — 903 — 320
   c) Vereinbarung des „Teilentgelts" aus Versorgungsgründen — 904 — 321
   d) Vereinbarung des „Teilentgelts" aus Unterhaltsgründen — 905 — 321
2. Barwert der betrieblichen wiederkehrenden Bezüge höher als der Wert des übertragenen Betriebs — 906 — 321

		Rdn.	Seite
III.	**Betriebliche Versorgungsrenten**	921	322
1.	Begriff der betrieblichen Versorgungsrente	921	322
	a) Grundsatz	921	322
	b) Versorgungszweck	923	323
	c) Versorgung aus betrieblichem Anlass	933	327
	d) Gegenstände der Leistung des Rentenberechtigten bei der betrieblichen Versorgungsrente und Charakter dieser Leistungen	937	329
2.	Abgrenzung der betrieblichen Versorgungsrente von der außerbetrieblichen Versorgungsrente	946	329
	a) Renten zwischen Eltern und Kindern	946	329
	aa) Grundsatz	946	329
	bb) Vermutung einer außerbetrieblichen oder betrieblichen Versorgungsrente	948	331
	cc) Bedeutung des Werts des übertragenen Vermögens	953	333
	b) Renten an andere nahe Angehörige	958	334
	c) Renten in Nachlassfällen	963	334
	d) Familienpersonengesellschaften	964	334
	e) Beispiel zur Abgrenzung der betrieblichen Versorgungsrente von anderen Renten	966	335
3.	Behandlung der betrieblichen Versorgungsrente beim Berechtigten	971	336
	a) Grundsatz	971	336
	b) Versteuerung der Rente sofort oder erst nach Übersteigen des Kapitalkontos?	972	337
	c) Erwerb des Betriebsvermögens eine gemischte Schenkung?	974	338
	d) Zahlung einer Abfindung	975	338
	e) Aufteilung in einen Zins- und Tilgungsanteil?	977	339
	f) Vorzeitiges Versterben des Berechtigten	978	339
	g) Kosten bei der Übertragung des Betriebs	979	339
	h) Steuerlicher Verlust in Höhe des Kapitalkontos	980	339
	i) Veräußerung oder Aufgabe des Betriebs durch den Verpflichteten	981	340
	j) Beispiele zur steuerlichen Behandlung	982	340
4.	Behandlung der betrieblichen Versorgungsrente beim Verpflichteten	986	340
	a) Aktivierung der übernommenen Wirtschaftsgüter	986	340

				Rdn.	Seite
	b)	Gewinn in Höhe des Kapitalkontos?		988	341
	c)	Abzugsfähigkeit der jährlichen Rentenzahlungen und Passivierung der Rentenverbindlichkeit		989	342
		aa)	Jährliche Rentenzahlungen Betriebsausgaben	989	342
		bb)	Vorabvergütungen	990	342
		cc)	Passivierung der Rentenverbindlichkeit	993	343
	d)	Veräußerung oder Aufgabe des Betriebs		995	344
	e)	Beispiele zur Behandlung der betrieblichen Versorgungsrente beim Berechtigten und Verpflichteten		997	345
5.	Abfindung der betrieblichen Versorgungsrente			1001	346
6.	Betriebsveräußerung und zusätzliche Vereinbarung einer Rente aus Versorgungsgründen			1006	346
7.	Abkürzung der Versorgungsleistungen auf eine bestimmte Höchstlaufzeit			1016	348
8.	Bindung an die steuerlich fehlerhafte Behandlung einer Rente als betriebliche Veräußerungsrente, betriebliche Versorgungsrente oder außerbetriebliche Versorgungsrente?			1021	349

IV.	Laufende Bezüge, die keine Renten sind und aus Versorgungsgründen gezahlt werden			1031	350
V.	Renten und Gewinn- oder Umsatzbeteiligungen an lästige Gesellschafter			1041	352
	1. Renten an lästige Gesellschafter			1041	352
		a)	Grundsatz	1041	352
		b)	Abfindung für das Ausscheiden in Rentenform	1042	352
		c)	Entgelt für die Übertragung des Mitunternehmeranteils in Rentenform	1045	353
		d)	Beispiel	1047	354
	2. Gewinn- oder Umsatzbeteiligung an lästige Gesellschafter			1048	354
		a)	Behandlung beim lästigen Gesellschafter	1048	354
		b)	Behandlung bei den verbleibenden Gesellschaftern	1049	355
VI.	Betriebliche wiederkehrende Bezüge ohne Veräußerungs- und Versorgungscharakter			1056	356
	1. Betriebliche Renten oder andere betriebliche wiederkehrende Bezüge aufgrund einer Dienstleistung oder aufgrund anderer Leistungen, ohne dass ein Betrieb (Anteil) übertragen wird			1056	356

		Rdn.	Seite
	2. Betriebliche Schadensrenten	1059	357
	a) Begriff und Fälle der betrieblichen Schadensrenten	1059	357
	b) Einkommensteuerliche Behandlung betrieblicher Schadensrenten	1064	358
	aa) Behandlung beim Rentenberechtigten	1064	358
	bb) Behandlung beim Rentenverpflichteten	1068	359
	cc) Beispiel	1072	360
	3. Betriebliche wiederkehrende Bezüge, die keine Renten sind, aufgrund einer Schadensersatzverpflichtung	1073	361
	4. Betriebliche Unfallrenten	1074	361
VII.	Steuerliche Behandlung laufender Bezüge mit betrieblichem Charakter im Falle beschränkter Steuerpflicht und Steuerpflicht gem. § 2 Außensteuergesetz	1086	362
	1. Beschränkte Steuerpflicht des Empfängers laufender betrieblicher Bezüge	1086	362
	2. Beschränkte Steuerpflicht des Verpflichteten	1089	363
	3. Steuerpflicht gem. § 2 Außensteuergesetz	1090	363

TEIL D: BESTEUERUNG VON ALTERSBEZÜGEN

		Rdn.	Seite
I.	Allgemeines	1101	365
	1. Ausgangspunkt für die Reform der Besteuerung von Altersbezügen	1101	365
	2. Einteilung der Altersversorgung in ein sog. Drei-Schichten-Modell	1111	366
II.	Steuerliche Behandlung der Beiträge und der Altersbezüge aus der Basisversorgung	1121	367
	1. Behandlung der Beiträge in der Ansparphase	1121	367
	a) Definition der Basisversorgung	1121	367
	b) Begünstigte Beiträge für den Sonderausgabenabzug nach § 10 Abs. 1 Nr. 2 Buchst. a und b EStG	1126	369
	aa) Beiträge zu den gesetzlichen Rentenversicherungen	1126	369
	bb) Beiträge zur Alterssicherung der Landwirte	1136	371
	cc) Beiträge an berufsständische Versorgungseinrichtungen	1141	372

			Rdn.	Seite
	dd)	Beiträge zum Aufbau einer eigenen kapitalgedeckten Altersversorgung der Basisversorgung	1149	375
		(1) Sonderausgabenabzug nur für Neuverträge nach dem 31.12.2004	1150	375
		(2) Eigene Altersabsicherung	1158	379
		(3) Form der Beitragszahlung	1159	380
		(4) Lebenslange Leibrente	1160	380
		(5) Ergänzende Risikoabsicherung	1163	381
		(6) Begünstigte Hinterbliebene	1171	384
		(7) Einschränkende Produktvoraussetzungen	1177	386
		(8) Beiträge an einen Pensionsfonds	1184	391
		(9) Einbeziehung der betrieblichen Altersversorgung in die Basisversorgung	1186	392
		(10) Ausschluss der Beiträge, die in Zusammenhang mit steuerfreien Einnahmen stehen	1190	392
	aa)	Absicherung gegen den Eintritt der Berufsunfähigkeit oder der verminderten Erwerbsfähigkeit	1193	394
c)	Ermittlung des Abzugsbetrags nach § 10 Abs. 3 EStG		1196	395
	aa)	Übergangsregelung bis 2025	1196	395
	bb)	Kürzung des Höchstbetrags nach § 10 Abs. 3 Satz 3 EStG	1199	396
		(1) Allgemeines	1199	396
		(2) Kürzung beim Personenkreis des § 10 Abs. 3 Satz 3 Nr. 1 Buchst. a EStG	1204	397
		(3) Kürzung beim Personenkreis des § 10 Abs. 3 Satz 3 Nr. 1 Buchst. b EStG	1207	398
		(4) Kürzung beim Abgeordneten	1222	405
	cc)	Kürzung des ermittelten Abzugsbetrags um steuerfreie Arbeitgeberleistungen i. S. d. § 3 Nr. 62 EStG	1226	406
	dd)	Kürzung bei zusammenveranlagten Ehegatten/Lebenspartnern	1229	408
	ee)	Abzug von Altersvorsorgebeiträgen bei Beziehern von Alterseinkünften	1233	410

				Rdn.	Seite
2.	Behandlung der Altersbezüge			1236	411
	a)	Allgemeines		1236	411
		aa) Wechsel zu einer nachgelagerten Besteuerung		1236	411
		bb) Erneute verfassungsrechtliche Bedenken		1243	412
	b)	Erfasste Leistungen		1251	415
		aa) Gesetzliche Rentenversicherungen		1251	415
			(1) Allgemeines	1251	415
			(2) Erwerbsminderungsrenten	1255	417
			(3) Rentennachzahlungen	1257	418
			(4) Ausländische Rentenzahlungen	1258	418
		bb) Landwirtschaftliche Alterskassen		1265	420
		cc) Berufsständische Versorgungseinrichtungen		1266	421
			(1) Diskrepanz zwischen Sonderausgabenabzug und Besteuerung	1266	421
			(2) Unselbständige Rentenbestandteile – z. B. Kinderzuschüsse	1268	421
			(3) Beitragserstattungen	1269	422
			(4) Kapitalauszahlungen	1271	424
		dd) Basis-Rentenvertrag (Altersversorgung und ergänzende oder eigenständige Risikoabsicherung)		1279	429
	c)	Ermittlung des Besteuerungsanteils		1291	431
		aa) Jahresbetrag der Rente		1291	431
		bb) Bestimmung des Prozentsatzes		1298	432
	d)	Ermittlung des steuerfreien Teils der Rente		1311	435
		aa) Grundsätze		1311	435
		bb) Änderung der Rentenhöhe aus tatsächlichen oder rechtlichen Gründen		1321	437
		cc) Regelmäßige Rentenanpassungen		1330	439
	e)	Aufeinanderfolgende Renten aus der gleichen Versicherung		1336	441
	f)	Öffnungsklausel für Leistungen aus den berufsständischen Versorgungseinrichtungen und für Höherversicherungen aus der gesetzlichen Rentenversicherung		1346	444
		aa) Hintergrund der gesetzlichen Regelung		1346	444
		bb) Antrag des Steuerpflichtigen		1351	446
		cc) 10-Jahres-Grenze		1352	446

				Rdn.	Seite
	dd)	\multicolumn{2}{l	}{Bis zum 31.12.2004 geleistete Beiträge oberhalb des maßgebenden Höchstbeitrags}	1355	448
		(1)	Maßgeblicher Höchstbeitrag	1355	448
		(2)	Ermittlung der eingezahlten Beiträge	1359	448
		(3)	Nachweis der gezahlten Beiträge	1364	451
		(4)	Beiträge an mehr als einen Versorgungsträger	1367	452
	ee)	\multicolumn{2}{l	}{Ermittlung des auf Beiträgen oberhalb des Betrags des Höchstbeitrags beruhenden Teils der Leistung}	1372	454
	ff)	\multicolumn{2}{l	}{Besteuerungslücke bei einmaligen Leistungen}	1376	455
	gg)	\multicolumn{2}{l	}{Versorgungsausgleich unter Ehegatten oder unter Lebenspartnern}	1377	456

III. Steuerliche Behandlung der Beiträge und der Leistungen aus Verträgen außerhalb der Basisversorgung und außerhalb von Riester-Verträgen — 1391 — 457

1. Behandlung von Versicherungsbeiträgen in der Ansparphase — 1391 — 457
   a) Allgemeines — 1391 — 457
   b) Begünstigte Vorsorgeaufwendungen — 1396 — 458
      aa) Bis VZ 2009 — 1396 — 458
      bb) Ab VZ 2010 — 1404 — 461
   c) Ermittlung des Abzugsbetrags nach § 10 Abs. 4 EStG — 1406 — 462
      aa) Bis VZ 2009 — 1406 — 462
      bb) Ab VZ 2010 — 1415a — 467

2. Behandlung der (Alters-)Bezüge und sonstigen Leistungen — 1416 — 469
   a) Renteneinkünfte — 1416 — 469
      aa) Allgemeines — 1416 — 469
      bb) Begriff der Leibrente — 1418 — 470
         (1) Bedeutung des Leibrentenbegriffs — 1418 — 470
         (2) Entwicklung des Leibrentenbegriffs — 1419 — 470
         (3) Abhängigkeit von der Lebensdauer als Leibrentenmerkmal — 1424 — 472
         (4) Gleichmäßigkeit der Leistungen als Leibrentenmerkmal — 1436 — 474
      cc) Ertragsanteilsbesteuerung — 1446 — 477
         (1) Allgemeines — 1446 — 477
         (2) Grundzüge der Ermittlung des Ertragsanteils — 1448 — 478

			Rdn.	Seite
	(3)	Renten, deren Laufzeit vor dem 1.1.1955 begonnen hat	1452	479
	(4)	Abhängigkeit der Laufzeit von der Lebensdauer mehrerer Personen	1453	480
	(5)	Abhängigkeit des Rentenbeginns von der Lebensdauer einer anderen Person	1455	480
	(6)	Abgekürzte Leibrenten	1457	481
	(7)	Verlängerte Leibrenten	1460	483
	(8)	Verbindung von Mindestlaufzeit und Höchstlaufzeit	1461	484
	(9)	Unterbrochene Leibrentenzahlung	1463	485
	(10)	Erhöhung der Leibrente	1466	486
	(11)	Herabsetzung der Leibrente	1469	487
b)	Kapitalauszahlungen		1481	490
	aa)	Allgemeines	1481	490
	bb)	Weitergeltung des Kapitallebensversicherungsprivilegs für Altverträge	1486	491
	(1)	Allgemeines	1486	491
	(2)	Altvertrag	1489	492
	(3)	Vertragsänderungen	1491	493
	(4)	Wechsel des Versicherungsnehmers	1493	494
	(5)	Wechsel der versicherten Person	1495	495
	(6)	Beitragsdynamisierungen	1496	495
	(7)	Besteuerung eines Altvertrags	1500	497
	cc)	Konkurrenz zwischen § 20 Abs. 1 Nr. 6 EStG und § 22 Nr. 1 Satz 3 Buchst. a Doppelbuchst. bb EStG für Neuverträge	1506	498
	(1)	Kapitalversicherungen mit Sparanteil	1506	498
	(2)	Definition einer Rentenversicherung	1507a	500
	(3)	Rentenversicherungen mit Kapitalwahlrecht	1508	502
	(4)	Rentenversicherung ohne Kapitalwahlrecht	1519	508
	(5)	Fondsgebundene Kapitallebensversicherungen und fondsgebundene Rentenversicherungen	1522	509
	(6)	Reine Risikoversicherungen	1523	510
	(7)	Absicherung von Zusatzrisiken	1524	511
	(8)	Veräußerung von Ansprüchen aus Lebensversicherungen	1528	511

				Rdn.	Seite
	dd)	Besteuerung des Unterschiedsbetrags nach § 20 Abs. 1 Nr. 6 EStG		1530	513
		(1)	Erlebensfall oder Rückkauf des Vertrages	1530	513
		(2)	Zurechnung der Einkünfte nach § 20 Abs. 1 Nr. 6 EStG	1536	515
		(3)	Berechnung des Unterschiedsbetrags	1542	516
		(a)	Versicherungsleistung	1543	516
		(b)	Entrichtete Beiträge	1547	518
		(c)	Entgeltlich erworbener Vertrag	1556	522
		(4)	Hälftiger Unterschiedsbetrag	1557	522
		(5)	Negativer Unterschiedsbetrag	1564	526
		(6)	Ermittlung des steuerpflichtigen Ertrags bei Mischverträgen (Altvertrag mit Vertragsänderung nach dem 31.12.2004)	1566	527
		(7)	Berücksichtigung von Werbungskosten	1568	527
		(8)	Kapitalertragsteuerabzug	1572	528
	c)	Auszahlungen aus Fonds- und Banksparplänen		1581	530
IV.	Wirkungen der Günstigerprüfung nach § 10 Abs. 4a EStG			1591	531
	1. Allgemeines			1591	531
	2. Beispiele zur Günstigerprüfung (Rechtslage bis VZ 2009)			1599	534
	a)	Günstigerprüfung nach § 10 Abs. 4a EStG bei Ehegatten/Lebenspartnern		1599	534
	b)	Günstigerprüfung nach § 10 Abs. 4a EStG beim beherrschenden Gesellschafter-Geschäftsführer		1600	535
	c)	Günstigerprüfung nach § 10 Abs. 4a EStG bei verheiratetem Arbeitnehmer mit geringem Arbeitslohn und Basis-Rentenvertrag		1601	536
	d)	Günstigerprüfung nach § 10 Abs. 4a EStG bei verheiratetem Arbeitnehmer mit hohem Arbeitslohn und Basis-Rentenvertrag		1602	538
	e)	Günstigerprüfung nach § 10 Abs. 4a EStG bei ledigem Selbständigen mit Kapitallebensversicherungs- und Basis-Rentenvertrag		1603	540
	f)	Günstigerprüfung nach § 10 Abs. 4a EStG bei ledigem Selbständigen mit berufsständischem Versorgungswerk und Basis-Rentenvertrag		1604	541
	3. Beispiel Günstigerprüfung (Rechtslage ab 2010)			1605	543

			Rdn.	Seite
V.	Besteuerung nach § 22 Nr. 5 EStG (Riester-Renten)		1621	547
	1. Allgemeines		1621	547
	a)	Gegenstand der Regelung	1621	547
	b)	Entstehung und Entwicklung	1629	549
	c)	Struktur der Vorschrift	1646	554
	d)	§ 22 Nr. 5 EStG im Besteuerungssystem	1651	555
		aa) Lex specialis	1651	555
		bb) Einkunftsermittlung	1658	557
		(1) Zufluss	1658	557
		(2) Werbungskosten	1666	558
	2. Steuerliche Behandlung der Beiträge in der Ansparphase		1669	558
	a)	„Riester-Förderung" (§ 10a EStG/Abschn. XI)	1670	559
		aa) Allgemeines	1670	559
		bb) Förderberechtigung	1673	560
		cc) Altersvorsorgebeiträge	1686	566
		(1) Allgemeines	1686	566
		(2) Altersvorsorgebeiträge nach § 82 Abs. 1 Nr. 1 EStG	1696	568
		(3) Altersvorsorgebeiträge nach § 82 Abs. 1 Nr. 2 EStG (Wohn-Riester)	1718	572
		(4) Potenzielle Anbieter von Altersvorsorgeverträgen nach § 82 Abs. 1 EStG	1724	574
		(5) Beiträge im Rahmen der betrieblichen Altersversorgung	1731	576
		dd) Förderwege	1735	578
		(1) Altersvorsorgezulage	1736	578
		(2) Sonderausgabenabzug nach § 10a EStG	1754	586
		(3) Tilgungsförderung	1772	592
		(4) Altersvorsorge-Eigenheimbetrag	1781	594
		(5) Wohnförderkonto	1797	601
		ee) Schädliche Verwendung	1805	604
		(1) Allgemeines	1805	604
		(2) Rahmenbedingungen für eine steuerunschädliche Auszahlung von gefördertem Altersvorsorgekapital	1811	605
		(3) Rechtsfolgen einer schädlichen Verwendung von Altersvorsorgevermögen	1812	608

				Rdn.	Seite
		(4)	Rechtsfolgen einer schädlichen Verwendung beim Altersvorsorge-Eigenheimbetrag und der Tilgungsförderung	1819	609
	ff)	Sonstiges		1829	612
		(1)	Wegzug ins Ausland	1829	612
		(2)	Sonderfall Entsendung	1831	613
		(3)	Förderverfahren	1832	613
b)	Steuerfreiheit nach § 3 Nr. 63 EStG			1839	615
c)	Steuerfreiheit nach § 3 Nr. 66 EStG			1847	616
d)	Steuerfreie Zuwendungen nach § 3 Nr. 56 EStG			1850	617
e)	Steuerfreiheit nach § 3 Nr. 55b EStG			1852	618
f)	Steuerfreiheit nach § 3 Nr. 55c EStG			1856	621
3. Steuerliche Behandlung der Leistungen in der Auszahlungsphase				1859	622
a)	Allgemeines			1859	622
b)	Leistungen aus Sparprodukten (§ 22 Nr. 5 Sätze 1 – 3 EStG)			1868	625
	aa)	Erfasste Altersvorsorgeprodukte		1868	625
		(1)	Altersvorsorgevertrag	1869	625
		(2)	Pensionsfonds	1872	626
		(3)	Pensionskasse	1873	626
		(4)	Direktversicherung	1875	627
		(5)	Sonstiges	1877	628
	bb)	Erfasste Leistungen		1881	628
	cc)	Steuerliche Förderung		1883	629
		(1)	Anwendung des § 3 Nr. 63 EStG	1888	629
		(2)	Anwendung § 10a/Abschnitt XI EStG	1891	630
		(3)	Anwendung des § 3 Nr. 55b Satz 1 EStG	1900	634
		(4)	Anwendung des § 3 Nr. 55c EStG	1902	635
		(5)	Anwendung des § 3 Nr. 66 EStG	1903	635
	dd)	Leistungen, die ausschließlich auf geförderten Altersvorsorgebeiträgen beruhen (§ 22 Nr. 5 Satz 1 EStG)		1904	635
	ee)	Leistungen, die ausschließlich auf nicht geförderten Altersvorsorgebeiträgen beruhen (§ 22 Nr. 5 Satz 2 EStG)		1905	636

		Rdn.	Seite
ff) Leistungen, die zum Teil auf geförderten, zum Teil auf nicht geförderten Altersvorsorgebeiträgen beruhen (§ 22 Nr. 5 Satz 1 und 2 EStG)		1906	637
(1) Betriebliche Altersversorgung		1907	638
(2) Zertifizierte Altersvorsorgeverträge		1912	640
gg) Anwendung des § 22 Nr. 5 Satz 3 EStG		1915	642
c) Wohnförderkonto (§ 22 Nr. 5 Satz 4 bis 6 EStG)		1919	646
aa) Allgemeines		1919	646
bb) Besteuerung nach § 22 Nr. 5 Satz 4 EStG		1934	652
cc) Besteuerung nach § 22 Nr. 5 Satz 5 EStG		1938	653
dd) Besteuerung nach § 22 Nr. 5 Satz 6 EStG		1944	653
ee) Zusammenfassende Beispiele		1945	654
d) Provisionserstattungen bei geförderten Altersvorsorgeverträgen (§ 22 Nr. 5 Satz 8 EStG)		1947	659
e) Bescheinigungspflichten (§ 22 Nr. 5 Satz 7 EStG)		1956	660
f) Sonderfälle		1978	664
aa) Versorgungsausgleich (§ 22 Nr. 5 Satz 9 EStG)		1978	664
bb) Kapitalübertragungen (§ 22 Nr. 5 Satz 10 EStG)		1980	665
VI. Besteuerung von Leistungen aus der betrieblichen Altersversorgung		1991	665
1. Abgrenzung der unterschiedlichen Durchführungswege der betrieblichen Altersversorgung		1991	665
a) Direktzusage		1992	666
b) Unterstützungskassenzusage		1998	667
c) Pensionskasse		2004	668
d) Pensionsfonds		2009	668
e) Direktversicherung		2014	669
2. Allgemeine Anforderungen an die Anerkennung betrieblicher Altersversorgung		2026	670
3. Finanzierungsformen der betrieblichen Altersversorgung		2041	675
a) Arbeitgeberfinanzierung		2041	675
b) Entgeltumwandlung		2042	675
aa) Voraussetzungen		2042	675
bb) Rechtsanspruch auf Entgeltumwandlung		2047	676
c) Eigenbeiträge		2051	677
4. Gemeinsame Anforderungen für die Inanspruchnahme der Steuerfreiheit nach § 3 Nr. 63 EStG bei den externen Durchführungswegen		2061	678

			Rdn.	Seite
	a)	Reform durch das AltEinkG	2061	678
	b)	Begünstigte Auszahlungsformen für die Steuerfreiheit	2065	680
	c)	Keine Steuerfreiheit bei umlagefinanzierten Versorgungseinrichtungen	2072	681
	d)	Keine Steuerfreiheit bei Durchschnittsfinanzierung	2074	682
	e)	Beiträge an ausländische Pensionsfonds, ausländische Pensionskassen und – bei Direktversicherungen – an ausländische Versicherungsunternehmen	2075	683
	f)	Steuerfreistellungsvolumen des § 3 Nr. 63 EStG	2079	684
		aa) 4 %-Grenze	2079	684
		bb) Zusätzlicher Höchstbetrag von 1 800 € für Neuzusagen	2085	686
		cc) Vervielfältigungsregelung des § 3 Nr. 63 Satz 4 EStG bei Beendigung des Dienstverhältnisses	2087	686
5.	Abgrenzung von Alt- und Neuzusage		2101	688
	a)	Erteilung einer Versorgungszusage	2102	688
	b)	Änderung einer Versorgungszusage	2104	688
	c)	Übertragung von Direktversicherungen oder von Versicherungen einer Pensionskasse im Fall des Arbeitgeberwechsels	2116	691
6.	Weiteranwendung der Pauschalversteuerung bei einer Altzusage über eine Direktversicherung oder eine Pensionskasse		2126	692
	a)	Direktversicherungen	2126	692
	b)	Pensionskassen	2130	693
	c)	Pensionsfonds	2133	694
7.	Beibehaltung der Pauschalbesteuerung nach § 40b EStG für umlagefinanzierte Pensionskassen		2141	694
8.	Verzicht auf die Steuerfreiheit nach § 3 Nr. 63 Satz 2 EStG zugunsten der Förderung nach § 10a und Abschn. XI EStG bei Entgeltumwandlung		2146	695
9.	Steuerfreiheit nach § 3 Nr. 56 EStG für Umlagen		2151	696
10.	Steuerliche Behandlung der Betriebsrenten und anderen Leistungen aus einer Direktzusage oder einer Unterstützungskassenzusage		2156	698
	a)	Ansparphase	2156	698
	b)	Auszahlungsphase	2157	698

			Rdn.	Seite
11.	Steuerliche Behandlung der Leistungen aus den externen Durchführungswegen		2161	698
	a) Ansparphase		2161	698
		aa) Kapitalgedeckte Pensionskassen	2161	698
		(1) Vor dem 1.1.2005 erteilte Altzusagen	2161	698
		(2) Nach dem 31.12.2004 erteilte Neuzusagen	2164	699
		bb) Pensionsfonds	2171	700
		(1) Vor dem 1.1.2005 erteilte Altzusagen	2171	700
		(2) Nach dem 31.12.2004 erteilte Neuzusagen	2174	700
		cc) Direktversicherungen	2181	701
		(1) Vor dem 1.1.2005 erteilte Altzusagen	2181	701
		(2) Nach dem 31.12.2004 erteilte Neuzusagen	2184	701
		dd) Umlagefinanzierte Pensionskassen	2190	702
	b) Auszahlungsphase		2191	702
		aa) Allgemeines	2191	702
		bb) Leistungen, die ausschließlich auf nicht geförderten Beiträgen beruhen	2196	703
		cc) Leistungen, die ausschließlich auf geförderten Beiträgen beruhen	2205	705
		dd) Leistungen, die auf geförderten und nicht geförderten Beiträgen beruhen	2206	705
		ee) Leistungen aus umlagefinanzierten Versorgungseinrichtungen	2209	707
12.	Auswirkungen der Portabilität (Mitnahme betrieblicher Versorgungsanwartschaften) auf die Besteuerung der Leistungen		2216	707
	a) Arbeitsrechtliche Übertragungsmöglichkeiten		2216	707
	b) Steuerfreiheit des Übertragungswerts		2221	709
		aa) Übertragung von externem zu externem Versorgungsträger	2221	709
		bb) Übertragung von einem internen zu einem internen Durchführungsweg	2222	709
		cc) Übertragung von einem internen Durchführungsweg auf einen externen Versorgungsträger oder umgekehrt	2223	710
	c) Steuerliche Behandlung der (Versorgungs-)Leistungen		2231	710
		aa) Übertragung von externem zu externem Versorgungsträger	2231	710

			Rdn.	Seite
	bb)	Übertragung von einem internen zu einem internen Durchführungsweg	2232	711
	cc)	Übertragung von einem internen Durchführungsweg auf einen externen Versorgungsträger oder umgekehrt	2233	711
	13.	Auswirkungen auf die Besteuerung der Leistungen bei Übertragung einer Versorgungszusage auf einen Pensionsfonds	2241	712
VII.	Steuerliche Behandlung der Versorgungsbezüge		2261	716
	1. Steuerliche Behandlung in der Ansparphase		2261	716
	2. Steuerliche Behandlung in der Auszahlungsphase		2262	716
	a)	Allgemeines	2262	716
	b)	Berechnung des Versorgungsfreibetrags und des Zuschlags	2270	718
	c)	Zeitanteilige Gewährung von Versorgungsfreibetrag und Zuschlag	2276	720
	d)	Mehrere Versorgungsbezüge mit unterschiedlichem Bezugsbeginn	2278	722
	e)	Neuberechnung der Freibeträge für Versorgungsbezüge	2280	724
	f)	Hinterbliebenenbezüge und Sterbegeldzahlungen	2282	726
	3. Angepasste Übertragung der Abschmelzregelung auf Abgeordnetenbezüge		2291	729
	4. Berechnung und Aufteilung des Versorgungsfreibetrags bei Versorgungsbezügen aus unterschiedlichen Einkunftsarten		2292	729
VIII.	Erstellung und Auswertung von Rentenbezugsmitteilungen nach § 22a EStG		2301	730
	1. Grundsätze		2301	730
	2. Rentenbezugsmitteilung und Öffnungsklausel in § 22 Nr. 1 Satz 3 Buchst. a Doppelbuchst. bb Satz 2 EStG		2311	732
	3. Zuordnung der Leistungen zum Bescheinigungsjahr		2316	732
	4. Regelmäßige Rentenanpassungen		2321	733
	5. Zeitpunkt des Beginns und Ende des Leistungsbezugs		2326	734
	6. Identifikationsnummer		2331	734
IX.	Tarifermäßigung bei Rentennachzahlungen		2336	735
X.	Besteuerung von Alterseinkünften bei beschränkter Steuerpflicht		2341	737
	1. Rechtslage bis 2004		2341	737
	2. Rechtslage ab 2005		2342	737

TEIL E: BESTEUERUNG DER ÜBRIGEN WIEDERKEHRENDEN BEZÜGE

I.		Schadensersatz- und Schmerzensgeldrenten			2361	739
	1.	Allgemeines			2361	739
	2.	Schadensersatzleistungen wegen Beeinträchtigung der Erwerbsfähigkeit			2362	739
	3.	Schadensersatzleistungen an Unterhaltsberechtigte oder Dienstleistungsberechtigte			2371	741
	4.	Schadensersatzleistungen wegen Vermehrung der Bedürfnisse oder als Schmerzensgeld			2376	743
	5.	Zusammentreffen verschiedener Arten von Schadensersatzleistungen			2381	744
	6.	Steuerliche Wirkung beim Verpflichteten			2382	744
II.		Versorgungsausgleich nach Scheidung der Ehe			2386	745
	1.	Allgemeines			2386	745
	2.	Wertausgleich bei Scheidung			2388	746
		a) Allgemeines			2388	746
		b) Interne Teilung			2391	747
			aa) Zivilrechtliche Grundlagen		2391	747
				(1) Durchführung der internen Teilung	2391	747
				(2) Rechtsfolgen der internen Teilung	2393	748
			bb) Steuerrechtliche Folgewirkungen		2396	749
				(1) Steuerfreiheit der Übertragung	2396	749
				(2) Besteuerung der späteren Leistungen	2397	749
		c) Externe Teilung			2405	753
			aa) Zivilrechtliche Grundlagen		2405	753
				(1) Externe Teilung auf Wunsch	2405	753
				(2) Externe Teilung in Beamtenversorgungssystemen	2407	754
				(3) Zielversorgung	2408	755
				(4) Rechtsfolge für die ausgleichspflichtige Person	2409	756
			bb) Steuerrechtliche Folgewirkungen		2410	756
				(1) Steuerfreiheit der Übertragung	2410	756
				(2) Besteuerung der späteren Leistungen	2413	757
				(3) Ausgleichszahlung zur Vermeidung einer Versorgungskürzung	2416	758
	3.	Ausnahmen vom Versorgungsausgleich			2419	758
		a) Zivilrechtliche Grundlagen			2419	758

				Rdn.	Seite
	b)	Steuerrechtliche Folgewirkungen bei Ausschluss des Versorgungsausgleichs gegen Abfindung		2420	759
		aa)	Ausgleichspflichtige Person	2420	759
		bb)	Ausgleichsberechtigte Person	2424	761
4.	Ausgleich nach der Scheidung			2425	762
	a)	Zivilrechtliche Grundlagen		2425	762
		aa)	Fehlende Ausgleichsreife	2425	762
			(1) Allgemeines	2425	762
			(2) Wirkung auf andere Anrechte	2430	763
		bb)	Vorbehalt ausgleichsreifer Anrechte für den Ausgleich nach der Scheidung	2431	764
		cc)	Ausgleichszahlungen	2432	764
			(1) Ausgleichsrente	2432	764
			(2) Abtretung von Versorgungsansprüchen	2435	765
			(3) Ausgleich von Kapitalzahlungen	2437	766
			(4) Abfindung eines schuldrechtlichen Ausgleichsanspruchs	2440	766
			(5) Tod der ausgleichspflichtigen Person	2442	767
	b)	Steuerrechtliche Folgewirkungen		2444	768
		aa)	Allgemeines	2444	768
		bb)	Anspruch auf Ausgleichsrente	2449	769
			(1) Laufende Versorgung in Form einer Basisrente	2449	769
			(2) Laufende Versorgung in Form eines Versorgungsbezugs i. S. d. § 19 EStG	2450	770
			(3) Laufende Versorgung in Form einer Leibrente i. S. d. § 22 Nr. 1 Satz 3 Buchst. a Doppelbuchst. bb EStG	2451	771
			(4) Laufende Versorgung aus einem Pensionsfonds, einer Pensionskasse, einer Direktversicherung oder einem Riester-Vertrag	2452	771
		cc)	Abtretung von Versorgungsansprüchen	2453	772
		dd)	Anspruch auf Ausgleich von Kapitalzahlungen	2455	772
		ee)	Anspruch auf Abfindung	2456	773
		ff)	Anspruch gegen die Witwe oder den Witwer, § 26 VersAusglG	2461	775

		Rdn.	Seite
III.	Unterhaltsleistungen geschiedener oder dauernd getrennt lebender Ehegatten (Realsplitting)	2469	775
	1. Allgemeines	2469	775
	2. Bedeutung des Realsplittings	2470	776
	3. Begünstigte Unterhaltsleistungen	2473	777
	4. Begrenzung des Antrags auf einen Teilbetrag der Unterhaltsleistungen	2475	778
	5. Wirkungen der Zustimmung	2477	779
	6. Korrespondenz zwischen § 22 Nr. 1a und § 10 Abs. 1 Nr. 1 EStG	2480	780
	7. Kranken- und Pflegeversicherungsbeiträge für den dauernd getrennt lebenden oder geschiedenen Ehegatten	2483	782
	8. Vorrang des § 22 Nr. 1a EStG vor § 22 Nr. 1 Satz 1 EStG	2487	783
	9. Keine unbeschränkte Steuerpflicht des Empfängers	2491	785
IV.	Abzug der Jahreserbschaftsteuer nach § 23 ErbStG als dauernde Last	2496	785
	1. Allgemeines	2496	785
	2. Rechtslage bis 1998	2497	786
	3. Rechtslage von 1999 bis 2004	2502	787
	4. Rechtslage von 2005 bis 2008	2503	788
	5. Rechtslage ab 2009	2505	789
V.	Rentenversicherungen und Lebensversicherungen gegen fremdfinanzierten Einmalbetrag	2511	790
	1. Modellgestaltung	2511	790
	2. Steuerliche Behandlung der unterschiedlichen Komponenten	2514	791
	3. Einschränkung der Modelle durch § 2b EStG	2526	793
	4. Weitere Einschränkung durch § 15b EStG	2530	794

Anhang	797
Steuerliche Förderung der privaten Altersvorsorge und betrieblichen Altersversorgung	799
Einkommensteuerrechtliche Behandlung von Vorsorgeaufwendungen und Altersbezügen	949
Stichwortverzeichnis	1045

LITERATURVERZEICHNIS

A

Albert/Schumann/Sieben/Menzel, Betriebliche und private Altersvorsorge nach der Rentenreform 2001, Köln 2002

Antl, Ausgleichszahlungen im Rahmen des Versorgungsausgleichs, StBW 2010 S. 509

Auler, Gesamtsteuerrechtliche Betrachtung von Vermögensübertragungen gegen wiederkehrende Leistungen, BB 1997 S. 2248 ff.

Authenrieht, Pensionsrückstellungen für Mitunternehmer bei Personengesellschaften, DStR 1986 S. 422

B

Bick/Strohner, Grundzüge der betrieblichen Altersversorgung nach den Änderungen durch das AltEinkG, DStR 2005 S. 1033

Birk, Finanzierung der neuen Zusatzversorgung und ihre steuerliche Behandlung, BetrAVG 2003 S. 194

Birk/Hohaus, Umlagen und Sonderzahlungen im Bereich der Zusatzversorgung und deren lohnsteuerliche Behandlung, FR 2003 S. 441

Blümich, Einkommensteuergesetz, Körperschaftsteuergesetz, Gewerbesteuergesetz, Loseblattwerk, München

Bordewin, Versorgungsleistungen an ausscheidende Mitunternehmer und deren Rechtsnachfolger, DB 1987 S. 15

ders., Rückwirkender Wegfall eines Veräußerungspreises, FR 1994 S. 551

Bornhaupt, Außerbetriebliche Versorgungsrenten bei Vermögensübergabeverträgen zwischen Eltern und Kindern, DStR 1981 S. 335

Brandenberg, Vermögensübergabe gegen Versorgungsleistungen nach Wegfall von „Typus 2", DB 2005 S. 1812

Buchheister, Die steuerliche Behandlung einer Rentenschuld nach der Betriebsaufgabe, StBp 1989 S. 137

Buttler, Die Besteuerung der Direktversicherung nach dem Alterseinkünftegesetz, Löhne und Gehälter professionell, 5/2005 S. 77

Bührer, Rürup-Rente als Zielversorgung bei externer Teilung, FuR 2012 S. 574

D

Dankmeyer/Giloy, Einkommensteuer Kommentar, Loseblattwerk, Neuwied

Dommermuth/Killat, § 3 Nr. 56 EStG als Stolperstein für versicherungsförmige Durchführungswege – Entgeltumwandlung im öffentlichen Dienst, NWB 2013 S. 119

Dommermuth/Killat, § 3 Nr. 56 EStG als Stolperstein für versicherungsförmige Durchführungswege? – Wirkungsanalyse mit relevanten Einflussfaktoren, NWB 2013 S. 675

Dommermuth/Risthaus, Die Basis- oder „Rürup"-Rente ohne Versicherungsvertrag – ist der rechtliche Rahmen belastbar?, DB 2009 S. 81

Dorenkamp, Nachgelagerte Besteuerung von Einkommen, Berlin 2004

E

Englisch, Steuerliche Abziehbarkeit existenzsichernder Vorsorgeaufwendungen, NJW 2006 S. 1025

F

Fischer, Die Rechtsnatur von Aufwendungen zur Altersvorsorge, FR 2007 S. 76

Fischer, H.-J./Hoberg, Die „Rürup-Rente": Wen begünstigt sie wirklich? – Die Besteuerung von Renten nach dem AltEinkG, DB 2005 S. 1285

Fischer, P., Vorsorgeaufwendungen und Altersbezüge – eine erste Entscheidung des BFH zum Alterseinkünftegesetz, NWB F. 3 S. 13895

ders., Renten und dauernde Lasten bei Vermögensübertragungen, DStR, Beihefter zu Heft 17/1992

Fleischer, Vermögensübergabe gegen (private) Versorgungsleistungen nach dem JStG 2008, Zeitschrift für Erbrecht und Vermögensnachfolge 2007 S. 475

Förster, Begrenzte Abziehbarkeit der Altersvorsorgeaufwendungen: verfassungsgemäß trotz aller Bedenken, DStR 2010 S. 137

Förster/Rühmann/Cisch, Betriebsrentengesetz – Gesetz zur Verbesserung der betrieblichen Altersversorgung mit zivilrechtlichen, arbeitsrechtlichen und steuerrechtlichen Vorschriften, 12. Aufl., München 2009

Franz, Riester- und Rürup-Produkte: Änderungen durch das Altersvorsorge-Verbesserungsgesetz, DB 2013 S. 1988

G

Geck, Die Jahreserbschaftsteuer gemäß § 23 ErbStG als Sonderausgabe?, DStR 2010 S. 1977

ders., Die Vermögensübergabe gegen Versorgungsleistungen und das EU-Recht: Rückblick und Ausblick, ZEV 2011 S. 450

ders., Übergabe von Mitunternehmeranteilen gegen Versorgungsleistungen: Gestaltungsüberlegungen hinsichtlich der Mitübertragung von Sonderbetriebsvermögen, DStR 2011 S. 1303

ders., Gestaltungsüberlegungen zur Übertragung von Anteilen an gewerblich geprägten Personengesellschaften gegen Versorgungsleistungen, DStR 2011 S. 962

ders., Nachträgliche Umschichtung von Vermögen bei vorweggenommener Erbfolge in sog. Altfällen, DStR 2011 S. 1215

Geschwendtner, Mehrbedarfsrenten nicht einkommensteuerbar, DStZ 1995 S. 130

Goverts, Steuerliche Anforderungen an die Basisrente, Versicherungswirtschaft 2005 S. 1002

Goverts/Knoll, Zweifelsfragen zum Alterseinkünftegesetz, DStR 2005 S. 223

dies., Anforderungen an Basisrentenprodukte (Rürup-Rente) vor dem Hintergrund des BMF-Schreibens v. 24. 2. 2005, DB 2005 S. 946

Groh, Die vorweggenommene Erbfolge – ein Veräußerungsgeschäft?, DB 1990 S. 2187

ders., Nachträgliche Änderungen des Veräußerungsgewinns, DB 1995 S. 2235

ders., Abschied von der Vermögensübergabe gegen Versorgungsleistungen, FR 2001 S. 277

H

Harder-Buschner, Steuerrechtliche Rahmenbedingungen der betrieblichen Altersversorgung im Überblick, NWB F. 3 S. 12233

dies., Aktueller Rechtsstand der betrieblichen Altersversorgung, NWB F. 3 S. 13217

Hartmann/Böttcher/Nissen/Bordewin, Kommentar zum Einkommensteuergesetz, Loseblattwerk, Wiesbaden

Harz/Meeßen/Wolf, ABC-Führer Lohnsteuer, Loseblattwerk, Stuttgart

Heidrich, Der Sonderausgabenabzug nach dem Alterseinkünftegesetz – ein steuersystematischer Irrweg?, FR 2004 S. 1321

Herrmann/Heuer/Raupach, Einkommensteuergesetz und Körperschaftsteuergesetz mit Nebengesetzen, Loseblattwerk, Köln

Hipler, Die Vermögensübergabe gegen Versorgungsleistungen vor der Entscheidung des Großen Senats des BFH, DStR 2001 S. 1918

ders., Die Vermögensübergabe gegen private Versorgungsleistungen nach den aktuellen Entscheidungen des Großen Senats, FR 2003 S. 1162

Hohaus/Mittelsten Scheid, Steuerliche Behandlung der betrieblichen Altersvorsorge, DStZ 2002 S. 627

Höfer/Veit/Verhuven, Betriebsrentenrecht, 11. erweiterte Aufl. 2013

Höreth/Stelzer/Zipfel, Wege der betrieblichen Altersversorgung: Die Pensionskasse, Steuer-Journal 3/2005 S. 24

dies., Wege der betrieblichen Altersversorgung: Die Direktversicherung, Steuer-Journal 13/2005 S. 18

dies., Wege der betrieblichen Altersversorgung: Die Unterstützungskasse, Steuer-Journal 16-17/2005 S. 19

Höreth/Zipfel/Franke, Wege der betrieblichen Altersversorgung: Der Pensionsfonds, Steuer-Journal 11/2005 S. 19

J

Jansen, Fragen bei der Änderung der Rentenhöhe durch Wertsicherungsklauseln im Falle der Gewinnermittlung nach § 4 Abs. 3 EStG, FR 1985 S. 212

K

Kempermann, Versorgungsleistungen bei Vermögensübergabe zur Vorwegnahme der Erbfolge: Sonderausgaben nur bei voraussichtlich ausreichenden Nettoerträgen, DStR 2003 S. 1736

Kesseler, Neue Formerfordernisse für Vermögensübergaben gegen Versorgungsleistungen, DStR 2011 S. 799

Killat, Verzicht auf den future service – eine Geschichte ohne Ende?, DStZ 2011 S. 892

dies., Verzicht auf den future service – nunmehr ein Ende der unendlichen Geschichte?, DStZ 2012 S. 643

dies., Neuauflage des „Handbuchs" der Finanzverwaltung zur steuerlichen Förderung der privaten und betrieblichen Altersversorgung, DStZ 2013 S. 616

dies., Update zur betrieblichen Altersversorgung, DB 2013 S. 1925

dies., Geänderte Verwaltungsauffassung zur. sog. Nur-Pensionszusage und zur Probezeit bei Pensionszusagen an Gesellschafter-Geschäftsführer, DB 2013 S. 195

Killat-Risthaus, Einkommensteuerrechtliche Behandlung von Vorsorgeaufwendungen und Altersbezügen – Vierte Gesamtauflage des Anwendungsschreibens, DB 2010 S. 2304

Kirchhof, Kontinuität und Vertrauensschutz bei Änderungen der Rechtsprechung, DStR 1989 S. 263

Kirchhof/Söhn/Mellinghoff, Einkommensteuergesetz – Kommentar, Loseblattwerk, Heidelberg

Korn, Beratungspraktische Erkenntnisse und Konsequenzen aus dem Renten-Erlass der Finanzverwaltung vom 23. 12. 1996, DStR 1997 S. 137

Krause-Junk, Der Übergang zur nachgelagerten Rentenbesteuerung – Überlegungen zum Urteil des Bundesfinanzhofs, Wirtschaftsdienst 2006 S. 343

Kruhl Rentenbesteuerung: Viele Rentner fühlen sich überfordert, StBW 2013, S. 891

Krumm, Die Übertragung von unternehmerischen Einheiten gegen Versorgungsleistungen: Überschreitung gleichheitsrechtlicher Gestaltungsspielräume anlässlich einer legitimen gesetzlichen Neukonzeption, StuW 2011 S. 159

Kußmaul/Henkes, Die Abzugsfähigkeit von Vorsorgeaufwendungen seit In-Kraft-Treten des Alterseinkünftegesetzes, ZSteu 2006 S. 2221

ders., Die Besteuerung von privaten Renten, von Bezügen aus Lebensversicherungen und sonstigen Alterseinkünften seit In-Kraft-Treten des Alterseinkünftegesetzes, ZSteu 2006 S. 266

ders., Die Besteuerung von gesetzlichen Renten, „Rürup-Renten" und Pensionen seit In-Kraft-Treten des Alterseinkünftegesetzes, ZSteu 2006 S. 2221

L

Lademann/Söffing/Brockhoff, Kommentar zum Einkommensteuergesetz, Loseblattwerk, Stuttgart

Ley, Steuer- und sozialversicherungsrechtliche Behandlung der betrieblichen Altersversorgung unter Berücksichtigung des Altersvermögensgesetzes – Handlungsbedarf für Arbeitgeber ab dem 1. 1. 2002, DStR 2002 S. 193

Littmann/Bitz/Hellwig, Das Einkommensteuerrecht, Loseblattwerk, Stuttgart

M

Myßen, Vereinfachungen bei der „Riester-Rente", NWB F. 3 S. 13281

ders., Die neuen steuerlichen Rahmenbedingungen für die Pensionskassen, BetrAVG 2002 S. 128

ders., Die private Altersvorsorge nach dem Altersvermögensgesetz, NWB F. 3 S. 11645

Myßen/Fischer, Das Eigenheim als Rente – der neue Wohn-Riester – Verbesserte Einbeziehung der selbstgenutzten Wohnimmobilie in die Riester-Förderung, NWB F. 3 S. 15117

dies., Steuerlich geförderte private Altersvorsorge und betriebliche Altersversorgung – BMF-Schreiben vom 31. 3. 2010, NWB 2010 S. 2050

dies., Umsetzung des EuGH-Urteils zur Riester-Rente durch das EU-Umsetzungsgesetz, FR 2010 S. 462

dies., Änderungen bei der Riester-Förderung durch das BeitrRLUmsG – Mindestbeitrag für mittelbar zulageberechtigte Personen und Nachzahlungsberechtigung, NWB 2011 S. 4390

dies., Grundzüge der Riester-Förderung – Wohn-Riester, schädliche Verwendung und verfahrensrechtliche Rahmenbedingungen, NWB 2011 S. 4304

dies., AltvVerbG: Mehr Transparenz bei geförderten Altersvorsorgeprodukten – Produktinformationsblatt, einheitliche Kostenstruktur, Deckelung der Wechselkosten, NWB 2013 S. 2062

dies., Basisvorsorge im Alter und Wohn-Riester – Neuerungen durch das Altersvorsorge-Verbesserungsgesetz, NWB 2013 S. 1977

Myßen/Grün, Betriebliche Altersversorgung im Bereich der Riester- und Basisrente sowie nachgelagerte Besteuerung, in: Handbuch Betriebliche Altersvorsorge, Fach 150, Loseblattsammlung, Heidelberg

Myßen/Knauß/Bittl/Brückner/Wolter, Handbuch Zulagenförderung – Steuerlich begünstigte Altersvorsorge, Loseblattwerk, Stand Juni 2006, Heidelberg

Myßen/Wolter, Abzug von Vorsorgeaufwendungen und Besteuerung von Altersbezügen – Anmerkungen zum BMF-Schreiben v. 13. 9. 2010, NWB 2011 S. 280

N

Niermann/Risthaus, Zwei wichtige Verwaltungsanweisungen zu den steuerlichen Änderungen bei der privaten Altersvorsorge sowie der betrieblichen Altersversorgung durch das Alterseinkünftegesetz, DB Beilage 2005 Nr. 2

dies., Kommentierte Verwaltungsregelungen zur privaten Altersvorsorge und betrieblichen Altersversorgung, DB Beilage 2008 Nr. 4

dies., Die Neuregelung der betrieblichen und privaten Altersvorsorge durch das Altersvermögensgesetz, Düsseldorf 2002

O

Orth, Stiftungen und Unternehmenssteuerreform, DStR 2001 S. 325

P

Palandt, Bürgerliches Gesetzbuch, 73. Aufl., München 2014

Paus, Rentenerhöhung aufgrund einer Wertsicherungsklausel bei der Gewinnermittlung nach § 4 Abs. 3 EStG, FR 1985 S. 288

ders., Nachträgliche Änderung des Veräußerungs- bzw. Aufgabegewinns, FR 1994 S. 241

ders., Alterseinkünftegesetz: Zur Frage der vorläufigen Verfassungsmäßigkeit von Gesetzen – Anmerkungen zu BFH v. 1. 2. 2006 – X B 166/05, FR 2006 S. 584

Pohl, Neue steuerliche Behandlung der Direktversicherung – erste Erfahrungen der Praxis mit dem Alterseinkünftegesetz, BetrAVG 2005 S. 537

Popp/Zandert, Starke Altersversorgung, Personal 09/2006, S. 10

PricewaterhouseCoopers/Deutsche Rentenversicherung Bund (Hrsg.), Altersvorsorge – Beraten Gestalten Optimieren, Bonn 2009 (zit. Autor in: Handbuch zur Altersvorsorge)

R

Reddig, Lebzeitige Vermögensübertragungen gegen private Versorgungsrente – oder was der Gesetzgeber hiervon übrig ließ, Festschrift für Michael Streck zum 70. Geburtstag, 2011 S. 157

ders., Der 4. Rentenerlass bei Vermögensübertragungen gegen Versorgungsleistungen, DStZ 2010 S. 445

Redert, Besteuerung von Lebensversicherungen, NWB F. 3 S. 13983

Reiss, Die Betriebsübertragung gegen Versorgungsbezüge als teilentgeltliches Veräußerungsgeschäft, FR 1990 S. 381

Richter, Handbuch der Rentenbesteuerung, Loseblattwerk, Köln

ders., Wegfall betrieblicher Leibrentenzahlungen durch Tod des Berechtigten, NWB F. 3 S. 3927 ff.

ders., Betriebsveräußerung gegen Leibrente, DStR 1988 S. 178

ders., Staatliche Förderung der Riester-Rente demnächst vor dem Europäischen Gerichtshof?, IStR 2006 S. 429

Rieckhoff, Regulierungserfordernisse für die Einbindung der Wohnimmobilie in die zusätzliche Altersvorsorge, DRV 2007 S. 590

VERZEICHNIS Literatur

Risthaus, Betriebliche Altersversorgung nach dem AVmG – Möglichkeiten und Chancen für Arbeitgeber und Arbeitnehmer Teil I, EStB 2002 S. 145; Teil II, EStB 2002 S. 189

dies., Behandlung des eherechtlichen Versorgungsausgleichs, NWB F 3 S. 14831

dies., Steuerrechtliche Förderung der privaten Altersvorsorge und betrieblichen Altersversorgung, DStR 2008 S. 845

dies., Steuerrechtliche Behandlung von Altersvorsorgeaufwendungen und Altersbezügen nach dem Alterseinkünftegesetz, DStR 2008 S. 797

dies., Schlussanträge des Generalanwalts in dem Vertragsverletzungsverfahren zur „Riesterrente", DB 2009 S. 931

dies., Regelungen zur Riester-Rente in drei Punkten europarechtswidrig, DB 2009 S. 2019

dies., Neuregelung zum Sonderausgabenabzug für Krankenversicherungsbeiträge, DStZ 2009 S. 669

dies., Begünstigte Vermögensübergaben gegen Versorgungsleistungen – Stellungnahme der Verwaltung zu den Änderungen durch das JStG 2008 (Teil 1 und Teil 2), DB 2010 S. 744 und S. 803

dies., Überblick über die steuerrechtlichen Folgewirkungen im Bereich der Altersversorgung – Strukturreform des Versorgungsausgleichs, DStZ 2010 S. 269

dies., Verdeckte Einlage durch Verzicht eines Gesellschafter-Geschäftsführers auf den „future-service" seiner Pensionszusage, DStZ 2010, S. 212

dies., Beschränkte Abziehbarkeit von Altersvorsorgeaufwendungen und übrigen Vorsorgeaufwendungen verfassungsgemäß, DB 2010 S. 137

dies., Vermögensübergabe gegen Versorgungsleistungen, DB 2003 S. 462, DB 2003 S. 2190

dies., Die Änderungen in der privaten Altersversorgung durch das Alterseinkünftegesetz, DB 2004 S. 1329 (Teil I), DB 2004 S. 1383 (Teil II)

dies., Besteuerung der „Rürup-Rente" – auch für Experten nur schwer durchschaubar?, FR 2005 S. 295

dies., Neuregelung der Besteuerung von Kapitallebensversicherungen nach § 20 Abs. 1 Nr. 6 EStG, DB 2006 S. 232

dies., Die Günstigerprüfung innerhalb der Günstigerprüfung für Rürup-Rentenbeiträge, DB 2006 S. 2773

dies., Ertragsteuerrechtlich begünstigte Vermögensübergabe gegen Versorgungsleistungen soll im JStG 2008 auf Betriebsvermögen eingeschränkt werden, ZErb 2007 S. 314

dies., Konflikt zwischen Einschränkung des Pflegefallrisikos und vertragsimmanenter Abänderbarkeit einer dauernden Last?, DB 2007 S. 2109

dies., Beseitigung einiger Ungereimtheiten im § 20 Abs. 1 Nr. 6 EStG, DStZ 2007 S. 30

dies., Förderung der selbstgenutzten Wohnimmobilie durch das Eigenheimrentengesetz – Ein Beitrag zur Erhöhung des Verbreitungsgrads der geförderten Altersvorsorge?, DB 2008, Beilage Nr. 6

Risthaus/Myßen, Einbeziehung des öffentlichen Dienstes in die Förderung nach dem Altersvermögensgesetz, NWB F. 3 S. 11997

Roggenkamp, Zusätzliche private Altersvorsorge – notwendige Ergänzung zur gesetzlichen Rente?, Gesundheits- und Sozialpolitik 7-8/2005 S. 54

Roth, Steuerliche Förderung der privaten Altersvorsorge und betrieblichen Altersversorgung, Das BMF Schreiben vom 24. 7. 2013, StBW 2013 S. 1066

Röhrig, Vermögensumschichtung nach einer Vermögensübergabe, EStB 2003 S. 186

Ruland, Versorgungsausgleich, 2. Aufl., München 2009

Ruland/Rürup (Hrsg.), Alterssicherung und Besteuerung, Wiesbaden 2008

S

Sarrazin, Leistungen der neuen Zusatzversorgung und ihre steuerliche Behandlung, BetrAVG 2003 S. 189

Sauer, Führt das Wirksamwerden einer Wertsicherungsklausel auch zu einer entsprechenden Änderung (Erhöhung) der Anschaffungskosten für das Wirtschaftsgut?, StBp 1972 S. 63

Schmidt, Einkommensteuergesetz, Kommentar, 32. Aufl., München 2013

Schönemann/Dietrich/Kiesewetter, Verbessert das Eigenheimrentenmodell die Integration der eigengenutzten Immobilie in die Altersvorsorge?, StuW 2009 S. 107

Schoor, Freibetrag für Betriebsveräußerungs- und Betriebsaufgabegewinne, DStR 1995 S. 469

Schothöfer/Killat, Plädoyer für eine zeitgemäße steuerrechtliche Behandlung der Pensionszusage, DB 2011 S. 896

Schuster, Vermögensübergabe gegen Versorgungsleistungen, Steuerrecht im Rechtsstaat (Festschrift für Wolfgang Spindler zum 65. Geburtstag) 2011 S. 749

Schoor, Freibetrag für Betriebsveräußerungs- und Betriebsaufgabegewinne, DStR 1995 S. 469

Schwenke, Das Rechtsinstitut der Vermögensübergabe gegen Versorgungsleistungen im Wandel, DStR 2004 S. 1679

Spiegelberger, Die Renaissance der vorweggenommenen Erbfolge, DStR 2004 S. 1105

ders., Der Sonderausgabenabzug privater Versorgungsrenten – Zwölf Argumente für den Typus 2, DStR 2000 S. 1073

ders., Vorweggenommene Erbfolge – Sonderausgabenabzug bei einer ertraglosen Wirtschaftseinheit?, Stbg 2001 S. 253

ders., Das Ende der privaten Versorgungsrente, DStR 2007 S. 1277

Stein, Ausländische Leistungserbringer und Besteuerung von Versorgungsleistungen nach § 22 Nr. 1b EStG, DStR 2011 S. 1165

Steinle, Schadensersatz für immaterielle Schäden und Einkommensteuerpflicht, BB 1981 S. 359

Stolz/Rieckhoff, Aktuelle Ergebnisse der zulagegeförderten Altersvorsorge, BetrAVG 2005 S. 714

dies., Zulagen in Höhe von 2,4 Mrd. EUR: Förderung der Riester-Rente für das Beitragsjahr 2009, RVaktuell 2012 S. 390

Stosberg, Alterseinkünftegesetz und private steuerlich geförderte Altersvorsorge Teil I, INF 2005 S. 256 und Teil II, INF 2005 S. 300

Stuhrmann, Zur einkommensteuerlichen Behandlung des Versorgungsausgleichs, DStR 1981 S. 529

ders., Unentgeltliche Wohnungsüberlassung als wiederkehrender Bezug im Sinne des § 22 Nr. 1 EStG?, FR 1988 S. 244

Stützel, Gleichheitswidrige und doppelte Besteuerung der Renten festgeschrieben, Kritische Anmerkungen zum BFH Urteil vom 18. 11. 2009, X R 6 08, DStR 2010 S. 1545

T

Theisen, Unternehmensveräußerung und steuerrechtliche Rückwirkung (Teil II), DStR 1994 S. 1599

ders., Entscheidungsalternativen und steuerliche Wahlrechte bei der Betriebsveräußerung unter Berücksichtigung nachträglicher Änderungen der Bemessungsgrundlage, StuW 1986 S. 354

ders., Veräußerungsgewinnbestimmung und Ausfallrisiko, DStR 1988 S. 403

Tiemann/Ferger, Der Versorgungsausgleich im Einkommensteuerrecht, NJW 1997 S. 2137

Tipke/Kruse, Abgabenordnung, Finanzgerichtsordnung, Loseblattwerk, Köln

Tipke/Lang, Steuerrecht, Lehrbuch, 21. Aufl., Köln 2012

Tismer/Feuersänger, Ausfall einer Kaufpreisforderung aus einer Geschäftsveräußerung, DB 1986 S. 1749

Tölle, Eingetragene Lebenspartnerschaft – neue Entwicklungen der steuerlichen Behandlung, Die Konsequenzen der Gleichstellung für die Praxis, NWB 34/2013 S. 2708

V

Vetter, Möglichkeiten der finanziellen Altersvorsorge unter besonderer Berücksichtigung von Leibrenten und reverse mortgage – Eine kritische Analyse, Diplomarbeit, 2006

W

Wacker, Einkommensteuerliche Behandlung wiederkehrender Leistungen bei Übertragung von Betriebs- oder Privatvermögen, NWB F. 3 S. 9933

Wagner-Jung, Änderungen in den BMF-Schreiben zur Vorsorgepauschale ab 2010 sowie zu Vorsorgeaufwendungen und Altersbezügen, DStR 2010 S. 2497

Wälzholz, Aktuelle Gestaltungsprobleme mit Versorgungsleistungen nach § 10 Abs. 1 Nr. 1a EStG, DStR 2010 S. 850

ders., Der 4. Rentenerlass: Versorgungsleistungen nach dem BMF-Schreiben vom 11. 3. 2010, GmbH-StB 2010 S. 206

Weber-Grellet, Rentenbesteuerung im Lichte der neueren BFH-Rechtsprechung – Bestandsaufnahme und Systematisierung, DStR 2012 S. 1253

Wismeth, Der Ausfall der Kaufpreisforderung nach Veräußerung eines Betriebs, DStR 1991 S. 1513

Wolf, Nachzahlungsverfahren gemäß § 52 Abs. 63b EStG, BetrAV 2013 S. 463

ABKÜRZUNGSVERZEICHNIS

A

A.	Anweisung
a. A.	andere Ansicht
a. a. O.	am angegebenen Ort
Abs.	Absatz
Abschn.	Abschnitt
AdV	Aussetzung der Vollziehung
a. E.	am Ende
AfA	Absetzungen für Abnutzungen
AG	Aktiengesellschaft
AltEinkG	Alterseinkünftegesetz
AltEntlG	Altersentlastungsgesetz
AltZertG	Altersvorsorgeverträge-Zertifizierungsgesetz
Anm.	Anmerkung, Anmerkungen
AO	Abgabenordnung
Art.	Artikel
AStG	Außensteuergesetz
Aufl.	Auflage
AVAG	Altersvermögensaufbaugesetz
AVG	Angestellten-Versicherungsgesetz
AVmEG	Altersvermögensergänzungsgesetz
AVmG	Altersvermögensgesetz
AVNG	Angestelltenversicherungs-Neuregelungsgesetz
Az.	Aktenzeichen

B

BAföG	Bundesausbildungsförderungsgesetz
BAnz	Bundesanzeiger
BB	Betriebs-Berater (Zs.)
BBK	Buchführung, Bilanz, Kostenrechnung (Zs.)
BdF	Bundesminister der Finanzen
betr.	betreffend
BetrAVG	Betriebsrentengesetz
BewG	Bewertungsgesetz
BFH	Bundesfinanzhof

BFHE	Sammlung der Entscheidungen des BFH
BFH/NV	Sammlung amtlich nicht veröffentlichter Entscheidungen des Bundesfinanzhofs
BGB	Bürgerliches Gesetzbuch
BGBl	Bundesgesetzblatt
BGH	Bundesgerichtshof
BGHZ	Bundesgerichtshof in Zivilsachen
BMF	Bundesminister(ium) der Finanzen
Bp	Betriebsprüfung
BR-Drucks.	Bundesrats-Drucksache
BSG	Bundessozialgericht
BSGE	Entscheidungen des Bundessozialgerichts
BStBl	Bundessteuerblatt
BT-Drucks.	Bundestags-Drucksache
Buchst.	Buchstabe
BVerfG	Bundesverfassungsgericht
BVerfG	Entscheidungen des Bundesverfassungsgerichts
bzw.	beziehungsweise

D

DB	Der Betrieb (Zs.)
DBA	Doppelbesteuerungsabkommen
d. h.	das heißt
Diss.	Dissertation
DNotZ	Deutsche Notarzeitschrift (Zs.)
DokSt	Dokumentation Steuerrecht (Zs.)
DStR	Deutsches Steuerrecht (Zs.)
DStZ	Deutsche Steuerzeitung (Zs.)

E

EFG	Entscheidungen der Finanzgerichte (Zs.)
EGBGB	Einführungsgesetz zum Bürgerlichen Gesetzbuch
ErbSt	Erbschaftsteuer
ErbStG	Erbschaftsteuergesetz
Erl.	Erlass
ESt	Einkommensteuer
EStB	Der Ertrag-Steuer-Berater (Zs.)
EStDV	Einkommensteuer-Durchführungsverordnung
EStG	Einkommensteuergesetz
EStH	Amtliches Einkommensteuer-Handbuch

Abkürzungen — VERZEICHNIS

EStK	Einkommensteuerkartei
estpfl.	einkommensteuerpflichtig
EStR	Einkommensteuer-Richtlinien
EStRG	Einkommensteuer-Reformgesetz
EU	Europäische Union
EuGH	Europäischer Gerichtshof
evtl.	eventuell
EWR	Europäischer Wirtschaftsraum

F

F.	Fach
f.	und die folgende Seite/Randnummer
ff.	und die folgenden Seiten/Randnummern
FG	Finanzgericht
FinMin	Finanzminister
FinVerw	Finanzverwaltung
FKPG	Gesetz zur Umsetzung des Föderalen Konsolidierungsprogramms
FR	Finanz-Rundschau (Zs.)

G

GBO	Grundbuchordnung
GDL	Gesetz über die Gewinnermittlung der Land- und Forstwirte nach Durchschnittssätzen
GewStR	Gewerbesteuer-Richtlinien
GG	Grundgesetz
ggf.	gegebenenfalls
gl. A.	gleicher Ansicht
GmbHR	GmbH-Rundschau (Zs.)
GrS	Großer Senat

H

H	Hinweis zu den EStR
HaftpflG	Gesetz betr. die Verbindlichkeit zum Schadensersatz für bei dem Betrieb von Eisenbahnen, Bergwerken usw. herbeigeführten Tötungen und Körperverletzungen
HdB	Handbuch der Bilanzierung
HdR	Handbuch der Rentenbesteuerung
HFR	Höchstrichterliche Finanzrechtsprechung (Zs.)
HGB	Handelsgesetzbuch
h. L.	herrschende Lehre

VERZEICHNIS Abkürzungen

h. M.	herrschende Meinung

I

i. d. F.	in der Fassung
i. d. R.	in der Regel
i. H. v.	in Höhe von
INF	Die Information über Steuer und Wirtschaft (Zs.)
i. S. d.	im Sinne des/der
i. V. m.	in Verbindung mit

J

JW	Juristische Wochenschrift (Zs.)

K

KAG	Kapitalanlagegesellschaft
KAGG	Gesetz über Kapitalanlagegesellschaften
KG	Kommanditgesellschaft
KStG	Körperschaftsteuergesetz
KStR	Körperschaftsteuer-Richtlinien
KWG	Kreditwesengesetz

L

LPartG	Lebenspartnerschaftsgesetz
LStDV	Lohnsteuer-Durchführungsverordnung
LStR	Lohnsteuer-Richtlinien
LuftVG	Luftverkehrsgesetz

M

MünchKomm.	Münchener Kommentar zum BGB
m. w. N.	mit weiteren Nachweisen

N

NJW	Neue Juristische Wochenschrift (Zs.)
Nr.	Nummer
nrkr.	nicht rechtskräftig
NSt	Neues Steuerrecht
n. v.	nicht veröffentlicht
NWB	Neue Wirtschafts-Briefe (Zs.)
NWB DokID	NWB Dokumenten Identifikationsnummer Online-Datenbank (www.nwb.de)

O

OFD	Oberfinanzdirektion
OHG	Offene Handelsgesellschaft
OLG	Oberlandesgericht
ÖstZB	Österreichisches Zentralblatt

R

R	Richtlinie
Rechtspr.	Rechtsprechung
RegEntw.	Regierungsentwurf
Rev.	Revision
RFH	Reichsfinanzhof
RG	Reichsgericht
RGRK	Kommentar der Reichsgerichte
RGZ	Amtliche Sammlung der Reichsgerichtsentscheidungen in Zivilsachen
RKESt	Rechtsprechungs-Kommentar
RKnappG	Reichsknappschaftsgesetz
rkr.	rechtskräftig
Rn.	Randnummer
RRG	Rentenreformgesetz
RStBl	Reichssteuerblatt
RV	Rentenversicherung
RVO	Reichsversicherungsordnung
RWP	Rechts- und Wirtschaftspraxis (Zs.)
Rz.	Randziffer

S

S.	Seite
s.	siehe
SachbezV	Sachbezugsverordnung
SGB	Sozialgesetzbuch
sog.	so genannte(r)
Sp.	Spalte
st.	ständig
StandOG	Standortsicherungsgesetz
StAnpG	Steueranpassungsgesetz
StBerKongrRep	Steuerberaterkongressreport
Stbg	Die Steuerberatung (Zs.)
StbJb	Steuerberater-Jahrbuch
StBp	Die steuerliche Betriebsprüfung (Zs.)

Abkürzungen

StEK	Steuererlasse in Karteiform
StMBG	Missbrauchsbekämpfungs- und Steuerbereinigungsgesetz
StNeuOG	Steuerneuordnungsgesetz
StRK	Steuerrechtsprechung in Karteiform
StuW	Steuer und Wirtschaft (Zs.)
StVG	Straßenverkehrsgesetz
StW	Steuer-Warte (Zs.)

T

Tz.	Textziffer

U

u. a.	unter anderem
u. E.	unseres Erachtens
USt	Umsatzsteuer
u. U.	unter Umständen

V

VAG	Versicherungsaufsichtsgesetz
VAHRG	Gesetz zur Regelung von Härten im Versorgungsausgleich
VBL	Versorgungsanstalt Bund Länder
VersAusglG	Versorgungsausgleichsgesetz
Vfg.	Verfügung
VGH	Verwaltungsgerichtshof
vgl.	vergleiche
v. H.	vom Hundert
VO	Verordnung
VOL	Verordnung über die Aufstellung von Durchschnittssätzen für die Ermittlung des Gewinns aus Land- und Forstwirtschaft
Vorbem.	Vorbemerkung
VStR	Vermögensteuer-Richtlinien
VZ	Veranlagungszeitraum

W

WährG	Währungsgesetz
WK	Werbungskosten
WPg	Wirtschaftsprüfung (Zs.)
WpHG	Wertpapierhandelsgesetz

Z

z. B.	zum Beispiel
ZErb	Zeitschrift für die Steuer- und Erbrechtspraxis
ZfA	Zulagenstelle für Altersvermögen
Ziff.	Ziffer
ZPO	Zivilprozessordnung
Zs.	Zeitschrift

Teil A: Einführung in die Probleme der Besteuerung wiederkehrender Bezüge und allgemeine Grundsätze

I. Allgemeines

Wiederkehrende Zahlungen werden in den unterschiedlichsten Bereichen so häufig vereinbart oder sind – insbesondere in Form von Leibrenten – Gegenstand von Versicherungsverhältnissen oder -verträgen, dass die damit verbundenen einkommensteuerlichen Folgen allein schon aus diesem Grund größtes Interesse verdienen.

Bei der Gestaltung von Rechtsgeschäften, die derartige Leistungen vorsehen, muss vor allem wegen deren zumeist langer Laufzeit besonders genau untersucht werden, welche steuerlichen Wirkungen entstehen.

Allerdings lassen sich die steuerlichen Wirkungen der wiederkehrenden Zahlungen aus den gesetzlichen Vorschriften oft nur unter großen Schwierigkeiten ableiten. Insbesondere in den letzten Jahren ist deshalb die Kenntnis der einschlägigen Rechtsprechung, der Verwaltungsanweisungen sowie bei besonders umstrittenen Fragen der im Schrifttum vertretenen Ansichten für den Berater immer wichtiger – aber auch immer unübersichtlicher – geworden.

Dies ist mit darauf zurückzuführen, dass der frühere Weg, die zutreffende einkommensteuerliche Behandlung der wiederkehrenden Zahlungen (Versteuerung beim Empfänger, Abzug beim Leistenden) aus der Art der wiederkehrenden Bezüge (Leibrente, Rate, dauernde Last, Zeitrente) herzuleiten, heute nicht mehr greift.

Leibrente ist hinsichtlich der Besteuerung nicht gleich Leibrente. Es gibt Leibrenten im Zusammenhang mit Vermögensübergabeverträgen im Wege der vorweggenommenen Erbfolge, die sind „Versorgungsleistungen" und damit beim Leistenden in vollem Umfang nach § 10 Abs. 1 Nr. 1a EStG als Sonderausgaben abziehbar und beim Empfänger nach § 22 Nr. 1 Satz 1 EStG bzw. § 22 Nr. 1b EStG voll steuerpflichtig. Es gibt Leibrenten aus der sog. Basisversorgung, die sind nach § 22 Nr. 1 Satz 3 Buchst. a Doppelbuchst. aa EStG nachgelagert zu besteuern. Es gibt Leibrenten z. B. Veräußerungsleibrenten oder Leibrenten aus Rentenversicherungen mit Kapitalwahlrecht, die sind nach § 22 Nr. 1 Satz 3 Buchst. a Doppelbuchst. bb EStG mit dem Ertragsanteil zu versteuern. Außerdem gibt es Leibrenten – sog. Riester-Renten –, die sind nach § 22 Nr. 5 EStG zu versteuern (soweit sie auf geförderten Beiträgen beruhen vollständig nachgelagert, soweit sie auf nicht geförderten Beiträgen beruhen, mit dem Ertragsanteil).

4 Diese kleine Aufzählung zeigt bereits, dass das Abstellen auf die Arten von wiederkehrenden Bezügen heute nicht mehr zum zutreffenden Ergebnis führt.

Aus diesem Grund wird im Folgenden ein anderer Weg gewählt:

5 Bei der Darstellung des gesamten Themenkreises wird danach unterschieden, welche Art der Vereinbarung oder welche gesetzliche Regelung dem zu beurteilenden wiederkehrenden Bezug zugrunde liegt.

6 Danach ergeben sich im Wesentlichen folgende Schwerpunkte:
- ▶ Unentgeltliche Vermögensübergabe gegen Versorgungsleistungen im Rahmen der vorweggenommenen Erbfolge
- ▶ Veräußerung von Vermögen (Privat- oder Betriebsvermögen) gegen wiederkehrende Leistungen
- ▶ Steuerliche Behandlung der unterschiedlichen Altersbezüge
- ▶ Steuerliche Behandlung der übrigen wiederkehrenden Zahlungen – wie z. B. Schadensersatz- und Schmerzensgeldrenten, Versorgungsausgleichsrenten, Unterhaltsleistungen im Rahmen von Scheidungs- oder Trennungsvereinbarungen, verrentete Erbschaftsteuer.

Im Rahmen der gebildeten Schwerpunkte wird auf die jeweiligen Besonderheiten eingegangen, wenn sich solche aus der Art des wiederkehrenden Bezugs ergeben.

7 Da aber – zumindest den Bezügen, die der Besteuerung nach § 22 Nr. 1 EStG unterliegen – weiterhin gemein ist, dass es sich um „wiederkehrende Bezüge" handeln muss und dass § 22 Nr. 1 EStG subsidiär gegenüber den anderen Einkunftsarten ist, werden zunächst Erläuterungen hierzu vorangestellt.

8–10 (Einstweilen frei)

II. Begriff der „wiederkehrenden Bezüge"

1. Bedeutung des Begriffs

11 Ob Bezüge wiederkehrend zugeflossen sind, ist nicht bei allen Einkunftsarten gleichermaßen von Bedeutung. Im betrieblichen Bereich wirken sich Vermögensmehrungen grundsätzlich sowohl bei einmaligen Zahlungen als auch bei wiederkehrender Zahlungsweise gewinnerhöhend aus. Erhöht sich außerbetriebliches Vermögen, ist dagegen die wiederkehrende Zahlungsweise Voraussetzung dafür, dass Bezüge als sonstige Einkünfte i. S. d. § 22 Nr. 1 EStG er-

fasst werden können. Andererseits sind jedoch Schadensersatzrenten i. S. d. § 843 Abs. 1, 2. Alternative BGB aufgrund von Rechtsprechung des BFH[1] nicht steuerbar, falls sie bei Zahlung in einem Betrag nicht besteuert werden könnten. Vgl. hierzu im Einzelnen Rn. 40 ff. und Rn. 2376 ff.

(Einstweilen frei)   12–15

2. Inhalt des Begriffs

a) Noch ausstehende Klärung

Der Inhalt des Begriffs „wiederkehrende Bezüge" ist durch Rechtsprechung und Wissenschaft nicht abschließend geklärt. Die in den höchstrichterlichen Urteilen, den EStR und dem einschlägigen Schrifttum enthaltenen Definitionen weichen voneinander ab.   16

b) Häufigkeit und Dauer

Wiederkehrende Bezüge sind alle Bezüge, die nicht nur einmal anfallen. Unseres Erachtens kann es nicht auf die tatsächliche Wiederkehr ankommen. Ausschlaggebend muss vielmehr sein, ob ein Entschluss des Leistenden erkennbar ist, die Bezüge dem Empfänger wiederkehrend zufließen zu lassen, nicht die tatsächliche Wiederkehr.[2]   17

> **BEISPIEL:** ▶ Wiederkehrende Bezüge bei einmaliger Zahlung
>
> Der unbeschränkt einkommensteuerpflichtige A hat in vorweggenommener Erbfolge von seinem Vater einen Gewerbebetrieb übernommen. Im Übergabevertrag hat er dem Vater auf Lebenszeit angemessene Versorgungsleistungen zugesagt, die aus den Erträgen des Gewerbebetriebs erwirtschaftet werden können. Nach der ersten Zahlung ist der Vater verstorben.
>
> Unseres Erachtens stellen die Versorgungsleistungen wiederkehrende Bezüge i. S. d. § 22 Nr. 1b EStG dar, obwohl der Vater sie nur einmal erhalten hat.

Problematisch ist u. U., ob die Bezüge für eine Mindestdauer zugesichert sein müssen, sofern es sich nicht um lebenslange Zahlungen handelt. Der BFH hat in zwei älteren Urteilen gefordert, dass die Bezüge „für eine gewisse Mindestdauer" zufließen.[3] In späteren Entscheidungen hat er diese Voraussetzung je-   18

---

1 Urteile vom 25. 10. 1994, VIII R 79/91, BStBl 1995 II S. 121 und vom 14. 12. 1994, X R 106/92, BStBl 1995 II S. 410.
2 Gl. A. Herrmann/Heuer/Raupach, § 22, Anm. 108; Schmidt, § 22, Rz. 13; Kirchhof/Söhn/Mellinghoff, § 22, Rn. B 21 ff.
3 BFH, Urteile vom 18. 1. 1963, VI 242/61 U, BStBl 1963 III S. 141 und vom 22. 1. 1965, VI 243/62 U, BStBl 1965 III S. 313.

doch nicht mehr genannt. Auch in den EStR wird sie nicht verlangt.[1] Die h. M. im Schrifttum nimmt ebenfalls an, dass eine gewisse Mindestdauer der Leistungen nicht erforderlich ist.[2] Dass die vom BFH früher vertretene gegenteilige Ansicht auf Bedenken stoßen muss, zeigt sich, wenn man versucht, die konkret maßgebende Mindestdauer zu bestimmen, während der die Bezüge zufließen müssten, um die Steuerpflicht auszulösen.

19 Auch dauerhaft anfallende wirtschaftliche Vorteile sind u. E. „wiederkehrende" Bezüge. Daher umfasst dieser Begriff die Vorteile aus der Nutzung von Sachen oder Rechten, z. B. einer Wohnung.[3] Der Ausdruck „wiederkehrend" würde zu eng ausgelegt, wenn man einen zeitlichen Zwischenraum zwischen den einzelnen Bezügen fordern würde. Nach dem Grundgedanken des § 22 Nr. 1 EStG, wie er sich aus der Entwicklung der Vorschrift ergibt, wird die steuerliche Leistungsfähigkeit in allen Fällen gestärkt, in denen während eines bestimmten Zeitraums nicht nur einmal wirtschaftliche Vorteile zufließen. Ob das wiederholt oder dauerhaft geschieht, ist wirtschaftlich gleichbedeutend.

20 Problematisch ist allerdings, ob die Einbeziehung anderer Leistungen (neben den Leibrenten) in die Besteuerung nach § 22 Nr. 1 Satz 3 Buchst. a EStG immer dem Merkmal der Wiederkehr gerecht wird. Vgl. zu den Bedenken im Einzelnen Rn. 1293 f.

21–25 (Einstweilen frei)

c) Einheitlicher Rechtsgrund oder einheitlicher Entschluss

26 Nach allgemeiner Ansicht erfordern wiederkehrende Bezüge einen einheitlichen Rechtsgrund oder – falls sie ohne rechtliche Verpflichtung angefallen sind – einen einheitlichen Entschluss des Leistenden.[4] Nur dann besteht der Zusammenhang zwischen den Bezügen, der es rechtfertigt, sie als wiederkehrend zu bezeichnen. Der einheitliche Rechtsgrund kann eine gesetzliche Vorschrift, ein Vertrag oder eine letztwillige Verfügung sein. Auf einer gesetzlichen Vorschrift beruhen insbesondere die Sozialversicherungsrenten sowie die

---

1 R 22.1 EStR.
2 Gl. A. Herrmann/Heuer/Raupach, § 22, Anm. 113; Schmidt, § 22, Rz. 13; Kirchhof/Söhn/Mellinghoff, § 22, Rn. B 21 ff.
3 Hiervon ist schon die Rechtsprechung des BFH ausgegangen, vgl. z. B. Urteil vom 8. 9. 1938, RStBl 1939 S. 4.
4 BFH in st. Rechtsprechung, vgl. z. B. die Urteile vom 20. 7. 1971, VIII 24/65, BStBl 1972 II S. 170; vom 27. 9. 1973, VIII R 71/69, BStBl 1974 II S. 101; vom 13. 3. 1974, I R 180/72, BStBl 1974 II S. 423; vom 26. 4. 1977, VIII R 2/75, BStBl 1977 II S. 631; vom 19. 10. 1978, VIII R 9/77, BStBl 1979 II S. 133 und vom 25. 8. 1987, IX R 98/82, BStBl 1988 II S. 344; ebenso R 22.1 EStR.

wiederkehrenden Bezüge, die wegen einer unerlaubten Handlung (§§ 823 ff. BGB) als Schadenersatz gewährt werden.

Beruhen die Bezüge nicht auf einem einheitlichen Rechtsgrund, sondern auf einem einheitlichen Entschluss, müssen hierfür hinreichende Anhaltspunkte irgendwelcher Art bestehen. Unseres Erachtens genügt es beispielsweise, dass der Leistende seine Absicht, wiederholt Zahlungen zu entrichten, in einem Brief an den Zahlungsempfänger zum Ausdruck gebracht hat. Auch den freiwilligen Leistungen einer Stiftung liegt ein einheitlicher Entschluss zugrunde, der des Stifters, denn durch den jährlichen Verteilungsbeschluss soll dessen mit der Stiftung und ihrer Vermögensausstattung verbundener Auftrag erfüllt werden.[1] Dagegen ist der einheitliche Entschluss vom BFH in einem Fall verneint worden, in dem Ausschüttungen aus einem Nachlass nur an diejenigen Berechtigten erfolgten, die jeweils einen besonderen Bittbrief geschrieben hatten, so dass Berechtigte, die den Brief nicht geschrieben hatten, bei späteren Ausschüttungen nicht mehr berücksichtigt wurden.[2]

27

Wiederkehrende Einnahmen ohne einheitlichen Rechtsgrund stellen freiwillige Bezüge des Empfängers dar, die nach § 22 Nr. 1 Satz 2 EStG grundsätzlich nicht dem Empfänger zuzurechnen sind. Vgl. hierzu Rn. 116 ff.

28

d) Regelmäßigkeit der Leistungen

Für wiederkehrende Bezüge wird allgemein gefordert, dass sie mit einer „gewissen" Regelmäßigkeit zufließen.[3] Wann dieses Maß an Regelmäßigkeit noch bejaht werden kann oder schon verneint werden soll, ist unklar. Fallen die Bezüge sehr unregelmäßig an, werden sie in aller Regel nicht auf einem einheitlichen Entschluss beruhen, so dass die Voraussetzungen des § 22 Nr. 1 EStG schon aus diesem Grund nicht erfüllt sind. Hinsichtlich der Frage, ob der Empfänger die Bezüge mit einer gewissen Regelmäßigkeit erhält, kommt es u. E. auf die Vorstellungen des Leistenden an. Deshalb schadet die auf Zahlungsverzug beruhende Unregelmäßigkeit u. E. nicht, wenn erkennbar ist, dass die Leistungen mit einer gewissen Regelmäßigkeit erbracht werden sollten.[4]

29

(Einstweilen frei)

30–35

---

1 BFH, Urteil vom 25. 8. 1987, IX R 98/82, BStBl 1988 II S. 344.
2 BFH, Urteil vom 20. 7. 1971, VIII 24/65, BStBl 1972 II S. 170.
3 BFH, Urteile vom 20. 7. 1971, VIII 24/65, BStBl 1972 II S. 170; vom 13. 3. 1974, I R 180/72, BStBl 1974 II S. 423; vom 19. 10. 1978, VIII R 9/77, BStBl 1979 II S. 133 und vom 7. 4. 1992, VIII R 59/89, BStBl 1992 II S. 809; R 22.1 EStR; Schmidt, § 22, Rz. 13.
4 Gl. A. Herrmann/Heuer/Raupach, § 22, Anm. 109.

e) Güter in Geld oder Geldeswert

aa) Allgemeine Grundsätze

36 Wiederkehrende Bezüge, die im Rahmen einer Gewinneinkunftsart anfallen (§ 2 Abs. 1 Nr. 1 – 3 EStG), sind Betriebseinnahmen, und wiederkehrende Bezüge, die bei einer Überschusseinkunftsart zufließen (§ 2 Abs. 1 Nr. 4 – 7 EStG), stellen Einnahmen i. S. d. § 8 EStG dar. In beiden Fällen muss es sich um „Güter in Geld oder Geldeswert" handeln. Zu den Letzteren gehören geldwerte Vorteile jeglicher Art; die in § 8 Abs. 2 EStG enthaltene Bezeichnung „Sachbezüge" für Güter in Geldeswert ist daher missverständlich. Ob im Einzelfall ein geldwerter Vorteil zugeflossen ist, richtet sich nach objektiven Merkmalen.[1] Es kommt also nicht darauf an, ob der Empfänger erkannt hat, dass ihm ein geldwerter Vorteil gewährt worden ist.

37 Wiederkehrende Bezüge in „Geld" sind nur Zahlungsmittel in Euro.

Güter in Geldeswert sind alle Güter, denen vom Markt ein in Geld ausdrückbarer Wert beigemessen wird. Dass der Begriff „wiederkehrende Bezüge" diesen weiten Inhalt hat, wird durch § 22 Nr. 1 Satz 3 Buchst. b EStG bestätigt. Danach zählen auch „sonstige Vorteile", die wiederkehrend anfallen zu den Bezügen i. S. d. zitierten Vorschrift. Als Formen wiederkehrender Bezüge kommen hiernach insbesondere in Betracht:

► Übertragung von Sachen und Rechten an den Empfänger dieser Bezüge einschließlich von Geld in ausländischer Währung;

► Nutzung von Sachen und Rechten (z. B. einer Wohnung);

► Befreiung von Verbindlichkeiten, z. B. im Rahmen eines Wirtschaftsüberlassungsvertrages[2] oder eines Vermögensübergabevertrages;[3]

► Dienstleistungen.[4]

38 Besonders häufig kommen Geld- und Sachbezüge als Versorgungsleistungen vor, die üblicherweise in Übergabeverträgen vereinbart werden (vgl. Rn. 146 ff.). Ein Beispiel für wiederkehrende Sachbezüge bilden ferner Zuschüsse, die wiederholt durch Übereignung von Wertpapieren gewährt werden.[5]

---

1 Herrmann/Heuer/Raupach, § 8, Anm. 25.
2 Vgl. BFH, Urteil vom 18. 2. 1993, IV R 50/92, BStBl 1993 II S. 548 und Rn. 496 ff.
3 Vgl. hierzu im Einzelnen Rn. 27 und Rn. 501 ff.
4 Zur Frage, ob eigene Dienstleistungen Gegenstand einer dauernden Last im Rahmen eines Vermögensübergabevertrages sein können, vgl. Rn. 40, 503.
5 RFH, Urteil vom 6. 2. 1941, RStBl 1941 S. 418.

Bei der Besteuerung von Sachbezügen ist es oft schwierig, deren Wert zu ermitteln. Ist ein Einzelnachweis nicht geführt, muss der Wert geschätzt werden (§ 162 AO). Die Schätzung muss den üblichen Endpreisen am Abgabeort (§ 8 Abs. 2 EStG) so weit wie möglich nahe kommen. Nach Auffassung des BFH ist diese Voraussetzung bei den Werten der SachbezV erfüllt. Deshalb sind grundsätzlich die Beträge anzusetzen, die sich nach der SachbezV in der für den jeweiligen Veranlagungszeitraum geltenden Fassung ergeben.[1] Im Zusammenhang mit landwirtschaftlichen Hofübergabeverträgen kann ein Abschlag von diesen Werten nicht damit begründet werden, Landwirte bestritten die Verpflegung teilweise aus dem eigenen Betrieb. Ausnahmen von den Werten der SachbezV sind nur zulässig, wenn sie aufgrund von Besonderheiten des Einzelfalls zu einer offensichtlich unrichtigen Besteuerung führen würden.[2] Die Leistungen einer Pflegekraft sind i. d. R. in Höhe der dem Verpflichteten entstandenen Aufwendungen anzusetzen, wenn dem Berechtigten, hätte er die Pflegekraft selbst angestellt, vermutlich gleich hoher Aufwand entstanden wäre.

39

bb) Eigene Dienstleistungen

Auch Dienstleistungen sind Güter in Geldeswert und können daher wiederkehrende Bezüge i. S. d. § 22 Nr. 1 EStG sein. Unseres Erachtens zählen – isoliert betrachtet – auch wiederkehrende persönliche Dienstleistungen des Verpflichteten zu den Einnahmen i. S. d. § 22 Nr. 1 EStG, soweit es sich nicht um eine Vermögensumschichtung handelt. Dem Verpflichteten entstehen zwar mit den Dienstleistungen keine Aufwendungen; dem Empfänger dieser Leistungen fließen aber Güter in Geldeswert zu.

40

Allerdings dürften sich in der Praxis keine Schwierigkeiten ergeben, denn persönliche Dienstleistungen werden im Regelfall im Rahmen von Vermögensübergabeverträgen zur Regelung der vorweggenommenen Erbfolge vereinbart. Bei Vermögensübergabeverträgen besteht jedoch zwischen dem Sonderausgabenabzug beim Verpflichteten und der Erfassung der sonstigen Bezüge beim Berechtigten ein Korrespondenzprinzip. Das heißt, Versorgungsleistungen sind beim Berechtigten als Einkünfte aus wiederkehrenden Bezügen nach § 22 Nr. 1 EStG nur zu versteuern, soweit der Verpflichtete zum Abzug der Leistungen als Sonderausgaben nach § 10 Abs. 1 Nr. 1a EStG berechtigt ist (vgl.

---

1 BFH, Urteil vom 21.6.1989, X R 13/85, BStBl 1989 II S. 786.
2 BFH, Urteil vom 21.6.1989, X R 13/85, BStBl 1989 II S. 786 sowie Urteil vom 18.12.1990, X R 151/88, BStBl 1991 II S. 354.

hierzu Rn. 503). Dies gilt sowohl dem Grunde als auch der Höhe nach.[1] Da ein Sonderausgabenabzug mangels Aufwendungen nicht in Betracht kommt, unterbleibt auch die Besteuerung. Ab 2008 hat der Gesetzgeber dieses Korrespondenzprinzip auch ausdrücklich im Gesetz verankert, indem in § 22 Nr. 1b EStG bestimmt wurde, dass Einkünfte aus Versorgungsleistungen zu den sonstigen Einkünften gehören, soweit sie beim Zahlungsverpflichteten nach § 10 Abs. 1 Nr. 1a EStG abgezogen werden können.

41–45 (Einstweilen frei)

f) Abgrenzung wiederkehrender Bezüge von der Vermögensumschichtung

aa) Abgrenzung gegen Ratenzahlungen

46   Nach allgemeiner Ansicht gehören diejenigen Beträge nicht zu den wiederkehrenden Bezügen, die Raten darstellen.[2] Wird ein Anspruch in Teilbeträgen erfüllt, was besonders häufig bei Kaufpreisansprüchen, Darlehensrückzahlungen und erbrechtlichen Ansprüchen vorkommt, rechtfertigt diese Zahlungsweise wegen der darin enthaltenen Vermögensumschichtung nicht, bei dem Empfänger vom Tilgungsanteil Einkommensteuer zu erheben.

Abgesehen von einem möglicherweise zu versteuernden Veräußerungsgewinn (§§ 4, 5, 17, 20 Abs. 2, 22 Nr. 2 i. V. m. 23 EStG), haben in allen Fällen von Ratenzahlungen lediglich die Zinsanteile als Einnahmen i. S. d. § 20 Abs. 1 Nr. 5 oder 7 EStG Einfluss auf die Höhe des Einkommens des Empfängers.[3] Entweder erhöhen sie dessen betrieblichen Gewinn oder sie fließen ihm außerhalb des Betriebes zu und sind dann Einnahmen aus Kapitalvermögen i. S. d. § 20 Abs. 1 Nr. 7 EStG.

47   Wegen der gleich bleibenden Höhe der Zahlungen und des infolgedessen exakt bestimmbaren Anspruchs sind Zeitrenten früher regelmäßig wie Ratenzahlungen beurteilt worden. Für die Annahme einer Zeitrente gegenüber Ra-

---

1   BFH, Urteil vom 26. 7. 1995, X R 113/93, BStBl 1996 II S. 157, und Beschluss GrS vom 12. 5. 2003, GrS 1/00, BStBl 2004 II S. 95.
2   Vgl. z. B. RFH, Urteile vom 7. 5. 1930, RStBl 1930 S. 578 und vom 27. 1. 1944, RStBl 1944 S. 363; BFH, Urteile vom 24. 4. 1970, VI R 212/69, BStBl 1970 II S. 541; vom 20. 7. 1971, VIII 24/65, BStBl 1972 II S. 170 und vom 12. 11. 1985, IX R 2/82, BStBl 1986 II S. 261.
3   BFH, Urteil vom 26. 11. 1992, X R 187/87, BStBl 1993 II S. 298.

ten war ausschlaggebend, ob die Leistungen mit einem Wagnis behaftet waren.[1] Nach der neueren Rechtsprechung wird die Unterscheidung jedoch mangels steuerlicher Auswirkung nicht mehr vorgenommen.[2]

bb) Abgrenzung der anlässlich von Veräußerungsvorgängen vereinbarten wiederkehrenden Bezüge von den Vermögensumschichtungen

Das Problem, die Besteuerung von Vermögensumschichtungen zu vermeiden, wenn wiederkehrenden Leistungen eine Gegenleistung gegenübersteht, betrifft betriebliche wie außerbetriebliche Veräußerungsvorgänge gegen wiederkehrende Bezüge. Für den betrieblichen Bereich vgl. hierzu Rn. 611 ff. Für außerbetriebliche Leibrenten wurde die Frage seit 1955 durch die gesetzliche Fiktion geregelt, dass nur der sog. Ertragsanteil zu den Einnahmen i. S. d. § 22 Nr. 1 EStG gehört. Als Lösung für die verbleibenden Fälle außerbetrieblicher Veräußerungsvorgänge, d. h. bei der Höhe nach schwankenden Leistungen, hatte die Rechtsprechung die Verrechnung des Wertes der Leistungen mit dem Wert der Gegenleistung entwickelt (vgl. Rn. 528). 48

In seiner neueren Rechtsprechung hat der BFH jedoch auch die Veräußerungsleibrenten und die schwankenden wiederkehrenden Bezüge im Zusammenhang mit einer Vermögensübertragung den Kaufpreisraten gleichgestellt und von Beginn an in einen Zins- und in einen Tilgungsanteil zerlegt.[3] Vgl. hierzu im Einzelnen Rn. 556 ff.

(Einstweilen frei) 49–55

3. Bedeutung der wiederkehrenden Leistungsform für die Steuerbarkeit der Bezüge

a) Rechtsauffassung von 1920 bis 1994

Der Wortlaut des § 22 Nr. 1 EStG lässt klar erkennen, dass die Wiederkehr der Bezüge das Merkmal darstellt, an das die Besteuerung nach dieser Vorschrift angeknüpft worden ist. Werden Leistungen wiederkehrend bezogen, sind sie hiernach auch zu besteuern, wenn die Steuerpflicht bei Leistung in einem Be- 56

---

1 RFH, Urteil vom 23. 5. 1933, RStBl 1933 S. 663; vom 8. 1. 1941, StuW 1941 Nr. 146 und vom 19. 2. 1936, RStBl 1936 S. 768; BFH, Urteil vom 12. 6. 1968, IV 254/62, BStBl 1968 II S. 653.
2 BFH, Urteil vom 19. 5. 1992, VIII R 37/90, BFH/NV 1993 S. 87; vom 26. 11. 1992, X R 187/87, BStBl 1993 II S. 298; vom 23. 2. 1994, X R 123/92, BStBl 1994 II S. 690 und vom 31. 8. 1994, X R 44/93, BStBl 1996 II S. 676.
3 BFH, Urteile vom 27. 2. 1992, X R 136/88, X R 139/88, BStBl 1992 II S. 609, 612; vom 26. 11. 1992, X R 187/87, BStBl 1993 II S. 298 und vom 9. 2. 1994, IX R 110/90, BStBl 1995 II S. 47.

trag nicht bestanden hätte. Der RFH hat die Vorschrift, die in ähnlicher Form schon in § 13 Nr. 2 EStG 1920 enthalten war, in ständiger Rechtsprechung so interpretiert.[1] Außer auf den Wortlaut hat er sich dabei auf die Entstehungsgeschichte der Bestimmung gestützt. Der BFH hat bis in die 1990er Jahre an dieser Auslegung festgehalten.[2] Die Verwaltung[3] und die h. M. im Schrifttum hatten die dargestellte Rechtslage nicht angezweifelt. Allerdings war die gesetzliche Regelung nach der die Bezüge allein wegen ihrer Wiederkehr der Einkommensteuer unterworfen werden, auf Kritik gestoßen.[4]

b) Aufgabe des bisherigen Grundsatzes durch den BFH in 1994

57 Der VIII. Senat des BFH hat die Geltung des Grundsatzes, dass wiederkehrende Bezüge allein wegen der Wiederkehr der Leistungen der Einkommensteuer zu unterwerfen sind, in einem Urteil vom 25. 10. 1994 verneint.[5] Er hat dementsprechend die Erfassung von Schadensersatzrenten nach § 22 Nr. 1 EStG auf die Fälle beschränkt, in denen Ersatz für weggefallene steuerbare Einkünfte geleistet wird. Bei Schadensersatzrenten, die dem Ausgleich vermehrter Bedürfnisse eines Verletzten dienen (§ 843 Abs. 1 BGB), fehlt diese Voraussetzung. Sie sind deshalb in dem zitierten Urteil für nicht steuerbar erklärt worden. Der X. Senat des BFH hat sich dem Urteil des VIII. Senats angeschlossen.[6] Das Gleiche gilt für die Verwaltung, die aus der neueren BFH-Rechtsprechung gefolgt hat, dass auch Schmerzensgeldrenten nicht steuerbar sind.[7]

58 Die Entscheidung des VIII. Senats vom 25. 10. 1994 ist auf die folgenden drei Gründe gestützt worden:

- ▶ Zum Ausgleich vermehrter Bedürfnisse gezahlte Entschädigungen erhöhen die finanzielle Leistungsfähigkeit nicht. Wirtschaftlich betrachtet, handelt es sich dabei nur um „durchlaufende Gelder".

- ▶ Aus den normativen Grundaussagen des § 2 Abs. 1 EStG, die auch bei der Auslegung des § 22 Nr. 1 EStG zu beachten sind, ergibt sich, dass grundsätzlich nur die „erwirtschaftete" finanzielle Leistungsfähigkeit von der Einkommensteuer erfasst wird.

---

1 So schon RFH, Urteil vom 3. 12. 1927, StuW 1928, Nr. 66; zuletzt Urteil vom 29. 3. 1944, RStBl 1944 S. 651.
2 Vgl. z. B. die Urteile vom 12. 9. 1985, VIII R 306/81, BStBl 1986 II S. 252 und vom 25. 8. 1987, IX R 98/82, BStBl 1988 II S. 344.
3 Vgl. z. B. OFD München, Verfügung vom 10. 9. 1979, StEK § 22 Nr. 79.
4 Herrmann/Heuer/Raupach, § 22, Anm. 122 (frühere Fassung).
5 VIII R 79/91, BStBl 1995 II S. 121.
6 Urteil vom 14. 12. 1994, X R 106/92, BStBl 1995 II S. 410.
7 BMF-Schreiben vom 8. 11. 1995, BStBl 1995 I S. 705.

► Da Schadensersatzleistungen als Einmalbetrag nicht der Einkommensteuer unterliegen, sondern Vorgänge der nicht steuerbaren Vermögensebene betreffen, muss das Gleiche für Schadensersatzleistungen in der Form wiederkehrender Bezüge gelten. Eine Besteuerung nur wegen der Form der Bezüge, also allein wegen der Wiederholung, steht im Widerspruch zu dem das Einkommensteuerrecht rechtfertigenden und zugleich von Verfassungs wegen begrenzenden Grundsatz der Besteuerung nach der wirtschaftlichen Leistungsfähigkeit.

c) Stellungnahme zu der neueren Rechtsprechung des BFH

59 Unseres Erachtens wird der Grundsatz der Besteuerung nach der finanziellen Leistungsfähigkeit durch die neuere Rechtsprechung im Ergebnis in zutreffender Weise interpretiert.[1] Die Besteuerung nur wegen der wiederkehrenden Leistungsform steht im Widerspruch zu dem Grundsatz der Besteuerung nach der wirtschaftlichen Leistungsfähigkeit, solange gleichartige einmalige Leistungen nicht der Einkommensteuer unterliegen. Auch wenn der Gesetzgeber eine derartige Unterscheidung wohl offensichtlich gewollt – zumindest hingenommen hat – ist diese wirtschaftlich nicht gerechtfertigt.

Fraglich ist allerdings, ob dem BFH eine derart weitgehende Norminterpretation zustand, oder ob er nicht vielmehr das BVerfG hätte anrufen müssen, um diesbezüglich die Verfassungskonformität des § 22 Nr. 1 EStG überprüfen zu lassen.

d) Tragweite der neueren BFH-Rechtsprechung

60 Zunächst war es schwierig die Tragweite der geänderten Rechtsprechung zu beurteilen, zumal die Begründung des Urteils vom 25.10.1994 über den Leitsatz hinausgeht. Während dieser nur die Mehrbedarfsrenten i. S. d. § 843 Abs. 1 2. Alternative BGB betrifft, besagt die Urteilsbegründung unter 1. c, der Senat schränke seine zur Steuerbarkeit von Schadensersatzrenten vertretene Rechtsprechung auf die Fälle ein, in denen Ersatz für andere, bereits steuerbare Einkünfte geleistet wird. Nach der Urteilsbegründung entfällt die Steuerbarkeit somit auch für die Unterhaltsersatzrenten, die im Falle der Tötung eines Unterhaltspflichtigen zu zahlen sind (§ 844 Abs. 2 BGB), sowie für Renten wegen entgehender Dienstleistungen (§ 845 BGB). Die FinVerw hingegen hat diesbezüglich zunächst an einer Besteuerung nach § 22 Nr. 1 EStG mit dem vollen Be-

---

[1] Soweit hierzu bis zur 12. Auflage die gegenteilige Auffassung vertreten worden ist, wird hieran nicht mehr festgehalten.

trag festgehalten, weil es in diesen Fällen bei dem für Unterhaltsrenten in § 22 Nr. 1 Satz 2 EStG bestimmten Korrespondenzprinzip, wonach wiederkehrende Bezüge beim Verpflichteten und beim Empfänger einheitlich zu beurteilen sind, bleibe.[1] Mit Urteil vom 26. 11. 2008 hat der BFH dann allerdings entschieden, dass eine Schadensersatzrente nach § 844 Abs. 2 BGB, die den durch den Tod des Ehegatten eingetretenen materiellen Unterhaltsschaden ausgleicht, nicht der Einkommensteuer unterliegt.[2] Der Besteuerungstatbestand des § 22 Nr. 1 EStG sei regelmäßig nur dann erfüllt, wenn die Leistungen andere steuerbare Einnahmen ersetzen würden. Dies betreffe etwa Fälle, in denen der Rentenbezug mit vom Zahlungsverpflichteten abziehbaren Leistungen korrespondiere (z. B. Realsplitting, dauernde Last) oder in denen die Bezüge einen Zinsanteil enthalten würden. Die Unterhaltsrente nach § 844 Abs. 2 BGB sei daher nicht steuerbar. Sie sei zwar kein Unterhalt, sondern Schadensersatz. Dennoch stütze sich der Anspruch des Geschädigten unmittelbar auf unterhaltsrechtliche Regeln. Die Unterhaltsrente gleiche keine steuerbaren Einnahmen, sondern den vom Getöteten geschuldeten fiktiven Unterhalt aus. Die Höhe der Unterhaltsrente richte sich danach, wie sich die Unterhaltsbeziehungen zwischen dem Unterhaltsberechtigten und dem Unterhaltsverpflichteten fortentwickelt hätten. Die Unterhaltsrente stelle lediglich die durch das Schadensereignis entfallende wirtschaftliche Absicherung des Empfängers wieder her. Sie sei nicht Ersatz für entgangene oder entgehende Einnahmen i. S. d. Einkommensteuergesetzes. Vgl. hierzu im Einzelnen Rn. 2371 ff. Die FinVerw hat sich der Rechtsprechung mit BMF-Schreiben vom 15. 7. 2009[3] angeschlossen.

61–65 (Einstweilen frei)

III. Subsidiäre Bedeutung des § 22 Nr. 1 EStG

66 Die in § 2 Abs. 1 Nr. 1 – 6 EStG aufgezählten Einkunftsarten haben gegenüber den sonstigen Einkünften i. S. d. § 22 Nr. 1 EStG Vorrang. § 22 Nr. 1 EStG bringt das klar zum Ausdruck, indem die Vorschrift bestimmt, dass diese nur als sonstige Einkünfte zu beurteilen sind, soweit sie nicht in eine der ersten sechs Einkunftsarten fallen. Gehören die zufließenden Beträge zu den in den §§ 13 – 21 EStG genannten Einkünften, ist die wiederkehrende Zahlungsweise ohne Bedeutung. Es gelten dann hinsichtlich der Frage, welche Einkunftsart betroffen ist, die gleichen Regeln wie für einmalige Leistungen. Insbesondere ist es dann

---

1 BMF-Schreiben vom 8. 11. 1995, BStBl 1995 I S. 705.
2 X R 31/07, BStBl 2009 II S. 651, Vorinstanz FG Rheinland-Pfalz, Urteil vom 5. 7. 2007, 4 K 1535/05, EFG 2007 S. 1496.
3 BStBl 2009 I S. 836.

nicht zulässig, bei Leibrenten nur den Ertragsanteil zu besteuern, da die rechnerische Aufspaltung in Kapital- und Ertragsanteil nur für Leibrenten vorgesehen ist, die zu den sonstigen Einkünften i. S. d. § 22 EStG zählen. Andererseits ist bei allen wiederkehrenden Leistungen, die sich nicht in eine der ersten sechs Einkunftsarten einordnen lassen, zu prüfen, welche Rechtsfolgen sich aus § 22 EStG ergeben. Regelmäßig sind sie nach § 22 Nr. 1 EStG als Einnahmen zu erfassen. Der Gesetzgeber hat es als gerechtfertigt angesehen, wiederkehrende Bezüge allein wegen ihrer Wiederkehr der Einkommensteuer zu unterwerfen, weil er der Meinung war, dass die wirtschaftliche Leistungsfähigkeit durch diese Bezüge verstärkt wird.

BEISPIEL: Subsidiäre Bedeutung des § 22 Nr. 1 EStG

A ist Gewerbetreibender. Infolge eines schweren Verkehrsunfalls ist er schuldlos um 80 % in der Erwerbsfähigkeit gemindert. Er erhält deshalb von der Versicherung des schuldigen Kraftfahrers vierteljährlich 5000 € als Ersatz für den voraussichtlich entgehenden Gewinn, und zwar bis zur Vollendung seines 65. Lebensjahres.

Die Zahlungen bilden eine Entschädigung für entgehende Betriebseinnahmen. Sie erhöhen nach den §§ 24 Nr. 1a, 15 EStG den gewerblichen Gewinn. Dass die Entschädigung nicht in Form eines einmaligen Betrags, sondern wiederkehrend erfolgt, ist insofern einkommensteuerlich unerheblich. Es kann auch dahingestellt bleiben, ob die Merkmale einer Rente gegeben sind. Wegen der Frage, ob der Schadensersatzanspruch bei Gewinnermittlung nach § 5 EStG zu aktivieren ist und ob jeweils Abgrenzungsposten zu bilden sind vgl. Rn. 1064 f.

Wäre A Landwirt oder freiberuflich tätig, würden die Zahlungen zu den Einkünften aus Land- und Forstwirtschaft (§ 13 EStG) bzw. aus selbständiger Arbeit (§ 18 EStG) gehören. Hätte er den Unfall als Arbeitnehmer erlitten und erhielte er die Entschädigung als Ausgleich für entgehenden Arbeitslohn, würde sie im Rahmen der Einkünfte aus § 19 EStG anfallen.

BEISPIEL: Subsidiäre Bedeutung des § 22 Nr. 1 EStG

B erhält seit der Vollendung seines 65. Lebensjahrs neben seiner Sozialversicherungsrente monatlich 200 € aufgrund einer Versorgungszusage seines Arbeitgebers (Betriebsrente).

Die Leistungen seines Arbeitgebers stellen nachträglichen Arbeitslohn dar, weil sie nur im Hinblick auf das frühere Dienstverhältnis erfolgen (§§ 19, 24 Nr. 2 EStG).

Weitere typische Beispiele für wiederkehrende Bezüge, die nicht sonstige Einkünfte i. S. d. § 22 Nr. 1 EStG darstellen, bilden Zinsen sowie Miet- und Pachteinnahmen. 67

Zwischenzeitlich hat der BFH allerdings in der Begründung seines Urteils vom 25.10.1994[1] aus § 2 Abs. 1 EStG abgeleitet, wiederkehrende Bezüge seien nur 68

---
1 VIII R 79/91, BStBl 1995 II S. 121.

steuerbar, wenn auch bei Zahlung in einem Betrag Steuerpflicht bestanden hätte (vgl. hierzu Rn. 57 ff.).

69–75 (Einstweilen frei)

IV. Korrespondenzprinzip

76 Für wiederkehrende Leistungen enthalten die Vorschriften des EStG in mehrfacher Hinsicht eine Wechselwirkung zwischen der steuerlichen Behandlung des Empfängers und derjenigen des Leistenden. Werden die wiederkehrenden Bezüge beim Empfänger als Teil seines Einkommens besteuert, sind diese Beträge beim Leistenden in einer Reihe von Fällen steuermindernd zu berücksichtigen. Dieser gesetzlich verankerte Zusammenhang wird als Korrespondenzprinzip bezeichnet.[1] In der Wechselwirkung kommt zum Ausdruck, dass die finanzielle Leistungsfähigkeit des Empfängers nach der Ansicht des Gesetzgebers durch das Zufließen der Bezüge gestärkt wird, dass sich aber andererseits die des Leistenden entsprechend verringert. Die erwähnte korrespondierende Regelung sieht das EStG für die folgenden drei Fallgruppen vor.

▶ Unentgeltliche Vermögensübergabe gegen Versorgungsleistungen: Zwischen dem Sonderausgabenabzug nach § 10 Abs. 1 Nr. 1a EStG beim Verpflichteten und der Erfassung der sonstigen Bezüge beim Berechtigten nach § 22 Nr. 1 EStG (ab 2008: § 22 Nr. 1b EStG) besteht ein Korrespondenzprinzip. Das heißt, Versorgungsleistungen sind beim Berechtigten als Einkünfte aus wiederkehrenden Bezügen nach § 22 Nr. 1 EStG bzw. § 22 Nr. 1b EStG nur zu versteuern, soweit der Verpflichtete zum Abzug der Leistungen als Sonderausgaben nach § 10 Abs. 1 Nr. 1a EStG berechtigt ist. Dies gilt sowohl dem Grunde als auch der Höhe nach.[2] Insoweit liegt im Bereich des Rechtsinstituts des Vermögensübergabevertrages eine Sondersituation vor, die sich mit der Unentgeltlichkeit der Vermögensübergabe begründet. Weil der Vermögensübernehmer die Einkünfte aus dem zuvor übertragenen Vermögen erzielt, sie aber letztlich (zumindest teilweise) in Form der Versorgungsleistungen an den Vermögensübergeber weiterleiten muss, bei dem sie damit die steuerliche Leistungsfähigkeit erhöhen, wird über den Sonderausgabenabzug verbunden mit der Besteuerung beim Empfänger ein rechtstechnischer Einkünftetransfer geschaffen, der aus diesem Grund eine Korrespondenz bedingt. Zum Teil wird in der Literatur die Auffassung ver-

---

1 BFH, Urteil vom 19. 10. 1978, VIII R 9/77, BStBl 1979 II S. 133, mit Hinweis auf die amtliche Begründung zu § 11 EStG 1920.
2 BFH, Urteil vom 26. 7. 1995, X R 113/93, BStBl 1996 II S. 157.

treten, dass sich die Abziehbarkeit als Sonderausgaben ergibt, weil die wiederkehrenden Bezüge gemäß § 22 Nr. 1 EStG steuerpflichtig sind (aufgrund ihrer Wiederkehr). Diese Argumentation erscheint u. E. jedoch nicht systemgerecht – zumal der BFH es inzwischen auch ablehnt, Einkünfte i. S. d. § 22 Nr. 1 EStG allein aufgrund ihrer Wiederkehr anzunehmen[1] – und wird vom GrS in seinem Beschluss vom 12. 5. 2003[2] auch abgelehnt. Bei der Vermögensübergabe ist die Argumentationskette genau andersherum. Dies wird ab 2008 auch aus dem Gesetz deutlich, indem der Gesetzgeber in § 22 Nr. 1b EStG ganz klar geregelt hat, dass (nur) Einkünfte aus Versorgungsleistungen zu den sonstigen Einkünften gehören, soweit sie nach § 10 Abs. 1 Nr. 1a EStG vom Geber abgezogen werden können.

Ist die Vermögensübertragung gegen wiederkehrende Leistungen hingegen als entgeltlicher Veräußerungsvorgang zu beurteilen (zur Abgrenzung gegenüber der unentgeltlichen Vermögensübergabe vgl. Rn. 541), besteht keine Korrespondenz zwischen Abziehbarkeit beim Leistenden und Besteuerung beim Empfänger.

▶ Das EStG sieht ferner grundsätzlich eine Wechselwirkung zwischen der Steuerpflicht beim Empfänger und dem Abzug beim Leistenden hinsichtlich wiederkehrender Zuwendungen vor.[3] Werden derartige Zuwendungen freiwillig oder aufgrund einer freiwillig begründeten Rechtspflicht oder einer gesetzlich unterhaltsberechtigten Person gewährt, sind die Zuwendungen dem Empfänger nicht zuzurechnen (§ 22 Nr. 1 Satz 2 EStG). Andererseits kann der Leistende sie nicht abziehen (§ 12 Nr. 2 EStG). Der Zweck dieser schon im EStG 1920 enthaltenen Regelung besteht darin, eine doppelte steuerliche Belastung zu vermeiden, zu der es kommen würde, wenn die Zuwendungen beim Empfänger besteuert wurden, obwohl sie beim Leistenden nicht abgezogen werden durften. Da derartige Zahlungen auch in anderen Ländern regelmäßig nicht steuermindernd berücksichtigt werden können, gilt die Korrespondenz seit dem VZ 2009 unabhängig davon, ob der Leistende unbeschränkt einkommen- oder körperschaftsteuerpflichtig ist. Das Tatbestandsmerkmal der unbeschränkten Einkommensteuerpflicht oder unbeschränkten Körperschaftsteuerpflicht des Leistenden war bis einschließlich VZ 2008 zusätzlich erforderlich, um die Zurechnung beim Empfänger zu verhindern.[4] Durch die Änderung sind europarechtliche Bedenken

---

1 BFH, Urteil vom 25. 10. 1994, VIII R 79/91, BStBl 1995 II S. 121.
2 BFH, Beschluss des GrS 1/00, BStBl 2004 II S. 95.
3 Zu den Ausnahmen, die sich aus § 22 Nr. 1 Satz 2 Halbsatz 2 EStG ergeben, vgl. Rn. 116 ff.
4 Vgl. § 22 Nr. 1 Satz 2 EStG i. d. F. des JStG 2009 vom 19. 12. 2008, BGBl 2008 I S. 2794.

gegen den Ausschluss von nicht unbeschränkt Steuerpflichtigen beseitigt worden.[1]

Die korrespondierende Wirkung erstreckt sich auch auf Fälle, in denen freiwillig wiederkehrende Zuwendungen Betriebsausgaben einer (unbeschränkt körperschaftsteuerpflichtigen) Körperschaft sind. Zwar ist § 12 Nr. 2 EStG auf Körperschaften nicht anwendbar, das Abzugsverbot ergibt sich jedoch aus § 4 Abs. 5 Nr. 1 EStG. Nach dieser Vorschrift dürfen Geschenke, d. h. unentgeltliche Zuwendungen, den Gewinn grundsätzlich nicht mindern. Ausnahmen gelten nur für Geschenke an Arbeitnehmer und für Geschenke, deren Wert im Wirtschaftsjahr insgesamt 35 € nicht übersteigen. Infolge dieser Regelung dürfte für die Anwendung des vor der Einführung des § 4 Abs. 5 Nr. 1 EStG ergangenen umstrittenen BFH-Urteils vom 27.11.1959,[2] wonach wiederkehrende Zuwendungen in derartigen Fällen zu besteuern waren, kein Raum mehr sein.

▶ Schließlich gehören Unterhaltsleistungen nur zu den Einnahmen i. S. d. § 22 Nr. 1a EStG, soweit sie nach § 10 Abs. 1 Nr. 1 EStG vom Leistenden abgezogen werden dürfen (sog. Realsplitting).

77–80 (Einstweilen frei)

V. Nicht steuerbare Zuwendungen i. S. d. § 12 Nr. 2 EStG

1. Grenzen der Wechselwirkung zwischen § 12 Nr. 2 EStG und § 22 Nr. 1 EStG

81 Werden wiederkehrende Bezüge freiwillig oder aufgrund einer freiwillig begründeten Rechtspflicht oder einer gesetzlich unterhaltsberechtigten Person gewährt, so sind sie nach § 22 Nr. 1 Satz 2 Halbsatz 1 EStG grundsätzlich nicht dem Empfänger zuzurechnen. Die Vorschrift korrespondiert damit im Wesentlichen mit § 12 Nr. 2 EStG, der freiwillige Zuwendungen, Zuwendungen aufgrund einer freiwillig begründeten Rechtspflicht und Zuwendungen an eine gegenüber dem Steuerpflichtigen oder seinem Ehegatten gesetzlich unterhaltsberechtigte Person oder deren Ehegatten, auch wenn diese Zuwendungen auf einer besonderen Vereinbarung beruhen, beim Verpflichteten vom Abzug

---

1 Das FG Hamburg hatte mit Urteil vom 28.6.2007, 3 K 237/06, EFG 2008 S. 768 entsprechende Bedenken geäußert.
2 VI 172/59 U, BStBl 1960 III S. 65.

(Betriebsausgaben, Werbungskosten, Sonderausgaben) ausschließt. Vgl. insoweit auch die Ausführungen zum Korrespondenzprinzip in Rn. 76.

Allerdings sind die Vorschriften des § 12 Nr. 2 EStG und des § 22 Nr. 1 EStG in ihrem Wortlaut nicht genau aufeinander abgestimmt. Während § 12 Nr. 2 EStG den Abzug von „Zuwendungen" (vgl. Rn. 86 ff.) ausschließt, betrifft die Befreiung nach § 22 Nr. 1 Satz 2 EStG weitergehend „Bezüge", d. h. sämtliche Einnahmen i. S. d. § 8 EStG. Dem Grundgedanken der beiden Bestimmungen entsprechend, bleiben jedoch beim Empfänger auch nur „Zuwendungen" steuerfrei.[1]

Dass wiederkehrende Zuwendungen dem Empfänger nicht zugerechnet werden, setzte bis einschließlich Veranlagungszeitraum 2008 unbeschränkte Einkommensteuerpflicht oder – von Ausnahmen abgesehen – unbeschränkte Körperschaftsteuerpflicht des Leistenden voraus. War diese Voraussetzung nicht erfüllt, ergab sich aus § 22 Nr. 1 Satz 2 EStG durch Umkehrschluss, dass die Zuwendungen beim Empfänger zu besteuern waren. Ab dem Veranlagungszeitraum 2009 hat der Gesetzgeber wegen europarechtlicher Bedenken auf das Tatbestandsmerkmal der unbeschränkten Einkommensteuerpflicht oder der unbeschränkten Körperschaftsteuerpflicht verzichtet (vgl. hierzu auch Rn. 76). 82

Handelt es sich um Unterhaltsleistungen geschiedener oder dauernd getrennt lebender Ehegatten, kommt es allerdings auch in Veranlagungszeiträumen vor 2009 nicht zur Zurechnung beim Empfänger der Unterhaltsleistungen, wenn die Unterhaltsleistungen von einem nicht unbeschränkt einkommensteuerpflichtigen Geber erbracht werden. In diesem Fall greift § 22 Nr. 1 Satz 2 EStG zwar nicht, so dass § 22 Nr. 1 Satz 1 EStG wieder zum Zuge kommen könnte, der dem Empfänger die Unterhaltsleistungen steuerlich zurechnet. Der BFH hat allerdings mit Urteil vom 31. 3. 2004[2] entschieden, dass § 22 Nr. 1a EStG als Spezialvorschrift für sämtliche Unterhaltsleistungen, die ein unbeschränkt einkommensteuerpflichtiger Ehegatte von seinem geschiedenen oder dauernd getrennt lebenden Ehegatten bezieht, eine Sperrwirkung entfaltet und die allgemeine Regelung zur Versteuerung wiederkehrender Bezüge in § 22 Nr. 1 Satz 1 EStG insoweit verdrängt (vgl. hierzu auch Rn. 2423 ff.). 83

(Einstweilen frei) 84–85

---

[1] Gl. A. Herrmann/Heuer/Raupach, § 22, Anm. 233.
[2] X R 18/03, BStBl II 2004, 1047.

2. Zuwendungen

86 Zuwendungen sind geldwerte Leistungen, die nach der herrschenden Meinung unentgeltlich, d. h. ohne Gegenleistung zufließen.[1]

87 Stehen die wiederkehrenden Leistungen daher im Zusammenhang mit einer (teil-)entgeltlichen Vermögensübertragung (vgl. hierzu im Einzelnen Rn. 526 ff.), handelt es sich grundsätzlich nicht um Zuwendungen. Ist allerdings der Kapital- oder Barwert der wiederkehrenden Leistungen höher als der Wert des übertragenen Vermögens, ist Entgeltlichkeit nur in Höhe des angemessenen Kaufpreises anzunehmen. In diesem Fall ist der übersteigende Betrag eine Zuwendung i. S. d. § 12 Nr. 2 EStG. Ist der Kapital- oder Barwert der wiederkehrenden Leistungen mehr als doppelt so hoch wie der Wert des übertragenen Vermögens, liegt nach Auffassung der FinVerw insgesamt eine Zuwendung i. S. d. § 12 Nr. 2 EStG vor.[2]

88 Werden im Rahmen einer Vermögensübergabe im Wege der vorweggenommenen Erbfolge wiederkehrende Leistungen vereinbart und liegen die Voraussetzungen einer unentgeltlichen Vermögensübergabe gegen Versorgungsleistungen vor (vgl. hierzu im Einzelnen Rn. 146 ff.), handelt es sich bei den vereinbarten Versorgungsleistungen nicht um Zuwendungen, sondern um den Transfer von Einkünften.

89–90 (Einstweilen frei)

3. Freiwillige Zuwendungen

91 Freiwillig ist eine Zuwendung, wenn sie ausschließlich auf einer Willensentscheidung des Steuerpflichtigen beruht und er diese Entscheidung auch hätte unterlassen können. Der Entscheidung darf folglich keine gesetzliche oder vertragliche Verpflichtung, keine behördliche Anordnung und keine rechtsverbindliche Anordnung eines Dritten (z. B. ein Testament) zugrunde liegen.[3]

Ob Zuwendungen freiwillig gewährt werden, kann schwierig zu beurteilen sein. In vielen Fällen muss durch Auslegung geklärt werden, ob der Empfänger die Leistungen aufgrund eines Rechtsanspruchs erhält.

---

1 BFH, Urteil vom 27. 2. 1992, X R 139/88, BStBl 1992 II S. 612; gl. A. Schmidt, § 12, Rz. 35 f.; Kirchhof/Söhn, § 12, Rn. C 10.

2 BMF-Schreiben vom 11. 3. 2010, BStBl 2010 I S. 227, Rz. 66.

3 BFH, Urteil vom 4. 2. 1975, VIII R 71/70, BStBl 1975 II S. 529 und vom 25. 8. 1987, IX R 98/82, BStBl 1988 II S. 344; gl. A. Herrmann/Heuer/Raupach, § 12, Anm. 85.

Fallen freiwillig wiederkehrende Bezüge im Rahmen einer der ersten sechs Einkunftsarten an (§ 2 Abs. 1 Nr. 1 – 6 EStG), sind sie steuerlich wie wiederkehrende Bezüge zu behandeln, die auf einer wirksamen rechtlichen Verpflichtung beruhen. Dass freiwillige wiederkehrende Bezüge zu einer dieser Einkunftsarten gehören, kommt allerdings nicht häufig vor.

(Einstweilen frei) 92–95

4. Freiwillig begründete Rechtspflicht

Zuwendungen beruhen z. B. auf einer freiwillig begründeten Rechtspflicht, wenn sie durch einen rechtsverbindlichen Vertrag zwischen Empfänger und Leistendem vereinbart worden sind.

96

Unter welchen Voraussetzungen eine Rechtspflicht als freiwillig begründet angesehen werden muss, ist nicht hinreichend geklärt. Sicher ist allerdings, dass nur Rechtspflichten in Betracht kommen, die auf einem Rechtsgeschäft beruhen. Rechtspflichten, die sich aus gesetzlichen Vorschriften ergeben, entstehen nicht freiwillig. Auch wenn eine gesetzliche Verpflichtung, Schadenersatz zu leisten, auf eine einmalige Leistung gerichtet war und dann aufgrund eines Vergleichs zu einer Rentenverpflichtung wird, beruht Letztere u. E. nicht auf einer freiwillig begründeten Rechtspflicht.[1] Der Vergleich wird zwar freiwillig abgeschlossen; die damit beabsichtigte Änderung der Zahlungsweise rechtfertigt es aber nicht, die Verpflichtung, die ihrem Wesen nach weiterhin den gesetzlich angeordneten Schadensersatz zum Gegenstand hat, als freiwillig begründet anzusehen.

(Einstweilen frei) 97–100

5. Zuwendungen an eine unterhaltsberechtigte Person

a) Abgrenzung des betroffenen Personenkreises

Die Rechtswirkungen der §§ 12 Nr. 2 und 22 Nr. 1 Satz 2 EStG betreffen nach dem Wortlaut des Gesetzes Zuwendungen an sämtliche Personen, die kraft Gesetzes Unterhaltsleistungen verlangen können. Nach allgemeiner Ansicht ist jedoch regelmäßig nur derjenige gesetzlich unterhaltsberechtigt i. S. dieser Vorschrift, dessen Unterhaltsanspruch sich aus dem Familienrecht ergibt. Die §§ 12 Nr. 2 und 22 Nr. 1 Satz 2 EStG sind daher nicht anwendbar, wenn die Unterhaltsleistungen als Schadensersatz nach § 843 Abs. 2 oder nach § 844 Abs. 2

101

---

1 Gl. A. Herrmann/Heuer/Raupach, § 12, Anm. 112, Kirchhof/Söhn, § 12, Rn. C 46.

BGB erfolgen und der Geschädigte gegen den Schädiger keinen familienrechtlichen Unterhaltsanspruch hat.[1] Nach § 843 Abs. 2 BGB ist eine Geldrente wegen Verletzung des Körpers oder der Gesundheit zu zahlen. In den Fällen des § 844 Abs. 2 BGB werden die Bezüge gezahlt, weil der Schädiger den Tod des Unterhaltsverpflichteten schuldhaft verursacht und damit dem Geschädigten Unterhaltsansprüche entzogen hat.

Dies hatte bislang grundsätzlich zur Folge, dass der Zahlungsverpflichtete die Unterhaltsleistungen nach § 10 Abs. 1 Nr. 1a EStG als Sonderausgaben steuermindernd geltend machen konnte. Hinsichtlich der Besteuerung beim Empfänger hatte sich der BFH zwar mit Urteil vom 25.10.1994[2] gegen eine Besteuerung ausgesprochen; dem hatte sich die FinVerw jedoch nicht angeschlossen. Ab dem Veranlagungszeitraum 2008 ist der Abzug als Sonderausgaben allerdings entfallen, weil der Gesetzgeber den Anwendungsbereich des § 10 Abs. 1 Nr. 1a EStG auf Versorgungsleistungen im Zusammenhang mit unentgeltlichen Vermögensübergaben im Wege der vorweggenommenen Erbfolge eingeschränkt hat. Gleiches gilt für die Steuerpflicht beim Empfänger nach § 22 Nr. 1 Satz 1 EStG. Denn die FinVerw hat sich mit BMF-Schreiben vom 15.7.2009[3] der Auffassung des BFH[4] angeschlossen und hat ihren Nichtanwendungserlass[5] zum BFH-Urteil vom 25.10.1994 aufgehoben.

BEISPIEL: Abgrenzung Schadenslast – Unterhaltsrente

A, der schuldhaft den Tod seines Arbeitskollegen B verursacht hat, ist verurteilt, der Ehefrau des Getöteten monatlich 1 000 € zu zahlen. Er hat diese Verpflichtung während des gesamten Veranlagungszeitraums 2006 erfüllt.

Bei der Ermittlung des Einkommens des A sind die Zahlungen nach § 10 Abs. 1 Nr. 1a EStG in voller Höhe als Sonderausgaben zu berücksichtigen. Eine Leibrente liegt nicht vor, da ein Rentenstammrecht fehlt.[6] Die Zahlungen stellen zwar Zuwendungen dar, weil ihnen keine Gegenleistung gegenübersteht, und die Ehefrau des Getöteten hat einen gesetzlichen Unterhaltsanspruch gegen A; § 12 Nr. 2 EStG schließt jedoch den Abzug der Aufwendungen nicht aus, weil sich der Anspruch nicht auf familienrechtliche Vorschriften stützt. Aufgrund der Verurteilung des A beruht die Zahlung auf einem besonderen Verpflichtungsgrund; sie ist weder freiwillig noch beruht sie auf einem freiwilligen Rechtsgrund. Ab dem VZ 2008 entfällt allerdings der Sonderaus-

---

1 BFH, Urteil vom 19.10.1978, VIII R 9/77, BStBl 1979 II S. 133.
2 VIII R 79/91, BStBl 1995 II S. 121.
3 BStBl 2009 I S. 836.
4 BFH, Urteil vom 26.11.2008, BStBl 2009 II S. 651.
5 BMF-Schreiben vom 8.11.1995, BStBl 1995 I S. 705.
6 BFH, Urteil vom 5.4.1965, VI 330/63 U, BStBl 1965 III S. 359 und vom 31.10.1969, VI R 60/68, BStBl 1970 II S. 115.

V. Nicht steuerbare Zuwendungen i. S. d. § 12 Nr. 2 EStG

gabenabzug, weil die Vorschrift des § 10 Abs. 1 Nr. 1a EStG auf Versorgungsleistungen eingeschränkt worden ist.

B hat in 2006 12 × 1 000 € = 12 000 € Einnahmen bezogen. Nach neuerer Rechtslage sind diese nicht mehr steuerpflichtig, da neben dem BFH[1] auch die FinVerw[2] sich gegen eine Besteuerung ausgesprochen hat.

Gesetzlich unterhaltsberechtigt i. S. d. §§ 12 Nr. 2 und 22 Nr. 1 Satz 2 EStG ist nicht nur, wer tatsächlich als Gläubiger Unterhaltsleistungen verlangen kann. Abweichend vom bürgerlichen Recht genügt es für die Anwendung dieser Bestimmungen, dass Geber und Empfänger der Zuwendungen zu dem Kreis von Personen gehören, zwischen denen ein gesetzlicher Unterhaltsanspruch familienrechtlicher Art möglich ist.[3] Diese Auslegung des Gesetzes berücksichtigt am besten den Grundgedanken des § 12 Nr. 2 EStG, dass Zuwendungen an besonders nahe stehende Personen Aufwendungen für die private Lebenshaltung darstellen. Solche Zuwendungen sind deshalb beim Leistenden auch nicht abziehbar und dementsprechend vom Empfänger nicht zu versteuern, wenn es an einem Unterhaltsanspruch familienrechtlicher Art nur fehlt, weil der Empfänger nicht bedürftig ist (§ 1602 BGB) oder weil eine andere Person vorrangig für den Unterhalt zu sorgen hat (§§ 1606, 1608 BGB) oder weil die gesetzliche Unterhaltspflicht durch eine vertragliche Regelung abbedungen worden ist.[4] Es ist daher unerheblich, ob die Zuwendungen den Betrag, der kraft Gesetzes als Unterhalt geschuldet wird, übersteigen. 102

Allerdings hat die weite Auslegung des Begriffs „gesetzlich unterhaltsberechtigte Person" ihre Bedeutung verloren, seit das Abzugsverbot des § 12 Nr. 2 EStG auch Zuwendungen aufgrund einer freiwillig begründeten Rechtspflicht umfasst. Wiederkehrende Zuwendungen an Personen, die einen gesetzlichen Unterhaltsanspruch gegen den Leistenden haben können, ihn aber nicht haben, weil sie nicht bedürftig sind, erfolgen entweder freiwillig oder sie beruhen auf einer freiwillig begründeten Rechtspflicht und sind daher ebenso vom Abzugsverbot betroffen. 103

Folgenden Personen kann ein familienrechtlicher Unterhaltsanspruch zustehen: 104

---

1 BFH, Urteile vom 25. 10. 1994, VIII R 79/91, BStBl 1995 II S. 121, und vom 28. 11. 2008, X R 31/07, BStBl 2009 II S. 651.
2 BMF-Schreiben vom 15. 7. 2009, BStBl 2009 I S. 836.
3 BFH in st. Rechtsprechung, vgl. Urteil vom 19. 10. 1978, VIII R 9/77, BStBl 1979 II S. 133, m. w. N.
4 BFH, Urteile vom 6. 11. 1970, VI R 94/69, BStBl 1971 II S. 99 und vom 31. 10. 1973, VI R 206/70, BStBl 1974 II S. 86.

- Verwandten in gerader Linie (§ 1601 BGB). Diese Vorschrift gilt auch für Unterhaltsansprüche des nichtehelichen Kindes gegen den Vater oder des Vaters eines solchen Kindes gegen das Kind;
- einem geschiedenen Ehegatten (§§ 1569 ff. BGB);
- einem getrennt lebenden Ehegatten (§ 1361 BGB);
- einem adoptierten Kind gegenüber den Adoptiveltern (§§ 1757, 1601 BGB);
- die Mutter eines nichtehelichen Kindes gegen den Vater des Kindes für eine bestimmte Dauer (§ 1615 I BGB) und umgekehrt, der Vater gegen die Mutter, wenn er das Kind betreut;
- einem eingetragenen Lebenspartner (seit dem 1.8.2001; § 5 Lebenspartnerschaftsgesetz – LPartG –).

b) Übergang der Unterhaltsverpflichtung auf den Erben

105 Geht die Unterhaltsverpflichtung, die das Abzugsverbot des § 12 Nr. 2 EStG auslöste, auf den Erben des ursprünglich Verpflichteten über, darf auch er nach h. M. die Rente oder dauernde Last nicht abziehen.[1] Das gilt ohne Rücksicht darauf, ob der Unterhaltsberechtigte auch gegenüber dem Erben einen familienrechtlichen Unterhaltsanspruch haben kann. Ist das nicht der Fall, reicht also der auf dem Erbrecht beruhende Unterhaltsanspruch für die Weitergeltung des Abzugsverbots aus.[2]

c) Ausnahmeregelung für dauernd getrennt lebende oder geschiedene Ehegatten

106 Seit dem Veranlagungszeitraum 1979 ist das Abzugsverbot des § 12 Nr. 2 EStG für Zuwendungen an gesetzlich unterhaltsberechtigte Personen insofern durchbrochen, als Unterhaltsleistungen an den dauernd getrennt lebenden oder geschiedenen Ehegatten bis zum Höchstbetrag von 13 805 € jährlich als Sonderausgaben abziehbar sind (§ 10 Abs. 1 Nr. 1 EStG). Seit dem 19. 7. 2013 gilt dies aufgrund des Gesetzes zur Änderung des Einkommensteuergesetzes in Umsetzung der Entscheidung des BVerfG vom 7. 5. 2013 auch für dauernd getrennt lebende oder geschiedene Lebenspartner (§ 2 Abs. 8 EStG). Zu den Einzelheiten vgl. Rn. 2411 ff.

---

1 Vgl. insbesondere RFH, Urteile vom 6. 5. 1936, RStBl 1936 S. 861, und vom 14. 10. 1942, RStBl 1943 S. 5; BFH, Urteil vom 7. 12. 1962, VI 115/62 U, BStBl 1963 III S. 135; Herrmann/Heuer/Raupach, § 12, Anm. 115 „Unterhaltspflicht nach Erbfall"; Kirchhof/Söhn, § 12, Rn. C 55; Schmidt, § 12, Rz. 44.
2 Niedersächsisches FG, Urteil vom 29. 8. 1979, VIII 209/78, EFG 1980 S. 123.

d) Zuwendungen des Ehegatten/Lebenspartners des gesetzlich Unterhaltspflichtigen und Zuwendungen an den Ehegatten/Lebenspartner des gesetzlich Unterhaltsberechtigten

Bis zum Jahr 1958 waren die §§ 12 Nr. 2 und 22 Nr. 1 Satz 2 EStG aufeinander abgestimmt. Im Steueränderungsgesetz 1958 wurde die Fassung des § 12 Nr. 2 EStG ergänzt. Seitdem ist auch der Abzug von Zuwendungen ausdrücklich unterbunden, die der Ehegatte/Lebenspartner des gesetzlich Verpflichteten der unterhaltsberechtigten Person zukommen lässt. Das Gleiche gilt für Zuwendungen, mit denen der Verpflichtete nicht die gesetzlich unterhaltsberechtigte Person, sondern deren Ehegatten/Lebenspartner bedenkt. Die entsprechende Ergänzung in § 22 Nr. 1 Satz 2 EStG ist seinerzeit unterblieben. Aus dem Wortlaut des § 22 EStG ist die Steuerfreiheit der Zuwendungen in diesen Fällen nicht direkt ableitbar. Sie ergibt sich aber aus analoger Anwendung des § 22 Nr. 1 Satz 2 EStG, die wegen des Zusammenhangs mit § 12 Nr. 2 EStG geboten ist.[1] Im Übrigen ergibt sich in den erwähnten Fällen ein Abzugsverbot auch daraus, dass die Leistungen auf einer freiwillig begründeten Rechtspflicht beruhen.

107

BEISPIEL: Unterhaltsrente an die Schwiegereltern

A hat sich in einem notariell beurkundeten Vertrag verpflichtet, seiner Schwiegermutter auf Lebenszeit monatlich 200 € zu zahlen.

Die Zahlungen sind nicht abziehbar (§ 12 Nr. 2 EStG), da die Empfängerin ihrer Tochter gegenüber unterhaltsberechtigt ist, A also an eine gegenüber seinem Ehegatten gesetzlich unterhaltsberechtigte Person leistet.

Die Schwiegermutter des A hat die empfangenen Bezüge in entsprechender Anwendung des § 22 Nr. 1 Satz 2 EStG nicht zu versteuern.

BEISPIEL: Unterhaltsrente an Stiefelternteil

B zahlt seinem Stiefvater aufgrund eines formgerechten Vertrages monatlich 200 €, die er auf dessen Lebenszeit zugesagt hat.

Die Zahlungen sind bei A nicht abziehbar (§ 12 Nr. 2 EStG), denn der Empfänger ist der Ehegatte einer B gegenüber unterhaltsberechtigten Person, der Mutter des B.

Beim Stiefvater des B bleiben die zugeflossenen Bezüge steuerfrei.

(Einstweilen frei) 108–110

6. Bedeutung der unbeschränkten Steuerpflicht des Leistenden (bis VZ 2008)

Für die Erfassung der Zuwendungen beim Empfänger wegen Fehlens der unbeschränkten Steuerpflicht des Leistenden ist es in VZ bis einschließlich 2008

111

---

1 Herrmann/Heuer/Raupach, § 22, Anm. 233.

gleichgültig, ob die Gelder, mit denen der Leistende die Zuwendungen bestritten hat, aus inländischen Einkünften i. S. d. § 49 EStG herrühren oder ob die Zuwendungen aus im Inland nicht besteuerten Mitteln stammen.

BEISPIEL: Unterhaltsrente bei beschränkter Einkommensteuerpflicht des Leistenden
A hat im Jahr 2002 seiner in Düsseldorf lebenden Schwester in einem notariell beurkundeten Vertrag freiwillig auf Lebenszeit eine monatlich zu zahlende Leibrente zugesagt (Fälligkeit jeweils am 1. des Monats). Am 4. 5. 2006 verlegt A seinen Wohnsitz nach Spanien. Nach seiner Wohnsitzverlegung leistet er die Zahlungen an seine Schwester von Spanien aus. A ist im Übrigen seit Jahren Eigentümer eines großen Mietwohngrundstücks in Köln. Seine Einkünfte erzielt er jedoch überwiegend in Spanien.

Für A sind im Jahr 2006 zwei Veranlagungen durchzuführen. Bei der Veranlagung aufgrund der unbeschränkten Steuerpflicht dürfen sich die bis zur Wohnsitzverlegung gezahlten fünf Rentenzahlungen nicht als Sonderausgabe auswirken (§ 12 Nr. 2 EStG), da die Verpflichtung freiwillig begründet worden ist. Andererseits bleiben die Bezüge bei der Schwester des A steuerfrei (§ 22 Nr. 1 Satz 2 EStG).

Bei der Veranlagung aufgrund der beschränkten Steuerpflicht bleibt A der Abzug der nach der Wohnsitzverlegung erbrachten Rentenzahlungen nicht nur nach § 12 Nr. 2 EStG, sondern auch nach § 50 Abs. 1 Satz 3 EStG versagt. Die Schwester des A hat die Rentenbezüge, die sie ab dem 1. 6. 2006 erhält, allerdings als Einnahmen nach § 22 Nr. 1 Satz 3 Buchst. a Doppelbuchst. bb EStG zu erklären, weil A im Zeitpunkt des Zufließens nicht mehr unbeschränkt steuerpflichtig ist. Die Höhe des Ertragsanteils richtet sich nach dem bei Beginn der Rente in 2002 vollendeten Lebensjahrs der Schwester und nicht nach dem Alter zum Zeitpunkt der erstmaligen Steuerpflicht.

A könnte die nach der Wohnsitzverlegung erbrachten Leibrentenzahlungen auch dann nicht abziehen, wenn er sie aus den Mieteinnahmen des Grundstücks in Köln bestreiten würde.

Ab dem Veranlagungszeitraum 2009 entfällt für B die Besteuerung aufgrund der Änderung des § 22 Nr. 1 Satz 2 EStG durch das JStG 2009 vom 19. 12. 2008.[1]

112 Für ausländische Studenten und Schüler, die im Geltungsbereich des EStG wohnen oder sich aufhalten und eine deutsche Hochschule oder andere Lehranstalt besuchen, sieht die FinVerw in R 22.2 EStR eine Billigkeitsregelung vor. Die von im Ausland ansässigen Angehörigen geleisteten Unterrichts-, Schul- oder Studiengelder werden, soweit sie nicht schon nach DBA steuerfrei sind, auch in VZ vor 2009 nicht zur Einkommensteuer herangezogen, wenn die Empfänger nur zu Zwecken ihrer Ausbildung oder Fortbildung in der Bundesrepublik Deutschland wohnen oder sich aufhalten und auf die Bezüge überwiegend angewiesen sind. Entsprechendes gilt für ausländische Praktikanten.

113–115 (Einstweilen frei)

---

1 BGBl 2008 I S. 2794.

7. Ausnahme von der Steuerbefreiung nach § 22 Nr. 1 Satz 2 EStG

a) Grund für die Rückausnahme

Freiwillige oder aufgrund einer freiwillig begründeten Rechtspflicht empfangene Zuwendungen gehören dennoch ausnahmsweise zu den steuerpflichtigen Einnahmen, wenn

▶ die Bezüge von der Körperschaft, Personenvereinigung oder Vermögensmasse außerhalb der Erfüllung steuerbegünstigter Zwecke i. S. d. §§ 52 – 54 AO gewährt werden oder

▶ es sich um Bezüge i. S. d. § 1 der Verordnung über die Steuerbegünstigung von Stiftungen handelt, die an die Stelle von Familienfideikommissen getreten sind, in der im BGBl Teil III, Gliederungsnummer 611-4-3, veröffentlichten bereinigten Fassung.

▶ Seit dem VZ 2009 gilt dies unabhängig von der unbeschränkten Körperschaftsteuerpflicht, da es auch für die Steuerbefreiung nach § 22 Nr. 1 Satz 2 EStG darauf nicht mehr ankommt (vgl. hierzu auch Rn. 76 und 81). Für VZ vor 2008 war zudem erforderlich, dass der Leistende unbeschränkt körperschaftsteuerpflichtig ist.

116

Bis zur Umstellung des körperschaftsteuerlichen Anrechnungsverfahrens auf das Halbeinkünfteverfahren galt die Ausnahmeregelung in § 22 Nr. 1 Satz 2 Halbsatz 2 EStG nur für von der Körperschaftsteuer befreite Körperschaften, Personenvereinigungen und Vermögensmassen. Der Grund für die ab dem VZ 1986 geltende Regelung[1] lag darin, dass eine doppelte steuerliche Entlastung der Bezüge vermieden werden sollte, die dadurch eintrat, dass der Geber steuerbefreit war und der Empfänger die Bezüge nicht zu versteuern brauchte.[2] Eine derartige Doppelentlastung ergab sich in den Fällen, in denen steuerbefreite Stiftungen den Stiftern und ihren Angehörigen wiederkehrende Bezüge gewährten. Vor dem Veranlagungszeitraum waren diese Bezüge für den Empfänger nach § 22 Nr. 1 Satz 2 EStG steuerfrei, da die Bezüge entweder freiwillig (kein Rechtsanspruch auf Stiftungsleistungen) oder aufgrund einer freiwillig begründeten Rechtspflicht gewährt wurden.[3]

117

---

[1] Eingeführt durch das Steuerbereinigungsgesetz 1986 – StBereinG 1986 –, BGBl 1985 I S. 2436, BStBl 1985 I S. 735.
[2] BT-Drucks. 10/4513 S. 64; Stiftungsbericht der Bundesregierung vom 1. 7. 1979, BT-Drucks. 8/3165 S. 10.
[3] BFH, Urteil vom 25. 8. 1987, IX R 98/82, BStBl 1988 II S. 344; Stiftungsbericht der Bundesregierung vom 11. 9. 1979, BT-Drucks. 8/3165 S. 6.

118 Im Zusammenhang mit der Abschaffung des Anrechnungsverfahrens und der Umstellung auf das Halbeinkünfteverfahren sowie der Senkung des Körperschaftsteuersatzes auf 25 % (im Wesentlichen ab dem VZ 2002) sind Bezüge i. S. d. § 22 Nr. 1 Satz 2 Halbsatz 1 EStG, die an sich – korrespondierend zum Abzugsverbot in § 12 Nr. 2 EStG – beim Empfänger steuerfrei wären, auch dann steuerpflichtig, wenn der Leistende selbst steuerpflichtig ist. Trotz des in diesem Fall beim Leistenden ohnehin wirksam werdenden Abzugsverbots, ergibt sich eine steuerliche Vorbelastung nur noch in Höhe des Körperschaftsteuersatzes von 25 %. Durch die ergänzende Besteuerung beim Empfänger über § 22 Nr. 1 Satz 2 Halbsatz 2 Buchst. a EStG und die Anwendung des Halbeinkünfteverfahrens (§ 3 Nr. 40 Buchst. i EStG) wird die systemimmanente Gesamtsteuerbelastung hergestellt. Betroffen sein dürften hiervon insbesondere unentgeltlich zufließende wiederkehrende Bezüge aus steuerpflichtigen wirtschaftlichen Geschäftsbetrieben (§ 64 AO) von im Übrigen nach § 5 Abs. 1 Nr. 9 KStG steuerbefreiten Körperschaften, Personenvereinigungen und Vermögensmassen. Mit Wirkung ab dem VZ 2009 ist an die Stelle des Halbeinkünfteverfahrens das Teileinkünfteverfahren (§ 3 Nr. 40 Buchst. i EStG) getreten, wonach beim Empfänger in den maßgebenden Fällen 60 % der Einnahmen der Besteuerung unterliegen.

119 Bezüge von steuerbefreiten Körperschaften, Personenvereinigungen und Vermögensmassen fallen allerdings nicht unter das Halbeinkünfteverfahren; da insoweit auf der Ebene der Körperschaft keine Vorbelastung eintritt, sind diese Bezüge weiterhin in voller Höhe nach § 22 Nr. 1 Satz 2 Halbsatz 2 Buchst. a EStG beim Empfänger zu erfassen.

120 Anzuwenden ist die Regelung erstmals auf Bezüge, die nach Ablauf des Wirtschaftsjahres der Körperschaft, Personenvereinigung oder Vermögensmasse erzielt werden, die die Bezüge gewährt, für das das Anrechnungsverfahren letztmalig anzuwenden ist (im Regelfall erstmalige Anwendung im Veranlagungszeitraum 2002).

121–125 (Einstweilen frei)

b) Voraussetzungen für § 22 Nr. 1 Satz 2 Halbsatz 2 Buchst. a EStG

126 Voraussetzung ist, dass die Körperschaft, Personenvereinigung oder Vermögensmasse die Bezüge außerhalb der Erfüllung steuerbegünstigter Zwecke i. S. d. §§ 52 – 54 AO gewährt. Bei den Zwecken i. S. d. §§ 52 – 54 AO handelt es sich um gemeinnützige, mildtätige oder kirchliche Zwecke. In Erfüllung dieser Zwecke werden z. B. Leistungen einer mildtätigen Körperschaft (§ 53 AO) an hilfsbedürftige Personen erbracht. Um Leistungen, die außerhalb der genann-

ten Zwecke erbracht werden, kann es sich z. B. handeln, wenn eine steuerbegünstigte Stiftung im Rahmen des § 58 Nr. 5 AO Leistungen an ihren Stifter oder seine nächsten Angehörigen erbringt. Nachdem die Regelung nicht mehr nur für von der Körperschaftsteuer befreite Körperschaften, Personenvereinigungen und Vermögensmassen gilt, können auch Leistungen aus wirtschaftlichen Geschäftsbetrieben, die außerhalb der steuerbegünstigten Zwecke erbracht werden, zu Einnahmen nach § 22 Nr. 1 Satz 2 Halbsatz 2 Buchst. a EStG führen.[1]

c) Voraussetzungen für § 22 Nr. 1 Satz 2 Halbsatz 2 Buchst. b EStG

Über § 22 Nr. 1 Satz 2 Halbsatz 2 Buchst. b EStG werden Bezüge von steuerpflichtigen oder steuerfreien Stiftungen i. S. d. § 1 der Verordnung über die Steuerbegünstigung von Stiftungen vom 13. 2. 1926[2] in der im BGBl Teil III, Gliederungsnummer 611-4-3 wiedergegebenen Fassung erfasst. Stiftungen i. S. dieser Vorschrift sind solche, die an die Stelle von Familienfideikommissen getreten sind. Gemäß Art. 155 Abs. 2 Satz 2 der Weimarer Verfassung waren Familienfideikommisse aufzulösen. Dabei handelte es sich um unselbständige Vermögensmassen, die kraft rechtsgeschäftlicher Anordnung unveräußerlich und in bestimmter Ordnung vererblich waren; sie bildeten lediglich Sondervermögen des jeweiligen Inhabers mit der Auflage, es zu erhalten und innerhalb der Familie weiterzugeben. Diese Familienfideikommisse konnten nach einem besonderen Gesetz in Stiftungen umgewandelt werden. Nach § 1 der Verordnung v. 13. 2. 1926 bleiben bei der Körperschaftsteuer-Veranlagung dieser Stiftungen solche Einkünfte außer Ansatz, die nach freiem Ermessen des Stiftungsvorstands an Bezugsberechtigte, unbeschränkt einkommensteuerpflichtige Familienmitglieder verteilt wurden.[3] Gewährt eine Stiftung i. S. d. genannten Verordnung freiwillige laufende Zuwendungen, die sie nicht nach der Verordnung abziehen kann, so hat der Empfänger diese nach § 22 Nr. 1 Satz 2 Halbsatz 2 Buchst. b EStG zu versteuern.

127

(Einstweilen frei) 128–130

d) Konkurrenzverhältnis zu § 20 Abs. 1 Nr. 9 EStG

Nicht abschließend geklärt ist das Konkurrenzverhältnis zwischen § 22 Nr. 1 Satz 2 Halbsatz 2 Buchst. a EStG und § 20 Abs. 1 Nr. 9 EStG. Nach der letzt-

131

---

1 Vgl. auch Herrmann/Heuer/Raupach, § 22, Anm. 242.
2 RGBl 1926 I S. 101.
3 Vgl. auch Herrmann/Heuer/Raupach, § 22, Anm. 245.

genannten Vorschrift gehören auch Einnahmen aus Leistungen einer nicht von der Körperschaftsteuer befreiten Körperschaft, Personenvereinigung oder Vermögensmasse, die Gewinnausschüttungen i. S. d. § 20 Abs. 1 Nr. 1 EStG vergleichbar sind und nicht bereits nach dieser Vorschrift der Besteuerung unterliegen, zu den Einkünften aus Kapitalvermögen. Sofern es sich um wiederkehrende Leistungen handelt, scheinen damit sowohl die Voraussetzungen für eine Erfassung als Kapitaleinkünfte, als auch für eine Erfassung als sonstige Einkünfte erfüllt. Zwar gilt für beide Normen das Halbeinkünfteverfahren (gemäß § 3 Nr. 40 Buchst. d EStG für die Einkünfte i. S. d. § 20 Abs. 1 Nr. 9 EStG und gemäß § 3 Nr. 40 Buchst. i EStG für die Einkünfte i. S. d. § 22 Nr. 1 Satz 2 EStG); entscheidend ist die Zuordnung aber für die Frage des Kapitalertragsteuerabzugs bzw. ab 2009 für die Abgeltungsteuer und für die Gewährung des Sparer-Freibetrags.

132 Unseres Erachtens sollte das Konkurrenzverhältnis folgendermaßen gelöst werden:

▶ Aufgrund der subsidiären Bedeutung des § 22 Nr. 1 EStG (vgl. hierzu im Einzelnen Rn. 66 ff.) liegen vorrangig Einkünfte i. S. d. § 20 Abs. 1 Nr. 9 EStG vor. Dies dürfte aber voraussetzen, dass es sich um Entgelt für eine Kapitalüberlassung handelt, dem ggf. auch ein Rechtsanspruch zugrunde liegt.[1]

▶ Freiwillige Leistungen oder Leistungen, die auf einer freiwillig begründeten Rechtspflicht beruhen und außerhalb der Erfüllung steuerbegünstigter Zwecke i. S. d. §§ 52 – 54 AO gewährt werden und die kein Entgelt für die Kapitalüberlassung sind, sind sonstige Einkünfte i. S. d. § 22 Nr. 1 Satz 2 Halbsatz 2 Buchst. a EStG.

133–135 (Einstweilen frei)

VI. Steuerbefreiungen in § 3 EStG

136 In § 3 EStG stellt der Gesetzgeber eine Reihe wiederkehrender Bezüge steuerfrei. Diese sind daher – unabhängig von der Regelung in § 22 Nr. 1 Satz 2 EStG – nicht als Einnahmen anzusetzen.

137 Betroffen hiervon sind z. B.:

▶ Renten aus der gesetzlichen Unfallversicherung (§ 3 Nr. 1a EStG);

---

1 Gl. A. wohl Orth, DStR 2001 S. 325; a. A. Schaumburg/Rödder, Unternehmensteuerreform 2001, S. 315, der § 22 Nr. 1 Satz 2 EStG als lex specialis zu § 20 Abs. 1 Nr. 9 EStG ansieht, ohne sich allerdings mit der gesetzlichen Konkurrenz der Regelungen im Einzelnen auseinanderzusetzen.

- Bezüge, die aufgrund gesetzlicher Vorschriften aus öffentlichen Mitteln versorgungshalber an Wehrdienstbeschädigte und Zivildienstbeschädigte oder ihre Hinterbliebenen, Kriegsbeschädigte, Kriegshinterbliebene und ihnen gleichgestellte Personen gezahlt werden, soweit es sich nicht um Bezüge handelt, die aufgrund der Dienstzeit gewährt werden (§ 3 Nr. 6 EStG). Die Vorschrift betrifft nicht nur Bezüge aus inländischen öffentlichen Mitteln.[1] Sie gilt auch für Leistungen nach den Versorgungsordnungen der bewaffneten Organe der ehemaligen DDR sowie für die an ihre Stelle getretenen Leistungen;[2]
- Renten zur Wiedergutmachung nationalsozialistischen Unrechts (§ 3 Nr. 8 EStG);
- öffentliche Ausbildungsbeihilfen, z. B. nach dem BAföG (§ 3 Nr. 11 und Nr. 44 EStG);
- Kindergeld (§ 3 Nr. 24 EStG);
- Wohngeld (§ 3 Nr. 58 EStG);
- Erziehungsgeld (§ 3 Nr. 67 EStG).

(Einstweilen frei) 138–145

---

[1] BFH, Urteil vom 7.8.1959, VI 299/57 U, BStBl 1959 III S. 462 und vom 22.1.1997, I R 152/94, BStBl 1997 II S. 358.
[2] BMF-Schreiben vom 25.7.1997, BStBl 1997 I S. 728.

Teil B: Vermögensübertragungen gegen wiederkehrende Leistungen

I. Unentgeltliche Vermögensübergabe gegen Versorgungsleistungen

1. Rechtsentwicklung

a) Aktuelle Abgrenzung

Wiederkehrende Leistungen im Zusammenhang mit der Übertragung von Privat- oder Betriebsvermögen können Versorgungsleistungen, wiederkehrende Leistungen im Austausch mit einer Gegenleistung (sog. „Gegenleistungsrente") oder nicht abziehbare Unterhaltsleistungen sein.

146

Versorgungsleistungen – und damit nach § 10 Abs. 1 Nr. 1a EStG abziehbare Sonderausgaben – liegen nur im Zusammenhang mit einer nach steuerrechtlichen Gesichtspunkten unentgeltlichen Vermögensübergabe vor, die auch als Rechtsinstitut der Vermögensübergabe oder Versorgungsvertrag bezeichnet wird. Sind die wiederkehrenden Leistungen als Gegenleistung für die Vermögensübertragung anzusehen, können sie ggf. als Werbungskosten (§ 9 Abs. 1 Nr. 1 EStG) oder Betriebsausgaben (§ 4 EStG) abziehbar sein. Es kann sich insoweit um eine in vollem Umfang entgeltliche, aber auch um eine teilentgeltliche Übertragung handeln. Sowohl von den Versorgungsleistungen als auch von den Gegenleistungsrenten sind die Unterhaltsleistungen abzugrenzen, die dem Abzugsverbot des § 12 Nr. 2 EStG unterliegen.

147

Die jetzige steuerrechtliche Behandlung der wiederkehrenden Leistungen im Zusammenhang mit Vermögensübergabeverträgen geht auf eine lange Rechtstradition zurück, auch wenn lange Jahre keine Kontinuität in der Abgrenzung der drei Bereiche festzustellen war.

148

Beginnend mit den Beschlüssen des Großen Senats vom 5. 7. 1990[1] und vom 15. 7. 1991[2] hat die Rechtsprechung die Geltungsgrenzen – insbesondere der unentgeltlichen Vermögensübergabe – in einer Vielzahl von Urteilen neu festgelegt. Mit Beschlüssen vom 12. 5. 2003[3] ist der Große Senat dann erneut von der bis dahin geltenden Sichtweise der Rechtsprechung und der Verwaltung

---

1 GrS 4 – 6/89, BStBl 1990 II S. 847.
2 GrS 1/90, BStBl 1992 II S. 78.
3 GrS 1/00, BStBl 2004 II S. 95 und GrS 2/00, BStBl 2004 II S. 100.

abgerückt. Und auch das wird mit Sicherheit noch nicht das Ende der Entwicklung sein, zumal der Gesetzgeber im Rahmen des JStG 2008 durch eine Änderung des § 10 Abs. 1 Nr. 1a EStG ebenfalls in die Abgrenzung eingegriffen hat.

149–150 (Einstweilen frei)

b) Rechtslage bis Anfang der 1990er Jahre

aa) Entgeltliche Rechtsgeschäfte

151 Nach der bis 1992 maßgebenden BFH-Rechtsprechung[1] waren ungleichmäßige wiederkehrende Leistungen, die aufgrund eines gegenseitigen Vertrags (§ 320 BGB) im Austausch mit einer Gegenleistung erbracht wurden, nur als Einnahmen zu erfassen, soweit sie den Wert der Gegenleistung überstiegen. Sie waren jährlich ohne Aufteilung in einen Zins- und einen Kapitalanteil mit der Gegenleistung zu verrechnen. Dadurch kam zum Ausdruck, dass bis zur Höhe des Wertes der Gegenleistung eine nicht steuerbare Vermögensumschichtung stattfand und dass der diesen Wert übersteigende Teil der wiederkehrenden Leistungen nach Wortlaut und Sinn des § 22 Nr. 1 EStG in voller Höhe zu besteuern war.

152 Wurde im Zusammenhang mit einem gegenseitigen Vertrag eine Veräußerungsleibrente vereinbart, bedurfte es einer solchen Wertverrechnung nicht, da von einer Veräußerungsleibrente gem. § 22 Nr. 1 Satz 3 Buchst. a EStG sowieso nur der Ertragsanteil steuerpflichtig war. Der Kapitalanteil blieb damit bereits von Gesetzes wegen unbesteuert.

bb) Unentgeltliche Rechtsgeschäfte

153 Lagen die Voraussetzungen für ein entgeltliches Rechtsgeschäft nicht vor, weil Leistung und Gegenleistung nicht nach wirtschaftlichen Gesichtspunkten gegeneinander abgewogen waren, überwog aber der Gedanke des Leistungsaustauschs gegenüber dem Gedanken der Unterhaltszahlung, wurde eine sog. Versorgungsrente angenommen, die beim Leistenden als Sonderausgabe abziehbar (§ 10 Abs. 1 Nr. 1a EStG) war und beim Empfänger nach § 22 Nr. 1 EStG steuerbar. Gradmesser für die Abgrenzung zu den nach § 12 Nr. 2 EStG nicht abziehbaren Unterhaltsleistungen war der Wertvergleich zwischen dem Kapi-

---

1 Vgl. insbesondere die Urteile vom 28. 6. 1963, VI 321/61 U, BStBl 1963 III S. 424; vom 16. 9. 1965, IV 67/61 S, BStBl 1965 III S. 706; vom 17. 12. 1965, VI 294/64 S, BStBl 1966 III S. 244; vom 27. 9. 1973, VIII R 71/69, BStBl 1974 II S. 101; vom 3. 6. 1986, IX R 2/79, BStBl 1986 II S. 674; vom 4. 4. 1989, X R 14/85, BStBl 1989 II S. 779; vom 12. 7. 1989, X R 11/84, BStBl 1990 II S. 13 und vom 9. 8. 1990, X R 140/88, BStBl 1990 II S. 1026.

tal- bzw. Barwert der wiederkehrenden Leistungen und dem Wert des übertragenen Vermögens. Belief sich der Wert des übertragenen Vermögens bei überschlägiger großzügiger Berechnung auf weniger als die Hälfte des Werts der wiederkehrenden Leistungen, wurde darin ein wesentlicher Anhaltspunkt dafür gesehen, dass der Gedanke der Unterhaltszahlung die Vorstellung von einem Leistungsaustausch überwog. Die Abgrenzung anhand der Wertverhältnisse galt unabhängig davon, ob eine Leibrente, eine Zeitrente oder dauernde Lasten vereinbart waren. Die Finanzverwaltung hatte die entsprechende Weisung in R 123 EStR zum Ausdruck gebracht.

(Einstweilen frei) 154–155

c) Neuausrichtung der unentgeltlichen Rechtsgeschäfte durch die Beschlüsse des Großen Senats vom 5. 7. 1990 und 15. 7. 1991

Mit Beschlüssen vom 5. 7. 1990[1] und vom 15. 7. 1991[2] hat der Große Senat des BFH sich mit der unentgeltlichen Vermögensübergabe befasst und insbesondere Aussagen zur Abgrenzung zwischen den als Sonderausgaben (§ 10 Abs. 1 Nr. 1a EStG) abziehbaren und nach § 22 Nr. 1 EStG steuerpflichtigen Versorgungsleistungen und den nicht abziehbaren Unterhaltsleistungen (§ 12 Nr. 2 EStG) vorgenommen. 156

Hierzu hat er zunächst ausgeführt, dass er an der überkommenen Rechtsprechung zur steuerrechtlichen Behandlung der Versorgungsleistungen festhält. Versorgungsleistungen, die anlässlich der Übertragung von Vermögen im Wege der vorweggenommenen Erbfolge vom Übernehmer zugesagt werden, stellten weder Veräußerungsentgelt noch Anschaffungskosten dar, sondern wiederkehrende Bezüge und Sonderausgaben. Allerdings macht er dann Ausführungen, die Zweifel aufkommen lassen, ob er tatsächlich unverändert an der bisherigen Rechtsprechung festhält: 157

„Durch ihre Charakterisierung als vorbehaltene Vermögenserträge unterscheiden sich Versorgungsleistungen von den Unterhaltsleistungen i. S. d. § 12 Nr. 1 EStG; sie enthalten deshalb auch keine Zuwendungen des Vermögensübernehmers aufgrund freiwillig begründeter Rechtspflicht i. S. d. § 12 Nr. 2 EStG."

Diese Widersprüchlichkeit wird mit dem Beschluss vom 15. 7. 1991 fortgeführt, indem der Große Senat ausdrücklich die bisher maßgebliche Abgrenzung nach dem Wertverhältnis billigt, die in R 123 EStR vorgesehen war.

---

1 GrS 4 – 6/89, BStBl 1990 II S. 847.
2 GrS 1/90, BStBl 1992 II S. 78.

158 Danach stellte sich die Frage,

- ▶ ob für den Abzug von Versorgungsleistungen darauf abzustellen war, dass der Vermögensübernehmer Einkünfte im steuerlichen Sinne aus dem übertragenen existenzsichernden Vermögen erwirtschaftete,
- ▶ ob es für die Abgrenzung von den Unterhaltsleistungen ausreichte, wenn der Wert des übertragenen Vermögens wenigstens 50 % des Barwerts der wiederkehrenden Leistungen betrug, wie zuvor von der Finanzverwaltung vertreten (R 123 EStR) oder
- ▶ ob die 50 %-Grenze – neben den Erträgen – den Charakter eines zusätzlichen Abgrenzungskriteriums haben sollte.

159–160 (Einstweilen frei)

d) Folgerechtsprechung der Einzelsenate

aa) Unentgeltliche Rechtsgeschäfte

161 Die Folgerechtsprechung der Einzelsenate hat diese Frage nicht einheitlich beantwortet. Der XI. Senat hat daran festgehalten, dass für den Sonderausgabenabzug nach § 10 Abs. 1 Nr. 1a EStG nur darauf abzustellen ist, ob der Wert des übertragenen Vermögens wenigstens 50 % des Barwerts der wiederkehrenden Leistungen beträgt. Es war nach seiner Auffassung unerheblich, ob die wiederkehrenden Leistungen aus den erwirtschafteten Erträgen erbracht werden konnten.[1]

162 Der X. Senat des BFH hingegen war der Auffassung, dass die vereinbarten wiederkehrenden Leistungen aus den Erträgen des übertragenen Vermögens geleistet werden mussten.[2] Denn er ging davon aus, dass durch den Abzug der dauernden Last beim Verpflichteten und durch die Erfassung wiederkehrender Leistungen beim Bezieher das der gesetzlichen Regelung zugrunde liegende Prinzip der „vorbehaltenen Vermögenserträge" rechtstechnisch verwirklicht wurde. Die nachfolgende Generation sollte nur die Erträge versteuern, die ihr letztlich verblieben. Die weichende Generation hatte die tatsächlich erhaltenen „vorbehaltenen Vermögenserträge" zu versteuern.

163 Der X. Senat ging sogar noch weiter, indem er zu dem Ergebnis kam, dass für den Fall, dass die vereinbarten Leistungen aus den erwirtschafteten Erträgen geleistet werden konnten, diese Leistungen regelmäßig als abänderbar anzu-

---

1 BFH, Urteil vom 23. 1. 1992, XI R 6/87, BStBl 1992 II S. 526.
2 BFH, Urteil vom 24. 11. 1993, X R 123/90, BFH/NV 1994 S. 704.

sehen waren. Er begründete seine Auffassung damit, dass sich die Abänderbarkeit aus der Rechtsnatur des Übergabevertrages als Versorgungsvertrag ergab. Ein Versorgungsvertrag, dessen Zweck es sei, die durch die Übertragung der Existenzgrundlage notwendig gewordene Versorgung sicherzustellen, beinhalte, dass eine Anpassung der Leistungen nach den Bedürfnissen des Vermögensübergebers bzw. der Leistungsfähigkeit des Übernehmers erlaubt sein müsse. Die Abänderbarkeit sei also sozusagen immanenter Vertragsinhalt, ohne dass es einer ausdrücklichen Regelung bedürfe. Die ausdrückliche Bezugnahme auf § 323 ZPO sei folglich in typischen Versorgungsverträgen nicht erforderlich. Vielmehr sei es so, dass die Vertragsparteien ausdrückliche Vereinbarungen treffen müssten, wenn sie die Abänderbarkeit ausschließen – also eine Leibrente – vereinbaren wollten. Die Vereinbarung einer Wertsicherungsklausel allein reiche jedoch nicht aus, um eine weiter reichende Abänderung – und folglich eine dauernde Last – auszuschließen. Damit wich die Rechtsprechung von der früheren Verwaltungsauffassung ab, ja kehrte diese sogar für typische Versorgungsverträge ins Gegenteil um, denn früher konnte die Abänderbarkeit von Leistungen nur durch die ausdrückliche Bezugnahme auf § 323 ZPO erreicht werden.

Konnten die Leistungen nicht aus den Erträgen erbracht werden, lag nach Auffassung des X. Senats kein typischer Versorgungsvertrag vor. Er hatte daraus aber nicht den Schluss gezogen, dass die wiederkehrenden Leistungen damit automatisch den Unterhaltsleistungen oder den entgeltlichen Veräußerungsgeschäften zuzurechnen waren, sondern lediglich, dass die vereinbarten wiederkehrenden Leistungen als gleich bleibend anzusehen waren, wenn keine ausdrücklichen Vereinbarungen getroffen worden waren.[1] Da er in diesem Zusammenhang auf die Rechtsprechung des XI. Senats Bezug genommen hatte, war zu vermuten, dass auch der X. Senat für die Abgrenzung zur Unterhaltsrente auf die 50%-Grenze abstellen wollte. 164

Das BVerfG hatte mit Beschluss vom 17.12.1992[2] zwar nicht über die Abgrenzung zwischen einkommensteuerlich unbeachtlichen Unterhaltsleistungen und einkommensteuerlich bedeutsamen Versorgungsleistungen i.S.d. Rechtsprechung zu den Übergabeverträgen entschieden, weil dies eine Frage des einfachen Rechts ist. Es hatte aber ausgeführt, dass es bei einer Vermögensübergabe gegen Versorgungsleistungen den Beteiligten typischerweise darauf ankomme, dass die Kinder nur aus den Erträgen, die die übertragene Erwerbs- 165

---

[1] BFH, Urteil vom 16.12.1993, X R 67/92, BStBl 1996 II S. 669 und vom 15.3.1994, X R 93/90, BFH/NV 1994 S. 848.
[2] 1 BvR 4/87, HFR 1993 S. 264.

grundlage abwerfe, die Versorgungsleistungen erbringen sollten. Es sei gerade nicht Kennzeichen der Übergabeverträge, dass das übertragene Vermögen als solches ggf. durch Verkauf dazu dienen sollte, die vereinbarten Versorgungsleistungen abzudecken. Dies hat der X. Senat so interpretiert, dass mit der Zahlung von Versorgungsleistungen, die nicht mehr aus den Erträgen der übertragenen Erwerbsgrundlage bestritten werden konnten, ausnahmslos kein verfassungsrechtlich unbedenklicher Transfer wirtschaftlicher Leistungsfähigkeit stattfand.

166–167   (Einstweilen frei)

bb) Entgeltliche Rechtsgeschäfte

168   Die Rechtsprechung hat jedoch auch die einkommensteuerrechtliche Behandlung der wiederkehrenden Leistungen, die – bezogen auf die Übertragung von Privatvermögen – im Austausch mit einer Gegenleistung stehen, weiterentwickelt. In 1992 hat er entschieden, dass nicht nur wiederkehrende Bezüge in Form von Leibrenten in einen Zins- und in einen Kapitalanteil zu zerlegen sind, sondern auch Zeitrenten und abänderbare wiederkehrende Leistungen.[1] Begründet hat der X. Senat des BFH die Aufteilung ungleichmäßiger wiederkehrender Leistungen mit dem Bedürfnis für die Fortentwicklung der Grundsätze über die Wertverrechnung, bei der die Verzinslichkeit langfristiger Kapitalforderungen zu berücksichtigen sei. Der Große Senat habe sich in seinem Beschluss vom 15.7.1991[2] nicht zu der Frage geäußert, ob auch bei ungleichmäßigen wiederkehrenden Leistungen die Vermögensumschichtung wie bei Leibrenten vom Zinsertrag zu trennen sei. Deshalb gehe der erkennende Senat davon aus, dass das Einkommensteuerrecht die Aufteilung auch in diesen Fällen verlange. Es gebe keinen steuerlich tragfähigen Grund, anders zu verfahren. Aufgrund des Vergleichs mit einer verzinslichen Kapitalforderung hat der BFH den Zinsanteil den Einnahmen aus Kapitalvermögen (§ 20 Abs. 1 Nr. 7 EStG) und nicht den sonstigen Einkünften i. S. d. § 22 Nr. 1 EStG zugeordnet.[3] Der IX. Senat des BFH hat die Notwendigkeit der Aufteilung aus der Gestaltung der §§ 9, 10 und 22 Nr. 1 EStG durch das StNeuOG 1954 abgeleitet. Der Zerlegung in einen Zins- und Tilgungsanteil stehe nicht entgegen, dass sie

---

1 BFH, Urteile vom 27.2.1992, X R 136/88, BStBl 1992 II S. 609; vom 26.11.1992, X R 187/87, BStBl 1993 II S. 298; vom 25.11.1992, X R 91/89, BStBl 1996 II S. 666 und vom 9.2.1994, IX R 110/90, BStBl 1995 II S. 47.
2 GrS 1/90, BStBl 1992 II S. 78.
3 BFH, Urteile vom 26.11.1992, X R 187/87, BStBl 1993 II S. 298 und vom 25.11.1992, X R 91/89, BStBl 1996 II S. 666.

nach dem Wortlaut der zitierten Vorschriften nur für Leibrenten vorgesehen sei. Die Gleichmäßigkeit oder Ungleichmäßigkeit der Leistungen könne Besteuerungsunterschiede nicht rechtfertigen. Es entspreche den gesetzgeberischen Grundwertungen, auch bei dauernden Lasten, die als Entgelt für den Erwerb eines Wirtschaftsguts geschuldet würden, einen Zinsanteil auszusondern. Der Gesetzgeber habe sich damals grundsätzlich dafür entschieden, Zahlungen im Rahmen langfristiger Vermögensumschichtungen in einen Zins- und einen Tilgungsanteil aufzuteilen. Im Gesetzgebungsverfahren zum StNeuOG 1954, durch das die Besteuerung der Leibrenten mit dem Ertragsanteil eingeführt worden ist, sei nicht berücksichtigt worden, dass bis dahin keine trennscharfe Abgrenzung zwischen Renten und dauernden Lasten erforderlich gewesen sei. Beide Senate sind allerdings auf die abweichende jahrzehntelange Rechtsprechung und Verwaltungspraxis nicht eingegangen.

Hinsichtlich der Frage, wie der Zinsanteil der aufzuteilenden wiederkehrenden Leistungen berechnet werden soll, hat der X. Senat die Auffassung vertreten, dass der Zinsanteil grundsätzlich nach der finanzmathematischen Methode zu berechnen ist.[1] Das bedeutet: jährlicher Zinsanteil ist der Betrag, der verbleibt, wenn von der jährlichen Gesamtleistung die jährliche Barwertminderung abgezogen wird. Der anzuwendende Zinsfuß soll sich auf 5,5 % belaufen. Der X. Senat hat allerdings nicht ausgeschlossen, dass in Einzelfällen – „insbesondere solchen von geringerer betragsmäßiger Auswirkung" – eine vereinfachte Berechnung, z. B. in Anlehnung an die Ertragsanteilstabelle des § 22 Nr. 1 Satz 3 Buchst. a EStG zulässig ist.[2] Nach Auffassung des IX. Senats sollte in den von ihm entschiedenen Aufteilungsfällen die Ertragsanteilstabelle des § 22 Nr. 1 Satz 3 Buchst. a EStG stets entsprechend angewendet werden.

169

(Einstweilen frei)

170–171

e) Reaktion der Finanzverwaltung

aa) Unentgeltliche Rechtsgeschäfte

Die Finanzverwaltung hat den verschiedenen Tendenzen der Rechtsprechung und der Rechtstradition zur unentgeltlichen Vermögensübergabe mit BMF-Schreiben vom 23.12.1996 Rechnung getragen, indem sie die unentgeltliche

172

---

1 BFH, Urteile vom 26.11.1992, X R 187/87, BStBl 1993 II S. 298 und vom 25.11.1992, X R 34/89, BStBl 1996 II S. 663.
2 BFH, Urteile vom 26.11.1992, X R 187/87, BStBl 1993 II S. 298 und vom 14.12.1994, X R 1-2/90, BStBl 1996 II S. 680.

Vermögensübergabe in zwei unterschiedliche Typen des Versorgungsvertrages eingeteilt hat.[1]

173 Abgrenzungskriterium für diese beiden unterschiedlichen Vertragstypen war die Ertragslage des übertragenen Vermögens.

► War Gegenstand der Vermögensübergabe eine existenzsichernde und ausreichend ertragbringende Wirtschaftseinheit (d. h. die steuerlichen Erträge reichten aus, um die Versorgungsleistungen zu erbringen), lag ein typischer Versorgungsvertrag vor (Vertragstypus 1). Die wiederkehrenden Leistungen waren beim Vermögensübernehmer grundsätzlich in voller Höhe (dauernde Last) als Sonderausgaben abziehbar (§ 10 Abs. 1 Nr. 1a EStG) und beim Vermögensübergeber in voller Höhe nach § 22 Nr. 1 Satz 1 EStG steuerbar. Nur wenn die Vertragsparteien ausdrücklich eine nicht abänderbare Leibrente vereinbart hatten, war bei beiden nur der Ertragsanteil gem. § 22 Nr. 1 Satz 3 Buchst. a EStG steuerwirksam.

► Reichten die Erträge nicht aus, um die Versorgungsleistungen zu erbringen, handelte es sich um den Vertragstypus 2, wenn die übertragene Wirtschaftseinheit existenzsichernd und vom Wesen her ertragbringend war und der Wert des übertragenen Vermögens wenigstens 50 % des Kapital- oder Barwerts der wiederkehrenden Leistungen betrug. In diesem Fall waren die wiederkehrenden Leistungen nur dann in vollem Umfang nach § 10 Abs. 1 Nr. 1a EStG als Sonderausgaben abziehbar und nach § 22 Nr. 1 EStG steuerbar, wenn ausdrücklich abänderbare Leistungen vereinbart waren (z. B. durch Bezugnahme auf § 323 ZPO oder auf Umsätze oder Gewinn als Bemessungsgrundlage). War eine Leibrente vereinbart, war lediglich der Ertragsanteil i. S. d. § 22 Nr. 1 Satz 3 Buchst. a EStG steuerwirksam.

174 Damit war klargestellt, dass die Übertragung vom Grundsatz her ertraglosen Vermögens nicht zu Versorgungsleistungen, sondern nur zu nach § 12 Nr. 2 EStG nicht abziehbaren Unterhaltsleistungen führen konnte.[2] Gleiches galt, wenn der Wert des übertragenen Vermögens weniger als 50 % des Kapital- oder Barwerts der wiederkehrenden Leistungen betrug.

175–176 (Einstweilen frei)

---

1 BStBl 1996 I S. 1508.
2 Bestätigt durch BFH, Urteil vom 27. 8. 1997, X R 54/94, BStBl 1997 II S. 813.

bb) Entgeltliche Rechtsgeschäfte

Hinsichtlich der Aufteilung nicht nur der Veräußerungsleibrenten, sondern auch der übrigen wiederkehrenden Leistungen, die Entgelt für eine Übertragung von Privatvermögen darstellen, in einen Zins- und in einen Kapitalanteil ist die Finanzverwaltung grundsätzlich ebenfalls der Rechtsprechung des BFH gefolgt.[1]   177

Bei der Berechnung des nach § 20 Abs. 1 Nr. 7 EStG zu erfassenden Zinsanteils von Zeitrenten und abänderbaren wiederkehrenden Leistungen hat sie jedoch – den unterschiedlichen Tendenzen der BFH-Rechtsprechung[2] Rechnung tragend – ein Wahlrecht zwischen der finanzmathematischen Methode und der entsprechenden Anwendung der Ertragsanteilstabelle des § 22 Nr. 1 Satz 3 Buchst. a EStG zugelassen.[3]   178

Bei der Erfassung des Ertragsanteils von Veräußerungsleibrenten hat sie an der Erfassung des Ertragsanteils nach § 22 Nr. 1 Satz 3 Buchst. a EStG festgehalten.[4] Angesichts der Tatsache, dass Rechtsprechung und Finanzverwaltung zuvor nahezu vierzig Jahre lang niemals daran gezweifelt hatten, dass der Ertragsanteil der Leibrenten nur bei den Einkünften i. S. d. § 22 Nr. 1 Satz 3 Buchst. a EStG angesetzt werden kann, hat sie sich offensichtlich schwer getan, der Rechtsprechung des X. Senats des BFH zu folgen, der offensichtlich auch den Zinsanteil gleich bleibender wiederkehrender Leistungen im Veräußerungsfall als Einkünfte aus Kapitalvermögen angesehen hat.[5]   179

Hinsichtlich der Veräußerung von Betriebsvermögen gegen wiederkehrende Leistungen hat sie an dem Wahlrecht zwischen Sofortversteuerung (§§ 16, 34 EStG) und Zuflussbesteuerung (R 16. Abs. 11 EStR) festgehalten.   180

(Einstweilen frei)   181–182

f) Erneute Entscheidungen des Großen Senats vom 12. 5. 2003 zur unentgeltlichen Vermögensübergabe

aa) Kritik an der bisherigen Rechtslage

Aufgrund der unterschiedlichen Tendenzen der BFH-Rechtsprechung war von Anfang an nicht gesichert, dass die Typusbildung der Finanzverwaltung Be-   183

---

1 BMF-Schreiben vom 23. 12. 1996, BStBl 1996 I S. 1508, Rz. 42 ff.
2 Vgl. Rn. 169.
3 BMF-Schreiben vom 23. 12. 1996, BStBl 1996 I S. 1508, Rz. 45, 49.
4 BMF-Schreiben vom 23. 12. 1996, BStBl 1996 I S. 1508, Rz. 49.
5 BFH, Urteil vom 25. 11. 1992, X R 91/89, BStBl 1996 II S. 666.

stand haben würde, wenn der Große Senat des BFH erneut mit der Angelegenheit befasst sein würde.

184 Fischer[1] – Richter des X. Senats des BFH – hatte z. B. bereits frühzeitig die Auffassung vertreten, dass der von der FinVerw geschaffene Typus 2 mit der Möglichkeit, durch ausdrückliche Vereinbarung auch dann eine dauernde Last zu erreichen, wenn die übertragene Wirtschaftseinheit nicht ausreichend ertragreich sei, nicht mit der BFH-Rechtsprechung gerechtfertigt werden könne. Auch der Entscheidung des XI. Senats[2] sei kein Anhaltspunkt dafür zu entnehmen. Die Typusbildung war auch ansonsten in der Literatur kritisch betrachtet worden.[3]

bb) Vorlagebeschlüsse

185 In 1999 hatte der X. Senat dem Großen Senat daher die Rechtsfrage zur Entscheidung vorgelegt, ob im Zusammenhang mit einer Vermögensübergabe zur Vorwegnahme der Erbfolge vereinbarte abänderbare Versorgungsleistungen auch dann als dauernde Last abziehbar sind, wenn sie nicht aus den laufenden Nettoerträgen des übergebenen Vermögens gezahlt werden können.[4] Nach der Begründung des Vorlagebeschlusses hielt der vorlegende Senat eine verfassungskonforme Auslegung des § 10 Abs. 1 Nr. 1a EStG des Inhalts für geboten, dass die auf die Wertrelation von übergebenem Vermögen und Rente abhebende Vergleichsrechnung, die die Finanzverwaltung für den Typus 2 zugrunde lege,[5] keine selbständige Tatbestandsfunktion habe. Hinzu komme, dass dort, wo der verfassungsrechtlich legitimierende Rechtsgedanke der vorbehaltenen Erträge nicht mehr trage, beim Erwerb von ertragbringendem Vermögen der Bereich der entgeltlichen Anschaffungsgeschäfte unter Durchbrechung des objektiven Nettoprinzips, welches die Abziehbarkeit von erwerbssicherndem Aufwand gebiete, ohne Grund eingeschränkt werde. Im Übrigen sei eine Auslegung des § 10 Abs. 1 Nr. 1a EStG, aufgrund derer nicht nur der Ertrag des übergebenen Vermögens rechtstechnisch transferiert, sondern dessen Substanz in steuerlich abziehbare Unterhaltsleistungen „umgewandelt" werde, nicht verfassungsgemäß.

186 Damit lehnte der X. Senat die von der Finanzverwaltung vorgenommene Typusbildung ab. Mit der Vereinbarung von Versorgungsleistungen sollte nach

---

1 Vgl. Stbg 1997 S. 201.
2 BFH, Urteil vom 23.1.1992, XI R 6/87, BStBl 1992 II S. 526.
3 Vgl. z. B. Korn, DStR 1997 S. 137; Stephan, DB 1997, Beilage 4; Weber-Grellet, Stbg 1998 S. 14.
4 BFH, Urteil vom 10.11.1999, X R 46/97, BFH/NV 2000 S. 517.
5 Vgl. BMF-Schreiben vom 26.8.2002, BStBl 2002 I S. 893, Rz. 18.

seiner Auffassung kein anderes steuerliches Ergebnis erzielt werden, als wenn der Steuerpflichtige die Erträge aufgrund eines Vorbehaltsnutzungsrechts zurückbehalten hätte.[1]

Darüber hinaus hatte der X. Senat mit Vorlagebeschluss vom 13. 9. 2000[2] dem Großen Senat auch die Frage vorgelegt, ob im Zusammenhang mit dem Typus 1 neben den ausreichenden Erträgen auch der Wert des übertragenen Vermögens einen bestimmten Wert haben müsse. Im zu entscheidenden Streitfall konnten zwar die Versorgungsleistungen aus den laufenden Nettoerträgen des übergebenen Betriebes gezahlt werden, der Substanzwert des gepachteten Betriebes und sein Ertragswert betrug jedoch 0 € bzw. war negativ. Nach Auffassung des X. Senats war die Bemerkung des Großen Senats in seinem Beschluss vom 15. 7. 1991[3] zur Vergleichsrechnung der R 123 Abs. 3 EStR[4] dahin gehend auszulegen, dass sie kein zusätzliches typusbegründendes Tatbestandsmerkmal darstelle. Folglich solle die Vergleichsrechnung nach Auffassung des X. Senats keine rechtliche Bedeutung haben, wenn die wiederkehrenden Leistungen aus den Erträgen erbracht werden könnten. Dies stehe jedoch mit der Rechtsprechung des XI. Senats[5] nicht in Einklang. Im Interesse der Rechtsklarheit und der Rechtsfortentwicklung hielt es der X. Senat daher für geboten, dass der Große Senat die rechtliche Bedeutung der 50 %-Grenze entweder einschränke oder bestätigend präzisiere.[6]

187

(Einstweilen frei) 188–190

cc) Entscheidung des Großen Senats zum Typus 2

Mit Beschluss vom 12. 5. 2003[7] hat der Große Senat dem Typus 2 der Finanzverwaltung eine Absage erteilt.

191

Zwar ist im Tenor nur die Rede davon, dass abänderbare wiederkehrende Leistungen, die nicht aus den erzielbaren Nettoerträgen des übernommenen Vermögens gezahlt werden können, nicht als dauernde Last abziehbar sind.[8] Der

192

---

1 Vgl. hierzu auch Hipler, DStR 2001 S. 1918, der sich ausführlich mit dem Vorlagebeschluss auseinandersetzt; Groh, FR 2001 S. 277; Spiegelberger, der den Typus 2 verteidigt, DStR 2000 S. 1073.
2 X R 147/96, BStBl 2001 II S. 175.
3 GrS 1/90, BStBl 1992 II S. 78.
4 Später BMF-Schreiben vom 26. 8. 2002, BStBl 2002 II S. 893, Rz. 17 f. und 38 f.
5 Vgl. BFH, Urteil vom 10. 4. 1991, XI R 25/89, BFH/NV 1991 S. 720.
6 Vgl. zu dem Beschluss des BFH Spiegelberger, Stbg 2001 S. 253.
7 GrS 1/00, BStBl 2004 II S. 95.
8 Die Entscheidung des GrS bezog sich auf einen Fall, in dem ausdrücklich nach § 323 ZPO abänderbare Leistungen vereinbart waren.

weiteren Begründung ist aber eindeutig zu entnehmen, dass diese Rechtsfolge nicht nur für abänderbare wiederkehrende Leistungen, sondern auch für nicht abänderbare Leistungen (Leibrenten) gilt, die nach Auffassung der Finanzverwaltung[1] mit dem Ertragsanteil zum Sonderausgabenabzug führten, wenn der Wert des übertragenen Vermögens mindestens die Hälfte des Bar- oder Kapitalwerts der wiederkehrenden Leistungen betrug.

193 So heißt es z. B. in der Begründung unter II. ausdrücklich, dass wiederkehrende Leistungen, die nicht aus den erzielbaren Nettoerträgen des übernommenen Vermögens gezahlt werden können, nicht als dauernde Last abziehbar sind. Damit sind gleich bleibende Leistungen eingeschlossen. Außerdem heißt es unter II. 2. d weiter, dass die Abziehbarkeit von wiederkehrenden Leistungen als Sonderausgaben und ihre Steuerbarkeit als wiederkehrende Bezüge sich nur mit der Unentgeltlichkeit der Vermögensübertragung rechtfertigen lasse und unter II. 3., dass Versorgungsleistungen nur dann kein Entgelt für das im Gegenzug überlassene Vermögen darstellten, wenn die erzielbaren Nettoerträge des überlassenen Wirtschaftsguts ausreichen, um die Versorgungsleistungen abzudecken.

194 Schließlich nimmt der Große Senat unter II. 3. a Bezug auf die Entscheidung des XI. Senats vom 23.1.1992,[2] mit der dieser entschieden hatte, dass eine (gleich bleibende) Versorgungsleibrente mit Wertsicherungsklausel im Fall der vorweggenommenen Erbfolge auch dann kein Entgelt darstellt, wenn sie nicht in voller Höhe aus den Erträgen des übertragenen Vermögens geleistet werden könne und verneint dieses Ergebnis.

195 Die Beibehaltung des Sonderausgabenabzugs für den Ertragsanteil einer nicht abänderbaren wiederkehrenden Leistung wäre auch mit der Entscheidung des Großen Senats nicht vereinbar, dass bei nicht ausreichenden Nettoerträgen die abänderbaren wiederkehrenden Leistungen als Entgelt für die Vermögensübertragung anzusehen sind. Führen abänderbare wiederkehrende Leistungen zu einem entgeltlichen Rechtsgeschäft und damit zu einem Abzugsverbot des Zinsanteils, wenn das übertragene Vermögen vom Vermögensübernehmer nicht zur Einkunftserzielung eingesetzt wird, würde es zu einem Wertungswiderspruch führen, in einem solchen Fall den Ertragsanteil einer Leibrente weiterhin zum Sonderausgabenabzug zuzulassen und damit einen Abzug auch in den Fällen zu ermöglichen, in dem der Vermögensübernehmer das erhaltene Vermögen nicht zur Einkunftserzielung nutzt.

---

1 BMF-Schreiben vom 26. 8. 2002, BStBl 2002 I S. 893, Rz. 38.
2 XI R 6/87, BStBl 1992 II S. 526.

I. Unentgeltliche Vermögensübergabe gegen Versorgungsleistungen

Das BMF, das dem Verfahren beim Großen Senat beigetreten war, hatte Bedenken geäußert, ob das Kriterium der ausreichenden Erträge geeignet ist, die Vermögensübergabe gegen Versorgungsleistungen von Anschaffungsvorgängen und Unterhaltszahlungen abzugrenzen. Es wurde befürchtet, dass die Ablehnung des Typus 2 dazu führt, dass eine Vermögensübergabe gegen Versorgungsleistungen in vielen Fällen nicht mehr möglich ist, und dass es zu einer unbeabsichtigten und möglicherweise existenzvernichtenden Aufdeckung stiller Reserven kommen könne, wenn sich herausstelle, dass die Erträge wider Erwarten nicht ausreichen, um die versprochenen wiederkehrenden Leistungen zu erbringen. 196

Diese Bedenken hat der Große Senat zum Anlass genommen, die Geltungsgrenzen des Typus 1 neu festzulegen und in weit größerem Umfang als bislang von ausreichend ertragbringendem Vermögen auszugehen. 197

(Einstweilen frei) 198–199

dd) Entscheidung des Großen Senats zum Typus 1

Beim Vertragstypus 1 spielte der Wert des übertragenen Vermögens nach Auffassung der FinVerw bislang keine Rolle. Sofern die Erträge des übertragenen Vermögens ausreichten, um die vollen Versorgungsleistungen zu erbringen, konnten diese ohne weitere Voraussetzung in vollem Umfang als Sonderausgaben gem. § 10 Abs. 1 Nr. 1a EStG abgezogen werden und waren beim Empfänger nach § 22 Nr. 1 Satz 1 EStG in voller Höhe steuerpflichtig. Eine Abgrenzung zu den nicht abziehbaren Unterhaltsleistungen (§ 12 Nr. 2 EStG) fand folglich beim Vertragstypus 1 nicht statt. Diese erfolgte nur beim Vertragstypus 2, wenn die Erträge nicht ausreichen und zudem der Wert des übertragenen Vermögens weniger als die Hälfte des Kapital- oder Barwerts der wiederkehrenden Leistungen betrug. 200

Nachdem der Große Senat dem Vertragstypus 2 mit seinem Beschluss vom 12. 5. 2003[1] die Anerkennung versagt hat, hat er mit Beschluss GrS 2/00[2] die Abgrenzung der abziehbaren Versorgungsleistungen von den nichtabziehbaren Unterhaltsleistungen in den Vertragstypus 1 verlagert, indem er nunmehr fordert, dass auch bei ausreichenden Nettoerträgen ein positiver Substanz- oder Ertragswert übertragen werden muss. Ein Wirtschaftsgut ohne positiven Substanz- oder Ertragswert stelle kein Vermögen dar, das auf die nachfolgende Generation übertragen werden könne. 201

---

[1] GrS 1/00, BStBl 2004 II S. 95.
[2] GrS 2/00, BStBl 2004 II S. 100.

202 Wirtschaftsgüter in diesem Sinne sind nach Auffassung des Großen Senats z. B. Betriebe, die nur deshalb ausreichende Erträge abwerfen, weil der Unternehmerlohn den maßgebenden Nettoertrag nicht mindert, dieser bei der Vermögensbewertung jedoch zu berücksichtigen ist oder Grundvermögen, das nur deshalb Erträge abwirft, weil der Vermögensübernehmer in großem Umfang in das Grundstück investiert hat, z. B. durch Modernisierungs- und Instandhaltungsaufwendungen, die zu einem erheblich gesteigerten Gebrauchswert in Form höherer Mieteinnahmen geführt haben.

203 Die Finanzverwaltung hat sich dieser Erweiterung des Vertragstypus 1 jedoch nicht angeschlossen.[1] Vgl. im Einzelnen hierzu Rn. 362 ff.

g) Gesetzliche Einschränkung der unentgeltlichen Vermögensübergabe durch das JStG 2008

204 Für nach dem 31. 12. 2007 abgeschlossene Vermögensübergabeverträge hat der Gesetzgeber die nach § 10 Abs. 1 Nr. 1a EStG begünstigte unentgeltliche Vermögensübergabe gegen Versorgungsleistungen eingeschränkt. Begünstigt sind danach nur noch Versorgungsleistungen, die im Zusammenhang stehen mit der Übertragung

▶ eines Mitunternehmeranteils an einer Personengesellschaft, die eine Tätigkeit im Sinne der §§ 13, 15 Abs. 1 Satz 1 Nr. 1 oder des § 18 Abs. 1 ausübt,

▶ eines Betriebs oder Teilbetriebs, sowie

▶ eines mindestens 50 % betragenden Anteils an einer GmbH, wenn der Übergeber als Geschäftsführer tätig war und der Übernehmer diese Tätigkeit nach der Übertragung übernimmt.

Wird land- und forstwirtschaftliches Betriebsvermögen übertragen, ist auch der Teil der Versorgungsleistungen abziehbar, der auf den Wohnteil eines Betriebs der Land- und Forstwirtschaft entfällt.

205 Mit der gesetzlichen Änderung des § 10 Abs. 1 Nr. 1a EStG war zunächst beabsichtigt, das Rechtsinstitut auf seinen Kernbereich, die Übertragung von land- und forstwirtschaftlichen Betrieben, Gewerbebetrieben und von Betriebsvermögen Selbständiger in der Rechtsform des Einzelunternehmens oder der Personengesellschaft zurückzuführen. Hierdurch sollte die Regelung zielgenauer als die bisherige wirken und Mitnahmeeffekte sowie missbräuchliche Gestaltungen verhindern. Dabei sollte sie der Erhaltung und Sicherung von Unternehmen als Garanten von Arbeitsplätzen, als Stätten des produktiven Wachs-

---

1 Vgl. BMF-Schreiben vom 16. 9. 2004, BStBl 2004 I S. 922, Rz. 8.

tums und in ihrer gesellschaftlichen Funktion als Ort beruflicher und sozialer Qualifikation dienen. Bei der Übertragung von Grundvermögen und Wertpapiervermögen, aus dem Einkünfte aus Vermietung und Verpachtung oder aus Kapitalvermögen erzielt würden, komme dem Gesichtspunkt der Sicherung von Arbeitsplätzen hingegen typischerweise keine Bedeutung zu. Auch bestehe beim Grundbesitz und beim Wertpapiervermögen eher die Möglichkeit, das Vermögen in Teilschritten auf die nachfolgende Generation zu übertragen und sich weiterhin das Vermögen zurückzubehalten, das zum Lebensunterhalt noch erforderlich sei. Betriebsvermögen hingegen weise regelmäßig eine nur eingeschränkte Fungibilität auf; eine Übertragung in mehreren Einzelschritten sei zumeist ausgeschlossen. Da Betriebe zudem häufig die einzige Existenzgrundlage – zumindest die Haupteinkunftsquelle – des Vermögensübergebers seien, erscheine in diesem Zusammenhang die Beibehaltung einer Regelung erforderlich, die einerseits die zukünftige Versorgung des Vermögensübergebers absichere, andererseits den Fortbestand des Unternehmens – z. B. durch die Verhinderung der Aufdeckung von stillen Reserven – nicht gefährde.

Im Rahmen des Bundesratsverfahrens wurde die Regelung gegenüber dem Gesetzentwurf jedoch insoweit erweitert, als dass der Sonderausgabenabzug auch weiterhin zulässig sein soll für Versorgungsleistungen in Zusammenhang mit der Übertragung von GmbH-Anteilen, wenn eine Beteiligung von mindestens 50 % übertragen wird, der Übergeber als Geschäftsführer tätig war und der Übernehmer diese Tätigkeit nach der Übertragung übernimmt. Die gesetzliche Neuregelung gilt für alle nach dem 31.12.2007 abgeschlossenen Vermögensübergabeverträge. 206

Im Nachfolgenden werden zum einen die für vor dem 1.1.2008 abgeschlossene Vermögensübergabeverträge geltende Rechtslage und zum anderen die für ab dem 1.1.2008 abgeschlossene Vermögensübergabeverträge geltende Rechtslage im Zusammenhang dargestellt. 207

(Einstweilen frei) 208–210

2. Vermögensübergabe zur Regelung der vorweggenommenen Erbfolge

Vermögensübertragungen gegen wiederkehrende Leistungen sind in erster Linie Vermögensübertragungen unter Lebenden mit Rücksicht auf die künftige Erbfolge, d. h. an Personen, die ohne eine zuvor erfolgte Übergabe des Vermögens später nach dem Willen des Übergebers kraft gesetzlicher Erbfolge oder aufgrund letztwilliger Verfügung das Eigentum an dem Vermögen erwor- 211 ben hätten. Das können auch – wenn auch nicht im Regelfall – Personen sein, die nicht zu den potenziellen gesetzlichen Erben gehören. Vgl. hierzu im Einzelnen Rn. 286 ff.

212 Die vorweggenommene Erbfolge ist dadurch gekennzeichnet, dass der Übernehmer nach dem Willen der Beteiligten wenigstens teilweise eine unentgeltliche Zuwendung – also eine Schenkung – erhalten soll.[1] Soweit wiederkehrende Leistungen zugesagt werden, sieht der BFH und ihm folgend die FinVerw[2] diese – anders als Gleichstellungsgelder, Abstandszahlungen oder Schuldübernahme – weder als Veräußerungsentgelt des Übertragenden noch als Anschaffungskosten des Erwerbers an. Es spricht vielmehr eine widerlegbare Vermutung dafür, dass die wiederkehrenden Leistungen unabhängig vom Wert des übertragenen Vermögens nach dem Versorgungsbedürfnis des Berechtigten und nach der wirtschaftlichen Leistungsfähigkeit des Verpflichteten bemessen worden sind.

213 Diese Annahme ist vor dem Hintergrund der Rechtstradition u. E. zutreffend. Die Vermögensübergabe nimmt die Erbfolge vorweg und deshalb ist steuerlich die Gleichstellung mit der Erbfolge (Unentgeltlichkeit des Erwerbs) gerechtfertigt. Da durch die Vorwegnahme der Erbfolge aber beim Vermögensübergeber – anders als bei der Vererbung des Vermögens – noch ein eigenes Versorgungsbedürfnis besteht, stellt die Vereinbarung von Versorgungsleistungen – vergleichbar einem Vorbehaltsnießbrauch, nur ohne die Notwendigkeit einer weiteren eigenständigen Bewirtschaftung des Vermögens – einen Vorbehalt von Erträgen des übertragenen Vermögens dar, der anders zu werten ist, als ein Entgelt für eine Vermögensübertragung.

214 Unter bestimmten Voraussetzungen können steuerwirksam auch im Zusammenhang mit Vermögensübertragungen aufgrund einer Verfügung von Todes wegen Versorgungsleistungen vereinbart werden. Vgl. hierzu im Einzelnen Rn. 479 ff.

215 Vereinbarungen, in denen Eltern ihr Vermögen – insbesondere ihren Betrieb oder ihren privaten Grundbesitz mit Rücksicht auf die künftige Erbfolge auf einen oder mehrere Abkömmlinge übertragen und dabei für sich einen ausreichenden Lebensunterhalt und für die außer dem Übernehmer noch vorhandenen weiteren Abkömmlinge Ausgleichszahlungen ausbedingen, werden im Zivilrecht als Leibgedinge, Leibzucht, Altenteil oder Auszug[3] oder als Austrag, Ab-

---

1 BFH, Urteil vom 5. 7. 1990, GrS 4 – 6/89, BStBl 1990 II S. 847.
2 BMF-Schreiben vom 11. 3. 2010, BStBl 2010 I S. 227, Rz. 10.
3 So Art. 96 EGBGB.

schied oder Ausgedinge¹ bezeichnet. Auch zivilrechtlich kann Rechtsgrundlage einer solchen Versorgungsverpflichtung außer einem Vertrag auch eine letztwillige Verfügung sein.²

Das Steuerrecht spricht von Versorgungsverträgen oder Vermögensübergaben. Für die steuerliche Anerkennung der wiederkehrenden Leistungen als Sonderausgaben i. S. d. § 10 Abs. 1 Nr. 1a EStG und als Bezüge i. S. d. § 22 Nr. 1 Satz 1 EStG ist jedoch nicht erforderlich, dass alle zivilrechtlichen Voraussetzungen eines Übergabevertrags erfüllt sind. Der Große Senat des BFH hat hieran im Beschluss vom 5.7.1990³ ausdrücklich festgehalten. Die Folgerechtsprechung hat eine Reihe eigener materieller und formeller Formvorschriften festgelegt. 216

Für nach dem 31.12.2007 abgeschlossene Vermögensübertragungen hat der Gesetzgeber in § 10 Abs. 1 Nr. 1a EStG einschränkende Regelungen insbesondere hinsichtlich des Gegenstands einer begünstigten Vermögensübergabe aufgestellt. Sowohl die alte als auch die neue Rechtslage werden nachfolgend im Einzelnen dargestellt. 217

Übergabe von Vermögen bedeutet grundsätzlich, dass das (wirtschaftliche) Eigentum an Vermögensgegenständen übertragen wird; eine Übertragung zur zeitlich begrenzten Überlassung (z. B. Vermietung oder Verpachtung) reicht nicht aus. Insoweit stimmt das Merkmal „Übergabe" mit dem Merkmal „Veräußerung" überein. Eine Ausnahme bilden bis zum 31.12.2007 Wirtschaftsüberlassungsverträge im Bereich der Land- und Forstwirtschaft mit dem Ziel der späteren Vermögensnachfolge (vgl. hierzu Rn. 496 ff.). 218

Die Vermutung, dass die Vermögensübertragung unentgeltlich erfolgt, ist widerlegt, wenn die Beteiligten Leistung und Gegenleistung nach kaufmännischen Gesichtspunkten gegeneinander abgewogen haben und subjektiv von der Gleichwertigkeit der beiderseitigen Leistungen ausgehen durften, auch wenn Leistung und Gegenleistung objektiv ungleichgewichtig sind.⁴ So kann z. B. eine Wertabweichung i. H. v. 10 % ebenso als unschädlich angesehen werden, wie die Tatsache, dass die Vertragsbeteiligten keine Substanzwertberechnung vorgenommen haben, weil das Vorliegen einer Veräußerungsleibrente nach ständiger Rechtsprechung des BFH nicht die völlige Gleichwertigkeit der beiderseitigen Leistungen voraussetzt. Vielmehr können annähernd gleiche 219

---

1 MünchKomm/Joost, 3. Aufl., § 1105 BGB Rn. 21.
2 MünchKomm/Pescher, 3. Aufl., Art. 96 EGBGB Rn. 14, m.w.N.
3 BStBl 1990 II S. 847.
4 BFH, Urteile vom 29.1.1992, X R 193/87, BStBl 1992 II S. 465; vom 16.12.1993, X R 67/92, BStBl 1996 II S. 669 und vom 30.7.2003, X R 12/01, BStBl 2004 II S. 211; BMF-Schreiben vom 11.3.2010, BStBl 2010 I S. 227, Rz. 10.

Wertverhältnisse als ausreichend erachtet werden, sofern die Vertragspartner nur subjektiv davon ausgegangen sind, dass sich die gegenseitigen Leistungen in etwa entsprechen. Außerdem ist die fehlende Vereinbarung einer Mindestlaufzeit der Rente unschädlich, weil die Ausgewogenheit von Leistung und Gegenleistung durch den Verzicht auf die Festlegung einer Mindestlaufzeit nicht beeinträchtigt wird. Vereinbaren die Vertragsparteien allerdings eine verlängerte Leibrente, ohne gleichzeitig auf der anderen Seite eine Höchstlaufzeit zu statuieren, wird dieses Risiko-Chancen-Verhältnis einseitig zu Lasten des Erwerbers verschoben, worauf sich auch ein fremder Erwerber typischerweise allenfalls dann einlassen würde, wenn sich die zugunsten des Veräußerers festgelegte Mindestzeit kalkulatorisch in einer entsprechenden Minderung der wiederkehrenden Bezüge niederschlägt.[1]

3. Formelle Voraussetzungen eines Versorgungsvertrages

a) Grundsatz

220 Der Versorgungsvertrag zur Regelung der vorweggenommenen Erbfolge ist im Regelfall ein Vertrag unter nahen Angehörigen. Damit der Übergabevertrag steuerrechtlich anzuerkennen ist, ist Voraussetzung, dass die gegenseitigen Rechte und Pflichten klar und eindeutig sowie rechtswirksam vereinbart und ernsthaft gewollt sind und die gegenseitigen Leistungen auch tatsächlich erbracht werden.[2]

Wesentlicher Inhalt des Übergabevertrages sind Vereinbarungen über

▶ den Umfang des übertragenen Vermögens,

▶ die Höhe der Versorgungsleistungen und

▶ die Art und Weise der Zahlung,

die zudem zu Beginn des durch den Übergabevertrag begründeten Rechtsverhältnisses getroffen werden müssen.[3] Sind die formellen Voraussetzungen nicht erfüllt, so sind die vereinbarten Leistungen den nach § 12 Nr. 1 EStG nicht abziehbaren Unterhaltsleistungen zuzurechnen.

---

1 BFH, Urteil vom 30. 7. 2003, X R 12/01, BStBl 2004 II S. 211.
2 BFH, Urteile vom 17. 1. 1991, IV R 132/85, BStBl 1991 II S. 607; vom 28. 4. 1987, IX R 40/81, BFH/NV 1987 S. 712; vom 15. 7. 1992, X R 165/90, BStBl 1992 II S. 1020 und vom 19. 1. 2005, BStBl X R 23/04, 2005 II S. 434.
3 BFH, Urteil vom 15. 7. 1992, X R 165/90, BStBl 1992 II S. 1020.

b) Änderung von Vereinbarungen

Sollen Vereinbarungen geändert werden, kann dies wirksam grundsätzlich nur für die Zukunft erfolgen. Rückwirkende Vereinbarungen sind steuerrechtlich nur wirksam, wenn die Rückbeziehung nur von kurzer Zeit ist und lediglich technische Bedeutung hat.[1] Vertragsänderungen hinsichtlich des Umfangs der Versorgungsleistungen sind steuerrechtlich nur anzuerkennen, wenn sie durch ein i. d. R. langfristig verändertes Versorgungsbedürfnis des Berechtigten (z. B. Unterbringung im Altersheim) und/oder die veränderte wirtschaftliche Leistungsfähigkeit des Verpflichteten (z. B. höhere oder verminderte Ertragskraft des übertragenen Vermögens) veranlasst sind. Die Darlegungslast liegt insoweit beim Steuerpflichtigen.[2]

221

Zu beachten ist, dass eine nachträgliche Vertragsanpassung auf jeden Fall schriftlich erfolgen muss, um steuerrechtlich anerkannt zu werden. Der BFH hat nämlich mit Urteil vom 15. 9. 2010[3] entschieden, dass mündliche oder konkludente Vereinbarungen, die nach Bekanntwerden seiner Entscheidung (am 8. 12. 2010) getroffen werden, steuerlich nicht mehr berücksichtigt werden. Zwar sei nach § 761 BGB zur Gültigkeit eines Vertrags, durch den eine Leibrente versprochen werde, nur die Erteilung in schriftlicher Form notwendig. Die Änderung der Verpflichtungsermächtigung hingegen bedürfe der Form nur bei Verpflichtungserweiterungen; nachträgliche Einschränkungen oder bloße Erläuterungen unterlägen nicht dem Formerfordernis. Über diese zivilrechtliche Regelung hinaus hält der BFH aber bei Anpassungen eines Versorgungsvertrags aufgrund der Besonderheit dieser Vertragsform und dem fehlenden Fremdvergleich generell die Schriftform für erforderlich, um eine veränderte Bedarfslage oder Leistungsfähigkeit für eine spätere Überprüfung festzuhalten und bei Bedarf nachweisen zu können. Das BMF hat ergänzend klargestellt, dass dies nicht nur für Leibrentenvereinbarungen, sondern auch für abänderbare Versorgungsleistungen gilt.[4]

c) Nicht vertragsgemäßes Verhalten

Fraglich ist, ob aufgrund eines Vermögensübergabevertrages geschuldete Versorgungsleistungen noch anzuerkennen sind, wenn sie ohne Änderung der

222

---

1 BFH, Urteile vom 21. 5. 1987, IV R 80/85, BStBl 1987 II S. 710; vom 29. 11. 1988, VIII R 83/82, BStBl 1989 II S. 281 und vom 12. 9. 1991, X R 199/87, BFH/NV 1992 S. 233; BMF-Schreiben vom 11. 3. 2010, BStBl 2010 I S. 227, Rz. 60.
2 BFH, Urteil vom 31. 8. 1994, X R 79/92, BFH/NV 1995 S. 382.
3 X R 13/09, BStBl 2011 II S. 641.
4 BMF-Schreiben vom 2. 8. 2011, IV C 3 - S 2221/09/10031 :008, NWB DokID: JAAAD-93399.

Verhältnisse nicht in der vereinbarten Höhe geleistet werden und ob sich diese Frage nur für den betreffenden Veranlagungszeitraum stellt oder ob mit dem nicht vertragsgemäßen Verhalten auch die Anerkennung für die Zukunft gefährdet ist. Die Finanzverwaltung hat geregelt, dass die steuerrechtliche Anerkennung auch dann weiterhin zu versagen ist, wenn die vereinbarten Zahlungen später wieder aufgenommen werden.[1]

223 Dies hat der BFH mit Urteil vom 15. 9. 2010[2] bestätigt für den Fall, dass die Versorgungsleistungen ausgesetzt werden, obwohl sie objektiv aus den Erträgen des übertragenen Vermögens bestritten werden könnten. Würden im Hinblick auf eine finanziell schwierige Situation des übergebenen Unternehmens einzelne Versorgungsleistungen ausgesetzt, rechtfertige dies zwar noch nicht den Schluss, die Parteien würden dem Versorgungsvertrag keine rechtliche Bindungswirkung mehr beimessen. Solange die Sicherung des finanziellen Unterhalts des Vermögensübergebers erfüllt werde, seien die geleisteten Rentenzahlungen noch als Sonderausgaben abziehbar. Eine Aussetzung der Versorgungsleistungen über einen längeren Zeitraum – im entschiedenen Streitfall 17 Monate – lasse hingegen darauf schließen, dass der Vermögensübernehmer sich nicht mehr an den Versorgungsvertrag gebunden fühle, zumal die Nettoerträge des übergebenen Vermögens im gesamten Zeitraum die Versorgungsleistungen überstiegen hätten. Folglich komme auch nach der Phase einer schwerwiegenden Abweichung vom Vereinbarten eine Rückkehr zum vertragsgemäßen Verhalten nicht in Betracht. Erfülle der Vermögensübernehmer später die vereinbarte Versorgungsverpflichtung wieder vertragsgemäß, könnten die Versorgungsleistungen dennoch nicht wieder als Sonderausgaben abgezogen werden.[3]

224 In Abgrenzung hierzu hat der BFH mit Urteil vom gleichen Tag[4] entschieden, dass eine Abweichung unschädlich ist, wenn das Ziel des Übergabevertrages – den Unterhalt des Vermögensübergebers zu sichern – nicht gefährdet werde. Im Streitfall hatte die Klägerin aufgrund einer Hofübergabe von den Eltern Sach- und Geldleistungen zu erbringen. Die Geldleistungen wurden jedoch durch die Klägerin für 20 Monate auf die Hälfte gekürzt, da diese nach eigenen Angaben nicht den vollen Betrag für ihren Lebensunterhalt benötigten. Dieser Sachverhalt sei nach Auffassung des BFH anders zu werten, als ein völliges Einstellen der Zahlungen. Allerdings hat der BFH gefordert, dass künftig Abwei-

---

1 BMF-Schreiben vom 11. 3. 2010, BStBl 2010 I S. 227, Rz. 63.
2 X R 13/09, BStBl 2011 II S. 641.
3 Bestätigt durch eine weitere Entscheidung vom 15. 9. 2010, X R 16/09.
4 Urteil vom 15. 9. 2010, X R 31/09, BFH/NV 2011, 583.

chungen vom Vertrag grundsätzlich schriftlich dokumentiert werden müssten, damit geprüft werden könne, ob sie durch eine Änderung der Verhältnisse gerechtfertigt oder willkürlich seien.[1]

Ebenfalls mit Urteil vom 15.9.2010[2] hat der BFH entschieden, dass der Sonderausgabenabzug nicht zu versagen ist, wenn die vereinbarten Leistungen verspätet gezahlt werden. Im Streitfall hatten die Eltern zwei vermietete Grundstücke gegen wiederkehrende Leistungen auf den Sohn übertragen. Der Sohn erbrachte die Versorgungsleistungen mit ein- bis anderthalbmonatiger Verspätung, immer dann, wenn das Mietkonto eine ausreichende Deckung aufwies – dies aber mit Regelmäßigkeit. Außerdem wurde nachgewiesen bzw. glaubhaft gemacht, dass die vereinbarten Versorgungsleistungen in der Summe vollständig erbracht wurden. Der BFH hat für diesen Fall entschieden, dass allein die verspätete Überweisung der Rente nicht den Schluss rechtfertige, die Parteien hätten ihren vertraglichen Pflichten insgesamt nicht nachkommen wollen. Für die Anerkennung eines Versorgungsvertrages müssten mehrere Kriterien erfüllt sein. Da könne nicht eine Abweichung vom Vereinbarten zur Nichtanerkennung des Versorgungsvertrages führen. Diese könne nur in der Gesamtschau mit weiteren Indizien in die Abwägung einfließen, ob die Parteien einen Rechtsbindungswillen besäßen. 225

Werden aufgrund eines Vermögensübergabevertrages geschuldete Versorgungsleistungen aus bestimmten Gründen (z. B. Liquiditätsprobleme beim Verpflichteten) zum Fälligkeitszeitpunkt nicht ausgezahlt sondern „stehengelassen", so kann z. B. ein Darlehensvertrag abgeschlossen werden, der insbesondere hinsichtlich Verzinsung, Laufzeit und Rückzahlung des Darlehens einem Fremdvergleich standhält, um die steuerliche Anerkennung des Vermögensübergabevertrages nicht zu gefährden.[3] 226

d) Geänderter Versorgungsbedarf/geänderte wirtschaftliche Leistungsfähigkeit

Ändert sich der Versorgungsbedarf, so können auch neu vereinbarte Versorgungsleistungen abziehbar sein, deren Wert den Wert der ursprünglich geschuldeten Leistung nicht aber die Höhe der Nettoerträge im Zeitpunkt der Vermögensübergabe übersteigt. Auch eine Umwandlung von Geld- in Sachleistungen ist möglich (z. B. statt eine Geldrente zu zahlen wird nunmehr eine 227

---

1 Vgl. Rn. 222.
2 X R 10/09, BFH/NV 2011, 581.
3 BFH/NV 1995, 498; BFH/NV 1993, 717.

Wohnung überlassen).[1] Einigen sich die Vertragsbeteiligten auf ein in Anbetracht des gestiegenen Versorgungsbedürfnisses – z. b. wegen des Umzugs des Versorgungsberechtigten in ein Pflegeheim – neues Versorgungskonzept, sind Zahlungen, die ab diesem Zeitpunkt nicht mehr aus dem Ertrag des übergebenen Vermögens im Zeitpunkt der Vermögensübergabe erbracht werden können, freiwillige Leistungen i. S. d. § 12 Nr. 2 EStG.[2] Um freiwillige Leistungen i. S. d. § 12 Nr. 2 EStG handelt es sich auch, soweit die Zahlungen zwar aus dem Ertrag des übergebenen Vermögens erbracht werden können, aber die Anpassung der wiederkehrenden Leistungen zwecks Übernahme eines Pflegerisikos im ursprünglichen Übertragungsvertrag ausdrücklich ausgeschlossen war. Werden die Versorgungsleistungen im Fall einer erheblichen Ertragsminderung infolge einer Betriebsverpachtung nicht angepasst, obwohl die Abänderbarkeit aufgrund wesentlich veränderter Bedingungen vertraglich nicht ausgeschlossen war, sind die die dauerhaften Erträge übersteigenden Zahlungen bei nach dem 31. 12. 2007 abgeschlossenen Vermögensübergabeverträgen ebenfalls freiwillige Leistungen i. S. d. § 12 Nr. 2 EStG.[3]

e) Umwandlung einer dauernden Last in eine Rente und umgekehrt

228   Nach Auffassung des BFH kann durch eine nachträgliche Vereinbarung zwischen den Beteiligten auch viele Jahre nach der Vermögensübertragung eine Umwandlung von einer in vollem Umfang abziehbaren bzw. steuerpflichtigen dauernden Last in eine nur mit dem Ertragsanteil zu berücksichtigende Leibrente erreicht werden, wenn davon ausgegangen werden kann, dass die Beteiligten die ursprünglich vereinbarten abänderbaren Versorgungsleistungen insofern auf eine neue Rechtsgrundlage gestellt haben, als die Rentenzahlungen künftig nicht mehr von der Bedürftigkeit der Berechtigten abhängig sein sollen.[4] Ebenso kann eine ursprünglich geschlossene Leibrentenvereinbarung durch einen zivilrechtlich wirksamen Änderungsvertrag mit Wirkung für die Zukunft in eine dauernde Last umgewandelt werden.[5]

229   Für nach dem 31. 12. 2007 abgeschlossene Vermögensübergabeverträge besteht die Möglichkeit, eine nur mit dem Ertragsanteil zu berücksichtigende Leibrente zu vereinbaren, allerdings aufgrund der gesetzlichen Änderung des

---

1   BFH, Urteil vom 15. 2. 1996, X B 113/95, BFH/NV 1996 S. 602; vom 13. 12. 2005, XR 61/01, BFH/NV 2006 S. 1003.
2   BFH-Urteil vom 13. 12. 2005, BStBl 2008 II S. 16.
3   BMF-Schreiben vom 11. 3. 2010, BStBl 2010 I S. 227, Rz. 62.
4   BFH, Urteil vom 2. 11. 2000, X B 50/00, BFH/NV 2001 S. 592.
5   BFH, Urteil vom 3. 3. 2004, X R 14/01, BStBl 2004 II S. 826.

§ 10 Abs. 1 Nr. 1a EStG nicht mehr, denn die Vorschrift unterscheidet nicht mehr zwischen Leibrenten und dauernden Lasten, sondern spricht nur noch von Versorgungsleistungen. Dieser Begriff wird für abänderbare Leistungen verwendet, die einerseits der wirtschaftlichen Leistungsfähigkeit des Verpflichteten und anderseits dem Versorgungsbedürfnis des Berechtigten Rechnung tragen. Für vor dem 1.1.2008 abgeschlossene Vermögensübergabeverträge lässt die Finanzverwaltung eine Umwandlung allerdings weiter zu, auch wenn die Umwandlung einer Leibrente in eine dauernde Last erst nach dem 31.12.2007 erfolgt.[1]

f) Wertsicherungsklauseln

Ältere Versorgungsverträge sind vielfach mit Wertsicherungsklauseln versehen. Die Anpassung der Versorgungsleistungen entsprechend der vereinbarten Klauseln unterbleibt in der Praxis jedoch häufig. Die Finanzverwaltung war der Auffassung, dass die unterlassene Anpassung gegen die ernsthafte Durchführung des Vertrages spricht mit der Folge, dass sie die wiederkehrenden Leistungen als nach § 12 Nr. 1 EStG nicht abziehbare Unterhaltsleistungen beurteilte.

230

Dem ist der BFH mit einer Grundsatzentscheidung vom 3.3.2004[2] – und einer Vielzahl weiterer gleichgerichteter Entscheidungen[3] entgegengetreten. Aus der Begründung geht hervor, dass die Tatsache, dass die Vertragsparteien eines Versorgungsvertrages von einer vereinbarten Wertsicherungsklausel keinen Gebrauch machen, für sich alleine noch nicht den Schluss auf das Fehlen des Rechtsbindungswillens zulässt, die Abweichung jedoch im Rahmen der gebotenen Gesamtwürdigung von Bedeutung sein kann. Für eine Gesamtwürdigung sei jedenfalls bei Versorgungsverträgen entscheidend, ob eine festgestellte Abweichung von den vertraglichen Vereinbarungen darauf hindeute, dass es den Parteien am erforderlichen Rechtsbindungswillen fehle. Dies folge bereits daraus, dass ein Ausgleich zu finden sei zwischen dem Erfordernis vertragsgemäßer Erfüllung der übernommenen Pflichten einerseits und der aus der Rechtsnatur des Versorgungsvertrages folgenden Notwendigkeit andererseits, auf geänderte Bedarfslagen angemessen reagieren zu können. Insoweit unterscheide sich folglich auch die Funktion des anzustellenden Fremdver-

231

---

1 BMF-Schreiben vom 11.3.2010, BStBl 2010 I S. 227, Rz. 90.
2 X R 14/01, BStBl 2004 II S. 826.
3 U.a. BFH, Urteile vom 3.3.2004, X R 17/02, BFH/NV 2004 S. 1238; vom 3.3.2004, X R 38/01, BFH/NV 2004 S. 1095; vom 3.3.2004, X R 43/01, BFH/NV 2004 S. 1097 und vom 3.3.2004, X R 3/02, BFH/NV 2004 S. 1098.

gleichs im Falle der Vermögensübergabe gegen Versorgungsleistungen von derjenigen des Fremdvergleichs bei sonstigen Vertragsverhältnissen zwischen Angehörigen. Der Fremdvergleich diene bei Versorgungsverträgen vorrangig der Abgrenzung solcher Vereinbarungen, denen beide Parteien – durch äußere Merkmale erkennbar – rechtliche Bindungswirkung beimessen würden, von solchen „Verträgen", die zwar der äußeren Form nach als bindend erscheinen würden, für die Parteien selbst jedoch den Charakter der Beliebigkeit hätten und von denen sie nur Gebrauch machen würden, wenn es ihnen opportun erscheine. Letzteres sei vor allem dann anzunehmen, wenn der Vollzug der Vereinbarung durch willkürliche Aussetzung und anschließende Wiederaufnahme der Zahlungen, darüber hinaus aber auch durch Schwankungen in der Höhe des Zahlbetrages, die nicht durch Änderungen der Verhältnisse gerechtfertigt seien, gekennzeichnet sei. Die dauerhafte Zahlung der Versorgungsleistungen mit ihrem ursprünglich vereinbarten Nennbetrag lasse hingegen ohne weitere Indizien einen Schluss auf fehlenden Rechtsbindungswillen der Vertragsparteien noch nicht zu. Denn wenn diese von einer vereinbarten Wertsicherungsklausel keinen Gebrauch machten, könnten sie damit auch zum Ausdruck bringen, dass nach ihrer Einschätzung die aktuelle Versorgungssituation eine Anpassung des Zahlbetrages nicht erfordere.

232   Auch wenn eine im Zeitpunkt der Vermögensübergabe geplante – und mit dem Mieter des übertragenen Grundstücks bereits vertraglich festgelegte – Steigerung des Ertrags des übernommenen Vermögens nicht realisiert werden kann, stellt dies nach Auffassung des BFH grundsätzlich einen Umstand dar, der eine Abänderung des Versorgungsvertrags insoweit rechtfertigt, als eine vereinbarte Erhöhung der Versorgungsleistungen gleichermaßen unterbleiben kann.[1]

233   Auch wenn die Ertragskraft des übertragenen Vermögens nach der Übergabe stagniert, kann das Unterbleiben der ursprünglich vereinbarten Erhöhungen der Versorgungsleistungen mit dem Rechtscharakter des Versorgungsvertrages in Einklang stehen.[2]

234   Der BFH sieht die Bedeutung von Wertsicherungsklauseln in kaufmännisch ausgewogenen Verträgen zwischen Fremden als weitaus größer an, als in Versorgungsverträgen zwischen Angehörigen. Während in Versorgungsverträgen die Leistungen entsprechend § 323 ZPO typischerweise ohnehin abänderbar seien und die Wertsicherungsklausel sich nur als eine Möglichkeit unter meh-

---

1 BFH, Urteil vom 3. 3. 2004, X R 18/02, n. v.
2 BFH, Urteil vom 3. 3. 2004, X R 43/01, BFH/NV 2004 S. 1097.

reren vorhandenen Instrumenten zur Anpassung der Höhe der Leistungen darstelle, sei sie in sonstigen – insbesondere den zwischen Fremden abgeschlossenen – Verträgen das einzige Mittel, die Höhe der vereinbarten Leistungen zu ändern. Die Nichtdurchführung einer Klausel, die in Versorgungsverträgen zwischen Angehörigen aber gerade nicht dieselbe entscheidende Bedeutung habe wie in kaufmännisch ausgewogenen Verträgen zwischen Fremden, könne dann nicht allein unter Berufung darauf, dass Fremde grundsätzlich von vereinbarten Wertsicherungsklauseln Gebrauch machen würden, zur Versagung der ertragsteuerrechtlichen Anerkennung des gesamten Vertragsverhältnisses führen.

Die Finanzverwaltung hat sich der Auffassung des BFH angeschlossen.[1] 235

g) Begrenzung der Leistungen für den Fall der Pflegebedürftigkeit

aa) Allgemeines

Im Regelfall werden im Rahmen eines Vermögensübergabevertrages zunächst Geldleistungen und möglicherweise ein Wohnrecht vereinbart. Für den Fall der Pflege des Vermögensübergebers und/oder seines Ehegatten wird häufig vereinbart, dass der Vermögensübernehmer bzw. sein Ehegatte diese selbst oder durch eine von ihm zu beschäftigende Pflegekraft zu erbringen hat, so lange die Pflege zuhause möglich ist. Ist irgendwann die Einweisung in ein Pflegeheim erforderlich oder wünscht der Vermögensübergeber dies, stellt sich jedoch die Frage, inwieweit der Vermögensübernehmer weiterhin zur Erbringung von Leistungen verpflichtet sein soll. Liegt zivilrechtlich ein Altenteilsvertrag i. S. d. Art. 96 EGBGB vor, sehen manche landesrechtlichen Vorschriften, z. B. § 18 BayAGBGB vor, dass in diesem Fall statt der bisher erbrachten Leistungen eine Geldrente zugunsten des Vermögensübergebers zu erbringen ist, die dem Wert der Befreiung von den Verpflichtungen nach billigem Ermessen entspricht. Da die Regelung dispositiv ist, ist es rechtlich wohl auch möglich, einen entschädigungslosen Wegfall der bisherigen Verpflichtungen zu vereinbaren.[2] Allerdings hat der BGH[3] entschieden, dass der Vermögensübernehmer zwar ohne entsprechende Abrede die Kosten der Heimunterbringung nicht tragen, dass er sich aber wohl an den Heimkosten in Höhe seiner ersparten Aufwendungen beteiligen muss, wenn er die in einem Übergabevertrag vereinbar- 236

---

1 BMF-Schreiben vom 16. 9. 2004, BStBl 2004 I S. 922, Rz. 37, jetzt BMF-Schreiben vom 11. 3. 2010, BStBl 2010 I S. 227, Rz. 64.
2 Vgl. Spiegelberger, Beck'sches Notarhandbuch, 4. Aufl. 2006.
3 ZEV 2002 S. 116.

te Verpflichtung zur umfassenden Pflege des Übergebers wegen dessen medizinisch notwendiger Unterbringung in einem Pflegeheim nicht mehr erfüllen kann. Dies gilt laut BGH[1] ebenso, wenn die Vertragsauslegung ergibt, dass der Übergeber nicht auf die Inanspruchnahme von Sozialleistungen verwiesen, sondern umfassend von der Familie versorgt werden sollte. Bei einfachen Versorgungsverträgen, die nicht den Regelungen der Altenteilsverträge unterfallen, fehlen spezialgesetzliche Regelungen. Hier kann – zumindest zivilrechtlich – vertraglich frei vereinbart werden. Aber auch dies schützt möglicherweise nicht vor dem sog. Sozialhilferegress.

bb) Regelungen zum sog. Sozialhilferegress

(1) Rechtliche Grundlagen

237 In § 2 SGB XII ist geregelt, dass Sozialhilfe nicht erhält, wer sich vor allem durch Einsatz seiner Arbeitskraft, seines Einkommens und seines Vermögens selbst helfen kann oder wer die erforderliche Leistung von anderen, insbesondere von Angehörigen oder von Trägern anderer Sozialleistungen, erhält. Verpflichtungen anderer, insbesondere Unterhaltspflichtiger oder der Träger anderer Sozialleistungen, bleiben unberührt. Dies bedeutet einen Nachrang der Sozialhilfe.

238 Im Zusammenhang damit ist in § 93 SGB XII die Möglichkeit der Überleitung von Ansprüchen auf den Sozialhilfeträger geregelt. Zu den überzuleitenden Ansprüchen gehören auch die Versorgungsleistungen – und zwar sowohl Ansprüche auf Rentenleistungen, auf Verpflegungsleistungen als auch Vorteile aus ggf. bestehenden Wohnrechten. Statt der bisherigen Ansprüche des Vermögensübergebers entsteht durch die Überleitung ein Anspruch auf Geldersatzrente. Die Höhe der Geldrente bemisst sich nach dem Wert der Primärleistung.

▶ Ist eine Geldersatzrente für ersparte Pflegeleistungen zu zahlen, bemisst sich die Geldersatzrente nach der durch die Befreiung von der Primärleistungsverpflichtung eintretenden Ersparnis (zeitlicher und sachlicher Pflegeaufwand). Teilweise wird als Bemessungsgrundlage auch das Pflegegeld der entsprechenden Pflegestufe zugrunde gelegt.

▶ Ist eine Geldersatzrente für Naturalleistungen zu zahlen, wird für die Bemessung überwiegend auf die Werte der Sachbezugsverordnung abgestellt. Ist eine Geldersatzrente zu zahlen, weil der Vermögensübernehmer

---

[1] ZErb 2003 S. 259.

aufgrund der Unterbringung in einem Pflegeheim sein Wohnrecht nicht mehr ausüben kann, ist die Rechtslage ziemlich offen.

▶ Ist das Wohnrecht Bestandteil eines Altenteilsvertrags, kann es Bestimmungen geben, wonach sich das Wohnrecht kraft Gesetzes in eine Geldersatzleistung umwandelt.[1] Ansonsten wird zum Teil die Auffassung vertreten, dass nur die ersparten Nebenkosten – z. B. Strom, Heizung, Wasser – für die Bemessung der Geldersatzleistung maßgebend sind zum Teil wird auf die erzielbare Miete bei Fremdvermietung der entsprechenden Wohnung abgestellt.

In § 94 SGB XII ist die Überleitung von Ansprüchen gegen einen nach bürgerlichem Recht Unterhaltspflichtigen geregelt. Hat die leistungsberechtigte Person für die Zeit, für die Sozialleistungen erbracht werden, nach bürgerlichem Recht einen Unterhaltsanspruch, geht dieser bis zur Höhe der geleisteten Aufwendungen zusammen mit dem unterhaltsrechtlichen Auskunftsanspruch auf den Träger der Sozialhilfe über. Der Übergang des Anspruchs ist allerdings u. a. ausgeschlossen, soweit der Unterhaltsanspruch durch laufende Zahlung erfüllt wird. 239

Im Übrigen bestehen u. U. Regressmöglichkeiten nach § 528 f. BGB. Nach diesen Vorschriften kann der Schenker von dem Beschenkten die Herausgabe des Geschenkes nach den Vorschriften über die Herausgabe einer ungerechtfertigten Bereicherung fordern, soweit er nach der Vollziehung der Schenkung außerstande ist, seinen angemessenen Unterhalt zu bestreiten und die ihm seinen Verwandten, seinem Ehegatten, seinem Lebenspartner oder seinem früheren Ehegatten oder Lebenspartner gegenüber gesetzlich obliegende Unterhaltspflicht zu erfüllen. Der Beschenkte kann die Herausgabe durch Zahlung des für den Unterhalt erforderlichen Betrags abwenden. Der Anspruch auf Herausgabe des Geschenkes ist allerdings ausgeschlossen, wenn der Schenker seine Bedürftigkeit vorsätzlich oder durch grobe Fahrlässigkeit herbeigeführt hat oder wenn zur Zeit des Eintritts seiner Bedürftigkeit seit der Leistung des geschenkten Gegenstandes zehn Jahre verstrichen sind. Das Gleiche gilt, soweit der Beschenkte bei Berücksichtigung seiner sonstigen Verpflichtungen außerstande ist, das Geschenk herauszugeben, ohne dass sein standesmäßiger Unterhalt oder die Erfüllung der ihm kraft Gesetzes obliegenden Unterhaltspflichten gefährdet wird. 239a

Das zum 1.1.2003 in Kraft getretene Grundsicherungsgesetz gewährt einen Anspruch auf beitragsunabhängige bedarfsorientierte Grundsicherung und 239b

---

[1] Z. B. Art. 18 bis 20 BayAGBGB.

schafft somit ein der Sozialhilfe vorgelagertes Sozialleistungssystem. Grundsätzlich besteht ein tatbestandsmäßiger Gleichlauf von Grundsicherung und Sozialhilfe. Im Gegensatz zur Sozialhilfe ist jedoch kein Unterhaltsrückgriff auf die Kinder oder Eltern vorgesehen.

(2) Möglichkeiten der Vermeidung?

240 Vertragliche Vereinbarungen, mit denen versucht wird, den Sozialhilferegress einzuschränken, indem z. B. vereinbart wird, dass die Pflegeleistungen nur so lange zu erbringen sind, als der Vermögensübergeber auf dem übertragenen Grundstück wohnt oder indem zur konkreten Festlegung des zu erbringenden Pflegeaufwands auf die Pflegestufen i. S. d. SGB Bezug genommen wird, dürften im Hinblick auf die sehr unterschiedlichen Regressmöglichkeiten problematisch und nicht immer zielführend sein. Möglicherweise wird dem Vermögensübergeber schon gem. § 2 Abs. 1 SGB XII die Sozialleistung ganz oder teilweise verweigert, indem er darauf verwiesen wird, vorrangige Ansprüche – ggf. auch unter dem Gesichtspunkt der gesetzlichen Unterhaltspflicht – durchzusetzen. Möglicherweise wird der Träger der Sozialhilfe auch versuchen, die einschränkenden Regelungen als unwirksam anzusehen (Verdacht der Benachteiligung von Sozialkassen).

240a Verfügt der Vermögensübernehmer über ein gutes Einkommen, mit dem er aufgrund des geltenden Unterhaltsrechts sowieso mit einer Inanspruchnahme im Pflegefall rechnen muss, wäre eine einschränkende vertragliche Vereinbarung aus steuerrechtlicher Sicht möglicherweise sogar kontraproduktiv. Beruht die erbrachte Leistung nämlich auf dem Vermögensübergabevertrag, ist sie beim Vermögensübernehmer als Sonderausgabe nach § 10 Abs. 1 Nr. 1a EStG steuerlich abziehbar. Beruht sie hingegen auf der Geltendmachung des Unterhaltsrechts durch den Träger der Sozialhilfe, handelt es sich um Unterhaltsleistungen, die gem. § 12 Nr. 2 EStG dem Abzugsverbot unterliegen.

240b Aufgrund eines Beschlusses des BFH vom 9. 5. 2007[1] muss bei einem vor dem 1. 1. 2008 abgeschlossenen Vermögensübergabevertrag mit Ausschluss der Pflegeverpflichtung zudem befürchtet werden, dass die vereinbarten Versorgungsleistungen nur noch mit dem Ertragsanteil abziehbar sind und nicht in voller Höhe, wie dies bei ausreichenden Erträgen in der Regel der Fall ist. Grundsätzlich gilt bei Vermögensübergabeverträgen der Grundsatz, dass die vereinbarten Versorgungsleistungen in vollem Umfang steuerlich abziehbar sind, wenn sie aus den erzielbaren laufenden Erträgen des übertragenen Ver-

---

1 X B 162/06, BFH/NV 2007, 1501.

mögens erbracht werden können. Rechtsprechung und Verwaltung gehen insoweit von einer vertragsimmanenten Abänderbarkeit aus. Mit Beschluss vom 9.5.2007 hat der BFH jedoch entschieden, dass die wiederkehrenden Leistungen auch dann als Leibrente anzusehen sind, wenn die Abänderbarkeit bei wesentlich veränderten Lebensbedürfnissen (z.B. Heimunterbringung, Pflegebedürftigkeit) ausgeschlossen wird. Mit einer solchen Einschränkung soll – trotz ausdrücklicher Bezugnahme auf die Rechte des § 323 ZPO – eine Abänderbarkeit im Sinne einer dauernden Last ausgeschlossen sein. Fraglich bleibt allerdings, inwieweit die Finanzverwaltung Schlüsse aus dieser Entscheidung zieht, denn es handelt sich um ein Urteil, dass nicht allgemein im Bundessteuerblatt veröffentlicht ist. Für nach dem 31.12.2007 abgeschlossene Vermögensübergabeverträge entfaltet der Beschluss des BFH keine Bedeutung mehr, da § 10 Abs. 1 Nr. 1a EStG n. F. nur noch – voll abziehbare – Versorgungsleistungen vorsieht und der Gesetzgeber auf die Unterscheidung von Leibrenten und dauernden Lasten verzichtet hat.

Verzichten die Vertragsparteien ganz auf die Aufnahme einer Pflegeverpflichtung in den Vermögensübergabevertrag, stellt auch dies möglicherweise keinen vollständigen Schutz dar. Solange der Träger der Sozialhilfe Regressmöglichkeiten nach § 528 f. BGB hat (innerhalb von zehn Jahren nach der Schenkung), besteht die Gefahr, dass die Schenkung wieder herausgegeben werden muss bzw. die Herausgabe durch Zahlung des erforderlichen Unterhaltsbetrags abgewendet werden muss. Darüber hinaus besteht u.U. bei Verzicht auf eine Pflegeverpflichtung zu Lasten des Vermögensübernehmers die Gefahr, dass Geschwister des Vermögensübernehmers, die vielleicht sogar – mit oder ohne Gleichstellungsgeld – auf ihren Pflichtteil verzichtet haben, aufgrund der gesetzlichen Unterhaltspflichten in Anspruch genommen werden.

240c

Aber auch für den Fall, dass im Vermögensübergabevertrag die Übernahme der (gesamten) Pflegekosten vereinbart wird, ist nicht gewährleistet, dass tatsächlich auch in vollem Umfang der Sonderausgabenabzug greift. Der BFH hat mit Urteil vom 13.12.2005 – X R 61/01[1] nämlich entschieden, dass die Höhe der als dauernde Last gemäß § 10 Abs. 1 Nr. 1a Satz 1 EStG abziehbaren Versorgungsleistungen durch die nach der Prognose im Zeitpunkt der Übergabe erzielbaren Nettoerträge begrenzt ist. Einigen sich die Vertragsbeteiligten auf ein in Anbetracht des gestiegenen Versorgungsbedürfnisses – z.B. Umzug des Versorgungsberechtigten in ein Pflegeheim – neues Versorgungskonzept, sind Zahlungen, die ab diesem Zeitpunkt nicht mehr aus dem Ertrag des überge-

240d

---

[1] BStBl 2008 II S. 16.

benen Vermögens (im Zeitpunkt der Vermögensübergabe) erbracht werden können, freiwillige Leistungen i. S. d. §12 Nr. 2 EStG.

240e Es ist nach Auffassung des BFH bereits zivilrechtlich zweifelhaft, ob nicht dann, wenn das Versorgungsbedürfnis durch die voraussichtlich zu erzielenden Erträge nicht mehr abgedeckt werden kann, die Höhe der Versorgungsleistungen gleichwohl begrenzt wird, weil der Verpflichtete diese nicht aus der Substanz des übergebenen Vermögens erbringen muss. Die Abänderbarkeit sei in zivilrechtlicher Hinsicht bezogen auf die Versorgungsbedürftigkeit des Empfängers und die aus dem übertragenen Wirtschaftsgut resultierende Leistungsfähigkeit des Verpflichteten. Diese bestimmten den Korridor, innerhalb dessen die Beteiligten auf eine Änderung des Bedarfs des Berechtigten und/ oder der Leistungsfähigkeit des Verpflichteten reagieren könnten. Altenteilsleistungen könnten der Art nach insoweit abgeändert werden, als sich bei einer erheblichen Veränderung der Verhältnisse ein Anspruch auf Natural- und Versorgungsleistungen in einen Geldanspruch umwandeln könne. Eine Änderung der Höhe nach sei z. B. möglich, wenn sich die Ertragskraft des übertragenen Vermögens verbessere. Soweit ersichtlich habe sich die Rechtsprechung der Zivilgerichte bislang noch nicht dazu geäußert, ob der Übernehmer mehr als die von ihm erwirtschafteten Erträge leisten müsse. Es spreche viel dafür, dass diese Frage nach dem Sinn und Zweck des Altenteils nur dahin beantwortet werden könne, dass die Leistungsfähigkeit des Verpflichteten „erschöpft" sei, wenn er zur Erfüllung seiner Schuld auf das übergebene oder auf sein sonstiges Vermögen zurückgreifen müsste. Jenseits dieser Grenze ließen sich aus der Rechtsnatur des Altenteilsvertrages als Versorgungsvertrag keine weiteren – im Vertrag nicht ausdrücklich bezeichneten – finanziellen Verpflichtungen herleiten. Soweit dem Versorgungsberechtigten nach der Vermögensübergabe mehr an Mitteln zur Verfügung stehe als zuvor aus dem übergebenen Vermögen zu erwirtschaften gewesen sei, seien die beiderseitigen Lebensverhältnisse nicht infolge der Vermögensübergabe, sondern durch eine hiervon unabhängige Versorgungszusage verknüpft. Jedenfalls in steuerlicher Hinsicht seien die Versorgungsleistungen der Höhe nach begrenzt auf die aus dem übertragenen Wirtschaftsgut erzielbaren Erträge. Dies folge bereits aus der Erwägung, dass die steuerrechtliche Behandlung der Versorgungsleistungen als dauernde Last bzw. wiederkehrende Bezüge auf der normleitenden Vorstellung beruhe, der Übergeber übertrage das Vermögen – vergleichbar dem Vorbehaltsnießbrauch – ohne die vorbehaltenen Erträge, die ihm nunmehr als Versorgungsleistungen zufließen würden.

4. Materielle Voraussetzungen einer begünstigten Vermögensübergabe

a) Vermögensübergabeverträge vor dem 1.1.2008

aa) Begriff und Definition existenzsichernden Vermögens

Damit eine Vermögensübertragung dem Sonderrecht der Vermögensübergabe zuzurechnen ist, ist seit dem Beschluss des Großen Senats vom 5.7.1990[1] erforderlich, dass eine „existenzsichernde Wirtschaftseinheit" übertragen wird. Durch die Folgerechtsprechung wurde der Begriff der „existenzsichernden Wirtschaftseinheit" unter Bezugnahme auf den Typus der „Hof- und Geschäftsübergabe" weiter ausgefüllt.[2] Von einer „existenzsichernden Wirtschaftseinheit" ist danach auszugehen,

241

- ▶ wenn das übertragene Vermögen für eine generationenübergreifende dauerhafte Anlage geeignet und bestimmt ist,
- ▶ dem Übernehmer zur Fortsetzung des Wirtschaftens überlassen wird, um damit wenigstens teilweise die Existenz des Übergebers zu sichern und
- ▶ davon auszugehen ist, dass die Bewirtschaftung derartigen Vermögens einen Aufwand an Zeit und persönlicher Arbeitsleistung erfordert, der nur bis zum Erreichen einer selbst gewählten Altersgrenze erbracht werden soll.

Nach Ergehen der Beschlüsse des Großen Senats vom 12.5.2003[3] ist fraglich, ob der Begriff mit dieser Definition noch Verwendung finden kann.

242

U.E. ist der Begriff in seiner damaligen Definition heute in Frage zu stellen, da die genannten Merkmale durch die Ausweitung der begünstigten Wirtschaftseinheiten so wohl nicht mehr zutreffen. Insbesondere die Voraussetzungen der Merkmale „Übergabe zur Fortsetzung des Wirtschaftens" und „generationenübergreifende Vermögensanlage" sind nicht mehr in dem bislang bekannten Sinne erforderlich. Die Finanzverwaltung[4] verwendet den Begriff zwar weiter, hat sich inhaltlich aber in weiten Teilen der neueren Rechtsprechung des BFH angeschlossen.

243

---

1 GrS 4-6/89, BStBl 1990 II S. 847.
2 BFH, Urteile vom 27.2.1992, X R 136/88, BStBl 1992 II S. 609 und vom 13.10.1993, X R 86/89, BStBl 1994 II S. 451.
3 GrS 1/00, BStBl 2004 II S. 95, GrS 2/00, BStBl 2004 II S. 100.
4 BMF-Schreiben vom 16.9.2004, BStBl 2004 II S. 922, Rz. 6 ff.

244 „Existenzsichernde Wirtschaftseinheiten" sind – gestützt auf die Rechtsprechung – nach Auffassung der FinVerw[1] anzunehmen, wenn folgende Wirtschaftsgüter im Rahmen der vorweggenommenen Erbfolge übertragen werden:

- ▶ Betriebe und Teilbetriebe;
- ▶ Mitunternehmeranteile (auch bei atypisch stiller Gesellschaft);
- ▶ Anteile an Kapitalgesellschaften (unabhängig vom Umfang der Beteiligung);
- ▶ Wertpapiere und vergleichbare Kapitalforderungen (z. B. Festgeld, Bundesschatzbriefe, Sparbuch);
- ▶ typische stille Beteiligungen;
- ▶ Geschäfts- und Mietwohngrundstücke;
- ▶ Einfamilienhäuser und Eigentumswohnungen;
- ▶ verpachtete unbebaute Grundstücke;[2]
- ▶ land- und forstwirtschaftliche Betriebe, wenn sie aufgrund von Wirtschaftsüberlassungsverträgen als Vorstufe zur Hof- oder Betriebsübergabe überlassen werden.

245 Keine existenzsichernden Wirtschaftseinheiten[3] sind für sich genommen:

- ▶ Bargeld (zur Übertragung im Zusammenhang mit einer Umschichtungsverpflichtung, vgl. Rn. 266 ff.);
- ▶ ertragloses Vermögen wie z. B. Hausrat, Wertgegenstände, Kunstgegenstände, Sammlungen, Schmuck (zur Übertragung im Zusammenhang mit einer Umschichtungsverpflichtung, vgl. Rn. 271);
- ▶ Grundstücke mit aufstehendem Rohbau (bei Fertigstellung durch den Vermögensübernehmer und anschließender Nutzung zur Einkunftserzielung, vgl. Rn. 271);
- ▶ unbebautes Brachland;
- ▶ Vermögen unter Totalnießbrauchsvorbehalt (zur späteren Ablösung des Nießbrauchsrechts gegen wiederkehrende Leistungen vgl. Rn. 468 ff.).

---

1 BMF-Schreiben vom 16. 9. 2004, BStBl 2004 II S. 922, Rz. 10.
2 BFH, Urteile vom 14. 2. 1996, X R 106/91, BStBl 1996 II S. 687; vom 27. 8. 1996, IX R 86/93, BStBl 1997 II S. 47.
3 BMF-Schreiben vom 16. 9. 2004, BStBl 2004 II S. 922, Rz. 12.

bb) Aufteilung der erwirtschafteten Erträge

Hält man sich vor Augen, dass das Institut der Vermögensübergabe aus den Leibgedinge- und Altenteilsverträgen entwickelt wurde, dann liegt es auf der Hand, dass Betriebe, Teilbetriebe, Mitunternehmeranteile und Anteile an Kapitalgesellschaften – Letztere bei Beteiligung des Vermögensübergebers als Gesellschafter-Geschäftsführer – typischerweise den existenzsichernden Wirtschaftseinheiten zugerechnet werden. Es handelt sich hierbei im Regelfall um Vermögen, das zur weiteren Bewirtschaftung von Generation zu Generation weitergegeben wird.

246

Ein weiterer Leitgedanke des im Wesentlichen durch die Rechtsprechung entwickelten Instituts der Vermögensübergabe ist die Aufteilung der erwirtschafteten Einkünfte auf zwei Generationen – nämlich die des Vermögensübergebers und die des Vermögensübernehmers. Damit wird deutlich, dass ertragloses Vermögen wie Hausrat, Wertgegenstände, Kunstgegenstände, Schmuck oder Brachland für sich genommen keine existenzsichernden Wirtschaftseinheiten in diesem Sinne darstellen können. Das gilt analog für Vermögen, das unter Totalnießbrauchsvorbehalt übertragen wird, denn in diesen Fällen behält der Vermögensübergeber sich die Erträge des Vermögens bereits durch das Nießbrauchsrecht zurück mit der Folge, dass zwar das bürgerlich-rechtliche Eigentum übertragen wird, nicht hingegen die Bewirtschaftungsmöglichkeit. Folglich können die Erträge nicht nochmals in Form von wiederkehrenden Leistungen zurückbehalten werden. Solange das Nießbrauchsrecht Bestand hat und vom Vermögensübergeber auch tatsächlich ausgeübt wird, hat der Vermögensübernehmer keine Möglichkeit, das übertragene Vermögen zu bewirtschaften. Erträge können erst dann in Form von wiederkehrenden Leistungen an den Vermögensübergeber transferiert werden, wenn das Nießbrauchsrecht abgelöst wird. Zum Sonderausgabenabzug nach § 10 Abs. 1 Nr. 1a EStG und zur Besteuerung nach § 22 Nr. 1 EStG bzw. § 22 Nr. 1 EStG in diesen Fällen vgl. Rn. 466 ff.

247

Wird ein Nießbrauchsrecht aber nur zu Sicherungszwecken eingeräumt (§ 1059 BGB), hindert dies die steuerliche Berücksichtigung von wiederkehrenden Leistungen nicht.[1] Durch den dinglichen Sicherungsnießbrauch soll der bisherige Eigentümer nur für den Fall, dass der Erwerber die wiederkehrenden Leistungen nicht mehr erbringt, in die Lage versetzt werden, anstelle der wiederkehrenden Leistungen selbst wieder die Früchte aus dem übertragenen Vermögen zu ziehen. Tritt dieser Sicherungsfall nicht ein und fehlt es daher an

248

---

1 BMF-Schreiben vom 16. 9. 2004, BStBl 2004 I S. 922, Rz. 18.

der tatsächlichen Durchführung des Nießbrauchs, ist dieser einkommensteuerrechtlich unbeachtlich.[1]

BEISPIEL 1: Wiederkehrende Leistungen und Sicherungsnießbrauch
Vater V überträgt in 2007 im Wege der vorweggenommenen Erbfolge ein vermietetes Mehrfamilienhaus auf seinen Sohn S. S hat dem V eine lebenslängliche Rente zu dessen Versorgung zu zahlen. Nach den vertraglichen Vereinbarungen behält sich V ein lebenslängliches dinglich gesichertes Nießbrauchsrecht an dem Grundstück vor. Der Nießbrauch wird zur Ausübung S überlassen. Nach der Grundstücksübertragung tritt S in bestehende Mietverträge ein und schließt neue Mietverträge ab.

S erfüllt den Tatbestand der Erzielung der Einkünfte aus Vermietung und Verpachtung. V ist zwar dinglich Nießbrauchsberechtigter. Die Ausübung des Nießbrauchs kann aber nach § 1059 Satz 2 BGB einem anderen überlassen werden, der auch der Eigentümer sein kann.[2] Tritt der Eigentümer aufgrund der Überlassung in das vom Nießbraucher abgeschlossene Mietverhältnis ein, und übernimmt die Rechte und Pflichten aus dem Mietverhältnis, sind ihm und nicht dem Nießbraucher die Einkünfte aus dem belasteten Grundstück zuzurechnen. Der Nießbrauch zugunsten des V soll somit nur die Rentenzahlungen des S absichern. Sollte S die Rentenzahlungen einstellen, kann V sich auf sein Nießbrauchsrecht berufen und wieder selbst die Einkünfte aus dem Grundstück erwirtschaften.

BEISPIEL 2: Wiederkehrende Leistungen und Sicherungsnießbrauch
Wie Beispiel 1. V und S haben nicht ausdrücklich die Ausübung des Nießbrauchs auf S übertragen. Gleichwohl vermietet S nach der Übertragung des Grundstücks die Wohnungen.

Auch wenn der Nießbrauch nicht ausdrücklich zur Ausübung gem. § 1059 BGB übertragen wird, kann er bloßen Sicherungscharakter haben. Dem Nießbrauchserlass vom 24.7.1998[3] kann nicht entnommen werden, dass eine ausdrückliche Übertragung zur Ausübung erforderlich ist. Wichtig ist jedoch, dass die Vertragsparteien klar zum Ausdruck bringen, dass der neue Eigentümer die Einkünfte erzielen soll.

cc) Vom Vermögensübernehmer zu eigenen Wohnzwecken genutzte Wohnung

(1) Ursprüngliche Auffassung

249 Nutzt der Vermögensübernehmer eine vom Vermögensübergeber übertragene Wohnung zu eigenen Wohnzwecken hatte die FinVerw[4] zunächst der Auffas-

---

1 BMF-Schreiben vom 24.7.1998, BStBl 1998 I S. 914, Rz. 9.
2 Die Überlassung der Ausübung wirkt nur schuldrechtlich und ändert nicht den Inhalt des Nießbrauchsrechts, das dem Nießbraucher verbleibt (Palandt/Bassenge, § 1059 Rz. 3).
3 BStBl 1998 I S. 914, Rz. 9.
4 BMF-Schreiben vom 23.12.1996, BStBl 1996 I S. 1508, Rz. 8 i.V.m. Rz. 13 und 14.

sung von Fischer[1] folgend, entschieden, dass vom Übernehmer selbstgenutzter Wohnraum auch nach Wegfall der Nutzungswertbesteuerung noch als ertragbringend anzusehen ist. Fischer hatte klargestellt, dass der Übernehmer zwar keine steuerbaren Erträge erziele, gleichwohl sollte die Abziehbarkeit der an den Übergeber gezahlten Geldrente nicht an der dogmatischen Figur der vorbehaltenen Erträge scheitern. Die Eigennutzung durch Ersparen von Mietkosten sei eine bestimmungsgemäße wirtschaftliche Verwertung, deren Ertrag mittels Geldrente an den Übergeber abgeführt werde. Es könne nicht darauf ankommen, ob der Übernehmer einen steuerbaren Ertrag durch Fremdvermietung erziele.

(2) Erste Entscheidung der Rechtsprechung

Diese Auffassung wurde von der Rechtsprechung zunächst nicht geteilt.[2] Sie war der Auffassung, dass der Abzug von Versorgungsleistungen beim Vermögensübernehmer wegen dessen geminderter steuerlicher Leistungsfähigkeit nur dann gerechtfertigt sei, wenn es infolge der Vermögensübertragung zunächst zu einer Erhöhung der steuerlichen Leistungsfähigkeit beim Vermögensübernehmer wegen der Übertragung einer Einkunftsquelle gekommen sei. Wolle man auch solche Vermögensübertragungen steuerlich begünstigen, bei denen sich der Übergeber keine Erträge vorbehalte – z. B. bei Selbstnutzung eines Gebäudes, so würde bei dem Versorgungsverpflichteten eine Vermögensminderung berücksichtigt werden, die keinen Zusammenhang mit seiner steuerlichen Leistungsfähigkeit aufweise. Dies würde zu einer Besserstellung führen gegenüber Steuerpflichtigen, deren Eltern nicht in der Lage seien ihren Kindern Vermögen zu übertragen. Werde eine Wohnung im Wege der vorweggenommenen Erbfolge gegen wiederkehrende Leistungen übertragen, seien diese keine begünstigten Versorgungsleistungen, wenn der Erwerber die Wohnung zu eigenen Wohnzwecken nutze. Die grundlegende Entscheidung des Gesetzgebers im Wohnungsbauförderungsgesetz vom 15. 5. 1986,[3] den Nutzungswert der zu eigenen Wohnzwecken genutzten Wohnung einkommensteuerrechtlich nicht mehr zu berücksichtigen, sei auch im Rahmen des § 10 Abs. 1 Nr. 1a EStG zu berücksichtigen.

250

---

[1] Wiederkehrende Bezüge und Leistungen, München 1994, Rn. 340.
[2] FG Brandenburg vom 16. 4. 1997, 2 K 616/96 E, EFG 1997 S. 956; die Revision wurde vom BFH mit Urteil v. 23. 4. 1998, X R 83/97, BFH/NV 1998 S. 1493 als unzulässig verworfen; FG Cottbus vom 25. 11. 1998, 2 K 1661/97 E, EFG 1999 S. 226, und BFH, Urteil vom 10. 11. 1999, X R 10/99, BStBl 2002 II S. 653.
[3] BGBl 1986 I S. 730; BStBl 1986 I S. 278.

(3) Anpassung der Verwaltungsauffassung

251 Mit BMF-Schreiben vom 26. 8. 2002[1] hatte die FinVerw ihre Rechtsauffassung korrigiert und sah nunmehr eine vom Vermögensübernehmer zu eigenen Wohnzwecken genutzte Wohnung nicht mehr als existenzsichernde Wirtschaftseinheit an. Die Neuregelung war allerdings aus Vertrauensschutzgründen uneingeschränkt erst für nach dem 31. 10. 2002 abgeschlossene obligatorische Vermögensübergabeverträge anzuwenden. Für Altverträge waren die Grundsätze des BMF-Schreibens vom 23. 12. 1996[2] weiter anzuwenden, wenn Vermögensübergeber und Vermögensübernehmer übereinstimmend an der bisherigen steuerlichen Beurteilung festhielten.[3]

(4) Abweichende Entscheidung des Großen Senats des BFH

252 Mit Beschluss vom 12. 5. 2003[4] ist der Große Senat der Auffassung der FinVerw und der bisherigen Rechtsprechung entgegengetreten. Er sieht auch einen Nutzungsvorteil als transferierbaren Ertrag an.

Da der maßgebliche Nettoertrag nicht mit den steuerlichen Einkünften identisch sein müsse, könne auch ein Nutzungsvorteil berücksichtigt werden. Ein solcher Nutzungsvorteil könne als Einkommen im finanzwirtschaftlichen Sinn angesehen werden.[5]

(5) Erneut angepasste Auffassung der Finanzverwaltung

253 Die FinVerw ist der Auffassung des Großen Senats gefolgt und damit im Ergebnis wieder zu ihrer ursprünglichen Rechtsauffassung zurückkehrt.[6] Sie beschränkt die Folgerungen aus der Entscheidung des GrS jedoch nicht nur auf die vom Vermögensübernehmer zu eigenen Wohnzwecken genutzte Wohnung. Gleiches gilt auch, wenn der Vermögensübernehmer das übertragene Vermögen für eigenbetriebliche Zwecke nutzt.

Zwingend anzuwenden ist die neue Sichtweise der FinVerw für alle nach dem 31. 10. 2004 abgeschlossenen Vermögensübergabeverträge. Für ältere Verträge können die Vertragsbeteiligten – einvernehmlich – wählen, ob sie an der

---

1 BStBl 2002 I S. 893.
2 BStBl 1996 I S. 1508, Rz. 8, 13 und 14.
3 BMF-Schreiben vom 26. 8. 2002, BStBl 2002 I S. 893, Rz. 59.
4 GrS 1/00, BStBl 2004 II S. 95.
5 Der GrS verweist insoweit auf Biergans/Koller, DStR 1993, 741, 748; P. Fischer, Wiederkehrende Bezüge und Leistungen, München 1994, Rz. 340; Strahl, Stbg 1996, S. 263 und Wendt, Harzburger Steuerprotokoll 1996, S. 205, die sich entsprechend geäußert haben.
6 BMF-Schreiben vom 16. 9. 2004, BStBl 2004 I S. 922, Rz. 21.

bisherigen Sichtweise (entgeltliches Rechtsgeschäft) festhalten oder nunmehr von einem unentgeltlichen Rechtsgeschäft ausgehen.

(6) Eigene Auffassung

U. E. ist fraglich, ob die Einbeziehung zu eigenen Zwecken des Vermögensübernehmers genutzten Vermögens aus der Vermögensübertragung in die begünstigte unentgeltliche Vermögensübergabe mit dem vom GrS ansonsten beibehaltenen Kriterium in Einklang steht, wonach sich eine Vermögensübergabe so darstellen muss, dass die vom Vermögensübernehmer zugesagten Leistungen – obwohl sie von ihm erwirtschaftet werden müssen – als zuvor vom Übergeber vorbehaltene – abgespaltene – Nettoerträge vorstellbar sind. 254

Vorbehaltene Erträge lassen sich in derartigen Fällen allenfalls herleiten, indem unterstellt wird, dass der Vermögensübergeber dem Vermögensübernehmer nach der Vermögensübertragung die Wohnung auch hätte vermieten können, wenn er sich im Zusammenhang mit der Vermögensübertragung ein Nießbrauchsrecht vorbehalten hätte. In diesem Fall hätte der Vermögensübernehmer die Miete für eine andere Wohnung/andere gewerbliche Räumlichkeiten eingespart und stattdessen Miete an den Vermögensübergeber gezahlt. Nunmehr zahlt er eben keine Miete, sondern der Vermögensübernehmer erhält die „vorbehaltenen Erträge Miete" in Form von wiederkehrenden Leistungen. Es bleibt aber auch bei dieser Argumentation die Tatsache, dass beim Vermögensübernehmer eine Vermögensminderung berücksichtigt wird, die keinen Zusammenhang mit seiner steuerlichen Leistungsfähigkeit aufweist. Dies kann u. U. zu einem Wertungswiderspruch führen zu den Fällen, in denen ein Kind wiederkehrende Leistungen an seine Eltern erbringt, ohne zuvor Vermögen erhalten zu haben. Denn diese wiederkehrenden Leistungen ohne Vermögensübertragung würden als nicht abziehbare Unterhaltsleistungen qualifiziert (§ 12 Nr. 1 EStG).[1] 255

dd) Übertragung eines Geldbetrages

(1) Existenzsichernde Wirtschaftseinheit bei Umschichtungsverpflichtung

Wurden wiederkehrende Leistungen im Zusammenhang mit der Übertragung eines Geldbetrages vereinbart, so handelte es sich bis zum Ergehen der Beschlüsse des GrS vom 12.5.2003[2] generell weder um nach § 10 Abs. 1 Nr. 1a 256

---

[1] Zum Wertungswiderspruch vgl. auch Rn. 185 f.
[2] GrS 1/00, GrS 2/00, BStBl 2004 II S. 95, 100.

EStG abziehbare und nach § 22 Nr. 1 Satz 1 EStG steuerbare Versorgungsleistungen noch um eine Gegenleistung, sondern um Zuwendungen i. S. d. § 12 Nr. 2 EStG.[1]

257 Mit Beschluss vom 12. 5. 2003[2] hat der Große Senat aber auch die Übertragung von Geldvermögen als begünstigte Vermögensübergabe angesehen Die Einbeziehung von Geldvermögen in die existenzsichernden Wirtschaftseinheiten erschließt sich zunächst nicht, denn Geldvermögen bringt keine Nettoerträge hervor, die der Vermögensübergeber sich auch in Form eines Vorbehaltsnießbrauchs hätte zurückbehalten können. Sie muss wohl im Kontext mit der weiteren Modifikation des Großen Senats gesehen werden, dass eine unentgeltliche Vermögensübergabe gegen Versorgungsleistungen auch dann vorliegen kann, wenn der Übernehmer sich im Übergabevertrag verpflichtet, das übertragene ertraglose Vermögen zu veräußern und vom Erlös eine der Art nach bestimmte Vermögensanlage zu erwerben, die einen zur Erbringung der zugesagten Versorgungsleistungen ausreichenden Nettoertrag abwirft.

258 Dem muss dann wohl die Übertragung von Bargeld gleichgesetzt werden, wenn die Übertragung mit der Verpflichtung des Vermögensübernehmers verbunden ist, mit dem Bargeld z. B. ein Mietwohngrundstück oder einen Betrieb zu erwerben und aus den Erträgen der erworbenen Wirtschaftseinheit die Versorgungsleistungen sicherzustellen.[3]

259 Aus schenkungsteuerrechtlicher Sicht konnte es früher attraktiv sein, Geld zu verschenken, mit der Bedingung für den Schenker davon ein bestimmtes Grundstück zu erwerben. Schenkungsteuerrechtlich galt dies als mittelbare Grundstücksschenkung mit der Konsequenz, dass die Schenkungsteuer auf der Grundlage des – erheblich unter dem Verkehrswert und damit der Schenkung liegenden – Grundbesitzwerts nach dem Bewertungsgesetz berechnet wurde. Bislang erfüllte eine mittelbare Grundstücksschenkung ertragsteuerlich jedoch nicht die Voraussetzungen für eine unentgeltliche Vermögensübergabe, die den Sonderausgabenabzug nach § 10 Abs. 1 Nr. 1a EStG nach sich zog. Da der Schenker zu keiner Zeit Eigentümer des geschenkten Vermögens gewesen ist, konnte er folglich keine Erträge daraus erzielen, die nunmehr vom Beschenkten zu erwirtschaften sind. Damit mangelte es an den Voraussetzungen für

---

1 BFH, Urteil vom 26.11.1997, X R 114/94, BStBl 1998 II S. 190; BMF-Schreiben vom 26.8.2002, BStBl 2002 I S. 893, Rz. 10.
2 GrS 1/00, BStBl 2004 II S. 95.
3 Vgl. Rz. 17 des BMF-Schreibens vom 16.9.2004, BStBl 2004 I S. 922.

eine existenzsichernde Wirtschaftseinheit nach der bisherigen Definition (vgl. Rn. 241).[1] Nach der Entscheidung des GrS vom 12. 5. 2003[2] ergeben sich ertragsteuerrechtlich Vorteile, wenn Bargeld im Auftrag des Vermögensübergebers in eine ertragbringende Wirtschaftseinheit umgeschichtet wird.

Mit Urteil vom 16. 6. 2004[3] ist der X. Senat des BFH sogar noch weiter gegangen und hat entschieden, dass auch ein im Einvernehmen mit dem Vermögensübergeber durch den Vermögensübernehmer angelegtes Gleichstellungsgeld Gegenstand einer begünstigten unentgeltlichen Vermögensübergabe gegen Versorgungsleistungen sein kann. Zwar hatten die Vertragsparteien im Streitfall den Weg gewählt, dass der vom ersten Sohn zu zahlende Geldbetrag zunächst den Eltern gezahlt wurde und erst diese den Betrag an ihren zweiten Sohn schenkten. Wirtschaftlich betrachtet handelte es sich aber um ein Gleichstellungsgeld des ersten Sohnes an seinen Bruder. Das BMF-Schreiben vom 16. 9. 2004[4] enthält zwar keine Aussage zu derartigen Fallgestaltungen. Da die FinVerw das Urteil aber im BStBl veröffentlicht hat, hat sie damit zum Ausdruck gebracht, dass sie es allgemein anwenden wird.

260

(2) Weiterentwicklung der Grundsätze durch die Finanzverwaltung

Eine begünstigte Vermögensübergabe durch Reinvestitionsverpflichtung kann nach Auffassung der FinVerw[5] nicht nur in Bezug auf die Anlage von Bargeld in eine ertragbringende Wirtschaftseinheit vorliegen, sondern auch, wenn der Vermögensübernehmer aufgrund einer Vereinbarung im Übergabevertrag verpflichtet wird, anderes ertragloses oder nicht ausreichend ertragbringendes Vermögen in eine ihrer Art nach bestimmte ausreichend ertragbringende Vermögensanlage (Reinvestitionsgut) umzuschichten oder z. B. ein Grundstück mit aufstehendem Rohbau übernimmt, sich im Übergabevertrag verpflichtet, den Rohbau fertig zu stellen, wenn das fertig gestellte Wirtschaftsgut ausreichend ertragbringend ist.

261

BEISPIEL: ▶ Übergabe ertraglosen Vermögens mit Umschichtungsverpflichtung

Der Sohn S erhält im Januar 2004 im Rahmen einer vorweggenommenen Erbfolgeregelung von seinem Vater V ein unbebautes Grundstück mit einem Verkehrswert von 300 000 €. S verpflichtet sich im Übergabevertrag, das Grundstück zu veräußern,

---

1 A. A. aber schon bisher Korn, DStR 1997, S. 137, unter Hinweis auf BFH, Urteil vom 15. 5. 1990, IX R 21/86, BStBl 1992 II S. 67; Stephan, Beilage DB 4/97.
2 GrS 1/00, BStBl 2004 II S. 95.
3 X R 22/99, BStBl 2004 II S. 1053.
4 BStBl 2004 I S. 922.
5 BMF-Schreiben vom 16. 9. 2004, BStBl 2004 I S. 922, Rz. 13.

mit dem Erlös ein Mietwohngrundstück zu erwerben und ab Erwerb aus den Erträgen des Mietwohngrundstücks an V auf dessen Lebenszeit wiederkehrende Leistungen i. H. v. monatlich 750 € zu zahlen. S veräußert das Grundstück im Februar 2004. Bereits im März 2004 gelingt es ihm, ein entsprechendes Mietwohngrundstück anzuschaffen, aus dem er Nettoerträge i. H. v. monatlich 1 000 € erzielt. S zahlt ab März 2004 die vereinbarten wiederkehrenden Leistungen an V.

Es liegt eine begünstigte Vermögensübergabe vor. S hat die im Übergabevertrag vereinbarte Verpflichtung, das ertraglose unbebaute Grundstück in ein ausreichend ertragbringendes Mietwohngrundstück umzuschichten, erfüllt. Die wiederkehrenden Leistungen stellen bei S von Beginn an Sonderausgaben i. S. d. § 10 Abs. 1 Nr. 1a EStG und bei V Einkünfte i. S. d. § 22 Nr. 1 EStG (ab 2008: § 22 Nr. 1b EStG) dar.

262 Eine begünstigte Vermögensübergabe liegt nach Auffassung der FinVerw auch dann vor, wenn der Vermögensübernehmer nicht den gesamten Erlös aus der Veräußerung des ertraglosen oder nicht ausreichend ertragbringenden Vermögens zur Anschaffung oder Herstellung des Reinvestitionsguts verwendet. Es reicht in diesen Fällen aus, wenn die wiederkehrenden Leistungen durch die Erträge aus dem Reinvestitionsgut abgedeckt werden.[1]

BEISPIEL 1: ▶ Teilweise Reinvestition des übertragenen ertraglosen Vermögens

Der Vater V überträgt seinem Sohn S am 1. 4. 2004 im Rahmen einer vorweggenommenen Erbfolgeregelung ein wertvolles Gemälde aus seiner privaten Sammlung gegen lebenslang zu erbringende wiederkehrende Leistungen i. H. v. monatlich 2 000 € (fällig ab April 2004). S verpflichtet sich im Übergabevertrag, das Gemälde zu veräußern, um mit dem Erlös ein Mietwohngrundstück zu erwerben. S gelingt es erst am 2. 4. 2005, das Gemälde zu einem angemessenen Preis von 1 Mio. € zu verkaufen. Den Veräußerungserlös legt S zunächst als Festgeld (Zinssatz 4 %) an. Am 1. 9. 2005 erwirbt S ein Vierfamilienhaus für 800 000 €, aus dem er Nettoerträge i. H. v. monatlich 2 200 € erzielt.

Die wiederkehrenden Leistungen i. H. v. monatlich 2 000 € sind nach Auffassung der FinVerw erst ab September 2005 bei S als Sonderausgaben nach § 10 Abs. 1 Nr. 1a EStG abziehbare Versorgungsleistungen und bei V nach § 22 Nr. 1 Satz 1 EStG (ab 2008: § 22 Nr. 1b EStG) steuerpflichtige Bezüge, denn erst mit dem Erwerb des im Übergabevertrag seiner Art nach bestimmten existenzsichernden und ausreichend ertragbringenden Mietwohngrundstücks kommt eine begünstigte Vermögensübergabe zustande. Unschädlich ist, dass S nicht den gesamten Veräußerungserlös zur Anschaffung des Vierfamilienhauses verwendet, denn aus dem Reinvestitionsgut werden ausreichend hohe Nettoerträge erzielt. Die wiederkehrenden Leistungen, die S in der Zeit von April 2004 bis August 2005 erbringt, sind nach Auffassung der FinVerw nicht abziehbare Unterhaltsleistungen (§ 12 Nr. 2 EStG). Dies soll auch für die Zahlungen von April 2005 bis August 2005 gelten, da die Zwischenanlage des Veräußerungserlöses – unabhängig von der Höhe der Nettoerträge – nicht von der Vereinbarung im Übergabevertrag abgedeckt ist.

---

[1] BMF-Schreiben vom 16. 9. 2004, BStBl 2004 I S. 922, Rz. 14.

Setzt der Vermögensübernehmer bei der Umschichtung zusätzlich eigene Mittel zur Anschaffung oder Herstellung des Reinvestitionsguts ein, muss nach Auffassung der FinVerw der auf das reinvestierte Vermögen entfallende Anteil an den Erträgen des Reinvestitionsguts ausreichen, um die vereinbarten wiederkehrenden Leistungen zu erbringen.[1]

263

> **BEISPIEL 2:** Reinvestition des übertragenen Vermögens unter Einsatz zusätzlicher eigener Mittel
>
> Wie Beispiel 1, aber S erwirbt unter Verwendung des Veräußerungserlöses von 1 Mio. € zum 1.9.2005 ein Zehnfamilienhaus für 2 Mio. €, aus dem er Nettoerträge i. H. v. monatlich 5 000 € erzielt.
>
> Auch in diesem Fall sind die wiederkehrenden Leistungen i. H. v. monatlich 2 000 € bei S ab September 2005 als Sonderausgaben nach § 10 Abs. 1 Nr. 1a EStG abziehbare Versorgungsleistungen und bei V nach § 22 Nr. 1 Satz 1 EStG (ab 2008: § 22 Nr. 1b EStG) steuerpflichtige Bezüge, denn der auf den reinvestierten Veräußerungserlös (1 Mio. € von insgesamt 2 Mio. €) entfallende Anteil an den monatlichen Nettoerträgen von 2 500 € ($^1/_2$ von 5 000 €) reicht aus, um die vereinbarten wiederkehrenden Leistungen zu erbringen.

Schichtet der Vermögensübernehmer das übertragene Vermögen zwar in eine ihrer Art nach bestimmte Vermögensanlage um, ist diese aber nicht ausreichend ertragbringend, um die wiederkehrenden Leistungen in voller Höhe abzudecken, liegt nach Auffassung der FinVerw ein entgeltliches Rechtsgeschäft gegen wiederkehrende Leistungen vor. Ein Sonderausgabenabzug nach § 10 Abs. 1 Nr. 1a EStG soll in diesen Fällen nicht in Betracht kommen.[2]

264

> **BEISPIEL 3:** Reinvestition des übertragenen Vermögens in nicht ausreichend ertragbringendes Vermögen
>
> Wie Beispiel 2, aber die monatlichen Nettoerträge aus dem erworbenen Zehnfamilienhaus belaufen sich auf lediglich 3 500 €.
>
> Eine begünstigte Vermögensübergabe ist nicht gegeben, denn der auf den reinvestierten Veräußerungserlös (1 Mio. € von insgesamt 2 Mio. €) entfallende Anteil an den monatlichen Nettoerträgen von 1 750 € ($^1/_2$ von 3 500 €) des S reicht nicht aus, um die vereinbarten wiederkehrenden Leistungen zu erbringen. Es liegen ab dem Jahr der Vermögensübertragung wiederkehrende Leistungen im Austausch mit einer Gegenleistung vor.

Fraglich war, ob von einer begünstigten Vermögensübergabe auch bereits vor der Umschichtung in das Reinvestitionsgut ausgegangen werden kann. Die Beschlüsse des Großen Senats haben sich hierzu nämlich – wie auch zu den vorstehenden Problempunkten – nicht geäußert.

265

---

1 BMF-Schreiben vom 16.9.2004, BStBl 2004 I S. 922, Rz. 15.
2 BMF-Schreiben vom 16.9.2004, BStBl 2004 I S. 922, Rz. 16.

266 Die FinVerw hat entschieden, wiederkehrende Leistungen, die vor der Anschaffung oder Herstellung der ausreichend ertragbringenden Wirtschaftseinheit geleistet werden, grundsätzlich als nicht abziehbare Unterhaltsleistungen (§ 12 Nr. 2 EStG) zu behandeln und nicht zum Abzug zuzulassen. Für den Fall, dass allerdings innerhalb von drei Jahren nach Abschluss des Übergabevertrages das vorgesehene ausreichend ertragbringende Wirtschaftsgut nicht angeschafft wird, sollen von Beginn an – also ab dem Zeitpunkt der Vermögensübertragung – die Grundsätze über die einkommensteuerrechtliche Behandlung wiederkehrender Leistungen im Austausch mit einer Gegenleistung gelten.[1] Um spätere Korrekturen der Steuerbescheide zu ermöglichen, werden sowohl beim Vermögensübergeber als auch beim Vermögensübernehmer ab dem Jahr der Vermögensübergabe die Einkommensteuerbescheide gem. § 165 AO vorläufig erlassen.

ee) Wertpapiervermögen

267 Hinsichtlich der Beurteilung von stillen Beteiligungen und von Wertpapiervermögen hat der GrS mit Beschluss vom 12. 5. 2003[2] eine Neuausrichtung vorgenommen, indem er Wertpapiervermögen und typische stille Beteiligungen in die existenzsichernden Wirtschaftseinheiten mit einbezieht. Diese sind damit den Anteilen an Kapitalgesellschaften gleichgestellt worden.

268 Die FinVerw hatte zuvor nur Anteile an Kapitalgesellschaften als existenzsichernd angesehen, Wertpapiervermögen und typische stille Beteiligungen hingegen nicht.[3] Dies war jedoch – vor dem Hintergrund der derzeitigen Ausgestaltung des Rechtsinstituts der Vermögensübergabe u. E. zu Recht – nicht unumstritten. Es war nicht einsichtig, warum ein – ggf. kleiner – Anteil an einer Kapitalgesellschaft, bei der Vermögensübergeber und anschließend Vermögensübernehmer als Gesellschafter-Geschäftsführer unternehmerisch tätig waren/sind, existenzsichernd sein sollte, ein umfangreiches – auf passive Einkünfteerzielung angelegtes Wertpapierdepot hingegen nicht. Wenn es – zumindest nach der Vorstellung des X. Senats des BFH – beim Rechtsinstitut der Vermögensübergabe um die Abbildung der zutreffenden steuerlichen Leistungsfähigkeit ging (vgl. Rn. 162), und nicht mehr in erster Linie um die begünstigte Übertragung von generationenübergreifendem Unternehmensvermögen, war die Einschränkung auf „unternehmerisch genutzte" Anteile an Kapitalgesellschaften nicht begründet. Geht es um die zutreffende steuerliche

---

1 BMF-Schreiben vom 16. 9. 2004, BStBl 2004 I S. 922, Rz. 13 und 16.
2 GrS 1/00, BStBl 2004 II S. 95.
3 BMF-Schreiben vom 26. 8. 2002, BStBl 2002 I S. 893, Rz. 8 und 10.

Verteilung der erwirtschafteten Erträge auf zwei Generationen, muss auch passiv genutztes Wertpapiervermögen mit einbezogen werden, denn u. U. kann ein umfangreiches Wertpapierdepot viel höhere Erträge hervorbringen, die in Form von wiederkehrenden Leistungen zum Teil an die weichende Generation transferiert werden, als ein Anteil an einer Not leidenden Kapitalgesellschaft, die durch die Generationen unternehmerisch beeinflusst wird.

b) Vermögensübergabeverträge nach dem 31. 12. 2007

aa) Begünstigtes Vermögen

Für nach dem 31. 12. 2007 abgeschlossene Vermögensübergabeverträge hat der Gesetzgeber die nach § 10 Abs. 1 Nr. 1a EStG begünstigte unentgeltliche Vermögensübergabe gegen Versorgungsleistungen eingeschränkt. Begünstigt sind danach nur noch Versorgungsleistungen, die im Zusammenhang stehen mit der Übertragung

▶ eines Mitunternehmeranteils an einer Personengesellschaft, die eine Tätigkeit im Sinne der §§ 13, 15 Abs. 1 Satz 1 Nr. 1 oder des § 18 Abs. 1 EStG ausübt,

▶ eines Betriebs oder Teilbetriebs, sowie

▶ eines mindestens 50 % betragenden Anteils an einer GmbH, wenn der Übergeber als Geschäftsführer tätig war und der Übernehmer diese Tätigkeit nach der Übertragung übernimmt.

Wird land- und forstwirtschaftliches Betriebsvermögen übertragen, ist auch der Teil der Versorgungsleistungen abziehbar, der auf den Wohnteil eines Betriebs der Land- und Forstwirtschaft entfällt.

Nach der Gesetzesbegründung war mit der gesetzlichen Änderung des § 10 Abs. 1 Nr. 1a EStG zunächst beabsichtigt, das Rechtsinstitut auf seinen Kernbereich, die Übertragung von land- und forstwirtschaftlichen Betrieben, Gewerbebetrieben und von Betriebsvermögen Selbständiger in der Rechtsform des Einzelunternehmens oder der Personengesellschaft zurückzuführen. Hierdurch sollte die Regelung zielgenauer als die bisherige wirken und Mitnahmeeffekte sowie missbräuchliche Gestaltungen verhindern. Dabei sollte sie der Erhaltung und Sicherung von Unternehmen als Garanten von Arbeitsplätzen, als Stätten des produktiven Wachstums und in ihrer gesellschaftlichen Funktion als Ort beruflicher und sozialer Qualifikation dienen.[1] Bei der Übertragung von Grundvermögen und Wertpapiervermögen, aus dem Einkünfte aus Ver-

---

[1] Vgl. BR-Drs. 16/6290 S. 74 f.

mietung und Verpachtung oder aus Kapitalvermögen erzielt würden, kommt dem Gesichtspunkt der Sicherung von Arbeitsplätzen hingegen typischerweise keine Bedeutung zu. Auch besteht beim Grundbesitz und beim Wertpapiervermögen eher die Möglichkeit, das Vermögen in Teilschritten auf die nachfolgende Generation zu übertragen und sich weiterhin das Vermögen zurückzubehalten, das zum Lebensunterhalt noch erforderlich ist. Betriebsvermögen hingegen weist regelmäßig eine nur eingeschränkte Fungibilität auf; eine Übertragung in mehreren Einzelschritten ist zumeist ausgeschlossen. Da Betriebe zudem häufig die einzige Existenzgrundlage – zumindest die Haupteinkunftsquelle – des Vermögensübergebers sind, erscheint in diesem Zusammenhang die Beibehaltung einer Regelung erforderlich, die einerseits die zukünftige Versorgung des Vermögensübergebers absichert, andererseits den Fortbestand des Unternehmens – z. B. durch die Verhinderung der Aufdeckung von stillen Reserven – nicht gefährdet. Im Rahmen des Bundesratsverfahrens wurde die Regelung gegenüber dem Gesetzentwurf jedoch insoweit erweitert, als dass der Sonderausgabenabzug auch weiterhin zulässig sein soll für Versorgungsleistungen im Zusammenhang mit der Übertragung von GmbH-Anteilen, wenn eine Beteiligung von mindestens 50 % übertragen wird, der Übergeber als Geschäftsführer tätig war und der Übernehmer diese Tätigkeit nach der Übertragung übernimmt.

(1) Begünstigte Mitunternehmeranteile

271 Die Übertragung eines Mitunternehmeranteils an einer Personengesellschaft (OHG, KG, GbR) ist für nach dem 31. 12. 2007 abgeschlossene Vermögensübergabeverträge nach § 10 Abs. 1 Nr. 1a Buchst. a EStG nur noch dann begünstigt, wenn die Personengesellschaft eine Tätigkeit im Sinne der §§ 13, 15 Abs. 1 Satz 1 Nr. 1 oder des § 18 Abs. 1 EStG ausübt. Damit sind nach Auffassung der FinVerw gewerblich geprägte Personengesellschaften i. S. d. § 15 Abs. 3 Nr. 2 EStG von der begünstigten Vermögensübergabe gegen Versorgungsleistungen ausgeschlossen, denn eine gewerblich geprägte Personengesellschaft übt keine Tätigkeit i. S. d. § 15 Abs. 1 Satz 1 Nr. 1 EStG aus. Die Übertragung eines Mitunternehmeranteils an einer vermögensverwaltenden GmbH & Co. KG gegen wiederkehrende Leistungen führt folglich zu einem (teil-)entgeltlichen Rechtsgeschäft. Diese Rechtsfolge gilt hingegen nicht für gewerblich infizierte Personengesellschaften i. S. d. § 15 Abs. 3 Nr. 1 EStG, denn diese üben zumindest teilweise eine Tätigkeit i. S. d. § 15 Abs. 1 Satz 1 Nr. 1 EStG aus. Nach dem Gesetzeswortlaut ist für die Annahme einer begünstigten Vermögensübergabe nur erforderlich, dass die Personengesellschaft eine Tätigkeit i. S. d. § 15 Abs. 1 Satz 1 Nr. 1 EStG ausübt, nicht, dass sie insgesamt eine Tätigkeit i. S. d. § 15

Abs. 1 Satz 1 Nr. 1 EStG ausübt.[1] Ist eine vermögensverwaltende Personengesellschaft lediglich an einer gewerblich tätigen Gesellschaft beteiligt, reicht dies hingegen für eine Begünstigung nicht aus, denn in diesem Fall übt die vermögensverwaltende Personengesellschaft selbst keine gewerbliche Tätigkeit aus, sondern bezieht lediglich Einkünfte i. S. d. § 15 Abs. 1 Satz 1 Nr. 1 EStG. Der Bezug von Einkünften i. S. d. § 15 Abs. 1 Satz 1 Nr. 1 EStG reicht jedoch nach dem Wortlaut des § 10 Abs. 1 Nr. 1a EStG nicht aus.

Überlässt ein Unternehmer eine wesentliche Betriebsgrundlage an eine gewerblich tätige Personen- oder Kapitalgesellschaft zur Nutzung und beherrschen eine Person oder mehrere Personen sowohl das Besitzunternehmen als auch das Betriebsunternehmen in dem Sinne, dass sie in der Lage sind, in beiden Unternehmen einen einheitlichen geschäftlichen Betätigungswillen durchzusetzen, liegt eine Betriebsaufspaltung vor. Dies hat zur Folge, dass die Vermietung oder Verpachtung der wesentlichen Betriebsgrundlage(n) keine Vermögensverwaltung mehr ist, sondern eine gewerbliche Vermietung oder Verpachtung. Das Besitzunternehmen ist als Gewerbebetrieb anzusehen. Vor dem Hintergrund, dass eine Besitzpersonengesellschaft im Rahmen einer Betriebsaufspaltung als Organträger in Betracht kommt, weil ihr die gewerbliche Tätigkeit i. S. des § 15 Abs. 1 Satz 1 Nr. 1 EStG der Betriebsgesellschaft zugerechnet wird, erscheint es konsequent, die Übertragung eines Mitunternehmeranteils an einer Besitzgesellschaft auch als begünstigte Vermögensübergabe i. S. d. § 10 Abs. 1 Nr. 1a EStG anzusehen, soweit ihr die gewerbliche Tätigkeit der Betriebsgesellschaft auch nach der Vermögensübertragung zugerechnet wird.[2]

272

Hinsichtlich der Mitunternehmeranteile an Personengesellschaften, die land- und forstwirtschaftliche Einkünfte erzielen, besteht nach dem Gesetzeswortlaut keine Einschränkung. Gleiches gilt für Anteile an einer Personengesellschaft, die Einkünfte i. S. d. § 18 Abs. 1 EStG erzielt. Auch hier sieht das Gesetz keinerlei Einschränkung vor mit der Folge, dass auch die Übertragung von Anteilen an Personengesellschaften begünstigt wäre, die Einkünfte aus sonstiger Arbeit, z. B. Vergütungen für die Vollstreckung von Testamenten, für Vermögensverwaltung und für die Tätigkeit als Aufsichtsratsmitglied oder Einkünfte i. S. d. § 18 Abs. 1 Nr. 4 EStG erzielt. Fraglich ist jedoch, ob diese Fälle sehr praxisrelevant sind, denn derartige Tätigkeiten werden wahrscheinlich im

273

---

1 Vgl. BMF-Schreiben vom 11. 3. 2010, BStBl 2010 I S. 227, Rz. 9 f.; gl. A. Wälzholz, DStR 2008, S. 273.
2 Vgl. BMF-Schreiben vom 11. 3. 2010, BStBl 2010 I S. 227, Rz. 9.

Regelfall nicht in der Rechtsform einer Personengesellschaft betrieben, sondern als Einzelunternehmen.

274 Fraglich war, ob der Gesetzgeber mit der Formulierung „Übertragung eines Mitunternehmeranteils" zum Ausdruck bringen wollte, dass zwingend der gesamte Mitunternehmeranteil übertragen werden muss oder ob auch die Übertragung eines Teils eines Mitunternehmeranteils ausreicht. Die Gesetzesbegründung äußert sich hierzu nicht. Vergleicht man die Formulierung in § 10 Abs. 1 Nr. 1a Satz 2 Buchst. a EStG mit der in § 6 Abs. 3 EStG, so ist festzustellen, dass für die Buchwertfortführung ausdrücklich gefordert wird, dass „der Anteil eines Mitunternehmers an einem Betrieb" unentgeltlich übertragen wird. Betrachtet man die Vorschriften der §§ 14, 16 und 18 EStG, so ist festzustellen, dass die Formulierungen nicht einheitlich sind. Geht man nach dem Sinn und Zweck der Vermögensübergabe im Wege der vorweggenommenen Erbfolge, die Bewirtschaftung des Vermögens unter Zurückbehaltung von Versorgungsleistungen auf die nachfolgende Generation zu verlagern, muss man wohl zu dem Ergebnis kommen, dass nur die Übertragung des gesamten Mitunternehmeranteils begünstigt sein sollte. Wälzholz hingegen vertritt die Auffassung, dass auch die Übertragung eines Teils eines Mitunternehmeranteils begünstigt sein müsste, da es bei § 10 Abs. 1 Nr. 1a EStG – anders als bei §§ 14, 16 und 18 EStG nicht darauf ankommt, eine Zusammenballung der Aufdeckung stiller Reserven sicherzustellen.[1] Die FinVerw hat sich der Auffassung von Wälzholz angeschlossen und lässt sowohl die vollständige Übertragung eines Mitunternehmeranteils (einschließlich Sonderbetriebsvermögen) als auch die teilweise Übertragung eines Teils eines Mitunternehmeranteils (einschließlich der quotalen Übertragung der wesentlichen Betriebsgrundlagen des Sonderbetriebsvermögens) auf einen oder mehrere Übernehmer zu. Begünstigt ist auch eine Übertragung eines Teilmitunternehmeranteils, bei dem die wesentlichen Betriebsgrundlagen des Sonderbetriebsvermögens überquotal mit übertragen werden. Die Übertragung eines Teilmitunternehmeranteils, bei der die Betriebsgrundlagen des Sonderbetriebsvermögens unterquotal oder gar nicht mit übertragen werden, stellt eine nicht begünstigte Vermögensübertragung dar.[2] Entsprechendes soll für die Aufnahme des Übernehmers in ein bestehendes Einzelunternehmen gelten.[3]

---

[1] DStR 2008, S. 273.
[2] Verfügung der Thüringen Landesfinanzdirektion vom 21.6.2011, S 2221 A-80-A 2.15 basierend auf einer bundeseinheitlichen Abstimmung. Zu Gestaltungsempfehlungen hierzu vgl. Geck, DStR 28/2011 S. 1303.
[3] Vgl. BMF-Schreiben vom 11.3.2010, BStBl 2010 I S. 227, Rz. 8.

I. Unentgeltliche Vermögensübergabe gegen Versorgungsleistungen

Als begünstigte Personengesellschaften gelten im Übrigen auch sonstige Gemeinschaften, bei denen der Beteiligte als Mitunternehmer anzusehen ist (z. B. Gütergemeinschaften, Erbengemeinschaften).[1] 275

Problematisch ist nach dem Gesetzeswortlaut die Übertragung eines Anteils an einer Personengesellschaft, der – ggf. zwecks Vorbereitung der vorweggenommenen Erbfolge – verpachtet wurde oder an einer Personengesellschaft, die selbst ihren gesamten Betrieb verpachtet hat. Der Betrieb ist zwar mangels Betriebsaufgabeerklärung noch als ruhender Gewerbebetrieb oder ruhender land- und forstwirtschaftlicher Betrieb anzusehen. Der Mitunternehmer nimmt jedoch nicht mehr aktiv am wirtschaftlichen Verkehr teil, übt also selbst keine Tätigkeit i. S. d. § 13, § 15 Abs. 1 Satz 1 Nr. 1 oder des § 18 Abs. 1 EStG mehr aus. Vor dem Hintergrund, dass die Übertragung eines verpachteten Einzelunternehmens nach dem Wortlaut der gesetzlichen Vorschrift wohl weiterhin nach § 10 Abs. 1 Nr. 1a EStG begünstigt ist – insoweit wird nur die Übertragung eines Betriebs/Teilbetriebs gefordert und ein solcher kann aufgrund des Verpächterwahlrechts (R 16 Abs. 5 EStR) durchaus noch vorliegen – muss wohl auch die Übertragung eines verpachteten Mitunternehmeranteils bzw. eines Anteils/Teilanteils an einer „verpachteten Personengesellschaft" weiterhin begünstigt sein. In diesem Sinne hat sich auch die FinVerw geäußert.[2] 276

(2) Begünstigte Betriebe und Teilbetriebe

Neben der Übertragung laufender Gewerbebetriebe ist nach § 10 Abs. 1 Nr. 1a Buchst. b EStG auch die Übertragung eines verpachteten Gewerbebetriebs weiterhin begünstigt, denn auch aus einem verpachteten Betrieb werden Einkünfte i. S. d. § 15 Abs. 1 Satz 1 Nr. 1 EStG erzielt und keine Einkünfte i. S. d. § 21 EStG. 277

Hinsichtlich der Frage, wann ein Teilbetrieb i. S. d. § 10 Abs. 1 Nr. 1a Buchst. b EStG vorliegt, hat die FinVerw klargestellt, dass ein mit einer gewissen Selbständigkeit ausgestatteter, organisch geschlossener Teil des Gesamtbetriebs für sich betrachtet alle Merkmale eines Betriebs i. S. d. EStG aufweisen und für sich lebensfähig sein muss. Eine völlig selbständige Organisation mit eigener Buchführung ist nicht erforderlich. Der Teilbetrieb muss wohl bereits vor der Vermögensübertragung als Teilbetrieb existiert haben.[3] Dies entspricht der 278

---

1 Vgl. BFH, Urteil vom 25. 6. 1984, BStBl II 1984, 751 und BMF-Schreiben vom 11. 3. 2010, BStBl 2010 I S. 227, Rz. 8.
2 Vgl. BMF-Schreiben vom 11. 3. 2010, BStBl 2010 I S. 227, Rz. 11.
3 Vgl. BMF-Schreiben vom 11. 3. 2010, BStBl 2010 I S. 227, Rz. 13.

Definition der R 16 Abs. 3 EStR. Teilbetriebe können danach insbesondere Filialen und Zweigniederlassungen sein.[1] Bestimmte abgegrenzte Tätigkeitsgebiete können allerdings nicht durch eine organisatorische Verselbständigung und durch gesonderten Vermögens- und Ergebnisausweis zu einem Teilbetrieb gemacht werden. Eine Grundstücksverwaltung bildet im Rahmen eines Gewerbebetriebs nur dann einen Teilbetrieb, wenn sie als solche ausnahmsweise auch außerhalb des Gewerbebetriebs gewerblichen Charakter hätte.[2] Im Rahmen einer begünstigten Vermögensübergabe gegen Versorgungsleistungen nicht begünstigt ist der fiktive Teilbetrieb i. S. d. § 16 Abs. 1 Satz 1 Nr. 1 Satz 2 EStG. Die Vorschrift sieht vor, dass die das gesamte Nennkapital umfassende Beteiligung an einer Kapitalgesellschaft für Zwecke der Veräußerungsgewinnbesteuerung als Teilbetrieb gilt. Hinsichtlich der Begünstigung einer Vermögensübergabe enthält § 10 Abs. 1 Nr. 1a Buchst. c EStG jedoch eine eigenständige Regelung für die Übertragung von Anteilen an Kapitalgesellschaften. Diese kann wohl nicht unterlaufen werden, indem die Anteile an einer Kapitalgesellschaft einem Betriebsvermögen – z. B. als gewillkürtes Betriebsvermögen – zugerechnet werden.[3]

(3) Begünstigte Anteile an einer GmbH

279 Die Einschränkung der begünstigten Übertragung in § 10 Abs. 1 Nr. 1a Satz 2 Buchst. c EStG auf bestimmte Anteile an einer GmbH (einschließlich der Unternehmergesellschaft i. S. d. § 5a GmbHG)[4] erscheint in mehrfacher Hinsicht problematisch. Zum einen ist nicht nachvollziehbar, warum nach dem Gesetzeswortlaut nur Anteile an einer GmbH begünstigt sind, Anteile an anderen Kapitalgesellschaften – z. B. Aktiengesellschaften oder ausländischen Formen der Kapitalgesellschaft – hingegen nicht. Weicht man von dem ursprünglich im Gesetzentwurf vertretenen Ansatz der Einschränkung auf Betriebsvermögen ab (vgl. Rn. 270) – Anteile an Kapitalgesellschaften sind kein Betriebsvermögen in den Händen des Vermögensübergebers in diesem Sinne –, kann es u. E. keinen Unterschied machen, welche Art von Kapitalgesellschaftsanteilen übertragen werden. Um europarechtlichen Problemen vorzubeugen, hat die FinVerw bereits geregelt, dass auch die Übertragung von Anteilen an einer der GmbH vergleichbaren Gesellschaftsform eines anderen Mitgliedstaats der Europäi-

---

1 Vgl. BFH, Urteil vom 24. 8. 1989, BStBl II 1990, 55.
2 Vgl. BFH, Urteil vom 24. 4. 1969, BStBl II 1969, 397.
3 Vgl. BMF-Schreiben vom 11. 3. 2010, BStBl 2010 I S. 227, Rz. 14.
4 Die Unternehmergesellschaft ist keine eigene Rechtsform, sondern eine Unterform der GmbH und damit ausdrücklich mit begünstigt.

I. Unentgeltliche Vermögensübergabe gegen Versorgungsleistungen

schen Union oder eines Staates, auf den das Abkommen über den Europäischen Wirtschaftsraum anwendbar ist, begünstigt ist.[1] U.E. ist die gesetzliche Neuregelung durch die Begünstigung nur der GmbH-Anteile aber auch verfassungsrechtlich bedenklich. Die Einschränkung des § 10 Abs. 1 Nr. 1a EStG auf gewerblich genutztes Betriebsvermögen wäre wohl mit Sozialbindung, Verantwortung für Arbeitsplätze etc. zu rechtfertigen gewesen,[2] bei der nunmehr vorgenommenen Differenzierung zwischen unterschiedlichen Rechtsformen der Kapitalgesellschaft dürfte dies schwierig sein.

Die Einschränkung, dass mindestens ein GmbH-Anteil von 50 % übertragen werden muss, erscheint rein willkürlich. Es erscheint nicht systematisch, einerseits die Übertragung eines Teilbetriebs oder eines Mitunternehmeranteils in beliebiger Höhe zu begünstigen, bei der Übertragung von GmbH-Anteilen aber die Übertragung einer beherrschenden Beteiligung zu fordern. 280

Nach der gesetzlichen Formulierung in § 10 Abs. 1 Nr. 1a Satz 2 Buchst. c EStG ist nicht gefordert, dass die GmbH, deren Anteile übertragen werden eine gewerbliche Tätigkeit i. S. d. § 15 Abs. 1 Satz 1 Nr. 1 EStG ausübt. Nach dem Gesetzeswortlaut wäre es daher auch zulässig, eine GmbH mit vermögensverwaltender Tätigkeit – z. B. der Verwaltung des bislang privaten Grundbesitzes oder des bislang privaten Wertpapiervermögens – begünstigt zu übertragen. Damit führt sich jedoch die gesetzliche Neuregelung selbst ad absurdum, denn dann kann grundsätzlich nicht mehr begünstigtes Privatvermögen in eine GmbH eingebracht werden und ist damit wieder unentgeltlich gegen Versorgungsleistungen übertragbar. Außerdem ergibt sich ein Wertungswiderspruch insoweit, als dass über § 10 Abs. 1 Nr. 1a Satz 2 Buchst. a EStG vermögensverwaltende Personengesellschaften ausdrücklich ausgeschlossen wurden. 281

Fraglich war, wie zu verfahren ist, wenn der Vermögensübergeber den Vermögensübernehmer in einem ersten Schritt – z. B. zu 10 % – bereits an der GmbH beteiligt hat, um festzustellen, ob er der Aufgabe gewachsen ist und nunmehr nicht mehr über eine 50 %-Beteiligung verfügt, die er gegen Versorgungsleistungen übertragen könnte, um sich endgültig aus der Gesellschafterposition zu lösen. Ist die Übertragung begünstigt, wenn er insgesamt einen 50 %-Anteil auf den Vermögensübernehmer übertragen hat oder nur dann wenn er mit dem Vertrag, mit dem die Versorgungsleistungen vereinbart wer- 282

---

1 Vgl. BMF-Schreiben vom 11. 3. 2010, BStBl 2010 I S. 227, Rz. 15; die Anlagen zum BMF-Schreiben vom 24. 12. 1999, BStBl I 1999 S. 1076 listen im Übrigen ausdrücklich alle vergleichbaren Rechtsformen anderer Staaten auf.
2 Vgl. hierzu ausführlicher Risthaus, ZErb 2007, S. 314.

den, mindestens 50 % überträgt? Die FinVerw vertritt hierzu die Auffassung, dass es zwar nicht erforderlich ist, dass der Vermögensübergeber seinen gesamten Anteil überträgt – analog zur Übertragung eines Teils eines Mitunternehmeranteils. Sie fordert aber, dass Teilübertragungen jeweils getrennt zu betrachten sind.[1] Wiederkehrende Leistungen können also nur dann abziehbare Versorgungsleistungen sein, wenn im Zuge des Übergabevertrags gegen wiederkehrende Leistungen mindestens ein 50 % betragender Anteil auf den Vermögensübernehmer übertragen wird. Hat der Vermögensübergeber also z. B. im Rahmen einer stufenweisen vorweggenommenen Erbfolge den Vermögensübernehmer im Rahmen einer früheren Vermögensübertragung bereits zu 10 % beteiligt und verfügt nunmehr nur noch über einen 40 %igen Anteil an der GmbH, kommt eine begünstigte unentgeltliche Vermögensübergabe gegen Versorgungsleistungen nicht in Betracht. Die wiederkehrenden Leistungen sind vielmehr nach den Grundsätzen über die einkommensteuerrechtliche Behandlung wiederkehrender Leistungen im Austausch mit einer Gegenleistung zu behandeln. Gleiches gilt, wenn der Vermögensübergeber einen 60 %igen GmbH-Anteil z. B. hälftig auf zwei Kinder überträgt. Ungeachtet dessen, ob die beiden Vermögensübernehmer Geschäftsführer werden, ist die Vermögensübertragung nicht begünstigt, da bezogen auf jeden Vermögensübernehmer das Merkmal „50 %-Anteil" erfüllt sein muss. Auch hier richtet sich die Beurteilung der wiederkehrenden Leistungen nach den Regelungen für (teil)entgeltliche Rechtsgeschäfte.[2]

283   Die Forderung des Gesetzgebers, dass vor der Übertragung der Vermögensübergeber als Geschäftsführer tätig sein und der Vermögensübernehmer diese Tätigkeit nach der Übertragung übernehmen muss, dürfte in der Praxis Probleme aufwerfen, wenn der Vermögensübernehmer ggf. bereits vor der Anteilsübertragung an der GmbH beteiligt und seinerseits Geschäftsführer war. In diesem Fall kann er die Geschäftsführertätigkeit nach der Übertragung gar nicht formal übernehmen, da er sie ja bereits innehat. U. E. wollte der Gesetzgeber insoweit deutlich machen, dass die reine Gesellschafterposition für die begünstigte Übertragung nicht ausreicht, sondern mit der Geschäftsführung verbunden sein muss. Hat der Vermögensübernehmer die Geschäftsführung aber bereits vor der Übertragung zusammen mit dem Vermögensübergeber inne und gibt der Vermögensübergeber mit der Übertragung nicht nur die Gesellschafterstellung, sondern auch die Geschäftsführung auf, sollte dies für eine begünstigte Vermögensübergabe jedoch ausreichen. Dem hat sich die

---

1 Vgl. BMF-Schreiben vom 11. 3. 2010, BStBl 2010 I S. 227, Rz. 16.
2 Vgl. BMF-Schreiben vom 11. 3. 2010, BStBl 2010 I S. 227, Rz. 19.

FinVerw angeschlossen.[1] Sie fordert allerdings zum einen, dass der Vermögensübernehmer Geschäftsführer bleibt und sieht die begünstigte Vermögensübergabe als beendet an, wenn der Vermögensübernehmer die Geschäftsführerposition später aufgibt.[2] Außerdem fordert sie, dass der Vermögensübergeber sich mit der Vermögensübertragung endgültig aus der Geschäftsführung verabschiedet. Unschädlich ist allenfalls, wenn der Vermögensübergeber eine – andere – selbständige bzw. nichtselbständige Tätigkeit für die GmbH ausübt. Übt also z. B. der Vermögensübernehmer eine andere Funktion im Rahmen der Geschäftsführung aus als der Vermögensübergeber sie innehatte und kann bzw. will er dessen Funktion nicht übernehmen, muss wohl zwingend ein Fremdgeschäftsführer bzw. ein anderer Gesellschafter mit den Aufgaben des Vermögensübergebers betraut werden.

Problematisch wird in der Praxis möglicherweise auch die Fallgestaltung sein, dass ein Elternteil seine 100 %-GmbH-Beteiligung auf zwei Kinder überträgt, aber nur ein Kind Geschäftsführer wird. Nach dem Gesetzeswortlaut ist nur die Anteilsübertragung auf das Kind, das die Gesellschafter-Geschäftsführer-Position übernimmt i. S. d. § 10 Abs. 1 Nr. 1 EStG begünstigt. Die Übertragung des GmbH-Anteils auf das andere Kind ist hingegen ein entgeltliches Rechtsgeschäft. Auch dieser Sichtweise hat sich die FinVerw angeschlossen.[3]

284

(4) Missbrauchsregelung

Gehören Anteile an einer GmbH zum Betriebsvermögen eines Betriebs, Teilbetriebs oder einer Mitunternehmerschaft (Gesamthands- und Sonderbetriebsvermögen) und überträgt der Vermögensübergeber diese im Zuge der Übertragung des Betriebs, Teilbetriebs oder des Mitunternehmer(teil)anteils gegen wiederkehrende Leistungen mit auf den Vermögensübernehmer, richtet sich die Beurteilung der wiederkehrenden Leistungen insgesamt nach § 10 Abs. 1 Nr. 1a Satz 2 Buchst. a und b EStG. Die wiederkehrenden Leistungen sind folglich auch dann insgesamt als begünstigte Versorgungsleistungen zu behandeln, wenn die Anteilsübertragung für sich genommen nicht die Voraussetzungen des § 10 Abs. 1 Nr. 1a Satz 2 Buchst. c EStG erfüllen würde. Entsprechendes muss auch bei der Übertragung eines Besitzunternehmens und der zugehörigen GmbH-Beteiligung im Rahmen einer Betriebsaufspaltung gelten. Denn diese ist als Übertragung eines Einzelunternehmens bzw. eines Mit-

285

---

1 Vgl. BMF-Schreiben vom 11. 3. 2010, BStBl 2010 I S. 227, Rz. 18.
2 D. h. ab dem Zeitpunkt der Aufgabe der Geschäftsführertätigkeit durch den Vermögensübernehmer liegen nicht abziehbare Unterhaltsleistungen i. S. d. § 12 Nr. 2 EStG vor.
3 Vgl. BMF-Schreiben vom 11. 3. 2010, BStBl 2010 I S. 227, Rz. 19.

unternehmeranteils anzusehen. Folglich ist in diesen Fällen für die Vermögensübertragung nur § 10 Abs. 1 Nr. 1a Satz 2 Buchst. a oder Buchst. b EStG maßgebend. Entnimmt der Vermögensübergeber hingegen einen im Betriebsvermögen befindlichen Anteil an einer GmbH und überträgt diesen unabhängig von der Übertragung des Betriebs, Teilbetriebs oder Mitunternehmeranteils gegen wiederkehrenden Leistungen, richtet sich die Übertragung nach § 10 Abs. 1 Nr. 1a Satz 2 Buchst. c EStG. Da die FinVerw allerdings davon ausgeht, dass die begünstigte Mitübertragung von im Betriebsvermögen befindlichen GmbH-Anteilen missbraucht werden kann, um die Regelung des § 10 Abs. 1 Nr. 1a Buchst. c EStG zu umgehen, hat sie eine Missbrauchsregelung geschaffen, wonach die begünstigte Mitübertragung grundsätzlich nicht anerkannt wird, wenn der Anteil an der Körperschaft binnen eines Jahres vor der Vermögensübertragung erst in den Betrieb, Teilbetrieb oder die Mitunternehmerschaft eingelegt worden ist und dort nicht zum notwendigen Betriebsvermögen gehört. Gleiches soll gelten, wenn der Betrieb, Teilbetrieb oder die Mitunternehmerschaft binnen eines Jahres vor der Vermögensübertragung durch Umwandlung einer Körperschaft entstanden ist. Die Vorschrift über die steuerliche Rückwirkung in § 2 UmwStG gilt in diesem Zusammenhang nicht.[1] Da die Missbrauchsregelung der FinVerw als Vermutungsregelung formuliert ist, muss u. E. – bei tragfähigen außersteuerlichen Gründen – allerdings ein Widerlegen der Missbrauchsvermutung möglich sein.

bb) Wohnteil eines Betriebs der Land- und Forstwirtschaft

286 Auch wenn der Gesetzgeber die begünstigte Vermögensübergabe für Vermögensübergabeverträge nach dem 31. 12. 2007 auf Betriebe, Teilbetriebe und bestimmte Mitunternehmer- und GmbH-Anteile eingeschränkt hat, enthält § 10 Abs. 1 Nr. 1a Satz 3 EStG eine Sonderregelung für den Wohnteil eines Betriebs der Land- und Forstwirtschaft. Versorgungsleistungen sind nämlich auch insoweit begünstigt, als sie auf diesen Wohnteil entfallen. Gem. § 160 Abs. 1 Nr. 3 BewG gehört der Wohnteil zwar aus bewertungsrechtlicher Sicht mit zum Betrieb der Land- und Forstwirtschaft. Aus ertragsteuerlicher Sicht gehört er jedoch nach Wegfall der Nutzungswertbesteuerung nicht mehr zum Betriebsvermögen, sondern zum Privatvermögen. Vor diesem Hintergrund bedurfte es einer entsprechenden Sonderregelung, um eine Aufteilung von Versorgungsleistungen zu vermeiden, wenn – wie in der Praxis wohl üblich – die gesamte bewertungsrechtliche Einheit „Betrieb der Land- und Forstwirtschaft" übertragen wird. Ob diese Ausnahme gerechtfertigt ist, darf bezweifelt wer-

---

1 Vgl. BMF-Schreiben vom 11. 3. 2010, BStBl 2010 I S. 227, Rz. 23.

den, denn wenn ein Gewerbebetrieb zusammen mit der Wohnung des Betriebsinhabers übertragen wird, ist die Mitübertragung der Wohnung nicht begünstigt.

Zum Wohnteil eines land- und forstwirtschaftlichen Betriebs gehören Gebäude oder Gebäudeteile, die dem Inhaber eines Betriebs der Land- und Forstwirtschaft und den zu seinem Haushalt gehörenden Familienangehörigen zu Wohnzwecken dienen. Weitere Voraussetzung ist, dass der Betriebsinhaber oder mindestens einer der zu seinem Haushalt gehörenden Familienangehörigen durch eine mehr als nur gelegentliche Tätigkeit in dem Betrieb an ihn gebunden ist. Gebäude oder Gebäudeteile, die Altenteilern zu Wohnzwecken dienen, gehören zum Wohnteil, wenn die Nutzung der Wohnung in einem Altenteilsvertrag geregelt ist.[1] Werden dem Hauspersonal nur einzelne zu Wohnzwecken dienende Räume überlassen, rechnen diese ebenfalls zum Wohnteil des Betriebs der Land- und Forstwirtschaft. Werden Wohnungen an Arbeitnehmer des Betriebs überlassen, handelt es sich hingegen um Betriebswohnungen, die allerdings ebenfalls zum Betrieb der Land- und Forstwirtschaft gehören.

287

Die Wohnung des Inhabers eines größeren Betriebs der Land- und Forstwirtschaft ist dem Betrieb dauernd zu dienen bestimmt, wenn er oder mindestens einer der zu seinem Haushalt gehörenden Familienangehörigen den Betrieb selbstständig leitet und die Lage der Wohnung die hierfür erforderliche Anwesenheit im Betrieb ermöglicht. Wird er darin von anderen Personen, z. B. einem Angestellten unterstützt, ändert dies an der Zurechnung zum Wohnteil nichts. Die Wohnung des Inhabers eines größeren Betriebs, der den Betrieb durch eine andere Person selbstständig verwalten lässt, gehört dagegen nicht zum Wohnteil, sondern zum Grundvermögen und kann damit nicht begünstigt gegen Versorgungsleistungen mit übertragen werden.[2] Herrenhäuser und Schlösser gehören insoweit zum Wohnteil, als sie bei Vorliegen der genannten Voraussetzungen dem Inhaber des Betriebs, seinen Familienangehörigen oder den Altenteilern zu Wohnzwecken dienen.

288

Die Wohnung des Inhabers eines Kleinbetriebs ist dem Betrieb dauernd zu dienen bestimmt, wenn er oder einer der zu seinem Haushalt gehörenden Familienangehörigen durch eine mehr als nur gelegentliche Tätigkeit an den Betrieb gebunden ist, wobei eine mehr als nur gelegentliche Tätigkeit nach Auffas-

289

---

1 Es gelten in diesem Fall vergleichbare Regelungen wie für die Betriebswohnung.
2 In einem solchen Fall sollten die Versorgungsleistungen im Übergabevertrag ausdrücklich dem Betrieb der Land- und Forstwirtschaft zugeordnet und der Wohnteil unentgeltlich übertragen werden.

sung der FinVerw schon bei einem jährlichen Arbeitsaufwand von insgesamt vier bis sechs Wochen gegeben sein kann. Bei der Beurteilung, ob eine mehr als nur gelegentliche Tätigkeit ausgeübt wird, sind die Art der Nutzung und die Größe der Nutzflächen zu berücksichtigen.

289a Die Wohngebäude von Inhabern so genannter landwirtschaftlicher Nebenerwerbsstellen, die im Allgemeinen eine Landzulage von nicht mehr als 3 000 m² haben, sind in der Regel als Grundvermögen zu bewerten, weil es Hauptzweck des Wohngebäudes ist, dem Wohnbedürfnis des Eigentümers der Nebenerwerbsstelle und seiner Familie zu dienen.

289b Die Wohnung des Betriebsinhabers muss sich nicht in unmittelbarer Nachbarschaft oder auf dem Hauptgrundstück eines mehrere Grundstücke umfassenden land- und forstwirtschaftlichen Betriebs befinden. Entscheidend ist, dass die Lage der Wohnung dem Betriebsinhaber ermöglicht, soweit erforderlich im Betrieb anwesend zu sein und in den Betriebsablauf einzugreifen. Zum Grund und Boden des Wohnteils i. S. d. § 160 Abs. 9 BewG zählen neben der bebauten Fläche auch die übrigen Flächen, wie z. B. Stellplätze und Gärten.[1] Die Zuordnung des Grund und Bodens sowie der Gartenflächen richtet sich nach der Verkehrsauffassung. Es bestehen nach Auffassung der FinVerw keine Bedenken, die ertragsteuerrechtlich getroffene Entscheidung zu Grunde zu legen. Bei Betrieben, die vor dem 31. 12. 1998 bereits bestanden, kann folglich nur der Teil des Grund und Bodens dem Wohnteil zugerechnet werden, der nach § 13 Abs. 4 und 5 EStG steuerfrei entnommen werden konnte.[2]

289c Da der Eigentümer bei verpachteten Betrieben aus der Bewirtschaftung des Betriebes ausscheidet, ist die Verbindung des Wohnhauses zur verpachteten Betriebsfläche gelöst, wenn der Verpächter das Wohnhaus für sich zurückbehält. Die Verpächterwohnung gehört damit grundsätzlich nicht mehr zum Wohnteil, sondern zum Grundvermögen. Dies gilt allerdings nach Auffassung der FinVerw aus Vereinfachungsgründen nicht, sofern sich die Wohnungen von Pächter und Verpächter in einem Gebäude befinden.

---

1 Vgl. hierzu auch Gleichlautende Ländererlasse vom 1. 4. 2009 zur Bewertung des land- und forstwirtschaftlichen Vermögens nach dem Sechsten Abschnitt des Zweiten Teils des Bewertungsgesetzes, BStBl I 2009 S. 552.
2 Vgl. hierzu die BMF-Schreiben vom 4. 6. 1997, BStBl I 1997 S. 630 und vom 13. 1. 1998, BStBl I 1998 S. 129.

c) Empfänger des Vermögens (Person des Vermögensübernehmers)

aa) Übertragung an Abkömmlinge

Da der Vermögensübergabevertrag darauf gerichtet ist, die vorweggenommene Erbfolge – die Generationennachfolge – zu regeln, kommen als begünstigte Empfänger des Vermögens unstreitig immer die Abkömmlinge des Übergebers in Betracht.[1] Da der Gesetzgeber mit Erbrechtsgleichstellungsgesetz vom 16.12.1997[2] geregelt hat, dass ein nach dem 1.7.1949 geborenes nichteheliches Kind im Rahmen der gesetzlichen Erbfolge nach dem Tod seines Vaters gesamthänderisch berechtigter Miterbe wie ein eheliches Kind wird, ist eine Übertragung von existenzsicherndem Vermögen auf ein nichteheliches Kind oder dessen Abkömmlinge ebenso begünstigt, wie auf ein eheliches Kind. In der Literatur wurde dies aber auch außerhalb dieser gesetzlichen Regelung bereits als gegeben angesehen.[3]

290

bb) Übertragung an gesetzlich erbberechtigte entferntere Verwandte

Gesetzlich erbberechtigte entferntere Verwandte des Übergebers kommen ohne weiteres als Empfänger des Vermögens in Betracht, wenn keine Abkömmlinge vorhanden sind oder wenn innerhalb der Abkömmlinge eine Generation übersprungen wird.

291

cc) Erbausschlagung gegen Versorgungsleistungen

Schlagen z. B. sowohl der Erbe als auch ein nach ihm zum Alleinerben berufener Abkömmling jeweils die Erbschaft aus, um existenzsicherndes Vermögen den Enkeln bzw. Kindern zukommen zu lassen, steht das der Annahme eines Versorgungsvertrages nach Auffassung des BFH nicht entgegen.[4] Die FinVerw äußert sich in ihren Erlassen zwar nicht zu dieser Frage; da sie das BFH-Urteil aber im BStBl veröffentlicht hat, erkennt sie die Entscheidung damit allgemein an. Die Tatsache, dass bei einer Erbausschlagung der Ausschlagende zivilrechtlich zu keinem Zeitpunkt Inhaber des Nachlasses wird, soll nach Auffassung des BFH der Annahme einer Vermögensübergabe nicht im Wege stehen. Entscheidend sei, dass verbunden mit der Ausschlagung der Erbschaft, die eigene Erbfolge vorweggenommen worden sei.

292

---

1 BFH, Urteil vom 16.12.1996, X R 67/92, BStBl 1996 II S. 669; BMF-Schreiben vom 11.3.2010, BStBl 2010 I S. 227, Rz. 4.
2 BGBl 1997 I S. 2968.
3 Wacker, NWB F. 3 S. 9943.
4 BFH, Urteil vom 17.4.1996, X R 160/94, BStBl 1997 II S. 32.

dd) Übertragung abweichend von der Erbfolge

293 Sind Abkömmlinge vorhanden und werden diese – anders als in Rn. 288 dargestellt – bei der vorweggenommenen Erbfolge übergangen, kommt eine unentgeltliche Vermögensübergabe gegen Versorgungsleistungen in Betracht, wenn dargelegt wird, dass die wiederkehrenden Leistungen sich am Versorgungsbedürfnis des Berechtigten orientieren und dass kein entgeltliches Rechtsgeschäft beabsichtigt war.

> **BEISPIEL:** Vermögensübertragung abweichend von der Erbfolge
>
> A betreibt eine Zahnarztpraxis. Seine Nichte N hat ebenfalls Zahnmedizin studiert und arbeitet seit Jahren in seiner Praxis. Sein Sohn S hat kein Interesse an der Zahnarztpraxis und hat den Kontakt zur Familie abgebrochen. A überträgt daher in 2009 seine Zahnarztpraxis auf seine Nichte N und setzt sich zur Ruhe. Sie vereinbaren bis an das Lebensende von A die Zahlung von monatlich 1 500 €, um den Lebensabend von A zu sichern.
>
> Es liegt ein begünstigter Versorgungsvertrag vor. N gehört als entferntere Verwandte zum Generationenverbund. Zwar schließt der Sohn S als Abkömmling und damit Erbe erster Ordnung ihre gesetzliche Erbberechtigung aus. Aus den Gesamtumständen wird jedoch deutlich, dass die Vertragsparteien kein entgeltliches Rechtsgeschäft vereinbaren wollten, sondern, dass die vereinbarten Leistungen dem Versorgungsbedürfnis des A Rechnung tragen sollen.[1] A hat die Versorgungsleistungen folglich als wiederkehrende Bezüge nach § 22 Nr. 1b EStG zu versteuern. N übernimmt die Zahnarztpraxis unentgeltlich. Die Versorgungsleistungen sind bei ihr in voller Höhe als Sonderausgaben nach § 10 Abs. 1 Nr. 1a EStG abziehbar.

ee) Übertragung an nahe stehende Dritte

294 Nahe stehende Dritte, zu denen familienähnliche persönliche Beziehungen bestehen, sind nach Auffassung der FinVerw[2] grundsätzlich begünstigte Empfänger des Vermögens, wenn keine gesetzlichen Erben vorhanden sind. Auch insoweit gilt allerdings, wenn aus der Vereinbarung erkennbar ist, dass ein unentgeltliches Rechtsgeschäft beabsichtigt ist, können die wiederkehrenden Leistungen einer unentgeltlichen Vermögensübergabe auch dann zugerechnet werden, wenn gesetzliche Erben vorhanden sind. Dies dürfte unstreitig und ohne größere Nachweise in folgendem Fall gelten:

> **BEISPIEL:** Vermögensübertragung an Schwiegerkinder
>
> Die Ehegatten A und B haben in 2007 ihr Mehrfamilienhausgrundstück je zur Hälfte auf ihre Tochter T und ihren Schwiegersohn S übertragen. Die Kinder sind gemein-

---

1 Ebenso BMF-Schreiben vom 11. 3. 2010, BStBl 2010 I S. 227, Rz. 4.
2 BMF-Schreiben vom 11. 3. 2010, BStBl 2010 I S. 227, Rz. 4.

sam verpflichtet an ihre Eltern bzw. Schwiegereltern monatlich auf die Lebenszeit des zuletzt Versterbenden 2 000 € zu zahlen.

Der Schwiegersohn gehört zwar nicht zum Kreis der gesetzlich erbberechtigten Personen, sondern ist aus der Sicht von A und B „nur" nahe stehender Dritter. Damit würde die Vermutung zugunsten einer unentgeltlichen Vermögensübergabe grundsätzlich nur gelten, wenn keine gesetzlichen Erben vorhanden wären. Diese Voraussetzung ist im vorliegenden Fall nicht erfüllt, da die Tochter – seine Ehefrau – gesetzlich erbberechtigt ist. Aus der in Bezug auf die Tochter T unstreitig unentgeltlichen Vermögensübergabe dürfte aber ohne weitere Nachweise zu folgern sein, dass auch bezüglich der hälftigen Übertragung auf den Schwiegersohn S ein unentgeltliches Rechtsgeschäft beabsichtigt war, weil das Versorgungsbedürfnis im Vordergrund steht und nicht der Ausgleich von Leistung und Gegenleistung.[1]

ff) Übertragung an fremde Dritte

Fremde Dritte können ebenfalls begünstigte Empfänger des Vermögens sein. Der BFH hat mit Urteil vom 16.12.1997[2] entschieden, dass eine Vermögensübergabe gegen Versorgungsleistungen mit steuerrechtlicher Wirkung grundsätzlich auch unter Fremden möglich ist. Eine solche Übergabe finde in aller Regel zwar unter Angehörigen statt; es gebe aber keinen rechtfertigenden Grund, die Vermögensübergabe gegen Versorgungsleistungen auf Vereinbarungen unter Angehörigen zu beschränken. Ebenso wie nach dem Grundsatz der Testierfreiheit (§ 2302 BGB; Art. 2 Abs. 1 GG) ein Fremder als Erbe eingesetzt werden könne, könne das Vermögen in vorweggenommener Erbfolge an einen Fremden gegen die Zusage lebenslanger Versorgung übergeben werden. Allerdings bestehe bei Vermögensübertragungen unter Fremden – anders als unter Angehörigen – die nur in Ausnahmefällen widerlegbare Vermutung, dass es sich bei der Übertragung um ein entgeltliches Anschaffungsgeschäft handele. Diese Vermutung kann nach Auffassung des BFH jedoch widerlegt sein,

295

▶ wenn der Übernehmer aufgrund besonderer persönlicher Beziehungen zum Übergeber ein persönliches Interesse an der lebenslangen angemessenen Versorgung des Übergebers hat oder

▶ aus anderen Beweisanzeichen eindeutig zu entnehmen ist, dass die Vertragsbedingungen allein nach dem Versorgungsbedürfnis des Übergebers und der Leistungsfähigkeit des Übernehmers vereinbart worden sind.

---

1 So auch FG Düsseldorf, Urteil vom 23.3.1998, 15 K 3702/94 E, EFG 1998 S.1001; der BFH hat sich im Revisionsverfahren X R 48/98, BFH/NV 2000, S.1468, mit der Frage nicht beschäftigt, da er eine begünstigte Vermögensübergabe aus anderen Gründen abgelehnt hat.
2 IX R 11/94, BStBl 1998 II S. 718.

d) Empfänger der Versorgungsleistungen (Person des Vermögensübergebers)

aa) Grundsatz

296 Empfänger der Versorgungsleistungen können neben dem Vermögensübergeber nur Personen sein, die zum Generationennachfolgeverbund gehören und damit erbrechtliche, pflichtteilsrechtliche oder ähnliche Ansprüche (z. B. Zugewinnausgleichsansprüche) gegen das Vermögen geltend machen könnten, sich aber stattdessen mit Versorgungsleistungen bescheiden; dies sind:

- ▶ der Ehegatte des Vermögensübergebers,

- ▶ der Lebenspartner einer eingetragenen Lebenspartnerschaft,

- ▶ unter bestimmten Voraussetzungen die gesetzlich erb- und pflichtteilsberechtigten Abkömmlinge des Übergebers (s. hierzu Rn. 298),[1]

- ▶ Personen, die bereits gegenüber dem Übergeber Anspruch auf Versorgungsleistungen haben (z. B. Kinder treten in die Verpflichtung ihrer Eltern auf Versorgung ihrer Großeltern ein, wenn Vermögen zunächst an die Eltern und später an die Kinder weitergegeben wird).[2]

297 Obwohl auch im Zusammenhang mit begünstigten Versorgungsleistungen von vorbehaltenen Erträgen – vergleichbar dem Vorbehaltsnießbrauch – gesprochen wird, ist der Kreis der begünstigten Empfänger von Versorgungsleistungen aber größer, als der Kreis der Vorbehaltsnießbraucher. Ein Vorbehaltsnießbrauch kann nur zugunsten desjenigen bestellt werden, der zuvor auch Eigentümer des Vermögens gewesen ist. Wird anderen Personen ein Nießbrauchsrecht eingeräumt, spricht man nicht mehr von einem vorbehaltenen Nießbrauchsrecht, sondern von einem zugewendeten Nießbrauchsrecht. Versorgungsleistungen können aber auch zugunsten von Personen vereinbart werden, die nicht Eigentümer des übertragenen Vermögens gewesen sind.

bb) Abgrenzung zum Gleichstellungsgeld

298 Gesetzlich erb- und pflichtteilsberechtigte Abkömmlinge des Übergebers können nur dann begünstigte Empfänger der Versorgungsleistungen sein, wenn

---

1 BFH, Urteile vom 27. 2. 1992, X R 139/88, BStBl 1992 II S. 612 und vom 26. 11. 2003, X R 11/01, BStBl 2004 II S. 820.

2 BFH, Urteil vom 23. 1. 1997, IV R 45/96, BStBl 1997 II S. 458; BMF-Schreiben vom 11. 3. 2010, BStBl 2010 I S. 227, Rz. 50.

tatsächlich das Versorgungsbedürfnis im Vordergrund steht. Werden Geschwister des Vermögensübernehmers mit Versorgungsleistungen bedacht, so ist folglich zu prüfen, ob die Geschwister nicht vielmehr in Form wiederkehrender Leistungen gleichgestellt werden sollen. Wird in erster Linie der Erboder Pflichtteilsverzicht verrentet und steht nicht die Versorgung der Geschwister im Vordergrund, so sind die Zahlungen als entgeltliches Rechtsgeschäft zu beurteilen. Diese Abgrenzung wird immer von den Umständen des Einzelfalls abhängen, wobei nach der BFH-Rechtsprechung hierbei die allgemeine Vermutung gilt, dass Geschwister nicht in erster Linie versorgt, sondern gleichgestellt werden sollen und wollen.[1]

Besonderheiten dürften für Hofübergaben im Bereich der Land- und Forstwirtschaft gelten. Übertragen Eltern den Hof auf ein Kind, bevor sämtliche anderen Kinder für ihren eigenen Lebensunterhalt sorgen können, können auch Geschwister des Vermögensübernehmers z. B. bis zur Beendigung der Berufsausbildung Empfänger von Versorgungsleistungen sein.[2] Gleiches kann auch für auf dem Hof lebende Geschwister des Vermögensübergebers – also Tante oder Onkel des Vermögensübernehmers – gelten.[3]

299

Außerhalb der Land- und Forstwirtschaft sind Fälle, in denen nicht die Gleichstellung von Geschwistern im Vordergrund steht, in erster Linie denkbar, wenn ein Geschwisterkind behindert und außerstande ist, sich selbst zu unterhalten. Werden in einem solchen Fall im Zusammenhang mit der Vermögensübertragung auf das gesunde Kind wiederkehrende Leistungen zugunsten des behinderten Geschwisterkindes vereinbart, dürfte den Eltern im Regelfall in erster Linie an der Versorgung des behinderten Kindes über ihren Tod hinaus gelegen sein und weniger an einer Gleichstellung.

300

cc) Versorgung von Personen außerhalb des Generationennachfolgeverbundes

Wie der BFH zuletzt in 2010 bestätigt hat, können nicht zum Generationennachfolgeverbund gehörende Personen nicht Empfänger von Versorgungsleistungen sein.[4]

301

---

1 Insbesondere BFH, Urteile vom 20.10.1999, X R 86/96, BStBl 2000 II S. 602 und vom 20.10.1999, X R 132/95, BStBl 2000 II S. 82.
2 BFH, Urteil vom 28.7.1983, IV R 174/80, BStBl 1984 II S. 97.
3 BFH, Urteil vom 5.6.1991, XI R 8/85, BFH/NV 1992 S. 23.
4 BFH, Urteil vom 20.7.2010, IX R 30/09; zuvor BFH-Urteile vom 26.11.2003, X R 11/01, BStBl II 2004 S. 820, vom 17.12.2003, X R 31/00, BFH/NV 2004 S. 1083, und vom 17.12.2003, X R 2/01, BFH/NV 2004 S. 1086; BMF v. 16.9.2004, BStBl I 2004 S. 922, Rz. 36 und BMF-Schreiben vom 11.3.2010, BStBl 2010 I S. 227, Rz. 51.

302 Danach kann der Vermögensübergeber z. B. nicht seine langjährige Haushälterin, seine nichteheliche Lebenspartnerin oder einen Mitarbeiter im Betrieb über steuerwirksame Versorgungsleistungen versorgen. Diese Personen verfügen nicht über eigene erb- und/oder familienrechtliche Ansprüche, über die sie in dem Sinne disponieren könnten, dass sie auf deren Geltendmachung im Interesse der Erhaltung des Nachlassvermögens gegen die ihnen zugedachten Versorgungsleistungen verzichten. Auch Stiefkinder des Vermögensübergebers stehen außerhalb des Generationennachfolge-Verbundes und sind daher nicht begünstigte Empfänger von Versorgungsleistungen, da keine Veranlassung besteht, ihnen anstelle ihres Erbteils eine lebenslange Versorgung zuzuerkennen. Vermächtnisweise eingeräumte wiederkehrende Zahlungen an Personen außerhalb des Generationennachfolgeverbundes sind daher in der Regel Unterhaltszahlungen und unterliegen dem Abzugsverbot des § 12 Nr. 2 EStG. Insofern besteht eine Abweichung zum zivilrechtlichen Altenteilvertrag, in dem durchaus auch die Versorgung nahe stehender Personen vereinbart werden kann, die nicht zum Familienverbund gehören.

303 Mit Urteil vom 7. 3. 2006[1] hat der BFH im Übrigen klargestellt, dass Personen, die auf ihr Pflichtteilsrecht verzichten, nicht zum Generationennachfolgeverbund gehören. Im entschiedenen Streitfall hatte die Tochter bereits vor vielen Jahren notariell auf ihr gesetzliches Pflichtteilsrecht verzichtet. Daher verfügte sie nach Auffassung des BFH im Zeitpunkt der Errichtung des Testaments durch den Vater nicht über eigene, ihr auch vom Erblasser nicht entziehbare (erb- und/oder familienrechtliche) Ansprüche und konnte folglich auch nicht über derartige Ansprüche in dem Sinne disponieren, dass sie auf deren Geltendmachung im Interesse der Erhaltung des Nachlassvermögens gegen die ihr zugedachten Versorgungsleistungen verzichtete. Ob diese Grundsätze auch anzuwenden sind, wenn der Ehegatte des Vermögensübergebers im Vorfeld auf seine Pflichtteilsansprüche verzichtet hat, ist der Entscheidung nicht zu entnehmen. U. E. wäre diese Folgerung zu weitgehend. Es kann aber nicht ausgeschlossen werden, dass der BFH entsprechend entscheiden würde. Vor diesem Hintergrund sollte ein Pflichtteilsverzicht des Ehegatten sorgfältig abgewogen werden, wenn Bestrebungen bestehen, ihm im Überlebensfall im Wege des Vermächtnisses Versorgungsleistungen zukommen zu lassen.

304–305 (Einstweilen frei)

---

1 X R 12/05, BStBl II 2006, 797.

e) Wiederkehrende Leistungen auf die Lebenszeit des Berechtigten

aa) Grundsatz

Versorgungsleistungen müssen grundsätzlich auf die Lebenszeit des Empfängers vereinbart und erbracht werden. Dies erklärt sich aus dem Rechtscharakter des Versorgungsvertrages. Durch die Weitergabe der Existenzgrundlage von der weichenden Generation auf die jüngere Generation entsteht eine Versorgungslücke, die durch die wiederkehrenden Leistungen aufgefüllt werden soll, indem der Vermögensübergeber sich wirtschaftlich von seinem Vermögen an Ertragswert das zurückbehält, was zur Lebenshaltung notwendig ist. Die Leistungen des Vermögensübernehmers können diesen Versorgungsbedarf aber nur dann abdecken, wenn sie auf die Lebenszeit des Berechtigten abstellen.

306

Versorgungsrenten auf Zeit,[1] abgekürzte Leibrenten (Höchstzeitrenten) und verlängerte Leibrenten[2] (Mindestzeitrenten) widersprechen diesem Versorgungsgedanken. Haben wiederkehrende Leistungen im Zusammenhang mit einer Vermögensübertragung einen fest bestimmten Endtermin, so ist davon auszugehen, dass die Beteiligten einen wertmäßigen Ausgleich für eine empfangene Leistung schaffen wollen und nicht in erster Linie die Versorgung des Berechtigten im Sinn haben. Folglich sind Vermögensübertragungen gegen wiederkehrende Leistungen auf Zeit grundsätzlich nach den Regelungen für entgeltliche Vermögensübertragungen zu behandeln.[3] Zu den Ausnahmen vgl. Rn. 309.

307

Auch wenn im Zusammenhang mit der Anerkennung der wiederkehrenden Leistungen als Versorgungsleistungen i. S. d. § 10 Abs. 1 Nr. 1a EStG und § 22 Nr. 1 Satz 1 EStG (ab 2008: § 22 Nr. 1b EStG) von Versorgungsbedürfnis die Rede ist, setzt die Anerkennung als Sonderausgaben und steuerpflichtige wiederkehrende Bezüge nicht zwingend voraus, dass der Empfänger der Leistungen tatsächlich zur Finanzierung seines Lebensunterhalts auf die Bezüge angewiesen ist. Tragendes Element für die Abziehbarkeit ist vielmehr in erster Linie, dass durch die Übertragung des Vermögens bereits zu Lebzeiten des Vermögensübergebers Einkünfte, die ihm bisher zum Lebensunterhalt zur Verfügung gestanden haben, weggefallen sind und dass hierfür durch die wiederkehrenden Leistungen ein Ausgleich geschaffen wird. Für die steuerliche Be-

308

---

1 BFH, Urteil vom 31. 8. 1994, X R 44/93, BStBl 1994 II S. 676.
2 BFH, Urteil vom 31. 8. 1994, X R 58/92, BStBl 1996 II S. 672.
3 BFH, Urteil vom 31. 8. 1994, X R 44/93, BStBl 1996 II S. 676; zu den Einzelheiten entgeltlicher Rechtsgeschäfte vgl. Rn. 526 ff.

günstigung der wiederkehrenden Leistungen ist es auch unschädlich, wenn der Vermögensübergeber nicht sein gesamtes Vermögen im Wege der vorweggenommenen Erbfolge überträgt. Er kann frei entscheiden, ob er Teile des Vermögens noch zurückbehält; er kann aber auch Teile des Vermögens gegen wiederkehrende Leistungen verschenken und andere Teile an den Vermögensübernehmer veräußern.[1]

bb) Vereinbarung von abgekürzten Leibrenten

309 Trägt die Vereinbarung einer zeitlichen Beschränkung von wiederkehrenden Leistungen einer etwaigen geänderten Versorgungssituation Rechnung, können bei vor dem 1.1.2008 abgeschlossenen Vermögensübergabeverträgen ausnahmsweise auch abgekürzte Leibrenten begünstigte Versorgungsleistungen sein. Hiervon ist auszugehen, wenn die wiederkehrenden Leistungen z. B. dazu bestimmt sind, eine Versorgungslücke beim Berechtigten bis zum erstmaligen Bezug einer Sozialversicherungsrente zu schließen[2] oder entfallen sollen, wenn der Berechtigte wieder heiratet (Wiederverheiratungsklausel).[3]

BEISPIEL: Wiederkehrende Leistungen bis zum Bezug einer Sozialversicherungsrente
Die Ehegatten A und B übertragen im Jahr 2000 im Wege der vorweggenommenen Erbfolge ihren landwirtschaftlichen Hof auf ihren Sohn. Sie vereinbaren im Vermögensübergabevertrag, dass der Sohn monatlich bis zum Versterben des Längstlebenden eine dauernde Last i. H. v. 500 € an die Eltern zu zahlen hat. Die Leistungen enden jedoch spätestens im Jahr 2010, wenn die Eltern Anspruch auf eine Rente aus der landwirtschaftlichen Alterskasse haben.
Durch die Vereinbarung als lebenslange Leistungen erfüllen die wiederkehrenden Leistungen die Voraussetzungen für Versorgungsleistungen. Die zeitliche Begrenzung (Abkürzung der Leibrente) auf den Zeitpunkt des Beginns der Rente aus der landwirtschaftlichen Alterskasse steht dem nicht entgegen. Es ist davon auszugehen, dass die Hofübergabe unentgeltlich erfolgt. Solange die dauernde Last zu zahlen ist, kann der Sohn die Zahlungen in voller Höhe als Sonderausgaben nach § 10 Abs. 1 Nr. 1a EStG geltend machen. Die Eltern haben die Bezüge nach § 22 Nr. 1 Satz 1 EStG (ab 2008 nach § 22 Nr. 1b EStG) in voller Höhe zu versteuern.

310 Für nach dem 31.12.2007 abgeschlossene Vermögensübergabeverträge kommt ein Abzug der Versorgungsleistungen nur noch in Betracht, wenn es sich zwingend um lebenslänglich zu zahlende Leistungen handelt. Abgekürzte Leibrenten sind nach dem Gesetzeswortlaut des § 10 Abs. 1 Nr. 1a Satz 1 EStG nicht mehr begünstigt, denn die Vorschrift formuliert ausdrücklich „lebenslan-

---

1 BFH, Urteil vom 27.7.2004, IX R 54/02, BFH/NV 2004 S. 1645.
2 BFH, Urteil vom 31.8.1994, X R 44/93, BStBl 1996 II S. 676.
3 BFH, Urteil vom 26.1.1994, X R 54/92, BStBl 1994 II S. 633; BMF-Schreiben vom 16.9.2004, BStBl 2004 I S. 922, Rz. 58.

ge und wiederkehrende Versorgungsleistungen". Es darf bezweifelt werden, dass der Gesetzgeber diese Änderung bewusst herbeigeführt hat. U. E. handelt es sich nur um eine nicht ganz korrekte Formulierung des Gewollten, denn die grundsätzliche Zielsetzung der begünstigten unentgeltlichen Vermögensübergabe – Vorbehalt von Erträgen des übertragenen Vermögens, um dem Versorgungsbedürfnis Rechnung zu tragen – hat sich durch die gesetzliche Neuregelung nicht geändert. Zweck war es wohl nur, die begünstigt zu übertragenden Wirtschaftsgüter einzuschränken. Der Gesetzgeber sollte daher noch mal überlegen, ob er insoweit nicht eine gesetzliche Nachbesserung vornimmt, damit die Vereinbarung abgekürzter Leibrenten, die einem geänderten Versorgungsbedürfnis Rechnung tragen auch weiterhin bereits im Vermögensübergabevertrag möglich ist. Denn zu einem späteren Zeitpunkt sind die Vertragsparteien auch bei einem nach dem 31.12.2007 abgeschlossenen Vermögensübergabevertrag nicht gehindert, die Versorgungsleistungen bei einem veränderten Versorgungsbedürfnis einzuschränken oder einzustellen. Die Vereinbarung im Rahmen des Vermögensübergabevertrages würde jedoch den Vertragsparteien von vornherein mehr Rechtssicherheit verschaffen. Sollen die Versorgungsleistungen später reduziert werden, bedarf dies zivilrechtlich der Zustimmung des Vermögensübergebers, die er – je nach Situation zu einem späteren Zeitpunkt – möglicherweise nicht mehr erteilt.

cc) Vereinbarung einer Mindestzeitrente

Mindestzeitrenten konnten nach ursprünglicher Auffassung der FinVerw ausnahmsweise als Versorgungsleistungen anzuerkennen sein. Die FinVerw hatte im BMF-Schreiben vom 23.12.1996[1] formuliert, dass Mindestzeitrenten oder verlängerte Leibrenten als wiederkehrende Leistungen im Austausch mit einer Gegenleistung zu behandeln sind, wenn die Mindestlaufzeit die durchschnittliche Lebenserwartung übersteigt. Diese Ausführungen sind im Umkehrschluss so verstanden worden, dass Versorgungsleistungen vorliegen können, wenn die Mindestlaufzeit die durchschnittliche Lebenserwartung nicht übersteigt, zumal in dem genannten Schreiben an anderer Stelle ausdrücklich darauf hingewiesen wurde, dass Mindestzeitrenten ausnahmsweise Versorgungsleistungen sein können.[2] 311

U. E. hätte bereits damals aus den allgemeinen Ausführungen des BFH geschlossen werden müssen, dass Mindestzeitrenten generell nicht dem Rechts- 312

---

1 BStBl 1996 I S. 1508, Rz. 51.
2 BStBl 1996 I S. 1508, Rz. 22.

institut der Vermögensübergabe zuzuordnen sind, unabhängig davon, in welchem Verhältnis die Laufzeit zur Lebenserwartung des Berechtigten steht. Der BFH hatte nämlich ausdrücklich klargestellt, dass Versorgungsleistungen stets mit dem Tod des Berechtigten enden. Dies ist bei Mindestzeitrenten aber auch dann nicht gewährleistet, wenn die Mindestzeit die voraussichtliche Lebenserwartung nicht übersteigt. Stirbt der Berechtigte bevor er seine voraussichtliche Lebenserwartung erreicht hat, so sind die wiederkehrenden Leistungen bis zum Ablauf der Mindestzeit an die Erben zu zahlen, was allerdings eher dafür spricht, dass die Beteiligten einen wertmäßigen Ausgleich für eine empfangene Leistung schaffen wollten und nicht in erster Linie die Versorgung des Berechtigten im Sinn hatten. Dies wird besonders deutlich an dem Beispiel, dass der Berechtigte unmittelbar nach Vertragsabschluss verstirbt. In derartigen Fällen liegt in rechtlicher wie in wirtschaftlicher Hinsicht der Vergleich mit anlässlich einer vorweggenommenen Erbfolgeregelung vereinbarten Gleichstellungsgeldern ebenso nahe wie mit im Rahmen einer Erbauseinandersetzung übernommenen Ausgleichszahlungen. Beide führen zu Anschaffungskosten.

313   Durch Urteil des BFH vom 21.10.1999[1] ist ausdrücklich entschieden, dass bei Vereinbarung einer Mindestzeitrente bzw. verlängerten Leibrente immer ein entgeltliches Veräußerungs-/Anschaffungsgeschäft vorliegt und zwar auch, wenn die Mindestlaufzeit der wiederkehrenden Leistungen kürzer ist als die voraussichtliche durchschnittliche Lebenserwartung der bezugsberechtigten Person. Bereits mit BMF-Schreiben vom 26.8.2002[2] hat die FinVerw die Auffassung des BFH anerkannt. Da sie damit ihre Rechtsauffassung allerdings u.U. zum Nachteil der Steuerpflichtigen angepasst hat, kann an den Grundsätzen der alten Regelung vom 23.12.1996 festgehalten werden, wenn der obligatorische Übergabevertrag vor dem 1.11.2002 abgeschlossen worden ist und Übergeber und Übernehmer übereinstimmend an der bisherigen steuerrechtlichen Beurteilung festhalten.[3]

314–315   (Einstweilen frei)

---

1 X R 75/97, BStBl 2002 II S. 650.
2 BStBl 2002 I S. 893, Rz. 51.
3 BMF-Schreiben vom 16.9.2004, BStBl 2004 I S. 922, Rz. 69.

f) Ausreichend ertragbringende Wirtschaftseinheit

aa) Unklare Entscheidung des Großen Senats des BFH in den 1990er Jahren

Der Große Senat des BFH hatte in seinen beiden Beschlüssen vom 5. 7. 1990[1] und vom 15. 7. 1991[2] den unentgeltlichen Vermögensübergabevertrag dahin gehend definiert, dass Gegenstand der Vermögensübergabe eine die Existenz des Vermögensübergebers wenigstens teilweise sichernde Wirtschaftseinheit sein müsse und dass die Versorgung des Übergebers typischerweise durch den Vorbehalt von Erträgen erfolge, die nunmehr allerdings vom Übernehmer zu erwirtschaften seien. Danach stellte sich die Frage, ob für den Abzug von Versorgungsleistungen darauf abzustellen war, dass der Vermögensübernehmer Einkünfte im steuerlichen Sinne aus dem übertragenen existenzsichernden Vermögen erwirtschaftete oder ob es für die Abgrenzung von den Unterhaltsleistungen ausreichte, wenn der Wert des übertragenen Vermögens wenigstens 50 % des Kapital- oder Barwerts der wiederkehrenden Leistungen betrug, wie zuvor von der FinVerw vertreten.[3] Insofern waren die Beschlüsse nicht eindeutig. Zwar erwähnte der Große Senat die 50 %-Grenze; es wurde aber nicht deutlich, ob sie den Charakter eines zusätzlichen Abgrenzungskriteriums haben sollte oder den Versorgungsvertrag erst begründete.

316

bb) Folgerechtsprechung der Einzelsenate des BFH

Auch die Entscheidungen der Einzelsenate waren diesbezüglich nicht einheitlich. Der XI. Senat hat daran festgehalten, dass nur darauf abzustellen ist, ob der Wert des übertragenen Vermögens wenigstens 50 % des Kapital- oder Barwerts der Versorgungsleistungen beträgt. Es war nach seiner Auffassung unerheblich, ob die Versorgungsleistungen aus den erwirtschafteten Erträgen erbracht werden konnten oder nicht.[4]

317

Der X. Senat des BFH hingegen war der Auffassung, dass die vereinbarten wiederkehrenden Leistungen aus den Erträgen des übertragenen Vermögens geleistet werden mussten.[5] Denn er ging davon aus, dass durch den Abzug der dauernden Last nach § 10 Abs. 1 Nr. 1a EStG beim Verpflichteten und durch die Erfassung wiederkehrender Leistungen nach § 22 Nr. 1 Satz 1 EStG beim Bezieher das der gesetzlichen Regelung zugrunde liegende Prinzip der „vor-

318

---

[1] GrS 4-6/89, BStBl 1990 II S. 847.
[2] GrS 1/90, BStBl 1992 II S. 78.
[3] R 123 EStR, zurückgehend auf BFH, Urteil vom 23. 1. 1964, IV 8/62 U, BStBl 1964 III S. 422.
[4] BFH, Urteil vom 23. 1. 1992, XI R 6/87, BStBl 1992 II S. 526.
[5] BFH, Urteil vom 24. 11. 1993, X R 123/90, BFH/NV 1994 S. 704.

behaltenen Vermögenserträge" rechtstechnisch verwirklicht wurde. Die nachfolgende Generation sollte nur die Erträge versteuern, die ihr letztlich verblieben. Die weichende Generation hatte die tatsächlich erhaltenen „vorbehaltenen Vermögenserträge" zu versteuern. Zu den Einzelheiten vgl. Rn. 161 ff.

cc) **Auslegung der Finanzverwaltung**

(1) **Typuseinteilung**

319 Die FinVerw hat den verschiedenen Tendenzen der Rechtsprechung und der Rechtstradition Rechnung getragen, indem sie die Vermögensübergabe anhand der Ertragslage in zwei unterschiedliche Typen des Versorgungsvertrags eingeteilt hat:

▶ War Gegenstand der Vermögensübergabe eine existenzsichernde und ausreichend ertragbringende Wirtschaftseinheit, lag ein typischer Versorgungsvertrag vor (Vertragstypus 1).

▶ Reichten die Erträge demgegenüber nicht aus, um die Versorgungsleistungen zu erbringen, handelte es sich um den Vertragstypus 2, wenn die übertragene Wirtschaftseinheit existenzsichernd und vom Wesen her ertragbringend war und der Wert des übertragenen Vermögens wenigstens 50 % des Kapital- oder Barwerts der wiederkehrenden Leistungen betrug.

Zu den Einzelheiten vgl. Rn. 172 ff.

319a Im Rahmen des Vertragstypus 1 waren die Versorgungsleistungen vertragsimmanent als abänderbar anzusehen und daher in vollem Umfang als Sonderausgaben nach § 10 Abs. 1 Nr. 1a EStG abziehbar und beim Empfänger nach § 22 Nr. 1 Satz 1 EStG steuerpflichtig. Allerdings hat die FinVerw es zugelassen, dass die Leistungen nur mit dem Ertragsanteil steuerwirksam waren, wenn und soweit die Vertragsparteien die Abänderbarkeit der Leistungen ausdrücklich ausgeschlossen haben. Hierzu reichte jedoch die Vereinbarung einer Wertsicherungsklausel allein nicht aus.[1] Außerdem konnte eine ursprünglich geschlossene Leibrentenvereinbarung durch einen zivilrechtlich wirksamen Änderungsvertrag mit Wirkung für die Zukunft in eine dauernde Last umgewandelt werden.[2]

---

1 Vgl. BMF-Schreiben vom 23.12.1996, BStBl I 1996 S. 1508, Rz. 37; übernommen in BMF-Schreiben vom 16.9.2004, BStBl I 2004 S. 922, Rz. 48.
2 Vgl. BFH-Urteil vom 3.3.2004 – BStBl II 2004 S. 824 und BMF-Schreiben vom 16.9.2004, BStBl I 2004 S. 922, Rz. 48.

I. Unentgeltliche Vermögensübergabe gegen Versorgungsleistungen

Im Rahmen des Vertragstypus 2 waren die vereinbarten Leistungen grundsätzlich nur mit dem Ertragsanteil steuerwirksam. Die Versorgungsleistungen waren nur ausnahmsweise mangels Gleichmäßigkeit als dauernde Lasten zu behandeln, wenn die Vertragsparteien ausdrücklich auf § 323 ZPO Bezug nahmen oder auf eine gleichwertige Änderungsklausel nach den Bedürfnissen des Übergebers und/oder der Leistungsfähigkeit des Übernehmers. Die Bezugnahme auf § 323 ZPO reichte jedoch für die Annahme der Abänderbarkeit nicht aus, wenn die Höhe der Leistungen materiell-rechtlich von Voraussetzungen abhängig gemacht wurde, die einer Wertsicherungsklausel entsprachen. Von einer Abänderbarkeit war ebenfalls auszugehen, wenn es sich um Sachleistungen handelte, die nicht vertretbar sind oder die nach dem Übergabevertrag nicht in gleichbleibender Höhe zu erbringen waren oder wenn es sich um Geldleistungen handelte, die schwankende Bezugsgrößen wie z. B. Umsatz oder Gewinn hatten oder deren Höhe von dem Bedürfnis des Empfängers oder von der Leistungsfähigkeit des Gebers abhing.[1]

319b

(2) Ermittlung der maßgebenden Erträge

Von einer ausreichend ertragbringenden Wirtschaftseinheit war auszugehen, wenn nach überschlägiger Berechnung die Versorgungsleistungen nicht höher waren als der langfristig erzielbare Ertrag der übergebenen existenzsichernden Wirtschaftseinheit.

320

Zu diesen Erträgen gehörten nur Einnahmen aus einer Tätigkeit, die den Tatbestand einer Einkunftsart i. S. d. § 2 Abs. 1 EStG erfüllte. Folglich war grundsätzlich Voraussetzung, dass der Vermögensübernehmer das übertragene Vermögen mit Einkunfts- oder Gewinnerzielungsabsicht einsetzte und nicht z. B. für eine Betätigung, die den Tatbestand der Liebhaberei erfüllte oder die der Privatsphäre zuzurechnen war.

321

Bezüglich der vom Vermögensübernehmer zu eigenen Wohnzwecken genutzten Wohnung hatte die FinVerw zunächst mit Erlass vom 23. 12. 1996[2] eine Ausnahme gemacht. Der Auffassung von Fischer[3] folgend, war sie davon ausgegangen, dass vom Übernehmer selbstgenutzter Wohnraum auch nach Wegfall der Nutzungswertbesteuerung noch als ertragbringend in diesem Sinne anzusehen war. Dem war aber der BFH nicht gefolgt, so dass die FinVerw mit

322

---

1 Vgl. BMF-Schreiben vom 23. 12. 1996, BStBl I 1996 S. 1508, Rz. 39.
2 BMF-Schreiben vom 23. 12. 1996, BStBl 1996 I S. 1508, Rz. 13.
3 Wiederkehrende Bezüge und Leistungen, Rn. 340.

BMF-Schreiben vom 26. 8. 2002[1] diese Auffassung aufgegeben hatte.[2]

323 Nutzte der Vermögensübergeber aufgrund eines vorbehaltenen Nutzungsrechts die übergebene Wohnung zu eigenen Wohnzwecken, gehörte der Nutzungswert auch nach der ursprünglichen Auffassung der FinVerw nicht zu den Erträgen des übergebenen Vermögens, denn dieser Nutzungswert hätte auch zu Zeiten der Nutzungswertbesteuerung beim Vermögensübernehmer nicht zu Einkünften geführt. Er war schon immer dem Nutzenden zuzurechnen.

324 Die Ermittlung der maßgebenden Erträge erfolgte grundsätzlich auf der Grundlage der steuerpflichtigen Einkünfte. Nach Auffassung der FinVerw waren die so ermittelten Einkünfte jedoch um in Anspruch genommene Absetzungen für Abnutzung, Sonderabschreibungen und außerordentliche Aufwendungen, wie etwa nicht jährlich anfallende größere Erhaltungsaufwendungen, zu korrigieren.

325 Aus Vereinfachungsgründen war anhand von Durchschnittserträgen zu prüfen, ob eine Wirtschaftseinheit ausreichend ertragbringend war. Die FinVerw ging aus Vereinfachungsgründen davon aus, dass die Versorgungsleistungen aus den Erträgen erbracht werden konnten, wenn der Durchschnittsertrag des Vermögensübergabejahres und der beiden vorangegangenen Jahre die Versorgungsleistungen abdeckte.

326 Da diese Vereinfachung keine von der FinVerw vorgeschriebene Vorgehensweise war, sondern lediglich eine nicht beanstandete, stand es dem Steuerpflichtigen u. E. frei, für die Ermittlung der Erträge auch einen längeren Prognosezeitraum zu wählen. Voraussetzung dürfte aber wohl sein, dass zumindest das Jahr der Vermögensübergabe mit eingeschlossen war und dass es sich um einen zusammenhängenden Zeitraum handelte.

327 Fraglich war, wie bei der Prüfung, ob eine ausreichend ertragbringende Wirtschaftseinheit vorlag, die Erträge zu ermitteln waren, wenn ein land- und forstwirtschaftlicher Betrieb übertragen wurde, dessen Gewinnermittlung nach § 13a EStG erfolgte. Die FinVerw hatte auf Bundesebene entschieden,[3] dass die Gewinnermittlung nach § 13a EStG zur Ermittlung der Durchschnittserträge ungeeignet sei. Zur Sicherstellung einer objektiven und überschlägigen Ermittlung der Ertragskraft des übertragenen Vermögens sei deshalb für die Zuordnung der Wirtschaftseinheit zu Vertragstypus 1 oder Vertragstypus 2

---

1 BStBl 2002 I S. 893, Rz. 13.
2 Vgl. aber die Modifikationen durch die Beschlüsse des Großen Senats vom 12. 5. 2003, GrS 1/00, GrS 2/00, BStBl 2004 II 95, 100 sowie die Ausführungen in Rn. 330 ff.
3 N. v.

ein Wechsel der Gewinnermittlungsart erforderlich. Für die Einkommensbesteuerung sei jedoch weiterhin die Gewinnermittlung nach § 13a EStG entscheidend. Wurde eine entsprechende Gewinnermittlung nach § 4 EStG nicht vorgenommen, war das übertragene Vermögen dem Vertragstypus 2 zuzuordnen.

Fraglich war auch, wie im Zusammenhang mit der Übertragung eines GmbH-Anteils die maßgebenden Erträge zu ermitteln waren, denn bislang war diese Frage höchstrichterlich noch nicht entschieden. Beim BFH war ein Revisionsverfahren anhängig, das sich mit der Frage zu beschäftigen hatte, ob ausreichende Erträge vorliegen, wenn die Gewinnausschüttungen zur Abdeckung der vereinbarten Versorgungsleistungen ausreichen oder ob auf das Jahresbetriebsergebnis der GmbH abzustellen ist. Der BFH hat zwischenzeitlich entschieden, dass bei der Ermittlung der Erträge aus dem GmbH-Anteil nicht auf die tatsächlich ausgeschütteten, sondern auf die ausschüttungsfähigen Gewinne abzustellen ist.[1]

328

dd) Erneute Entscheidung des Großen Senats in 2003

Mit Beschlüssen vom 12. 5. 2003[2] hat der Große Senat die Typuseinteilung der FinVerw nicht bestätigt. Er hat einen begünstigten Vermögensübergabevertrag nur anerkannt, wenn die Erträge ausreichen, um die vollen Versorgungsleistungen zu erbringen und wenn das übertragene Vermögen einen gewissen – bei weniger als 50 % des Kapital- oder Barwerts der wiederkehrenden Leistungen im Einzelfall zu prüfenden – Wert hat. Allerdings hat er die Ermittlung der ausreichenden Erträge in einigen Punkten gegenüber der vorherigen Rechtslage modifiziert, so dass ein Großteil der Fälle, die die FinVerw bislang mangels ausreichender Erträge über den Vertragstypus 2 begünstigt hat, nunmehr als Fälle mit ausreichenden Erträgen begünstigt sind.

329

(1) Einbeziehung von Nutzungsvorteilen in die Ermittlung des Nettoertrags

In Übereinstimmung mit der Auffassung der FinVerw geht der GrS mit Beschluss vom 12. 5. 2003[3] davon aus, dass der erzielbare Nettoertrag nicht notwendigerweise mit den steuerlichen Einkünften (s. hierzu Rn. 324) identisch ist, sondern um Absetzungen für Abnutzung, erhöhte Absetzungen und Son-

330

---

1 BFH, Urteil vom 21. 7. 2004, X R 44/01, BStBl 2005 II S. 133; die FinVerw hat diese Entscheidung bereits in Rz. 24 des BMF-Schreibens vom 16. 9. 2004, BStBl 2004 I S. 922, vorweggenommen.
2 GrS 1/00, GrS 2/00, BStBl 2004 II S. 95, 100.
3 GrS 1/00, BStBl 2004 II S. 95.

derabschreibungen sowie außerordentliche Aufwendungen korrigiert werden kann. Außerdem geht er darüber hinaus hin und rechnet Nutzungsvorteile – z. B. die ersparte Nettomiete eines Vermögensübernehmers, der die übertragene Wohnung zu eigenen Wohnzwecken nutzt (s. hierzu Rn. 258) oder die Zinsersparnis eines Vermögensübernehmers, der einen übertragenen Geldbetrag zur Schuldentilgung verwendet – zu den maßgebenden Nettoerträgen, weil sie als Einkommen im finanzwirtschaftlichen Sinn angesehen werden.

331 Dadurch wird u. E. erkennbar, dass er den Rahmen für eine unentgeltliche Vermögensübergabe gegen Versorgungsleistungen, die den Sonderausgabenabzug nach § 10 Abs. 1 Nr. 1a EStG ermöglichen, möglichst weit stecken möchte. Unseres Erachtens ist allerdings fraglich, inwieweit diese Fallgestaltungen noch mit dem maßgebenden Kriterium des Beschlusses des GrS in Einklang stehen, wonach sich eine begünstigte unentgeltliche Vermögensübergabe so darstellen muss, dass die vom Vermögensübernehmer zugesagten Leistungen – obwohl sie von ihm erwirtschaftet werden müssen – als zuvor vom Übergeber vorbehaltene – abgespaltene – Nettoerträge vorstellbar sind.

332 Hinsichtlich der vom Vermögensübernehmer zu eigenen Wohnzwecken genutzten übernommenen Wohnung lässt sich dies vielleicht noch herleiten, indem man argumentiert, dass der Vermögensübergeber die Wohnung auch unter Nießbrauchsvorbehalt mit Vermietung an den Vermögensübernehmer an diesen hätte übertragen können.

333 Nutzt der Vermögensübernehmer allerdings einen vom Vermögensübergeber erhaltenen Geldbetrag, um Schulden abzulösen und damit die Versorgungsleistungen aus den ersparten Zinsaufwendungen zu erbringen, wird die Argumentation schon schwieriger. Sie könnte stimmig sein, wenn man davon ausgeht, dass der Vermögensübergeber den Geldbetrag auch mit der Auflage hätte übertragen können, dass der Vermögensübernehmer davon Wertpapiere erwirbt und die Versorgungsleistungen aus den erwirtschafteten Erträgen leistet. Ein Vorbehaltsnießbrauch wäre in solchen Fällen allerdings nur denkbar gewesen, wenn der Vermögensübergeber selbst zunächst das Wertpapiervermögen angeschafft und dieses übertragen hätte. Nur dann hätte er sich einen Nießbrauch an den Erträgen vorbehalten können. Dieser Vergleich hinkt also gewaltig.

334 U. E. war der Lösungsansatz des X. Senats besser geeignet, die jeweilige steuerliche Leistungsfähigkeit zutreffend abzubilden. Dessen Rechtsprechung hatte sich im Grunde genommen dahin entwickelt, dass der Sonderausgabenabzug nach § 10 Abs. 1 Nr. 1a EStG beim Verpflichteten und die Versteuerung der wiederkehrenden Bezüge nach § 22 Nr. 1 Satz 1 EStG beim Berechtigten dazu

dienen, das der unentgeltlichen Vermögensübergabe zugrunde liegende Prinzip der „vorbehaltenen Vermögenserträge" rechtstechnisch zu verwirklichen. Anders als beim Vorbehaltsnießbrauch, wo der Vermögensübergeber auch nach der Vermögensübertragung die Erträge selbst erzielt und diese zu versteuern hat, sind bei einer Vermögensübergabe gegen Versorgungsleistungen die Erträge nach der Vermögensübertragung dem Vermögensübernehmer zuzurechnen. Aufgrund der Unentgeltlichkeit der Vermögensübergabe besteht keine Möglichkeit, die Versorgungsleistungen dem Bereich der Werbungskosten oder Betriebsausgaben zuzurechnen. Also dient der Sonderausgabenabzug dazu, die aufgrund der Weiterleitung an die weichende Generation „zu viel erfassten Einkünfte" zu korrigieren; korrespondierend stellt § 22 Nr. 1 Satz 1 EStG die entsprechende Versteuerung beim Empfänger sicher. Die nachfolgende Generation muss also im Ergebnis nur die Erträge versteuern, die ihr letztlich verbleiben. Die weichende Generation versteuert die tatsächlich erhaltenen „vorbehaltenen Vermögenserträge". Werden aufgrund der Auffassung des GrS nunmehr auch wiederkehrende Leistungen zum Sonderausgabenabzug zugelassen, die die Einkünfte des Vermögensübernehmers überhaupt nicht erhöht haben (z. B. die ersparte Miete), wird dieser besser gestellt als ein Steuerpflichtiger, dessen Eltern nicht in der Lage waren, ihrem Kind Vermögen zu übertragen, die aber dennoch unterhaltsbedürftig sind und deshalb Leistungen ihres Kindes erhalten. Diese Leistungen bleiben gem. § 12 Nr. 2 EStG nicht abziehbare Unterhaltsleistungen. Es bleibt abzuwarten, ob dies in der Zukunft zu einer verfassungsrechtlichen Klärung führen wird.

Entscheidung der FinVerw war es aus diesem Grund auch, sich bezüglich der übrigen ersparten Aufwendungen der Auffassung des GrS nicht allgemein anzuschließen. Sie geht zwar davon aus, dass der Nutzungsvorteil des Übernehmers in Form der ersparten Nettomiete zu den Erträgen des übergebenen Vermögens gehört, wenn der Vermögensübernehmer ein vom Vermögensübergeber gegen wiederkehrende Leistungen übertragenes Grundstück zu eigenen Wohnzwecken oder zu eigenbetrieblichen Zwecken nutzt; andere ersparte Aufwendungen, wie z. B. ersparte Zinsen, rechnet sie jedoch nicht zu den maßgebenden Erträgen. 335

Hinsichtlich der ersparten Mietaufwendungen ist die Regelung zwar u. E. auch nicht konsequent; sie ist aber wohl darauf zurückzuführen, dass die FinVerw mit BMF-Schreiben vom 23. 12. 1996[1] den Nutzungswert der vom Vermögensübernehmer selbst genutzten Wohnung selbst zu den Erträgen gerechnet hat- 336

---

1 BStBl 1996 I S. 1508, Rz. 13.

te und insoweit schwerlich die Nichtanwendbarkeit des Beschlusses des GrS regeln konnte.

337 Bezüglich der übrigen Aufwendungen ist im BMF-Schreiben vom 16.9.2004[1] insoweit ausdrücklich die Nichtanwendung des Beschlusses des GrS vom 12.5.2003[2] beschlossen worden. Allerdings enthält das Schreiben auch eine Vertrauensschutzregelung.[3] Da die Verwaltung mit Übergangserlass vom 8.1.2004[4] ermöglicht hatte, bereits vor der Überarbeitung des Rentenerlasses vom 26.8.2002 die Rechtsgrundsätze der Beschlüsse des GrS vom 12.5.2003 auf gemeinsamen Antrag von Vermögensübergeber und Vermögensübernehmer anzuwenden, musste dies aus Vertrauensschutzgründen auch Bestand haben, soweit sich die Verwaltung im endgültigen Erlass gegen die Anwendung der Beschlüsse in Teilbereichen ausgesprochen hat.

338 Der X. Senat des BFH hat zwar mit Urteil vom 1.3.2005[5] entschieden, dass eine als Sonderausgaben i.S.d. § 10 Abs.1 Nr.1a EStG abziehbare dauernde Last auch begründet werden kann, wenn anlässlich der Übergabe von Geld- oder Wertpapiervermögen vereinbart wird, dass diese Werte zur Tilgung von Schulden verwendet werden, mit denen die Anschaffung oder Herstellung von ertragbringendem Vermögen – im Streitfall einem eigengenutzten Einfamilienhaus – finanziert worden war. Die FinVerw wendet diese Grundsätze jedoch über den entschiedenen Einzelfall hinaus nicht an und hält insoweit an ihrer in Rz. 21 des BMF-Schreibens vom 16.9.2004 geäußerten Rechtsauffassung fest.[6]

(2) Ermittlung der ersparten Nettomiete

339 Für die Beantwortung der Frage, ob die ersparte Nettomiete ausreicht, um die zugesagten wiederkehrenden Leistungen zu erbringen, ist nach Auffassung der FinVerw auf die monatliche Nettomiete für ein vergleichbares Objekt abzustellen und nicht im Einzelfall zu prüfen, ob der Vermögensübernehmer tatsächlich zuvor eine entsprechende Miete gezahlt hat oder nicht. Folglich ist auch nicht erforderlich, dass dem Vermögensübernehmer zuvor tatsächlich Mietaufwand entstanden ist. Wurde ihm das Gebäude z.B. zuvor vom Vermögensübergeber unentgeltlich überlassen, liegen dennoch ersparte Erträge

---

1 BStBl 2004 I S. 922, Rz. 21.
2 GrS 1/00, BStBl 2004 II S. 95.
3 BMF-Schreiben vom 16.9.2004, BStBl 2004 I S. 922, Rz. 76.
4 BStBl 2004 I S. 191.
5 X R 45/03, BStBl II 2007 S. 103.
6 Vgl. BMF-Schreiben vom 19.1.2007, BStBl I 2007 S. 188.

vor, die nunmehr in Form von Versorgungsleistungen transferiert werden können. Wurde die Wohnung zuvor verbilligt genutzt, liegen Erträge in Höhe der ortsüblichen mittleren Kaltmiete für Grundstücke vergleichbarer Art, Lage und Ausstattung vor und nicht nur in Höhe der verbilligten Nettomiete.[1]

BEISPIEL: ► Ersparte Nettomiete des Vermögensübernehmers als ausreichender Ertrag

Der Vater V überträgt im Januar 2006 im Rahmen einer vorweggenommenen Erbfolgeregelung sein Einfamilienhaus mit einem Verkehrswert von 200 000 € auf seinen Sohn S. Der Sohn nutzt das Einfamilienhaus seitdem zu eigenen Wohnzwecken. Für ein vergleichbares Objekt müsste S eine monatliche Nettomiete von 850 € zahlen. S verpflichtet sich, an V auf dessen Lebenszeit wiederkehrende Leistungen i. H. v. monatlich 750 € zu zahlen.

Es liegt eine begünstigte Vermögensübergabe vor. Die erzielbaren laufenden Nettoerträge (hier die ersparte Nettomiete des S) reichen aus, um die vereinbarten wiederkehrenden Leistungen zu erbringen.

(3) Berücksichtigung eines Unternehmerlohns

Der Große Senat hat – ohne dies im Einzelnen näher zu begründen – mit Beschluss vom 12. 5. 2003[2] weiterhin erklärt, dass eine Kürzung der Erträge um den Unternehmerlohn nicht in Betracht kommt.

340

Die FinVerw hat sich dem mit BMF-Schreiben vom 16. 9. 2004[3] angeschlossen. Darüber hinaus hat sie klargestellt, dass dies nicht nur bei Einzelunternehmen und Personengesellschaften gilt, sondern dass auch das Gehalt des Gesellschafter-Geschäftsführers den auf der Grundlage der steuerlichen Einkünfte ermittelten Erträgen hinzuzurechnen ist. Dies war nicht zwingend, denn anders als der Unternehmerlohn des Einzelunternehmers oder des Mitunternehmers führt das Gehalt des Gesellschafter-Geschäftsführers bei der GmbH zu abziehbaren Betriebsausgaben. Der X. Senat des BFH hat die Auffassung der FinVerw bestätigt.[4]

341

(4) Zukunftsgerichtete Ertragsprognose

Die Vereinfachungsregelung der FinVerw,[5] wonach es nicht zu beanstanden ist, wenn zur Ermittlung, ob die durchschnittlichen Erträge ausreichen, um die vollen Versorgungsleistungen zu erbringen, auf die Einkünfte des Jahres der

342

---

1 BMF-Schreiben vom 16. 9. 2004, BStBl 2004 I S. 922, Rz. 21.
2 GrS 2/00, BStBl 2004 II S. 100.
3 BStBl 2004 I S. 922, Rz. 24.
4 BFH, Urteil vom 21. 7. 2004, X R 44/01, BStBl 2005 II S. 133.
5 BMF-Schreiben vom 16. 9. 2004, BStBl 2004 I S. 922, Rz. 25.

Vermögensübergabe und der beiden vorangegangenen Jahre abgestellt wird, hat der GrS grundsätzlich mit Beschluss vom 12.5.2003[1] für zutreffend erachtet. Er hat sie allerdings ausdrücklich weiterentwickelt, indem er auch künftige positive Ertragsaussichten mit einbezieht. Eine begünstigte unentgeltliche Vermögensübergabe liegt nach Auffassung des GrS auch dann vor, wenn zwar die Durchschnittserträge im Zeitpunkt der Vermögensübergabe nicht ausreichen, wenn aber durch erfolgreiche Bewirtschaftung des Rechtsnachfolgers höhere Erträge zu erwarten sind, die dann ausreichen, um die vollen Versorgungsleistungen zu erbringen.

343 Auch hier zeigt sich u. E. wieder die großzügige Auslegung des GrS in Richtung unentgeltliche Vermögensübergabe verbunden mit der Frage, ob dies mit dem Grundsatz „Vergleich mit einem Vorbehaltsnießbrauch" noch in Einklang steht. Der Große Senat geht davon aus, dass die Erträge im Vermögensübergabezeitpunkt gering sind, weil z. B. der Vermögensübergeber aufgrund seines fortgeschrittenen Alters nur noch bedingt einsatzfähig ist. Vergleicht man diese Situation nun mit einer Vermögensübertragung unter Nießbrauchsvorbehalt, ist nicht davon auszugehen, dass sich die Erträge nach der Vermögensübergabe gesteigert hätten, denn Folge eines Vorbehaltsnießbrauchs ist ja gerade, dass nach wie vor der ursprüngliche Eigentümer die Einkünfte erzielt. Seine Einsatzfähigkeit wird sich jedoch durch die reine Eigentumsübertragung nicht verbessern. Folglich werden sich auch die vorbehaltenen Erträge nicht erhöhen.

344 Der Große Senat hat keine Aussage dazu getroffen, wie er sich in einem solchen Fall den Prognosezeitraum vorstellt. Um die Regelung für die Praxis anwendbar zu machen, hat die FinVerw wie folgt ergänzend Stellung genommen:[2]

„Reicht der durchschnittliche jährliche Ertrag nach den Verhältnissen im Zeitpunkt der Vermögensübergabe nicht aus, um die jährlichen wiederkehrenden Leistungen zu erbringen, bleibt es dem Übernehmer unbenommen, nachzuweisen, dass für die Zukunft ausreichend hohe Nettoerträge zu erwarten sind. Hiervon kann regelmäßig ausgegangen werden, wenn die durchschnittlichen Erträge des Jahres der Vermögensübergabe und der beiden folgenden Jahre ausreichen, um die wiederkehrenden Leistungen zu erbringen."

345 Des Weiteren hat die FinVerw bestimmt, dass die Veranlagungen in diesen Fällen sowohl beim Übergeber als auch beim Übernehmer ab dem Jahr der Ver-

---

1 GrS 1/00, BStBl 2004 II S. 95.
2 BMF-Schreiben vom 16.9.2004, BStBl 2004 I S. 922, Rz. 25.

mögensübergabe vorläufig gem. § 165 AO vorzunehmen sind. Die Vorläufigkeit macht aber u. E. nur Sinn, wenn die Verwaltung anschließend – für den Fall, dass die Prognose sich nicht bewahrheitet hat – die Vermögensübertragung als entgeltliches Rechtsgeschäft werten möchte. Dies erscheint jedoch nicht zutreffend, denn die anschließende Überprüfung steht dem Begriff „Prognose" entgegen. Prognose bedeutet vielmehr, dass im Zeitpunkt der Vermögensübergabe die für eine Verbesserung der Ertragslage sprechenden Umstände zu beurteilen und zu werten sind. Bestätigt sich die zu erwartende Ergebnissteigerung später aus zu diesem Zeitpunkt nicht absehbaren Gründen nicht, können hieraus u. E. keine abweichenden Schlüsse gezogen werden.[1]

(5) Beweiserleichterungen bei Unternehmensübertragungen

Für die Übertragung von Betriebsvermögen soll nach Auffassung des GrS die nur in seltenen Ausnahmefällen widerlegliche Vermutung gelten, dass die Erträge ausreichen, um die vollen Versorgungsleistungen zu erbringen, wenn der (land- und forstwirtschaftliche) Betrieb, die freiberufliche Praxis, vom Erwerber tatsächlich fortgeführt wird. Bei der Übertragung von GmbH-Anteilen soll Entsprechendes gelten, wenn sowohl Vermögensübergeber als auch Vermögensübernehmer als Geschäftsführer tätig waren bzw. sind. Diese Auffassung führt dazu, dass sich im Zusammenhang mit der Übertragung von Betrieben bei Fortsetzung des Wirtschaftens durch den Vermögensübernehmer die Frage nach den Erträgen wohl grundsätzlich nicht mehr stellt. Es kann im Regelfall von einer ausreichend ertragbringenden Wirtschaftseinheit ausgegangen werden mit der Folge, dass eine Betriebsübergabe gegen wiederkehrende Leistungen bei der die Vertragsparteien nicht davon ausgegangen sind (und dies entsprechend nachgewiesen haben), dass es sich um ein voll entgeltliches Rechtsgeschäft handelt, i. d. R. als unentgeltliche Vermögensübergabe gegen Versorgungsleistungen zu beurteilen ist, die den Sonderausgabenabzug nach § 10 Abs. 1 Nr. 1a EStG und die Besteuerung nach § 22 Nr. 1 Satz 1 EStG nach sich zieht. Die Aufdeckung der stillen Reserven im Zeitpunkt der Übertragung wird damit unabhängig von der tatsächlichen Ertragssituation verhindert. 346

Der Große Senat hat allerdings offen gelassen, in welchen Ausnahmefällen die Beweiserleichterung nicht gelten soll. In der Literatur wird z. B. die Auffassung vertreten, dass die Vermutung nicht gilt, wenn der Erwerber den Betrieb nach 347

---

[1] So auch BFH, Urteil vom 16. 6. 2004, X R 50/01, BStBl 2005 II S. 130 und vom 16. 6. 2004, X R 22/99, BStBl 2004 II S. 1053.

kurzer Zeit aufgibt oder im Ganzen veräußert.[1] Dass nur eine Betriebsaufgabe oder -veräußerung innerhalb kurzer Zeit die Vermutung entfallen lasse, ergebe sich zwar nicht ausdrücklich aus dem Beschluss des GrS, folge aber aus dem Bestreben, längere Perioden der Unsicherheit zu vermeiden. Was genau kurze Zeit bedeutet, wird jedoch nicht erläutert. Weiter wird vertreten, dass hinsichtlich der Fortführung darauf zu achten sei, dass diese für einen nicht zu kurzen Zeitraum erfolge. Es sei nicht auszuschließen, dass insoweit die Haltefrist des § 13a Abs. 5 ErbStG von 5 Jahren ein Anhaltspunkt sein werde.[2]

348 Unseres Erachtens – und dem hat sich die FinVerw angeschlossen – bedarf es der Festlegung eines Zeitraums für die Fortführung nicht. Wenn der Vermögensübernehmer zu einem Zeitpunkt nach der Vermögensübergabe den Betrieb aufgibt oder veräußert, ist dies ein Fall der nach § 12 Nr. 2 EStG nicht abziehbaren Unterhaltsleistungen (Aufgabe) bzw. der nachträglichen Umschichtung (Veräußerung mit Reinvestition in ein existenzsicherndes und ausreichend ertragbringendes Wirtschaftsgut) mit der Folge, dass ein weiterer Abzug der wiederkehrenden Leistungen als Sonderausgaben nur in Betracht kommt, wenn nach der Umschichtung weiterhin eine existenzsichernde und ausreichend ertragbringende Wirtschaftseinheit vorliegt (vgl. hierzu im Einzelnen BMF-Schreiben vom 16. 9. 2004[3] und Rn. 446 ff.).

349 Hinsichtlich der Ausnahmefälle, in denen die Beweiserleichterung nicht gilt, verweist die FinVerw beispielhaft auf Fälle, in denen der Betrieb vor der Vermögensübergabe mehrjährige Verluste erwirtschaftet oder im Verhältnis zu den vereinbarten Versorgungsleistungen nur geringe Gewinne abgeworfen hat.[4] Diese Aussage ist jedoch u. E. für die Praxis wenig hilfreich, da sie nicht definiert, was mehrjährige Verluste oder im Verhältnis zu den wiederkehrenden Leistungen geringe Gewinne sind. Hier wird wohl im konkreten Einzelfall zu entscheiden sein. Da der Große Senat aber davon ausgeht, dass im Regelfall die Beweiserleichterung gilt, dürften u. E. nicht allzu viele Fälle durch die FinVerw problematisiert werden.

350 Dass der Große Senat eine Differenzierung zwischen den Betrieben, Teilbetrieben, Mitunternehmeranteilen und GmbH-Anteilen auf der einen Seite und den übrigen Wirtschaftsgütern wie Grundvermögen, Wertpapiere etc. auf der anderen Seite vornimmt, ist sicherlich darauf zurückzuführen, dass sich das Rechtsinstitut der unentgeltlichen Vermögensübergabe gegen Versorgungs-

---

1 Kempermann, DStR 2003 S. 1740.
2 Geck, ZEV 2003 S. 444.
3 BStBl 2004 I S. 922, Rz. 28 ff.
4 BMF-Schreiben vom 16. 9. 2004, BStBl 2004 I S. 922, Rz. 23.

I. Unentgeltliche Vermögensübergabe gegen Versorgungsleistungen

leistungen ursprünglich aus den Altenteils- und Leibgedingeverträgen im Bereich der Hof- und Betriebsübergaben entwickelt hat. Ob die Differenzierung unter dem Gesichtspunkt einer gerechten Besteuerung im Hinblick auf die Abbildung der zutreffenden steuerlichen Leistungsfähigkeit gerechtfertigt ist, darf u. E. aber bezweifelt werden. Das Argument, dass die Prognose der zu erwartenden Nettoerträge im Bereich der Einkünfte aus Vermietung und Verpachtung keine Schwierigkeiten aufwirft, die über das hinausgehen, was auch in anderem Zusammenhang von Finanzbehörden und Steuerpflichtigen verlangt wird,[1] dürfte insoweit nicht tragen, denn daraus ergibt sich nicht warum dies im betrieblichen Bereich schwieriger und damit unzumutbar sein soll. Auch Weber-Grellet stellt in seiner Urteilsanmerkung[2] in Frage, ob die Privilegierung des Betriebsvermögens zeitgemäß ist und ob sie insbesondere mit dem sonst so beschworenen Prinzip der Besteuerung nach der wirtschaftlichen Leistungsfähigkeit zu vereinbaren ist. Diese Kritik ist vor dem Hintergrund, dass der GrS die begünstigte unentgeltliche Vermögensübergabe nicht generell auf Unternehmensübertragungen zurückgeführt hat u. E. berechtigt.

Außerdem ergeben sich aus der Differenzierung weitere praktische Schwierigkeiten: Erhält der Vermögensübernehmer nicht nur Betriebsvermögen, sondern auch andere Wirtschaftsgüter, wie z. B. ein Mietwohngrundstück oder Wertpapiervermögen und werden die wiederkehrenden Leistungen – was bislang bei der Vertragsgestaltung der Regelfall sein dürfte – in diesen Fällen einheitlich vereinbart und nicht aufgegliedert auf die einzelnen übertragenen Wirtschaftseinheiten, stellt sich die Frage, welcher Anteil der wiederkehrenden Leistungen auf das Mietwohngrundstück oder das Wertpapiervermögen entfällt, um zu ermitteln, ob diesbezüglich die tatsächlichen Erträge ausreichen, um die Versorgungsleistungen zu erbringen. Die FinVerw sah daher wohl nur die Möglichkeit mangels eines akzeptablen Aufteilungsmaßstabs, die Beweiserleichterung in solchen Fällen nicht zuzulassen.[3]

351

Unseres Erachtens ist diese Lösung nicht zwingend. Zielführender ist es, bei der Vertragsgestaltung einzugreifen, indem die insgesamt zu vereinbarenden wiederkehrenden Leistungen anteilig den einzelnen zu übertragenden Wirtschaftseinheiten zugerechnet werden. Dann müsste die Beweiserleichterung bezogen auf den Anteil der auf die Übertragung von Betriebsvermögen entfällt, wieder anwendbar sein.

352

---

1 So der GrS in seinem Beschluss vom 12. 5. 2003, GrS 1/00, BStBl 2004 II S. 95.
2 FR 2003 S. 1092.
3 BMF-Schreiben vom 16. 9. 2004, BStBl 2004 I S. 922, Rz. 23.

353 Im Hinblick darauf, dass der BFH mit Urteil vom 27. 7. 2004[1] entschieden hat, dass die Übertragung eines ungeteilten Zweifamilienhauses mit unterschiedlichen Nutzungs- und Funktionszusammenhängen dergestalt aufgeteilt werden kann, dass die fremdvermietete Wohnung gegen ein übliches Entgelt veräußert und die selbstgenutzte Wohnung gegen wiederkehrende Leistungen unentgeltlich übertragen wird, dürften auch keine Bedenken bestehen, im Rahmen einer insgesamt unentgeltlichen Vermögensübertragung wiederkehrende Leistungen konkret den übertragenen Wirtschaftseinheiten zuzurechnen.

BEISPIEL: Anwendung der Beweiserleichterung bei Übertragung mehrerer Wirtschaftseinheiten

A überträgt in 2007 im Wege der vorweggenommenen Erbfolge seinen Gewerbebetrieb und ein Mietwohngrundstück auf die Tochter T. Der Betrieb erwirtschaftet seit Jahren Gewinne und aus dem Mietwohngrundstück werden jährliche Überschüsse i. H. v. 5 000 € im Jahr erzielt. T bewirtschaftet beide Wirtschaftseinheiten nach der Vermögensübertragung weiter. Im Vermögensübergabevertrag wird vereinbart, dass T an ihren Vater bis an dessen Lebensende monatlich wiederkehrende Leistungen zu erbringen hat und zwar 200 € aus den Erträgen des Mietwohngrundstücks und 700 € aus den Gewinnen des Gewerbebetriebs.

Die wiederkehrenden Leistungen i. H. v. insgesamt 900 € monatlich sind bei T als Sonderausgaben (§ 10 Abs. 1 Nr. 1a EStG) zu berücksichtigen und bei A in gleicher Höhe nach § 22 Nr. 1 Satz 1 EStG (ab 2008: § 22 Nr. 1b EStG) zu versteuern. Die Voraussetzungen für eine unentgeltliche begünstigte Vermögensübergabe liegen vor. Insbesondere wurden existenzsichernde und ausreichend ertragbringende Wirtschaftseinheiten übertragen. Bezüglich des Gewerbebetriebes sind aufgrund der anzuwendenden Beweiserleichterung ausreichende Erträge zu unterstellen. Und die Erträge aus dem Mietwohngrundstück i. H. v. 5 000 € reichen aus, um die darauf entfallenden Versorgungsleistungen i. H. v. 2 400 € (12 × 200 €) abzudecken.

ee) Auswirkungen der Gesetzesänderung zum 1. 1. 2008

(1) Allgemeines

354 Durch die gesetzliche Änderung des § 10 Abs. 1 Nr. 1a EStG im Rahmen des JStG 2008 hat sich nichts daran geändert, dass für die Annahme einer begünstigten Vermögensübergabe weiterhin Erträge aus der begünstigten übertragenen Wirtschaftseinheit erforderlich sind, die ausreichen, um die Versorgungsleistungen zu erbringen. Für nach dem 31. 12. 2007 abgeschlossene Vermögensübergabeverträge ist allerdings bei ausreichenden Erträgen ohne Ausnahme von abänderbaren – in voller Höhe steuerwirksamen – Versorgungs-

---

1 IX R 54/02, BStBl 2006 II S. 9.

leistungen auszugehen, da der Gesetzgeber mit der Änderung des § 10 Abs. 1 Nr. 1a EStG durch das JStG 2008 auf die Unterscheidung zwischen Leibrenten und dauernden Lasten verzichtet hat und nur noch einheitlich von Versorgungsleistungen spricht, die – nach der bisherigen Verwendung des Begriffs – vertragsimmanent abänderbare Leistungen verkörpert haben.

Die bislang in Rz. 48 des BMF-Schreibens vom 16. 9. 2004[1] vorgesehene Möglichkeit, durch ausdrücklichen Ausschluss der Abänderbarkeit eine nur mit dem Ertragsanteil steuerwirksame Leibrente zu vereinbaren, kommt für nach dem 31. 12. 2007 abgeschlossene Vermögensübergabeverträge nicht mehr zur Anwendung. Für vor dem 1. 1. 2008 abgeschlossene Vermögensübergabeverträge gilt die bisherige steuerliche Behandlung hingegen über den 31. 12. 2007 hinaus weiter fort – und zwar auch bezüglich der Möglichkeit eine zunächst ausdrücklich vereinbarte Leibrente später in eine dauernde Last umzuwandeln.[2] Dabei darf die Umwandlung auch nach dem 31. 12. 2007 erfolgen.   355

Für die Ermittlung der maßgebenden Erträge gelten die gleichen Bedingungen wie in den Rn. 316 ff. dargestellt, sofern nachfolgend nichts anderes gesagt wird.   356

(2) Einbeziehung von Nutzungsvorteilen in die Ermittlung des Nettoertrags

Bei nach dem 31. 12. 2007 abgeschlossenen Vermögensübergabeverträgen kann der Nutzungsvorteil für ein vom Vermögensübergeber gegen wiederkehrende Leistungen übertragenes Grundstück, das zu eigenen Zwecken (eigene Wohnzwecke, eigenbetriebliche Zwecke) des Vermögensübernehmers genutzt wird, nicht mehr zu den Erträgen des übergebenen Vermögens gerechnet werden. Die FinVerw hat die diesbezügliche Aussage aus dem BMF-Schreiben vom 16. 9. 2004[3] nicht in das neue Anwendungsschreiben vom 11. 3. 2010, BStBl 2010 I S. 227 übernommen. Dies ist u. E. zu begrüßen, da die Einbeziehung unsystematisch war.[4] Die Auswirkung für die Praxis dürfte jedoch nicht all zu entscheidend sein, denn durch die gesetzliche Neuregelung des § 10 Abs. 1 Nr. 1a EStG können bei nach dem 31. 12. 2007 erfolgenden Vermögensübertragungen nur noch Betriebe, Teilbetriebe und bestimmte Mitunternehmer- und GmbH-Anteile begünstigt übertragen werden. Ein Nutzungsvorteil in Form ersparter Nettomiete hat sich in der Vergangenheit jedoch im Wesentlichen im   357

---

1 BStBl I 2004 S. 922; Vgl. hierzu auch Rn. 319a.
2 Vgl. BMF-Schreiben vom 11. 3. 2010, BStBl 2010 I S. 227, Rz. 90.
3 BStBl I 2004 S. 922, Rz. 21.
4 Vgl. hierzu Rn. 330 ff.

Zusammenhang mit der Übertragung von betrieblich oder privat genutzten Grundstücken ergeben. Diese können aber seit 2008 nicht mehr isoliert Gegenstand einer begünstigten Vermögensübergabe sein.

358 Für vor dem 1.1.2008 abgeschlossene Vermögensübergabeverträge hat der Gesetzgeber in § 52 Abs. 23g Satz 2 EStG allerdings eine Übergangsregelung geschaffen, die vollen Bestandsschutz einräumt. D. h. Vermögensübergabeverträge, die vor dem 1.1.2008 abgeschlossen wurden und bei denen eine ersparte Nettomiete in die Ertragsermittlung mit einbezogen wurde, bleiben über den 31.12.2007 hinaus begünstigt.[1]

359 Etwas anderes gilt hingegen für übrige ersparte Aufwendungen. Zwar sind diese bereits im BMF-Schreiben vom 16.9.2004[2] ausdrücklich nicht in die Ermittlung der maßgebenden Erträge mit einbezogen worden. Allerdings enthielt das Schreiben in Rz. 76 eine Vertrauensschutzregelung für vor dem 1.11.2004 abgeschlossene Vermögensübergabeverträge, da die FinVerw es mit Übergangserlass vom 8.1.2004[3] ermöglicht hatte, dass in diesen Fällen auch andere ersparte Aufwendungen (z. B. ersparte Schuldzinsen) zu den maßgebenden Erträgen gehören konnten. Für diese Fälle hat der Gesetzgeber den Bestandsschutz in § 52 Abs. 23g Satz 2 EStG abgelehnt.[4]

(3) Berücksichtigung eines Unternehmerlohns

360 Die Entscheidung des Großen Senats, dass eine Kürzung der Erträge um den Unternehmerlohn nicht in Betracht kommt,[5] gilt auch für nach dem 31.12.2007 abgeschlossene Vermögensübergabeverträge. Die FinVerw hat allerdings ergänzende Ausführungen zur Übertragung von GmbH-Anteilen gemacht:

▶ Ist für die Ertragsermittlung auf das Jahr der Vermögensübergabe und die beiden vorangegangenen Jahre abzustellen (Grundsatz, wenn die Beweiserleichterung nicht gilt; vgl. Rn. 325), mindert das Geschäftsführer-Gehalt des Vermögensübergebers die maßgebenden Erträge nicht.[6]

▶ Ist für die Ertragsermittlung eine Zukunftsprognose maßgebend (Jahr der Vermögensübergabe und die beiden folgenden Jahre, mindert das Ge-

---

1 Vgl. BMF-Schreiben vom 11.3.2010, BStBl 2010 I S. 227, Rz. 82.
2 BStBl I 2004 S. 922, Rz. 21.
3 BStBl I 2004 S. 191.
4 Vgl. auch BMF-Schreiben vom 11.3.2010, BStBl 2010 I S. 227, Rz. 82.
5 Vgl. Rn. 340 f.
6 Vgl. Rz. 32 u. 34 des BMF-Schreibens vom 11.3.2010, BStBl 2010 I S. 227.

schäftsführer-Gehalt des Vermögensübernehmers die maßgebenden Erträge nicht.[1]

Möglicherweise müssen diese Regelungen praxisgerecht angepasst werden, wenn im Jahr der Vermögensübergabe sowohl der Vermögensübergeber als auch der Vermögensübernehmer als Geschäftsführer tätig waren (der Vermögensübergeber vor der Übertragung und der Vermögensübernehmer nach der Übertragung). In diesem Fall ist es u. E. durchaus vertretbar, bei der grundsätzlichen Ertragsermittlung für die anteiligen Monate nach der Vermögensübertragung das Geschäftsführer-Gehalt des Vermögensübernehmers und bei der Zukunftsprognose für die Monate vor der Vermögensübertragung das Geschäftsführer-Gehalt des Vermögensübergebers dem Gewinn hinzuzurechnen. Nicht zulässig dürfte es hingegen sein für den Fall, dass der Vermögensübernehmer auch vor der Vermögensübergabe schon Geschäftsführer war, für die Zeit vor der Vermögensübergabe auch sein Gehalt dem Gewinn hinzuzurechnen, um die maßgeblichen Erträge zu ermitteln.

(4) Beweiserleichterung

Auch die Beweiserleichterung gilt für nach dem 31.12.2007 erfolgende Vermögensübertragungen weiter. Da ab 2008 nur noch Betriebe, Teilbetriebe und bestimmte Mitunternehmer- und GmbH-Anteile begünstigt übertragen werden dürfen, dürfte die Beweiserleichterung für nach dem 31.12.2007 abgeschlossene Vermögensübergabeverträge in den meisten Fällen zur Anwendung kommen. D. h. die Ausführungen zur konkreten Ermittlung der maßgeblichen Erträge dürften nur noch im Ausnahmefall zur Anwendung kommen – nämlich bei verpachteten oder überwiegend verpachteten Wirtschaftseinheiten.[2]

360a

Da die FinVerw an der Regelung festgehalten hat, dass die Beweiserleichterung auch nicht gilt, wenn im Rahmen eines einheitlichen Vermögensübertragungsvertrages neben nach § 10 Abs. 1 Nr. 1a EStG begünstigtem Vermögen auch weiteres nicht begünstigtes Vermögen (z. B. Mietwohngrundstücke, Kapitalvermögen) übertragen wird,[3] sollte beim Vertragsabschluss darauf geachtet werden, dass die insgesamt zu vereinbarenden Versorgungsleistungen konkret den einzeln zu übertragenden Wirtschaftseinheiten zugerechnet werden. U. E. spricht – bei gewinnträchtigem Betriebsvermögen – auch nichts dagegen, die

360b

---

1 Vgl. BMF-Schreiben vom 11.3.2010, BStBl 2010 I S. 227, Rz. 32 u. 35.
2 Vgl. BMF-Schreiben vom 11.3.2010, BStBl 2010 I S. 227, Rz. 29.
3 Vgl. BMF-Schreiben vom 11.3.2010, BStBl 2010 I S. 227, Rz. 30.

Versorgungsleistungen ausschließlich dem begünstigten Vermögen i. S. d. § 10 Abs. 1 Nr. 1a EStG zuzuordnen und das mit übertragene Privatvermögen ohne Vereinbarung von wiederkehrenden Leistungen zu übertragen (entweder voll unentgeltlich oder gegen Schuldübernahme/Gleichstellungsgelder). In diesem Fall wären die Versorgungsleistungen dann insgesamt nach § 10 Abs. 1 Nr. 1a EStG als Sonderausgaben abziehbar und beim Empfänger nach § 22 Nr. 1b EStG steuerpflichtig.

(5) Ermittlung des Ertrags beim land- und forstwirtschaftlichen Betrieb

360c Greift bei einem land- und forstwirtschaftlichen Betrieb die Beweiserleichterung (z. B. wegen mehrjähriger Verluste oder im Verhältnis zu den Versorgungsleistungen geringen Gewinnen oder bei teilweise verpachteten Betrieben) nicht, stellte sich bislang immer die Frage, ob für die Ermittlung der Durchschnittserträge die Gewinnermittlung nach § 13a EStG zugrunde zu legen ist, wenn diese bei der Einkommensbesteuerung zugrunde gelegt wird. Bislang hat die FinVerw hierzu die Auffassung vertreten, dass zur Sicherstellung einer objektiven überschlägigen Ermittlung der Ertragskraft des übertragenen Vermögens hierfür eine Gewinnermittlung nach § 4 EStG erforderlich ist.[1] Diese Regelung ist nunmehr gelockert worden, indem für die Ermittlung der ausreichenden Erträge nicht die Durchschnittssatzermittlung nach § 13a EStG zugrunde gelegt werden muss, sondern der Gewinn auch durch Betriebsvermögensvergleich nach § 4 Abs. 1 EStG oder durch Einnahme-Überschuss-Rechnung berechnet werden kann.[2] Für verpachtete Betriebe ist diese Regelung jedoch u. U. nicht anwendbar, denn der BFH hat mit Urteil vom 14. 4. 2011 entschieden, dass ein Betrieb der Landwirtschaft und Forstwirtschaft den Gewinn nur dann nach Durchschnittssätzen ermitteln darf, wenn er über selbstbewirtschaftete Flächen der landwirtschaftlichen Nutzung verfügt. Die forstwirtschaftliche Nutzung ist in die Gewinnermittlung nach Durchschnittssätzen nur einzubeziehen, wenn sie zur landwirtschaftlichen Nutzung selbstbewirtschafteter Flächen hinzukommt.[3]

---

1 Vgl. Rn. 327.
2 Vgl. BMF-Schreiben vom 11. 3. 2010, BStBl 2010 I S. 227, Rz. 33.
3 IV R 1/09, BFH/NV 2011 S. 1336.

I. Unentgeltliche Vermögensübergabe gegen Versorgungsleistungen

g) Wert des übertragenen Vermögens

aa) Bedeutung des Vermögenswerts bei der Typuseinteilung der Finanzverwaltung

Bei der Typuseinteilung der FinVerw[1] war der Wert des übertragenen Vermögens vor den Beschlüssen des Großen Senats vom 12.5.2003[2] nicht von Bedeutung, wenn die durchschnittlichen Erträge ausreichten, um die vollen wiederkehrenden Leistungen zu erbringen. Die wiederkehrenden Leistungen konnten in diesen Fällen ohne weitere Voraussetzung in vollem Umfang als Sonderausgaben gem. § 10 Abs. 1 Nr. 1a EStG abgezogen werden und waren in gleichem Umfang beim Empfänger nach § 22 Nr. 1 Satz 1 EStG steuerpflichtig. Eine Abgrenzung zu den nach § 12 Nr. 2 EStG nicht abziehbaren Unterhaltsleistungen fand folglich beim Vertragstypus 1 nicht statt. Diese erfolgte nur beim Vertragstypus 2, wenn die Erträge nicht ausreichen und zudem der Wert des übertragenen Vermögens weniger als die Hälfte des Kapital- oder Barwerts der wiederkehrenden Leistungen betrug.

361

bb) Geänderte Sichtweise des GrS

Nachdem der Große Senat dem Vertragstypus 2 mit seinem Beschluss vom 12.5.2003[3] die Anerkennung versagt hat (vgl. hierzu auch Rn. 191 ff.), hat er mit einem weiteren Beschluss[4] vom gleichen Tag die Abgrenzung der abziehbaren Versorgungsleistungen von den nichtabziehbaren Unterhaltsleistungen in den bisherigen Vertragstypus 1 – fortan einzig anzuerkennenden Versorgungsvertrag – verlagert, indem er fordert, dass auch bei ausreichenden Nettoerträgen ein positiver Substanz- oder Ertragswert übertragen werden muss. Ein Wirtschaftsgut ohne positiven Substanz- oder Ertragswert stelle kein Vermögen dar, das auf die nachfolgende Generation übertragen werden könne mit der Folge, dass im Zuge einer solchen Übertragung vereinbarte wiederkehrende Leistungen nichtabziehbare Unterhaltsleistungen i. S. d. § 12 Nr. 2 EStG seien. Wirtschaftsgüter in diesem Sinne sind nach Auffassung des GrS z. B. Betriebe, die nur deshalb ausreichende Erträge abwerfen, weil der Unternehmerlohn den maßgebenden Nettoertrag nicht mindert, dieser bei der Vermögensbewertung jedoch zu berücksichtigen ist oder Grundvermögen, das nur des-

362

---

1 BMF-Schreiben vom 23.12.1996, BStBl 1996 I S. 1508 und vom 26.8.2002, BStBl 2002 I S. 893; vgl. auch Rn. 172 ff.
2 GrS 1/00, BStBl 2004 II S. 95; GrS 2/00, BStBl 2004 II S. 100.
3 GrS 1/00, BStBl 2004 II S. 95.
4 GrS 2/00, BStBl 2004 II S. 100.

halb Erträge abwirft, weil der Vermögensübernehmer in großem Umfang in das Grundstück investiert hat, z. B. durch Modernisierungs- und Instandhaltungsaufwendungen, die zu einem erheblich gesteigerten Gebrauchswert in Form höherer Mieteinnahmen geführt haben.

363 Die Entscheidung des Großen Senats hätte feinsinnige Abgrenzungen mit sich gebracht, die u. E. nur schwer vermittelbar wären:

► Übertrüge der Vermögensübernehmer ertragloses Vermögen mit der Auflage dieses in ausreichend ertragbringendes Vermögen umzuschichten, oder würde das übertragene Vermögen vom Vermögensübernehmer zu eigenen Zwecken genutzt, wäre die Vermögensübergabe begünstigt.

► Übertrüge der Vermögensübergeber substanz- und ertragwertloses Vermögen, das nur deshalb ausreichende Erträge abwirft, weil der Vermögensübernehmer entweder durch Einsatz eigener finanzieller Mittel oder durch Einbringung eigener Arbeitsleistung in das übertragene Vermögen investiert hat, lägen nicht abziehbare Unterhaltsleistungen vor.

364 Im Übrigen äußert sich der Beschluss des Großen Senats nicht konkret und eindeutig genug dazu, wie der Substanz- und der Ertragswert zu ermitteln sind. Der Große Senat selbst führt lediglich aus, dass die zur Ermittlung des Ertragswerts eines Unternehmens zugrunde gelegten Gewinne um einen Unternehmerlohn zu kürzen sind. Auch wenn das Unternehmen nicht ausschließlich oder vorwiegend nach dem Ertragswert bewertet werde, sondern wie etwa bei der sog. Mittelwertmethode, Substanz- und Ertragswert je zur Hälfte berücksichtigt würden, wirke sich der Unternehmerlohn wertmindernd aus. Dessen Auswirkung sei umso größer, je geringer der Substanzwert sei. Auch bei der Schätzung des Geschäftswerts sei der Unternehmerlohn abzusetzen. Sei nach Abzug des Unternehmerlohns ein Unternehmenswert nicht mehr vorhanden, könnten die wiederkehrenden Leistungen nicht mehr als vorbehaltene Erträge verstanden werden. Nimmt man die im Beschluss zitierten BFH-Urteile hinzu, ergeben sich daraus auch nur recht allgemein gehaltene Aussagen: Der Geschäftswert wird durch Abzug des Substanzwerts vom Gesamtwert des Unternehmens ermittelt, der i. d. R. dem modifizierten Ertragswert entspricht. Der Substanzwert eines Unternehmens setzt sich nicht aus den Buchwerten der Steuerbilanz, sondern aus den Teilwerten der einzelnen Wirtschaftsgüter zusammen. Mit der Anerkennung der Abzugsfähigkeit des Unternehmerlohns bei der Ermittlung des Geschäftswerts, der unter Berücksichtigung von Ertragswert und Substanzwert errechnet wird, nähert sich die Geschäftswertermittlung der sog. Mittelwertmethode (Ertrags- und Substanzwert je zur Hälfte berücksichtigt). Der geschätzte Geschäftswert ist danach die Hälfte des

Unterschiedsbetrags zwischen dem (positiven) Ertragswert und dem Substanzwert. In der Literatur wird daher der Vorschlag gemacht, aus Vereinfachungsgründen den Unternehmerlohn bereits bei der Ermittlung der ausreichenden Erträge herauszurechnen und die Prüfung damit zu beenden.[1]

Darüber hinaus gibt der GrS kein verlässliches Abgrenzungskriterium zwischen den nach § 10 Abs. 1 Nr. 1a EStG abziehbaren Versorgungsleistungen und den nach § 12 Nr. 2 EStG nichtabziehbaren Unterhaltsleistungen vor. Der sog. 50%-Grenze (Wert des übertragenen Vermögens beträgt wenigstens 50% des Kapital- oder Barwerts der wiederkehrenden Leistungen) hat der GrS insoweit die Entscheidungserheblichkeit abgesprochen. Er hat zwar eingeräumt, dass die 50%-Grenze nach wie vor ein Beweisanzeichen für die Abgrenzung zwischen steuerlich wirksamen Versorgungsleistungen und steuerlich unbeachtlichen Unterhaltsleistungen darstelle, dass aber nicht der Umkehrschluss gelte, dass wiederkehrende Leistungen bei Unterschreiten der Grenze generell Unterhaltsleistungen seien. Die Beantwortung dieser Frage richte sich vielmehr nach der Gesamtheit der Umstände des Einzelfalls.

365

Da die Umsetzung der Entscheidung für die Praxis massive Schwierigkeiten mit sich bringen würde – es wäre absehbar, dass FinVerw und Steuerpflichtiger bei der Beantwortung dieser Frage und bei der Wertung der Gesamtumstände des Einzelfalls selten einer Meinung sein würden – hat die Verwaltung beschlossen, den Beschluss des GrS insoweit nicht anzuwenden.[2] Damit reicht es folglich für den Abzug von Versorgungsleistungen weiterhin aus, wenn die übertragene Wirtschaftseinheit ausreichend ertragbringend ist. Eine Abgrenzung zu den nichtabziehbaren Unterhaltsleistungen findet nicht statt. Reichen die Erträge nicht aus, führen die wiederkehrenden Leistungen ohne Ausnahme zu einem (teil-)entgeltlichen Rechtsgeschäft. Erst in diesem Zusammenhang kann sich ergeben, dass die Leistungen zum Teil unangemessen sind und deswegen zu Unterhaltsleistungen führen (s. hierzu Rn. 551).

366

cc) Vermögensübergabeverträge nach dem 31.12.2007

Für nach dem 31.12.2007 abgeschlossene Vermögensübergabeverträge hat die FinVerw an der Nichtanwendung des Beschlusses des Großen Senats vom 12.5.2003[3] festgehalten. Wird begünstigtes Vermögen i. S. d. § 10 Abs. 1 Nr. 1a EStG (Betriebe, Teilbetriebe, bestimmte Mitunternehmer- und GmbH-Anteile)

367

---

1 Hipler, FR 2003 S. 1162.
2 BMF-Schreiben vom 16.9.2004, BStBl 2004 I S. 922, Rz. 8.
3 GrS 2/00, BStBl II 2004 S. 100.

im Wege der vorweggenommenen Erbfolge gegen Versorgungsleistungen übertragen, sind diese also weiterhin als Sonderausgaben abziehbar und beim Empfänger entsprechend steuerpflichtig, wenn die Erträge aus dem übertragenen Vermögen hoch genug sind, um die Versorgungsleistungen zu erbringen. Auf den Wert des übertragenen Vermögens kommt es nicht an.

368–372 (Einstweilen frei)

h) Übergangsregelung für vor dem 1. 11. 2004 geschlossene Vermögensübergabeverträge (Weiteranwendung des Versorgungsvertrags Typus 2)

373 Aus Vertrauensschutzgründen sind die Regelungen der FinVerw zum Vertragstypus 2 aus dem BMF-Schreiben vom 26. 8. 2002[1] weiterhin anwendbar, wenn das Vermögen aufgrund eines vor dem 1. 11. 2004 abgeschlossenen obligatorischen Vertrags übertragen worden ist und wenn Übergeber und Übernehmer übereinstimmend an der bisherigen steuerrechtlichen Beurteilung festhalten. Die Vertragsparteien können sich aber auch einvernehmlich für die Anwendung der im BMF-Schreiben vom 16. 9. 2004[2] niedergelegten Rechtslage aussprechen. An die einmal getroffene Entscheidung sind die Beteiligten dann für die Zukunft gebunden.[3] Die Übergangsregelung hat auch nach der gesetzlichen Neuregelung der Vermögensübergabe durch das JStG 2008 Bestand, denn über § 52 Abs. 23g EStG hat der Gesetzgeber für alle vor dem 1. 1. 2008 abgeschlossenen Verträge Bestandsschutz gewährt und die FinVerw hat mit BMF-Schreiben vom 11. 3. 2010[4] geregelt, dass in diesen Fällen das BMF-Schreiben vom 16. 9. 2004[5] weiterhin anzuwenden ist, das die Übergangsregelung enthält.

374–375 (Einstweilen frei)

---

1 BStBl 2002 I S. 893.
2 BStBl II 2004, S. 922.
3 BMF-Schreiben vom 16. 9. 2004, BStBl 2004 I S. 922, Rz. 74.
4 BStBl 2010 I S. 227, Rz. 81.
5 BStBl I 2004, S. 922.

5. Besonderheiten in Einzelfällen

a) Nachträgliche Umschichtung übertragenen Vermögens

aa) Rechtslage nach dem BMF-Schreiben vom 23.12.1996

Die Abziehbarkeit der wiederkehrenden Leistungen als Sonderausgaben setzte nach Ergehen der Beschlüsse des GrS vom 5.7.1990[1] und vom 15.7.1991[2] u. a. voraus, dass die existenzsichernde Wirtschaftseinheit dem Vermögensübernehmer zur Fortsetzung des Wirtschaftens übergeben wurde, um daraus wenigstens teilweise die Existenz des Übergebers sicherzustellen. Fraglich war, ob dieser Zusammenhang zwischen wiederkehrenden Leistungen und übertragener Wirtschaftseinheit auch dann noch bestand, wenn die übertragene Wirtschaftseinheit veräußert wurde. Dies wurde durch die Rechtsprechung ursprünglich verneint, wenn die Veräußerung von vornherein geplant war.[3] 376

Ging die Vermögensumschichtung auf einen unabhängig von der Vermögensübergabe gefassten Beschluss zurück, so hatte die FinVerw mit BMF-Schreiben vom 23.12.1996[4] zunächst folgende Auffassung vertreten: 377

Eine Umschichtung war steuerlich ohne Bedeutung, wenn die Umschichtung aufgrund eines nachträglichen Willensentschlusses erfolgte, also nicht bereits bei der Übertragung beabsichtigt gewesen ist und der Übernehmer den Veräußerungserlös einsetzte, um wiederum existenzsicherndes Vermögen zu erwerben. Der Zusammenhang der wiederkehrenden Leistungen mit der Vermögensübergabe blieb in diesen Fällen gewahrt. Damit wollte die FinVerw gewährleisten, dass wirtschaftlich sinnvolle Dispositionen des Vermögensübernehmers, die u. U. auch die Basis für die Versorgungsleistungen verbesserten, nicht erschwert wurden. 378

Wurde der Veräußerungserlös in nicht existenzsicherndes Vermögen investiert oder zur Darlehenstilgung verwendet, so sollte die Umschichtung des Vermögens nach Auffassung der FinVerw nur dann unschädlich sein, wenn die Umschichtung frühestens nach Ablauf von fünf Jahren seit der Vermögensübergabe erfolgte.[5] Maßgebend für die Fristberechnung waren in Anlehnung an den § 23 EStG die obligatorischen Rechtsgeschäfte. Schichtete der Überneh- 379

---

1 GrS 4-6/89, BStBl 1990 II S. 847.
2 GrS 1/90, BStBl 1992 II S. 78.
3 BFH, Urteile vom 24.7.1996, X R 167/95, BStBl 1997 II S. 315 und vom 20.8.1997, X R 5/96, BFH/NV 1998 S. 688.
4 BStBl 1996 I S. 1508, Rz. 20.
5 Rz. 21 des BMF-Schreibens vom 23.12.1996, BStBl 1996 I S. 1508.

mer innerhalb von fünf Jahren nach der Vermögensübergabe in nicht existenzsicherndes Vermögen um, so wurde unterstellt, dass von Anfang an die Liquidation des übergebenen Vermögens beabsichtigt war. Die FinVerw versagte in diesen Fällen rückwirkend die Anerkennung der Versorgungsleistungen und wendete rückwirkend die Grundsätze für entgeltliche Vermögensübertragungen im Austausch mit einer Gegenleistung an. Sie sah folglich in der Veräußerung ein Ereignis, das Rückwirkung für die Vergangenheit hatte.[1]

bb) Abweichende Sichtweise beim X. Senat des BFH

(1) Begründung des X. Senats

380   Der X. Senat des BFH teilte diese von der FinVerw vertretene Auffassung nicht. Er hat entschieden, dass die Veräußerung der übertragenen Wirtschaftseinheit – unabhängig von der Zeitspanne zwischen Vermögensübertragung und Veräußerung und unabhängig davon, ob mit dem Veräußerungserlös anderes existenzsicherndes Vermögen angeschafft wird – den Zusammenhang der in der Folgezeit gezahlten wiederkehrenden Leistungen mit der übertragenen Wirtschaftseinheit beendet. Eine weitere Zuordnung der wiederkehrenden Leistungen zum Rechtsinstitut der Vermögensübergabe komme nicht mehr in Betracht.[2] Dies gelte auch, wenn die Veräußerung nicht – wie in den bisher entschiedenen Fällen[3] – unmittelbar der Vermögensübertragung nachfolge, sondern die übertragene Wirtschaftseinheit zunächst durch den Vermögensübernehmer weiterbewirtschaftet werde.

381   Zum einen sah der X. Senat des BFH für eine Verbleibensfrist von fünf Jahren – wie sie die FinVerw im BMF-Schreiben vom 23. 12. 1996[4] gewählt hatte – weder einen gesetzlichen Anknüpfungspunkt, noch hielt er die Auslegung mit dem verfassungsrechtlichen Gebot der Gleichbehandlung für vereinbar. Er sah die Voraussetzungen für einen Versorgungsvertrag jedoch erst ab dem Zeitpunkt der Veräußerung der übertragenen Wirtschaftseinheit als nicht mehr gegeben an. Für die Zeit zwischen Vermögensübergabe und Veräußerung konnten nach seiner Auffassung die Voraussetzungen für den Abzug der wiederkehrenden Leistungen gegeben sein.

---

1 § 175 Abs. 1 Satz 1 Nr. 2 AO.
2 BFH, Urteil vom 17.6.1998, X R 104/94, BStBl II 2002 S. 646; bestätigt durch Urteil vom 24.2.1999, X R 51/97, BFH/NV 1999 S. 1203.
3 BFH, Urteile vom 14.2.1996, X R 106/91, BStBl 1996 II S. 687 und vom 24.7.1996, X R 167/95, BStBl 1997 II S. 315.
4 BStBl 1996 I S. 1508, Rz. 21.

I. Unentgeltliche Vermögensübergabe gegen Versorgungsleistungen

Zum anderen war der X. Senat des BFH auch der Auffassung, dass ein Surrogationsprinzip bei Anschaffung eines Ersatzwirtschaftsguts aus dem Veräußerungserlös des übertragenen Wirtschaftsguts im Zusammenhang mit dem Versorgungsvertrag nicht wirksam werden könne.[1] Der Erwerb eines Ersatzwirtschaftsguts werde durch einen steuerrechtlich eigenständig zu beurteilenden Anschaffungsvorgang vollzogen – mit den entsprechenden Folgen wie z. B. Inanspruchnahme von Absetzungen für Abnutzung oder der Steuerbegünstigung für selbstgenutztes Wohneigentum. Daneben komme ein Abzug der wiederkehrenden Bezüge als Sonderausgaben nicht in Betracht, da sich Aufwendungen nach der Systematik des Gesetzes nicht mehrfach auswirken dürften. Nähme man aber eine Surrogationsmöglichkeit an, so handele es sich um ein und denselben Lebenssachverhalt, für den gleichzeitig der Werbungskosten- und Sonderausgabenabzug gewährt würde. Der BFH stellte insbesondere auch klar, dass die Umschichtung übertragenen existenzsichernden Vermögens in anderes existenzsicherndes Vermögen nicht mit dem mit Urteil vom 3. 2. 1992[2] entschiedenen Fall vergleichbar sei. Wird ein bei der Übertragung eines Grundstücks eingeräumter Nießbrauch auf ein anderes, dem Vermögensübernehmer bereits gehörendes Grundstück übertragen und verzichtet der Vermögensübergeber später gegen wiederkehrende Leistungen auf den Nießbrauch, dann werden die Leistungen nicht aus dem Erlös der übertragenen Wirtschaftseinheit gezahlt, sondern aus den Erträgen des dem Übernehmer bereits gehörenden Grundstücks.

382

(2) Kritik an der Entscheidung des X. Senats

Der Auffassung des X. Senats, dass die wiederkehrenden Leistungen nach der Veräußerung wirtschaftlich aus dem Veräußerungserlös zu zahlen sind und dass es sich damit nicht mehr um den steuerlich begünstigten Transfer von Erträgen handelt, kann so nicht zugestimmt werden.

383

Voraussetzung für das von der FinVerw[3] vertretene Surrogationsprinzip war, dass der Vermögensübernehmer den Erlös aus der Veräußerung der übertragenen Wirtschaftseinheit zur Finanzierung eines wiederum existenzsichernden Ersatzwirtschaftsguts verwendete, um mit diesem Wirtschaftsgut wiederum Erträge zu erzielen.

384

---

1 So bisher BMF-Schreiben vom 23. 12. 1996, BStBl 1996 I S. 1508, Rz. 20.
2 X R 147/88, BStBl 1993 II S. 98.
3 BMF-Schreiben vom 23. 12. 1996, BStBl 1996 I S. 1508, Rz. 20.

385 Betrachtet man die Umschichtung einer existenzsichernden Wirtschaftseinheit, deren Erträge ausreichten, um die Versorgungsleistungen zu erbringen, so ergibt sich Folgendes: Sofern das Ersatzwirtschaftsgut ähnlich ertragreich war, wie die veräußerte (ursprünglich im Wege der vorweggenommenen Erbfolge übertragene Wirtschaftseinheit), blieb die übertragene Vermögenssubstanz im Ergebnis unangetastet. Die Versorgungsleistungen wurden wirtschaftlich betrachtet weiterhin aus den Erträgen – jetzt der neuen Wirtschaftseinheit – erbracht.

386 Damit bestand wenig Rechtfertigung, in diesen Fällen die Veräußerung und entgeltliche Ersatzbeschaffung zwingend als Zäsur zu betrachten, die den Zusammenhang der Versorgungsleistungen mit der Vermögensübergabe beendete. Vielmehr war entscheidend, dass weiterhin eine für eine generationenübergreifende Anlage geeignete Erwerbsgrundlage bestand, die die Existenz von Vermögensübergeber und Vermögensübernehmer sicherstellen sollte. Es konnte nicht Sinn und Zweck des Rechtsinstituts der Vermögensübergabe sein, auf Dauer sinnvolle Vermögensdispositionen zu verhindern und im Extremfall dadurch vielleicht sogar die wirtschaftliche Basis der Versorgungsleistungen zu vernichten, weil die übertragene Wirtschaftseinheit am zwischenzeitlich veränderten Markt nicht mehr mit Ertrag bewirtschaftet werden konnte. In diesem Zusammenhang durfte nicht vergessen werden, dass Versorgungsverträge nicht selten über Jahrzehnte wirksam sind. Um die steuerrechtliche Behandlung des Rechtsinstituts der Vermögensübergabe jedoch praktikabel handhaben zu können, konnte nicht in jedem Einzelfall ermittelt werden, welche Motive der Vermögensumschichtung zugrunde gelegen haben. Die typisierende Betrachtungsweise der FinVerw bot daher eine handhabbare Lösung, indem lediglich überprüft wurde, ob eine Umschichtung in Vermögen stattgefunden hatte, dass für eine generationenübergreifende dauerhafte Anlage geeignet und bestimmt war.

387 Die Argumentation des X. Senats, die weitere Inanspruchnahme des Sonderausgabenabzugs hätte zu einer Doppelvergünstigung geführt, da zusätzlich aus dem entgeltlichen Erwerb des Ersatzwirtschaftsguts die Absetzungen für Abnutzung hätten in Anspruch genommen werden können, erschien nicht stichhaltig.

388 Ging man davon aus, dass die Versorgungsleistungen aus den jeweiligen Erträgen erbracht wurden und nicht aus der Substanz des Vermögens, dann wurde nicht ein und derselbe Sachverhalt gleichzeitig als Sonderausgaben und Betriebsausgaben bzw. Werbungskosten steuerwirksam. Vielmehr wurde lediglich die bisher nach dem Rechtsvorgänger in Anspruch genommene AfA nach

I. Unentgeltliche Vermögensübergabe gegen Versorgungsleistungen

§§ 7 bzw. 11d EStDV durch die AfA nach den Anschaffungskosten für das Ersatzwirtschaftsgut ersetzt. Die Inanspruchnahme der AfA des Rechtsvorgängers stand aber der Annahme eines begünstigten Versorgungsvertrags auch nicht entgegen.

Der Tatsache, dass die AfA nach den Anschaffungskosten des Ersatzwirtschaftsguts eventuell höher war als die AfA des Rechtsvorgängers für das veräußerte Wirtschaftsgut – z. B. weil das veräußerte Wirtschaftsgut zwar eine geringe AfA-Bemessungsgrundlage hatte, zwischenzeitlich aber erheblich im Wert gestiegen war –, hätte systemgerechter dadurch Rechnung getragen werden können, dass die AfA in die Überprüfung, ob die übertragene Wirtschaftseinheit ausreichend ertragbringend war, mit einbezogen worden wäre.   389

Allerdings vertrat die FinVerw[1] die Auffassung, dass AfA-Beträge bei der Ermittlung der Erträge nicht mindernd zu berücksichtigen waren, da der Vermögensübernehmer aufgrund des unentgeltlichen Erwerbs wirtschaftlich durch diese Beträge nicht belastet war. Hintergrund des Rechtsinstituts der Vermögensübergabe war jedoch, dass sich der Vermögensübergeber einen Teil der Erträge aus dem bisher selbst bewirtschafteten Vermögen zurückbehielt. Der Vermögensübergeber hatte aber ursprünglich die Anschaffungs- bzw. Herstellungskosten für die übergebene Wirtschaftseinheit getragen mit der Folge, dass die AfA vor der Vermögensübergabe seine Erträge geschmälert hatte. Folglich war es nicht zwingend, dass er sich mehr an Erträgen zurückbehalten konnte, als er bisher in der Lage war, selbst aus dem Vermögen zu erwirtschaften. Dies erschien auch folgerichtig vor dem Hintergrund, dass das Rechtsinstitut des Versorgungsvertrags vom Ergebnis her mit einem Vorbehaltsnießbrauch verglichen wurde. Auch da standen dem Vermögensübergeber nach der Übertragung nur die um die AfA geminderten Erträge zur Verfügung, da er als Vorbehaltsnießbraucher weiterhin berechtigt war, die AfA wie bisher als Eigentümer in Anspruch zu nehmen.[2]   390

Es hätte sich in Umschichtungsfällen folglich eine systemgerechtere Lösung ergeben, wenn einerseits in die Überprüfung der Ertragslage der übertragenen Wirtschaftseinheit generell die AfA des Rechtsvorgängers mit einbezogen und andererseits im Zeitpunkt der Umschichtung nicht nur überprüft worden wäre, ob eine existenzsichernde Wirtschaftseinheit an die Stelle des übertragenen Vermögens getreten ist, sondern auch erneut ermittelt worden wäre, ob   391

---

1 Rz. 14 des BMF-Schreibens vom 26. 8. 2002, BStBl 2002 I S. 893; insoweit unverändert gegenüber dem BMF-Schreiben vom 23. 12. 1996, BStBl 1996 I S. 1508.
2 BMF-Schreiben vom 24. 7. 1998, BStBl 1998 I S. 914, Rz. 42.

die steuerlichen Erträge der neu erworbenen Wirtschaftseinheit – unter Berücksichtigung einer ggf. erhöhten AfA – ausreichten, um die Versorgungsleistungen zu erbringen. Wäre dies der Fall gewesen, hätten die Versorgungsleistungen in dem bisherigen Umfang weiterhin als Sonderausgaben geltend gemacht werden können. Für die Frage, ob die Erträge auch nach Umschichtung noch ausreichten, hätte in Anlehnung an die Regelungen zur Prüfung der Ertragslage im Zeitpunkt der Vermögensübergabe ebenfalls auf einen Vergleichszeitraum von drei Jahren (Jahr der Umschichtung und zwei Folgejahre) abgestellt werden können.

392 Problematisch hätten Fälle sein können, in denen die Erträge nach der Umschichtung wesentlich geringer ausfielen, so dass sie zur Zahlung der Versorgungsleistungen in der bisherigen Höhe nicht mehr ausreichten. Dann hätte in der Tat argumentiert werden können, dass die Versorgungsleistungen – vorausgesetzt sie wurden nicht an die verminderte Leistungsfähigkeit des Vermögensübernehmers angepasst – zumindest zu einem Teil wirtschaftlich betrachtet aus dem Veräußerungserlös erbracht wurden. Es war aber fraglich, ob dies zwangsläufig dazu führen musste, dass der Zusammenhang der Versorgungsleistungen mit der Vermögensübergabe beendet war oder ob es nicht vertretbar erschien, lediglich davon auszugehen, dass damit nur die Voraussetzungen für einen typischen Versorgungsvertrag nicht mehr vorlagen mit der Folge, dass die wiederkehrenden Leistungen allenfalls noch mit einem Ertragsanteil steuerlich berücksichtigungsfähig waren (Vertragstypus 2; vgl. hierzu Rn. 319).

393–395 (Einstweilen frei)

cc) Umsetzung der abweichenden Rechtsprechung durch die Finanzverwaltung durch BMF-Schreiben vom 26. 8. 2002

396 Mit BMF-Schreiben vom 26. 8. 2002[1] war die FinVerw nach langer Bedenkzeit den Entscheidungen des X. Senats des BFH gefolgt. Sie ging nunmehr davon aus, dass der sachliche Zusammenhang der wiederkehrenden Leistungen mit der Vermögensübergabe endete, wenn der Übernehmer das übernommene Vermögen auf einen Dritten übertrug und dem Übernehmer das übernommene Vermögen steuerrechtlich nicht mehr zuzurechnen war. Die im Zusammenhang mit der Vermögensübertragung vereinbarten Leistungen zwischen dem Übergeber und Übernehmer durften ab diesem Zeitpunkt nicht mehr als Sonderausgaben nach § 10 Abs. 1 Nr. 1a EStG abgezogen werden. Dies galt auch

---

1 BStBl 2002 I S. 893.

dann, wenn mit dem Veräußerungserlös eine funktionsgleiche existenzsichernde Wirtschaftseinheit erworben wurde.

Begrifflich ging die Verwaltung damit über die Entscheidung des BFH hinaus. 397
Denn der BFH hatte lediglich über Veräußerungsfälle entschieden. Die Verwaltung hingegen sprach schlicht von Übertragungsfällen. Damit waren begrifflich z. B. auch Einbringungen und unentgeltliche Übertragungsvorgänge erfasst.

Für die Fälle, in denen der Vermögensübernehmer das übernommene Vermögen im Wege der vorweggenommenen Erbfolge weiter übertrug, war geklärt, dass der sachliche Zusammenhang der wiederkehrenden Leistungen mit der Vermögensübergabe nicht endete. In diesem Fall konnten die wiederkehrenden Leistungen auch dann weiterhin als Versorgungsleistungen zu behandeln sein, wenn daneben noch Leistungen vereinbart wurden, die zu Anschaffungskosten oder zu einem Veräußerungserlös führten.[1] 398

Für die Fälle der Einbringung des übernommenen Betriebsvermögens in eine 399
Kapital- oder Personengesellschaft (§§ 20, 24 UmwStG) gegen Gewährung von Gesellschaftsanteilen oder -rechten, die formwechselnde Umwandlung, Verschmelzung oder Realteilung von Personengesellschaften war dies hingegen nicht eindeutig klargestellt. Diese Vorgänge dürften jedoch u. E. keine schädliche Umschichtung dargestellt haben, denn im Grunde blieb in diesen Fällen das übernommene Vermögen wirtschaftlich erhalten und wurde weiterhin zur Erwirtschaftung der wiederkehrenden Leistungen eingesetzt. Erst wenn bei diesen Umstrukturierungen entstandene Anteile veräußert wurden, wäre es u. U. zu einer schädlichen Umschichtung gekommen.

Die lange Bedenkzeit der FinVerw bis zum Ergehen des Erlasses vom 400
26. 8. 2002 war sicherlich mit darauf zurückzuführen, dass der X. Senat des BFH in seinen Urteilen vom 17. 6. 1998[2] und vom 24. 2. 1999[3] einige Folgefragen offen gelassen hatte. So hatte der X. Senat des BFH in beiden Fällen nur Fallgestaltungen zu entscheiden, in denen das gesamte im Rahmen der Vermögensübergabe übertragene Vermögen nachträglich umgeschichtet wurde. Den Entscheidungen war hingegen nicht zu entnehmen, ob die wiederkehrenden Leistungen auch dann ab der Weiterveräußerung nicht mehr als Sonderausgaben abziehbar waren, wenn nur Teile des übertragenen Vermögens wei-

---

1 BFH, Urteil vom 23. 1. 1997, IV R 45/96, BStBl 1997 II S. 458; BMF-Schreiben vom 26. 8. 2002, BStBl 2002 I S. 893, Rz. 20 und 24.
2 X R 104/94, BStBl 2002 II S. 646.
3 X R 51/97, BFH/NV 1999 S. 1203.

terveräußert wurden, die Erträge der verbleibenden Wirtschaftseinheiten aber u.U. noch ausreichten, um die Versorgungsleistungen zu erbringen. Außerdem hatte der X. Senat des BFH – weil in den Streitfällen nicht entscheidungserheblich – ausdrücklich die Frage offen gelassen, wie die nach der Umschichtung anfallenden wiederkehrenden Leistungen steuerlich zu behandeln waren, wenn das gesamte im Wege der vorweggenommenen Erbfolge übertragene Vermögen weiterveräußert wurde.

401 Die Finanzverwaltung hatte die Umschichtungsproblematik im Erlass vom 26. 8. 2002 wie folgt gelöst:

Sie hat zunächst klargestellt, dass die nach der Weiterübertragung entrichteten wiederkehrenden Leistungen an den Übergeber weiterhin als Versorgungsleistungen zu beurteilen sind, wenn nur Teile des übernommenen Vermögens auf Dritte übertragen werden und der nicht übertragene Teil des übernommenen Vermögens (weiterhin) eine existenzsichernde und ertragbringende Wirtschaftseinheit darstellt. Dies gilt auch, wenn z. B. nur Teile eines Betriebes veräußert werden, der verbleibende Teil aber noch als existenzsichernd angesehen werden kann. Maßgebend für die Beurteilung sind die Verhältnisse zu dem Zeitpunkt, ab dem der übertragene Vermögensteil dem Übernehmer steuerrechtlich nicht mehr zuzurechnen ist.[1]

402 Lagen die Voraussetzungen für einen weiteren Abzug als Sonderausgaben nicht vor, so war die Vermögensübergabe vom Übergeber an den Übernehmer ab dem Zeitpunkt der steuerrechtlichen Zurechnung des Vermögens bei Dritten als entgeltlich zu beurteilen mit der Folge, dass die weiterhin vom Übernehmer an den Übergeber zu leistenden Zahlungen als Kaufpreisraten für das ursprünglich unentgeltlich übernommene Vermögen zu behandeln waren. Bis zu diesem Zeitpunkt blieb die Vermögensübergabe ein unentgeltlicher Vorgang.

403 Daraus ergaben sich sowohl für den Vermögensübernehmer als auch für den Vermögensübergeber unterschiedliche steuerliche Folgen je nach dem, ob es sich bei dem umgeschichteten Vermögen um Privatvermögen oder um Betriebsvermögen handelte.

---

1 BMF-Schreiben vom 26. 8. 2002, BStBl 2002 I S. 893, Rz. 20.1.

I. Unentgeltliche Vermögensübergabe gegen Versorgungsleistungen

(1) Umschichtung von Privatvermögen aus der Sicht des Vermögensübernehmers

Beim Vermögensübernehmer waren die wiederkehrenden Leistungen nach der Umschichtung als Kaufpreisraten zu behandeln. Folglich fanden die Grundsätze der entgeltlichen Vermögensübertragung Anwendung.[1] 404

Um festzustellen, ob und ggf. in welchem Umfang die Umschichtung (Veräußerung an einen Dritten) als steuerpflichtiges privates Veräußerungsgeschäft zu werten war, war zu ermitteln, in welchem Verhältnis das umgeschichtete Vermögen entgeltlich und unentgeltlich erworben worden war. Ein steuerpflichtiges privates Veräußerungsgeschäft war hinsichtlich des entgeltlich erworbenen Teils anzunehmen, wenn die Umschichtung innerhalb der Fristen des § 23 Abs. 1 EStG, beginnend mit Abschluss des obligatorischen Vermögensübergabevertrags erfolgte. Hinsichtlich des unentgeltlich erworbenen Teils war für die Fristberechnung auf die Anschaffung des Vermögensübergebers abzustellen. 405

Nach Auffassung der FinVerw berechnete sich der entgeltlich und der unentgeltlich erworbene Teil des Wirtschaftsguts nach dem Verhältnis des Kapital- oder Barwerts der künftigen wiederkehrenden Zahlungen zum Verkehrswert des Wirtschaftsguts im Zeitpunkt der Vermögensübergabe.[2] Die Entscheidung, auf den Kapital- oder Barwert der künftigen wiederkehrenden Leistungen abzustellen, trug dem Umstand Rechnung, dass zum Zeitpunkt der Vermögensübergabe Vermögensübernehmer und Vermögensübergeber davon ausgegangen waren, dass die Übertragung – bezogen auf die wiederkehrenden Leistungen – vollständig unentgeltlich erfolgte. Diese Annahme änderte sich auch bis zur Weiterveräußerung des Vermögens nicht. Erst durch diese Veräußerung wurde – zeitlich später – die damalige Vermögensübergabe gegen Versorgungsleistungen nachträglich als entgeltliches Rechtsgeschäft gewertet. Folglich erscheint es systemgerecht, dass der entgeltlich erworbene Anteil des Wirtschaftsguts umso geringer wird, je weiter der Zeitpunkt der Weiterveräußerung vom Übertragungszeitpunkt entfernt ist. 406

Eine Gegenüberstellung von damaligem[3] Verkehrswert zu damaligem Kapital- oder Barwert hätte zur Folge gehabt, dass das Verhältnis von entgeltlich zu unentgeltlich übertragenem Anteil am Wirtschaftsgut unabhängig von dem zwischen Übertragung und Weiterveräußerung verstrichenen Zeitraum stets 407

---

1 BMF-Schreiben vom 26. 8. 2002, BStBl 2002 I S. 893, Rz. 21.1 i.V.m. Rz. 42 bis 47 und 49.
2 BMF-Schreiben vom 26. 8. 2002, BStBl 2002 I S. 893, Rz. 21.2.
3 Zeitpunkt der begünstigten unentgeltlichen Vermögensübergabe.

unverändert geblieben wäre. Da die Anschaffungskosten selbst systemgerecht nach dem Kapital- oder Barwert der künftig zu leistenden wiederkehrenden Leistungen bemessen werden mussten – der Rest hat sich in der Zwischenzeit schließlich als Versorgungsleistungen „verbraucht" –, hätte dies dazu geführt, dass der Veräußerungsgewinn beim Vermögensübernehmer immer größer geworden wäre, je weiter der Zeitpunkt der Weiterveräußerung vom Übergabezeitpunkt entfernt war. Das erschien nicht vertretbar.

408 Wurden im Zusammenhang mit der Vermögensübergabe nicht nur Versorgungsleistungen vereinbart, sondern auch Gleichstellungsgelder oder Abstandszahlungen geleistet oder Verbindlichkeiten übernommen, so erhöhte sich durch die spätere Umschichtung nachträglich der entgeltliche Anteil der Vermögensübertragung. Für die Ermittlung dieses Anteils waren nunmehr die geleisteten Gleichstellungsgelder/Abstandszahlungen, die übernommenen Verbindlichkeiten und der Kapital- oder Barwert der wiederkehrenden Leistungen im Zeitpunkt der Umschichtung dem Verkehrswert des übertragenen Wirtschaftsguts im Zeitpunkt der Vermögensübergabe gegenüberzustellen.

409 Da sich erst im Zeitpunkt der Weiterveräußerung die Frage nach der Entgeltlichkeit des Anschaffungsgeschäfts stellte, erschien es zutreffend, für die Frage der Angemessenheit der Anschaffungskosten auf den Zeitpunkt der Weiterveräußerung und nicht auf den Zeitpunkt der Vermögensübergabe abzustellen.

410 Im Übrigen wurden die Anschaffungskosten für den entgeltlich erworbenen Teil des Wirtschaftsguts nach oben begrenzt auf den Verkehrswert des Wirtschaftsguts im Zeitpunkt der Veräußerung. Ein ggf. übersteigender Betrag war eine Zuwendung i. S. d. § 12 Nr. 2 EStG. War der Kapital- oder Barwert der künftigen wiederkehrenden Zahlungen mehr als doppelt so hoch wie der Verkehrswert des Wirtschaftsguts im Zeitpunkt der Veräußerung, lag insgesamt eine Zuwendung i. S. d. § 12 Nr. 2 EStG vor. Anschaffungskosten für den unentgeltlich erworbenen Teil des Wirtschaftsguts waren der diesem entsprechende Teil der Anschaffungskosten des Übergebers.[1]

BEISPIEL: Nachträgliche Umschichtung von Privatvermögen (Vermögensübernehmer)

Am 1.7.2002 überträgt Vater V ein von ihm 1980 erworbenes Mietwohngrundstück des Privatvermögens gegen wiederkehrende Leistungen an den Sohn S. Der Verkehrswert des Grundstücks im Zeitpunkt der Übergabe beträgt 500 000 €, der Kapital- oder Barwert der wiederkehrenden Leistungen 320 000 €. Am 31.5.2003 veräußert S das Mietwohngrundstück zum Preis (= Verkehrswert) von 600 000 €. Der Kapital-

---

[1] Vgl. Rz. 21.4 des BMF-Schreibens vom 26.8.2002, BStBl 2002 I S. 893.

oder Barwert der wiederkehrenden Leistungen beträgt zu diesem Zeitpunkt 300 000 €.

Das Verhältnis Kapital- oder Barwert bei Umschichtung zu Verkehrswert bei Übergabe des Grundstücks beträgt $^3/_5$ (300 000/500 000). In diesem Verhältnis gilt das Mietwohngrundstück als entgeltlich erworben und entfällt folglich auch der Veräußerungserlös auf den entgeltlich erworbenen Teil. Hinsichtlich des unentgeltlich erworbenen Teils ergeben sich keine steuerlichen Folgen, da die Anschaffung durch V als Rechtsvorgänger mehr als zehn Jahre vor der Umschichtung erfolgt ist.

Berechnung des privaten Veräußerungsgewinns bei S:

Veräußerungserlös	600 000 €
davon entfallen auf den entgeltlich erworbenen Teil $^3/_5$	360 000 €
abzgl. Anschaffungskosten[1]	300 000 €
Veräußerungsgewinn i. S. d. § 23 Abs. 3 EStG	60 000 €

Entsprechende Folgen konnten sich ergeben, wenn das weiterveräußerte Wirtschaftsgut eine Beteiligung i. S. d. § 17 EStG und als eine existenzsichernde Wirtschaftseinheit anzusehen war.[2]

411

(2) Umschichtung von Privatvermögen aus der Sicht des Vermögensübergebers

Auch wenn der Vermögensübergeber im Regelfall rechtlich keine Möglichkeit haben dürfte, auf die Umschichtung durch den Vermögensübernehmer Einfluss zu nehmen, konnten sich aus diesem Vorgang auch bei ihm steuerliche Folgen ergeben.

412

Nach Auffassung der Finanzverwaltung war die zugleich mit der Weiterveräußerung an den Dritten bewirkte entgeltliche Übertragung an den Übernehmer beim Übergeber als privates Veräußerungsgeschäft i. S. d. § 23 Abs. 1 EStG zu beurteilen, wenn dieser das Wirtschaftsgut innerhalb der Fristen des § 23 Abs. 1 Satz 1 EStG vor der Weiterveräußerung durch den Übernehmer angeschafft oder aus einem Betriebsvermögen in das Privatvermögen überführt hatte.[3] Systematisch zutreffend hätte zur Ermittlung des maßgebenden Fristbeginns allerdings nicht auf die Weiterveräußerung abgestellt werden dürfen, sondern auf den Zeitpunkt der Vermögensübertragung, denn nach den ertragsteuerrechtlichen Regelungen stimmen Anschaffungszeitpunkt des Rechts-

413

---

1 Eine Kürzung der Anschaffungskosten um AfA-Beträge kommt nicht in Betracht, da der Vermögensübernehmer aufgrund der zunächst geltenden Betrachtung als unentgeltlicher Vorgang auf die Anschaffungskosten keine Abschreibungen vornehmen konnte.
2 Vgl. ausdrücklich auch Rz. 21.7 des BMF-Schreibens vom 26. 8. 2002, BStBl 2002 I S. 893.
3 BMF-Schreiben vom 26. 8. 2002, BStBl 2002 I S. 893, Rz. 21.5.

nachfolgers und Veräußerungszeitpunkt des Rechtsvorgängers überein. Die Regelung der FinVerw führte dazu, dass Anschaffungszeitpunkt beim Vermögensübernehmer und Veräußerungszeitpunkt beim Vermögensübergeber auseinander fielen.

414 Das Abstellen auf den später gelegenen Umschichtungszeitpunkt ist wohl damit zu begründen, dass der Vermögensübergeber im Regelfall rechtlich keine Möglichkeiten hat, die Umschichtung und damit die Entstehung eines Veräußerungsgeschäfts aus seiner Sicht zu verhindern. Stellt man auf den späteren Umschichtungszeitpunkt ab, ist die Chance größer, dass die maßgebende Frist i. S. d. § 23 Abs. 1 EStG für ein steuerpflichtiges Veräußerungsgeschäft bereits abgelaufen ist.

> **BEISPIEL:** Nachträgliche Umschichtung von Privatvermögen (Vermögensübergeber)
> A hat zum 1. 11. 1999 ein Mietwohngrundstück zum Teilwert von 300 000 € (davon entfallen 200 000 € auf den Gebäudeanteil) aus dem Betriebsvermögen entnommen. Am 31. 10. 2002 überträgt er dieses Grundstück im Rahmen der vorweggenommenen Erbfolge auf seine Tochter T zu Alleineigentum. T muss als Gegenleistung für den Erwerb des Grundstücks, das im Übertragungszeitpunkt aufgrund vorangegangener umfangreicher Modernisierungen einen Verkehrswert von 500 000 € hat, 200 000 € Schulden ihres Vaters übernehmen (davon entfallen 50 000 € auf den Grund und Boden und 150 000 € auf das Gebäude). Außerdem verpflichtet sich T ihrem Vater A gegenüber zur Zahlung von jährlichen Versorgungsleistungen i. H. v. 40 000 € (Barwert der Leibrente 400 000 €). Die jährlichen Leistungen können aus den Erträgen des Mietwohngrundstücks erbracht werden. T veräußert das Grundstück, das sie seit der Übertragung zur Erzielung von Einkünften aus Vermietung und Verpachtung genutzt hat, im Oktober 2004 für 650 000 €. Die wiederkehrenden Leistungen an ihren Vater erbringt sie weiterhin. Der Barwert der wiederkehrenden Leistungen beträgt zu diesem Zeitpunkt 240 000 €.
>
> A überträgt das Grundstück in 2002 zu $2/5$ (200 000/500 000) entgeltlich und zu $3/5$ unentgeltlich. Da somit zu $2/5$ eine Veräußerung innerhalb von 10 Jahren nach der Entnahme aus dem Betriebsvermögen erfolgt (§ 23 Abs. 1 Satz 2 EStG), ist ein privater Veräußerungsgewinn zu ermitteln, der sich wie folgt berechnet:
>
> | | | |
> |---|---:|---:|
> | Schuldübernahme | | 200 000 € |
> | ./. $2/5$ des Teilwerts des Grundstücks bei Entnahme aus dem Betriebsvermögen | | 120 000 € |
> | vermindert um die AfA | | |
> | 3 Jahre × 2 % von 80 000 € | | 4 800 € |
> | | | 115 200 € |
> | Veräußerungsgewinn | | 84 800 € |
>
> Durch die Weiterveräußerung des Mietwohngrundstücks durch T in 2004 ergibt sich für A auch bezüglich eines 80 %igen Teils (Barwert von 240 000 € ins Verhältnis gesetzt zu dem $3/5$-Anteil des Grundstückswerts von 300 000 € ergibt einen entgeltli-

I. Unentgeltliche Vermögensübergabe gegen Versorgungsleistungen

chen Anteil von 80 %) des zunächst unentgeltlich übertragenen $^3/_5$-Anteils ein privates Veräußerungsgeschäft, denn zwischen der Entnahme aus dem Betriebsvermögen in 1999 und der Weiterveräußerung durch T in 2004 liegen weniger als zehn Jahre. Veräußerungserlös ist allerdings nur der Unterschiedsbetrag zwischen der Summe der jährlichen wiederkehrenden Zahlungen und dem Zinsanteil mit der Folge, dass sich eine Besteuerung erst ergibt, wenn der in der Summe der jährlichen Zahlungen enthaltene Veräußerungserlös die um die AfA verminderten Anschaffungskosten übersteigt.

Verrechenbare Anschaffungskosten
80 % von $^3/_5$ des Teilwerts des Grundstücks
bei Entnahme aus dem Betriebsvermögen korrigiert um die AfA[1]   144 000 €
3 Jahre × 2 % von 96 000 €   5 760 €
                                                                    138 240 €

Bei jährlichen wiederkehrenden Leistungen von 40 000 € ergibt sich bei einem unterstellten Ertragsanteil von 20 % eine Besteuerung bei A erst im 5. Jahr nach der Veräußerung.

Allerdings konnte sich die Regelung der FinVerw auch zuungunsten des Vermögensübergebers auswirken. Erfolgte die Vermögensübergabe vor dem 1.1.1999 und galten damit bezogen auf diesen Zeitpunkt noch die Fristen von zwei Jahren für Grundstücksveräußerungen und von sechs Monaten für andere Wirtschaftsgüter, wäre eine Veräußerung rückbezogen auf den Zeitpunkt der Vermögensübergabe u.U. bereits steuerfrei gewesen, während die im Zeitpunkt der Umschichtung geltende verlängerte Frist noch lief.   415

Beim Vermögensübergeber konnte durch die Weiterveräußerung durch den Vermögensübernehmer nachträglich auch ein steuerpflichtiges Veräußerungsgeschäft i.S.d. § 17 EStG verwirklicht werden, wenn es sich bei dem ursprünglich im Rahmen der vorweggenommenen Erbfolge übertragenen Wirtschaftsgut um eine existenzsichernde Beteiligung an einer Kapitalgesellschaft i.S.d. § 17 EStG gehandelt hat. Da die Finanzverwaltung in ihrem Erlass vom 26.8.2002[2] die Ausführungen zu den privaten Veräußerungsgeschäften sinngemäß anwendet, galt als Zeitpunkt der Veräußerung wohl der Zeitpunkt der Weiterveräußerung durch den Vermögensübernehmer.[3]   416

---

[1] Eine Korrektur der Anschaffungskosten um AfA-Beträge kommt nur für die Zeit in Betracht, in der A mit dem Grundstück zwischen Entnahme aus dem Betriebsvermögen und Vermögensübergabe noch Einkünfte erzielt hat.
[2] BStBl 2002 I S. 893, Rz. 21.6.
[3] So auch explizit geregelt für die Umschichtung von Betriebsvermögen, BMF-Schreiben vom 26.8.2002, BStBl 2002 I S. 893, Rz. 21.11.

417 Hierbei war zu berücksichtigen, dass R 17. Abs. 7 i.V. m. R 16. Abs. 11 EStR bei der Wahl der Zuflussbesteuerung für die Veräußerung einer Beteiligung an einer Kapitalgesellschaft gegen Leibrente nach dem 31.12.2003 ausdrücklich vorsieht, dass nur noch der Kapitalanteil der wiederkehrenden Leistungen mit den Anschaffungs- und Veräußerungskosten zu verrechnen ist. Der Zinsanteil führt von Beginn an zu sonstigen Einkünften i. S. d. § 22 Nr. 1 Satz 3 Buchst. a (ab 2005: Doppelbuchst. bb) EStG. Der Tilgungsanteil führt nach Verrechnung mit den Anschaffungskosten der Beteiligung und etwaigen Veräußerungskosten im Jahr des Zuflusses zu nachträglichen Einkünften aus Gewerbebetrieb. Nur auf den Tilgungsanteil ist nach § 3 Nr. 40 Buchst. c EStG das Halbeinkünfteverfahren anzuwenden. Die Aufteilung in einen Zins- und einen Tilgungsanteil ist nach §§ 13, 14 BewG oder nach versicherungsmathematischen Grundsätzen vorzunehmen.

418 Wurden bei der Vermögensübergabe nicht nur Versorgungsleistungen vereinbart, sondern auch noch Gleichstellungsgelder/Abstandszahlungen erbracht bzw. Schulden übernommen, ergaben sich die gleichen Probleme, wie bei der nachträglichen Umschichtung von Betriebsvermögen.[1]

419–420 (Einstweilen frei)

(3) Umschichtung von Betriebsvermögen aus der Sicht des Vermögensübernehmers

421 Auch bei der nachträglichen Umschichtung von Betriebsvermögen stellten die wiederkehrenden Leistungen mit dem nach §§ 12 ff. BewG oder nach versicherungsmathematischen Grundsätzen ermittelten Kapital- oder Barwert im Zeitpunkt der Weiterübertragung nach der Umschichtung Kaufpreisraten und damit Anschaffungskosten dar.

422 Zu einem entgeltlichen Erwerb führten sie allerdings nur, wenn sie – ggf. zusammen mit bereits im Zeitpunkt der vorweggenommenen Erbfolge gezahlten Abstandszahlungen, Gleichstellungsgeldern und privaten Verbindlichkeiten – den Wert des steuerlichen Kapitalkontos im Zeitpunkt der Vermögensübergabe übersteigen. Denn gem. Rz. 35 des BMF-Schreibens vom 13.1.1993[2] liegt im Rahmen der vorweggenommenen Erbfolge ein entgeltlicher Erwerb des Betriebs, Teilbetriebs oder Mitunternehmeranteils nur vor, wenn die vom Vermögensübernehmer zu erbringenden Leistungen über dem steuerlichen Kapitalkonto des Übergebers liegen. Wendet der Vermögensübernehmer An-

---

[1] Vgl. insoweit ein vergleichbares Beispiel zur Betriebsveräußerung in Rn. 437.
[2] BStBl 1993 I S. 80.

schaffungskosten bis zur Höhe des steuerlichen Kapitalkontos auf, hat er gemäß § 6 Abs. 3 Satz 1 EStG die Buchwerte des Vermögensübergebers fortzuführen.[1]

Überstiegen die Anschaffungskosten den Wert des steuerlichen Kapitalkontos, musste der Tatsache nachträglicher Anschaffungskosten auch bei der Ermittlung des Veräußerungsgewinns aus der Umschichtung Rechnung getragen werden. Wäre der Gewinn rein nach den Vorgaben des § 16 Abs. 2 EStG ermittelt worden, wäre dies nicht der Fall gewesen, denn Veräußerungsgewinn ist danach der Betrag, um den der Veräußerungspreis (= Entgelt des Betriebserwerbers) nach Abzug der Veräußerungskosten den Wert des Betriebsvermögens oder den Wert des Anteils am Betriebsvermögen im Zeitpunkt der Weiterveräußerung (= steuerliches Kapitalkonto des Vermögensübernehmers) übersteigt. Der Wert des Kapitalkontos im Zeitpunkt der Umschichtung spiegelt aber nur den um Wertveränderungen des Betriebsvermögens (z. B. Gewinne, Verluste, Entnahmen oder Einlagen) in der Zeit zwischen der ursprünglich unentgeltlichen Vermögensübertragung und der Weiterveräußerung veränderten Wert des Kapitalkontos des Vermögensübergebers – und damit der Buchwertübernahme wider, nicht jedoch den Umstand, dass der Vermögensübernehmer – nachträglich – Anschaffungskosten entrichtet hat, die zu einer entgeltlichen Übernahme führten.

423

Folglich musste der Wert des Kapitalkontos im Zeitpunkt der Umschichtung zwecks Ermittlung des steuerlichen Veräußerungsgewinns wie folgt „bereinigt" werden:[2]

424

    Wert des Kapitalkontos im Zeitpunkt der Umschichtung

./. Wert des Kapitalkontos im Zeitpunkt der Vermögensübergabe

+ Kapital- oder Barwert der wiederkehrenden Leistungen im Zeitpunkt der Umschichtung.

Durch die nachträgliche Umschichtung von Betriebsvermögen wurde aus der ursprünglich privaten Verpflichtung zur Zahlung von Versorgungsleistungen eine betriebliche Verbindlichkeit. So wie die nachträglichen Anschaffungskosten nicht rückwirkend aktiviert wurden, wurde auch die betriebliche Verbindlichkeit nicht rückwirkend passiviert. Die Umwidmung führte aber dazu, dass der Zinsanteil der weiterhin zu zahlenden wiederkehrenden Leistungen zu nachträglichen Betriebsausgaben führte und die Verpflichtung zur Zahlung

425

---

1 BMF-Schreiben vom 13. 1. 1993, BStBl 1993 I S. 80, Rz. 38.
2 BMF-Schreiben vom 26. 8. 2002, BStBl 2002 I S. 893, Rz. 21.11.

Teil B: Vermögensübertragungen gegen wiederkehrende Leistungen

von wiederkehrenden Leistungen ab dem Zeitpunkt der Umschichtung zu einer betrieblichen Verbindlichkeit wurde.

BEISPIEL: Nachträgliche Umschichtung von Betriebsvermögen (Vermögensübernehmer)

A überträgt im Jahr 2002 im Rahmen einer vorweggenommen Erbfolgeregelung sein Einzelunternehmen mit einem Verkehrswert von 700 000 € auf seinen Sohn S. S verpflichtet sich, an seinen Vater A lebenslänglich eine Rente i. H.v. jährlich 50 000 € zu zahlen. Das steuerliche Kapitalkonto (§ 4 Abs. 1 oder § 5 EStG) beträgt 250 000 €, der nach §§ 12 ff. BewG ermittelte Barwert beträgt bei einem Lebensalter des Vaters von 56 Jahren 575 300 €. S veräußert das Einzelunternehmen im Juli 2004 für 800 000 € an einen Dritten. Das steuerliche Kapitalkonto beträgt zu diesem Zeitpunkt 200 000 €, der Kapital- oder Barwert der wiederkehrenden Leistung zum Zeitpunkt der Veräußerung durch S beträgt 536 000 €. S ist nach der Veräußerung des Einzelunternehmens zur Zahlung der Rente an den Vater verpflichtet.

Die Vermögensübertragung in 2002 ist zunächst eine unentgeltliche Übertragung im Wege der vorweggenommenen Erbfolge. S hat die Buchwerte des Betriebsvermögens des Vaters nach § 6 Abs. 3 Satz 1 EStG fortzuführen. Die wiederkehrenden Leistungen sind bei S als Vermögensübernehmer gem. § 10 Abs. 1 Nr. 1a EStG als Sonderausgaben abziehbar und beim Vater entsprechend als sonstige Einkünfte nach § 22 Nr. 1 Satz 1 EStG steuerpflichtig.[1]

Die Weiterveräußerung des übertragenen Einzelunternehmens führt bei S zu nachträglichen Anschaffungskosten von 536 000 € (Barwert der wiederkehrenden Leistungen im Zeitpunkt der Weiterveräußerung). Da die Anschaffungskosten den Wert des Kapitalkontos im Zeitpunkt der Vermögensübergabe (250 000 €) übersteigen, liegt im Nachhinein ein entgeltliches Übertragungsgeschäft vor, mit der Folge, dass die nachträglichen Anschaffungskosten im Rahmen der Veräußerungsgewinnermittlung aus der Umschichtung zu berücksichtigen sind. Der Veräußerungsgewinn ermittelt sich wie folgt:

Veräußerungserlös	800 000 €
./. steuerliches Kapitalkonto bei Umschichtung	200 000 €
./. steuerliches Kapitalkonto bei Vermögensübergabe	250 000 €
+ Kapital- oder Barwert der Rente bei Weiterveräußerung	536 000 €
Summe	486 000 €
= Veräußerungsgewinn gem. § 16 Abs. 2 EStG	314 000 €

Der Zinsanteil der wiederkehrenden Leistungen führt ab der Umschichtung (Zeitpunkt der steuerrechtlichen Zurechnung des Vermögens beim Dritten)[2] zu nachträglichen Betriebsausgaben nach § 24 Nr. 2 i.V.m. § 15 Abs. 1 Satz 1 Nr. 1 EStG.[3] Der Zinsanteil ist zu ermitteln, indem der tatsächlich gezahlte Betrag der wiederkehren-

---

1 BMF-Schreiben vom 26. 8. 2002, BStBl 2002 I S. 893, Rz. 35.
2 BMF-Schreiben vom 26. 8. 2002, BStBl 2002 I S. 893, Rz. 21.
3 BFH, Urteil vom 22. 9. 1999, XI R 46/98, BStBl 2000 II S. 120; BMF-Schreiben vom 26. 8. 2002, BStBl 2002 I S. 893, Rz. 21.13.

den Leistungen jeweils um den Betrag gemindert wird, um den sich der Barwert der wiederkehrenden Leistungen in Folge der Berücksichtigung der verminderten Laufzeit oder der verminderten Lebenserwartung des Berechtigten verringert.[1]

BEISPIEL: Nachträgliche Umschichtung von Betriebsvermögen (Vermögensübernehmer) – Abwandlung.

Der Barwert der wiederkehrenden Leistungen im Zeitpunkt der Umschichtung beträgt nur 150 000 €.

Auch in diesem Fall liegen i. H.v. 150 000 € nachträgliche Anschaffungskosten für das Einzelunternehmen vor. Da die nachträglichen Anschaffungskosten aber den Wert des Kapitalkontos im Zeitpunkt der Vermögensübertragung (250 000 €) nicht übersteigen, hat S gemäß § 6 Abs. 3 Satz 1 EStG die Buchwerte seines Vaters fortzuführen. Folglich haben die nachträglichen Anschaffungskosten auch keine Auswirkung auf die Ermittlung des Veräußerungsgewinns aus der Umschichtung.

Veräußerungserlös	800 000 €
./. Kapitalkonto im Zeitpunkt der Umschichtung	200 000 €
= Veräußerungsgewinn	600 000 €

Der Zinsanteil der wiederkehrenden Leistungen führt jedoch auch in diesem Fall zu nachträglichen Betriebsausgaben nach § 24 Nr. 2 i.V. m. § 15 Abs. 1 Satz 1 Nr. 1 EStG.

Fiel die Verbindlichkeit später weg, weil der Vermögensübergeber vor Erreichen seiner durchschnittlichen Lebenserwartung verstarb, war die Verbindlichkeit gewinnwirksam aufzulösen. Dies führte zu einem außerordentlichen Ertrag. 426

Übernahm der Erwerber des Betriebs, Teilbetriebs oder Mitunternehmeranteils die Verpflichtung zur Weiterzahlung der wiederkehrenden Leistungen an den Vermögensübergeber, gehörte der Kapital- oder Barwert der wiederkehrenden Leistungen zum Zeitpunkt der Umschichtung des Betriebsvermögens zum Veräußerungserlös des Vermögensübernehmers und ging in die Gewinnermittlung nach § 16 Abs. 2 EStG ein.[2] 427

(Einstweilen frei) 428–430

(4) Umschichtung von Betriebsvermögen aus der Sicht des Vermögensübergebers

So wie die Umschichtung von Privatvermögen beim Vermögensübergeber zu einem privaten Veräußerungsgeschäft i. S. d. §§ 17 oder 23 EStG führen konnte, konnte die Umschichtung von Betriebsvermögen im Nachhinein zu einem betrieblichen Veräußerungsgewinn führen. Veräußerungserlös war der Kapi- 431

---

1 BFH, Urteil vom 23. 2. 1984, IV R 128/81, BStBl 1984 II S. 516.
2 BMF-Schreiben vom 26. 8. 2002, BStBl 2002 I S. 893, Rz. 21.13.

tal- oder Barwert der wiederkehrenden Leistungen im Zeitpunkt der Umschichtung, denn die vor der Umschichtung erhaltenen wiederkehrenden Leistungen waren bereits als sonstige Einkünfte nach § 22 Nr. 1 Satz 1 EStG versteuert worden. Sie konnten folglich nicht noch einmal Eingang in den Veräußerungsgewinn finden.

432 Fraglich hätte sein können, welcher Wert dem Veräußerungserlös gegenüber zu stellen war: der Wert des Betriebsvermögens im Zeitpunkt der Weiterveräußerung oder der Wert des Betriebsvermögens im Zeitpunkt der Vermögensübergabe. Zu vertretbaren Ergebnissen führte nur das Abstellen auf den Wert des Betriebsvermögens im Zeitpunkt der Vermögensübergabe. Denn hätte man den Wert des Kapitalkontos im Zeitpunkt der Umschichtung durch den Vermögensübernehmer zugrunde gelegt, hätten sich Wertveränderungen des Betriebsvermögens, die der Vermögensübernehmer zu verantworten hatte, auf den Veräußerungsgewinn des Vermögensübergebers ausgewirkt. Nur wenn der Wert des Kapitalkontos im Zeitpunkt der Vermögensübergabe zugrunde gelegt wurde, war der Veräußerungsgewinn des Vermögensübergebers völlig unabhängig von der Wertermittlung des Betriebes beim Vermögensübernehmer. Außerdem war sichergestellt, dass der Veräußerungsgewinn umso geringer ausfiel, je später die Umschichtung und damit verbunden die Umqualifizierung in einen entgeltlichen Vorgang erfolgte.

433 Allerdings war zu beachten, dass R 139 Abs. 11 EStR für den Fall, dass ein Betrieb, Teilbetrieb oder Mitunternehmeranteil gegen eine Leibrente veräußert wurde, dem Steuerpflichtigen ein Wahlrecht einräumte:

▶ er konnte den bei der Veräußerung entstandenen Gewinn sofort versteuern;

▶ er konnte aber stattdessen auch die Rentenzahlungen als nachträgliche Betriebseinnahmen i. S. d. § 24 Nr. 2 i. V. m. § 15 Abs. 1 Satz 1 Nr. 1 EStG behandeln.

434 Die FinVerw hatte entschieden, dass ihm dieses Wahlrecht auch in den Fällen zustand, in denen sich ein Veräußerungsgeschäft durch die Umschichtung des Vermögensübernehmers ergab, wenn die wiederkehrenden Leistungen in Form einer Leibrente nach der Umschichtung durch den Vermögensübernehmer oder den Erwerber des Betriebs, Teilbetriebs oder Mitunternehmeranteils weiter gezahlt wurden.[1] Wurden die Leibrentenzahlungen durch eine Kapitalzahlung abgelöst, war der Veräußerungsgewinn sofort zu versteuern.[2] Glei-

---

1 Vgl. insoweit ausdrücklich BMF-Schreiben vom 26. 8. 2002, BStBl 2002 I S. 893, Rz. 21.8.
2 Vgl. BMF-Schreiben vom 26. 8. 2002, BStBl 2002 I S. 893, Rz. 21.10.

I. Unentgeltliche Vermögensübergabe gegen Versorgungsleistungen

ches galt, wenn abänderbare wiederkehrende Leistungen vereinbart worden waren.

Hinsichtlich des Zeitpunkts der Besteuerung des Veräußerungsgewinns beim Vermögensübergeber bei Wahl der Sofortbesteuerung hat die Finanzverwaltung ohne nähere Erläuterung das Jahr der Umschichtung durch den Vermögensübernehmer bestimmt.[1] Offensichtlich orientiert sich der Zeitpunkt daran, dass auch bei den privaten Veräußerungsgeschäften zur Fristberechnung auf den Umschichtungszeitpunkt abgestellt wird (vgl. hierzu Rn. 413). Zwingend ist dies jedoch nicht, denn in Bezug auf die nachträgliche Änderung eines Veräußerungspreises bei einer Betriebsveräußerung hat der BFH wiederholt ein rückwirkendes Ereignis i. S. d. § 175 Abs. 1 Nr. 2 AO angenommen, das zu einer Korrektur der ursprünglichen Veräußerungsgewinnbesteuerung führt.[2] Folglich hätte wohl auch die Rückbeziehung der steuerlichen Konsequenzen für den Vermögensübergeber aus der nachträglichen Umschichtung durch den Vermögensübernehmer nahe gelegen.

435

Damit konnten sich nach Auffassung der Finanzverwaltung beim Vermögensübergeber aus der Umschichtung folgende steuerlichen Folgen ergeben:

436

Entschied sich der Vermögensübergeber für die sofortige Versteuerung des Gewinns oder kam nur die sofortige Versteuerung in Betracht, war Veräußerungsgewinn der Betrag, um den der Kapital- oder Barwert der wiederkehrenden Leistungen im Zeitpunkt der Weiterübertragung auf Dritte – ggf. zusammen mit im Zeitpunkt der Vermögensübergabe gezahlten Abstandszahlungen, Gleichstellungsgeldern und übernommenen privaten Verbindlichkeiten – nach Abzug der Veräußerungskosten das steuerliche Kapitalkonto im Zeitpunkt der Vermögensübergabe überstieg. Der Freibetrag nach § 16 Abs. 4 EStG und der ermäßigte Steuersatz nach § 34 EStG waren zu gewähren, sofern die weiteren Voraussetzungen hierfür vorlagen.

BEISPIEL: Nachträgliche Umschichtung von Betriebsvermögen (Vermögensübergeber)

A überträgt im Jahr 2002 im Rahmen einer vorweggenommen Erbfolgeregelung sein Einzelunternehmen mit einem Verkehrswert von 700 000 € auf seinen Sohn S. S verpflichtet sich, an seinen Vater A lebenslänglich eine Rente i. H. v. 50 000 € zu zahlen. Das steuerliche Kapitalkonto (§ 4 Abs. 1 oder § 5 EStG) beträgt 250 000 €, der nach §§ 12 ff. BewG ermittelte Kapitalwert beträgt bei einem Lebensalter des Vaters von 56 Jahren 575 300 €. S veräußert das Einzelunternehmen im Juli 2004 für 800 000 €

---

[1] BMF-Schreiben vom 26. 8. 2002, BStBl 2002 I S. 893, Beispiel in Rz. 21.11.
[2] BFH, Urteile vom 23. 6. 1988, IV R 84/86, BStBl 1989 II S. 41; vom 19. 7. 1993, GrS 1/92, BStBl 1993 II S. 894 und vom 19. 7. 1993, GrS 2/92, BStBl 1993 II S. 897.

an einen Dritten. Das steuerliche Kapitalkonto beträgt zu diesem Zeitpunkt 200 000 €, der Kapital- oder Barwert der wiederkehrenden Leistung zum Zeitpunkt der Veräußerung durch S beträgt 536 000 €. S ist auch nach der Veräußerung des Einzelunternehmens zur Zahlung der Rente an den Vater verpflichtet.

Durch die Veräußerung des Einzelunternehmens durch S entsteht bei A in 2004 ein Veräußerungsgewinn.

Für den Fall, dass A auf sein Wahlrecht nach R 139 Abs. 11 EStR verzichtet, ist der Veräußerungsgewinn wie folgt zu ermitteln:

Kapital- oder Barwert der Rente bei Weiterveräußerung	536 000 €
./. steuerliches Kapitalkonto 2002	250 000 €
Gewinn § 16 Abs. 2 EStG	286 000 €
Freibetrag nach § 16 Abs. 4 EStG	
(Kürzungsbetrag: 286 000 € ./. 154 000 € = 132 000 €)	
(Freibetrag 51 200 € ./. 132 000 € =)	0 €

Die Ertragsanteile der wiederkehrenden Leistungen führen nach der Umschichtung zu Einkünften nach § 22 Nr. 1 Satz 3 Buchst. a (ab 2005: Doppelbuchst. bb) EStG.

Für den Fall, dass A sich für die Versteuerung der Veräußerungsleibrente als nachträgliche Betriebseinnahmen entscheidet, entsteht ein Gewinn erst, wenn der Kapitalanteil der wiederkehrenden Leistungen das steuerliche Kapitalkonto von 250 000 € übersteigt. Ein Freibetrag nach § 16 Abs. 4 EStG sowie eine ermäßigte Besteuerung nach § 34 EStG kommt in diesem Fall nicht in Betracht. Der in den wiederkehrenden Leistungen enthaltene Zinsanteil stellt nach R 139 Abs. 11 EStR 2003 für Umschichtungen nach dem 31.12.2003 bereits im Zeitpunkt des Zuflusses nachträgliche Betriebseinnahmen dar. Ist die Umschichtung vor dem 1.1.2004 erfolgt, war zunächst der volle Betrag der wiederkehrenden Leistungen mit dem Kapitalkonto zu verrechnen. Erst nach der Verrechnung entstanden nachträgliche Betriebseinnahmen (R 139 Abs. 11 EStR 2001).

BEISPIEL: Nachträgliche Umschichtung von Betriebsvermögen (Vermögensübergeber) – Abwandlung 1 –

Der Kapital- oder Barwert der wiederkehrenden Leistungen beträgt im Zeitpunkt der Umschichtung nur 150 000 €.

Ein Veräußerungsgewinn entsteht in diesem Fall nicht, da der Kapital- oder Barwert der wiederkehrenden Leistungen den Wert des Kapitalkontos im Zeitpunkt der Vermögensübergabe (250 000 €) nicht übersteigt.

Allerdings kann V gem. Rz. 38 des BMF-Schreibens vom 13.1.1993[1] auch keinen Veräußerungsverlust steuerlich geltend machen.[2]

437 Probleme, zu denen das BMF-Schreiben vom 26.8.2002 keine Stellung nahm, konnten sich ergeben, wenn im Zeitpunkt der Vermögensübergabe nicht nur

---

1 BStBl 1993 I S. 80.
2 Vgl. auch den ausdrücklichen Hinweis in BMF-Schreiben vom 26.8.2002, BStBl 2002 I S. 893, Rz. 21.9.

I. Unentgeltliche Vermögensübergabe gegen Versorgungsleistungen

Versorgungsleistungen vereinbart worden waren, sondern auch Abstandszahlungen oder Gleichstellungsgelder, die für sich genommen das steuerliche Kapitalkonto im Zeitpunkt der Vermögensübergabe überstiegen und damit bereits zu einer Veräußerungsgewinnbesteuerung geführt hatten. Für diesen Fall musste u. E. der im Zeitpunkt der Umschichtung ermittelte Veräußerungsgewinn um den im Zeitpunkt der Vermögensübergabe steuerlich erfassten Teil des Gewinns korrigiert werden. Dabei war zu berücksichtigen, dass es ggf. durch den nachträglichen Veräußerungserlös auch zum Wegfall eines zunächst gewährten Freibetrags nach § 16 Abs. 4 EStG kommen konnte.

BEISPIEL: Nachträgliche Umschichtung von Betriebsvermögen (Vermögensübergeber) – Abwandlung 2 –
Wie Beispiel in Rn. 436. Allerdings hat S im Zusammenhang mit der Vermögensübergabe seinem Vater nicht nur eine lebenslängliche Rente i. H. v. jährlich 50 000 € zugesagt, sondern daneben noch eine Abstandszahlung von 280 000 €.
Bereits die Übertragung des Einzelunternehmens auf den Sohn S führt zu einem Veräußerungsgewinn bei A, denn es handelt sich aufgrund der Abstandszahlung um eine entgeltliche Übertragung. Die Versorgungsleistungen sind zunächst privater Natur und führen nicht zu Anschaffungskosten.
Im Jahr 2002 ist daher folgender Veräußerungsgewinn zu erfassen:

Veräußerungserlös (Abstandszahlung)	280 000 €
./. steuerliches Kapitalkonto 2002	250 000 €
Gewinn § 16 Abs. 2 EStG	30 000 €
Freibetrag nach § 16 Abs. 4 EStG	
Freibetrag (max. 51 200 €)	30 000 €
steuerpflichtiger Veräußerungsgewinn	0 €

Die Umschichtung des Vermögens durch S in 2004 führt bei A zu einer Neuberechnung des Veräußerungsgewinns, wenn er sich auch bezüglich der wiederkehrenden Leistungen für die Sofortbesteuerung entscheidet.

Veräußerungserlös	
Abstandszahlung	280 000 €
zzgl. Kapital- oder Barwert der wiederkehrenden Leistungen	536 000 €
Summe	816 000 €
./. steuerliches Kapitalkonto 2002	250 000 €
Gewinn § 16 Abs. 2 EStG	566 000 €
Freibetrag nach § 16 Abs. 4 EStG	
(Kürzungsbetrag: 566 000 € ./. 154 000 € = 412 000 €)	
(Freibetrag 51 200 € ./. 412 000 € =)	0 €
steuerpflichtiger Veräußerungsgewinn	566 000 €

Da in 2002 aufgrund der seinerzeitigen Gewährung des Freibetrags noch kein Veräußerungsgewinn der Besteuerung unterlegen hat, wäre nach Auffassung der FinVerw wohl in 2004 der Gewinn in voller Höhe von 566 000 € – ggf. gemäß § 34 EStG ermäßigt – zu versteuern. Vertretbar wäre auch die Auffassung, den Gewinn insgesamt in 2002 zu versteuern, da die nachträgliche Kaufpreisänderung ein rückwirkendes Ereignis darstellt (vgl. Rn. 435).

Macht A hinsichtlich der wiederkehrenden Leistungen von seinem Wahlrecht auf nachträgliche Besteuerung als Betriebseinnahmen i. S. d. § 24 Nr. 2 i.V.m. § 15 Abs. 1 Satz 1 Nr. 1 EStG Gebrauch, so käme es ab der Umschichtung sofort in voller Höhe der wiederkehrenden Leistungen zu Betriebseinnahmen, da die im Zeitpunkt der Vermögensübergabe erhaltene Abstandszahlung bereits den Wert des Kapitalkontos übersteigt und eine weitere Wertverrechnung damit ausgeschlossen ist. Im Übrigen müssten auch die 30 000 €, um die die Abstandszahlung das Kapitalkonto überstiegen, noch der Besteuerung unterworfen werden, da das nachträgliche Entgelt in Form der wiederkehrenden Leistungen zum Wegfall des zunächst in 2002 gewährten Freibetrags führt. Offen ist jedoch, ob diese Besteuerung durch Korrektur nach § 175 Abs. 1 Nr. 2 AO in 2002 erfolgen muss[1] oder in 2004.[2]

(5) Anwendungszeitraum für das BMF-Schreiben vom 26. 8. 2002

438 Die geänderten Grundsätze zur Umschichtung sollten nach Auffassung der FinVerw grundsätzlich in allen noch offenen Fällen anwendbar sein.[3] Allerdings konnten Vermögensübernehmer und Vermögensübergeber übereinstimmend an der bisherigen rechtlichen Beurteilung gem. BMF-Schreiben vom 23. 12. 1996[4] festhalten, wenn das übernommene Vermögen aufgrund eines vor dem 1. 11. 2002 abgeschlossenen obligatorischen Vertrags umgeschichtet worden war.[5] Folglich konnten in diesen Fällen bei der Umschichtung in anderes existenzsicherndes Vermögen die Versorgungsleistungen beim Verpflichteten weiterhin als Sonderausgaben nach § 10 Abs. 1 Nr. 1a EStG abgezogen werden, wenn sie beim Empfänger nach § 22 Nr. 1 EStG als sonstige Einkünfte versteuert wurden.

439 Da die Auffassung der FinVerw zur nachträglichen Umschichtung durch die nachfolgende Rechtsprechung nicht bestätigt worden ist, gelten die hier dargestellten Grundsätze nur wenn das übernommene Vermögen aufgrund eines

---

1 Hierfür spricht wohl die BFH-Rechtsprechung; vgl. BFH, Urteile vom 23. 6. 1988, IV R 84/86, BStBl 1989 II S. 41; vom 19. 7. 1993, GrS 1/92, BStBl 1993 II S. 894 und vom 19. 7. 1993, GrS 2/92, BStBl 1993 II S. 897.
2 Hierfür spricht wohl das BMF-Schreiben vom 26. 8. 2002, BStBl 2002 I S. 893, auch wenn dieser Fall nicht ausdrücklich geregelt ist.
3 BMF-Schreiben vom 26. 8. 2002, BStBl 2002 I S. 893, Rz. 58.
4 BStBl 1996 I S. 1508.
5 BMF-Schreiben vom 26. 8. 2002, BStBl 2002 I S. 893, Rz. 59.

vor dem 1. 11. 2004 abgeschlossenen obligatorischen Vertrags auf einen Dritten übertragen worden ist und Vermögensübergeber und Vermögensübernehmer übereinstimmend an der Rechsauffassung im BMF-Schreiben vom 26. 8. 2002 festhalten. Sprechen sich Vermögensübergeber und Vermögensübernehmer nicht einvernehmlich für die Anwendung der alten Rechtslage aus, sind die Grundsätze des BMF-Schreibens vom 16. 9. 2004[1] anzuwenden (vgl. hierzu im Einzelnen Rn. 446 ff.).

(Einstweilen frei) 440–445

dd) Neuregelungen aufgrund der Beschlüsse des Großen Senats in 2003 (BMF-Schreiben vom 16. 9. 2004)

Zwar hat der Große Senat in seinen Beschlüssen vom 12. 5. 2003[2] offen gelassen, ob er sich der Auffassung des X. Senats[3] und diesem folgend der FinVerw[4] anschließen könne, wonach die Abziehbarkeit der Versorgungsleistungen als Sonderausgaben nach § 10 Abs. 1 Nr. 1a EStG ende, wenn das übergebene existenzsichernde Vermögen vom Übernehmer später veräußert werde, weil die Vorlagefrage eine Stellungnahme hierzu nicht erfordert hat. Aus den Modifikationen des Großen Senats bezüglich des Rechtsinstituts des Versorgungsvertrages sind aber konkrete Ansatzpunkte erkennbar, dass der Große Senat dem wohl nicht folgen würde. 446

Denn wenn der Große Senat von einer existenzsichernden Wirtschaftseinheit auch dann ausgeht, wenn der Vermögensübernehmer ertragloses Vermögen auf die nachfolgende Generation überträgt, verbunden mit der Verpflichtung, das ertraglose Vermögen zu veräußern und vom Erlös eine ihrer Art nach bestimmte Vermögensanlage zu erwerben, die einen zur Erbringung der zugesagten Versorgungsleistungen ausreichenden Nettoertrag abwirft, dürfte er wohl zumindest auch die spätere Umschichtung in anderes existenzsicherndes und ausreichend ertragbringendes Vermögen befürworten (vgl. Rn. 121 ff.). Dies kann nach seiner Rechtsauffassung auch Wertpapiervermögen sein. 447

Die Finanzverwaltung hat daher im BMF-Schreiben vom 16. 9. 2004 folgende Regelungen getroffen:[5] 448

---

1 BStBl 2004 I S. 922.
2 GrS 1/00, GrS 2/00, BStBl 2004 II S. 95, 100.
3 BFH, Urteil vom 17. 6. 1998, X R 104/94, BStBl 2002 II S. 646.
4 BMF-Schreiben vom 26. 8. 2002, BStBl 2002 I S. 893, Rz. 20 ff.
5 Rz. 31 ff., BStBl 2004 I S. 922.

Überträgt der Übernehmer das übernommene Vermögen auf einen Dritten und erwirbt mit dem Erlös zeitnah eine existenzsichernde und ausreichend ertragbringende Wirtschaftseinheit oder stellt eine solche her, sind die nach der Übertragung an den Übergeber entrichteten wiederkehrenden Leistungen weiterhin Versorgungsleistungen.

Dies gilt auch, wenn

▶ nicht der gesamte Erlös aus der Veräußerung zur Anschaffung oder Herstellung dieser Wirtschaftseinheit verwendet wird und die wiederkehrenden Leistungen durch die Erträge aus der neuen Wirtschaftseinheit abgedeckt werden,

oder

▶ der gesamte Erlös aus der Veräußerung zur Anschaffung oder Herstellung dieser Wirtschaftseinheit nicht ausreicht, der Übernehmer bei der Umschichtung zusätzlich eigene Mittel zur Anschaffung oder Herstellung aufwendet und der auf den reinvestierten Veräußerungserlös entfallende Anteil an den Erträgen ausreicht, um die vereinbarten wiederkehrenden Leistungen zu erbringen.

449 Maßgebend für die Beurteilung sind nach Auffassung der FinVerw die Erträge ab dem Zeitpunkt der Anschaffung oder Herstellung dieser Wirtschaftseinheit. Von ausreichenden Erträgen kann regelmäßig ausgegangen werden, wenn die durchschnittlichen Erträge des Jahres der nachträglichen Umschichtung und der beiden folgenden Jahre ausreichen, um die wiederkehrenden Leistungen zu erbringen. Die Veranlagungen sind insoweit sowohl beim Übergeber als auch beim Übernehmer ab dem Jahr der nachträglichen Umschichtung vorläufig gem. § 165 AO vorzunehmen.[1]

BEISPIEL: ▶ Nachträgliche Umschichtung – Rechtslage lt. BMF-Schreiben vom 16.9.2004

Vater V hat seinem Sohn S im Jahre 2003 im Rahmen einer vorweggenommenen Erbfolgeregelung ein ausreichend ertragbringendes Mietwohngrundstück (Erwerb durch V im Jahre 1993) gegen lebenslang zu erbringende wiederkehrende Leistungen i. H. v. monatlich 5 000 € übertragen. Im Oktober 2004 veräußert S dieses Mietwohngrundstück für 1 Mio. €. Den Veräußerungserlös verwendet er im November 2004 vollumfänglich zur Anschaffung eines Grundstücks mit neu errichtetem Achtfamilienhaus. Die durchschnittlichen jährlichen Nettoerträge aus der Vermietung des Achtfamilienhauses belaufen sich auf 68 000 €.

Die wiederkehrenden Leistungen i. H. v. monatlich 5 000 € sind auch nach der Veräußerung des Mietwohngrundstücks bei S als Sonderausgaben nach § 10 Abs. 1

---

1 BMF-Schreiben vom 16. 9. 2004, BStBl 2004 I S. 922, Rz. 31.

I. Unentgeltliche Vermögensübergabe gegen Versorgungsleistungen

Nr. 1a EStG abziehbare Versorgungsleistungen, da S mit dem Verkaufserlös zeitnah eine existenzsichernde und ausreichend ertragbringende Wirtschaftseinheit erworben hat. Demzufolge muss V die wiederkehrenden Leistungen auch weiterhin als Einkünfte i. S. d. § 22 Nr. 1 EStG versteuern. Die Veräußerung des Mietwohngrundstücks durch S führt nicht zu einem privaten Veräußerungsgeschäft i. S. d. § 23 Abs. 1 Satz 1 Nr. 1 EStG, denn zwischen der maßgeblichen Anschaffung durch den Rechtsvorgänger V und der Veräußerung durch S liegt ein Zeitraum von mehr als zehn Jahren. Soweit die Anschaffungskosten des erworbenen Grundstücks auf das Gebäude entfallen, steht S eine AfA im Rahmen seiner Einkünfte aus Vermietung und Verpachtung zu.

Für die erneute Ertragsprognose nach der Umschichtung auf den Zeitpunkt der Anschaffung oder Herstellung der „Ersatzwirtschaftseinheit" abzustellen, wirkt sich zwar zugunsten des Steuerpflichtigen aus, ist aber systematisch u. E. nicht zwingend und führt zu Wertungsunterschieden gegenüber der Übertragung eines ertraglosen oder nicht ausreichend ertragbringenden Wirtschaftsguts mit Reinvestitionsverpflichtung im Übergabevertrag. Erfolgt die Umschichtung in zeitlichem Zusammenhang mit der Vermögensübertragung, sind die wiederkehrenden Leistungen solange als Unterhaltsleistungen zu qualifizieren, die sich gem. § 12 Nr. 2 EStG steuerlich nicht auswirken, bis die ausreichend ertragbringende Wirtschaftseinheit vorhanden ist (vgl. hierzu Rn. 276). Stellt man – wie die FinVerw – bei der nachträglichen Umschichtung für die Ertragsprognose auf den Zeitpunkt der Wiederbeschaffung ab, können für den Übergangszeitraum die wiederkehrenden Leistungen ohne Unterbrechung weiterhin als Sonderausgaben steuerlich geltend gemacht werden. Da sie im Gegenzug auch nicht festgelegt hat, was genau unter einer „zeitnahen" Wiederbeschaffung zu verstehen ist, kann so u. U. auch für einen längerfristigen Zeitraum ohne Erträge der Sonderausgabenabzug beansprucht werden. Hätte man hingegen für die erneute Ertragsprognose auf den Zeitpunkt der Veräußerung des übertragenen Vermögens abgestellt, hätte sich die Frage nach dem „zeitnah" von allein erledigt, denn je länger mangels Ersatzbeschaffung der Zeitraum ohne Erträge dauert, desto größer wäre die Gefahr, dass die Ertragsprognose negativ ausfällt.

450

Durch die Einbeziehung von Wertpapiervermögen in die existenzsichernden Wirtschaftseinheiten, waren im Hinblick auf die Umschichtungsproblematik weiter gehende Regelungen erforderlich, denn vielfach wird es sich hier um Papiere mit Endfälligkeit handeln, so dass sich die Frage stellt, wie die wiederkehrenden Leistungen zu behandeln sind, die nach der Endfälligkeit erbracht werden. Hier geht die FinVerw – u. E. zu Recht – davon aus, dass der sachliche Zusammenhang der wiederkehrenden Leistungen mit der Vermögensübergabe grundsätzlich im Zeitpunkt der Fälligkeit endet, es sei denn der Überneh-

451

mer erwirbt zeitnah nach Fälligkeit eine neue existenzsichernde und ausreichend ertragbringende Wirtschaftseinheit oder die Wertpapiere mit Endfälligkeit stellten nur einen Teil des übernommenen Vermögens dar und die Erträge aus dem restlichen Vermögen reichen noch aus, um die vollen Versorgungsleistungen zu erbringen.[1]

452 Im Übrigen hat der X. Senat des BFH mit Urteil vom 31. 3. 2004[2] entschieden, dass eine private Versorgungsrente nicht mehr als Sonderausgabe abziehbar ist, wenn die Verpflichtung anlässlich der Weiterveräußerung des übertragenen Vermögens – im Streitfall ein Gewerbebetrieb – vertraglich abgelöst und kein Ersatzwirtschaftsgut erworben wird. Allerdings kommt er darüber hinaus zu dem Ergebnis, dass in einem solchen Fall die Ablösezahlung auch nicht zu Veräußerungskosten bzw. zu nachträglichen Anschaffungskosten führt. Im Ergebnis liegt also damit ab dem Umschichtungszeitpunkt eine beim Vermögensübernehmer gemäß § 12 Nr. 2 EStG nicht abziehbare und beim Übernehmer gemäß § 22 Nr. 1 Satz 2 EStG nicht steuerbare Unterhaltsleistung vor.

453 Zur Begründung führt er an, dass es bei der wertenden Zuordnung der Vermögensübergabe als privat und unentgeltlich auch dann bleibe, wenn die wiederkehrenden Leistungen mit ihrem kapitalisierten Betrag abgelöst würden. Die Ablösung der privaten Versorgungsrente stehe in unmittelbarem Zusammenhang mit der unentgeltlichen Vermögensübergabe. Privatrechtlich gesehen könne sie als letzter Akt der – nunmehr vertraglich modifizierten – Erfüllung eines Dauerrechtsverhältnisses gewertet werden, das infolge der gesetzlichen Zuordnung zu den Sonderausgaben privaten Charakter habe und deswegen nicht zur Sphäre der Einkünfteerzielung gehöre.

454 Der Umstand, dass die Vermögensübergabe gegen Versorgungsleistungen nicht der Erwerbssphäre zugeordnet werden könne, stehe der Behandlung nicht nur der laufenden Versorgungsleistungen als Anschaffungskosten, sondern auch der Ablösezahlung als nachträgliche Anschaffungskosten entgegen. Denn die Annahme von Anschaffungskosten, und zwar unabhängig davon, ob es sich um ursprüngliche oder nachträgliche Anschaffungskosten handele, setze stets voraus, dass die betreffenden Aufwendungen in einem Veranlassungszusammenhang mit dem Erwerb eines der Einkünfteerzielung dienenden Wirtschaftsguts getätigt würden. Dies sei hier nicht der Fall.

455 Der Grundsatz der Rechtsprechung zur Ablösung von Nutzungsrechten an einem erworbenen Grundstück – hier führt die Ablösung von vorbehaltenen

---

1 BMF-Schreiben vom 16. 9. 2004, BStBl 2004 I S. 922, Rz. 33.
2 X R 66/98, BStBl 2004 II S. 830.

I. Unentgeltliche Vermögensübergabe gegen Versorgungsleistungen

Nutzungsrechten zu nachträglichen Anschaffungskosten – sei vorliegend nicht einschlägig. Anders als bei einem vorbehaltenen Nutzungsrecht beschränke die bloße dingliche Sicherung eines schuldrechtlichen Anspruchs auf Versorgungsleistungen nicht die Eigentümerbefugnisse in der Weise, dass erst die Ablösezahlung und die Löschung der dinglichen Sicherung dem Eigentümer die volle rechtliche und wirtschaftliche Verfügungsmacht an dem Grundstück verschaffe.

In Fortentwicklung der rechtlichen Vorgaben in den Beschlüssen des GrS vom 12. 5. 2003[1] neige der X. Senat daher zu der Annahme, dass mit der Veräußerung oder dem Verbrauch des übergebenen Vermögens die Abziehbarkeit der dauernden Last jedenfalls dann ende, wenn kein Ersatzwirtschaftsgut erworben werde. Es sei sach- und interessengerecht, dem Übergeber, der sich auf ein steuerlich unentgeltliches Rechtsgeschäft eingestellt habe und der bei der Veräußerung typischerweise nicht mitwirke, kein Veräußerungsgeschäft zuzurechnen. 456

Die FinVerw hat sich dieser Entscheidung angeschlossen.[2] 457

ee) Rechtslage ab 2008

(1) Vermögensübergabeverträge, die vor dem 1. 1. 2008 abgeschlossen wurden

Fraglich war, ob sich bezüglich der im BMF-Schreiben vom 16. 9. 2004[3] dargestellten Rechtslage durch die gesetzliche Neuregelung des § 10 Abs. 1 Nr. 1a EStG im Rahmen des JStG 2008 Änderungen für vor dem 1. 1. 2008 abgeschlossene Vermögensübergabeverträge ergeben haben. Dies ist nicht der Fall, denn der Gesetzgeber hat über § 52 Abs. 23g EStG Altverträgen insoweit Bestandsschutz eingeräumt. Versorgungsleistungen bleiben also weiterhin begünstigt, wenn übertragenes existenzsicherndes und ausreichend ertragbringendes Vermögen zu einem späteren Zeitpunkt im Wege der vorweggenommenen Erbfolge weiter übertragen wird. Gleiches gilt, wenn das Vermögen veräußert wird und mit dem Veräußerungserlös zeitnah wiederum existenzsicherndes und ausreichend ertragbringendes Vermögen angeschafft wird. Dies gilt auch, wenn die nachträgliche Umschichtung erst nach dem 31. 12. 2007 erfolgt – und zwar unabhängig davon, ob in Vermögen i. S. d. § 10 Abs. 1 Nr. 1a Satz 2 458

---

1 GrS 1/00, GrS 2/00, BStBl 2004 II S. 95, 100.
2 BMF-Schreiben vom 16. 9. 2004, BStBl 2004 I S. 922, Rz. 28.
3 BStBl I 2004 S. 922.

EStG in der Fassung des JStG 2008 umgeschichtet wird oder nicht.[1] In anderen Fällen endet der sachliche Zusammenhang der wiederkehrenden Leistungen mit der Vermögensübergabe im Zeitpunkt der Weiterübertragung mit der Folge, dass die wiederkehrenden Leistungen ab diesem Zeitpunkt als nicht abziehbare Unterhaltsleistungen i. S. d. § 12 Nr. 2 EStG anzusehen sind.[2]

(2) Vermögensübergabeverträge, die nach dem 31. 12. 2007 abgeschlossen wurden

459 Welche Rechtsfolgen sich in nachträglichen Umschichtungsfällen für nach dem 31. 12. 2007 abgeschlossene Vermögensübergabeverträge ergeben, ist der Regelung des § 10 Abs. 1 Nr. 1a EStG i. d. F. des JStG 2008 nicht zu entnehmen. U. E. sollten den für vor dem 1. 1. 2008 abgeschlossene Vermögensübergabeverträge geltenden Regelungen vergleichbare Regelungen vorgesehen werden. Vermögensübergabeverträge sind im Regelfall Verträge mit einer langen Laufzeit. Über diese Laufzeit kann nicht gewährleistet werden, dass das übertragene Vermögen unverändert weiter bewirtschaftet werden kann. Möglicherweise ergeben sich aus wirtschaftlichen oder konjunkturellen Gründen Ansatzpunkte für notwendige Veränderungen. Möglicherweise möchte auch der Vermögensübernehmer seinerseits die vorweggenommene Erbfolge auf seine Kinder einleiten, zu einer Zeit, zu der der ursprüngliche Vermögensübergeber noch lebt. Diese Fallgestaltungen sollten nicht unnötig erschwert werden. Voraussetzung müsste aber sein, dass eine Umschichtung im Wege der Veräußerung nur dann begünstigt sein wird, wenn mit dem Veräußerungserlös wiederum ein begünstigtes Wirtschaftsgut i. S. d. § 10 Abs. 1 Nr. 1a Satz 2 Buchst. a bis c EStG angeschafft wird.

460 Mit BMF-Schreiben vom 11. 3. 2010[3] hat die FinVerw vergleichbare Regelungen geschaffen. Allerdings sieht sie für Fälle, in denen der Vermögensübernehmer seinerseits das übernommene Vermögen im Wege der vorweggenommenen Erbfolge weiter überträgt und die Versorgungsverpflichtung nicht mit überträgt, vor, dass die Versorgungsleistungen vom bisherigen Vermögensübernehmer nur dann weiterhin als Sonderausgaben abgezogen werden können, wenn er die Versorgungsleistungen an den Übergeber aus ihm im Rahmen der weiteren Vermögensübertragung seinerseits eingeräumten Versorgungsleistungen oder aus einem an dem weiter übertragenen Vermögen vorbehaltenen Nießbrauchsrecht bewirken kann.

---

1 Vgl. auch BMF-Schreiben vom 11. 3. 2010, BStBl 2010 I S. 227, Rz. 88.
2 Vgl. BMF-Schreiben vom 16. 9. 2004, BStBl II 2004, 922, Rz. 28 ff.
3 BStBl 2010 I S. 227, Rz. 38 f.

I. Unentgeltliche Vermögensübergabe gegen Versorgungsleistungen

BEISPIEL: Nachträgliche Umschichtung unter Zurückbehalt der Versorgungsverpflichtung

Der 65-jährige Vater V übergibt seinen bislang als Einzelunternehmen geführten Betrieb im Jahre 2008 im Zusammenhang mit lebenslänglich zu erbringenden wiederkehrenden Leistungen von monatlich 5 000 € an seinen Sohn S. Im Jahr 2028 überträgt S das Einzelunternehmen im Hinblick auf die Generationennachfolge an seinen Sohn, den Enkel E des V. S erhält hierfür von dem weiteren Vermögensübernehmer E lebenslang monatlich 10 000 €. Er bleibt aber weiterhin verpflichtet, an seinen inzwischen 85-jährigen Vater wiederkehrende Leistungen zu erbringen, die zwischenzeitlich in steuerlich anzuerkennender Weise auf 8 000 € monatlich angepasst wurden.

Die von S zu erbringenden Zahlungen an V bleiben auch im Jahre 2028 und in den folgenden Jahren Versorgungsleistungen und können von S als Sonderausgaben abgezogen werden. Korrespondierend muss V die von S erhaltenen wiederkehrenden Leistungen ebenso als sonstige Einkünfte versteuern, wie dies für S hinsichtlich der von E gezahlten Versorgungsleistungen der Fall ist.

Bereits für die Altfälle hatte die Finanzverwaltung im BMF-Schreiben vom 16. 9. 2004[1] klargestellt, dass die Einbringung begünstigten übernommenen Vermögens in eine GmbH i. S. d. § 20 UmwStG oder in eine Personengesellschaft i. S. d. § 24 UmwStG gegen Gewährung von Gesellschaftsanteilen oder -rechten keine nachträgliche Umschichtung darstellt, denn in derartigen Fällen bleibt das im Rahmen der Vermögensübergabe übertragene Vermögen im Ergebnis erhalten; es wechselt lediglich die Rechtsform. Gleiches galt für die formwechselnde Umwandlung, Verschmelzung, Realteilung von Personengesellschaften, wenn die dabei erworbenen Anteile oder Wirtschaftsgüter nicht veräußert wurden. 460a

Diese Sichtweise behält die FinVerw für Vermögensübergabeverträge, die nach dem 31. 12. 2007 abgeschlossen werden, grundsätzlich bei. Auch beim Anteilstausch i. S. d. § 21 UmwStG soll keine nachträgliche Umschichtung vorliegen. Ergänzend hat die FinVerw klargestellt, dass die weitere Begünstigung der Vermögensübergabe in diesen Fällen unabhängig davon ist, mit welchem Wert das eingebrachte Vermögen bei der übernehmenden Gesellschaft angesetzt wird. Weitere Voraussetzung ist jedoch in allen Fällen, dass auch nach der Einbringung oder dem Anteilstausch die übrigen Voraussetzungen einer begünstigten Vermögensübergabe erfüllt sind – also insbesondere weiterhin Vermögen i. S. d. § 10 Abs. 1 Nr. 1a EStG vorliegt.[2] Der sachliche Zusammenhang der wiederkehrenden Leistungen mit der begünstigten Vermögensübergabe endet in diesen Fällen folglich nicht. Dies gilt weiterhin auch für die 460b

---

1 BStBl 2004 I S. 922.
2 Vgl. BMF-Schreiben vom 11. 3. 2010, BStBl 2010 I S. 227, Rz. 42.

formwechselnde Umwandlung oder Verschmelzung von Personengesellschaften. Der sachliche Zusammenhang endet hingegen, soweit dem Vermögensübernehmer die erworbenen Anteile steuerlich nicht mehr zuzurechnen sind, er sie also veräußert oder unentgeltlich weiterüberträgt.

460c Im Fall der Realteilung wird der sachliche Zusammenhang der wiederkehrenden Leistungen mit der begünstigten Vermögensübertragung für nach dem 31.12.2007 abgeschlossene Vermögensübergabeverträge nach Auffassung der FinVerw nur dann nicht beendet, wenn der Vermögensübernehmer einen Teilbetrieb oder Mitunternehmeranteil erhält und die übrigen Voraussetzungen einer begünstigten Vermögensübergabe erfüllt sind.[1] Diese Einschränkung ist u. E. gerechtfertigt, denn aufgrund der Änderung des § 10 Abs. 1 Nr. 1a EStG durch das JStG 2008 sind nur noch Betriebe oder Teilbetriebe begünstigte Wirtschaftseinheiten – nicht hingegen einzelne betriebliche Wirtschaftsgüter. Im Falle der Realteilung eines land- und forstwirtschaftlichen Betriebs liegt eine begünstigte Realteilung allerdings auch dann vor, wenn der Vermögensübernehmer einzelne Wirtschaftsgüter erhält, die bei ihm nach der Realteilung einen selbständigen landwirtschaftlichen Betrieb darstellen. Diese Differenzierung ist berechtigt, denn die Finanzverwaltung hat mit BMF-Schreiben vom 28.2.2006[2] geregelt, dass die Teilung eines land- und forstwirtschaftlichen Betriebs im Wege der Realteilung in Einzelwirtschaftsgüter, dazu berechtigt, das Verpächterwahlrecht nach der Realteilung erstmalig zu begründen oder fortzuführen, wenn die erhaltenen Wirtschaftsgüter bei dem Realteiler nach der Realteilung einen selbständigen land- und forstwirtschaftlichen Betrieb darstellen.[3]

b) Teilentgeltliche Vermögensübertragung

461 Dem Rechtsinstitut der Vermögensübergabe gegen Versorgungsleistungen mit der Folge des Sonderausgabenabzugs nach § 10 Abs. 1 Nr. 1a EStG und der Versteuerung der wiederkehrenden Leistungen nach § 22 Nr. 1 Satz 1 EStG ist ein Erwerb nur insoweit zuzurechnen, als er unentgeltlich erfolgt und existenzsicherndes ausreichend ertragbringendes Vermögen bzw. seit 2008 Vermögen i. S. d. § 10 Abs. 1 Nr. 1a Satz 2 und Satz 3 EStG betrifft. Werden neben den wiederkehrenden Leistungen Gleichstellungsgelder, Abstandszahlungen und/oder Schuldübernahme vereinbart, liegt insoweit ein Entgelt für die Ver-

---

[1] Vgl. BMF-Schreiben vom 11.3.2010, BStBl 2010 I S. 227, Rz. 43.
[2] BStBl 2006 I S. 228.
[3] Dies ist unter den im BMF-Schreiben vom 1.12.2000, BStBl 2000 I S. 1556 dargestellten Voraussetzungen der Fall.

I. Unentgeltliche Vermögensübergabe gegen Versorgungsleistungen

mögensübertragung vor. Für die Aufteilung in einen entgeltlich und einen unentgeltlich erworbenen Teil gelten in diesem Fall die Grundsätze des BMF-Schreibens vom 13. 1. 1993.[1]

Folglich kann sich der Übergeber Versorgungsleistungen auch nur aus dem unentgeltlich übertragenen begünstigten Vermögensteil vorbehalten. Für die Frage, ob die Erträge ausreichen, um die gesamten Versorgungsleistungen zu erbringen, ist daher nur auf die auf den unentgeltlich erworbenen Teil entfallenden Erträge abzustellen. Schuldzinsen, die der Finanzierung von Anschaffungskosten (z. B. Abstandszahlungen oder Gleichstellungsgelder an Geschwister) dienen, bleiben im Fall der Übertragung von Privatvermögen sowie einzelner Wirtschaftsgüter des Betriebsvermögens bei der Ermittlung der Erträge außer Betracht.[2] Schuldzinsen für übernommene betriebliche Verbindlichkeiten sind dagegen zu berücksichtigen, wenn ein Betrieb, Teilbetrieb oder Mitunternehmeranteil übertragen wird. Reichen die quotalen Erträge nicht aus, liegt nach der geltenden Rechtslage insgesamt ein entgeltliches Rechtsgeschäft vor – also auch bezogen auf die wiederkehrenden Leistungen.

462

BEISPIEL: ▸ Teilentgeltliche Vermögensübertragung
A erhält im Januar 2004 im Rahmen einer vorweggenommenen Erbfolgeregelung von ihrem Vater V ein Mehrfamilienhaus mit einem Verkehrswert von 500 000 €, das mit einer Verbindlichkeit von 150 000 € belastet ist. A verpflichtet sich, die Verbindlichkeit zu übernehmen, an ihren Bruder B ein Gleichstellungsgeld von 100 000 € und an ihren Vater wiederkehrende Leistungen i. H. v. jährlich 9 000 € zu zahlen.
Die Einkünfte aus Vermietung und Verpachtung betragen:

2002	3 000 €
2003	10 000 €
2004 (V + A insgesamt)	5 000 €
durchschnittliche Einkünfte	6 000 €

Schuldzinsen und AfA haben die Einkünfte wie folgt gemindert:

	AfA	Schuldzinsen
2002	7 500 €	5 000 €
2003	7 500 €	5 000 €
2004 (V + A insgesamt)	7 950 €	6 500 €

---

[1] BStBl 1993 I S. 880.
[2] Privatvermögen und einzelne Wirtschaftsgüter des Betriebsvermögens sind nur bei vor dem 1. 1. 2008 abgeschlossenen Vermögensübergabeverträgen begünstigt.

im Durchschnitt	7 650 €	5 500 €

A hat Anschaffungskosten für das Mehrfamilienhaus von insgesamt 250 000 € (Gleichstellungsgeld 100 000 €, Verbindlichkeit 150 000 €) und erwirbt nach dem Verhältnis des Verkehrswerts des Grundstücks zu den Anschaffungskosten das Mehrfamilienhaus zu $^1/_2$ entgeltlich und zu $^1/_2$ unentgeltlich.

Bei Ermittlung der Erträge sind den Einkünften aus Vermietung und Verpachtung die AfA und die Schuldzinsen hinzuzurechnen.

	durchschnittliche Einkünfte	durchschnittliche AfA	durchschnittliche Schuldzinsen	Durchschnittsertrag
Erträge aus V+V	6 000 €	+ 7 650 €	+ 5 500 €	19 150 €

Die auf den unentgeltlich übertragenen Teil des Vermögens entfallenden Erträge von 9 575 € ($^1/_2$ von 19 150 €) reichen demnach aus, um die wiederkehrenden Leistungen an V (9 000 €) erbringen zu können.

463–465 (Einstweilen frei)

c) Vermögensübertragung unter Nießbrauchsvorbehalt

aa) Grundsatz

466 Behält sich der Vermögensübergeber ein dingliches oder obligatorisches Nießbrauchsrecht am gesamten übertragenen Vermögen vor oder verpflichtet er den Übernehmer, ihm oder einem Dritten ein solches Nutzungsrecht einzuräumen, erwirbt der Vermögensübernehmer bereits das mit dem Nutzungsrecht belastete Vermögen. Die Einräumung des Nießbrauchsrechts ist insoweit kein entgeltlicher Vorgang.[1] Der Vorbehalt sämtlicher Erträge des übertragenen Vermögens mittels eines Totalnießbrauchs führt auch nach der geltenden Rechtsprechung dazu, dass weder die zivilrechtlichen Voraussetzungen für einen Übergabevertrag noch die steuerrechtlichen Voraussetzungen für eine Vermögensübergabe erfüllt sind. Da dem Nießbraucher die aus dem übertragenen Vermögen erzielten Erträge bereits aufgrund des Nutzungsrechts zuzurechnen sind, können ihm diese nicht nochmals in Form wiederkehrender Leistungen vom Vermögensübernehmer zugewendet werden. Werden dennoch im Zusammenhang mit der Vermögensübertragung wiederkehrende Leistungen vereinbart, so sind diese nach den Grundsätzen für entgeltliche Ver-

---

1 BFH, Urteil vom 24. 4. 1991, XI R 5/83, BStBl 1991 II S. 793.

mögensübertragungen zu behandeln[1] und ggf. von den nach § 12 Nr. 2 EStG nicht abziehbaren Unterhaltsleistungen abzugrenzen.[2]

bb) **Sicherungsnießbrauch**

Eine begünstigte unentgeltliche Vermögensübergabe gegen Versorgungsleistungen kann jedoch vorliegen, wenn der Nießbrauch lediglich Sicherungszwecken dient und der Übergeber gleichzeitig mit der Bestellung des Nießbrauchs dessen Ausübung nach § 1059 BGB dem Übernehmer überlässt. In diesem Fall ist der Vermögensübernehmer bereits ab dem Vermögensübergabezeitpunkt in der Lage, die Einkünfte aus dem übertragenen Vermögen selbst zu erzielen und kann sie daher auch (teilweise) in Form wiederkehrender Leistungen an den Vermögensübergeber transferieren. Das Nießbrauchsrecht dient in diesen Fällen nur der Absicherung der wiederkehrenden Leistungen. Nur für den Fall, dass der Vermögensübernehmer die Zahlungen einstellt, behält sich der Vermögensübergeber die Möglichkeit zurück, die Erträge durch Ausübung des Nießbrauchsrechts wieder selbst erwirtschaften zu können.[3]

467

cc) **Gleitende Vermögensübergabe**

Wird ein vom Vermögensübergeber an begünstigtem Vermögen vorbehaltenes Nutzungsrecht später gegen wiederkehrende Leistungen abgelöst, so können diese noch im sachlichen Zusammenhang mit der Vermögensübergabe stehen und daher begünstigte Versorgungsleistungen sein, die beim Verpflichteten nach § 10 Abs. 1 Nr. 1a EStG abziehbar und beim Berechtigten nach § 22 Nr. 1 Satz 1 EStG (seit 2008 nach § 22 Nr. 1b EStG) steuerpflichtig sind. Gleiches gilt, wenn das Nießbrauchsrecht durch Vermächtnis eingeräumt wurde. Der BFH sieht in diesen Fällen den sachlichen Zusammenhang mit der Vermögensübergabe unabhängig davon als gegeben an, ob

468

▶ der Nießbrauch bereits von vornherein zeitlich befristet und die Versorgungsrente im Übergabevertrag vereinbart war[4] oder

---

1 BFH, Urteile vom 25. 3. 1992, X R 100/91, BStBl 1992 II S. 803 und vom 14. 7. 1993, X R 54/91, BStBl 1994 II S. 19.
2 BMF-Schreiben vom 16. 9. 2004, BStBl 2004 I S. 922, Rz. 50 und für Vermögensübergabeverträge, die nach dem 31. 12. 2007 geschlossen wurden BMF-Schreiben vom 11. 3. 2010, BStBl 2010 I S. 227, Rz. 21.
3 BMF-Schreiben vom 16. 9. 2004, BStBl 2004 I S. 922, Rz. 50 und für Vermögensübergabeverträge, die nach dem 31. 12. 2007 geschlossen wurden BMF-Schreiben vom 11. 3. 2010, BStBl 2010 I S. 227, Rz. 24.
4 BFH, Urteil vom 3. 6. 1992, X R 14/89, BStBl 1993 II S. 23.

▶ ob die Versorgungsleistungen erst bei Ablösung des zunächst unbefristet vorbehaltenen Nutzungsrechts vereinbart werden.¹

469 Die Rechtsprechung sieht hierin eine sog. „gleitende Vermögensübergabe". Mit der Ablösung des Nießbrauchs durch die Versorgungsleistungen wird ein weiterer Schritt zur endgültigen Vermögensübergabe hin vollzogen. Der sachliche Zusammenhang mit der Vermögensübergabe besteht nach Auffassung des BFH auch dann noch, wenn der nunmehr durch die Versorgungsrente ersetzte Vorbehaltsnießbrauch zwischenzeitlich auf eine andere (als die ursprünglich belastete) existenzsichernde Wirtschaftseinheit übertragen wurde.²

BEISPIEL: ▶ Gleitende Vermögensübergabe

Die Ehegatten A und B haben in 1993 ihr Einfamilienhaus auf den einzigen Sohn S übertragen, sich allerdings den Nießbrauch an dem gesamten Grundstück vorbehalten. S zahlt seinen Eltern für die Übertragung eine monatliche Leibrente von 1 500 DM, später 750 €. 2006 verzichten die Eltern auf den Nießbrauch und S vermietet das EFH an fremde Dritte.

Die wiederkehrenden Zahlungen sind als Entgelt für die Vermögensübertragung zu behandeln. Da das Grundstück unter Nießbrauchsvorbehalt übertragen wurde, ist es nicht als existenzsichernde Wirtschaftseinheit anzusehen. Die Ablösung des Nießbrauchsrechts wäre zwar als „gleitende Vermögensübergabe" anzusehen. Da aber im Zusammenhang mit der Ablösung keine (weiteren) Zahlungen vereinbart werden, liegen auch keine nach § 10 Abs. 1 Nr. 1a EStG abziehbaren und bei den Eltern nach § 22 Nr. 1 Satz 1 EStG steuerpflichtigen Versorgungsleistungen vor. Hinsichtlich der bereits mit der Eigentumsübertragung vereinbarten Zahlungen wird der ursprüngliche Zusammenhang nicht gelöst. Sie sind weiterhin nach den Grundsätzen der „Gegenleistungsrente" zu behandeln (Folge: Kapital- oder Barwert bei S AfA-Bemessungsgrundlage, bei den Eltern nichtsteuerbare Vermögensumschichtung, Ertragsanteil bei S Werbungskosten, ab dem Zeitpunkt, ab dem S das Grundstück zur Einkunftserzielung einsetzt, bei den Eltern von Beginn an Einkünfte nach § 22 Nr. 1 Satz 3 Buchst. a (ab 2005: Doppelbuchst. bb) EStG).³

470 Die Regelungen zur gleitenden Vermögensübergabe gelten auch für nach dem 31. 12. 2007 abgeschlossene Vermögensübergabeverträge weiter fort. Zu beachten ist insoweit nur, dass das Nießbrauchsrecht in diesen Fällen an Vermögen i. S. d. § 10 Abs. 1 Nr. 1a Satz 2 EStG bestellt sein muss. Ergänzend hat die FinVerw im Übrigen klargestellt, dass eine gleitende Vermögensübergabe auch anzuerkennen ist, wenn im Fall des § 14 HöfeO Versorgungsleistungen in

---
1 BFH, Urteil vom 3. 6. 1992, X R 147/88, BStBl 1993 II S. 98, erneut bestätigt durch BFH, Urteil vom 16. 6. 2004, BStBl 2005 II S. 130.
2 BFH, Urteil vom 3. 6. 1992, X R 147/88, BStBl 1993 II S. 98.
3 A. A. Wacker, NWB F. 3 S. 9933, C.I.1.

Form des Altenteils erbracht werden, sowie in den Fällen der sog. „Rheinischen Hofübergabe". Diese Ergänzung ist u. E. systemgerecht. Nach § 14 HöfeO steht dem überlebenden Ehegatten des Erblassers bis zur Vollendung des 25. Lebensjahres des Hoferben die Verwaltung und Nutznießung am Hof zu, wenn der Hoferbe ein Abkömmling des Erblassers ist. Steht dem überlebenden Ehegatten die Verwaltung und Nutznießung nicht zu oder endet sie, kann er, wenn er Miterbe oder pflichtteilsberechtigt ist und auf ihm nach § 12 HöfeO zustehende Ansprüche sowie auf alle Ansprüche aus der Verwendung eigenen Vermögens für den Hof verzichtet, vom Hoferben auf Lebenszeit den in solchen Verhältnissen üblichen Altenteil verlangen. Bei der „Rheinischen Hofübergabe" wird zunächst der komplette Betrieb der Land- und Forstwirtschaft auf den Übernehmer übertragen, der Übergeber behält sich daran den Nießbrauch vor und verpachtet in Ausübung des Nießbrauchs den gesamten Betrieb wiederum an den Erwerber.

Für vor dem 1. 1. 2008 abgeschlossene Vermögensübergabeverträge mit Nießbrauchsvorbehalt ist zu beachten, dass ein Bestandsschutz für die gleitende Vermögensübergabe nur eingeschränkt gilt, wenn die Ablösung des Nießbrauchsrechts gegen Versorgungsleistungen erst nach dem 31. 12. 2007 erfolgt: 471

▶ Wurde die Ablösung des Nießbrauchsrechts gegen Versorgungsleistungen und der Zeitpunkt bereits im Übertragungsvertrag verbindlich vereinbart, bleibt die gleitende Vermögensübergabe unabhängig davon begünstigt, ob das Nießbrauchsrecht an Vermögen i. S. d. § 10 Abs. 1 Nr. 1a EStG n. F. (JStG 2008) bestellt war oder an ausreichend ertragbringendem Vermögen i. S. d. BMF-Schreibens vom 16. 9. 2004.[1]

▶ Erfolgt die Vereinbarung und Ablösung des Nießbrauchsrechts hingegen erst unabhängig vom Vermögensübergabevertrag und nach dem 31. 12. 2007, ist die gleitende Vermögensübergabe nur dann begünstigt, wenn das Nießbrauchsrecht an Vermögen i. S. d. § 10 Abs. 1 Nr. 1a EStG bestellt ist.

Dies gilt entsprechend, wenn das Nießbrauchsrecht im Wege des Vermächtnisses eingeräumt worden ist.[2] Unseres Erachtens ist diese Differenzierung gerechtfertigt, denn die rechtliche Entscheidung und damit der Anknüpfungspunkt für die begünstigte Vermögensübergabe wird mit der Vereinbarung der Ablösung getroffen. Erfolgt diese erst nach dem 31. 12. 2007, muss den Ver-

---

1 BStBl 2004 I S. 922.
2 BMF-Schreiben vom 11. 3. 2010, BStBl 2010 I S. 227, Rz. 85 f.

tragsparteien bekannt sein, dass der Gesetzgeber Vermögensübergaben zu diesem Zeitpunkt nur noch begünstigt, wenn Betriebe, Teilbetriebe und bestimmte Mitunternehmer- und GmbH-Anteile i. S. d. § 10 Abs. 1 Nr. 1a Satz 2 EStG übertragen werden.

dd) Ablösung des Nießbrauchsrechts zwecks lastenfreier Veräußerung

472 Wird das vorbehaltene Nießbrauchsrecht später gegen wiederkehrende Leistungen abgelöst, damit das übernommene Vermögen lastenfrei veräußert werden kann, so stand dies zunächst dem Grundgedanken einer steuerrechtlich privilegierten Vermögensübergabe generell entgegen. In diesen Fällen wurden die wiederkehrenden Leistungen nicht erbracht, damit der Vermögensübernehmer nunmehr selbst Einkünfte aus dem ursprünglich nießbrauchsbelasteten Vermögen erzielen konnte, sondern der Verzicht auf den Nießbrauch wurde „erkauft", um das Vermögen veräußern zu können. Die Anwendung der Grundsätze über die steuerrechtlich privilegierte private Versorgungsrente setzte aber grundsätzlich voraus, dass eine ertragbringende existenzsichernde Wirtschaftseinheit zum Zwecke der Weiterführung durch den Übernehmer übertragen wurde (vgl. hierzu Rn. 241). Dies war bei einer anschließenden Veräußerung nicht der Fall. Folglich wurden die wiederkehrenden Leistungen als im Austausch mit einer Gegenleistung erbracht behandelt – und zwar von Beginn an.[1]

473 Der Vermögensübernehmer hatte also in Höhe des Kapital- oder Barwerts der wiederkehrenden Leistungen nachträgliche Anschaffungskosten für das übernommene Vermögen und in Höhe des Zinsanteils Betriebsausgaben/Werbungskosten oder nicht abziehbare Aufwendungen (§ 12 Nr. 2 EStG) – je nach Nutzung des Vermögens. Der Empfänger der wiederkehrenden Leistungen erzielte in Höhe des Zinsanteils Einkünfte aus Kapitalvermögen i. S. d. § 20 Abs. 1 Nr. 7 EStG bzw. sonstige Einkünfte i. S. d. § 22 Nr. 1 Satz 3 Buchst. a (ab 2005: Doppelbuchst. bb) EStG.

474 Da der GrS mit Beschluss vom 12. 5. 2003[2] aber entschieden hat, dass eine begünstigte Vermögensübergabe auch dann vorliegen kann, wenn sich der Vermögensübernehmer im Übergabevertrag verpflichtet, eine ertraglose Wirtschaftseinheit in eine der Art nach bestimmte ausreichend ertragbringende Vermögensanlage umzuschichten, führten auch die Fälle zu einer begünstig-

---

[1] BFH, Urteile vom 14. 2. 1996, X R 106/91, BStBl 1996 II S. 687 und vom 14. 2. 1996, X R 43/92, BFH/NV 1996 S. 668.
[2] GrS 1/00, BStBl 2004 II S. 95.

ten gleitenden Vermögensübergabe, in denen der Vermögensübernehmer sich im Zusammenhang mit der Ablösung des Nießbrauchsrechts oder bereits im ursprünglichen Übergabevertrag entsprechend verpflichtet und den Veräußerungserlös zeitnah in eine ihrer Art nach bestimmte ausreichend ertragbringende Vermögensanlage investiert hat.[1]

Für nach dem 31. 12. 2007 abgeschlossene Vermögensübergabeverträge ist die Ablösung zwecks lastenfreier Veräußerung des Vermögens wieder schädlich – führt also wieder zu nachträglichen Anschaffungskosten auf das zunächst belastet übernommene Vermögen. Eine Begünstigung ist auch ausgeschlossen, wenn der Veräußerungserlös in anderes begünstigtes Vermögen i. S. d. § 10 Abs. 1 Nr. 1a Satz 2 Buchst. a bis c EStG reinvestiert wird. Denn eine Reinvestition stellt bei einer gleitenden Vermögensübergabe keine nachträgliche Umschichtung dar, sondern im übertragenen Sinne eine Übertragung mit Umschichtungsverpflichtung im Übergabevertrag. Eine nachträgliche Umschichtung würde voraussetzen, dass zuvor bereits eine begünstigte Vermögensübertragung erfolgt war. Dies ist bei einer gleitenden Vermögensübergabe aber gerade nicht der Fall, weil der Vermögensübernehmer bis zur Ablösung des Nießbrauchsrechts überhaupt keine Erträge aus dem übertragenen Vermögen erwirtschaften kann. Eine begünstigte Vermögensübertragung würde erstmalig mit der Ablösung des Nießbrauchs entstehen. Da Umschichtungsverpflichtungen im Übergabevertrag nach der ab 2008 geltenden Rechtslage nicht mehr begünstigt sind,[2] scheidet eine Übertragung dieses Gedankens auf die gleitende Vermögensübergabe gleichermaßen aus.

475

ee) Ablösung des Nießbrauchsrechts als eigenständige Vermögensübergabe

Wurde der Totalnießbrauch anlässlich einer entgeltlichen Vermögensübertragung (z. B. weil die Vertragsparteien eine Übertragung wie unter fremden Dritten vereinbart und nicht eine vorweggenommene Erbfolgeregelung gewählt hatten) oder einer „fehlgeschlagenen" Vermögensübergabe (z. B. weil die formellen Anforderungen an den Versorgungsvertrag nicht beachtet wurden; vgl. hierzu Rn. 221 ff.) vorbehalten, so konnte bei vor dem 1. 1. 2008 abgeschlossenem Ablösungsvertrag das Nießbrauchsrecht selbst Gegenstand einer Vermögensübergabe gegen Versorgungsleistungen sein. Allerdings war erforderlich, dass der Nießbrauch für den Nießbraucher eine existenzsichernde Wirtschaftseinheit darstellte. Unerheblich war hingegen, dass der Nießbrauch im

476

---

1 BMF-Schreiben vom 16. 9. 2004, BStBl 2004 I S. 922, Rz. 18, 26.
2 Vgl. BMF-Schreiben vom 11. 3. 2010, BStBl 2010 I S. 227, Rz. 36.

Fall des Verzichts nicht Gegenstand einer bürgerlich-rechtlichen „Übertragung" ist, sondern mit dem Verzicht erlischt.[1] Wann ein Nießbrauchsrecht eine existenzsichernde Wirtschaftseinheit ist, hat der BFH nicht ausdrücklich entschieden. Da er aber den Vergleich zu einer Hof- und Betriebsübergabe herstellt, musste u. E. davon ausgegangen werden, dass ein Nießbrauchsrecht nur dann als existenzsichernd anzusehen war, wenn es an Vermögen bestellt worden war, das selbst Gegenstand einer Vermögensübergabe sein könnte. Klargestellt hatte der BFH hingegen, dass ein Nießbrauch von geringem Wert – wo auch immer die Grenze zu ziehen ist – nicht die Voraussetzungen für eine Wirtschaftseinheit i. S. d. Vermögensübergabevertrages erfüllt.[2]

477   Betrachtet man den Wortlaut des § 10 Abs. 1 Nr. 1a EStG i. d. F. des JStG 2008, muss man wohl zu dem Ergebnis kommen, dass ein Nießbrauchsrecht – unabhängig davon, ob es zugewendet oder vorbehalten wurde und unabhängig davon ob es an Betriebs- oder Privatvermögen bestellt war – für seit dem 1. 1. 2008 abgeschlossene Ablösungsverträge nicht mehr eigenständig Gegenstand einer begünstigten Vermögensübergabe sein kann. Denn ein Nießbrauchsrecht stellt kein Wirtschaftsgut i. S. d. § 10 Abs. 1 Nr. 1a Satz 2 EStG dar.

477a   Wird ein Nießbrauchsrecht gegen wiederkehrende Leistungen abgelöst, führen diese bei einem vorbehaltenen Nießbrauchsrecht folglich bis zu einem angemessenen Verkehrswert mit ihrem Bar- oder Kapitalwert zu nachträglichen Anschaffungskosten auf das Wirtschaftsgut, an dem das Nießbrauchsrecht bestellt war.[3] Gleiches gilt für die Ablösung eines Vermächtnisnießbrauchs.[4] Bei einem unentgeltlich eingeräumten Zuwendungsnießbrauch geht die FinVerw davon aus, dass Zahlungen zur Ablösung grundsätzlich als Zuwendungen i. S. d. § 12 Nr. 2 EStG zu beurteilen sind. Zahlungen zur Ablösung eines entgeltlich bestellten Zuwendungsnießbrauchs sind beim Eigentümer als negative Einnahmen zu erfassen und nur beim Nießbraucher der nicht steuerbaren Vermögensebene zuzurechnen.[5] Der BFH erkennt hingegen die entgeltliche Ablösung eines unentgeltlich bestellten zugewendeten Nutzungsrechts durchaus an.[6] Er betont, dass steuerlich nicht zwangsläufig ein Zusammenhang zwischen nicht steuerbarer Einräumung des Nutzungsrechts und der späteren entgeltlichen Ablösung hergestellt werden dürfe. Die unentgeltliche Einräu-

---

1 BFH, Urteil vom 25. 11. 1992, X R 34/89, BStBl 1996 II S. 663.
2 BFH, Urteil vom 25. 11. 1992, X R 91/89, BStBl 1996 II S. 666.
3 Vgl. BMF-Schreiben vom 24. 7. 1998, BStBl I 1998 S. 914, Rz. 59.
4 Vgl. BMF-Schreiben vom 24. 7. 1998, BStBl I 1998 S. 914, Rz. 65.
5 Vgl. BMF-Schreiben vom 24. 7. 1998, BStBl I 1998 S. 914, Rz. 61 ff.
6 Vgl. BFH, Urteil vom 6. 7. 1993, IX R 112/88, BStBl II 1998 S. 429.

mung und die entgeltliche Ablösung könnten zwei getrennte, auf selbständigen Entscheidungen beruhende Rechtsgeschäfte sein, für die es anzuerkennende wirtschaftliche Gründe geben könne. Nur durch die Ablösung verschaffe sich der Grundstückseigentümer wieder die vollständige Verfügungsmacht und erlange damit die Möglichkeit, das Grundstück beispielsweise zu vermieten. Bei unentgeltlich zugewendeten Nutzungsrechten zwischen nahen Angehörigen könne allerdings nicht verkannt werden, dass im Einzelfall eine Überprüfung der entgeltlichen Ablösung unter dem Gesichtspunkt des § 42 AO geboten sein könne.

ff) Rechtsfolgen

Liegen die Voraussetzungen für eine begünstigte gleitende Vermögensübergabe vor bzw. ist – bei vor dem 1. 1. 2008 geschlossenen Ablösungsverträgen – das Nießbrauchsrecht selbst als existenzsichernde Wirtschaftseinheit anzusehen, setzt der Sonderausgabenabzug nach § 10 Abs. 1 Nr. 1a EStG und die damit korrespondierende Besteuerung nach § 22 Nr. 1 Satz 1 EStG (ab 2008: nach § 22 Nr. 1b EStG) zusätzlich voraus, dass auch die übrigen materiellen und formellen Voraussetzungen einer unentgeltlichen Vermögensübergabe erfüllt sind. Insbesondere ist auch eine ausreichend ertragbringende Wirtschaftseinheit erforderlich, wobei diesbezüglich – sowohl im Fall der gleitenden Vermögensübergabe als auch bei „Übertragung des Nießbrauchsrechts" auf den Zeitpunkt der Ablösung des Nießbrauchsrechts abzustellen ist.

478

d) Versorgungsleistungen aufgrund einer Verfügung von Todes wegen

aa) Vermögensübergabeverträge, die vor dem 1. 1. 2008 abgeschlossen wurden

(1) Einschränkungen gegenüber der vorweggenommenen Erbfolge

Der BFH hat in einigen Fällen wiederkehrende Leistungen, die auf einer Verfügung von Todes wegen (Testament, Erbvertrag) beruhen, ebenfalls als Versorgungsleistungen beurteilt. Hinsichtlich der materiellen Voraussetzungen für die Anerkennung gelten jedoch wesentliche Einschränkungen:

479

▶ Wiederkehrende Leistungen, die ihren Entstehungsgrund in einer Erbeinsetzung oder einem Vermächtnis haben, sind nur dann Versorgungsleistungen, wenn sie bei einer Vermögensübergabe im Wege vorweggenommener Erbfolge zu Lebzeiten des Erblassers als Versorgungsleistungen zu beurteilen gewesen wären.[1]

▶ Der Empfänger der Versorgungsleistungen darf selbst kein existenzsicherndes Vermögen erhalten haben,[2] weder durch gesetzliche Erbfolge, Erbeinsetzung noch durch Vermächtnis.

▶ Der Empfänger der Versorgungsleistungen muss zum sog. Generationennachfolge-Verbund gehören, d. h. er muss gegenüber dem Erblasser Pflichtteils- oder ähnliche Ansprüche (z. B. Zugewinnausgleichsansprüche) geltend machen können;[3] dies sind der überlebende Ehegatte und die gesetzlich erb- und pflichtteilsberechtigten Abkömmlinge des Erblassers, nicht hingegen die langjährige Haushälterin, der nichteheliche Lebensgefährte, die Stiefkinder sowie Mitarbeiter im Betrieb des Erblassers. Nicht pflichtteilsberechtigte Geschwister des Erblassers sind nur ausnahmsweise begünstigt, wenn sie bereits bei der früheren Vermögensübergabe von den Eltern auf den Erblasser übergangen worden sind und der damalige Vermögensübernehmer und jetzige Erblasser nunmehr seinem unentgeltlichen Rechtsnachfolger Versorgungsleistungen zugunsten dieser Personen auferlegt.

(2) Kritik an der Einschränkung

480 Die Einschränkung des BFH, dass der Empfänger der Versorgungsleistungen selbst kein existenzsicherndes Vermögen erhalten haben darf, ist u. E. nicht konsequent, da bei einer Übertragung zu Lebzeiten Versorgungsleistungen nicht deshalb ausgeschlossen sind, nur weil der Vermögensübergeber neben dem übertragenen Vermögen noch existenzsicherndes Vermögen zurückbehält. Sie ist im Übrigen nach Ergehen des Beschlusses des GrS vom 12. 5. 2003[4] auch äußerst problematisch, denn danach gehören auch ein selbstgenutztes Einfamilienhaus und Wertpapiervermögen zu den existenzsichernden Wirtschaftseinheiten. Begünstigte Versorgungsleistungen könnten damit – auch zugunsten des überlebenden Ehegatten – nur noch vorliegen, wenn der Empfänger der Versorgungsleistungen gänzlich von der Erbfolge ausgeschlossen und nur auf die Versorgungsleistungen verwiesen würde. Der

---

1 BFH, Urteil vom 27. 2. 1992, X R 139/88, BStBl 1992 II S. 612.
2 BFH, Urteil vom 26. 1. 1994, X R 54/92, BStBl 1994 II S. 633.
3 BFH, Urteile vom 26. 11. 2003, X R 11/01, BStBl 2004 II S. 820; vom 17. 12. 2003, X R 31/00, BFH/NV 2004 S. 1083 und vom 17. 12. 2003, X R 2/01, BFH/NV 2004 S. 1086.
4 GrS 1/00, BStBl 2004 II S. 95.

Ehegatte dürfte z. B. außer – nicht angelegtem – Bargeld keine Vermögensgegenstände erhalten. Das erscheint wenig praxisgerecht.

Wohl aus diesem Grund hat auch die FinVerw[1] zutreffend den Verweis auf die bisherige einschränkende BFH-Rechtsprechung gestrichen und sieht die Vererbung existenzsichernden Vermögens an den überlebenden Ehegatten nicht mehr als schädlich an. Später hat sich auch der BFH ausdrücklich dieser Sichtweise angeschlossen.[2]   481

(3) Vermächtnisrente an die Geschwister des Erben

Problematisch war, wenn Geschwister des Erben im Wege des Vermächtnisses eine Rente erhalten sollten. In diesen Fällen war abzugrenzen, ob es sich nicht vielmehr um verrentete Gleichstellungsgelder handelt.[3] Allerdings hat der BFH auch entschieden, dass die Erfüllung eines Vermächtnisses durch den beschwerten Erben kein Entgelt für den Erwerb des Erbteils ist und damit nicht zu Anschaffungskosten führt.[4] Vermächtnisrenten zugunsten der Geschwister des Erben waren daher – wenn es sich um verrentete Gleichstellungsgelder handelt – private Verbindlichkeiten.   482

(4) Erb- oder Pflichtteilsverzicht gegen wiederkehrende Leistungen

Werden im Zusammenhang mit einem Erb- oder Pflichtteilsverzicht wiederkehrende Leistungen erbracht, waren diese nicht nach § 10 Abs. 1 Nr. 1a EStG abziehbar und nicht nach § 22 Nr. 1 Satz 1 EStG steuerpflichtig. Der BFH hatte dies zwar mit Urteil vom 7.4.1992[5] so entschieden; diese Entscheidung ist aber mit der nachfolgenden Rechtsprechung des X. Senats nicht vereinbar und im Übrigen durch ein weiteres Urteil des BFH im zweiten Rechtszug auch korrigiert worden.[6] Das Ergebnis ist u. E. konsequent, denn der Erb- oder Pflichtteilsverzicht gegen wiederkehrende Leistungen ist kein Fall der Vermögensübergabe gegen Versorgungsleistungen zur Regelung der vorweggenom-   483

---

1 BMF-Schreiben vom 16.9.2004, BStBl 2004 I S. 922, ergibt sich indirekt aus den Rz. 40 und 41.
2 Vgl. BFH, Urteil vom 11.10.2007, X R 14/06, BStBl II 2008 S. 123.
3 BFH, Urteile vom 20.10.1999, X R 132/95, BFH/NV 2000 S. 506 und vom 20.10.1999, X R 86/96, BStBl 2000 II S. 602.
4 BFH, Urteil vom 17.10.1991, IV R 97/89, BStBl 1992 II S. 392; BMF-Schreiben vom 11.1.1993, BStBl 1993 I S. 62 und vom 11.8.1994, BStBl 1994 I S. 603, wonach Schuldzinsen zur Finanzierung von Vermächtnisschulden nicht als Betriebsausgaben oder Werbungskosten abgezogen werden können; für Erbauseinandersetzungen nach dem 31.12.2000 gilt das BMF-Schreiben vom 14.3.2006, BStBl 2006 I S. 253, mit insoweit unveränderten Grundsätzen.
5 VIII R 59/89, BStBl 1992 II S. 809.
6 BFH, Urteil vom 20.10.1999, X R 132/95, BStBl 2000 II S. 82.

menen Erbfolge. Vielmehr handelt es sich um die vorzeitige Auszahlung eines künftigen Erbteils in Raten, die mit Hilfe des Urteils des VIII. Senats vom 7.4.1992 hätte in abziehbare Sonderausgaben gekleidet werden können.

bb) Vermögensübergabeverträge, die nach dem 31.12.2007 abgeschlossen werden

484 In der Literatur ist aus der Formulierung in § 10 Abs.1 Nr.1a EStG n.F. geschlossen worden, dass nach dem 31.12.2007 Versorgungsleistungen nur noch im Zusammenhang mit der vorweggenommenen Erbfolge vereinbart werden können, nicht mehr hingegen vermächtnisweise im Testament oder Erbvertrag.[1] Geschlossen wird dies daraus, dass der Gesetzgeber von „Übertragungen" redet, rechtlich gesehen bei der Gesamtrechtsnachfolge aber keine „Übertragung" von Vermögen stattfindet. Unseres Erachtens wollte der Gesetzgeber aber so weit wohl nicht gehen, denn auch der Gesetzesbegründung ist kein Ansatzpunkt dahin gehend zu entnehmen, dass die Vereinbarung von Versorgungsleistungen für den Erbfall künftig ausgeschlossen sein soll, wenn sie mit begünstigtem Vermögen i.S.d. § 10 Abs. 1 Nr. 1a Satz 2 EStG in Zusammenhang steht. In diesem Sinne hat sich auch die FinVerw geäußert. Sie hat nämlich mit BMF-Schreiben vom 11.3.2010[2] ausdrücklich klargestellt, dass eine Vermögensübertragung i.S.d. § 10 Abs.1 Nr.1a EStG n.F. ihren Rechtsgrund auch in einer Verfügung von Todes wegen haben kann, wenn sie im Wege der vorweggenommenen Erbfolge zu Lebzeiten des Erblassers ebenfalls begünstigt wäre. Dem Abzug von Versorgungsleistungen steht es in diesen Fällen nach der neueren Rechtsprechung des BFH im Übrigen auch nicht mehr entgegen, wenn der Begünstigte durch Erbeinsetzung oder Vermächtnis ebenfalls begünstigtes Vermögen aus der Erbmasse erhält.[3]

485 (Einstweilen frei)

---

1 Vgl. Hiller, BB 2008, S. 2097.
2 BStBl 2010 I S. 227, Rz. 2.
3 BFH, Urteil vom 11.10.2008, X R 14/06, BStBl 2008 II S. 123.

e) **Stuttgarter Modell: Vermögensübergabe gegen Versorgungsleistungen mit Rückvermietung an den Vermögensübergeber (Verträge vor dem 1. 1. 2008)**

aa) **Kein Gestaltungsmissbrauch**

Wurde ein Grundstück im Rahmen der vorweggenommenen Erbfolge gegen wiederkehrende Leistungen übertragen und gleichzeitig ein Mietvertrag über das übertragene Grundstück zwischen dem Vermögensübergeber und dem Vermögensübernehmer abgeschlossen, hat die FinVerw früher dieser Gestaltung im Regelfall die Anerkennung versagt, weil sie davon ausging, dass insoweit Missbrauch rechtlicher Gestaltungsmöglichkeiten vorliegt. Den beteiligten Vertragsparteien sei es im Ergebnis wirtschaftlich darum gegangen, eine unentgeltliche Nutzungsmöglichkeit für den Vermögensübergeber herbeizuführen. Dies hätten sie jedoch auf direktem Weg durch ein unentgeltliches Nutzungsrecht erzielen können. 486

Mit Urteil vom 10. 12. 2003[1] hat der BFH allerdings entschieden, dass der Abschluss eines Mietvertrages allein keinen Gestaltungsmissbrauch darstellt, auch wenn der Mieter das Grundstück zuvor gegen wiederkehrende Leistungen auf den Vermieter übertragen hat. Der Kläger hatte im Streitfall von seinem Vater ein Zweifamilienhaus übertragen bekommen, im Gegenzug seinen Eltern im Obergeschoss des Hauses ein Wohnrecht eingeräumt und sich zur lebenslangen Zahlung von monatlich 400 DM verpflichtet. Wie im Übertragungsvertrag vorgesehen, schloss der Kläger mit seinen Eltern einen Mietvertrag, nach dem sie Miete von monatlich 500 DM zu zahlen hatten. Das Finanzamt hatte die Auffassung vertreten, dass die Werbungskostenüberschüsse aus dem Mietverhältnis nicht zu berücksichtigen seien, weil es sich um einen Gestaltungsmissbrauch handele. Dem folgte der BFH nicht: Die Eigentumsübertragung und die anschließende Vermietung seien zivilrechtlich und wirtschaftlich getrennt und auch steuerrechtlich grundsätzlich unabhängig voneinander zu beurteilen. Es sei unerheblich, ob das Eigentum unentgeltlich, gegen einen in einem Betrag geleisteten Kaufpreis, gegen Kaufpreisraten oder gegen Versorgungsleistungen übertragen worden sei. Dass die Versorgungsleistung im Wesentlichen der Miete entspreche, bedeute keinen Gestaltungsmissbrauch. Auch ein Nebeneinander von Wohnungsrecht und Mietvertrag sei zivilrechtlich zulässig und steuerrechtlich grundsätzlich nicht zu beanstanden. Insbesondere sei jede der Vereinbarungen für sich allein wirtschaftlich sinnvoll. Wer sein Grundstück gegen Versorgungsleistungen im Wege der vorweg- 487

---

1 IX R 12/01, BStBl 2004 II S. 643.

genommenen Erbfolge übertrage, erhalte damit die Mittel für seinen Lebensunterhalt, die er gleichermaßen für die Anmietung des übertragenen Objekts oder eines fremden Objekts verwenden könne; der Erwerber erhalte durch die Eigentümerstellung eine vermietbare Immobilie, deren Nutzbarkeit nicht auf die Vermietung an den Übertragenden beschränkt sei, sondern gleichermaßen eine Fremdvermietung eröffne.

488 Hinsichtlich der Rechtsposition des Vermögensübergebers mag die Argumentation des BFH nachvollziehbar sein. Hinsichtlich des Vermögensübernehmers muss sie jedoch u. E. angezweifelt werden. Denn da die Vermögensübergabe im entschiedenen Streitfall nicht nur gegen Versorgungsleistungen, sondern auch noch unter Vorbehalt eines Wohnrechts erfolgte, erlangte der Vermögensübernehmer wohl kaum die Möglichkeit der Fremdvermietung. Für den Fall, dass er das Mietverhältnis mit dem Vermögensübergeber nicht fortzusetzen gedachte, war dieser aufgrund des Wohnrechts in der rechtlichen Position, jederzeit die unentgeltliche Nutzung aufgrund seines vorbehaltenen Nutzungsrechts verlangen zu können. Aus diesem Grund wird die isolierte Überprüfung des Mietvertrags aus zivilrechtlicher Sicht und unter dem Gesichtspunkt des Fremdvergleichs unter Außerachtlassung des Schenkungsvorgangs den wirtschaftlichen Gegebenheiten nicht gerecht.

489 Wird im Zusammenhang mit einer unentgeltlichen Grundstücksübertragung gegen Versorgungsleistungen sowohl ein Nutzungsrecht als auch ein Mietverhältnis vereinbart, spricht wohl eine gewisse Vermutung dafür, dass im Ergebnis eine unentgeltliche Nutzungsmöglichkeit geschaffen werden sollte, auch wenn rein rechtlich die Anmietung einer anderen Wohnung durch den Vermögensübergeber möglich und durch die Versorgungsleistungen finanzierbar wäre. Ein fremder Dritter würde i. d. R. wohl kaum eine Wohnung zunächst verschenken, um diese anschließend als Mieter zurückzumieten. Im Übrigen ergibt sich durch die Entscheidung des BFH zudem ein Wertungswiderspruch gegenüber den Fällen, in denen Eltern ihren Kindern ein Zuwendungsnutzungsrecht an einem Grundstück einräumen und das Gebäude anschließend zurückmieten. In derartigen Fällen bejahen BFH[1] und FinVerw[2] einen Missbrauch rechtlicher Gestaltungsmöglichkeiten, weil es unter fremden Dritten nicht denkbar sei, dass man einem anderen ein Nutzungsrecht an einem Gebäude einräumt, um es anschließend entgeltlich zurückzumieten. Folglich müsse ein Nutzungsrecht grundsätzlich Vorrang vor der Anerkennung eines

---

1 BFH, Urteil vom 18.10.1990, IV R 36/90, BStBl 1991 II S. 205.
2 BMF-Schreiben vom 24.7.1998, BStBl 1998 I S. 914, Rz. 17.

abgeschlossenen Mietvertrages haben. Diese Bedenken werden durch die Fin-Verw aber wohl offensichtlich nicht geteilt, denn sie hat das Urteil im BStBl veröffentlicht; damit gilt es als allgemein anwendbar, auch wenn das BMF-Schreiben vom 16. 9. 2004[1] keine Aussagen zum sog. Stuttgarter Modell enthält.

bb) Späterer Verzicht auf ein Wohnrecht kein Gestaltungsmissbrauch

Mit Urteil vom 17. 12. 2003[2] hat der BFH einen Gestaltungsmissbrauch auch dann verneint, wenn der frühere Eigentümer auf die Ausübung eines ihm im Zusammenhang mit der Grundstücksübertragung eingeräumten unentgeltlichen Wohnungsrechts verzichtet und stattdessen später mit dem neuen Eigentümer einen Mietvertrag schließt. Ersetzen die Vertragspartner eine bisher gewährte unentgeltliche Nutzungsüberlassung durch eine entgeltliche, so stellen sie nach Auffassung des BFH eine Rechtslage her, die sie bereits beim Eigentumsübergang hätten herstellen können und deren Herstellung zu einem späteren Zeitpunkt nicht anders beurteilt werden kann. 490

Dem BFH ist u. E. sicherlich zuzugestehen, dass die Vertragsparteien die später gewählte Rechtslage auch bereits im Zeitpunkt der Grundstücksübertragung hätten wählen können. Fakt ist jedoch, dass sie sich zunächst für eine unentgeltliche Nutzungsmöglichkeit entschieden haben und gerade nicht für eine entgeltliche. Insofern hätte sich die Frage stellen müssen, ob auch ein fremder Dritter einer solchen Änderung zugestimmt hätte. Zur Frage des Fremdvergleichs findet sich jedoch in der gesamten Entscheidung des BFH kein einziger Hinweis. 491

cc) Ablösung eines Wohnrechts gegen wiederkehrende Leistungen und Mietvertrag Gestaltungsmissbrauch

Wird ein im Zusammenhang mit einer Grundstücksübertragung eingeräumtes unentgeltliches Wohnungsrecht gegen Vereinbarung wiederkehrender Leistungen aufgehoben und gleichzeitig ein Mietverhältnis mit einer Miete in Höhe der wiederkehrenden Leistungen vereinbart, kommt allerdings auch der BFH zur Annahme von Gestaltungsmissbrauch.[3] Im Streitfall hatte der Kläger von seiner Mutter ein Gebäude übertragen bekommen, an dem zugleich ein unentgeltliches Wohnrecht für die Mutter eingetragen worden war. Spä- 492

---

1 BStBl 2004 I S. 922.
2 IX R 60/98, BStBl 2004 II S. 646.
3 BFH, Urteil vom 17. 12. 2003, IX R 56/03, BStBl 2004 II S. 648.

ter verzichtete die Mutter auf das Wohnungsrecht; der Kläger verpflichtete sich, an sie ab diesem Zeitpunkt anstelle des Wohnungsrechts einen Betrag von monatlich 400 DM als dauernde Last zu zahlen. Gleichzeitig schlossen der Kläger und seine Mutter einen Mietvertrag, nach dem sie an ihn eine Miete von 400 DM zu zahlen hatte. Nach Auffassung des BFH liegt hier ein Gestaltungsmissbrauch vor, weil die Vertragsparteien durch gegenläufige Rechtsgeschäfte auf der Nutzungsebene erreicht haben, dass es nach der wirtschaftlichen Substanz der Vereinbarungen nicht zu einer entgeltlichen Nutzung kommt. Die Parteien hätten zwar wechselseitige Zahlungspflichten begründet; diese hätten sich aber ausgeglichen und hätten die Position der unentgeltlich nutzenden Mutter tatsächlich und wirtschaftlich nicht verändert. Der strittige Werbungskostenüberschuss und die dauernde Last seien daher nicht zu berücksichtigen.

493–495   (Einstweilen frei)

f) Wirtschaftsüberlassungsverträge

496   Im Rahmen eines Wirtschaftsüberlassungsvertrages können Eltern ihren Kindern anstelle der Übertragung eines land- und forstwirtschaftlichen Betriebes nur die alleinige Nutzung des gesamten Betriebes unentgeltlich, jedoch gegen Zahlung von Unterhaltsleistungen überlassen. Dies setzt voraus, dass das alleinige Nutzungsrecht an einem land- und forstwirtschaftlichen Betrieb übertragen wird, der Nutzungsberechtigte das volle Verfügungsrecht über das lebende und tote Inventar und die alleinige Entscheidungsbefugnis für alle zur Führung des Betriebs erforderlichen Maßnahmen bis zum Eintritt des Erbfalls, zumindest aber für einen längeren Zeitraum besitzt und schließlich der Nutzungsberechtigte dem Eigentümer altenteilsähnliche Versorgungsleistungen gewährt. Wie bei der Vermögensübergabe gegen Versorgungsleistungen handelt es sich beim Wirtschaftsüberlassungsvertrag um einen familienrechtlichen Vertragstypus mit erbrechtlichem Bezug, dem in aller Regel die Vermögensübertragung in Vorwegnahme der künftigen Erbregelung folgt oder der durch den Erbfall selbst beendet wird.

497   Aus diesem Grund gelten nach Auffassung des BFH[1] und der FinVerw[2] für vor dem 1.1.2008 abgeschlossene Verträge grundsätzlich die für die Vermögensübergabe gegen Versorgungsleistungen aufgestellten Grundsätze entsprechend, wenn der Wirtschaftsüberlassungsvertrag die Vorstufe zur Hof- oder

---

1   BFH, Urteil vom 18.2.1993, IV R 106/92, BStBl 1993 II S. 546.
2   BMF-Schreiben vom 16.9.2004, BStBl 2004 I S. 922, Rz. 10.

Betriebsübergabe darstellt. Ob damit allerdings auch gilt, dass die vorbehaltenen Erträge ohne weitere Vereinbarung als abänderbar und damit als in vollem Umfang nach § 10 Abs. 1 Nr. 1a EStG abziehbar und nach § 22 Nr. 1 Satz 1 EStG (ab 2008: § 22 Nr. 1b EStG) steuerpflichtig anzusehen sind, geht aus dem Urteil nicht klar hervor. Die Formulierungen des BFH deuten aber u. E. eher darauf hin, dass auf die Vereinbarungen im Einzelfall abzustellen ist. Die FinVerw äußert sich zu dieser Frage nicht.

Die Sichtweise des BFH und der FinVerw findet bislang für nach dem 31. 12. 2007 abgeschlossene Verträge keine Anwendung mehr. Die Nutzungsüberlassung im Rahmen eines Wirtschaftsüberlassungsvertrages stellt keine Vermögensübertragung auf einen anderen Rechtsträger dar, sondern bildet allenfalls die Vorstufe einer späteren Vermögensübertragung. Damit steht der Wortlaut des § 10 Abs. 1 Nr. 1a EStG n. F., der ausdrücklich eine Übertragung von Vermögen fordert, der Anerkennung von Versorgungsleistungen im Zusammenhang mit Wirtschaftsüberlassungsverträgen entgegen.[1] Entsprechendes gilt auch für Pachtverträge, die steuerrechtlich als Wirtschaftsüberlassungsverträge gewürdigt werden. Allerdings hat das Niedersächsische Finanzgericht mit Urteil vom 25. 3. 2013[2] entschieden, dass die Überlassung eines Betriebes zur Bewirtschaftung als Übertragung i. S. d. § 10 Abs. 1 Nr. 1a EStG n. F. zu sehen ist. Es bleibt daher abzuwarten, ob der BFH diese Auffassung im anhängigen Revisionsverfahren[3] stützen oder sich der Verwaltungsmeinung anschließen wird. Bis dahin bleibt in Regionen der Bundesrepublik, die reich an land- und forstwirtschaftlichen Betrieben sind und wo Wirtschaftsüberlassungsverträge wohl recht verbreitet sind, zunächst eine rechtliche Unsicherheit bestehen. 498

Für vor dem 1. 1. 2008 abgeschlossen Wirtschaftsüberlassungs- oder als solche angesehene Pachtverträge gilt allerdings Bestandsschutz. Die vereinbarten wiederkehrenden Leistungen sind weiterhin nach § 10 Abs. 1 Nr. 1a EStG a. F. und den Regelungen des BMF-Schreibens vom 16. 9. 2004[4] als Sonderausgaben abziehbar und nach § 22 Nr. 1b EStG steuerpflichtig.[5] 499

(Einstweilen frei) 500

---

[1] Gl.A. Hiller, BB 2008, S. 2097; vgl. auch BMF-Schreiben vom 11. 3. 2010, BStBl 2010 I S. 227, Rz. 22.
[2] 4 K 338/11.
[3] Az. beim BFH X R 16/13.
[4] BStBl I 2004 S. 922.
[5] Vgl. BMF-Schreiben vom 11. 3. 2010, BStBl 2010 I S. 227, Rz. 82.

6. Umfang der Versorgungsleistungen und ihre Bewertung

a) Umfang

501 Versorgungsleistungen sind alle im Zusammenhang mit einem Vermögensübergabevertrag vereinbarten wiederkehrenden Leistungen. Hierzu können insbesondere Geldleistungen, aber auch Leistungen in Geldeswert gehören, wie z. B. die Übernahme von Aufwendungen oder Sachleistungen, die die Grundbedürfnisse des Bezugsberechtigten wie Wohnen und Ernährung und den sonstigen Lebensbedarf abdecken (vgl. hierzu im Einzelnen Rn. 36 ff.).

b) Bewertung

502 Die Bewertung der Versorgungsleistungen ist abhängig von der Art der vereinbarten Leistungen. Geldleistungen sind mit dem vom Verpflichteten tatsächlich aufgewendeten Geldbetrag anzusetzen. Für Sachleistungen gelten die allgemeinen Bewertungsregeln des § 8 Abs. 2 EStG (Ansatz des um übliche Preisnachlässe geminderten Endpreises am Abgabeort). Wird allerdings ein Einzelnachweis nicht geführt, was z. B. bei Aufwendungen für freie Beköstigung i. d. R. der Fall sein dürfte, ist der Wert nach der SachbezV in der für den jeweiligen Veranlagungszeitraum geltenden Fassung zu schätzen.[1]

503 Wiederkehrende persönliche Dienstleistungen durch den Verpflichteten (Hege und Pflege des Vermögensübergebers in guten und in schlechten Tagen) sind keine nach § 10 Abs. 1 Nr. 1a EStG als Sonderausgaben abziehbaren Versorgungsleistungen, da der Verpflichtete mangels eigener Aufwendungen wirtschaftlich nicht belastet ist.[2] Nach den einleitenden Worten in § 10 EStG sind nur Aufwendungen abziehbar, also Güter, die aus dem Vermögen des Verpflichteten abfließen (§ 11 EStG). Zur Frage der Besteuerung persönlicher Dienstleistungen vgl. Rn. 36 ff. Beauftragt der Vermögensübernehmer hingegen einen Dritten mit der Pflege, z. B. durch die Unterbringung des Vermögensübernehmers in einem Pflegeheim oder die Anstellung einer Pflegekraft, so sind die dadurch entstandenen Aufwendungen (Unterbringungskosten für das Pflegeheim, Lohnaufwand für die Pflegekraft) im Regelfall als dauernde Last abziehbar und korrespondierend hiermit beim Berechtigten als wiederkehrende Bezüge zu versteuern.[3]

---

1 BFH, Urteil vom 18. 12. 1990, X R 151/88, BStBl 1991 II S. 354.
2 BFH, Urteil vom 28. 7. 1983, IV R 174/80, BStBl 1984 II S. 97; gl. A. E. Becker, Die Grundlagen der Einkommensteuer, S. 338; Biergans, S. 22; Herrmann/Heuer/Raupach, § 10, Anm. 42; Kirchhof/Söhn, § 10 Rn. D 86; Littmann/Bitz/Hellwig, § 10 Rn. 57.
3 BFH, Urteil vom 22. 1. 1992, X R 35/89, BStBl 1992 II S. 552.

c) Wohnraumüberlassung an den Berechtigten

Ist der Vermögensübernehmer aufgrund eines im Rahmen des Versorgungsvertrages vereinbarten oder vorbehaltenen Nutzungsrechts verpflichtet, dem Vermögensübergeber Wohnraum zu überlassen, ist bei vor dem 1.1.2008 abgeschlossenen Vermögensübergabeverträgen zunächst Voraussetzung für die Anerkennung einer begünstigten Vermögensübergabe, dass eine existenzsichernde und ausreichend ertragbringende Wirtschaftseinheit übertragen wurde. Dies ist nur dann der Fall, wenn neben der wohnrechtsbelasteten Wohnung weiteres Vermögen übertragen wurde, das ausreichend ertragbringend ist, um die vereinbarten Versorgungsleistungen abzudecken. War Gegenstand der Vermögensübergabe nur die mit dem Wohnrecht belastete Wohnung, liegt schon gar keine begünstigte Vermögensübergabe vor, weil aus der belasteten Wohnung vom Vermögensübernehmer keine Erträge erwirtschaftet werden. Anders als bei der Selbstnutzung der übertragenen Wohnung durch den Vermögensübernehmer (vgl. hierzu Rn. 255 ff.), gilt die ersparte Nettomiete in diesen Fällen nicht als Ertrag. Bei nach dem 31.12.2007 abgeschlossenen Verträgen muss neben der wohnrechtsbelasteten Wohnung noch zusätzlich begünstigtes Vermögen i. S. d. § 10 Abs. 1 Nr. 1a EStG n. F. (Betrieb, Teilbetrieb, bestimmter Mitunternehmer- oder GmbH-Anteil) übertragen werden.

504

Nach Wegfall der Nutzungswertbesteuerung sind allerdings nur noch die mit der Nutzungsüberlassung zusammenhängenden nutzungsbedingten Kosten abziehbare Sonderausgaben nach § 10 Abs. 1 Nr. 1a EStG, wenn sich der Vermögensübernehmer zur Übernahme dieser Kosten gegenüber dem Versorgungsempfänger verpflichtet hat (z. B. Übernahme der Kosten für Strom, Wasser, Heizung und Kosten der Instandhaltung der genutzten Wohnung, soweit sie der Erhaltung des im Zeitpunkt der Übergabe vertragsgemäßen Zustandes der Wohnung dienen). Kosten, die der Vermögensübernehmer aus eigener Rechtspflicht zu tragen hat, wie z. B. öffentliche Lasten, Gebäudeversicherungen, Finanzierungskosten oder anteilige AfA scheiden beim Sonderausgabenabzug aus, weil sie das Versorgungsbedürfnis des Berechtigten nicht berühren. Nur die Aufwendungen, die beim Verpflichteten als Sonderausgaben abziehbar sind, führen beim Berechtigten zu Einnahmen nach § 22 Nr. 1 Satz 1 EStG (ab 2008: § 22 Nr. 1b EStG).

505

d) Außergewöhnliche Instandhaltungskosten

Wendet der Vermögensübernehmer außergewöhnliche Instandhaltungskosten auf das wohnrechtsbelastete Gebäude auf, wurde zunächst die Auffas-

506

sung vertreten, dass diese grundsätzlich nicht als Sonderausgaben abziehbar sind.

507 Das BFH-Urteil vom 25. 8. 1999[1] lässt jedoch den Schluss zu, dass auch außergewöhnliche Modernisierungsmaßnahmen Versorgungsleistungen sein können, wenn der Vermögensübernehmer sich im Übergabevertrag eindeutig und klar dem Vermögensübergeber gegenüber verpflichtet. Eine klare Aussage hierzu enthält das Urteil jedoch nicht. FG Nürnberg hat mit Urteil vom 19. 3. 1998[2] ausdrücklich die Aussage getroffen, das auch die außergewöhnlichen Instandhaltungen in erster Linie dem Nutzungsberechtigten zugute kommen, da sie – zumindest zu einem Teil – während der Nutzung durch diesen verbraucht werden. Dies hat der BFH in Fortführung seines Urteils vom 25. 8. 1999 mit Urteil vom 15. 3. 2000[3] bestätigt. Hat der Vermögensübergeber sich an Räumen einer zum übertragenen Vermögen gehörenden Wohnung ein Wohnrecht vorbehalten, könne die Verpflichtung des Übernehmers, die Wohnung instand zu halten, bei diesem eine dauernde Last begründen. Als Versorgungsleistungen abziehbar seien jedoch nur Aufwendungen, die der Erhaltung des im Zeitpunkt der Übergabe vertragsgemäßen Zustandes der Wohnung dienen würden. Außerdem hat der BFH noch mal deutlich darauf hingewiesen, dass wegen des offenkundigen Interesses des Eigentümers an Modernisierungsmaßnahmen abziehbare dauernde Lasten nur vorliegen, wenn sich der Übernehmer hierzu im Übergabevertrag klar und eindeutig gegenüber dem Übergeber verpflichtet hat.

508 Die FinVerw hat sich bereits mit BMF-Schreiben vom 26. 8. 2002[4] dieser Auffassung angeschlossen und mit BMF-Schreiben vom 16. 9. 2004[5] noch mal ausdrücklich klargestellt, dass es einer bürgerlich-rechtlich wirksamen Verpflichtung des Vermögensübernehmers zur Instandhaltung bedarf. Mit BMF-Schreiben vom 11. 3. 2010,[6] hat sie die Auffassung für nach dem 31. 12. 2007 abgeschlossene Vermögensübergabeverträge beibehalten.

e) Kosten für ein Grabmal und für Beerdigungskosten

509 Hat sich der Vermögensübernehmer gegenüber den Vermögensübergebern verpflichtet, die Kosten eines ortsüblichen Grabmals zu tragen, sind die da-

---

1 X R 38/95, BStBl 2000 II S. 21.
2 IV 215/97, EFG 1998 S. 1391.
3 X R 50/98, BFH/NV 2000 S. 1089.
4 BStBl 2002 I S. 893.
5 BStBl 2004 I S. 922, Rz. 45.
6 BStBl 2010 I S. 227, Rz. 46.

durch nach dem Tod des Erstverstorbenen entstandenen Aufwendungen nach dem Urteil des BFH vom 15.2.2006[1] als dauernde Last i.S.d. § 10 Abs. 1 Nr. 1a EStG abziehbar und korrespondierend damit beim überlebenden Ehegatten als sonstige Einkünfte i.S.d. § 22 Nr. 1 Satz 1 EStG (für Veranlagungszeiträume ab 2008 nach § 22 Nr. 1b EStG) steuerpflichtig, soweit sie angemessen sind. U.E. ist äußerst zweifelhaft, ob dies mit der Systematik des Vermögensübergabevertrags in Einklang steht, denn danach endet die Versorgungsbedürftigkeit mit dem Tod des Berechtigten. Außerdem kann die Entscheidung, ob begünstigte Versorgungsleistungen vorliegen oder nicht wohl nicht – wie der BFH es getan hat – davon abhängig gemacht werden, ob der andere Ehegatte noch lebt (Voraussetzung, um die Einkünfte nach § 22 Nr. 1 bzw. Nr. 1b EStG aufgrund des Korrespondenzprinzips überhaupt jemandem zurechnen zu können). Darüber hinaus ist zu bedenken, dass mit dem Grabmal auch in gewisser Weise ein Gegenwert erworben wird. Dies steht einem Abzug von Aufwendungen im Bereich der privaten Vermögenssphäre im Regelfall – z. B. bei den außergewöhnlichen Belastungen – entgegen. Ungeachtet dessen hat die FinVerw jedoch durch die Veröffentlichung des Urteils im Bundessteuerblatt dokumentiert, dass sie beabsichtigt, es allgemein anzuwenden.

Der BFH hatte allerdings Gelegenheit sich erneut mit dieser Problematik auseinanderzusetzen. Das Finanzgericht Münster hatte mit Urteil vom 4.12.2008[2] die Beerdigungskosten für den letztversterbenden Altenteilsberechtigten beim Vermögensübernehmer als dauernde Last i.S.d. § 10 Abs. 1 Nr. 1a EStG anerkannt. Die Beerdigungskosten seien als Annex zu den zu Lebzeiten erbrachten Leistungen zu verstehen. Dass diese postmortalen Leistungselemente bei keinem der Altenteilsberechtigten mehr der Besteuerung unterliegen könnten, stelle keine schädliche Verletzung des Korrespondenzprinzips dar. Das Finanzgericht München hingegen hatte den Abzug mit Urteil vom 11.2.2009[3] davon abhängig gemacht, dass der Vermögensübergeber nicht selbst der Erbe des verstorbenen Berechtigten ist. Der BFH hat sich mit Urteil vom 19.1.2010 der Auffassung des Finanzgerichts München angeschlossen.[4]

510

---

1 X R 5/04, BStBl II 2007 S. 160.
2 2 K 1833/07 E, EFG 2009, S. 1377.
3 10 K 4454/07, EFG 2009, S. 1455.
4 X R 17/09, BStBl 2010 II S. 544; der Auffassung des FG Münster ist der BFH mit Gerichtsbescheid vom 19.1.2010, X R 32/09, BStBl 2011 1 II S. 62 entgegengetreten.

f) Aufteilung der wiederkehrenden Leistungen bei Mitübertragung von nicht begünstigtem Vermögen

511 Durch die Einschränkung der begünstigt zu übertragenden Wirtschaftseinheiten durch die Neufassung des § 10 Abs. 1 Nr. 1a EStG durch das JStG 2008 stellt sich künftig vermehrt die Frage, in welchem Umfang Versorgungsleistungen abziehbar sind, wenn neben dem begünstigten auch nicht begünstigtes Vermögen im Rahmen eines einheitlichen Vermögensübergabevertrages oder einer Verfügung von Todes wegen übertragen wird. Die FinVerw hat hierzu im BMF-Schreiben vom 11. 3. 2010[1] klargestellt, dass für die Zuordnung der Versorgungsleistungen die konkrete Vereinbarung im Übergabevertrag maßgebend ist. Es wird allerdings grundsätzlich nicht beanstandet, wenn die wiederkehrenden Leistungen in vollem Umfang der Übertragung des begünstigten Vermögens zugeordnet werden. Wirft das begünstigte Vermögen im Zeitpunkt der Vermögensübergabe im Verhältnis zu den vereinbarten wiederkehrenden Leistungen durchschnittlich nur geringe Erträge ab oder wird keine konkrete Vereinbarung getroffen, sind die wiederkehrenden Leistungen anhand eines angemessenen Maßstabs (z. B. Verhältnis der Erträge der einzelnen Vermögenswerte aufzuteilen. Vor diesem Hintergrund sollte also bei der Abfassung von Vermögensübergabeverträgen auf eine konkrete Zuordnung der Versorgungsleistungen geachtet werden, wenn neben einem Betrieb, Teilbetrieb oder begünstigten Mitunternehmer- bzw. GmbH-Anteil auch nicht begünstigtes Vermögen (z. B. Kapitalvermögen, Mietwohngrundstück, selbst genutzte Immobilie) mit übertragen wird. Erfolgt durch die FinVerw eine Aufteilung der vereinbarten Versorgungsleistungen, weil z. B. keine Vereinbarung getroffen wurde, ist zu beachten, dass die dem nicht begünstigten Vermögen zugeordneten wiederkehrenden Leistungen Entgelt für die Vermögensübertragung darstellen und damit u. U. steuerpflichtige Veräußerungsgeschäfte ausgelöst werden.

512–515 (Einstweilen frei)

---

1 BStBl 2010 I S. 227, Rz. 47.

7. Korrespondenzprinzip zwischen § 10 Abs. 1 Nr. 1a EStG und § 22 Nr. 1b EStG

a) Besteuerung der Versorgungsleistungen beim Empfänger

In Anlehnung an die Rechtsprechung des BFH[1] hat die FinVerw in Rz. 46 des BMF-Schreibens vom 16. 9. 2004[2] festgelegt, dass eine Korrespondenz zwischen dem Sonderausgabenabzug beim Vermögensübernehmer und der Besteuerung beim Vermögensübergeber besteht. Im Zusammenhang mit einer Vermögensübergabe vereinbarte Versorgungsleistungen sind vom Berechtigten als Einkünfte aus wiederkehrenden Bezügen nach § 22 Nr. 1 Satz 1 EStG zu versteuern, soweit der Verpflichtete zum Abzug der Leistungen als Sonderausgaben nach § 10 Abs. 1 Nr. 1a EStG berechtigt ist. Dies gilt sowohl dem Grunde als auch der Höhe nach.[3] Es kommt im Übrigen nicht darauf an, dass sich die wiederkehrenden Leistungen tatsächlich steuermindernd ausgewirkt haben, sondern nur dass sie vom Grundsatz her als Sonderausgaben abziehbar sind. 516

Dem steht nicht entgegen, dass es ein generelles Korrespondenzprinzip nicht gibt (vgl. hierzu Rn. 76). Insoweit liegt im Bereich des Rechtsinstituts des Vermögensübergabevertrages eine Sondersituation vor, die sich mit der Unentgeltlichkeit der Vermögensübergabe begründet. Weil der Vermögensübernehmer die Einkünfte erzielt, sie aber letztlich in Höhe der Versorgungsleistungen dem Vermögensübergeber zur Verfügung stehen, wird über den Sonderausgabenabzug verbunden mit der Besteuerung beim Empfänger ein rechtstechnischer Einkünftetransfer geschaffen, der aus diesem Grund eine Korrespondenz bedingt. 517

Zum Teil wird in der Literatur die Auffassung vertreten, dass sich die Abziehbarkeit als Sonderausgaben ergibt, weil die wiederkehrenden Bezüge aufgrund ihrer Wiederkehr nach § 22 Nr. 1 Satz 1 EStG steuerpflichtig sind. Diese Argumentation erscheint u. E. nicht systemgerecht – zumal der BFH es auch ablehnt, Einkünfte i. S. d. § 22 Nr. 1 Satz 1 EStG allein aufgrund ihrer Wiederkehr anzunehmen (vgl. Rn. 56 ff.). Sie wird im Übrigen vom GrS in seinem Beschluss vom 12. 5. 2003[4] ebenfalls abgelehnt. Bei der Vermögensübergabe ist die Argumentationskette genau andersherum. 518

---

1 BFH, Urteil vom 26. 7. 1995, BStBl II 1996 S. 157 und vom 31. 3. 2004, BStBl II 2004 S. 830.
2 BStBl I 2004 S. 922.
3 BFH, Urteil vom 26. 7. 1995, X R 113/93, BStBl 1996 II S. 157.
4 GrS 1/00, BStBl 2004 II S. 95.

519 Der Gesetzgeber hat das Korrespondenzprinzip im Rahmen des JStG 2008 im Gesetz verankert. Gem. § 22 Nr. 1b EStG hat der Empfänger Einkünfte aus Versorgungsleistungen, soweit sie nach § 10 Abs. 1 Nr. 1a EStG vom Geber abgezogen werden können. Die Regelung gilt für alle Vermögensübergabeverträge – unabhängig vom Zeitpunkt des Abschlusses des Vertrages. Die „Rückwirkung" für Altverträge ist nicht zu beanstanden, denn ob sich die Korrespondenz aus § 22 Nr. 1 Satz 1 EStG i.V.m. Rz. 46 des BMF-Schreibens vom 16. 9. 2004 oder über § 22 Nr. 1b EStG ergibt, führt zum gleichen Ergebnis. Auch für Altverträge hat sich die Höhe der steuerpflichtigen Versorgungsleistungen durch die neue Besteuerungsnorm aufgrund der Korrespondenz mit dem Sonderausgabenabzug nicht geändert.

520 Im Vorgriff auf eine im JStG 2010 vorgenommene gesetzliche Bereinigung hatte die Finanzverwaltung bereits ergänzend geregelt, dass bei der Ermittlung der Einkünfte nach § 22 Nr. 1b EStG der Werbungskosten-Pauschbetrag i. H. v. 102 € gem. § 9a Satz 1 Nr. 3 EStG abzuziehen ist.[1] Eine entsprechende Ergänzung dieser Vorschrift war im JStG 2008 zunächst vergessen worden.

b) Unbeschränkte Steuerpflicht des Empfängers der Versorgungsleistungen

521 Um das Korrespondenzprinzip durchgängig gewährleisten zu können, war es ergänzend erforderlich, in § 10 Abs. 1 Nr. 1a EStG den Sonderausgabenabzug auf unbeschränkt einkommensteuerpflichtige Empfänger der Versorgungsleistungen einzuschränken. Ergänzend dazu trägt die Einfügung von § 1a Abs. 1 Nr. 1a EStG den EG-vertraglichen Bestimmungen Rechnung, indem auf Grund der EG-vertraglich garantierten Freizügigkeit der Sonderausgabenabzug auch gewährt wird, wenn die Versorgungsleistungen von einem unbeschränkt einkommensteuerpflichtigen Staatsangehörigen eines Mitgliedsstaates der EU oder des EWR gewährt werden, der Empfänger der Leistung seinen Wohnsitz oder gewöhnlichen Aufenthalt im Hoheitsgebiet eines dieser Staaten hat und die Besteuerung der Versorgungsleistungen beim Empfänger durch eine Bescheinigung der zuständigen ausländischen Steuerbehörde nachgewiesen wird.

522 Diese Verknüpfung hat zur Folge, dass der Sonderausgabenabzug bei Wohnsitzverlegung des Empfängers der Versorgungsleistungen auch zu einem späteren Zeitpunkt entfallen kann. Verzieht der Empfänger der Versorgungsleistungen nämlich in einen Mitgliedstaat der EU oder des EWR, in dem Versorgungsleistungen nicht der Besteuerung unterliegen oder in ein Land außerhalb

---

1 BMF-Schreiben vom 11. 3. 2010, BStBl 2010 I S. 227, Rz. 53.

der EU, entfällt ab dem Zeitpunkt der Sonderausgabenabzug für den Vermögensübernehmer. Es liegen dann ab diesem Zeitpunkt nicht abziehbare Unterhaltsleistungen i. S. d. § 12 Nr. 2 EStG vor.[1] Da der Steuervorteil aus dem Sonderausgabenabzug möglicherweise in die Bemessung der Versorgungsleistungen eingeflossen ist, muss an solche Sachverhaltsänderungen möglicherweise schon bei der Abfassung des Versorgungsvertrags gedacht werden. Ist der Empfänger der Versorgungsleistungen hingegen im Zeitpunkt des Abschlusses des Vermögensübergabevertrages nicht unbeschränkt einkommensteuerpflichtig und erfüllt auch nicht die Voraussetzungen des § 1a Abs. 1 Nr. 1a EStG, liegen nach Auffassung der FinVerw zunächst nicht abziehbare Unterhaltsleistungen vor. Tritt zu einem späteren Zeitpunkt die unbeschränkte Steuerpflicht ein oder werden die Voraussetzungen des § 1a Abs. 1 Nr. 1a EStG erfüllt, können die Leistungen ab diesem Zeitpunkt vom Vermögensübernehmer nach § 10 Abs. 1 Nr. 1a EStG als Sonderausgaben abgezogen werden und müssen vom Empfänger dann entsprechend versteuert werden.

Ist hingegen der Vermögensübernehmer in Deutschland nicht oder nur beschränkt einkommensteuerpflichtig, hat der Empfänger der Versorgungsleistungen diese nicht zu versteuern, da der Vermögensübernehmer die wiederkehrenden Leistungen nicht als Sonderausgaben nach § 10 Abs. 1 Nr. 1a EStG abziehen kann.[2]

8. Versorgungsleistungen, die mit Einkünften in Zusammenhang stehen, die bei der Veranlagung außer Betracht bleiben

Der Gesetzgeber hat in § 10 Abs. 1 Nr. 1a Satz 1 EStG den Sonderausgabenabzug von Versorgungsleistungen davon abhängig gemacht, dass diese nicht mit Einkünften in Zusammenhang stehen, die bei der Veranlagung außer Betracht bleiben. Diese Formulierung fand sich auch bereits in den Vorgängervorschriften des § 10 Abs. 1 Nr. 1a EStG – ohne dass jedoch bisher Ausschlussfälle konkret benannt worden wären. U. E. hatte das Tatbestandsmerkmal schon vor der gesetzlichen Änderung der Vorschrift des § 10 Abs. 1 Nr. 1a EStG im Rahmen des JStG 2008 im Grunde genommen keine Bedeutung mehr, nachdem die Rechtsprechung die Vorschrift auf unentgeltliche Vermögensübergaben gegen Versorgungsleistungen eingeschränkt hatte. Da Versorgungsleistungen in diesen Fällen kein Entgelt für die Vermögensübertragung

523

524

---

1 Vgl. auch BMF-Schreiben vom 11. 3. 2010, BStBl 2010 I S. 227, Rz. 54.
2 Vgl. auch BMF-Schreiben vom 11. 3. 2010, BStBl 2010 I S. 227, Rz. 55.

darstellten und damit dem unentgeltlich übertragenen Teil des Vermögens zugerechnet wurden, bestand u. E. weder ein Zusammenhang mit Einkünften, die in die Veranlagung einzubeziehen waren, noch mit solchen, die bei der Veranlagung außer Betracht blieben.[1] Die Erträge des übertragenen Vermögens dienten zwar als Bezugsgröße für die Ermittlung bis zu welcher Höhe wiederkehrende Leistungen Transfer von Erträgen darstellten. Die wiederkehrenden Leistungen waren aber im Ergebnis Unterhaltsleistungen, die nur aufgrund bestimmter Rahmendaten zum steuerlichen Abzug zugelassen wurden. Hieran hat sich u. E. auch nach der gesetzlichen Änderung des § 10 Abs. 1 Nr. 1a EStG durch das JStG 2008 nichts geändert.

525 Soweit in der Literatur die Diskussion eröffnet wurde, dass möglicherweise Versorgungsleistungen in Zusammenhang mit der Übertragung von – vor dem 1. 1. 2008 übertragenem – Kapitalvermögen ab dem 1. 1. 2009 vom Sonderausgabenabzug ausgeschlossen sein könnten, da die Kapitalerträge dann grundsätzlich der Abgeltungsteuer unterlägen und nicht mehr in die Veranlagung einzubeziehen seien[2] und der Versuch unternommen wird, aus dem Veranlagungswahlrecht in § 32d Abs. 4 EStG eine „Rettung" herzuleiten,[3] findet u. E. eine Scheindiskussion statt. Das Problem gab es vor dem JStG 2008 nicht und es gibt es auch jetzt nicht. Dem Gesetzgeber könnte lediglich vorgehalten werden, warum er dieses eigentlich überflüssige Tatbestandsmerkmal in der gesetzlichen Vorschrift beibehalten hat. Hinsichtlich der Abgeltungsteuer (§ 32d EStG), des Halb- und Teileinkünfteverfahren (§ 3 Nr. 40 EStG) und der Vergütungen i. S. d. § 18 Abs. 1 Nr. 4 (§ 3 Nr. 40a EStG) hat die FinVerw mit BMF-Schreiben vom 11. 3. 2010[4] diese Auffassung auch bestätigt, indem sie ausdrücklich klarstellt, dass die genannten Vorschriften dem Sonderausgabenabzug nach § 10 Abs. 1 Nr. 1a EStG nicht entgegenstehen.

525a Versorgungsleistungen, die mit steuerfreien Einkünften des Übernehmers – z. B. aufgrund eines DBA – in wirtschaftlichem Zusammenhang stehen, sollen hingegen nicht als Sonderausgaben abziehbar sein. Unseres Erachtens müsste diese Vorschrift leer laufen, da ein wirtschaftlicher Zusammenhang aus den in Rn. 524 genannten Gründen nicht besteht. Es bleibt aber wohl abzuwarten, wie die Rechtsprechung sich in einschlägigen Fällen äußern wird.

---

1 Vgl. insoweit auch Kulosa, Herrmann/Heuer/Raupach § 10 EStG Anm. 92.
2 Vgl. Schulze zur Wiesche, BB 2007, S. 2379.
3 Vgl. Röder, DB 2008, S. 146.
4 BStBl 2010 I S. 227, Rz. 49.

9. Maßgeblicher Rechtsakt für die Anwendung des § 10 Abs. 1 Nr. 1a EStG in der Fassung des JStG 2008

Die gesetzliche Neuregelung des § 10 Abs. 1 Nr. 1a EStG kommt zur Anwendung für nach dem 31.12.2007 abgeschlossene Übertragungsverträge. Maßgeblich abzustellen ist hierbei auf die schuldrechtliche Vereinbarung – also bei einer Vermögensübertragung zu Lebzeiten in der Regel auf den Abschluss des notariellen Vermögensübergabevertrages. Bedarf eine schuldrechtliche Vereinbarung einer staatlichen Genehmigung (z. B. familien-, vormundschafts- oder nachlassgerichtlichen Genehmigung), wirkt die Erteilung dieser Genehmigung auf den Zeitpunkt der Vornahme des Rechtsgeschäfts zurück, wenn die Vertragsparteien alles in ihrer Macht stehende getan haben, um einen wirksamen zivilrechtlichen Vertrag abzuschließen. Steht die schuldrechtliche Vereinbarung unter einer aufschiebenden Bedingung, tritt die von der Bedingung abhängige Wirkung erst mit dem Eintritt der aufschiebenden Bedingung ein.[1]

525b

Ist Rechtsgrundlage für die Versorgungsleistungen eine Verfügung von Todes wegen, ist § 10 Abs. 1 Nr. 1a EStG in der Fassung des JStG 2008 nach Auffassung der FinVerw anzuwenden, wenn der Erbfall nach dem 31.12.2007 eintritt. Ergibt sich der Anspruch auf Versorgungsleistungen aus einem in einer Verfügung von Todes wegen geregelten Vermächtnis, ist auf den Zeitpunkt des Anfalls des entsprechenden Vermächtnisses, also auf den Zeitpunkt der schuldrechtlichen Entstehung des Vermächtnisanspruchs oder der Auflagenbegünstigung abzustellen.[2] Der Auffassung der FinVerw ist zuzustimmen, denn es erscheint nicht gerechtfertigt, durch Abstellen auf den Zeitpunkt der Erstellung eines Testaments oder Erbvertrags langfristig die alte Rechtslage zu sichern – ohne zu wissen, ob die Regelungen des Testaments jemals greifen werden, da ein solches schließlich jederzeit wieder geändert werden kann. Eine verlässliche Rechtsgrundlage liegt folglich erst vor, wenn der Erbfall eingetreten ist.

525c

---

1 Vgl. BMF-Schreiben vom 11.3.2010, BStBl 2010 I S. 227, Rz. 84.
2 Vgl. BMF-Schreiben vom 11.3.2010, BStBl 2010 I S. 227, Rz. 83.

II. Veräußerung von Privatvermögen gegen wiederkehrende Leistungen

1. Rechtsentwicklung

a) Ältere Rechtsprechung

526 Nachdem infolge der Änderungen durch das StNeuOG vom 16.12.1954[1] Leibrenten – mit oder ohne Gegenleistung – ab dem Veranlagungszeitraum 1955 nur noch mit dem Ertragsanteil besteuert wurden, stellte sich der BFH zunächst auf den Standpunkt, dass die Besteuerung wiederkehrender Bezüge, die keine Leibrenten sind, nach Verrechnung mit der Gegenleistung auch in den Fällen erfolgen müsse, in denen die Gegenleistung nicht auf einem Veräußerungsgeschäft, sondern auf einem Versorgungsgeschäft beruhte.[2] Allerdings wurde dies mit Urteil vom 16.9.1965[3] wieder auf kaufähnliche und darlehensähnliche Vorgänge eingeschränkt.

527 In der Folgezeit hat der BFH allgemein den Grundsatz aufgestellt, dass entgeltlich im Austausch mit einer Gegenleistung gewährte wiederkehrende Bezüge nur insoweit steuerbar seien, als der Wert der wiederkehrenden Bezüge den Wert der Gegenleistung übersteige.

528 Der Große Senat des BFH hat diesen Grundsatz mit Beschluss vom 15.7.1991[4] im Ergebnis bestätigt. Eine Aufteilung der wiederkehrenden Bezüge in einen (nicht steuerbaren) Kapitalanteil und einen (steuerbaren) Ertragsanteil wurde dabei nur bei der Veräußerungsleibrente vorgenommen. Bei den abänderbaren wiederkehrenden Leistungen blieb es dabei, dass zunächst der volle Betrag mit der Gegenleistung verrechnet wurde. Erst wenn diese aufgezehrt war, unterlagen die wiederkehrenden Bezüge in voller Höhe der Besteuerung nach § 22 Nr. 1 Satz 1 EStG. Die Besteuerung korrespondierte dabei mit der Abziehbarkeit nach § 10 Abs. 1 Nr. 1a EStG. Während der Ertragsanteil der Leibrente von Beginn an abziehbar war, war eine dauernde Last nur abziehbar, soweit der Wert der Gegenleistung überschritten wurde.[5]

---

1 BGBl 1954 I S. 373; BStBl 1954 I S. 575.
2 BFH, Urteile vom 28.6.1963, VI 321/61 U, BStBl 1963 III S. 424 und vom 27.5.1964, I 379/61 U, BStBl 1964 III S. 475.
3 IV 67/61 S, BStBl 1965 III S. 706; bestätigt durch BFH, Urteile vom 17.12.1965, VI 294/64 U, BStBl 1966 III S. 244 und vom 27.9.1973, VIII R 71/69, BStBl 1974 II S. 101.
4 GrS 1/90, BStBl 1992 II S. 78.
5 BFH, Urteil vom 4.4.1989, X R 14/85, BStBl 1989 II S. 779.

II. Veräußerung von Privatvermögen gegen wiederkehrende Leistungen

Das BVerfG hat die Verrechnung der dauernden Last mit dem Wert der Gegenleistung entsprechend dem Gebot, die Besteuerung grundsätzlich an der wirtschaftlichen Leistungsfähigkeit auszurichten, verfassungsrechtlich nicht beanstandet.[1]

529

b) Neuere Rechtsprechung

Nach der neueren Rechtsprechung des BFH[2] sind auch abänderbare oder zeitlich befristete wiederkehrende Leistungen im Zusammenhang mit einer Gegenleistung über die gesamte Laufzeit in einen Zins- und einen Tilgungsanteil zu zerlegen. Der Kapital- oder Tilgungsanteil ist als Vermögensumschichtung nicht steuerbar. Der Zinsanteil der wiederkehrenden Leistungen führt beim Empfänger zu Einkünften aus Kapitalvermögen (§ 20 Abs. 1 Nr. 7 EStG).

530

Der BFH begründet seine Auffassung damit, dass die für Leibrenten verlangte Trennung der Vermögensumschichtung vom Rentenertrag auch für andere wiederkehrende Bezüge im Austausch mit einer Gegenleistung gelten müsse. Dies ergebe sich aus den normativen Grundwerten des § 2 Abs. 1 EStG, nach denen eine bloße Vermögensumschichtung grundsätzlich nicht steuerbar sei. Ein tragfähiger Grund, bei abänderbaren wiederkehrenden Leistungen anders zu verfahren als bei Leibrenten, bestehe nicht.

531

c) Auffassung der Finanzverwaltung

Die FinVerw hat sich der neueren Rechtsprechung des BFH angeschlossen.[3] Wiederkehrende Leistungen (Leibrenten, Zeitrenten, abänderbare wiederkehrende Leistungen) im Zusammenhang mit entgeltlichen Rechtsgeschäften sind danach von Beginn an in einen Zins- und einen Tilgungsanteil zu zerlegen. Der Tilgungsanteil unterliegt als Vermögensumschichtung nicht der Besteuerung.

532

Während allerdings die Rechtsprechung des BFH davon ausgeht, dass auch der Zinsanteil einer Veräußerungsleibrente nach § 20 Abs. 1 Nr. 7 EStG als Einkünfte aus Kapitalvermögen zu versteuern ist, hält die FinVerw daran fest, dass der Ertragsanteil einer Veräußerungsleibrente nach wie vor nach § 22 Nr. 1 Satz 3

533

---

1 BVerfG, Urteil vom 18. 2. 1988, 1 BvR 930/86, HFR 1989 S. 271.
2 BFH, Urteile vom 27. 2. 1992, X R 136/88, BStBl 1992 II S. 609; vom 25. 11. 1992, X R 34/89, BStBl 1996 II S. 663; vom 25. 11. 1992, X R 91/89, BStBl 1996 II S. 666; vom 26. 11. 1992, X R 187/87, BStBl 1993 II S. 298; vom 9. 2. 1994, IX R 110/90, BStBl 1995 II S. 47 und vom 18. 10. 1994, IX R 46/88, BStBl 1995 II S. 169.
3 Zunächst mit BMF-Schreiben vom 23. 12. 1996, BStBl 1996 I S. 1508; letzte Fassung BMF-Schreiben vom 11. 3. 2010, BStBl 2010 I S. 227.

Buchst. a (ab 2005: Doppelbuchst. bb) EStG zu versteuern ist. Nur den Zinsanteil von zeitlich befristeten oder von abänderbaren wiederkehrenden Leistungen erfasst sie als Einkünfte aus Kapitalvermögen.[1]

534–535 (Einstweilen frei)

d) Stellungnahme

536 U. E. ist die neuere Rechtsprechung des BFH nicht ganz unproblematisch, da sich die entscheidenden Senate mit der jahrelangen Rechtsprechung und Verwaltungspraxis sowie mit dem Wortlaut, Sinn und der Entstehungsgeschichte des § 22 Nr. 1 EStG nicht auseinandergesetzt haben. So sieht z. B. § 22 Nr. 1 Satz 3 Buchst. a (ab 2005: Doppelbuchst. bb) EStG die Aufteilung der wiederkehrenden Leistungen in einen Ertragsanteil und einen Kapitalanteil nur bei Leibrenten vor, nicht aber bei anderen wiederkehrenden Bezügen.

537 Gleichwohl ist der Rechtsprechung letztlich zuzustimmen. Die wortgetreue Auslegung des Gesetzes mag sicherlich dem Willen des Gesetzgebers bei der Verabschiedung des StNeuOG vom 16. 12. 1954 entsprochen haben. Die in § 2 EStG zum Ausdruck kommende Grundwertung des Gesetzgebers, wonach Vermögensumschichtungen keine steuerbaren Einnahmen sind, erfordert aber u. E. zwischenzeitlich ein anderes Ergebnis. Durch die Abgrenzung der unentgeltlichen Vermögensübergabe gegen Versorgungsleistungen im Wege der vorweggenommenen Erbfolge von den entgeltlichen Vermögensübertragungen gegen wiederkehrende Leistungen wird die steuerrechtliche Einordnung der wiederkehrenden Leistungen anhand der Begrifflichkeiten „Leibrente", „dauernde Last" und „Zeitrente" den jeweiligen Grundsätzen dieser Rechtsgeschäfte nicht mehr gerecht. Bei entgeltlichen Rechtsgeschäften kann es daher keinen Unterschied machen, ob die gestreckte Gegenleistung in Form von Kaufpreisraten, Veräußerungsleibrenten, abänderbaren wiederkehrenden Leistungen oder Zeitrenten erfolgt. Es wäre folglich nur schwer begründbar, warum Kaufpreisraten und Leibrenten von Beginn an einen Zinsanteil enthalten, abänderbare wiederkehrende Leistungen und Zeitrenten aber nicht.

538 Aus Gründen der Rechtssicherheit wäre es jedoch wünschenswert, wenn der Gesetzgeber die grundsätzlich auch von der FinVerw in 1996 aufgegriffenen Grundsätze der BFH-Rechtsprechung in den einschlägigen gesetzlichen Vorschriften nachvollziehen würde.

---

1 BMF-Schreiben vom 16. 9. 2004, BStBl 2004 I S. 922, Rz. 53; BMF-Schreiben vom 11. 3. 2010, BStBl 2010 I S. 277, Rz. 79.

(Einstweilen frei) 539–540

2. Allgemeines auf der Basis der aktuellen Rechtslage

a) Abgrenzung von der unentgeltlichen Vermögensübergabe

Wird Privatvermögen gegen wiederkehrende Leistungen übertragen und liegen die Voraussetzungen einer unentgeltlichen Vermögensübergabe gegen Versorgungsleistungen (vgl. Rn. 146 ff.) nicht vor, weil z. B. 541

▶ keine existenzsichernde und/oder ausreichend ertragbringende Wirtschaftseinheit bzw. in Vermögensübergabeverträgen nach dem 31.12.2007 kein begünstigtes Vermögen i. S. d. § 10 Abs. 1 Nr. 1a Satz 2 EStG übertragen wurde,

▶ der Empfänger des Vermögens oder

▶ der Empfänger der Versorgungsleistung nicht zum begünstigten Personenkreis gehört oder

▶ zeitlich befristete Leistungen vereinbart wurden.

erfolgt die steuerrechtliche Behandlung der wiederkehrenden Leistungen nach den Regelungen für entgeltliche Rechtsgeschäfte.

b) Vereinbarung eines vollentgeltlichen Rechtsgeschäfts

Den entgeltlichen Rechtsgeschäften können auch Vermögensübertragungen gegen wiederkehrende Leistungen zuzuordnen sein, bei denen die Beteiligten Leistung und Gegenleistung nach kaufmännischen Gesichtspunkten gegeneinander abgewogen haben und bei denen sie subjektiv von der Gleichwertigkeit der beiderseitigen Leistungen ausgegangen sind. Durch derartige vertragliche Vereinbarungen kann auch bei Vermögen i. S. d. § 10 Abs. 1 Nr. 1a EStG die zunächst geltende Vermutung widerlegt werden, dass es sich um ein unentgeltliches Rechtsgeschäft handelt. 542

c) Unterscheidung von Betriebsvermögen und Privatvermögen

Während die steuerliche Behandlung der wiederkehrenden Leistungen im Rahmen der unentgeltlichen Vermögensübergabe als Sonderausgaben nach § 10 Abs. 1 Nr. 1a EStG beim Vermögensübernehmer und als sonstige Einkünfte nach § 22 Nr. 1 Satz 1 EStG (ab 2008: § 22 Nr. 1b EStG) beim Empfänger der Versorgungsleistungen unabhängig davon erfolgt, ob Betriebsvermögen oder Privatvermögen übertragen wurde, weicht die ertragsteuerrechtliche Behand- 543 lung der wiederkehrenden Leistungen im Rahmen eines entgeltlichen Rechtsgeschäfts in beiden Bereichen voneinander ab.

Zur Veräußerung von Betriebsvermögen gegen wiederkehrende Leistungen vgl. Rn. 611 ff.

544–545 (Einstweilen frei)

3. Einzelheiten der Besteuerung wiederkehrender Veräußerungsleistungen

a) Abgrenzung vollentgeltlicher und teilentgeltlicher Rechtsgeschäfte

546 Wiederkehrende Leistungen werden vollentgeltlich im Austausch mit einer Gegenleistung erbracht, wenn die Beteiligten Leistung und Gegenleistung nach kaufmännischen Gesichtspunkten gegeneinander abgewogen haben und subjektiv von der Gleichwertigkeit der beiderseitigen Leistungen ausgegangen sind. Bei Verträgen zwischen fremden Dritten dürften die beiderseitigen Leistungen im Regelfall auch objektiv gleichwertig sein. Es ist aber – und dies dürfte in erster Linie bei Verträgen zwischen nahen Angehörigen in Betracht kommen – unerheblich sein, wenn die Leistungen ggf. objektiv ungleichwertig sind.[1] Dies gilt unabhängig davon, ob begrifflich eine Leibrente, eine dauernde Last oder eine Zeitrente vereinbart worden ist.

547 Teilentgeltliche Rechtsgeschäfte werden im Regelfall nur zwischen Angehörigen oder nahe stehenden Personen vorliegen, da bei Rechtsgeschäften zwischen fremden Dritten davon ausgegangen werden kann, dass aufgrund gegenläufiger Vermögensinteressen dafür Sorge getragen wird, dass Leistung und Gegenleistung sich wertmäßig entsprechen. Wiederkehrende Leistungen werden teilentgeltlich erbracht, wenn die Voraussetzungen einer unentgeltlichen Vermögensübergabe (vgl. Rn. 146 ff.) nicht vorliegen und der Wert des übertragenen Vermögens höher ist als der Kapital- oder Barwert der wiederkehrenden Leistungen. Auch dies gilt unabhängig davon, ob begrifflich eine Leibrente, eine dauernde Last oder eine Zeitrente vereinbart worden ist.

548–550 (Einstweilen frei)

---

1 BFH, Urteile vom 16.7.1969, I R 186/66, BStBl 1970 II S. 56; vom 24.10.1978, VIII R 172/75, BStBl 1979 II S. 135; vom 29.1.1992, X R 193/87, BStBl 1992 II S. 465; vom 16.12.1993, X R 67/92, BStBl 1996 II S. 669 und vom 30.7.2003, X R 12/01, BStBl 2004 II S. 211; BMF-Schreiben vom 11.3.2010, BStBl 2010 I S. 227, Rz. 5.

II. Veräußerung von Privatvermögen gegen wiederkehrende Leistungen

b) Abgrenzung nicht abziehbarer Unterhaltsleistungen

Ist der Kapital- oder Barwert der wiederkehrenden Leistungen (Leibrente, dauernde Last oder Zeitrente) höher als der Wert des übertragenen Vermögens, ist Entgeltlichkeit nur in Höhe des angemessenen Kaufpreises anzunehmen. Der übersteigende Betrag ist eine Zuwendung i. S. d. § 12 Nr. 2 EStG. Ist der Kapital- oder Barwert der wiederkehrenden Leistungen mehr als doppelt so hoch wie der Wert des übertragenen Vermögens, liegt nach Auffassung der FinVerw insgesamt eine Zuwendung i. S. d. § 12 Nr. 2 EStG vor.[1]

551

BEISPIEL 1: Entgeltliche Vermögensübertragung mit Zuwendung

A (65 Jahre alt) überträgt 2009 im Wege der vorweggenommenen Erbfolge eine Eigentumswohnung (Verkehrswert 90 000 €) auf seinen Sohn S gegen Zahlung von monatlich 1 250 € (wertgesichert) auf die Lebenszeit des Vaters.

Die Beurteilung der wiederkehrenden Leistungen erfolgt nach den Regelungen für entgeltliche Rechtsgeschäfte, da die Eigentumswohnung kein begünstigtes Vermögen i. S. d. § 10 Abs. 1 Nr. 1a Satz 2 EStG ist. Damit sind die Voraussetzungen einer unentgeltlichen Vermögensübergabe gegen Versorgungsleistungen nicht erfüllt.

Der Rentenbarwert der wiederkehrenden Leistungen beträgt (1 250 € × 12 × 11,135 =) 167 025 € und übersteigt damit den angemessenen Kaufpreis für das Grundstück um 77 025 €. Hinsichtlich dieses Betrages liegen Zuwendungen vor, die unter § 12 Nr. 2 EStG fallen. In Höhe von 90 000 € liegen aus der Sicht von S Anschaffungskosten für die Eigentumswohnung bzw. aus der Sicht von A Veräußerungsentgelt vor. Der Zinsanteil der laufenden Zahlungen ist mit dem Anteil 90 000/167 025 € bei A als sonstige Einkünfte nach § 22 Nr. 1 Satz 3 Buchst. a (ab VZ 2005: Doppelbuchst. bb) EStG zu versteuern. Bei S sind die Beträge insgesamt nicht abziehbar, wenn keine Einkünfte aus dem Grundstück erzielt werden. Wird die Eigentumswohnung vermietet, sind 90 000/135 282tel der Schuldzinsen als Werbungskosten bei den Einkünften aus Vermietung und Verpachtung abziehbar.

BEISPIEL 2: Nichtabziehbare Zuwendung im Zusammenhang mit einer Vermögensübertragung

Wie Beispiel 1. Allerdings beträgt die monatliche Rentenzahlung 2 000 €.

Der Barwert der wiederkehrenden Leistungen beträgt in diesem Fall (2 000 € × 12 × 11,135 =) 267 240 € und übersteigt damit den Wert der übertragenen Eigentumswohnung um mehr als das Doppelte. Die wiederkehrenden Leistungen sind daher in vollem Umfang den Unterhaltsleistungen zuzurechnen (§ 12 Nr. 2 EStG). Folglich führen sie bei S nicht zu Anschaffungskosten für das Grundstück und bei A nicht zu Veräußerungsentgelt. Außerdem ist der Zinsanteil bei A nach § 22 Nr. 1 Satz 2 EStG nicht als sonstige Einkünfte zu versteuern.

(Einstweilen frei)   552–555

---

[1] BMF-Schreiben vom 11. 3. 2010, BStBl 2010 I S. 227, Rz. 66.

Teil B: Vermögensübertragungen gegen wiederkehrende Leistungen

c) Aufteilung in einen Zins- und Tilgungsanteil

556 Bei der entgeltlichen Übertragung von Privatvermögen (mit Ausnahme der Anteile an einer Kapitalgesellschaft i. S. d. § 17 EStG; diese Übertragung wird wie die Veräußerung von Betriebsvermögen behandelt) sind die wiederkehrenden Leistungen – ggf. begrenzt auf die Höhe des angemessenen Kaufpreises – von Beginn an in eine Vermögensumschichtung (Tilgungsanteil, Barwert) und in einen Zinsanteil aufzuteilen. Dieser Grundsatz gilt für Kaufpreisraten ebenso wie für Leibrenten, aber auch für von der Lebenszeit eines Menschen abhängige abänderbare wiederkehrende Leistungen, die begrifflich dauernde Lasten sind und für Zeitrenten.

557 Damit sind im Rahmen der entgeltlichen Übertragung von Privatvermögen alle wiederkehrenden Leistungen nach einem einheitlichen Prinzip zu behandeln. Die Vereinbarung einer Abänderungsklausel – wie etwa die Bezugnahme auf § 323 ZPO – vermag hier keine abweichende Beurteilung herbeizuführen. Nicht die Ausgestaltung der Zahlungsweise ist ausschlaggebend für die rechtliche Einordnung der Leistungen, sondern die Zuordnung zu den beiden Typusbegriffen

▶ steuerrechtlich unentgeltliche Vermögensübergabe,

▶ entgeltliche Vermögensübertragung im Austausch mit einer Gegenleistung in Form wiederkehrender Leistungen.

558–560 (Einstweilen frei)

d) Berechnung des Kapital- oder Barwerts

561 Der Kapital- oder Barwert entspricht dem Kaufpreis für das erworbene Vermögen, der in wiederkehrenden Beträgen ausgezahlt wird und ist grundsätzlich nach dem Bewertungsgesetz zu ermitteln. Folgende Vorschriften sind dafür maßgebend:

▶ § 14 Abs. 1 BewG[1] für Leistungen, die auf die Lebenszeit des Berechtigten erbracht werden,

▶ § 13 Abs. 1 BewG i. V. m. Anlage 9a bei Mindestzeitrenten,

▶ § 13 Abs. 1 Satz 2 BewG i. V. m. § 14 BewG bei abgekürzten Leibrenten.

---

1 Die anzuwendenden Vervielfältiger werden jährlich durch die Finanzverwaltung im BStBl bekannt gemacht; zu den Vervielfältigern für Bewertungsstichtage ab 1. 1. 2010 vgl. BMF-Schreiben vom 1. 10. 2009, BStBl I 2009 S. 1168, für Bewertungsstichtage ab dem 1. 11. 2011 vgl. BMF-Schreiben vom 8. 11. 2010, BStBl I 2010 S. 1288 und für Bewertungsstichtage ab dem 1. 1. 2012 vgl. BMF-Schreiben vom 26. 9. 2011, BStBl I 2011 S. 834.

Dies gilt unabhängig davon, ob es sich um gleichmäßige oder abänderbare Leistungen handelt. Bei abänderbaren Leistungen ist zu beachten, dass bei der Berechnung des Kapital- oder Barwerts als Jahresbetrag der Betrag zugrunde zu legen ist, der aus der Sicht des Anschaffungszeitpunkts in Zukunft im Durchschnitt der Jahre voraussichtlich erzielt wird.[1] Abweichend von den genannten Kriterien kann der Kapital- oder Barwert aber auch nach versicherungsmathematischen Grundsätzen ermittelt werden.[2] 562

(Einstweilen frei) 563–565

e) Berechnung des Zinsanteils

Bei der Ermittlung des Zinsanteils bzw. Ertragsanteils ist nach wie vor zu unterscheiden, um welche Form wiederkehrender Leistungen es sich handelt.[3] 566

aa) Veräußerungsleibrenten

Der Ertragsanteil von gleich bleibenden wiederkehrenden Leistungen auf die Lebenszeit des Berechtigten ist nach Auffassung der FinVerw stets nach der Ertragsanteilstabelle in § 22 Nr. 1 Satz 3 Buchst. a (ab 2005: Doppelbuchst. bb) EStG ggf. i. V. m. § 55 Abs. 1 EStDV zu ermitteln.[4] 567

bb) Dauernde Lasten

Der Zinsanteil von wiederkehrenden Leistungen, die begrifflich „dauernde Lasten", weil ungleichmäßig oder abänderbar sind und die auf die Lebenszeit einer Person gezahlt werden, ist nach Auffassung der FinVerw grundsätzlich auch anhand der Ertragsanteilstabelle in § 22 Nr. 1 Satz 3 Buchst. a EStG (ab 2005: Doppelbuchst. bb) – ggf. unter Hinziehung von § 55 Abs. 1 EStDV – zu ermitteln. Allerdings hat der Steuerpflichtige hier auch die Möglichkeit, den Zinsanteil abweichend durch Einzelberechnung nach finanzmathematischen Grundsätzen unter Berücksichtigung eines Zinsfußes von 5,5 % sowie einer voraussichtlichen Laufzeit entsprechend der Allgemeinen Deutschen Sterbetafel[5] zu errechnen.[6] 568

---

1 BFH, Urteil vom 18. 10. 1994, IX R 46/88, BStBl 1995 II S. 169; BMF-Schreiben vom 11. 3. 2010, BStBl 2010 I S. 227, Rz. 69.
2 R 6.2 EStR.
3 BMF-Schreiben vom 11. 3. 2010, BStBl 2010 I S. 227, Rz. 71 f. u. 75 f.
4 Vgl. auch BFH, Urteil vom 25. 11. 1992, X R 91/89, BStBl 1996 II S. 666.
5 Zurzeit Sterbetafel nach dem Stand 2009/2011.
6 BFH, Urteil vom 25. 11. 1992, X R 34/89, BStBl 1996 II S. 663.

cc) Zeitlich befristete Leistungen

569 Der Zinsanteil von wiederkehrenden Zahlungen auf bestimmte Zeit, also von

- ▶ Zeitrenten,
- ▶ abgekürzten Leibrenten und
- ▶ verlängerten Leibrenten

ist grundsätzlich als Differenz zwischen der Summe der jährlichen Zahlungen und jährlicher Minderung des Kapital- oder Barwerts zu ermitteln – §§ 13, 14 BewG –, also unter Verwendung eines Zinsfußes von 5,5 %.[1] Zur Ermittlung der jährlichen Barwertminderungen vgl. § 13 Abs. 1 BewG i. V. m. Anlage 9a bei Mindestzeitrenten, § 13 Abs. 1 Satz 2 BewG i. V. m. § 14 BewG bei abgekürzten Leibrenten. Aus Vereinfachungsgründen kann die Ermittlung nach Auffassung der FinVerw auch in Anlehnung an die Ertragswerttabelle in § 55 Abs. 2 EStDV erfolgen.[2]

570 Der BFH hat allerdings mit Urteil vom 19. 8. 2008[3] entschieden, dass bei einer Mindestzeitrente zunächst zu bestimmen ist, ob die laufenden Zahlungen mehr von den begrifflichen Merkmalen einer Leibrente oder mehr von denjenigen einer (Kaufpreis-)Rate geprägt werden. Eine einheitliche Rente sei dabei nicht in eine Zeitrente und eine durch den Ablauf der Mindestlaufzeit aufschiebend bedingte Leibrente aufzuspalten. Sei die durch die Lebenszeit des Berechtigten bestimmte Wagniskomponente nicht zugunsten eines vorausbestimmten Leistungsvolumens ausgeschaltet, sei der Ertragsanteil mittels der Ertragswerttabelle des § 22 Nr. 1 Satz 3 Buchst. a Doppelbuchst. bb EStG zu ermitteln. Überwiegen hingegen die Gründe für die Annahme, bei den wiederkehrenden Leistungen handele es sich um (Kaufpreis-)Raten, erfolge die Ermittlung des Zinsanteils als Differenz zwischen der Summe der jährlichen Zahlungen und jährlicher Minderung des Kapital- oder Barwerts.

571 Die FinVerw hat sich dem mit BMF-Schreiben vom 11. 3. 2010[4] angeschlossen. Zur Abgrenzung zwischen Leibrente und Kaufpreisrate stellt sie darauf ab, wie sich die vereinbarte Mindestlaufzeit zur durchschnittlichen Lebenserwartung verhält.

- ▶ Ist die vereinbarte Mindestlaufzeit kürzer, als die durchschnittliche Lebenserwartung, ist davon auszugehen, dass die Wagniskomponente überwiegt

---

1 BFH, Urteil vom 26. 11. 1992, X R 187/87, BStBl 1993 II S. 298.
2 Vgl. BMF-Schreiben vom 11. 3. 2010, BStBl 2010 I S. 227, Rz. 78 f.
3 BStBl 2010 I S. 227, Rz. 24.
4 BStBl 2010 I S. 227, Rz. 78.

und der Zinsanteil nach § 22 Nr. 1 Satz 3 Buchst. a Doppelbuchst. bb EStG zu ermitteln ist.

▶ Ist die vereinbarte Mindestlaufzeit länger als die durchschnittliche Lebenserwartung, überwiegen die Merkmale einer (Kaufpreis-)Rate. Die Ermittlung des Zinsanteils erfolgt in diesen Fällen als Differenz zwischen der Summe der jährlichen Zahlungen und jährlicher Minderung des Kapital- oder Barwerts.

dd) Mehrbeträge

Werden aufgrund einer Wertsicherungsklausel über das ursprünglich Vereinbarte hinaus Mehrbeträge gezahlt, so sind diese in vollem Umfang als Zins zu berücksichtigen.[1] 572

Gleiches müsste u. E. auch für Mehrbeträge bei abänderbaren Leistungen gelten, die im Zeitpunkt der Vermögensübertragung nicht kalkulierbar waren und daher keinen Eingang in den Kapital- oder Barwert gefunden haben. 573

(Einstweilen frei) 574–575

f) Behandlung der wiederkehrenden Leistungen beim Verpflichteten

aa) Tilgungsanteil als Anschaffungskosten

In Höhe des ermittelten – ggf. auf den üblichen Kaufpreis begrenzten – Kapital- oder Barwerts (vgl. hierzu Rn. 551) hat der Vermögensübernehmer Anschaffungskosten für das erworbene Privatvermögen. Wird dieses Vermögen zur Einkunftserzielung genutzt (z. B. ein Grundstück zur Erzielung von Einkünften aus Vermietung und Verpachtung), so bildet der Kapital- oder Barwert bei vollentgeltlichen Rechtsgeschäften – soweit es sich um abnutzbare Wirtschaftsgüter handelt – die Bemessungsgrundlage für die AfA, erhöhten Absetzungen und Sonderabschreibungen.[2] 576

Bei einem teilentgeltlichen Rechtsgeschäft bildet der Kapital- oder Barwert die AfA-Bemessungsgrundlage für den entgeltlich erworbenen Anteil des Wirtschaftsguts. Bezüglich des unentgeltlich erworbenen Anteils setzt der Erwerber die AfA-Bemessungsgrundlage des Rechtsvorgängers fort. 577

---

1 BFH, Urteil vom 19. 5. 1992, VIII R 37/90, BFH/NV 1993 S. 87, BMF-Schreiben vom 11. 3. 2010, BStBl 2010 I S. 227, Rz. 72.
2 BFH, Urteil vom 9. 2. 1994, IX R 110/90, BStBl 1995 II S. 47.

bb) Zinsanteil als Werbungskosten

578 Der Zinsanteil der wiederkehrenden Leistungen ist als Werbungskosten oder als Betriebsausgaben abziehbar, wenn das erworbene Privatvermögen zur Einkunftserzielung genutzt wird und kein Werbungskostenabzugsverbot greift (z. B. § 20 Abs. 9 EStG).

cc) Nicht abziehbare Kosten der privaten Lebensführung

579 Wird das erworbene Privatvermögen nicht zur Einkunftserzielung eingesetzt, wirken sich die wiederkehrenden Leistungen grundsätzlich steuerlich nicht aus. AfA kommt in diesen Fällen nicht in Betracht und der Zinsanteil unterliegt dem Verbot des privaten Schuldzinsenabzugs nach § 12 Nr. 1 EStG.[1]

580 Die Vorschrift des § 10 Abs. 1 Nr. 1a EStG hat für die entgeltlichen Rechtsgeschäfte keine Bedeutung und gilt nur für die unentgeltlichen Vermögensübergaben gegen Versorgungsleistungen.

581–585 (Einstweilen frei)

g) Behandlung der wiederkehrenden Leistungen beim Berechtigten

aa) Tilgungsanteil als Veräußerungserlös

586 Der Berechtigte erzielt in Höhe des (angemessenen) Kapital- oder Barwerts einen Veräußerungspreis für das übertragene Privatvermögen. Ob dieser ertragsteuerrechtlich relevant ist, richtet sich danach, ob die Voraussetzungen für ein privates Veräußerungsgeschäft i. S. d. § 23 Abs. 1 EStG erfüllt sind oder ein Gewinn oder Ertrag i. S. d. § 20 Abs. 2 EStG vorliegt, der der Abgeltungsteuer unterliegt.

587 Ein Gewinn aus privaten Veräußerungsgeschäften entsteht allerdings erstmals in dem Veranlagungszeitraum, in dem der in der Summe der jährlichen Zahlungen enthaltene Veräußerungspreis die ggf. um die AfA, erhöhten Absetzungen und Sonderabschreibungen verminderten Anschaffungskosten oder Herstellungskosten sowie die zugehörigen Werbungskosten übersteigt.[2]

---

[1] Vgl. auch BMF-Schreiben vom 11. 3. 2010, BStBl 2010 I S. 227, Rz. 72.
[2] BMF-Schreiben vom 11. 3. 2010, BStBl 2010 I S. 227, Rz. 74.

bb) Zinsanteil als Kapitaleinkünfte oder als sonstige Einkünfte

Der Zinsanteil der wiederkehrenden Leistungen ist beim Berechtigten unterschiedlich zu behandeln, je nach dem, um welche Art wiederkehrender Leistungen es sich handelt. **588**

Wurde eine zeitlich befristete Leistung, die mehr von den begrifflichen Merkmalen einer (Kaufpreis-)Rate geprägt ist oder eine dauernde Last vereinbart, ist der Zinsanteil beim Berechtigten als Einnahme aus Kapitalvermögen nach § 20 Abs. 1 Nr. 7 EStG zu besteuern. **589**

Wurde eine Leibrente auf die Lebenszeit des Berechtigten, oder eine befristete Leistung, die mehr von den begrifflichen Merkmalen einer Leibrente geprägt ist vereinbart, ist der Ertragsanteil (Zinsanteil) als Einnahme nach § 22 Nr. 1 Satz 3 Buchst. a EStG zu erfassen (ab 2005: § 22 Nr. 1 Satz 3 Buchst. a Doppelbuchst. bb EStG). **590**

Die unterschiedliche Einordnung des Zinsanteils beim Berechtigten ist zwar vom wirtschaftlichen Gehalt her schwerlich einzusehen, resultiert aber wohl aus der eindeutigen gesetzlichen Bestimmung, dass Veräußerungsleibrenten nach § 22 Nr. 1 Satz 3 Buchst. a EStG zu besteuern sind. Ab 2009 hat dies zur Folge, dass für den Zinsanteil von dauernden Lasten und zeitlich befristeten Leistungen, die mehr durch die begrifflichen Merkmale einer Kaufpreisrate geprägt sind, der Sparerpauschbetrag und die Abgeltungsteuer gelten, für den Zinsanteil von Veräußerungsleibrenten hingegen nicht. Somit vergrößert sich der steuerliche Nachteil ab 2009 gegenüber der bis 2008 geltenden Rechtslage – je nach persönlichem Steuersatz – noch mehr. **591**

Mit Beschluss vom 14. 11. 2001[1] hatte der BFH dem BVerfG die Frage zur Entscheidung vorgelegt, ob die Besteuerung der Ertragsanteile (Erträge des Rentenrechts; § 22 Nr. 1 Satz 3 Buchst. a EStG) von Bezügen aus Leibrenten, die Gegenleistung für den Erwerb eines Wirtschaftsguts des Privatvermögens sind, mit ihrem vollen Nennbetrag – ohne Berücksichtigung eines Sparer-Freibetrags – ungeachtet dessen mit dem allgemeinen Gleichheitssatz (Art. 3 Abs. 1 GG) vereinbar ist, dass es sich um pauschalierte Einkünfte aus Kapitalvermögen handelt. **592**

Das BVerfG war allerdings der Auffassung, dass der BFH die Entscheidungserheblichkeit insofern nur unzureichend begründet hat, als er sich nicht mit den Gegenstimmen in der Literatur zu seinem Standpunkt auseinandersetzt hat, wonach für den Ertragsanteil von Veräußerungsleibrenten der Sonderaus- **593**

---

[1] In den Verfahren X R 32-33/01; Beschluss vgl. BStBl 2002 II S. 183.

gabenabzug gem. § 10 Abs. 1 Nr. 1a EStG zu versagen sei.[1] Da die Versagung des Sonderausgabenabzugs entscheidungserheblich für die Vorlagefrage sei, habe sich der BFH dazu nicht allein auf seine eigene Rechtsprechung berufen dürfen. Der BFH habe im Hinblick auf seine vom gesetzgeberischen Willen abweichende Auslegung, wonach es sich bei dem Ertragsanteil der Veräußerungsleibrente materiell-rechtlich um einen Zinsanteil handele, prüfen müssen, ob der Ertragsanteil der Leibrente unter § 20 EStG subsumiert werden könne, so dass der Sparer-Freibetrag von Gesetzes wegen zu gewähren und die Vorlagefrage hinfällig wäre.

594 Mit Urteil vom 18. 5. 2010[2] hat der BFH dann entschieden, dass der Ertragsanteil einer Gegenleistungsrente der Besteuerung nach § 22 EStG unterliegt und der Sparer-Freibetrag nach § 20 Abs. 4 EStG nicht zu berücksichtigen ist. Der Gesetzgeber habe die Besteuerung der Leibrenten im Rahmen des § 22 EStG und nicht im Rahmen des § 20 EStG geregelt, da der Rentenertrag nicht nur aus Zinsen bestehe. Die Leibrente habe eine Vermögensumschichtung zum Gegenstand, wobei bei dem aus der Leibrente Berechtigten die Phase der Vermögensbildung bereits abgeschlossen sei. Die Anreizwirkung des Sparerfreibetrags hingegen solle gerade in der Ansparphase einsetzen.

595 Es wäre wünschenswert gewesen, wenn der Gesetzgeber § 20 Abs. 1 Nr. 7 EStG um einen Zusatz ergänzt hätte, dass zu den Erträgen im Sinne dieser Vorschrift auch die Zinsanteile von (sämtlichen) wiederkehrenden Leistungen gehören, die im Austausch mit einer Gegenleistung erbracht werden, da aufgrund der spezialgesetzlichen Zuordnung der Veräußerungsleibrenten zum § 22 Nr. 1 Satz 3 Buchst. a Doppelbuchst. bb EStG die systematisch zutreffende Zuordnung zu den Kapitaleinkünften wohl nur durch eine gesetzliche Änderung erreicht werden kann. Aufgrund des Subsidiaritätsprinzips in § 22 Nr. 1 Satz 1 EStG ginge § 20 Abs. 1 Nr. 7 EStG erst mit einer entsprechenden Ergänzung dem § 22 Nr. 1 Satz 3 Buchst. a Doppelbuchst. bb EStG vor. Eine entsprechende gesetzliche Regelung ist allerdings bislang nicht erfolgt.

596–600 (Einstweilen frei)

h) Veräußerung gegen Ratenzahlungen

601 Bei Ratenzahlungen handelt es sich um die Verpflichtung, einen der Höhe nach fest bestimmten Betrag zu leisten, der i. d. R. aus Gründen der Zahlungserleichterung in einzelnen Teilleistungen zu erbringen ist; die Höhe der einzel-

---

1 Beschluss vom 22. 9. 2009, 2 BvL 3/02, DStRE 2009 S. 1292.
2 X R 32-33/01, BStBl 2011 II S. 675.

nen Teilleistung und die Zahlungstermine sind festgelegt. Leistungen, die bis zum Lebensende einer Person zu erbringen sind, sind keine Ratenzahlungen.

Wird ein Kaufpreis in Raten gezahlt oder ein Darlehen in Raten getilgt, so erfüllen die Raten nach der äußeren Form die Voraussetzungen der wiederkehrenden Bezüge. Es ist aber seit jeher zu Recht unbestritten, dass die ratenweise Tilgung eines Kaufpreises oder einer Darlehensschuld nicht zu den steuerbar wiederkehrenden Bezügen gehört. Steuerbar sind lediglich nach § 20 Abs. 1 Nr. 7 EStG die in den Raten enthaltenen Zinsanteile.[1] 602

Begründet wird diese Auffassung damit, dass in diesen Fällen eine nicht der Einkommensteuer unterliegende Vermögensumschichtung (Kapitalrückzahlung) vorliegt. 603

(Einstweilen frei) 604–610

---

1 So z. B. RFH, Urteile vom 7. 5. 1930, RStBl 1930 S. 578 und vom 27. 1. 1944, RStBl 1944 S. 363; BFH, Urteile vom 24. 4. 1970, VI R 212/69, BStBl 1970 II S. 541; vom 20. 7. 1971, VIII 24/65, BStBl 1972 II S. 170; vom 29. 10. 1974, VIII R 131/70, BStBl 1975 II S. 173 und vom 12. 11. 1985, IX R 2/82, BStBl 1986 II S. 261.

Teil C: Betriebliche wiederkehrende Bezüge

I. Veräußerung von Betriebsvermögen gegen wiederkehrende Bezüge

1. Allgemeines

Betriebliche wiederkehrende Bezüge können Renten (s. hierzu Rn. 616) oder wiederkehrende Bezüge anderer Art sein. 611

Renten haben betrieblichen Charakter, wenn sie bei dem Berechtigten zu den Einkünften aus Land- und Forstwirtschaft, aus Gewerbebetrieb oder aus selbständiger Arbeit gehören; d. h., sie müssen durch den Betrieb veranlasst sein. In der Regel wird die betriebliche Rente bei dem Verpflichteten zu Betriebsausgaben im Rahmen der entsprechenden Einkunftsart führen. Dies muss aber nicht unbedingt der Fall sein. Wenn z. B. ein zum Betriebsvermögen gehörender Gegenstand veräußert wird und der Erwerber diesen außerhalb eines Betriebes nutzt, erzielt er keine betrieblichen Einkünfte; die von ihm geleisteten Rentenzahlungen sind privater Natur. Umgekehrt hat in den Fällen, in denen der Rentenverpflichtete in seinem Betrieb einen zum Privatvermögen des Veräußernden gehörenden Gegenstand für den Erwerber betrieblichen und für den Veräußerer privaten Charakter. Es besteht somit hinsichtlich der Einkunftsart nicht notwendig Wechselwirkung in der steuerlichen Behandlung der Rente beim Berechtigten und Verpflichteten. Dieselbe Rente kann bei dem einen betrieblichen und dem anderen privaten Charakter haben.

Die vorstehenden Ausführungen gelten entsprechend, wenn die Steuerpflichtigen bei der Übertragung eines Betriebs als Gegenleistung keine Rente, sondern andere wiederkehrende Bezüge vereinbaren, z. B. Bezüge, die in der Höhe variabel sind, insbesondere Gewinn- oder Umsatzbeteiligungen. Die Rechtsprechung bezeichnet die wiederkehrenden Bezüge mit betrieblichem Charakter häufig als „laufende Bezüge". Beide Formulierungen sind Bezeichnungen für denselben steuerlichen Begriff. 612

Betriebliche Renten können betriebliche Veräußerungsrenten oder betriebliche Versorgungsrenten sein. Betriebliche Veräußerungsrenten sind anzunehmen, wenn sie das Entgelt für die Veräußerung betrieblicher Gegenstände sind. Betriebliche Versorgungsrenten setzen voraus, dass sie zum Zwecke der Versorgung des Empfängers aus betrieblichem Anlass geleistet werden. Dagegen sind Renten, die aus Anlass einer Geschäftsübertragung aufgrund familiärer oder erbrechtlicher Überlegungen zu Versorgungszwecken gewährt werden, 613 nicht den betrieblichen, sondern den privaten Renten zuzurechnen. Entsprechendes gilt für andere wiederkehrende Bezüge als Renten.

614–615 (Einstweilen frei)

2. Betriebliche Veräußerungsrenten auf Lebenszeit

a) Begriff der betrieblichen Veräußerungsrente auf Lebenszeit

aa) Grundsatz

616 Der Begriff der betrieblichen Veräußerungsrente (auch „Kaufpreisrente" genannt) fordert die Klärung der Begriffsmerkmale „Rente" und „Veräußerung" sowie die Feststellung, auf welche Gegenstände sich die Veräußerung beziehen kann.

Der Rentenbegriff setzt voraus, dass es sich um gleichmäßige Leistungen handelt und sie von der Lebensdauer eines Menschen abhängen. Er stimmte zunächst mit dem bürgerlich-rechtlichen Leibrentenbegriff i. S. d. § 759 BGB überein. Mit Beschluss vom 15.7.1991[1] hat der Große Senat des BFH dies aber wohl in Frage gestellt. Zum Begriff der Leibrente vgl. Rn. 1418 ff. Auch bei der Veräußerung eines Betriebs gegen eine Rente können die Voraussetzungen des Rentenbegriffs erfüllt sein.[2] Soweit ein Merkmal des Rentenbegriffs fehlt, kann es sich um andere laufende Bezüge mit betrieblichem Charakter handeln.

Betriebliche Veräußerungsrenten auf Lebenszeit werden als betriebliche Veräußerungsleibrenten bezeichnet.

bb) Merkmal der Veräußerung

617 Die betriebliche Veräußerungsrente setzt voraus, dass der Rentenberechtigte (Veräußerer) die Rente durch die Veräußerung betrieblicher Gegenstände erworben hat. Unter Veräußerung ist bei Sachen die Übertragung des Eigentums und bei Forderungen und anderen Renten die Abtretung zu verstehen. Es genügt die Verschaffung des wirtschaftlichen Eigentums; demnach fehlt es z. B. an einer Veräußerung, wenn die Gegenstände an andere Personen verpachtet werden; in diesen Fällen sind Zahlungen des Nutzungsberechtigten als Pachtleistungen und nicht als betriebliche Veräußerungsrenten anzusehen.[3]

---

1 BFH, Beschluss vom 15.7.1991, GrS 1/90, BStBl 1992 II S. 78, 81.
2 BGH, Urteil vom 13.3.1980, III ZR 179/78, HFR 1981 S. 128.
3 BFH, Urteil vom 12.7.1955, I 232/54 U, BStBl 1955 III S. 302.

I. Veräußerung von Betriebsvermögen gegen wiederkehrende Bezüge

Keine Veräußerung ist die entgeltliche Einräumung eines Vorkaufsrechts.[1] Dennoch ist u. E. die Rente, die als Gegenleistung für die Gewährung eines Vorkaufsrechts vereinbart worden ist, wie eine Veräußerungsrente zu behandeln.

618

Zur Veräußerung gehört ferner, dass die Rente den Kaufpreis für die übertragenen Wirtschaftsgüter darstellt.[2] Die Vertragsparteien müssen Leistung und Gegenleistung nach kaufmännischen Gesichtspunkten abwägen, so dass die Höhe der Rente dem Wert der überlassenen Gegenstände entspricht.[3] Hierbei kommt es nicht entscheidend darauf an, dass sich Rente und übertragenes Betriebsvermögen objektiv gleichwertig gegenüberstehen; vielmehr ist ausschlaggebend, dass die Vertragspartner subjektiv von der Äquivalenz beider Leistungen ausgehen.[4] Anders ist es nur, wenn die Annahme der Ausgewogenheit der beiderseitigen Leistungen bei Berücksichtigung der tatsächlichen und rechtlichen Umstände im Zeitpunkt des Vertragsabschlusses nicht vertretbar erscheint.[5]

619

BEISPIEL: Begriff der betrieblichen Veräußerungsrente auf Lebenszeit

A. übereignet seinen Gewerbebetrieb gegen eine Leibrente an B. Das Kapitalkonto beträgt im Zeitpunkt der Veräußerung 300 000 €. Da A. und B. irrtümlich annehmen, dass die stillen Reserven und der Geschäftswert sich auf 100 000 € belaufen, vereinbaren sie eine Rente mit einem Kapitalwert von 400 000 €. Tatsächlich haben aber die stillen Reserven und der Geschäftswert einen Wert von zusammen 150 000 €. Die Annahme eines Werts der stillen Reserven und des Geschäftswerts i. H. v. 100 000 € erscheinen unter Berücksichtigung aller Umstände vertretbar.

Es liegt eine betriebliche Veräußerungsrente vor, da A. und B. die Höhe der Rente nach dem vermeintlichen Wert des Betriebs bemessen haben. Dass objektiv der Kapitalwert der Rente geringer ist als der Wert des übereigneten Betriebs, ist hier ohne Bedeutung.

---

1 Vgl. zur Einräumung eines Verkaufsrechts gegen eine private Veräußerungsrente das BFH, Urteil vom 30. 8. 1966, VI 284/64, BStBl 1967 III S. 69.
2 So RFH, Urteile vom 12. 10. 1938, VI 629/38, RStBl 1939 S. 122 und vom 26. 7. 1939, VI 456/39, RStBl 1939 S. 1120; der BFH spricht in einigen Urteilen (z. B. in dem Urteil vom 20. 11. 1969, IV R 22/68, BStBl 1970 II S. 309) von „Kaufpreisrenten".
3 BFH, Urteile vom 8. 2. 1957, VI 27/56 U, BStBl 1957 III S. 207; vom 30. 7. 1959, IV 265/58 U, BStBl 1959 III S. 406; vom 26. 1. 1978, IV R 62/77, BStBl 1978 II S. 301; vom 22. 9. 1982, IV R 154/79, BStBl 1983 II S. 99; vom 12. 11. 1985, VIII R 286/81, BStBl 1986 II S. 55 und vom 26. 3. 1987, IV R 58/85, BFH/NV 1987 S. 770.
4 Vgl. zu dieser Frage BFH, Urteile vom 30. 7. 1959, IV 265/58 U, BStBl 1959 III S. 406; vom 16. 7. 1969, I R 186/66, BStBl 1970 II S. 56; vom 22. 9. 1982, IV R 154/79, BStBl 1983 II S. 99 und vom 29. 1. 1992, X R 193/87, BStBl 1992 II S. 465; Biergans, DStR 1981 S. 456.
5 So BFH, Urteil vom 16. 12. 1993, X R 67/92, BStBl 1996 II S. 669, zu privaten wiederkehrenden Bezügen.

620 Der BFH[1] hat eine betriebliche Veräußerungsrente und keine private Versorgungsrente in einem Fall angenommen, in dem der Vater seinem Sohn aufgrund einer gesellschaftsrechtlich vereinbarten Buchwertklausel den Betrieb zum Buchwert übertrug, eine Unternehmensbewertung schwierig war und die Beteiligten substantiiert darlegten, dass die Rente „unter Ausgleichung gegenseitiger Vermögensinteressen" ausgehandelt wurde. Unseres Erachtens kann dies aber nicht gelten, wenn zum Betrieb erhebliche stille Reserven gehören, die relativ einfach festzustellen sind.

621 Wenn auch bei der betrieblichen Veräußerungsleibrente kaufmännische Überlegungen im Vordergrund stehen, so schließt das nicht aus, dass bei ihrer Vereinbarung auch der Versorgungscharakter eine Rolle spielt. Dies wird sogar i. d. R. der Fall sein, da die Laufzeit der Rente vom Leben einer Person – meistens des Berechtigten – abhängt. Jedoch wird der Versorgungscharakter der betrieblichen Veräußerungsleibrente stets nur von untergeordneter Bedeutung sein, weil die Parteien die Höhe der Rente nach dem Wert der Gegenleistung bemessen haben.

622 Es ist allerdings möglich, dass eine im Zusammenhang mit der Übertragung eines Betriebs oder einzelner betrieblicher Wirtschaftsgüter zugesagte Leibrente nicht in erster Linie als Entgelt für die Übertragung, sondern hauptsächlich als Versorgung des Rentenberechtigten gedacht ist. In diesem Fall kann es sich um eine betriebliche oder außerbetriebliche Versorgungsrente (vgl. Rn. 921 ff. und Rn. 946 ff.) oder sogar um eine Unterhaltsrente (vgl. Rn. 101 ff.) handeln. Insbesondere bei Leibrenten, die zwischen gesetzlich unterhaltsberechtigten und unterhaltsverpflichteten Personen aufgrund der Übereignung eines Betriebs gezahlt werden, wird meistens eine außerbetriebliche Versorgungsrente vorliegen, weil in diesen Fällen für die Rentenhöhe der Versorgungsgedanke bestimmend ist. In diesem Fall wird deshalb vermutet, dass keine Veräußerungsrente, sondern eine außerbetriebliche Versorgungsrente vorliegt (s. auch Rn. 921 ff.); diese Vermutung gilt als widerlegt, wenn die Vertragspartner Leistung und Gegenleistung wie unter Fremden nach kaufmännischen Gesichtspunkten gegeneinander abgewogen haben und subjektiv davon ausgegangen sind, dass die Leistungen im maßgeblichen Zeitpunkt des Vertragsabschlusses in etwa wertgleich sind.[2]

---

[1] Urteil vom 29. 1. 1992, X R 193/87, BStBl 1992 II S. 465.
[2] BFH, Urteile vom 30. 7. 2003, X R 12/01, FR 2003 S. 342; vom 21. 1. 1986, VIII R 238/81, BFH/NV 1986 S. 597; FG Düsseldorf, Urteil vom 7. 6. 1988, 11 K 112/82 E, EFG 1989 S. 11; v. Bornhaupt, DStR 1981 S. 335.

cc) Gegenstände der Veräußerung

Als Gegenstände einer betrieblichen Veräußerungsrente kommen nur solche in Betracht, die zu einem land- und forstwirtschaftlichen Betrieb, zu einem Gewerbebetrieb oder zu einem Betrieb, aus dem Einkünfte aus selbständiger Arbeit nach § 18 EStG erzielt werden, gehören. Dabei kann es sich um einen ganzen Betrieb, um einen Teilbetrieb, um einen Anteil an einem land- und forstwirtschaftlichen Betriebsvermögen, an einer Mitunternehmerschaft i. S. d. § 15 Abs. 1 Nr. 2 EStG[1] oder am Vermögen, das der selbständigen Arbeit i. S. d. § 18 EStG dient, oder um einzelne Wirtschaftsgüter, die der Erzielung von Einkünften i. S. d. § 2 Abs. 1 Nrn. 1–3 EStG dienen, handeln.[2] Ist die Veräußerung mehrerer Grundstücke oder Eigentumswohnungen steuerlich als eine gewerbliche Betätigung zu werten und wird der Kaufpreis in Form einer Rente gezahlt, so ist diese ebenfalls als betriebliche Veräußerungsrente (Veräußerung einzelner Wirtschaftsgüter) anzusehen (zur steuerlichen Behandlung siehe Rn. 756 und 751 ff.). Auch bei der Veräußerung von Erfindungen durch einen selbständigen Erfinder kann eine Betriebsveräußerung vorliegen.[3]

623

Die Veräußerung einer dem privaten Vermögen zuzurechnenden Beteiligung an einer Kapitalgesellschaft i. S. d. § 17 EStG ist eine Veräußerung i. S. der betrieblichen Veräußerungsrente;[4] dies folgt daraus, dass bei der Veräußerung einer solchen Beteiligung gegen einen Kaufpreis in fest bestimmter Höhe nach § 17 EStG gewerbliche Einkünfte gegeben sind.

624

Zur Einräumung eines Vorkaufsrechts gegen Zahlung einer Rente siehe Rn. 618.

dd) Betriebliche Veräußerungsrente beim Rentenverpflichteten (Erwerber)

Die Merkmale einer betrieblichen Veräußerungsrente sind hinsichtlich des Merkmals „Veräußerung" für den Rentenberechtigten und Rentenverpflichteten gleich zu beurteilen. Die Zuordnung zum betrieblichen oder privaten Bereich richtet sich jedoch nach den Verhältnissen des Berechtigten (Veräußerers) oder Verpflichteten (Erwerbers). Verwendet z. B. der Rentenverpflichtete den durch die Veräußerungsrente erworbenen Gegenstand nicht in seinem be-

625

---

1 BFH, Urteil vom 3. 8. 1966, IV 350/62, HFR 1967 S. 6.
2 BFH, Urteil vom 20. 1. 1971, I R 147/79, BStBl 1971 II S. 302.
3 BFH, Urteile vom 28. 3. 1984, I R 191/79, BStBl 1984 II S. 664 und vom 18. 10. 1989, I R 126/88, BStBl 1990 II S. 377.
4 RFH, Urteil vom 13. 5. 1930, VI A 706/28, RStBl 1930 S. 580.

trieblichen Bereich, so liegt für ihn eine private Veräußerungsrente vor (siehe auch Rn. 611).

626 Wenn ein Betriebsinhaber sich von einem Dritten Geldmittel beschafft, die er für seinen Betrieb benötigt und die er diesem zuführt, und wenn er ferner als Gegenleistung dem Dritten eine Leibrente gewährt, ist für ihn ein betrieblicher Vorgang und damit eine betriebliche Rente gegeben.[1] Diese Rente ist beim Verpflichteten wie eine betriebliche Veräußerungsrente zu behandeln (zur steuerlichen Behandlung siehe Rn. 671 ff.). Ob die Vereinbarung einer Leibrentenverpflichtung, die Gegenleistung für die Überlassung eines bestimmten Geldbetrages ist, ein betrieblicher Vorgang ist, beurteilt sich grundsätzlich aus der Sicht des Verpflichteten; nicht ausgeschlossen ist, für diese Beurteilung Motive des Berechtigten mit heranzuziehen.[2] Benötigt z. B. der Verpflichtete die Geldmittel nicht für seinen Betrieb und schließt er den Vertrag nur zur Versorgung des Rentenberechtigten ab, liegt keine betriebliche, sondern eine private Leibrente vor.

627 Übernimmt der Erwerber eines Betriebs in Erfüllung seiner Gegenleistungspflicht eine private Rente (z. B. eine außerbetriebliche Versorgungsrente, die der Veräußerer an seine Eltern zu zahlen hat), so ist diese Rente für den Erwerber eine betriebliche Veräußerungsrente und bei ihm entsprechend den Ausführungen unter Rn. 671 ff. zu behandeln.[3] Für den Rentenempfänger liegt weiterhin eine private Rente vor.

628–630 (Einstweilen frei)

b) Steuerliche Behandlung der betrieblichen Veräußerungsleibrente beim Rentenberechtigten im Falle der Ermittlung des laufenden Gewinns nach § 5 EStG

aa) Grundsatz

631 Veräußert der Steuerpflichtige einen ganzen Gewerbebetrieb, einen gewerblichen Teilbetrieb oder einen Anteil an einer gewerblich tätigen Gesellschaft i. S. d. § 15 Abs. 1 Nr. 2 EStG gegen einen Kaufpreis in einer bestimmten Höhe, liegen, gleichgültig ob der Kaufpreis sofort oder in Raten zu zahlen ist, nach § 16 EStG gewerbliche Einkünfte vor, soweit der Veräußerungserlös nach Ab-

---

1 BFH, Urteile vom 5. 10. 1973, VIII R 30/70, BStBl 1974 II S. 88 und vom 31. 1. 1980, IV R 126/76, BStBl 1980 II S. 491.
2 BFH, Urteil vom 5. 10. 1973, VIII R 30/70, BStBl 1974 II S. 88.
3 Vgl. BFH, Urteil vom 12. 1. 1983, IV R 180/80, BStBl 1983 II S. 595.

zug der Veräußerungskosten das Kapitalkonto übersteigt. Die Bedeutung der im § 16 EStG getroffenen Regelung liegt u. a. in der mit dieser Bestimmung verbundenen Gewährung eines Freibetrags (§ 16 Abs. 4 EStG) und der Tarifbegünstigungen des § 34 Abs. 2 Nr. 1 EStG.

Die Steuerpflicht des Veräußerungsgewinns und die Zurechnung zu den Gewinneinkünften ergibt sich unmittelbar aus dem Gewinnbegriff selbst; denn die Veräußerung des Betriebs ist grundsätzlich der letzte Geschäftsvorfall, der zur Realisierung bisher nicht versteuerter Gewinne führt. Deshalb muss der Veräußerungsgewinn auch dann versteuert werden, wenn der Veräußerungspreis nicht in einer bestimmten Höhe, sondern in Form einer Leibrente oder anderer laufender Bezüge vereinbart ist. Es fragt sich aber, ob der durch die Veräußerung eines Betriebs gegen eine Leibrente entstandene Gewinn in voller Höhe im Veranlagungszeitraum der Veräußerung oder erst nachträglich im Veranlagungszeitraum des Zuflusses der Renten zu versteuern ist. 632

bb) Rechtsentwicklung

(1) Nachträgliche Versteuerung des Veräußerungsgewinns (Zuflussversteuerung)

Der RFH hat in seinem Urteil vom 14. 5. 1930[1] bei betrieblichen Veräußerungsrenten die Gewinnverwirklichung im Zeitpunkt der Veräußerung und die sofortige Versteuerung des gesamten Veräußerungsgewinns im Veräußerungsjahr nach § 16 EStG verneint. Die Heranziehung des Gewinns im Jahr der Veräußerung würde bedeuten, dass wie bei Kaufpreisraten der Kapitalwert der Veräußerungsrente als Veräußerungserlös dem Kapitalkonto gegenüberzustellen wäre. In diesem Fall wären die in der Veräußerungsrente enthaltenen Zinsanteile jährlich zu versteuernde Einnahmen des Rentenberechtigten. Der RFH verweist u. a. darauf, dass die richtige Schätzung des Barwerts der Leibrente schwierig sei und dass bei zu hoher Schätzung der Rentenberechtigte einen Veräußerungsgewinn versteuere, den er tatsächlich nicht erziele. Die Möglichkeit, den in späteren Jahren etwa eintretenden Verlust abzuziehen, biete demgegenüber keinen genügenden Ausgleich, da es ungewiss sei, ob der Steuerpflichtige im Verlustjahr noch andere positive Einkünfte habe. Der Steuerpflichtige müsse bei dieser Art der Besteuerung der betrieblichen Veräußerungsrenten auch auf Jahre hinaus noch seine Einkünfte nach den Grundsätzen des Bestandsvergleichs und der ordnungsgemäßen Buchführung ermit- 633

---

1 VI A 706/28, RStBl 1930 S. 580.

teln, obwohl er seit der Veräußerung kein Gewerbetreibender mehr sei und auch keine Bücher mehr führe.

Nach dieser Auffassung sind die Gewinne aus der betrieblichen Veräußerungsrente (also die Rentenzahlungen, die das Kapitalkonto und die Veräußerungskosten übersteigen) erst im Zeitpunkt des Zuflusses als nachträgliche Einkünfte aus Gewerbebetrieb nach § 15 EStG i.V. m. § 24 Nr. 2 EStG zu versteuern.[1] Sie wurde seit dem Urteil des RFH vom 14. 5. 1930[2] von der Rechtsprechung der Steuergerichte[3] und der FinVerw ständig praktiziert. Auch das Schrifttum stimmte größtenteils zu.[4]

(2) Sofortige Versteuerung des Veräußerungsgewinns

634 Demgegenüber wurde im Schrifttum[5] auch die Meinung vertreten, dass in Anpassung an die Behandlung der betrieblichen Veräußerungsrente beim Verpflichteten der Rentenberechtigte den Veräußerungsgewinn in vollem Umfang im Veranlagungszeitraum der Veräußerung nach § 16 EStG i.V. mit § 34 Abs. 1 und 2 EStG und die laufenden Rentenzahlungen mit dem Ertragsanteil nach § 22 Nr. 1 Satz 3 Buchst. a EStG a. F. zu versteuern habe; der Veräußerungsgewinn sollte durch Abzug des steuerlichen Kapitalkontos und der Veräußerungskosten von dem Barwert der Veräußerungsleibrente ermittelt werden.

cc) Heutige steuerliche Behandlung im Grundsatz: Wahlrecht zwischen nachträglicher und sofortiger Versteuerung des Veräußerungsgewinns

635 Offenbar wegen der rechtlichen Problematik der Versteuerung (Zeitpunkt der Realisierung des Veräußerungsgewinns) räumten die FinVerw[6] (erstmals durch einen einheitlichen Ländererlass vom 11. 6. 1969) und ihr folgend der BFH[7]

---

1 Zur Rechtfertigung der nachträglichen Versteuerung s. Wrede, INF 1975 S. 145.
2 VI A 706/28, RStBl 1930 S. 580.
3 RFH, Urteil vom 19. 2. 1936, VI A 903/34, RStBl 1936 S. 768; Urteile vom 12. 7. 1955, I 232/54 U, BStBl 1955 III S. 302; vom 19. 6. 1956, I 69/56 U, BStBl 1956 III S. 235; vom 3. 8. 1966, IV 350/62, HFR 1967 S. 6; vom 28. 9. 1967, IV 288/62, BStBl 1968 II S. 76 und vom 30. 1. 1974, IV R 80/70, BStBl 1974 II S. 452.
4 Z. B. Krah, BB 1961 S. 1370; Wrede, INF 1975 S. 145.
5 Vgl. Brockhoff, FR 1956 S. 439; Kapp/Brockhoff, S. 27; Biergans, siehe Renten und Raten in Einkommensteuer und Bilanz, S. 149, hält die nachträgliche Versteuerung für eine reine Billigkeitsregelung.
6 Nds. FinMin, Erlass vom 11. 6. 1969, BB 1969 S. 784.
7 Urteile vom 30. 1. 1974, IV R 80/70, BStBl 1974 II S. 452; vom 9. 9. 1988, III R 191/84, BStBl 1989 II S. 9, 11; vom 7. 11. 1991, IV R 14/90, BStBl 1992 II S. 457, 458; Beschluss vom 21. 12. 1988, III B 15/88, BStBl 1989 II S. 409.

dem Rentenberechtigten ein Wahlrecht ein, entweder die Rente gemäß der Rechtsprechung des RFH und BFH im Zeitpunkt des Zuflusses und nach Übersteigen des Kapitalkontos steuerlich als nachträgliche Einkünfte gemäß § 24 Nr. 2 EStG zu behandeln oder den Veräußerungsgewinn nach § 16 Abs. 1 bis 4 EStG im Zeitpunkt der Veräußerung durch Abzug des Kapitalkontos und der Veräußerungskosten vom Rentenbarwert und ferner die laufenden Rentenzahlungen bis zum Veranlagungszeitraum 2004 mit dem Ertragsanteil nach § 22 Nr. 1 Satz 3 Buchst. a EStG a. F. zu versteuern; ab Veranlagungszeitraum 2005 wird der Ertragsanteil nach § 22 Nr. 1 Satz 3 Buchst. a Doppelbuchst. bb EStG ermittelt.

Das Wahlrecht gilt nicht nur für die Renten, die eine Gegenleistung des Erwerbers für die Veräußerung des Betriebs sind, sondern auch für diejenigen wiederkehrenden Bezüge, die von dritter Seite im wirtschaftlichen Zusammenhang mit der Veräußerung geleistet werden.[1] 636

Das Wahlrecht entfällt nicht etwa dadurch, dass nach der Rechtsprechung des BFH[2] die Uneinbringlichkeit gestundeter Kaufpreisrenten zu einer rückwirkenden Änderung des Veräußerungsgewinns führt, weil § 16 Abs. 1 und 2 EStG (bei gestörtem Verlauf) nur den Veräußerungspreis erfasst, den der Veräußerer tatsächlich erzielt[3] (siehe hierzu Rn. 821 f.). 637

Zur Frage, ob eine sofortige oder nachträgliche Versteuerung steuerlich günstiger ist, siehe Johne/Wittmann, DB 1980 S. 704 ff., und Dirrigl, DB 1988 S. 453.

Durch BMF-Schreiben vom 28. 5. 2004[4] wurden zur Anwendung des Halbeinkünfteverfahrens (Herabsetzung der Steuerermäßigung des § 3 Nr. 40 EStG von 50 % auf 40 % durch das Unternehmenssteuerreformgesetz 2000) bei der Veräußerung von Betrieben, Teilbetrieben, Mitunternehmeranteilen und Beteiligungen an Kapitalgesellschaften gegen wiederkehrende Leistungen, bei denen der Veräußernde die sofortige Versteuerung gewählt hat, Verwaltungsanweisungen erlassen. Zu Einzelheiten dieser Regelungen wird auf die Ausführungen von Paus[5] hingewiesen. Hinsichtlich der Aufteilung von Leibrenten in einen Zins- und Tilgungsanteil wird auf Rn. 639 Bezug genommen. 638

---

1 BFH, Urteil vom 7. 11. 1991, IV R 14/90, BStBl 1992 II S. 457, 458.
2 Beschluss vom 19. 7. 1993, GrS 2/92, BStBl 1993 II S. 897, 902.
3 BFH, Urteil vom 14. 5. 2002, VIII R 8/01, BStBl 2002 II S. 532, 534; Theisen, DStR 1994 S. 1599, 1604; Paus, FR 1994 S. 241, 244.
4 BStBl 2004 II S. 1187.
5 NWB F. 3 S. 13683 ff.

dd) Aufteilung der Rentenzahlungen in einen Zins- und Tilgungsanteil bei Wahl der nachträglichen Versteuerung

639 Nach der neueren Rechtsprechung des IX. und X. Senats des BFH[1] sind wiederkehrende Leistungen, mit denen Forderungen des Privatvermögens beglichen werden, in einen zu versteuernden Zinsanteil und in einen nicht steuerbaren Kapitalanteil aufzuteilen, wenn es sich um Leistungen handelt, „die zeitlich befristet – gleich bleibend oder abänderbar – gezahlt werden" oder „die auf Lebenszeit einer Bezugsperson gezahlt werden, die aber nicht – als private Versorgungsrente – in sachlichem Zusammenhang mit einer Vermögensübergabe stehen". Der BFH begründet seine Auffassung u. a. mit den „normativen Grundaussagen des § 2 Abs. 1 EStG" und mit dem Hinweis, es gebe „keinen steuerrechtlich tragfähigen Grund bei langfristigen nicht gleichmäßigen (abänderbaren) wiederkehrenden Leistungen anders als bei eben solchen gleichmäßigen Zahlungen von einer durchgehenden Erfassung des Zinsanteils abzusehen".

640 Dementsprechend hat die FinVerw in R 16 Abs. 11 Satz 7 und 8 EStR 2007 angeordnet, dass die Grundsätze dieser Rechtsprechung auch in den Fällen der Betriebsveräußerung gegen wiederkehrende Bezüge anzuwenden sind. Danach sind bei nachträglicher Versteuerung der Gewinne aus der Betriebsveräußerung gegen wiederkehrende Bezüge die in den wiederkehrenden Leistungen enthaltenen Zinsanteile bereits im Zeitpunkt ihres Zuflusses nachträgliche Betriebseinnahmen. Zur Ermittlung des Veräußerungsgewinns in diesem Falle siehe Rn. 653. Nach R 16 Abs. 11 Satz 8 EStR 2007 gilt diese Regelung nur für Veräußerungen, die nach dem 31. 12. 2003 erfolgt sind.

641 Mit Beschluss vom 29. 3. 2007[2] hat sich der BFH auf den Standpunkt gestellt, dass kein Grund für eine Ausdehnung dieses Wahlrechts auf solche Fälle bestehe, in denen der Kaufpreis in Form von Zahlungen geleistet werde, die sich über einen längeren Zeitraum erstrecken, ohne damit die Versorgung des Veräußerers zu bezwecken. Dieser Auffassung kann nicht zugestimmt werden; sie verstößt gegen Gewohnheitsrecht. Das Wahlrecht wird von Rechtsprechung und Verwaltung seit langem anerkannt, ohne dass die im BFH-Beschluss XI B 56/06 geforderte Voraussetzung vorliegen muss.[3]

642–644 (Einstweilen frei)

---

1 Z. B. Urteile vom 27. 2. 1992, X R 136/88, BStBl 1992 II S. 609, 612; vom 16. 11. 1992, X R 187/87, BStBl 1993 II S. 298, 299; vom 9. 2. 1994, IX R 116/90, BStBl 1995 II S. 47, 51.
2 XI B 56/06, BFH/NV 2007 S. 1306.
3 Siehe hierzu auch Rn. 641 ff.

ee) Versteuerung des Zinsanteils (Ertragsanteils) nach § 20 Abs. 1 Nr. 7 EStG bei Wahl der Sofortversteuerung?

Entschließt sich der Betriebsveräußerer (Rentenberechtigte), den Veräußerungsgewinn sofort durch Ermittlung des Barwerts der Rentenforderung zu versteuern, sind die in den Rentenzahlungen steckenden Ertragsanteile – wie in Rn. 635 ausgeführt – nach § 22 Nr. 1 Satz 3 Buchst. a Doppelbuchst. bb EStG zu versteuern. Mit der Rechtsprechung des IX. und X. Senats des BFH, dass wiederkehrende Leistungen bei Veräußerung von Privatvermögen in einen zu versteuernden Zinsanteils und einen nicht steuerbaren Kapitalanteil zu zerlegen sind (s. Rn. 639), haben diese Senate auch ausgesprochen, dass die Zinsanteile in diesen Fällen nach § 20 Abs. 1 Nr. 7 EStG zu versteuern sind.[1] In weiteren Urteilen[2] hat der X. Senat des BFH entschieden, dass gleich bleibende wiederkehrende Bezüge, die auf die Lebenszeit des Empfängers vereinbart sind, „bei verfassungskonformer Auslegung" nicht mit dem Ertragsanteil gemäß § 10 Abs. 1 Nr. 1a EStG als Sonderausgaben abziehbar seien, weil die in ihnen enthaltenen Zinsanteile Schuldzinsen seien, die nicht (mehr) unter die nach § 10 EStG abziehbaren Sonderausgaben fielen. 645

Nach diesen Urteilen müsste die betriebliche Veräußerungsleibrente im Falle der Sofortversteuerung nicht mit dem Ertragsanteil, sondern nach § 20 Abs. 1 Nr. 7 EStG versteuert werden. Dem ist die FinVerw jedoch nicht gefolgt. Nach Tz. 75 des BMF-Schreibens vom 11. 3. 2010[3] ist der Ertragsanteil privater Veräußerungsleibrenten nach § 22 Nr. 1 Satz 3 Buchst. a Doppelbuchst. bb EStG zu versteuern; Gleiches gilt für Betriebsveräußerungen gegen Leibrenten.[4] Dieser Auffassung der FinVerw ist aufgrund des eindeutigen Wortlauts des § 22 Nr. 1 Satz 3 Buchst. a EStG zuzustimmen; nach dem Gesetzeszweck sind keine Gründe zu erkennen, die ein anderes Ergebnis rechtfertigen können. 646

---

1 Urteile vom 26. 11. 1992, X R 187/87, BStBl 1993 II S. 298, 301, zu wiederkehrenden Bezügen in schwankender Höhe für die Dauer von 15 Jahren; vom 9. 2. 1994, IX R 110/90, BStBl 1995 II S. 47, 53, zu auf Lebenszeit zu leistenden wiederkehrenden Bezügen in Form von dauernden Lasten im Veräußerungsfall; vom 25. 11. 1992, X R 91/89, BStBl 1996 II S. 666, 669.
2 BFH, Urteil vom 25. 11. 1992, X R 91/89, BStBl 1996 II S. 666, 669, hierzu Anm. in HFR 1993 S. 299.
3 BStBl 2010 I S. 227.
4 R 16 Abs. 11 EStR 2012.

ff) Ausübung des Wahlrechts

647 Der Antrag auf sofortige oder nachträgliche Versteuerung kann formlos gestellt werden, und zwar u. E. bis zur Bestandskraft der Veranlagung;[1] nach Bestandskraft der Veranlagung des Einkommens des Veräußerungsjahres kann der Steuerpflichtige die einmal getroffene Wahl nicht mehr ändern.[2] In einem Beschluss vom 16. 8. 1991[3] führte der BFH aus, dass der Steuerpflichtige an die Ausübung des sog. Veräußerungswahlrechts „jedenfalls solange" gebunden ist, „als die Laufzeit der Rente nicht erheblich über das hinausgeht, was für die Bemessung des Rentenbarwerts im Falle der Sofortversteuerung berücksichtigt worden wäre". Hatte der Steuerpflichtige sich für die nachträgliche Versteuerung (Zuflussversteuerung) entschieden, so treten bei späterer Ablösung der Rentenverpflichtung die in den Rn. 811 ff. behandelten Rechtsfolgen ein.

648 Bei Veräußerung von Mitunternehmeranteilen müssen die Mitunternehmer das Wahlrecht nicht gleichmäßig ausüben.

gg) Ermittlung der Einkünfte und Tarif im Falle der sofortigen Versteuerung

649 Im Falle der Sofortversteuerung ist der Veräußerungsgewinn gemäß den Regeln des § 16 EStG zu ermitteln. Danach ist Veräußerungsgewinn der Betrag, der sich durch Abzug des Buchwerts des steuerlichen Kapitalkontos im Zeitpunkt der Veräußerung und der Veräußerungskosten des Veräußerers vom Barwert der Leibrente ergibt; der Barwert ist nach den Vorschriften des BewG zu ermitteln.[4] Zur Barwertermittlung ist von einem Zinssatz von 5,5 % auszugehen; ist vertraglich ein anderer Zinssatz vereinbart, gilt nach Auffassung der FinVerw[5] der vereinbarte Zinssatz. Siehe auch Rn. 854.

Bei der sofortigen Versteuerung gehört der Rentenanspruch grundsätzlich zum Privatvermögen. Zum Fall der Teilbetriebsveräußerung siehe Rn. 656.

Der sofort zu versteuernde Veräußerungsgewinn ist tarifbegünstigt nach § 34 EStG. Der Freibetrag nach § 16 Abs. 4 EStG ist zu gewähren.

Die laufenden Rentenzahlungen sind in Höhe des Ertragsanteils nach § 22 Nr. 1 Satz 3 Buchst. a Doppelbuchst. bb EStG zu versteuern.

---

1 Gl. A. Herrmann/Heuer/Raupach, § 5, Anm. 1315; a. A. Wacker in: Schmidt, § 16, Rz. 226, Antrag ist spätestens mit der Abgabe der Einkommensteuererklärung zu stellen.
2 BFH, Urteil vom 10. 7. 1991, X R 79/90, BFHE 165 S. 75.
3 X B 7/91, BFH/NV 1991 S. 819.
4 Ebenso BFH, Urteil vom 19. 1. 1978, IV R 61/73, BStBl 1978 II S. 295, R 16 Abs. 11 Satz 4 EStR.
5 R 16 Abs. 11 Satz 10 EStR 2012.

hh) Ermittlung der Einkünfte und Tarif bei nachträglicher Versteuerung (Zuflussversteuerung)

Für die Ermittlung der Einkünfte aus der betrieblichen Veräußerungsleibrente gelten, sofern sie als nachträgliche Einkünfte gemäß § 24 Nr. 2 EStG versteuert werden, die allgemeinen Vorschriften der Gewinnermittlung. Gewinn nach § 15 EStG i.V. m. § 24 Nr. 2 EStG liegt hinsichtlich des in den Rentenzahlungen enthaltenen Zinsanteils sofort vor und hinsichtlich des in den Rentenzahlungen enthaltenen Kapitalanteils sobald der Barwert der Rentenzahlungen das Kapitalkonto des veräußerten Betriebs, Teilbetriebs oder Anteils und die vom Veräußernden zu tragenden Veräußerungskosten übersteigt; das Kapitalkonto und die Veräußerungskosten werden also nach der geltenden Rechtslage nur noch mit dem Kapitalanteil der Renten verrechnet. Für den Zeitpunkt der Vereinnahmung und der Versteuerung des Zinsanteils und des übersteigenden Kapitalanteils der Renten ist wie bei der Gewinnermittlung nach § 4 Abs. 3 EStG der Zufluss i.S. d. § 11 EStG maßgebend.[1] Zahlt der Rentenverpflichtete nicht (z. B. wegen Zahlungsunfähigkeit), erzielt der Rentenberechtigte demnach insoweit keine steuerbaren Einnahmen.

650

Zur Abzugsfähigkeit der vom Rentenberechtigten getragenen Veräußerungskosten wird z.T. bei Wahl der Zuflussbesteuerung die Auffassung vertreten, dass sie in dem Jahr mit den positiven Einkünften des Steuerpflichtigen auszugleichen seien, in dem er sie aufgewendet habe.[2] Dieser Ansicht kann nicht zugestimmt werden. Die Veräußerungskosten sind Bestandteil des Veräußerungsvorgangs und der Ermittlung des Veräußerungsgewinns. Zur Erlangung der Renten wendet der Steuerpflichtige den Betrieb und die Veräußerungskosten auf. So wie die Übertragung des Betriebs keine abzugfähige Betriebsausgabe im Veräußerungsjahr ist, können auch die Veräußerungskosten nicht im Jahr der Leistung mit den Einkünften dieses Jahres ausgeglichen werden. Sie müssen vielmehr aufgrund der besonderen Gewinnermittlungsart bei der betrieblichen Veräußerungsrente mit den laufenden Kapitalanteilen der Rentenzahlungen verrechnet werden.[3] Für den Zeitpunkt der Verrechnung kommt es also nicht auf den Zeitpunkt der Zahlung der Veräußerungskosten an.

651

---

1 RFH, Urteil vom 14. 5. 1930, VI A 706/28, RStBl 1930 S. 580.
2 – el. –, DB 1959 S. 243.
3 RFH, Urteil vom 14. 5. 1930, VI A 706/28, RStBl 1930 S. 580; Herrmann/Heuer/Raupach, § 5, Anm. 1362.

652 Da die Einkünfte aus der betrieblichen Veräußerungsrente bei der nachträglichen Versteuerung nicht unter § 16 EStG fallen, sind in diesem Falle der in dieser Bestimmung festgelegte Freibetrag und die Tarifvergünstigung des § 34 Abs. 1 und 2 EStG[1] nicht zu gewähren. Die Steuervergünstigung nach § 34 Abs. 1 und 2 EStG kommt auch deshalb nicht in Betracht, weil die nachträglich im Zuflusszeitpunkt zu versteuernde betriebliche Veräußerungsrente nicht zu den außerordentlichen Einkünften i. S. d. § 34 Abs. 1 und 2 EStG gehört.

ii) Beispiele zu steuerlicher Behandlung

BEISPIEL 1: Behandlung der betrieblichen Veräußerungsrente beim Berechtigten im Falle nachträglicher Versteuerung

653 A. hat seinen Gewerbebetrieb mit einem Kapitalkonto von 46 000 € am 1. 7. 2005 an B. gegen eine jährliche Leibrente von 4 000 € verkauft, die jeweils am 1. 7. eines jeden Jahres zu zahlen ist, und zwar erstmals am 1. 7. 2005. Der Barwert der Rente, 56 000 € betragen soll, und der Wert des Gewerbebetriebs stehen sich nach dem Willen der Vertragspartner und den Wertermittlungen für die einzelnen Wirtschaftsgüter gleichwertig gegenüber. Die von A. beim Verkauf getragenen und von ihm im Jahre 2005 gezahlten Kosten (z. B. u. a. Kosten für die Vertragsberatung) beliefen sich auf insgesamt 5 000 €. Der laufende Gewinn des A. aus dem Gewerbebetrieb hat im Jahre 2005 7 000 € betragen. A. hat von seinem Wahlrecht, den Gewinn aus dem Verkauf sofort zu versteuern, keinen Gebrauch gemacht.

A. hat im Jahre 2005 7 000 € Einkünfte nach § 15 EStG zuzüglich des Zinsanteils der Veräußerungsleibrente erzielt. Diese Einkünfte sind nicht mit den Veräußerungskosten von 5 000 € auszugleichen. Den Kapitalanteil der Rente hat A nicht zu versteuern, bis das Kapitalkonto und die Veräußerungskosten von insgesamt 51 000 € vollständig verrechnet sind.

BEISPIEL 2: Behandlung der betrieblichen Veräußerungsrente beim Berechtigten im Falle sofortiger Versteuerung

Der Sachverhalt ist derselbe wie im vorgenannten Beispiel 1. A. wünscht jedoch, den Gewinn aus der Veräußerungsrente sofort zu versteuern.

Nach § 16 EStG ergibt sich folgender Veräußerungsgewinn, der im Veranlagungszeitraum 2005 steuerlich zu erfassen ist:

Veräußerungspreis (Barwert der Rente)	56 000 €
Veräußerungskosten des A.	− 5 000 €
Kapitalkonto	− 46 000 €
Veräußerungsgewinn	5 000 €

---

1 RFH, Urteil vom 14. 5. 1930, VI A 706/28, RStBl 1930 S. 580; BFH, Urteil vom 28. 9. 1967, IV 288/62, BStBl 1968 II S. 76; Beschluss vom 21. 12. 1988, III B 15/88, BStBl 1989 II S. 409.

Dieser Veräußerungsgewinn bleibt steuerfrei, sofern die Voraussetzungen für den Freibetrag nach § 16 Abs. 4 EStG vorliegen. A. muss vom Veranlagungszeitraum 2005 an die jährlichen Rentenzahlungen nach § 22 Nr. 1 Satz 3 Buchst. a Doppelbuchst. bb EStG mit dem Ertragsanteil versteuern.

jj) Veräußerung von Teilbetrieben, Anteilen an Mitunternehmerschaften und einzelnen Wirtschaftsgütern

Die in Rn. 635 erwähnte Verwaltungsanweisung[1] zum Wahlrecht zwischen nachträglicher und sofortiger Versteuerung ist auch anzuwenden, wenn ein Teilbetrieb oder Anteil an einer Mitunternehmerschaft i. S. d. § 15 Abs. 1 Nr. 2 EStG veräußert worden ist. Der Steuerpflichtige hat also auch in diesen Fällen ein Wahlrecht, den Gewinn aus der Veräußerungsrente sofort oder nachträglich zu versteuern.[2]

654

Dass die Grundsätze über die nachträgliche Versteuerung des Gewinns aus der Veräußerungsrente nach § 24 Nr. 2 EStG auch gelten, wenn der Steuerpflichtige einen Teilbetrieb[3] oder einen Anteil an einer Mitunternehmerschaft i. S. d. § 15 Abs. 1 Nr. 2 EStG[4] gegen eine Leibrente veräußert, folgt aus den Gründen des RFH-Urteils vom 14. 5. 1930.[5] Als Teilbetrieb in diesem Sinne gilt auch die Beteiligung an einer Kapitalgesellschaft, wenn die Beteiligung das gesamte Nennkapital der Gesellschaft umfasst; der Gesetzgeber hat die Versteuerung des Gewinns, der durch die Veräußerung einer zum Betriebsvermögen gehörenden hundertprozentigen Beteiligung an einer Kapitalgesellschaft entstanden ist, nach den §§ 16 und 34 Abs. 1 und 2 EStG angeordnet, weil dieser Fall wirtschaftlich der Veräußerung eines Teilbetriebs im eigentlichen Sinne gleichzustellen ist.[6] Der Begriff des Mitunternehmeranteils umfasst auch das etwaige Sonderbetriebsvermögen des Mitunternehmers;[7] deshalb liegt auch insoweit eine betriebliche Veräußerungsleibrente vor, als die Rente auf das Sonderbetriebsvermögen entfällt.

655

---

1 R 16 Abs. 11 EStR 2007.
2 Gl. A. Herrmann/Heuer/Raupach, § 5, Anm. 1315; Richter, DStR 1994 S. 92; ebenso im Falle der Veräußerung eines Teilbetriebs gegen Vereinbarung einer Zeitrente BFH, Urteile vom 26. 7. 1984, IV R 137/82, BStBl 1984 II S. 829 und vom 20. 1. 1971, I R 147/69, BStBl 1971 II S. 302, 304.
3 BFH, Urteil vom 20. 1. 1971, I R 147/69, BStBl 1971 II S. 302.
4 BFH, Urteil vom 3. 8. 1966, IV 350/62, HFR 1967 S. 6.
5 VI A 706/28, RStBl 1930 S. 580.
6 Teske, DStR (A) 1965 S. 133.
7 BFH, Urteil vom 19. 3. 1991, VIII R 76/87, BStBl 1991 II S. 635; Beschluss vom 31. 8. 1995, VIII B 21/93, BStBl 1995 II S. 890.

656 Bei der Veräußerung eines Teilbetriebs gegen eine Rente und der sofortigen Versteuerung des Gewinns kann u. E. der Rentenberechtigte den Rentenanspruch als gewillkürtes Betriebsvermögen aktivieren. Dabei ist u. E. auch in diesem Fall als Barwert der gemeine Wert und damit der nach den Vorschriften des BewG zu ermittelnde Rentenbarwert anzusetzen. Die Rechtsgrundlage der Ermittlung des Rentenbarwerts kann nicht davon abhängen, ob der Rentenanspruch Betriebsvermögen oder Privatvermögen ist. Gehört der Rentenanspruch zum Betriebsvermögen, so mindert den Gewinn nicht der Ertragsanteil i. S. d. § 22 Nr. 1 Satz 3 Buchst. a Doppelbuchst. bb EStG, sondern der Zinsanteil, der nach derselben Methode wie beim Rentenverpflichteten zu ermitteln ist (siehe Rn. 679 f.).

657 Veräußert der Steuerpflichtige ein einzelnes Wirtschaftsgut, das zum Betriebsvermögen eines Betriebs gehört, und ermittelt er den Gewinn nach § 4 Abs. 1 EStG oder § 5 EStG, ist grundsätzlich eine sofortige Versteuerung des Gewinns im Zeitpunkt der Veräußerung durchzuführen; vgl. dazu näher Rn. 751 ff.

kk) Veräußerung von Grundstücken, die teilweise zum Betriebsvermögen und teilweise zum Privatvermögen gehören

658 Soweit mit der Betriebsveräußerung gegen eine Rente Grundstücke, die teilweise zum Betriebsvermögen und teilweise zum Privatvermögen gehören, mitveräußert werden, ist die Rente aufzuteilen. Hinsichtlich des zum Privatvermögen gehörenden Teils ist eine private Veräußerungsrente, die mit dem Ertragsanteil nach § 22 Nr. 1 Satz 3 Buchst. a Doppelbuchst. bb EStG zu versteuern ist, und im Übrigen eine betriebliche Veräußerungsrente anzunehmen.

ll) Steuerliche Folgen bei vorzeitigem Ableben des Rentenberechtigten

(1) Sofortige Versteuerung

659 Stirbt der Rentenberechtigte vor Ablauf der ursprünglich angenommenen Lebensdauer, so kann bei sofortiger Versteuerung der Veräußerungsgewinn nicht nachträglich für das Veräußerungsjahr gemindert werden (auch nicht, wenn die Veranlagung noch nicht bestandskräftig ist); ggf. kann aber nachträgliche Versteuerung beantragt werden (siehe Rn. 647). Dies gilt auch bei abgekürzten und verlängerten Leibrenten.[1]

---

[1] Ebenso zu einer abgekürzten Leibrente BFH, Urteil vom 19. 8. 1999, IV R 67/98, BStBl 2000 II S. 179.

War die Leibrentenforderung Privatvermögen (siehe Rn. 649 und 654), so kann 660
sich ihr Wegfall durch den Tod des Berechtigten für den Veranlagungszeitraum
des Wegfalls steuerlich nicht auswirken. Auch eine Änderung des Bescheids
nach § 175 AO kommt nicht in Betracht (siehe Rn. 572). Anders ist es, wenn die
Rentenforderung Betriebsvermögen ist; in diesem Fall gelten die allgemeinen
Regeln der Gewinnermittlung.

(2) Nachträgliche Versteuerung

Nach der Rechtsprechung des RFH und BFH zur nachträglichen Versteuerung 661
des Gewinns aus der betrieblichen Veräußerungsleibrente ergeben sich, wie
erwähnt, wegen der im Zeitpunkt der Veräußerung vorliegenden Ungewissheit darüber, ob die Veräußerung zu einem Gewinn führt, erst zu versteuernde
Einkünfte, wenn feststeht, dass der Rentenberechtigte tatsächlich Gewinne erzielt. Gleiches muss für die Ermittlung und Ausgleichsfähigkeit eines Verlustes
gelten, wenn durch einen frühen Tod des Rentenberechtigten die Summe der
Rentenzahlungen geringer ist als das Kapitalkonto und die Veräußerungskosten zusammen. Stirbt der Rentenberechtigte, nachdem die Rentenzahlungen
sein Kapitalkonto und seine Veräußerungskosten überschritten haben, liegt
ein Verlust nicht vor.[1] Soweit im Zeitpunkt des Todes die Rentenleistungen mit
dem Kapitalkonto und den Veräußerungskosten des Rentenberechtigten noch
nicht verrechnet sind, ist die Differenz als Aufwand des Rentenberechtigten
anzusehen.[2] In dieser Höhe liegt daher u. E. ein im Todesjahr auszugleichender
Verlust des Rentenempfängers vor. Die Ausgleichsfähigkeit des Verlustes zugunsten des Rentenberechtigten, der vom Zeitpunkt der Veräußerung an den
Gewinn nach den Regeln des § 4 Abs. 3 EStG ermittelt, lässt sich zwar nicht
unmittelbar aus dem Wortlaut der Bestimmungen des EStG herleiten. Die hier
vertretene Auffassung entspricht aber den allgemeinen Grundsätzen der Gewinnermittlung und dem Sinn des EStG. Nach dem vom BFH[3] zur Gewinnermittlung nach § 4 Abs. 3 EStG entwickelten Gebot der Gesamtgewinngleichheit muss – auf die Dauer gesehen – die Einnahme-Überschuss-Gewinnermittlung zu demselben Gesamtergebnis wie der Vermögensvergleich führen. Damit wird das steuerlich allein befriedigende Ergebnis erzielt, dass der bei der
Vereinbarung einer Veräußerungsleibrente entstehende Verlust nicht anders
behandelt wird als der Verlust bei Vereinbarung eines Kaufpreises in fester

---

1 FG Düsseldorf, Senate in Köln, Urteil vom 30. 8. 1977, XIII 150-151 77 KA, EFG 1978 S. 226.
2 So auch Herrmann/Heuer/Raupach, § 5, Anm. 1320; Mayer/Richter, StBp 1967 S. 8; Fella, StW 1969 S. 132.
3 Urteile vom 17. 5. 1960, I 35/57 S, BStBl 1960 III S. 306, und vom 31. 8. 1972, IV R 93/67, BStBl 1973 II S. 51.

Höhe. Die Verrechnung des Verlustes ist bei der Veranlagung des Verstorbenen vorzunehmen, da der Verlust in seiner Person und nicht bei den Erben entstanden ist. Soweit der Verlust im Jahr des Todes des Erblassers bei dessen Veranlagung nicht ausgeglichen wird oder in seiner Person ein Verlustrücktrag nicht in Frage kommt, konnten die Erben nach dem Urteil des I. Senats des BFH vom 17. 5. 1972[1] bei ihrer Veranlagung den Verlustausgleich geltend machen. Allerdings hat der GrS des BFH mit Beschluss vom 17. 12. 2007[2] die steuerliche Vererblichkeit des Verlustabzugs abgelehnt.[3] U. E. ist diese Entscheidung des GrS rechtlich bedenklich.

662–670   (Einstweilen frei)

c) Steuerliche Behandlung der betrieblichen Veräußerungsleibrente beim Rentenverpflichteten im Falle der Ermittlung des laufenden Gewinns nach § 5 EStG

aa) Fragen der Aktivierung

671   Wenn der Steuerpflichtige einen Gewerbebetrieb entgeltlich erwirbt und den Gewinn nach § 5 EStG ermittelt, sind die einzelnen Wirtschaftsgüter nach der Bewertungsvorschrift des § 6 Abs. 1 Nr. 7 EStG mit dem Teilwert, höchstens jedoch mit den Anschaffungskosten in der Bilanz zu aktivieren. Dies gilt auch beim Erwerb eines Betriebs gegen eine betriebliche Veräußerungsrente, und zwar auch dann, wenn der Erwerber als Gegenleistung eine private Rentenverpflichtung des Veräußerers übernimmt.[4] Als Anschaffungskosten sind der kapitalisierte Barwert der Rente[5] und die vom Erwerber getragenen Kosten des Erwerbsvorgangs anzusehen. Um den Barwert der Rentenverpflichtung im Zeitpunkt der Veräußerung – das ist der Zeitpunkt der Erlangung der Verfügungsmacht,[6] also der Zeitpunkt der Übergabe des Betriebs und zwar auch,

---

[1] I R 126/70, BStBl 1972 II S. 621.
[2] BStBl 2008 II S. 608; zur zeitlichen Anwendbarkeit der geänderten Rechtsprechung vgl. BMF-Schreiben vom 24. 7. 2008, BStBl 2008 I S. 809.
[3] Schmidt/Heinicke, EStG, 27. Aufl., § 10d, Rz. 14.
[4] BFH, Urteil vom 12. 1. 1983, IV R 180/80, BStBl 1983 II S. 595.
[5] RFH, Urteile vom 12. 10. 1938, VI 620/38, RStBl 1939 S. 122 und vom 26. 7. 1939, VI 456/39, RStBl 1939 S. 1120; BFH, Urteile vom 30. 7. 1965, VI 264/64 U, BStBl 1965 III S. 663; vom 5. 2. 1969, I R 21/66, BStBl 1969 II S. 334; vom 26. 1. 1978, IV R 62/77, BStBl 1978 II S. 301; vom 31. 1. 1980, IV R 126/76, BStBl 1980 II S. 491; vom 23. 2. 1984, IV R 128/81, BStBl 1984 II S. 516 und vom 24. 10. 1990, X R 64/89, BStBl 1991 II S. 358; Herrmann/Heuer/Raupach, § 5, Anm. 1323.
[6] Herrmann/Heuer/Raupach, § 6, Anm. 274.

I. Veräußerung von Betriebsvermögen gegen wiederkehrende Bezüge

wenn am Tag der Bilanzaufstellung der Tod des Berechtigten bekannt war[1] – möglichst genau zu ermitteln, ist er grundsätzlich versicherungsmathematisch zu berechnen.[2] Nach § 14 Abs. 1 BewG wird der Rentenbarwert u. E. nur ermittelt werden können, wenn die Rente eine geringe Höhe hat und der Fall einfach gelagert ist. Die FinVerw gewährt ein Wahlrecht, den Barwert nach den Regeln des BewG oder versicherungsmathematisch zu ermitteln.[3]

Bei der versicherungsmathematischen Ermittlung des Barwerts muss ein Zinssatz zugrunde gelegt werden, der die wirtschaftlichen Gegebenheiten – besonders den nachhaltig erzielbaren Ertrag des veräußerten Objekts – berücksichtigt. Da es sich bei den betrieblichen Veräußerungsleibrenten um langfristige Verbindlichkeiten handelt, kommt nur die Wahl eines mittleren Zinssatzes in Betracht; im Regelfall kann davon ausgegangen werden, dass ein Zinssatz von 5,5 % angemessen ist und dass ein höherer Satz nur beim Vorliegen besonderer Umstände in Frage kommt.[4] Ein höherer Zinssatz ist nicht deshalb gerechtfertigt, weil eine Wertsicherungsklausel vereinbart worden ist.[5] Ein anderer Rechnungszinsfuß als 5,5 % kommt nach dem BFH-Urteil vom 28. 2. 1974 IV R 205/70 (nicht veröffentlicht)[6] aber dann in Betracht, wenn der Verpflichtete berechtigt ist, die Rentenverpflichtung durch Zahlung eines Kapitalbetrags abzulösen, der mit einem bestimmten vertraglich vereinbarten Zinssatz berechnet ist. In diesem Fall entspricht der Barwert grundsätzlich der Ablösesumme. Gleiches gilt, wenn die Leibrentenverpflichtung die Gegenleistung für einen bestimmten Geldbetrag ist[7] (siehe auch Rn. 757 ff.).

672

Verpflichtet sich der Betriebserwerber, die Rentenzahlungen für den Fall seines vorzeitigen Ablebens durch eine Lebensversicherung zugunsten des Veräuße-

673

---

1 FG Nürnberg, Urteil vom 21. 5. 1971, III R 70/68, EFG 1971 S. 477.
2 BFH, Urteile vom 30. 7. 1965, VI 264/64 U, BStBl 1965 III S. 663; vom 5. 2. 1969, I R 21/66, BStBl 1969 II S. 334; vom 21. 1. 1986, VIII R 238/81, BFH/NV 1986 S. 597; Herrmann/Heuer/Raupach, § 5, Anm. 1323; Krah, BB 1961 S. 1371; Greiner, FR 1955 S. 36; vgl. zur Berechnung des Barwerts auch Heubeck, DNotZ 1965 S. 452 ff.; Nicolai, StBp 1979 S. 232.
3 R 6.2 EStR; gl. A. Söffing, INF 1972 S. 508; Richter, DStR 1988 S. 178; der BFH ließ es in seinem Urteil vom 30. 7. 1965, VI 264/64 U, BStBl 1965 III S. 663, offen, wieweit im Rahmen des § 6 EStG zur Vereinfachung die in § 14 BewG 1965 vorgesehene Bewertung zulässig ist.
4 So BFH, Urteil vom 20. 11. 1969, IV R 22/68, BStBl 1970 II S. 309; vgl. ferner Laux, BB 1962 S. 954 und – rh –, FR 1962 S. 323 f.: nach dem Urteil des FG Hamburg vom 30. 11. 1967 (EFG 1968 S. 162) ist dem Steuerpflichtigen bei der Wahl des Zinsfußes ein Bewertungsspielraum zuzubilligen; Bedenken gegen die allgemeine Anwendung eines Zinssatzes von 5,5 % äußert Mayer-Arndt, StbJb 1974/75 S. 369–371.
5 BFH, Urteil vom 20. 11. 1969, IV R 22/68, BStBl 1970 II S. 309.
6 Siehe hierzu BFH, Urteil vom 31. 1. 1980, IV R 126/76, BStBl 1980 II S. 491, 493.
7 BFH, Urteil vom 31. 1. 1980, IV R 126/76, BStBl 1980 II S. 491.

rers sicherzustellen, bleiben die Prämien bei der Kapitalisierung außer Betracht;[1] der Veräußerungspreis wird dadurch also nicht erhöht.

674 Der Barwert der Rentenverbindlichkeit und die vom Verpflichteten gezahlten Erwerbskosten sind als Anschaffungskosten nach dem Verhältnis der Teilwerte der Wirtschaftsgüter (ggf. auch der immateriellen) auf diese aufzuteilen.[2] Die Aufteilung ist unabhängig von den Buchwerten, die die Wirtschaftsgüter beim Rechtsvorgänger hatten. Der die Teilwerte der einzelnen Wirtschaftsgüter übersteigende Betrag des Rentenbarwerts und der sonstigen Erwerbskosten ist als Geschäftswert zu aktivieren.[3] Sind die Voraussetzungen des § 6 Abs. 2 EStG gegeben, kann der auf die geringwertigen Anlagegüter entfallende Teil der Anschaffungskosten im Jahr des Erwerbs des Betriebs als Betriebsausgabe abgezogen werden.

675 Scheidet ein Gesellschafter gegen eine Veräußerungsleibrente aus einer betrieblich tätigen Personengesellschaft aus, so ist grundsätzlich ebenso zu verfahren wie bei Veräußerung eines Betriebs. Allerdings dürfen die stillen Reserven der einzelnen Wirtschaftsgüter nur mit dem Anteil aufgelöst werden, mit dem der ausscheidende Gesellschafter an der Gesellschaft beteiligt war; soweit der Kapitalwert der Rente zuzüglich der Erwerbskosten das Kapitalkonto und die anteiligen stillen Reserven des Ausgeschiedenen übersteigt, ist ein Geschäftswert zu aktivieren.[4]

676 Die sich aus dem Rentenbarwert ergebenden Anschaffungskosten werden nicht gemindert, wenn sich herausstellt, dass die in dem versicherungsmathematischen Gutachten angenommene Lebensdauer der Person, von deren Leben die Rente abhängt, nicht den Tatsachen entspricht.[5] Denn die Änderung der Rentenhöhe beruht auf dem Rentenwagnis und hängt mit der Anschaffung der Wirtschaftsgüter zusammen.[6]

---

1 BFH, Urteil vom 26.7.1962, IV R 355/61 U, BStBl 1962 III S. 390, in diesem Falle sind die Versicherungsprämien keine Betriebsausgaben; sie können Sonderausgaben sein.
2 Vgl. BFH, Urteile vom 5.8.1970, I R 188/66, BStBl 1970 II S. 804 und vom 23.2.1984, IV R 128/81, BStBl 1984 II S. 516.
3 BFH, Urteile vom 21.5.1970, IV R 131/68, BStBl 1970 II S. 740; vom 5.8.1970, I R 188/66, BStBl 1970 II S. 804 und vom 18.7.1972, VIII R 16/68, BStBl 1972 II S. 884.
4 Vgl. Kleinsorge, DStZ (A) 1957 S. 205.
5 Laux, BB 1962 S. 955; BFH, Urteile vom 5.2.1969, I R 21/66, BStBl 1969 II S. 334 und vom 31.8.1972, IV R 93/67, BStBl 1973 II S. 51; Herrmann/Heuer/Raupach, § 5, Anm. 1323; so auch BFH, Urteil vom 11.8.1967, VI R 80/66, BStBl 1967 III S. 699, wenn ein zum Privatvermögen gehörendes Wirtschaftsgut gegen eine Rente erworben wird und die AfA nach § 9 Abs. 1 Nr. 7 EStG zu ermitteln ist.
6 Vgl. dazu die Gründe des Urteils des BFH vom 11.10.1963, 162/61 S, BStBl 1964 III S. 8, 10.

Die Barwertermittlung wird durch die Vereinbarung einer Wertsicherungsklausel nicht berührt;[1] siehe hierzu auch Rn. 791.

677

bb) Fragen der Passivierung und Ermittlung des Aufwands

Der nach versicherungsmathematischen Grundsätzen errechnete Rentenbarwert ist der Teilwert der Rentenverbindlichkeit und dementsprechend gemäß § 6 Abs. 1 Nr. 7 EStG in der Eröffnungsbilanz zu passivieren.[2] Da für die Berechnung des Rentenbarwerts der Zeitpunkt der Übergabe des Betriebs maßgebend ist, ist der Umstand, dass der Rentenberechtigte nach Vertragsabschluss, aber vor Betriebsübergabe stirbt und die Rente deshalb in vermindertem Umfang an den Erben gezahlt wird, bei der Ermittlung des in der Eröffnungsbilanz zu passivierenden Barwerts zu berücksichtigen.[3]

678

Da der Barwert der Rentenschuld sich durch die tatsächlichen Rentenzahlungen laufend verringert, ist er zu den einzelnen Bilanzstichtagen neu zu ermitteln und mit dem geänderten Wert als Schuldposten in der Bilanz auszuweisen.[4]

679

Die Barwertminderung stellt die Tilgung der Rentenverpflichtung dar und ist für den Steuerpflichtigen buchmäßig Ertrag. Demgegenüber sind die tatsächlichen Rentenzahlungen in voller Höhe Betriebsausgaben. Soweit die jährlichen Rentenzahlungen die jährliche Barwertminderung übersteigen, liegen wirtschaftlich Zinsen vor, in deren Höhe der Gewinn tatsächlich verringert wird.[5]

680

BEISPIEL: Behandlung der betrieblichen Veräußerungsrente beim Verpflichteten
A. hat einen Gewerbebetrieb am 2. 1. 04 gegen eine betriebliche Veräußerungsleibrente von B. erworben. Der Barwert der Rente zum 2. 1. 04 beträgt 100 000 € und zum 31. 12. 04 92 000 €. Die jährlichen Rentenleistungen belaufen sich auf 10 000 €. Die Veräußerungskosten hat B. getragen.

---

1 BFH, Urteile vom 23. 2. 1984, IV R 128/81, BStBl 1984 II S. 516 und vom 24. 10. 1990, X R 64/89, BStBl 1991 II S. 358.
2 BFH, Urteil vom 24. 10. 1990, X R 64/89, BStBl 1991 II S. 358; nach Söffing, INF 1972 S. 508, hat der Verpflichtete ein Wahlrecht, den Barwert versicherungsmathematisch oder nach § 14 Abs. 1 BewG zu ermitteln.
3 Hessisches FG, Urteil vom 28. 11. 1979, IV 259/78, EFG 1980 S. 273.
4 BFH, Urteil vom 23. 2. 1984, IV R 128/81, BStBl 1984 II S. 516; Herrmann/Heuer/Raupach, § 5, Anm. 1324.
5 BFH, Urteile vom 12. 10. 1938, VI 620/38, RStBl 1939 S. 122 und vom 26. 7. 1939, VI A 903/34, RStBl 1939 S. 1120; BFH, Urteile vom 23. 2. 1984, IV R 125/81, BStBl 1984 II S. 516; vom 24. 10. 1990, X R 64/89, BStBl 1991 II S. 358; Herrmann/Heuer/Raupach, § 5, Anm. 1324; Krah, BB 1961 S. 1372.

Teil C: Betriebliche wiederkehrende Bezüge

A. muss in der Eröffnungsbilanz zum 2.1.04 die übernommenen Wirtschaftsgüter mit 100 000 € aktivieren und die Rentenschuld mit 100 000 € passivieren. In der Schlussbilanz zum 31.12.04 steht die Rentenschuld nur noch mit 92 000 € zu Buch. Von der Rentenzahlung i. H. v. 10 000 € sind 8 000 € (Barwertminderung der Rentenverpflichtung) Tilgung auf die Rentenschuld und 2 000 € Zinsen. Nur der Zinsbetrag von 2 000 € wirkt sich bei der Ermittlung des Gewinns des Kalenderjahrs 04 gewinnmindernd aus. Die Rentenzahlung von 10 000 € wird über Aufwand und die Barwertminderung von 8 000 € über Ertrag gebucht.

681 Ist der Rentenberechtigte nach dem Bilanzstichtag verstorben, berührt dies die Passivierung in der Eröffnungsbilanz (Rn. 678) selbst dann nicht, wenn das Ableben am Tag der Bilanzerstellung bekannt war; denn hier handelt es sich um eine nach dem Bilanzstichtag eingetretene wertbeeinflussende Tatsache und keine am Bilanzstichtag bereits vorliegende wertaufhellende Tatsache.[1]

682 Erwirbt der Rentenverpflichtete ein durch Vermietung genutztes Gebäude, das teilweise zum Betriebsvermögen und teilweise zum Privatvermögen gehört, ist die Rente wie beim Veräußernden aufzuspalten (vgl. Rn. 658). Soweit eine private Veräußerungsrente vorliegt, ist der nach § 22 Nr. 1 Satz 3 Buchst. a Doppelbuchst. bb EStG zu ermittelnde Ertragsanteil bei den Werbungskosten der Einkunftsart Vermietung und Verpachtung anzusetzen; im Übrigen liegen Betriebsausgaben vor. Entsprechend der Aufteilung der Rente ist auch die vom aktivierten Rentenbarwert vorzunehmende AfA auf Betriebsausgaben und Werbungskosten zu verteilen.

683 Lebt der Rentenberechtigte, von dessen Leben die Rentenzahlung abhängt, länger, als das nach der Lebenserwartung anzunehmen ist, wird die jährliche Barwertminderung ständig geringer und damit der den Gewinn schmälernde Teil der Rente entsprechend höher.[2]

684 Im Falle des Todes des Rentenberechtigten ist der in diesem Zeitpunkt noch bestehende Restbetrag der passivierten Rentenverbindlichkeit gewinnerhöhend aufzulösen, ohne dass die Vergünstigung des § 34 Abs. 1 und 2 EStG zu gewähren ist.[3] Dies gilt auch dann, wenn die Rentenverpflichtung in früheren Wirtschaftsjahren im Wege einer Bilanzberichtigung erfolgsneutral eingebucht worden ist.[4]

---

[1] FG Nürnberg, Urteil vom 21.5.1971, III 70/68, EFG 1971 S. 477.
[2] Vgl. Greiner, FR 1955 S. 37.
[3] BFH, Urteile vom 15.11.1979, IV R 49/76, BStBl 1980 II S. 150 und vom 24.10.1990, X R 64/89, BStBl 1991 II S. 358; Herrmann/Heuer/Raupach, § 5, Anm. 1325; Kapp/Grune, S. 27.
[4] BFH, Urteil vom 26.6.1996, XI R 41/95, BStBl 1996 II S. 601.

Entfällt die Rente, weil der Berechtigte aus privaten Gründen auf sie verzichtet, liegt darin eine Schenkung; dieser Vorgang ist als Einlage zu behandeln und erhöht den Gewinn grundsätzlich nicht.[1] 685

cc) **Weiterveräußerung, Aufgabe oder Verpachtung des durch eine betriebliche Veräußerungsrente erworbenen Betriebs**

Veräußert der Rentenverpflichtete den Betrieb weiter, ohne dass die betriebliche Veräußerungsleibrente auf den Erwerber übertragen wird oder gibt der Rentenverpflichtete den Betrieb auf, fragt sich, wie die Rente beim Verpflichteten vom Zeitpunkt der Weiterveräußerung oder Aufgabe an zu behandeln ist. 686

Nach dem BFH-Urteil vom 22. 9. 1999[2] ist eine betrieblich veranlasste Rentenverpflichtung nach der Betriebsveräußerung oder der Betriebsaufgabe weiterhin als Betriebsschuld zu behandeln; Voraussetzung ist jedoch, dass der Rentenberechtigte der Ablösung der Rentenschuld nicht zustimmt oder dass der Rentenverpflichtete sämtliche vorhandenen Wirtschaftsgüter zur Tilgung der Betriebsschulden einsetzt, eine weiterbestehende Verbindlichkeit durch Einsatz des Erlöses aus der Verwertung der Wirtschaftsgüter nicht getilgt werden kann. Mit dieser Entscheidung wird klargestellt, dass für die nachträgliche betriebliche Rentenzahlung an der versicherungsmathematischen Berechnung von Zins- und Tilgungsanteil festzuhalten ist.[3] 687

Verpachtet der Rentenverpflichtete seinen Betrieb im Ganzen und erklärt er die Aufgabe des Betriebs, so gilt u. E. für die Rentenverpflichtung das unter Rn. 686 ff. Gesagte. Erklärt der Verpächter nicht die Aufgabe des Betriebs, ist die Rentenzahlung im Rahmen der Ermittlung seiner Gewinneinkünfte wie zu der Zeit vor der Verpachtung zu behandeln. 688

(Einstweilen frei) 689–691

dd) **Anwendung der buchhalterischen Methode**

In der Literatur[4] wird – teilweise unter Hinweis auf die Rechtsprechung[5] – der Standpunkt vertreten, dass der Rentenverpflichtete berechtigt sei, aus Verein- 692

---

1 Herrmann/Heuer/Raupach, § 5, Anm. 1325.
2 XI R 46/98, BStBl 2000 II S. 120.
3 Siehe Wendt, FR 2000 S. 201.
4 Wrede, INF 1975 S. 149 f.; früher auch Herrmann/Heuer/Raupach, § 5, Anm. 1324, nunmehr allerdings a. A.
5 RFH, Urteil vom 12. 10. 1938, VI 620/38, RStBl 1939 S. 122; BFH, Urteil vom 26. 7. 1962, IV 355/61 U, BStBl 1962 II S. 390.

fachungsgründen die jährliche Neubewertung und Neupassivierung der Rentenverbindlichkeit zu unterlassen und die laufenden Rentenzahlungen mit der auf den Zeitpunkt der Veräußerung versicherungsmathematisch festgestellten Rentenschuld zu verrechnen. In diesem Fall beeinflussen die Rentenzahlungen bis zum Erreichen des Barwerts der Rentenschuld nicht den Gewinn; nach Übersteigen dieser Grenze und der Kosten sind sie in vollem Umfang Betriebsausgaben. Diese Behandlung der Rentenzahlungen wird in der Praxis „buchhalterische Methode" genannt. Teilweise wurde die Zulässigkeit dieses Verfahrens auch mit der heute nicht mehr geltenden Regelung im Abschn. 41 Abs. 24 EStR 1984 (buchhalterische Auflösung der Pensionsverpflichtung) begründet. Diese Verwaltungsanweisung ist aufgrund des § 249 HGB in der Fassung des Bilanzrichtlinien-Gesetzes (Passivierungspflicht für ungewisse Verbindlichkeiten und damit auch für Pensionsverpflichtungen) gestrichen worden.[1]

ee) Unterlassen der Aktivierung und Passivierung

693 Abweichend von der geschilderten steuerlichen Behandlung der betrieblichen Veräußerungsrente wird es für zulässig gehalten, dass eine Aktivierung und Passivierung des Rentenbarwerts unterbleiben kann, soweit dieser auf zum Betriebsvermögen gehörende und der Abnutzung unterliegende Wirtschaftsgüter des Anlagevermögens entfällt, wenn der Steuerpflichtige sie gegen eine betriebliche Veräußerungsrente erworben hat und die Absetzungen nach § 7 EStG in etwa der Höhe der jährlichen Rentenzahlungen entsprechen.[2] In diesem Fall mindern die jährlichen Rentenzahlungen in voller Höhe den Gewinn.

694 Hat der Rentenverpflichtete die Passivierung zu Unrecht unterlassen, so ist die Passivierung zum frühestmöglichen Zeitraum nachzuholen.[3] Die nachträgliche Passivierung wirkt sich insoweit gewinnmindernd aus, als gleichzeitig eine Aktivierung unterbleibt (z. B. weil die seinerzeit erworbenen Wirtschaftsgüter im Zeitpunkt der nachträglichen Passivierung nicht mehr zum Betriebsvermögen gehören).

695–700 (Einstweilen frei)

---

1 Boveleth, Wprg 1988 S. 166.
2 BFH, Urteil vom 26. 7. 1962, IV 355/61 U, BStBl 1962 III S. 390.
3 BFH, Urteil vom 26. 1. 1978, IV R 62/77, BStBl 1978 II S. 301.

I. Veräußerung von Betriebsvermögen gegen wiederkehrende Bezüge

d) Steuerliche Behandlung der betrieblichen Veräußerungsleibrente im Falle der Ermittlung des laufenden Gewinns nach § 4 Abs. 1 EStG oder nach § 13a EStG

aa) Besteuerung der Rente beim Rentenberechtigten

Land- und Forstwirte, Freiberufler und Personen, die eine andere selbständige Tätigkeit i. S. d. § 18 Abs. 1 Nr. 2 und 3 EStG ausüben, ermitteln ihren Gewinn nach § 4 Abs. 1 EStG, wenn sie zur Buchführung verpflichtet sind oder die Bücher freiwillig führen; Land- und Forstwirte, die nicht zur Buchführung verpflichtet sind und bei denen auch die übrigen Voraussetzungen des § 13a EStG vorliegen, ermitteln den Gewinn nach dieser Vorschrift. Bei Gewerbetreibenden, die nicht buchführungspflichtig sind, freiwillig keine Bücher führen und für die nicht festgestellt werden kann, dass sie die Gewinnermittlung nach § 4 Abs. 3 EStG gewählt haben, ist der Gewinn nach § 4 Abs. 1 EStG zu schätzen.[1] 701

Für die Versteuerung der Veräußerungsrente bei den Rentenempfängern, die den laufenden Gewinn aus dem veräußerten Betrieb, Teilbetrieb oder Anteil an einem Betriebsvermögen gemäß § 4 Abs. 1 EStG ermittelt haben, gelten im Grundsatz die gleichen Vorschriften wie in den Fällen, in denen der laufende Gewinn nach § 5 EStG ermittelt wurde, und zwar auch die Bestimmungen über die Besteuerung des Gewinns aus der Veräußerung von Grund und Boden (s. Rn. 632 ff.). Diese Personen können auch von dem durch die FinVerw eingeräumten Wahlrecht Gebrauch machen, den Gewinn aus der Veräußerungsrente nachträglich nach § 24 Nr. 2 EStG oder sofort nach den §§ 14, 16 oder 18 Abs. 3 EStG i. V. m. § 34 Abs. 1 und 2 EStG zu versteuern.[2] Wenn bei Steuerpflichtigen der Gewinn nach § 4 Abs. 1 EStG zu schätzen ist, muss zur Feststellung der Steuerpflicht der Rente das Kapitalkonto fiktiv ermittelt werden. 702

In entsprechender Weise ist zu verfahren, wenn der Veräußerer Land- und Forstwirt ist und den Gewinn nach dem § 13a EStG ermittelt. 703

(Einstweilen frei) 704–705

bb) Behandlung der Rente beim Rentenverpflichteten

Für die steuerliche Behandlung der Rente beim Verpflichteten (Erwerber) gelten die Regeln, die im Falle der Gewinnermittlung nach § 5 EStG anzuwenden sind, entsprechend (s. Rn. 671 ff.). 706

---

1 H 4.1 (Gewinnschätzung) EStH 2007.
2 Zum Wahlrecht in den Veräußerungsfällen des § 18 Abs. 3 EStG R 18.3 EStR 2007 i.V. m. R 16 Abs. 11 EStR 2007.

707 Ermittelt der Erwerber eines Betriebs den Gewinn nach § 4 Abs. 1 EStG, ist der Zinsanteil der gesamten Veräußerungsrente gewinnmindernder Aufwand.

708 Ist der Rentenverpflichtete Land- und Forstwirt und ermittelt er den Gewinn nach § 13a EStG, ist der Zinsanteil der Rente, der wie bei der Gewinnermittlung nach § 5 EStG oder § 4 Abs. 1 EStG zu errechnen ist, bei der Feststellung des Gewinns als Betriebsausgabe abzuziehen (§ 13a Abs. 3 Satz 2 EStG).

709 Wenn die passivierte Rentenverpflichtung durch den Tod des Rentenberechtigten wegfällt, tritt bei den Rentenverpflichteten, die den Gewinn nach § 4 Abs. 1 EStG ermitteln, eine Erhöhung des Gewinns auch hinsichtlich des Teils der Rentenverpflichtung ein, der die Gegenleistung für den Erwerb des Grund und Bodens darstellt,[1] und zwar auch, soweit die Veräußerung vor dem 1. 7. 1970 erfolgte; aus der Vorschrift des § 4 Abs. 1 Satz 5 EStG 1969 kann nichts anderes gefolgert werden, da das rechtliche Schicksal des Schuldpostens unabhängig von dem Aktivposten Grund und Boden ist. Diese Grundsätze hat der BFH in seinem Urteil vom 10. 11. 1966,[2] das die Gewinnermittlung eines buchführungspflichtigen Schätzungslandwirts zum Gegenstand hatte, bestätigt. Hat der Rentenverpflichtete den Gewinn aus Land- und Forstwirtschaft nach Durchschnittssätzen (§ 13a EStG) ermittelt und entfällt die Rentenverpflichtung durch den Tod des Berechtigten, so ist nach dem Urteil des BFH vom 5. 9. 1963[3] ein einkommensteuerlich zu berücksichtigender Ertrag nicht gegeben.

710–713 (Einstweilen frei)

e) Steuerliche Behandlung der betrieblichen Veräußerungsleibrente im Falle der Ermittlung des laufenden Gewinns nach § 4 Abs. 3 EStG

aa) Besteuerung der Rente beim Rentenberechtigten

714 Veräußern Steuerpflichtige, die den laufenden Gewinn aus ihrem Unternehmen nach § 4 Abs. 3 EStG ermitteln, – das können insbesondere Gewerbetreibende und Freiberufler sein – ihren Betrieb, Teilbetrieb oder Anteil an einer Gesellschaft, ist bei der Berechnung des Veräußerungsgewinns gemäß § 14, § 16 oder § 18 Abs. 3 EStG als buchmäßiges Betriebsvermögen der Betrag anzusetzen, der sich ergeben hätte, wenn der Steuerpflichtige den Gewinn ständig

---

1 Meyer/Richter, StBp 1967 S. 10.
2 IV R 28/66, BStBl 1967 III S. 89.
3 IV 252/59 U, BStBl 1963 III S. 579, dieses Urteil ist zur VOL ergangen.

nach dem Vermögensvergleich gemäß § 4 Abs. 1 EStG ermittelt hätte.[1] Die Zu- und Abrechnungen, die wegen des Übergangs in der Gewinnermittlung von § 4 Abs. 3 EStG zum Bestandsvergleich nach § 4 Abs. 1 EStG zu machen sind,[2] erhöhen oder verringern den laufenden Gewinn und nicht den Veräußerungsgewinn.[3]

Diese Grundsätze sind auch zu beachten, wenn der Steuerpflichtige einen solchen Betrieb gegen eine Veräußerungsrente verkauft.

(Einstweilen frei) 715–718

Ist die Veräußerung des zum Anlagevermögen gehörenden Grund und Bodens nach der heute geltenden Fassung des § 4 EStG zu versteuern, ist die Veräußerungsrente wie bei den Steuerpflichtigen, die den Gewinn nach § 5 EStG ermitteln, grundsätzlich einheitlich zu behandeln; siehe Rn. 631 ff. 719

Auch wenn der Rentenberechtigte den Gewinn nach § 4 Abs. 3 EStG ermittelt hat, kann er zwischen sofortiger und nachträglicher Versteuerung des Veräußerungsgewinns wählen; siehe Rn. 635. Bei sofortiger Versteuerung gelten die Grundsätze der Rn. 649; in diesem Fall liegt ein Übergang zur Gewinnermittlung nach dem Bestandsvergleich vor. Zur nachträglichen Versteuerung siehe Rn. 639 und 640. 720

U. E. ist bei nachträglicher Versteuerung der Wegfall der Rentenverpflichtung durch den Tod des Berechtigten ein steuerlich zu beachtender Verlust des Rentenberechtigten, wenn die Summe der Rentenzahlungen geringer als das auf den Veräußerungszeitpunkt errechnete Kapitalkonto des Rentenberechtigten ist; siehe dazu Rn. 660. 721

Zur Versteuerung im Falle der Veräußerung eines einzelnen Wirtschaftsguts siehe Rn. 753. 722

bb) Behandlung der Rente beim Rentenverpflichteten

Bei der Gewinnermittlung nach § 4 Abs. 3 EStG kann der Steuerpflichtige die Aufwendungen für den Erwerb der Wirtschaftsgüter im Zeitpunkt der Zahlung als Betriebsausgaben abziehen (§ 11 Abs. 2 Satz 1 und 2 EStG). Dies gilt nicht für die Wirtschaftsgüter des Anlagevermögens. Soweit diese der Abnutzung unterliegen, sind die Vorschriften über die Absetzung für Abnutzung oder Substanzverringerung anzuwenden (§ 4 Abs. 3 Satz 3 EStG). Die Anschaffungs- 723

---

1 BFH, Urteil vom 17. 5. 1960, I 35/575, BStBl 1960 III S. 306.
2 Siehe hierzu R 4.6 EStR 2007.
3 BFH, Urteil vom 23. 11. 1961, IV 98/605, BStBl 1962 III S. 199; R 4.6 EStR.

oder Herstellungskosten für die nicht abnutzbaren Wirtschaftsgüter des Anlagevermögens sind erst im Zeitpunkt der Veräußerung oder Entnahme als Betriebsausgaben zu berücksichtigen (§ 4 Abs. 3 Satz 4 EStG).

724 Diese Grundsätze müssen beim Erwerb eines Betriebs gegen eine betriebliche Veräußerungsleibrente ebenso gelten wie beim Kauf gegen ein in der Höhe genau festgelegtes Entgelt, falls der Käufer des Betriebs den laufenden Gewinn zulässigerweise nach § 4 Abs. 3 EStG ermittelt, wobei es keine Rolle spielt, nach welchen Bestimmungen der Veräußerer den Gewinn berechnet hatte. Somit ist die Rente beim Erwerber aufzuteilen,[1] und zwar

▶ in den Teil, der auf die abnutzbaren und nicht abnutzbaren Wirtschaftsgüter des Anlagevermögens entfällt, sowie

▶ in den Teil, der sich auf die anderen Wirtschaftsgüter bezieht.

Entsprechend sind etwaige sonstige Erwerbskosten aufzuspalten.

725 Diese Aufteilung muss gemäß der Vorschrift des § 6 Abs. 1 Nr. 7 EStG, die auch bei der Gewinnermittlung des § 4 Abs. 3 EStG Anwendung findet, nach dem Verhältnis der Teilwerte der einzelnen Wirtschaftsgüter zueinander erfolgen.[2] Der versicherungsmathematische Barwert des Anteils der Rente, der den Kaufpreis für die abnutzbaren Wirtschaftsgüter des Anlagevermögens bildet, stellt zuzüglich der anderen auf diese Wirtschaftsgüter entfallenden Erwerbskosten die Anschaffungskosten dieser Wirtschaftsgüter dar; er ist zusammen mit diesen Erwerbskosten die Grundlage für die Bemessung der Absetzung für Abnutzung nach § 7 EStG. Der Tilgungsanteil des Rententeils, der sich auf ein nicht abnutzbares Wirtschaftsgut des Anlagevermögens bezieht, ist als Betriebsausgabe erst im Jahre der Veräußerung dieses Wirtschaftsguts anzusetzen (§ 4 Abs. 3 Satz 4 EStG); soweit diese Rententeile in den Jahren nach der Veräußerung gezahlt werden, sind sie nach § 11 Abs. 2 EStG Betriebsausgaben erst im Jahr der Zahlung. Davon unabhängig mindern die Zinsen, die in dem die abnutzbaren und nicht abnutzbaren Anlagegüter betreffenden Rentenanteil enthalten sind, als Betriebsausgaben den Gewinn in den Jahren, in denen sie geleistet werden;[3] zur Berechnung des Zins- und Tilgungsanteils vgl. Rn. 679 f.

---

1 Die Aufteilung der Rente auf die einzelnen Wirtschaftsgüter ist auch für den Fall des Wechsels der Gewinnermittlung (Übergang von der Gewinnermittlung nach § 4 Abs. 3 EStG zu der Gewinnermittlung nach § 4 Abs. 1 EStG oder § 5 EStG oder umgekehrt) bedeutsam; der jeweilige Rentenbarwert gehört zu den bei dem Wechsel der Gewinnermittlungsart zu berücksichtigenden Schuldposten; vgl. dazu Harwardt, FR 1964 S. 145 und BFH, Urteil vom 31. 8. 1972, IV R 93/67, BStBl 1973 II S. 51.
2 Richter, StBp 1970 S. 232.
3 Vgl. Harwardt, FR 1964 S. 142.

Nach einer Verwaltungsanweisung[1] wird es aus Vereinfachungsgründen nicht beanstandet, wenn der Teil der einzelnen Rentenzahlungen, der auf den Erwerb abnutzbarer Wirtschaftsgüter des Anlagevermögens entfällt, in voller Höhe mit dem anteiligen Barwert verrechnet wird; sobald die Summe dieser Rentenzahlungen den anteiligen Barwert übersteigt, sind die übersteigenden Beträge in voller Höhe als Betriebsausgaben abzusetzen.

Nach den für § 4 Abs. 3 EStG maßgebenden Grundsätzen ist der Teil der Rente, der sich auf die Wirtschaftsgüter des Umlaufvermögens bezieht, in dem Jahr der Leistung (§ 11 Abs. 2 EStG) in vollem Umfang Betriebsausgabe;[2] eine Aufspaltung in einen nicht abzugsfähigen Tilgungs- und abzugsfähigen Zinsanteil kommt nicht in Frage.[3] Wollte man in diesem Falle nur den Zinsanteil der Rente als Betriebsausgabe anerkennen, läge darin ein Verstoß gegen Wortlaut und Sinn des § 4 Abs. 3 EStG. 726

BEISPIEL: ▶ Behandlung der betrieblichen Veräußerungsrente beim Verpflichteten, falls er den Gewinn nach § 4 Abs. 3 EStG ermittelt

A. veräußert sein in gemieteten Räumen geführtes Lebensmittelgeschäft, für das er keine Bücher zu führen braucht, am 2. 1. 05 an B. gegen eine betriebliche Veräußerungsrente i. H. v. 1 800 € jährlich. B. ermittelt den Gewinn aus dem Geschäft berechtigterweise nach § 4 Abs. 3 EStG. Die Summe der Teilwerte der von B. übernommenen Anlagegüter beträgt 4 000 € (je 2 000 € für abnutzbare und nichtabnutzbare Anlagegüter) und die Summe der Teilwerte für das Warenlager 8 000 €. Der Barwert der gesamten Rente beläuft sich am 2. 1. 05 auf 12 000 € und am 31. 12. 05 auf 10 500 €. Die Veräußerungskosten trägt A.

Die jährlichen Rentenzahlungen i. H. v. 1 800 € sind im Verhältnis 1:2 aufzuspalten, und zwar entfallen 600 € auf die Anlagegüter und 1 200 € auf das Warenlager. Die Rente von 1 200 € ist in vollem Umfang jährlich Betriebsausgabe. Von der Rente i. H. v. 600 € kann nur der Zinsanteil als Betriebsausgabe abgezogen werden. Dieser ist zu ermitteln, indem der Rentenanteil von 600 € um ein Drittel der Barwertminderung der gesamten Rente – im Jahr 05 also um 500 € – zu verringern ist; die bei der Gewinnermittlung des Jahres 05 zu berücksichtigenden Zinsen betragen demnach 100 €. B. kann somit im Jahr 05 von der Rente insgesamt 1 300 € als Betriebsausgaben geltend machen. Außerdem kann B. von 2 000 € Anschaffungskosten für Anlagegüter (anteiliger Rentenbarwert für abnutzbare Anlagegüter) die Absetzung für Abnutzung nach § 7 EStG beanspruchen.

Die steuerliche Behandlung der Rente in dieser Form kommt jedoch nur in Betracht, wenn der Erwerber den Gewinn zu Recht nach § 4 Abs. 3 EStG ermittelt hat. Ist er buchführungspflichtig, kann die Rente nicht aufgeteilt werden; von 727

---

1 R 4.5 Abs. 4 EStR.
2 R 4.5 Abs. 4 EStR.
3 Vgl. W. Theis, Beilage 1/73 zu DB 1973 Heft 3 S. 11 f.; Döring, DB 1959 S. 1210; Richter, StBp 1970 S. 231.

den laufenden Rentenzahlungen wirkt sich dann – wie dargestellt – nur der Zinsanteil gewinnmindernd aus.

728 Besteht das Entgelt für den veräußerten Betrieb nicht nur in einer Rentenverpflichtung, sondern auch in anderen Leistungen (z. B. Übernahme von Schulden), sind diese in demselben Verhältnis wie die Rentenverpflichtung auf die einzelnen Wirtschaftsgüter aufzuteilen. Dies gilt aber nicht, wenn sich feststellen lässt, dass das nicht in einer Rente bestehende Entgelt einem oder mehreren erworbenen Wirtschaftsgütern zuzurechnen ist, was z. B. bei der Übernahme von Warenschulden möglich ist; in diesem Fall mindert sich der Rentenanteil, der auf diese Wirtschaftsgüter entfällt, für die Berechnung der Abzugsfähigkeit entsprechend.[1]

729 Hat der Rentenverpflichtete, der den Gewinn nach § 4 Abs. 3 EStG ermittelt, auch geringwertige Wirtschaftsgüter i. S. d. § 6 Abs. 2 Satz 1 EStG übernommen und sind die Voraussetzungen des § 6 Abs. 2 Satz 2 bis 5 EStG erfüllt, kann er grundsätzlich die Aufwendungen für diese Wirtschaftsgüter im Jahr der Anschaffung sofort in voller Höhe als Betriebsausgaben abziehen, ohne dass es auf die Zahlung des Kaufpreises im Jahr der Anschaffung ankommt.[2] Dies muss auch beim Kauf des Betriebs gegen eine Veräußerungsrente gelten. Der auf diese Anlagegüter entfallende Teil des Rentenbarwerts stellt somit im Jahr des Erwerbs in voller Höhe eine Betriebsausgabe dar; die in diesem Rententeil steckenden Zinsen sind wie bei den übrigen Wirtschaftsgütern, die der Absetzung für Abnutzung unterliegen, im Jahr der Zahlung Betriebsausgaben.

730 Wenn die Rentenverpflichtung durch den Tod derjenigen Person erlischt, bis zu deren Lebensende die Rente zu zahlen ist, ist der Wegfall der Rentenverpflichtung grundsätzlich als gewinnerhöhende Betriebseinnahme anzusehen[3] (die Anschaffungskosten werden nicht gemindert). Die Gewinnerhöhung tritt jedoch nicht ein, soweit sich die Rentenverpflichtung durch eine Wertsicherungsklausel erhöht.[4] Sie tritt auch nicht ein, soweit die künftigen Rentenzahlungen auf Wirtschaftsgüter des Umlaufvermögens entfallen, weil in diesen Fällen die gewinnmäßige Auswirkung in der Ersparung künftiger Betriebsausgaben liegt. Dies ergibt sich daraus, dass die Gewinnermittlung nach § 4 Abs. 3

---

1 Vgl. Harwardt, FR 1964 S. 143 f.
2 Siehe hierzu R 6.13 Abs. 3 und 4 EStR.
3 So BFH, Urteile vom 31. 8. 1972, IV R 63/67, BStBl 1973 II S. 51; vom 23. 5. 1991, IV R 48/90, BStBl 1991 II S. 796; Krah, BB 1961 S. 1375; Kapp/Grune, S. 27; Harwardt, FR 1964 S. 144; Meyer/Richter, StBp 1967 S. 10; Bellstedt, FR 1973 S. 130 ff.; a. A. Stuhrmann, FR 1970 S. 358 und 503; vgl. zu diesen Fragen ferner Richter, StBp 1970 S. 232.
4 BFH, Urteil vom 23. 5. 1991, IV R 48/90, BStBl 1991 II S. 796.

I. Veräußerung von Betriebsvermögen gegen wiederkehrende Bezüge

EStG – auf Dauer gesehen – zu demselben Gesamtergebnis führen muss wie der Vermögensvergleich (Gesamtgewinngleichheit).[1] Jedoch hat der BFH in einem zu dem (heute nicht mehr geltenden) § 9 Abs. 2 VOL ergangenen Urteil vom 5. 9. 1963[2] entschieden, dass durch den Wegfall der Rentenverpflichtung dem Verpflichteten kein geldwerter Vorteil zufließe, weil künftig ersparte Rentenzahlungen keine Betriebseinnahmen seien.

Zur Vereinbarung einer Wertsicherungsklausel siehe Rn. 794. 731

(Einstweilen frei) 732–735

f) Vereinbarung des Veräußerungsentgelts in Form einer Rente neben einem fest bestimmten Kaufpreisteil

aa) Besteuerung beim Rentenberechtigten

Häufig vereinbaren die Vertragspartner, dass als Entgelt für den veräußerten Betrieb außer der Rente noch ein Kaufpreis in genau festgelegter Höhe zu entrichten ist. Das Wahlrecht zwischen sofortiger und nachträglicher Besteuerung gilt in diesen Fällen nur für die wiederkehrenden Bezüge.[3] 736

Zur Besteuerung der Rente und des Festbetrags siehe Rn. 737 ff. Dort wird davon ausgegangen, dass die Rente nachträglich versteuert wird. Zur sofortigen Versteuerung siehe Rn. 741.

Der Kaufpreis, dessen Höhe genau bestimmt ist, ist geringer als das Kapitalkonto des veräußerten Betriebs und die Veräußerungskosten. Die Steuerpflicht des Veräußerungserlöses tritt nach § 24 Nr. 2 EStG i.V. m. den Vorschriften der jeweils in Frage kommenden Gewinneinkunftsart ein, sobald der Tilgungsanteil der Rente unter Einbeziehung der Barzahlung das Kapitalkonto und die Veräußerungskosten übersteigt. Die Bestimmungen über die Freibeträge (§ 14 Satz 2, § 14a, § 16 Abs. 4, § 18 Abs. 3 Satz 2 EStG) und die Tarifvergünstigung des § 34 Abs. 1 und 2 EStG finden keine Anwendung. 737

Ist der sofort zu entrichtende Kaufpreis höher als die Summe des Kapitalkontos (einschließlich der Veräußerungskosten) und des (ggf. zu gewährenden) Freibetrags gemäß § 14 Satz 2, § 14a, § 16 Abs. 4 oder § 18 Abs. 3 Satz 2 EStG, 738

---

[1] Vgl. hierzu BFH, Urteile vom 17. 5. 1960, I 35/57 S, BStBl 1960 III S. 306; vom 23. 11. 1961, IV 98/60 S, BStBl 1962 III S. 199 und vom 31. 8. 1972, IV 93/67, BStBl 1973 II S. 51.
[2] IV 252/59 U, BStBl 1963 III S. 579, ebenso BFH, Urteil vom 10. 11. 1966, IV R 28/66, BStBl 1967 III S. 89.
[3] BFH, Urteile vom 20. 12. 1988, VIII R 110/82, BFH/NV 1989 S. 630, m.w. N.; vom 7. 11. 1991, IV R 14/90, BStBl 1992 II S. 457.

muss der dadurch im Jahr der Veräußerung entstandene Veräußerungsgewinn abzüglich des Freibetrags versteuert werden. Außerdem sind die Rentenzahlungen im Zeitpunkt des Zuflusses in voller Höhe nachträgliche Gewinneinkünfte. Für die Ermittlung des Freibetrags ist dem Veräußerungspreis der Barwert der Rente hinzuzurechnen.[1] Der Freibetrag ist jedoch höchstens in Höhe des durch den festen Kaufpreis erzielten Veräußerungsgewinns zu gewähren.[2]

RFH und BFH haben entschieden, dass bei Zahlung eines in der Höhe fest bestimmten Kaufpreisteils und einer Rente der sofort zu versteuernde Teil des Veräußerungsgewinns nach § 34 Abs. 1 und 2 EStG tarifbegünstigt ist. U. E. ist diese Auffassung bedenklich. Denn der BFH hat in seinem grundlegenden Urteil vom 17.12.1959[3] zu Recht darauf hingewiesen, dass die im § 34 Abs. 2 EStG aufgeführten Einkünfte nicht in allen Fällen die Tarifvergünstigung genießen; außerordentliche Einkünfte i. S. d. § 34 Abs. 1 und 2 EStG seien nur einmalige Beträge, wie sich aus dem Wortlaut und Sinn des Gesetzes ergäbe, das bei der Aufzählung der außerordentlichen Einkünfte von „in Betracht kommenden" Einkünften spreche. Einmalige Bezüge liegen hier nicht vor; denn für die Anwendung der Billigkeitsvorschrift des § 34 EStG bilden die gesamten durch die Veräußerung entstehenden Gewinne (nachträgliche Gewinne aufgrund der Rentenzahlungen und Veräußerungsgewinne nach § 14, § 16 oder § 18 Abs. 3 EStG) eine Einheit, obwohl sie in mehreren Jahren versteuert werden.[4]

739   Es kann auch vorkommen, dass der neben der Rente vereinbarte Festbetrag zwar das Kapitalkonto, nicht aber auch noch zusätzlich den ggf. zu gewährenden Freibetrag überschreitet. In diesem Fall bleibt der Veräußerungsgewinn nach § 14, § 14a, § 16 oder § 18 Abs. 3 EStG infolge der Gewährung des Freibetrags grundsätzlich steuerfrei, während die Rente in den Zuflussjahren voll versteuert wird.

740   Ist in den in der Rn. 739 genannten Fällen der Freibetrag nach § 14 Satz 2, § 14a, § 16 Abs. 4, § 18 Abs. 3 Satz 2 EStG zu gewähren, kann er u. E. nicht in der Weise auf die nachträglich zu versteuernden Renteneinkünfte übertragen werden, dass diese Einkünfte bis zur Höhe des nicht verbrauchten Freibetrags

---

1 BFH, Urteil vom 17.8.1967, IV R 81/67, BStBl 1968 II S. 75.
2 RFH, Urteil vom 14.5.1930, VI A 706/28, RStBl 1930 S. 580; BFH, Urteil vom 28.9.1967, IV 288/62, BStBl 1968 II S. 76.
3 BStBl 1960 III S. 72. Vgl. auch BFH, Urteil vom 20.7.1988, I R 250/83, BStBl 1988 II S. 936, m. w. N.
4 So auch BFH, Urteil vom 16.9.1966, VI 118–119/65, BStBl 1967 III S. 70.

steuerfrei bleiben;[1] dies folgt daraus, dass es sich um Einkünfte nach § 24 Nr. 2 EStG i.V. mit § 13, § 15 oder § 18 EStG handelt, für die ein Freibetrag nicht vorgesehen ist.

Zur Gewährung der Tarifvergünstigung des § 34 Abs. 1 und Abs. 2, wenn die Veräußerungsleibrente später durch eine Einmalzahlung abgelöst wird, siehe Rn. 813.

Sofern der Rentenberechtigte in den geschilderten Fällen (Rn. 737–739) die sofortige Versteuerung des Gewinns aus der Veräußerung gegen eine Leibrente und eine Barzahlung wählt, ist zur Ermittlung des Veräußerungsgewinns nach § 14, § 16 oder § 18 Abs. 3 EStG dem fest bestimmten Kaufpreisteil der Rentenbarwert hinzuzurechnen. Der sich auf diese Wiese ergebende Gesamtbetrag ist der zur Ermittlung des Veräußerungsgewinns nach § 14, § 16 oder § 18 Abs. 3 EStG maßgebende Veräußerungspreis. Siehe im Übrigen Rn. 649.   741

Wie eine Kaufpreiszahlung in fest bestimmter Höhe ist auch die Schuldübernahme von außerbetrieblichen Schulden zu behandeln.[2] Werden betriebliche Schulden vom Erwerber übernommen, muss zur Berechnung des Veräußerungsgewinns von einem entsprechend geringeren Kapitalkonto ausgegangen werden. Ist das Kapitalkonto negativ und übernimmt der Erwerber alle betrieblichen Schulden und die Veräußerungskosten, liegt in Höhe des negativen Kapitalkontos ein Veräußerungsgewinn vor, den der Veräußerer zu versteuern hat, soweit die oben genannten Voraussetzungen (vgl. Rn. 737 ff.) gegeben sind. Die zusätzlich an ihn geleisteten Rentenzahlungen sind im Zeitpunkt des Zuflusses nachträgliche Einkünfte gemäß § 24 Nr. 2 EStG.   742

BEISPIEL: Behandlung der betrieblichen Veräußerungsrente bei einem negativen Kapitalkonto

Der 54 Jahre alte und nicht dauernd berufsunfähige A. veräußert am 1.7.02 seinen Gewerbebetrieb, dessen Bilanz Aktiva i. H. v. 10 000 € und Schulden i. H. v. 45 000 € ausweist, an B. Da stille Reserven und ein Geschäftswert vorhanden sind, übernimmt B. die Schulden in voller Höhe und die Veräußerungskosten; außerdem zahlt er ab 1.7.03 eine jährliche Rente von 3 000 €. Es ist davon auszugehen, dass der Barwert der Rente 35 000 € beträgt. A. beantragt nicht, den Gewinn aus der Veräußerungsrente sofort zu versteuern.

A. hat zu versteuern:

---

1 A. A. Richter, INF 1972 S. 361.
2 Zur Berücksichtigung der Umsatzsteuer, falls die Übernahme von Schulden als Entgelt anzusehen ist, siehe BFH, Urteil vom 17.1.1989, VIII R 370/83, BStBl 1989 II S. 563.

1. bei der Veranlagung für das Jahr 02 einen Veräußerungsgewinn von 35 000 €; nach Rechtsprechung und Auffassung der FinVerw ist § 34 Abs. 1 und 2 EStG anzuwenden;
2. bei den Veranlagungen vom Jahr 03 an je 3 000 € nachträgliche Einkünfte aus Gewerbebetrieb.

743 Der Kaufpreiszahlung in fest bestimmter Höhe ist ferner der Fall gleichzustellen, dass der Veräußerer einen betrieblichen Gegenstand (z. B. einen Pkw) in sein Privatvermögen überführt und für das übrige veräußerte Betriebsvermögen eine Rente bezieht. Für das ins Privatvermögen übernommene Wirtschaftsgut ist der Verkehrswert anzusetzen.[1] Die Steuerpflicht der Rente ist gegeben, sobald sie zusammen mit dem Verkehrswert des nicht veräußerten Gegenstands das Kapitalkonto einschließlich des Buchwerts dieses Gegenstands und zuzüglich der Veräußerungskosten übersteigt.

bb) Steuerliche Behandlung beim Rentenverpflichteten

744 Leistet der Erwerber des Betriebs außer der betrieblichen Veräußerungsrente noch eine Barzahlung oder liefert er zusätzlich einen bestimmten Gegenstand oder übernimmt er zusätzlich Schulden des Veräußerers, ist dies bei der Aktivierung der einzelnen Wirtschaftsgüter gemäß § 6 Abs. 1 Nr. 7 EStG zu berücksichtigen, da sich in diesen Fällen die Anschaffungskosten aus dem versicherungsmathematischen Barwert der Rente und ggf. der Barzahlung, dem Verkehrswert des gelieferten Gegenstands oder der Schuldübernahme zusammensetzen. Hinsichtlich der Passivierung der Rentenverpflichtung und der Behandlung der jährlichen Rentenzahlung treten keine Abweichungen gegenüber dem Fall ein, dass der Kaufpreis lediglich in der Leistung der Rente besteht.

745–750 (Einstweilen frei)

g) Veräußerung einzelner zum Betriebsvermögen gehörender Wirtschaftsgüter gegen eine Rente

aa) Besteuerung der Rente beim Rentenberechtigten

(1) Veräußerung eines einzelnen Wirtschaftsguts

751 Veräußert der Steuerpflichtige nicht einen ganzen Betrieb oder einen Teilbetrieb, sondern bei fortbestehendem Betrieb nur einzelne zum Betrieb gehörende Wirtschaftsgüter gegen eine Rente, gelten für deren Behandlung u. E.

---

[1] BFH, Urteil vom 24. 7. 1962, I 280/61 U, BStBl 1962 III S. 418.

nicht die in den vorstehenden Rn. dargestellten Grundsätze. In diesem Falle liegen die Gründe nicht vor, die den RFH in seinem Urteil vom 14. 5. 1930[1] zu der Entscheidung bewogen haben, dass die Rente erst nach Übersteigen des Kapitalkontos im Jahr des Zuflusses zu versteuern ist. Bei dem Verkauf eines einzelnen Wirtschaftsguts auf Rentenbasis hält der Veräußerer seinen Betrieb aufrecht, so dass er auch in Zukunft – wenn nicht ein Fall des § 4 Abs. 3 EStG vorliegt – den Gewinn nach dem Vermögensvergleich des § 4 Abs. 1 EStG oder § 5 EStG ermittelt. Außerdem ist durch die Fortführung des Betriebs eine hohe Wahrscheinlichkeit gegeben, dass der Steuerpflichtige einen später wegen des vorzeitigen Wegfalls der Rente eintretenden Veräußerungsverlust mit gleichzeitig entstehenden Gewinnen ausgleichen kann.

Der Rentenberechtigte (Veräußerer) hat daher die Rente aus der Übertragung eines einzelnen Wirtschaftsguts nach den allgemeinen Vorschriften der Gewinnermittlung zu versteuern;[2] ein Recht, den Gewinn nachträglich zu versteuern, steht ihm nicht zu. Als Veräußerungserlös muss er, falls er den Gewinn nach § 4 Abs. 1 EStG oder § 5 EStG ermittelt, den versicherungsmathematischen Barwert der Rente aktivieren.[3] Soweit dieser vom Buchwert des veräußerten Gegenstandes abweicht, liegt ein Gewinn oder Verlust vor. Ein etwaiger Gewinn ist, da es sich um einen laufenden betrieblichen Gewinn handelt, nicht nach § 34 Abs. 1 und 2 EStG und auch nicht nach § 14 Satz 2, § 16 Abs. 4 oder § 18 Abs. 3 Satz 2 EStG steuerbegünstigt. Im Übrigen ist der Barwert der Rente zu jedem Bilanzstichtag neu zu bewerten. Die Barwertminderung ist Aufwand. Die gesamte eingehende Rente ist Ertrag des Veräußerers, so dass sich insgesamt nur der Betrag gewinnerhöhend auswirkt, um den die jährliche Rentenzahlung die jährliche Barwertminderung übersteigt. Diese Differenz ist der Zinsanteil. 752

Ermittelt der Veräußerer den Gewinn nach § 4 Abs. 3 EStG, sind die ihm zufließenden Rentenzahlungen nach den Grundsätzen des § 11 Abs. 1 EStG im Jahr des Zuflusses steuerbare Einnahmen, denen der Buchwert des veräußerten Wirtschaftsguts und die vom Veräußernden übernommenen Veräußerungskosten gegenüberstehen. Sind nicht abnutzbare Wirtschaftsgüter des Anlagevermögens veräußert worden, sind die Anschaffungs- oder Herstellungskosten nach § 4 Abs. 3 Satz 4 EStG Betriebsausgaben im Zeitpunkt der Veräußerung. 753

---

[1] VI A 706/28, RStBl 1930 S. 580.
[2] So auch BFH, Urteile vom 20. 1. 1971, I R 147/69, BStBl 1971 II S. 302; vom 28. 3. 1984, I R 191/79, BStBl 1984 II S. 664, Veräußerung eines Patents durch einen selbständigen Erfinder; Kleinsorge, DB 1965 S. 235; Meyer/Richter, FR 1971 S. 464.
[3] Herrmann/Heuer/Raupach, § 5, Anm. 1363; W. Theis, Beilage 1/73 zu DB 1973 Heft 3 S. 13.

Gleiches gilt für den nicht abgesetzten Teil der abnutzbaren Wirtschaftsgüter. Die FinVerw[1] lässt jedoch bei der Veräußerung von abnutzbaren und nicht abnutzbaren Wirtschaftsgütern des Anlagevermögens gegen Renten zu, dass der Steuerpflichtige so lange in jedem Kalenderjahr einen Teilbetrag der Anschaffungskosten in Höhe der in demselben Jahr zufließenden Renten als Betriebsausgaben absetzt, bis der gesamte noch nicht abgesetzte Betrag berücksichtigt ist.

754 Der Rentenberechtigte hat die Möglichkeit, den Gegenstand, den er gegen eine Rente veräußert, vor der Veräußerung mit dem Teilwert gemäß § 6 Abs. 1 Nr. 4 EStG aus dem Betrieb zu entnehmen. Dadurch entsteht ein sofort zu versteuernder laufender Gewinn, der aber sehr häufig nicht von dem Gewinn im Falle der Veräußerung im Rahmen des Betriebs abweichen wird, da der Teilwert mit dem Barwert der Veräußerungsrente meistens in etwa übereinstimmen dürfte. Die sich an die Entnahme anschließende Veräußerung ist ein privater Vorgang, da nunmehr nicht ein betrieblicher, sondern ein außerbetrieblicher Gegenstand veräußert wird. Deshalb handelt es sich in diesem Fall um eine private Veräußerungsrente, die u. E. mit dem Ertragsanteil nach § 22 Nr. 1 Satz 3 Buchst. a Doppelbuchst. bb EStG zu versteuern ist.[2]

BEISPIEL: Betriebliche Veräußerungsrente im Falle der Veräußerung eines einzelnen Wirtschaftsgutes

Der 70 Jahre alte A. hat ein zu einem Gewerbebetrieb gehörendes Grundstück, dessen Buchwert 50 000 € beträgt, am 1. 2. 03 gegen eine bis zu seinem Lebensende zu entrichtende, jährlich zum 1. 2. fällige Rente von 8 000 € an B. veräußert. Die erste Rentenzahlung von 8 000 € erfolgte vertragsgemäß am 1. 2. 03. Die Veräußerungskosten hat B. getragen. Der Teilwert für das Grundstück und der Barwert der Rente belaufen sich auf je 55 000 €. A. ermittelt den Gewinn nach § 5 EStG.

1. A. hat das Grundstück im Rahmen des Betriebs veräußert:

    Durch die Aktivierung des Barwerts hat A. einen sofort zu versteuernden, nicht tarifbegünstigten laufenden Gewinn von 5 000 € erzielt. Der Zinsanteil, der sich nach Abzug der jährlichen Barwertminderung von den Rentenzahlungen ergibt, erhöht jährlich den Gewinn.

2. A. hat das Grundstück im Januar 03 aus dem Betrieb entnommen und am 1. 2. 03 an B. veräußert:

    Durch die Entnahme erhöht sich der laufende gewerbliche Gewinn um 5 000 €. Der Ertragsanteil der jetzt vorliegenden privaten Rente ist nach § 22 Nr. 1 Satz 3 Buchst. a Doppelbuchst. bb EStG zu versteuern.

---

1 R 4.5 Abs. 4 Satz 4 EStR.
2 BFH, Urteil vom 20. 1. 1971, I R 147/69, BStBl 1971 II S. 302; vgl. auch BFH, Urteil vom 7. 10. 1965, IV 346/61 U, BStBl 1965 III S. 666; BMF-Schreiben vom 23. 12. 1996, BStBl 1996 I S. 1508, Tz. 49.

I. Veräußerung von Betriebsvermögen gegen wiederkehrende Bezüge

Es ist Sache des Steuerpflichtigen zu bestimmen, ob er den Gegenstand betrieblich veräußert oder entnimmt und privat veräußert. Von seiner Willensentscheidung hängt es demnach ab, ob eine betriebliche oder private Veräußerungsrente vorliegt. 755

(2) Veräußerung mehrerer Grundstücke

Ein Anwendungsfall für die Veräußerung einzelner Wirtschaftsgüter bei fortbestehendem Gewerbebetrieb ist gegeben, wenn ein Privatmann einen gewerblichen Grundstückshandel betreibt. Veräußert ein Steuerpflichtiger Grundstücke gegen eine Leibrente und liegen die Voraussetzungen des gewerblichen Grundstückshandels vor,[1] so sind die in den Rn. 751 ff. dargestellten Grundsätze anzuwenden. Dies gilt nur dann nicht, wenn die Grundstücksveräußerung als Betriebsveräußerung oder Betriebsaufgabe i. S. d. § 16 EStG anzusehen ist.[2] Liegt eine Betriebsveräußerung vor, gelten die in den Rn. 635 ff. dargestellten Grundsätze. 756

bb) Behandlung der Rente beim Rentenverpflichteten

Die steuerliche Behandlung der Rente beim Erwerber eines einzelnen Wirtschaftsgutes richtet sich danach, wie er es verwendet. Wird der Gegenstand in sein Betriebsvermögen übernommen, hat die Rente für den Rentenverpflichteten betrieblichen Charakter. Es ist entsprechend den Grundsätzen zu verfahren, die Anwendung finden, wenn er einen ganzen Betrieb, Teilbetrieb oder Mitunternehmeranteil erworben hätte (siehe Rn. 671 ff.). 757

Werden zum Betriebsvermögen gehörende und der Abnutzung unterliegende Wirtschaftsgüter des Anlagevermögens gegen eine betriebliche Veräußerungsrente erworben und entsprechen die Absetzungen nach § 7 EStG in etwa der Höhe der jährlichen Rentenzahlungen, kann nach einer vom BFH[3] vertretenen Auffassung (vgl. dazu Rn. 693) eine Aktivierung und Passivierung unterbleiben; in diesem Fall mindern die jährlichen Rentenleistungen den Gewinn. 758

Erwirbt ein Betriebsinhaber einen bestimmten Geldbetrag als Gegenleistung für die Verpflichtung, eine Leibrente zu zahlen, so ist in sinngemäßer Anwendung des § 6 Abs. 1 Nr. 2 EStG die Leibrentenverpflichtung mit dem Barwert zu passivieren; der Barwert der Rentenverpflichtung im Zeitpunkt ihrer Begrün- 759

---

1 Siehe z. B. BMF vom 26. 3. 2004, BStBl 2004 I S. 434.
2 Siehe hierzu Ehlers, DStR 1989 S. 733.
3 Urteil vom 26. 7. 1962, IV 355/61 U, BStBl 1962 III S. 390; ebenso Grieger, BB 1967 S. 618.

dung entspricht in diesem Fall grundsätzlich dem zur Verfügung gestellten Geldbetrag.[1] Siehe auch Rn. 672 f.

760 Verwertet der Rentenverpflichtete das Wirtschaftsgut außerhalb eines Betriebs, ist der sich aus § 22 Nr. 1 Satz 3 Buchst. a Doppelbuchst. bb EStG oder § 55 Abs. 2 EStDV ergebende Ertragsanteil der Rente bei den Werbungskosten abzuziehen, soweit die Voraussetzungen des § 9 Abs. 1 Satz 1 EStG vorliegen; einen Abzug des Ertragsanteils als Sonderausgaben lehnen BFH[2] und BMF[3] ab.

761–765 (Einstweilen frei)

h) Veräußerung von Anteilen an Kapitalgesellschaften i. S. d. § 17 EStG gegen eine Leibrente

aa) Grundsatz

766 Eine Beteiligung i. S. d. § 17 EStG ist gegeben, wenn ein Steuerpflichtiger innerhalb der letzten fünf Jahre am Kapital einer Kapitalgesellschaft unmittelbar oder mittelbar zu mindestens 1 % beteiligt war. Veräußert der Steuerpflichtige Anteile einer solchen Beteiligung, erzielt er Einkünfte aus Gewerbebetrieb. Gehören derartige Anteile zu einem Betriebsvermögen, ist § 17 EStG auf die Veräußerung nicht anzuwenden. Die Steuerpflicht gemäß § 17 EStG ist auch dann anzunehmen, wenn der Kaufpreis in einer Leibrente besteht. Für diese Besteuerung sind grundsätzlich die gleichen Regeln wie bei der Veräußerung von Betrieben maßgebend.[4]

bb) Besteuerung der Rente beim Rentenberechtigten

767 Das durch Verwaltungsanweisung[5] eingeräumte Wahlrecht, den Gewinn aus der betrieblichen Veräußerungsrente sofort oder nachträglich zu versteuern, gilt auch bei der Veräußerung einer wesentlichen Beteiligung i. S. d. § 17 EStG.[6]

768 Die Rentenzahlungen sind danach, wenn ein entsprechender Antrag gestellt wird, nach §§ 13, 14 BewG oder nach versicherungsmathematischen Grundsätzen in einen Tilgungs- und in einen Zinsanteil aufzuteilen. Der Zinsanteil führt von Beginn an zu Einnahmen nach § 22 Nr. 1 Satz 3 Buchst. a Doppel-

---

1 BFH, Urteil vom 31. 1. 1980, IV R 126/76, BStBl 1980 II S. 491.
2 BFH vom 25. 11. 1992, X R 91/89, BStBl 1996 II S. 666.
3 BMF-Schreiben vom 11. 3. 2010, BStBl 2010 I S. 227, Tz. 71 und 72.
4 Für Veräußerungen i. S. d. § 17 EStG a. F. siehe hierzu die 12. Aufl. Rn. 511 ff.
5 R 16 Abs. 11 EStR 2012.
6 R 17 Abs. 7 EStR 2012.

buchst. bb EStG. Der Tilgungsanteil führt zu nachträgliche Einkünfte aus Gewerbebetrieb gemäß § 17 EStG i.V. m. § 24 Nr. 2 EStG, sobald er die Anschaffungskosten der wesentlichen Beteiligung zuzüglich der vom Rentenberechtigten zu tragenden Veräußerungskosten übersteigt.[1] Dabei wird der Freibetrag des § 17 Abs. 3 EStG nicht gewährt; auch die Tarifvergünstigung des § 34 Abs. 1 und 2 EStG kommt nicht zur Anwendung. Wird neben der Rente noch ein Kaufpreis in fest bestimmter Höhe geleistet, gelten die Ausführungen in den Rn. 736 ff. entsprechend.

Liegen bei der Veräußerung von Beteiligungen an einer Kapitalgesellschaft die Voraussetzungen für die Anwendbarkeit des § 17 EStG nicht vor, sind folgende Fälle denkbar. 769

▶ Die gegen die Rente veräußerte Beteiligung gehört zum Betriebsvermögen des Steuerpflichtigen. Wenn die Beteiligung nicht 100 % beträgt, sind dieselben Grundsätze wie bei der Veräußerung einzelner Wirtschaftsgüter maßgebend (vgl. Rn. 751 ff.); im anderen Falle ist wie bei einer Teilbetriebsveräußerung zu verfahren (vgl. Rn. 654 ff.).

▶ Ist die Beteiligung dem Privatvermögen zuzurechnen und liegen nicht die Voraussetzungen des § 17 Abs. 1 Satz 1 EStG vor, handelt es sich um eine private Veräußerungsrente, die der Veräußerer mit dem Ertragsanteil gemäß § 22 Nr. 1 Satz 3 Buchst. a Doppelbuchst. bb EStG oder § 55 Abs. 2 EStDV zu versteuern hat.[2]

Veräußert der Steuerpflichtige eine wesentliche Beteiligung i. S. d. § 17 EStG innerhalb eines Jahres nach der Anschaffung, sind die Gewinne infolge der Streichung des § 23 Abs. 2 Satz 2 EStG durch das Unternehmenssteuerreformgesetz 2008[3] ab VZ 2009 nach § 17 EStG zu versteuern; zur Besteuerung der Veranlagungszeiträume vor 2009 wird auf Rn. 770 der 13. Auflage verwiesen. 770

cc) Steuerliche Behandlung beim Rentenverpflichteten

Die steuerliche Behandlung der Rente aus dem Erwerb von Anteilen an einer Kapitalgesellschaft i. S. d. § 7 EStG hängt davon ab, ob die Beteiligung zum Betriebsvermögen oder zum Privatvermögen des Rentenverpflichteten gehört und ob im letzteren Falle die Voraussetzungen des § 17 EStG erfüllt sind oder nicht. 771

---

1 Vgl. BFH, Urteil vom 6. 10. 1966, BStBl 1967 III S. 45; Herrmann/Heuer/Raupach, § 17, Anm. 182.
2 Meyer/Richter, StBp 1966 Beilage zu Heft 9; BMF-Schreiben vom 11. 3. 2010, BStBl 2010 I S. 227, Tz. 75.
3 BStBl I 2007 S. 630.

Übernimmt der Steuerpflichtige beim Erwerb die Anteile in sein Betriebsvermögen, muss er wie beim Erwerb eines Betriebs gegen eine betriebliche Veräußerung verfahren.[1] Das bedeutet, dass er die Beteiligung mit dem versicherungsmathematischen Barwert aktivieren und die Rentenverpflichtung mit demselben Betrag passivieren muss. Die jährliche Rentenzahlung ist Aufwand und die Barwertermittlung der Schuld Ertrag, so dass der Betrag, um den die Rentenleistungen höher sind, sich gewinnmindernd auswirkt. Siehe im Einzelnen Rn. 671 ff.

772 Wenn die Beteiligung beim Kauf Privatvermögen des Erwerbers wird, ist für die steuerliche Behandlung der Gesichtspunkt entscheidend, dass die Einnahmen aus der Beteiligung unter § 20 Abs. 1 Nr. 1 EStG fallen und die Einkünfte danach gemäß § 2 Abs. 2 Nr. 2 EStG zu ermitteln sind. Von den in dem Barwert der Rente bestehenden Anschaffungskosten ist eine Absetzung für Abnutzung nach § 9 Abs. 1 Nr. 7 EStG i. V. m. § 7 EStG nicht vorzunehmen, da die Anteile an einer Kapitalgesellschaft nicht der Abnutzung unterliegen. Der sich aus § 22 Nr. 1 Satz 3 Buchst. a Doppelbuchst. bb EStG oder § 55 Abs. 2 EStDV ergebende Ertragsanteil ist bei den Werbungskosten im Rahmen der Einkünfte aus Kapitalvermögen abzugsfähig. Soweit eine Abzugsfähigkeit als Werbungskosten nicht in Betracht kommt,[2] ist der Ertragsanteil nach BFH[3] und BMF[4] nicht als Sonderausgabe zu berücksichtigen.

773 Veräußert der Steuerpflichtige später die aufgrund einer Rentenvereinbarung erworbene wesentliche Beteiligung, so bildet der Barwert der Rente die für die Ermittlung des Veräußerungsgewinns nach § 17 EStG maßgebenden Anschaffungskosten.

774 Der Rentenverpflichtete kann die zunächst zum Privatvermögen gehörende Beteiligung unter den in dem Urteil des BFH vom 15. 7. 1960[5] genannten Voraussetzungen und ggf. unter Beachtung des § 6 Abs. 1 Nr. 5 EStG in sein Betriebsvermögen übernehmen. In diesem Fall wird u. E. die restliche Rentenverbindlichkeit, da zwischen ihr und der Beteiligung ein Sachzusammenhang besteht, eine betriebliche Schuld, die mit dem Barwert im Zeitpunkt der Einlage zu passivieren ist. Die Behandlungsweise ist vom Augenblick der Einlage an

---

1 W. Theis, Beilage 1/73 zu DB 1973 Heft 3 S. 12.
2 Zur Begrenzung der Abzugsfähigkeit von Zinsen als Werbungskosten bei den Einkünften aus Kapitalvermögen s. BFH-Urteile vom 21. 7. 1981, VIII R 128/76, BStBl 1982 II S. 36 und VIII R 154/76, BStBl 1982 II S. 37.
3 BFH vom 25. 11. 1992, X R 91/89, BStBl 1996 II S. 666.
4 BMF-Schreiben vom 11. 3. 2010, BStBl 2010 I S. 227, Tz. 71 und 72.
5 VI 10/60 S, BStBl 1960 III S. 484.

dieselbe wie bei der Übernahme der Beteiligung ins Betriebsvermögen im Zeitpunkt des Kaufs. Es ist nunmehr also nicht mehr der Ertragsanteil, sondern der Zinsanteil, der durch Abzug der jährlichen Barwertminderung von den jährlichen Rentenzahlungen zu ermitteln ist, gewinnmindernd zu berücksichtigen.

Entsprechendes gilt u. E., wenn der Rentenverpflichtete die zu seinem Betriebsvermögen gehörende Beteiligung aus diesem entnimmt. In diesem Fall ist für die Ermittlung des betrieblichen Gewinns die Bestimmung des § 6 Abs. 1 Nr. 4 EStG anzuwenden. Da die verbliebene Rentenschuld durch die Entnahme der Beteiligung wegen des Sachzusammenhangs zwischen Rentenschuld und Beteiligung aus dem Betriebsvermögen ausscheidet, kann der Zinsanteil nicht mehr als Betriebsausgabe abgezogen werden. Vielmehr ist der nach § 22 Nr. 1 Satz 3 Buchst. a Doppelbuchst. bb EStG oder § 55 Abs. 2 EStDV festzustellende Ertragsanteil gemäß § 9 Abs. 1 Satz 3 Nr. 1 EStG den Werbungskosten bei den Einkünften aus Kapitalvermögen zuzurechnen; ein Abzug als Sonderausgabe kommt nicht in Frage.

775

(Einstweilen frei)

776–780

i) Betriebliche Veräußerungsrenten als abgekürzte oder verlängerte Leibrenten

Die betriebliche Veräußerungsrente kann auch in der Form einer abgekürzten oder einer verlängerten Leibrente vereinbart werden. In beiden Fällen zeigen sich grundsätzlich in der steuerlichen Behandlung keine Abweichungen gegenüber den Ausführungen zu den betrieblichen Veräußerungsrenten auf Lebenszeit. Auch das Wahlrecht zwischen sofortiger oder nachträglicher Versteuerung der Gewinne aus der abgekürzten oder verlängerten Leibrente steht dem Berechtigten zu.[1] Bei der Ermittlung der Höhe des Rentenbarwerts ergeben sich allerdings durch die Festlegung der Höchst- oder Mindestlaufzeit Auswirkungen.

781

Auch wenn bei einer Betriebsveräußerung gegen wiederkehrende Bezüge eine Höchstlaufzeit von weniger als zehn Jahren vereinbart wird, muss die Besteuerung und die Abzugsfähigkeit dieser Leistungen, soweit sie betrieblichen Charakter haben, dennoch nach den Grundsätzen, die bei der betrieblichen Veräußerungsrente anzuwenden sind, erfolgen. Die Steuerpflicht des Tilgungsanteils der Rente nach Übersteigen des Kapitalkontos und der Veräußerungskosten gemäß § 24 Nr. 2 EStG i. V. m. den Vorschriften über die jeweilige Gewinneinkunftsart beim Berechtigten und die Berücksichtigung des Zinsanteils

782

---

1 Zur abgekürzten Leibrente vgl. BFH, Urteil vom 30. 1. 1974, IV R 80/70, BStBl 1974 II S. 452.

als Betriebsausgabe beim Verpflichteten folgen nicht aus dem Umstand, dass es sich hier um Renten handelt, sondern vielmehr aus den Vorschriften der steuerlichen Gewinnermittlung, die für alle laufenden Bezüge mit betrieblichem Charakter gleichmäßig gelten, und zwar auch für solche mit einer Höchstlaufzeit von weniger als zehn Jahren. Zur steuerlichen Behandlung, falls eine Rente i. S. d. Rentenbegriffs nicht gegeben ist und der Steuerpflichtige die sofortige Versteuerung des Gewinns wählt, vgl. Rn. 874 und 881.

783 Nach einem Urteil des BFH vom 29.10.1974[1] sind die durch Veräußerung von Vermögensgegenständen erworbenen Mindestzeitrenten wie Kaufpreisraten zu behandeln, wenn die vereinbarte Mindestlaufzeit erheblich über dem Durchschnitt der Lebenserwartung des Veräußerers liegt. Folgt man dieser Rechtsauffassung, führt die Besteuerung der laufenden Leistungen nach Ablauf der Mindestlaufzeit zu erheblichen Schwierigkeiten (s. hierzu Rn. 864 und 867).

784–785 (Einstweilen frei)

j) Änderungen in der Höhe der jährlichen Rentenzahlungen

aa) Vereinbarungen im Zeitpunkt der Veräußerung über die später wirksam werdende Erhöhung oder Herabsetzung der Rente (ausgenommen Wertsicherungsklauseln)

786 Nicht selten bestimmen die Parteien schon in dem Veräußerungsvertrag, dass die jährliche Rente mit Wirkung von einem späteren Zeitpunkt an in bestimmter Höhe herauf- oder herabgesetzt wird. Solche Vereinbarungen ändern an den Grundsätzen der Besteuerung der betrieblichen Renten nichts.

787 Für den Rentenberechtigten kommt es bei nachträglicher Versteuerung der Renten allein darauf an, wann die tatsächlich zufließenden Renten (Tilgungsanteil) das Kapitalkonto und die von ihm getragenen Veräußerungskosten überschreiten. Begehrt er die sofortige Versteuerung des Gewinns aus der Veräußerungsrente, erhöht oder verringert sich der für die Versteuerung im Jahr der Veräußerung maßgebende Rentenbarwert entsprechend der Vereinbarung. Ebenso wirkt sich die Vereinbarung über die Änderung der Höhe der Rentenzahlungen auf die Ermittlung des mit dem Zufluss zu versteuernden Ertragsanteils aus. Im Übrigen spielen Änderungen in der Höhe der jährlichen Rentenleistungen beim Empfänger keine Rolle.

---

1 VIII R 131/70, BStBl 1975 II S. 173, siehe auch BFH, Urteil vom 9.9.1988, III R 191/84, BStBl 1989 II S. 9, 11.

Beim Rentenverpflichteten wirkt sich eine derartige Vereinbarung so aus, dass der zu passivierende Rentenbarwert und die Anschaffungskosten der erworbenen Wirtschaftsgüter im Zeitpunkt des Erwerbs des Betriebs entsprechend höher oder niedriger anzusetzen sind.

788

bb) Vereinbarung einer Wertsicherungsklausel

(1) Behandlung beim Rentenberechtigten

Steuerpflichtige können bei der Veräußerung gegen eine Rente eine Zusatzvereinbarung über die Wertsicherung oder Bindung der Rente an bestimmte Größen (z. B. an die Beamtengehälter) abschließen. Die Erhöhung oder Herabsetzung der Rente aufgrund einer solchen Klausel hat beim Rentenberechtigten im Falle der nachträglichen Versteuerung (Zuflussversteuerung) zur Folge, dass der Tilgungsanteil der Zahlungen früher oder später das Kapitalkonto überschreitet und deshalb auch früher oder später zu steuerpflichtigen Einkünften nach § 24 Nr. 2 EStG führt.

789

Wählt der Rentenberechtigte die sofortige Versteuerung, ist bei der für die Feststellung des Veräußerungspreises notwendigen Barwertermittlung die Wertsicherungsklausel nicht zu beachten.[1] Allerdings ändert sich bei Wirksamwerden der Wertsicherungsvereinbarung der nach § 22 Nr. 1 Satz 3 Buchst. a Doppelbuchst. bb EStG oder nach § 55 Abs. 2 EStDV zu ermittelnde Ertragsanteil.

790

(2) Behandlung beim Rentenverpflichteten

Für die beim Verpflichteten vorzunehmende Berechnung des Rentenbarwerts und der Anschaffungskosten auf den Zeitpunkt des Erwerbs des Betriebs bleibt (ebenso wie beim Berechtigten) die Vereinbarung der Wertsicherungs-

791

---

1 Herrmann/Heuer/Raupach, § 5, Anm. 1316.

klausel grundsätzlich außer Betracht, weil in diesem Falle ein sorgfältig abwägender Kaufmann eine Passivierung und Aktivierung unterlassen würde.[1]

792 Bei einer späteren Erhöhung der Rente aufgrund der Vereinbarung der Wertsicherungsklausel findet eine Nachaktivierung für die angeschafften Wirtschaftsgüter nicht statt,[2] da dieser Vorgang auf dem Rentenwagnis beruht und deshalb die Anschaffungskosten nicht nachträglich ändern darf. Der Erhöhungsbetrag ist als selbständige Rente zu werten und mit dem versicherungsmathematisch ermittelten Barwert gewinnmindernd zu passivieren.[3] Die jährliche Zahlung des auf der Vereinbarung beruhenden Erhöhungsbetrags ist wie die Zahlung aufgrund einer selbständigen (zusätzlichen) betrieblichen Veräußerungsleibrente zu behandeln. Das bedeutet, dass sich außer dem passivierten Barwert nur der in dem Mehrbetrag steckende Zinsanteil gewinnmindernd auswirkt.[4] Der Zinsanteil ist durch den Abzug der jährlichen Barwertminderung von dem jährlichen Erhöhungsbetrag zu ermitteln. U. E. ist die Rechtsprechung des BFH, dass Erhöhungen von Kaufpreisraten aufgrund von Wertsicherungsklauseln in vollem Umfang zu den Entgelten für die Kapitalnutzung (Zinsen) gehören,[5] nicht auf Leibrenten anzuwenden (siehe Rn. 861).

793 Die Parteien können zur Wertsicherung der Rente vereinbaren, dass der Rentenempfänger jährlich zwischen der Zahlung des festgelegten Jahresrenten-

---

1 BFH, Urteile vom 23. 2. 1984, IV R 128/81, BStBl 1984 II S. 516; vom 24. 10. 1990, X R 64/89, BStBl 1991 II S. 358; Bergmann, DB 1958 S. 1164; vgl. auch Rau, BB 1968 S. 576; Herrmann/Heuer/Raupach, § 5, Anm. 1328.

2 BFH, Urteil vom 6. 2. 1987, III R 203/83, BStBl 1987 II S. 423, 426; vgl. bei zum Privatvermögen gehörenden Wirtschaftsgütern Urteile vom 11. 8. 1967, VI R 80/66, BStBl 1967 III S. 699 und vom 29. 11. 1983, VII R 231/80, BStBl 1984 II S. 109; s. ferner DB 1960 S. 276 und S. 423; einheitlicher Ländererlass, BB 1968 S. 696; Voss, DStR 1965 S. 416; Wiebusch, StBp 1966 S. 142; Scheiterle, BB 1967 S. 246; Rau, BB 1968 S. 576; Sauer, StBp 1972 S. 63; Grune, DStZ (A) 1976 S. 13; Wemmer, DStR 1965 S. 161 und S. 417, äußert Bedenken gegen die Unterlassung der Nachaktivierung; Hermstädt, BB 1966 S. 733 ff., hält eine Nachaktivierung für erforderlich, soweit nicht eine Berichtigung nach § 4 Abs. 2 StAnpG (jetzt § 175 Abs. 1 Nr. 2 AO) in Betracht kommt; nach –rg–, DStZ 1966 S. 348, soll dem Steuerpflichtigen ein Wahlrecht zugestanden werden, den auf der Rentenerhöhung beruhenden Barwert nachzuaktivieren oder davon abzusehen.

3 BFH, Urteile vom 23. 2. 1984, IV R 128/81, BStBl 1984 II S. 516; vom 23. 5. 1991, IV R 48/90, BStBl 1991 II S. 796; einheitlicher Ländererlass BB 1968 S. 696; Wiebusch, StBp 1966 S. 142; Rau, BB 1968 S. 576; a. A. –rg–, DStZ 1966 S. 348; Herrmann/Heuer/Raupach, § 5, Anm. 1328; Dziadkowski, StBp 1965 S. 118, nach diesen kommt eine Nachpassivierung nicht in Frage, die laufenden Rentenzahlungen mindern danach, soweit sie auf der Wertsicherungsklausel beruhen, jährlich in voller Höhe den Gewinn.

4 Dem Gewinn aus Gewerbebetrieb sind nach § 8 Nr. 2 GewStG auch die durch Wirksamwerden der Wertsicherungsklausel erhöhten Rentenzahlungen hinzuzurechnen, soweit sie die Gewinne aus Gewerbebetrieb gemindert haben; nicht hinzuzuordnen ist der Aufwand, der durch die Erhöhung der Rentenverpflichtung entstanden ist (BFH, Urteil vom 12. 11. 1975, I R 135/73, BStBl 1976 II S. 297).

5 BFH, Urteil vom 16. 1. 1979, VIII R 38/76, BStBl 1979 II S. 334.

betrags oder dem jeweiligen Preis eines bestimmten Sachwerts wählen kann (Sachwertklausel). Da völlig ungewiss ist, welche Leistung der Rentenberechtigte in Zukunft fordert, und da außerdem der Sachwertpreis ständigen Schwankungen unterliegen kann, ist eine Passivierung eines Rentenerhöhungsbetrags in diesem Falle u. E. nicht möglich. Der über die festgelegte Jahresrente hinaus geleistete Mehrbetrag ist jährlich in vollem Umfang Betriebsausgabe.[1]

(3) Gewinnermittlung nach § 4 Abs. 3 EStG

Ermittelt der Rentenverpflichtete den Gewinn nach § 4 Abs. 3 EStG, kann er im Falle der Erhöhung der Rente aufgrund einer Wertsicherungsklausel den Erhöhungsbetrag der betrieblichen Veräußerungsrente als sofortige Betriebsausgabe (also keine AfA auf den Tilgungsanteil) abziehen, soweit er auf abnutzbare Wirtschaftsgüter des Anlagevermögens entfällt;[2] dies wird damit begründet, dass die Gewinnermittlung nach § 4 Abs. 3 EStG auf Dauer gesehen zu keiner Abweichung gegenüber der Gewinnermittlung nach dem Bestandsvergleich führen darf. Zweifelhaft ist, ob der auf die Erhöhung entfallende Rentenbarwert im Jahr der Erhöhung und der Zinsanteil jährlich abzuziehen sind oder ob – was eine beachtliche Vereinfachung wäre – der jährlich gezahlte Erhöhungsbetrag – ohne Aufteilung in einen Zins- und Tilgungsanteil – im Jahr der Zahlung Betriebsausgabe ist. U. E. ist entsprechend dem Abflussprinzip (§ 11 Abs. 2 EStG) der jährlich tatsächlich geleistete Erhöhungsanteil als Betriebsausgabe abzusetzen.[3] Auch soweit der Rentenerhöhungsbetrag auf den Erwerb von nicht abnutzbarem Anlagevermögen und von Umlaufvermögen entfällt, ist die jährliche Zahlung ebenfalls im Zeitpunkt der Zahlung – ohne Aufteilung in einen Zins- und Tilgungsanteil – als Betriebsausgabe zu berücksichtigen.[4]

794

Zu den steuerlichen Folgen der Rentenverpflichtung im Falle des Todes des Rentenverpflichteten siehe Rn. 730.

795

---

1 Vgl. dazu BFH, Urteil vom 16. 7. 1964, IV 377/62 U, BStBl 1964 III S. 622, in dem entschieden wurde, dass beim Verkauf eines Gewerbebetriebes gegen Kaufpreisraten die aufgrund der Sachwertklausel gezahlten Mehrbeträge nicht zum Veräußerungsgewinn nach § 16 EStG gehören, sondern laufende Betriebseinnahmen i. S. d. § 24 Nr. 2 EStG sind; siehe hierzu auch Rn. 861.
2 BFH, Urteil vom 23. 2. 1984, IV R 128/81, BStBl 1984 II S. 516.
3 BFH, Urteil vom 23. 5. 1991 im Verfahren des vorläufigen Rechtsschutzes, IV R 48/90, BStBl 1991 II S. 796; Jansen, FR 1985 S. 212.
4 Jansen, FR 1985 S. 212.

cc) **Erhöhung der betrieblichen Veräußerungsrente durch spätere Vereinbarungen**

796   Die Vertragsparteien können auch nach der Veräußerung des Betriebs übereinkommen, die Rente zu erhöhen; dies wird i. d. R. darauf zurückzuführen sein, dass Erwerber und Veräußerer später der Ansicht sind, die Rente sei, gemessen am Wert des übertragenen Betriebs, zu gering. Die Vereinbarung der Erhöhung kann schuldrechtlich rückwirkende Kraft haben, so dass für die Vergangenheit noch eine Nachzahlung geleistet wird.

797   Bei einer derartigen Vereinbarung verbleibt es beim Rentenberechtigten, der die nachträgliche Versteuerung gewählt hatte, hinsichtlich der Mehrzahlung bei den allgemeinen Grundsätzen der betrieblichen Veräußerungsrente; soweit diese mit ihrem Tilgungsanteil das Kapitalkonto und die Veräußerungskosten übersteigt, ist sie eine Betriebseinnahme. Hatte der Rentenberechtigte sich für die sofortige Versteuerung entschieden, stellen die zusätzlich vereinbarten Rentenbeträge zusätzliche Gewinne dar, die u. E. im Jahr der Veräußerung nach § 14, § 16 oder § 18 Abs. 3 EStG zu versteuern sind, und zwar ggf. nach der Rechtsprechung des Großen Senats des BFH[1] (siehe Rn. 822) durch eine Änderung des Bescheids nach § 175 Abs. 1 Nr. 2 AO. Ebenso ist es, wenn die genaue Höhe des Veräußerungspreises im Veräußerungszeitpunkt noch nicht feststand und später endgültig durch Vergleich vereinbart wird.[2] Gleiches muss u. E. gelten, wenn in einem solchen Fall der Veräußerungspreis durch eine gerichtliche Entscheidung festgelegt wird.

798   Der Rentenverpflichtete muss die Erhöhung als selbständige Rente behandeln und für diese gesondert den versicherungsmathematischen Barwert ermitteln, der nach dem im Zeitpunkt der Vereinbarung vollendeten Lebensalter den Rentenberechtigten oder ggf. eines Dritten, von dessen Leben die Rente abhängt, zu berechnen ist. Dieser Barwert ist als selbständige Rentenverbindlichkeit zu passivieren. Da der Erwerb des Betriebs mit der zur Anpassung an den Wert des übertragenen Betriebs vereinbarten Rentenerhöhung sachlich zusammenhängt, liegen in Höhe des Barwerts gleichzeitig nachträgliche Anschaffungskosten vor, die – anders als bei Rentenerhöhungen aufgrund einer Wertsicherungsklausel (siehe Rn. 791 f.) – im Jahr der Vereinbarung nachzuak-

---

1 BFH, Beschluss des GrS vom 19. 7. 1993, GrS 2/92, BStBl 1993 II S. 897, 902.
2 BFH, Urteil vom 26. 7. 1984, IV R 10/83, BStBl 1984 II S. 786.

tivieren sind.[1] Falls die Parteien zusätzlich eine Nachzahlung für die Vergangenheit vereinbart haben, ist diese ebenfalls den Anschaffungskosten hinzuzurechnen. Der somit nachzuaktivierende Betrag ist auf die Wirtschaftsgüter zu verteilen, die der Rentenverpflichtete seinerzeit vom Veräußerer erworben hat; gehören diese Gegenstände mittlerweile nicht mehr zum Betriebsvermögen des Erwerbers, mindert der auf sie entfallende Teil des Barwerts den Gewinn. Wegen der Erhöhung der Rente durch eine nachträgliche Vereinbarung kommt eine Änderung der bestandskräftigen Veranlagung für das Veräußerungsjahr nach § 175 Abs. 1 Nr. 2 AO nicht in Betracht.[2]

Die jährlichen Rentenzahlungen sind in den ursprünglich vereinbarten und in den Erhöhungsbetrag aufzuspalten, damit der Zinsanteil für beide Rententeile gesondert ermittelt und vom Gewinn des Rentenverpflichteten abgezogen werden kann.

799

dd) Herabsetzung der betrieblichen Veräußerungsrente durch spätere Vereinbarungen

(1) Behandlung beim Rentenberechtigten

Vereinbaren Erwerber und Veräußerer nachträglich (ähnlich der Rentenerhöhung) eine Herabsetzung der Rente für die Zukunft, ist die Minderung wie folgt steuerlich zu berücksichtigen. Beim Rentenberechtigten ergeben sich keine Schwierigkeiten, wenn er die nachträgliche Versteuerung gewählt hat, weil die Steuerpflicht erst nach Übersteigen des Kapitalkontos eintritt (oder schon eingetreten ist). Bei sofortiger Versteuerung ist u. E. für das Jahr der Veräußerung der Veräußerungsgewinn entsprechend der Minderung neu zu ermitteln, und zwar ggf. durch eine Änderung des Bescheids nach § 175 Abs. 1 Nr. 2 AO[3] (siehe auch Rn. 796).

800

(2) Behandlung beim Rentenverpflichteten

Werden die künftigen Rentenzahlungen einvernehmlich gemindert, weil die Parteien den zuerst vereinbarten Kaufpreis für zu hoch erachten, müssen beim

801

---

1 Zum Begriff der nachträglichen Anschaffungskosten vgl. BFH, Urteil vom 14. 8. 1956, I 82/56 U, BStBl 1956 III S. 321. Zur Nachaktivierung siehe ferner BFH, Urteil vom 17. 2. 1965, VI 259/63 U, BStBl 1965 III S. 354; und Herrmann/Heuer/Raupach, § 7, Anm. 132; nach Scheiterle, BB 1967 S. 246, sollen alle Änderungen der Höhe der Rente auf die Anschaffungskosten ohne Einfluss sein.
2 Vgl. auch die Gründe des Urteils des RFH vom 29. 4. 1936, VI A 424/35, RStBl 1936 S. 678 (680).
3 BFH, Beschluss vom 19. 7. 1993, Gr 2/92, BStBl 1993 II S. 897; Urteil vom 23. 6. 1988, IV R 84/86, BStBl 1989 II S. 41. Vgl. BFH vom 10. 2. 1004, IV R 37/92, BStBl 1994 II S. 564.

Rentenverpflichteten die Anschaffungskosten der erworbenen Wirtschaftsgüter geändert werden.[1] Die Verringerung der Anschaffungskosten besteht in der Differenz zwischen dem ursprünglichen Rentenbarwert im Veräußerungszeitpunkt und dem auf denselben Termin festzustellenden Rentenbarwert unter Berücksichtigung der späteren Herabsetzung der Rente. Der Unterschiedsbetrag ist nach der Vereinbarung über die Minderung der Rente von der Rentenverbindlichkeit und von den Anschaffungskosten der vom Rentenberechtigten erworbenen Wirtschaftsgüter abzubuchen. Die Aufteilung des Unterschiedsbetrags auf die einzelnen aktivierten Wirtschaftsgüter richtet sich nach dem Verhältnis der Buchwerte dieser Güter in der beim Erwerb des Betriebs aufgestellten Eröffnungsbilanz. Die Absetzung für Abnutzung ist bei den abnutzbaren Anlagegütern von den herabgesetzten Anschaffungskosten unter Abzug der für die Vorjahre zu berücksichtigenden Absetzungen zu bemessen. Sind die Wirtschaftsgüter, die der Rentenverpflichtete als Gegenleistung für die Zahlung der betrieblichen Veräußerungsrente erworben hat, im Zeitpunkt der Vertragsänderung schon durch Veräußerung oder Entnahme aus dem Betriebsvermögen ausgeschieden, ist der auf diese Güter entfallende Differenzbetrag der beiden Barwerte gewinnerhöhend zu behandeln und entsprechend zu buchen.[2]

802 Durch die im Jahr der Vertragsänderung erfolgende Neubewertung der Rentenverbindlichkeit, bei der die Minderung der Rente zu berücksichtigen ist, ergeben sich künftig geringere Zinsanteile, in deren Höhe der Gewinn von dem genannten Zeitpunkt an nach den allgemeinen für die betriebliche Veräußerungsrente geltenden Regeln zu kürzen ist.

(3) Folgen bei Ausgleichszahlungen

803 Haben die Parteien außer der für die Zukunft wirksam werdenden Herabsetzung der Rente eine Ausgleichszahlung des Berechtigten an den Rentenverpflichteten vereinbart, weil die Rentenzahlungen in der Vergangenheit übersetzt waren, sind bei nachträglicher Versteuerung die Leistungen an den Rentenempfänger um die Ausgleichszahlung zu kürzen, so dass die Steuerpflicht gemäß § 24 Nr. 2 EStG i. V. m. den Vorschriften über die jeweilige Einkunftsart entsprechend später eintritt; waren die schon geleisteten Rentenzahlungen (Tilgungsanteile) bereits höher als das Kapitalkonto und die vom Berechtigten getragenen Veräußerungskosten, ist die Rückzahlung beim Berechtigten nega-

---

1 RFH, Urteil vom 8.1.1936, VI A 763/34, RStBl 1936 S. 416 und vom 18.11.1937, VI 651/37, RStBl 1938 S. 133; BFH, Urteil vom 29.7.1960, DStZ (A) 1960 S. 341.
2 RFH, Urteil vom 8.1.1936, BStBl 1936 S. 416.

tive Betriebseinnahme, jedoch höchstens in Höhe der bereits versteuerten Renten. Hatte der Rentenberechtigte die sofortige Versteuerung gewählt, stellt die Ausgleichszahlung u. E. im Jahr der Leistung eine nachträgliche negative Betriebseinnahme dar, die zu negativen Einkünften aus Gewerbebetrieb führt.

Der Rentenverpflichtete muss die Anschaffungskosten um die Ausgleichszahlung mindern. Ansonsten erhöht diese, soweit die in der Eröffnungsbilanz aktivierten Wirtschaftsgüter nicht mehr zum Betriebsvermögen gehören, den Gewinn. 804

ee) Herabsetzung der betrieblichen Veräußerungsrente durch Geltendmachung von Gewährleistungsansprüchen

Wird im Falle der Betriebsveräußerung der in fester Höhe bestimmte Kaufpreis durch eine Mängelrüge nach § 437 BGB gemindert, können die bestandskräftigen Veranlagungen des Betriebsveräußerers wegen der Änderung des Veräußerungsgewinns[1] und die Veranlagungen des Betriebserwerbers wegen der Änderung der Anschaffungskosten nach § 175 Abs. 1 Nr. 2 AO geändert werden. Eine Berichtigung nach dieser Vorschrift kommt jedoch dann nicht in Frage, wenn der Veräußerer den Veräußerungsgewinn nachträglich nach den Grundsätzen des § 11 EStG (Zuflussprinzip) zu versteuern hat. Die Bestimmung des § 11 EStG schließt eine Anwendung der Berichtigungsvorschrift des § 175 Abs. 1 Nr. 2 AO aus;[2] dies gilt u. E. nicht nur, wenn Überschusseinkünfte i. S. d. § 2 Abs. 1 Nr. 4 bis 7 EStG nach § 11 EStG versteuert werden, sondern auch dann, wenn Gewinneinkünfte nach dem Zuflussprinzip des § 11 EStG einkommensteuerlich zu erfassen sind. 805

Somit kommt eine Änderung des durch die Veräußerung eines Betriebs gegen eine Leibrente entstandenen Gewinns nach § 175 Abs. 1 Nr. 2 AO nur in Betracht, wenn der Veräußerer die sofortige Versteuerung des Veräußerungsgewinns nach § 14, § 16 oder § 18 Abs. 3 EStG beantragt hat. Hat er sich für die nachträgliche Versteuerung des Gewinns entschieden, wirken sich etwaige Rückzahlungen aufgrund der geltend gemachten Gewährleistungsansprüche nach den hier anzuwendenden Grundsätzen des § 11 EStG „in der Form negativer Einnahmen"[3] im Veranlagungszeitraum der Rückzahlung einkommensmindernd aus. Werden aufgrund der Mängelrüge keine Rückzahlungen geleistet, sondern nur die künftigen Leistungen gemindert, so ergeben sich bei der 806

---

1 RFH, Urteil vom 29. 4. 1936, VI A 424/35, RStBl 1936 S. 678 (680).
2 BFH, Beschluss vom 19. 7. 1993, GrS 2/92, BStBl 1993 II S. 897; Urteile vom 13. 12. 1963, VI 22/615, BStBl 1964 III S. 184 und vom 2. 4. 1974, VIII R 76/69, BStBl 1974 II S. 540.
3 BFH, Urteil vom 2. 4. 1974, VIII R 76/69, BStBl 1974 II S. 540.

nachträglichen Versteuerung des Veräußerungsgewinns keine Besonderheiten, da der Tilgungsanteil der laufenden Leistungen erst zu versteuern ist, wenn er das Kapitalkonto und die vom Veräußerer getragenen Veräußerungskosten übersteigt.

807 Liegen beim Betriebserwerber aufgrund der Minderungsansprüche die Voraussetzungen vor, die Veranlagung nach § 175 Abs. 1 Nr. 2 AO zu ändern, so hat der Rentenverpflichtete den versicherungsmathematischen Barwert auf den Veräußerungszeitpunkt unter Berücksichtigung der Minderung der Rente neu zu ermitteln und als Rentenverbindlichkeit in der berichtigten Eröffnungsbilanz zu passivieren. Dementsprechend sind auch die Anschaffungskosten der Wirtschaftsgüter des Aktivvermögens zu verringern. Bei der Ermittlung des jährlichen Zinsanteils sind die nach der Erhebung der Mängelrüge maßgebenden Rentenzahlungen zugrunde zu legen. Dabei richtet sich die Bewertung der Rentenverbindlichkeit zu den einzelnen Bilanzstichtagen und die Ermittlung des Zinsanteils der Rente nach den sonst für die betriebliche Veräußerungsrente maßgebenden Regeln.

808–810 (Einstweilen frei)

k) Ablösung der Rentenverpflichtung durch eine Abfindungszahlung

aa) Behandlung beim Rentenberechtigten

811 Die Vertragspartner können vereinbaren, dass die betriebliche Veräußerungsrente durch eine einmalige Abfindungszahlung abgelöst wird. In diesem Fall ist beim Rentenberechtigten die Steuerpflicht der im Rahmen der jeweiligen Gewinneinkunftsart anfallenden Ablösesumme gegeben, soweit der Tilgungsanteil der Ablösesumme zusammen mit den jährlich geleisteten Rentenzahlungen (Tilgungsanteil) das Kapitalkonto des Veräußerers und die von ihm gezahlten Veräußerungskosten übersteigt.[1] Dem steht nicht entgegen, dass der Rentenberechtigte das Wahlrecht zwischen sofortiger und nachträglicher Versteuerung in der Weise ausgeübt hatte, dass die Rente nachträglich im Zuflusszeitpunkt zu versteuern war[2] (siehe Rn. 647).

812 Zweifelhaft ist, ob die Abfindung für nachträglich zu versteuernde Rentenzahlungen eine Entschädigung i. S. § 24 Nr. 1 Buchst. a EStG für entgehende Ein-

---

1 A. A. Groh, DB 1995 S. 2235, 2238: Für das Veräußerungsjahr ist der Veräußerungsgewinn rückwirkend zu ändern.
2 BFH, Urteil vom 21.9.1993, III R 53/89, HFR 1994 S. 209.

nahmen ist und daher nach § 34 Abs. 2 Nr. 2 EStG tarifbegünstigt versteuert wird.[1] Der RFH[2] hat die Vorschriften über die Tarifvergünstigung des § 34 Abs. 1 und 2 EStG im Falle der Abfindung einer Rentenverpflichtung für anwendbar erklärt. Dem steht jedoch die Rechtsprechung des BFH zu den Erfordernissen für die Annahme einer Entschädigung i. S. d. § 24 Nr. 1 Buchst. a EStG entgegen. Nach der Rechtsprechung setzt eine Entschädigung i. S. d. § 24 Nr. 1a EStG nicht voraus, dass der Steuerpflichtige gegen oder ohne seinen Willen einen Schaden (Verlust) erlitten hat und dass die Entschädigung dem Ausgleich dieses Verlustes dienen soll; vielmehr kann eine Entschädigung schon angenommen werden, wenn der Steuerpflichtige unter einem nicht unerheblichen rechtlichen, wirtschaftlichen oder tatsächlichen Druck gehandelt hat.[3] Diese Voraussetzungen sind bei der Abfindung einer Rentenverpflichtung nicht gegeben; sie kann deshalb nicht als eine tarifbegünstigte Entschädigung i. S. d. § 24 Nr. 1 Buchst. a EStG angesehen werden.[4] Dies gilt auch, wenn der Rentenverpflichtete in Insolvenz fällt und der Rentenberechtigte den dinglich gesicherten Teil des Kapitalwerts der Rente erhält.[5]

Der BFH hat jedoch mit Urteil vom 10. 7. 1991[6] entschieden: Vereinbaren Parteien nachträglich, dass eine betriebliche Veräußerungsrente durch eine Einmalzahlung abzulösen ist, so ist diese grundsätzlich keine nach § 24 Nr. 1 Buchst. a EStG tarifbegünstigte Entschädigung; die Ablösung führt aber zu einem tarifbegünstigten Veräußerungsgewinn, sofern im Veräußerungsjahr keine tarifbegünstigte Versteuerung eines Einmalbetrags stattgefunden hat; die Tarifbegünstigung wird nicht gewährt für den Teil des Ablösungsbetrags, welcher dem Gesamtvolumen des mit den wiederkehrenden Bezügen verrechneten Buchwerts entspricht. 813

Der Freibetrag nach § 16 Abs. 4 EStG kann auf den Ablösebetrag für die nachträglich zu versteuernden Rentenzahlungen nicht angewandt werden. 814

Hat der Rentenberechtigte die sofortige Versteuerung des Gewinns aus der Veräußerungsrente gewählt, ist die Abfindung grundsätzlich steuerfrei. Es gelten die Regeln, die bei der Abfindung privater Renten anzuwenden sind. 815

---

1 Vgl. Richter, StW 1966 S. 73.
2 Urteil vom 7. 5. 1941, VI 91/40, RStBl 1941 S. 553.
3 Z. B. BFH, Urteile vom 20. 7. 1978, IV R 43/74, BStBl 1979 II S. 9 und vom 20. 10. 1978, VI R 107/77, BStBl 1979 II S. 176.
4 BFH, Urteile vom 10. 7. 1991, X R 79/90, BFHE 165 S. 75 und vom 21. 9. 1993, III R 53/89, FR 1994 S. 85; Anm. in HFR 1992 S. 9.
5 Niedersächsisches FG, Urteil vom 9. 3. 1988, VII 274/85, EFG 1988 S. 572.
6 X R 79/90, HFR 1992 S. 8; siehe ferner BFH, Urteil vom 21. 9. 1993, III R 53/89, HFR 1994 S. 209; vom 14. 1. 2004, X R 37/02, BStBl 2004 II S. 493.

bb) Behandlung beim Rentenverpflichteten

816 Für den Rentenverpflichteten wirkt sich die Ablösung gewinnerhöhend aus, soweit die Abfindungssumme geringer ist als die noch passivierte Rentenverbindlichkeit. Im umgekehrten Fall liegen in Höhe des Differenzbetrags i. d. R. zusätzliche Anschaffungskosten vor,[1] soweit vom Rentenberechtigten erworbene Wirtschaftsgüter noch vorhanden sind; im Übrigen führt der Mehrbetrag zu einer Gewinnminderung.

817–818 (Einstweilen frei)

l) Wegfall des Veräußerungsvertrags

819 Wird der Vertrag über die Veräußerung eines Betriebs gegen eine Leibrente mit Erfolg angefochten (§§ 119, 123, 142 BGB) oder durch Rücktritt rückgängig gemacht, gelten u. E. die gleichen Grundsätze wie bei der Geltendmachung von Gewährleistungsansprüchen[2] (vgl. Rn. 805 ff.). Die Möglichkeit der Änderung nach § 175 Abs. 1 Nr. 2 AO wird nicht durch das Urteil des BFH vom 17. 8. 1967[3] in Frage gestellt, weil dieses Urteil die steuerliche Behandlung des laufenden Gewinns und nicht die des Gewinns aus einer Betriebsveräußerung nach § 14, § 16, § 18 Abs. 3 EStG betrifft. Siehe auch die Ausführungen in Rn. 822.

820 (Einstweilen frei)

m) Uneinbringlichkeit einzelner Rentenzahlungen

821 Durch Zahlungsunfähigkeit oder durch andere Gründe können die von Rentenverpflichteten geschuldeten Renten uneinbringlich werden. Hat der Rentenberechtigte keinen Antrag auf sofortige Versteuerung des Veräußerungsgewinns gestellt und werden die Renten uneinbringlich, nachdem die Zahlungen (Tilgungsanteil) bereits das Kapitalkonto und die vom Rentenberechtigten getragenen Veräußerungskosten überschritten haben, fließen dem Rentenberechtigten von diesem Zeitpunkt an keine zu versteuernden Einnahmen mehr zu.[4] Haben die vom Rentenverpflichteten geleisteten Rentenzahlungen (Tilgungsanteil) noch nicht das Kapitalkonto und die vom Rentenberechtigten über-

---

1 Meyer/Richter, StBp 1967 S. 8.
2 Zur Änderungsmöglichkeit nach § 175 Abs. 1 Nr. 2 AO (früher § 4 Abs. 3 Nr. 2 StAnpG) s. RFH, Urteile vom 8. 11. 1993, VI A 1187/33, RStBl 1933 S. 1226 und vom 29. 4. 1936, VI A 424/35, RStBl 1936 S. 678 (689). Zur gleichen Frage bei Veräußerung einer wesentlichen Beteiligung BFH, Urteil vom 21. 12. 1993, VIII R 69/88, DStR 1994 S. 1229, mit kritischer Anm. von HG.
3 IV 80/67, BStBl 1968 II S. 93.
4 OFD Hamburg, Vfg. vom 5. 5. 1977, NWB DokSt. F. 3 § 20 EStG 2/78 S. 3.

nommenen Veräußerungskosten erreicht und fallen die weiteren Zahlungen wegen Uneinbringlichkeit aus, entsteht – ähnlich wie in dem Fall des vorzeitigen Ablebens des Rentenberechtigten – ein Veräußerungsverlust.[1] Dieser ist u. E. aus den in Rn. 660 dargelegten Gründen bei der Bildung des Gesamtbetrags der Einkünfte auszugleichen oder nach § 10d EStG abzuziehen. Dem steht u. E. die abweichende Behandlung im Falle von Kaufpreisraten (siehe Rn. 863) nicht entgegen. Bei Leibrenten fallen betriebliche Einnahmen weg, während bei Kaufpreisraten die Kaufpreisforderung i. d. R. Privatvermögen wird (siehe Rn. 853).

Sofern der Rentenberechtigte beantragt hatte, den Veräußerungsgewinn sofort zu versteuern, wird – weil die Rentenforderung Privatvermögen geworden ist – ein einkommensteuerlich zu berücksichtigender Verlust nicht erzielt. In diesem Fall kommt aber eine Änderung des Bescheids, mit dem der Veräußerungsgewinn versteuert wurde, nach § 175 Abs. 1 Nr. 2 AO in Frage. Entgegen der früheren Rechtsprechung hat der Große Senat des BFH[2] entschieden, dass ein Ereignis mit steuerlicher Rückwirkung auf den Zeitpunkt der Veräußerung vorliegt, wenn eine gestundete Kaufpreisforderung für die Veräußerung eines Gewerbebetriebs in einem späteren Veranlagungszeitraum ganz oder teilweise uneinbringlich wird.[3] Diese Grundsätze gelten auch, wenn Rentenzahlungen uneinbringlich werden,[4] und zwar auch bei Veräußerung einer Beteiligung i. S. d. § 17 EStG;[5] als Veräußerungspreis ist die Summe der tatsächlich geleisteten Tilgungsanteile anzusetzen. Eine Änderung nach § 175 AO kommt nicht in Frage, wenn Rentenleistungen wegen des Todes des Rentenberechtigten entfallen.

822

(Einstweilen frei)

823–825

3. Betriebliche Veräußerungsrenten auf Zeit

a) Vorbemerkung

Bei der Veräußerung eines Betriebs wird häufig der Kaufpreis in einer bestimmten Höhe vereinbart und die Zahlung in Teilbeträgen über eine längere

826

---

[1] Vgl. Wismeth, DStR 1991 S. 1513.
[2] Beschluss vom 19. 7. 1993, GrS 2/92, BStBl 1993 II S. 897; BFH, Urteil vom 10. 2. 1994, IV R 37/92, BStBl 1994 II S. 564.
[3] Ebenso Theisen, DStR 1988 S. 403; Tismer/Feuersänger, DB 1986 S. 1749; Wismeth, DStR 1991 S. 1513.
[4] Bordewin, FR 1994 S. 555, 561.
[5] FinMin Nordrhein-Westfalen, Erl. vom 1. 3. 1994, FR 1994 S. 375, zu § 17 EStG a. F.

Zeitspanne gestundet. In diesem Fall haben Rechtsprechung[1] und FinVerw zwischen einer Veräußerung gegen „Kaufpreisraten" und einer solchen gegen „Zeitrenten" unterschieden. Im Folgenden wird der derzeitige Stand der Rechtsprechung und der Verwaltungsauffassung zur Unterscheidung zwischen betrieblichen Veräußerungsrenten auf Zeit und betrieblichen Kaufpreisraten und zur steuerlichen Behandlung wiedergegeben. Der BFH verwendet in seinem Urteil vom 20.1.1959[2] nicht den Ausdruck „Zeitrente", er spricht vielmehr von einer Veräußerung gegen „laufende Bezüge". Zur besseren Abgrenzung gegen andere laufende Bezüge (z. B. betriebliche Veräußerungsrenten auf Lebenszeit, Gewinn- oder Umsatzbeteiligung) wird hier in folgenden Ausführungen die Bezeichnung „Zeitrente" verwendet.

827 Die Unterscheidung zwischen betrieblichen Kaufpreisraten und betrieblichen Veräußerungsrenten ist bedeutsam, weil für Veräußerungszeitrenten (anders als für Kaufpreisraten) ein Wahlrecht zwischen Sofort- und Zuflussversteuerung besteht.[3]

b) Begriff der betrieblichen Veräußerungsrente auf Zeit und Abgrenzung zu Kaufpreisraten

828 Die betriebliche Veräußerungsrente auf Zeit unterscheidet sich von der betrieblichen Veräußerungsrente auf Lebenszeit durch die Zeitdauer der Rente. Für das Begriffsmerkmal „Veräußerung" sind dieselben Grundsätze wie bei der betrieblichen Veräußerungsrente auf Lebenszeit maßgebend (vgl. Rn. 617 ff.). Wegen der einkommensteuerlich unterschiedlichen Behandlung ist es wichtig, die Veräußerungsrente auf Zeit von den Kaufpreisraten abzugrenzen.

829 Bei Kaufpreisraten sind nur kaufmännische Überlegungen für die Bestimmung des Kaufpreises maßgebend, während der Gedanke der Versorgung des Veräußerers ganz ausscheidet; der Grund für die Stundung des Kaufpreises besteht allein darin, dem Käufer eine Zahlungserleichterung zu gewähren.

830 Anders ist es bei der betrieblichen Veräußerungsrente auf Zeit. Auch bei ihr ist zwar in erster Linie eine Veräußerung gegeben, weil die Höhe des gesamten Kaufpreises sich nach dem Wert des übertragenen Betriebs richtet; aber für ihre Vereinbarung sind auch noch andere Umstände wesentlich. Eine betriebli-

---

1 Vgl. u. a. BFH, Urteile vom 2.1.1959, I 200/58 U, BStBl 1959 III S. 192 und vom 12.6.1968, IV 254/62, BStBl 1968 II S. 653.
2 I 200/58 U, BStBl 1959 III S. 192; vgl. auch das Urteil des BFH vom 23.1.1964, IV 85/62 U, BStBl 1964 III S. 239.
3 BFH, Urteil vom 19.5.1992, VIII R 37/90, BFH/NV 1993 S. 87.

che Veräußerungsrente kann nur angenommen werden, wenn langfristig wiederkehrende Bezüge zu erbringen sind; ferner müssen diese entweder wagnisbehaftet sein, oder die Vertragsgestaltung muss eindeutig die Absicht, den Veräußerer zu versorgen, zum Ausdruck bringen.[1]

Eine Wagnisbehaftung in diesem Sinne liegt – abgesehen von dem Fall der Gewinn- oder Umsatzbeteiligung (siehe Rn. 878 ff.) – bei Zeitrenten nur vor, wenn die Bezüge für einen ungewöhnlich langen, nicht mehr übersehbaren Zeitraum vereinbart sind und deshalb nicht vorhersehbar ist, wie sich die wirtschaftlichen Verhältnisse im Allgemeinen und die Leistungsfähigkeit des Erwerbers im Besonderen entwickeln;[2] dabei kommt es weitgehend auf die Umstände des Einzelfalles an. Die Rentenzahlungen können ferner dann als wagnisbehaftet gewertet werden, wenn sie durch eine Sachwertklausel in der Weise gesichert sind, dass den laufenden, ihrer Höhe nach noch ungewissen Preissteigerungen in einer Branche oder bei einem bestimmten Stoff oder Erzeugnis durch Erhöhung des Nennbetrags der Geldzahlungen Rechnung getragen werden muss.[3]

831

Soweit der Zeitrentencharakter aus dem Versorgungszweck gefolgert wird, ist erforderlich, dass die Zahlungsweise des Kaufpreises und die anderen Umstände ergeben, dass die Parteien zusätzlich eine Versorgung des Berechtigten gewollt haben;[4] in diesem Fall dient also die Stundung des Kaufpreises nicht in erster Linie dem Interesse des Betriebserwerbers.[5] Der BFH[6] fordert insoweit für das Bejahen einer betrieblichen Veräußerungsrente auf Zeit, dass

832

▶ der Betriebserwerber die Leistungen über einen längeren Zeitraum – mindestens 10 Jahre – zu erbringen hat und

▶ diese Zahlungen monatlich erfolgen.

U. E. kann, falls die anderen Voraussetzungen gegeben sind, auch bei vierteljährlicher Zahlung eine Veräußerungsrente auf Zeit angenommen werden.[7] An das Erfordernis, dass aus der Ausgestaltung des Vertrags der Versorgungscharakter hervorgehen muss, dürfte u. E. keine überspannten Forderungen gestellt

833

---

1 BFH, Urteile vom 26. 7. 1984, IV R 137/82, BStBl 1984 II S. 829 und vom 12. 6. 1968, IV R 254/62, BStBl 1968 III S. 653.
2 BFH, Urteil vom 26. 7. 1984, IV R 137/82, BStBl 1984 II S. 829.
3 BFH, Urteil vom 12. 6. 1968, IV R 254/62, BStBl 1968 III S. 653.
4 BFH, Urteil vom 12. 6. 1968, IV R 254/62, BStBl 1968 III S. 653.
5 BFH, Urteil vom 23. 1. 1964, IV 85/62 U, BStBl 1964 III S. 239.
6 Urteile vom 20. 1. 1959, I 200/58 U, BStBl 1959 III S. 192 und vom 23. 1. 1964, IV 85/62 U, BStBl 1964 III S. 239; Krah, BB 1961 S. 1370; vgl. ferner Böttcher/Beinert, DB 1964 S. 1386 f.; kritisch zur Rechtsprechung des BFH Hardt, DB 1966 S. 1866 f.
7 BFH vom 20. 12. 1988, VIII R 110/82, BFH/NV 1989 S. 630.

werden, weil sonst den Vertragsformulierungen eine zu große Bedeutung zukäme.

834 Sind die vorgenannten Voraussetzungen einer Veräußerungsrente nicht erfüllt, rechtfertigt die Gefahr einer künftigen Geldentwertung es nicht, einen Veräußerungsgewinn bei langfristiger Abzahlung des Kaufpreises nach den für Veräußerungsrenten geltenden Regeln zu versteuern.[1]

> **BEISPIEL:** Begriff der betrieblichen Veräußerungsrente auf Zeit
>
> Der 65-jährige A. veräußert am 1.1.05 seinen Gewerbebetrieb an B. gegen monatliche Bezüge von 4 000 €; die monatliche Zahlungsweise ist auf ausdrücklichen Wunsch des A. vereinbart worden. B. muss diese Beträge 20 Jahre lang zahlen. Im Vertrag ist festgelegt, dass die Rente zum Zwecke der Versorgung des A. geleistet wird. Das Kapitalkonto des Betriebs beträgt zum 1.1.05 47 000 €. Der Verkehrswert des Betriebs ist mit 590 000 € anzunehmen. Ebenso hoch ist der Barwert der Kaufpreisforderung. Die von A. gezahlten Veräußerungskosten belaufen sich auf 1 000 €.
>
> Die für eine Rente zu fordernden Voraussetzungen liegen vor. Die Rente dient der Versorgung des A. Es handelt sich daher um eine betriebliche Veräußerung auf Zeit und nicht um Kaufpreisraten.

835 Der BFH hat in seinen Urteilen vom 20.1.1959[2] und vom 12.6.1968[3] ausgesprochen, dass man der Auffassung des Veräußerers folgen müsse, wenn er das Vorliegen von Kaufpreisraten zur Erlangung der Vergünstigung des § 34 Abs. 1 und 2 EStG behauptet.

c) Steuerliche Behandlung beim Berechtigten im Falle der betrieblichen Veräußerungsrente auf Zeit

aa) Veräußerung eines Betriebs, Teilbetriebs oder Mitunternehmeranteils

(1) Wahlrecht zwischen sofortiger und nachträglicher Versteuerung

836 Liegen die Voraussetzungen einer betrieblichen Veräußerungszeitrente vor (siehe Rn. 828 ff.), hat der Veräußerer ein Wahlrecht zwischen sofortiger Versteuerung oder nachträglicher Versteuerung;[4] dies gilt bei der Veräußerung eines ganzen Betriebs, eines Teilbetriebs[5] oder eines Mitunternehmeranteils. Nach BFH[6] findet das Wahlrecht seine Rechtsgrundlage in einer teleologischen

---

1 BFH, Urteil vom 12.6.1968, IV 254/62, BStBl 1968 II S. 653.
2 I 200/58 U, BStBl 1959 III S. 192.
3 IV 254/62, BStBl 1968 II S. 653.
4 BFH, Urteile vom 26.7.1984, IV R 137/82, BStBl 1984 II S. 829; vom 20.12.1988, VIII R 110/82, BFH/NV 1989 S. 630; R 16.11 –Zeitrente– EStH.
5 BFH, Urteil vom 26.7.1984, IV R 137/82, BStBl 1984 II S. 829.
6 BFH, Urteil vom 26.7.1984, IV R 137/82, BStBl 1984 II S. 829.

Reduktion des (zwingenden) Anwendungsbereichs der §§ 16, 34 EStG im Verhältnis zu § 24 Nr. 2 EStG und im Grundsatz der Verhältnismäßigkeit der Besteuerung. Das Wahlrecht bei der betrieblichen Veräußerungszeitrente entspricht der Verwaltungsregelung bei den betrieblichen Veräußerungsleibrenten, mit der dem Rentenberechtigten das Recht eingeräumt wurde, zwischen sofortiger oder nachträglicher Versteuerung des Veräußerungsgewinns zu wählen (siehe Rn. 635).

Übt der Steuerpflichtige das Wahlrecht aus, ist er für die folgenden Veranlagungszeiträume daran gebunden. 837

Sind die Voraussetzungen für die Annahme einer Veräußerungszeitrente nicht gegeben (es liegen Kaufpreisraten vor), kann der Veräußerer die nachträgliche Versteuerung nicht wählen.[1] 838

(2) Nachträgliche Versteuerung

Liegt eine betriebliche Veräußerungsrente auf Zeit vor (es müssen also die Voraussetzungen gemäß Rn. 830 erfüllt sein) und wünscht der Berechtigte die nachträgliche Versteuerung (Zuflussversteuerung) nach den §§ 14, 16 oder 18 Abs. 3 EStG (siehe Rn. 835), sind die für die steuerliche Behandlung der laufenden Bezüge maßgebenden Grundsätze, die auch bei der betrieblichen Veräußerungsrente auf Lebenszeit gelten, anzuwenden.[2] 839

Die Ausführungen in den Rn. 650 ff. gelten für die betriebliche Veräußerungszeitrente sinngemäß. 840

(3) Sofortversteuerung

Wünscht der Berechtigte die sofortige Besteuerung, so gelten für die Besteuerung die gleichen Regeln wie für Kaufpreisraten[3] (siehe Rn. 851 ff.). 841

bb) Veräußerung einer Beteiligung i. S. d. § 17 EStG

Eine betriebliche Veräußerungsrente auf Zeit kann beim Vorliegen der genannten Voraussetzungen auch bei der Veräußerung einer Beteiligung i. S. d. § 17 EStG gegeben sein. Zur steuerlichen Behandlung wird auf die Ausführungen in den Rn. 836–841 verwiesen. 842

---

1 FG Hamburg, Urteil vom 22. 11. 1977, VI 127/77, EFG 1978 S. 428.
2 RFH, Urteil vom 14. 5. 1930, VI A 706/28, RStBl 1930 S. 580; BFH, Urteil vom 20. 1. 1959, I 2000, 58 U, BStBl 1959 III S. 192; FG Düsseldorf, Urteil vom 3. 7. 1979, XVI (VI) 306/75 E, EFG 1980 S. 124.
3 BFH, Urteil vom 19. 5. 1992, VIII R 37/90, BFH/NV 1993 S. 87.

cc) Veräußerung eines einzelnen Wirtschaftsguts

843 Sofern ein einzelnes Wirtschaftsgut des Betriebsvermögens gegen eine Zeitrente veräußert wird, gelten u. E. die gleichen Regeln wie bei der Veräußerung eines einzelnen Wirtschaftsguts des Betriebsvermögens gegen eine Leibrente (vgl. Rn. 751 ff.).

d) Steuerliche Behandlung beim Rentenverpflichteten im Falle der betrieblichen Veräußerungsrente auf Zeit

844 Für den Erwerber des Betriebs spielt es keine Rolle, ob Kaufpreisraten oder laufende Bezüge gegeben sind. Für ihn ist einkommensteuerlich allein entscheidend, dass er einen Betrieb gegen Entgelt erworben hat, was in beiden Fällen zu bejahen ist. Beim Erwerber ist die steuerliche Behandlung der betrieblichen Zeitrenten dieselbe wie die der betrieblichen Kaufpreisraten[1] (vgl. Rn. 865 ff.).

845–850 (Einstweilen frei)

4. Betriebsveräußerung gegen Kaufpreisraten

a) Steuerliche Behandlung beim Berechtigten

aa) Ermittlung des Veräußerungsgewinns im Allgemeinen und Versteuerung der Zinsen

851 Wird ein Betrieb, Teilbetrieb, Anteil an einer Mitunternehmerschaft oder eine Beteiligung i. S. d. § 17 EStG gegen Kaufpreisraten veräußert (oder liegt eine betriebliche Veräußerungszeitrente vor und beantragt der Berechtigte die sofortige Versteuerung), sind für die Versteuerung die Grundsätze der §§ 14, 16, 17 oder 18 Abs. 3 EStG sowie die des § 34 Abs. 1 und 2 EStG anzuwenden. Demnach ist der gesamte Veräußerungsgewinn im Zeitpunkt der Veräußerung zu versteuern[2]; es kommt nicht darauf an, wann die Raten zugeflossen sind.[3] Dies gilt auch dann, wenn nur einzelne Wirtschaftsgüter des Betriebsvermögens gegen Kaufpreisraten veräußert werden.[4]

852 Zur Ermittlung des Veräußerungsgewinns ist als Veräußerungspreis die Summe der Kaufpreisraten anzusetzen, wenn diese in angemessener Höhe verzinst

---

1 Krah, BB 1961 S. 1371.
2 Für Wahlrecht zwischen sofortiger und nachträglicher Versteuerung auch bei Kaufpreisraten Wismeth, DStR 1991 S. 1513.
3 Vgl. zu dem Fall der Veräußerung i. S. d. § 17 EStG BFH, Urteil vom 17. 10. 1957, IV 64/57 U, BStBl 1957 III S. 443.
4 BFH, Urteil vom 20. 8. 1970, IV 143/64, BStBl 1970 II S. 807.

werden. Dies gilt auch, wenn anstelle von Zinsen eine andere für den Berechtigten vorteilhafte Gegenleistung erbracht wird.[1] Ist jedoch im Zeitpunkt der Veräußerung ernstlich zweifelhaft, dass der Erwerber die gestundete Kaufpreisforderung entrichten wird, so ist sie mit einem niedrigeren Betrag als dem Nennwert zu bewerten.[2]

Die laufenden Zinsen sind, wenn die Kaufpreisforderung zum Privatvermögen gehört – was i. d. R. der Fall sein wird[3] –, Einnahmen aus Kapitalvermögen (§ 20 Abs. 1 Nr. 7 EStG).[4] Die Zinsen werden zu den Einkünften aus Gewerbebetrieb gerechnet, wenn die gestundete Kaufpreisforderung auch nach der Veräußerung noch Betriebsvermögen des Veräußerers ist;[5] dies kommt insbesondere in Frage, wenn die Kaufpreisforderung bei der Veräußerung eines Teilbetriebs noch im Betriebsvermögen eines Restbetriebs verbleibt oder wenn die Kaufpreisforderung in ein anderes Betriebsvermögen eingelegt wird. Die Urteile des RFH vom 17. 10. 1935[6] und vom 29. 4. 1936[7] gehen offenbar davon aus, dass die Kaufpreisforderung grundsätzlich Betriebsvermögen bleibt; denn sie nehmen an, dass der Ausfall der gestundeten Kaufpreisforderung wegen Uneinbringlichkeit einen einkommensteuerlich zu berücksichtigenden Verlust des Veräußerers aus Gewerbebetrieb darstellt;[8] diese RFH-Rechtsprechung ist wohl durch das BFH-Urteil vom 24. 9. 1976[9] überholt. Siehe zur Uneinbringlichkeit Rn. 822 und 863.

853

Soweit einzelne Wirtschaftsgüter im Rahmen eines bestehenden Betriebs gegen Raten veräußert werden, sind die Zinsen Betriebseinnahmen.[10]

---

1 BFH, Urteil vom 9. 7. 1981, IV R 35/78, BStBl 1981 II S. 734.
2 BFH, Urteil vom 11. 12. 1990, VIII R 37/88, BFH/NV 1991 S. 516.
3 BFH, Urteile vom 23. 11. 1967, IV R 173/67, BStBl 1968 II S. 93; vom 24. 9. 1976, I R 41/75, BStBl 1977 S. 127; vom 28. 1. 1981, I R 234/78, BStBl 1981 II S. 464; vom 26. 6. 1985, IV R 22/83, BFH/NV 1987 S. 24, 25.
4 RFH, Urteile vom 15. 5. 1930, VI A 1291/29, RStBl 1930 S. 674 und vom 20. 10. 1937, VI 500/37, RStBl 1938 S. 92 (93); W. Theis, Beilage 1/73 zu DB 1973 Heft 3 S. 12 f.; Fella, StW 1969 S. 129; Henssler, DStR 1968 S. 345; Meyer/Richter, StBp 1966 Beilage zu Heft 9; OFD Hamburg, Vfg. vom 5. 5. 1977, NWB DokSt F. 3 § 20 EStG 2/78 S. 3.
5 So – th –, DB 1959 S. 844.
6 VI A 640/35, RStBl 1936 S. 186.
7 VI 424/35, RStBl 1936 S. 678.
8 Vgl. zu dieser Frage auch die vom BFH im Urteil vom 25. 7. 1972, VIII R 3/66, BStBl 1972 II S. 936, zur Forderungsabschreibung nach der Betriebseinstellung entwickelten Grundsätze.
9 I R 41/75, BStBl 1977 II S. 127.
10 BFH, Urteil vom 20. 8. 1970, IV 143/64, BStBl 1970 II S. 807.

bb) Unverzinslichkeit und zu geringe Verzinsung des Kaufpreises

854 Ist der Kaufpreis zinslos gestundet und wird er in Raten getilgt, ist nach § 9 Abs. 1 BewG sein gemeiner Wert zu ermitteln;[1] siehe auch Rn. 649. Die Kaufpreisforderung ist unter Berücksichtigung von Zinsen und Zinseszins abzuzinsen. Der auf diese Weise ermittelte Barwert der Kaufpreisschuld ist der für die Berechnung des Veräußerungsgewinns maßgebende Veräußerungspreis.[2] Der in den jährlichen Kaufpreisraten enthaltene Zinsanteil gehört – wie dargelegt (Rn. 853) – nach h. L. zu den Einnahmen i. S. d. § 20 Abs. 1 Nr. 7 EStG und ist im Jahr des Zuflusses zu versteuern.[3] Bei der Abzinsung ist ein Zinssatz von 5,5 % (§ 12 Abs. 3 BewG) zugrunde zu legen.[4] Nach der Rechtsprechung[5] ist bei Vereinbarung eines anderen Zinssatzes dieser anzusetzen; siehe aber Rn. 857.

855 Der Barwert ist nach gleich lautenden Ländererlassen vom 7.12.2001 und der dazugehörenden Tabelle 2[6] zu ermitteln; siehe dort auch zu weiteren Einzelheiten. In dieser Tabelle wird der Barwert unter Berücksichtigung von Zwischenzinsen und Zinseszinsen mit 5,5 % errechnet; er ist der Mittelwert zwischen den Barwerten für eine jährlich vorschüssige und jährlich nachschüssige Zahlungsweise (§ 12 Abs. 1 Satz 2 BewG).

> **BEISPIEL:** Barwertermittlung bei Kaufpreisraten
>
> Der 50 Jahre alte und nicht dauernd berufsunfähige A. veräußert mit Wirkung zum 31.12.05 seinen Gewerbebetrieb an B. Das Kapitalkonto weist zu diesem Termin 30 000 € aus. Der Kaufpreis beträgt 100 000 €, der mit jährlich 10 000 € zinslos zu tilgen ist. Die Raten sind zum 1.7. eines jeden Jahres fällig, erstmals am 1.7.06. Die von A. getragenen Veräußerungskosten belaufen sich auf 5 000 €. Es ist davon auszugehen, dass kein anderer Zinssatz als 5,5 % in Betracht kommt.
>
> Der nach der Tabelle 2 (BStBl 2001 I S. 1053) zu errechnende Barwert der Kaufpreisforderung zum 31.12.05 beträgt 77 450 €. Davon sind das Kapitalkonto von 30 000 € und die Veräußerungskosten von 5 000 € abzuziehen, so dass ein Veräußerungsgewinn von 42 450 € verbleibt, der tarifbegünstigt nach § 34 Abs. 1 und 2 EStG zu versteuern ist.
>
> Die in den jährlichen Raten steckenden Zinsen sind gemäß § 20 Abs. 1 Nr. 7 EStG zur Einkommensteuer heranzuziehen. Insgesamt sind in den 10 Jahresraten 22 550 € Zinsen (100 000 € Gesamtschuld – 77 450 € Barwert zum 31.12.05) enthalten. Die

---

1 BFH, Urteil vom 19.1.1978, IV R 61/73, BStBl 1978 II S. 295; FG Köln vom 19.5.1982, I 23/81 E, EFG 1982 S. 565.
2 RFH, Urteil vom 19.2.1936, XI 806/34, RStBl 1936 S. 766; BFH, Urteil vom 28.10.1970, IV R 141/67, BStBl 1971 II S. 92.
3 Krah, BB 1961 S. 1371.
4 RFH, Urteil vom 14.7.1938, IV 48/38, RStBl 1938 S. 938.
5 BFH, Urteile vom 21.10.1980, VIII R 190/78, BStBl 1981 II S. 160, zur vorzeitigen Tilgung einer zinslos vereinbarten Kaufpreisforderung und vom 19.5.1992, VIII R 37/90, BFH/NV 1993 S. 87.
6 BStBl 2001 I S. 1041, 1053.

jährlich zu berücksichtigenden Zinsen werden errechnet, indem von der jährlichen Ratenzahlung die jährliche Barwertminderung (Tilgungsanteil) abzuziehen ist. Nach der vorerwähnten Tabelle 2 beträgt der Barwert der Kaufpreisforderung zum 31.12.06 71 430 €. Die Barwertdifferenz beläuft sich auf 77 450 € − 71 430 € = 6 340 € und der Zinsanteil 10 000 € (Ratenzahlung) − 6 340 € = 3 920 €. Dieser Betrag von 3 920 € ist eine Einnahme des A. i.S.d. § 20 Abs. 1 Nr. 7 EStG im Jahre 06; § 20 Abs. 4 EStG (Sparerfreibetrag) ist anzuwenden.

Auf diese Weise ist der Zinsanteil jedes Jahr zu ermitteln. Die Summe der jedes Jahr anfallenden Zinsanteile ergibt den oben genannten Betrag von 22 550 €.

Zu weiteren Beispielen wird auf den gleich lautenden Ländererlass vom 7.12.2001[1] verwiesen.

Haben die Beteiligten bei der Veräußerung ausdrücklich die Zinslosigkeit vereinbart, ist dennoch eine Abzinsung vorzunehmen.[2] Die Notwendigkeit dazu folgt daraus, dass die Fälle der ausdrücklich und stillschweigend vereinbarten Zinslosigkeit rechtlich und wirtschaftlich gleich zu beurteilen sind. Auch die in der Bilanz eines Betriebs auszuweisenden unverzinslichen Forderungen sind grundsätzlich mit dem abgezinsten Wert zu aktivieren.[3] Es liegen keine Gründe vor, bei dem letzten Geschäftsvorfall, der Veräußerung, andere Bewertungsmaßstäbe anzuwenden. Die Abzinsung hat auch zu erfolgen, wenn die Verschiebung der Fälligkeit in einem Testament angeordnet war.[4] 856

Wird nach den Vereinbarungen der in Raten gestundete Kaufpreis zu gering verzinst und liegt der Zinssatz wesentlich unter 5,5 %, ist für die Errechnung des Veräußerungsgewinns ebenfalls eine – wenn auch geringere – Abzinsung der Kaufpreisforderung vorzunehmen.[5] 857

Ist die Kaufpreisforderung nur für eine verhältnismäßig kurze Zeit gestundet, kann die Abzinsung nach allgemeiner Ansicht wegen Geringfügigkeit unterbleiben.[6] Was als kurze Zeit in diesem Sinne angesehen werden kann, ist ungeklärt. U.E. kann die Abzinsung nur entfallen, wenn die Forderung nicht länger 858

---

1 BStBl 2001 I S. 1041.
2 RFH, Urteile vom 14.7.1938, IV 48/38, RStBl 1938 S. 938; BFH, Urteil vom 25.6.1974, VIII R 163/71, BStBl 1975 II S. 431; vom 27.4.1993, VIII R 27/92, BFH/NV 1994 S. 159, 162.
3 RFH, Urteil vom 7.12.1938, VI 717/38, RStBl 1939 S. 196; vgl. ferner BFH, Urteil vom 1.12.1953, I 16/53 U, BStBl 1954 III S. 19 (20).
4 BFH, Urteil vom 26.6.1996, VIII R 67/95, BFH/NV 1997 S. 175; die gegen dieses Urteil eingelegte Verfassungsbeschwerde hat das BVerfG (Az. 2 BvR 2312/96) nicht angenommen.
5 Vgl. FG Düsseldorf, Senate in Köln, Urteil vom 16.9.1970, VIII 196/67 S, EFG 1971 S. 24; Meyer/Richter, StBp 1966 Beilage zu Heft 9; nach dem Urteil des FG Düsseldorf vom 16.7.1963, EFG 1964 S. 16, rechtfertigt eine niedrige Verzinsung nicht ohne weiteres eine Abzinsung. Zur Berechnung siehe Ländererlasse vom 7.12.2001, BStBl 2001 I S. 1041 ff.
6 Vgl. BFH, Urteil vom 1.4.1958, I 60/57 U, BStBl 1958 III S. 291 (293).

als für 12 Monate gestundet ist.[1] In einem Urteil vom 26. 6. 1996 hat der BFH[2] entschieden, dass eine Abzinsung vorzunehmen ist, wenn die Fälligkeit um mehr als ein Jahr hinausgeschoben wurde.

859 Nach dem BFH-Urteil vom 14. 2. 1984[3] kommt die Zerlegung einer gestundeten Kaufpreisforderung in einen Kapital- und Zinsanteil mit der Folge, dass der Zinsanteil bei den Einkünften aus Kapitalvermögen zu besteuern ist, nicht in Betracht, wenn zwar die Verpflichtung zur Zahlung festliegt, die Vertragsparteien aber den Zeitpunkt der Kaufpreiszahlung weitgehend offen gelassen haben.

cc) Kaufpreisforderung in ausländischer Währung

860 Die gestundete Kaufpreisforderung ist – wie schon gesagt – zur Ermittlung des Veräußerungsgewinns mit dem gemeinen Wert im Zeitpunkt der Veräußerung anzusetzen; das ist der nach den Vorschriften des BewG zu ermittelnde Barwert (siehe Rn. 854). Lautet die Kaufpreisforderung auf eine ausländische Währung, so ist ein Abschlag von dem sich aus dem Kurswert im Veräußerungszeitpunkt errechnenden Barwert gerechtfertigt, wenn mit einer Wechselkursänderung während der Laufzeit der Rente zugunsten des Veräußerers ernsthaft zu rechnen ist.[4]

dd) Wertsicherungsklausel

861 Sind die Kaufpreisraten durch eine Wertsicherungsklausel abgesichert worden, stellen die Mehrbeträge, die aufgrund dieser Klausel gezahlt werden, nach dem BFH-Urteil vom 16. 7. 1964[5] laufende nachträgliche Einnahmen aus Land- und Forstwirtschaft, aus Gewerbebetrieb oder aus selbständiger Arbeit dar, die nicht nach § 34 Abs. 1 und 2 EStG tarifbegünstigt sind. Folgt man der Auffassung des BFH,[6] dass derartige Mehrbeträge Nutzungsentgelte (Zinsen) für die Überlassung von Kapital sind, so gehören die Mehrbeträge zu den Einkünften aus Kapitalvermögen, soweit die Kaufpreisforderung mit der Veräußerung

---

1 BFH, Urteil vom 21. 10. 1980, VIII R 190/78, BStBl 1981 II S. 160; siehe auch Ländererlasse, BStBl 1994 I S. 775, II 1.1.
2 VIII R 67/95, BFH/NV 1996 S. 175.
3 VIII R 41/82, BStBl 1984 II S. 550.
4 BFH, Urteil vom 19. 1. 1978, IV R 61/73, BStBl 1978 II S. 295; FG Köln, Urteil vom 19. 5. 1982, I 23/81 E, EFG 1982 S. 565.
5 IV 377/62 U, BStBl 1964 III S. 622; ebenso Fella, StW 1969 S. 130; Meyer/Richter, StBp 1969 S. 83.
6 Urteile vom 16. 1. 1979, VIII R 38/76, BStBl 1979 II S. 334 und vom 29. 11. 1983, VIII R 231/80, BStBl 1984 II S. 109.

Privatvermögen geworden ist.[1] Geht man davon aus, dass die Kaufpreisforderung zum Betriebsvermögen gehört, so sind die Mehrbeträge nachträgliche betriebliche Einnahmen.[2]

ee) Wegfall des Veräußerungsvertrages und Minderung der Kaufpreisraten

Soweit der Vertrag über die Betriebsveräußerung gegen Kaufpreisraten angefochten oder durch Rücktritt rückgängig gemacht wird oder die Kaufpreisraten aufgrund von Mängelrügen gemindert werden, gelten die gleichen Regeln wie bei betrieblichen Veräußerungsrenten auf Lebenszeit (vgl. Rn. 805 ff. und 819). Wird der Streit über die Höhe der ziffernmäßig nicht genau bezeichneten Kaufpreisraten durch Vergleich beendet, kommt u. E. für das Jahr der Veräußerung eine Änderung des Steuerbescheids nach § 175 Abs. 1 Nr. 2 AO in Frage;[3] dabei ist bei der Ermittlung des Veräußerungsgewinns das Vergleichsergebnis zugrunde zu legen.[4]

862

ff) Uneinbringlichkeit der Kaufpreisraten

Fallen Kaufpreisraten wegen Uneinbringlichkeit aus, so stellt sich die Frage, ob der Veräußerer insoweit einen bei der Ermittlung der Einkünfte oder des Gesamtbetrags der Einkünfte anzusetzenden Verlust aus Gewerbebetrieb hat oder ob dieser Verlust einkommensteuerlich unberücksichtigt bleibt. Soweit die Kaufpreisforderung nach der Veräußerung in das Privatvermögen des Veräußerers übergegangen ist (siehe Rn. 853), kommt einkommensteuerlich eine Berücksichtigung des durch die Uneinbringlichkeit entstehenden Verlustes nicht im Jahr des Eintritts des Verlustes in Frage.[5] Entgegen der früheren Rechtsprechung hat aber der Große Senat des BFH[6] entschieden, dass bei Ausfall von Kaufpreisraten wegen Uneinbringlichkeit der Steuerbescheid, der für das Jahr der Betriebsveräußerung ergangen ist, nach § 175 Abs. 1 Nr. 2 AO zu

863

---

1 BFH, Urteil vom 19. 5. 1992, VIII R 37/90, BFH/NV 1993 S. 87; siehe auch Friele/Spiegels, DStR 1978 S. 395, 399.
2 BFH, Urteil vom 19. 5. 1992, VIII R 37/90, BFH/NV 1993 S. 87.
3 BFH, Urteil vom 26. 7. 1983, IV R 10/83, BStBl 1984 II S. 786.
4 Vgl. hierzu BFH, Urteil vom 7. 9. 1972, IV 311/65, BStBl 1973 II S. 11; vgl. auch BFH, Urteil vom 10. 2. 1994, IV R 37/92, BStBl 1994 II S. 564.
5 So BFH, Urteile vom 23. 11. 1967, IV R 173/67, BStBl 1968 II S. 93 und vom 24. 9. 1976, I R 41/75, BStBl 1977 II S. 127, 129; FG Düsseldorf, Senate in Köln, Urteil vom 29. 6. 1970, VII 219/69 E, EFG 1970 S. 561 (bestätigt durch BFH, Urteil vom 11. 3. 1975); OFD Hamburg, Vfg. vom 5. 5. 1977, NWB DokSt. F. 3 § 20 EStG 2/78 S. 3; a. A. sind RFH, Urteile vom 17. 10. 1935, VI A 640/35, RStBl 1936 S. 186 und vom 29. 4. 1936, VI A 424/35, RStBl 1936 S. 678; sowie Meyer/Richter, StBp 1967 S. 7.
6 Beschluss vom 19. 7. 1993, GrS 2/92, BStBl 1993 II S. 897.

ändern ist; wird die gestundete Kaufpreisforderung für die Veräußerung eines Gewerbebetriebs in einem späteren Veranlagungszeitraum ganz oder teilweise uneinbringlich, so stellt dies ein Ereignis mit steuerlicher Wirkung auf den Zeitpunkt der Veräußerung dar. Siehe auch Rn. 822. Zu den Fällen, dass schon im Zeitpunkt der Veräußerung die vollständige Zahlung ungewiss war, siehe Rn. 852.

gg) Umdeutung von verlängerten Leibrenten in Kaufpreisraten

864 Sind die laufenden Leistungen nach der Rechtsprechung des BFH[1] wie Kaufpreisraten behandelt worden, weil die vereinbarte Mindestlaufzeit erheblich über der durchschnittlichen Lebenserwartung lag (siehe Rn. 783), und sind die Leistungen wegen der langen Lebensdauer des Veräußerers über die Mindestlaufzeit hinaus zu erbringen, so fragt sich, wie diese Leistungen einkommensteuerlich zu beurteilen sind. Bei Ratenzahlungen werden die Leistungen für eine von vornherein festbestimmte Zeit erbracht. Die in den Raten steckenden Zins- und Tilgungsanteile sind so bemessen, dass die jährlichen Zinsbeträge ständig geringer und die jährlichen Tilgungsbeträge ständig höher werden; mit Ablauf der Mindestzeit ist die der steuerlichen Berechnung zugrunde gelegte Schuld getilgt, so dass Zinsen insoweit nicht mehr anfallen können. Tatsächlich fließen aber aufgrund der Abmachungen die vereinbarten Beträge nach Ablauf der Mindestlaufzeit dem Berechtigten weiter bis zu seinem Tode zu. Da es für diese Leistungen an einer festbestimmten Zeitdauer, für die sie zu erbringen sind, fehlt, können Zins- und Tilgungsanteile nach den für Kaufpreisraten maßgebenden Grundsätzen nicht mehr ermittelt werden. Es ist u. E. rechtlich auch nicht möglich, die Leistungen, die steuerlich bis zum Ablauf der Mindestlaufzeit als Raten behandelt wurden, nach diesem Zeitpunkt in eine Leibrente oder in wiederkehrende Bezüge umzudeuten; zu einer derartigen Umqualifizierung fehlt die gesetzliche Grundlage. Demnach kommt man bei Anerkennung der Auffassung des BFH zu dem unbefriedigenden Ergebnis, dass die Leistungen – falls die Raten zum Privatvermögen gehören – nach Ablauf der Mindestlaufzeit einkommensteuerlich nicht mehr erfasst werden können; Kaufpreisraten sind keine wiederkehrenden Bezüge. Gehören die Raten zum Betriebsvermögen, erhöhen sie u. E. den Gewinn. Diese Lösung überzeugt nicht. Sie zeigt, dass es bedenklich ist, entsprechend der Auffassung des BFH Leistungen einkommensteuerlich als Kaufpreisraten und nicht als verlängerte Leibrenten zu behandeln, wenn die vereinbarte Mindestlaufzeit erheblich über

---

1 BFH, Urteile vom 29.10.1974, VIII R 131/70, BStBl 1975 II S. 173 und vom 9.9.1988, III R 191/84, BStBl 1989 II S. 9, 11.

der durchschnittlichen Lebenserwartung liegt. Zur Behandlung beim Verpflichteten siehe Rn. 865.

b) Steuerliche Behandlung beim Verpflichteten

Für die steuerliche Behandlung der Kaufpreisraten beim Erwerb des Betriebs gelten die Grundsätze der betrieblichen Veräußerungsrente entsprechend (vgl. Rn. 671 ff.). Der Barwert der Kaufpreisforderung ist in der Eröffnungsbilanz als Verbindlichkeit zu passivieren und stellt außerdem zusammen mit anderen Erwerbskosten die zu aktivierenden Anschaffungskosten dar (§ 6 Abs. 1 Nr. 7 EStG). Die über die jährliche Barwertminderung hinausgehende jährliche Ratenzahlung ist der Zinsanteil, der den Gewinn schmälert. Die Barwert- und Zinsermittlung ist dieselbe wie für den Betriebsveräußerer (vgl. das Beispiel in Rn. 855). Zur Abzinsung der Kaufpreisraten gelten die Ausführungen Rn. 854 ff. entsprechend. 865

Da die Erhöhungen von Kaufpreisraten aufgrund einer Wertsicherungsklausel zu den Nutzungsentgelten gehören[1] (siehe Rn. 861), sind sie in voller Höhe als Betriebsausgaben zu berücksichtigen; sie führen zu keiner Erhöhung des Veräußerungspreises. Zur Behandlung bei Gewährleistungsansprüchen und Wegfall des Veräußerungsertrags siehe Rn. 805 ff. und 819. 866

Liegen Kaufpreisraten vor, weil eine Mindestlaufzeit vereinbart war, die erheblich über der durchschnittlichen Lebenserwartung lag (siehe dazu Rn. 864), sind die nach Ablauf der Mindestzeit zu zahlenden Raten u. E. in voller Höhe Betriebsausgaben, weil es sich hier um Aufwendungen handelt, die durch den erworbenen Betrieb veranlasst und die nicht nachzuaktivieren sind. 867

(Einstweilen frei) 868–870

5. Veräußerung eines Betriebs, Teilbetriebs oder Mitunternehmeranteils gegen andere laufende Bezüge als Renten

a) Allgemeine Grundsätze

Häufig werden Betriebe, Teilbetriebe, Mitunternehmeranteile oder Anteile an Kapitalgesellschaften i. S. d. § 17 EStG gegen andere laufende Bezüge als Renten veräußert. Es ist z. B. denkbar, dass der Erwerber neben oder anstelle der Verpflichtung, Geld oder andere vertretbare Sachen zu leisten, die Zusage er- 871

---

[1] BFH, Urteil vom 16.1.1979, VIII R 38/76, BStBl 1979 II S. 334.

teilt hat, nicht vertretbare Sachen laufend zu liefern, und dass es deshalb an der erforderlichen Gleichmäßigkeit der Leistungen fehlt. Ferner kann die Höhe der laufenden Bezüge von dem jeweiligen Gewinn oder Umsatz des Verpflichteten oder auch von anderen Größen abhängig sein. Schließlich kommen hier die Fälle in Betracht, in denen die laufenden Bezüge der Abänderbarkeit nach den Grundsätzen des § 323 ZPO unterliegen.

872 Die Versteuerung und Abzugsfähigkeit der auf der Veräußerung eines Betriebs, Teilbetriebs, Mitunternehmeranteils oder von Anteilen an Kapitalgesellschaften i. S. d. § 17 EStG beruhenden und bis zum Lebensende einer bestimmten Person laufenden Bezüge, die keine Renten sind, richten sich im Grundsatz nach denselben Regeln, die für betriebliche Veräußerungsrenten auf Lebenszeit gelten,[1] weil für alle betrieblichen laufenden Bezüge grundsätzlich die allgemeinen Gewinnermittlungsvorschriften maßgebend sind. Dabei sind die nicht in Geld bestehenden Leistungen des Erwerbers in Geld umzurechnen.

873 Die Regelung der FinVerw (siehe Rn. 635 ff.), die dem Rentenberechtigten (Veräußerer) ein Wahlrecht einräumt, den Gewinn aus der betrieblichen Veräußerungsrente entweder nachträglich nach § 24 Nr. 2 EStG oder sofort nach § 14, § 16, § 17 oder § 18 Abs. 3 EStG zu versteuern, behandelt nicht ausdrücklich die Veräußerung eines Betriebs gegen andere laufende Bezüge als Renten. U. E. gelten die Gründe, die für die Gewährung dieses Wahlrechts bei Renten maßgebend waren, auch bei der Veräußerung gegen laufende Bezüge, die keine Renten sind, so dass die Veräußerer auch in diesen Fällen zwischen nachträglicher oder sofortiger Versteuerung der Gewinne aus den laufenden Bezügen wählen können.[2] Offenbar steht auch der IV. Senat des BFH auf dem Standpunkt, dass bei laufenden Bezügen, die keine Renten sind, das Wahlrecht gegeben ist. Denn er spricht in seinem Urteil vom 30.1.1974[3] im Zusammenhang mit dem Wahlrecht von „Zahlungen ..., die sich über einen längeren Zeitraum erstrecken ...", und nennt ausdrücklich als eines „der wichtigsten Beispiele für diese Zahlungen" die Leibrenten, woraus folgt, dass er dem Veräußerer das Wahlrecht nicht nur bei Leibrenten, sondern auch bei anderen laufenden Bezügen einräumt. Andererseits hatte der IV. Senat des BFH in einem Urteil vom 16.7.1964[4] (jährliche Lieferung von Waren mit ungewisser Preisentwicklung)

---

1 Vgl. dazu RFH, Urteil vom 14.5.1930, VI A 706/28, RStBl 1939 S. 580.
2 Das Wahlrecht bejahen Seithel, RWP, 14 Steuer-R, D, Renten I 2 S. 29 f.; Biergans, DStR 1981 S. 459; Bp-Kartei Nordrhein-Westfalen, Teil I Konto Renten II A 5a; es wird abgelehnt von W. Theis, Beilage 1/73 zu DB 1973 Heft 3 S. 9.
3 IV R 80/70, BStBl 1974 II S. 452.
4 IV 377/62 U, BStBl 1964 III S. 622.

ausgeführt, dass die Bezüge nicht im Zeitpunkt der Veräußerung, sondern bei ihrem Zufluss zu versteuern seien. Siehe zum Wahlrecht auch Rn. 880.

Entscheidet sich der Steuerpflichtige, der seinen Betrieb gegen laufende Bezüge, die keine Renten sind, veräußert hat, für die sofortige Versteuerung des Gewinns nach § 14, § 16, § 17 oder § 18 Abs. 3 EStG, sind die unter Rn. 649 dargestellten Grundsätze entsprechend anzuwenden. Mit der Sofortversteuerung des Veräußerungsgewinns ist die Zerlegung der laufenden Zahlungen in einen Zins- und Tilgungsanteil (wie bei betrieblichen Veräußerungsleibrenten) zwingend. Allerdings kommt eine Versteuerung der laufenden Bezüge mit dem Ertragsanteil nach § 22 Nr. 1 Satz 3 Buchst. a Doppelbuchst. bb EStG nicht in Betracht, da begrifflich keine Renten vorliegen. U. E. ist der in den laufenden Bezügen steckende Zinsanteil, der jährlich zu ermitteln ist, eine Einnahme aus Kapitalvermögen nach § 20 Abs. 1 Nr. 7 EStG und nach dieser Bestimmung zu versteuern (wie hier schon in allen früheren Auflagen, seit der FinVerw durch einheitliche Ländererlasse[1] die sofortige Versteuerung im Veräußerungszeitpunkt wahlweise zuließ), und zwar auch dann, wenn die Leistungen bis zum Lebensende des Berechtigten zu erbringen sind. Eine Versteuerung nach § 22 Nr. 1 Satz 1 EStG könnte nur in Betracht kommen, soweit die Zahlungen den Barwert übersteigen; eine solche Versteuerung ist u. E. aber deshalb bedenklich, weil dies dem Grundsatz der sofortigen Versteuerung des in den laufenden Bezügen steckenden Gewinns widerspricht, vom Steuerpflichtigen aber die sofortige Versteuerung gewollt ist. 874

(Einstweilen frei) 875–877

b) Besteuerung der laufenden Bezüge in Form einer Gewinn- oder Umsatzbeteiligung beim Berechtigten

Im Folgenden wird die steuerliche Behandlung der Gewinn- oder Umsatzbeteiligung für den Fall der Veräußerung eines Betriebs, Teilbetriebs oder Mitunternehmeranteils dargestellt; gemeint sind also die Fälle, in denen die Zahlung von Gewinn- oder Umsatzanteilen das Entgelt für die übertragenen Gegenstände ist. Auf die vom Gewinn oder Umsatz abhängigen Bezüge, die zum Zwecke der Versorgung im Zusammenhang mit Betriebsübertragungen oder zum Zwecke der Abfindung lästiger Gesellschafter vereinbart worden sind, wird weiter unten eingegangen (vgl. Rn. 1031 ff. und 1048 ff.). 878

Bei der Veräußerung von Betrieben, Teilbetrieben oder Mitunternehmeranteilen gegen eine Beteiligung am jährlichen Gewinn oder Umsatz liegt eine Mit- 879

---

[1] Niedersächsischer FinMin-Erlass vom 11. 6. 1969, BB 1969 S. 784.

unternehmerschaft i. S. d. § 15 Abs. 1 Nr. 2 EStG nicht vor;[1] eine Mitunternehmerinitiative wird durch die Vereinbarung einer Gewinn- oder Umsatzbeteiligung nicht begründet. Ebenso wenig kann wegen des Fehlens einer Einlage eine stille Gesellschaft angenommen werden.[2]

880 Wie in Rn. 873 f. ausgeführt, hat der Veräußernde u. E. auch dann ein Wahlrecht, den Veräußerungsgewinn sofort oder nachträglich zu versteuern, und zwar auch dann, wenn die wiederkehrenden Bezüge in Form einer Gewinn- oder Umsatzbeteiligung geleistet werden.

881 Anders hat der BFH mit dem Urteil vom 14. 5. 2002[3] entschieden. Nach diesem Urteil ist bei Veräußerung eines Mitunternehmeranteils gegen einen gewinn- oder umsatzabhängigen Kaufpreis in Form wiederkehrender Bezüge die Besteuerung in der Weise durchzuführen, dass die Bezüge nach Überschreiten des Kapitalkontos zuzüglich Veräußerungskosten laufende nachträgliche Betriebseinnahmen sind; ein Wahlrecht auf Sofortversteuerung wird nicht anerkannt. Dies wird vor allem damit begründet, „dass die aufgrund eines patriarchischen Kaufpreises erzielten Einnahmen ... betrieblich veranlasst sind und schon deshalb nicht aufgrund einer bloßen Willensentscheidung des Steuerpflichtigen, die sich zudem auf eine unsichere Prognose stützen müsste, der Besteuerung entzogen werden können." Diese Begründung überzeugt u. E. nicht, weil auch bei Vereinbarung von gleich bleibenden laufenden Bezügen auf Lebenszeit die Möglichkeit besteht, dass eine Besteuerung von erzielten Einnahmen unterbleibt; denn die Lebensdauer des Berechtigten ist ungewiss. Wenn man die Auffassung des BFH für zutreffend hält, müsste man u. E. konsequenterweise das Wahlrecht, sofortige Besteuerung beantragen zu können (siehe Rn. 635 ff.), generell ablehnen; dies hätte auch zur Folge, dass eine bei Anwendung des BFH-Urteils vom 14. 5. 2002 eintretende unnötige Verkomplizierung der Rechtslage vermieden würde.

882–885 (Einstweilen frei)

---

1 BFH, Urteil vom 22. 10. 1987, IV R 17/84, BStBl 1988 II S. 62; vgl. ferner BFH, Urteil vom 22. 11. 1955, I 139/54 S, BStBl 1956 III S. 4.
2 RFH, Urteil vom 2. 12. 1931, VI A 243/30, RStBl 1932 S. 494; Greiner, FR 1955 S. 277.
3 VII R 8/01, BStBl 2002 II S. 532, 534 ff.; ebenso Wacker in: Schmidt, EStG, 27. Aufl., § 16, Rz. 229, mit Hinweisen auf abweichende Meinungen im Schrifttum.

I. Veräußerung von Betriebsvermögen gegen wiederkehrende Bezüge

c) Behandlung der Gewinn- oder Umsatzbeteiligung beim Verpflichteten

aa) Passivierung der Gewinn- oder Umsatzbeteiligung und Aktivierung der erworbenen Wirtschaftsgüter

Bei der Veräußerung eines Betriebs, Teilbetriebs oder Mitunternehmeranteils gegen eine Gewinn- oder Umsatzbeteiligung steht für den Erwerber, der den Gewinn nach § 4 Abs. 1 EStG oder § 5 EStG ermittelt, die Frage im Vordergrund, ob und mit welchem Wert die erworbenen Wirtschaftsgüter zu aktivieren sind und die Schuld zu passivieren ist. Dabei spielt es für die steuerliche Beurteilung keine Rolle, ob die zugesagten laufenden Bezüge vom Gewinn oder Umsatz abhängen[1] und ob sie bis zum Lebensende einer bestimmten Person oder eine kürzere Zeit zu leisten sind. Der IV. Senat des BFH hat sich in seinem Urteil vom 2.2.1967[2] auf folgenden Standpunkt gestellt:

886

1. Soweit die laufenden gewinn- oder umsatzabhängigen Bezüge das Entgelt für den Erwerb schwer bewertbarer immaterieller Wirtschaftsgüter (z.B. Geschäftswert, Firmenname, Warenzeichen, Vertreterstamm[3]) darstellen, hat der Erwerber ein Wahlrecht, ob er die Verbindlichkeit sofort mit dem geschätzten Zeitwert passiviert und das immaterielle Wirtschaftsgut entsprechend aktiviert oder ob er erst die laufenden Zahlungen als Anschaffungskosten des immateriellen Wirtschaftsguts behandelt. Der Erwerber ist an die einmal getroffene Wahl gebunden. Bei der allmählichen Aktivierung des Geschäftswerts ist darauf zu achten, dass die Aktivierung nur in der Höhe vorgenommen wird, in der der Betriebsübernehmer den Geschäftswert erworben hat;[4] spätere Steigerungen gehören nicht zum derivativen, sondern zum originären Geschäftswert.

2. Soweit die laufenden gewinn- oder umsatzabhängigen Bezüge die Gegenleistung für andere Wirtschaftsgüter (also für alle Wirtschaftsgüter, die keine schwer bewertbaren immateriellen Wirtschaftsgüter sind) darstellen, muss der Erwerber die Last sofort passivieren und gleichzeitig den entsprechenden Betrag als Anschaffungskosten für diese Wirtschaftsgüter

---

1 BFH, Urteil vom 2.2.1967, IV 246/64, BStBl 1967 III S. 366; ebenso BFH, Urteil vom 18.1.1989, X R 10/86, BStBl 1989 II S. 549.
2 IV 246/64, BStBl 1967 III S. 366. Ebenso Biergans, DStR 1981 S. 455; Schoor, FR 1982 S. 248, 250.
3 Zur Abgrenzung des Geschäftswerts oder geschäftswertähnlicher Wirtschaftsgüter gegenüber anderen immateriellen Wirtschaftsgütern wird auf die Urteile des BFH vom 28.3.1966, IV 320/64, BStBl 1966 III S. 456; vom 1.8.1968, I 206/65, BStBl 1969 II S. 66; vom 5.8.1970, I R 180/66, BStBl 1970 II S. 804 und vom 16.9.1970, I R 196/67, BStBl 1971 II S. 175, hingewiesen.
4 BFH, Urteil vom 23.7.1965, VI 67, 68/64 U, BStBl 1965 III S. 612.

aktivieren;[1] eine allmähliche Aktivierung kommt nicht in Betracht. (Grieger[2] ist der Ansicht, dass auf eine Aktivierung und Passivierung dann verzichtet werden kann, wenn die laufenden Abschreibungen auf das erworbene Wirtschaftsgut sich in etwa mit den jährlichen Zahlungen der laufenden Bezüge decken.)

887 Mit dem Urteil vom 2.2.1967 hat der BFH[3] die frühere Rechtsprechung des RFH[4] und BFH,[5] der sich auch Teile des Schrifttums[6] angeschlossen hatten, aufgegeben. Nach dieser älteren Rechtsprechung konnte der Erwerber die auf ihn übertragenen Wirtschaftsgüter sofort aktivieren, wenn sie einen objektiven Verkehrswert (z.B. Grundstücke, Maschinen) hatten; ein entsprechender Betrag war dann zu passivieren. Der Steuerpflichtige war jedoch nicht zu einer sofortigen Aktivierung und Passivierung gezwungen; er hatte auch das Recht, erst die laufenden Zahlungen als Anschaffungskosten zu aktivieren. Dagegen bestand nach dieser Ansicht für die subjektiv bewertbaren Wirtschaftsgüter (insbesondere für den Geschäftswert) kein Wahlrecht; für diese kam nur eine allmähliche Aktivierung der Gewinn- oder Umsatzbeteiligungslast in Betracht.

888 Die ältere Auffassung der Rechtsprechung, dass der Steuerpflichtige, der für den Erwerb des Betriebs dem Veräußerer als Entgelt eine Gewinn- oder Umsatzbeteiligung zusagt, nicht gezwungen ist, eine alsbaldige Aktivierung der Anschaffungskosten der Wirtschaftsgüter mit einem objektiven Verkehrswert vorzunehmen, ist u.E. mit § 6 Abs. 1 Nr. 7 EStG nicht vereinbar. Nach dieser Bestimmung sind beim entgeltlichen Erwerb eines Betriebs die Wirtschaftsgüter mit dem Teilwert, höchstens jedoch mit den Anschaffungskosten anzusetzen; es ist allgemein anerkannt, dass die Aktivierung im Zeitpunkt der Anschaffung und nicht im Augenblick der Zahlung der Aufwendungen für die Anschaffung zu erfolgen hat. Nur bei der unentgeltlichen Übertragung des ganzen Betriebs hat der Erwerber nach § 6 Abs. 3 EStG die Buchwerte seines Vorgängers fortzuführen. Da der Erwerb eines Betriebs gegen eine Gewinn- oder Umsatzbeteiligung ebenso wie der Erwerb gegen eine betriebliche Veräußerungsrente oder gegen Kaufpreisraten ein entgeltlicher ist, muss u.E. eine sofortige Aktivierung gemäß § 6 Abs. 1 Nr. 7 EStG vorgenommen werden. Ins Gewicht fallende Gründe, die eine andere Auslegung rechtfertigen, liegen nicht vor. Sie können nicht

---

1 BFH, Urteil vom 14.6.1994, VIII R 37/93, BStBl 1995 II S. 246, 247.
2 BB 1967 S. 618.
3 IV 246/64, BStBl 1967 II S. 366.
4 Urteile vom 2.12.1931, VI A 1516/29, RStBl 1932 S. 573 und vom 1.2.1933, RStBl 1933 S. 479.
5 Urteil vom 17.12.1964, IV 378/61 U, RStBl 1965 III S. 170 (172).
6 Vgl. z.B. Greiner, FR 1955 S. 278; Krah, BB 1961 S. 1372.

I. Veräußerung von Betriebsvermögen gegen wiederkehrende Bezüge

in der Schwierigkeit, die Anschaffungskosten im Zeitpunkt des Erwerbs festzustellen, erblickt werden, zumal auch bei einer erst allmählichen Aktivierung dieser Frage – wenn auch nicht im Jahr des Erwerbs, sondern in späteren Jahren – zu entscheiden ist. Die Ungewissheit, ob und in welcher Höhe Gewinne oder Umsätze anfallen und infolgedessen tatsächliche Zahlungen vom Erwerber zu leisten sind, kann der sofortigen Aktivierung ebenfalls nicht entgegenstehen. Man darf hierbei den Entgeltcharakter, der in der Einräumung der Gewinn- oder Umsatzbeteiligungslast liegt, nicht außer Betracht lassen. Der Veräußerer würde in die Vereinbarung des Kaufpreises in dieser Form nicht einwilligen, wenn er nicht aufgrund seiner Erfahrungen, die er vor der Veräußerung gemacht hat, gewiss wäre, in Zukunft durch die Beteiligung am Gewinn oder Umsatz ein echtes Äquivalent für die Übertragung des Betriebs zu erhalten. Schließlich ist auch ein Unsicherheitsfaktor bei anderen für einen längeren Zeitraum gestundeten Schulden – insbesondere bei Leibrenten – gegeben, ohne dass in diesen Fällen die Unterlassung der sofortigen Aktivierung erlaubt wäre. Gegen eine erst allmähliche Aktivierung sprechen ferner die Schwierigkeiten, die sich infolge der Nachaktivierung für die einzelnen Wirtschaftsgüter hinsichtlich der Absetzung für Abnutzung und insbesondere dann ergeben, wenn diese Gegenstände im Augenblick der Nachaktivierung schon veräußert sind. Außerdem können sich bei der Veräußerung von Wirtschaftsgütern durch die fehlende Aktivierung der Anschaffungskosten im Jahr des Verkaufs unangemessen hohe Gewinne ergeben, die vielleicht erst im Laufe vieler Jahre ausgeglichen werden können.

U. E. ist aus den vorgenannten Gründen der Steuerpflichtige, der einen Betrieb gegen gewinn- oder umsatzabhängige Bezüge erworben hat, auch gezwungen, die Anschaffungskosten für den Geschäftswert und die anderen schwer bewertbaren immateriellen Wirtschaftsgüter sofort zu aktivieren.[1] In gleicher Höhe ist die Verpflichtung, gewinn- oder umsatzabhängige Leistungen erbringen zu müssen, zu passivieren. Die Schwierigkeiten, diese Wirtschaftsgüter im Zeitpunkt des Erwerbs zutreffend zu bewerten, dürfen keinen Hinderungsgrund darstellen, da – wie gesagt – diese Bewertung später ohnehin nachgeholt werden muss. 889

Die Aktivierung der gegen gewinn- oder umsatzabhängige Bezüge erworbenen Wirtschaftsgüter und die Passivierung der Gewinn- oder Umsatzbeteiligungslast wirft die Frage auf, wie die Höhe dieser Bilanzposten zutreffend ermittelt werden kann. Da eine annähernd genaue Bewertung der Gewinn- oder Um- 890

---

1 Ebenso Glade, Wprg 1960 S. 155.

satzbeteiligungslast nur sehr schwer möglich ist, können die Anschaffungskosten i.d.R. mit den Teilwerten der erworbenen Wirtschaftsgüter geschätzt und in der Bilanz eingesetzt werden.¹ Eine solche Schätzung ist gerechtfertigt, weil Leistung und Gegenleistung nach kaufmännischen Gesichtspunkten abgewogen sind und deshalb von ihrer Gleichwertigkeit ausgegangen werden kann. Mit demselben Betrag ist die Gewinn- oder Umsatzbeteiligungslast zu passivieren.²

891 Sollten die Gewinne oder Umsätze des Erwerbers so gering sein, dass die Leistungen an den Veräußerer insgesamt nicht den passivierten Betrag erreichen, ist beim Wegfall der Gewinn- oder Umsatzbeteiligungslast der Restposten gewinnerhöhend aufzulösen. Auf diese Weise können etwaige zu hohe Aktivierungen, die ungerechtfertigte Gewinnminderungen zur Folge hatten, wieder ausgeglichen werden.

bb) Behandlung der jährlichen Gewinn- oder Umsatzbeteiligungszahlungen

892 Nicht eindeutig geklärt ist die Behandlung der jährlichen Gewinn- oder Umsatzbeteiligungszahlungen, soweit eine Aktivierung und Passivierung stattgefunden hat. In diesem Fall wird in der Praxis meist die unter Rn. 692 erwähnte buchhalterische Methode angewendet. Nach dieser sind die nach dem Erwerb des Betriebs für ein Jahr zu zahlenden Gewinn- oder Umsatzanteile jährlich in voller Höhe dem Konto Gewinn- oder Umsatzbeteiligungsschuld zu belasten; sie führen also zunächst nicht zu einer Gewinnminderung. Ein als Betriebsausgabe zu behandelnder Zinsanteil wird nicht ermittelt. Ist die in der Eröffnungsbilanz passivierte Schuld durch die laufenden Gewinn- oder Umsatzbeteiligungszahlungen aufgezehrt, muss in Höhe der jährlichen Leistungen erfolgsneutral ein Geschäftswert aktiviert werden, falls ein solcher vorhanden und darauf beim Erwerb des Betriebs keine Aktivierung vorgenommen worden ist. Dabei kommt eine Aktivierung des Geschäftswerts nur in der Höhe in Frage, den er im Zeitpunkt des Erwerbs des Betriebs hatte. Sobald aus den laufenden Zahlungen der Geschäftswert mit einem angemessenen Betrag aktiviert ist, stellen die Gewinn- oder Umsatzbeteiligungszahlungen in vollem Umfang Aufwand des Jahres dar, für das sie geleistet werden. Liegt ein derivativer Geschäftswert nicht vor oder war er bereits beim Erwerb aktiviert wor-

---

1 Nach einem Urteil des BFH vom 18.7.1972, VIII R 16/68, RStBl 1972 II S. 884, können, wenn die Aufgabe von Unterhaltsansprüchen das Entgelt für den Erwerb von Wirtschaftsgütern ist, die Anschaffungskosten mit dem gemeinen Wert der empfangenen Wirtschaftsgüter angesetzt werden, weil die Bewertung der künftigen Unterhaltsansprüche auf „nahezu unüberwindliche Schwierigkeiten" stoße.
2 Vgl. dazu Grieger, BB 1967 S. 618.

den, mindern die Leistungen schon von dem Zeitpunkt an den Gewinn, in dem sie die Höhe der beim Erwerb passivierten Gewinn- oder Umsatzbeteiligungslast erreicht haben.

Krah[1] schlägt vor, anstelle der buchhalterischen Methode die jährlichen Gewinn- oder Umsatzbeteiligungszahlungen in einen Tilgungs- und Zinsanteil aufzuspalten. Danach soll für die jährlich ausgeschüttete Gewinn- oder Umsatzbeteiligung der Barwert errechnet werden, den diese Ausschüttung im Veräußerungszeitpunkt hatte. Soweit die jährliche Ausschüttung diesen Barwert übersteigt, liegen den Gewinn mindernde Zinsen und im Übrigen eine erfolgsneutral zu behandelnde Tilgung vor. 893

Nach anderer Auffassung[2] ist – ausgehend von dem ursprünglich passivierten Betrag – die jährliche Auflösung des Schuldpostens zu ermitteln und als Tilgung zu behandeln; der sich im Vergleich mit der Jahresleistung ergebende Differenzbetrag beeinflusst den Gewinn. Gegen diese Methode bestehen u. E. Bedenken. Es ist nicht gerechtfertigt, den Differenzbetrag wirtschaftlich als Zins zu werten; dies gilt erst recht, wenn die jährliche Gewinn- oder Umsatzbeteiligung geringer ist als die jeweilige Minderung der Verbindlichkeit. 894

U. E. verdient die buchhalterische Methode den Vorzug (siehe Rn. 892). Danach sind die jährlichen Gewinn- oder Umsatzbeteiligungszahlungen an den Veräußerer in voller Höhe mit der in der Eröffnungsbilanz passivierten Last zu verrechnen und nach deren Tilgung uneingeschränkt gewinnmindernd zu behandeln. Dies entspricht auch der Regelung im Falle der allmählichen Aktivierung immaterieller Wirtschaftsgüter. 895

Ist nach der in der Rechtsprechung vertretenen Ansicht eine sofortige Aktivierung und Passivierung nicht vorgenommen worden, sind die jährlich anfallenden Gewinn- und Umsatzanteile des Veräußerers so lange ohne Auswirkung auf den Gewinn zu aktivieren, bis angemessene Werte für die einzelnen Betriebsvermögensgegenstände und den Geschäftswert entstanden sind; nach diesem Zeitpunkt liegen in Höhe der jährlich zu leistenden Zahlungen Betriebsausgaben vor. 896

(Einstweilen frei) 897–900

---

1 BB 1961 S. 1372.
2 Bp-Kartei Nordrhein-Westfalen, Teil I Konto-Renten A II 5a.

II. Barwert der betrieblichen wiederkehrenden Bezüge geringer oder höher als der Wert des übertragenen Betriebs

1. Barwert der betrieblichen wiederkehrenden Bezüge geringer als der Wert des übertragenen Betriebs

a) Grundsatz

901 Vermögensgegenstände können – nach dem Willen der Vertragspartner – auch durch ein teilentgeltliches Geschäft veräußert werden, z. B. in der Weise, dass bei der Übertragung eines Betriebs als Gegenleistung lediglich private Schulden, die den Wert des Betriebs bei weitem nicht erreichen, übernommen werden. Einkommensteuerlich wird die teilentgeltliche Veräußerung eines Betriebs, Teilbetriebs oder Mitunternehmeranteils als ein einheitlicher Vorgang behandelt, und zwar sowohl beim Erwerber als auch beim Veräußerer.[1] Anders ist es bei teilentgeltlicher Übertragung von Privatvermögen; in diesem Fall wird das Geschäft für die einkommensteuerliche Beurteilung in einen vollentgeltlichen Teil und in einen unentgeltlichen Teil aufgespalten.[2]

902 Die einheitliche Betrachtung bei teilentgeltlicher Veräußerung von Betrieben führt dazu, dass ein Veräußerungsgewinn i. S. d. § 16 Abs. 1 EStG nur vorliegt, wenn das Teilentgelt den Buchwert des Betriebsvermögens übersteigt; beim Veräußerer entsteht kein Verlust.[3] Der Erwerber hat die Buchwerte nach § 6 Abs. 3 EStG fortzuführen;[4] ist jedoch das Teilentgelt höher, hat er dieses als Anschaffungskosten anzusetzen.

b) Wiederkehrende Bezüge als teilentgeltlicher Veräußerungspreis

903 Ist bei Übertragung eines Betriebs, Teilbetriebs oder Mitunternehmeranteils gegen wiederkehrende Bezüge der Barwert der wiederkehrenden Bezüge kein Vollentgelt, sondern ein Teilentgelt, richtet sich die Besteuerung nach den Grundsätzen, die für die Veräußerung von Betrieben, Teilbetrieben und Mitunternehmeranteilen gegen ein Teilentgelt in fest bestimmter Höhe maß-

---

[1] Z. B. BFH vom 16.12.1992, XI R 34/92, BStBl 1993 II S.436; vom 7.2.1995, VIII R 36/93, BStBl 1995 II S.770, 772; Groh, DB 1990 S.2187, 2190.

[2] Z. B. BFH vom 17.7.1980, IV R 15/76, BStBl 1981 II S.11; vom 12.7.1988, IX R 149/83, BStBl 1988 II S.942. So auch BMF vom 13.1.1993, BStBl 1993 I S.80, Tz.14 und 15, ergänzt durch BMF vom 26.2.2007, BStBl 2007 I S.269.

[3] BFH vom 7.2.1995, VIII R 36/93, BStBl 1995 II S.770, 772.

[4] BFH vom 7.2.1995, VIII R 36/93, BStBl 1995 II S.770, 772.

gebend sind (siehe Rn. 901) und nicht nach den Grundsätzen der Rechtsprechung zur Veräußerung von Privatvermögen gegen wiederkehrende Bezüge (zur Annahme von Versorgungsleistungen siehe Rn. 904). Dies bedeutet: Die Besteuerung des Veräußerers entspricht den Regeln, die in den Rn. 631 ff., 836 ff. und 878 ff. dargestellt sind. Insbesondere hat er das Wahlrecht zwischen Sofortversteuerung und nachträglicher Versteuerung (Zuflussversteuerung). Überschreitet der Barwert der wiederkehrenden Bezüge die Summe der Buchwerte nicht, kommt eine Sofortversteuerung nicht in Frage, da ein Veräußerungsgewinn nicht vorliegt; ein Verlustabzug kommt nicht in Frage (Rn. 901). Der Erwerber hat den Barwert der wiederkehrenden Bezüge zu aktivieren; ist jedoch der Barwert niedriger als die Summe der Werte gemäß § 6 Abs. 3 EStG, sind die letztgenannten Werte anzusetzen. Den Barwert der wiederkehrenden Bezüge hat der Erwerber als betriebliche Verbindlichkeit zu passivieren; siehe Rn. 678 ff. und 886 ff.

c) Vereinbarung des „Teilentgelts" aus Versorgungsgründen

Wird für die Übertragung des Betriebs, Teilbetriebs oder Mitunternehmeranteils nur ein Teilentgelt in Form wiederkehrender lebenslänglicher Bezüge vereinbart, ist zu prüfen, ob der Vorgang einkommensteuerlich nicht als (teilentgeltliches) Veräußerungsgeschäft, sondern als eine Versorgungsvereinbarung aufgrund eines Vermögensübergabevertrags zu werten ist. Im letztgenannten Fall richtet sich die Besteuerung nach den Regeln, die für wiederkehrende Versorgungsleistungen gelten. 904

d) Vereinbarung des „Teilentgelts" aus Unterhaltsgründen

Es ist auch möglich, dass das aufgrund einer Übertragung von Betrieben, Teilbetrieben oder Mitunternehmeranteilen vereinbarte „Teilentgelt" nicht aus Versorgungsgründen, sondern aus Unterhaltsgründen geleistet wird. 905

2. Barwert der betrieblichen wiederkehrenden Bezüge höher als der Wert des übertragenen Betriebs

Ist der Barwert der wiederkehrenden Bezüge höher als der Wert des übertragenen Betriebsvermögens, liegen betriebliche wiederkehrende Veräußerungsbezüge vor, wenn die Vertragspartner irrtümlich von der Gleichwertigkeit beider Leistungen ausgehen; siehe hierzu Rn. 619. In diesem Fall sind beim Veräußerer und Erwerber die Regeln, die für die Besteuerung von wiederkehrenden Bezügen bei Vorliegen eines Veräußerungsgeschäfts gelten, uneingeschränkt anzuwenden; siehe Rn. 903. 906

907 Ist den Parteien bekannt, dass die gegenseitigen Leistungen nicht gleichwertig sind, kann u. E. ein Vermögensübergabevertrag mit Versorgungsleistungen vorliegen. Sind die Voraussetzungen eines Vermögensübergabevertrags nicht gegeben, sind die Leistungen beim Berechtigten und Verpflichteten nach den Grundsätzen für die Übertragung von Betriebsvermögen im Veräußerungsfall anzuwenden; siehe Rn. 903. Dabei bleiben u. E. jedoch die wiederkehrenden Leistungen, soweit sie unangemessen hoch sind, nach einem Urteil des X. Senats des BFH[1] entsprechend den Grundsätzen über Verträge zwischen nahen Angehörigen beim Empfänger und Leistenden außer Ansatz. U. E. sind hier die Grundsätze des § 12 Nr. 2 EStG zu beachten. Ist der Barwert der wiederkehrenden Leistungen höher als der Wert des übertragenen Vermögens, ist Entgeltlichkeit in Höhe des angemessenen Kaufpreises anzunehmen. Der übersteigende Betrag ist eine Zuwendung i. S. d. § 12 Nr. 2 EStG. Ist der Barwert der wiederkehrenden Leistungen mehr als doppelt so hoch wie der Wert des übertragenen Vermögens, liegt insgesamt eine Zuwendung i. S. d. § 12 Nr. 2 EStG vor.[2]

908–920 (Einstweilen frei)

III. Betriebliche Versorgungsrenten

1. Begriff der betrieblichen Versorgungsrente

a) Grundsatz

921 Es kommt nicht selten vor, dass ein Steuerpflichtiger seinen Betrieb, Teilbetrieb oder Anteil an einer Personengesellschaft, aus dem er Gewinneinkünfte i. S. d. § 2 Abs. 1 Nr. 1, 2 oder 3 EStG bezogen hat, gegen Vereinbarung einer Rente überträgt, um dadurch in erster Linie die Sicherstellung seines künftigen Lebensunterhalts zu erreichen oder wenigstens jedoch zu erleichtern. Eine derartige Rente ist von den Vertragspartnern nicht als gleichwertiges Entgelt für das übertragene Betriebsvermögen gedacht. Deshalb handelt es sich dabei nicht um eine betriebliche Veräußerungsrente. In solchen Fällen liegt eine Versorgungsrente vor, die entweder betrieblichen oder außerbetrieblichen Charakter hat.

922 Die betriebliche Versorgungsrente ist eine Rente, die – i. d. R. im Zusammenhang mit der Übertragung eines Betriebs, Teilbetriebs oder Anteils an einer

---

1 Vgl. Urteil vom 31. 8. 1994, X R 44/93, BStBl 1994 II S. 676, zur Übertragung von Privatvermögen.
2 BMF-Schreiben vom. 11. 3. 2010, BStBl 2010 I S. 227, Tz. 66.

Mitunternehmerschaft – vom Verpflichteten aus betrieblichem Anlass zur Versorgung des Berechtigten geleistet wird.[1] Sie kann bis zum Lebensende einer Person oder zeitlich begrenzt[2] vereinbart werden. Wird die betriebliche Versorgungsrente einem ausscheidenden Gesellschafter gewährt, kann sie auch schon vor dem Ausscheiden zugesagt werden.[3]

b) Versorgungszweck

Der betrieblichen Versorgungsrente und betrieblichen Veräußerungsrente ist grundsätzlich gemeinsam, dass sich der Rentenberechtigte im Rahmen der Rentenvereinbarung dazu verpflichtet, einen Betrieb, Teilbetrieb oder Anteil an einer Mitunternehmerschaft an den Rentenverpflichteten zu übertragen.[4] Eine betriebliche Versorgungsrente kann allerdings auch vorliegen, ohne dass eine solche Leistung erfolgt.[5] Dies ist z. B. möglich, wenn der verstorbene Gesellschafter den Geschäftsanteil seinen Kindern vermacht hat und die Rente an seine Ehefrau zu zahlen ist[6] oder wenn der übertragene Betrieb oder Mitunternehmeranteil ohne jeden Wert ist,[7] wenn also das Kapitalkonto eines ausscheidenden Gesellschafters 0 € beträgt und stille Reserven sowie ein Geschäftswert nicht vorhanden sind. Demnach können z. B. laufende Versorgungsleistungen, die die Witwe eines selbständigen Versicherungsvertreters von dem vertretenen Versicherungsunternehmen im Hinblick auf die frühere Tätigkeit ihres verstorbenen Ehemanns auf Lebenszeit erhält, betriebliche Versorgungsrenten sein;[8] hierzu auch Rn. 1056 ff.

923

Die betriebliche Veräußerungsrente und die betriebliche Versorgungsrente unterscheiden sich durch den Zweck, der mit ihrer Vereinbarung vom Berechtigten und Verpflichteten verfolgt wird. Während bei der betrieblichen Veräußerungsrente die Rente nach dem Parteiwillen ein echtes Entgelt für die Hingabe des Betriebsvermögens darstellt, wollen die Beteiligten bei der betrieblichen Versorgungsrente in erster Linie eine Versorgung des Rentenberechtigten,

924

---

1 Herrmann/Heuer/Raupach, § 5 Anm. 1334 ff.
2 Vgl. RFH, Urteil vom 7. 5. 1941, VI 91/40, RStBl 1941 S. 553.
3 BFH, Urteil vom 8. 10. 1957, I 347/56 U, BStBl 1957 III S. 440.
4 BFH, Urteil vom 4. 12. 1956, DB 1957 S. 83.
5 BFH, Urteil vom 14. 12. 1965, IV 96/65 U, BStBl 1966 III S. 192.
6 BFH, Urteil vom 14. 12. 1965, IV 96/65 U, BStBl 1966 III S. 192.
7 BFH, Urteil vom 18. 1. 1979, IV 76/76, BStBl 1979 II S. 403.
8 BFH, Urteil vom 25. 3. 1976, IV R 174/92, BStBl 1976 II S. 487.

ohne dass sie auf das Abwägen der Höhe der Rente nach kaufmännischen Gesichtspunkten entscheidenden Wert legen;[1] die betriebliche Versorgungsrente wird nicht als Entgelt für die hingegebenen Wirtschaftsgüter gewährt.[2] Maßgebend ist der von den Parteien verfolgte Hauptzweck;[3] dies ist insbesondere dann entscheidend, wenn die Rente zu Versorgungszwecken geleistet wird, aber bei den Vereinbarungen auch der Gedanke der Gegenleistung für das übertragene Betriebsvermögen eine gewisse Rolle spielt. Da wie bei der betrieblichen Veräußerungsrente die subjektive Einstellung der Parteien von ausschlaggebender Bedeutung[4] ist (vgl. Rn. 619), kann eine betriebliche Versorgungsrente auch vorliegen, wenn sich der Rentenbarwert und das übertragene Betriebsvermögen gleichwertig gegenüberstehen, primär aber die Versorgung des Rentenberechtigten gewollt ist.[5] Dem Versorgungscharakter einer Rente steht nicht entgegen, dass der Berechtigte noch andere zur Bestreitung seines Lebensunterhalts geeignete Einkünfte bezieht.[6]

925 Die Feststellung, dass die Vertragsparteien mit der Rente hauptsächlich eine Versorgung anstreben und dass kaufmännische Überlegungen, Leistung und Gegenleistung aufeinander abzustimmen, im Vergleich hierzu von untergeordneter Bedeutung sind, liegt auf tatsächlichem Gebiet.[7] Da die Vertragsschließenden bei Übertragung eines Betriebs gegen eine Rente meistens für ihre Leistung (Übertragung des Betriebsvermögens) eine gleichwertige Gegenleistung erhalten wollen, wird i. d. R. eine Veräußerungsrente und keine Versorgungsrente gegeben sein. Nur selten wird eine Rente, die im Zusammenhang mit der Hingabe eines Betriebs eingeräumt wird, nicht als Entgelt für diese Leistung, sondern zum Zwecke der Versorgung des Berechtigten vereinbart werden.[8] Je höher der Verkehrswert des übertragenen Betriebs ist, desto

---

1 RFH, Urteile vom 26. 7. 1939, VI 456/39, RStBl 1939 S. 1120 und vom 7. 5. 1941, VI 91/40, RStBl 1941 S. 553; BFH, Urteile vom 30. 7. 1959, IV 965/58 U, BStBl 1959 S. 406; vom 7. 12. 1966, VI 266/65, BStBl 1967 III S. 306.
2 BFH, Urteile vom 3. 7. 1964, VI 346/62 U, BStBl 1964 III S. 548; vom 3. 12. 1964, IV 47/62 U, BStBl 1965 III S. 91; vom 18. 6. 1980, I R 72/76, BStBl 1980 II S. 741 und vom 7. 4. 1994, IV R 56/92, BStBl 1994 II S. 740.
3 BFH, Urteile vom 17. 12. 1964, IV 378/61 U, BStBl 1965 III S. 170 (171) und vom 12. 11. 1985, VIII R 286/81, BStBl 1986 II S. 55; so auch Hartz, DB 1956 S. 390 f., zur Abgrenzung der betrieblichen Versorgungsrente von der außerbetrieblichen Versorgungsrente; Schober, Diss. Münster, 1964; vgl. hierzu auch Herrmann/Heuer/Raupach, § 5, Anm. 1334.
4 Felix, DStR 1964 S. 19; Thann, FR 1960 S. 589.
5 BFH, Urteil vom 30. 7. 1959, IV 265/58 U, BStBl 1959 S. 406.
6 Vgl. Hoffmann, FR 1964 S. 337.
7 BFH, Urteile vom 26. 1. 1978, IV R 62/77, BStBl 1978 II S. 301 und vom 12. 11. 1985, VIII R 286/91, BStBl 1986 II S. 55.
8 RFH, Urteil vom 7. 5. 1941, VI 91/40, RStBl 1941 S. 553; vgl. auch Grieger, BB 1967 S. 572.

III. Betriebliche Versorgungsrenten

wahrscheinlicher dürfte es sein, dass die Parteien kaufmännische Überlegungen in den Vordergrund gestellt und eine Veräußerungsrente gewollt haben. Umgekehrt wird man eine Versorgungsrente desto eher annehmen können, je geringer der Verkehrswert des Betriebs ist.[1]

Zur Klärung der Frage, ob eine betriebliche Versorgungsrente vorliegt, sind die vertraglichen Abmachungen und die sonstigen Umstände des einzelnen Falles entscheidend. Dabei kommt vor allen Dingen der von den beiden Parteien detailliert vorzutragenden Tatsache wesentliche Bedeutung zu, ob sie bei der Bestimmung der Höhe der Rente den Wert des übertragenen Betriebs oder das, was der angemessenen Versorgung des Berechtigten entspricht, zugrunde gelegt haben. Sind sich die Beteiligten beim Vertragsabschluss bewusst, dass der Rentenbarwert erheblich von dem Wert des übertragenen Betriebs abweicht, spricht dies für das Vorliegen einer Versorgungsrente.[2] Jedoch hat der BFH mit Urteil vom 2.5.2001[3] entschieden, dass eine betriebliche Veräußerungsrente anzunehmen ist, „wenn Anhaltspunkte dafür fehlen, dass die Höhe der Rentenverpflichtung nach dem Versorgungsbedürfnis des Veräußerers und der wirtschaftlichen Leistungsfähigkeit des Erwerbers bemessen wurde". 926

Den Versorgungscharakter einer Rente hat die Rechtsprechung insbesondere beim Ausscheiden eines Gesellschafters aus einer Mitunternehmerschaft bejaht, wenn die an ihn oder seine Witwe[4] gezahlte Rente aus moralischen Motiven vorwiegend als „ein nachträgliches Zusatzentgelt für die frühere Arbeitstätigkeit" des Ausgeschiedenen, also als „eine Art Ruhegehalt", gedacht ist[5] oder wenn sie vornehmlich aus Fürsorgegründen geleistet wird.[6] Demnach wird eine betriebliche Versorgungsrente hauptsächlich dann vorkommen, wenn der Wert des Betriebs weitgehend auf der persönlichen Arbeitsleistung des bisherigen Inhabers beruht;[7] Entsprechendes gilt beim Ausscheiden eines 927

---

1 Vgl. hierzu BFH, Urteil vom 16.11.1972, IV R 38/68, BStBl 1973 II S. 184.
2 Vgl. BFH, Urteil vom 5.3.1964, IV 417/62, HFR 1964 S. 416.
3 VIII R 64/93, BFH/NV 2002, 10.
4 Zu freiwilligen Versorgungsleistungen an Abkömmlinge früherer Gesellschafter vgl. BFH, Urteil vom 23.11.1967, IV 126/65, BStBl 1968 II S. 266.
5 So RFH, Urteile vom 12.10.1938, RStBl 1939 S. 122 und vom 7.5.1941, RStBl 1941 S. 553; vgl. ferner BFH, vom 3.7.1964, IV 346/62 U, BStBl 1964 III S. 548; vom 16.11.1972, IV R 38/68, BStBl 1973 II S. 184; vom 27.4.1977, I R 12/74, BStBl 1977 II S. 603; vom 7.12.1977, I R 75/77, BStBl 1978 II S. 269; vom 26.1.1978, IV R 62/77, BStBl 1978 II S. 301; vom 25.10.1984, IV R 165/82, BStBl 1985 II S. 212; vom 27.6.1989, VIII R 337/83, BStBl 1989 II S. 888; Wollny, BB 1980 S. 309.
6 BFH, Urteile vom 8.10.1957, I R 347/56 U, BStBl 1957 III S. 440 und vom 14.12.1965, IV 96/65 U, BStBl 1966 III S. 192.
7 Herrmann/Heuer/Raupach, § 5 Anm. 1334.

Gesellschafters aus einer Gesellschaft, wobei die Höhe des Kapitalkontos des Ausscheidenden[1] oder der Wert seines Anteils keine Rolle spielt. Zu prüfen bleibt jedoch stets, ob nicht bei der Vereinbarung der nach dem Ausscheiden oder Tod des Gesellschafters zu zahlenden Rente Leistung und Gegenleistung nach kaufmännischen Grundsätzen abgewogen worden sind; ist dies zu bejahen, liegt eine betriebliche Veräußerungsrente vor,[2] und zwar auch dann, wenn der Ausscheidende Leistungen für die Gesellschaft erbracht hat, die eine Versorgungsrente rechtfertigen könnten.

928 Machen Steuerpflichtige dem Finanzamt gegenüber geltend, dass die vereinbarte Rente eine betriebliche Versorgungsrente sei, weil der Berechtigte durch seine Arbeitsleistung sich besondere Verdienste für den Betrieb erworben habe, genügt die Behauptung dieser Tatsache nicht; sie müssen vielmehr konkret darlegen, worin die Leistungen bestanden haben und dass sie so bedeutsam waren, dass deshalb eine Versorgung des früheren Betriebsinhabers oder Gesellschafters angebracht war.[3]

929 Vielfach kann das Vorliegen einer betrieblichen Versorgungsrente in der Praxis daran geprüft werden, ob ein früherer Angestellter unter denselben Umständen auch eine Versorgung der gleichen Art erhalten hätte. Wird diese Frage bejaht, kann darin ein Anhaltspunkt für die Anerkennung einer betrieblichen Versorgungsrente liegen.[4] Allerdings setzt die Anerkennung einer betrieblichen Versorgungsrente nicht voraus, dass tatsächlich solche Versorgungsleistungen an die Arbeitnehmer des Betriebs erbracht worden sind.[5]

930 Bei der Übertragung eines Einzelunternehmens an einen anderen kann nach der BFH-Rechtsprechung[6] nur ausnahmsweise eine betriebliche Versorgungsrente gegeben sein (siehe auch Rn. 937).

931 Wird bei Übertragung eines Betriebs an einen nahen Angehörigen, dem gegenüber keine gesetzliche Unterhaltspflicht besteht, eine Rente zu Versorgungszwecken vereinbart, liegt u. E. eine außerbetriebliche Versorgungsrente vor. Der IV. Senat des BFH hat jedoch in seinem Urteil vom 30.7.1959[7] ent-

---

1 Siehe hierzu Richter, StBp 1978 S. 62.
2 BFH, Urteil vom 2.9.1965, IV 41, 65, HFR 1966 S. 71.
3 Zur Darlegungspflicht siehe BFH, IV R 154/79, Urteil vom 22.9.1982, BStBl 1983 II S. 99, 101.
4 RFH, Urteil vom 12.10.1938, RStBl 1939 S. 122 (123); vgl. hierzu auch BFH, Urteil vom 23.11.1967, IV R 126/65, BStBl 1968 II S. 266.
5 BFH, Urteil vom 25.10.1984, IV R 165/82, BStBl 1985 II S. 212.
6 BFH, Urteil vom 23.1.1964, IV 8/62 U, BStBl 1964 III S. 422; vom 7.12.1966, VI 266/65, BStBl 1967 III S. 306 und vom 12.11.1985, VIII R 286/81, BStBl 1986 II S. 55; Raab, FR 1960 S. 68.
7 IV 265/58 U, BStBl 1959 III S. 406.

schieden, dass eine Steuerpflichtige im Alter von etwa 75 Jahren eine betriebliche Versorgungsrente beziehe, wenn sie ihrem Neffen den Betrieb gegen eine Rente, die in der Höhe den Lebensbedürfnissen der Rentenberechtigten entspreche, überlasse und wenn in der Rente eine nachträgliche Belohnung für geleistete Dienste erblickt werden könne. Der IV. Senat hat mit Urteil vom 25. 8. 1966[1] seine Auffassung geändert: Geht ein Betrieb auf einen dem Übergeber nicht gesetzlich unterhaltsverpflichteten Familienangehörigen über, ist die zu zahlende Rente eine außerbetriebliche Versorgungsrente.

Beim Vereinbaren einer betrieblichen Versorgungsrente wird häufig das auf dem Kapitalkonto ausgewiesene Guthaben durch eine einmalige Bezahlung abgelöst. Ob daraus auf den Veräußerungscharakter der Rente geschlossen werden kann, hängt vom Einzelfall ab. Eine derartige Barabfindung kann darauf hindeuten, dass die Parteien eine Veräußerung gewollt haben.[2] Zu der Frage, welche Rentenart vorliegt, wenn neben einer Rente, die zu Versorgungszwecken vereinbart worden ist, eine Abfindung gezahlt worden ist, vgl. Rn. 1006 ff. 932

c) Versorgung aus betrieblichem Anlass

Damit die bei der Übertragung eines Betriebs, Teilbetriebs oder Mitunternehmeranteils verabredete Versorgungsrente eine betriebliche ist, muss sie betrieblich veranlasst sein.[3] Es ist auch möglich, dass den Erwerber des Betriebs hauptsächlich außerbetriebliche Interessen bewogen haben, eine Versorgungsrente zu gewähren. Demnach unterscheiden Rechtsprechung, Verwaltungspraxis und Schrifttum betriebliche und außerbetriebliche (private) Versorgungsrenten. Soweit aus Anlass der Vereinbarung einer betrieblichen oder außerbetrieblichen Versorgungsrente die Übereignung eines Betriebs, Teilbetriebs oder Anteils an einer Personengesellschaft stattgefunden hat, ist der rein äußere Umstand der Übereignung bei beiden Rentenarten derselbe. Vom Standpunkt des Rentenverpflichteten aus ist zu beurteilen, ob für die Versorgung des Rentenberechtigten betriebliche oder außerbetriebliche Erwägungen maßgebend waren.[4] Ein betriebliches Interesse und damit eine betriebliche Versorgungsrente sind z. B. anzunehmen, wenn der Vorgänger den Betrieb bis 933

---

1 IV 299/62, BStBl 1966 III S. 675.
2 Vgl. BFH, Urteil vom 17. 12. 1964, IV 378/71 U, BStBl 1965 III S. 170 (171).
3 RFH, Urteil vom 26. 7. 1939, VI 456/39, RStBl 1939 S. 1120; BFH, Urteile vom 30. 10. 1962, I 124/60 U, BStBl 1963 III S. 40; vom 7. 12. 1966, VI 266/65, BStBl 1967 III S. 306 und vom 27. 4. 1977, I R 12/74, BStBl 1977 S. 603.
4 BFH, Urteile vom 10. 10. 1963, VI 115/61 U, BStBl 1963 III S. 592 und vom 28. 7. 1983, IV R 174/80, BStBl 1984 II S. 97, 100.

zum Erreichen des pensionsreifen Alters geführt hat und das geschäftliche Ansehen des Erwerbers die Sicherstellung des Lebensunterhalts des Rentenberechtigten erfordert.[1] Dies wird beim Ausscheiden eines Gesellschafters durch den Tod oder andere Gründe häufiger als bei der Übertragung eines Einzelunternehmens der Fall sein. Die betriebliche Veranlassung kann z. B. auch anzunehmen sein, wenn der als Sozius in eine Anwaltssozietät aufgenommene Schwiegersohn sich zu Versorgungsleistungen an die Witwe des Altsozius verpflichtet und der Schwiegersohn auch bei Eintritt in eine vergleichbare Praxis eines Fremden eine gleichartige Verpflichtung eingegangen wäre.[2] Ist die Rente nach einem Prozentsatz des tariflichen Gehalts eines bestimmten Angestellten bemessen worden, spricht dies im Rahmen der Gesamtwürdigung für eine betriebliche Versorgungsrente.[3]

934 Bei freiwilligen Versorgungsleistungen an Abkömmlinge früherer Gesellschafter ist eine betriebliche Veranlassung nur anzunehmen, wenn Abkömmlinge früherer Arbeitnehmer unter den gleichen Voraussetzungen ebenfalls eine Versorgung oder Unterstützung erhalten hätten;[4] zu Versorgungsrenten, die Eltern an Kinder zahlen, siehe Rn. 946 ff.

935 Die Zusage einer betrieblichen Versorgungsrente in einem Gesellschaftsvertrag kann auf die betriebliche Veranlassung hindeuten;[5] dies gilt nicht bei Rentenvereinbarungen zwischen Eltern und Kindern (siehe Rn. 948). Wird der Witwe des Gesellschafters einer Familienpersonengesellschaft erst einige Zeit nach dessen Tod von der Gesellschaft eine Rentenzusage erteilt, ohne dass aufgrund des Gesellschaftsvertrags hierzu eine Verpflichtung bestand, liegt keine betriebliche Versorgungsrente vor.[6]

936 Eine in einem Testament angeordnete Versorgungsrente ist grundsätzlich privat veranlasst und deshalb nicht als betriebliche Versorgungsrente, sondern als private Versorgungsrente anzusehen, und zwar auch dann, wenn der Gesellschafter die Gesellschaft testamentarisch verpflichtet hat, die Rente an die Witwe des Erblassers zu zahlen.[7] Siehe hierzu auch Rn. 963.

---

1 BFH, Urteile vom 30. 7. 1959, IV 265/58 U, BStBl 1959 III S. 406, a. E.; vom 23. 1. 1964, IV 8/62 U, BStBl 1964 III S. 422; vom 26. 1. 1978, IV R 62/77, BStBl 1978 II S. 301 und vom 27. 6. 1989, VIII R 337/83, BStBl 1989 II S. 888.
2 BFH, Urteil vom 18. 1. 1979, IV R 76/76, BStBl 1979 II S. 403.
3 BFH, Urteil vom 27. 4. 1977, I R 12/74, BStBl 1977 II S. 603; Herrmann/Heuer/Raupach, § 5, Anm. 1334.
4 BFH, Urteil vom 23. 11. 1967, IV 126/65, BStBl 1968 II S. 266.
5 BFH, Urteil vom 14. 12. 1965, IV 96/65 U, BStBl 1966 III S. 192.
6 BFH, Urteil vom 8. 4. 1992, XI R 46/89, BFH/NV 1992 S. 728.
7 BFH, Urteil vom 7. 12. 1977, I R 75/97, BStBl 1978 II S. 269.

III. Betriebliche Versorgungsrenten

d) Gegenstände der Leistung des Rentenberechtigten bei der betrieblichen Versorgungsrente und Charakter dieser Leistungen

Wie bereits erwähnt, überträgt der Empfänger der betrieblichen Versorgungsrente i. d. R. dem Verpflichteten betriebliche Gegenstände. Dabei stellt sich die Frage, ob diese Leistung des Rentenberechtigten in der Übertragung derselben Wirtschaftsgüter wie bei der betrieblichen Veräußerungsrente bestehen kann. Es ist wohl nicht zweifelhaft, dass bei der Übergabe land- und forstwirtschaftlicher, gewerblicher oder selbständiger Betriebe eine betriebliche Versorgungsrente möglich ist; dabei kann es sich entweder um einen ganzen Betrieb, Teilbetrieb oder Mitunternehmeranteil handeln.

937

U. E. ist die Vereinbarung einer betrieblichen Versorgungsrente aus begrifflichen Gründen aber nicht denkbar, wenn ein Steuerpflichtiger nur einen einzelnen betrieblichen Gegenstand[1] oder Anteile an Kapitalgesellschaften i. S. d. § 17 EStG überträgt. In einem solchen Fall kann der Erwerber der Gegenstände keine Rente zu Versorgungszwecken aus betrieblichen Erwägungen zahlen. Die Gewährung einer Art Pension für Dienste, die im Interesse des Betriebs geleistet wurden, kommt hier nicht in Betracht, da der Rentenberechtigte keine betriebliche Tätigkeit aufgibt, die von einem anderen übernommen wird.

938

Die Leistung des Rentenberechtigten an den Verpflichteten (Übertragung des Betriebs, Teilbetriebs oder Mitunternehmeranteils) ist einkommensteuerlich keine Gegenleistung für die erworbene Rente; denn die Rente wird aus Anlässen, die nicht mit der Übertragung von Betriebsvermögen zusammenhängen, gewährt (siehe Rn. 933). Damit erfolgt die in der Übertragung eines Betriebs, Teilbetriebs oder Mitunternehmeranteils bestehende Leistung des Berechtigten im steuerlichen Sinne unentgeltlich (siehe Rn. 974 und 988).

939

(Einstweilen frei)

940–945

2. Abgrenzung der betrieblichen Versorgungsrente von der außerbetrieblichen Versorgungsrente

a) Renten zwischen Eltern und Kindern

aa) Grundsatz

Für die Einräumung einer Versorgungsrente können auch außerbetriebliche (private) Gründe bestimmend sein. Dies ist der Fall, wenn familiäre oder erbrechtliche Gesichtspunkte bei der Vereinbarung der Versorgungsrente im Vor-

946

---

1 A. A. Herrmann/Heuer/Raupach, § 5, Anm. 1334.

dergrund stehen. Solche sind wegen der gesetzlichen Unterhaltspflicht und der erbrechtlichen Vorschriften zu bejahen, wenn Eltern Betriebsvermögen, aus dem sie Gewinneinkünfte i. S. d. § 2 Abs. 1 Nr. 1, 2 oder 3 EStG erzielt haben, auf ihre Kinder übertragen und dafür eine Rente zur Sicherung des Unterhalts erhalten (Übergabevertrag). Bei Übergabeverträgen geht das Vermögen – auch das Betriebsvermögen – im Wege der vorweggenommenen Erbfolge auf den Übernehmer über,[1] und zwar – wie der Große Senat des BFH entschieden hat – schenkweise.[2,3] Der Vermögensübergeber behält sich in Gestalt der Versorgungsleistungen typischerweise Erträge seines Vermögens vor, die nunmehr allerdings der Übernehmer erwirtschaftet.[4] Der Übergeber erzielt mit der Versorgungsrente Einkünfte aus wiederkehrenden Bezügen nach § 22 Nr. 1 Satz 1 oder Satz 3 Buchst. a Doppelbuchst. bb EStG. Diese Grundsätze gelten auch dann, wenn der Übergabevertrag nicht die Voraussetzungen eines Leibgedinge- oder Altenteilsvertrags erfüllt.[5] Die Versteuerung der Versorgungsleistungen nach § 22 Nr. 1 Satz 1 oder Satz 3 Buchst. a Doppelbuchst. bb EStG wird auch nicht dadurch in Frage gestellt, dass im Übergabevertrag Abstandszahlungen an den Übertragenden, eine Schuldübernahme oder Gleichstellungsgelder an Dritte vereinbart worden sind.[6]

947 Im Falle des Übergangs von Vermögen im Wege der vorweggenommenen Erbfolge kann aber auch eine Veräußerungsrente gegeben sein, sofern Eltern und Kinder Leistung und Gegenleistung nach kaufmännischen Gesichtspunkten ausgehandelt haben[7] (siehe auch Rn. 622). Dies wird bei den genannten Personen aber nur selten der Fall sein. In Zweifelsfällen ist u. E. darauf abzustellen, ob der Veräußerungs- oder Versorgungscharakter überwiegt.[8] Demnach liegt z. B. eine außerbetriebliche Versorgungsrente vor, wenn der Sohn nach

---

1 BFH, Urteil vom 4. 5. 1955, IV 579/52 U, BStBl 1955 III S. 302; vgl. auch FG Baden-Württemberg, Urteil vom 26. 6. 1975, III (II) 30/72, EFG 1975 S. 511.
2 BFH, Beschluss des GrS vom 5. 7. 1990, GrS 4–6/89, BStBl 1990 II S. 847, m. w. N. der Rechtsprechung der Zivilgerichte; siehe dazu auch LS, DStR 1990 S. 668.
3 Zur Annahme der Unentgeltlichkeit der auf familiären Gründen beruhenden Betriebsübertragung von Eltern auf Kinder beim Vorliegen eines negativen KapitalkontosBFH, Urteile vom 28. 1. 1971, IV 127/64, BStBl 1971 II S. 662 und vom 24. 8. 1972, VIII R 36/66, BStBl 1973 II S. 111.
4 BFH, Beschluss des GrS vom 5. 7. 1990, GrS 4–6/89, BStBl 1990 II S. 847, 852.
5 BFH, Beschluss des GrS vom 5. 7. 1990, GrS 4–6/89, BStBl 1990 II S. 847, 852; anders BFH, Urteil vom 21. 8. 1997, X R 54/94, FR 1997 S. 955, mit Anm. W. G., FR 1997 S. 957.
6 BFH, Beschluss des GrS vom 5. 7. 1990, GrS 4–6/89, BStBl 1990 II S. 847, 852; ferner Urteil vom 24. 4. 1991, XI R 9/84, BStBl 1991 II S. 794.
7 Vgl. BFH, Urteile vom 12. 4. 1967, I 129/64, BStBl 1967 III S. 668; vom 16. 7. 1969, I R 186/66, BStBl 1970 II S. 56; vom 16. 11. 1972, IV R 38/68, BStBl 1973 II S. 184; vom 22. 9. 1982, IV R 154/79, BStBl 1983 II S. 99.
8 Hartz, DB 1956 S. 309 f.

der Betriebsübernahme des väterlichen Betriebs seinem gelegentlich mitarbeitenden Vater verspricht, ihm vom 65. Lebensjahr an eine Rente zu zahlen.[1]

bb) Vermutung einer außerbetrieblichen oder betrieblichen Versorgungsrente

Nach ständiger Rechtsprechung besteht eine nur in Ausnahmefällen zu widerlegende Vermutung, dass die bei Betriebsübertragung von Eltern auf Kinder vereinbarte Rente ihre Zwecke und Gründe im familiären und erbrechtlichen Bereich hat[2] und deshalb die Entgeltlichkeit und die betriebliche Natur der im Zusammenhang mit der Übertragung zugesagten Leistungen nicht gegeben sind. Das gilt auch, wenn die Übertragung oder Vererbung eines Gesellschaftsanteils in einem Gesellschaftsvertrag geregelt ist.[3] Eine solche Vermutung besteht jedoch bei der Betriebsübertragung zwischen Eltern und Kindern nicht, wenn Leistung und Gegenleistung einander objektiv gleichwertig gegenüberstehen,[4] wobei es keine Rolle spielt, ob die Zahlungen dem Versorgungsbedürfnis der Eltern angepasst sind oder nicht. Wird vom Steuerpflichtigen substantiiert die Gleichwertigkeit von Leistung und Gegenleistung vorgetragen und ergibt die Überprüfung die Angemessenheit und Ausgewogenheit der Leistungen, so ist darin im Allgemeinen auch bei Personen, die sich nahe stehen, ein Indiz für die Annahme einer betrieblichen Veräußerungsrente zu erblicken;[5] erforderlich ist jedoch, dass die Beteiligten detailliert darstellen, welchen Wert sie den übertragenen Wirtschaftsgütern (insbesondere einem Geschäftswert) beigemessen haben.[6]

948

Ob in einem solchen Fall eine Veräußerungsrente anzunehmen ist, hängt von dem Vorliegen der subjektiven Voraussetzungen ab. Es kommt also entscheidend darauf an, ob die Vertragsparteien subjektiv von der Gleichwertigkeit der Leistungen ausgegangen sind (siehe Rn. 619). Zu einem Fall, in dem bei Übertragung eines Betriebs vom Vater auf den Sohn zu Buchwerten eine betriebliche Veräußerungsrente angenommen wurde, siehe Rn. 620.

949

---

1 BFH, Urteil vom 9. 10. 1985, I R 149/82, BStBl 1986 II S. 51.
2 Siehe z. B. BFH, Urteil vom 21. 12. 1977, I R 52/76, BStBl 1978 II S. 332 und vom 3. 6. 1992, X R 14/89, BStBl 1993 II S. 23, m.w. N.
3 BFH, Urteile vom 16. 11. 1972, IV 38/68, BStBl 1973 II S. 184.
4 BFH, Urteile vom 24. 10. 1978, VIII R 172/75, BStBl 1979 II S. 135; vom 21. 1. 1986, VIII R 238/81, BFH/NV 1986 S. 597.
5 BFH, Urteil vom 24. 10. 1978, VIII R 172/75, BStBl 1979 II S. 135.
6 BFH, Urteil vom 22. 9. 1982, IV R 154/79, BStBl 1983 II S. 98.

950 Die Vermutung, dass eine außerbetriebliche Versorgungsrente vorliegt, gilt auch, wenn bei Betriebsübertragungen auf Kinder die Beteiligten behaupten, es liege keine betriebliche Veräußerungsrente, sondern eine betriebliche Versorgungsrente vor.

951 Der Rechtsgrundsatz, dass eine nur in Ausnahmefällen widerlegbare Vermutung für den Versorgungscharakter von Leistungen der vorerwähnten Art spricht, ist nach einem Urteil des IV. Senats des BFH[1] nicht anwendbar, wenn ein als Rechtsanwalt und Notar tätiger Steuerpflichtiger einen Sozietätsvertrag abschließt und sich darin zur Zahlung einer Rente an Familienangehörige eines Sozietätsmitglieds verpflichtet; weil der Wert der materiellen Wirtschaftsgüter einer Anwalts- und Notarpraxis meist gering und der Praxiswert weitgehend an die Person des Praxisinhabers gebunden ist, kommt es auch zwischen fremden Personen vor, dass beim Tode eines Sozietätsmitglieds der andere Gesellschafter die Praxis fortführt, ohne dass die Erben eine nach dem Wert des Gesellschaftsanteils im Todeszeitpunkt bemessene Abfindung erhalten. Zahlt in solchen Fällen der überlebende Gesellschafter aus Versorgungsgründen eine Rente an Familienangehörige, liegt nach der Auffassung des BFH[2] eine betriebliche Versorgungsrente vor, wenn auch zwischen Fremden bei Begründung der Sozietät derartige Versorgungsabreden getroffen worden wären. Die vorstehenden Grundsätze können u. E. auch auf gleich gelagerte Fälle anderer Freiberufler (z. B. Steuerberater) übertragen werden.

952 Die Vermutung, dass bei Renten zwischen Eltern und Kindern die Rentenvereinbarung außerbetrieblicher Natur ist, ist nicht verfassungswidrig; der BFH[3] begründet dies damit, dass erfahrungsgemäß bei solchen Verträgen familiäre Erwägungen im Vordergrund stehen und Leistungen, die ihre Ursache im Familienverhältnis haben, steuerrechtlich anders zu beurteilen sind als Leistungen, die betrieblich veranlasst sind. Dem steht der Beschluss des Bundesverfassungsgerichts vom 12. 3. 1985, 1 BvR 571/81[4] nicht entgegen, nach dem es mit Art. 3 GG i.V.m. Art. 6 Abs. 1 GG unvereinbar ist, wenn bei der Beurteilung der personellen Verflechtung zwischen Besitz- und Betriebsunternehmen als Voraussetzung einer Betriebsaufspaltung von der Vermutung ausgegangen wird, Ehegatten verfolgten gleichgerichtete wirtschaftliche Interessen. Denn die Zuordnung laufender Bezüge zum außerbetrieblichen Bereich führt – für

---

1 Urteil vom 18. 1. 1979, IV R 76/76, BStBl 1979 II S. 403.
2 BFH, Urteil vom 18. 1. 1979, IV R 76/76, BStBl 1989 II S. 403.
3 Urteil vom 21. 12. 1977, I R 52/76, BStBl 1978 II S. 332.
4 BStBl 1985 II S. 475.

III. Betriebliche Versorgungsrenten

beide Beteiligten (Rentenberechtigter und Rentenverpflichteter) zusammen gesehen – nicht zwingend zu einer steuerlichen Schlechterstellung.

cc) Bedeutung des Werts des übertragenen Vermögens

Der BFH[1] misst bei der Abgrenzung der betrieblichen Versorgungsrente von der außerbetrieblichen Versorgungsrente zwischen Eltern und Kindern aus Anlass von Betriebsübertragungen auch der Frage Bedeutung bei, ob die übertragenen Vermögenswerte von nicht unerheblichem Wert sind.

953

In den Urteilen vom 16. 11. 1972[2] und vom 6. 3. 1975[3] stellt der BFH in den Vordergrund, ob bei der schenkungsweisen Übertragung eines Betriebs oder Mitunternehmeranteils von Eltern auf Kinder die übertragenen Vermögensteile von nicht unbedeutendem Wert seien; sei dies der Fall, könnten die Renten nicht als betriebliche Versorgungsrenten beurteilt werden, weil ein fremder Betriebsinhaber, bevor er eine nachträgliche Vergütung für die dem Unternehmen geleisteten Dienste nach Art der Pension eines Angestellten verlangt und erhalten hätte, ein angemessenes Entgelt für die übertragenen Wirtschaftsgüter gefordert und auch zugestanden bekommen hätte. Nur wenn die übertragenen Vermögensteile von unbedeutendem Wert seien, könne eine betriebliche Versorgungsrente in Betracht kommen. Im anderen Fall liege eine dem Privatbereich zuzuordnende Vermögensübertragung vor; diese gebe den im Zusammenhang damit vereinbarten Renten das Gepräge und verleihe ihnen damit den Charakter des Außerbetrieblichen. Dies gelte ferner dann, wenn bei der unentgeltlichen Betriebsübertragung von den Eltern auf die Kinder neben der Rente noch eine Kapitalforderung der Eltern gegen die Kinder begründet werde, deren Erfüllung jedoch von den Eltern zu deren Lebzeiten nicht verlangt werden könne und die mit dem Tode möglicherweise auf die Kinder übergehe; denn Vereinbarungen dieser Art seien unter Fremden nicht denkbar. Diese Grundsätze können u. E. nicht angewendet werden, wenn Betriebe, Teilbetriebe oder Mitunternehmeranteile zwischen einander fremd gegenüberstehenden Personen übertragen werden.

954

(Einstweilen frei)

955–957

---

1 BFH, Urteil vom 6. 3. 1975, IV R 191/71, BStBl 1975 II S. 600, 602.
2 IV R 38/68, BStBl 1973 II S. 184.
3 IV R 191/71, BStBl 1975 II S. 600.

b) Renten an andere nahe Angehörige

958 Eine außerbetriebliche Versorgungsrente kann beim Vorliegen der übrigen Voraussetzungen auch angenommen werden, wenn die Rente nicht zwischen Eltern und Kindern, sondern zwischen anderen nahen Angehörigen vereinbart wird,[1] da hier ebenfalls private Gründe – nämlich die Versorgung des Empfängers – für die Vereinbarung der Rente ausschlaggebend sein können. Der BFH[2] hat stets mit Recht darauf hingewiesen, dass bei der außerbetrieblichen Versorgungsrente die Betriebsübergabe eine Vorwegnahme der künftigen Erbfolge darstellt. Weil dies auch bei Betriebsübertragungen zwischen nahen Angehörigen, die nicht in gerader Linie miteinander verwandt sind, möglich ist, können deshalb die Voraussetzungen für eine außerbetriebliche Versorgungsrente auch in diesen Fällen bejaht werden.

959 Der BFH hat in seinem Urteil vom 5.3.1964[3] eine außerbetriebliche Versorgungsrente bejaht, weil die Rentenvereinbarung ihren Grund lediglich in familienähnlichen Beziehungen hatte; in diesem Fall waren Rentenberechtigter und Rentenverpflichteter nicht miteinander verwandt oder verschwägert.

960–962 (Einstweilen frei)

c) Renten in Nachlassfällen

963 Eine Rente, die ihre Rechtsgrundlage in einer letztwilligen Verfügung hat, ist i.d.R. keine betriebliche, sondern eine außerbetriebliche (private) Rente.[4] Dies gilt auch, wenn ein Nacherbe an den Vorerben im Zusammenhang mit der Übernahme des Betriebs des Vorerben eine Versorgungsrente zahlt und auch die sonstigen Voraussetzungen einer außerbetrieblichen Versorgungsrente vorliegen.[5]

d) Familienpersonengesellschaften

964 Versorgungsrenten, die von Familiengesellschaften – das sind Gesellschaften zwischen nahen Angehörigen – an ausgeschiedene Gesellschafter geleistet

---

1 Beschlüsse des GrS des BFH vom 5.7.1990, GrS 4–6/89, BStBl 1990 III S. 847, 852; vom 15.7.1991, GrS 1/90, BStBl 1992 II S. 78, 83; Urteile des BFH vom 17.1.1961, I 141/60 U, BStBl 1961 III S. 130; vom 23.1.1964, IV 8/62 U, BStBl 1964 III S. 422 und vom 27.2.1992, X R 139/88, BStBl 1992 II S. 612, 615, ferner Grieger, DStZ (A) 1958 S. 21.
2 BFH, Urteile vom 4.5.1955, IV 579/53 U, BStBl 1955 III S. 302; vom 12.7.1955, I 232/54 U, BStBl 1955 III S. 302 und vom 2.2.1956, IV 217/54 U, BStBl 1956 III S. 88.
3 IV 262/38, HFR 1964 S. 416.
4 FG Nürnberg, Urteil vom 12.12.1973, V 238/71, EFG 1974 S. 250.
5 BFH, Urteil vom 25.8.1966, IV 299/62, BStBl 1966 II S. 675.

werden, sind grundsätzlich außerbetriebliche Versorgungsrenten.[1] In diesem Falle wird vermutet, dass die Rente außerbetrieblichen Charakter hat.[2] Sind an der Gesellschaft noch andere Personen, die nicht zu den nahen Angehörigen des Rentenberechtigten gehören, beteiligt, gilt die Vermutung u. E. nicht; dies ergibt sich daraus, dass die Rente einheitlich zu beurteilen ist.[3] Nach den Umständen des Einzelfalles richtet es sich, ob in einem solchen Fall eine betriebliche oder eine private Versorgungsrente anzunehmen ist. Dabei ist es von Bedeutung, ob die Gesellschaft insgesamt die Verpflichtung übernommen hat und in welchem Umfang die Gesellschafter, die keine nahen Angehörigen des Rentenberechtigten sind, an der Gesellschaft beteiligt sind; siehe auch Rn. 935.

Ist bei einer aus mehreren Familienstämmen bestehenden Gesellschaft im Falle des Todes eines Gesellschafters eine Versorgungsrente zu zahlen, so ist für die Frage, ob die Rente privat oder betrieblich veranlasst ist, zu berücksichtigen (wenn auch nicht allein entscheidend), ob sich die nicht miteinander verwandten Gesellschafter davon leiten lassen, dass bei einem auf einem Erbfall beruhenden Gesellschafterwechsel innerhalb ihres Stammes den überlebenden Witwen eine ähnliche Versorgung zu Lasten der Gesellschaft – also auch des anderen Stammes – zugebilligt wird oder ob dies nicht der Fall ist.[4] 965

e) Beispiel zur Abgrenzung der betrieblichen Versorgungsrente von anderen Renten

BEISPIEL: Abgrenzung der betrieblichen Versorgungsrente von anderen Renten 966

1. A. verkauft seinen Gewerbebetrieb, der einen Verkehrswert von 50 000 € hat, an seinen Bruder B. gegen eine jährliche Rente von 5 000 €. Diese hat einen Barwert von ebenfalls 50 000 €. Zur Ermittlung der Höhe der Rente haben sich A. und B. ein Sachverständigengutachten über den Wert des Betriebs vorlegen lassen.

   Da A. und B. die Rente nach kaufmännischen Überlegungen abgewogen haben, liegt eine betriebliche Veräußerungsrente vor. Dass A. und B. Brüder sind, steht dem nicht entgegen, weil die Parteien die Höhe der Rente erkennbar nach dem Wert des übertragenen Vermögens bemessen haben.

2. Die OHG A. besteht aus den Gesellschaftern A., B., C. und D., die nicht miteinander verwandt sind. Jeder Gesellschafter hat ein Kapitalkonto von 15 000 €. Nen-

---

1 BFH, Urteile vom 17. 1. 1961, I 141/60 U, BStBl 1961 III S. 130 und vom 21. 12. 1977, I R 52/76, BStBl 1978 II S. 332; vgl. zu einem Ausnahmefall, in dem eine betriebliche Versorgungsrente angenommen wurde, das Urteil des FG Nürnberg III 153/67 vom 10. 4. 1970, StBp 1971 S. 15.
2 Herrmann/Heuer/Raupach, § 5 Anm. 1334.
3 BFH, Urteile vom 25. 10. 1984, IV R 165/82, BStBl 1985 II S. 212 und vom 27. 6. 1989, VIII R 337/83, BStBl 1989 II S. 888; Herrmann/Heuer/Raupach, § 5, Anm. 1334.
4 BFH, Urteil vom 7. 12. 1977, I R 75/77, BStBl 1978 II S. 269, 271.

nenswerte stillen Reserven und ein Geschäftswert sind nicht vorhanden. A., der seit der Gründung der OHG der alleinige Geschäftsführer war, erhält nach seinem Ausscheiden eine Rente von jährlich 5 000 €. B., C. und D. haben sich zur Zahlung bereit erklärt, da sie die großen Verdienste, die sich A. durch seine Tätigkeit für die OHG erworben hat, anerkennen und sich verpflichtet fühlen, den Lebensunterhalt des kranken A. zu sichern. Der Barwert der Rente übersteigt den Wert des Mitunternehmeranteils des A. bei weitem; dies ist allen Beteiligten bekannt.

Es liegt eine betriebliche Versorgungsrente vor. Die Rente dient nach dem Willen des B., C. und D. der Versorgung des A. Eine Veräußerung kann schon deshalb nicht in Betracht kommen, weil der Wert des Mitunternehmeranteils des A. kein gleichwertiges Entgelt für die Einräumung der Rente ist. B., C. und D. sind auch durch betriebliche Erwägungen zur Zahlung der Rente veranlasst worden, denn sie wollen die verdienstvolle Tätigkeit des A. für die OHG belohnen.

967–970 (Einstweilen frei)

3. Behandlung der betrieblichen Versorgungsrente beim Berechtigten

a) Grundsatz

971 Die betriebliche Versorgungsrente wird – wie bereits ausgeführt – im betrieblichen Interesse aus Anlass der Übertragung eines Betriebs, aus dem der Übertragende früher betriebliche Einkünfte erzielt hat, gewährt. Sie stellt meist eine „Entlohnung" für eine früher geleistete unternehmerische Tätigkeit dar. Dadurch tritt eine unlösliche Verbindung zwischen der Rente und den früheren Einkünften aus Land- und Forstwirtschaft, Gewerbebetrieb oder selbständiger Arbeit ein, so dass die Rente zu den nachträglichen Einkünften i. S. d. § 24 Nr. 2 EStG i. V. m. den §§ 13, 15 oder 18 EStG zu rechnen ist.[1] Eine Besteuerung nach der Bestimmung des § 22 Nr. 1 EStG scheidet aus, da diese Vorschrift nur subsidiären Charakter hat. Nur wenn die Versorgung nicht auf betrieblichen, sondern auf familiären, erbrechtlichen Überlegungen beruht, also außerbetriebliche Versorgungsbezüge vorliegen, ist die Versteuerung nach § 22 Nr. 1 EStG vorzunehmen.

Da der Empfänger einer betrieblichen Versorgungsrente keine Einkünfte aus nichtselbständiger Arbeit bezieht, kann er den Versorgungsfreibetrag nach § 19 Abs. 2 EStG nicht beanspruchen. Es kommt jedoch eine Berücksichtigung des Altersentlastungsbetrags nach § 24a EStG in Frage.[2]

---

1 RFH, Urteil vom 7. 5. 1941, VI 91/40, RStBl 1941 S. 553; BFH, Urteil vom 10. 10. 1963, VI 115/61 U, BStBl 1963 III S. 592; Herrmann/Heuer/Raupach, § 5, Anm. 1335.
2 BFH, Urteil vom 22. 3. 2006, XI R 60/03, n.v., NWB Eilnachrichten Nr. 1095/2006.

III. Betriebliche Versorgungsrenten

b) **Versteuerung der Rente sofort oder erst nach Übersteigen des Kapitalkontos?**

Umstritten ist die Frage, ob unter der Voraussetzung, dass für das Kapitalkonto des übertragenen Betriebs eine einmalige Abfindung nicht gezahlt wird, die betriebliche Versorgungsrente sofort oder erst nach Übersteigen des Kapitalkontos des übertragenen Betriebs zu versteuern ist.[1] Nach der zutreffenden Rechtsprechung des BFH[2] ist die betriebliche Versorgungsrente nicht das Entgelt für die überlassenen Wirtschaftsgüter, sondern grundsätzlich eine Vergütung für früher zugunsten des Betriebs erbrachte Leistungen. Deshalb kommt u. E. eine gewinnneutrale Verrechnung der Rente mit dem Kapitalkonto nicht in Frage.[3] Außerdem ist zu beachten, dass für die steuerliche Behandlung der Renten der Grundsatz gilt, dass die einzelne Rente einheitlich zu behandeln ist und nicht in verschiedene Rentenarten aufgeteilt werden kann.[4] Eine Aufspaltung der Rente in der Weise, dass sie bis zur Höhe des Kapitalkontos eine betriebliche Veräußerungsrente und darüber hinaus eine betriebliche Versorgungsrente darstellt, ist daher nicht zulässig.[5] Es erscheint zudem bei Annahme einer Rente, die sowohl Veräußerungs- als auch Versorgungselemente enthält, willkürlich, als Aufteilungsmaßstab die Höhe des Kapitalkontos zugrunde zu legen, da nicht einzusehen ist, warum die Rente nicht auch ggf. Gegenleistung für die stillen Reserven und den Geschäftswert sein soll, was für die steuerliche Behandlung der betrieblichen Versorgungsrente beim Verpflichteten von entscheidender Bedeutung wäre. Maßgebend für die Abgrenzung zwischen betrieblicher Versorgungs- und Veräußerungsrente ist – wie in Rn. 924 erwähnt –, ob die Rente überwiegend Veräußerungs- oder Versorgungscharakter hat. Im letztgenannten Fall muss sie u. E. ohne einkommensteuerlich neutrale Verrechnung mit dem Kapitalkonto sofort nach § 24 Nr. 2 EStG i. V. m. den §§ 13, 15 oder 18 EStG versteuert werden.

972

Weil eine Veräußerung, wie aus dem vorstehend Geschilderten folgt, nicht gegeben ist, kann der Empfänger einer betrieblichen Versorgungsrente das im

973

---

1 Versteuerung erst nach Übersteigen des Kapitalkontos befürworten z. B. Grune, DStZ (A) 1976 S. 16; Niggemann, StWa 1975 S. 72. Sofortige Versteuerung ohne Anrechnung auf das Kapitalkonto wird z. B. vertreten in BFH, Urteile vom 10. 10. 1963, VI 115/61 U, BStBl 1963 III S. 592; vom 12. 5. 1966, IV 80/62, BStBl 1966 III S. 597; Herrmann/Heuer/Raupach, § 5, Anm. 1335; vgl. auch FG Münster, Urteil vom 29. 1. 1976, VII 510/73 E, EFG 1976 S. 434.
2 Urteile vom 3. 7. 1964, VI 346/62 U, BStBl 1964 III S. 548; vom 16. 11. 1972, IV R 38/68, BStBl 1973 II S. 184 und vom 6. 3. 1975, IV R 191/71, BStBl 1975 I S. 600.
3 So auch BFH, Urteil vom 12. 5. 1966, IV 80/62, BStBl 1966 III S. 597.
4 BFH, Urteile vom 8. 2. 1957, VI 27/56 U, BStBl 1957 III S. 207 und vom 23. 1. 1964, IV 8/62 U, BStBl 1964 III S. 422 (423); vgl. auch Hartz, DB 1956 S. 390 f.
5 BFH, Urteil vom 27. 4. 1977, I R 12/74, BStBl 1977 II S. 603.

Falle einer betrieblichen Veräußerungsrente geltende Wahlrecht zwischen sofortiger und nachträglicher Versteuerung nicht ausüben.

c) Erwerb des Betriebsvermögens eine gemischte Schenkung?

974 Es wird die Auffassung vertreten, dass in den Fällen der betrieblichen Versorgungsrente eine gemischte Schenkung vorliege, weil das übertragene Betriebsvermögen nicht unentgeltlich übergegangen sei.[1] Soweit Leistung und Gegenleistung sich deckten, läge eine betriebliche Veräußerungsrente vor; soweit der Rentenbarwert höher als der Wert des übertragenen Betriebsvermögens sei, seien die Rentenleistungen unentgeltlich und steuerlich als nachträgliche Einkünfte aus Gewerbebetrieb zu versteuern. U. E. überzeugt diese Auffassung nicht. Sie lässt außer Betracht, dass die betriebliche Versorgungsrente die Gegenleistung dafür ist, dass sich der Berechtigte durch persönliche Leistung zugunsten des Betriebs Verdienste erworben hat, die mit der Rente abgegolten werden. Diese Rente ist deshalb weder unentgeltlich noch die Gegenleistung für das übertragene Betriebsvermögen (Rn. 939). Folgt man dieser Beurteilung nicht, erscheint es richtig, den Begriff der betrieblichen Versorgungsrente aufzugeben und in der Rente insgesamt eine betriebliche Veräußerungsrente zu erblicken, und zwar auch insoweit, als sie den Wert des übertragenen Betriebsvermögens übersteigt, weil der Mehrbetrag – bei dieser Betrachtungsweise – eben auch durch die Betriebsübertragung veranlasst ist.

d) Zahlung einer Abfindung

975 Wird neben einer laufend zu zahlenden betrieblichen Versorgungsrente in Höhe des Kapitalkontos des übertragenen Betriebs eine einmalige Abfindung geleistet, so ist diese das Entgelt für das übertragene Betriebsvermögen und deshalb steuerlich anders als die gleichzeitig vereinbarte Rente zu beurteilen; in Höhe der Abfindung erzielt der Steuerpflichtige keinen Gewinn. Die neben der Abfindung gezahlte betriebliche Versorgungsrente gehört zu den nach § 24 Nr. 2 EStG i. V. m. den §§ 13, 15 oder 18 EStG zu versteuernden Einkünften.[2]

976 Bei Zahlung einer Abfindung ist allerdings besonders sorgfältig zu prüfen, ob nicht aus der Vereinbarung der Abfindungssumme geschlossen werden kann, dass keine betriebliche Versorgungsrente, sondern eine betriebliche Veräußerungsrente gegeben ist; siehe Rn. 1006 ff.

---

1 Biergans, S. 223; Paus, BB 1978 S. 1157.
2 RFH, Urteil vom 7. 5. 1941, VI 91/40, RStBl 1941 S. 553.

III. Betriebliche Versorgungsrenten

e) Aufteilung in einen Zins- und Tilgungsanteil?
Die betriebliche Versorgungsrente ist nicht zum Zwecke der Besteuerung in einen Zins- und Tilgungsanteil aufzuteilen. Eine Aufspaltung kommt schon deshalb nicht in Frage, weil die betriebliche Versorgungsrente nicht die Gegenleistung für die Veräußerung von Betriebsvermögen ist, sondern zur Versorgung des Rentenempfängers aus betrieblichem Anlass geleistet wird (siehe Rn. 933 ff.).

977

f) Vorzeitiges Versterben des Berechtigten
Stirbt der Rentenberechtigte alsbald nach der Vereinbarung der betrieblichen Versorgungsrente, liegt, soweit die Summe der Rentenzahlungen geringer ist als das Kapitalkonto, anders als bei der betrieblichen Veräußerungsrente, ein einkommensteuerlich zu berücksichtigender Verlust nicht vor, weil die betriebliche Versorgungsrente – wie gesagt – nicht die Gegenleistung für den übertragenen Betrieb ist und die Steuerpflicht der Rentenzahlungen sofort eintritt, ohne dass das Kapitalkonto zu verrechnen ist.

978

g) Kosten bei der Übertragung des Betriebs
Ungeklärt ist die Frage, wie die Kosten, die durch die Übertragung des Betriebs, Teilbetriebs oder Mitunternehmeranteils entstehen, zu behandeln sind. Es kommen hier z. B. die Ausgaben in Betracht, die durch die Eintragung des Ausscheidens des rentenberechtigten Gesellschafters aus der OHG oder KG in das Handelsregister anfallen; diese Leistungen werden meistens von den verbleibenden Gesellschaftern übernommen. Hat diese Kosten ausnahmsweise der Rentenberechtigte getragen, mindern sie u. E. ebenso wie das Kapitalkonto die Einkünfte des Rentenempfängers nicht, es sei denn, dass gleichzeitig eine Veräußerung nach § 14, § 16 oder § 18 Abs. 3 EStG vorliegt (vgl. das Beispiel Rn. 1006). Soweit die vom Berechtigten übernommenen Kosten aber in unmittelbarem Zusammenhang mit dem Erwerb des Rentenrechts stehen (z. B. Aufwendungen durch die Beachtung der Schriftform des Rentenversprechens gemäß § 761 BGB), sind sie u. E. Betriebsausgaben des Rentenberechtigten.

979

h) Steuerlicher Verlust in Höhe des Kapitalkontos
Geht man davon aus, dass das Betriebsvermögen auf den Rentenverpflichteten unentgeltlich aus betrieblichen Gründen übergeht, entsteht nach der Rechtsprechung des BFH beim Rentenverpflichteten ein Gewinn und folgerichtig beim Rentenberechtigten ein Verlust. U. E. ist jedoch i. d. R. ein unentgeltlicher Vorgang aus nicht betrieblichen Gründen anzunehmen, so dass in Höhe

980

des Kapitalkontos kein Verlust des Rentenberechtigten anfällt. Siehe hierzu im Einzelnen Rn. 988.

i) Veräußerung oder Aufgabe des Betriebs durch den Verpflichteten

981 Veräußert der Rentenverpflichtete den Betrieb oder Mitunternehmeranteil oder gibt er ihn auf, so ändert sich dadurch der Rentencharakter der betrieblichen Versorgungsrente beim Berechtigten nicht. Er versteuert also die Rentenbezüge ebenso wie vor der Veräußerung oder Aufgabe, und zwar ohne Rücksicht darauf, ob der ursprünglich Rentenberechtigte oder der Erwerber die Rentenzahlungen leistet. Zur Behandlung beim Verpflichteten siehe Rn. 996.

j) Beispiele zur steuerlichen Behandlung

982 Zur steuerlichen Behandlung der betrieblichen Versorgungsrente beim Berechtigten wird auf die Beispiele in Rn. 997 verwiesen.

983–985 (Einstweilen frei)

4. Behandlung der betrieblichen Versorgungsrente beim Verpflichteten

a) Aktivierung der übernommenen Wirtschaftsgüter

986 Auch bei der Frage, wie die betriebliche Versorgungsrente beim Verpflichteten behandelt wird, ist von Bedeutung, dass diese Rente im Gegensatz zur betrieblichen Veräußerungsrente grundsätzlich nicht das Entgelt für den erworbenen Betrieb ist (Rn. 939, 974). Aus diesem Grunde kommt eine Aktivierung der übernommenen Wirtschaftsgüter in Höhe des Rentenbarwerts nicht in Betracht.[1] Soweit der Erwerber allerdings das Kapitalkonto des Rentenberechtigten durch eine Barzahlung abgefunden hat, sind darin Anschaffungskosten nach § 6 Abs. 1 Nr. 7 EStG zu erblicken, so dass der Erwerber die übernommenen Wirtschaftsgüter in Höhe der Abfindung aktivieren muss. Ist die Abfindung unterblieben, liegt für den Verpflichteten ein unentgeltlicher Erwerb i. S. d. § 6 Abs. 3 EStG vor,[2] der zur Übernahme der Buchwerte des Vorgängers – also zur Aktivierung eines Betrags in Höhe des Kapitalkontos – zwingt.[3]

---

1 Haas, DStZ (A) 1974 S. 417.
2 BFH, Urteil vom 27.6.1989, VIII R 337/83, BStBl 1989 II S. 888; a. A. Paus, BB 1978 S. 1157, der eine gemischte Schenkung annimmt.
3 BFH, Urteil vom 27.4.1977, I R 12/74, BStBl 1977 II S. 603; vgl. hierzu auch Herrmann/Heuer/Raupach, § 5, Anm. 1337; Seithel, StRK Anmerkungen, EStG, § 10 Abs. 1 Ziff. 1, R. 51–57; Haas, DStZ (A) 1974 S. 417.

Sind dem Rentenverpflichteten besondere Aufwendungen für den Erwerb des Betriebs, Teilbetriebs oder Mitunternehmeranteils (z. B. die schon erwähnten Kosten für die Änderung der Eintragung im Handelsregister) entstanden, müssen diese u. E. zusätzlich zu den Buchwerten des Rechtsvorgängers aktiviert werden, weil es sich insoweit begrifflich um Anschaffungskosten handelt.

987

b) Gewinn in Höhe des Kapitalkontos?

Nach zwei Urteilen des I. Senats des BFH[1] entsteht bei einem Mitunternehmer, der von einem ausscheidenden Mitunternehmer einen Anteil unentgeltlich und aus betrieblichen Gründen mit dem Zwang der Fortführung der Buchwerte erwirbt, ein steuerlicher Gewinn; diese Rechtsfolge tritt nicht ein, wenn der Übergang des Anteils (oder des Betriebes) aus außerbetrieblichen Gründen erfolgt. Im Falle der Vereinbarung einer betrieblichen Versorgungsrente geht u. E. das Betriebsvermögen im Regelfall aus außerbetrieblichen Gründen unentgeltlich (Rn. 939, 974) auf den Rentenverpflichteten über. Lediglich die Rente wird in diesem Fall aus betrieblichem Anlass zugesagt. Betriebliche Erwägungen dürften den Rentenberechtigten und den Rentenverpflichteten kaum veranlassen, den unentgeltlichen Übergang des Anteils (Betriebs) zu vereinbaren. Keinesfalls können die betrieblichen Gründe daraus gefolgert werden, dass die Versorgungsrente betrieblichen Charakter hat; denn in diesem Fall ist die Vereinbarung der betrieblichen Versorgungsrente – sie hat ihren Grund eben nicht in der Übertragung des Mitunternehmeranteils (des Betriebs) – scharf von dem Übergang des Betriebsvermögens zu trennen. Ein Gewinn entsteht damit u. E. in Höhe des Kapitalkontos beim Rentenverpflichteten – wenn überhaupt – nur in seltenen Ausnahmefällen. Hiervon ist offenbar auch die gesamte Rechtsprechung (unausgesprochen) ausgegangen.[2] Gegenteiliges ergibt sich auch nicht aus dem BFH-Urteil vom 27. 4. 1977.[3]

988

---

[1] Urteile vom 11. 7. 1973, I R 126/71, BStBl 1974 II S. 50 und vom 27. 4. 1977, I R 12/74, BStBl 1977 II S. 603. BFH, Urteil vom 7. 2. 1995, VIII R 36/93, BStBl 1996 II S. 770, hat die Frage, ob ein Gewinn entsteht oder nicht, offen gelassen.
[2] Vgl. z. B. BFH, Urteil vom 3. 7. 1964, VI 346/62 U, BStBl 1964 III S. 548.
[3] I R 12/74, BStBl 1977 II S. 603, 605.

c) **Abzugsfähigkeit der jährlichen Rentenzahlungen und Passivierung der Rentenverbindlichkeit**

aa) Jährliche Rentenzahlungen Betriebsausgaben

989 Der Erwerber des Betriebs zieht nach ständiger Rechtsprechung die betriebliche Versorgungsrente jährlich in voller Höhe ohne Verrechnung mit dem Kapitalkonto als Betriebsausgabe ab.[1] Hierfür sind die gleichen Gründe maßgebend, die zur sofortigen Versteuerung der betrieblichen Versorgungsrente beim Rentenberechtigten führen; siehe Rn. 972. Die Leistung der betrieblichen Versorgungsrente fällt nicht unter das Abzugsverbot des § 4 Abs. 5 Nr. 1 EStG; die Rentenzahlungen sind das Entgelt für geleistete Dienste. Da die jährlichen Leistungen des Betriebsinhabers Betriebsausgaben sind, kommt ein Abzug als Sonderausgaben nicht in Frage.[2]

bb) **Vorabvergütungen**

990 Wurde eine betriebliche Versorgungsrente an ausscheidende Gesellschafter oder deren Witwen gezahlt, so war die Rente in der Vergangenheit nach der u. E. zutreffenden Rechtsprechung des BFH[3] keine Vorabvergütung i. S. d. § 15 Abs. 1 Satz 1 Nr. 2 EStG; sie minderte also den Gewinn der Gesellschaft. Die Rechtslage hat sich durch das Steuerbereinigungsgesetz 1986 mit Wirkung ab Veranlagungszeitraum 1986 geändert. Nach § 15 Abs. 1 Satz 2 EStG ist die betriebliche Versorgungsrente als eine Vorabvergütung i. S. d. § 15 Abs. 1 Satz 1 Nr. 2 EStG anzusehen; sie ist vom Gesamtgewinn der Gesellschaft nicht abzusetzen und in die gesonderte Feststellung des Gewinns nach § 180 Abs. 1 Nr. 2a AO einzubeziehen, obwohl der ausgeschiedene Gesellschafter nicht (mehr) Mitunternehmer ist, und zwar nach einem BFH-Beschluss vom 25.1.1994[4] in einer AdV-Sache auch, wenn die Witwe des Gesellschafters die Versorgungsbezüge erhält und sie nicht Gesellschafterin war. Nach seinem eindeutigen Wortlaut findet § 15 Abs. 1 Satz 2 EStG u. E. keine Anwendung, wenn es sich um eine zweigliedrige Gesellschaft handelt, aus der der Rentenberechtigte ausgeschieden ist, und die betriebliche Versorgungsrente damit

---

1 BFH, Urteil vom 27.4.1977, I R 12/74, BStBl 1977 II S. 603 und vom 7.7.1992, VIII R 35/90, BStBl 1993 II S. 26; gl. A. Herrmann/Heuer/Raupach, § 5, Anm. 1337; Grieger, StbJb 1966/67 S. 179; Richter, StBp 1978 S. 62; für Abzugsfähigkeit erst nach Erreichen des Kapitalkontos Grune, DStZ (A) 1976 S. 13.

2 Herrmann/Heuer/Raupach, § 10, Anm. 45, mit Hinweisen auf die Rechtsprechung des BFH.

3 BFH, Urteile vom 24.11.1983, IV R 14/83, BStBl 1984 II S. 431; vom 25.10.1984, IV R 165/82, BStBl 1985 II S. 212 und vom 27.6.1989, VIII R 337/83, BStBl 1989 II S. 888.

4 VIII B 111/93, FR 1994 S. 260; a. A. Flume, Festschrift für Georg Döllerer, S. 133 ff., 144; Autenrieth, DStZ 1992 S. 114, 117.

von einem Einzelunternehmer zu zahlen ist;[1] denn § 15 Abs. 1 Satz 1 Nr. 2 EStG ist nicht auf Einzelunternehmer anzuwenden.

Sind Rückstellungen für Versorgungsleistungen nach der bis zum Veranlagungszeitraum 1985 geltenden Rechtslage gebildet worden, so darf bei diesen nicht berücksichtigt werden, dass derartige Versorgungsleistungen vom Veranlagungszeitraum 1986 an den steuerbegünstigten Gewinn nicht mehr mindern dürfen;[2] die Rückstellung ist grundsätzlich unter Berücksichtigung des gesamten zukünftigen Anspruchs und damit auch desjenigen Teils zu bilden, der auf die Zeit nach dem 1. 1. 1986 entfällt.[3] Die vor 1986 gebildeten Rückstellungen sind nicht ab dem Veranlagungszeitraum 1986 gewinnerhöhend aufzulösen.[4]   991

Nach dem BMF-Schreiben vom 7. 2. 1990[5] sind an der Einheitswertfeststellung die ausgeschiedenen Gesellschafter oder deren Rechtsnachfolger nicht beteiligt; die Verpflichtung, dem ausgeschiedenen Gesellschafter oder seinem Rechtsnachfolger eine Versorgungsrente zu zahlen, ist bei der Ermittlung des Einheitswerts des Betriebsvermögens nicht zu berücksichtigen. Die Gesellschafter können die Schuld anteilig bei ihrem Gesamtvermögen ansetzen. Dagegen lässt der BFH[6] den Abzug der betrieblichen Versorgungsrente an die Gesellschafter-Witwe bei der Einheitsbewertung als Betriebsschuld zu.   992

cc) Passivierung der Rentenverbindlichkeit

Eine Passivierung der Rentenverbindlichkeit im Zeitpunkt des Erwerbs des Betriebs ist ertragsteuerlich in ständiger Rechtsprechung[7] mit der Begründung abgelehnt worden, dass für die Bemessung der betrieblichen Versorgungsrente die Ertragsaussichten des Unternehmens von wesentlicher Bedeutung und   993

---

1 A. A. Wacker in: Schmidt, EStG, § 15 Rn. 573, mit Hinweis auf FG Hamburg, Urteil vom 22. 3. 1991, VII 126/89, EFG 1992, 70, rkr.
2 BFH, Urteil vom 24. 7. 1990, VIII R 39/84, BStBl 1992 II S. 229; dazu Anm. in HFR 1991 S. 208.
3 BFH, Urteil vom 7. 7. 1992, VIII R 36/90, BStBl 1993 II S. 26.
4 BFH, Urteil vom 2. 12. 1997, VIII R 42/96, DStR 1998 S. 560, dazu Anm. von HG, DStR 1998 S. 563 und von Kempermann, FR 1998 S. 433; L. Schmidt, FR 1990 S. 719; Bordewin, DB 1987 S. 15; das BMF-Schreiben vom 10. 3. 1992, BStBl 1992 I S. 190, dürfte nach dem BFH-Urteil vom 2. 12. 1997, VIII R 42/96, DStR 1998 S. 560 überholt sein.
5 DStR 1990 S. 388.
6 BFH, Urteil vom 26. 10. 1994, II R 30/91, BStBl 1995 II S. 400.
7 RFH, Urteile vom 26. 7. 1939, VI 456/39, RStBl 1939 S. 1120 und vom 7. 5. 1941, VI 91/40, RStBl 1941 S. 553; BFH, Urteile vom 8. 10. 1957, I 347/56 U, BStBl 1957 III S. 440; vom 3. 7. 1964, VI 346/62 U, BStBl 1964 III S. 548; vom 3. 12. 1964, IV 47/62 U, BStBl 1965 III S. 91; vom 14. 12. 1965, IV 96/65 U, BStBl 1966, III S. 192; vom 27. 4. 1977, I R 12/74, BStBl 1977 II S. 603, 605; vom 26. 1. 1978, IV R 62/77, BStBl 1978 II S. 301 und vom 18. 6. 1980, I R 72/76, BStBl 1980 II S. 741, 743.

die einzelnen Rentenzahlungen aus den laufenden Erträgen zu bestreiten seien. In seinem Urteil vom 3.7.1964 hat der BFH diese Ansicht mit dem Hinweis bestätigt, auch die Rechtssicherheit gebiete, die bisherige Rechtsprechung beizubehalten. Dieser Auffassung ist zuzustimmen. Die Meinungen im Schrifttum und bei den Finanzgerichten sind geteilt.[1] Da die betriebliche Versorgungsrente nicht zu passivieren ist, stellt ihr Wegfall durch den Tod desjenigen, bis an dessen Lebensende die Rente zu zahlen ist, keinen Ertrag des Rentenverpflichteten dar.[2]

994 Mit Urteil vom 7.4.1994[3] hat der BFH entschieden, dass eine betriebliche Versorgungsrente nach den Grundsätzen des § 6a EStG zu passivieren ist, wenn im Einzelfall eine rechtliche Abhängigkeit zwischen den Versorgungsleistungen (Pensionszahlungen) und der Erzielung laufender Gewinne aus dem fortbestehenden Betrieb nicht gegeben ist (also die Voraussetzungen für die Nichtpassivierung nach der bisherigen Rechtsprechung nicht vorliegen); das Urteil hat nicht näher erläutert, wann eine rechtliche Abhängigkeit zwischen den Versorgungsleistungen und den laufenden Gewinnen anzunehmen ist. Wesentlich ist u.E. der rechtliche Gehalt der Rentenzusage. Ergibt sich aus Inhalt und Auslegung der Rentenzusage, dass auch beim Fehlen laufender Gewinne die Rentenzusage rechtlich verbindlich ist, so gilt die Regelung zur Bildung einer Pensionsrückstellung nach § 6a EStG.

d) Veräußerung oder Aufgabe des Betriebs

995 Veräußert der Steuerpflichtige, der zur Zahlung einer betrieblichen Versorgungsrente verpflichtet ist, seinen Betrieb und ist die Übernahme der betrieblichen Versorgungsrente durch den Erwerber Teil des Kaufpreises, muss der Erwerber die Rente passivieren, weil sie nunmehr in seiner Person den Charakter einer Veräußerungsrente annimmt;[4] in diesem Fall mindert der Zinsanteil den Gewinn des Betriebs. Zu einer anderen Auffassung kommt das FG Düsseldorf in seinem Urteil vom 24.10.1974[5] mit der Begründung, die betriebliche Versorgungsrente ändere mit der Veräußerung ihren bürgerlich-rechtlichen Charakter nicht. Dieser Gesichtspunkt ist jedoch für die steuerliche Beurteilung nicht maßgebend, da die steuerliche Wertung der Rente als betriebliche Ver-

---

1 Gegen Passivierung vgl. Herrmann/Heuer/Raupach, § 5, Anm.1337; Heinlein, FR 1956 S.539; Kubisch, StW 1948 Sp.609; Groh, DStR 1962/63 S.581; Vogt, GmbHR 1963 S.171 ff. Für Passivierung vgl. Biergans, S.185; Paus, BB 1978 S.1157, 1165.
2 Vgl. Kapp/Grune, Die Besteuerung der Renten S.28.
3 IV R 56/92, BStBl 1994 II S.740.
4 RFH, Urteil vom 2.8.1939, VI 387/39, RStBl 1939 S.1078.
5 II 130/73 E, EFG 1975 S.245.

sorgungsrente oder als betriebliche Veräußerungsrente nicht vom bürgerlich-rechtlichen Wesen der Rente abhängt. Zur Behandlung beim Berechtigten siehe Rn. 981.

Wird im Falle der Veräußerung des Betriebs die betriebliche Versorgungsrente nicht vom Erwerber übernommen oder wird der Betrieb aufgegeben, kann der Rentenverpflichtete die künftigen Zahlungen als Betriebsausgabe absetzen,[1] wenn die Rentenverpflichtung weiterhin Betriebsvermögen bleibt; vgl. dazu auch Rn. 686 f. 996

e) **Beispiele zur Behandlung der betrieblichen Versorgungsrente beim Berechtigten und Verpflichteten**

BEISPIEL 1: Behandlung der betrieblichen Versorgungsrente

A., B. und C. sind Gesellschafter einer OHG. Zum 31. 2. 01 scheidet A. aus der OHG gegen Auszahlung seines Kapitalkontos i. H. v. 8 000 € aus. Außerdem wird ihm wegen seiner Verdienste für die OHG eine betriebliche Versorgungsrente von jährlich 10 000 € zugesagt, die jeweils am 10. 1. eines jeden Jahres, erstmals am 10. 1. 02 zu zahlen ist. Der Barwert der Rente beläuft sich auf 50 000 €. Die mit dem Ausscheiden des A. zusammenhängenden Kosten haben die Gesellschafter B. und C. übernommen. 997

A. versteuert vom Jahre 02 an 10 000 € nachträgliche Einkünfte gemäß § 24 Nr. 2 EStG i. V. m. § 15 Abs. 1 Nr. 2 EStG.

Die verbleibenden Gesellschafter B. und C. führen die bisherigen Buchwerte für die einzelnen Wirtschaftsgüter fort; allerdings sind die wegen des Ausscheidens des A. übernommenen Kosten noch zusätzlich zu aktivieren. Die Auszahlung des Kapitalkontos an A. geschieht erfolgsneutral. Der Barwert der Rente ist nicht zu passivieren, ebenso wenig kommt eine Aktivierung in Höhe des Barwerts in Betracht. Die jährlichen Rentenzahlungen mindern in vollem Umfang den Gewinn der OHG.

BEISPIEL 2: Behandlung der betrieblichen Versorgungsrente

Der Tatbestand ist derselbe wie in Beispiel 1. Jedoch ist keine Barzahlung vereinbart. Die jährliche Rente beträgt 12 000 €, der Barwert der Rente 60 000 €. Aufgrund besonderer Sachlage geht die Beteiligung aus betrieblichen Gründen unentgeltlich über.

A. hat vom Jahr 02 an jährlich 12 000 € Einkünfte aus Gewerbebetrieb. Durch Wegfall des Kapitalkontos hat er im Jahr 02 einen Verlust von 8 000 €.

Für die Gesellschafter B. und C. sind die Rentenzahlungen im Jahr 02 und in den folgenden Jahren i. H. v. je 12 000 € gewinnmindernde Aufwendungen. Die Buchwerte der einzelnen Wirtschaftsgüter werden zuzüglich der übernommenen Kosten fortgeführt. I. H. v. 8 000 € erzielen B. und C. im Jahr 02 einen Gewinn.

(Einstweilen frei) 998–1000

---

1 -i-, StBp 1971 S. 16.

5. Abfindung der betrieblichen Versorgungsrente

1001 Vereinbaren die Vertragsparteien, die betriebliche Versorgungsrente durch Zahlung einer bestimmten Summe abzufinden, erzielt der Berechtigte mit dem Ablösungsbetrag eine zu versteuernde Entschädigung für entgehende Betriebseinnahmen gemäß § 24 Nr. 1 Buchst. a EStG, die nach der Ansicht des RFH[1] gemäß § 34 Abs. 1 und 2 EStG tarifbegünstigt ist. Nach den Grundsätzen der Rechtsprechung zum Begriff der Entschädigung i. S. d. § 24 Nr. 1 Buchst. a EStG kann die Abfindung u. E. nicht tarifbegünstigt versteuert werden;[2] es gelten die Ausführungen zur Ablösung der betrieblichen Veräußerungsrente; siehe Rn. 811 ff. Auch aus dem Urteil des BFH vom 16. 4. 1980[3] kann nichts anderes gefolgert werden.

1002 Die Zahlung der Abfindungssumme mindert den Gewinn des Rentenverpflichteten, da sie ebenso wie die laufenden Rentenzahlungen durch den Betrieb veranlasst ist.

1003–1005 (Einstweilen frei)

6. Betriebsveräußerung und zusätzliche Vereinbarung einer Rente aus Versorgungsgründen

1006 Es ist denkbar, dass ein Steuerpflichtiger seinen Betrieb gegen einen Betrag in Höhe seines Kapitalkontos oder gegen einen höheren Betrag überträgt und außerdem eine Rente aus Versorgungsgründen erhält. Hier taucht die Frage auf, ob die Rente als betriebliche Veräußerungsrente oder als betriebliche Versorgungsrente angesehen werden kann.

> **BEISPIEL:** Betriebsveräußerung bei gleichzeitiger Vereinbarung einer Rente aus Versorgungsgründen
>
> Der 77 Jahre alte und nicht dauernd erwerbsunfähige A. scheidet im Jahre 06 aus der OHG. A, B. und C. aus, an der er zu 50 % beteiligt ist. Für seinen Anteil, der buchmäßig 20 000 € beträgt, erhält A. eine einmalige Abfindung von 45 000 €; die Veräußerungskosten, die nur gering sind, hat A. getragen. Außerdem zahlen die verbleibenden Gesellschafter wegen langjähriger Geschäftsführertätigkeit des A. an diesen noch eine jährliche Rente von 4 000 €, erstmals am 1. 2. 07. Es ist davon auszugehen, dass der von A. übertragene Anteil etwa einen Wert von 45 000 € und die Rente einen Barwert von 20 000 € hat.

---

1 Urteil vom 7. 5. 1941, VI 91/40, RStBl 1941 S. 553.
2 Herrmann/Heuer/Raupach, § 5, Anm. 1335.
3 VI R 86/77, BStBl 1980 II S. 393.

III. Betriebliche Versorgungsrenten

Nach der von W. Theis[1] vertretenen Ansicht ist der Beispielsfall wie folgt zu entscheiden: Der Betrag von 45 000 € ist als Veräußerungspreis zu behandeln. A. hat demnach gemäß § 16 EStG einen Veräußerungsgewinn von 25 000 €, der noch um die Veräußerungskosten zu mindern ist; für die Versteuerung ist der Freibetrag nach § 16 Abs. 4 EStG zu berücksichtigen. Die Rente von 4 000 € hat A. als betriebliche Versorgungsrente jährlich gemäß § 24 Nr. 2 EStG i.V. mit § 15 Abs. 1 Satz 1 Nr. 2 und Satz 2 EStG zu versteuern. Die OHG muss den zu zahlenden Betrag von 45 000 € i. H. v. 20 000 € mit dem Kapitalkonto des A. verrechnen und den Rest von 25 000 € aktivieren, während die Rente als betriebliche Versorgungsrente zu behandeln ist, weshalb eine Aktivierung des Barwerts der Rente nicht in Frage kommt.

1007

Dieser Auffassung entsprechen auch die Ausführungen des RFH in seinem Urteil vom 15. 7. 1942[2] über das Ausscheiden eines Gesellschafters:

1008

„Nur wenn dargetan wird, daß … aus dem Versorgungsgedanken heraus eine erhöhte Abfindung gewährt worden ist, ist eine Nachprüfung daraufhin erforderlich, ob etwa der gesamte Abfindungsbetrag den wirklichen – gemeinen – Wert des Kapitalanteils übersteigt. Soweit dies der Fall ist, kommt eine Aktivierung nicht in Betracht."

Die Lösung des Beispielfalles (Beispiel Rn. 1006) ist u. E. allerdings nicht zweifelsfrei. Durch eine Sofortzahlung, die das Kapitalkonto übersteigt, tritt u. E. das Veräußerungselement in dem Übertragungsvertrag i. d. R. so stark in den Vordergrund, dass man einerseits die Leistungen des Erwerbers als ein einheitliches Ganzes ansehen muss und dass andererseits die als Versorgung gedachte Rente wohl nicht mehr den Hauptzweck des Übertragungsvertrages darstellt. Damit ist u. E. die Rente nicht als betriebliche Versorgungsrente, sondern als betriebliche Veräußerungsrente zu behandeln. Der BFH hat in seinem Urteil vom 23. 1. 1964[3] festgestellt, dass im Allgemeinen die Wahrscheinlichkeit, dass die laufenden Zahlungen der Versorgung des Veräußerers dienen, umso geringer wird, je höher der Anteil des festen Kaufpreises am Gesamtkaufpreis ist. Bei der Beurteilung dieser Frage wird man ferner beachten müssen, dass nach allgemein anerkannter Ansicht zu dem für die Ermittlung des Veräußerungsgewinns maßgebenden Veräußerungspreis grundsätzlich alle Vorteile gehören, die dem Übertragenden aus Anlass der Veräußerung zufließen, und zwar ohne Rücksicht darauf, ob sie als Kaufpreis bezeichnet sind oder nicht.[4]

1009

---

1 Beilage 1/73 zu DB 1973 Heft 3 S. 9.
2 VI 362/41, RStBl 1942 S. 900 (901).
3 IV 85, 62 U, BStBl 1964 III S. 239 (240).
4 BFH, Urteil vom 29. 10. 1970, IV R 141/67, BStBl 1971 II S. 92.

Demnach sind z. B. Entschädigungen für den Umzug oder für den Wegfall künftiger Gewinne dem Veräußerungspreis hinzuzurechnen.

1010 In Fällen der im Beispiel (Rn. 1006) genannten Art wird man daher stets anhand der Einzelumstände prüfen müssen, ob eine betriebliche Veräußerungsrente oder betriebliche Versorgungsrente gegeben ist. Insbesondere ist zu prüfen, ob der feste Veräußerungspreis dem Wert des Betriebsvermögens (einschließlich der immateriellen Wirtschaftsgüter) entspricht[1] und ob dem mit der Rente verbundenen Versorgungszweck im Übertragungsvertrag eine derart selbständige Bedeutung beigemessen werden kann, dass eine von dem Veräußerungsentgelt gesonderte steuerliche Beurteilung der Rente möglich ist, oder ob der Versorgungscharakter der Rente hinter dem entgeltlichen Veräußerungsgeschäft zurücktritt und deshalb eine entgeltliche Veräußerung vorliegt.

1011 Im Zweifelsfall wird u. E. eher eine betriebliche Veräußerungsrente gegeben sein. Ist dies der Fall, finden für den Berechtigten und Verpflichteten die in den Rn. 737 ff. behandelten Regeln Anwendung. Ist die Abfindung so hoch wie das Kapitalkonto, so gelten u. E. die Ausführungen in den Rn. 975 und 986.

1012–1015 (Einstweilen frei)

7. Abkürzung der Versorgungsleistungen auf eine bestimmte Höchstlaufzeit

1016 Wird bei einer betrieblichen Versorgungsrente eine Höchstlaufzeit vereinbart, hat dies keine grundsätzlichen Auswirkungen auf die steuerliche Behandlung der Rente beim Berechtigten und Verpflichteten. Dies gilt i. d. R. auch dann, wenn die Höchstlaufzeit weniger als zehn Jahre beträgt. In diesem Fall ist aber zu prüfen, ob überhaupt noch eine Versorgungsleistung gegeben ist, denn von einer Sicherstellung des künftigen Lebensunterhalts kann man grundsätzlich nur sprechen, wenn die Versorgung für eine längere Zeit geleistet wird, wobei auch auf die Lebenserwartung des Berechtigten abzustellen ist.

1017–1020 (Einstweilen frei)

---

1 Vgl. BFH, Urteil vom 18. 1. 1979, IV R 76/76, BStBl 1979 II S. 403.

8. Bindung an die steuerlich fehlerhafte Behandlung einer Rente als betriebliche Veräußerungsrente, betriebliche Versorgungsrente oder außerbetriebliche Versorgungsrente?

Nicht selten ändern das Finanzamt oder die Steuerpflichtigen ihre bei den Veranlagungen der Vorjahre vertretene Ansicht über das Vorliegen einer betrieblichen Veräußerungsrente, betrieblichen Versorgungsrente oder außerbetrieblichen Versorgungsrente. Soweit die Veranlagungen der Vorjahre bestandskräftig sind und eine Berichtigung nach den einschlägigen Bestimmungen nicht mehr in Betracht kommt, kann eine steuerlich fehlerhafte Behandlung der Rente für diese Veranlagungen grundsätzlich nicht mehr korrigiert werden. 1021

Fraglich ist, ob das Finanzamt und der Steuerpflichtige für die künftigen Veranlagungen an die als unrichtig erkannte frühere Rechtsprechung gebunden sind. Der BFH hat sich mit dieser Frage erstmals in einem Urteil vom 26.1.1978[1] befasst (siehe hierzu Rn. 1023). In früheren Jahren hat der BFH in mehreren Urteilen, die ähnlich gelagerte Dauersachverhalte betrafen, dazu Stellung genommen, ob und inwieweit eine Bindung zu bejahen oder zu verneinen ist. In dem Urteil vom 22.4.1966[2] hat der BFH bestimmt, dass, falls ein Beteiligter (Steuerpflichtiger oder Finanzamt) sich bei einem über mehrere Jahre laufenden Dauerrechtsverhältnis für ein steuerlich mögliches, ihm vorteilhaft erscheinendes Verfahren entschieden hat, er auch für spätere Jahre an seine Wahl gebunden ist, solange kein wichtiger Grund die Änderung des bisherigen Verfahrens gebietet. Entsprechend hat der BFH in dem Urteil vom 11.2.1966[3] entschieden, dass das Finanzamt, wenn es mehrere Jahre hindurch aufgrund einer Vereinbarung mit dem Steuerpflichtigen einen Dauersachverhalt in einer rechtlich vertretbaren Weise steuerlich behandelt hat, eine rechtliche Beurteilung später nicht ohne wichtigen Grund zuungunsten des Steuerpflichtigen ändern kann, um dadurch eine zusätzliche Steuer zu erheben; in diesem Urteil hat der BFH ausgeführt: 1022

„Sind bereits die gezahlten Versicherungsprämien als Arbeitslohn eines Arbeitnehmers erfasst worden, so sind die späteren Bezüge aus der Zukunftssicherung kein Arbeitslohn, weil sie auf den früheren Beitragsleistungen des Arbeitnehmers beruhen (§ 2 Abs. 2 Nr. 2 LStDV). Wenn dagegen die laufenden Prämien nicht als Arbeitslohn behandelt worden sind, so müssen die späteren Be-

---

1 IV R 62/77, BStBl 1978 II S. 301.
2 IV 37/65, BStBl 1966 III S. 368.
3 VI 229/63, BStBl 1966 III S. 486.

züge aus der Zukunftssicherung, gleichviel ob sie in Kapital- oder Rentenform gewährt werden, Arbeitslohn sein."

1023 Auch durch das Urteil vom 23. 2. 1966[1] hat der BFH die Bindung der Beteiligten im Falle eines Dauerrechtsverhältnisses angenommen:

„Hat ein Arbeitnehmer jahrelang Beiträge zu einer Versorgungseinrichtung eines Arbeitgebers geleistet und sind diese Beiträge mit Einverständnis der Finanzbehörde der Lohnsteuer unterworfen worden, so können die späteren Versorgungsbezüge nicht zur Lohnsteuer herangezogen werden, sondern sind als Renten i. S. d. § 22 Nr. 1 Buchst. a EStG zu behandeln, auch wenn die frühere Behandlung der Beiträge rechtlich unrichtig war."

1024 U. E. spricht vieles dafür, aus dem vom BFH im Urteil vom 22. 4. 1966[2] entwickelten Stetigkeitsgrundsatz eine Bindung des Finanzamtes und des Steuerpflichtigen herzuleiten, wenn für mehrere Veranlagungszeiträume eine bestimmte Rentenart angenommen wurde und zu steuerlichen Auswirkungen geführt hat und diese Behandlung nicht offensichtlich unrichtig war.[3] Der BFH hat diese Grundsätze jedoch in dem bereits erwähnten Urteil vom 26. 1. 1978[4] wohl zu Recht nicht auf den Fall übertragen, dass eine Rente zunächst als betriebliche Versorgungsrente behandelt wurde und sie später als betriebliche Veräußerungsrente gewertet werden sollte. Der BFH hat seine Auffassung im Wesentlichen damit begründet, es lasse sich nicht ohne weiteres sagen, dass die vom Finanzamt veranlasste Behandlung der Rente als betriebliche Versorgungsrente für den Steuerpflichtigen erheblich günstiger sei als eine Behandlung als betriebliche Veräußerungsrente.

1025–1030 (Einstweilen frei)

IV. Laufende Bezüge, die keine Renten sind und aus Versorgungsgründen gezahlt werden

1031 Wenn einem Steuerpflichtigen aus Anlass der Übertragung eines Betriebs, Teilbetriebs oder Anteils an einer Personengesellschaft eine Versorgung im betrieblichen Interesse gewährt wird, kann sie statt in einer Rente auch in ande-

---

[1] VI 285/65, BStBl 1966 III S. 225.
[2] VI 37/65, BStBl 1966 III S. 368 (369); vgl. hierzu auch W. Theis, Beilage 1/73 zu DB 1973 Heft 3 S. 10.
[3] Das Urteil des FG des Saarlandes vom 15. 7. 1969, 362/66, rkr., EFG 1970 S. 66, steht dem nicht entgegen, da im Urteilsfall über eine andere Frage zu entscheiden war, nämlich darüber, ob eine Leibrente oder eine Darlehenstilgung vorlag.
[4] IV R 62/77, BStBl 1978 II S. 301.

ren laufenden Bezügen – insbesondere in einer Gewinn- oder Umsatzbeteiligung[1] – bestehen. Der Versorgungscharakter einer Gewinn- oder Umsatzbeteiligung oder anderer laufender Bezüge, die keine Renten sind, ist beim Vorliegen derselben Voraussetzungen wie bei der betrieblichen Versorgungsrente anzunehmen.

Allerdings deutet u. E. die Einräumung einer Gewinn- oder Umsatzbeteiligung in stärkerem Maße als die Zusage einer Rente auf einen nach kaufmännischen Grundsätzen abgewogenen Veräußerungspreis hin, da die Vertragspartner bei einer solchen Vereinbarung wegen der Ungewissheit, ob in einem Jahr zum Lebensunterhalt verwendbare Bezüge überhaupt geleistet werden, i. d. R. wohl nur sekundär eine Versorgung und die Abgeltung geleisteter Dienste gewollt haben. 1032

Bei Vermögensübergabeverträgen sind die Versorgungsleistungen grundsätzlich keine Leibrenten, sondern andere wiederkehrende Bezüge; aus der Rechtsnatur des Vertrags wird gefolgert, dass die Leistungen abänderbar – also nicht gleichmäßig – sind, ohne dass es einer Vereinbarung über die Anwendung der Abänderungsklausel nach § 323 ZPO bedarf.[2] Ist jedoch die Änderungsmöglichkeit im Vertrag ausdrücklich ausgeschlossen worden, liegen Renten vor.[3] 1033

Die steuerliche Behandlung der aus Versorgungsgründen gewährten Gewinn- oder Umsatzbeteiligungen und sonstigen laufenden Bezüge, die keine Renten sind, ist beim Berechtigten und Verpflichteten grundsätzlich dieselbe wie bei der betrieblichen Versorgungsrente. Die zum Zwecke der Versorgung zu leistenden Bezüge sind grundsätzlich jährlich beim Leistenden in voller Höhe Betriebsausgaben;[4] zu den Fällen des § 15 Abs. 1 Satz 1 Nr. 2 EStG siehe Rn. 990. Eine Passivierung im Jahr des Vertragsabschlusses erfolgt nicht[5] siehe aber auch Rn. 993. 1034

Beim Empfänger rechnen die Zahlungen zu den nachträglichen Einkünften i. S. d. § 24 Nr. 2 EStG i. V. m. den §§ 13, 15 oder 18 EStG.[6]

---

1 Vgl. BFH, Urteile vom 14.12.1965, IV 96/65 U, BStBl 1966 III S. 192 und vom 7.12.1966, VI 266/65, BStBl 1967 III S. 306.
2 BFH, Urteile vom 11.3.1992, X R 141/88, BStBl 1992 II S. 499; vom 16.12.1993, X R 67/92, DStR 1994 S. 497.
3 Vgl. BFH, Beschluss vom 15.7.1991, GrS 1/90, BStBl 1992 II S. 78.
4 Vgl. BFH, Urteile vom 14.12.1965, IV 96/65 U, BStBl 1966 III S. 192 und vom 7.12.1966, VI 266/65, BStBl 1967 III S. 306.
5 So auch Greiner, FR 1955 S. 278.
6 Siehe auch Herrmann/Heuer/Raupach, § 5, Anm. 1332.

1035 Werden die zum Zwecke der Versorgung vereinbarten laufenden Bezüge, die keine Renten sind, aus privaten (familiären) Erwägungen an nahe Angehörige, insbesondere an Eltern geleistet, liegen u. E. wie bei der außerbetrieblichen Versorgungsrente i. d. R. Einkünfte gemäß § 22 Nr. 1 Satz 1 EStG und Sonderausgaben gemäß § 10 Abs. 1 Nr. 1a EStG vor.[1] Überwiegt der Unterhaltscharakter, sind die Leistungen im Falle der gesetzlichen Unterhaltspflicht i. S. d. § 12 Nr. 2 EStG nicht zu versteuern und nicht abzugsfähig.

1036–1040 (Einstweilen frei)

V. Renten und Gewinn- oder Umsatzbeteiligungen an lästige Gesellschafter

1. Renten an lästige Gesellschafter

a) Grundsatz

1041 Von einem lästigen Gesellschafter (Mitunternehmer gemäß § 15 Abs. 1 Satz 1 Nr. 2 EStG) spricht man, wenn „die anderen Gesellschafter davon ausgehen, dass er durch sein Verhalten den Betrieb wesentlich schädige, so dass es im betrieblichen Interesse angebracht sei, ihn auszuschalten".[2] Die verbleibenden Gesellschafter müssen die Abfindung an den lästigen Gesellschafter bei dessen Ausscheiden insoweit aktivieren, als sie auf die Anteile des Ausscheidenden an den stillen Reserven und dem Geschäftswert entfällt. Soweit darüber hinaus noch eine Zahlung erfolgt, dient sie dem Zweck, den lästigen Gesellschafter zum Ausscheiden zu bewegen; diese Leistung ist gewinnmindernder Aufwand.[3] Für den lästigen Gesellschafter ist die gesamte Zahlung gemäß den §§ 16 und 34 Abs. 1 und 2 EStG zu versteuern.[4]

b) Abfindung für das Ausscheiden in Rentenform

1042 Die in Rn. 1041 genannten Grundsätze gelten entsprechend, wenn die Leistungen an den lästigen Gesellschafter ganz oder zum Teil in einer Rente bestehen. Wird für das Kapitalkonto, die stillen Reserven und den Geschäftswert eine

---

1 Vgl. Greiner, FR 1955 S. 278; der BFH spricht in seinem Urteil vom 3. 9. 1957, I 47/57 U, BStBl 1957 III S. 375, davon, dass die den Eltern eingeräumte Beteiligung am Gewinn oder Umsatz den Charakter einer Versorgungsrente habe, legt aber nicht eindeutig fest, ob es eine betriebliche oder außerbetriebliche Versorgungsrente ist.
2 RFH, Urteil vom 27. 4. 1938, VI 208/38, RStBl 1938 S. 662.
3 BFH, Urteil vom 11. 10. 1960, I 229/59 U, BStBl 1960 III S. 509.
4 Krah, BB 1961 S. 1374.

feste Abfindungssumme und für das Ausscheiden eine Rente gezahlt, gehört die Rente zu den steuerpflichtigen Einkünften des lästigen Gesellschafters gemäß § 24 Nr. 2 EStG i.V.m. § 15 Abs. 1 Satz 1 Nr. 2 EStG. Der nicht auf der Rente, sondern auf der Abfindung beruhende Veräußerungsgewinn ist sofort zu versteuern (§ 16 EStG); zur Anwendung der Tarifvergünstigung nach § 34 Abs. 1 und 2 EStG wird auf die Ausführungen in Rn. 736 ff. verwiesen.[1] Die Regelung der FinVerw,[2] die dem Rentenberechtigten, der seinen Betrieb gegen eine Rente veräußert ein Wahlrecht einräumt, den Gewinn aus der Rente sofort oder nachträglich zu versteuern (vgl. Rn. 635 ff.), hat offen gelassen, ob das Wahlrecht auch dem ausscheidenden lästigen Gesellschafter zusteht; u. E. ist diese Frage zu bejahen.

In der Bilanz der übrigen Gesellschafter ist der Barwert der Rente, der Gegenleistung für das Ausscheiden ist, ohne gleichzeitige Aktivierung gewinnmindernd zu passivieren.[3] Die laufenden Rentenzahlungen führen nur in Höhe des Zinsanteils zu einer Gewinnminderung.

1043

Demgegenüber vertrat die FinVerw früher die Ansicht, dass die Rente an den lästigen Gesellschafter als betriebliche Versorgungsrente nicht zu passivieren und jährlich in voller Höhe Betriebsausgabe sei. Diese Meinung ist u. E. nach den allgemeinen und einer ordnungsgemäßen Buchführung entsprechenden Grundsätzen über die Passivierung nicht zutreffend. Auch die von der Verwaltungspraxis gewählte Bezeichnung dieser Rente als betriebliche Versorgungsrente ist bedenklich, da die Rente nicht aus dem Fürsorgegedanken heraus zur Abgeltung früher geleisteter Dienste vereinbart ist, sondern dem Zweck dient, das Ausscheiden des lästigen Gesellschafters herbeizuführen.

1044

c) Entgelt für die Übertragung des Mitunternehmeranteils in Rentenform

Besteht das Entgelt für die Übertragung des Mitunternehmeranteils auch in einer Rente an den lästigen Gesellschafter, ist dieser Rententeil eine betriebliche Veräußerungsrente. Die Steuerpflicht gemäß § 24 Nr. 2 EStG i.V.m. § 15 Abs. 1 Satz 1 Nr. 2 EStG tritt für die gesamte Rente – sofern nicht die sofortige, sondern die nachträgliche Versteuerung gewählt wird – erst ein, sobald der in den Rentenzahlungen enthaltene Tilgungsanteil das Kapitalkonto des Ausscheidenden und die von ihm getragenen Veräußerungskosten übersteigt; dabei ist zwischen der Rente, die das Entgelt für den Mitunternehmeranteil bil-

1045

---

[1] Vgl. dazu auch W. Theis, Beilage 1/73 zu DB 1973 Heft 3 S. 10.
[2] R 16 Abs. 11 EStR.
[3] RFH, Urteil vom 16. 11. 1932, VI A 1501/31, RStBl 1933 S. 80; BFH, Urteil vom 3. 7. 1964, VI 346/62 U, BStBl 1964 III S. 548 (550); Schober, S. 48; Richter, StBp 1975 S. 182.

det, und der Rente, die den lästigen Gesellschafter zum Ausscheiden veranlasst hat, nicht mehr zu unterscheiden.

1046 Die verbleibenden Gesellschafter müssen den Teil des Rentenbarwerts, der das Entgelt für die stillen Reserven und den Geschäftswert darstellt, aktivieren. Der Barwert der Rentenschuld ist in voller Höhe zu passivieren, und zwar der Teil, der auf das Kapitalkonto des Ausscheidenden, die stillen Reserven und den Geschäftswert entfällt, erfolgsneutral, dagegen der Teil, der gezahlt wird, damit der lästige Gesellschafter ausscheidet, zu Lasten des Gewinns des Jahres, in dem der lästige Gesellschafter seinen Mitunternehmeranteil an die verbleibenden Gesellschafter überträgt. Der Zinsanteil der gesamten jährlichen Rentenzahlung mindert den Gewinn.

1047 **d) Beispiel**

BEISPIEL: ▶ Behandlung der Rente an lästige Gesellschafter

A., B. und C. sind Gesellschafter einer gewerblich tätigen OHG. A. scheidet am 1.7.01 als lästiger Gesellschafter aus der OHG aus. Sein Kapitalkonto beträgt 24 000 €. Zum Ausgleich seiner Ansprüche erhält A. eine jährliche am 1.7. zu zahlende Rente von jeweils 8 000 €; sie ist erstmals zum 1.7.06 fällig. Der versicherungsmathematische Barwert der Rente beträgt 80 000 €. Es ist erwiesen, dass auf die übernommenen Wirtschaftsgüter einschließlich der stillen Reserven und des Geschäftswerts ein Barwert von 60 000 € entfällt, während ein Viertel der Rente – also ein Betrag von 20 000 € – dafür gezahlt wird, dass A. aus der OHG ausscheidet. Die Veräußerungskosten i.H.v. 2 000 € hat A. getragen. A. begehrt nicht die sofortige Versteuerung des Veräußerungsgewinns.

A. versteuert von Beginn an den Zinsanteil der jährlichen Rente gemäß § 24 Nr. 2 EStG i.V. mit § 15 Abs. 1 Satz 1 Nr. 2 EStG und ab dem Zeitpunkt, ab dem der Tilgungsanteil der Rente das Kapitalkonto i.H.v. 24 000 € übersteigt, auch den Tilgungsanteil.

In der Bilanz der verbleibenden Gesellschafter B. und C. muss im Jahr des Ausscheidens des A. die Rentenverbindlichkeit von 80 000 € passiviert werden, und zwar 24 000 € unter Ausbuchung des Kapitalkontos des A., 36 000 € unter gleichzeitiger Aktivierung (Aufdeckung der stillen Reserven und Bildung eines Geschäftswerts) und 20 000 € gewinnmindernd. Die in der Rente steckenden Zinsanteile verringern jährlich den Gewinn.

2. Gewinn- oder Umsatzbeteiligung an lästige Gesellschafter

a) Behandlung beim lästigen Gesellschafter

1048 Steht dem lästigen Gesellschafter zur Abgeltung seiner gesamten Rechte nicht eine Rente, sondern eine jährliche Gewinn- oder Umsatzbeteiligung zu, sind bei dem Berechtigten und den Verpflichteten die Grundsätze über die steuerliche Behandlung einer Rente an einen lästigen Gesellschafter und einer Gewinn- oder Umsatzbeteiligung bei Geschäftsveräußerungen (siehe Rn. 878 ff.) entsprechend anzuwenden. Die jährlich geleisteten Bezüge sind beim lästigen Gesellschafter grundsätzlich nach § 24 Nr. 2 EStG zu versteuern, sobald sie das Kapitalkonto und die vom lästigen Gesellschafter getragenen Veräußerungskosten übersteigen; er kann u. E. auch die sofortige Versteuerung nach § 16 EStG wählen.

b) Behandlung bei den verbleibenden Gesellschaftern

Werden das Kapitalkonto und die stillen Reserven nicht durch eine Barzahlung abgefunden, haben die verbleibenden Gesellschafter, soweit für die schwer bewertbaren immateriellen Wirtschaftsgüter eine allmähliche Aktivierung vorgenommen wird, die jährlich zu zahlenden Gewinn- oder Umsatzbeteiligungen u. E. zunächst erfolgsneutral zu Lasten des in Höhe des Kapitalkontos und der stillen Reserven zu bildenden Kontos über die Gewinnbeteiligungslast zu buchen; ist dieses Konto ausgeglichen, wird in Höhe der jährlichen Leistungen erfolgsneutral ein Geschäftswert aktiviert. Sobald ein angemessener Geschäftswert gebildet ist, mindern die Leistungen in vollem Umfang den Gewinn. Eine im Zeitpunkt des Ausscheidens des lästigen Gesellschafters vorzunehmende Aufgliederung der Bezüge in der Weise, dass ein Teil als Leistung dafür, dass der lästige Gesellschafter ausscheidet, sofort abzugsfähig ist, kommt u. E. nicht in Frage.[1] Eine derartige Aufteilung dürfte einer wirtschaftlich sinnvollen Betrachtung nicht gerecht werden, da die Leistungen der verbleibenden Gesellschafter erst nach vollständiger Bezahlung der übernommenen Wirtschaftsgüter als Entgelt für das Ausscheiden des lästigen Gesellschafters angesehen werden können. Diese Beurteilung entspricht der Versteuerung der Gewinn- und Umsatzbeteiligung beim lästigen Gesellschafter, für den – wie in Rn. 1048 erwähnt – eine Steuerpflicht grundsätzlich erst eintritt, wenn die Leistungen das Kapitalkonto und die von ihm getragenen Veräußerungskosten überschritten haben.

1049

(Einstweilen frei) 1050–1055

---

1 A. A. -el-, DB 1960 S. 797.

VI. Betriebliche wiederkehrende Bezüge ohne Veräußerungs- und Versorgungscharakter

1. Betriebliche Renten oder andere betriebliche wiederkehrende Bezüge aufgrund einer Dienstleistung oder aufgrund anderer Leistungen, ohne dass ein Betrieb (Anteil) übertragen wird

1056 Leibrenten oder andere wiederkehrende Bezüge auf Lebenszeit können als Gegenleistung für eine freiberufliche Tätigkeit (z. B. eine anwaltliche oder steuerliche Beratungs- oder Betreuungstätigkeit) vereinbart werden. Da diese Bezüge für eine freiberufliche Tätigkeit gewährt werden (und zwar ohne dass gleichzeitig Betriebsvermögen auf den Rentenverpflichteten übertragen wird), sind sie betriebliche Einnahmen i. S. d. § 18 Abs. 1 Nr. 1 EStG. Soweit sie nach Beendigung der freiberuflichen Tätigkeit oder an die Witwe des Freiberuflers zu leisten sind, liegen nachträgliche Einkünfte gemäß § 24 Nr. 2 EStG vor.[1] Eine Besteuerung der Leibrente mit dem Ertragsanteil nach § 22 Nr. 1 Satz 3 Buchst. a Doppelbuchst. bb EStG kommt somit nicht in Frage. Auch das RG[2] hat entschieden, dass es sich bei der Leibrente als anwaltliches Honorar nicht um ein Leibrentenversprechen i. S. d. § 761 BGB handelt, sondern dass eine Entlohnung für eine anwaltliche Tätigkeit gegeben ist.

1057 Entsprechendes gilt, wenn ein Gewerbetreibender für gewerbliche Dienstleistungen laufende Bezüge erhält. So erzielt z. B. der Handelsvertreter, dem sein Auftraggeber für seine Vertretungstätigkeit eine Provision oder einen Ausgleichsanspruch nach § 89b HGB in Form laufender Bezüge eingeräumt hat, Einnahmen aus Gewerbebetrieb.

1058 Nach § 17 Abs. 1 Satz 2 BetrAVG sind Personen, die nicht Arbeitnehmer sind, i. S. d. BetrAVG wie Arbeitnehmer zu behandeln, wenn ihnen Leistungen der Alters-, Invaliden- oder Hinterbliebenenversorgung aus Anlass ihrer Tätigkeit für ein Unternehmen zugesagt worden sind. Wird diesen Personen eine Versorgungsrente gewährt, so brauchen sie die unverfallbare Anwartschaft auf die zugesagte Pension bei der Ermittlung des Gewinns aus ihrer gewerblichen Betätigung nicht zu aktivieren.[3] Auch nach Aufgabe eines Betriebs kann der

---

1 BFH, Urteil vom 26. 3. 1987, I R 44/83, BStBl 1987 II S. 597.
2 Urteil vom 2. 11. 1937, JW 1938 S. 370.
3 BFH, Urteil vom 14. 12. 1988, I R 44/83, BStBl 1989 II S. 323; gl. A. LS, DStR 1989 S. 211; Loos, DB 1987 S. 2427.

Berechtigte nicht zu sofortiger Versteuerung gezwungen werden;[1] er kann die nachträgliche Versteuerung nach § 24 Nr. 2 EStG wählen.

2. Betriebliche Schadensrenten

a) Begriff und Fälle der betrieblichen Schadensrenten

Schadensrenten können z. B. vorkommen, wenn dem Steuerpflichtigen durch eine unerlaubte Handlung (§§ 823 ff. BGB) Einkünfte entgangen sind oder in Zukunft entgehen; in diesem Fall wird die Rente als Entschädigung für den Verlust der Einkünfte gezahlt. Ferner kann eine Schadensrente nach § 843 BGB bei Vermehrung der Bedürfnisse des Geschädigten oder durch Verrentung eines Schmerzensgeldanspruchs nach § 847 BGB in Frage kommen. Ein weiteres Beispiel für eine Schadensrente enthält § 844 Abs. 2 BGB; ist dem Steuerpflichtigen durch die Tötung einer Person ein gesetzlicher Unterhaltsanspruch entgangen, so kann er zum Ausgleich von demjenigen, der die unerlaubte Handlung begangen hat, Schadensersatz in Form einer Geldrente verlangen, die durch Verzicht auf die Möglichkeit des § 323 ZPO eine Leibrente werden kann. Gleiches gilt z. B. auch für die Leistung von Schadensrenten nach den §§ 1, 2, 3, 5, 6 und 8 HaftpflG, den §§ 7, 11 und 13 StVG. 1059

Nach BFH-Rechtsprechung[2] sind Mehrbedarfsrenten nach § 843 BGB weder als Leibrenten noch als sonstige wiederkehrende Bezüge gemäß § 22 Nr. 1 EStG steuerbar; Gleiches gilt nach BMF-Schreiben vom 8. 11. 1995[3] für verrentete Schmerzensgeldansprüche nach § 847 BGB. 1060

Dagegen hat der BMF[4] zunächst an der Auffassung festgehalten, dass Schadensersatzrenten, die auf der Rechtsgrundlage der §§ 844 Abs. 2 und 845 BGB für den Verlust von Unterhaltsansprüchen oder von gesetzlich geschuldeten Diensten gezahlt werden, nach § 22 Nr. 1 EStG zu besteuern sind. Mit BMF vom 15. 7. 2009[5] hat sich die FinVerw allerdings der schlüssigen Interpretation des BFH angeschlossen und ihr abweichendes Schreiben vom 8. 11. 1995 aufgehoben (vgl. hierzu auch Rn. 2361 ff.). 1061

Eine betriebliche Schadensrente liegt vor, falls die Rente beim Berechtigten zu den Einkünften aus Land- und Forstwirtschaft, Gewerbebetrieb oder selbstän- 1062

---

1 LS, DStR 1989 S. 211; Loos, DB 1987 S. 2427.
2 BFH, Urteil vom 25. 10. 1994, VIII R 79/91, BStBl 1995 II S. 121.
3 BStBl 1995 I S. 705.
4 Schreiben vom 8. 11. 1995, BStBl 1995 I S. 705.
5 BStBl 2009 I S. 836.

Teil C: Betriebliche wiederkehrende Bezüge

diger Arbeit gehört; dies ist denkbar, wenn die Rente als Entschädigung für entgangene oder entgehende Gewinneinkünfte gezahlt wird (§§ 13, 15 oder 18 EStG i.V.m. § 24 Nr. 1 Buchst. a EStG). Welche der drei genannten Einkunftsarten gegeben ist, richtet sich nach der Art der entgangenen oder entgehenden Gewinne.[1] Kann die Schadensrente nicht zu den Einkünften aus Land- und Forstwirtschaft, aus Gewerbebetrieb oder aus selbständiger Arbeit gerechnet werden, handelt es sich um eine private Schadensrente.

1063   Problematisch ist die Zuordnung der für entgehende Einkünfte gezahlten Schadensrente zu den einzelnen Einkunftsarten, wenn der Geschädigte ein Kind ist, das noch nicht im Berufsleben stand und das durch das Schadensereignis berufsunfähig geworden ist. In diesem Fall ist zu prüfen, welchen Beruf das Kind später mit großer Wahrscheinlichkeit ergriffen hätte; danach richtet sich, welche Einkunftsart entgangen und welcher Einkunftsart die Schadensrente zuzuordnen ist.[2] Sind keine Anhaltspunkte für die spätere Berufswahl des Kindes gegeben, liegen u.E. private Schadensbezüge vor, die nach § 22 Nr. 1 EStG zu versteuern sind.[3]

b) Einkommensteuerliche Behandlung betrieblicher Schadensrenten

aa) Behandlung beim Rentenberechtigten

1064   Ermittelt der Steuerpflichtige den Gewinn nach § 4 Abs. 1 EStG oder § 5 EStG, hat er den Anspruch auf die betriebliche Schadensrente nach einem Urteil des BFH[4] gewinnerhöhend zu aktivieren, im Falle der mit dem Schadensereignis zusammenhängenden Aufgabe des Betriebs in der Schlussbilanz.[5, 6] Wird der Entschädigungsanspruch demnach aktiviert, ist der Gewinn u.E. nach § 34 Abs. 2 EStG tarifbegünstigt zu versteuern, wenn die Entschädigung die entgehenden Einkünfte mehrerer Jahre abgilt.[7]

---

1 RFH, Urteil vom 10.2.1939, IV 262/38, RStBl 1939 S. 907.
2 Vgl. Schick, NJW 1967 S. 963.
3 Gl. A. OFD München, Vfg. vom 10.9.1979, StEK, EStG § 22 Nr. 72.
4 Urteil vom 21.2.1957, IV 630/55 U, BStBl 1957 III S. 164.
5 Nach der zivilrechtlichen Rechtsprechung muss der Schädiger auch die auf die Schadensrente entfallenden persönlichen Steuern des Geschädigten übernehmen; vgl. Schick, NJW 1967 S. 962; Krebs, Versicherungswirtschaft 1957, S. 259.
6 Die Unfallentschädigung, die ein Gewerbetreibender wegen der Minderung seiner Erwerbsfähigkeit aus der Haftpflichtversicherung des Unfallschädigers erhält, gehört nicht zum Gewerbeertrag i.S.d. § 7 GewStG; vgl. dazu BFH, Urteile vom 25.11.1965, IV 185/65 S, BStBl 1966 III S. 90 und vom 28.8.1968, I 252/65, BStBl 1969 II S. 8.
7 Vgl. BFH, Urteile vom 11.12.1970, VI R 66/66, BStBl 1971 II S. 137; vom 12.3.1975, BStBl 1975 II S. 485 und vom 21.11.1980, VI R 179/78, BStBl 1981 II S. 214.

U. E. ist jedoch eine sofortige Versteuerung des kapitalisierten Werts der Schadensrente im Jahr der Entstehung des Schadenersatzanspruchs nicht gerechtfertigt, wenn die Schadensrente wegen entgehender Gewinne gewährt wird.[1] Wenn auch die Rentenforderung im Jahr des Schadenseintritts entstanden ist, so bedeutet die betriebswirtschaftlich richtige Abgrenzung des Periodengewinns aber, dass die Rente in dem Jahr zu versteuern ist, in dem der ersetzte Gewinn entgangen ist. Dies ergibt sich auch aus dem den Schadenersatz beherrschenden bürgerlich-rechtlichen Grundsatz der Naturalrestitution (§ 249 BGB), der hier beachtet werden muss. Für den Steuerpflichtigen wäre eine Wiederherstellung des Zustands, der bestehen würde, wenn der zum Schadenersatz verpflichtende Umstand nicht eingetreten wäre, nicht gegeben, falls er im Schadensjahr den gesamten Barwert der Rente der Einkommensteuer unterwerfen müsste. Es erscheint wenig sinnvoll, die Gewinne späterer Jahre nur deshalb in einem Jahr zur Einkommensteuer heranzuziehen, weil sie nicht unmittelbar auf der werbenden Tätigkeit, sondern auf einem Schadenersatzanspruch beruhen. Demnach muss u. E. bei Rentenberechtigten, die den Gewinn nach § 14 Abs. 1 EStG oder nach § 5 EStG ermitteln, die jährlich zustehende Schadensrente für entgehende Gewinne jeweils in dem Jahr den Gewinn erhöhen, in das sie wirtschaftlich gehört. Eine passive Rechnungsabgrenzung kommt in diesem Falle nicht in Frage, da die Voraussetzungen des § 5 Abs. 5 EStG nicht erfüllt sind.[2]

1065

Keine Zweifel bestehen, dass für Steuerpflichtige mit Gewinnermittlung nach § 4 Abs. 3 EStG hinsichtlich der betrieblichen Schadensrente steuerbare Einkünfte erst im Jahr des Zuflusses der Rente (§ 11 EStG) vorliegen.

1066

Wird von den Parteien die Ablösung der betrieblichen Schadensrente durch eine Abfindungszahlung vereinbart, ist die Abfindung in voller Höhe Betriebseinnahme. War der Rentenanspruch entsprechend der Auffassung des BFH aktiviert worden, erhöht der Betrag, um den die Abfindung höher ist als der aktivierte Rentenanspruch, den Gewinn; ist die Abfindung geringer als der aktivierte Rentenanspruch, mindert der Unterschiedsbetrag den Gewinn.

1067

bb) Behandlung beim Rentenverpflichteten

Die steuerliche Behandlung der Schadensrente beim Verpflichteten ist entscheidend davon abhängig, ob der zum Schadenersatz führende Vorgang dem betrieblichen oder privaten Bereich des Verpflichteten zuzurechnen ist.

1068

---

1 FG Baden-Württemberg, Urteil vom 4. 3. 1994, rkr., 9 K 199/92, EFG 1994 S. 740, m. w. N.
2 Herrmann/Heuer/Raupach, EStG, § 5, Anm. 1343.

1069 Für die Abzugsfähigkeit der Schadensrente als Betriebsausgabe gelten die allgemeinen Grundsätze über die Berücksichtigung von nicht in Rentenform bestehenden Schadenersatzleistungen gemäß § 4 Abs. 4 EStG.[1] Voraussetzung für die Abzugsfähigkeit nach dieser Vorschrift ist, dass der Schaden durch den Betrieb veranlasst worden ist. Nach dem Beschluss des Großen Senats des BFH vom 28. 11. 1977[2] kann nicht ohne weiteres davon ausgegangen werden, dass die betriebliche Veranlassung von Ausgaben dann nicht gegeben ist, wenn der Schadenseintritt bewusst oder leichtfertig herbeigeführt worden ist.

1070 Gehört der Schadenersatz nach dem Gesagten zu den Betriebsausgaben, ist die Verpflichtung, den Schaden in Form einer Rente zu ersetzen, in Höhe des Rentenbarwerts im Jahr der Entstehung der Schuld gewinnmindernd zu passivieren, falls der Verpflichtete den Gewinn nach § 4 Abs. 1 oder § 5 EStG ermittelt. Es liegen keine Gründe vor, die es ähnlich der Behandlung beim Rentenberechtigten (vgl. oben Rn. 1065) rechtfertigen könnten, dass sich nur der Jahresbetrag der Rente von Jahr zu Jahr gewinnmindernd auswirkt. Im Falle der Ablösung der Rentenverbindlichkeit ist die Abfindung mit dem passivierten Rentenbarwert zu verrechnen; soweit die Abfindung höher als der passivierte Rentenbarwert ist, liegt ein Verlust, und soweit sie geringer ist, ein Gewinn vor.

1071 Zur steuerlichen Behandlung von wiederkehrenden Schadensersatzleistungen s. Rn. 2361 ff.

cc) Beispiel

1072 **BEISPIEL:** ▶ Behandlung der betrieblichen Schadensrente beim Berechtigten und Verpflichteten

Der Gewerbetreibende A., der den Gewinn nach § 5 EStG ermittelt, ist im Kaufhaus des B. auf einer schadhaften Treppe zu Fall gekommen und hat dadurch so schwere Körperschäden erlitten, dass er zu 70 % in seiner Erwerbsfähigkeit gemindert ist. B. hat den Unfall durch leichte Fahrlässigkeit verschuldet und seine Verpflichtung zur Zahlung einer Rente anerkannt. In einem besonderen Vertrag haben A. und B. vereinbart, dass auf die Rentenverpflichtung die Anpassungsmöglichkeit des § 323 ZPO nicht anzuwenden ist. B. zahlt daraufhin an A. bis zu dessen Lebensende wegen entgehender Einkünfte aus Gewerbebetrieb eine jährliche Schadensrente von 10 000 €; A. führt seinen Betrieb trotz der Minderung der Erwerbsfähigkeit fort.

A. hat nach der Ansicht des BFH[3] den Barwert der Schadensrente im Unfalljahr zu aktivieren (siehe aber Rn. 1065). Eine Gewinnerhöhung tritt danach im Jahr der Aktivierung in Höhe des Rentenbarwerts und in den Jahren, in denen die Schadensrente

---

1 Vgl. RFH, Urteil vom 14. 12. 1938, VI 739/38, RStBl 1939 S. 212.
2 GrS 2–3/77, BStBl 1978 II S. 105.
3 Urteil vom 21. 2. 1957, IV 630/55 U, BStBl 1957 III S. 164.

fällig wird, in Höhe des Zinsanteils ein (vgl. dazu die entsprechenden Ausführungen zur Behandlung der betrieblichen Veräußerungsrente beim Verpflichteten unter Rn. 679 f.). Nach der hier vertretenen Auffassung hat A. im Unfalljahr nicht den Rentenbarwert zu versteuern; vielmehr erhöht sich sein Gewinn jährlich um 10 000 €; ein Zinsanteil ist in diesem Fall nicht zu errechnen.

Für B. ist die Rente eine betriebliche Schuld, die in Höhe des Barwerts gewinnmindernd zu passivieren ist. Außerdem werden die laufenden Gewinne durch die jährlichen Zinsanteile, die in der Rente enthalten sind, verringert. Falls B. – was meistens der Fall sein wird – einen Haftpflichtversicherungsvertrag abgeschlossen hat, durch den die Schadenersatzverpflichtung von einem Versicherungsunternehmen übernommen wird, tritt eine Gewinnminderung nicht ein.

3. Betriebliche wiederkehrende Bezüge, die keine Renten sind, aufgrund einer Schadensersatzverpflichtung

Schadenersatz kann auch in Form von wiederkehrenden Bezügen, die nicht die Voraussetzungen des Rentenbegriffs erfüllen, geleistet werden. 1073

Die steuerliche Behandlung dieser Bezüge ist beim Berechtigten und Verpflichteten im Grundsatz dieselbe wie bei den betrieblichen Schadensrenten.

4. Betriebliche Unfallrenten

Eine Rente, die zu Einkünften aus Land- und Forstwirtschaft, Gewerbebetrieb oder selbständiger Arbeit führt, kann schließlich auch in Betracht kommen, wenn sie auf einem Unfallversicherungsvertrag beruht, der zum Betriebsvermögen gehört. Dies ist insbesondere anzunehmen, wenn in einem Betrieb in erheblichem Umfang mit Betriebsunfällen gerechnet werden muss (z. B. bei Taxiunternehmen) und deshalb der Vertrag abgeschlossen worden ist.[1] 1074

Prämienzahlungen für Unfallversicherungen, die zum Betriebsvermögen gehören, sind Betriebsausgaben. Bei Unfallversicherungen mit Prämienrückgewähr (es überwiegt der Lebensversicherungscharakter) ist in Höhe des Deckungskapitals ein Aktivposten zu bilden.[2] 1075

Im Falle der Gewinnermittlung nach § 4 Abs. 1 EStG oder § 5 EStG ist bei Eintritt des Versicherungsfalls der Anspruch auf die Rente grundsätzlich mit dem Barwert zugunsten des Gewinns zu aktivieren; von den jährlichen Rentenzahlungen wirkt sich nur der Zinsanteil gewinnerhöhend aus. U. E. kann in dieser Weise nicht verfahren werden, wenn – was allerdings nur selten der Fall sein 1076

---

[1] Vgl. dazu RFH, Urteil vom 14. 6. 1939, VI 318/39, RStBl 1939 S. 910; BFH, Urteile vom 16. 5. 1963, IV 75/60 U, BStBl 1963 III S. 399 und vom 8. 4. 1964, VI 343/62 S, BStBl 1964 III S. 271.
[2] BFH, Urteil vom 28. 11. 1961, I R 191/59 S, BStBl 1962 III S. 101.

wird – nach den Versicherungsbedingungen eindeutig feststeht, dass die betriebliche Unfallrente für künftig entgehende Gewinne geleistet wird; insoweit muss u. E. wie bei der Schadensrente (vgl. Rn. 1065) die zustehende Jahresrente die laufenden jährlichen Gewinne des Berechtigten erhöhen. Ermittelt der Steuerpflichtige den Gewinn nach § 4 Abs. 3 EStG, ist die betriebliche Unfallrente stets im Jahr des Zuflusses (§ 11 Abs. 1 EStG) zu versteuern.

1077   Die Leistungen der gesetzlichen Unfallversicherung sind gemäß § 3 Nr. 1a EStG steuerfrei; dennoch stellen die Prämien Betriebsausgaben dar.

1078–1085   (Einstweilen frei)

VII. Steuerliche Behandlung laufender Bezüge mit betrieblichem Charakter im Falle beschränkter Steuerpflicht und Steuerpflicht gem. § 2 Außensteuergesetz

1. Beschränkte Steuerpflicht des Empfängers laufender betrieblicher Bezüge

1086   Die steuerliche Behandlung der laufenden Bezüge mit betrieblichem Charakter in dem bisher behandelten Sinne ändert sich grundsätzlich nicht dadurch, dass der Empfänger beschränkt steuerpflichtig ist. Der beschränkt Steuerpflichtige hat jedoch die laufenden betrieblichen Bezüge nur zu versteuern, wenn neben den weiter oben dargestellten Voraussetzungen der Besteuerung laufender betrieblicher Bezüge zusätzlich die Erfordernisse des § 49 Abs. 1 Nr. 1, 2 oder 3 EStG erfüllt sind.

1087   Zu den inländischen Einkünften aus Land- und Forstwirtschaft, aus Gewerbebetrieb und aus selbständiger Arbeit i. S. d. § 49 Abs. 1 Nr. 1–3 EStG gehören auch die nachträglichen Einkünfte gemäß § 24 Nr. 2 EStG;[1] dies folgt daraus, dass § 24 EStG nicht den Katalog der Einkunftsarten erweitert, sondern lediglich klarstellt, dass bestimmte Tatbestände unter die Einkünfte i. S. d. §§ 13–23 EStG fallen.

1088   Dem beschränkt steuerpflichtigen Rentenberechtigten steht das Wahlrecht auf sofortige oder nachträgliche Versteuerung ebenso wie unbeschränkt steuerpflichtigen Rentenberechtigten zu. Auch im Übrigen gelten die gleichen Grundsätze wie für unbeschränkt steuerpflichtige Rentenempfänger.

---

1 BFH, Urteile vom 15. 7. 1964, I 415/61 U, BStBl 1964 III S. 551 und vom 28. 3. 1984, I R 191/79, BStBl 1984 II S. 664; ebenso Meyer/Richter, FR 1973 S. 58.

VII. Steuerliche Behandlung laufender Bezüge mit betrieblichem Charakter

BEISPIEL: ▶ Betriebliche Renten bei beschränkter Steuerpflicht des Empfängers
Der beschränkt steuerpflichtige A. war an einer OHG, die ihre Betriebsstätte in München hat, beteiligt. Nach seinem Ausscheiden bezieht A. von der OHG eine betriebliche Versorgungsrente. Außerdem hat A. eine Beteiligung i. S. d. § 17 EStG an einer AG, die Geschäftsleitung und Sitz in Stuttgart hat, gegen eine Leibrente veräußert. Beide Renten sind inländische Einkünfte i. S. d. § 49 Abs. 1 Nr. 2 EStG, die A. nach den allgemeinen Grundsätzen zu versteuern hat.

2. Beschränkte Steuerpflicht des Verpflichteten

Ist ein Steuerpflichtiger, der wiederkehrende betriebliche Zahlungen zu leisten hat, beschränkt steuerpflichtig, ergeben sich für ihn einkommensteuerliche Auswirkungen nur, wenn die zu leistenden Beträge im Rahmen inländischer Einkünfte i. S. d. § 49 Abs. 1 Nr. 1–3 EStG anfallen. Es gelten die in den Rn. 611 ff. dargestellten Grundsätze. Erwirbt z. B. ein beschränkt Steuerpflichtiger einen inländischen Betrieb gegen eine betriebliche Veräußerungsrente, so mindern die Rentenzahlungen bei der Ermittlung der inländischen Einkünfte aus Gewerbebetrieb i. S. d. § 49 Abs. 1 Nr. 2 Buchst. a EStG in Höhe des Zinsanteils den Gewinn. Dies gilt aber nur so lange, wie die Betriebsstätte, mit der die Rentenzahlungen oder die anderen laufenden betrieblichen Bezüge in sachlichem Zusammenhang stehen, im Inland unterhalten wird; wenn also der beschränkt Steuerpflichtige den gegen eine betriebliche Veräußerungsrente erworbenen Betrieb weiterveräußert oder aufgibt, kann er den Zinsanteil der von ihm weiterhin zu entrichtenden betrieblichen Veräußerungsrente nicht mehr einkommensteuerlich absetzen. 1089

3. Steuerpflicht gem. § 2 Außensteuergesetz

Sind die Voraussetzungen des § 2 AStG erfüllt, erstreckt sich die beschränkte Steuerpflicht auch auf betriebliche wiederkehrende Bezüge. 1090

(Einstweilen frei) 1091–1100

Teil D: Besteuerung von Altersbezügen

I. Allgemeines

1. Ausgangspunkt für die Reform der Besteuerung von Altersbezügen

Das BVerfG hat mit Urteil vom 6.3.2002[1] die unterschiedliche Besteuerung von Renten aus den gesetzlichen Sicherungssystemen (z.B. der gesetzlichen Rentenversicherung) und Pensionen als mit dem Grundgesetz unvereinbar angesehen und den Gesetzgeber verpflichtet, spätestens mit Wirkung zum 1.1.2005 eine Neuregelung zu treffen.

1101

Die Verfassungswidrigkeit der bisherigen Regelungen ergab sich nach Auffassung des BVerfG durch einen Belastungsvergleich für Rentner und Pensionäre in der Erwerbsphase und in der Nacherwerbsphase.

1102

Bei Arbeitnehmern, die der gesetzlichen Rentenversicherungspflicht unterliegen, waren die Beiträge zur gesetzlichen Rentenversicherung einkommensteuerfrei, soweit es sich um Arbeitgeberbeiträge handelte (§ 3 Nr. 62 EStG). Arbeitnehmerbeiträge wurden zunächst vom Arbeitgeber individuell besteuert, sie konnten jedoch – zumindest teilweise – als Sonderausgaben nach § 10 EStG steuerlich geltend gemacht werden. In dem entsprechenden Umfang erfolgte damit über den Sonderausgabenabzug eine rückwirkende Steuerfreistellung. Bei der überwiegenden Zahl der Arbeitnehmer wirkten sie sich jedoch nicht in voller Höhe steuermindernd aus, da der Sonderausgabenabzug betragsmäßig beschränkt war und in die Höchstbeträge zudem auch noch andere Vorsorgeaufwendungen wie z.B. Krankenversicherungsbeiträge, Beiträge zur Arbeitslosenversicherung, zu Unfall- und Haftpflichtversicherungen mit einflossen.

1103

Bei Beamten trat in der Erwerbsphase keine steuerliche Belastung durch die Altersabsicherung ein, da Beamte keine eigenen Beiträge für ihre Altersversorgung aufbringen müssen. Hier obliegt es dem Dienstherrn – vergleichbar einer Direktzusage – Vorsorge für die Altersabsicherung zu treffen. Dies hatte zur Folge, dass bei den Beamten die Sonderausgabenhöchstbeträge zum Abzug von Vorsorgeaufwendungen nicht durch Pflichtbeiträge zur gesetzlichen Rentenversicherung ausgeschöpft wurden, sondern in vollem Umfang für den Ab-

1104

---

[1] BGBl 2002 I S. 1305; BStBl 2002 II S. 618.

zug von Krankenversicherungsbeiträgen, Beiträgen zur Pflegeversicherung, zu Unfall- und Haftpflichtversicherungen zur Verfügung standen.

1105 In der Auszahlungsphase waren Renten aus der gesetzlichen Sozialversicherung unter Abzug eines Werbungskosten-Pauschbetrags von 102 € nur mit einem Ertragsanteil (27 % bei Renteneintritt mit 65 Jahren) einkommensteuerpflichtig. Die Ertragsanteilsbesteuerung sollte dabei der typisierenden Steuerfreistellung von Kapitalrückflüssen dienen. Folglich wurde für einen typischen Rentner mit Rentenbeginn im Alter von 65 Jahren unterstellt, dass 73 % der laufenden Rente als Rückzahlung geleisteter Beiträge anzusehen war.

1106 Pensionen unterlagen hingegen nach Abzug eines Versorgungsfreibetrages i. H. v. 40 % der Versorgungsbezüge – höchstens 3 072 € – und eines Arbeitnehmer-Pauschbetrags von 1 044 € in voller Höhe der Steuerpflicht.

1107 Diese einkommensteuerliche Behandlung war nach Auffassung des BVerfG nicht verfassungskonform. Die Besteuerung müsse sich sowohl bei den Renten als auch bei den Versorgungsbezügen nach dem Grundsatz richten, dass nur der erstmalige Zufluss von Einkommen besteuert werden dürfe, nicht hingegen die Umschichtung oder der Konsum bereits vorhandenen Vermögens. Außerdem sei für die verfassungsrechtliche Würdigung am Maßstab des Art. 3 Abs. 1 GG ausschließlich auf die einkommensteuerrechtliche Belastung abzustellen. Be- und Entlastungswirkungen, die sich aus dem Zusammenspiel mit Normen des Besoldungs-, Versorgungs- und Sozialversicherungsrechts ergeben würden, müssten außen vor bleiben.

1108 Aufbauend auf dem Gutachten der sog. „Rürup-Kommission"[1] hat der Gesetzgeber zum 1. 1. 2005 die Besteuerung sämtlicher Altersvorsorgeaufwendungen und Altersbezüge neu geregelt.

1109–1110 (Einstweilen frei)

2. Einteilung der Altersversorgung in ein sog. Drei-Schichten-Modell

1111 Dem Gutachten der „Rürup-Kommission" folgend hat der Gesetzgeber mit dem AltEinkG vom 5. 7. 2004[2] ein sog. Drei-Schichten-Modell zur Einteilung der Altersvorsorgeprodukte entwickelt.

---

1 Schriftenreihe des BMF, Band 74.
2 BGBl 2004 I S. 1427; BStBl 2004 I S. 554.

Die erste Schicht, die Basisversorgung, besteht aus Produkten, bei denen die erworbenen Anwartschaften nicht beleihbar, nicht vererblich, nicht veräußerbar, nicht übertragbar und nicht kapitalisierbar sind (gesetzliche Rentenversicherung, berufsständische Versorgung, Alterssicherung der Landwirte und auch neu entwickelte private kapitalgedeckte Leibrentenversicherungen, die sog. „Basis-Rente", auch Basisrente genannt). 1112

Die zweite Schicht umfasst die Zusatzversorgung im Alter in Form der sog. Riester-Rente (einschließlich der Eigenheimrente) sowie die betriebliche Altersversorgung. 1113

Der dritten Schicht werden Kapitalanlageprodukte, wie z. B. Lebensversicherungen, Fondssparpläne, Banksparpläne, Rentenversicherungen mit Kapitalwahlrecht, zugeordnet, die zwar auch der Altersvorsorge dienen können, die aber nach Wahl des Anlegers auch anderweitig verwendet werden können (z. B. in Form einer Kapitalauszahlung). 1114

In allen drei Schichten der Altersversorgung gelten ab 2005 unterschiedliche einkommensteuerrechtliche Regelungen bezüglich der Behandlung der Beiträge und der späteren Auszahlungsleistungen. 1115

(Einstweilen frei) 1116–1120

II. Steuerliche Behandlung der Beiträge und der Altersbezüge aus der Basisversorgung

1. Behandlung der Beiträge in der Ansparphase

a) Definition der Basisversorgung

Zur Basisversorgung gehören 1121

▶ die gesetzlichen Rentenversicherungen (§ 10 Abs. 1 Nr. 2 Buchst. a EStG),

▶ landwirtschaftliche Alterskassen (§ 10 Abs. 1 Nr. 2 Buchst. a EStG),

▶ berufsständische Versorgungseinrichtungen, die den gesetzlichen Rentenversicherungen vergleichbare Leistungen erbringen (§ 10 Abs. 1 Nr. 2 Buchst. a EStG),

▶ kapitalgedeckte Altersvorsorgeprodukte, die ausschließlich die Zahlung einer monatlichen, auf das Leben des Steuerpflichtigen bezogenen lebenslangen Leibrente nicht vor Vollendung des 60. Lebensjahres vorsehen und deren Ansprüche nicht vererblich, nicht übertragbar, nicht beleihbar, nicht veräußerbar und nicht kapitalisierbar sind; eine ergänzende Absicherung des Eintritts der Berufsunfähigkeit (Berufsunfähigkeitsrente), der verminderten Erwerbsfähigkeit (Erwerbsminderungsrente) oder von Hinterbliebenen (Hinterbliebenenrente)[1] ist möglich (sog. „Basis-Rente"; § 10 Abs. 1 Nr. 2 Buchst. b EStG; ab dem 1. 7. 2013 § 10 Abs. 1 Nr. 2 Buchst. b Doppelbuchst. aa EStG) und

▶ Vorsorgeprodukte zur Absicherung gegen den Eintritt der Berufsunfähigkeit oder der verminderten Erwerbsfähigkeit (Versicherungsfall), wenn der Vertrag ausschließlich die Zahlung einer monatlichen, auf das Leben des Steuerpflichtigen bezogenen lebenslangen Leibrente für einen Versicherungsfall vorsieht, der bis zur Vollendung des 67. Lebensjahres eingetreten ist; der Vertrag kann die Beendigung der Rentenzahlung wegen eines medizinisch begründeten Wegfalls der Berufsunfähigkeit oder der verminderten Erwerbsfähigkeit vorsehen und die Höhe der zugesagten Rente kann vom Alter des Steuerpflichtigen bei Eintritt des Versicherungsfalls abhängig gemacht werden, wenn der Steuerpflichtige das 55. Lebensjahr vollendet hat; die Ansprüche dürfen nicht vererblich, nicht übertragbar, nicht beleihbar, nicht veräußerbar und nicht kapitalisierbar sein (§ 10 Abs. 1 Nr. 2 Buchst. b Doppelbuchst. bb EStG).

1122 Die einengende Definition der begünstigten kapitalgedeckten Altersvorsorgeprodukte soll sicherstellen, dass nur solche Beiträge zum Sonderausgabenabzug und zur nachgelagerten Besteuerung führen, die zu Ansprüchen vergleichbar mit den Anwartschaften in der gesetzlichen Rentenversicherung führen, mithin in der Ansparphase die Leistungsfähigkeit und das Konsumpotenzial nicht erhöhen.

1123 Im Rahmen des Gesetzes zur Verbesserung der steuerlichen Förderung der privaten Altersvorsorge vom 24. 6. 2013[2] hat der Gesetzgeber darüber hinaus mit Wirkung ab dem 1. 7. 2013 auch die isolierte Absicherung gegen den Eintritt der Berufsunfähigkeit oder der verminderten Erwerbsfähigkeit als Basisversorgung anerkannt (§ 10 Abs. 1 Nr. 2 Buchst. b Doppelbuchst. bb EStG), wenn der Vertrag nur die Zahlung einer monatlichen, auf das Leben des Steuerpflichtigen bezogenen lebenslangen Leibrente für einen Versicherungsfall vorsieht, der bis zur Vollendung des 67. Lebensjahres eingetreten ist. Ohne Gefährdung der Anerkennung als Basisversorgung darf der Vertrag die Beendigung der

---

[1] Der Kreis der Hinterbliebenen ist wie bei der privaten Riester-Rente begrenzt auf den Ehegatten des Steuerpflichtigen und Kinder, für die er Kindergeld oder einen Freibetrag nach § 32 Abs. 6 EStG erhält; Waisenrente darf nur gewährt werden, solange das Kind die Voraussetzungen für die Berücksichtigung als Kind i. S. d. § 32 erfüllt; zur Auslegung der FinVerw hierzu vgl. Rn. 1168 ff.
[2] BGBl 2013 I S. 1667.

Rentenzahlung wegen eines medizinisch begründeten Wegfalls der Berufsunfähigkeit oder der verminderten Erwerbsfähigkeit vorsehen. Außerdem kann die Höhe der zugesagten Rente vom Alter des Steuerpflichtigen bei Eintritt des Versicherungsfalls abhängig gemacht werden, wenn der Steuerpflichtige das 55. Lebensjahr vollendet hat. Darüber hinaus gilt – wie bei den kapitalgedeckten Altersvorsorgeprodukten –, dass die Ansprüche nicht vererblich, nicht übertragbar, nicht beleihbar, nicht veräußerbar und nicht kapitalisierbar sein dürfen.

(Einstweilen frei) 1124–1125

b) Begünstigte Beiträge für den Sonderausgabenabzug nach § 10 Abs. 1 Nr. 2 Buchst. a und b EStG

aa) Beiträge zu den gesetzlichen Rentenversicherungen

Bei Arbeitnehmern, die in der gesetzlichen Rentenversicherung versichert sind, gehören – anders als vor 2005 – sowohl die Arbeitnehmerbeiträge als auch die Arbeitgeberbeiträge zu den begünstigten Aufwendungen nach § 10 Abs. 1 Nr. 2 Buchst. a EStG. Dies ergibt sich aus der Berechnungssystematik in § 10 Abs. 3 EStG, mit der erreicht werden soll, dass – zumindest im Bereich der Basisversorgung – allen Steuerpflichtigen gleiche Abzugsmöglichkeiten für zusätzliche private Vorsorge zustehen. Dies gilt entsprechend, wenn der Arbeitnehmer einen gleichgestellten steuerfreien Zuschuss des Arbeitgebers erhält (§ 3 Nr. 62 Sätze 2 – 4 EStG). 1126

Beiträge zur gesetzlichen Rentenversicherung sind Beiträge an die 1127

▶ Deutsche Rentenversicherung Bund

▶ Deutsche Rentenversicherung Bund Knappschaft-Bahn-See

▶ Deutsche Rentenversicherung Regionalträger.

Die Deutsche Rentenversicherung Bund ist durch Integration der BfA und des Verbandes Deutscher Rentenversicherungsträger e.V. zum 1.10.2005 gebildet worden. Auch die Bundesknappschaft, die Bahnversicherungsanstalt und die Seekasse sind fusioniert und führen gemeinsam ihre rentenspezifischen Aufgaben und solche der allgemeinen Rentenversicherung durch. Hinter der Deutschen Rentenversicherung Regionalträger verbergen sich die bisherigen Landesversicherungsanstalten. 1128

Zu den begünstigten Beiträgen gehören 1129

▶ Pflichtbeiträge aufgrund einer abhängigen Beschäftigung einschließlich des nach § 3 Nr. 62 EStG steuerfreien Arbeitgeberanteils,

- Pflichtbeiträge aufgrund einer selbständigen Tätigkeit,
- freiwillige Beiträge,
- Beitragsnachzahlungen,
- freiwillige Beiträge zum Ausgleich einer Rentenminderung bei vorzeitiger Inanspruchnahme der Altersrente,
- freiwillige Beiträge zum Ausgleich einer Minderung durch einen Versorgungsausgleich oder
- Beiträge im Zuge einer Abfindung von Anwartschaften auf betriebliche Altersversorgung gem. § 187b SGB VI.

1130 Der Nachweis erfolgt durch die Lohnsteuerbescheinigung oder die Beitragsbescheinigung des Rentenversicherungsträgers bzw. der Künstlersozialkasse.

1131 Bei selbständigen Künstlern und Publizisten, die nach Maßgabe des Künstlersozialversicherungsgesetzes versicherungspflichtig sind, ist nur der vom Künstler oder Publizisten entrichtete hälftige Gesamtbeitrag an die Künstlersozialkasse als Beitrag zur gesetzlichen Rentenversicherung zu berücksichtigen. Die Künstlersozialkasse fungiert insoweit als Einzugsstelle der gesetzlichen Rentenversicherung. Die andere Hälfte des Gesamtbeitrags, die i. d. R. von der Künstlersozialkasse aufgebracht wird und sich aus der Künstlersozialabgabe und einem Zuschuss des Bundes zusammensetzt, gehört weder zu den nach § 10 Abs. 1 Nr. 2 Buchst. a EStG zu berücksichtigenden Beiträgen noch ist insoweit nach § 10 Abs. 3 Satz 5 EStG eine Kürzung des Abzugsbetrages vorzunehmen, denn beide Vorschriften beziehen sich nur auf den nach § 3 Nr. 62 EStG steuerfreien Arbeitgeberanteil zur gesetzlichen Rentenversicherung und einen diesem gleichgestellten steuerfreien Zuschuss des Arbeitgebers. Zwar ist der Beitragsanteil, den die Künstlersozialkasse zahlt nach § 3 Nr. 57 EStG steuerfrei; allerdings handelt es sich nicht um einen Arbeitgeberanteil und damit sind die gesetzlichen Regelungen im § 10 Abs. 1 Nr. 2 und Abs. 3 Satz 5 EStG nicht einschlägig – auch wenn die Einbeziehung unter Gleichheitsgesichtspunkten u. E. sicherlich zutreffend gewesen wäre.

1132 Begünstigt sind auch Beiträge an ausländische gesetzliche Rentenversicherungsträger. Zahlt ein inländischer Arbeitgeber einen Beitrag an eine ausländische Rentenversicherung, der auf vertraglicher Grundlage beruht, ist dieser dem Arbeitnehmer als steuerpflichtiger Arbeitslohn zuzurechnen.[1] Die Anwendung des § 3 Nr. 62 EStG mit den daran anknüpfenden Folgen für § 10 EStG (Kürzung des Abzugsbetrags; vgl. hierzu Rn. 1226) kommt in diesen Fällen

---

1 Vgl. BFH, Urteil vom 18. 5. 2004, VI R 11/01, BStBl 2004 II S. 1014.

II. Steuerliche Behandlung der Beiträge und der Altersbezüge aus der Basisversorgung

nicht in Betracht. Nach Auffassung des BFH sind Ausgaben des Arbeitgebers für die Zukunftssicherung des Arbeitnehmers nach § 3 Nr. 62 EStG steuerfrei, soweit der Arbeitgeber dazu nach sozialversicherungsrechtlichen oder anderen gesetzlichen Vorschriften oder nach einer auf gesetzlicher Ermächtigung beruhenden Bestimmung verpflichtet ist. Eine gesetzliche Verpflichtung des Arbeitnehmers genüge für die Steuerbefreiung nicht. Im Streitfall war ein leitender Angestellter der Muttergesellschaft in Frankreich Pflichtmitglied in der französischen gesetzlichen Rentenversicherung. Nach seinem Wechsel in die inländische Tochtergesellschaft – der leitende Angestellte war zudem im Inland unbeschränkt steuerpflichtig – zahlte die inländische GmbH aufgrund vertraglicher Vereinbarung weiterhin Beiträge an die französische gesetzliche Rentenversicherung. Zusätzlich zahlte die GmbH für den leitenden Angestellten pflichtgemäß Beiträge in die inländische Rentenversicherung. Eine Steuerfreiheit der Beiträge in die französische gesetzliche Rentenversicherung nach § 3 Nr. 62 Sätze 2 und 4 EStG kam ebenfalls nicht in Betracht, da der Arbeitnehmer nicht von der Versicherungspflicht in der gesetzlichen Rentenversicherung im Inland befreit worden war.

Folglich sind in einem vergleichbaren Fall die Beiträge an die ausländische gesetzliche Rentenversicherung insgesamt als Arbeitnehmerbeiträge anzusehen. 1133

Kommt es zur Übertragung von Anrechten auf eine zwischen- oder überstaatliche Einrichtung aufgrund eines Abkommens zur Begründung von Anrechten auf Altersversorgung, ist diese steuerfrei gem. § 3 Nr. 55e EStG. Das übertragene Vermögen ist damit nicht als Beitrag nach § 10 Abs. 1 Nr. 2 Satz 1 Buchst. a EStG zu berücksichtigen.[1] 1134

(Einstweilen frei) 1135

bb) Beiträge zur Alterssicherung der Landwirte

Beiträge zur Alterssicherung der Landwirte können für den Landwirt selbst, für seinen Ehegatten oder in bestimmten Fällen für mitarbeitende Familienangehörige geleistet werden; sie sind an die landwirtschaftliche Alterskasse zu entrichten. 1136

Da der Sonderausgabenabzug voraussetzt, dass es sich um Beiträge zum Aufbau einer eigenen Altersversorgung handelt,[2] können nur die Beiträge für den 1137

---

[1] BMF-Schreiben vom 19.8.2013, IV C 3 - S 2221/12/10010:004, IV C 5 - S 2345/08/0001, 2013/0760735, Rz. 4.
[2] BMF-Schreiben vom 19.8.2013, IV C 3 - S 2221/12/10010:004, IV C 5 - S 2345/08/0001, 2013/0760735, Rz. 8.

Landwirt selbst und für seinen Ehegatten als Sonderausgaben nach § 10 Abs. 1 Nr. 2 Buchst. a EStG geltend gemacht werden. Beiträge für mitarbeitende Familienangehörige dürften allerdings bereits über § 10 Abs. 1 Satz 1 EStG vom Sonderausgabenabzug ausgeschlossen sein, da es sich um Betriebsausgaben des land- und forstwirtschaftlichen Betriebs handelt.

1138 Nach der gesetzlichen Formulierung in § 10 Abs. 1 Nr. 2 Buchst. a EStG gehört u. E. der gesamte Beitrag des Landwirts oder seines Ehegatten zu den begünstigten Aufwendungen, obwohl die Alterssicherung der Landwirte nicht nur Alters-, Invaliditäts- und Todesfall-Leistungen vorsieht, sondern darüber hinaus z. B. auch medizinische Leistungen (Kuren) zur Verbesserung und Wiederherstellung der Erwerbsfähigkeit sowie Betriebs- und Haushaltshilfe in bestimmten Fällen. Das Gesetz spricht nämlich nur von Beiträgen zu den landwirtschaftlichen Alterskassen und nicht von Altersvorsorgeaufwendungen. Anders als bei den berufsständischen Versorgungseinrichtungen (vgl. hierzu Rn. 1141 ff.) wird auch keine Vergleichbarkeit mit den Leistungen der gesetzlichen Rentenversicherungen gefordert. Eine Beitragsaufteilung, die auch rein praktisch nur schwer zu realisieren wäre – kann folglich unterbleiben.[1]

1139–1140 (Einstweilen frei)

cc) Beiträge an berufsständische Versorgungseinrichtungen

1141 Beiträge an berufsständische Versorgungseinrichtungen sind nach der gesetzlichen Formulierung in § 10 Abs. 1 Nr. 2 Buchst. a EStG nur dann begünstigt, wenn die Versorgungseinrichtung den gesetzlichen Rentenversicherungen vergleichbare Leistungen erbringt.

1142 Der Gesetzgeber hat es damit nicht als ausreichend angesehen, dass lediglich Beiträge an eine berufsständische Versorgungseinrichtung geleistet werden. Über die rentenversicherungsrechtliche Anerkennung als Ersatzsystem für die gesetzliche Rentenversicherung (§ 6 Abs. 2 SGB VI) hinaus ist somit eine weitere Voraussetzung für die steuerliche Anerkennung der Beitragsleistung im Rahmen des § 10 Abs. 1 Nr. 2 Buchst. a EStG erforderlich.

1143 Nach nicht veröffentlichter Auffassung der FinVerw[2] muss lediglich eine „Vergleichbarkeit" der jeweiligen Leistungsspektren gegeben sein. Dies bedeutet nicht, dass das Leistungsspektrum der berufsständischen Versorgungseinrichtungen mit dem der gesetzlichen Rentenversicherung identisch sein muss. Au-

---

1 Gl. A. Risthaus, DB Beilage Nr. 4/2008 S. 5.
2 Es hat eine interne Abstimmung mit der Arbeitsgemeinschaft der berufsständischen Versorgungseinrichtungen stattgefunden.

II. Steuerliche Behandlung der Beiträge und der Altersbezüge aus der Basisversorgung

ßerdem sieht es die FinVerw als unschädlich an, wenn durch zum 1.1.2005 notwendige Satzungsanpassungen nicht in Rentenzahlfälle eingegriffen wird. Anwartschaften, die auf Beiträgen bis zum 31.12.2004 beruhen, können auch nach 2004 weiterhin nach den bisherigen – nicht mit der gesetzlichen Rentenversicherung vergleichbaren – Satzungsregelungen zur Auszahlung gelangen.

Zwischenzeitlich hat der Gesetzgeber mit dem RV-Altersgrenzenanpassungsgesetz vom 20.4.2007[1] nicht nur die Regelaltersgrenze in der gesetzlichen Rentenversicherung auf das 67. Lebensjahr angehoben, sondern auch den Zeitpunkt für den frühest möglichen Bezug einer Altersrente auf das 62. Lebensjahr. Die Anhebung erfolgt in Monatsschritten, so dass sich abhängig vom Geburtsjahrgang ein differenzierter frühester Rentenbeginn ergibt. Erst für Versicherte ab dem Geburtsjahrgang 1964 kommen die neuen Regelungen uneingeschränkt zur Anwendung. Eine entsprechende Anhebung gilt – ohne schrittweisen Übergang – auch für die steuerlich geförderten Altersvorsorgeprodukte. Vor diesem Hintergrund war die Frage zu klären, wie bei den berufsständischen Versorgungseinrichtungen zu verfahren ist. Die FinVerw vertritt hierzu die Auffassung, dass die Altersgrenze für den frühest möglichen Bezug einer Altersrente aus einem berufsständischen Versorgungswerk für alle Versicherungsverhältnisse, die nach dem 31.12.2011 beginnen, auf das 62. Lebensjahr anzuheben ist. Bei der Überleitung/Übertragung von Beiträgen von einer auf eine andere berufsständische Versorgungseinrichtung und im Falle von Unterbrechungszeiten soll der erstmalige Eintritt in das System berufsständischer Versorgungswerke maßgebend sein. Im Falle einer Nachversicherung ist der Beginn der Mitgliedschaft entsprechend auf den Beginn der der Nachversicherung zugrunde liegenden Zeit festzulegen. Eine Anhebung der Altersuntergrenze ist aus steuerlicher Sicht jedoch nicht erforderlich, wenn für das Mitglied nach den Regelungen der gesetzlichen Rentenversicherung eine niedrigere Alteruntergrenze gilt oder im Falle eines Versicherungsverhältnisses gelten würde.[2]

1144

Bei berufsständischen Versorgungseinrichtungen i.S.d. §10 Abs.1 Nr.2 Buchst.a EStG handelt es sich um öffentlich-rechtliche Versicherungs- oder Versorgungseinrichtungen für Beschäftigte und selbständig tätige Angehörige der kammerfähigen freien Berufe. Die Mitgliedschaft in der berufsständischen Versorgungseinrichtung muss aufgrund einer gesetzlichen Verpflichtung bei Aufnahme der betreffenden Berufstätigkeit eintreten und führt in den in §6

1145

---

[1] BGBl 2007 I S.554.
[2] Es hat insoweit eine interne Abstimmung mit der Arbeitsgemeinschaft der berufsständischen Versorgungseinrichtungen stattgefunden.

Abs. 1 SGB VI genannten Fallgestaltungen auf Antrag zu einer Befreiung von der gesetzlichen Rentenversicherungspflicht. Welche berufsständischen Versorgungseinrichtungen diese Voraussetzung erfüllen, wird jeweils durch gesondertes BMF-Schreiben bekannt gegeben.[1]

1146 Beiträge an die „Deutsche Steuerberater-Versicherung" (privatrechtliche Versorgungseinrichtung in der Rechtsform eines Versicherungsvereins auf Gegenseitigkeit, die Angehörigen der steuerberatenden Berufe und deren Mitarbeitern zur Alters-, Berufsunfähigkeits- und Hinterbliebenenversorgung Versicherungen in Form von Renten- und Kapitalleistungen anbietet) gehören nicht zu den nach § 10 Abs. 1 Nr. 2 Buchst. a EStG begünstigten Beiträgen. Bei der „Deutschen Steuerberater-Versicherung" handelt es sich nicht um eine Einrichtung, bei der eine auf Landesgesetzen beruhende Pflichtmitgliedschaft besteht. Außerdem ist die „Deutsche Steuerberater-Versicherung" auch systematisch nicht als Vollversorgungssystem aufgebaut, sondern eher als eine ergänzende Zusatzversorgung.

1147 Allerdings können die Beiträge Sonderausgaben i. S. d. § 10 Abs. 1 Nr. 2 Buchst. b EStG (sog. Basis-Rente) sein, wenn die entsprechenden Voraussetzungen vorliegen und der Versicherungsbeginn nach dem 31.12.2004 liegt. Nur wenn dies der Fall ist, sind die Leistungen aus der Steuerberater-Versicherung nachgelagert nach § 22 Nr. 1 Satz 3 Buchst. a Doppelbuchst. aa EStG zu besteuern. In allen anderen Fällen können die Beiträge ggf. im Rahmen der sonstigen Vorsorgeaufwendungen nach § 10 Abs. 1 Nr. 3 Buchst. b (ab 2010: Nr. 3a) i. V. mit Abs. 4 EStG berücksichtigt werden.[2] Die späteren Leistungen sind nach § 22 Nr. 1 Satz 3 Buchst. a Doppelbuchst. bb EStG mit dem Ertragsanteil oder nach § 20 Abs. 1 Nr. 6 EStG i. V. m. § 52 Abs. 36 EStG steuerlich zu erfassen.

1148 Bei der Versorgungsanstalt der deutschen Bezirksschornsteinfegermeister (VdBS) oder den Zusatzversorgungskassen im öffentlichen Dienst handelt es sich ebenfalls nicht um berufsständische Versorgungseinrichtungen, weil keine Vollversorgungssysteme vorliegen.[3]

---

1 Die aktuelle Liste der begünstigten berufsständischen Versorgungseinrichtungen wurde mit BMF-Schreiben vom 7.2.2007, BStBl 2007 I S. 262 veröffentlicht.
2 Begünstigt sind hier allerdings nur noch Verträge, deren Laufzeit vor dem 1.1.2005 begonnen hat und für die bereits vor 2005 Beiträge entrichtet worden sind; vgl. hierzu im Einzelnen Rn. 1397 ff.
3 Bestätigt durch BFH v. 15.5.2013, X R 18/10, BFH/NV 2013, 2187.

dd) Beiträge zum Aufbau einer eigenen kapitalgedeckten Altersversorgung der Basisversorgung

Beiträge des Steuerpflichtigen zum Aufbau einer eigenen kapitalgedeckten Altersversorgung sind nur dann als Basisversorgung i. S. d. § 10 Abs. 1 Nr. 2 Buchst. b Doppelbuchst. aa EStG begünstigt, wenn der Vertrag nur die Zahlung einer monatlichen auf das Leben des Steuerpflichtigen bezogenen lebenslangen Leibrente nicht vor Vollendung des 60. Lebensjahres oder die ergänzende Absicherung des Eintritts der Berufsunfähigkeit (Berufsunfähigkeitsrente), der verminderten Erwerbsfähigkeit (Erwerbsminderungsrente) oder von Hinterbliebenen (Hinterbliebenenrente) vorsieht, die Ansprüche nicht vererblich, nicht übertragbar, nicht beleihbar, nicht veräußerbar und nicht kapitalisierbar sind und darüber hinaus kein Anspruch auf Auszahlungen besteht. Bei nach dem 31. 12. 2011 abgeschlossenen Verträgen darf die Auszahlung der Leibrente nicht vor Vollendung des 62. Lebensjahres beginnen. Dies geht zurück auf eine gesetzliche Änderung im Rahmen des RV-Altersgrenzenanpassungsgesetzes vom 20. 4. 2007.[1] Im Rahmen dieses Gesetzes hat der Gesetzgeber entschieden, die Anhebung der Altersgrenzen in der gesetzlichen Rentenversicherung auch in den Systemen der zusätzlichen Altersvorsorge nachzuvollziehen. Änderungen seien sowohl bei der betrieblichen Altersversorgung als auch bei der steuerlichen Förderung der privaten kapitalgedeckten Altersvorsorge erforderlich. Bei der steuerlichen Förderung der privaten kapitalgedeckten Altersvorsorge, d. h. bei der sog. „Riester-Rente" als auch bei der sog. Basis-Rente, sind die Anpassungen – soweit möglich – im AltZertG und im EStG erfolgt. Darüber hinaus wurde dem Wunsch des Gesetzgebers in den einschlägigen Verwaltungsanweisungen Rechnung getragen.[2]

1149

(1) Sonderausgabenabzug nur für Neuverträge nach dem 31. 12. 2004

Obwohl das Gesetz hierfür keinen Ansatzpunkt bietet, will die FinVerw Beiträge nur dann nach § 10 Abs. 1 Nr. 2 Buchst. b Doppelbuchst. aa EStG berücksichtigen, wenn die Laufzeit der Versicherung nach dem 31. 12. 2004 beginnt.[3]

1150

Die Einschränkung ist wohl darauf zurückzuführen, dass die FinVerw davon ausgeht, dass auch Beiträge im Rahmen der betrieblichen Altersversorgung (arbeitgeberfinanzierte Beiträge, durch Entgeltumwandlung finanzierte Beiträ-

1151

---

1 BGBl 2007 I S. 554.
2 Vgl. zu den Basisversorgungsverträgen BMF-Schreiben vom 19. 8. 2013, IV C 3 - S 2221/12/10010:004, IV C 5 - S 2345/08/0001, 2013/0760735, Rz. 9.
3 BMF-Schreiben vom 19. 8. 2013, IV C 3 - S 2221/12/10010:004, IV C 5 - S 2345/08/0001, 2013/0760735, Rz. 9.

ge, Eigenbeiträge des Arbeitnehmers) die Voraussetzungen für den Sonderausgabenabzug nach § 10 Abs. 1 Nr. 2 Buchst. b Doppelbuchst. aa EStG erfüllen können, sofern sie nicht nach § 3 Nr. 63 EStG steuerfrei sind oder nach § 40b EStG pauschal versteuert wurden (z. B. weil das Fördervolumen ausgeschöpft ist oder weil echte Eigenbeiträge – vgl. hierzu Rn. 2051 – gar nicht unter die Vorschrift des § 3 Nr. 63 EStG fallen). Der Gesetzgeber hat nämlich – obwohl dies dem Konzept des Drei-Schichten-Modells (vgl. hierzu Rn. 1111 ff.) widerspricht – die begünstigten Produkte nicht ausdrücklich auf kapitalgedeckte **private** Leibrentenversicherungsverträge eingeschränkt.

1152 Insbesondere die Förderung betrieblicher Altzusagen führt aber bei der Besteuerung der späteren Leistungen zu Problemen. Denn § 22 Nr. 1 Satz 3 Buchst. a Doppelbuchst. aa EStG sieht vor, dass sämtliche Leistungen aus Produkten i. S. d. § 10 Abs. 1 Nr. 2 Buchst. a und Buchst. b EStG nachgelagert besteuert werden – und zwar unabhängig davon, wie die Beiträge steuerlich behandelt worden sind. Würde man Altverträge ab 2005 nach § 10 Abs. 1 Nr. 2 Buchst. b Doppelbuchst. aa EStG fördern, wären u. U. auch Leistungen nach § 22 Nr. 1 Satz 3 Buchst. a Doppelbuchst. aa EStG zu besteuern, die auf nach § 40b EStG pauschalversteuerten Beiträgen beruhen,[1] was zweifelsfrei zu einer verfassungswidrigen Zweifachbesteuerung führen würde. Dieses Problem meint die FinVerw durch die Einschränkung auf Neuverträge eingedämmt zu haben.

1153 Die Einschränkung gilt auch für private Versicherungsverträge. Allerdings dürften vor 2005 kaum private Verträge abgeschlossen worden sein, die die Produktvoraussetzungen des § 10 Abs. 1 Nr. 2 Buchst. b Doppelbuchst. aa EStG erfüllen.

1154 Wird ein Versicherungsvertrag (sowohl betriebliche Altersversorgung als auch private Versicherungsverträge) nach 2004 in einen begünstigten Versicherungsvertrag i. S. d. § 10 Abs. 1 Nr. 2 Buchst. b Doppelbuchst. aa EStG umgewandelt, ist zu differenzieren:[2]

▶ Umwandlung eines Rentenversicherungsvertrags mit Versicherungsbeginn nach 2004

---

1 Dies dürfte für Beiträge im Rahmen der betrieblichen Altersversorgung über einen externen Versorgungsträger wie die Pensionskasse vor 2002 der Regelfall gewesen sein, bei der Direktversicherung i. d. R. für Zusagen, die vor dem 1. 1. 2005 erteilt worden sind.
2 BMF-Schreiben vom 19. 8. 2013, IV C 3 - S 2221/12/10010:004, IV C 5 - S 2345/08/0001, 2013/0760735, Rz. 208 ff.

II. Steuerliche Behandlung der Beiträge und der Altersbezüge aus der Basisversorgung

Wird ein Rentenversicherungsvertrag mit Versicherungsbeginn nach dem 31.12.2004, der die Voraussetzungen des § 10 Abs. 1 Nr. 2 Buchst. b Doppelbuchst. aa EStG nicht erfüllt, in einen Vertrag umgewandelt, der die Voraussetzungen des § 10 Abs. 1 Nr. 2 Buchst. b Doppelbuchst. aa EStG erfüllt, führt dies zur Beendigung des bestehenden Vertrages – mit den entsprechenden steuerlichen Konsequenzen – und zum Abschluss eines neuen Basisrentenvertrages im Zeitpunkt der Umstellung. Die Beiträge einschließlich des aus dem Altvertrag übertragenen Kapitals können im Rahmen des Sonderausgabenabzugs nach § 10 Abs. 1 Nr. 2 Buchst. b Doppelbuchst. aa EStG berücksichtigt werden. Die sich aus dem Basisrentenvertrag ergebenden Leistungen unterliegen insgesamt der Besteuerung nach § 22 Nr. 1 Satz 3 Buchst. a Doppelbuchst. aa EStG.

Wird entgegen der ursprünglichen vertraglichen Vereinbarung ein Versicherungsvertrag, der die Voraussetzungen des § 10 Abs. 1 Nr. 2 Buchst. b Doppelbuchst. aa EStG erfüllt, in einen Vertrag umgewandelt, der die Voraussetzungen des § 10 Abs. 1 Nr. 2 Buchst. b Doppelbuchst. aa EStG nicht erfüllt, ist steuerlich von einem neuen Vertrag auszugehen. Wird dabei die auf den „alten" Vertrag entfallende Versicherungsleistung ganz oder teilweise auf den „neuen" Vertrag angerechnet, fließt die angerechnete Versicherungsleistung dem Versicherungsnehmer zu und unterliegt im Zeitpunkt der Umwandlung des Vertrags der Besteuerung nach § 22 Nr. 1 Satz 3 Buchst. a Doppelbuchst. aa EStG. Ist die Umwandlung als Missbrauch von rechtlichen Gestaltungsmöglichkeiten (§ 42 AO) anzusehen, z. B. Umwandlung innerhalb kurzer Zeit nach Vertragsabschluss ohne erkennbaren sachlichen Grund, ist für die vor der Umwandlung geleisteten Beiträge der Sonderausgabenabzug nach § 10 Abs. 1 Nr. 2 Buchst. b Doppelbuchst. aa EStG zu versagen oder rückgängig zu machen.

Werden Ansprüche des Leistungsempfängers aus einem Versicherungsvertrag mit Versicherungsbeginn nach dem 31.12.2004, der die Voraussetzungen des § 10 Abs. 1 Nr. 2 Satz 1 Buchst. b Doppelbuchst. aa EStG erfüllt, unmittelbar auf einen anderen Vertrag des Leistungsempfängers bei einem anderen Unternehmen übertragen, der ebenfalls die Voraussetzungen des § 10 Abs. 1 Nr. 2 Satz 1 Buchst. b Doppelbuchst. aa EStG erfüllt, gilt die Versicherungsleistung nicht als dem Leistungsempfänger zugeflossen. Sie unterliegt daher im Zeitpunkt der Übertragung nicht der Besteuerung (§ 3 Nr. 55d EStG).

▶ Umwandlung eines Kapitallebensversicherungsvertrags

Wird ein Kapitallebensversicherungsvertrag – unabhängig vom Vertragsabschluss – in einen Rentenversicherungsvertrag i. S. d. § 10 Abs. 1 Nr. 2 Buchst. b Doppelbuchst. aa EStG umgewandelt, führt auch dies zur Beendigung des bestehenden Vertrages – mit den entsprechenden steuerlichen Konsequenzen – und zum Abschluss eines neuen Basisrentenvertrages im Zeitpunkt der Umstellung. Die Beiträge einschließlich des aus dem Altvertrag übertragenen Kapitals können im Rahmen des Sonderausgabenabzugs nach § 10 Abs. 1 Nr. 2 Buchst. b Doppelbuchst. aa EStG berücksichtigt werden. Die sich aus dem Basisrentenvertrag ergebenden Leistungen unterliegen insgesamt der Besteuerung nach § 22 Nr. 1 Satz 3 Buchst. a Doppelbuchst. aa EStG.

1155 Bei Umwandlung eines Versicherungsvertrags mit Versicherungsbeginn vor dem 1.1.2005 in einen Vertrag, der die Voraussetzungen des § 10 Abs. 1 Nr. 2 Buchst. b Doppelbuchst. aa EStG erfüllt, hatte die FinVerw zunächst die Auffassung vertreten, dass für die steuerliche Beurteilung der Versicherungsbeginn des ursprünglichen Vertrages maßgebend ist.[1] Beiträge zu dem umgewandelten Vertrag waren daher nicht nach § 10 Abs. 1 Nr. 2 Buchst. b Doppelbuchst. aa EStG als Sonderausgaben abziehbar und die Rente aus dem umgewandelten Vertrag unterlag der Besteuerung mit dem Ertragsanteil (§ 22 Nr. 1 Satz 3 Buchst. a Doppelbuchst. bb EStG).

1156 Damit hatte sich die FinVerw galant zu der Frage ausgeschwiegen, ob im Zeitpunkt der Umwandlung ggf. Einkünfte aus Kapitalvermögen zu versteuern sind, denn eine solche Umwandlung gilt aus steuerrechtlicher Sicht grundsätzlich als Vertragsänderung mit der Folge, dass der „alte" Vertrag als beendet und der Vertrag nach Umwandlung als „neuer" Vertrag anzusehen ist. Wird dabei die auf den „alten" Vertrag entfallende Versicherungsleistung ganz oder teilweise auf den „neuen" Vertrag angerechnet, so gilt die angerechnete Versicherungsleistung aus dem „alten" Vertrag als dem Versicherungsnehmer zugeflossen mit der Folge, dass im Umwandlungszeitpunkt steuerpflichtige Kapitalerträge entstehen können. Die aus dem „alten" Vertrag angerechnete Versicherungsleistung gilt als Beitragszahlung auf den „neuen" Vertrag, die ggf. – je nach Vertragsart – als Sonderausgaben abziehbar sein kann. Bei Umwandlung einer Kapitalversicherung in eine Rentenversicherung ohne Kapitalwahlrecht oder in einen Vertrag i. S. d. AltZertG wurden allerdings für vor dem 1.1.2005 abgeschlossene Verträge in bestimmten Fällen steuerrechtlich keine nachteiligen Folgen aus dieser Umwandlung gezogen, wenn die Versiche-

---

[1] BMF-Schreiben vom 24.2.2005, BStBl 2005 I S. 429, Rz. 93.

rungslaufzeit und die Beiträge unverändert blieben. D. h. im Umwandlungszeitpunkt wurde in diesen Fällen aus Billigkeitsgründen kein Zufluss der Versicherungsleistung aus dem „alten" Vertrag angenommen. Da der Gesetzgeber mit dem Gesetz zum Pfändungsschutz der Altersvorsorge vom 26. 3. 2007[1] den Pfändungsschutz von Lebensversicherungen erheblich verbessert hat – nach § 851c ZPO dürfen Leistungen, die aufgrund bestimmt ausgestalteter Verträge gewährt werden, nur wie Arbeitseinkommen gepfändet werden – wurde die Auffassung geäußert, dass die steuerrechtlichen Folgen einer Vertragsänderung möglicherweise die Umwandlung in einen Vertrag i. S. d. § 851c ZPO erschweren könnten, obwohl dem Versicherungsnehmer über den neu geschaffenen § 173 VVG ausdrücklich ein zivilrechtlicher Anspruch auf Umwandlung seiner Versicherung in eine Versicherung, die die Voraussetzungen des § 851c Abs. 1 ZPO erfüllt, zusteht, um auch bestehende Verträge in den Pfändungsschutz einbeziehen zu können. Vor diesem Hintergrund hat die Finanzverwaltung ihre ursprüngliche Auffassung geändert und bei Kapitallebensversicherungsverträgen unabhängig vom Versicherungsbeginn bei Umwandlung einen Neuvertrag angenommen.

Rentenversicherungsverträge mit Versicherungsbeginn vor dem 1. 1. 2005 (Altverträge) hat sie jedoch weiterhin von der Umwandlung zugunsten eines begünstigten Basisrentenvertrags ausgeschlossen. Diese Differenzierung war schwer nachvollziehbar. Auch das ursprüngliche Argument für den Ausschluss der Umwandlung trug nicht mehr, wenn das aus dem Altvertrag übertragene Kapital zu den Beiträgen i. S. d. § 10 Abs. 1 Nr. 2 Buchst. b EStG gehörte. Die Regelung war nur damit zu erklären, dass die FinVerw die Vorteile der bisherigen Regelung für die Umwandlung von „alten" Rentenversicherungsverträgen erhalten wollte. Denn diese Regelung führte dazu, dass die Rente aus einem solchen Vertrag später nur mit dem Ertragsanteil nach § 22 Nr. 1 Satz 3 Buchst. a Doppelbuchst. bb EStG steuerpflichtig und ein Zufluss im Zeitpunkt der Umwandlung wohl nicht anzunehmen ist. Inzwischen hat die FinVerw die Sonderregelung für alte Rentenversicherungsverträge allerdings gestrichen, so dass künftig eine einheitliche Behandlung von Kapitallebens- und Rentenversicherungsverträgen erfolgt.

1157

(2) Eigene Altersabsicherung

Beiträge zum Aufbau einer kapitalgedeckten Altersversorgung in Form einer Leibrentenversicherung sind nur dann nach § 10 Abs. 1 Nr. 2 Buchst. b Doppel-

1158

---

[1] BGBl 2007 I S. 358.

buchst. aa EStG begünstigt, wenn sie dem Aufbau einer eigenen Altersversorgung dienen. Eigene Beiträge zum Aufbau einer eigenen kapitalgedeckten Altersversorgung liegen vor, wenn Personenidentität zwischen dem Beitragszahler, der versicherten Person und dem Leistungsempfänger besteht. D. h., Beiträge von Eltern zur Absicherung der Altersversorgung ihrer Kinder sind damit z. B. nicht begünstigt. Bei Ehegatten/Lebenspartnern, die zusammen zur Einkommensteuer veranlagt werden, kommt es für den Abzug von Sonderausgaben allerdings nicht darauf an, ob der Ehemann oder die Ehefrau bzw. welcher Lebenspartner die Beiträge geleistet hat und wer versicherte Person ist, da beide Ehegatten/Lebenspartner für den Sonderausgabenabzug als ein Steuerpflichtiger behandelt werden. Folglich wären u. E. auch Beiträge zugunsten einer Leibrentenversicherung i. S. d. § 10 Abs. 1 Nr. 2 Buchst. b Doppelbuchst. aa EStG abziehbar, wenn der Ehemann/Lebenspartner A Versicherungsnehmer ist und die Beiträge zahlt und die Ehefrau/Lebenspartner B die versicherte Person ist.[1]

(3) Form der Beitragszahlung

1159 Nicht Voraussetzung ist eine laufende Beitragszahlung. Wohl im Hinblick auf die betragsmäßige Begrenzung des Sonderausgabenabzugs für die Basisversorgung hat der Gesetzgeber auf die laufende Zahlung verzichtet. Dies entspricht im Übrigen auch dem bis 2004 geltenden Recht, das in § 10 Abs. 1 Nr. 2 Buchst. b Doppelbuchst. bb EStG bei Rentenversicherungen ohne Kapitalwahlrecht auch in der Vergangenheit keine laufende Beitragszahlung forderte. Damit sind auch sofort beginnende Rentenversicherungen gegen Einmalbeitrag begünstigt, wenn sie von einem Steuerpflichtigen abgeschlossen werden, der das 60. Lebensjahr (bei Vertragsabschluss ab 2012 das 62. Lebensjahr) bereits vollendet hat.

(4) Lebenslange Leibrente

1160 Eine lebenslange Leibrente i. S. d. § 10 Abs. 1 Nr. 2 Buchst. b Doppelbuchst. aa EStG liegt vor, wenn der Vertrag eine monatliche, gleich bleibende oder steigende, auf das Leben des Steuerpflichtigen bezogene Rentenzahlung vorsieht, die sich mindestens aus der ab Rentenbeginn garantierten Leistung berechnet.

1161 Es ist nicht zu beanstanden, wenn sich geringfügige Schwankungen in der Rentenhöhe ergeben – die auch zu einem Sinken einzelner Rentenzahlungen führen können –, sofern diese Schwankungen auf in einzelnen Jahren unter-

---

[1] Gl. A. Risthaus, DB, Beilage Nr. 4/2008 S. 6.

II. Steuerliche Behandlung der Beiträge und der Altersbezüge aus der Basisversorgung

schiedlich hohen Überschussanteilen beruhen, die für die ab Beginn der Auszahlungsphase garantierte Rentenleistung gewährt werden. Ein planmäßiges Sinken der Rentenhöhe ist allerdings mit den Grundsätzen einer lebenslangen Leibrente nicht vereinbar.[1] Würde nämlich z. B. vereinbart, dass fünf Jahre lang eine Rente i. H. v. von 4 000 € monatlich gezahlt wird, die sich anschließend bis zum Tod des Berechtigten auf 2 000 € vermindert, läge hinsichtlich des später entfallenden Betrags von 2 000 € eine abgekürzte – und damit keine lebenslange – Leibrente vor.[2] Damit insbesondere sichergestellt ist, dass die Rente während ihrer Laufzeit nicht sinken kann, muss der Vertrag die Verpflichtung des Anbieters enthalten, vor Rentenbeginn die Leibrente auf Grundlage einer anerkannten Sterbetafel zu berechnen und dabei den während der Laufzeit der Rente geltenden Zinsfaktor festzulegen.[3]

Rentenversicherungsverträge, die eine sog. Bonusrente oder eine sog. „konstante" Überschussrente als Überschussbeteiligungssysteme vorsehen, gehören damit zu den begünstigten Vertragsarten. Die Überschussverwendungsform „Barauszahlung" scheidet hingegen aus, da sie im Ergebnis zu einer planmäßig fallenden Rentenleistung führt. Ebenfalls nicht begünstigt ist die Auszahlung durch regelmäßige Gutschrift einer gleichbleibenden oder steigenden Anzahl von Investmentanteilen sowie die Auszahlung von regelmäßigen Raten im Rahmen eines Auszahlungsplans.[4]   1162

(5) Ergänzende Risikoabsicherung

Rentenversicherungsverträge sind nach der gesetzlichen Formulierung in § 10 Abs. 1 Nr. 2 Buchst. b Doppelbuchst. aa EStG nur dann begünstigt, wenn Zusatzrisiken wie Berufs- oder Erwerbsminderung oder Hinterbliebenenschutz lediglich als ergänzende Absicherung zur Altersversorgung vereinbart sind.   1163

Eine solche ergänzende Absicherung liegt nach Auffassung der FinVerw nur dann vor, wenn mehr als 50 % der Beiträge auf die eigene Altersversorgung des Steuerpflichtigen entfallen und sowohl Altersversorgung als auch ergänzende Absicherung in einem einheitlichen Vertrag geregelt sind. Entfallen 50 % oder mehr des Gesamtbeitrags auf die Absicherung der Zusatzrisiken,   1164

---

1 BMF-Schreiben vom 19. 8. 2013, IV C 3 - S 2221/12/10010:004, IV C 5 - S 2345/08/0001, 2013/0760735, Rz. 11.
2 So auch R 22.4 Abs. 2 EStR.
3 BMF-Schreiben vom 19. 8. 2013, IV C 3 - S 2221/12/10010:004, IV C 5 - S 2345/08/0001, 2013/0760735, Rz. 13.
4 BMF-Schreiben vom 19. 8. 2013, IV C 3 - S 2221/12/10010:004, IV C 5 - S 2345/08/0001, 2013/0760735, Rz. 10.

sind die Beiträge für den gesamten Versicherungsvertrag – auch soweit sie auf die Altersabsicherung entfallen – nicht nach § 10 Abs. 1 Nr. 2 Buchst. b Doppelbuchst. aa EStG begünstigt.[1]

1165 Erfolgt eine monatliche Beitragszahlung, ist für das Verhältnis der Beitragsanteile wohl auf den jeweiligen Monatsbeitrag abzustellen. Im Übrigen ist der konkret vom Steuerpflichtigen zu zahlende (Gesamt-)Beitrag maßgebend ggf. unter mindernder Berücksichtigung der jeweiligen Überschussanteile aus den entsprechenden Risiken.

1166 Sieht der Basisrentenvertrag vor, dass der Steuerpflichtige bei Eintritt der Berufsunfähigkeit oder einer verminderten Erwerbsfähigkeit von der Verpflichtung zur Beitragszahlung für diesen Vertrag – vollständig oder teilweise – freigestellt wird, sind die insoweit auf die Absicherung dieses Risikos entfallenden Beitragsanteile der Altersvorsorge zuzuordnen, sofern sie der Finanzierung der vertraglich vereinbarten lebenslangen Leibrente i. S. d. § 10 Abs. 1 Nr. 2 Buchst. b Doppelbuchst. aa EStG dienen und aus diesen Beitragsanteilen keine Leistungen wegen Berufsunfähigkeit oder verminderter Erwerbsfähigkeit gezahlt werden; d. h. im Invaliditätsfall wird lediglich der Anspruch auf eine Altersversorgung weiter aufgebaut. Eine Zuordnung zur Altersvorsorge kann jedoch nicht vorgenommen werden, wenn der Steuerpflichtige vertragsgemäß wählen kann, ob er eine Rente wegen Berufsunfähigkeit oder verminderter Erwerbsfähigkeit erhält oder ob er die Beitragsfreistellung in Anspruch nimmt.[2]

1167 Sieht der Basisrentenvertrag vor, dass der Steuerpflichtige (Primärversicherte) eine Altersrente und nach seinem Tode der überlebende Ehepartner/Lebenspartner seinerseits eine lebenslange Leibrente i. S. d. § 10 Abs. 1 Nr. 2 Buchst. b Doppelbuchst. aa EStG (insbesondere nicht vor Vollendung seines 60. bzw. 62. Lebensjahres) erhält, ist der vom Steuerpflichtigen in der Ansparphase aufgebrachte Beitrag ebenfalls in vollem Umfang der Altersvorsorge zuzurechnen.[3]

1168 Wird die Hinterbliebenenversorgung ausschließlich aus dem bei Tod des Primärversicherten vorhandenen Altersvorsorge-(Rest)kapitals finanziert, handelt es sich bei der Hinterbliebenenabsicherung nicht um eine zusätzliche Risikoabsicherung, da es tatsächlich nur dann zu einer Rentenzahlung an den über-

---

[1] BMF-Schreiben vom 19. 8. 2013, IV C 3 - S 2221/12/10010:004, IV C 5 - S 2345/08/0001, 2013/0760735, Rz. 18.

[2] BMF-Schreiben vom 19. 8. 2013, IV C 3 - S 2221/12/10010:004, IV C 5 - S 2345/08/0001, 2013/0760735, Rz. 19.

[3] BMF-Schreiben vom 19. 8. 2013, IV C 3 - S 2221/12/10010:004, IV C 5 - S 2345/08/0001, 2013/0760735, Rz. 20.

lebenden Ehegatten/Lebenspartner kommt, wenn der Primärversicherte vor Ablauf seiner prognostizierten Lebenserwartung verstirbt. Dies gilt auch dann, wenn die Rentenzahlung an den überlebenden Ehegatten/Lebenspartner vor der Vollendung seines 60. bzw. 62. Lebensjahres beginnt. Ebenso handelt es sich insgesamt um Beiträge für die Altersvorsorge des Ehegatten/Lebenspartners, wenn der Primärversicherte eine entsprechend gestaltete Absicherung des Ehegatten/Lebenspartners als besondere Komponente im Rahmen seines (einheitlichen) Basisrentenvertrages hinzu- oder später wieder abwählen kann (z. B. bei Scheidung, Wiederverheiratung Auflösung der Lebenspartnerschaft etc.).[1]

Erfüllt eine dem hinterbliebenen Ehegatten/Lebenspartner zugesagte Rente – d. h. diese wird unabhängig davon gezahlt, ob der primärversicherte Ehegatte/Lebenspartner sein Altersvorsorgevermögen aufgebraucht hat oder nicht – nicht die Voraussetzungen einer Altersvorsorge i. S. d. § 10 Abs. 1 Nr. 2 Buchst. b Doppelbuchst. aa EStG (insbesondere auch im Hinblick auf das Mindestalter für den Beginn der Rentenzahlung), handelt es sich um eine ergänzende Hinterbliebenenabsicherung. Für das Verhältnis der Beitragsanteile zueinander sind insoweit auch die Beitragsanteile der ergänzenden Hinterbliebenenabsicherung zuzuordnen, die nach versicherungsmathematischen Grundsätzen auf das Risiko der Rentenzahlung an den hinterbliebenen Ehegatten/Lebenspartner entfallen. 1169

Bei einem Basisrentenvertrag auf Grundlage von Investmentfonds[2] kann der Einschluss einer ergänzenden Absicherung des Eintritts der Berufsunfähigkeit, der verminderten Erwerbsfähigkeit oder einer zusätzlichen Hinterbliebenenrente im Wege eines einheitlichen Vertrags zugunsten Dritter gem. §§ 328 ff. BGB erfolgen. Hierbei ist die Kapitalanlagegesellschaft Versicherungsnehmer, während der Steuerpflichtige die versicherte Person ist und den eigentlichen (Renten-)Anspruch gegen das entsprechende Versicherungsunternehmen erhält. Dies wird im Fall der Vereinbarung einer Berufsunfähigkeits- bzw. Erwerbsunfähigkeitsrente in den Vertragsbedingungen durch Abtretung des Bezugsrechts an den Steuerpflichtigen ermöglicht. Im Falle der Vereinbarung einer zusätzlichen Hinterbliebenenrente erfolgt die Abtretung des Bezugsrechts 1170

---

1 BMF-Schreiben vom 19. 8. 2013, IV C 3 - S 2221/12/10010:004, IV C 5 - S 2345/08/0001, 2013/0760735, Rz. 21.
2 Durch das JStG 2007 hat der Gesetzgeber rückwirkend zum 1. 1. 2006 alle „Anbieter i. S. d. § 80 EStG" in den Kreis der begünstigten Anbieter von Basisversorgungsverträgen aufgenommen. Damit können nunmehr auch Beiträge für ein Altersvorsorgeprodukt i. S. d. § 10 Abs. 1 Nr. 2 Buchst. b Doppelbuchst. aa EStG, das von einer Fondsgesellschaft angeboten wird, steuermindernd berücksichtigt werden.

an den privilegierten Hinterbliebenen. Die Kapitalanlagegesellschaft leitet die Beiträge des Steuerpflichtigen, soweit sie für die ergänzende Absicherung bestimmt sind, an den Versicherer weiter.[1]

(6) Begünstigte Hinterbliebene

1171 Wie bei der Riester-Rente war auch bei der Basis-Rente der Kreis der Hinterbliebenen deutlich enger als im Bereich der betrieblichen Altersversorgung. Zu den begünstigten Hinterbliebenen gehörten nach der gesetzlichen Formulierung nur der Ehegatte des Steuerpflichtigen und Kinder i.S.d. § 32 EStG, für die der Steuerpflichtige Kindergeld oder die steuerlichen Freibeträge für Kinder erhält. Der Anspruch auf Waisenrente muss dabei auf den Zeitraum begrenzt sein, in dem das Kind die Voraussetzungen des § 32 EStG erfüllt. Im Rahmen der betrieblichen Altersversorgung sind darüber hinaus auch der eingetragene Lebenspartner, der nichteheliche Lebensgefährte und der frühere Ehegatte begünstigt.

Durch Gesetz zur Änderung des Einkommensteuergesetzes in Umsetzung der Entscheidung des BVerfG vom 7.5.2013[2] hat der Gesetzgeber in § 2 Abs. 8 EStG jedoch eine Bestimmung geschaffen, wonach Regelungen des EStG zu Ehegatten und Ehen auch auf Lebenspartner und Lebenspartnerschaften anzuwenden sind. Folglich gilt der eingetragene Lebenspartner in allen Fällen, in denen die Einkommensteuer noch nicht bestandskräftig festgesetzt ist, nunmehr auch als begünstigter Hinterbliebener i.S.d. § 10 Abs.1 Nr.2 Buchst. b Doppelbuchst. aa EStG.[3]

1172 Hinsichtlich der begünstigten Waisen ist die FinVerw in der Auslegung jedoch großzügiger als der Gesetzeswortlaut, indem sie Kinder i.S.d. § 32 EStG als begünstigt ansieht und zwar auch dann, wenn es zu einer Überschreitung des Grenzbetrags nach § 32 Abs. 4 Satz 2 EStG kommt und deshalb die Voraussetzungen für die tatsächliche Kindergeldgewährung nicht erfüllt wären.[4]

1173 Die Orientierung am Gesetzeswortlaut hätte streng genommen auch dazu geführt, dass Hinterbliebenenrenten an Kinder generell ausgeschlossen gewesen wären, denn Steuerpflichtiger in diesem Sinne ist der Versicherungsnehmer –

---

1 BMF-Schreiben vom 19.8.2013, IV C 3 - S 2221/12/10010:004, IV C 5 - S 2345/08/0001, 2013/0760735, Rz. 23.
2 BGBl I 2013 S. 2397.
3 BMF-Schreiben vom 19.8.2013, IV C 3 - S 2221/12/10010:004, IV C 5 - S 2345/08/0001, 2013/0760735, Rz. 24.
4 BMF-Schreiben vom 19.8.2013, IV C 3 - S 2221/12/10010:004, IV C 5 - S 2345/08/0001, 2013/0760735, Rz. 24.

und damit der Verstorbene. Dieser bezieht aber bei Eintritt des Versorgungsfalls „Hinterbliebenenabsicherung" aus nicht weiter erklärungsbedürftigen Gründen kein Kindergeld mehr.

Das Abstellen auf den tatsächlichen Kindergeldbezug – und damit verbunden die Berücksichtigung des Jahresgrenzbetrages – hätte bis einschließlich 2011 auch noch aus anderen Gründen problematisch werden können: Aus der Sicht des § 32 Abs. 4 Satz 2 EStG gehörte die Waisenrente zu den eigenen Einkünften und Bezügen des Kindes, die – wenn sie den Betrag von 7 680 € (ab 2009: 8 004 €) überschritten – bei über 18-jährigen Kindern zum Wegfall des Kindergeldanspruchs führten. Bei Wegfall des Kindergeldanspruchs, bestand jedoch kein Anspruch auf Waisenrente mehr. Der Wegfall der Waisenrente begründete dann wieder den Kindergeldanspruch, wenn die übrigen Einkünfte und Bezüge des Kindes unter dem Betrag von 7 680 € (ab 2009: 8 004 €) lagen. Mit Begründung des Kindergeldanspruchs, bestand auch der Anspruch auf Waisenrente wieder und so fort. Seit 2012 ist dieses Problem jedoch beseitigt, da bei der Gewährung von Kindergeld auf die Prüfung eines Jahresgrenzbetrages verzichtet wird. 1174

Um dem Sinn und Zweck der gesetzlichen Regelung zu entsprechen, verlangt die FinVerw für die Gewährung einer Waisenrente von Beginn an nur, dass die begünstigte Waise für den Zeitraum der Rentenzahlung grundsätzlich die Voraussetzungen des § 32 EStG erfüllt, also bei über 18-jährigen Kindern, z. B. dass sich das Kind in Berufsausbildung befindet, gesetzlichen Wehr- oder Zivildienst ableistet, ein freiwilliges soziales oder ökologisches Jahr leistet oder wegen körperlicher, geistiger oder seelischer Behinderung außerstande ist, sich selbst zu unterhalten. Ob dem überlebenden Elternteil oder einer anderen Person tatsächlich Kindergeld gezahlt wird, ist unmaßgeblich. Insofern kommt es bis einschließlich 2011 auch nicht darauf an, ob ggf. die Einkunftsgrenze von 7 680 € (ab 2009: 8 004 €) durch die Waisenrente oder durch andere Einkünfte und Bezüge des Kindes überschritten war. 1175

Die Regelung der Finanzverwaltung dürfte auch im Interesse der Versicherer liegen, denn die hätten – bei gesetzestreuer Auslegung – vor jeder Rentenzahlung prüfen müssen, ob noch ein Kindergeldanspruch besteht. Im Hinblick auf die Absenkung der Kindergeldgrenze auf das 25. Lebensjahr ist zu berücksichtigen, dass für Basisversorgungsverträge, die vor dem 1. 1. 2007 abgeschlossen worden sind, Kinder in Berufsausbildung i. d. R. weiterhin bis zur Vollendung 1176 des 27. Lebensjahres berücksichtigt werden können. Hier hat die FinVerw einen Bestandsschutz geschaffen.[1]

(7) Einschränkende Produktvoraussetzungen

1177 Um die Zuordnung der privaten Rentenversicherungsprodukte zur Basisversorgung zu rechtfertigen, hat der Gesetzgeber weitere einschränkende Produktvoraussetzungen vorgesehen, die eine Abgrenzung zu den Kapitalanlageprodukten der dritten Schicht (vgl. Rn. 1111) ermöglichen sollen.

1178 Wie bei der gesetzlichen Rentenversicherung stellen Beiträge zu einer kapitalgedeckten Leibrentenversicherung, deren Ansprüche nicht vererblich, nicht übertragbar, nicht beleihbar, nicht veräußerbar und nicht kapitalisierbar sind, kein verfügbares Einkommen dar. Dies schafft die Berechtigung, die Beiträge in der Ansparphase von der Steuer freizustellen und die Besteuerung des Einkommens nach hinten zu verlagern auf den Zeitpunkt, in dem die Leistungen aus dem Versicherungsvertrag zufließen. Solche Ansprüche unterscheiden sich von normalen Sparformen der dritten Schicht dadurch, dass sie vor dem Rentenbeginn nicht verfügbar sind und ersatzlos wegfallen, wenn der Berechtigte verstirbt und der Vertrag keine zulässige Hinterbliebenenabsicherung enthält.

1179 Die FinVerw hat die im Gesetz nicht weiter bestimmten Merkmale wie folgt ausgelegt:[2]

▶ Nichtvererblichkeit:

Es darf nach den Vertragsbedingungen nicht zu einer Auszahlung an die Erben kommen; im Todesfall kommt das vorhandene Vermögen der Versichertengemeinschaft bzw. der Gemeinschaft der verbleibenden Vorsorgesparer zugute. Die Nichtvererblichkeit wird z. B. nicht ausgeschlossen durch gesetzlich zugelassene Hinterbliebenenleistungen im Rahmen der ergänzenden Hinterbliebenenabsicherung und durch Rentenzahlungen für die Zeit bis zum Ablauf des Todesmonats an die Erben.

Im Rahmen von Fondsprodukten (Publikumsfonds) kann die Nichtvererblichkeit dadurch sichergestellt werden, dass keine erbrechtlich relevanten Vermögenswerte aufgrund des Basisrentenvertrages beim Steuerpflichtigen vorhanden sind. Diese Voraussetzung kann entweder über eine auflösend bedingte Ausgestaltung des schuldrechtlichen Leistungsanspruchs

---

1 BMF-Schreiben vom 19.8.2013, IV C 3 - S 2221/12/10010:004, IV C 5 - S 2345/08/0001, 2013/0760735, Rz. 24.
2 BMF-Schreiben vom 19.8.2013, IV C 3 - S 2221/12/10010:004, IV C 5 - S 2345/08/0001, 2013/0760735, Rz. 25 ff.

II. Steuerliche Behandlung der Beiträge und der Altersbezüge aus der Basisversorgung

(„Treuhandlösung") oder im Wege spezieller Sondervermögen erfüllt werden, deren Vertragsbedingungen vorsehen, dass im Falle des Todes des Anlegers dessen Anteile zugunsten des Sondervermögens eingezogen werden („Fondslösung"). Ebenso kann diese Voraussetzung durch eine vertragliche Vereinbarung zwischen dem Anbieter und dem Steuerpflichtigen erfüllt werden, nach der im Falle des Todes des Steuerpflichtigen der Gegenwert seiner Fondsanteile der Sparergemeinschaft zugute kommt („vertragliche Lösung").

Für die bei einem fondsbasierten Basis-Rentenprodukt im Rahmen der „vertraglichen Lösung" anfallenden „Sterblichkeitsgewinne" sowie für den Einzug der Anteile am Sondervermögen und die anschließende Verteilung bei der „Treuhandlösung" fällt mit Blick auf die persönlichen Freibeträge der Erwerber keine Erbschaftsteuer an. Die Abfindungsmöglichkeit besteht erst mit dem Beginn der Auszahlungsphase, frühestens mit Vollendung des 60. Lebensjahres des Leistungsempfängers (bei nach dem 31.12.2011 abgeschlossenen Verträgen ist grundsätzlich die Vollendung des 62. Lebensjahres maßgebend).

Die Vereinbarung einer Rentengarantiezeit, bei der die dem Versicherungsnehmer zugesagte Rente auch nach dessen Tod für einen bestimmten Zeitraum an eine andere Person gezahlt wird, ist mit der Voraussetzung der Nichtvererblichkeit nicht vereinbar.

▶ Nichtübertragbarkeit:

Der Vertrag darf keine Übertragung der Ansprüche des Leistungsempfängers auf eine andere Person vorsehen z. B. im Wege der Schenkung; die Pfändbarkeit nach den Vorschriften der ZPO steht dem nicht entgegen. Die Übertragbarkeit zur Regelung von Scheidungsfolgen nach dem VersAusglG ist unschädlich. Der Vertrag darf zulassen, dass die Ansprüche des Leistungsempfängers aus dem Vertrag unmittelbar auf einen anderen Vertrag des Leistungsempfängers auch bei einem anderen Unternehmen übertragen werden, sofern der neue Vertrag die Voraussetzungen des § 10 Abs. 1 Nr. 2 Buchst. b Doppelbuchst. aa EStG ebenfalls erfüllt. § 3 Nr. 55d EStG regelt inzwischen ausdrücklich die Steuerfreiheit einer solchen Übertragung. Das übertragene Vermögen ist nicht als Beitrag nach § 10 Abs. 1 Nr. 2 Satz 1 Buchst. b Doppelbuchst. aa EStG zu berücksichtigen.

▶ Nichtbeleihbarkeit:

Es muss vertraglich ausgeschlossen sein, dass die Ansprüche z. B. sicherungshalber abgetreten oder verpfändet werden können.

▶ Nichtveräußerbarkeit:

Die Vertragsbedingungen müssen so gestaltet sein, dass die Ansprüche nicht an einen Dritten veräußert werden können.

▶ Nichtkapitalisierbarkeit:

Es darf vertraglich kein Recht auf Kapitalisierung des Rentenanspruchs vorgesehen sein mit Ausnahme der Abfindung einer Kleinbetragsrente in Anlehnung an § 93 Abs. 3 Satz 2 und 3 EStG. Die Abfindungsmöglichkeit besteht bei der Altersversorgung allerdings erst mit dem Beginn der Auszahlungsphase, frühestens mit Vollendung des 60./62. Lebensjahres. Bei Renten wegen Berufsunfähigkeit, verminderter Erwerbsfähigkeit und bei Leistungen an Hinterbliebene ist die Abfindung einer Kleinbetragsrente im jeweiligen Versicherungsfall möglich.

1180 Die Auslegung der Finanzverwaltung hat in erster Linie Bedeutung für die Anbieter von Altersvorsorgeprodukten, denn bei der Markteinführung neuer Leibrentenversicherungsprodukte der Basisversorgung müssen diese Vorgaben berücksichtigt werden, um den Sonderausgabenabzug nach § 10 Abs. 1 Nr. 2 Buchst. b Doppelbuchst. aa EStG i.V. mit § 10 Abs. 3 EStG für Altersvorsorgebeiträge zu ermöglichen.

1181 Letztlich erlangen die Ausführungen – zumindest bis einschl. Veranlagungszeitraum 2009 – aber auch im Rahmen des Veranlagungsverfahrens Bedeutung, denn anders als bei der Riester-Rente hat der Gesetzgeber für die Basis-Rente zunächst keine Zertifizierung der begünstigten Verträge eingeführt. Das bedeutete, dass grundsätzlich in jedem Einzelfall zu überprüfen war, ob ein Leibrentenversicherungsvertrag die Voraussetzungen für den Sonderausgabenabzug nach § 10 Abs. 1 Nr. 2 Buchst. b i.V. m. Abs. 3 EStG erfüllte oder nicht. Da sich dies jedoch in der Praxis als äußerst schwierig und ineffizient herausgestellt hatte, wurde im Rahmen des JStG 2009 geregelt, dass ab dem Veranlagungszeitraum 2010 auch Basis-Verträge zertifiziert sein müssen (§ 10 Abs. 2 EStG). Das entsprechende Zertifizierungsverfahren hat der Gesetzgeber wie bei der Riester-Rente im Altersvorsorgeverträge-Zertifizierungsgesetz geregelt. Die Zertifizierungspflicht gilt auch für bereits abgeschlossene Verträge, so dass eine Prüfung der einzelnen Kriterien, ob ein Basisversorgungsvertrag die Voraussetzungen des § 10 Abs. 1 Nr. 2 Buchst. b Doppelbuchst. aa EStG erfüllt, ab dem Veranlagungszeitraum 2010 für die Praxis entfällt. Zu beachten ist, dass ab 2010 Beiträge nur noch dann als Sonderausgaben anerkannt werden, wenn eine Zertifizierung des Vertrages vorliegt und der Steuerpflichtige

II. Steuerliche Behandlung der Beiträge und der Altersbezüge aus der Basisversorgung

gegenüber dem Anbieter in die Datenübermittlung eingewilligt hat.[1] Für die Berücksichtigung sämtlicher im Veranlagungszeitraum 2010 und 2011 geleisteter Beiträge i. S. d. § 10 Abs. 1 Nr. 2 Satz 1 Buchst. b Doppelbuchst. aa EStG reicht es jedoch aus, wenn für den Mustervertrag bis zum 31. 12. 2010 ein Antrag auf Zertifizierung bei der Zertifizierungsstelle eingegangen ist, das Muster daraufhin zertifiziert und der Basisrentenvertrag – falls erforderlich – bis zum 31. 12. 2011 auf das zertifizierte Muster umgestellt worden ist.[2]

Zu den Voraussetzungen im Einzelnen ist Folgendes anzumerken: 1182

▶ Nichtvererblichkeit:

Verstirbt ein Versicherungsnehmer im Laufe eines Monats und wird die Rente nachschüssig am 31. des jeweiligen Monats ausgezahlt, dürfte bei Ausschluss der Vererblichkeit streng genommen die Rente für den Todesmonat und eventuelle Nachzahlungen für vorangegangene Monate oder Jahre nicht mehr gezahlt werden, da eine Zahlung an den Versicherungsnehmer nicht mehr möglich ist, sondern nur noch an die Erben ausgezahlt werden kann. So weit kann man aber u. E. mit dem Ausschluss der Vererblichkeit nicht gehen. Maßgebend für die Frage der Vererbung muss folglich – wie die FinVerw annimmt – sein, wann der Anspruch entstanden ist. Ist der Anspruch zu Lebzeiten des Versicherungsnehmers entstanden, kommt es auf den Zahlungszeitpunkt nicht an. Dieser kann auch nach dem Tod des Versicherungsnehmers liegen.

▶ Nichtübertragbarkeit:

Beim Merkmal der Nichtübertragbarkeit stellte sich insbesondere die Frage, ob gefordert werden kann, dass ein Anbieterwechsel vertraglich gänzlich ausgeschlossen wird. Streng am Gesetzeswortlaut orientiert, hätte dies vielleicht bejaht werden müssen. In der Praxis hätte eine solche Einschränkung aber dazu geführt, dass die Regelung, dass auch Beiträge im Rahmen der betrieblichen Altersversorgung zu den nach § 10 Abs. 1 Nr. 2 Buchst. b Doppelbuchst. aa EStG begünstigten Beiträgen gehören können (vgl. Rn. 1183 ff.), leer gelaufen wäre. Nach § 4 Abs. 2 Nr. 2 und Abs. 3 BetrAVG bestehen nämlich gesetzlich verankerte Möglichkeiten zur Übertragung betrieblicher Versorgungsanwartschaften. Folglich hätte wohl kaum verlangt werden können, dass diese Übertragungsrechte zur Sicherung des Sonder-

---

1 Vgl. BMF vom 19. 8. 2013, IV C 3 - S 2221/12/10010:004, IV C 5 - S 2345/08/0001, 2013/0760735, Rz. 15.
2 Vgl. BMF vom 19. 8. 2013, IV C 3 - S 2221/12/10010:004, IV C 5 - S 2345/08/0001, 2013/0760735, Rz. 16.

ausgabenabzugs nach § 10 Abs. 1 Nr. 2 Buchst. b Doppelbuchst. aa EStG vertraglich ausgeschlossen werden. Andererseits wäre es unter Wettbewerbsgesichtspunkten auch nicht vertretbar gewesen, im Rahmen der betrieblichen Altersversorgung die Übertragbarkeit in den Fällen der § 4 Abs. 2 Nr. 2 und Abs. 3 BetrAVG zuzulassen, bei privaten Leibrentenverträgen den Anbieterwechsel aber auszuschließen. Dies hat dazu geführt, dass ein Anbieterwechsel generell zulässig ist, wenn auch der neue Vertrag die Fördervoraussetzungen des § 10 Abs. 1 Nr. 2 Buchst. b Doppelbuchst. aa EStG erfüllt.

Ebenfalls zugelassen hat die FinVerw die Aufteilung/Übertragung von begünstigten Verträgen im Rahmen von Scheidungsvereinbarungen nach dem VersAusglG. Auch dies trägt im Grunde dem Umstand Rechnung, dass aufgrund zivilrechtlicher Regelungen Basis-Renten-Verträge in den Versorgungsausgleich mit einzubeziehen sind und sich der Versicherungsnehmer dem unter Hinweis auf § 10 Abs. 1 Nr. 2 Buchst. b Doppelbuchst. aa EStG wohl nicht entziehen könnte.

▶ Nichtkapitalisierbarkeit:

Streng nach dem Gesetzeswortlaut wäre die Abfindung einer Kleinbetragsrente bei Ausschluss der Kapitalisierbarkeit wohl nicht zulässig gewesen. Allerdings hätte dies zu nicht nachvollziehbaren Unterscheidungen der unterschiedlichen Rentenarten geführt, denn bei der Riester-Rente hat der Gesetzgeber im Rahmen des AltEinkG in § 93 Abs. 3 Satz 2 und 3 EStG ausdrücklich die Abfindungsmöglichkeit für eine Kleinbetragsrente eingeführt. Bei den berufsständischen Versorgungseinrichtungen beanstandet die FinVerw die Abfindungsmöglichkeit für eine Kleinbetragsrente in der Satzung oder den landesgesetzlichen Regelungen ebenfalls nicht.[1] Da es sich aber sowohl bei den genannten Versorgungsträgern als auch bei Basis-Renten-Verträgen um Produkte der Basisversorgung handelt, erscheint es nicht vertretbar, bei Letzteren die Förderfähigkeit von strengeren Voraussetzungen abhängig zu machen.

1183 Die Voraussetzungen eines begünstigten Basisrentenversicherungsvertrags liegen damit nicht vor, wenn der Versicherungsvertrag z. B. ein Kapitalwahlrecht, einen Anspruch bzw. ein Optionsrecht auf (Teil-)Auszahlung nach Eintritt des Versorgungsfalls, die Zahlung eines Sterbegeldes oder Abfindungs-

---

1 Interne Entscheidung im Rahmen der Abstimmung der Satzungsbestimmungen mit der Arbeitsgemeinschaft der berufsständischen Versorgungseinrichtungen.

II. Steuerliche Behandlung der Beiträge und der Altersbezüge aus der Basisversorgung

ansprüche und Beitragsrückerstattungen im Fall einer Kündigung des Vertrags – mit Ausnahme gesetzlicher Abfindungsansprüche[1] – vorsieht.

(8) Beiträge an einen Pensionsfonds

Nach dem Gesetzeswortlaut war zunächst nicht sichergestellt, dass auch Beiträge an Pensionsfonds, die die Förderkriterien des § 10 Abs. 1 Nr. 2 Buchst. b Doppelbuchst. aa EStG erfüllen im Rahmen des Sonderausgabenabzugs begünstigt sind, denn § 10 Abs. 2 Nr. 2 EStG sah vor, dass die Beiträge nur dann als Vorsorgeaufwendungen (Basisversorgung oder übrige Vorsorgeaufwendungen) abgezogen werden durften, wenn sie an ein Versicherungsunternehmen mit Sitz oder Geschäftsleitung in einem Mitgliedstaat der Europäischen Gemeinschaft oder einem anderen Vertragsstaat des Europäischen Wirtschaftsraums geleistet wurden, das die Erlaubnis hat, das Versicherungsgeschäft im Inland zu betreiben und im Inland einen Geschäftsbetrieb zu unterhalten.

1184

Ein Pensionsfonds ist aber kein Versicherungsunternehmen. Damit waren streng genommen Beiträge an einen Pensionsfonds von der Förderung durch Sonderausgabenabzug ausgeschlossen. Um nicht gerechtfertigte Ausschlüsse zu verhindern, hatte die FinVerw allerdings auch Beiträge an Pensionsfonds, die wie Versicherungsunternehmen den aufsichtsrechtlichen Regelungen des Versicherungsaufsichtsgesetzes unterliegen, zum Sonderausgabenabzug zugelassen, wenn die übrigen Fördervoraussetzungen vorliegen.[2] Inzwischen ist das Gesetz entsprechend angepasst worden, indem mit Wirkung ab dem 1.1.2006 alle Anbieter i.S.d. § 80 EStG begünstigte Basisversorgungsverträge anbieten können (§ 10 Abs. 2 Nr. 2 Buchst. d EStG). Durch die Erweiterung des Anbieterkreises haben sich jedoch die Voraussetzungen für das Vorliegen eines Basisversorgungsvertrags nicht geändert. D. h. auch Fonds müssen im Alter eine lebenslange gleichbleibende oder steigende Altersrente zahlen, die aufsichtsrechtlich nur von einem Versicherungsunternehmen erbracht werden kann. Folglich müssen Fonds, die begünstigte Basisversorgungsverträge anbieten, spätestens in der Auszahlungsphase ein Versicherungsunternehmen in die Vertragsabwicklung mit einbeziehen.

1185

---

1 Z. B. § 3 BetrAVG.
2 BMF-Schreiben vom 24.2.2005, BStBl 2005 I S. 429, Rz. 19.

(9) Einbeziehung der betrieblichen Altersversorgung in die Basisversorgung

1186 Wie in Rn. 1151 dargestellt, geht die FinVerw davon aus, dass auch Beiträge im Bereich der betrieblichen Altersversorgung die Voraussetzungen für die Basisversorgung erfüllen können.

1187 Ob die Formulierung des § 10 Abs. 1 Nr. 2 Buchst. b Doppelbuchst. aa EStG diese Einbeziehung tatsächlich – auch bezogen auf rein arbeitgeberfinanzierte und durch Entgeltumwandlung finanzierte Beiträge – zulässt, darf bezweifelt werden.

1188 Nach § 10 Abs. 1 Nr. 2 Buchst. b Doppelbuchst. aa EStG ist für die Förderung einer Leibrentenversicherung im Rahmen der Basisversorgung erforderlich, dass „Beiträge des Steuerpflichtigen zum Aufbau einer eigenen kapitalgedeckten Altersversorgung" erbracht werden. Nach eigener Aussage der FinVerw[1] liegen diese nur vor, wenn Personenidentität zwischen dem Beitragszahler, der versicherten Person und dem Leistungsempfänger besteht. Hieran mangelt es jedoch im Bereich der betrieblichen Altersversorgung bezüglich der rein arbeitgeberfinanzierten und durch Entgeltumwandlung finanzierten Beiträge. Beitragszahler ist insoweit der Arbeitgeber. Lediglich bezüglich der echten Eigenbeiträge i. S. d. § 1 Abs. 2 Nr. 4 BetrAVG ist der Arbeitnehmer zur Beitragszahlung verpflichtet.

1189 Angesichts der Tatsache, dass begünstigte Basisrentenversicherungsverträge seit 2010 zertifiziert sein müssen, dürfte die betriebliche Altersversorgung im Regelfall die Voraussetzungen des § 10 Abs. 1 Nr. 2 Buchst. b Doppelbuchst. aa EStG schon aus dem Grund nicht mehr erfüllen, so dass sich die Frage der Beitragszahlung zum Aufbau einer eigenen kapitalgedeckten Altersversorgung gar nicht mehr stellt.

(10) Ausschluss der Beiträge, die in Zusammenhang mit steuerfreien Einnahmen stehen

1190 Voraussetzung für die Berücksichtigung von Vorsorgeaufwendungen i. S. d. § 10 Abs. 1 Nr. 2 EStG ist nach Auffassung der FinVerw,[2] dass sie nicht in unmittelbarem wirtschaftlichem Zusammenhang mit steuerfreien Einnahmen stehen. Beiträge – z. B. zur gesetzlichen Rentenversicherung – in unmittelbarem wirtschaftlichem Zusammenhang mit steuerfreiem Arbeitslohn (z. B.

---

1 BMF-Schreiben vom 19.8.2013, IV C 3 - S 2221/12/10010:004, IV C 5 - S 2345/08/0001, 2013/0760735, Rz. 8.
2 BMF-Schreiben vom 19.8.2013, IV C 3 - S 2221/12/10010:004, IV C 5 - S 2345/08/0001, 2013/0760735, Rz. 156.

II. Steuerliche Behandlung der Beiträge und der Altersbezüge aus der Basisversorgung

nach dem Auslandstätigkeitserlass, aufgrund eines Doppelbesteuerungsabkommens oder aufgrund des zusätzlichen steuerfreien Höchstbetrags von 1 800 € nach § 3 Nr. 63 Satz 3 EStG)[1] sind daher nicht als Sonderausgaben abziehbar. Entsprechendes gilt für freiwillig an die gesetzliche Rentenversicherung gezahlte Beiträge, wenn die Bundesagentur für Arbeit diese im Rahmen des Bezugs von Arbeitslosengeld übernimmt.[2]

Diese Regelung führt im Zusammenhang mit Beiträgen im Rahmen der betrieblichen Altersversorgung zu einer erheblichen Verkomplizierung des Steuerrechts, die u. E. gemessen an der steuerlichen Auswirkung sehr fragwürdig erscheint. Sie führt nämlich dazu, dass die auf den Steuerfreibetrag i. H. v. 1 800 € entfallenden Rentenversicherungsbeiträge im Rahmen der Lohnsteuerbescheinigung gesondert ausgewiesen werden müssen, um sie beim Sonderausgabenabzug ausnehmen zu können. Bei einem Beitragssatz zur gesetzlichen Rentenversicherung von 19,9 % kann es sich höchstens um ein Beitragsvolumen von 358 € handeln. Geht man davon aus, dass sich die Beiträge erst in 2025 zu 100 % auswirken, handelt es sich bei Annahme des Spitzensteuersatzes dann um eine steuerliche Auswirkung in jedem betroffenen Fall von ca. 150 €.

1191

Anders stellt sich die Situation jedoch dar, wenn der Steuerpflichtige Arbeitslohn zugunsten einer Direktzusage oder einer Unterstützungskassenzusage umwandelt. Wandelt der Arbeitnehmer Arbeitslohn i. H. v. mehr als 4 % der Beitragsbemessungsgrenze zugunsten einer Direktzusage oder einer Versorgungszusage über eine Unterstützungskasse um, erkennt die Sozialversicherung zwar die Entgeltumwandlung nur bis zu 4 % an. Für die darüber hinausgehende Entgeltumwandlung besteht Beitragspflicht in der Sozialversicherung. Bezüglich dieser Sozialversicherungsbeiträge hat die FinVerw[3] jedoch klargestellt, dass ein Sonderausgabenabzug möglich ist. Die Differenzierung zwischen Sozialversicherungsbeiträgen, die auf nach § 3 Nr. 63 Satz 3 EStG steuerfreie Beiträge entfallen, und solchen, die auf eine Entgeltumwandlung zugunsten einer internen Versorgungszusage entfallen, ist auf den ersten Blick schwer verständlich, ist aber darauf zurückzuführen, dass ein Ausschluss vom Sonderausgabenabzug nach § 10 Abs. 2 Nr. 1 EStG nur für Beiträge besteht, die mit steuerfreien Einnahmen in unmittelbarem wirtschaftlichen Zusammen-

1192

---

[1] Beiträge, die unter den zusätzlichen Höchstbetrag in § 3 Nr. 63 Satz 3 EStG fallen, sind zwar steuerfrei, aber sozialversicherungspflichtig.
[2] BMF-Schreiben vom 19. 8. 2013, IV C 3 - S 2221/12/10010:004, IV C 5 - S 2345/08/0001, 2013/0760735, Rz. 156.
[3] BMF-Schreiben vom 19. 8. 2013, IV C 3 - S 2221/12/10010:004, IV C 5 - S 2345/08/0001, 2013/0760735, Rz. 156.

hang stehen. Eine Entgeltumwandlung zugunsten einer internen Versorgungszusage führt aber nicht zu steuerfreien Einnahmen, sondern zu gar keinen Einnahmen, weil insoweit kein Lohnzufluss gegeben ist. Damit greift der gesetzliche Ausschluss in § 10 Abs. 2 Nr. 1 EStG nicht.

aa) **Absicherung gegen den Eintritt der Berufsunfähigkeit oder der verminderten Erwerbsfähigkeit**

1193 Mit Wirkung ab dem 1. 7. 2013 hat der Gesetzgeber im Rahmen des Altersvorsorge-Verbesserungsgesetzes vom 24. 6. 2013 mit § 10 Abs. 1 Nr. 2 Satz 1 Buchst. b Doppelbuchst. bb EStG eine Neuregelung geschaffen, wonach nicht nur der Aufbau einer kapitalgedeckten Altersversorgung mit ergänzender Risikoabsicherung als Basisversorgung anzusehen ist, sondern auch die reine Risikoabsicherung für den Fall der Berufsunfähigkeit oder verminderten Erwerbsfähigkeit. Voraussetzung ist allerdings wie bei der Altersabsicherung nach § 10 Abs. 1 Satz 1 Nr. 2 Buchst. b Doppelbuchst. aa EStG, dass der Vertrag für den Versicherungsfall (Berufsunfähigkeit oder verminderte Erwerbsfähigkeit) nur die Zahlung einer monatlichen, auf das Leben des Steuerpflichtigen bezogenen lebenslangen Leibrente für einen Versicherungsfall vorsieht, der bis zur Vollendung des 67. Lebensjahres eingetreten sein muss.

1194 Der Vertrag darf allerdings die Beendigung der Rentenzahlung wegen eines medizinisch begründeten Wegfalls der Berufsunfähigkeit oder der verminderten Erwerbsfähigkeit vorsehen. Außerdem darf die Höhe der zugesagten Rente vom Alter des Steuerpflichtigen bei Eintritt des Versicherungsfalls abhängig gemacht werden, wenn der Steuerpflichtige das 55. Lebensjahr vollendet hat. In der Gesetzesbegründung wurde hierzu ein Beispiel gebildet: Versicherungsfall zehn Jahre vor dem Ausscheiden aus der Erwerbstätigkeit = 100 % Rente, Versicherungsfall fünf Jahre vor diesem Zeitpunkt = 50 % der vertraglich versprochenen Rente). Dieses Beispiel ist unter versicherungsrechtlichem Blickwinkel nicht so Recht nachvollziehbar, führt eine solche Regelung doch dazu, dass derjenige, der eine höhere Rente erhält, wahrscheinlich eine deutlich kürzere Beitragsdauer hat und derjenige, der erst später berufsunfähig oder erwerbsgemindert wird, finanziert durch seine längere Beitragszahlungsdauer zu Lasten seines Rentenanspruchs diese höheren Ansprüche mit.

1195 Wie bei der Altersabsicherung nach § 10 Abs. 1 Nr. 2 Satz 1 Buchst. b Doppelbuchst. aa EStG dürfen auch bei der Absicherung nach § 10 Abs. 1 Nr. 2 Satz 1 Buchst. b Doppelbuchst. bb EStG die Leistungen nicht vererblich, nicht übertragbar, nicht beleihbar, nicht veräußerbar und nicht kapitalisierbar sein und neben den genannten Auszahlungsformen darf kein weiterer Anspruch auf

II. Steuerliche Behandlung der Beiträge und der Altersbezüge aus der Basisversorgung

Auszahlungen bestehen. Insoweit kann zu den einzelnen Produktvoraussetzungen auf die Rn. 1177 ff. verwiesen werden.

c) Ermittlung des Abzugsbetrags nach § 10 Abs. 3 EStG

aa) Übergangsregelung bis 2025

Das Gesetz sieht vor, dass Beiträge i. S. d. § 10 Abs. 1 Nr. 2 Buchst. a und b EStG insgesamt bis zu 20 000 € als Sonderausgaben abziehbar sind (§ 10 Abs. 3 EStG). Bei Ehegatten/Lebenspartnern verdoppelt sich der Betrag im Rahmen der Zusammenveranlagung unabhängig davon, wer von beiden Ehegatten/Lebenspartnern die Beiträge entrichtet hat.

1196

Um den Übergang zur nachgelagerten Besteuerung für den Staat finanzierbar zu machen, hat die steuerliche Abziehbarkeit in 2005 mit 60 % der begünstigten Beiträge begonnen, höchstens mit 60 % von 20 000 € / 40 000 €. Der Prozentsatz steigt bis zum Jahr 2025 für alle Steuerpflichtigen jährlich um zwei Punkte an, so dass im Jahr 2025 der Abzug bei 100 % der begünstigten Beiträge, höchstens 20 000 € / 40 000 € liegt.

1197

Der schrittweise Übergang zur vollständigen Freistellung der Altersvorsorgeaufwendungen hätte für bestimmte Personengruppen zu Schlechterstellungen führen können. Nach dem bis 2004 geltenden Recht konnten bei kleinen Einkommen (bei allein stehenden Arbeitnehmern mit einem Bruttolohn von jährlich bis etwa 12 000 €, bei verheirateten Arbeitnehmern mit einem Bruttolohn von jährlich bis etwa 24 000 €) die gesamten Sozialversicherungsbeiträge vollständig als Sonderausgaben abgezogen werden, da die Höchstbeträge nach § 10 Abs. 3 EStG i. d. F. am 31. 12. 2004 und der nach § 3 Nr. 62 EStG steuerfreie Arbeitgeberanteil ein entsprechendes Abzugsvolumen eröffneten. Für kleine Einkommen wäre daher eine zunächst 60 %ige Abziehbarkeit der Gesamtbeiträge zur gesetzlichen Rentenversicherung insgesamt ungünstiger als die Abzugsmöglichkeiten im zuvor geltenden Recht gewesen. Erst ab mittleren Arbeitnehmer-Einkommen (bei Alleinstehenden mit einem Bruttolohn von jährlich etwa 26 000 €, bei Verheirateten mit einem Bruttolohn von jährlich etwa 52 000 €) hätte das neue Recht in der ersten Stufe der Übergangsphase seine Wirkungen entfalten können. Aus diesem Grund hat der Gesetzgeber in § 10 Abs. 4a EStG eine Günstigerprüfung zwischen altem und neuem Recht eingeführt. In den Jahren 2005 bis 2019 ist danach zu überprüfen, ob die Anwendung des § 10 Abs. 3 EStG i. d. F. am 31. 12. 2004 zu günstigeren Ergebnissen führt, als die Anwendung des § 10 Abs. 3 (für Altersvorsorgeaufwendungen) und Abs. 4 (für die übrigen Vorsorgeaufwendungen) EStG zusammen. Dabei ist der zu berücksichtigende Vorwegabzug mit ab 2011 sukzessive abge-

1198

schmolzenen Höchstbeträgen zu berücksichtigen. Der Grundhöchstbetrag bleibt für die Günstigerprüfung bis 2019 mit 1 334 € bzw. 2 668 € bei Zusammenveranlagung von Ehegatten/Lebenspartnern unverändert erhalten. Gleiches gilt für den hälftigen Grundhöchstbetrag mit 667 € bzw. 1 334 €. Ab dem VZ 2006 ist die Günstigerprüfung zudem um einen Erhöhungsbetrag für Basisversorgungsbeiträge erweitert worden (zu den Einzelheiten der Günstigerprüfung vgl. Rn. 1591 ff.).

bb) Kürzung des Höchstbetrags nach § 10 Abs. 3 Satz 3 EStG

(1) Allgemeines

1199 Um allen Steuerpflichtigen unabhängig davon, welche Altersabsicherung ihnen ihre Beschäftigung verschafft, gleiche steuerliche Abzugsmöglichkeiten für eine zusätzliche (private) Altersabsicherung in Form einer sog. Basis-Rente einzuräumen, hat der Gesetzgeber bestimmte Kürzungen des Höchstbetrages bzw. des Abzugsbetrages i. S. d. § 10 Abs. 3 EStG vorgenommen.

1200 Arbeitnehmer, die in der gesetzlichen Rentenversicherung versicherungsfrei oder auf Antrag des Arbeitgebers von der Versicherungspflicht befreit sind und die für den Fall ihres Ausscheidens aus der Beschäftigung aufgrund des Beschäftigungsverhältnisses eine lebenslängliche Versorgung oder an deren Stelle eine Abfindung erhalten oder in der gesetzlichen Rentenversicherung nachzuversichern sind (§ 10 Abs. 3 Satz 3 Nr. 1 Buchst. a EStG), haben den Vorteil, dass sie eine Grundabsicherung im Alter (z. B. die Beamtenpension) ohne eigene Beiträge erwerben. Nach dem bis 2004 geltenden System des Sonderausgabenabzugs standen ihnen folglich die Sonderausgabenabzugsmöglichkeiten vollständig für andere Vorsorgeaufwendungen zur Verfügung, während der in der gesetzlichen Rentenversicherung pflichtversicherte Arbeitnehmer die Abzugsbeträge zum Teil bereits durch den Arbeitnehmerbeitrag zur gesetzlichen Rentenversicherung verbraucht hat.

1201 Aus diesem Grund ist bei Steuerpflichtigen, die eine entsprechende Absicherung über ihren Arbeitgeber ohne eigene Beitragszahlung erhalten, ab 2005 der Höchstbetrag i. S. d. § 10 Abs. 3 EStG (20 000 € bzw. 40 000 €) um einen Betrag zu kürzen, der dem fiktiven Gesamtbeitrag (Arbeitgeber- und Arbeitnehmeranteil) zur allgemeinen Rentenversicherung entspricht.

1202 Gleiches gilt bei Steuerpflichtigen, die nicht der gesetzlichen Rentenversicherungspflicht unterliegen, eine Berufstätigkeit ausüben und im Zusammenhang damit aufgrund vertraglicher Vereinbarungen Anwartschaftsrechte auf eine Altersversorgung erwerben. In den VZ 2005 bis 2007 ist zudem erforder-

II. Steuerliche Behandlung der Beiträge und der Altersbezüge aus der Basisversorgung

lich, dass die Anwartschaft ganz oder teilweise ohne eigene Beitragsleistung erworben wird, ab VZ 2008 kommt es hierauf nicht mehr an (§ 10 Abs. 3 Satz 3 Nr. 1 Buchst. b EStG). Bei Steuerpflichtigen, die Einkünfte i. S. d. § 22 Nr. 4 EStG erzielen und ganz oder teilweise ohne eigene Beitragsleistungen einen Anspruch auf Altersversorgung erwerben, gilt Entsprechendes. Insoweit ist auch nach 2007 weiterhin erforderlich, dass der Anspruch ganz oder teilweise ohne eigene Beitragsleistungen erworben wird.

Bei pflichtversicherten Arbeitnehmern ist zwar nicht der Höchstbetrag zu kürzen, denn hier sind für die Grundabsicherung eigene Beiträge in Form des Arbeitnehmerbeitrags zur gesetzlichen Rentenversicherung zu erbringen. Allerdings ist in diesen Fällen der Abzugsbetrag um den nach § 3 Nr. 62 EStG steuerfreien Arbeitgeberanteil zur gesetzlichen Rentenversicherung oder den diesem gleichgestellten steuerfreien Zuschuss des Arbeitgebers zu kürzen, da im Übergangszeitraum bis 2024 über alle Altersvorsorgeaufwendungen eine Förderquote von 60 % bis 98 % gewährt werden soll. Auf diese Weise wird dem Umstand Rechnung getragen, dass dem pflichtversicherten Arbeitnehmer neben dem Sonderausgabenabzug nach § 10 Abs. 3 EStG die Steuerfreiheit nach § 3 Nr. 62 EStG zur Verfügung steht. 1203

(2) Kürzung beim Personenkreis des § 10 Abs. 3 Satz 3 Nr. 1 Buchst. a EStG

Zum Personenkreis des § 10 Abs. 3 Satz 3 Nr. 1 Buchst. a EStG gehören insbesondere 1204

▶ Beamte, Richter, Berufssoldaten, Soldaten auf Zeit, Amtsträger,
▶ Arbeitnehmer, die nach § 5 Abs. 1 Nr. 2 und 3 SGB VI oder § 230 SGB VI versicherungsfrei sind (z. B. Beschäftigte bei Trägern der Sozialversicherung, Geistliche der als öffentlich-rechtliche Körperschaften anerkannten Religionsgemeinschaften),
▶ Arbeitnehmer, die auf Antrag des Arbeitgebers von der gesetzlichen Rentenversicherungspflicht befreit worden sind, z. B. Lehrkräfte an nicht öffentlichen Schulen, bei denen eine Altersversorgung nach beamtenrechtlichen oder entsprechenden kirchenrechtlichen Grundsätzen gewährleistet ist.

Dieser Personenkreis erwirbt auch ganz oder teilweise ohne eigene Beitragsleistung einen Anspruch auf Altersversorgung. Der Höchstbetrag nach § 10 Abs. 3 Satz 1 EStG ist damit um einen fiktiven Gesamtbeitrag zur allgemeinen Rentenversicherung zu kürzen. Bemessungsgrundlage für den Kürzungsbetrag sind – bis zur Beitragsbemessungsgrenze in der allgemeinen Rentenversicherung – die erzielten steuerpflichtigen Einnahmen aus der Tätigkeit, die die Zugehörigkeit zum Personenkreis des § 10 Abs. 3 Satz 3 Nr. 1 Buchst. a EStG be- 1205 gründen. Im Übrigen ist nach Auffassung der FinVerw auf den zu Beginn des jeweiligen Kalenderjahres geltenden Beitragssatz in der allgemeinen Rentenversicherung abzustellen.[1]

1206 Dabei ist unerheblich, ob die Zahlungen insgesamt beitragspflichtig gewesen wären, wenn Versicherungspflicht in der gesetzlichen Rentenversicherung bestanden hätte. Aus Vereinfachungsgründen stellt die FinVerw zugunsten der Steuerpflichtigen einheitlich auf die niedrigere Beitragsbemessungsgrenze (Ost)[2] in der allgemeinen Rentenversicherung ab.[3]

BEISPIEL: ▶ Kürzung des Höchstbetrags nach § 10 Abs. 3 EStG beim Beamten
Ein lediger Beamter zahlt im Jahr 2009 10 000 € in eine begünstigte Leibrentenversicherung i. S. d. § 10 Abs. 1 Nr. 2 Buchst. b EStG, um zusätzlich zu seinem Pensionsanspruch fürs Alter vorzusorgen. Seine Einnahmen aus dem Beamtenverhältnis betragen 41 026 €.
Im Jahr 2009 können Altersvorsorgeaufwendungen i. H. v. 6 800 € als Sonderausgaben abgezogen werden:

Leibrentenversicherung	10 000 €	
Höchstbetrag	20 000 €	
abzgl. fiktiver Gesamtbeitrag gesetzliche RV (Höchstbemessungsgrundlage 54 800 €)		
41 026 € × 19,9 % =	8 955 €	
gekürzter Höchstbetrag	11 045 €	11 045 €
68 % des geringeren Betrages		6 800 €

(3) Kürzung beim Personenkreis des § 10 Abs. 3 Satz 3 Nr. 1 Buchst. b EStG

1207 Hinsichtlich der Zugehörigkeit zum Personenkreis des § 10 Abs. 3 Satz 3 Nr. 1 Buchst. b EStG ist zu differenzieren. In den VZ 2005 bis 2007 gehörten zum Personenkreis des § 10c Abs. 3 Nr. 2 EStG[4] insbesondere

▶ beherrschende Gesellschafter-Geschäftsführer einer GmbH oder

▶ Vorstandsmitglieder von Aktiengesellschaften,

denen ganz oder teilweise ohne eigene Beitragsleistung eine betriebliche Altersversorgung zugesagt worden ist oder die Anwartschaftsrechte auf eine Al-

---

1 BMF-Schreiben vom 19.8.2013, IV C 3 - S 2221/12/10010:004, IV C 5 - S 2345/08/0001, 2013/0760735, Rz. 48.
2 Zur Kritik an der Anknüpfung an der Beitragsbemessungsgrenze Ost und der mangelnden Auswirkung in der Großzahl der Fälle vgl. Risthaus, DB Beilage Nr. 4/2008 S. 10.
3 BMF-Schreiben vom 19.8.2013, IV C 3 - S 2221/12/10010:004, IV C 5 - S 2345/08/0001, 2013/0760735, Rz. 51.
4 In dieser Vorschrift waren die Kürzungstatbestände bis einschließlich VZ 2009 geregelt.

II. Steuerliche Behandlung der Beiträge und der Altersbezüge aus der Basisversorgung

tersversorgung durch Beiträge, die nach § 3 Nr. 63 EStG steuerfrei waren, erworben haben.[1]

Der Verweis auf die steuerfreien Beiträge i. S. d. § 3 Nr. 63 EStG ist durch das AltEinkG als neuer Kürzungstatbestand für die Vorsorgepauschale in § 10c Abs. 3 Nr. 2 EStG aufgenommen worden. Bis einschließlich 2004 gab es diese Regelung nicht. 1208

Der Gesetzgeber war der Auffassung, dass es vor dem Hintergrund, dass insbesondere beherrschende Gesellschafter-Geschäftsführer, die eine Versorgung im Rahmen einer betrieblichen Altersversorgung im Durchführungsweg Direktzusage oder Unterstützungskasse erhalten, zum Personenkreis des § 10c Abs. 3 Nr. 2 EStG gehören und damit nur einen gekürzten Vorwegabzug und eine gekürzte Vorsorgepauschale erhalten, nicht sachgerecht ist, dem beherrschenden Gesellschafter-Geschäftsführer mit steuerfreien Beiträgen nach § 3 Nr. 63 EStG den ungekürzten Abzug der Aufwendungen zu gewähren.[2] 1209

Diese Begründung trug aber bereits im Zeitpunkt der Gesetzgebung nicht mehr, denn der BFH hatte zwischenzeitlich bei der Direktzusage, die bisher – neben der Unterstützungskassenzusage – den klassischen Fall für die Anwendung der gekürzten Vorsorgepauschale darstellte, entschieden, dass auch in diesen Fällen eigene Beiträge des Arbeitnehmers anzunehmen sein können. 1210

Danach liegt eine Anwartschaft auf betriebliche Altersversorgung ganz oder teilweise ohne eigene Beitragsleistung nicht vor, wenn einem Alleingesellschafter von der GmbH eine Altersrente zugesagt wird, da die Altersversorgung durch Bildung einer Pensionsrückstellung bei der GmbH seine gesellschaftsrechtlichen Ansprüche auf den GmbH-Gewinn mindert. Eigene Beiträge werden daher in Form des Verzichts auf Gewinnausschüttung bzw. auf Auskehrung des Liquidationsgewinns angenommen. Unerheblich ist dabei, ob die zugesagte Altersversorgung ganz oder teilweise zu einer verdeckten Gewinnausschüttung führt, da dies auf den handelsrechtlichen Gewinn keine Auswirkung hat.[3] 1211

Der BFH hat diese Rechtsprechung sinngemäß auch auf Kapitalgesellschaften übertragen, an denen mehrere Gesellschafter beteiligt sind.[4] Sagt die GmbH z. B. zwei zu gleichen Teilen beteiligten Gesellschafter-Geschäftsführern die 1212

---

[1] Zu VZ 2008 vgl. Rn. 1216 ff.
[2] BR-Drucks. 2/04 S. 62.
[3] BFH, Urteil vom 16. 10. 2002, XI R 25/01, BStBl 2004 II S. 546.
[4] BFH, Urteile vom 15. 12. 2004, XI R 45/03, BFH/NV 2005 S. 1509 und vom 23. 2. 2005, XI R 29/03, BStBl 2005 II S. 634.

gleiche Altersversorgung zu, so steht nach Auffassung des BFH jedem von ihnen der Vorwegabzug ungekürzt zu. Formal betrachtet erwerbe zwar bei mehreren Gesellschafter-Geschäftsführern jeder von ihnen infolge der einheitlichen Gewinnermittlung sein Anwartschaftsrecht immer teilweise durch eine Minderung der gesellschaftsrechtlichen Ansprüche seiner Mitgesellschafter. Allein deshalb den Vorwegabzug zu kürzen, werde dem Sinn und Zweck des Vorwegabzugs aber nicht gerecht. Die Frage, ob bei mehreren Gesellschafter-Geschäftsführern der Einzelne sein Anwartschaftsrecht auf Altersversorgung ganz oder teilweise ohne eigene Beitragsleistung, d. h. auch zu Lasten der gesellschaftsrechtlichen Ansprüche seiner Mitgesellschafter erwerbe, beantworte sich danach, ob der Aufwand der GmbH für die Altersversorgung des jeweiligen Gesellschafter-Geschäftsführers dessen quotaler Beteiligung an der GmbH entspreche. Im Wege einer vorausschauenden Betrachtung sei zu ermitteln, ob danach jeder Gesellschafter-Geschäftsführer für seine Versorgung wirtschaftlich betrachtet letztlich selbst aufkommen soll. Hiervon könne bei mehreren gleich hoch beteiligten Gesellschafter-Geschäftsführern ausgegangen werden, wenn ihnen die gleiche Altersversorgung zugesagt werde und sich bei typisierender vorausschauender Betrachtungsweise ein höherer Verzicht auf gesellschaftsrechtliche Ansprüche des einen der Gesellschafter-Geschäftsführer durch einen höheren Verzicht des anderen in späteren Jahren ausgleichen werde. Eine andere Beurteilung würde bei gleicher Beteiligungsquote und gleicher Direktzusage den älteren Gesellschafter-Geschäftsführer allein wegen der höheren jährlichen Zuführungen zur Pensionsrückstellung steuerlich schlechter stellen als den jüngeren Mitgesellschafter. Die Frage, ob der Gesellschafter-Geschäftsführer sein Anwartschaftsrecht auf betriebliche Altersversorgung ganz oder teilweise ohne Beitragsleistungen seines Mitgesellschafters erwirbt, sei unter Berücksichtigung der bestehenden Beteiligungsverhältnisse, des Alters der Gesellschafter-Geschäftsführer und der Höhe der jeweils zugesagten Altersversorgung im Wege einer vorausschauenden Berechnung des auf den einzelnen Gesellschafter entfallenden Aufwands der GmbH zu beantworten (z. B. Beiträge an eine Lebensversicherung, Zuführungen zur Pensionsrückstellung).[1]

1213 Damit kommt es in den VZ 2005 bis 2007 im Zusammenhang mit einer Direktzusage in vielen Fällen nicht zur Kürzung der Vorsorgepauschale und dem folgend auch nicht zur Kürzung des Höchstbetrags i. S. d. § 10 Abs. 3 EStG.

---

1 Zu der Frage, wie zu ermitteln ist, ob der Gesellschafter-Geschäftsführer die ihm zustehende Anwartschaft auf Altersversorgung mit einem entsprechenden Verzicht auf ihm zustehende gesellschaftsrechtliche Ansprüche erwirbt, vgl. BMF-Schreiben vom 22. 5. 2007, BStBl 2007 I S. 493.

II. Steuerliche Behandlung der Beiträge und der Altersbezüge aus der Basisversorgung

Bei einer Pensionskassenzusage, einer Pensionsfondszusage oder einer Direktversicherung mit steuerfreien Beiträgen nach § 3 Nr. 63 EStG ist in den VZ 2005 bis 2007 nach dem Gesetzeswortlaut eine Kürzung der Vorsorgepauschale zwar vorzunehmen. Zu einer Kürzung des Höchstbetrags i. S. d. § 10 Abs. 3 EStG kommt es dennoch – entgegen dem Wunsch des Gesetzgebers – nicht. Ihm ist es nämlich bei der Formulierung des Gesetzes nicht gelungen, die Kürzung der Vorsorgepauschale in diesen Fällen auf die Kürzung des Höchstbetrags im § 10 Abs. 3 EStG zu übertragen, da es in § 10 Abs. 3 EStG lautet: „Bei Steuerpflichtigen, die zum Personenkreis des § 10c Abs. 3 Nr. 1 und 2 EStG gehören oder Einkünfte i. S. d. § 22 Nr. 4 EStG (Abgeordnete) erzielen und die ganz oder teilweise ohne eigene Beitragsleistungen einen Anspruch auf Altersversorgung erwerben, ist der Höchstbetrag um den Betrag zu kürzen, der, bezogen auf die Einnahmen aus der Tätigkeit, die die Zugehörigkeit zum genannten Personenkreis begründen, dem Gesamtbeitrag (Arbeitgeber- und Arbeitnehmeranteil) zur gesetzlichen Rentenversicherung der Arbeiter und Angestellten entspricht." 1214

Durch den Hinweis auf das Tatbestandsmerkmal „ganz oder teilweise ohne eigene Beitragsleistung", der im Zusammenhang mit steuerfreien Beiträgen nach § 3 Nr. 63 EStG in § 10c Abs. 3 Nr. 2 EStG nicht erwähnt ist, läuft die Kürzung der Vorsorgepauschale im Ergebnis leer; denn – wie in Rn. 1211 dargestellt, handelt es sich bei den nach § 3 Nr. 63 EStG steuerfreien Beiträgen aus der Sicht der Kürzung des Vorwegabzugs bzw. ab 2005 der Kürzung des Höchstbetrags um eigene Beiträge des Arbeitnehmers. 1215

Ab dem VZ 2008 gehören Personen, die nicht der gesetzlichen Rentenversicherung unterliegen, eine Berufstätigkeit ausüben und im Zusammenhang damit auf Grund vertraglicher Vereinbarungen Anwartschaftsrechte auf eine Altersversorgung erworben haben, ohne weitere Voraussetzung zum Personenkreis des § 10c Abs. 3 Nr. 2 EStG. Es kommt folglich nicht mehr darauf an, wie diese Altersversorgung finanziert wird. Das heißt bei einem beherrschenden Gesellschafter-Geschäftsführer einer GmbH oder einem Vorstandsmitglied einer Aktiengesellschaft führt jegliche Form der betrieblichen Altersversorgung (Direktzusage, Unterstützungskasse, Pensionskasse, Pensionsfonds, Direktversicherung) zu einer Zugehörigkeit zum Personenkreis des § 10c Abs. 3 Nr. 2 EStG und damit zu einer Kürzung des Höchstbetrags nach § 10 Abs. 3 EStG i. H. d. fiktiven Gesamtbeitrags in die allgemeine Rentenversicherung. Es kommt weder auf die Art der Finanzierung (arbeitgeberfinanziert, Entgeltumwandlung) noch auf die Höhe der Zusage an. Selbst wenn ab 2008 keine Beiträge mehr erbracht werden, die Versorgungszusage also ruhend gestellt wird, soll dies nach Auffassung der FinVerw wohl nicht ausreichen, um die Kürzung des 1216

Höchstbetrags zu verhindern.[1] Lediglich ein Verzicht auf die Versorgungszusage dürfte wohl die Kürzung verhindern. Bei einem beherrschenden Gesellschafter-Geschäftsführer führt ein solcher Verzicht aber dann stattdessen möglicherweise zu anderen negativen Konsequenzen durch Annahme einer verdeckten Einlage verbunden mit einem lohnsteuerpflichtigen Zufluss von Arbeitslohn.

1217 U. E. ist mehr als fraglich, ob die Kürzung des Höchstbetrags i. S. d. § 10 Abs. 3 EStG in diesen Fällen gerechtfertigt ist. Gesetzliche Intention für die Kürzung des Höchstbetrags i. S. d. § 10 Abs. 3 EStG war es, einen Ausgleich zu schaffen, wenn der Steuerpflichtige über eine Versorgung i. S. d. Basisversorgung (1. Schicht) verfügt, die durch seinen Arbeitgeber finanziert wird. Aus diesem Grund wird z. B. auch bei im öffentlichen Dienst Beschäftigten, die durch ihren Arbeitgeber später Versorgungsbezüge erhalten, ohne selbst Beiträge zahlen zu müssen, eine Kürzung des Höchstbetrags um den fiktiven Gesamtbeitrag in der allgemeinen Rentenversicherung vorgenommen. Dadurch soll erreicht werden, dass diesem Personenkreis keine höheren Abzugsmöglichkeiten für private Altersabsicherung über einen Basisrentenvertrag i. S. d. § 10 Abs. 1 Nr. 2 Buchst. b EStG zur Verfügung stehen als einem rentenversicherungspflichtigen Arbeitnehmer (vgl. Rn. 1200). Dieser Intention wird die generelle Kürzung des Höchstbetrags beim beherrschenden Gesellschafter-Geschäftsführer mit betrieblicher Altersversorgung – unabhängig vom Durchführungsweg – nicht gerecht.

1218 Folgt man vor dem Hintergrund, dass Kapitalgesellschaft und Gesellschafter zwei eigenständige Rechtsträger sind, der Rechtsprechung des BFH[2] nicht, wonach wirtschaftlich eigene Beiträge des Gesellschafter-Geschäftsführers vorliegen, wenn sie aus seinem Gewinnanteil finanziert werden können, wäre es u. E. zu rechtfertigen, eine Kürzung des Höchstbetrags vorzunehmen, wenn die Gesellschaft dem Gesellschafter-Geschäftsführer eine Direktzusage oder eine Zusage über eine Unterstützungskasse erteilt hat, die zumindest den Ansprüchen entspricht, die er bei Versicherungspflicht in der allgemeinen Rentenversicherung erzielt hätte. Beim Gesellschafter-Geschäftsführer stellt diese Art der Versorgung – auch wenn es sich um Altersversorgung der 2. Schicht und nicht der 1. Schicht handelt – vielfach die Grundabsicherung für das Alter dar und ersetzt im Ergebnis die fehlende Mitgliedschaft in der gesetzlichen Rentenversicherung oder in einer berufsständischen Versorgungseinrichtung. Au-

---

1 BMF-Schreiben vom 19. 8. 2013, IV C 3 - S 2221/12/10010:004, IV C 5 - S 2345/08/0001, 2013/0760735, Rz. 52 ff.
2 BFH, Urteile vom 16. 10. 2002, BStBl 2004 II S. 546 und vom 23. 2. 2005, BStBl 2005 II S. 634.

ßerdem spricht – entgegen der BFH-Rechtsprechung – vieles für die Annahme, dass die Gesellschaft die Finanzierung der Altersabsicherung wirtschaftlich trägt. Denn aufgrund der Eigenständigkeit von Kapitalgesellschaft und Gesellschafter und der damit verbundenen Möglichkeit, Verträge miteinander abzuschließen – wie etwa den Geschäftsführervertrag – muss u. E. für die Frage der wirtschaftlichen Belastung durch die „Beiträge" der Geschäftsführer (= Arbeitnehmer) und nicht der Gesellschafter betrachtet werden. Und der Geschäftsführer ist mit der Finanzierung – genauso wie ein im öffentlichen Dienst Beschäftigter – nicht belastet. Der Gewinnverzicht des Gesellschafters kann insoweit nicht dem Geschäftsführer als wirtschaftliche Belastung zugerechnet werden. Tut man dies, müsste man bei einem im öffentlichen Dienst Beschäftigten auch dem Umstand Rechnung tragen, dass seine Bruttobezüge aufgrund der fehlenden Sozialversicherungspflicht geringer bemessen sind als bei einer vergleichbaren Tätigkeit mit Sozialversicherungspflicht. Überträgt man die Rechtsprechung des BFH, müssten wohl auch hier – aufgrund des „Gehaltsverzichts" – eigene Beiträge angenommen werden. Zusätzlich spricht in diesen Fällen für die Kürzung, dass selbst eine Entgeltumwandlung zugunsten einer Direktzusage oder einer Zusage über eine Unterstützungskasse betragsmäßig nicht begrenzt ist.[1] Folglich besteht die Möglichkeit, bis zur Angemessenheitsgrenze eine Versorgung über die genannten Durchführungswege der betrieblichen Altersversorgung aufzubauen, womit in jedem Fall Ansprüche erreicht werden können, die ein vergleichbarer Arbeitnehmer in der allgemeinen Rentenversicherung erzielen würde.

Äußerst bedenklich ist es aber u. E., eine Kürzung des Höchstbetrags um den fiktiven Beitrag in die allgemeine Rentenversicherung vorzunehmen, weil dem Gesellschafter-Geschäftsführer eine betriebliche Altersversorgung über eine Pensionskasse, einen Pensionsfonds oder eine Direktversicherung zugesagt worden ist. In diesen Fällen fließt dem beherrschenden Gesellschafter-Geschäftsführer in Höhe der an diese externen Versorgungssysteme zu leistenden Beiträge Arbeitslohn zu, soweit die Versorgung angemessen ist. Dass diese Beiträge in bestimmtem Umfang nach § 3 Nr. 63 EStG steuerfrei sein können, ändert nichts daran, dass es sich aufgrund des vorherigen Lohnzuflusses wirtschaftlich betrachtet um eigene Beiträge des Gesellschafter-Geschäftsführers handelt. Unabhängig davon ist die ab 2008 vorzunehmende Kürzung des Höchstbetrags nach § 10 Abs. 3 EStG auch gar nicht davon abhängig, ob die

1219

---

1 Die Begrenzung auf 4 % der Beitragsbemessungsgrenze bezieht sich nur auf die Sozialversicherungsfreiheit, nicht aber auf die Frage Zurechnung von Arbeitslohn; diese ist aber bei beherrschenden Gesellschafter-Geschäftsführern unmaßgeblich.

Steuerfreiheit in Betracht kommt oder nicht. Damit führen also Beiträge zu einer Zusatzversorgung, die eindeutig der 2. Schicht zuzurechnen ist, zu einer Kürzung des Höchstbetrags zur Berücksichtigung von Beiträgen im Rahmen der 1. Schicht. Anders als bei der Direktzusage und der Zusage über eine Unterstützungskasse kann u. E. bei der Versorgung über externe Versorgungsträger selbst dann keine Analogie zur 1. Schicht hergeleitet werden, wenn es sich um die einzige Altersabsicherung des beherrschenden Gesellschafter-Geschäftsführers handelt. Da anders als bei der Direktzusage und der Zusage über eine Unterstützungskasse aufgrund des Lohnzuflusses eigene Beiträge anzunehmen sind, greift der Vergleich mit der Versorgungszusage von im öffentlichen Dienst Beschäftigten, die nicht der Sozialversicherungspflicht unterliegen, nicht. Auch ein Vergleich mit den Beiträgen zur allgemeinen Rentenversicherung eines versicherungspflichtigen Arbeitnehmers greift nicht, denn der Arbeitnehmeranteil zur allgemeinen Rentenversicherung wirkt sich im Ergebnis über den Sonderausgabenabzug nach § 10 Abs. 1 Nr. 2 Buchst. a i. V. m. Abs. 3 EStG steuermindernd aus, die Beiträge des Gesellschafter-Geschäftsführers an einen Pensionsfonds, eine Pensionskasse oder eine Direktversicherung hingegen grundsätzlich nicht. Außerdem käme bei einem Vergleich mit Beiträgen zur allgemeinen Rentenversicherung systematisch betrachtet nicht die Kürzung des Höchstbetrags in Betracht, sondern nur die Kürzung des Abzugsbetrags um den – bei der betrieblichen Altersversorgung nicht vorhandenen – steuerfreien Arbeitgeberanteil i. S. d. § 3 Nr. 62 EStG.

Da dem beherrschenden Gesellschafter-Geschäftsführer damit – wenn überhaupt – nur die Möglichkeit offensteht, für die Beiträge an den Pensionsfonds, die Pensionskasse oder die Direktversicherung die betragsmäßig auf 4 % der Beitragsbemessungsgrenze in der allgemeinen Rentenversicherung begrenzte Steuerfreiheit ggf. zuzüglich des Erhöhungsbetrags von 1 800 € in Anspruch zu nehmen, erscheint eine pauschale Kürzung des Höchstbetrags i. S. d. § 10 Abs. 3 EStG um den fiktiven Gesamtbeitrag zur allgemeinen Rentenversicherung nicht gerechtfertigt. Außerdem ist zu berücksichtigen, dass dem versicherungspflichtigen Arbeitnehmer diese Steuerfreiheit – neben den Abzugsmöglichkeiten des § 10 Abs. 3 EStG – ebenfalls zur Verfügung steht und dass die Steuerfreiheit des § 3 Nr. 63 EStG nur ein vorgezogener, aber kein endgültiger Vorteil ist, denn die auf steuerfreien Beiträgen beruhenden späteren Leistungen unterliegen nach § 22 Nr. 5 Satz 1 EStG der vollen nachgelagerten Besteuerung.

II. Steuerliche Behandlung der Beiträge und der Altersbezüge aus der Basisversorgung

BEISPIEL: Kürzung des Höchstbetrags nach § 10 Abs. 3 EStG beim Gesellschafter-Geschäftsführer

Der ledige Alleingesellschafter-Geschäftsführer hat durch seine GmbH eine Pensionszusage bekommen. Außerdem zahlt die GmbH für alle Arbeitnehmer einschließlich Alleingesellschafter-Geschäftsführer Beiträge an eine Pensionskasse, die nach § 3 Nr. 63 EStG steuerfrei sind. Der Gesellschafter-Geschäftsführer bezieht eine angemessene Vergütung i. H. v. 100 000 €. Privat hat er im Jahr 2005 eine Leibrentenversicherung i. S. d. § 10 Abs. 1 Nr. 2 Buchst. b EStG abgeschlossen und dort Beiträge i. H. v. 10 000 € eingezahlt.

VZ 2005 bis 2007

Dem Gesellschafter-Geschäftsführer steht der ungekürzte Höchstbetrag zu, da weder die Pensionszusage noch die Pensionskassenzusage zu einer Altersabsicherung ganz oder teilweise ohne eigene Beitragsleistung führen.

Im Jahr 2005 können Altersvorsorgeaufwendungen i. H. v. 6 000 € als Sonderausgaben abgezogen werden, im Jahr 2006 6 200 € und im Jahr 2007 6 400 €:

Leibrentenversicherung	10 000 €
Höchstbetrag	20 000 €
2005: 60 % des geringeren Betrages	6 000 €
2006: 62 % des geringeren Betrages	6 200 €
2007: 64 % des geringeren Betrages	6 400 €

VZ ab 2008

Dem Gesellschafter-Geschäftsführer steht nur noch der gekürzte Höchstbetrag zu, da sowohl die Pensionszusage als auch die Pensionskassenzusage zu einer schädlichen Altersabsicherung führen.

Im Jahr 2008 können Altersvorsorgeaufwendungen i. H. v. 6 108 € als Sonderausgaben abgezogen werden, im Jahr 2009 6 293 €.

Leibrentenversicherung		10 000 €
Höchstbetrag		20 000 €
gekürzt um 19,9 % von 54 000 € (BBG Ost)		10 746 €
	9 254 €	9 254 €
2008: 66 % des geringeren Betrages		6 108 €
2009: 68 % des geringeren Betrages		6 293 €

(Einstweilen frei)   1220–1221

(4) Kürzung beim Abgeordneten

Zu den Steuerpflichtigen, die Einkünfte i. S. d. § 22 Nr. 4 EStG beziehen, gehören insbesondere   1222

▶ Bundestagsabgeordnete,
▶ Landtagsabgeordnete,

▶ Abgeordnete des Europaparlaments.

1223 Nicht zu diesem Personenkreis gehören z. B.

▶ ehrenamtliche Mitglieder kommunaler Vertretungen,

▶ kommunale Wahlbeamte wie Landräte und Bürgermeister.

1224 Eine Kürzung des Höchstbetrags nach § 10 Abs. 3 Satz 3 EStG ist jedoch nur vorzunehmen, soweit der Steuerpflichtige zum genannten Personenkreis gehört und ganz oder teilweise ohne eigene Beitragsleistung einen Anspruch auf Altersversorgung nach dem Abgeordnetengesetz, dem Europaabgeordnetengesetz oder entsprechenden Gesetzen der Länder erwirbt. Dies ist im Einzelfall zu prüfen. Hieran hat sich – anders als bei den beherrschenden Gesellschafter-Geschäftsführern und den Vorstandsmitgliedern einer Aktiengesellschaft – auch ab dem VZ 2008 nichts geändert.

1225 Kommt eine Kürzung in Betracht, sind Bemessungsgrundlage für den Kürzungsbetrag bis zur Beitragsbemessungsgrenze in der allgemeinen Rentenversicherung die Einkünfte i. S. d. § 22 Nr. 4 EStG. Aus Vereinfachungsgründen stellt die FinVerw zugunsten der Steuerpflichtigen einheitlich auf die niedrigere Beitragsbemessungsgrenze (Ost) in der allgemeinen Rentenversicherung ab[1] (vgl. hierzu auch Rn. 1204 zur entsprechenden Kürzung bei Beamten).

cc) Kürzung des ermittelten Abzugsbetrags um steuerfreie Arbeitgeberleistungen i. S. d. § 3 Nr. 62 EStG

1226 Bei Steuerpflichtigen mit steuerfreien Arbeitgeberleistungen i. S. d. § 3 Nr. 62 EStG (steuerfreier Arbeitgeberanteil zur gesetzlichen Rentenversicherung der Arbeiter und Angestellten und gleichgestellte steuerfreie Zuschüsse) ist zwar der ungekürzte Höchstbetrag zu gewähren. Allerdings ist der ermittelte Abzugsbetrag um die steuerfrei gestellten Beträge zu kürzen, um sicherzustellen, dass im Übergangszeitraum insgesamt nur 60 % bis 98 % der begünstigten Beiträge (max. 60 % bis 98 % des Höchstbetrages) gefördert werden. Da aber schon 50 % des Gesamtbeitrags zur gesetzlichen Rentenversicherung nach § 3 Nr. 62 EStG steuerfrei ist, darf sich – zunächst in 2005 – nur 20 % des Arbeitnehmeranteils im Rahmen des Sonderausgabenabzugs auswirken. Dies wird sichergestellt, indem der Arbeitgeberbeitrag zunächst den begünstigten Aufwendungen hinzugerechnet (vgl. Rn. 1126) und nach Ermittlung des insgesamt begünstigten Betrags wieder abgezogen wird.

---

[1] BMF-Schreiben vom 19. 8. 2013, IV C 3 - S 2221/12/10010:004, IV C 5 - S 2345/08/0001, 2013/0760735, Rz. 59.

II. Steuerliche Behandlung der Beiträge und der Altersbezüge aus der Basisversorgung

BEISPIEL 1: Kürzung des Abzugsbetrags nach § 10 Abs. 3 EStG um steuerfreie Arbeitgeberleistungen

Ein lediger Arbeitnehmer zahlt im Jahr 2009 einen Arbeitnehmeranteil zur allgemeinen Rentenversicherung i. H. v. 4000 €. Zusätzlich wird ein steuerfreier Arbeitgeberanteil in gleicher Höhe gezahlt. Daneben hat der Arbeitnehmer noch eine Leibrentenversicherung i. S. d. § 10 Abs. 1 Nr. 2 Buchst. b EStG abgeschlossen und dort Beiträge i. H. v. 10 000 € eingezahlt.

Im Jahr 2009 können Altersvorsorgeaufwendungen i. H. v. 8 240 € als Sonderausgaben nach § 10 Abs. 1 Nr. 2 i. V. m. Abs. 3 EStG abgezogen werden:

Arbeitnehmerbeitrag	4 000 €
Arbeitgeberbeitrag	4 000 €
Basis-Rentenversicherung	10 000 €
insgesamt	18 000 €
Höchstbetrag	20 000 €
68 % des geringeren Betrages	12 240 €
abzüglich steuerfreier Arbeitgeberanteil	4 000 €
verbleibender Betrag	8 240 €

BEISPIEL 2: Abzug von Altersvorsorgeaufwendungen nach § 10 Abs. 3 EStG beim Künstler/Publizisten

Ein lediger Künstler zahlt nach Maßgabe des Künstlersozialversicherungsgesetzes 4 000 € Beitrag an die Künstlersozialkasse, die als Einzugsstelle für die gesetzliche Rentenversicherung fungiert. Die Künstlersozialkasse zahlt ebenfalls 4 000 €, die sich aus der Künstlersozialabgabe und einem Zuschuss des Bundes zusammensetzen. Daneben hat der Künstler noch eine Leibrentenversicherung i. S. d. § 10 Abs. 1 Nr. 2 Buchst. b EStG abgeschlossen und zahlt dort Beiträge i. H. v. 10 000 €.

Im Jahr 2009 können Altersvorsorgeaufwendungen i. H. v. 9 520 € als Sonderausgaben nach § 10 Abs. 1 Nr. 2 i. V. m. Abs. 3 EStG abgezogen werden:

Beitrag des Künstlers	4 000 €
Basis-Rentenversicherung	10 000 €
insgesamt	14 000 €
Höchstbetrag	20 000 €
68 % des geringeren Betrages	9 520 €

Zusammen mit dem steuerfreien Beitrag der Künstlersozialkasse werden damit Altersvorsorgeaufwendungen i. H. v. 13 520 € von der Besteuerung freigestellt (4 000 € Beitrag Künstlersozialkasse über § 3 Nr. 57 EStG, 2 720 € Beitrag des Künstlers und 6 800 € Beitrag zur Basis-Rente über § 10 Abs. 3 EStG). Dies ist günstiger als beim Arbeitnehmer, da das Gesetz keine Anrechnung der nach § 3 Nr. 57 EStG steuerfreien Beiträge vorsieht.

BEISPIEL 3: ▶ Kürzung des Abzugsbetrags nach § 10 Abs. 3 EStG beim knappschaftlich rentenversicherten Arbeitnehmer

Der ledige Arbeitnehmer A ist in der knappschaftlichen Rentenversicherung pflichtversichert. Sein Arbeitnehmeranteil im Jahr 2009 beträgt 7 940 € (9,95 % des Gesamtbeitrags). Der Arbeitgeberanteil beträgt 13 127 € (16,45 % des Gesamtbeitrags von 26,4 %). Daneben hat der Arbeitnehmer noch eine Leibrentenversicherung i. S. d. § 10 Abs. 1 Nr. 2 Buchst. b EStG abgeschlossen und dort Beiträge i. H. v. 10 000 € eingezahlt.

Im Jahr 2009 können Altersvorsorgeaufwendungen i. H. v. 473 € als Sonderausgaben nach § 10 Abs. 1 Nr. 2 i. V. m. Abs. 3 EStG abgezogen werden:

Arbeitnehmerbeitrag	7 940 €
Arbeitgeberbeitrag	13 127 €
Basis-Rentenversicherung	10 000 €
insgesamt	31 067 €
Höchstbetrag	20 000 €
68 % des geringeren Betrages	13 600 €
abzüglich steuerfreier Arbeitgeberanteil	13 127 €
verbleibender Betrag	473 €

1227–1228 (Einstweilen frei)

dd) Kürzung bei zusammenveranlagten Ehegatten/Lebenspartnern

1229 § 10 Abs. 3 Satz 2 EStG sieht vor, dass Ehegatten/Lebenspartnern, die zusammen zur Einkommensteuer veranlagt werden, der doppelte Höchstbetrag zu gewähren ist – also insgesamt 40 000 €. Ob und in welchem Umfang eine Kürzung des Höchstbetrages bzw. des Abzugsbetrages in Betracht kommt, ist dabei für jeden Ehegatten/Lebenspartner separat zu prüfen. Der oder die dabei ermittelte(n) Kürzungsbetrag/Kürzungsbeträge sind von dem gemeinsamen Höchstbetrag in Abzug zu bringen bzw. von dem gemeinsamen Abzugsbetrag abzuziehen.

BEISPIEL 1: ▶ Kürzung des Höchstbetrags nach § 10 Abs. 3 EStG bei Ehegatten/Lebenspartnern

Die Eheleute A und B zahlen im Jahr 2009 jeweils 5 000 € für eine private Leibrentenversicherung i. S. d. § 10 Abs. 1 Nr. 2 Buchst. b EStG. A ist im Jahr 2009 als selbständiger Steuerberater tätig und zahlt darüber hinaus 20 000 € in die berufsständische Versorgungseinrichtung der Steuerberater, die der gesetzlichen Rentenversicherung vergleichbare Leistungen erbringt. B ist Beamtin ohne eigene Aufwendungen für ihre künftige Pension. Ihre Einnahmen aus dem Beamtenverhältnis betragen 50 000 €.

Die Altersvorsorgeaufwendungen können i. H. v. 18 000 € als Sonderausgaben angesetzt werden.

II. Steuerliche Behandlung der Beiträge und der Altersbezüge aus der Basisversorgung

Berufsständische Versorgungseinrichtung	20 000 €
Basis-Rentenversicherung	10 000 €
insgesamt	30 000 €
Höchstbetrag	40 000 €
abzgl. fiktiver Gesamtbeitrag gesetzliche RV 50 000 € × 19,9 % =	9 950 €
gekürzter Höchstbetrag	30 050 €
anzusetzende Aufwendungen	30 000 €
davon 68 %	20 400 €

Maximal hätten die Eheleute 20 434 € steuerlich geltend machen können (68 % von 30 050 €).

BEISPIEL 2: Kürzung des Höchstbetrags und des Abzugsbetrags nach § 10 Abs. 3 EStG bei Lebenspartnern

Die Lebenspartner A und B zahlen im Jahr 2009 jeweils 5 000 € für eine private Leibrentenversicherung i. S. d. § 10 Abs. 1 Nr. 2 Buchst. b EStG. A ist als pflichtversicherter Arbeitnehmer beschäftigt. Er zahlt im Jahr 2009 einen Arbeitnehmerbeitrag zur allgemeinen Rentenversicherung i. H. v. 4 000 €. In gleicher Höhe entsteht ein Arbeitgeberbeitrag. B ist Beamter ohne eigene Aufwendungen für seine künftige Pension. Seine Einnahmen aus dem Beamtenverhältnis betragen 50 000 €.

Die Altersvorsorgeaufwendungen können i. H. v. 8 240 € als Sonderausgaben angesetzt werden.

Arbeitnehmeranteil	4 000 €
Arbeitgeberanteil	4 000 €
Basis-Rentenversicherung	10 000 €
insgesamt	18 000 €
Höchstbetrag	40 000 €
abzgl. fiktiver Gesamtbeitrag gesetzliche RV 50 000 € × 19,9 % =	9 950 €
gekürzter Höchstbetrag	30 050 €
68 % des geringeren Betrages	12 240 €
abzüglich steuerfreier Arbeitgeberanteil	4 000 €
verbleibender Betrag	8 240 €

Da bei zusammenveranlagten Ehegatten/Lebenspartnern der den Ehegatten/Lebenspartnern insgesamt gewährte steuerfreie Arbeitgeberanteil zur gesetzlichen Rentenversicherung von dem gemeinsamen Abzugsbetrag abzuziehen und eine bezogen auf den einzelnen Ehegatten/Lebenspartner getrennte Ermittlung im Gesetz nicht vorgesehen ist, konnte sich in seltenen Fallkonstellationen, in denen ein Ehegatte/Lebenspartner einen Mini-Job ausübte, ergeben, dass die getrennte Veranlagung günstiger war als die Zusammenveranlagung.

1231 Da in § 10 Abs. 3 Satz 5 EStG für die Kürzung des Abzugsbetrags nicht gefordert wird, dass aus den steuerfreien Arbeitgeberanteilen tatsächlich ein (nennenswerter) Anspruch auf Rente begründet wird, bedeutet dies folglich, dass auch steuerfreie Arbeitgeberanteile aus einem Mini-Job in Abzug zu bringen sind, die eigentlich bei der Veranlagung außen vor bleiben. Dies kann bei Ehegatten/Lebenspartnern den Effekt haben, dass die Altersvorsorgeaufwendungen des jeweils anderen Ehegatten/Lebenspartners durch den steuerfreien Arbeitgeberanteil, der im Rahmen des Mini-Jobs entrichtet wird, gemindert werden. Vor diesem Hintergrund wurde § 10 Abs. 1 Nr. 2 EStG mit Wirkung ab dem 1.1.2008[1] um einen weiteren Satz ergänzt, wonach Beiträge nach § 168 Abs. 1 Nr. 1b und 1c (geringfügig versicherungspflichtig Beschäftigte) oder nach § 172 Abs. 3 oder 3a (versicherungsfrei geringfügig Beschäftigte) SGB VI nur auf Antrag des Steuerpflichtigen den begünstigten Altersvorsorgeaufwendungen hinzugerechnet werden. Ergänzend damit wird in § 10 Abs. 3 EStG ein Satz angehängt, der bestimmt, dass eine Kürzung des Abzugsbetrags um steuerfreie Arbeitgeberanteile i. S. d. § 3 Nr. 62 EStG nur in Betracht kommt, wenn die Hinzurechnung dieser Beiträge zu den Vorsorgeaufwendungen beantragt worden ist. Die Regelung erscheint sachgerecht und ist mit Sicherheit der Steuervereinfachung dienlich. Außerdem ist sie im Hinblick darauf zu begrüßen, dass die seitens der FinVerw vorgesehene Regelung in der Praxis gar nicht gleichheitsgerecht umsetzbar war, da sie – aufgrund der Tatsache, dass Mini-Jobs bei der Veranlagung außen vor bleiben – von der Ausübung eines entsprechenden Jobs nicht zwingend erfährt.

1232 Das vorgesehene Wahlrecht kann Bedeutung haben, wenn der Steuerpflichtige sich im Rahmen des geringfügigen Beschäftigungsverhältnisses für die Entrichtung der Regelbeiträge zur Sozialversicherung entschieden hat und somit durch die eigenen entrichteten Beiträge tatsächlich auch die Aufwendungen erhöht, die im Rahmen des Sonderausgabenabzugs steuerwirksam werden können.

ee) Abzug von Altersvorsorgebeiträgen bei Beziehern von Alterseinkünften

1233 Entsprechend den bisherigen Regelungen zur Kürzung des Vorwegabzugs nach § 10 Abs. 3 Nr. 2 EStG i. d. F. des EStG am 31.12.2004 kommt bei Empfängern von Versorgungsbezügen i. S. d. § 19 Abs. 2 Satz 2 Nr. 1 EStG (Beamten-

---

1 § 52 Abs. 1 EStG i. d. F. des Unternehmensteuerreformgesetzes 2008.

pensionen) und Beziehern von Altersrente aus der gesetzlichen Rentenversicherung eine Kürzung des Höchstbetrages nicht in Betracht. Diese Personenkreise erhalten zwar – bis 2009 – nach wie vor eine gekürzte Vorsorgepauschale, aber den vollen Höchstbetrag i. S. d. § 10 Abs. 3 EStG.[1]

(Einstweilen frei) 1234–1235

2. Behandlung der Altersbezüge

a) Allgemeines

aa) Wechsel zu einer nachgelagerten Besteuerung

Für Leibrenten und andere Leistungen aus der sog. Basisversorgung (vgl. hierzu Rn. 1121 f.), also den

▶ gesetzlichen Rentenversicherungen,

▶ landwirtschaftlichen Alterskassen,

▶ berufsständischen Versorgungseinrichtungen,

▶ Rentenversicherungen i. S. d. § 10 Abs. 1 Nr. 2 Buchst. b Doppelbuchst. aa EStG zum Aufbau einer kapitalgedeckten Altersversorgung (ggf. mit zusätzlicher Absicherung des Invaliditäts- oder Todesfallrisikos) und

▶ Vorsorgeprodukten zur Absicherung gegen den Eintritt der Berufsunfähigkeit oder der verminderten Erwerbsfähigkeit i. S. d. § 10 Abs. 1 Nr. 2 Buchst. b Doppelbuchst. bb EStG,

sieht § 22 Nr. 1 Satz 3 Buchst. a Doppelbuchst. aa EStG über einen Zeitraum von 35 Jahren den Übergang zu einer vollständigen nachgelagerten Besteuerung vor. Die Vorschrift steht damit im Kontext zu § 10 Abs. 1 Nr. 2 Buchst. a und b i. V. m. Abs. 3 EStG, der sukzessive die Sonderausgabenabzugsmöglichkeiten für die entsprechenden Beiträge erhöht (vgl. hierzu Rn. 1126 ff.).

1236

Damit soll dem Urteil des BVerfG vom 6. 3. 2002[2] Rechnung getragen werden, das zu dem Ergebnis gekommen ist, dass die bisherige Ertragsanteilsbesteuerung für Renten aus der gesetzlichen Rentenversicherung nicht zu einer verfassungskonformen Besteuerung führt, da zu Unrecht davon ausgegangen wird, dass ca. 70 % der Rente auf Kapitalrückflüssen in Form zuvor geleisteter Beiträge basieren (vgl. Rn. 1101 ff.).

1237

---

1 Ab 2010 ist die Vorsorgepauschale im Veranlagungsverfahren entfallen.
2 2 BvL 17/99, BVerfGE 105 S. 73, BStBl 2002 II S. 618.

1238 Im Wege der typisierenden Betrachtungsweise unterliegen daher Leibrenten und andere Leistungen aus der sog. Basisversorgung ab 2005 zu 50 % der Besteuerung – und zwar sowohl Bestandsrenten als auch Renten, die in 2005 erstmals gezahlt werden.

1239 Für jeden neu hinzukommenden Rentenjahrgang erhöht sich der Besteuerungsanteil bis zum Jahr 2020 jährlich um 2 %, ab dem Jahr 2021 bis zum Jahr 2040 um 1 % bis auf 100 %.

1240 Dies bedeutet, dass der grundsätzliche Besteuerungsanteil im Jahr des Rentenbeginns für die gesamte Laufzeit der Rente festgeschrieben wird. Bestandsrentner bzw. Steuerpflichtige, die in 2005 in Rente gehen, haben also bis an ihr Lebensende auf der Basis eines 50 %igen Besteuerungsanteils im Jahr des Rentenbeginns ihre Rente zu versteuern. Bei Steuerpflichtigen, die in 2010 in Rente gehen, beträgt die Basis lebenslang 60 % und bei Steuerpflichtigen, die in 2025 in Rente gehen, lebenslang 85 % (vgl. aber Rn. 1242 u. 1311 ff. zur Festschreibung des steuerfrei bleibenden Teils der Rente).

1241 Die Besteuerungsanteile sind aus Praktikabilitätsgründen in Form von Prozentsätzen in § 22 Nr. 1 Satz 3 Buchst. a Doppelbuchst. aa EStG festgeschrieben worden.

1242 Allerdings wird nicht – wie bisher bei der Ertragsanteilsbesteuerung – der individuell maßgebende, einmal festgelegte Prozentsatz auf die in den folgenden Jahren erzielten Renteneinkünfte angewendet. § 22 Nr. 1 Satz 3 Buchst. a Doppelbuchst. aa Satz 4 und 5 EStG sehen vielmehr vor, dass der steuerfrei bleibende Anteil der Rente zu Beginn festgeschrieben wird. Dies hat zur Folge, dass reguläre Rentenerhöhungen, die sich in späteren Jahren ergeben, vollständig in die Besteuerung eingehen. Damit soll nach Auffassung des Gesetzgebers verhindert werden, dass in der Übergangsphase erneut eine Vergrößerung der Besteuerungsunterschiede zwischen Sozialversicherungsrenten und Beamtenpensionen eintritt.[1] Außerdem soll dadurch eine weiterhin zu starke Bevorzugung der Alterseinkünfte gegenüber den Einkünften der Erwerbstätigen vermieden werden.

bb) Erneute verfassungsrechtliche Bedenken

1243 In der Literatur und in Finanzgerichtsverfahren ist die Frage aufgeworfen worden, ob der Wechsel zur nachgelagerten Besteuerung nicht dazu führen müsste, dass die Beiträge zu den entsprechenden Absicherungssystemen in voller

---

[1] BR-Drucks. 2/04 S. 70.

II. Steuerliche Behandlung der Beiträge und der Altersbezüge aus der Basisversorgung

Höhe zum vorweggenommenen Werbungskostenabzug zugelassen werden müssten – und zwar auch bereits für Veranlagungszeiträume vor 2005. Es wird die Auffassung vertreten, dass durch die nachgelagerte Besteuerung ab 2005 die Rückzahlung von zuvor eingezahltem Kapital voll besteuert werde. Aus diesem Grund müsse steuersystematisch die Einzahlung des Kapitals voll steuermindernd geltend gemacht werden können, um das sog. „Netto-Prinzip" zu gewährleisten. Die Beiträge zur gesetzlichen Rentenversicherung würden geleistet, um später Rentenbezüge zu erhalten. Sie würden also zur Erwerbung späterer, steuerpflichtiger Einnahmen geleistet und stünden mit diesen sowohl in einem objektiven als auch einem subjektiven Zusammenhang. Somit stellten sie Werbungskosten bei § 22 EStG dar. Da § 10 Abs. 1 EStG den Werbungskosten den uneingeschränkten Vorzug vor den Sonderausgaben einräume, verbleibe für die Einordnung der Beiträge zur gesetzlichen Rentenversicherung als Sonderausgaben kein Raum.[1]

Mit Beschluss vom 21.12.2004[2] hat das BVerfG eine Verfassungsbeschwerde nicht zur Entscheidung angenommen, mit der der Kläger geltend gemacht hatte, dass seine Renten später doppelt besteuert würden, da er in den Jahren 1997 bis 2004 seine Vorsorgeaufwendungen aus voll versteuerten Einnahmen habe aufbringen müssen. Zur Begründung hat das BVerfG vorgetragen, dass der Kläger nicht beachte, dass sich seine in der Auszahlungsphase zu versteuernden Jahresrenten mit Beginn des Veranlagungsjahres 2005 gemäß des dann geltenden § 10 Abs. 3 EStG weitgehend aus abzugsfähigen Sonderausgaben zusammensetzen würden. Werde eine künftig auszuzahlende Jahresrente teils aus versteuerten, teils aus unversteuerten Vorsorgeaufwendungen bestritten, müsse der Umfang der Zweifachbesteuerung der Jahresrente in der Auszahlungsphase anhand nachvollziehbarer Berechnungen dargelegt werden. Zudem sei die durch das AltEinkG eingeführte nachgelagerte Besteuerung der Renteneinkünfte nach § 22 Nr. 1 Satz 3 Buchst. a Doppelbuchst. aa EStG, die erst mit Eintritt in die Rentenphase beginne, nach ihrer Struktur und ihrem Inhalt nicht geeignet, unmittelbar und gegenwärtig eine grundrechtlich geschützte Position zu verändern. Erst mit Beginn der Auszahlungsphase werde die Frage der Zweifachbesteuerung der bereits in den Jahren 1997 bis 2004 aus versteuerten Einnahmen geleisteten Vorsorgeaufwendungen überhaupt relevant.

1244

---

1 Vgl. Heidrich, FR 2004 S. 1321.
2 HFR 2005 S. 353.

Teil D: Besteuerung von Altersbezügen

1245   Mit Beschluss vom 1.2.2006[1] hat der BFH eine Grundsatzentscheidung für die in den Jahren nach 2004 erbrachten Beiträge getroffen. Er hat es dahingestellt gelassen, ob die Vorsorgeaufwendungen ihrer Rechtsnatur nach Werbungskosten sind. Nach seiner Rechtsauffassung habe der Gesetzgeber jedenfalls im Rahmen einer Spezialregelung des § 10 Abs. 3 Satz 5 EStG die in § 10 Abs. 1 Nr. 2 EStG genannten Altersvorsorgeaufwendungen – so auch Beiträge zu den gesetzlichen Rentenversicherungen – mit konstitutiver Wirkung dem beschränkten Sonderausgabenabzug zugewiesen. Die beschränkte Abziehbarkeit der Beitragszahlungen ist nach Auffassung des X. Senats des BFH isoliert betrachtet verfassungsrechtlich unbedenklich. Im Zusammenhang mit der Besteuerung der späteren Rentenzuflüsse werde zu entscheiden sein, ob der Gesetzgeber das vom BVerfG in seinem Urteil vom 6.3.2002[2] ausgesprochene Verbot einer Doppelbesteuerung von Lebenseinkommen beachtet habe. Danach dürften Rentenzuflüsse, soweit sie auf Beiträgen beruhten, die aus versteuertem Einkommen geleistet worden seien, nicht erneut der Besteuerung unterworfen werden. Hierauf sei es im Streitfall nicht angekommen, weil eine etwaige Überbesteuerung erst mit der Besteuerung der Rentenzuflüsse stattfinden könne.

1246   Auch hinsichtlich der Verfassungsmäßigkeit der Besteuerung einer Altersrente eines ehemals Selbständigen mit einem Besteuerungsanteil von 50 % liegen bereits BFH-Entscheidungen vor. Der BFH hat die Besteuerung mit Entscheidung vom 26.11.2008[3] als verfassungsgemäß angesehen, sofern nach der nominalen Betrachtung keine Doppelbesteuerung vorliegt. Mit dem Konzept der nachgelagerten Besteuerung habe sich der Gesetzgeber grundsätzlich von dem Gedanken gelöst, dass bei Leistungen durch Versorgungseinrichtungen, die auf dem Versicherungsprinzip beruhen, die Ertragsanteilsbesteuerung als steuersystematisch gerechtfertigt anzusehen sei. Rentenzuflüsse, also die zeitlich gestreckte Auszahlung der Versicherungssumme, könnten jetzt, auch soweit sie auf eigenen Beitragszahlungen des Steuerpflichtigen zur Rentenversicherung beruhten, über den Ertragsanteil hinaus der Besteuerung unterworfen werden. Auch bei vormals Selbständigen, die ihre Rentenanwartschaften in ihrer aktiven Zeit unter vergleichbaren steuerlichen Bedingungen wie die Arbeitnehmer aus nicht versteuertem Einkommen gebildet hätten, handele es sich nicht um eine Vermögensumschichtung, sondern vielmehr um einen Vermögensaufbau durch den Erwerb von Renten- bzw. Versorgungsanwartschaf-

---

1 X B 166/05, BStBl 2006 II S. 420.
2 2 BvL 17/99, BVerfGE 105 S. 73, BStBl 2002 II S. 618.
3 X R 15/07, BFH/NV 2009 S. 278.

ten, der den Steuerpflichtigen aus unversteuerten Mitteln ermöglicht werde. Hierin bestehe der Unterschied zu den Leibrenten aus privaten Rentenversicherungen, die nicht die Voraussetzungen des § 10 Abs. 1 Nr. 2 Buchst. b EStG n. F. erfüllten. Bei diesen (nicht begünstigten) privaten Rentenversicherungen seien die Beitragsleistungen aus versteuertem Einkommen zu erbringen. Bei der Ausgestaltung der Übergangsregelung habe sich der Gesetzgeber im Rahmen des ihm gewährten weiten gesetzgeberischen Entscheidungsspielraums gehalten, der durch die Abwägung zwischen den Erfordernissen folgerichtiger Ausrichtung der Einkommensbesteuerung an der wirtschaftlichen Leistungsfähigkeit der Steuerpflichten und den Notwendigkeiten einfacher, praktikabler und gesamtwirtschaftlich tragfähiger Lösungen gekennzeichnet sei. Mit Urteil vom 19. 1. 2010 und weiteren hat der BFH diese Auffassung erneut bestätigt.[1]

Die Entscheidungen des BFH deuten darauf hin, dass der einzige Ansatzpunkt für eine Verfassungswidrigkeit der nachgelagerten Besteuerung in einer Doppelbesteuerung liegen dürfte. Allerdings dürfte es wohl für die meisten Betroffenen äußerst schwierig sein, eine derartige doppelte Besteuerung nachzuweisen, denn das würde voraussetzen, dass die gesamte Erwerbsbiographie hinsichtlich der gezahlten Beiträge und der steuerlichen Auswirkungen dieser Beiträge nachvollzogen werden kann und sich dann nach dem Nominalwertprinzip eine Doppelbesteuerung nachweisen lässt, was vielfach gerade zu Beginn der Rentenzahlungsphase nicht gelingen wird. 1247

(Einstweilen frei) 1248–1250

b) Erfasste Leistungen

aa) Gesetzliche Rentenversicherungen

(1) Allgemeines

§ 22 Nr. 1 Satz 3 Buchst. a Doppelbuchst. aa EStG erfasst nach Auffassung der FinVerw für die nachgelagerte Besteuerung alle Leistungen unabhängig davon, ob sie als Rente oder Teilrente (z. B. Altersrente, Erwerbsminderungsrente, Hinterbliebenenrente als Witwen-/Witwerrente, Waisenrente oder Erziehungsrente[2]) oder als einmalige Leistung (z. B. Sterbegeld oder Abfindung von Kleinstrenten) ausgezahlt werden. 1251

---

1 X R 53/08, BStBl II 2011 S. 567.
2 Mit Urteil vom 19. 8. 2013, X R 35/11, BFH/NV 2013, 2046, hat der BFH bestätigt, dass die Erziehungsrente aus der gesetzlichen Rentenversicherung keine nicht steuerbare Schadensersatz- oder Unterhaltsrente ist.

1252 Zu den Leistungen aus den gesetzlichen Rentenversicherungen gehören danach auch Zusatzleistungen und andere Leistungen wie z. B. Zinsen.[1]

1253 Nicht erfasst werden hingegen Einnahmen, die nach § 3 EStG steuerfrei sind, wie z. B.

- ▶ Leistungen aus der gesetzlichen Unfallversicherung wie z. B. Berufsunfähigkeits- oder Erwerbsminderungsrenten der Berufsgenossenschaft (§ 3 Nr. 1 Buchst. a EStG),

- ▶ Sachleistungen und Kinderzuschüsse (§ 3 Nr. 1 Buchst. b EStG),

- ▶ Übergangsgelder nach dem Sechsten Buch Sozialgesetzbuch – SGB VI (§ 3 Nr. 1 Buchst. c EStG),

- ▶ den Abfindungsbetrag einer Witwen- oder Witwerrente wegen Wiederheirat des Berechtigten nach § 107 SGB VI (§ 3 Nr. 3 Buchst. a EStG),

- ▶ die Erstattung von Versichertenbeiträgen in Fällen, in denen das mit der Einbeziehung in die Rentenversicherung verfolgte Ziel eines Rentenanspruchs nicht oder voraussichtlich nicht erreicht oder nicht vollständig erreicht werden kann (§§ 210 und 286d SGB VI), die Erstattung von freiwilligen Beiträgen im Zusammenhang mit Nachzahlungen von Beiträgen in besonderen Fällen (§§ 204, 205 und 207 SGB VI) sowie die Erstattung der vom Versicherten zu Unrecht geleisteten Beiträge nach § 26 SGB IV (§ 3 Nr. 3 Buchst. b EStG),

- ▶ Ausgleichszahlung nach § 86 Bundesversorgungsgesetz (§ 3 Nr. 6 EStG),

- ▶ Renten, die als Entschädigungsleistungen aufgrund gesetzlicher Vorschriften – insbesondere des Bundesentschädigungsgesetzes – zur Wiedergutmachung nationalsozialistischen Unrechts gewährt werden (§ 3 Nr. 8 EStG),

- ▶ Renten wegen Alters und wegen verminderter Erwerbsfähigkeit aus der gesetzlichen Rentenversicherung, die an Verfolgte i. S. d. § 1 Bundesentschädigungsgesetz gezahlt werden, wenn rentenrechtliche Zeiten aufgrund der Verfolgung in der Rente enthalten sind. Renten wegen Todes aus der gesetzlichen Rentenversicherung, wenn der verstorbene Versicherte Verfolgter i. S. d. § 1 Bundesentschädigungsgesetz war und wenn rentenrechtliche Zeiten aufgrund der Verfolgung in dieser Rente enthalten sind (§ 3 Nr. 8a EStG),

---

1 So jedenfalls die FinVerw; BMF-Schreiben vom 19. 8. 2013, IV C 3 - S 2221/12/10010:004, IV C 5 - S 2345/08/0001, 2013/0760735, Rz. 196. Es darf jedoch bezweifelt werden, ob das zutreffend ist, oder ob insoweit nicht vielmehr Einkünfte aus Kapitalvermögen vorliegen.

▶ Zuschüsse zur freiwilligen oder privaten Krankenversicherung (§ 3 Nr. 14 EStG),

▶ die aufgrund eines Abkommens mit einer zwischen- oder überstaatlichen Einrichtung zur Begründung von Anrechten auf Altersversorgung übertragenen Werte bei einer zwischen- oder überstaatlichen Einrichtung (§ 3 Nr. 55e EStG),

▶ Leistungen nach den §§ 294 bis 299 SGB VI für Kindererziehung an Mütter der Geburtsjahrgänge vor 1921 (§ 3 Nr. 67 EStG); aus Billigkeitsgründen gehören dazu auch Leistungen nach § 294a Satz 2 SGB VI für Kindererziehung an Mütter der Geburtsjahrgänge vor 1927, die am 18.5.1990 ihren gewöhnlichen Aufenthalt im Beitrittsgebiet und am 31.12.1991 keinen eigenen Anspruch auf Rente aus eigener Versicherung hatten.

Renten i.S.d. § 9 Anspruchs- und Anwartschaftsüberführungsgesetz (AAÜG) werden zwar von der Deutschen Rentenversicherung Bund ausgezahlt; es handelt sich jedoch nicht um Leistungen aus der gesetzlichen Rentenversicherung. Die Besteuerung erfolgt nach § 22 Nr. 1 Satz 3 Buchst. a Doppelbuchst. bb EStG ggf. in Verbindung mit § 55 Abs. 2 EStDV, soweit die Rente nicht nach § 3 Nr. 6 EStG steuerfrei ist.[1]

1254

(2) Erwerbsminderungsrenten

Auch wenn der Gesetzestext in § 22 Nr. 1 Satz 3 Buchst. a Doppelbuchst. aa EStG dies nicht ausdrücklich erwähnt, wird durch den fehlenden Verweis auf § 55 Abs. 2 EStDV und die Gesetzesbegründung[2] deutlich, dass die Neuregelung nach dem Kohortenmodell auch für die Renten wegen verminderter Erwerbsfähigkeit gilt. Dies führt in der Praxis zu einem erheblich höheren steuerpflichtigen Anteil der entsprechenden Renten, als vor 2005.

1255

Bis einschließlich Veranlagungszeitraum 2004 wurden Renten wegen teilweiser oder voller Erwerbsminderung nämlich als abgekürzte Leibrenten behandelt, deren Ertragsanteil sich nach der zeitlichen Befristung richtete. Wurde die Rente nicht bereits vom Träger der Versicherung nur für einen bestimmten Zeitraum zugesagt, war für die Bemessung der Laufzeit der Erwerbsminderungsrente grundsätzlich davon auszugehen, dass die Umwandlung in die Altersrente mit der Vollendung des 65. Lebensjahres erfolgte und die Laufzeit der Erwerbsminderungsrente damit endete. Die sich nach der Tabelle in § 55

1256

---

1 So BMF-Schreiben vom 19.8.2013, IV C 3 - S 2221/12/10010:004, IV C 5 - S 2345/08/0001, 2013/0760735, Rz. 198.
2 BR-Drucks. 2/04 S. 68.

Abs. 2 EStDV ergebenden Ertragsanteile für zeitlich befristete Leibrenten waren danach u. U. erheblich geringer als der bisherige Ertragsanteil für die dann nachfolgende Altersrente. Der BFH hat die nachgelagerte Besteuerung inzwischen in mehreren Urteilen v. 13. 4. 2011[1] als verfassungsgemäß bestätigt. Die durch die Neuregelung eingetretene Steuermehrbelastung sei durch den durch das BVerfG veranlassten grundlegenden Systemwechsel der Rentenbesteuerung notwendig geworden und daher auch gerechtfertigt. Es bestehe kein Unterschied zu den Altersrenten aus der gesetzlichen Rentenversicherung, der eine geringere Besteuerung rechtfertigen könnte.

(3) Rentennachzahlungen

1257 Rentennachzahlungen für Zeiträume vor 2005 unterliegen nach Auffassung des BFH[2] ebenfalls der nachgelagerten Besteuerung nach § 22 Nr. 1 Satz 3 Buchst. a Doppelbuchst. aa EStG und nicht der Ertragsanteilsbesteuerung nach § 22 Nr. 1 Satz 3 Buchst. a Doppelbuchst. bb EStG. Ausschlaggebend für die Ermittlung des Besteuerungsanteils sei allein das generell für die sonstigen Einkünfte geltende Zuflussprinzip. Für eine Einschränkung dieses Prinzips sah der BFH auch dann keine verfassungsrechtliche Notwendigkeit, wenn die Rente rechtzeitig vor 2005 beantragt worden war und der Stpfl. die verspätete Zahlung nicht beeinflussen konnte. Das Ergebnis erscheint unbefriedigend, ist im Hinblick auf die Systematik des EStG aber wohl nicht in Frage zu stellen. Eine Abmilderung der steuerlichen Belastung kommt u. U. allenfalls durch die Anwendung der Fünftelregelung gem. § 34 Abs. 1 EStG in Betracht.

(4) Ausländische Rentenzahlungen

1258 Da – wie in Rn. 1132 dargestellt – zu den begünstigen Beiträgen nach § 10 Abs. 1 Nr. 2 Buchst. a EStG auch Beiträge zu ausländischen gesetzlichen Rentenversicherungen gehören, gehören die entsprechenden Leistungen – für den Fall dass der Empfänger im Zeitpunkt der Zahlung unbeschränkt einkommensteuerpflichtig ist und Deutschland das Besteuerungsrecht zusteht, auch zu den Einkünften i. S. d. § 22 Nr. 1 Satz 3 Buchst. a Doppelbuchst. aa EStG. Dies gilt nach der gesetzlichen Formulierung unabhängig davon, ob sich die Beiträge tatsächlich in der Vergangenheit im Inland steuerlich ausgewirkt haben. Auch für den Fall, dass der Steuerpflichtige in der Ansparphase im Ausland ge-

---

1 U. a. X R 54/09, BStBl II 2011 S. 910.
2 Urteil vom 13. 4. 2011, X R 1/10, BStBl II 2011 S. 915.

II. Steuerliche Behandlung der Beiträge und der Altersbezüge aus der Basisversorgung

lebt hat und erst im Rentenalter unbeschränkt steuerpflichtig wird, greift die nachgelagerte Besteuerung ein.

Dies mag zwar den Vorgaben des Gemeinschaftsrecht an ein EU-konformes Steuerrecht genügen, ob es aber auch – wie vom BVerfG mit Urteil vom 6. 3. 2002[1] gefordert – eine verfassungswidrige Zweifachbesteuerung verhindert, darf bezweifelt werden. 1259

Europarechtliche Vorgaben für die Ausgestaltung der steuerrechtlichen Behandlung von Altersvorsorgeaufwendungen und Alterseinkünften sind vom deutschen Gesetzgeber zu beachten, soweit es in diesem Zusammenhang zu grenzüberschreitenden Sachverhalten innerhalb der Europäischen Union kommt. Vom Gemeinschaftsrecht werden keine inhaltlichen Vorgaben für ein bestimmtes Modell der Rentenbesteuerung vorgegeben, vielmehr liegt die Ausgestaltung der steuerrechtlichen Behandlung von Altersvorsorgeaufwendungen und Alterseinkünften im Kompetenzbereich der Mitgliedstaaten. Das Gemeinschaftsrecht richtet sich nur soweit an den deutschen Gesetzgeber, als es eine diskriminierungsfreie Ausgestaltung der steuerrechtlichen Behandlung von Altersvorsorgeaufwendungen und Alterseinkünften, also eine Gleichbehandlung von grenzüberschreitenden mit inländischen Sachverhalten verlangt. 1260

Der EuGH führt hierzu z. B. zu einer Rente aus einer ausländischen berufsständischen Versorgungseinrichtung Folgendes aus: „Nach dem EuGH-Urteil vom 3. 10. 2002 – Rs. C-136/00 – (Danner)[2] ist es nicht zulässig einerseits die Berücksichtigung der an eine – insoweit – ausländische Versorgungseinrichtung gezahlten Beiträge zu verweigern und andererseits die sich aus dieser Versorgungseinrichtung ergebende Rente in vollem Umfang zu besteuern. Diese Rechtsprechung betrifft jedoch nur Regelungen, die den Abzug von Beiträgen an eine ausländische Versorgungseinrichtung ausschließen, während sie den Abzug zulassen, wenn die Beiträge an eine inländische Versorgungseinrichtung gezahlt werden. Dagegen lässt sich dem Urteil in der Rs. Danner nicht entnehmen, dass der Wohnsitzstaat auf eine Besteuerung ausländischer Renten, auch wenn sie mit der Besteuerung inländischer Renten übereinstimmt, (teilweise) verzichten muss, wenn der Steuerpflichtige zunächst in einem Staat lebte, der ihm den Abzug seiner Vorsorgeaufwendungen versagt hat. In einem solchen Fall entsteht der Nachteil für den Steuerpflichtigen nicht durch die unterschiedslos durchgeführte Rentenbesteuerung im jetzigen Wohnsitz- 1261

---

1 2 BvL 17/99, BVerfGE 105 S. 73, BStBl 2002 II S. 618.
2 EuGHE 2002 S. I-08147.

staat, sondern durch die Unterschiede im Einkommensteuerrecht der Mitgliedstaaten, die – solange eine Harmonisierung der direkten Steuern nicht vorgenommen wird – aus europarechtlicher Sicht nicht zu beanstanden sind. Diese Sichtweise hat der EuGH in den Urteilen zu den Rechtssachen Schempp (C-403/03 vom 12. 7. 2005)[1] und D (C-376/03 vom 5. 7. 2005)[2] bestätigt."

1262 Verfassungsrechtlich dürfte daneben aber zu berücksichtigen sein, dass das BVerfG dem Gesetzgeber mit Urteil vom 6. 3. 2002[3] den Auftrag erteilt hat, die gesetzliche Neuregelung folgerichtig so auszugestalten, dass die Besteuerung von Vorsorgeaufwendungen für die Alterssicherung und die Besteuerung von Altersbezügen so aufeinander abzustimmen seien, dass eine doppelte Besteuerung vermieden werde. Eine Einschränkung, dass dies nur für inländische Sachverhalte zu berücksichtigen sei, hat das BVerfG nicht vorgenommen.

1263 Ruhegehälter, die ehemaligen Bediensteten in internationalen Organisationen gezahlt werden, unterliegen der Besteuerung nach § 22 Nr. 1 Satz 3 Buchst. a Doppelbuchst. aa EStG, wenn es sich bei dem Alterssicherungssystem der jeweiligen Organisation um ein System handelt, das mit der inländischen gesetzlichen Rentenversicherung vergleichbar ist. Hierzu gehören nach Auffassung der Finanzverwaltung z. B. folgende Organisationen:

- ▶ Bank für Internationalen Zahlungsausgleich (BIZ),
- ▶ Europäische Investitionsbank (EIB),
- ▶ Europäische Organisation für astronomische Forschung in der südlichen Hemisphäre, (ESO),
- ▶ Europäische Organisation für die Nutzung meteorologischer Satelliten (EU-METSAT),
- ▶ Europäische Organisation für Kernforschung (CERN),
- ▶ Europäisches Laboratorium für Molekularbiologie (EMBL),
- ▶ Vereinte Nationen (VN).

1264 (Einstweilen frei)

bb) Landwirtschaftliche Alterskassen

1265 Zu den steuerpflichtigen Leistungen aus den landwirtschaftlichen Alterskassen gehören die Renten wegen Alters, wegen Erwerbsminderung und wegen Todes. Sachleistungen nach dem Gesetz über die Alterssicherung der Landwirte

---

1 NWB DokID: CAAAB-72790.
2 VIII R 115/70, BStBl 1975 II, NWB DokID: TAAAB-72767.
3 2 BvL 17/99, BVerfGE 105 S. 73, BStBl 2002 II S. 618.

II. Steuerliche Behandlung der Beiträge und der Altersbezüge aus der Basisversorgung

(ALG) und Geldleistungen nach den §§ 10, 36 bis 39 ALG sind hingegen nach § 3 Nr. 1 Buchst. b und c EStG steuerfrei und daher auch im Rahmen des § 22 Nr. 1 Satz 3 Buchst. a Doppelbuchst. aa EStG nicht zu berücksichtigen. Entsprechendes gilt für Beitragserstattungen nach den §§ 75 und 117 des Gesetzes über die Alterssicherung der Landwirte (§ 3 Nr. 3 Buchst. b EStG).[1]

cc) Berufsständische Versorgungseinrichtungen

(1) Diskrepanz zwischen Sonderausgabenabzug und Besteuerung

Leistungen aus berufsständischen Versorgungseinrichtungen werden nach der gesetzlichen Formulierung unabhängig davon nach § 22 Nr. 1 Satz 3 Buchst. a Doppelbuchst. aa EStG besteuert, ob die Beiträge als Sonderausgaben nach § 10 Abs. 1 Nr. 2 Buchst. a EStG berücksichtigt werden oder nicht, also z. B. auch dann, wenn die berufsständische Versorgungseinrichtung keine den gesetzlichen Rentenversicherungen vergleichbaren Leistungen erbringt und damit die Voraussetzungen für den Sonderausgabenabzug nach § 10 Abs. 1 Nr. 2 Buchst. a EStG gar nicht erfüllt. 1266

Dies ist u. E. bedenklich, denn durch das Urteil des BVerfG vom 6. 3. 2003[2] ist der Gesetzgeber aufgefordert worden, nunmehr für eine verfassungskonforme Besteuerung der Altersbezüge zu sorgen, wobei insbesondere die Ansparphase und die Auszahlungsphase aufeinander abzustimmen seien. Diesem Grundsatz dürften die neuen gesetzlichen Regelungen nicht entsprechen. Allerdings dürften diesbezügliche Streitfälle in der Praxis wohl ausbleiben, weil – soweit bekannt – alle berufsständischen Versorgungseinrichtungen ihre Satzungen so angepasst haben, dass die Leistungen den gesetzlichen Rentenversicherungen vergleichbar sind.[3] Auch neu zu gründende Versorgungseinrichtungen werden im Zweifel ihre Satzungen so gestalten, dass der Sonderausgaben-Abzug möglich ist. 1267

(2) Unselbständige Rentenbestandteile – z. B. Kinderzuschüsse

Unselbständige Bestandteile der Rente wie z. B. Kinderzuschüsse, Unterhaltsbeiträge oder Erhöhungsbeträge werden zusammen mit der Rente nach § 22 1268

---

1 BMF-Schreiben vom 19. 8. 2013, IV C 3 - S 2221/12/10010:004, IV C 5 - S 2345/08/0001, 2013/0760735, Rz. 201.
2 2 BvL 17/99, BVerfGE 105 S. 73, BStBl 2002 II S. 618.
3 Welche berufsständischen Versorgungseinrichtungen im Einzelnen die Voraussetzungen für den Sonderausgabenabzug nach § 10 Abs. 1 Nr. 2 Buchst. a EStG erfüllen, ergibt sich aus dem BMF-Schreiben vom 7. 2. 2007, BStBl 2007 I S. 262.

Nr. 1 Satz 3 Buchst. a Doppelbuchst. aa EStG besteuert. Insoweit besteht bei den Leistungen aus berufsständischen Versorgungseinrichtungen eine Abweichung gegenüber den gesetzlichen Rentenversicherungen. Während Kinderzuschüsse aus der gesetzlichen Rentenversicherung nach § 3 Nr. 1 Buchst. b EStG steuerfrei sind, existiert eine vergleichbare Regelung für Kinderzuschüsse aus den berufsständischen Versorgungseinrichtungen nicht. Dies hat zur Folge, dass Kinderzuschüsse, die zusammen mit der Rente von einer berufsständischen Versorgungseinrichtung gezahlt werden, beim Rentenempfänger – und nicht etwa bei dem Kind, für das die Zuschüsse gewährt werden – nach § 22 Nr. 1 Satz 3 Buchst. a Doppelbuchst. aa EStG zu versteuern sind. Der BFH[1] hat dies als verfassungsgemäß bestätigt. Zum einen stehe der Gleichbehandlung mit Kinderzuschüssen aus der gesetzlichen Rentenversicherung der eindeutige Wortlaut des § 3 Nr. 1 Buchst. b EStG entgegen und zum anderen führe dies nicht zu einer verfassungswidrigen Ungleichbehandlung, da die berufsständischen Kinderzuschüsse zusätzlich zum steuerrechtlich geregelten Familienleistungsausgleich gewährt werden könnten, der Kinderzuschuss aus der gesetzlichen Rentenversicherung hingegen den Kindergeldanspruch verdränge und zudem in die Günstigerprüfung des § 31 Satz 4 EStG einfließe.

(3) Beitragserstattungen

1269 Hinsichtlich der Beitragserstattungen hat der Gesetzgeber mit Wirkung ab dem VZ 2007 eine den Regelungen zur gesetzlichen Rentenversicherung vergleichbare Regelung zur Steuerfreistellung geschaffen. Nach der Auslegung der FinVerw sind folgende Leistungen nach § 3 Nr. 3 Buchst. c EStG i.V. m. § 3 Nr. 3 Buchst. a und b EStG steuerfrei:[2]

▶ Witwen- und Witwerrentenabfindungen (§ 3 Nr. 3 Buchst. c EStG i.V. m. § 3 Nr. 3 Buchst. a EStG) bei der ersten Wiederheirat, wenn der Abfindungsbetrag das 60-fache der abzufindenden Monatsrente nicht übersteigt. Übersteigt die Abfindung den genannten Betrag, dann handelt es sich bei der Zahlung insgesamt nicht um eine dem § 3 Nr. 3 Buchst. a EStG entsprechende Abfindung.

▶ Beitragserstattungen (§ 3 Nr. 3 Buchst. c EStG i.V. m. § 3 Nr. 3 Buchst. b EStG), wenn nicht mehr als 59 Beitragsmonate und höchstens die Beiträge abzüglich des steuerfreien Arbeitgeberanteils bzw. -zuschusses (§ 3 Nr. 62 EStG) nominal erstattet werden. Werden bis zu 60 % der für den Versicher-

---

[1] Urteil vom 31. 8. 2011, X R 11/10, BStBl. II 2012, 312.
[2] BMF-Schreiben vom 19. 8. 2013, IV C 3 - S 2221/12/10010:004, IV C 5 - S 2345/08/0001, 2013/0760735, Rz. 205.

II. Steuerliche Behandlung der Beiträge und der Altersbezüge aus der Basisversorgung

ten geleisteten Beiträge erstattet, handelt es sich aus Vereinfachungsgründen insgesamt um eine steuerfreie Beitragserstattung.

▶ Die Möglichkeit der steuerfreien Erstattung von Beiträgen, die nicht Pflichtbeiträge sind, besteht für den Versicherten insgesamt nur einmal. Eine bestimmte Wartefrist – vgl. § 210 Abs. 2 SGB VI – ist insoweit nicht zu beachten. Damit die berufsständische Versorgungseinrichtung erkennen kann, ob es sich um eine steuerfreie Beitragserstattung oder steuerpflichtige Leistung handelt, hat derjenige, der die Beitragserstattung beantragt, gegenüber der berufsständischen Versorgungseinrichtung zu versichern, dass er eine entsprechende Beitragserstattung bisher noch nicht beantragt hat.

▶ Wird die Erstattung von Pflichtbeiträgen beantragt, ist eine steuerfreie Beitragserstattung erst möglich, wenn nach dem Ausscheiden aus der Versicherungspflicht mindestens 24 Monate vergangen sind und nicht erneut eine Versicherungspflicht eingetreten ist. Unter diesen Voraussetzungen kann eine steuerfreie Beitragserstattung auch mehrmals in Betracht kommen, wenn nach einer Beitragserstattung für den Steuerpflichtigen erneut eine Versicherungspflicht in einer berufsständischen Versorgungseinrichtung begründet wird und diese zu einem späteren Zeitpunkt wieder erlischt. Beantragt der Steuerpflichtige somit aufgrund seines Ausscheidens aus der Versicherungspflicht erneut eine Beitragserstattung, dann handelt es sich nur dann um eine steuerfreie Beitragserstattung, wenn lediglich die geleisteten Pflichtbeiträge erstattet werden. Erfolgt eine darüber hinausgehende Erstattung, handelt es sich insgesamt um eine nach § 22 Nr. 1 Satz 3 Buchst. a Doppelbuchst. aa EStG steuerpflichtige Leistung. Damit die berufsständische Versorgungseinrichtung die Leistungen zutreffend zuordnen kann, hat derjenige, der die Beitragserstattung beantragt, in den Fällen des Ausscheidens aus der Versicherungspflicht auch im Falle der Erstattung von Pflichtbeiträgen gegenüber der berufsständischen Versorgungseinrichtung zu erklären, ob er bereits eine Beitragserstattung aus einer berufsständischen Versorgungseinrichtung in Anspruch genommen hat.

▶ Nach § 3 Nr. 3 Buchst. b EStG sind auch Beitragserstattungen nach den §§ 204, 205, 207, 286d SGB VI, § 26 SGB IV steuerfrei. Liegen die in den Vorschriften genannten Voraussetzungen auch bei der von einer berufsständischen Versorgungseinrichtung durchgeführten Beitragserstattung vor, handelt es sich insoweit um eine steuerfreie Leistung.

Die ergänzenden Ausführungen der FinVerw zu der gesetzlichen Neuregelung des § 3 Nr. 3 Buchst. c EStG waren erforderlich, da die Erstattungs- und Abfindungsmöglichkeiten bei den berufsständischen Versorgungseinrichtungen

1270

nicht auf einer einheitlichen gesetzlichen Grundlage beruhen, sondern auf der jeweiligen Satzung des Versorgungswerks. Vor diesem Hintergrund galt es eine Lösung zu finden, die möglichst nah an die gesetzlich vorgesehenen Erstattungs- und Abfindungsmöglichkeiten in der gesetzlichen Rentenversicherung angelehnt ist, die aber auch der tatsächlichen Regelungslage der berufsständischen Versorgungseinrichtungen gerecht wird. Da die zutreffende Anwendung der seitens der FinVerw vorgegebenen Regelungen aber davon abhängig ist, dass der betroffene Steuerpflichtige gegenüber seiner Versorgungseinrichtung eine Erklärung abgibt, ob er bereits zu einem früheren Zeitpunkt seiner Erwerbsbiographie eine steuerfreie Beitragserstattung in Anspruch genommen hat, stellt sich allerdings die Frage, wie die FinVerw die zutreffende Anwendung der Regelungen sicherstellen will. Wirksame Kontrollmöglichkeiten dürften bei einer über 30-jährigen Erwerbsbiographie wohl kaum bestehen.

(4) Kapitalauszahlungen

1271 Insbesondere bei berufsständischen Versorgungseinrichtungen, deren Satzungen für vor dem VZ 2005 erworbene Anwartschaften in größerem Umfang Kapitalauszahlungen vorsahen, tritt durch die seitens der Finanzverwaltung[1] praktizierte steuerliche Erfassung auch einmaliger „anderer Leistungen", die auf vor 2005 gezahlten Beiträgen beruhen, über § 22 Nr. 1 Satz 3 Buchst. a Doppelbuchst. aa EStG eine massive Verschlechterung gegenüber der vorherigen Besteuerung ein. Bis VZ 2004 wurden in der Praxis Kapitalauszahlungen aus einer berufsständischen Versorgungseinrichtung unter vergleichbaren Voraussetzungen wie bei einer Kapitallebensversicherung (laufende Beitragszahlung, Vertragslaufzeit von zwölf Jahren) wohl durch entsprechende Anwendung des sog. Kapitallebensversicherungsprivilegs in § 20 Abs. 1 Nr. 6 Satz 2 a. F. nicht besteuert, wenngleich nie abschließend geklärt wurde, ob berufsständische Versorgungseinrichtungen insoweit den Kapitallebensversicherungen vergleichbar sind. Dies ist letztlich aber auch unerheblich, da eine steuerliche Erfassung mangels konkreter Besteuerungsnorm auch ansonsten ausgeschlossen war.

1274 U. E ist die Besteuerung der Einmalkapitalauszahlungen nach dem Gesetzeswortlaut von § 22 Nr. 1 Satz 3 EStG nicht zulässig, da aufgrund der Formulierung nur wiederkehrende Leistungen erfasst werden können. Die steuerliche Erfassung einmaliger anderer Leistungen ist weder grammatikalisch noch se-

---

1 BMF-Schreiben vom 19.8.2013, IV C 3 - S 2221/12/10010:004, IV C 5 - S 2345/08/0001, 2013/0760735, Rz. 195.

II. Steuerliche Behandlung der Beiträge und der Altersbezüge aus der Basisversorgung

mantisch mit dem Gesetzeswortlaut in Einklang zu bringen. § 22 Nr. 1 Satz 3 Buchst. a Doppelbuchst. aa EStG muss nach dem Wortlaut der Vorschrift auch nach dem VZ 2004 im Kontext mit § 22 Nr. 1 Satz 1 EStG gesehen werden. Denn § 22 Nr. 1 Satz 3 EStG beginnt weiterhin mit den Worten: „Zu den in Satz 1 bezeichneten Einkünften gehören auch a) Leibrenten und andere Leistungen ...". Und § 22 Nr. 1 Satz 1 EStG umfasst nach wie vor nur Einkünfte aus „wiederkehrenden Bezügen" als sonstige Einkünfte. Folglich können auch über § 22 Nr. 1 Satz 3 Buchst. a EStG nur wiederkehrende andere Leistungen erfasst werden. Hätte der Gesetzgeber mit dem AltEinkG die Koppelung an das Merkmal der Wiederkehr – zumindest für Satz 3 – lösen wollen, hätte er die Einleitungsworte in Satz 3 ändern müssen, indem er z. B. formuliert hätte „Zu den sonstigen Einkünften gehören auch a) Leibrenten und andere Leistungen ...". Die Bezugnahme auf „wiederkehrende Bezüge" setzt sich fort, indem in § 22 Nr. 1 Satz 3 Buchst. a Doppelbuchst. aa Satz 2 ff. EStG hinsichtlich des der Besteuerung unterliegenden Anteils (= Bemessungsgrundlage) von Leibrenten und anderen Leistungen ausschließlich vom „Jahresbetrag der Rente" die Rede ist. Eine Einmalkapitalauszahlung stellt jedoch definitiv keinen „Jahresbetrag der Rente" dar.

Ungeachtet der gesetzlichen Formulierung, die eine steuerliche Erfassung von einmaligen Leistungen als sonstige Einkünfte i. S. d. § 22 Nr. 1 Satz 3 Buchst. a Doppelbuchst. aa EStG u. E. nicht zulässt, ist die steuerliche Erfassung auch unter dem Aspekt eines notwendigen Bestandsschutzes nicht gerechtfertigt. Auf Kapitalauszahlungen aus Lebensversicherungsverträgen, die vor dem 1. 1. 2005 abgeschlossen wurden, weiterhin zeitlich unbegrenzt das Kapitallebensversicherungsprivileg anzuwenden, Kapitalauszahlungen aus berufsständischen Versorgungseinrichtungen jedoch ohne Bestandsschutz für Altanwartschaften auf die nachgelagerte Besteuerung zu überführen, verstößt gegen den Gleichbehandlungsgrundsatz. Betrachtet man den ursprünglichen Entwurf des AltEinkG,[1] so wird deutlich, dass der Gesetzgeber die berufsständischen Versorgungseinrichtungen aufgrund des satzungsmäßigen Leistungsspektrums zunächst den privaten Lebensversicherungen und nicht den gesetzlichen Absicherungssystemen (gesetzliche Rentenversicherung, landwirtschaftliche Alterskassen) gleichgestellt hatte und eine Zuordnung zur Basisversorgung über § 10 Abs. 1 Nr. 2 Buchst. b EStG nur vornehmen wollte, wenn die erworbenen Anwartschaften nicht beleihbar, nicht vererblich, nicht veräußerbar, nicht übertragbar und nicht kapitalisierbar sind.[2] Erst im Laufe des Gesetz-

1275

---

1 BT-Drucks. 15/2150.
2 BT-Drucks. 15/2150 S. 22.

gebungsverfahrens wurden die berufsständischen Versorgungseinrichtungen dem § 10 Abs. 1 Nr. 2 Buchst. a EStG zugeordnet, aber mit der Einschränkung, dass sie den gesetzlichen Rentenversicherungen vergleichbare Leistungen erbringen. Dies hatte zur Folge, dass berufsständische Versorgungseinrichtungen, deren Satzung die Möglichkeit einer Kapitalauszahlung vorsah, weiterhin nicht zur Basisversorgung gehört hätten. Nur aufgrund einer Satzungsänderung, die aus verfassungsrechtlichen Gründen (Eigentumsgarantie) jedoch nur für nach 2004 zu begründende Anwartschaften greifen konnte, war es für die entsprechenden Versorgungseinrichtungen möglich, in den Bereich der Basisversorgung zu gelangen. Für vor 2005 begründete Anwartschaften musste folglich das Kapitalisierungsrecht bestehen bleiben. Da sich aber der Gesetzgeber mit der Frage einer möglichen Satzungsänderung nicht auseinander gesetzt hat, hat er folglich auch zur Frage der Besteuerung von Kapitalzahlungen über § 22 Nr. 1 Satz 3 Buchst. a Doppelbuchst. aa EStG keine Aussage in der Gesetzesbegründung getroffen. Vor dem Hintergrund, dass berufsständische Versorgungseinrichtungen, deren Satzung eine Kapitalauszahlung vorsah, die Voraussetzungen für die Basisversorgung nur durch eine Satzungsänderung erfüllen konnten, liegt der Vergleich mit der Umwandlung einer Kapitallebensversicherung in einen begünstigten Basis-Rentenvertrag i. S. d. § 10 Abs. 1 Nr. 2 Buchst. b Doppelbuchst. aa EStG nahe, bei dem die Finanzverwaltung von der Beendigung des alten Vertrages und dem Abschluss eines neuen Vertrages ausgeht.[1] Unter Gleichbehandlungsgesichtspunkten müsste daher die Altanwartschaft aus einer berufsständischen Versorgungseinrichtung, die aufgrund des Kapitalauszahlungsrechts die Voraussetzungen für die Basisversorgung nicht erfüllt, als Altanwartschaft behandelt werden, für die die bisherige steuerliche Behandlung (Steuerfreistellung) weiter anwendbar bleibt. Die durch ab dem 1. 1. 2005 gezahlte Beiträge begründete neue Anwartschaft, die nur noch Rentenleistungen und andere den Leistungen aus der gesetzlichen Rentenversicherung vergleichbare Leistungen vorsehen darf, unterliegt hingegen – wie vom Gesetzgeber beabsichtigt – der Besteuerung nach § 22 Nr. 1 Satz 3 Buchst. a Doppelbuchst. aa EStG.

1276 Die Frage, ob Einmalkapitalauszahlungen über § 22 Nr. 1 Satz 3 Buchst. a Doppelbuchst. aa EStG erfasst werden können, war Gegenstand mehrerer Revisionsverfahren beim BFH, die Ende 2013 entschieden worden sind.[2] In der Leitentscheidung vom 23. 10. 2013, X R 3/12 hat der BFH entschieden, dass Ka-

---

1 BMF-Schreiben vom 19. 8. 2013, IV C 3 - S 2221/12/10010:004, IV C 5 - S 2345/08/0001, 2013/0760735, Rz. 209.
2 Az. X R 3/12, DStR 2013 S. 2614, X R 11/12, X R 21/12.

pitalleistungen, die von berufsständischen Versorgungseinrichtungen nach dem 31.12.2004 gezahlt werden, als „andere Leistungen" mit dem Besteuerungsanteil gem. § 22 Nr. 1 Satz 3 Buchst. a Doppelbuchst. aa EStG zu besteuern sind, aber der Tarifermäßigung nach § 34 Abs. 1 i. V. m. Abs. 2 Nr. 4 EStG unterliegen. § 22 Nr. 1 Satz 3 Buchst. a Doppelbuchst. aa EStG sei unter Berücksichtigung des in der Norm zum Ausdruck kommenden objektivierten Willens des Gesetzgebers, so wie er sich aus dem – auslegungsbedürftigen – Wortlaut der Vorschrift und dem Sinnzusammenhang ergebe, so auszulegen, dass eine Besteuerung als „andere Leistung" nicht zugleich das Vorliegen wiederkehrender Bezüge i. S. d. § 22 Nr. 1 Satz 1 EStG erfordere. Der Besteuerungsgegenstand der sonstigen Einkünfte des § 22 EStG werde folglich für die Fallgruppen des § 22 Nr. 1 Satz 3 Buchst. a EStG autonom durch die Begriffe „Leibrenten und andere Leistungen" i. V. m. den Aufzählungen und Definitionen in den nachfolgenden Doppelbuchst. aa und bb umschrieben, wobei sich die Ausführungen zum Jahresbetrag der Rente im Sinne einer notwendigen Spezialvorschrift auch nur auf Renten beziehen würden.

Nach Auffassung des BFH entspricht die Besteuerung der Kapitalleistungen der berufsständischen Versorgungswerke dem Sinn und Zweck des AltEinkG und den darin enthaltenen grundlegenden Wertungen. Durch die zutreffende Qualifizierung der berufsständischen Versorgung als Basisversorgung seien die steuerlichen Regelungen für Kapitalanlageprodukte der sog. dritten Schicht, die der vorgelagerten Besteuerung unterlägen, nicht anwendbar. Ebenso könnten frühere gesetzgeberische Grundentscheidungen zum einheitlichen Rentenrecht nicht mehr herangezogen werden. Die Übergangsregelung (Kohortenbesteuerung) gelte im Übrigen für sämtliche Leistungen, und damit auch für die Kapitalzahlung der berufsständischen Versorgungswerke. Für eine Herausnahme bestimmter Leistungen dieser Einrichtungen aus der für die Basisversorgung geltenden Übergangsregelung fehle eine gesetzliche Grundlage. Die Einbeziehung der Kapitalzahlung in die Besteuerung gem. § 22 Nr. 1 Satz 3 Buchst. a Doppelbuchst. aa EStG verstoße auch weder im Hinblick auf die steuerliche Behandlung von Versicherungsverträgen der 3. Schicht, die in Rürup-Verträge (Basisversorgung) umgewandelt würden, noch im Hinblick auf die steuerliche Behandlung von privaten Lebens- oder Rentenversicherungen gegen den Gleichheitssatz des Art. 3 Abs. 1 GG. Während der wirtschaftliche Gehalt der berufsständischen Versorgung trotz der notwendig gewordenen Satzungsanpassungen im Wesentlichen gleich geblieben sei, da es die vorrangige Aufgabe eines Versorgungswerks sei, den Kammerangehörigen und deren Familienangehörigen eine Alters-, Invaliden- und Hinterbliebenenversorgung zu gewähren, bedeute die Umwandlung eines Lebensversicherungsvertrags in

1277

einen Rürup-Vertrag den Wechsel in einen vollkommen anderen Vertragstyp, so dass die Ungleichbehandlung durch sachliche Unterschiede gerechtfertigt sei. Dass die Beiträge für private Rentenversicherungen in der Vergangenheit in einem ähnlichen Ausmaß wie die Beiträge für die gesetzliche Rentenversicherung oder für ein berufsständisches Versorgungswerk steuermindernd gewesen seien, sei unerheblich, da es im Wesen einer Übergangsregelung liege, einen vorgefundenen Rechtszustand gleitend in eine neue gesetzgeberische Konzeption zu überführen. Eine Verletzung des Vertrauensschutzgrundsatzes aufgrund der Tatsache, dass vergleichbare Kapitalzahlungen bis 2004 gar nicht besteuert worden sind, sah der BFH ebenfalls nicht. Eine besondere Rechtfertigung für die Einbeziehung der Kapitalzahlung in die Kohortenbesteuerung ab 2005 sieht er darin, dass eine gesetzliche Neuregelung der Besteuerung der Alterseinkünfte verfassungsrechtlich geboten war, um die drohende Nichtbesteuerbarkeit von Beamtenpensionen zu verhindern. Dieses Ziel habe nur dadurch erreicht werden können, dass alle Alterseinkünfte der Basisversorgung in die nachgelagerte Besteuerung sowie in die zu diesem Ziel führende Übergangsregelung einbezogen worden seien.

1278   Die Entscheidung des BFH vermag nicht zu überzeugen. Es ist nicht akzeptabel, dass die Senate des BFH hinsichtlich der Beantwortung der Frage, welche Bedeutung dem Wortlaut einer auslegungsbedürftigen Vorschrift zukommt, offensichtlich unterschiedliche Maßstäbe anlegen. So ist z. B. der VI. Senat der Auffassung, dass allein eine Äußerung im Gesetzgebungsverfahren noch keine tragfähige Grundlage für eine Auslegung bietet, die dem Wortlaut und einer im Übrigen erkennbar beibehaltenen Systematik zuwiderläuft.[1] Bei Anwendung dieser Maßstäbe auf die gesetzliche Formulierung in § 22 Nr. 1 Satz 3 Buchst. a Doppelbuchst. aa EStG ist eine Erfassung der Kapitalzahlung u. E. nicht zu rechtfertigen, da in § 22 Nr. 1 Satz 1 EStG übergreifend das Merkmal der Wiederkehr durch den Gesetzgeber bewusst beibehalten worden ist. Hinzukommt, dass der mutmaßliche Wille des Gesetzgebers zur Erfassung der streitigen Kapitalzahlung im Rahmen der Kohortenbesteuerung überhaupt nur dann tragen kann, wenn das berufsständische Versorgungswerk auch für die Zeit vor 2005 als Basisversorgung zu werten ist, um einheitlich mit den übrigen Bereichen der Basisversorgung (gesetzliche Rentenversicherung, landwirtschaftliche Alterskasse) übergangslos in die sukzessive nachgelagerte Besteuerung überführt zu werden. Dies ist jedoch ersichtlich nicht der Fall, wenn das Versorgungwerk nur dadurch zur Basisversorgung werden konnte, dass

---

1 Vgl. Urteil des VI. Senats des BFH vom 28. 7. 2011, VI R 38/10 (BStBl II 2012 S. 561) zu den Aus- und Fortbildungskosten.

II. Steuerliche Behandlung der Beiträge und der Altersbezüge aus der Basisversorgung

die Satzung ab 2005 geändert und für Beitragszahlungen ab diesem Zeitpunkt keine Kapitalzahlung mehr vorgesehen wurde. Dass die Voraussetzungen zur Basisversorgung bis 2004 nicht vorlagen, bestätigt der X. Senat im Zusammenhang mit seinen Ausführungen zur tarifermäßigten Besteuerung im Übrigen sogar selbst, indem er diese damit rechtfertigt, dass eine Kapitalzahlung völlig atypisch für die Basisversorgung ist. Wenn der Senat aber bzgl. der tarifermäßigten Besteuerung zu dem Ergebnis kommt, dass eine satzungsgemäße Kapitalauszahlung völlig atypisch für die Basisversorgung ist, erscheint seine Schlussfolgerung, die die Grundsatzentscheidung tragen soll – die berufsständische Versorgung sei schon immer Basisversorgung gewesen und könne daher auch nur einheitlich mit den anderen Basisversorgungen in die nachgelagerte Besteuerung überführt werden – nicht nachvollziehbar und widerspricht aufgrund der notwendigen Satzungsänderung auch der Realität.

dd) Basis-Rentenvertrag (Altersversorgung und ergänzende oder eigenständige Risikoabsicherung)

Bei den sog. Basisversorgungsverträgen i. S. d. § 10 Abs. 1 Nr. 2 Buchst. b Doppelbuchst. aa und bb EStG hat der Gesetzgeber im Ergebnis im Gesetz genau geregelt, welche Leistungen vertraglich vorgesehen sein dürfen (Altersrenten, Erwerbsminderungsrenten und Hinterbliebenenrenten). Folglich unterliegt auch alles was an Leistungen aus einem solchen Vertrag fließt der Besteuerung nach § 22 Nr. 1 Satz 3 Buchst. a Doppelbuchst. aa EStG. 1279

Hierbei ist zu berücksichtigen, dass die Finanzverwaltung[1] davon ausgeht, dass Verträge i. S. d. § 10 Abs. 1 Nr. 2 Buchst. b EStG nur vorliegen, wenn der Versicherungsbeginn nach dem 31.12.2004 liegt (vgl. Rn. 1150 ff.). Das bedeutet, dass Leistungen aus Verträgen, die zwar formell die Voraussetzungen des § 10 Abs. 1 Nr. 2 Buchst. b EStG erfüllen, deren Laufzeit aber bereits vor dem 1.1.2005 begonnen hat, nach § 22 Nr. 1 Satz 3 Buchst. a Doppelbuchst. bb EStG mit dem Ertragsanteil besteuert werden. 1280

Wird ein Versicherungsvertrag, der die Voraussetzungen des § 10 Abs. 1 Nr. 2 Buchst. b EStG erfüllt, gekündigt und erstattet die Versicherungsgesellschaft vertragswidrig[2] die eingezahlten Beiträge zurück oder zahlt einen Rückkaufswert, bestehen im Ergebnis zwei Möglichkeiten der steuerlichen Behandlung: 1281

---

1 BMF-Schreiben vom 19.8.2013, IV C 3 - S 2221/12/10010:004, IV C 5 - S 2345/08/0001, 2013/0760735, Rz. 9.
2 Ist eine solche Zahlung von vornherein vertraglich vorgesehen, ist der Vertrag nach Auffassung der FinVerw nicht begünstigt; BMF-Schreiben vom 19.8.2013, IV C 3 - S 2221/12/10010:004, IV C 5 - S 2345/08/0001, 2013/0760735, Rz. 9 und 14.

Teil D: Besteuerung von Altersbezügen

es könnte davon ausgegangen werden, dass rückwirkend die Voraussetzungen für den Sonderausgabenabzug nach § 10 Abs. 1 Nr. 2 Buchst. b EStG entfallen sind und dieser daher rückabzuwickeln ist. Alternativ könnte die Auszahlung der Besteuerung nach § 22 Nr. 1 Satz 3 Buchst. a Doppelbuchst. aa EStG unterworfen werden.

1282 Die Finanzverwaltung äußert sich zu diesem Fall in ihrem Erlass nicht ausdrücklich. Da sie jedoch für den Fall, dass ein begünstigter Versicherungsvertrag mit Versicherungsbeginn nach dem 31. 12. 2004 in einen nicht begünstigten Vertrag umgewandelt wird und in dem die auf den „alten Vertrag" entfallende Versicherungsleistung ganz oder teilweise auf den „neuen Vertrag" angerechnet wird, hinsichtlich der angerechneten Versicherungsleistung von einem steuerpflichtigen Zufluss i. S. d. § 22 Nr. 1 Satz 3 Buchst. a Doppelbuchst. aa EStG ausgeht,[1] müsste eine vergleichbare Rechtsfolge auch für die Vertragskündigung mit Beitragsrückgewähr oder Auszahlung eines Rückkaufswertes gelten.

1283 Ist die Vertragsumwandlung jedoch als Missbrauch rechtlicher Gestaltungsmöglichkeiten anzusehen, weil z. B. die Umwandlung innerhalb kurzer Zeit nach Vertragsabschluss ohne erkennbaren sachlichen Grund erfolgt, will die FinVerw den Sonderausgabenabzug nach § 10 Abs. 1 Nr. 2 Buchst. b EStG versagen oder rückgängig machen.[2]

1284 Missbrauch rechtlicher Gestaltungsmöglichkeiten könnte z. B. in folgenden Fallgestaltungen anzunehmen sein:

> **BEISPIEL:** Umwandlung eines Basis-Rentenvertrags in einen nicht begünstigten Vertrag
>
> A (selbständig, Spitzensteuersatz) schließt in 2008 einen Basis-Rentenvertrag ab und zahlt einen Einmalbeitrag von 20 000 € ein. Da er keine anderen Altersvorsorgeaufwendungen hat, kann er in 2008 66 % von 20 000 € = 13 200 € als Sonderausgaben steuermindernd geltend machen. In 2009 erleidet er mit seinem Gewerbebetrieb einen hohen Verlust. Im gleichen Jahr wandelt er seinen Basis-Rentenvertrag in einen Kapitallebensversicherungsvertrag um und erklärt die auf den neuen Vertrag angerechnete Versicherungsleistung als Einkünfte i. S. d. § 22 Nr. 1 Satz 3 Buchst. a Doppelbuchst. aa EStG.
>
> Die FinVerw wird diese Vertragsumwandlung mit ziemlicher Sicherheit als Missbrauch von Gestaltungsmöglichkeiten ansehen, wenn A keine einleuchtenden außersteuerlichen Gründe für die Umwandlung des Versicherungsvertrages vorbringen

---

1 BMF-Schreiben vom 19. 8. 2013, IV C 3 - S 2221/12/10010:004, IV C 5 - S 2345/08/0001, 2013/0760735, Rz. 210.
2 BMF-Schreiben vom 19. 8. 2013, IV C 3 - S 2221/12/10010:004, IV C 5 - S 2345/08/0001, 2013/0760735, Rz. 210.

II. Steuerliche Behandlung der Beiträge und der Altersbezüge aus der Basisversorgung

kann. Sie wird statt der „Versteuerung" der Versicherungsleistung in 2009, die sich im Ergebnis aufgrund der hohen Verluste nicht auswirkt, den Sonderausgabenabzug in 2008 rückgängig machen.

Es ist u. E. allerdings fraglich, ob sich die Rechtsprechung dem anschließen wird, denn schließlich ergibt sich auf Dauer gesehen eine steuerliche Auswirkung auch bei Versteuerung der Versicherungsleistung nach § 22 Nr. 1 Satz 3 Buchst. a Doppelbuchst. aa EStG, da durch die Verrechnung mit den Einkünften i. S. d. § 22 Nr. 1 Satz 3 Buchst. a Doppelbuchst. aa EStG das Verlustverrechnungspotenzial verringert wird. 1285

(Einstweilen frei) 1286–1290

c) Ermittlung des Besteuerungsanteils

aa) Jahresbetrag der Rente

§ 22 Nr. 1 Satz 3 Buchst. a Doppelbuchst. aa Satz 2 EStG bestimmt, dass Bemessungsgrundlage für den der Besteuerung unterliegenden Anteil der Rente der Jahresbetrag der Rente ist. 1291

Dies ist die Summe der im Kalenderjahr zugeflossenen Rentenbeträge einschließlich der ggf. bei der Auszahlung einbehaltenen eigenen Beitragsanteile zur Kranken- und Pflegeversicherung. Steuerfrei Zuschüsse zu den Krankenversicherungsbeiträgen sind hingegen nicht Bestandteil des Jahresbetrags der Rente. Hat der Rentner Zuschüsse zur Kranken- und Pflegeversicherung erhalten, sind die gezahlten Beträge in der Rentenanpassungsmitteilung ausgewiesen.[1] 1292

Die Finanzverwaltung[2] hat des Weiteren bestimmt, dass auch die im Kalenderjahr zugeflossenen anderen Leistungen zum Jahresbetrag der Rente gehören. Es ist u. E. äußerst fragwürdig, ob die Einbeziehung der anderen Leistungen mit dem Gesetzeswortlaut in Einklang zu bringen ist, soweit es sich um Einmalkapitalauszahlungen handelt. Es steht lediglich außer Zweifel, dass der Gesetzgeber andere wiederkehrende Leistungen der nachgelagerten Besteuerung unterwerfen wollte. 1293

Die nachgelagerte Besteuerung wurde im Kontext der Besteuerung „wiederkehrender Bezüge" in das Gesetz eingefügt. In § 22 Nr. 1 Satz 1 EStG heißt es: 1294

---

1 Zuschüsse zur Pflegeversicherung sind allerdings durch das 2. SGB VI-Änderungsgesetz mit Wirkung ab dem 1. 4. 2004 entfallen.
2 BMF-Schreiben vom 19. 8. 2013, IV C 3 - S 2221/12/10010:004, IV C 5 - S 2345/08/0001, 2013/0760735, Rz. 204.

„Sonstige Einkünfte sind Einkünfte aus wiederkehrenden Bezügen, soweit sie nicht zu den in § 2 Abs. 1 Nr. 1 bis 6 bezeichneten Einkunftsarten gehören." In § 22 Nr. 1 Satz 3 EStG heißt es dann weiter: „Zu den in Satz 1 bezeichneten Einkünften gehören auch Leibrenten und andere Leistungen ...". Einmalzahlungen können u. E. durch eine solche Definition nicht zu wiederkehrenden Bezügen deklariert werden. Selbst wenn man dies aber noch bejahen und dem Gesetzgeber die Freiheit einräumen sollte, qua gesetzlicher Definition auch Einmalzahlungen zu wiederkehrenden Bezügen zu definieren, besagt § 22 Nr. 1 Satz 3 Buchst. a Doppelbuchst. aa Satz 2 EStG ausdrücklich, dass (nur) der Jahresbetrag der Rente der Besteuerung unterliegt – und eine Einmalkapitalauszahlung ist kein Jahresbetrag der Rente. Von der Regelung betroffen sein dürften in erster Linie Leistungsempfänger von einigen berufsständischen Versorgungseinrichtungen, bei denen in den Satzungen Einmalkapitalauszahlungen für Anwartschaften, die auf Beiträgen bis einschließlich Kalenderjahr 2004 beruhen, vorgesehen sind. Außerdem betroffen sein können z. B. Empfänger von Sterbegeldzahlungen aus der gesetzlichen Rentenversicherung.

1295–1297 (Einstweilen frei)

bb) Bestimmung des Prozentsatzes

1298 Anders als bisher bei der Ertragsanteilsbesteuerung ist bei der nachgelagerten Besteuerung nicht mehr darauf abzustellen, welches Lebensalter der Rentenberechtigte im Zeitpunkt des Rentenbeginns vollendet hat, sondern auf das Jahr des Rentenbeginns, denn der Prozentsatz in der Tabelle in § 22 Nr. 1 Satz 3 Buchst. a Doppelbuchst. aa Satz 3 EStG zur Ermittlung des der Besteuerung unterliegenden Teils der Leibrente (und der anderen Leistungen) bestimmt sich grundsätzlich nach dem Jahr des Rentenbeginns.

1299 Unter Beginn der Rente ist der Zeitpunkt zu verstehen, von dem an versicherungsrechtlich die Rente zu laufen beginnt, also der Zeitpunkt der tatsächlichen Bewilligung. Auf den Zeitpunkt des Rentenantrags oder der erstmaligen Zahlung kommt es nicht an. Die Verjährung von Rentenansprüchen hat auf den Beginn der Rente ebenfalls keinen Einfluss, d. h. wenn die Auszahlung der Rente zu spät beantragt wird und aus Gründen der Verjährung nicht mehr für den gesamten Anspruchszeitraum nachgezahlt werden kann, ermittelt sich der Prozentsatz dennoch nach dem Zeitpunkt, zu dem frühestens – ohne Berücksichtigung der Verjährung – Anspruch auf Rente bestanden hätte. Davon zu differenzieren sind die Fälle, in denen ein Rentenantrag für das Entstehen eines Rentenanspruchs erforderlich ist und nicht nur für die tatsächliche Auszahlung der Rente. In diesen Fällen kann die Rente u. U. erst zu einem späteren

Zeitpunkt bewilligt werden mit der Folge, dass für die Bestimmung des Prozentsatzes auch erst der Zeitpunkt maßgebend ist, ab dem die Rente tatsächlich (verspätet) bewilligt wird.

> **BEISPIEL:** Maßgebender Beginn der Rente für die Bestimmung des Prozentsatzes nach § 22 Nr. 1 Satz 3 Buchst. a Doppelbuchst. aa EStG
> Grundsätzlicher Rentenanspruch ab 1.1.2007
> Antrag auf Auszahlung der Rente erst in 2009
> Rentenkasse bewilligt die Rente rückwirkend zum 1.1.2007, nachgezahlt werden darf aber nur noch für die letzten sechs Monate
> Prozentsatz 54 %
> Abwandlung:
> auf Antrag grundsätzlicher Rentenanspruch ab 1.1.2007
> Antrag auf Rente erst im Juni 2009
> Rentenkasse bewilligt die Rente rückwirkend zum 1.1.2009
> Prozentsatz 58 %

Wird die Rente bis auf 0 € gekürzt, weil z. B. eigene Einkünfte oder Bezüge anzurechnen sind, steht dies dem versicherungsrechtlichen Beginn der Rente nicht entgegen und unterbricht die Laufzeit der Rente nicht. Verzichtet der Rentenberechtigte in Kenntnis der Kürzung der Rente allerdings auf die Beantragung, beginnt die Rente u. U. versicherungsrechtlich nicht zu laufen. Damit kann es entscheidend sein, einen Rentenantrag zu stellen, auch wenn klar ist, dass aufgrund der Einkommensanrechnung tatsächlich nicht mit einer Rentenzahlung zu rechnen ist. Ist die grundsätzliche Bewilligung der Rente von einem Rentenantrag abhängig und wird dieser zunächst nicht gestellt, kann es durch eine spätere Bewilligung der Rente zu einer höheren Besteuerung kommen, da in der Übergangszeit bis 2039 der Vomhundertsatz vom Zeitpunkt der Rentenbewilligung abhängig ist. Wird eine Rente hingegen mit 0 € bewilligt, hat sie zu laufen begonnen und die (günstigere) Besteuerungskohorte ist damit festgelegt. 1300

Dem Gesetz lässt sich nicht entnehmen, mit welchem Vomhundertsatz eine andere Leistung der Besteuerung unterliegen soll, denn der ganze Gesetzestext ist im Grunde nur auf laufende Rentenleistungen abgestimmt. 1301

Die FinVerw[1] hat Folgendes bestimmt: „Fließt eine andere Leistung vor dem Beginn der Leibrente zu, bestimmt sich der Prozentsatz für die Besteuerung der anderen Leistung nach dem Jahr ihres Zuflusses, andernfalls nach dem Jahr des Beginns der Leibrente." 1302

---

1 BMF-Schreiben vom 19.8.2013, IV C 3 - S 2221/12/10010:004, IV C 5 - S 2345/08/0001, 2013/0760735, Rz. 222.

Teil D: Besteuerung von Altersbezügen

> **BEISPIEL:** Bestimmung des Prozentsatzes nach § 22 Nr. 1 Satz 3 Buchst. a Doppelbuchst. aa EStG bei einer Einmalkapitalauszahlung
>
> A erhält im Jahr 2007 aus seiner berufsständischen Versorgungseinrichtung eine Einmalkapitalauszahlung i. H. v. 100 000 €. Im Januar 2008 beginnt aus der gleichen berufsständischen Versorgungseinrichtung die Altersrente. Sie beträgt monatlich 1 000 €.
>
> Die Einmalkapitalauszahlung unterliegt nach Auffassung der FinVerw und des BFH mit einem Besteuerungsanteil von 54 % der Besteuerung – also mit 54 000 €.
>
> Die Rente ist mit 56 % zu versteuern – also im Jahr 2006 mit 12 000 € × 56 % = 6 720 €.
>
> **Abwandlung:**
>
> A bezieht ab Januar 2007 eine Rente aus der berufsständischen Versorgungseinrichtung i. H. v. 1 000 €. Im Jahr 2009 erhält er zudem eine Einmalkapitalauszahlung i. H. v. 100 000 € aus dem gleichen berufsständischen Versorgungswerk.
>
> Die Rente ist mit 54 % zu versteuern – also im Jahr 2007 mit 12 000 € × 54 % = 6 480 €.
>
> Die Einmalkapitalauszahlung unterliegt nach Auffassung der Finanzverwaltung – da die Rente bereits früher zu laufen begonnen hat – ebenfalls mit 54 % (= 54 000 €) der Besteuerung und nicht mit 58 %, die im Zuflussjahr eigentlich maßgeblich wären.

1303 Soweit Renten i. S. d. § 22 Nr. 1 Satz 3 Buchst. a Doppelbuchst. aa EStG später z. B. wegen Anrechnung anderer Einkünfte erhöht oder herabgesetzt werden, ist keine neue Rente anzunehmen. Gleiches gilt, wenn eine Teil-Altersrente in eine volle Altersrente oder eine volle Altersrente in eine Teil-Altersrente umgewandelt wird (§ 42 SGB VI). Für den erhöhten oder verminderten Rentenbetrag bleibt der ursprünglich ermittelte Prozentsatz maßgebend.[1] R 22.4 EStR und H 22.4 EStH finden in den Fällen des § 22 Nr. 1 Satz 3 Buchst. a Doppelbuchst. aa EStG ab dem Veranlagungszeitraum 2005 keine Anwendung. Zu beachten ist, dass auf der Basis des unveränderten Prozentsatzes der steuerfrei bleibende Teil der Rente neu zu ermitteln ist (vgl. hierzu Rn. 1321 ff.).

1304 Lebt eine wegen Wiederheirat des Berechtigten weggefallene Witwen- oder Witwerrente wegen Auflösung oder Nichtigerklärung der erneuten Ehe oder der erneuten Lebenspartnerschaft wieder auf (§ 46 Abs. 3 SGB VI), ist bei Wiederaufleben der Witwen- oder Witwerrente für die Ermittlung des Prozentsatzes der Rentenbeginn des erstmaligen Bezugs maßgebend.[2]

1305–1310 (Einstweilen frei)

---

[1] BMF-Schreiben vom 19. 8. 2013, IV C 3 - S 2221/12/10010:004, IV C 5 - S 2345/08/0001, 2013/0760735, Rz. 223.

[2] BMF-Schreiben vom 19. 8. 2013, IV C 3 - S 2221/12/10010:004, IV C 5 - S 2345/08/0001, 2013/0760735, Rz. 229.

d) Ermittlung des steuerfreien Teils der Rente

aa) Grundsätze

Anders als bei der Ertragsanteilsbesteuerung wird bei der Kohortenbesteuerung nicht dauerhaft der individuell maßgebende, einmal festgelegte Prozentsatz auf die in den folgenden Jahren erzielten Renteneinkünfte angewendet. § 22 Nr. 1 Satz 3 Buchst. a Doppelbuchst. aa Satz 4 und 5 EStG sieht vielmehr vor, dass ein steuerfrei bleibender Anteil der Rente festgeschrieben wird. 1311

Dem Gesetz ist jedoch nicht klar zu entnehmen, wann die Festschreibung des Rentenfreibetrags genau erfolgt. Denn dort heißt es: „Der Unterschiedsbetrag zwischen dem Jahresbetrag der Rente und dem der Besteuerung unterliegenden Anteil der Rente ist der steuerfreie Teil der Rente. Dieser gilt ab dem Jahr, das dem Jahr des Rentenbeginns folgt, für die gesamte Laufzeit des Rentenbezugs." 1312

Diese Aussage kann so verstanden werden, dass der Prozentsatz nur im Jahr des Rentenbeginns angewendet wird und der sich danach ergebende steuerfreie Teil der Rente bereits ab dem Jahr, das dem erstmaligen Rentenbezug folgt, angewendet wird. Liest man die Gesetzesbegründung,[1] wollte der Gesetzgeber aber offensichtlich regeln, dass die Festschreibung erst im Folgejahr erfolgt. Das heißt, auch im Folgejahr ist noch einmal der Prozentsatz anzuwenden und erst im dritten Jahr kommt es zum Ansatz des Rentenfreibetrags. In der Begründung heißt es nämlich, dass die Festschreibung erst ab dem Jahr gilt, das auf das Jahr des ersten Rentenbezugs folgt, um zu verhindern, dass in Abhängigkeit vom Renteneintrittsmonat im Jahr des Rentenbeginns bei ansonsten gleichem Sachverhalt ein unterschiedlicher steuerfreier Teil der Rente dauerhaft festgeschrieben wird. 1313

Allerdings sind damit für die Bestandsrentenfälle (erstmaliger Rentenbezug vor dem 1.1.2005) weitere Interpretationen notwendig, denn der tatsächliche Rentenbeginn liegt in den meisten Fällen in einem Jahr, in dem das AltEinkG noch gar keine Gültigkeit hatte. 1314

Unter dem Blickwinkel, dass für Bestandsrentner und den Rentenjahrgang 2005 der gleiche Prozentsatz gilt, liegt es u. E. eigentlich nahe, die Vorschrift so auszulegen, dass auch beim Bestandsrentner die Festschreibung des steuerfrei bleibenden Teils der Rente auf der Basis der Renteneinkünfte in 2006 erfolgt. 1315

---

1 BR-Drucks. 2/04 S. 70.

1316 Die FinVerw[1] folgt jedoch einem anderen Ansatz, indem sie davon ausgeht, dass die Festschreibung des steuerfrei bleibenden Teils der Rente nur deswegen auf das Rentenfolgejahr verlegt worden ist, um sicherzustellen, dass zwölf Rentenbezüge für die Ermittlung zur Verfügung stehen. Folglich kann bei Bestandsrentnern die Festschreibung bereits im Jahr 2005 erfolgen. Diese Differenzierung zwischen Bestandsrentnern und Rentenjahrgang 2005 dient nicht gerade der Steuervereinfachung und eine Notwendigkeit für die unterschiedliche Handhabung ist auch nicht erkennbar. Sie führt vielmehr zu nicht nachvollziehbaren Differenzierungen, denn auch der Rentner, der ab 2005 im Januar in Rente geht, bezieht bereits im Jahr des Rentenbeginns zwölf Monatsrenten mit der Folge, dass auch in diesen Fällen problemlos bereits im ersten Jahr der Rente eine Festschreibung des steuerfreien Teils der Rente erfolgen könnte. In diesen Fällen will die FinVerw aber eine Festschreibung erst im Folgejahr vornehmen.[2]

BEISPIEL: ▸ Besteuerung einer Rente i. S. d. § 22 Nr. 1 Satz 3 Buchst. a Doppelbuchst. aa EStG

A ist bereits im Jahr 1990 mit 60 Jahren in Rente gegangen. Im Jahr 2004 beträgt seine Rente 1 000 €. In 2005 erfolgt zum 1. 7. eine Rentenanpassung auf 1 020 €. Zum 1. 7. 2006 erfolgt eine weitere Rentenanpassung auf 1 060 €.

2004	
12 × 1 000 €	12 000 €
× 32 %	3 840 €
abzgl. Werbungskosten-Pauschbetrag	102 €
zu versteuern	3 738 €
2005	
6 × 1 000 €	6 000 €
6 × 1 020 €	6 120 €
Summe	12 120 €
× 50 %	6 060 €
abzüglich Werbungskosten-Pauschbetrag	102 €
zu versteuern	5 958 €

I. H. v. 6 060 € wird der steuerfrei bleibende Teil der Rente festgeschrieben.

---

[1] BMF-Schreiben vom 19. 8. 2013, IV C 3 - S 2221/12/10010:004, IV C 5 - S 2345/08/0001, 2013/0760735, Rz. 230.
[2] Allerdings hat der BFH die Auffassung der FinVerw zumindest für die Bestandsrentenfälle bestätigt; vgl. Urteil vom 26. 11. 2008, X R 15/07, BStBl 2009 II S. 710.

II. Steuerliche Behandlung der Beiträge und der Altersbezüge aus der Basisversorgung

2006		
6 × 1 020 €	6 120 €	
6 × 1 060 €	6 360 €	
Summe		12 480 €
abzüglich steuerfrei bleibender Teil der Rente		6 060 €
abzüglich Werbungskosten-Pauschbetrag		102 €
zu versteuern		6 318 €

(Einstweilen frei) 1317–1320

bb) Änderung der Rentenhöhe aus tatsächlichen oder rechtlichen Gründen

Ändert sich der Jahresbetrag der Rente und handelt es sich hierbei nicht um eine regelmäßige Anpassung (z. B. jährliche Rentenerhöhung), ist der steuerfreie Teil der Rente auf der Basis des bisher maßgebenden Prozentsatzes mit der veränderten Bemessungsgrundlage neu zu ermitteln (§ 22 Nr. 1 Satz 3 Buchst. a Doppelbuchst. aa Satz 6 EStG). 1321

Diese Regelung trägt z. B. dem Umstand Rechnung, dass Fälle denkbar sind, in denen eine Altersrente zunächst als Teilrente in Anspruch genommen wird und erst später als Vollrente oder in denen eine Hinterbliebenenrente aufgrund der Anrechnung eigener Einkünfte und Bezüge zeitweise gekürzt wird. In diesen Fällen erscheint es nicht gerechtfertigt, dauerhaft den einmal ermittelten Freibetrag zugrunde zu legen. 1322

Bei einer Veränderung des Jahresbetrags der Rente ist der steuerfreie Teil der Rente nach § 22 Nr. 1 Satz 3 Buchst. a Doppelbuchst. aa Satz 6 und 7 EStG in dem Verhältnis anzupassen, in dem der veränderte Jahresbetrag der Rente zum Jahresbetrag der Rente steht, der der Ermittlung des steuerfreien Teils der Rente zugrunde gelegen hat. Regelmäßige Rentenanpassungen führen nicht zu einer Neuberechnung und bleiben bei der Neuberechnung aus anderen Gründen außer Ansatz. 1323

Die vorgesehene Regelung kann in der Praxis nur dann ohne größere Probleme und ohne „fremde Hilfe" umgesetzt werden, wenn der ursprüngliche Jahresbetrag und der neue Jahresbetrag prozentual miteinander verglichen werden können (z. B. bisher Teilrente von 50 %, jetzt Vollrente von 100 %). In allen anderen Fällen, in denen die maßgebenden Jahresbeträge der Rente nicht in einem prozentualen Verhältnis zueinander stehen, ist eine Neuberechnung nur möglich, wenn ganz genau bekannt ist, inwieweit der Jahresbetrag der Rente auf zwischenzeitlichen Rentenerhöhungen beruht. 1324

Teil D: Besteuerung von Altersbezügen

1325 Aus diesem Grund wird die in § 22a EStG vorgesehene Rentenbezugsmitteilung die für die Neuberechnung des steuerfrei bleibenden Teils der Rente erforderlichen Angaben enthalten. Die FinVerw[1] hat im BMF-Schreiben zum AltEinkG diesbezüglich zur Ausgestaltung der Rentenbezugsmitteilung folgende Aussagen getroffen: „In den Fällen, in denen die Leistung ganz oder teilweise der Besteuerung nach § 22 Nr. 1 Satz 3 Buchst. a Doppelbuchst. aa EStG unterliegt, ist in der Rentenbezugsmitteilung die auf regelmäßigen Rentenanpassungen beruhende Erhöhung des Jahresbetrags der Rente gegenüber dem Jahr mitzuteilen, das dem Jahr des Rentenbeginns folgt. Das gilt auch bei einer Neuberechnung der Rente. Bei Renten, die vor dem 1.1.2005 begonnen haben, sind nur die Erhöhungen des Jahresbetrags der Rente gegenüber dem Jahr 2005[2] mitzuteilen."

1326 Allerdings ist diese Regelung bislang in der Praxis in mehrfacher Hinsicht wenig hilfreich. Zum einen ist die elektronische Übersendung der Rentenbezugsmitteilungen an die FinVerw erst 2009 erfolgt. Die Verzögerung ist in erster Linie darauf zurück zuführen, dass zunächst die Strukturen zur Verteilung der Identifikationsnummer i. S. d. § 139b AO geschaffen werden mussten. Zum anderen ist eine Übersendung der entsprechenden Daten an den Steuerpflichtigen überhaupt nicht vorgesehen. Folglich hat dieser oder sein steuerlicher Berater im Vorfeld kaum die Möglichkeit in Fällen der Neuberechnung des steuerfrei bleibenden Teils der Rente die einkommensteuerpflichtigen Renteneinkünfte zu ermitteln. Hier besteht u. E. immer noch gesetzlicher Nachbesserungsbedarf.

1327 Zur Neuberechnung des steuerfrei bleibenden Teils der Rente vgl. das Beispiel im BMF-Schreiben vom 19.8.2012.[3]

1328 Rentennachzahlungen oder Rentenrückzahlungen können ebenfalls zu einer Neuberechnung des steuerfreien Teils der Rente führen. Die Neuberechnung erfolgt nach den gleichen Grundsätzen wie bei einer Veränderung des Jahresbetrages der Rente aus anderen Gründen. Rentennach- oder -rückzahlungen werden daher auch in der Rentenbezugsmitteilung nach § 22a ausgewiesen.[4]

---

1 BMF-Schreiben vom 7.12.2011, BStBl 2011 I S. 1223, Rz. 65.
2 Hier ist das Jahr 2005 maßgebend, weil die FinVerw beschlossen hat, bei Bestandsrentnern die Festschreibung des steuerfrei bleibenden Teils der Rente bereits in 2005 vorzunehmen; vgl. BMF-Schreiben vom 19.8.2013, IV C 3 - S 2221/12/10010:004, IV C 5 - S 2345/08/0001, 2013/0760735, Rz. 230.
3 IV C 3 - S 2221/12/10010:004, IV C 5 - S 2345/08/0001, 2013/0760735, Rz. 234.
4 BMF-Schreiben vom 7.12.2011, BStBl 2011 I S. 1223, Rz. 51 und 61.

Ob für entfallende Renten, wenn diese nicht mehr für zwölf Monate gezahlt worden sind (z. B. beim Tod des Rentenberechtigten im laufenden Jahr), der steuerfrei bleibende Teil der Rente zeitanteilig zu kürzen ist, ist dem Gesetz nicht eindeutig zu entnehmen. Im Gesetzentwurf war zunächst eine konkrete derartige Regelung enthalten.[1] Im Gesetzesbeschluss fehlt dieser Satz, weil der Gesetzgeber offensichtlich der Auffassung ist, dass der Wegfall der Rente im laufenden Kalenderjahr ein Fall für die Neuberechnung des steuerfrei bleibenden Teils der Rente ist, weil sich der Jahresbetrag der Rente auch in diesem Fall ändert. Das mag zwar zutreffend sein. Es stellt sich u. E. aber die Frage, ob es nicht einfacher gewesen wäre, in diesen Fällen die zeitanteilige Gewährung des bisherigen steuerfrei bleibenden Teils der Rente vorzusehen, als durch umständliche und aufwendige Berechnungen den steuerfrei bleibenden Teil der Rente neu zu ermitteln und dabei zum gleichen Ergebnis zu kommen.

1329

cc) Regelmäßige Rentenanpassungen

Was genau unter regelmäßigen Anpassungen zu verstehen ist, die nicht zu einer Neuberechnung des steuerfrei bleibenden Teils der Rente führen, hat der Gesetzgeber nicht geregelt. Gemeint sind in der gesetzlichen Rentenversicherung wohl die jährlichen Rentenerhöhungen.[2] In den übrigen Bereichen der Basisversorgung (z. B. berufsständische Versorgungseinrichtungen, Rentenversicherungen i. S. d. § 10 Abs. 1 Nr. 2 Buchst. b EStG) sind aber u. U. auch andere Anpassungen denkbar, die nicht zu einer Neuberechnung führen. So dürfte es im Bereich der privaten Rentenversicherungsverträge auch Vertragsgestaltungen geben, wo sich geringfügige Schwankungen in der Rentenhöhe ergeben, die auf in einzelnen Jahren unterschiedlich hohen Überschussanteilen beruhen, die für die ab Beginn der Auszahlungsphase garantierte Rentenleistung gewährt werden. Auch in diesen Fällen ist u. E. von einer Rentenanpassung i. S. d. Satzes 7 auszugehen, die – weder zugunsten noch zuungunsten des Steuerpflichtigen zu einer Neuberechnung des steuerfrei bleibenden Teils der Rente führt.[3]

1330

In diesem Zusammenhang stellt sich auch die Frage, ob die Änderung des Wechselkurses bei einer Rente in ausländischer Währung, die im Inland steuerpflichtig ist, zu einer Neuberechnung des steuerfrei bleibenden Teils der Ren-

1331

---

[1] BT-Drucks. 15/2150.
[2] BMF-Schreiben vom 19. 8. 2013, IV C 3 - S 2221/12/10010:004, IV C 5 - S 2345/08/0001, 2013/0760735, Rz. 232.
[3] Eine solche Interpretation ergibt sich wohl auch aus BMF-Schreiben vom 19. 8. 2013, IV C 3 - S 2221/12/10010:004, IV C 5 - S 2345/08/0001, 2013/0760735, Rz. 213.

te führt oder ob es sich insoweit um eine Rentenanpassung i.S.d. § 22 Nr. 1 Satz 3 Buchst. a Doppelbuchst. aa Satz 7 EStG handelt. U. E. stellen derartige Änderungen des Wechselkurses eine Veränderung des Jahresbetrags der Rente dar, die zu einer Neuberechnung des steuerfrei bleibenden Teils der Rente führen. Zwar ändert sich der Jahresbetrag der Rente in der ausländischen Währung und damit auch das Rentenrecht in diesen Fällen nicht. Es wäre aber nicht gerechtfertigt, dass der Steuerpflichtige aufgrund von Wechselkursschwankungen möglicherweise einen höheren Betrag seiner Rente versteuern müsste, obwohl sich das Rentenrecht tatsächlich nicht erhöht hat. Auch wenn es sich sicherlich nicht um einen klassischen Fall handelt, den der Gesetzgeber über die Neuberechnung des steuerfrei bleibenden Teils der Rente regeln wollte, kann in der Praxis entsprechend verfahren werden, da die Finanzverwaltung diese Auffassung im BMF-Schreiben vom 19. 8. 2012[1] bestätigt hat.

1332   Die Herausnahme der regelmäßigen Anpassungen aus der Neuberechnung des steuerfrei bleibenden Teils der Rente soll die Verfassungsmäßigkeit der Übergangsregelung zur nachgelagerten Besteuerung bis 2040 sichern. Der Gesetzgeber war der Auffassung, dass sich die durch das BVerfG-Urteil vom 6. 3. 2002[2] festgestellte verfassungswidrige Diskrepanz zwischen der Renten- und Pensionsbesteuerung im Verlauf des Übergangszeitraums bis 2039 wieder vergrößern könnte, wenn regelmäßige Rentenanpassungen in die Berechnung des steuerfrei bleibenden Anteils Eingang finden würden. Da bei den meisten Pensionären durch die Deckelung des Versorgungsfreibetrags auf einen festen Eurobetrag Pensionserhöhungen voll steuerpflichtig sind, wären Rentenerhöhungen nur mit dem Prozentsatz zwischen 50 % und 99 % einkommensteuerpflichtig gewesen. Dies wollte man durch die Regelung in § 22 Nr. 1 Satz 3 Buchst. a Doppelbuchst. aa Satz 7 EStG verhindern.

1333   Hätte der Gesetzgeber allerdings den Mut gehabt, dies klar zu formulieren, dass es ihm bei der Regelung nur darum ging, auch bereits während des Übergangszeitraums bis 2039 Rentenerhöhungen in vollem Umfang nachgelagert zu besteuern, wäre die komplizierte Festschreibung des steuerfrei bleibenden Teils der Rente nicht notwendig gewesen. Es hätte eine Regelung ausgereicht, nach der nur die „Grundrente" zu Beginn der Rente auf Dauer mit dem Prozentsatz besteuert worden wäre und die Anpassungsbeträge mit 100 %.

1334–1335   (Einstweilen frei)

---

1 IV C 3 - S 2221/12/10010:004, IV C 5 - S 2345/08/0001, 2013/0760735, Rz. 232.
2 2 BvL 17/99, BVerfGE 105 S. 73, BStBl 2002 II S. 618.

e) Aufeinanderfolgende Renten aus der gleichen Versicherung

Folgen nach dem 31.12.2004 Renten aus derselben Versicherung einander nach, z. B. 1336

▶ eine Rente wegen voller Erwerbsminderung folgt einer Rente wegen teilweiser Erwerbsminderung oder umgekehrt,

▶ eine Altersrente folgt einer Erwerbsminderungsrente oder einer Erziehungsrente,

▶ eine Witwen-/Witwerrente oder Waisenrente folgt einer Altersrente oder

▶ eine kleine Witwen-/Witwerrente folgt einer großen Witwen-/Witwerrente und umgekehrt,

wird bei der Ermittlung des Prozentsatzes nicht der tatsächliche Beginn der Folgerente herangezogen. Vielmehr wird ein fiktives Jahr des Rentenbeginns ermittelt, indem vom tatsächlichen Rentenbeginn der Folgerente die Laufzeiten vorhergehender Renten abgezogen werden. Dabei darf der Prozentsatz von 50 % nicht unterschritten werden.

Hinsichtlich der Berechnung des steuerfrei bleibenden Teils der Rente werden Folgerenten als eigenständige Renten behandelt.[1] D.h. bei Folgerenten wird erstmalig im Jahr, das dem Beginn der Folgerente folgt, der steuerfrei bleibende Teil der Rente festgeschrieben. Bemessungsgrundlage ist dabei der volle Jahresbetrag der Folgerente. Ob es zuvor bei der vorangegangenen Rente regelmäßige Anpassungen gegeben hat, die u.U. auch die rentenrechtliche Bemessungsgrundlage für die Folgerente erhöht haben, ist insoweit unmaßgeblich. Die Neuberechnung des steuerfrei bleibenden Teils der Rente richtet sich bei einer Folgerente nach den gleichen Grundsätzen, wie bei der ursprünglichen Rente – aber immer nur bezogen auf die Bemessungsgrundlage der Folgerente. 1337

Eine Folgerente liegt auch vor, wenn die Rentenempfänger nicht identisch sind wie z. B. bei einer Altersrente mit nachfolgender Hinterbliebenenrente. Hierbei ist jedoch zu unterscheiden: Bezieht der Bezieher der Hinterbliebenenrente bereits eine eigene Altersrente, hat dieser Prozentsatz keine Auswirkung auf die Besteuerung der Hinterbliebenenrente. Angerechnet werden kann nur die Laufzeit der Altersrente des verstorbenen Ehegatten/Lebenspartners aus der gleichen Anwartschaft wie die Hinterbliebenenrente. Entsprechendes gilt, wenn der überlebende Ehegatte/Lebenspartner zunächst die Hinterbliebenen- 1338

---

[1] BMF-Schreiben vom 19.8.2013, IV C 3 - S 2221/12/10010:004, IV C 5 - S 2345/08/0001, 2013/0760735, Rz. 235.

rente bezieht und später eine eigene Altersrente. Hier ist für die Besteuerung der eigenen Altersrente der Prozentsatz des tatsächlichen Beginns der eigenen Altersrente maßgebend.

1339 Nicht eindeutig im Gesetz geregelt ist, ob dabei monatsgenau zu rechnen ist oder nur anhand der Jahreszahlen. Die FinVerw[1] hat sich jedoch entschieden, monatsgenau zu rechnen, um für den Steuerpflichtigen möglichst günstige Ergebnisse zu erzielen.

> **BEISPIEL 1:** Besteuerung von Folgerenten (§ 22 Nr. 1 Satz 3 Buchst. a Doppelbuchst. aa EStG), die nach dem 31.12.2004 direkt aufeinander folgen
>
> A bezieht von Oktober 2004 bis Dezember 2006 (= 2 Jahre und 3 Monate) eine Rente wegen verminderter Erwerbsfähigkeit i. H. v. 800 € monatlich. Die Rente wird mit Vollendung des 65. Lebensjahres im Januar 2007 in eine Regelaltersrente i. H. v. 1 500 € umgewandelt.
>
> 2004
>
> | | |
> |---|---:|
> | 3 × 800 € | 2 400 € |
> | × 2 % | 48 € |
> | abzgl. Werbungskosten-Pauschbetrag (102 €) | 48 € |
> | zu versteuern | 0 € |
>
> 2005
>
> | | |
> |---|---:|
> | 12 × 800 € | 9 600 € |
> | × 50 % | 4 800 € |
> | abzgl. Werbungskosten-Pauschbetrag | 102 € |
> | zu versteuern | 4 698 € |
>
> 2006
>
> | | |
> |---|---:|
> | 12 × 800 € | 9 600 € |
> | abzgl. steuerfreier Teil | 4 800 € |
> | abzgl. Werbungskosten-Pauschbetrag | 102 € |
> | zu versteuern | 4 698 € |
>
> Der Besteuerungsanteil für die Altersrente ermittelt sich wie folgt:
>
> | | |
> |---|---|
> | Rentenbeginn | Januar 2007 |
> | abzgl. 2 Jahre und 3 Monate Laufzeit der Erwerbsminderungsrente = fiktiver Rentenbeginn | Oktober 2004 |
> | also Besteuerungsanteil 50 % | |
> | 12 × 1 500 € | 18 000 € |

---

1 BMF-Schreiben vom 19.8.2013, IV C 3 - S 2221/12/10010:004, IV C 5 - S 2345/08/0001, 2013/0760735, Rz. 226.

II. Steuerliche Behandlung der Beiträge und der Altersbezüge aus der Basisversorgung

× 50 %	9 000 €
abzgl. Werbungskosten-Pauschbetrag	102 €
zu versteuern	8 898 €

Im Jahr 2008 ist ebenfalls der Prozentsatz von 50 % auf die gezahlte Jahresrente anzuwenden. Der dann steuerfrei bleibende Teil ist für die weitere Laufzeit der Altersrente festzuschreiben.

BEISPIEL 2: Besteuerung von Folgerenten (§ 22 Nr. 1 Satz 3 Buchst. a Doppelbuchst. aa EStG), die nach dem 31. 12. 2004 nicht direkt aufeinander folgen

A bezieht von Oktober 2004 bis Dezember 2006 (= 2 Jahre und 3 Monate) eine Rente wegen verminderter Erwerbsfähigkeit i. H. v. 800 € monatlich. Mit Vollendung des 65. Lebensjahres im Januar 2012 erhält A eine Regelaltersrente i. H. v. 1 500 €.

2004
Die Erwerbsminderungsrente ist mit einem Ertragsanteil von 2 % zu versteuern

2005 und 2006
Die Erwerbsminderungsrente ist mit einem Besteuerungsanteil von 50 % zu versteuern.

Der Besteuerungsanteil für die Altersrente ermittelt sich wie folgt:

Rentenbeginn	Januar 2012
abzgl. 2 Jahre und 3 Monate Laufzeit der Erwerbsminderungsrente = fiktiver Rentenbeginn	Oktober 2009
also Besteuerungsanteil 58 %	
12 x 1 500 €	18 000 €
× 58 %	10 440 €
abzgl. Werbungskosten-Pauschbetrag	102 €
zu versteuern	10 338 €

Die Besteuerung der Altersrente in den Folgejahren erfolgt wie in Beispiel 1 dargestellt, allerdings auf der Basis eines Prozentsatzes von 58 %.

Nach der gesetzlichen Formulierung in § 22 Nr. 1 Satz 3 Buchst. a Doppelbuchst. aa Satz 8 EStG besteht keine Möglichkeit, Renten, die vor dem 1. 1. 2005 geendet haben, als vorhergehende Renten zu berücksichtigen. Sie wirken sich daher auf die Höhe des Prozentsatzes für die Besteuerung der nachfolgenden Rente nicht aus. Hätte der Gesetzgeber Renten, die vor dem 1. 1. 2005 geendet haben, nicht von der Anrechnung ausschließen wollen, hätte es der Formulierung „Folgen nach dem 31. 12. 2004 Renten…" nicht bedurft, denn in Satz 8 letzter Halbsatz ist ausdrücklich geregelt, dass mindestens der Besteuerungsanteil von 50 % anzusetzen ist. Folglich hätte sich auch bei Anrechnung „alter" Renten immer ein Prozentsatz im Rahmen der nachgelagerten Besteuerung ergeben und niemals die Anwendung eines Ertragsanteils i. S. d. § 22 Nr. 1 Satz 3 Buchst. a Doppelbuchst. bb EStG.

1340

1341 Ob das gerechtfertigt ist, darf u. E. bezweifelt werden, doch hier ist der Gesetzgeber gefordert, eine gleichheitsgerechte Formulierung zu finden. Eine Auslegung im Verwaltungswege ist nicht erfolgt und kann angesichts des eindeutigen gesetzlichen Wortlauts auch nicht zum Ziel führen.

> **BEISPIEL:** Besteuerung von Folgerenten (§ 22 Nr. 1 Satz 3 Buchst. a Doppelbuchst. aa EStG), die nicht nach dem 31.12.2004 aufeinander folgen
>
> A bezieht von Oktober 2000 bis Dezember 2004 (= 4 Jahre und 3 Monate) eine Rente wegen verminderter Erwerbsfähigkeit i. H. v. 800 € monatlich. Ab Januar 2012 erhält A eine Regelaltersrente i. H. v. 1 500 €.
>
> In diesem Fall folgen nicht nach dem 31.12.2004 mehrere Renten aus derselben Versicherung einander nach mit der Folge, dass für die Ermittlung des Besteuerungsanteils für die Altersrente das Jahr 2012 maßgebend ist und folglich ein Besteuerungsanteil von 64 %. Im Jahr 2014 ist der steuerfrei bleibende Teil der Rente mit 36 % der Jahresrente 2014 festzuschreiben.

1342–1345 (Einstweilen frei)

f) Öffnungsklausel für Leistungen aus den berufsständischen Versorgungseinrichtungen und für Höherversicherungen aus der gesetzlichen Rentenversicherung

aa) Hintergrund der gesetzlichen Regelung

1346 § 22 Nr. 1 Satz 3 Buchst. a Doppelbuchst. bb Satz 2 regelt, dass auf Antrag für Leibrenten und andere Leistungen, soweit diese auf bis zum 31.12.2004 geleisteten Beiträgen beruhen, welche oberhalb des Betrags des Höchstbetrags zur gesetzlichen Rentenversicherung gezahlt wurden, die Ertragsanteilsbesteuerung anzuwenden ist. Damit bezieht sich die Regelung – auch wenn dies aus dem Wortlaut nicht klar ersichtlich ist – auf bestimmte Leistungen aus der Basisversorgung, die grundsätzlich ab dem Veranlagungszeitraum 2005 der nachgelagerten Besteuerung unterliegen. Dem Gesetzgeber waren im Rahmen des Gesetzgebungsverfahrens Zweifel gekommen, ob es – ohne Ausnahme – gerechtfertigt ist, sämtliche Renten aus den gesetzlichen Rentenversicherungen und den berufsständischen Versorgungswerken einheitlich in die Übergangsregelung zur nachgelagerten Besteuerung zu überführen oder ob dies zu einer verfassungswidrigen Zweifachbesteuerung führt.

1347 Hintergrund ist, dass der Gesetzgeber in der Übergangsphase zur vollständigen nachgelagerten Besteuerung bei Arbeitnehmern und Selbständigen grundsätzlich von gleichen Vomhundertsätzen zur Ermittlung der Besteuerungsanteile ausgeht, obwohl die steuerliche Behandlung der Beiträge in der Erwerbsphase in der Vergangenheit völlig unterschiedlich ausgestaltet war.

II. Steuerliche Behandlung der Beiträge und der Altersbezüge aus der Basisversorgung

Arbeitnehmer erhielten einen nach § 3 Nr. 62 steuerfreien Arbeitgeberanteil. Außerdem beruhen die Renten aus der gesetzlichen Rentenversicherung zum Teil auf staatlichen Transferleistungen (Bundeszuschuss), die in der Ansparphase keiner steuerlichen Belastung beim Arbeitnehmer unterlegen haben.

1348

Selbständige, die Leistungen aus der gesetzlichen Rentenversicherung oder einem berufsständischen Versorgungswerk erhalten, erhalten keinen steuerfreien Arbeitgeberanteil; sie müssen die vollen Beiträge selbst aufbringen und konnten diese bis 2004 nur im Rahmen des Sonderausgabenabzugs geltend machen. Der Vorwegabzug, der hier eigentlich einen Ausgleich schaffen sollte, wurde häufig aufgrund von Kürzungstatbeständen beim Ehegatten aufgezehrt und stand damit faktisch nicht zur Verfügung. Außerdem wurden bei dieser Berufsgruppe nicht selten Beiträge gezahlt, die oberhalb der Beitragsbemessungsgrenze in der gesetzlichen Rentenversicherung angesiedelt sind. Damit waren die Beiträge bei Selbständigen vor 2005 u. U. in (erheblich) geringerem Umfang steuerlich unbelastet, als beim Arbeitnehmer.

1349

Dies soll durch die Öffnungsklausel in § 22 Nr. 1 Satz 3 Buchst. a Doppelbuchst. bb Satz 2 EStG aufgefangen werden. Weist der Steuerpflichtige nach, dass er vor dem 31. 12. 2004 mindestens zehn Jahre lang Beiträge in ein Versorgungssystem i. S. d. § 22 Nr. 1 Satz 3 Buchst. a Doppelbuchst. aa EStG eingezahlt hat, die oberhalb der Beitragsbemessungsgrenze in der gesetzlichen Rentenversicherung liegen, können die Leibrenten und anderen Leistungen aus diesem System auf Antrag insoweit mit dem Ertragsanteil nach § 22 Nr. 1 Satz 3 Buchst. a Doppelbuchst. bb EStG besteuert werden, als sie auf Beiträgen vor dem 31. 12. 2004 oberhalb der Beitragsbemessungsgrenze beruhen. Dies hat zur Folge, dass die Leistungen in diesen Fällen in drei unterschiedliche Bestandteile zu zerlegen sind:

1350

▶ soweit sie auf Beiträgen vor 2005 bis zur Beitragsbemessungsgrenze beruhen: nachgelagerte Besteuerung nach § 22 Nr. 1 Satz 3 Buchst. a Doppelbuchst. aa EStG;

▶ soweit sie auf Beiträgen vor 2005 oberhalb der Beitragsbemessungsgrenze beruhen: Ertragsanteilsbesteuerung nach § 22 Nr. 1 Satz 3 Buchst. a Doppelbuchst. bb EStG;

▶ soweit sie auf Beiträgen nach 2004 beruhen: nachgelagerte Besteuerung nach § 22 Nr. 1 Satz 3 Buchst. a Doppelbuchst. aa EStG und zwar unabhängig von der Höhe der Beiträge.

bb) Antrag des Steuerpflichtigen

1351 Die teilweise Besteuerung der Rente aus einem Basisversorgungssystem nur mit dem Ertragsanteil nach § 22 Nr. 1 Satz 3 Buchst. a Doppelbuchst. bb EStG erfolgt nur auf Antrag des Steuerpflichtigen. Dieser ist beim zuständigen Finanzamt i. d. R. im Rahmen der Einkommensteuererklärung formlos zu stellen und zwar erst dann, wenn auch ein entsprechender Leistungsbezug vorliegt. Denn mit dem Antrag soll nicht dokumentiert werden, dass die Voraussetzungen zur Anwendung der Öffnungsklausel vorliegen, sondern eine reduzierte Besteuerung beantragt werden. Und dies kann erst geschehen, wenn auch Einkünfte vorliegen, die der Besteuerung zu unterwerfen sind. Der Nachweis, dass die Voraussetzungen zur Anwendung der Öffnungsklausel vorliegen, ist über eine separate Bescheinigung zu führen (s. hierzu Rn. 1361 ff.).

> **BEISPIEL:** Antrag auf Anwendung der Öffnungsklausel in § 22 Nr. 1 Satz 3 Buchst. a Doppelbuchst. bb Satz 2 EStG
>
> A erhält in 2010 eine Rente aus einem berufsständischen Versorgungswerk. Sein Versorgungswerk hat ihm in 2005 mitgeteilt, dass er die Voraussetzungen für die Anwendung der Öffnungsklausel erfüllt und ihm einen entsprechenden Beitragsnachweis erstellt. Auf Verlangen des A stellt ihm das Versorgungswerk für das Jahr 2010 eine Bescheinigung aus, in der die unterschiedlich zu besteuernden Rentenbestandteile ausgewiesen sind.
>
> A kann erst im Rahmen der Einkommensteuerveranlagung für das Jahr 2010 den Antrag auf Anwendung der Öffnungsklausel stellen. Neben der Aufteilung der Rentenleistungen in der Bescheinigung des Versorgungswerkes für 2010 sollte er den im Jahr 2005 übersandten Beitragsnachweis beifügen, um nachweisen zu können, dass die Voraussetzungen für die Anwendung der Öffnungsklausel vorliegen. Über die Rentenbezugsmitteilung i. S. d. § 22a erhält die FinVerw die notwendigen Daten nicht. Da die Inanspruchnahme der Öffnungsklausel antragsgebunden ist, wird auf diesem Wege die Rente insgesamt als Rente i. S. d. § 22 Nr. 1 Satz 3 Buchst. a Doppelbuchst. aa EStG mitgeteilt.[1]

cc) 10-Jahres-Grenze

1352 Die Anwendung der Öffnungsklausel setzt voraus, dass bis zum 31. 12. 2004 in mindestens zehn Jahren Beiträge oberhalb des Betrags des Höchstbetrags zur gesetzlichen Rentenversicherung gezahlt wurden. Dabei ist nach Auffassung der FinVerw[2] jedes Kalenderjahr getrennt zu betrachten. Die Jahre müssen nicht unmittelbar aufeinander folgen. Der jährliche Höchstbetrag ist auch dann maßgebend, wenn nur für einen Teil des Jahres Versicherungspflicht be-

---

[1] BMF-Schreiben vom 7. 12. 2011, BStBl 2011 I S. 1223, Rz. 24.
[2] BMF-Schreiben vom 19. 8. 2013, IV C 3 - S 2221/12/10010:004, IV C 5 - S 2345/08/0001, 2013/0760735, Rz. 240.

II. Steuerliche Behandlung der Beiträge und der Altersbezüge aus der Basisversorgung

stand oder nicht während des ganzen Jahres Beiträge geleistet wurden.[1] Im Übrigen sind für die Prüfung, ob die 10-Jahres-Grenze erfüllt ist, nur die vor dem 1.1.2005 liegenden Beitragsjahre zu berücksichtigen. Beiträge, die nach dem 31.12.2004 gezahlt wurden, sind nicht einzubeziehen.[2] Außerdem müssen die Beiträge für Beitragsjahre vor dem 1.1.2005 gezahlt worden sein.

Der Hinweis, dass der jährliche Höchstbeitrag zur allgemeinen Rentenversicherung auch dann maßgebend ist, wenn nur für einen Teil des Jahres Beiträge gezahlt wurden, ist u. E. systemgerecht, denn Sinn und Zweck der Öffnungsklausel ist es, den Fällen Rechnung zu tragen, in denen sich die Beiträge zum Basisversorgungssystem bis 2004 im Rahmen des Sonderausgabenabzugs nicht ausreichend auswirken konnten. Eine Wahrscheinlichkeit dafür hat der Gesetzgeber angenommen, wenn die gezahlten Beiträge längerfristig (10 Jahre) oberhalb der Beitragsmessungsgrenze lagen. Bei Beiträgen bis zur Beitragsbemessungsgrenze geht er hingegen davon aus, dass eine Zweifachbesteuerung durch die nachgelagerte Besteuerung nicht eintritt. Da es sich beim Sonderausgabenabzug aber um Jahresbeträge handelt, die nicht anteilig gewährt werden, wenn nicht während des gesamten Jahres Vorsorgeaufwendungen gezahlt worden sind, liegt es auf der Hand, zur Anwendung der Öffnungsklausel ebenfalls auf die Jahresbeträge abzustellen. Dass die Beiträge in den Monaten, in denen gezahlt worden ist, ggf. oberhalb der monatlichen Beitragsbemessungsgrenze lagen, ist folglich unmaßgeblich.

1353

Ob es gerechtfertigt ist, für die Anwendung der Öffnungsklausel für mindestens zehn Jahre den Nachweis von über der Beitragsbemessungsgrenze liegenden Beiträgen zu fordern, wird hingegen die Rechtsprechung noch klären müssen, da nicht erkennbar ist, mit welcher Begründung der Gesetzgeber gerade auf einen zehnjährigen Zeitraum abgestellt hat. Bestand die Versorgungseinrichtung am 31.12.2004 noch keine zehn Jahre bzw. hat der Steuerpflichtige sich erst nach dem 31.12.1994 selbständig gemacht, hat er nämlich nach der gesetzlichen Formulierung keine Möglichkeit, von der Öffnungsklausel zu profitieren.

1354

---

1 BFH, Urteil vom 4.2.2010, BStBl 2011 II S. 579.
2 Bestätigt durch BFH vom 19.1.2010, BStBl 2011 II S. 567.

dd) Bis zum 31.12.2004 geleistete Beiträge oberhalb des maßgebenden Höchstbeitrags

(1) Maßgeblicher Höchstbeitrag

1355 Für die Prüfung, ob Beiträge oberhalb des Betrags des Höchstbeitrags gezahlt wurden, ist nach Auffassung der FinVerw[1] – der Gesetzeswortlaut gibt hierzu im Übrigen nichts Konkretes her – grundsätzlich der Höchstbeitrag zur gesetzlichen Rentenversicherung der Angestellten und Arbeiter (West) im Jahr der Zahlung heranzuziehen. In den Jahren, in denen im gesamten Kalenderjahr eine Versicherung in der knappschaftlichen Rentenversicherung bestand, soll deren Höchstbeitrag maßgebend sein. Höchstbeitrag ist die Summe des Arbeitgeberanteils und des Arbeitnehmeranteils zur jeweiligen gesetzlichen Rentenversicherung.

1356 Ob es notwendig war, auch die knappschaftliche Rentenversicherung in die Anwendung der Öffnungsklausel mit einzubeziehen, ist u.E. fraglich, denn wenn sich die Beantwortung der Frage der Zweifachbesteuerung an den Höchstbeiträgen in der allgemeinen Rentenversicherung orientiert,[2] hätte diese für die Öffnungsklausel völlig ausgereicht.

1357 Der Hauptanwendungsfall der Öffnungsklausel dürfte bei den Selbständigen liegen, die in berufsständischen Versorgungseinrichtungen versichert sind.

1358 Das einheitliche Abstellen auf die Beitragsbemessungsgrenze West führt u.U. für Versicherte in den ostdeutschen Bundesländern zu Nachteilen. Ein Abstellen auf die jeweils maßgebende Beitragsbemessungsgrenze hätte jedoch die Umsetzung der Öffnungsklausel in der Praxis noch mehr erschwert. Da die dem Gesetz zugrunde liegenden Berechnungen zur Vermeidung einer verfassungswidrigen Zweifachbesteuerung alle auf der Beitragsbemessungsgrenze (West) basieren, hat sich die Finanzverwaltung wohl aus Vereinfachungsgründen für diese Grenze ausgesprochen.

(2) Ermittlung der eingezahlten Beiträge

1359 Für die Frage, ob in einem Jahr Beiträge oberhalb des Betrags des Höchstbeitrags gezahlt wurden, sind sämtliche Beiträge zusammenzurechnen, die in

---

1 BMF-Schreiben vom 19.8.2013, IV C 3 - S 2221/12/10010:004, IV C 5 - S 2345/08/0001, 2013/0760735, Rz. 241 und Anlage zu diesem Schreiben, aus der sich tabellarisch die maßgeblichen Höchstbeiträge in der gesetzlichen Rentenversicherung und der knappschaftlichen Rentenversicherung für die Jahre 1927 bis 2004 ergeben.

2 Vgl. insoweit den Abschlussbericht der sog. Rürup-Kommission vom 11.3.2003, Schriftenreihe des BMF, Bd. 74 S. 55.

II. Steuerliche Behandlung der Beiträge und der Altersbezüge aus der Basisversorgung

dem einzelnen Jahr an gesetzliche Rentenversicherungen, an landwirtschaftliche Alterskassen und an berufsständische Versorgungseinrichtungen gezahlt wurden.[1] Dabei kam es nach Auffassung der FinVerw zunächst nach dem sog. In-Prinzip darauf an, in welchem Jahr und nicht für welches Jahr die Beiträge gezahlt wurden. Das heißt, die Beiträge waren jeweils dem Jahr zuzurechnen, in dem sie gezahlt worden sind, nicht dem Jahr, für das sie gezahlt worden sind. Die Versorgungsträger gingen hier allerdings von anderen Grundsätzen aus, denn in bestimmten Fällen können versicherungsrechtlich Beiträge für ein anderes Kalenderjahr nachgezahlt werden und werden versicherungsrechtlich dem Jahr, für das nachgezahlt wird zugerechnet und nicht dem Jahr, in dem tatsächlich die Nachzahlung erbracht wurde. Dies gilt auch, wenn Beiträge zur gesetzlichen Rentenversicherung aufgrund eines Versorgungsausgleichs (§ 187 Abs. 1 Nr. 1 SGB VI), bei vorzeitiger Inanspruchnahme einer Altersrente (§ 187a SGB VI) oder zur Erhöhung der Rentenanwartschaft (§ 187b SGB VI) geleistet werden, sowie für entsprechende Beitragszahlungen an landwirtschaftliche Alterskassen und berufsständische Versorgungseinrichtungen. Der BFH hat die Auffassung der FinVerw jedoch nicht bestätigt. Er hat mit Urteil vom 19.1.2010[2] entschieden, dass das sog. In-Prinzip nicht uneingeschränkt anwendbar ist; es gelte lediglich im Hinblick auf die zeitliche Begrenzung auf den 31.12.2004, bis zu dem sich Zahlungen für die Öffnungsklausel hätten qualifizieren können. Für die Beantwortung der Frage, ob der Betrag des Höchstbetrags zur gesetzlichen Rentenversicherung bis einschl. 2004 mehr als zehn Jahre überschritten sei, sei es nicht sachgerecht, lediglich auf das Jahr der Zahlung der Beiträge abzustellen. Seien rentenrechtlich Nachzahlungen für einzelne Jahre möglich, seien diese auch im Rahmen der Öffnungsklausel nach dem Für-Prinzip zu berücksichtigen.

Die FinVerw ist der Auffassung des BFH gefolgt. Für die gesetzliche Rentenversicherung und die berufsständischen Versorgungseinrichtungen hat das Urteil eine Menge Aufwand mit sich gebracht, da eine Vielzahl von Bescheinigungen über die Anwendbarkeit der Öffnungsklausel neu beurteilt werden musste. Die FinVerw musste prüfen, welche Jahre ab 2005 ggf. noch änderbar sind, wenn – anders als zunächst bescheinigt –die Öffnungsklausel doch zur Anwendung kommt. Allerdings darf nicht verkannt werden, dass das Urteil des BFH auch negative Konsequenzen mit sich bringen kann: Hat ein Steuerpflichtiger die Voraussetzungen für die Anwendung der Öffnungsklausel auch nach

1359a

---

1 BMF-Schreiben vom 19.8.2013, IV C 3 - S 2221/12/10010:004, IV C 5 - S 2345/08/0001, 2013/0760735, Rz. 242.
2 X R 53/08, BStBl 2011 II S. 567.

der bisherigen Sichtweise der FinVerw bereits erfüllt, weil er bereits ohne Verteilung eines Nachzahlungsbetrags auf die maßgebenden Jahre in mindestens zehn Jahren Beiträge oberhalb des Betrags des Höchstbeitrags zur gesetzlichen Rentenversicherung eingezahlt hat, hat sich der Nachzahlungsbetrag ggf. voll als Beitrag oberhalb der Beitragsbemessungsgrenze ausgewirkt. Nach der Entscheidung des BFH muss wohl auch in derartigen Fällen die Nachzahlung nunmehr auf die maßgebenden Jahre verteilt werden. Sind in den Jahren, auf die die Nachzahlung entfällt, zunächst nur Beiträge unterhalb der Beitragsbemessungsgrenze gezahlt worden, füllt der Nachzahlungsbetrag jetzt erst einmal bis zur Beitragsbemessungsgrenze auf. Das entsprechende Beitragsvolumen stellt damit – anders als bisher nach dem In-Prinzip – keinen Beitrag oberhalb der Beitragsbemessungsgrenze mehr da. Dies kann dazu führen, dass der Anteil der künftig mit dem Ertragsanteil besteuert werden kann, in einem solchen Fall geringer ausfällt als bislang.

1360 Für die Anwendung der Öffnungsklausel werden nur Beiträge berücksichtigt, die eigene Beitragsleistungen des Steuerpflichtigen enthalten, es kommt aber nicht darauf an, ob die Beiträge vom Steuerpflichtigen vollständig oder teilweise selbst getragen wurden. Unerheblich ist auch, ob es sich um Pflichtbeiträge, freiwillige Beiträge oder Beiträge zur Höherversicherung handelt. Da ein Sonderausgabenabzug für Versicherungsbeiträge nur in Betracht kommt, wenn es sich um eigene Beiträge zum Aufbau einer eigenen kapitalgedeckten Altersversorgung handelt,[1] erscheint die Einschränkung durch die FinVerw auf die eigenen Beiträge des Steuerpflichtigen gerechtfertigt.

1361 Beiträge aufgrund von Nachversicherungen in gesetzliche Rentenversicherungen, an landwirtschaftliche Alterskassen und an berufsständische Versorgungseinrichtungen sind für die Anwendung der Öffnungsklausel nicht zu berücksichtigen.[2] Scheidet z. B. ein Beamter unter Verlust der Versorgungszusage aus dem öffentlichen Dienst aus, ist er aufgrund einer gesetzlichen Verpflichtung in der gesetzlichen Rentenversicherung nachzuversichern. Die Nachversicherung erfolgt aber nur mit einem Arbeitgeberbeitrag, nicht mit Arbeitnehmeranteilen. Ein Lohnzufluss erfolgt insoweit nicht. Folglich handelt es sich aus der Sicht des § 10 EStG bei den Nachversicherungsbeiträgen insgesamt nicht um eigene Beiträge des Arbeitnehmers. Eine steuerliche Belastung der Beiträge hat beim Arbeitnehmer auch nicht stattgefunden, so dass insoweit eine Anwendung der Ertragsanteilsbesteuerung im Wege der Öffnungsklausel

---

1 Vgl. H 10.1 „Abzugsberechtigte Person" EStH.
2 BMF-Schreiben vom 19. 8. 2013, IV C 3 - S 2221/12/10010:004, IV C 5 - S 2345/08/0001, 2013/0760735, Rz. 244.

II. Steuerliche Behandlung der Beiträge und der Altersbezüge aus der Basisversorgung

nicht in Betracht kommt. Konsequenterweise sind die Nachversicherungsbeiträge daher auch nicht in die Ermittlung der geleisteten Beiträge mit einzubeziehen.

Zuschüsse zum Beitrag nach § 32 des Gesetzes über die Alterssicherung der Landwirte werden bei der Berechnung hingegen mit einbezogen.[1] Denn insoweit handelt es sich um eigene Beiträge des Landwirts, da es in § 32 Abs. 1 ALG heißt: „Versicherungspflichtige Landwirte erhalten einen Zuschuss zu ihrem Beitrag und zum Beitrag für mitarbeitende Familienangehörige, wenn das nach Absatz 2 ermittelte jährliche Einkommen 15 500 Euro nicht übersteigt." Unbeachtlich ist insoweit, dass dieser Zuschuss nach § 3 Nr. 17 EStG steuerfrei ist. Denn auch der nach § 3 Nr. 62 EStG steuerfreie Arbeitgeberanteil ist bei der Ermittlung der geleisteten Beiträge nicht auszuscheiden. 1362

U.E. zu Recht rechnet die Finanzverwaltung alle Beiträge zur Basisversorgung zusammen, um festzustellen, ob in einem Jahr Beiträge oberhalb des Betrags des Höchstbetrags gezahlt worden sind. Beim Sonderausgabenabzug sind schließlich auch alle Beiträge zusammengerechnet worden. Folglich besteht eine Vermutung zur Zweifachbesteuerung bereits dann, wenn die Beiträge insgesamt den maßgeblichen Höchstbetrag überschreiten und nicht erst dann, wenn in jedem Versorgungssystem für sich genommen eine Überschreitung vorliegt. Andererseits ist der jährliche Höchstbetrag auch dann maßgebend, wenn nur für einen Teil des Jahres eine Versicherungspflicht bestand oder nicht während des ganzen Jahres Beiträge geleistet wurden. Ein anteiliger Ansatz des Höchstbetrags erfolgt nicht.[2] 1363

(3) Nachweis der gezahlten Beiträge

Der Steuerpflichtige muss einmalig nachweisen, dass er in mindestens zehn Jahren vor dem 1.1.2005 Beiträge oberhalb des Betrags des Höchstbetrags gezahlt hat. Die FinVerw[3] hat entschieden, dass der Nachweis durch Bescheinigungen der Versorgungsträger, an die die Beiträge geleistet wurden, bzw. von deren Rechtsnachfolgern zu erbringen ist, die Angaben über die in den einzelnen Jahren geleisteten Beiträge enthalten müssen. Soweit der Versorgungsträger das Jahr der Zahlung nicht bescheinigen kann, hat er in der Bescheinigung 1364

---

1 BMF-Schreiben vom 19.8.2013, IV C 3 - S 2221/12/10010:004, IV C 5 - S 2345/08/0001, 2013/0760735, Rz. 245.
2 BMF-Schreiben vom 19.8.2013, IV C 3 - S 2221/12/10010:004, IV C 5 - S 2345/08/0001, 2013/0760735, Rz. 246.
3 BMF-Schreiben vom 19.8.2013, IV C 3 - S 2221/12/10010:004, IV C 5 - S 2345/08/0001, 2013/0760735, Rz. 247.

ausdrücklich darauf hinzuweisen. In diesen Fällen obliegt es dem Steuerpflichtigen, den Zahlungszeitpunkt nachzuweisen. Wird der Nachweis nicht geführt, sind diese Beträge nicht in die Berechnung einzubeziehen. Pflichtbeiträge gelten allerdings als in dem Jahr gezahlt, für das sie bescheinigt werden. Beiträge oberhalb des Höchstbeitrags, die nach dem 31.12.2004 geleistet worden sind, bleiben für die Anwendung der Öffnungsklausel auch dann außer Betracht, wenn im Übrigen vor dem 1.1.2005 in mindestens zehn Jahren Beiträge oberhalb des Betrags des Höchstbeitrags zur gesetzlichen Rentenversicherung geleistet worden sind.

1365 Da der Nachweis über die Beiträge oberhalb der Beitragsbemessungsgrenze Grundlage ist für die Aufteilung der späteren Leistungen, hat die FinVerw[1] dies noch einmal deutlich zum Ausdruck gebracht. Für Beiträge ab 2005 gilt der neue Sonderausgabenabzug für die Basisversorgung (vgl. Rn. 1126 ff.). Damit wird unterstellt, dass sich bezüglich der Leistungen, die auf diesen Beiträgen beruhen, insgesamt keine Zweifachbesteuerung mehr ergeben kann – auch dann nicht, wenn grundsätzlich die Öffnungsklausel zur Anwendung gelangt.

1366 Nach dem Gesetz sind die Versorgungsträger nicht zur Mitwirkung verpflichtet. Wenn die FinVerw ihnen hier eine solche Verpflichtung auferlegt, entbehrt dies jeder gesetzlichen Grundlage. Gleichwohl ist auch klar, dass die Öffnungsklausel in der Praxis nur unter Mitwirkung der Versorgungsträger funktionieren kann, da der Steuerpflichtige in vielen Fällen ohne Unterstützung des Versorgungsträgers gar nicht in der Lage sein wird, den notwendigen Nachweis zu erbringen.

(4) Beiträge an mehr als einen Versorgungsträger

1367 Hat der Steuerpflichtige parallel Beiträge zu mehreren Versorgungssystemen gezahlt, hat die FinVerw[2] aus Praktikabilitätserwägungen heraus und zum „Schutz" der gesetzlichen Rentenversicherungen und landwirtschaftlichen Alterskassen folgende Regelung getroffen:

1368 Hat der Steuerpflichtige Beiträge an mehr als eine berufsständische Versorgungseinrichtung geleistet, sind die Beiträge bis zum jeweiligen Höchstbeitrag einer vom Steuerpflichtigen zu bestimmenden berufsständischen Versor-

---

1 BMF-Schreiben vom 19.8.2013, IV C 3 - S 2221/12/10010:004, IV C 5 - S 2345/08/0001, 2013/0760735, Rz. 247.
2 BMF-Schreiben vom 19.8.2013, IV C 3 - S 2221/12/10010:004, IV C 5 - S 2345/08/0001, 2013/0760735, Rz. 251 ff.

gungseinrichtung vorrangig zuzuordnen. Die berufsständischen Versorgungseinrichtungen haben entsprechend dieser Zuordnung den Teil der Leistung zu ermitteln, der auf Beiträgen beruht, die in den einzelnen Jahren oberhalb des Betrags des Höchstbeitrags zur gesetzlichen Rentenversicherung gezahlt wurden.

Hat der Steuerpflichtige Beiträge an die gesetzliche Rentenversicherung und an berufsständische Versorgungseinrichtungen geleistet, sind die Beiträge bis zum jeweiligen Höchstbeitrag vorrangig der gesetzlichen Rentenversicherung zuzuordnen, wobei der Steuerpflichtige bei Zahlung von Beiträgen zu einer inländischen und einer ausländischen gesetzlichen Rentenversicherung bestimmen kann, welcher gesetzlichen Rentenversicherung die Beiträge vorrangig zuzuordnen sind. Die berufsständische Versorgungseinrichtung hat den Teil der Leistung zu ermitteln, der auf Beiträgen beruht, die in den einzelnen Jahren oberhalb des Betrags des Höchstbeitrags zur gesetzlichen Rentenversicherung gezahlt wurden. Dies gilt für den Träger der gesetzlichen Rentenversicherung entsprechend, wenn die Beiträge zur gesetzlichen Rentenversicherung bereits oberhalb des Höchstbeitrags zur gesetzlichen Rentenversicherung liegen. 1369

Beiträge an die landwirtschaftlichen Alterskassen sind für die Frage der Anwendung der Öffnungsklausel wie Beiträge zur gesetzlichen Rentenversicherung zu behandeln. Sind Beiträge an die gesetzliche Rentenversicherung und an die landwirtschaftlichen Alterskassen geleistet worden, sind die Beiträge bis zum jeweiligen Höchstbeitrag vorrangig der gesetzlichen Rentenversicherung zuzuordnen. 1370

Die FinVerw hat den Weg der Meistbegünstigung gewählt, indem der Steuerpflichtige, der in verschiedene berufsständische Versorgungseinrichtungen eingezahlt hat, bestimmen kann, aus welchem Versorgungswerk ein Teil der Leistungen mit dem Ertragsanteil besteuert wird. Er wird in diesen Fällen wohl das Versorgungswerk mit den höheren Rentenleistungen wählen oder das Versorgungswerk mit dem späteren Leistungsbeginn (höhere Besteuerungskohorte nach § 22 Nr. 1 Satz 3 Buchst. a Doppelbuchst. aa EStG). Auch für den Fall dass der Steuerpflichtige Beiträge an ein Versorgungswerk und an die gesetzliche Rentenversicherung gezahlt hat, dürfte sich die Anwendung der Öffnungsklausel in dem von der FinVerw vorgegebenen Sinne vorteilhaft auswirken, da die Rentenleistungen aus dem berufsständischen Versorgungssystem i. d. R. höher sein dürften. 1371

ee) Ermittlung des auf Beiträgen oberhalb des Betrags des Höchstbeitrags beruhenden Teils der Leistung

1372 Der Teil der Leibrenten oder anderen Leistungen, der auf Beiträgen oberhalb des Betrags des Höchstbeitrags beruht, ist nach Auffassung der FinVerw[1] vom Versorgungsträger nach denselben Grundsätzen zu ermitteln wie in Leistungsfällen, bei denen keine Beiträge oberhalb des Betrags des Höchstbeitrags geleistet wurden. Dieser Teil wird bezogen auf jeden einzelnen Rentenanspruch getrennt ermittelt. Dabei sind die insgesamt in den einzelnen Kalenderjahren – ggf. an verschiedene Versorgungsträger – geleisteten Beiträge gemäß den Sonderregelungen (vgl. Rn. 1367 ff.) zu berücksichtigen. Jedes Kalenderjahr ist getrennt zu betrachten. Für jedes Jahr ist der Teil der Leistung, der auf Beiträgen oberhalb des Betrags des Höchstbeitrags beruht, gesondert zu ermitteln. Eine Zusammenrechnung der in den einzelnen Jahren gezahlten Beiträge und eine daraus resultierende Durchschnittsbildung sind nicht zulässig.

1373 Abweichend davon wird bei berufsständischen Versorgungseinrichtungen zugelassen, dass die tatsächlich geleisteten Beiträge und die den Höchstbeitrag übersteigenden Beiträge zum im entsprechenden Jahr maßgebenden Höchstbeitrag ins Verhältnis gesetzt werden. Aus dem Verhältnis der Summen der sich daraus ergebenden Prozentsätze ergibt sich der Prozentsatz für den Teil der Leistung, der auf Beiträge oberhalb des Betrags des Höchstbeitrags entfällt. Für Beitragszahlungen ab dem Jahr 2005 ist für übersteigende Beiträge kein Prozentsatz anzusetzen. Diese Vereinfachungsregelung ist zulässig, wenn

▶ alle Mitglieder der einheitlichen Anwendung der Vereinfachungsregelung zugestimmt haben oder

▶ die berufsständische Versorgungseinrichtung für das Mitglied den Teil der Leistung, der auf Beiträgen oberhalb des Betrags des Höchstbeitrags zur gesetzlichen Rentenversicherung beruht, nicht nach der allgemeinen Regelung (vgl. Rn. 1372) ermitteln kann.

1374 Damit ist die Finanzverwaltung auch hinsichtlich der Aufteilung der späteren Leistungen auf die – gesetzlich nicht geregelte – Mithilfe der Versorgungsträger angewiesen. Nur diese sind in der Lage, zu berechnen, welcher Anteil der späteren Leistungen auf den Beiträgen vor 2005 oberhalb der Beitragsbemessungsgrenze beruht.

---

[1] BMF-Schreiben vom 19.8.2013, IV C 3 - S 2221/12/10010:004, IV C 5 - S 2345/08/0001, 2013/0760735, Rz. 248 ff.

II. Steuerliche Behandlung der Beiträge und der Altersbezüge aus der Basisversorgung

Der Steuerpflichtige, der die Voraussetzungen für die Öffnungsklausel erfüllt, muss folglich im Zeitpunkt des ersten Leistungsbezugs (Abgabe der entsprechenden Steuererklärung) zwei Bescheinigungen vorlegen: 1375

▶ zum einen den Beitragsnachweis, aus dem sich ergibt, dass vor 2005 für mindestens zehn Jahre Beiträge oberhalb der Beitragsbemessungsgrenze gezahlt wurden[1] und

▶ zum anderen eine Bescheinigung über die prozentuale Aufteilung der (Renten)Leistung in einen Teil, der nach § 22 Nr. 1 Satz 3 Buchst. a Doppelbuchst. aa EStG nachgelagert zu besteuern ist und einen Teil, der nach § 22 Nr. 1 Satz 3 Buchst. a Doppelbuchst. bb EStG mit dem Ertragsanteil zu besteuern ist.[2]

ff) Besteuerungslücke bei einmaligen Leistungen

In Rn. 1481 wird dargestellt, dass Einmalzahlungen – z. B. Kapitalauszahlungen – weder auf einem Rentenrecht noch auf einem Stammrecht beruhen und aufgrund der einmaligen Zahlung auch keinen wie auch immer gearteten Zinsanteil enthalten. Da die Regelung in § 22 Nr. 1 Satz 3 Buchst. a Doppelbuchst. bb EStG daher in Bezug auf Einmalzahlungen leer läuft, gilt dies auch bezüglich der Einmalzahlungen, auf die die Öffnungsklausel Anwendung findet. Erstaunlicherweise hat die FinVerw diese Besteuerungslücke im BMF-Schreiben vom 19. 8. 2013[3] auch offen eingestanden. 1376

BEISPIEL: ▶ Besteuerungslücke bei Anwendung der Öffnungsklausel auf Einmalzahlungen

Nach der Bescheinigung der berufsständischen Versorgungseinrichtung über die Altersrente beruhen 12 % der Leistungen auf Beiträgen, die oberhalb des Betrags des Höchstbeitrags geleistet wurden. Nach dem Tod des Steuerpflichtigen erhält die Witwe W ein einmaliges Sterbegeld und eine monatliche Witwenrente aus dem Versorgungswerk.

Von der Witwenrente unterliegt ein Anteil von 88 % der nachgelagerten Besteuerung nach § 22 Nr. 1 Satz 3 Buchst. a Doppelbuchst. aa EStG (mit dem Prozentsatz, mit dem auch die vorangegangene Altersrente des verstorbenen Ehegatten besteuert wurde; Folgerente) und ein Anteil von 12 % der Besteuerung mit dem Ertragsanteil nach § 22 Nr. 1 Satz 3 Buchst. a Doppelbuchst. bb EStG. Der Ertragsanteil bestimmt

---

1 BMF-Schreiben vom 19. 8. 2013, IV C 3 - S 2221/12/10010:004, IV C 5 - S 2345/08/0001, 2013/0760735, Rz. 247.
2 BMF-Schreiben vom 19. 8. 2013, IV C 3 - S 2221/12/10010:004, IV C 5 - S 2345/08/0001, 2013/0760735, Rz. 249.
3 IV C 3 - S 2221/12/10010:004, IV C 5 - S 2345/08/0001, 2013/0760735, Rz. 256 f.

sich nach dem Lebensjahr der rentenberechtigten Witwe W bei Beginn der Witwenrente (die Regelung zur Folgerente findet bei der Ertragsanteilsbesteuerung keine Anwendung).

Das Sterbegeld unterliegt zu einem Anteil von 88 % der nachgelagerten Besteuerung nach § 22 Nr. 1 Satz 3 Buchst. a Doppelbuchst. aa. EStG. 12 % des Sterbegelds unterliegen nicht der Besteuerung, da die Einmalzahlung mangels Ertrag des Rentenrechts nicht nach § 22 Nr. 1 Satz 3 Buchst. a Doppelbuchst. bb EStG besteuert werden kann.

gg) Versorgungsausgleich unter Ehegatten oder unter Lebenspartnern

1377 Leistungen, bei denen die Voraussetzungen für die Anwendung der Öffnungsklausel vorliegen, können in einen Versorgungsausgleich unter Ehegatten oder unter Lebenspartnern einbezogen worden sein. Fraglich ist, in welchem Umfang die Leistungen in diesem Fall beim Ausgleichsberechtigten der Besteuerung unterliegen. Konkrete gesetzliche Vorgaben für die Regelung derartiger Fallgestaltungen existieren nämlich nicht.

1378 Die FinVerw hat mit BMF-Schreiben vom 19. 8. 2013[1] umfangreiche und komplizierte Regelungen getroffen, wie die Öffnungsklausel anzuwenden ist, wenn die entsprechende Anwartschaft in einen Versorgungsausgleich einbezogen worden ist. Die Grundsätze dieser Regelung lassen sich wie folgt zusammenfassen:

▶ Die Öffnungsklausel kann auf Antrag sowohl beim Ausgleichsverpflichteten als auch beim Ausgleichsberechtigten zur Anwendung kommen, wenn die Ehe bzw. die Lebenspartnerschaft vor dem 1. 1. 2005 geschlossen wurde.

▶ Die Voraussetzungen für die Anwendung der Öffnungsklausel sind beim Ausgleichsverpflichteten zu prüfen, und zwar unabhängig von der Ehe- oder Lebenspartnerschaftszeit.

▶ Der Teil der Leistungen, auf den die Öffnungsklausel beim Ausgleichsberechtigten tatsächlich zur Anwendung kommt, ist ehe- bzw. lebenspartnerschaftszeitbezogen zu ermitteln.

▶ Hat der Ausgleichsberechtigte eine eigene Anwartschaft, ist die Anwendung der Öffnungsklausel für diese Anwartschaft gesondert zu prüfen. Die im Rahmen des Versorgungsausgleichs übertragenen oder begründeten Anwartschaften bleiben dabei unberücksichtigt.

▶ Die Anwendung der Öffnungsklausel muss nicht von beiden beantragt werden und ist unabhängig vom Rentenbeginn des jeweils anderen. Aus-

---

1 IV C 3 - S 2221/12/10010:004, IV C 5 - S 2345/08/0001, 2013/0760735, Rz. 258 ff.

gleichberechtigter und Ausgleichsverpflichteter können hierüber eigenständig entscheiden. Allerdings führt die Möglichkeit der Beantragung der Öffnungsklausel für den Ausgleichsberechtigten beim Ausgleichsverpflichteten zu einer Kürzung der Leistung, auf die die Öffnungsklausel anwendbar ist.

Die konkreten Auswirkungen der Regelungen hat die FinVerw anhand eines umfangreichen Beispiels verdeutlicht.[1]

Die Regelung der FinVerw stellt sicherlich nicht die einzig denkbare und mit Sicherheit auch nicht immer die günstigste Lösung dar. Es bleibt damit wohl abzuwarten, ob die Praxis dies so hinnimmt oder ob – z. B. im Rahmen von Gerichtsverfahren – andere Lösungswege aufgezeigt werden. Die sinnvollste Lösung dürfte u. E. allerdings sein, dass der Gesetzgeber vorgibt, wie er sich die Aufteilung in derartigen Fällen vorstellt. 1379

(Einstweilen frei) 1380–1390

III. Steuerliche Behandlung der Beiträge und der Leistungen aus Verträgen außerhalb der Basisversorgung und außerhalb von Riester-Verträgen

1. Behandlung von Versicherungsbeiträgen in der Ansparphase

a) Allgemeines

Beiträge zu Rentenversicherungsverträgen die nach der Reform durch das AltEinkG zum 1.1.2005 der sog. dritten Schicht der Altersvorsorgeprodukte (vgl. Rn. 1114ff.) zuzurechnen sind, also z. B. zu Rentenversicherungsverträgen mit Kapitalwahlrecht oder zu Bank- und Fondssparplänen, die später eine Rentenzahlung vorsehen, sind ab 2005 – wenn überhaupt – nur noch nach § 10 Abs. 1 Nr. 3 Buchst. b (ab 2010: § 10 Abs. 1 Nr. 3a) i. V. m. Abs. 4 EStG als Sonderausgaben abziehbar. 1391

Anders als nach dem bisherigen Recht werden damit künftig Altersvorsorgeaufwendungen für die Basisversorgung, sonstige Vorsorgeaufwendungen 1392

---

[1] Vgl. BMF-Schreiben vom 19.8.2013, IV C 3 - S 2221/12/10010:004, IV C 5 - S 2345/08/0001, 2013/0760735, Rz. 265.

Teil D: Besteuerung von Altersbezügen

und Riester-Verträge nach getrennten Vorschriften und mit separaten Höchstbeträgen gefördert:

Basisversorgung:	bis zu 20 000/40 000 € (§ 10 Abs. 1 Nr. 2 Buchst. b i.V. m. Abs. 3 EStG)
Sonstige Vorsorgeaufwendungen (einschl. Rentenverträge):	bis zu 1 500 € bzw. 2 400 € je Ehegatte/Lebenspartner (§ 10 Abs. 1 Nr. 3 Buchst. b i.V. m. Abs. 4 EStG); ab 2010 bis zu 1 900 € bzw. 2 800 € (§ 10 Abs. 1 Nr. 3a i.V. m. Abs. 4 EStG)
Riester-Verträge:	vorrangig mit Altersvorsorgezulage; ggf. mit Sonderausgaben bis zu 2 100 € (Abschn. XI und § 10a EStG)

1393 Zur möglicherweise greifenden Günstigerprüfung für den Zeitraum bis 2019 vgl. Rn. 1591 ff.

1394–1395 (Einstweilen frei)

b) Begünstigte Vorsorgeaufwendungen

aa) Bis VZ 2009

1396 Zu den sonstigen Vorsorgeaufwendungen gehören zum einen (§ 10 Abs. 1 Nr. 3 Buchst. a EStG) Beiträge zu

- ▶ Arbeitslosenversicherungen (gesetzliche Beiträge an die Bundesagentur für Arbeit und Beiträge zu privaten Versicherungen),
- ▶ Erwerbs- und Berufsunfähigkeitsversicherungen, die nicht die Voraussetzungen des § 10 Abs. 1 Nr. 2 Satz 1 Buchst. b Doppelbuchst. aa oder Doppelbuchst. bb EStG erfüllen,
- ▶ gesetzliche oder private Kranken- und Pflegeversicherungen
- ▶ Unfallversicherungen, wenn es sich nicht um eine Unfallversicherung mit garantierter Beitragsrückgewähr handelt,[1]
- ▶ Haftpflichtversicherungen sowie
- ▶ Lebensversicherungen, die nur für den Todesfall eine Leistung vorsehen (Risikolebensversicherungen; auch Neuverträge nach dem 31. 12. 2004).

---

[1] Diese sind insgesamt als Kapitalversicherung zu behandeln; vgl. BMF-Schreiben vom 1. 10. 2009, BStBl 2009 I S. 1172.

Außerdem werden nach § 10 Abs. 1 Nr. 3 Buchst. b EStG als sonstige Vorsorgeaufwendungen auch Beiträge zu   1397

▶ Rentenversicherungen ohne Kapitalwahlrecht (§ 10 Abs. 1 Nr. 2 Buchst. b Doppelbuchst. bb EStG in der am 31. 12. 2004 geltenden Fassung),

▶ Rentenversicherungen mit Kapitalwahlrecht gegen laufende Beitragsleistung, wenn das Kapitalwahlrecht nicht vor Ablauf von zwölf Jahren seit Vertragsabschluss ausgeübt werden kann (§ 10 Abs. 1 Nr. 2 Buchst. b Doppelbuchst. cc EStG in der am 31. 12. 2004 geltenden Fassung) und

▶ Kapitalversicherungen gegen laufende Beitragsleistung mit Sparanteil, wenn der Vertrag für die Dauer von mindestens zwölf Jahren abgeschlossen worden ist (§ 10 Abs. 1 Nr. 2 Buchst. b Doppelbuchst. dd EStG in der am 31. 12. 2004 geltenden Fassung)

berücksichtigt.

Voraussetzung für die Berücksichtigung der Beiträge in Rn. 1397 ist aber, dass   1398
die Laufzeit der entsprechenden Verträge vor dem 1. 1. 2005 begonnen hat und mindestens ein Versicherungsbeitrag bis zum 31. 12. 2004 entrichtet worden ist. Der Versicherungsbeginn ergibt sich aus dem Versicherungsschein und ein Versicherungsbeitrag ist bis zum 31. 12. 2004 entrichtet, wenn nach § 11 Abs. 2 EStG der Beitrag dem Kalenderjahr 2004 zuzuordnen ist. Für einen privaten Versicherungsvertrag bedeutet dies, dass auch Beiträge, die innerhalb der ersten zehn Tage in 2005 entrichtet worden sind, als noch im Jahr 2004 entrichtet gelten. Für Beiträge im Rahmen der betrieblichen Altersversorgung an einen Pensionsfonds, an eine Pensionskasse oder für eine Direktversicherung richtet sich der Zeitpunkt der Beitragszahlung grundsätzlich nach den für die Zuordnung des Arbeitslohns geltenden Vorschriften (§ 38a Abs. 3 EStG; R 39b.2, 39b.5 und 39b.6 LStR). Das Datum des Vertragsabschlusses ist insoweit unmaßgeblich. Die Anwendungsvorschrift zu § 10 Abs. 1 Nr. 3 Buchst. b EStG weicht damit von der zu § 20 Abs. 1 Nr. 6 EStG ab. Nach § 52 Abs. 36 EStG kommt es für die Weitergeltung des Kapitallebensversicherungsprivilegs im Kapitalauszahlungsfall oder im Rückkaufsfall nach der gesetzlichen Formulierung nur auf den Vertragsabschluss an.[1]

Rn. 1397 und 1398 gelten nach Auffassung der FinVerw für Rentenversicherungen i. S. d. § 10 Abs. 1 Nr. 2 Buchst. b EStG (Basis-Renten) entsprechend, wenn der Versicherungsbeginn vor dem 1. 1. 2005 liegt, da die FinVerw beschlossen hat, den Sonderausgabenabzug Basisversorgung insoweit nur für   1399

---

1 Zu den Einzelheiten vgl. BMF-Schreiben vom 1. 10. 2009, BStBl 2009 I S. 1172, Rz. 89.

Leibrentenversicherungsverträge mit Versicherungsbeginn nach dem 31.12.2004 zuzulassen.[1]

1400 Ausgeschlossen vom Sonderausgabenabzug nach § 10 Abs. 1 Nr. 3 i.V.m. Abs. 4 EStG sind – wie vor 2005 – fondsgebundene Lebensversicherungen, Versicherungen auf den Erlebens- oder Todesfall, bei denen der Steuerpflichtige Ansprüche aus einem von einer anderen Person abgeschlossenen Vertrag entgeltlich erworben hat – es sei denn, es werden aus anderen Rechtsverhältnissen entstandene Abfindungs- und Ausgleichsansprüche arbeitsrechtlicher, erbrechtlicher oder familienrechtlicher Art durch Übertragung von Ansprüchen aus Lebensversicherungsverträgen erfüllt – und Versicherungen, deren Ansprüche der Steuerpflichtige zur schädlichen Tilgung oder Sicherung von Darlehen i. S. d. § 10 Abs. 2 Satz 2 EStG a. F. eingesetzt hat.

1401 Hinsichtlich der Beiträge zu Rentenversicherungen mit Kapitalwahlrecht und zu Kapitalversicherungen ist zudem zu beachten, dass diese aufgrund der Änderungen durch das Haushaltsbegleitgesetz 2004 nur noch zu 88 % als begünstigte Aufwendungen angesetzt werden dürfen. Diese Einschränkung wirkt ab 2005 fort.

1402 Für Beiträge zu Kapitallebensversicherungsverträgen bzw. zu Rentenversicherungsverträgen, die die Voraussetzungen für die Basisversorgung i. S. d. § 10 Abs. 1 Nr. 2 Buchst. b EStG nicht erfüllen und deren Laufzeit nach dem 1.1.2005 beginnt, ist kein Sonderausgabenabzug mehr vorgesehen.

1403 Begründet wird der Ausschluss vom Sonderausgabenabzug damit, dass es sich von der Art der Verträge her vorrangig um eine (frei verfügbare) Kapitalanlage handelt. Für eine Anerkennung der Beiträge als Vorsorgeaufwendungen genügte es im bis 2004 geltenden Recht, wenn eine Laufzeit von mindestens 12 Jahren, laufende Beitragsleistung (mindestens 5 Jahre) und ein Mindesttodesfallschutz von 60 % der Beitragssumme vereinbart war. Dass sie auch vom Markt als Kapitalanlage aufgefasst wird, zeigen die ständigen Versuche, die Kapitallebensversicherung als (unter Einschluss der Steuervorteile) hochrentierliches Finanzierungsinstrument zu nutzen („Policendarlehen", getarnte Sparverträge mit geringem Todesfallrisiko, Gebrauchtpolicen). Beispielsweise eine Gebrauchtpolice, die kurz vor Ablauf der 12-Jahres-Frist erworben wird, unterscheidet sich durch nichts von einer Festgeldanlage. Vor dem Hintergrund des Reformansatzes, ab 2005 die regelmäßige Altersversorgung in den Fokus der staatlichen Förderung zu stellen, erscheint der Ausschluss der Beiträ-

---

1 BMF-Schreiben vom 19.8.2013, IV C 3 - S 2221/12/10010:004, IV C 5 - S 2345/08/0001, 2013/0760735, Rz. 9; zur Kritik hieran vgl. Rn. 1155.

III. Steuerliche Behandlung der Beiträge und der Leistungen aus Verträgen

ge zugunsten einer Kapitalversicherung aus dem Kreis der steuerlich begünstigten Vorsorgeaufwendungen u. E. gerechtfertigt.

bb) Ab VZ 2010

Durch das Bürgerentlastungsgesetz vom 17. 6. 2009[1] hat der Gesetzgeber dem Auftrag des BVerfG Rechnung getragen, wonach Beiträge zu Kranken- und Pflegeversicherungen zur Absicherung eines sozialhilfegleichen Versorgungsniveaus aus verfassungsrechtlichen Gründen als Sonderausgaben abziehbar sein müssen. Dem folgend sieht § 10 Abs. 1 Nr. 3 Buchst. a und Buchst. b EStG ab 2010 vor, dass Kranken- und Pflegeversicherungsbeiträge zur Erlangung eines sozialhilfegleichen Versorgungsniveaus in voller Höhe abziehbar sind. Hierzu gehören: 1404

▶ gem. § 10 Abs. 1 Nr. 3 Buchst. a EStG Beiträge zu Krankenversicherungen, soweit diese zur Erlangung eines durch das Zwölfte Buch Sozialgesetzbuch bestimmten sozialhilfegleichen Versorgungsniveaus erforderlich sind (Beiträge zur gesetzlichen Krankenversicherung nach dem Dritten Titel des Ersten Abschnitts des Achten Kapitels des Fünften Buches Sozialgesetzbuch oder die nach dem Sechsten Abschnitt des Zweiten Gesetzes über die Krankenversicherung der Landwirte festgesetzten Beiträge), sofern auf die Leistungen ein Anspruch besteht, ggf. um 4 % gemindert, wenn sich aus den Krankenversicherungsbeiträgen zur gesetzlichen Krankenversicherung ein Anspruch auf Krankengeld oder ein Anspruch auf eine Leistung, die anstelle von Krankengeld gewährt wird, ergeben kann; Beitragsanteile zu einer privaten Krankenversicherung, die auf Vertragsleistungen entfallen, die, mit Ausnahme der auf das Krankengeld entfallenden Beitragsanteile, in Art, Umfang und Höhe den Leistungen nach dem Dritten Kapitel des Fünften Buches Sozialgesetzbuch vergleichbar sind[2]

▶ gem. § 10 Abs. 1 Nr. 3 Buchst. b EStG Beiträge zu gesetzlichen Pflegeversicherungen (soziale Pflegeversicherung und private Pflege-Pflichtversicherung).

Darüber hinausgehende Kranken- und Pflegeversicherungsbeiträge sowie Beiträge zu Versicherungen gegen Arbeitslosigkeit, zu Erwerbs- und Berufsunfähigkeitsversicherungen, die nicht als Basisversorgung i. S. d. § 10 Abs. 1 Nr. 2 Buchst. b EStG gelten, sind, zu Unfall- und Haftpflichtversicherungen, zu Risi- 1405

---
[1] BGBl I 2009 S. 1959.
[2] Zu näheren Einzelheiten vgl. BMF-Schreiben vom 19. 8. 2013, IV C 3 - S 2221/12/10010:004, IV C 5 - S 2345/08/0001, 2013/0760735, Rz. 69 ff.

kolebensversicherungen die nur für den Todesfall eine Leistung vorsehen und zu Kapital- und Rentenversicherungen, deren Laufzeit vor 2005 begonnen hat (vgl. Rn. 1396 f.), sind nach § 10 Abs. 1 Nr. 3a EStG weiterhin nur im Rahmen eines Höchstbetrags abziehbar und nur dann wenn dieser Höchstbetrag durch die Kranken- und Pflegeversicherungsbeiträge zur Erlangung eines sozialhilfegleichen Versorgungsniveaus noch nicht ausgeschöpft sind. Letztere dürfen zwar unbegrenzt abgezogen werden, auch wenn sie über den Höchstbetrag von 1 900 € bzw. 2 800 € hinausgehen, werden aber für die Frage, ob daneben noch weitere sonstige Vorsorgeaufwendungen als Sonderausgaben abziehbar sind, vorrangig auf den Höchstbetrag angerechnet.

c) Ermittlung des Abzugsbetrags nach § 10 Abs. 4 EStG

aa) Bis VZ 2009

1406 Die sonstigen Vorsorgeaufwendungen i. S. d. § 10 Abs. 1 Nr. 3 Buchst. a und b EStG können nach § 10 Abs. 4 EStG je Kalenderjahr bis zu einer Höhe von 2 400 € berücksichtigt werden. Der Höchstbetrag ermäßigt sich auf 1 500 €, wenn der Steuerpflichtige ganz oder teilweise ohne eigene Aufwendungen einen Anspruch auf vollständige oder teilweise Erstattung oder Übernahme von Krankheitskosten hat oder wenn für seine Krankenversicherung Leistungen i. S. d. § 3 Nr. 62 oder § 3 Nr. 14 EStG erbracht werden.

1407 Damit steht insbesondere folgenden Personen nur der gekürzte Höchstbetrag von 1 500 € zu:

- ▶ Rentner, die aus der gesetzlichen Rentenversicherung nach § 3 Nr. 14 EStG steuerfreie Zuschüsse zu den Krankenversicherungsbeiträgen erhalten,
- ▶ Rentner, bei denen der Träger der gesetzlichen Rentenversicherung Beiträge an eine gesetzliche Krankenversicherung zahlt,
- ▶ sozialversicherungspflichtige Arbeitnehmer, für die der Arbeitgeber nach § 3 Nr. 62 EStG steuerfreie Beiträge zur Krankenversicherung leistet, und zwar auch dann, wenn der Arbeitslohn aus einer Auslandstätigkeit aufgrund eines DBA steuerfrei gestellt wird,
- ▶ Besoldungsempfänger oder gleichgestellte Personen, die von ihrem Arbeitgeber nach § 3 Nr. 11 EStG steuerfreie Beihilfen zu Krankheitskosten erhalten,
- ▶ im VZ beihilferechtlich berücksichtigungsfähige Ehegatten oder Lebenspartner,

III. Steuerliche Behandlung der Beiträge und der Leistungen aus Verträgen

- Beamte, die in der gesetzlichen Krankenversicherung freiwillig versichert sind und deshalb keine Beihilfe zu ihren Krankheitskosten – trotz eines grundsätzlichen Anspruchs – erhalten,
- Versorgungsempfänger im öffentlichen Dienst mit Beihilfeanspruch oder gleichgestellte Personen,
- in der gesetzlichen Krankenversicherung ohne eigene Beiträge familienversicherte Angehörige,
- Personen, für die steuerfreie Leistungen der Künstlersozialkasse nach § 3 Nr. 57 EStG erbracht werden.

Nach der ursprünglichen gesetzlichen Regelung und der Aussage der Finanzverwaltung in Rz. 48 des BMF-Schreibens vom 24. 2. 2005[1] war zunächst unklar, ob der gekürzte Abzugsbetrag bei Rentnern nur dann in Betracht kommt, wenn er nach § 3 Nr. 14 EStG steuerfreie Zuschüsse zu den Krankenversicherungsbeiträgen erhält, oder auch dann, wenn der Träger der gesetzlichen Rentenversicherung Beiträge an eine gesetzliche Krankenversicherung zahlt. Vor diesem Hintergrund ist § 3 Nr. 14 EStG im Rahmen des JStG 2008 um eine Regelung ergänzt worden, die klarstellt, dass auch Beiträge, die der Träger der gesetzlichen Rentenversicherung an eine gesetzliche Krankenversicherung zahlt, steuerfrei sind. Folge der gesetzlichen Klarstellung ist damit eindeutig, dass bei allen Rentnern unabhängig davon, ob sie gesetzlich, freiwillig gesetzlich oder privat krankenversichert sind, bei der Ermittlung der abziehbaren Sonderausgaben für übrige Vorsorgeaufwendungen i. S. d. § 10 Abs. 1 Nr. 3 Buchst. a und b i. V. m. Abs. 4 EStG lediglich der Höchstbetrag von 1 500 € berücksichtigt wird.

1408

Außerdem ist in § 10 Abs. 4 Satz 2 EStG eine weitere Klarstellung vorgenommen worden, wonach nunmehr auch bei Personen, für die steuerfreie Leistungen der Künstlersozialkasse nach § 3 Nr. 57 EStG erbracht werden, der gekürzte Höchstbetrag von 1 500 € maßgebend ist. Dies ist u. E. systemgerecht, denn es kann keinen Unterschied machen, ob die Leistung – beim Arbeitnehmer – nach § 3 Nr. 62 oder – beim Künstler und Publizisten – nach § 3 Nr. 57 EStG steuerfrei ist. Insoweit enthielt das Gesetz zunächst eine systemwidrige Lücke, indem Beiträge i. S. d. § 3 Nr. 57 EStG nicht zu einer Kürzung des Höchstbetrags führten.

1409

Den ungekürzten Betrag von 2 400 € können in erster Linie Selbständige und Gewerbetreibende beanspruchen, die in vollem Umfang für ihre Absicherung im Krankheitsfall selbst aufkommen müssen. Gleiches gilt für geringfügig Be-

1410

---

1 BStBl 2005 I S. 429.

schäftigte. Ein vom Arbeitgeber im Rahmen einer geringfügigen Beschäftigung erbrachter pauschaler Beitrag zur gesetzlichen Krankenversicherung führt nicht zum Ansatz des verminderten Höchstbetrages.[1]

BEISPIEL: Sonderausgabenabzug für übrige Vorsorgeaufwendungen bei einem Ledigen

A, ledig, zahlt in 2008 2 000 € in die gesetzliche Krankenversicherung. In gleicher Höhe hat er einen Anspruch auf Beitragszahlung durch seinen Arbeitgeber (steuerfrei nach § 3 Nr. 62 EStG). Daneben hat er noch eine private Haftpflichtversicherung (Beiträge 200 €), eine Kfz-Haftpflichtversicherung (Beiträge 500 €) und eine Hausratversicherung (Beiträge 150 €). In 1998 hatte er eine Rentenversicherung gegen laufende Beitragszahlung mit einer Laufzeit von 20 Jahren abgeschlossen (jährliche Beiträge 1 500 €). In 2005 hat er eine Rentenversicherung mit Kapitalwahlrecht abgeschlossen (jährliche Beiträge 600 €). Die Versicherung wird mit Vollendung seines 60. Lebensjahres fällig.

Die Beiträge zur Hausratversicherung i. H. v. 150 € sowie die Beiträge zur in 2005 abgeschlossenen Rentenversicherung mit Kapitalwahlrecht i. H. v. 600 € gehören nicht zu den begünstigten Aufwendungen. Die Hausratversicherung war auch nach bis 2004 geltendem Recht nicht begünstigt. Die in 2005 abgeschlossene Rentenversicherung wäre nach bis 2004 geltendem Recht begünstigt gewesen, gehört nach neuem Recht aber nicht mehr zu den begünstigten Aufwendungen, da nach § 10 Abs. 1 Nr. 3 Buchst. a EStG nur noch reine Risikoversicherungen auf den Tod des Versicherten und nach § 10 Abs. 1 Nr. 3 Buchst. b EStG nur Altverträge gefördert werden, deren Laufzeit vor dem 1. 1. 2005 begonnen hat. Die Rentenversicherung ist im Übrigen auch nicht über § 10 Abs. 1 Nr. 2 Buchst. b EStG im Rahmen der sog. Basisversorgung förderfähig, weil sie aufgrund des Kapitalwahlrechts die strengen Produktvoraussetzungen dieser Vorschrift (nicht vererblich, nicht kapitalisierbar etc.) nicht erfüllt.

abziehbare Aufwendungen:	
gesetzliche Krankenversicherung	2 000 €
private Haftpflicht	200 €
Kfz-Haftpflicht	500 €
„alte" Rentenversicherung	1 500 €
Summe	4 200 €
höchstens abziehbar	1 500 €

1411 Für die Kürzung des Abzugsbetrags auf 1 500 € reicht es, wenn die Voraussetzungen dafür nur während eines Teils des Jahres vorgelegen haben. Das Gesetz sieht keine Zwölftelung des Abzugsbetrages vor. Ändern sich im Laufe des Kalenderjahres die Verhältnisse, kann dies u. U. zu einem für den Steuerpflichtigen ungünstigen Ergebnis führen.

---

1 BMF-Schreiben vom 19. 8. 2013, IV C 3 - S 2221/12/10010:004, IV C 5 - S 2345/08/0001, 2013/0760735, Rz. 99.

III. Steuerliche Behandlung der Beiträge und der Leistungen aus Verträgen

BEISPIEL: Sonderausgabenabzug für übrige Vorsorgeaufwendungen bei Wechsel der Verhältnisse im Laufe des Kalenderjahres

A ist im Januar 2009 noch als Arbeitnehmer tätig. Im Februar macht er sich selbständig und ist ab diesem Zeitpunkt für seine Absicherung im Krankheitsfall allein verantwortlich.

In 2009 kann A seine übrigen Vorsorgeaufwendungen nur bis zu 1 500 € als Sonderausgaben geltend machen, weil er im Januar noch Anspruch auf einen steuerfreien Arbeitgeberanteil zur gesetzlichen Krankenversicherung hat. Erst ab 2010 steht ihm – bei unveränderten Verhältnissen – der Abzugsbetrag von 2 800 € zu.

Um auszuschließen, dass Steuerpflichtige auf die Idee kommen auszurechnen, ob z. B. die Inspruchnahme einer Beihilfeleistung oder der höhere Sonderausgabenabzug von 2 400 € wirtschaftlich sinnvoller ist, hat die FinVerw ausdrücklich klargestellt, dass es für die Kürzung des Höchstbetrags auf 1 500 € nur auf das Bestehen eines Anspruchs ankommt – nicht hingegen auf dessen tatsächliche Inanspruchnahme.[1] Verzichtet also z. B. ein Beamter auf einen ihm zustehenden Beihilfeanspruch, erhält er dennoch nur den Höchstbetrag von 1 500 € für seine übrigen Vorsorgeaufwendungen. 1412

Im Falle der Zusammenveranlagung wird bei jedem Ehegatten/Lebenspartner gesondert geprüft, ob die Voraussetzungen für die Gewährung des erhöhten Abzugsbetrages gegeben sind.

Erhält im Falle der Zusammenveranlagung nur ein Ehegatte/Lebenspartner Zuschüsse zu seinen Krankheitskosten und muss der andere Ehegatte/Lebenspartner ohne eigenen Anspruch auf vollständige oder teilweise Erstattung oder Übernahme von Krankheitskosten seine Krankenversicherung vollständig aus eigenem (versteuerten) Einkommen tragen, steht den Ehegatten/Lebenspartner ein Höchstbetrag i. H. v. insgesamt 3 900 € (1 500 € + 2 400 €) zu. 1413

Hierbei ist allerdings zu berücksichtigen, dass in Fällen, in denen ein Ehepartner/Lebenspartner ohne eigene Beitragsleistung in der Krankenversicherung des anderen Ehepartners/Lebenspartners mitversichert ist – dies ist bei der gesetzlichen Krankenversicherung von Arbeitnehmern zumindest für den Ehegatten im Regelfall gegeben (Familienversicherung) –, dem mitversicherten Ehegatten/Lebenspartner nur der Abzugsbetrag von 1 500 € zusteht. Denn die Krankheitskosten des mitversicherten Ehepartners/Lebenspartners werden in diesen Fällen ohne eigene Aufwendungen erstattet bzw. übernommen.[2] 1414

---

1 BMF-Schreiben vom 19.8.2013, IV C 3 - S 2221/12/10010:004, IV C 5 - S 2345/08/0001, 2013/0760735 Rz. 100.
2 BMF-Schreiben vom 19.8.2013, IV C 3 - S 2221/12/10010:004, IV C 5 - S 2345/08/0001, 2013/0760735, Rz. 101.

Teil D: Besteuerung von Altersbezügen

BEISPIEL: Sonderausgabenabzug für übrige Vorsorgeaufwendungen bei zusammenveranlagten Ehegatten

A (Arbeitnehmer) und B (Hausfrau), verheiratet, zahlen in 2008 2 000 € in die gesetzliche Krankenversicherung. In gleicher Höhe hat A einen Anspruch auf Beitragszahlung durch seinen Arbeitgeber (steuerfrei nach § 3 Nr. 62 EStG). Daneben haben die Ehegatten noch eine private Haftpflichtversicherung (Beiträge 200 €), eine Kfz-Haftpflichtversicherung (Beiträge 500 €) und eine Hausratversicherung (Beiträge 150 €). In 1998 hatte A eine Rentenversicherung gegen laufende Beitragszahlung mit einer Laufzeit von 20 Jahren abgeschlossen (jährliche Beiträge 1 500 €). In 2005 hat er für seine Ehefrau noch eine Rentenversicherung mit Kapitalwahlrecht abgeschlossen (jährliche Beiträge 600 €). Die Versicherung wird mit Vollendung des 60. Lebensjahres der Ehefrau fällig.

Die Beiträge zur Hausratversicherung i. H. v. 150 € sowie die Beiträge zur in 2005 abgeschlossenen Rentenversicherung mit Kapitalwahlrecht i. H. v. 600 € gehören nicht zu den begünstigten Aufwendungen.

abziehbare Aufwendungen:

gesetzliche Krankenversicherung	2 000 €
private Haftpflicht	200 €
Kfz-Haftpflicht	500 €
„alte" Rentenversicherung	1 500 €
Summe	4 200 €
höchstens abziehbar 2 × 1 500 €	3 000 €

1415 Hat ein Ehepartner/Lebenspartner über den anderen Ehepartner/Lebenspartner einen Beihilfeanspruch, hatte die FinVerw zunächst die Auffassung vertreten, dass zwar auch in einem solchen Fall eine teilweise Kostenübernahme durch einen Dritten vorliegt. Allerdings habe hier der Beamtenehegatte den Beihilfeanspruch und nicht der nichtberufstätige Ehegatte/Lebenspartner. Damit liegt bei diesem streng genommen keine Kostenübernahme vor. Aus diesem Grund und weil das Gesetz eindeutig bestimme, dass die Kürzungstatbestände für jeden Ehegatten/Lebenspartner separat zu prüfen seien, hat die FinVerw entschieden, dass dem Ehepartner/Lebenspartner der Abzugsbetrag i. H. v. 2 400 € zusteht.[1] Allerdings hat der BFH diese Auffassung nicht geteilt, indem er mit Urteil vom 23. 1. 2013[2] entschieden hat, dass sich für den Ehegatten/Lebenspartner des Beihilfeberechtigten aus der Unterhaltspflicht des Beamten eine Fürsorgepflicht des Dienstherrn für dessen Familie und damit auch für den Ehegatten/Lebenspartner ergebe. Insoweit sei die Situation des

---

[1] BMF-Schreiben vom 19.8.2013, IV C 3 - S 2221/12/10010:004, IV C 5 - S 2345/08/0001, 2013/0760735, Rz. 81.
[2] X R 43/09, BStBl 2013 I S. 608.

nach Beihilferecht berücksichtigungsfähigen Ehegatten mit derjenigen eines in der gesetzlichen Krankenversicherung mitversicherten Ehegatten vergleichbar. Daraus folge, dass auch für den beihilferechtlich berücksichtigungsfähigen Ehegatten nur der reduzierte Höchstbetrag aus § 10 Abs. 4 Satz 2 EStG zum Tragen kommen könne. Eine mittelbare Beihilfeberechtigung reicht also nach Auffassung des BFH aus, um dem Gesetzeswortlaut gerecht zu werden. Die FinVerw hat sich dem angeschlossen.[1]

bb) Ab VZ 2010

Für Kranken- und Pflegeversicherungsbeiträge zur Absicherung eines sozialhilfegleichen Versorgungsniveaus (§ 10 Abs. 1 Nr. 3 Buchst. a und Buchst. b EStG) und übrige Vorsorgeaufwendungen (§ 10 Abs. 1 Nr. 3a EStG) gilt ab 2010 zunächst einmal ein einheitlicher Höchstbetrag. Vorsorgeaufwendungen in diesem Sinne können je Kalenderjahr bis zu 2 800 € abgezogen werden. Hat der Steuerpflichtige ganz oder teilweise einen Anspruch auf vollständige oder teilweise Erstattung oder Übernahme von Krankheitskosten oder werden für seine Krankenversicherung Leistungen i. S. d. § 3 Nr. 9, Nr. 14, Nr. 57 oder Nr. 62 EStG erbracht, ermäßigt sich der Höchstbetrag auf 1 900 €. Bei zusammenveranlagten Ehegatten/Lebenspartnern ist für jeden Ehegatten/Lebenspartner nach wie vor separat zu prüfen, ob der Höchstbetrag von 2 800 € oder von 1 900 € in Betracht kommt. Hinsichtlich der Ermittlung ob der volle oder der gekürzte Höchstbetrag in Betracht kommt, gelten die Ausführungen in Rn. 1407 ff. entsprechend. 1415a

Da das BVerfG gefordert hat, dass Kranken- und Pflegeversicherungsbeiträge zur Absicherung eines sozialhilfegleichen Versorgungsniveaus in vollem Umfang steuermindernd berücksichtigt werden müssen, bedurfte diese Höchstbetragsregelung einer Ergänzung. § 10 Abs. 4 Satz 4 EStG sieht daher vor, dass die Vorsorgeaufwendungen i. S. d. § 10 Abs. 1 Nr. 3 Buchst. a und Buchst. b EStG in voller Höhe abzuziehen sind (Mindestansatz), wenn diese den maßgebenden Höchstbetrag – bei Ehegatten/Lebenspartnern den gemeinsamen Höchstbetrag – übersteigen. Wird von den Ehegatten oder Lebenspartnern die Einzelveranlagung beantragt, wird der Höchstbetrag sowie der Mindestansatz für jeden Ehegatten oder Lebenspartner gesondert ermittelt, wobei für die Berechnung des Mindestansatzes bei jedem Ehegatten oder Lebenspartner der von ihm als Versicherungsnehmer geleistete Beitrag zur Basisabsicherung an- 1415b

---

1 BMF-Schreiben vom 19. 8. 2013, IV C 3 - S 2221/12/10010:004, IV C 5 - S 2345/08/0001, 2013/0760735, Rz. 101.

zusetzen ist.[1] Ein zusätzlicher Abzug von übrigen Vorsorgeaufwendungen i. S. d. § 10 Abs. 1 Nr. 3a EStG scheidet im Fall des Mindestansatzes aus. Die Neuregelung hat demnach zur Folge, dass sich übrige Vorsorgeaufwendungen i. S. d. § 10 Abs. 1 Nr. 3a EStG – ungeachtet der Günstigerprüfung gem. § 10 Abs. 4a EStG – nur auswirken, wenn die Kranken- und Pflegeversicherungsbeiträge i. S. d. § 10 Abs. 1 Nr. 3 Buchst. a und Buchst. b EStG unterhalb des maßgebenden Höchstbetrags liegen.

1415c Hinsichtlich der Berechnung ist zu beachten, dass steuerfreie Zuschüsse die abziehbaren Vorsorgeaufwendungen mindern. Bevor also ermittelt werden kann, ob der Abzug der Vorsorgeaufwendungen im Rahmen des maßgebenden Höchstbetrags oder der volle Abzug der Kranken- und Pflegeversicherungsbeiträge i. S. d. § 10 Abs. 1 Nr. 3 Buchst. a und Buchst. b EStG günstiger ist, müssen die jeweiligen Beiträge zunächst um steuerfreie Zuschüsse gekürzt werden. Denn soweit Aufwendungen mit steuerfreien Einnahmen in unmittelbarem wirtschaftlichem Zusammenhang stehen, sind sie nicht als Sonderausgaben abziehbar. Gem. § 3 Nr. 62 EStG steuerfreie Arbeitgeberzuschüsse zur gesetzlichen oder privaten Kranken- und Pflegeversicherung, Zuschüsse an Rentner gem. § 3 Nr. 14 EStG und an Künstler gem. § 3 Nr. 57 EStG mindern folglich die entsprechenden Beiträge. Hinzuweisen ist in diesem Zusammenhang auf eine ausdrückliche gesetzliche Regelung in § 10 Abs. 2 Satz 1 Nr. 1 2. Halbsatz EStG, wonach steuerfreie Zuschüsse zu einer Kranken- oder Pflegeversicherung insgesamt mit Vorsorgeaufwendungen i. S. d. § 10 Abs. 1 Nr. 3 Buchst. a und Buchst. EStG in unmittelbarem wirtschaftlichem Zusammenhang stehen. D. h. auch wenn die Kranken- und Pflegeversicherungsbeiträge aufzuteilen sind, weil über das sozialhilfegleiche Versorgungsniveau hinaus eine weitere Absicherung vorgesehen ist, sind die steuerfreien Zuschüsse insgesamt von den Beiträgen i. S. d. § 10 Abs. 1 Nr. 3 Buchst. a und Buchst. b EStG in Abzug zu bringen. Praktische Bedeutung hat diese Regelung bei den privaten Krankenversicherungen. Hier sind Fälle denkbar, in denen der Steuerpflichtige einen steuerfreien Arbeitgeberzuschuss auch auf die Absicherung von Komfortleistungen erhält, wenn der private Krankenversicherungsbeitrag geringer ist als ein Beitrag bei Pflichtversicherung in der gesetzlichen Rentenversicherung.

1415d Beitragsvorauszahlungen mindern ebenfalls unter bestimmten Voraussetzungen die unbeschränkt abziehbaren Kranken- und Pflegeversicherungsbeiträge. So bestimmt § 10 Abs. 1 Nr. 3 Satz 4 EStG seit dem VZ 2011, dass Beiträge, die

---

[1] BMF-Schreiben vom 19. 8. 2013, IV C 3 - S 2221/12/10010:004, IV C 5 - S 2345/08/0001, 2013/0760735, Rz. 105.

für nach Ablauf des Veranlagungszeitraums beginnende Beitragsjahre geleistet werden und in der Summe das Zweieinhalbfache der auf den Veranlagungszeitraum entfallenden Beiträge überschreiten, in dem Veranlagungszeitraum anzusetzen sind, für den sie geleistet wurden, es sei denn es handelt sich um Beiträge, soweit sie der unbefristeten Beitragsminderung nach Vollendung des 62. Lebensjahrs dienen.[1]

2. Behandlung der (Alters-)Bezüge und sonstigen Leistungen

a) Renteneinkünfte

aa) Allgemeines

Renteneinkünfte, die nicht der Basisversorgung, nicht den Riester-Verträgen und nicht der betrieblichen Altersversorgung zuzurechnen sind, werden nach wie vor mit dem Ertragsanteil nach § 22 Nr. 1 Satz 3 Buchst. a Doppelbuchst. bb EStG besteuert, wenn in den einzelnen Bezügen Einkünfte aus Erträgen des Rentenrechts enthalten sind. Hierzu können z. B. gehören: 1416

▶ Renten aus Versicherungsverträgen die nicht die Voraussetzungen des § 10 Abs. 1 Nr. 2 Buchst. b EStG erfüllen, weil sie z. B. eine Teilkapitalisierung oder Einmalkapitalauszahlung oder einen Rentenbeginn vor Vollendung des 60. Lebensjahres vorsehen oder weil die Laufzeit vor dem 1.1. 2005 begonnen hat,[2]

▶ Renten aus Verträgen i. S. d. § 10 Abs. 1 Nr. 3 Buchst. b EStG (ab 2010: § 10 Abs. 1 Nr. 3a EStG), aber auch

▶ Veräußerungsleibrenten.

Da Renten außerhalb der Basisversorgung, der Riester-Verträge und der betrieblichen Altersversorgung aus ganz unterschiedlichen Verträgen stammen können, kann nur schwer bestimmt werden, inwieweit in den Rentenzahlungen Kapitalrückflüsse – und damit nicht steuerbare Vermögensumschichtungen enthalten sind. Je nach Art der Rente konnten die Beiträge vor 2005 nach § 10 Abs. 1 Nr. 2 Buchst. a und b EStG oder § 10 Abs. 1 Nr. 2 Buchst. c EStG als Sonderausgaben abziehbar, aufgrund der Höchstbeträge im § 10 EStG aber trotzdem steuerpflichtig sein. Sie können aber auch die Gegenleistung für eine 1417

---

1 Zu Beitragsvorauszahlungen und weiteren Einzelheiten zur Ermittlung der für den Mindestansatz berücksichtigungsfähigen Beiträge vgl. BMF-Schreiben vom 19.8.2013, IV C 3 - S 2221/12/10010:004, IV C 5 - S 2345/08/0001, 2013/0760735, Rz. 126 bis 163.
2 Vgl. insoweit die Einschränkung durch BMF-Schreiben vom 19.8.2013, IV C 3 - S 2221/12/10010:004, IV C 5 - S 2345/08/0001, 2013/0760735, Rz. 9.

entgeltliche Vermögensübertragung darstellen (Veräußerungsleibrente). Da damit die Einbeziehung in die nachgelagerte Besteuerung analog der Bezüge aus der Basisversorgung (§ 22 Nr. 1 Satz 3 Buchst. a Doppelbuchst. aa EStG) nicht gerechtfertigt ist, eine individuelle Ermittlung des Ertrags aber nicht praktikabel ist, hat der Gesetzgeber für diese Renten die Ertragsanteilsbesteuerung beibehalten.

bb) Begriff der Leibrente

(1) Bedeutung des Leibrentenbegriffs

1418 Der Leibrentenbegriff hat heute in erster Linie Bedeutung, um die wiederkehrenden Bezüge zu definieren, die der Ertragsanteilsbesteuerung unterliegen. Der Ertragsanteilsbesteuerung nach § 22 Nr. 1 Satz 3 Buchst. a Doppelbuchst. bb EStG unterliegen nämlich nur die Bezüge, die Einkünfte aus Erträgen des Rentenrechts enthalten. Zwar verwendet der Gesetzgeber den Begriff der Leibrente auch im Zusammenhang mit der nachgelagerten Besteuerung nach § 22 Nr. 1 Satz 3 Buchst. a Doppelbuchst. aa EStG. Da über diese Vorschrift aber auch alle anderen (wiederkehrenden) Leistungen aus den Basisversorgungssystemen erfasst werden, kommt der Abgrenzung der Leibrenten im Zusammenhang mit dieser Vorschrift wenig Bedeutung zu. Auch im Bereich der unentgeltlichen Vermögensübergabe gegen Versorgungsleistungen hat der Begriff seine Bedeutung weitgehend verloren, da nach der neueren Rechtslage davon auszugehen ist, dass Versorgungsleistungen abänderbare dauernde Lasten sind, die in voller Höhe der Besteuerung nach § 22 Nr. 1 Satz 1 EStG unterliegen (vgl. hierzu Rn. 316 ff.).

(2) Entwicklung des Leibrentenbegriffs

1419 Mit der Einführung der Ertragsanteilsbesteuerung in 1955 sah der BFH die Notwendigkeit, den Begriff der Leibrente in Abgrenzung zu den sonstigen wiederkehrenden Bezügen zu definieren. In der grundlegenden Entscheidung vom 29. 3. 1962[1] hat der BFH dabei an den bürgerlich-rechtlichen Leibrentenbegriff angeknüpft. Zur Begründung hat er damals ausgeführt, wenn in Steuergesetzen Begriffe verwendet würden, die im bürgerlichen Recht einen bestimmten festen Inhalt hätten, seien sie im Steuerrecht nach dem Grundsatz der Einheit der Rechtsordnung im Interesse der Rechtsklarheit und Rechtssicherheit in demselben Sinn auszulegen, sofern sie nicht erkennbar einen anderen Sinn ha-

---

1 VI 105/61 U, BStBl 1962 III S. 304.

ben sollten. Danach hat der BFH den bürgerlich-rechtlichen Leibrentenbegriff fast drei Jahrzehnte lang seinen Entscheidungen zugrunde gelegt.[1]

Mit Beschluss vom 15. 7. 1991[2] hat der BFH dann wohl die Anknüpfung an den bürgerlich-rechtlichen Leibrentenbegriff in Frage gestellt. Der Große Senat führt aus, dass das Ziel, den Ertragsanteil von der Vermögensumschichtung zu trennen, durch Anknüpfung an den bürgerlich-rechtlichen Rentenbegriff nicht erreicht werden könne. Schon die Einbeziehung der Sozialversicherungsrenten in die Ertragsanteilsbesteuerung lasse es als fraglich erscheinen, ob das Gesetz auf einen bürgerlich-rechtlichen Leibrentenbegriff und damit auf ein Rentenstammrecht verweise. Die vom Einkommensteuerrecht verlangte Trennung der Vermögensumschichtung vom Rentenertrag sei in allen Fällen zu beachten, in denen gleichmäßige Leistungen von der Lebensdauer abhängen und dadurch ein vom Zinsfuß und von der Lebensdauer beeinflusster Ertrag bzw. Zinsaufwand zu erfassen sei.

1420

Nach dem Beschluss des Großen Senats sind nur wenige Urteile im BStBl veröffentlicht worden, in denen die Voraussetzungen einer Leibrente genannt werden.[3] Ihnen ist gemeinsam, dass sie wohl nicht mehr an den bürgerlich-rechtlichen Leibrentenbegriff anknüpfen, denn sie deuten darauf hin, dass künftige höchstrichterliche Entscheidungen von einem eigenständigen einkommensteuerlichen Begriff der Leibrente ausgehen würden. Diese Vermutung ist durch ein Urteil vom 9. 2. 1994[4] bestätigt worden. In ihm wird ausgeführt, der GrS habe die Abhängigkeit der steuerlichen Tatbestandsmerkmale „Leibrente" von der zivilrechtlichen Begriffsbildung aufgehoben.

1421

Die FinVerw hat zunächst in den amtlichen Hinweisen zu den EStR 1993 den bürgerlich-rechtlichen Leibrentenbegriff grundsätzlich weiterhin für maßgebend erachtet.[5] Erst in den Hinweisen zu den EStR 1996 hat sie die Anknüpfung an den bürgerlich-rechtlichen Begriff gelöst. Es heißt dort:[6]

1422

> „Der Begriff der Leibrente im Sinne des § 22 Nr. 1 Satz 3 Buchst. a EStG ist ein vom bürgerlichen Recht (§§ 759 ff. BGB) abweichender steuerrechtlicher Begriff. Er setzt gleich bleibende Bezüge voraus, die für die Dauer der Lebenszeit einer Bezugsperson

---

1 Zuletzt Urteile vom 12. 11. 1985, IX R 2/82, BStBl 1986 II S. 261; vom 18. 2. 1986, IX R 7/80, BFH/NV 1986 S. 654 und vom 15. 5. 1986, III R 190/82, BStBl 1986 II S. 714.
2 GrS 1/90, BStBl 1992 II S. 78.
3 BFH, Urteile vom 11. 3. 1992, X R 141/88, BStBl 1992 II S. 499 und vom 17. 12. 1991, VIII R 80/87, BStBl 1993 II S. 15.
4 IX R 110/90, BStBl 1995 II S. 47.
5 H 167 EStH 1993.
6 H 167 EStH 1996.

gezahlt werden. Sie sind insoweit steuerbar, als darin Einkünfte aus den Erträgen des Rentenrechts enthalten sind (BFH vom 15. 7. 1991, BStBl 1992 II S. 70)."

1423 Nach der neueren Sichtweise setzt eine Leibrente daher nur noch Folgendes voraus:

▶ die Leistungen müssen von der Lebensdauer eines Menschen abhängen;

▶ es muss sich um gleichmäßige Leistungen handeln.

(3) Abhängigkeit von der Lebensdauer als Leibrentenmerkmal

1424 Am häufigsten sind Leibrenten an das Leben des Empfängers der Leistungen, des Rentenberechtigten geknüpft. Stattdessen kann jedoch vereinbart werden, dass die Zahlungsverpflichtung mit dem Tod des Schuldners oder eines Dritten erlöschen soll. Die Laufzeit kann auch auf das Leben mehrerer Personen abgestellt sein. Ist das der Fall, muss geklärt werden, ob die Rente mit dem Tod des zuerst Versterbenden erlischt oder beim Tod des zuletzt Versterbenden.

1425 Es ist nicht erforderlich, dass die Rente uneingeschränkt vom Leben eines Menschen abhängt. Es genügt, dass die Rentenzusage unter einer Bedingung erteilt wird. Bedingt ist die Rente, wenn sie zu Lebzeiten einer Person, auf deren Leben sie abgestellt ist, bei Eintritt eines bestimmten Ereignisses beginnt oder endet. Bei bedingten Leibrenten ist deren tatsächliche Laufzeit unerheblich, da es im Wesen einer Bedingung liegt, dass der Zeitpunkt des Ereignisses, von dem die Laufzeit der Rente abhängt, ungewiss ist.

1426 Die Bindung der Rentenlaufzeit an das Leben eines Menschen kann nicht nur durch eine Bedingung eingeschränkt werden, sondern stattdessen auch durch eine Befristung. Ist die Dauer der Leistungen für einen befristeten Zeitraum auf die Lebenszeit abgestellt, handelt es sich entweder um eine abgekürzte oder um eine verlängerte Leibrente oder um die Verbindung beider Arten von Befristung.

1427 Abgekürzte Leibrenten werden – weniger treffend – auch Höchstzeitrenten genannt. Für die abgekürzte Leibrente ist kennzeichnend, dass sie nicht nur mit dem Tod erlöschen kann, sondern schon zu Lebzeiten der maßgeblichen Person mit Ablauf einer bestimmten Höchstzeit (§ 55 Abs. 2 EStDV). Wegen der Ermittlung des Ertragsanteils abgekürzter Leibrenten vgl. Rn. 1457 ff.[1]

---

[1] Abgekürzte Leibrenten im Bereich der Basisversorgung unterliegen keiner besonderen Besteuerung mehr. Sie sind genauso zu versteuern wie lebenslange Leibrenten ohne Befristung; vgl. Rn. 1251 ff.

III. Steuerliche Behandlung der Beiträge und der Leistungen aus Verträgen

Zweifelhaft ist, ob abgekürzte Leibrenten eine Mindestzeit erfordern. Nach der älteren Rechtsprechung mussten Renten „auf längere Zeit" zugesichert sein.[1] Diese Voraussetzung hinsichtlich der Laufzeit wurde daraus abgeleitet, dass Renten in § 10 EStG neben den dauernden Lasten erwähnt waren. Der BFH hat dann in 1959[2] entschieden, zeitlich befristete Renten erforderten i.d.R. eine Laufzeit von mindestens zehn Jahren.[3] Nach den EStR 1990 war die Zehnjahresfrist nur bei Renten erforderlich, die ohne Gegenleistung begründet worden sind, und bei diesen mit Ausnahme der Waisenrenten aus Versicherungen. Die EStR 1996 enthielten diese Weisung nicht mehr.

1428

Besonderheiten gelten auch für Berufs- und Erwerbsunfähigkeitsrenten. Als Ausnahme von der Zehnjahresfrist hatte der BFH in einem Urteil vom 7.12.1966[4] eine Berufsunfähigkeitsrente mit neunjähriger Laufzeit als abgekürzte Leibrente behandelt, ohne sich mit dem Problem der Mindestlaufzeit auseinanderzusetzen. Darüber hinaus hat die FinVerw angeordnet, dass Berufs- und Erwerbsunfähigkeitsrenten ohne Rücksicht auf die Laufzeit stets als abgekürzte Leibrenten zu behandeln sind.[5] Dieser Ansicht hat sich der X. Senat des BFH in einem Urteil vom 22.1.1991[6] hinsichtlich der Erwerbsunfähigkeitsrenten angeschlossen. Das letztgenannte Urteil ist damit begründet worden, die Notwendigkeit, Leibrenten in einen Kapital- und einen Ertragsanteil zu zerlegen, bestehe unabhängig davon, ob die Rente für die Dauer von zehn Jahren oder für eine kürzere Mindestlaufzeit gewährt werde. Folgerichtig sehe § 55 Abs. 2 EStDV auch für eine Laufzeit von weniger als zehn Jahren Ertragsanteile vor. Ferner könne eine für die Abziehbarkeit abgekürzter Leibrenten geltende Mindestdauer für deren Steuerbarkeit nur aufgrund eines strikten Korrespondenzprinzips von Bedeutung sein, das es aber nicht gebe.

1429

Der Verzicht auf eine Mindestlaufzeit wurde zum Teil kritisch beurteilt.[7] Die ganze Problematik hat sich jedoch entschärft, nachdem die Besteuerung der wiederkehrenden Leistungen im Zusammenhang mit einer unentgeltlichen Vermögensübergabe – hier sind abgekürzte Leibrenten nur in ganz begrenz-

1430

---

1 RFH, Urteile vom 18.4.1923, RStBl 1923 S. 278; vom 24.10.1923, StuW 1923 Nr. 961; vom 28.5.1929, RStBl 1929 S. 453; vom 28.7.1930, StuW 1930 Nr. 1188; vom 20.5.1931, StuW 1931 Nr. 789 und vom 19.8.1931, RStBl 1931 S. 910; BFH, Urteil vom 24.1.1952, BStBl 1952 III S. 8.
2 Urteil vom 7.8.1959, VI 284/58 U, BStBl 1959 III S. 463.
3 Ebenso BFH, Urteile vom 10.10.1963, VI 12/62 U, BStBl 1963 III S. 563; vom 31.7.1963, I 356/60, HFR 1963 S. 398 und vom 12.3.1965, VI 102/64, HFR 1965 S. 504.
4 VI 269/65, BStBl 1969 II S. 156.
5 H 167 EStH, nunmehr H 22.4 EStH.
6 X R 97/89, BStBl 1991 II S. 686.
7 So auch hier bis zur 12. Auflage.

tem Umfang zulässig (vgl. Rn. 309) – eigenen Gesetzen folgt und die Berufs- und Erwerbsminderungsrenten aus den gesetzlichen Rentenversicherungen der nachgelagerten Besteuerung nach § 22 Nr. 1 Satz 3 Buchst. a Doppelbuchst. aa EStG unterliegen. Damit dürften die Anwendungsfälle für den § 55 EStDV deutlich reduziert sein.

1431 Verlängerte Leibrenten, auch als Mindestzeitrenten bezeichnet, erlöschen erst nach einer Mindestlaufzeit mit dem Tod der Person, auf deren Leben sie abgestellt sind. Stirbt der Empfänger vor Ablauf der vereinbarten Frist, ist die Rente nach diesem Zeitpunkt an den oder die Erben weiterzuzahlen. Wegen der Ermittlung des Ertragsanteils verlängerter Leibrenten vgl. Rn. 1460.

1432 Der BFH hat verneint, dass eine Leibrente vorliegt, wenn die Mindestlaufzeit um zehn Jahre länger ist als die voraussichtliche Laufzeit einer auf die durchschnittliche Lebenserwartung abgestellten Rente.[1] In diesem Fall handelt es sich entweder um eine Zeitrente oder um Kaufpreisraten. Der BFH hat seine Ansicht damit begründet, dass die durchschnittliche Lebenserwartung nach dem EStG das maßgebliche Merkmal für die Abgrenzung der Leibrenten gegen die Zeitrenten darstellt. Im Schrifttum ist vorgeschlagen worden, die Abgrenzung anders vorzunehmen.[2] Eine Zeitrente soll angenommen werden, wenn voraussichtlich weniger als 10 % der Männer und Frauen im Lebensalter der Bezugsperson die Mindestlaufzeit überleben werden. U. E. wäre diese Methode genauer als die Lösung, die der BFH gewählt hat. Sie wäre mit Hilfe der allgemeinen Sterbetafeln durchführbar.

1433 Leibrentenversprechen können auch die Verbindung einer Höchstzeit mit einer Mindestzeit enthalten. Wegen der Frage, wie der Ertragsanteil in diesen Fällen zu ermitteln ist, vgl. Rn. 1461 f.

1434–1435 (Einstweilen frei)

(4) Gleichmäßigkeit der Leistungen als Leibrentenmerkmal

1436 Die Gleichmäßigkeit der Leistungen ist seit der Einführung der Besteuerung von Leibrenten mit dem Ertragsanteil, d. h. seit dem Jahr 1955, von der Rechtsprechung des BFH als entscheidendes Abgrenzungsmerkmal zwischen Leibrente und anderen wiederkehrenden Leistungen gewertet worden.[3]

---

1 BFH, Urteil vom 29. 10. 1974, VIII R 131/70, BStBl 1975 II S. 173.
2 Staudinger, Vorbem. vor §§ 769–762 BGB.
3 Vgl. z. B. die Urteile vom 20. 5. 1980, VI R 108/77, BStBl 1980 II S. 573 und vom 13. 8. 1985, IX R 10/80, BStBl 1985 II S. 709.

III. Steuerliche Behandlung der Beiträge und der Leistungen aus Verträgen

Wiederkehrende Leistungen sind gleichmäßig, wenn ihr Umfang fest bestimmt ist. Er darf nicht von den Verhältnissen abhängen, die jeweils zum Leistungszeitpunkt bestehen. Diese Voraussetzung ist nicht erfüllt, wenn einzelne Leistungen nach den getroffenen Vereinbarungen wegen veränderter wirtschaftlicher Verhältnisse der Beteiligten ganz entfallen können, so dass die regelmäßige Wiederkehr der Leistungen ungewiss ist. Das Gleiche gilt, wenn der Verpflichtete zwar stets mit einem festgelegten Mindestmaß zu leisten hat, die Höhe der Leistungen sich aber im Übrigen nach der jeweiligen wirtschaftlichen Lage der Beteiligten richtet. 1437

Ob wiederkehrende Leistungen gleichmäßig sind, ist nach ihrer Rechtsgrundlage zu beurteilen. Sieht ein Vertrag oder eine letztwillige Verfügung gleichmäßige Leistungen vor, ist es daher unschädlich, wenn die vereinbarten Beträge nicht immer in voller Höhe gezahlt werden, die Leistungen also tatsächlich in ihrer Höhe schwanken. 1438

Die Gleichmäßigkeit und damit die Leibrenteneigenschaft wird ferner nicht dadurch ausgeschlossen, dass fest bestimmte Leistungen sich nach einer bestimmten Anzahl von Jahren oder bei Eintritt eines bestimmten Ereignisses z. B. der Vollendung des 65. Lebensjahres des Berechtigten, um ebenfalls fest bestimmte Beträge erhöhen oder ermäßigen, so dass danach der erhöhte oder ermäßigte Betrag gleich bleibend geschuldet wird. Diese Fälle sind von einer generellen Anpassungsmöglichkeit zu unterscheiden. Das gilt bei Ermäßigung der Leistungen auch, wenn die Änderung nicht von Anfang an vorgesehen war, sondern erst später vereinbart worden ist. Wegen der Frage, wie der Ertragsanteil in derartigen Fällen ermittelt werden kann, vgl. Rn. 1469 ff. Auch durch ein Rücktrittsrecht oder durch das Recht, die Rente durch eine Kapitalabfindung abzulösen, wird die Gleichmäßigkeit nicht beeinträchtigt. 1439

Die Gleichmäßigkeit der Leistungen ist nicht nur gewahrt, wenn sie nach den getroffenen Vereinbarungen stets in dem gleichen Geldbetrag bestehen. Auch wenn die Leistungen in ihrer absoluten Höhe schwanken, kann die Gleichmäßigkeit bejaht werden, denn entscheidend ist nicht der Nennwert, sondern der wirtschaftliche Wert, den sie verkörpern.[1] Da der wirtschaftliche Wert sich ändern kann, wird die Höhe der Leistungen zur Wahrung der Gleichmäßigkeit häufig von einer veränderlichen Bezugsgröße abhängig gemacht. Insbesondere sind sog. Wertsicherungsklauseln üblich, die sicherstellen sollen, dass unabhängig von Währungsschwankungen wirtschaftlich gleichmäßige Leistungen 1440

---

1 BFH in st. Rechtsprechung, vgl. z. B. Urteil vom 28. 1. 1986, IX R 12/80, BStBl 1986 II S. 348.

erbracht werden. Nach der ständigen Rechtsprechung des BFH,[1] der die Verwaltungsanweisungen[2] folgen, geht der Rentencharakter nicht allein dadurch verloren, dass eine solche Klausel vereinbart wird. Voraussetzung ist jedoch, dass die gewählte Bezugsgröße sich eignet, die Gleichmäßigkeit der Leistungen sicherzustellen. Ist das der Fall, dürfen die Leistungen auch in einem Prozentsatz der Bezugsgröße ausgedrückt werden.[3]

1441 Geeignete Bezugsgrößen, mit denen die Gleichmäßigkeit gewahrt bleibt, sind z. B.

▶ das Gehalt der Beamten einer bestimmten Besoldungs- und Dienstaltersstufe;[4]

▶ ein Gehalts- oder Lohntarif;

▶ die Bemessungsgrundlage der Sozialversicherungsrenten;[5]

▶ der Lebenshaltungskosten-Index.[6]

1442 Wegen fehlender Gleichmäßigkeit ist die Leibrenteneigenschaft hingegen z. B. bei folgenden Bezugsgrößen zu verneinen:

▶ Ertrag eines landwirtschaftlichen Betriebes;[7]

▶ Gewinn[8] oder Umsatz[9] eines gewerblichen Unternehmens oder der Praxis eines freiberuflich Tätigen.[10]

1443–1445   (Einstweilen frei)

---

1 Vgl. insbesondere die Urteile vom 30. 10. 1984, IX R 2/84, BStBl 1985 II S. 610; vom 12. 11. 1985, IX R 2/82, BStBl 1986 II S. 261; vom 28. 1. 1986, IX R 12/80, BStBl 1986 II S. 348 und vom 17. 12. 1991, VIII R 80/87, BStBl 1993 II S. 15.
2 H 22.3 EStH.
3 BFH, Urteil vom 10. 10. 1963, VI 115/61 U, BStBl 1963 III S. 592.
4 BFH, Urteile vom 11. 10. 1963, VI 53/61 U, BStBl 1963 III S. 594; vom 25. 5. 1973, VI R 375/69, BStBl 1973 II S. 680; vom 25. 2. 1975, VIII R 115/70, BStBl 1975 II S. 730 und vom 12. 11. 1985, IX R 2/82, BStBl 1986 II S. 261.
5 BFH, Urteile vom 30. 11. 1967, IV R 12/67, BStBl 1968 II S. 262 und vom 5. 12. 1980, VI R 118/79, BStBl 1981 II S. 265.
6 BFH, Urteile vom 18. 3. 1980, VIII R 69/78, BStBl 1980 II S. 501; vom 5. 12. 1980, VI R 118/79, BStBl 1981 II S. 265; vom 22. 9. 1982, IV R 154/79, BStBl 1983 II S. 99; vom 30. 10. 1984, IX R 2/84, BStBl 1985 II S. 610 und vom 17. 12. 1991, VIII R 80/87, BStBl 1993 II S. 15.
7 BFH, Urteil vom 25. 11. 1966, VI R 111/66, BStBl 1967 II S. 178.
8 BFH in st. Rechtsprechung, vgl. z. B. Urteil vom 30. 5. 1980, VI R 153/77, BStBl 1980 II S. 575, m. w. N.
9 BFH, Urteil vom 27. 5. 1964, I 379/61 U, BStBl 1964 III S. 475.
10 BFH, Urteile vom 27. 5. 1964, I 379/61 U, BStBl 1964 III S. 475 und vom 30. 11. 1967, IV R 12/67, BStBl 1968 II S. 262.

III. Steuerliche Behandlung der Beiträge und der Leistungen aus Verträgen

cc) **Ertragsanteilsbesteuerung**

(1) **Allgemeines**

Gegenüber dem bis einschließlich 2004 geltenden Recht hat der Gesetzgeber die Ertragsanteile mit Wirkung ab 2005 abgesenkt. Dies geht zurück auf einen Vorschlag der Rürup-Kommission, die deutlich gemacht hatte, dass der seit einer Anpassung Anfang der 80er Jahre bei der Festlegung der Ertragsanteile berücksichtigte Zinssatz von 5,5 % seit längerem erheblich überhöht sei. Zum anderen sei die gestiegene Lebenserwartung zu berücksichtigen, denn der geltenden Fassung des § 22 EStG würde noch die Sterbetafel 1986/88 für Männer zugrunde liegen. Bei einem Zinssatz in Höhe des Rechnungszinssatzes für Kapitallebensversicherungen (3,25 %) und der Lebenserwartung nach der aktuellen Sterbetafel 1997/99 für Männer müsse der Ertragsanteil z. B. bei Rentenbeginn mit 60 Jahren von heute 32 % auf 23 %, bei Rentenbeginn mit 65 Jahren von heute 27 % auf 19 % gesenkt werden. Der Gesetzgeber ist noch darüber hinausgegangen und hat einen typisierenden Kapitalertrag von 3 % p. a. unterstellt. Damit gilt z. B. bei Rentenbeginn mit 60 Jahren ein Ertragsanteil von 22 % und bei Rentenbeginn mit 65 Jahren ein Ertragsanteil von 18 %. 1446

Die neuen Ertragsanteile in § 22 Nr. 1 Satz 3 Buchst. a Doppelbuchst. bb Satz 4 EStG sind nach § 52 Abs. 1 EStG erstmals für den Veranlagungszeitraum 2005 anzuwenden und zwar unabhängig davon, wann die maßgebliche Rente zu laufen begonnen hat. Die abgesenkten Ertragsanteile gelten damit nicht nur für neu beginnende Renten, sondern auch für in 2005 bereits laufende Leibrenten. 1447

BEISPIEL 1: ▶ Besteuerung einer Veräußerungsleibrente

V (60 Jahre) hat im Januar 2002 seinem Sohn S ein Mietwohngrundstück (Verkehrswert 750 000 €) verkauft, das er im Jahr 1990 erworben hatte. S hat sich im Übergabevertrag verpflichtet, seinem Vater auf dessen Lebenszeit gleich bleibende wiederkehrende Leistungen i. H. v. 6 000 € monatlich – also 72 000 € jährlich zu zahlen. Beide konnten davon ausgehen, dass Leistung und Gegenleistung sich damit gleichwertig gegenüber stehen.

Grundsätzlich ist zwar bei Vermögensübertragungen zwischen nahen Angehörigen davon auszugehen, dass die Übertragung unentgeltlich erfolgt. Da im vorliegenden Fall die Vertragsparteien aber Leistung und Gegenleistung kaufmännisch gegeneinander abgewogen haben, liegt ein vollentgeltliches Rechtsgeschäft wie unter fremden Dritten vor.

Dem S entstehen Anschaffungskosten in Höhe des Barwerts der wiederkehrenden Leistungen von 752 256 € (6 000 € × 12 × 10,448). Den Zinsanteil der Zahlungen kann er als Werbungskosten bei den Einkünften aus Vermietung und Verpachtung geltend machen. V erzielt keinen steuerpflichtigen Veräußerungsgewinn, da die zehnjährige Frist des § 23 Abs. 1 Satz 1 Nr. 1 EStG bereits in 2000 abgelaufen ist. Die

Teil D: Besteuerung von Altersbezügen

in den wiederkehrenden Leistungen enthaltenen Ertragsanteile hat er als sonstige Einkünfte nach § 22 Nr. 1 Satz 3 Buchst. a (ab 2005 Doppelbuchst. bb) EStG zu versteuern:

In den Jahren 2002 bis 2004 hatte V folgende Einkünfte zu versteuern:

12 × 6 000 €	72 000 €
× 32 %	23 040 €
abzgl. Werbungskosten-Pauschbetrag	102 €
zu versteuern	22 938 €

S konnte i. H. v. 23 040 € Schuldzinsen als Werbungskosten bei den Einkünften aus Vermietung und Verpachtung geltend machen.

Ab 2005 hat V nur noch folgende Einkünfte nach § 22 Nr. 1 Satz 3 Buchst. a Doppelbuchst. bb EStG zu versteuern:

12 × 6 000 €	72 000 €
× 22 %	15 840 €
abzgl. Werbungskosten-Pauschbetrag	102 €
zu versteuern	15 738 €

S kann nur noch 15 840 € Schuldzinsen als Werbungskosten geltend machen.

BEISPIEL 2: Besteuerung einer Leibrente aus einer privaten Rentenversicherung

V bezieht bereits seit der Vollendung seines 60. Lebensjahres in 1990 eine Rente aus einem privaten Rentenversicherungsvertrag i. H. v. jährlich 10 000 €.

Die Rente wurde bis einschließlich 2004 mit einem Ertragsanteil von 32 % (= 3 200 € jährlich) versteuert. Seit 2005 unterliegt sie nur noch mit einem Ertragsanteil von 22 % (= 2 200 € jährlich) der Besteuerung.

(2) Grundzüge der Ermittlung des Ertragsanteils

1448 Der Ertrag des Rentenrechts muss nicht von Jahr zu Jahr nach versicherungsmathematischen Grundsätzen neu ermittelt werden. Um das Besteuerungsverfahren praktikabel zu gestalten, ist stattdessen in § 22 Nr. 1 Satz 3 Buchst. a Doppelbuchst. bb EStG fingiert worden, dass der Kapitalwert der Rente gleichmäßig auf deren gesamte voraussichtliche Laufzeit entfällt, die der mittleren Lebenserwartung entspricht. Dementsprechend bleibt auch der Prozentsatz des Ertragsanteils während dieser Laufzeit unverändert. Er ist im Regelfall der in § 22 Nr. 1 Satz 3 Buchst. a Doppelbuchst. bb Satz 4 EStG enthaltenen Tabelle zu entnehmen und ist auch für Rentenbezüge maßgebend, die der Rentenberechtigte nach Ablauf der voraussichtlichen Laufzeit erhält. Ausgangspunkt für die Gestaltung der Tabelle war der Kapitalwert der Rente, der sich bei Beginn der Laufzeit für die mittlere Lebenserwartung ergab. Das Gesetz enthält somit die Fiktion, dass die Leibrente eine im Voraus zu zahlende Zeitrente darstellt, deren Laufzeit der mittleren Lebenserwartung entspricht.

Die Höhe des Ertragsanteils richtet sich ohne Rücksicht auf den Zeitpunkt der Zahlung im Allgemeinen nach dem bei Beginn der Rente vollendeten Lebensjahr der Person, auf deren Leben die Rente abgestellt ist (§ 22 Nr. 1 Satz 3 Buchst. a Doppelbuchst. bb EStG; § 55 Abs. 1 Nr. 2 EStDV). Ein Lebensjahr ist mit Ablauf des Tages vor der Geburt vollendet (§ 187 Abs. 2 BGB). 1449

„Beginn der Rente" ist der Zeitpunkt, in dem der Rentenanspruch entstanden ist.[1] Renten aus Versicherungsverträgen beginnen nach der Rechtsprechung des BFH[2] mit dem Eintritt des für den Rentenbezug maßgebenden Versicherungsfalls. Es soll für den Beginn dieser Renten nicht darauf ankommen, wann sie beantragt oder bewilligt oder gezahlt[3] werden, ob einzelne Rentenansprüche verjährt sind[4] oder ob sie wegen verspäteter Antragstellung nicht erfüllt werden. 1450

U. E. kann der Eintritt des Versicherungsfalls regelmäßig nicht mit der Entstehung eines Rentenanspruchs gleichgesetzt werden. Wann der Anspruch auf eine Rente entsteht, richtet sich nach den einschlägigen Vorschriften z. B. des Versicherungsvertrags. Hängt die Bewilligung einer Rente rechtlich von einer Antragstellung ab, kann ein Anspruch auf die Rente u. E. nicht entstehen, bevor nicht auch der entsprechende Antrag gestellt worden ist, da der Rentenanspruch in diesen Fällen materiell-rechtlich von der Antragstellung abhängig ist. Die Antragstellung stellt neben dem Versicherungsfall in zeitlicher Hinsicht eine zweite Voraussetzung dar.[5] 1451

(3) Renten, deren Laufzeit vor dem 1. 1. 1955 begonnen hat

Auch wenn die Laufzeit der Rente vor dem 1. 1. 1955 begonnen hat, ergibt sich der Ertragsanteil der Rente aus der Tabelle in § 22 Nr. 1 Satz 3 Buchst. a Doppel- 1452

---

1 BFH in st. Rechtsprechung, vgl. insbesondere die Urteile vom 6. 4. 1976, VIII R 184/72, BStBl 1976 II S. 452 und vom 22. 1. 1991, X R 97/89, BStBl 1991 II S. 686.
2 BFH, Urteil vom 22. 1. 1991, X R 97/89, BStBl 1991 II S. 686.
3 BFH, Urteile vom 26. 8. 1975, VIII R 93/70, BStBl 1975 II S. 884; vom 6. 4. 1976, VIII R 184/72, BStBl 1976 II S. 452 und vom 22. 1. 1991, X R 97/89, BStBl 1991 II S. 686.
4 BFH vom 6. 4. 1976, VIII R 184/72, BStBl 1976 II S. 452 und vom 22. 1. 1991, X R 97/89, BStBl 1991 II S. 686.
5 So im Ergebnis auch die Finanzverwaltung, BMF-Schreiben vom 19. 8. 2013, IV C 3 - S 2221/12/10010:004, IV C 5 - S 2345/08/0001, 2013/0760735, Rz. 221, die – allerdings für Renten aus der Basisversorgung – auf die Bewilligung abstellt. Dort kann aber nichts anderes gelten, da die Höhe der nachgelagerten Besteuerung im Übergangszeitraum bis 2040 ebenfalls vom Beginn der Rente abhängig ist.

buchst. bb EStG. Maßgebend ist allerdings das am 1.1.1955 vollendete Lebensjahr der Person, von deren Leben die Rente abhängt (§ 55 Abs. 1 Nr. 1 EStDV).

(4) Abhängigkeit der Laufzeit von der Lebensdauer mehrerer Personen

1453 Erlischt eine Leibrente, die von der Lebensdauer mehrerer Personen abhängt, mit dem Tod des zuerst Sterbenden, ist das bei Beginn der Rente vollendete Lebensjahr der älteren Bezugsperson maßgebend. Erlischt die Rente dagegen erst mit dem Tod des zuletzt Sterbenden, richtet sich der Ertragsanteil nach dem bei Rentenbeginn vollendeten Lebensjahr der jüngeren Bezugsperson.[1] Diese Regelung gilt auch, wenn eine der Bezugspersonen nicht rentenberechtigt ist. Der Ertragsanteil bleibt bis zum Ende der Laufzeit unverändert.[2]

> **BEISPIEL:** ▶ Berechnung des Ertragsanteils bei Abhängigkeit der Laufzeit von der Lebensdauer mehrerer Personen
>
> Die Eheleute A, 68 und 62 Jahre alt, haben in 2004 ein ihnen je zur Hälfte gehörendes Mietwohngrundstück an X verkauft. X hat sich im Kaufvertrag verpflichtet, als Gegenleistung an die Eheleute A eine Leibrente bis zum Tod des längstlebenden Ehegatten zu zahlen.
>
> Der Ertragsanteil beläuft sich bis einschließlich 2004 auf 30 % und ab 2005 auf 21 %. Das heißt, der Prozentsatz für den 62 Jahre alten Ehegatten ist maßgebend. Ob dieser zuerst oder zuletzt stirbt, ist insoweit unerheblich.
>
> Wäre einer der Ehegatten alleiniger Eigentümer des Grundstücks gewesen und der Sachverhalt im Übrigen gleich gelagert, wäre der Fall nicht anders zu beurteilen.
>
> Der Ertragsanteil von 30 % bzw. 21 % wäre schließlich auch dann maßgebend gewesen, wenn vereinbart worden wäre, dass X die Rente bis zum Tod des zuletzt sterbenden Ehegatten an die Schwester des A zu zahlen hat.

1454 Wegen der Berechnung des Ertragsanteils im Fall der Herabsetzung der Rente beim Tod des Erstversterbenden, vgl. Rn. 1469 ff.

(5) Abhängigkeit des Rentenbeginns von der Lebensdauer einer anderen Person

1455 In einem Urteil aus 1963 hat der BFH den Ertragsanteil nach § 55 Abs. 1 Nr. 3 EStDV berechnet, obwohl die Laufzeit der Zahlungen nicht gleichzeitig, sondern nur nacheinander auf das Leben mehrerer Personen abgestellt war.[3]

---

1 Vgl. auch H 22.4 EStH.
2 Die abweichende Auffassung von Biergans, S. 64, der insbesondere bei einem großen Altersunterschied der Bezugspersonen den Ertragsanteil korrigieren will, falls die Reihenfolge des Todes der Bezugspersonen von der statistischen Lebenserwartung abweicht, ist u. E. mit den allgemeinen Auslegungsgrundsätzen nicht vereinbar.
3 BFH, Urteil vom 4.10.1963, VI 95/62 U, BStBl 1964 III S. 7.

III. Steuerliche Behandlung der Beiträge und der Leistungen aus Verträgen

Nach dem Tod des ursprünglichen Rentenberechtigten sollte eine andere Person bis zu deren Tod Rentenleistungen erhalten. Die FinVerw ist diesem Urteil nicht gefolgt. Sie vertritt die Ansicht, dass bei einer derartigen Gestaltung zwei Renten vorliegen, von denen die erste bis zum Ableben des ursprünglich Berechtigten läuft und die zweite durch dessen Tod aufschiebend bedingt ist.[1]

U. E. enthält die Verwaltungsansicht die zutreffende Auslegung des Gesetzes. § 55 Abs. 1 Nr. 3 EStDV ist in den hier erörterten Fällen nicht anwendbar, weil es sich um zwei Renten handelt.[2] Das ergibt sich aus dem Wesen einer Leibrente. Da sie auf das Leben eines Menschen abgestellt ist, endet ihre Laufzeit regelmäßig, wenn dieser Mensch stirbt. Eine Ausnahme kommt nur in Betracht, wenn eine Mindestlaufzeit der Rente vereinbart ist (verlängerte Leibrente). Hiernach müssen zwei Renten vereinbart worden sein, wenn nach dem Tod der ursprünglichen Bezugsperson Rentenleistungen an eine andere Bezugsperson bis zu deren Ableben zu erbringen sind. Das gilt auch, wenn beide Rentenzusagen Bestandteil desselben Rechtsgeschäfts sind. Nicht das Vorhandensein eines einheitlichen Rechtsgrundes kann für die Frage entscheidend sein, ob eine oder mehrere Renten vereinbart worden sind; die Frage hängt vielmehr ausschlaggebend von der Rechtsnatur der Leibrente ab. Mit Urteil vom 16. 9. 2004[3] hat sich der BFH der Verwaltungsmeinung angeschlossen.

1456

BEISPIEL: Berechnung des Ertragsanteils bei Renten, die nacheinander an mehrere Personen gezahlt werden

Der 75 Jahre alte C verkauft in 2006 sein Mietwohngrundstück, das nicht zu einem Betriebsvermögen gehört. Der Käufer verpflichtet sich u. a. bis zum Todes des C jährlich 6 000 € an C zu zahlen. Nach dem Tode des C soll dessen 41 Jahre alter Sohn bis zu seinem Tod ebenfalls jährlich 6 000 € als Rente erhalten.

Es handelt sich u. E um zwei Leibrentenversprechen. Die Rente an den Sohn ist durch den Tod des C aufschiebend bedingt. Der Ertragsanteil der Zahlungen an C beläuft sich auf 11 %. Stirbt C, so richtet sich der Ertragsanteil der Rente, die sein Sohn erhält, nach dem Lebensjahr, das der Sohn in diesem Zeitpunkt vollendet hat.

(6) Abgekürzte Leibrenten

Für abgekürzte Leibrenten außerhalb der Basisversorgung bleibt die Ertragsanteilsbesteuerung weiter maßgebend. Der Ertragsanteil abgekürzter Leibrenten ist grundsätzlich der Tabelle in § 55 Abs. 2 EStDV zu entnehmen. Diese Tabelle wurde – wie die Tabelle in § 22 Nr. 1 Satz 3 Buchst. a Doppelbuchst. bb

1457

---

1 H 22.4 EStH.
2 Gl. A. Herrmann/Heuer/Raupach, § 22, Anm. 332.
3 X R 29/02, BStBl 2006 II S. 234.

Teil D: Besteuerung von Altersbezügen

EStG – im Rahmen des AltEinkG an die veränderten Rahmendaten (Rechnungszinsfuß 3 %; Sterbetafel für Männer 1997/1999; vgl. hierzu Rn. 1446) angepasst.

1458 Ist die Höchstzeit, mit deren Ablauf die Rente endet, nicht nach vollen Jahren bemessen, soll sie aus Vereinfachungsgründen stets auf volle Jahre abgerundet werden.[1] Der aus der Tabelle des § 55 Abs. 2 EStDV abzulesende Ertragsanteil ist jedoch nur maßgebend, wenn damit gerechnet werden kann, dass die Rente nicht mit dem Tod der Bezugsperson endet, sondern mit dem Ablauf der vorgesehenen Höchstzeit. Diese Voraussetzung ist erfüllt, wenn die durchschnittliche Lebenserwartung der Bezugsperson die Höchstzeit übersteigt. Liegt umgekehrt die Höchstzeit über der durchschnittlichen Lebenserwartung der Bezugsperson, richtet sich die Höhe des Ertragsanteils nach der Tabelle des Gesetzes, d. h. nach dem Lebensalter, das die Bezugsperson bei Beginn der Rente erreicht hat. Da die Laufzeit der Rente in diesem Fall wahrscheinlich unter der vorgesehenen Höchstzeit der Rente liegen wird, ist der Ertragsanteil dann niedriger als nach der Tabelle in § 55 Abs. 2 EStDV.

> **BEISPIEL:** Berechnung des Ertragsanteils abgekürzter Leibrenten
>
> D wird in 2006 eine nach § 22 Nr. 1 Satz 3 Buchst. a Doppelbuchst. bb EStG zu besteuernde Leibrente zugesagt, die längstens 20 Jahre zu zahlen ist. Bei Beginn der Zahlungen hat D das 64. Lebensjahr vollendet.
>
> Nach der Tabelle in § 55 Abs. 2 EStDV beträgt der Ertragsanteil 21 %. Nach Spalte 3 dieser Tabelle ist der Ertragsanteil jedoch der Tabelle in § 22 Nr. 1 Satz 3 Buchst. a Doppelbuchst. bb EStG zu entnehmen, wenn der Rentenberechtigte bei Beginn der Rente das 63. Lebensjahr vollendet hat. Seine durchschnittliche Lebenserwartung liegt dann unter 20 Jahren. Demnach beläuft sich für D der zu erfassende Ertragsanteil auf 19 %.

1459 Wird die Laufzeit einer abgekürzten Leibrente nachträglich geändert, so ist von diesem Zeitpunkt an grundsätzlich der Ertragsanteil maßgebend, der sich nach § 55 Abs. 2 EStDV für die neue Laufzeit, gerechnet ab dem Beginn des Rentenbezugs ergibt, bzw. ab dem 1. 1. 1955, falls die Rente vor diesem Zeitpunkt zu laufen begonnen hat. Auch in diesen Fällen kann aber die Tabelle in § 22 Nr. 1 Satz 3 Buchst. a Doppelbuchst. bb EStG maßgebend sein.

> **BEISPIEL:** Berechnung des Ertragsanteils bei Änderung der Laufzeit abgekürzter Leibrenten
>
> Der am 10. 7. 1929 geborene E erhält seit dem 1. 8. 1997 eine Leibrente, die für höchstens 12 Jahre gezahlt werden soll. Am 2. 1. 2005 wird vereinbart, dass sich die Laufzeit von 12 Jahren auf 15 Jahre erhöht.

---

1 R 22.4 EStR.

III. Steuerliche Behandlung der Beiträge und der Leistungen aus Verträgen

Der Ertragsanteil belief sich ursprünglich auf 23 % (§ 55 Abs. 2 EStDV). Infolge der Verlängerung der Laufzeit beläuft sich der Ertragsanteil ab 2005 aufgrund der Absenkung der Ertragsanteil trotz der verlängerten Laufzeit von 15 Jahren nur auf 16 %. Dass E im Zeitpunkt der Verlängerung das 69. Lebensjahr vollendet hat, führt aber nicht zur Anwendung der Tabelle des Gesetzes. Diese wäre nur maßgebend, wenn E bei Beginn der Rente bereits 69 Jahre alt gewesen wäre.

(7) Verlängerte Leibrenten

Das Gesetz regelt die Berechnung des Ertragsanteils von verlängerten Leibrenten nicht ausdrücklich. Auch die EStR befassen sich nicht damit. Obwohl die Tabelle des § 55 EStDV nach ihrem Wortlaut nur abgekürzte Leibrenten betrifft, ist sie u. E. auch auf verlängerte Leibrenten anwendbar.[1] Diese Analogie entspricht dem Grundgedanken der Besteuerung mit dem Ertragsanteil, denn dessen Höhe hängt von der voraussichtlichen Laufzeit der Rente ab. Dementsprechend kommt es bei verlängerten Leibrenten darauf an, ob die Mindestlaufzeit der Rente die durchschnittliche Lebenserwartung der Person übersteigt, auf deren Leben die Rente abgestellt ist. Unter dieser Voraussetzung ist der Prozentsatz des Ertragsanteils der Tabelle des § 55 Abs. 2 EStDV zu entnehmen. Ist umgekehrt die durchschnittliche Lebenserwartung der Bezugsperson größer als die Mindestlaufzeit, richtet sich der Prozentsatz des Ertragsanteils nach der Tabelle des § 22 Nr. 1 Satz 3 Buchst. a Doppelbuchst. bb EStG. Hinsichtlich der Ermittlung des Ertragsanteils besteht der Unterschied zwischen abgekürzten und verlängerten Leibrenten im Ergebnis darin, dass bei abgekürzten Leibrenten der jeweils niedrigere Ertragsanteil maßgebend ist, der sich aus dem Vergleich der beiden Tabellen ergibt, bei verlängerten Leibrenten hingegen der jeweils höhere.

1460

BEISPIEL: Berechnung des Ertragsanteils einer verlängerten Leibrente

F wird in 2005 eine nach § 22 Nr. 1 Satz 3 Buchst. a Doppelbuchst. bb EStG zu besteuernde Leibrente zugesagt, die mindestens 20 Jahre lang zu zahlen ist. Bei Beginn der Zahlungen hat F das 65. Lebensjahr vollendet.

Der Ertragsanteil der Rente beläuft sich auf 21 %. Er ist § 55 Abs. 2 EStDV zu entnehmen, da der Ertragsanteil nach der Tabelle des § 22 Nr. 1 Satz 3 Buchst. a Doppelbuchst. bb EStG, die auf der durchschnittlichen Lebenserwartung aufgebaut ist, nur 18 % beträgt. Der höhere Ertragsanteil ist maßgebend.

---

1 Gl. A. Herrmann/Heuer/Raupach, § 22, Anm. 328; vgl. auch BFH, Urteil vom 29. 10. 1974, VIII R 131/70, BStBl 1975 II S. 173.

Teil D: Besteuerung von Altersbezügen

(8) Verbindung von Mindestlaufzeit und Höchstlaufzeit

1461 Für die Verbindung von Mindestlaufzeit und Höchstlaufzeit ist aus den Tabellen in § 22 Nr. 1 Satz 3 Buchst. a Doppelbuchst. bb EStG und § 55 Abs. 2 EStDV ebenfalls eine sachgerechte Lösung ableitbar, auch wenn das Gesetz und die EStR keine einschlägigen Weisungen enthalten.

1462 Der Zusammenhang zwischen ihnen lässt erkennen, dass es entscheidend darauf ankommen muss, mit welchem Ereignis die Rentenzahlungen am wahrscheinlichsten enden werden, mit dem Tod der Bezugsperson, dem Ablauf der Höchstlaufzeit oder dem Ablauf der Mindestlaufzeit. Danach ist zu unterscheiden:

▶ Liegt die durchschnittliche Lebenserwartung der Bezugsperson zwischen der Mindest- und der Höchstlaufzeit, ist es am wahrscheinlichsten, dass die Rentenzahlungen mit dem Tod der Bezugsperson auslaufen. In diesem Fall ergibt sich der Ertragsanteil aus § 22 Nr. 1 Satz 3 Buchst. a Doppelbuchst. bb EStG.

▶ Übersteigt die durchschnittliche Lebenserwartung der Bezugsperson die Höchstlaufzeit, wird die Rente am wahrscheinlichsten mit dem Ablauf der Höchstlaufzeit enden. Daher ist der Ertragsanteil maßgebend, der sich für die Höchstlaufzeit aus der Tabelle des § 55 Abs. 2 EStDV ergibt, wenn er größer ist als der aus dieser Tabelle abzulesende Ertragsanteil für die Mindestlaufzeit und kleiner als der Ertragsanteil nach der Tabelle des § 22 Nr. 1 Satz 3 Buchst. a Doppelbuchst. bb EStG.

▶ Liegt die durchschnittliche Lebenserwartung der Bezugsperson unter der Mindestlaufzeit, ist es am wahrscheinlichsten, dass deren Ablauf auch das Ende der Rentenlaufzeit bedeutet. Daher ist der Ertragsanteil für die Mindestlaufzeit nach der Tabelle des § 55 Abs. 2 EStDV entscheidend, wenn er geringer ist als der Ertragsanteil für die Höchstlaufzeit und größer als der Ertragsanteil nach der Tabelle in § 22 Nr. 1 Satz 3 Buchst. a Doppelbuchst. bb EStG.

BEISPIEL: ▶ Berechnung des Ertragsanteils bei Verbindung einer Höchstlaufzeit mit einer Mindestlaufzeit

G hat sich in 2005 verpflichtet, dem 60 Jahre alten H bis zu dessen Tod eine Rente zu zahlen, mindestens jedoch für 15 Jahre und höchstens für 25 Jahre.

Der Ertragsanteil ergibt sich aus der Tabelle in § 22 Nr. 1 Satz 3 Buchst. a Doppelbuchst. bb EStG. Er beläuft sich auf 22 %. An diesem Prozentsatz ist erkennbar, dass die durchschnittliche Lebenserwartung des H bei Beginn der Rente zwischen Mindest- und Höchstlaufzeit liegt. Für die Mindestlaufzeit beträgt der Ertragsanteil nach der Tabelle des § 55 Abs. 2 EStDV 16 % und für die Höchstlaufzeit 26 %.

Wäre H bei Beginn der Rente 50 Jahre alt gewesen, würde sich der Ertragsanteil auf 26 % belaufen (§ 55 Abs. 2 EStDV), weil dann die durchschnittliche Lebenserwartung des H die Höchstlaufzeit der Rente übersteigen würde. Das zeigt die Tabelle in § 22 Nr. 1 Satz 3 Buchst. a Doppelbuchst. bb EStG, nach der sich für das Alter von 50 Jahren ein Ertragsanteil von 30 % ergibt.

Hätte H schließlich bei Beginn der Rente das 70. Lebensjahr vollendet, käme man zu einem Ertragsanteil von 16 % (§ 55 Abs. 2 EStDV), weil dann die durchschnittliche Lebenserwartung des H unter der Mindestlaufzeit liegen würde. Als Ertragsanteil nach der Tabelle in § 22 Nr. 1 Satz 3 Buchst. a Doppelbuchst. bb EStG würden sich dann 15 % ergeben.

(9) Unterbrochene Leibrentenzahlung

Wird eine Leibrentenzahlung unterbrochen, z. B. weil eine Witwen- oder Witwerrente bei Wiederverheiratung wegfällt, aber wieder auflebt, wenn die neue Ehe aufgelöst oder für nichtig erklärt wird, bleibt die Identität der Rente gewahrt; die Wiederaufnahme der Zahlungen bedeutet also nicht den Beginn einer neuen Rente. In diesen Fällen kann der Ertragsanteil nur als Durchschnittswert und damit entsprechend der gesetzlichen Vereinfachungsregelung des § 22 Nr. 1 Satz 3 Buchst. a Doppelbuchst. bb EStG ermittelt werden, wenn die rentenfreie Zeit bei der Bestimmung der voraussichtlichen Laufzeit der Rente außer Ansatz bleibt. Das nach der Ertragsanteilstabelle des § 22 Nr. 1 Satz 3 Buchst. a Doppelbuchst. bb EStG maßgebende „vollendete Lebensjahr bei Beginn der Rente" ist daher um die Anzahl der vollen zahlungsfreien Jahre zu erhöhen.[1]

1463

Der Anwendungsbereich für diese Regelung dürfte jedoch seit 2005 deutlich reduziert sein, denn Hauptanwendungsfälle waren bislang die Witwen- und Witwerrenten aus der gesetzlichen Rentenversicherung. Diese Renten werden aber seit 2005 nicht mehr nach § 22 Nr. 1 Satz 3 Buchst. a Doppelbuchst. bb EStG besteuert, sondern nach § 22 Nr. 1 Satz 3 Buchst. a Doppelbuchst. aa EStG. Dort hat die FinVerw allerdings für die Ermittlung des Besteuerungsanteils entsprechend geregelt, dass bei Wiederaufleben der ursprünglichen Rente auf den Rentenbeginn des erstmaligen Bezugs abzustellen ist.[2]

1464

Während die vollen Jahre der Unterbrechung dem bei Beginn der Rente vollendeten Lebensjahr hinzuzurechnen sind, wenn die Tabelle des Gesetzes Anwendung findet, sind sie von der voraussichtlichen Laufzeit einer abgekürzten

1465

---

[1] R 22.4 EStR.
[2] BMF-Schreiben vom 19.8.2013, IV C 3 - S 2221/12/10010:004, IV C 5 - S 2345/08/0001, 2013/0760735, Rz. 229.

großen Witwen- bzw. Witwer-Leibrente abzuziehen. Es geht dabei um die Fälle, in denen die Erziehung eines waisenrentenberechtigten Kindes durch Eintritt der Volljährigkeit endet, bevor die (der) Rentenberechtigte das 45. Lebensjahr vollendet hat.[1]

(10) Erhöhung der Leibrente

1466 Wird eine Leibrente erhöht, ist der Erhöhungsbetrag grundsätzlich als selbständige Rente anzusehen, wenn auch das Rentenrecht eine zusätzliche Werterhöhung erfährt. Das gilt unabhängig davon, ob die Erhöhung von vornherein vereinbart worden war oder ob sie erst während der Laufzeit der Rente vereinbart worden ist. Der Ertragsanteil für den Erhöhungsbetrag richtet sich nach dem Lebensjahr, das die Bezugsperson in dem Zeitpunkt vollendet hat, von dem an die Erhöhung gilt.[2]

> **BEISPIEL:** Berechnung des Ertragsanteils, wenn der Erhöhungsbetrag als selbständige Rente anzusehen ist
>
> In 2004 hat L, damals 66 Jahre alt, seinen Gewerbebetrieb aufgegeben. Im Alter von 58 Jahren hatte er ein außerbetrieblich genutztes Grundstück veräußert. Als Gegenleistung war u. a. eine Leibrente i. H. v. monatlich 500 € vereinbart worden, die sich nach dem Kaufvertrag bei Aufgabe des Betriebes auf 750 € erhöhte. Dementsprechend fließen L im Veranlagungszeitraum 2006 insgesamt 9 000 € Rente zu.
>
> Die nach § 22 Nr. 1 Satz 3 Buchst. a Doppelbuchst. bb EStG zu erfassenden Einnahmen aus der Veräußerungsleibrente errechnen sich nach der Ertragsanteilstabelle wie folgt:
>
> | | |
> |---|---:|
> | 24 % vom Rentengrundbetrag von 6 000 € | 1 440 € |
> | 18 % vom Erhöhungsbetrag von 3 000 € | 540 € |
> | Summe der Ertragsanteile | 1 980 € |

1467 Von dem Grundsatz, dass der Erhöhungsbetrag eine selbständige Rente darstellt, gibt es folgende Ausnahmen:

▶ Die Erhöhung steht in zeitlichem Zusammenhang mit einer vorangegangenen Herabsetzung der Rente.[3]

▶ Die Leistungen werden aufgrund einer Wertsicherungsklausel den verbesserten wirtschaftlichen Gegebenheiten angepasst. In diesen Fällen hat sich der wirtschaftliche Wert der Leistung nicht verändert (vgl. Rn. 1440).

---

1 R 22.4 EStR 2005 i. V. m. R 167 Abs. 8 Satz 2 EStR 2003.
2 R 22.4 Abs. 1 EStR.
3 R 22.4 Abs. 1 EStR.

▶ Die Erhöhung der Rentenzahlung durch eine Überschussbeteiligung ist von vornherein im Rentenrecht vorgesehen.[1]

In diesen Ausnahmefällen gilt der seit Beginn der Rente maßgebende Prozentsatz des Ertragsanteils auch für den Erhöhungsbetrag. U. E. ist der Gesetzesauslegung der FinVerw, dass eine Überschussbeteiligung nicht zu einer Erhöhung des Rentenrechts führt, wenn die Überschussbeteiligung von vornherein im Rentenrecht vorgesehen ist, nicht zuzustimmen. Entsprechende Zweifel hatte auch das FG Schleswig-Holstein, das mit Urteil vom 30. 9. 2009 – 2 K 124/08[2] entschieden hat, dass die der Überschussbeteiligung dienenden Erhöhungsbeträge nicht Erträge des Rentenrechts sind, wenn die Erhöhung der Rentenzahlung durch eine Überschussbeteiligung zwar von vornherein im Rentenrecht vorgesehen ist, über die Überschussbeteiligung aber erst eine Mitgliederversammlung entscheiden muss, die auch eine andere Verwendung des Überschusses z. B. in Form einer Beitragsminderung nach der Satzung beschließen kann. Laut FG Schleswig-Holstein unterliegt die Überschussbeteiligung entgegen R 22.4 Abs. 1 Satz 2 EStR 2008 in einem solchen Fall als eigenständiges Rentenrecht mit einem gesonderten Ertragsanteil der Besteuerung. Allerdings hat der BFH im Revisionsverfahren mit Urteil vom 22. 8. 2012[3] entschieden, dass die der Überschussbeteiligung dienenden Erhöhungsbeträge keine eigenständigen Renten sind, wenn Rentenleistungen aufgrund einer Überschussbeteiligung erhöht werden. Das gelte auch dann, wenn darüber eine Mitgliederversammlung entscheiden müsse und satzungsgemäß eine andere Verwendung des Überschusses z. B. in Form einer Beitragsminderung möglich wäre, sofern der Überschuss nur zugunsten der Versicherten zu verwenden sei. Dies hat nunmehr zur Folge, dass die Rentenleistungen insgesamt mit dem Ertragsanteil der Besteuerung unterliegen, der dem Alter des Steuerpflichtigen bei Beginn der Rentenzahlung entspricht.

1468

(11) Herabsetzung der Leibrente

Die Frage, wie der Ertragsanteil bei Herabsetzung einer Leibrente zu berechnen ist, hängt in erster Linie davon ab, ob die Herabsetzung von Anfang an vereinbart worden war oder ob sie erst während der Laufzeit der Rente vereinbart worden ist.

1469

---

1 R 22.4 Abs. 1 Satz 2 EStR.
2 EFG 2009 S. 2034.
3 X R 47/09, BStBl 2013 II S. 158.

1470 War die Herabsetzung von Anfang an vereinbart, ist weiter zu unterscheiden:

▶ Der Zeitpunkt der Herabsetzung ist festgelegt.

In diesem Fall ist der Ertragsanteil für den Grundbetrag der Rente, der während der gesamten Laufzeit zu zahlen ist, getrennt von dem Ertragsanteil für den Herabsetzungsbetrag zu ermitteln. Der Herabsetzungsbetrag ist als eine abgekürzte Leibrente zu behandeln, die längstens bis zum Zeitpunkt der Herabsetzung läuft.[1]

BEISPIEL: ▶ Berechnung des Ertragsanteils bei vereinbartem Herabsetzungszeitpunkt

Dem 55 Jahre alten M wird in 2006 eine Leibrente von 1 000 € zugesagt, die sich nach zehn Jahren um 250 € verringern soll.

Für den auf Lebenszeit des M zu zahlenden Grundbetrag von 750 € ergibt sich nach der Tabelle in § 22 Nr. 1 Satz 3 Buchst. a Doppelbuchst. bb EStG ein Ertragsanteil von 26 %.

Der Ertragsanteil für den Herabsetzungsbetrag von 250 € ist der für abgekürzte Leibrenten maßgebenden Tabelle des § 55 EStDV zu entnehmen. Er beläuft sich auf 12 %.

▶ Es ist sicher, dass die Rente während ihrer Laufzeit herabgesetzt wird, der Zeitpunkt der Herabsetzung ist jedoch ungewiss.

Wie bei einer solchen Gestaltung verfahren werden soll, ist zweifelhaft. Die EStR enthalten insoweit keine Regelung. U. E. muss die Laufzeit der abgekürzten Leibrente, als die der Herabsetzungsbetrag anzusehen ist, geschätzt werden (§ 162 AO).

BEISPIEL 1: ▶ Berechnung des Ertragsanteils bei ungewissem Herabsetzungszeitpunkt

Nach den getroffenen Vereinbarungen soll sich die Leibrente, die N erhält, um 300 € verringern, wenn sein jüngstes Kind die Berufsausbildung abschließt.

U. E. muss als Laufzeit des Herabsetzungsbetrags von 300 € der Zeitraum zugrunde gelegt werden, der zwischen dem Beginn der Rente und dem voraussichtlichen Zeitpunkt des Abschlusses der Berufsausbildung des Kindes liegt.

BEISPIEL 2: ▶ Berechnung des Ertragsanteils bei Abhängigkeit der Herabsetzung vom Tod eines Menschen, der Bezugsperson ist

Die Eheleute A erhalten ab Januar 2006 gemeinsam eine Leibrente i. H. v. monatlich 1 000 €, die beim Tod des zuerst versterbenden Ehegatten um monatlich 250 € herabgesetzt werden soll. Der Ehemann ist bei Beginn der Rente 58 Jahre alt, die Ehefrau 48 Jahre.

Zum Zweck der Berechnung des Ertragsanteils ist die Rente wie in anderen Fällen gedanklich in den Grundbetrag (750 €) und den Herabsetzungsbetrag (250 €) zu zerlegen. Der Prozentsatz des Grundbetrags wird entsprechend dem Grundgedanken des § 55 Abs. 1 Satz 3 EStDV durch das Lebensalter der jüngeren Person, der Ehefrau be-

---

1 R 22.4 Abs. 2 EStR.

III. Steuerliche Behandlung der Beiträge und der Leistungen aus Verträgen

stimmt. Dagegen kommt es für den Ertragsanteil des Herabsetzungsbetrags auf das Lebensalter der älteren Person, des Ehemannes an. Für beide Rententeile ergibt sich der Ertragsanteil gemäß § 55 Abs. 1 Nr. 3 EStG aus der Tabelle des § 22 Nr. 1 Satz 3 Buchst. a Doppelbuchst. bb EStG. Der Ertragsanteil für den Grundbetrag beträgt damit 32 %, der für den Herabsetzungsbetrag 24 %.

Wäre nur einer der Ehegatten Rentenberechtigter, würde sich keine Änderung in der rechtlichen Beurteilung ergeben, weil die Rechtsfolge des § 55 Abs. 1 Nr. 3 EStDV nicht von der Gläubigerstellung abhängt, sondern ausschließlich davon, ob die Laufzeit der Rente auf die Lebensdauer mehrerer Personen abgestellt ist.

▶ Es ist ungewiss, ob das Ereignis, das zur Herabsetzung der Rente führt, während der Laufzeit eintreten wird.

U. E. wirken sich derartige Vereinbarungen grundsätzlich nicht auf die Höhe des Ertragsanteils aus. Er ist so zu berechnen, als wäre die Herabsetzung nicht vereinbart. Diese Lösung würde Abmachungen betreffen, die vorsehen, dass die Rente um einen bestimmten Betrag herabzusetzen ist, wenn die Ehe des Rentenberechtigten geschieden wird, oder wenn der Rentenverpflichtete vor Vollendung des 60. Lebensjahres erwerbsunfähig wird.

Eine Ausnahme muss jedoch u. E. für die Fälle gelten, in denen die Herabsetzung vom Tod eines Menschen abhängt, dessen durchschnittliche Lebenserwartung geringer ist, als die der Bezugsperson. Da die Höhe des Ertragsanteils generell nach der durchschnittlichen Lebenserwartung bemessen wird, entspricht es der gesetzlichen Regelung, wenn auch in den hier erörterten Fällen die Herabsetzung einer Leibrente auf Wahrscheinlichkeitserwägungen abgestellt wird.

BEISPIEL: ▶ Berechnung des Ertragsanteils bei Abhängigkeit der Herabsetzung vom Tod eines Menschen, der nicht Bezugsperson ist

O bezieht eine auf sein Leben abgestellte Leibrente i. H. v. 1 500 €, die sich nach den von Anfang an getroffenen Vereinbarungen auf 1 000 € ermäßigen soll, wenn der Rentenverpflichtete V stirbt. O war bei Beginn der Rente in 2006 40 Jahre alt, V 46 Jahre.

Stirbt V vor O, geht die Rentenverpflichtung auf den Erben von V über. Für den Grundbetrag ergibt sich der Ertragsanteil aus der durchschnittlichen Lebenserwartung des O. Er beläuft sich auf 38 %. Dagegen handelt es sich bei dem Herabsetzungsbetrag um eine abgekürzte Leibrente, deren Laufzeit auf der durchschnittlichen Lebenserwartung des V beruht. Der Ertragsanteil kann daher der Tabelle des Gesetzes entnommen werden. Er beträgt 33 %.

Es handelt sich nicht um einen Fall des § 55 Abs. 1 Nr. 3 EStDV, weil die Dauer der Leibrente nur von dem Leben des O, nicht von dem Leben mehrerer Personen abhängt.

1471 Wird die Herabsetzung während der Laufzeit der Rente vereinbart und sofort wirksam, so bleibt der Ertragsanteil unverändert.[1] Soll die während der Laufzeit vereinbarte Herabsetzung nicht sofort wirksam werden, so ist der Herabsetzungsbetrag vom Zeitpunkt der Vereinbarung an als abgekürzte Leibrente zu behandeln, die bis zu dem Augenblick läuft, von dem an die Zahlungen verringert werden. Die Laufzeit dieser abgekürzten Leibrente ist vom Beginn des Rentenbezugs an zu berechnen.[2]

1472–1480 (Einstweilen frei)

b) Kapitalauszahlungen

aa) Allgemeines

1481 Anders als bis 2004 § 22 Nr. 1 Satz 3 Buchst. a EStG sieht § 22 Nr. 1 Satz 3 Buchst. a Doppelbuchst. bb EStG ab 2005 vor, dass nicht nur Leibrenten, sondern auch andere Leistungen unter die Ertragsanteilsbesteuerung fallen (sollen). Diese Ergänzung steht in erster Linie im Zusammenhang mit der Öffnungsklausel in § 22 Nr. 1 Satz 3 Buchst. a Doppelbuchst. bb Satz 2 EStG für die Leistungen aus der Basisversorgung (vgl. hierzu Rn. 1346 ff.), denn wenn zugelassen wird, dass bei Vorliegen der entsprechenden Voraussetzungen ein Teil der Leistungen aus Basisversorgungssystemen aus der nachgelagerten Besteuerung ausgeschieden wird, muss es nicht nur für Leibrenten, sondern auch für andere wiederkehrende Zahlungen eine alternative Besteuerungsnorm geben. Dies sollte nach Auffassung des Gesetzgebers die Ertragsanteilsbesteuerung sein.

1482 Allerdings ist zweifelhaft, ob der Gesetzestext eine entsprechende Besteuerung tatsächlich ermöglicht, denn nach der gesetzlichen Formulierung unterliegen Leibrenten und andere Leistungen der Besteuerung nach § 22 Nr. 1 Satz 3 Buchst. a Doppelbuchst. bb EStG, wenn in den einzelnen Bezügen Einkünfte aus Erträgen des Rentenrechts enthalten sind. Andere Leistungen haben aber im Regelfall keine Erträge des Rentenrechts, da eine Rente ja gerade nicht gezahlt wird. Folglich ist davon auszugehen, dass der Gesetzgeber hier eine Besteuerungslücke geschaffen hat.[3]

---

1 R 22.4 Abs. 2 Nr. 2 EStR.
2 R 22.4 Abs. 2 Nr. 3 EStR.
3 So auch eindeutig BMF-Schreiben vom 19. 8. 2013, IV C 3 - S 2221/12/10010:004, IV C 5 - S 2345/08/0001, 2013/0760735, Rz. 256 f.

III. Steuerliche Behandlung der Beiträge und der Leistungen aus Verträgen

Da § 20 Abs. 1 Nr. 6 EStG durch das AltEinkG dahin gehend geändert worden ist, dass unter bestimmten Voraussetzungen bei Rentenversicherungsverträgen ebenfalls der Unterschiedsbetrag zwischen der Versicherungsleistung und der Summe der auf sie entrichteten Beiträge im Erlebensfall oder bei Rückkauf des Vertrages steuerpflichtig sein kann, wenn der Vertrag nach dem 31. 12. 2004 abgeschlossen wurde, ist eine Abgrenzung zwischen den Vorschriften des § 20 Abs. 1 Nr. 6 EStG und des § 22 Nr. 1 Satz 3 Buchst. a Doppelbuchst. bb EStG vorzunehmen, da § 20 Abs. 1 Nr. 6 EStG Vorrang hat (§ 22 Nr. 1 Satz 1 EStG). 1483

(Einstweilen frei) 1484–1485

bb) Weitergeltung des Kapitallebensversicherungsprivilegs für Altverträge

(1) Allgemeines

Nach bis einschließlich 2004 geltendem Recht gehörten außerrechnungsmäßige und rechnungsmäßige Zinsen aus Rentenversicherungen ohne Kapitalwahlrecht, Rentenversicherungen mit Kapitalwahlrecht und Kapitalversicherungen gegen laufende Beitragsleistung mit Sparanteil i. S. d. § 10 Abs. 1 Nr. 2 Buchst. b EStG nicht zu den Einkünften aus Kapitalvermögen, wenn die Zinsen mit Beiträgen verrechnet oder im Versicherungsfall oder im Fall des Rückkaufs des Vertrags nach Ablauf von zwölf Jahren seit dem Vertragsabschluss ausgezahlt wurden und der Versicherungsvertrag nicht entgeltlich von einem Dritten erworben worden war (sog. Kapitallebensversicherungsprivileg nach § 20 Abs. 1 Nr. 6 EStG in der am 31. 12. 2004 geltenden Fassung). 1486

Da die Kapitallebensversicherung eine Versicherungsform ist, die der Altersvorsorge dienen kann, bei der aber der Charakter einer – frei verfügbaren – Kapitalanlage deutlich überwiegt, hatte die Rürup-Kommission vorgeschlagen, bei derartigen Produkten eine vorgelagerte Besteuerung vorzunehmen. Dem ist der Gesetzgeber gefolgt, indem er ab 2005 die Beiträge zu solchen Versicherungen grundsätzlich nicht mehr zum Sonderausgabenabzug zulässt und die Erträge der Besteuerung unterwirft. 1487

Betroffen von der Neuregelung (Besteuerung des Unterschiedsbetrags) sind unter Vertrauensschutzgesichtspunkten nur die Verträge, die nach dem Stichtag 31. 12. 2004 abgeschlossen wurden oder werden (Neuverträge). D. h. für vor dem 1. 1. 2005 abgeschlossene Altverträge gilt das Kapitallebensversicherungsprivileg fort. 1488

(2) Altvertrag

1489 Mit BMF-Schreiben vom 1.10.2009[1] hat die FinVerw geregelt, dass ein Versicherungsvertrag in dem Zeitpunkt zustande kommt, in dem die Annahmeerklärung des Versicherers dem Versicherungsnehmer zugeht. Bei Lebensversicherungsverträgen kann aufgrund der regelmäßig erforderlichen Risikoprüfung davon ausgegangen werden, dass eine ausdrückliche Annahmeerklärung erfolgt. Für die steuerliche Beurteilung ist unter dem Zeitpunkt des Vertragsabschlusses allerdings grundsätzlich das Datum der Ausstellung des Versicherungsscheins zu verstehen. Wenn der Steuerpflichtige geltend macht, der Vertragsschluss sei vor dem Datum der Ausstellung des Versicherungsscheins erfolgt, kann er dies durch geeignete Dokumente (z. B. Annahmeerklärung des Versicherers) belegen. Aus Vereinfachungsgründen ist es nach Auffassung der FinVerw in diesen Fällen nicht erforderlich, dass der Steuerpflichtige den Zeitpunkt des Zugangs der Annahmeerklärung nachweist, sondern es ist auf das Datum der Annahmeerklärung abzustellen. Eine Rückdatierung des Vertrages ist nicht möglich.[2]

1490 Um unter die Altregelung zu fallen, muss folglich der Lebensversicherungsschein ein Datum vor dem 1.1.2005 tragen. Obwohl die Anwendungsregelung in § 52 Abs. 36 EStG nicht mehr verlangt, gibt sich die FinVerw aus Furcht vor Missbräuchen damit nicht zufrieden. Sie hat daher ergänzend geregelt, dass im Abschluss sog. Vorratsverträge regelmäßig ein steuerrechtlicher Missbrauch von Gestaltungsmöglichkeiten i. S. d. § 42 AO zu sehen ist mit der Folge, dass in diesen Fällen steuerlich der Vertragsabschluss zu dem Zeitpunkt zustande kommt, zu dem die Versicherung beginnt. Von missbräuchlichen Vorratsverträgen geht die FinVerw dabei aus, wenn der Versicherungsbeginn nach dem 31.3.2005 liegt.[3] U. E. ist allerdings fraglich, ob das Gesetz diese Einschränkung hergibt. Hätte der Gesetzgeber eine solche enge Regelung gewollt, hätte es nahe gelegen – wie für den Sonderausgabenabzug der entsprechenden Beiträge nach § 10 Abs. 1 Nr. 3 Buchst. b EStG auf den Versicherungsbeginn und die Beitragszahlung und nicht auf den Vertragsabschluss abzustellen.

BEISPIEL: Altvertrag i. S. d. § 20 Abs. 1 Nr. 6 EStG

A schließt im Dezember 2004 einen Kapitallebensversicherungsvertrag ab. Der Versicherungsschein trägt das Datum 31.12.2004. Als Versicherungsbeginn ist der 1.3.2005 vereinbart. Am 1.4.2005 überweist A die ersten Beitragszahlungen für die Monate März und April.

---

1 BStBl 2009 I S. 1172, Rz. 89.
2 BMF-Schreiben vom 1.10.2009, BStBl 2009 I S. 1172, Rz. 89.
3 BMF-Schreiben vom 1.10.2009, BStBl 2009 I S. 1172, Rz. 91.

Bei dem abgeschlossenen Kapitallebensversicherungsvertrag handelt es sich aus der Sicht des § 20 Abs. 1 Nr. 6 EStG um einen Altvertrag. Erfolgt die Kapitalauszahlung nach Ablauf von 12 Jahren seit Vertragsbeginn (also nach dem 30. 2. 2017) bleibt die Kapitalauszahlung steuerfrei. Die Beiträge in der Ansparphase sind allerdings nicht nach § 10 Abs. 1 Nr. 3 Buchst. b EStG begünstigt, denn diese Vorschrift setzt voraus, dass der Versicherungsbeginn und die erste Beitragszahlung spätestens in 2004 erfolgt sind (vgl. Rn. 1398).

Hätte A als Versicherungsbeginn den 1. 4. 2005 vereinbart, würde die FinVerw wohl von einem Neuvertrag ausgehen, für den das Kapitallebensversicherungsprivileg nicht mehr anwendbar ist. Da der Versicherungsbeginn nach dem 31. 3. 2005 liegen würde, würde sie einen missbräuchlichen Vorratsvertrag unterstellen und daher steuerlich den Vertragsabschluss auf den 1. 4. 2005 „verlegen". Erfolgt die Kapitalauszahlung in diesem Fall nach Ablauf von 12 Jahren ab Versicherungsbeginn (also nach dem 31. 3. 2017) und hat A zu diesem Zeitpunkt das 60. Lebensjahr vollendet, würde der Unterschiedsbetrag (Kapitalauszahlung abzgl. Beiträge) nur zur Hälfte nach § 20 Abs. 1 Nr. 6 EStG besteuert, ansonsten voll. Die Beiträge wären ebenfalls nicht nach § 10 Abs. 1 Nr. 3 Buchst. b EStG begünstigt.

(3) Vertragsänderungen

Die Frage, ob ein Alt- oder ein Neuvertrag vorliegt, kann sich auch im Zusammenhang mit Vertragsänderungen stellen. Hierzu regelt das BMF-Schreiben vom 22. 8. 2002,[1] dass bei der Änderung eines oder mehrerer wesentlicher Bestandteile des Versicherungsvertrages grundsätzlich vom Fortbestand des alten Vertrages und nur hinsichtlich der Änderung von einem neuen Vertrag auszugehen ist.

1491

Dies bedeutet konkret:

1492

▶ Werden ausschließlich wesentliche Vertragsbestandteile vermindert bzw. gesenkt (z. B. Verkürzung der Laufzeit oder der Beitragszahlungsdauer, niedrigere Beitragszahlungen oder Versicherungssumme), so gilt steuerrechtlich der geänderte Vertrag als alter Vertrag, der unverändert fortgeführt wird.

▶ Werden ausschließlich wesentliche Vertragsbestandteile verlängert bzw. erhöht (z. B. Verlängerung der Laufzeit oder der Beitragszahlungsdauer, höhere Beitragszahlungen oder Versicherungssumme), läuft steuerrechtlich der alte Vertrag im Rahmen der ursprünglichen Vertragsbedingungen unverändert weiter. Nur die auf die verlängerten bzw. erhöhten Komponenten entfallenden Vertragsbestandteile sind steuerlich als gesonderter neuer Vertrag zu behandeln.

---

[1] BStBl 2002 I S. 827.

▶ Werden sowohl ein oder mehrere wesentliche Vertragsbestandteile vermindert bzw. gesenkt und ein oder mehrere wesentliche Vertragsbestandteile verlängert bzw. erhöht, ist steuerrechtlich nur hinsichtlich der erhöhten Vertragsbestandteile von einem neuen Vertrag auszugehen; bzgl. der gleich gebliebenen und verminderten bzw. gesenkten Vertragsbestandteile wird der bisherige Vertrag steuerlich unverändert fortgeführt.

(4) Wechsel des Versicherungsnehmers

1493 Der unentgeltliche Wechsel des Versicherungsnehmers (z. B. Eintritt eines Kindes in den Vertrag eines Elternteils) stellt u. E. keine steuerlich relevante Vertragsänderung dar. Folglich müsste im Hinblick auf die weitere Anwendung des Kapitallebensversicherungsprivilegs auch beim übernehmenden Versicherungsnehmer ein Altvertrag vorliegen, wenn der ursprüngliche Vertrag vor dem 1. 1. 2005 abgeschlossen wurde.[1] Für den Fall, dass z. B. die Eltern den Versicherungsvertrag bereits dergestalt abschließen, dass das Kind von Beginn an Versicherungsnehmer wird, hat die FinVerw Folgendes geregelt:

„Nach § 1643 Abs. 1 BGB in Verbindung mit § 1822 Nr. 5 BGB bedarf ein Vertrag der Genehmigung des Familiengerichts, wenn durch den Vertrag der Minderjährige zu wiederkehrenden Leistungen verpflichtet wird und das Vertragsverhältnis länger als ein Jahr nach dem Eintritt der Volljährigkeit fortdauern soll. Enthält der Versicherungsvertrag eine Beitragszahlungsverpflichtung über den 19. Geburtstag hinaus, ist somit eine Genehmigung erforderlich. Wird das Kind volljährig, so tritt seine Genehmigung an die Stelle des Familiengerichts (§ 1829 Abs. 3 BGB). Solange keine Genehmigung erteilt wurde, ist das Rechtsgeschäft schwebend unwirksam (§ 1829 Abs. 1 Satz 1 BGB). Nach § 184 Abs. 1 BGB wirkt eine Genehmigung auf den Zeitpunkt der Vornahme des Rechtsgeschäfts zurück (ex tunc). Bei Genehmigung gilt der Vertrag als noch in 2004 geschlossen. § 20 Abs. 1 Nr. 6 EStG ist in der bis zum 31. 12. 2004 geltenden Fassung anzuwenden."[2]

1494 Eine konkrete Aussage der FinVerw, was in Fällen des entgeltlichen Vertragserwerbs gilt, liegt nicht vor. Da die FinVerw jedoch vor 2005 für entgeltlich erworbene Versicherungsverträge den Sonderausgabenabzug verneint hat, spricht vieles dafür, dass im Hinblick auf die Weiteranwendung des Kapitallebensversicherungsprivilegs auch von einem schädlichen Vorgang auszugehen ist.

---

1 Gl. A. BMF-Schreiben vom 1. 10. 2009, BStBl 2009 I S. 1172, Rz. 67.
2 BMF-Schreiben vom 1. 10. 2009, BStBl 2009 I S. 1172, Rz. 96.

(5) Wechsel der versicherten Person

Anders als der Wechsel des Versicherungsnehmers, führt allerdings der Wechsel der versicherten Person zu einer Vertragsänderung. Da von den individuellen Eigenschaften der versicherten Person (insbesondere Alter und Gesundheitszustand) die wesentlichen Merkmale eines Versicherungsvertrages abhängen,[1] ist die versicherte Person eine unveränderbare Vertragsgrundlage. Bei einem Wechsel der versicherten Person erlischt, unabhängig von der Frage, ob ein entsprechendes Optionsrecht bereits bei Vertragsabschluss vereinbart worden ist oder nicht, steuerrechtlich der „alte Vertrag" und es wird steuerrechtlich vom Abschluss eines „neuen Vertrages" ausgegangen. Dabei ist für beide Verträge getrennt zu prüfen, ob die Voraussetzungen für die Anwendung des § 20 Abs. 1 Nr. 6 Satz 2 EStG erfüllt sind. Wird die auf den „alten Vertrag" entfallende Versicherungsleistung ganz oder teilweise auf den „neuen Vertrag" angerechnet, so gilt die angerechnete Versicherungsleistung aus dem „alten Vertrag" als zugeflossen. Sie gilt außerdem als Beitragszahlung auf den „neuen Vertrag".[2]

1495

(6) Beitragsdynamisierungen

Beitragsdynamisierungen hat die FinVerw vor der Reform nicht als steuerlich relevante Vertragsänderung und auch nicht als Gestaltungsmissbrauch angesehen, wenn die Beitragserhöhung der angemessenen Dynamisierung der Alters- und Hinterbliebenenversorgung diente und ein für die gesamte Vertragsdauer gleich bleibendes Kriterium vereinbart war, z. B. ein fester Prozentsatz oder eine Erhöhung entsprechend der Beitragserhöhung in der gesetzlichen Rentenversicherung oder dem durchschnittlichen Bruttoarbeitsentgelt aller Versicherten der gesetzlichen Rentenversicherung. Unschädlich waren auch die Beitragserhöhungen in den letzten Jahren der Mindestvertragsdauer sowie gelegentliche Unterbrechungen, sofern die einzelne Unterbrechung nicht länger als zwei Jahre dauerte und soweit keine Nachholung der unterlassenen Beitragserhöhungen erfolgte.

1496

Allerdings war nicht definiert, was unter einer angemessenen Beitragsdynamisierung zu verstehen war. Dies hat die FinVerw mit BMF-Schreiben vom 22.12.2005[3] nachgeholt.

1497

---

1 Vgl. BFH vom 9.5.1974, BStBl 1974 II S. 633.
2 Vgl. BMF-Schreiben vom 1.10.2009, BStBl 2009 I S. 1172, Rz. 12.
3 BStBl 2006 I S. 92, Rz. 92 f.; nunmehr BMF-Schreiben vom 1.10.2009, BStBl 2009 I S. 1172, Rz. 92 f.

1498 Ein Missbrauch rechtlicher Gestaltungsmöglichkeiten liegt danach insbesondere dann nicht vor, wenn die Beitragserhöhung pro Jahr 20 % des bisherigen Beitrags nicht übersteigt. Dabei ist es unbeachtlich, ob die Beitragsdynamisierung durch Anwendung eines Prozentsatzes oder eines vergleichbaren Dynamisierungsfaktors, bezifferter Mehrbeträge oder durch im Voraus festgelegte feste Beiträge ausgedrückt wird. Im Fall einer Beitragserhöhung pro Jahr um mehr als 20 % des bisherigen Beitrags handelt es sich nicht um einen Missbrauch steuerlicher Gestaltungsmöglichkeiten, wenn

- die jährliche Beitragserhöhung nicht mehr als 250 € beträgt oder
- der Jahresbeitrag bis zum fünften Jahr der Vertragslaufzeit auf nicht mehr als 4 800 € angehoben wird und der im ersten Jahr der Vertragslaufzeit zu zahlende Versicherungsbeitrag mindestens 10 % dieses Beitrags ausmacht (sog. Starterpolicen) oder
- der erhöhte Beitrag nicht höher ist, als der Beitrag, der sich bei einer jährlichen Beitragserhöhung um 20 % seit Vertragsabschluss ergeben hätte.

BEISPIEL: Angemessene Beitragsdynamisierung (§ 20 Abs. 1 Nr. 6 EStG)

A hat in 2003 einen Kapitallebensversicherungsvertrag abgeschlossen. Der jährliche Beitrag beträgt 1 000 €. Bereits bei Vertragsabschluss wird vereinbart, dass sich der Beitrag alle drei Jahre um 72,8 % erhöht.

Der nach Ablauf von drei Jahren erhöhte Beitrag ist nicht höher, als der Beitrag, der sich bei einer jährlichen Anpassung um 20 % ergeben würde. Die Dynamisierung ist daher nicht rechtsmissbräuchlich. Der Vertrag ist insgesamt als Altvertrag anzusehen.

Beitrag bei jährlicher Erhöhung um 20 %:

	1 000 €
+ 20 % von 1 000 €	1 200 €
+ 20 % von 1 200 €	1 440 €
+ 20 % von 1 440 €	1 728 €

Beitrag bei Erhöhung um 72,8 %:

	1 000 €
+ 72,8 % von 1 000 €	1 728 €

BEISPIEL: Altvertrag mit Optionsmöglichkeit (§ 20 Abs. 1 Nr. 6 EStG)

A hat in 2003 einen Kapitallebensversicherungsvertrag abgeschlossen, der ihm die Option einräumt, nach Ablauf von drei Jahren jährliche Beitragserhöhungen von 10 % vorzunehmen. Die Beitragsdynamisierung wird jedoch erst wirksam, wenn A sein Optionsrecht ausübt.

Ein Optionsrecht auf Beitragsdynamisierung reicht für die Annahme eines Altvertrages nicht aus. Sofern A in 2006 von seinem Optionsrecht Gebrauch macht, ist bezüglich des ursprünglichen Beitragsvolumens und der darauf beruhenden Versiche-

III. Steuerliche Behandlung der Beiträge und der Leistungen aus Verträgen

rungsleistung von einem Altvertrag und bezüglich der Beitragserhöhungen und der darauf entfallenden Versicherungsleistung von einem Neuvertrag auszugehen.

BEISPIEL: Altvertrag mit Beitragsdynamisierung (§ 20 Abs. 1 Nr. 6 EStG)
A hat in 2003 einen Kapitallebensversicherungsvertrag abgeschlossen. Der jährliche Beitrag beträgt 1 000 €. Bereits bei Vertragsabschluss war vereinbart worden, dass sich der Beitrag jedes Jahr um 5 % erhöht. A kann die Dynamisierung für zwei Jahre aussetzen. Im Jahr 2007 und 2008 macht er davon Gebrauch. In 2009 erhöht sich der Beitrag wieder um 5 % bezogen auf das bisherige Beitragsvolumen auf 1 215,50 €.
Die Aussetzung der Dynamisierung ist unschädlich. Auch die künftigen Beitragserhöhungen ab 2009 sind Bestandteil des Altvertrages.

Ist die Erhöhung der Beitragsleistung als missbräuchlich einzustufen, sind die insgesamt auf die Beitragserhöhung entfallenden Vertragsbestandteile steuerlich als gesonderter „neuer Vertrag" zu behandeln. Der „neue Vertrag" gilt in dem Zeitpunkt als abgeschlossen, zu dem der auf den Erhöhungsbetrag entfallende Versicherungsbeginn erfolgt. Hierbei ist jedoch zu berücksichtigen, dass die in Rn. 1497 genannte Liste nicht abschließend ist. Auch außerhalb der genannten Fälle kann ein Missbrauch rechtlicher Gestaltungsmöglichkeiten zu verneinen sein. Das bedarf dann allerdings der Überprüfung im Einzelfall. Außerdem hat die FinVerw geregelt, dass kein Gestaltungsmissbrauch und kein gesonderter neuer Vertrag anzunehmen ist, wenn die Beitragshöhe in den Kalenderjahren 2005 und 2006 gesenkt wird und anschließend die in Rn. 1497 genannten Grenzen nicht überschritten werden. 1499

(7) Besteuerung eines Altvertrags

Für alte Lebensversicherungsverträge, die die Voraussetzungen für die Steuerfreiheit der Erträge erfüllen, bleibt das Kapitallebensversicherungsprivileg uneingeschränkt weiter anwendbar. D. h., auch Kapitalauszahlungen, die u. U. erst viele Jahre nach dem Systemwechsel in 2005 erfolgen, bleiben steuerlich unbelastet. 1500

Für alte Lebensversicherungsverträge, die die Voraussetzungen für die Steuerfreiheit der Erträge nicht erfüllen (z. B. bei Kapitallebensversicherungen oder Rentenversicherungen mit Kapitalwahlrecht ohne laufende Beitragsleistung oder mit einer Laufzeit von weniger als zwölf Jahren) bleibt es dabei, dass auch bei Zufluss nach 2004 die außerrechnungsmäßigen und rechnungsmäßigen Zinsen aus Sparanteilen, die in den Beiträgen enthalten sind, der Besteuerung unterliegen. Bei Zufluss ab 2009 unterliegen sie den Regelungen der Abgeltungsteuer. 1501

(Einstweilen frei) 1502–1505

cc) Konkurrenz zwischen § 20 Abs. 1 Nr. 6 EStG und § 22 Nr. 1 Satz 3 Buchst. a Doppelbuchst. bb EStG für Neuverträge

(1) Kapitalversicherungen mit Sparanteil

1506 Bei Kapitalversicherungen mit Sparanteil dürfte unstreitig davon auszugehen sein, dass sich die Besteuerung nach § 20 EStG richtet. Da derartige Versicherungen keine wiederkehrenden Bezüge vorsehen, ist § 22 EStG nicht einschlägig. Daran hat sich auch durch die Aufnahme „anderer Leistungen" in § 22 Nr. 1 Satz 3 Buchst. a Doppelbuchst. bb EStG nichts geändert, da es sich auch insoweit nur um andere wiederkehrende Leistungen handeln kann.[1]

1507 Diese Versicherungsform dürfte insbesondere in folgenden Fallgestaltungen auftreten:

▶ **Kapitalversicherung auf den Todes- und Erlebensfall**

Hierbei handelt es sich um die klassische Kapitallebensversicherung. Der Versicherer leistet, wenn die versicherte Person den im Versicherungsschein genannten Auszahlungstermin erlebt oder wenn die versicherte Person vor dem Auszahlungstermin verstirbt. Steuerpflichtig nach § 20 Abs. 1 Nr. 6 EStG ist aber nur die Leistung im Erlebensfall. Die Leistung im Todesfall hat der Gesetzgeber nicht der Besteuerung unterworfen. Ob der Vertrag ein Rentenwahlrecht vorsieht, ob der Vertrag gegen Einmalbeitrag oder gegen laufende Beitragszahlung vereinbart wird, hat keinen Einfluss auf die Besteuerung nach § 20 Abs. 1 Nr. 6 EStG.[2]

Dies gilt auch, wenn die Leistung auf verbundene Leben zu erbringen ist.[3]

▶ **Kapitalversicherung auf den Todes- und Erlebensfall mit Rentenwahlrecht**

Wird bei einer Kapitalversicherung mit Rentenwahlrecht die Rentenzahlung gewählt, sollen nach Auffassung der FinVerw die Erträge aus der Ansparphase nach § 11 Abs. 1 EStG in dem Zeitpunkt zufließen, in dem die Kapitalleistung im Erlebensfall zu leisten wäre. Lediglich das nach Abzug von Kapitalertragsteuer vorhandene Kapital soll für die Verrentung zur Verfügung stehen. Die Rentenzahlungen sollen zu den Einnahmen aus § 22 Nr. 1 Satz 3 Buchst. a Doppelbuchst. bb EStG gehören.[4]

---

1 A. A. allerdings BFH vom 23. 10. 2013, X R 3/12 für Kapitalzahlungen aus berufsständischen Versorgungseinrichtungen i. S. d. § 22 Nr. 1 SAtz 3 Buchst. a Doppelbuchst. bb EStG; vgl. auch Rn. 1276.
2 BMF-Schreiben vom 1. 10. 2009, BStBl 2009 I S. 1172, Rz. 24 f.
3 BMF-Schreiben vom 1. 10. 2009, BStBl 2009 I S. 1172, Rz. 28.
4 BMF-Schreiben vom 1. 10. 2009, BStBl 2009 I S. 1172, Rz. 26.

Dies ist u. E. nach der Systematik des Drei-Schichten-Modells – wonach im Ergebnis eine steuerliche Förderung in der Anspar- und in der Auszahlungsphase nur noch in den beiden ersten Schichten (Basisversorgung, Riester-Verträge und betriebliche Altersversorgung) erfolgen soll, zutreffend. Setzt man dieses Modell konsequent um, besteht bei Versicherungsprodukten der dritten Schicht keine Rechtfertigung mehr, die Erträge aus der Ansparphase unbesteuert zu lassen. Diese Rechtsfolge müsste dann jedoch für alle Versicherungsprodukte der dritten Schicht gleichermaßen gelten. Hat der Steuerpflichtige jedoch eine Rentenversicherung mit Kapitalwahlrecht abgeschlossen, bleiben die Erträge aus der Ansparphase nach wie vor unbesteuert. Nach Auffassung der FinVerw[1] unterliegt in diesen Fällen nur der Ertragsanteil der Rente der Besteuerung nach § 22 Nr. 1 Satz 3 Buchst. a Doppelbuchst. bb EStG (vgl. auch Rn. 1508 ff.). Dieser deckt aber nur die Erträge der – gestreckten – Auszahlungsphase, nicht aber die Erträge aus der Ansparphase ab. Dieses Ergebnis erscheint unter verfassungsrechtlichen Gesichtspunkten sehr bedenklich.

▶ **Unfallversicherung mit garantierter Beitragsrückzahlung**

Bei einer Unfallversicherung mit garantierter Beitragsrückzahlung wird neben den Beitragsbestandteilen für die Abdeckung des Unfallrisikos sowie des Risikos der Beitragsrückzahlung im Todesfall und der Verwaltungskosten ein Sparanteil erbracht, der verzinslich bzw. rentierlich angelegt wird. Die Versicherungsleistung bei Ablauf der Versicherungslaufzeit gehört zu den Einnahmen aus § 20 Abs. 1 Nr. 6 EStG, nicht aber die Versicherungsleistung bei Eintritt des versicherten Risikos. Damit ist die Unfallversicherung mit garantierter Beitragsrückzahlung wie eine Kapitallebensversicherung zu beurteilen. Sofern die Unfallversicherung mit garantierter Beitragsrückzahlung als Rentenversicherung mit Kapitalwahlrecht abgeschlossen wird, gelten die Grundsätze für diese Versicherungen.[2] Sofern z. B. eine Berufsunfähigkeitsversicherung eine garantierte Beitragsrückzahlung vorsieht für den Fall, dass das abgesicherte Risiko nicht eingetreten ist, muss u. E. Gleiches gelten.

▶ **Kapitalversicherung mit festem Auszahlungszeitpunkt (Termfixversicherung)**

Bei einer Termfixversicherung wird die Versicherungsleistung nur zu einem festen Zeitpunkt ausgezahlt. Wenn die versicherte Person vor Erreichen die-

---
[1] BMF-Schreiben vom 1. 10. 2009, BStBl 2009 I S. 1172, Rz. 19 f.
[2] BMF-Schreiben vom 1. 10. 2009, BStBl 2009 I S. 1172, Rz. 27.

ses festen Zeitpunkts verstirbt, wird die Todesfallsumme i. d. R. nicht sofort ausgezahlt, sondern es endet lediglich die Beitragszahlungsdauer. Die Leistung gehört nach Auffassung der FinVerw nur dann zu den Einnahmen aus § 20 Abs. 1 Nr. 6 EStG, wenn die versicherte Person den festen Zeitpunkt erlebt. Erfolgt die Leistung im Todesfall, soll sie nicht zu den Einnahmen gehören, auch wenn die Leistung nicht in zeitlicher Nähe zum Todeszeitpunkt zur Auszahlung gelangt.[1] U. E. kann man in einem solchen Fall wohl kaum von einer Todesfall-Leistung sprechen, die es nach dem Gesetzeswortlaut rechtfertigen würde, auf die Besteuerung zu verzichten. Erfolgt die Leistung nicht in zeitlicher Nähe zum Todesfall, müsste sie genauso wie die Erlebensfall-Leistung der Besteuerung unterliegen.

▶ **Kapitalversicherung mit lebenslangem Todesfallschutz**

Bei einer Kapitalversicherung mit lebenslangem Todesfallschutz leistet das Versicherungsunternehmen grundsätzlich nur, wenn die versicherte Person stirbt. Der vornehmliche Zweck eines solchen Versicherungsvertrages ist die Deckung von Kosten und Aufwendungen im Zusammenhang mit dem Todesfall, z. B. Erbschaftsteuer (Erbschaftsteuerversicherung), zivilrechtlich bedingten Ausgleichszahlungen im Rahmen einer Erbschaftsplanung (Vermögensnachfolgeversicherung) oder Deckung der Bestattungskosten (Sterbegeldversicherung). Die Versicherungsleistung im Todesfall stellt keine Einnahme i. S. d. § 20 Abs. 1 Nr. 6 EStG dar. Manche Kapitalversicherungen mit lebenslangem Todesfallschutz bieten jedoch die Möglichkeit, zu Lebzeiten der versicherten Person eine Versicherungsleistung abzurufen, so dass die Versicherung beendet wird oder mit einer reduzierten Versicherungssumme bestehen bleibt. Eine abgerufene Leistung ist nach § 20 Abs. 1 Nr. 6 EStG zu versteuern.[2]

(2) Definition einer Rentenversicherung

1507a Mit BMF-Schreiben vom 1. 10. 2009[3] hat die FinVerw beschlossen, dass eine Rentenversicherung nur dann vorliegt, wenn bereits am Beginn der Vertragslaufzeit ein Langlebigkeitsrisiko vom Versicherungsunternehmen übernommen wird. Dies bedeutet, dass bereits bei Vertragsabschluss die Höhe der garantierten Leibrente in Form eines konkreten Geldbetrages festgelegt wird oder ein konkret bezifferter Faktor garantiert wird, mit dem die Höhe der ga-

---

1 BMF-Schreiben vom 1. 10. 2009, BStBl 2009 I S. 1172, Rz. 29.
2 BMF-Schreiben vom 1. 10. 2009, BStBl 2009 I S. 1172, Rz. 30.
3 BStBl 2009 I S. 1172, Rz. 3a ff.

rantierten Leibrente durch Multiplikation mit dem am Ende der Anspar- bzw. Aufschubphase vorhandenen Fondsvermögen bzw. Deckungskapital errechnet wird (Rentenfaktor). Für einzelne Vermögensteile (z. B. durch die Kapitalanlage sichergestelltes Mindestvermögen, eventuelle über die gezahlten Beiträge erheblich hinausgehende Wertsteigerungen) können auch unterschiedliche Rentenfaktoren garantiert werden. Bei Beitragserhöhungen muss der konkrete Geldbetrag oder der Rentenfaktor spätestens im Erhöhungszeitpunkt garantiert werden. Eine vereinbarte Anpassung des Beitrags oder der Leistung gemäß § 163 VVG ist unschädlich.

Für vor dem 1.7.2010 abgeschlossene Rentenversicherungen ist es ausreichend, dass das Versicherungsunternehmen bei Vertragsabschluss bzw. im Erhöhungszeitpunkt hinreichend konkrete Grundlagen für die Berechnung der Rentenhöhe oder des Rentenfaktors zugesagt hat. Dieses Erfordernis ist auch erfüllt, wenn die bei Vertragsbeginn für die Rentenberechnung unterstellten Rechnungsgrundlagen mit Zustimmung eines unabhängigen Treuhänders, der die Voraussetzungen und die Angemessenheit prüft, geändert werden können. Ein Vertrag, der keine hinreichend konkreten Berechnungsgrundlagen enthält, sondern lediglich eine Verrentung am Ende der Anspar- bzw. Aufschubphase zu den dann gültigen Bedingungen vorsieht, ist steuerrechtlich keine Rentenversicherung, sondern ein nach den allgemeinen Vorschriften zu besteuernder Sparvorgang mit einer steuerlich unbeachtlichen Verrentungsoption. Wird bei einem derartigen Vertrag während der Anspar- bzw. Aufschubphase ein Todesfallrisiko übernommen, ist von einer Kapitalversicherung und von einem Zufluss der Erträge am Ende der Anspar- bzw. Aufschubphase auszugehen. Sofern vor dem 1.7.2010 ein konkreter Geldbetrag oder Rentenfaktor nachträglich zugesagt wird, ist der Vertrag als Rentenversicherung zu betrachten und es ist keine steuerlich relevante Vertragsänderung anzunehmen. 1507b

Bei Verträgen, bei denen vor diesem Datum die Rentenzahlung beginnt, und bei vor dem 1.1.2005 abgeschlossenen Rentenversicherungsverträgen ist eine nachträgliche Zusage nicht erforderlich. Bei ab dem 1.7.2010 abgeschlossenen Versicherungsverträgen ist nicht von einer steuerlich anzuerkennenden Rentenversicherung auszugehen, wenn der vereinbarte Rentenzahlungsbeginn dergestalt aufgeschoben ist, dass die mittlere Lebenserwartung der versicherten Person unwesentlich unterschritten oder sogar überschritten wird. Nicht zu beanstanden ist es, wenn der Zeitraum zwischen dem vereinbarten spätesten Rentenbeginn und der mittleren Lebenserwartung mehr als 10 % der bei Vertragsabschluss verbliebenen Lebenserwartung beträgt. Maßgebend ist die dem Vertrag zu Grunde gelegte Sterbetafel. 1507c

1507d Diese Festlegungen sind u. E. vor dem Hintergrund nicht ganz verständlich, dass für Rentenversicherungsverträge der Basisversorgung (Basis-Vertrag) weit weniger strenge Regelungen gelten. Hier ist lediglich erforderlich, dass die Rente während der Laufzeit nicht sinken darf und dass der Vertrag die Verpflichtung des Versicherers enthält, vor Rentenbeginn die Leibrente auf Grundlage einer anerkannten Sterbetafel zu berechnen und dabei den während der Laufzeit der Rente geltenden Zinsfaktor festzulegen.[1] Damit wäre ausreichend dokumentiert, dass der Versicherer das Langlebigkeitsrisiko von Anfang an trägt, denn er wäre in einem solchen Fall nicht frei, die Rente nach freiem Belieben zu berechnen, sondern wäre durch die im/kurz vor dem Zeitpunkt des Rentenbeginns geltenden Rahmendaten festgelegt. Diese Rahmendaten enthalten genauso eine Chance als auch ein Risiko für den Rentenempfänger wie die Festlegung eines Rentenfaktors zu Beginn der Vertragslaufzeit. Vor dem Hintergrund der systematischen Anwendung des Ertragsteuerrechts wäre es daher wünschenswert gewesen, wenn der Begriff der Rentenversicherung einheitlich definiert worden wäre.

(3) Rentenversicherungen mit Kapitalwahlrecht

1508 Nach der ursprünglichen Fassung des AltEinkG fielen Rentenversicherungen mit Kapitalwahlrecht – soweit die Rentenzahlung gewählt wird – nicht unter § 20 Abs. 1 Nr. 6 EStG mit der Folge, dass nur die Rentenzahlungen der Ertragsanteilsbesteuerung nach § 22 Nr. 1 Satz 3 Buchst. a Doppelbuchst. bb EStG unterliegen. Die Erträge aus der Ansparphase bleiben weiterhin steuerfrei. Es ist u. E. fraglich, ob dies der Systematik des Drei-Schichten-Modells entspricht, wonach Verträge der dritten Schicht steuerlich nicht mehr begünstigt werden sollen. Außerdem ergibt sich ein Wertungswiderspruch zu den Kapitalversicherungen mit Rentenwahlrecht (vgl. hierzu Rn. 1507).

1509 Dem Gesetz war zunächst nicht zu entnehmen, wann eine Rente vorliegt, die die Anwendung des § 20 Abs. 1 Nr. 6 EStG ausschließt. Reicht hierzu bereits eine Zeitrente oder eine abgekürzte Leibrente oder muss eine lebenslange Rente vorliegen? Würde bereits eine Zeitrente genügen, böte die Regelung einen interessanten Gestaltungsspielraum. Sieht der Versicherungsvertrag z. B. vor, dass mit Vollendung des 60. Lebensjahres im Erlebensfall eine auf 2 Jahre begrenzte Leibrente zu zahlen ist, liegt eine abgekürzte Leibrente vor, die mit einem Ertragsanteil von 1 % der Besteuerung unterliegen würde (§ 22 Nr. 1

---

[1] BMF-Schreiben vom 19.8.2013, IV C 3 - S 2221/12/10010:004, IV C 5 - S 2345/08/0001, 2013/0760735, Rz. 13.

III. Steuerliche Behandlung der Beiträge und der Leistungen aus Verträgen

Satz 3 Buchst. a Doppelbuchst. bb EStG i. V. m. § 55 Abs. 2 EStDV) und nicht mit der Hälfte des Unterschiedsbetrags nach § 20 Abs. 1 Nr. 6 EStG.

Um derartige Gestaltungen zu verhindern, die u. E. auch nicht mit der Intention des Gesetzgebers in Einklang stehen dürften, hat die FinVerw geregelt, dass eine die Besteuerung nach § 20 Abs. 1 Nr. 6 EStG ausschließende Rentenzahlung voraussetzt, dass gleich bleibende oder steigende wiederkehrende Bezüge zeitlich unbeschränkt für die Lebenszeit der versicherten Person (lebenslange Leibrente) vereinbart werden. Leibrenten mit einer vertraglich vereinbarten Höchstlaufzeit (abgekürzte Leibrenten) und wiederkehrende Bezüge, die nicht auf die Lebenszeit, sondern auf eine festgelegte Dauer zu entrichten sind (Zeitrenten), sollen hingegen nach § 20 Abs. 1 Nr. 6 EStG zu versteuern sein. Leibrenten mit einer vertraglich vereinbarten Mindestlaufzeit (verlängerte Leibrenten) sollen dann nach § 20 Abs. 1 Nr. 6 EStG zu versteuern sein, wenn die Rentengarantiezeit über die auf volle Jahre aufgerundete verbleibende mittlere Lebenserwartung der versicherten Person bei Rentenbeginn hinausgeht. Maßgebend sein sollen die zum Zeitpunkt des Vertragsabschlusses zugrunde gelegte Sterbetafel und das bei Rentenbeginn vollendete Lebensjahr der versicherten Person. Entspricht die Rentengarantiezeit der Lebenserwartung oder ist sie kürzer, soll auch für den Rechtsnachfolger (i. d. R. der Erbe) die Ertragsanteilsbesteuerung anzuwenden sein. Dabei soll der auf den Erblasser angewandte Ertragsanteil fortgeführt werden.[1]

1510

Die Regelungen zur abgekürzten Leibrente und zur Zeitrente sind u. E. systematisch zutreffend. Fragwürdig erscheint hingegen die Regelung zur Mindestzeitrente. Eine lebenslange Leibrente liegt – auch nach Auffassung der FinVerw – vor, wenn wiederkehrende Bezüge zeitlich unbeschränkt für die Lebenszeit der versicherten Person vereinbart werden. Diese Voraussetzung ist auch bei einer Leibrente mit einer vertraglich vereinbarten Mindestlaufzeit erfüllt, wenn die Mindestlaufzeit über die durchschnittliche Lebenserwartung der versicherten Person hinausgeht. Schließlich erhält der Bezugsberechtigte (regelmäßig wohl auch versicherte Person) – unabhängig von der vereinbarten Garantiezeit – bis zum Tode der versicherten Person wiederkehrende Bezüge. Die Rentengarantiezeit kommt nur dann zum Tragen, wenn die versicherte Person vor dem Ende der Rentengarantiezeit stirbt. In diesem Fall erhält der – ggf. neue – Bezugsberechtigte (regelmäßig wohl der Rechtsnachfolger des verstorbenen Bezugsberechtigten) nach dem Tod der versicherten Person bis zum Ablauf der Garantiezeit eine Rente. Es wäre daher folgerichtig, beim Bezugs-

1511

---

[1] BMF-Schreiben vom 22. 12. 2005, BStBl 2006 I S. 92, Rz. 20; jetzt BMF-Schreiben vom 1. 10. 2009, BStBl 2009 I S. 1172, Rz. 20.

berechtigten eine lebenslange Leibrente anzunehmen, die der Ertragsanteilsbesteuerung nach § 22 Nr. 1 Satz 3 Buchst. a Doppelbuchst. bb EStG unterliegt und beim Rechtsnachfolger eine Zeitrente für die restliche Mindestlaufzeit, die nach § 22 Nr. 1 Satz 1 EStG in vollem Umfang der Besteuerung unterliegt.

1512 Es erscheint u. E. sehr bedenklich, dass die mittlere Lebenserwartung bei Rentenbeginn auf der Basis der statistischen Daten im Zeitpunkt des Vertragsabschlusses darüber entscheiden soll, ob die Besteuerung nach § 20 Abs. 1 Nr. 6 EStG oder nach § 22 Nr. 1 Satz 3 Buchst. a Doppelbuchst. bb EStG erfolgt. Nach den statistischen Erhebungen zur mittleren Lebenserwartung nimmt diese nicht gleichmäßig mit zunehmendem Lebensalter ab; d. h. beim Rentenbeginn z. B. im Alter von 60 Jahren hat der Versicherte eine mittlere Lebenserwartung von 22 Jahren, mit 75 Jahren beträgt sie aber noch 10 Jahre. Eine bei Rentenbeginn zunächst längere Rentengarantiezeit kann also während des Rentenverlaufs „aufgeholt" werden. Es dürfte zudem schwer fallen, einem Versicherten die Besteuerung der Erträge aus der Ansparphase mit der Begründung aufzuerlegen, er werde den Ablauf der vereinbarten Rentengarantiezeit voraussichtlich nicht erleben, weil seine verbleibende mittlere Lebenserwartung die Rentengarantiezeit z. B. um ein Jahr unterschreite, denn ein Versicherter wird eine lange Rentengarantiezeit, die zwangläufig zu Lasten der Rentenhöhe geht, vor allem vereinbaren, wenn er seine Hinterbliebenen für den Todesfall absichern möchte. Die Vereinbarung einer Rentengarantiezeit stellt sich insoweit als Alternative zu einer ergänzenden Risikolebensversicherung oder einer Versicherung auf die Lebenszeit mehrerer Berechtigter dar.

1513 Bedenklich erscheint u. E. ebenfalls, für den Fall, dass die Mindestlaufzeit die durchschnittliche Lebenserwartung nicht übersteigt, im Todesfall die Rente beim Erben mit dem Ertragsanteil des Erblassers fortzuführen. Aus der Sicht des Erben dürfte es sich vielmehr um eine Zeitrente handeln, die nach § 22 Nr. 1 Satz 1 EStG in voller Höhe der Besteuerung unterliegt.

1514 Im Rahmen des JStG 2007 hat der Gesetzgeber § 20 Abs. 1 Nr. 6 EStG ergänzt, indem eine Besteuerung nach dieser Vorschrift bei Rentenversicherungen mit Kapitalwahlrecht, die nach dem 31.12.2004 abgeschlossen worden sind, nur ausgeschlossen ist, soweit die lebenslange Rentenzahlung gewählt und erbracht wird.

► **Lebenslange Rentenzahlung**

Durch den Begriff „lebenslange Rentenzahlung" wird deutlich gemacht, dass die steuerliche Privilegierung der Rentenzahlung (Ertragsanteil) voraussetzt, dass gleich bleibende oder steigende wiederkehrende Bezüge zeitlich unbeschränkt für die Lebenszeit der versicherten Person vereinbart werden. Leibrenten mit einer vertraglich vereinbarten Höchstlaufzeit (abgekürzte Leibrente) und wiederkehrende Bezüge, die nicht auf die Lebenszeit, sondern auf eine festgelegte Dauer zu entrichten sind (Zeitrente), sind nach § 20 Abs. 1 Nr. 6 EStG zu versteuern.

▶ **Gewählte und erbrachte Rentenzahlung**

Durch die Ergänzung „und erbracht" wird des Weiteren klargestellt, dass die steuerliche Privilegierung nur soweit reicht, wie auch tatsächlich eine Rentenzahlung an den Bezugsberechtigten geleistet wird. Wird bei einer Rentenversicherung mit Kapitalwahlrecht die Rentenzahlung gewählt, diese aber anschließend durch Kündigung vorzeitig beendet und der noch bestehende Rentenzahlungsanspruch durch eine Kapitalleistung abgefunden, ist diese Versicherungsleistung nunmehr zweifelsfrei nach § 20 Abs. 1 Nr. 6 EStG zu versteuern. Diese Ergänzung war wichtig, da das Gesetz nur auf den Erlebensfall und den Rückkaufsfall Bezug nimmt. Liegt eine Rentenversicherung mit Kapitalwahlrecht vor und hat der Steuerpflichtige im Zeitpunkt des Eintritts des Versicherungsfalls die Rentenzahlung gewählt, hatte dies u. E. zur Folge, dass § 20 Abs. 1 Nr. 6 EStG nicht griff. Die Vorschrift bot keinen Ansatzpunkt, zu einem späteren Zeitpunkt – hier im Abfindungszeitpunkt – erneut herangezogen zu werden. Diese Lücke ist nunmehr geschlossen, da es nicht mehr ausreicht, die Rente zu wählen; sie muss auch erbracht werden. Endet die Rentenzahlung hingegen aufgrund des Todes der versicherten Person, sind Kapitalleistungen zur Abfindung einer Rentengarantiezeit weiterhin nicht zu besteuern, da es sich insoweit um Todesfallleistungen handelt, die nicht in den Anwendungsbereich des § 20 Abs. 1 Nr. 6 EStG fallen.

Fraglich bleibt, ob nach der gesetzlichen Neufassung die differenzierenden Regelungen der FinVerw zur Mindestzeitrente noch in Betracht kommen (vgl. Rn. 1510 ff.). Auch wenn Mindestzeitrenten im Zusammenhang mit Vermögensübertragungen – unabhängig davon, ob die vereinbarte Mindestlaufzeit die durchschnittliche Lebenserwartung übersteigt oder nicht – Ähnlichkeit mit Kaufpreisraten haben und daher keine begünstigten Versorgungsleistungen darstellen können, handelt es sich dennoch begrifflich um lebenslange Renten.[1] Eine Berücksichtigung als Versorgungsleistungen wird nicht etwa deshalb abgelehnt, weil begrifflich keine lebenslange Leibrente vorliegen würde, sondern nur, weil begünstigte Versorgungsleistungen ein Versorgungsbedürfnis beim Berechtigten voraussetzen und auszuschließen sein muss,

1515

---

1 So auch Weber-Grellet in: Schmidt, EStG, § 22, Rz. 46.

dass die Leistungen Entgelt für die Vermögensübertragung darstellen. Gehen die Leistungen über den Tod des Berechtigten hinaus, tritt aber immer der Entgeltcharakter und der Vergleich mit einem Gleichstellungsgeld in den Vordergrund. Auf diese Abgrenzung kommt es hingegen bei einem Versicherungsvertrag nicht an. Denn dort bestehen die Rentenleistungen immer zu einem Teil aus den zuvor eingezahlten Beiträgen und daher aus einer Kapitalrückzahlung. Würde man dies als schädlich ansehen, dürften lebenslange Renten generell nicht zum Ausschluss des § 20 Abs. 1 Nr. 6 EStG führen. Im Übrigen käme bei dem Vergleich mit Kaufpreisraten auch keine Besteuerung nach § 20 Abs. 1 Nr. 6 EStG in Betracht, sondern allenfalls nach § 20 Abs. 1 Nr. 7 EStG. Dass Mindestzeitrenten lebenslange Renten sind, wird durchaus auch in der Literatur vertreten. Obwohl die Tabelle in § 55 EStDV nach ihrem Wortlaut nur abgekürzte Leibrenten betrifft, wird sie auch für verlängerte Leibrenten für anwendbar gehalten. Für die Anwendung kommt es bei verlängerten Leibrenten darauf an, ob die Mindestlaufzeit der Rente die durchschnittliche Lebenserwartung der Person übersteigt, auf deren Leben die Rente abgestellt ist. Unter dieser Voraussetzung ist der Prozentsatz des Ertragsanteils der Tabelle des § 55 Abs. 2 EStDV zu entnehmen. Ist umgekehrt die durchschnittliche Lebenserwartung der Bezugsperson größer als die Mindestlaufzeit, richtet sich der Prozentsatz des Ertragsanteils nach der Tabelle in § 22 Nr. 1 Satz 3 Buchst. a Doppelbuchst. bb EStG (vgl. hierzu auch Rn. 1460). Folglich müsste aufgrund der gesetzlichen Änderung eine Mindestzeitrente – unabhängig davon, ob die vereinbarte Mindestlaufzeit die durchschnittliche Lebenserwartung übersteigt oder nicht – beim Bezugsberechtigten zu einer lebenslangen Leibrente führen, die der Ertragsanteilsbesteuerung nach § 22 Nr. 1 Satz 3 Buchst. a Doppelbuchst. bb EStG i. V. m. § 55 Abs. 2 EStDV unterliegt und ggf. beim Rechtsnachfolger für die restliche Mindestlaufzeit zu einer Zeitrente, die nach § 22 Nr. 1 Satz 1 EStG in vollem Umfang der Besteuerung unterliegt, führen.

1516 Wird neben einem lebenslang zu zahlenden, gleich bleibenden oder steigenden Sockelbetrag eine jährlich schwankende Überschussbeteiligung gewährt, war fraglich, ob es sich insgesamt um gleich bleibende oder steigende Bezüge handelt, die die Besteuerung nach § 20 Abs. 1 Nr. 6 EStG ausschließen. Zwar hatte die FinVerw insoweit an ihrer bisherigen Auffassung festgehalten, wonach sowohl auf den Sockelbetrag als auch auf die Überschussbeteiligung die Ertragsanteilbesteuerung (§ 22 Nr. 1 Satz 3 Buchst. a Doppelbuchst. bb EStG) anzuwenden ist.[1] Der BFH hatte aber im Urteil vom

---

[1] Vgl. BMF-Schreiben vom 26. 11. 1998, BStBl 1998 I S. 1508; erneut bestätigt durch BMF-Schreiben vom 22. 12. 2005, BStBl 2006 I S. 92, Rz. 21 und vom 1. 10. 2009, BStBl 2009 I S. 1172, Rz. 21.

15. 6. 2005[1] Zweifel aufkommen lassen, ob er diese Auffassung stützt oder ob er nicht vielmehr in diesen Fällen insgesamt Erträge i. S. d. § 20 Abs. 1 Nr. 7 EStG annimmt. Er hat die Frage allerdings mangels Entscheidungserheblichkeit im Streitfall offen gelassen. Mit Urteil vom 20. 6. 2006[2] hat der BFH jedoch – u. E. zutreffend – entschieden, dass beide Bestandteile der wiederkehrenden Bezüge einheitlich zu beurteilen und trotz der durch die fehlende Gleichmäßigkeit der Leistungen bedingte Nichterfüllung des Leibrentenbegriffs lediglich mit ihrem Ertrags- bzw. Zinsanteil der Einkommensbesteuerung zu unterwerfen sind. Eine volle Erfassung der Überschussanteile würde bei gleichzeitiger Erfassung der garantierten (Grund-)Rente mit dem Ertragsanteil nach § 22 Nr. 1 Satz 3 Buchst. a Doppelbuchst. bb EStG bezogen auf die Gesamtleistung zu einer Überbesteuerung führen, da in diesem Fall auch ein Teil der Kapitalrückzahlung der Besteuerung unterworfen würde. Mit der Anwendung eines durchschnittlichen Zinssatzes bei der Ermittlung des Ertragsanteils werde der Ertrag der Rente typisierend erfasst, unabhängig vom tatsächlichen Ertrag im Einzelfall.

Die Auszahlung in Form einer konstanten Anzahl von Investmentanteilen stellt nach Auffassung der FinVerw keinen gleich bleibenden Bezug und damit keine Rentenzahlung dar.[3] Dies erscheint konsequent, da Anteile an Investmentfonds aus der Natur der Sache heraus im Wert schwanken. Folglich müssen Bezüge in Form einer konstanten Anzahl von Investmentanteilen als ebenso schwankend angesehen werden, wie z. B. eine prozentual konstante Gewinnbeteiligung. Nicht geäußert hat sich die FinVerw allerdings zu der Frage, welcher Einkunftsart die Erträge aus einer „Investmentrente" zuzuordnen sind und wie die Erträge zu ermitteln sind. Eine Besteuerung nach § 22 Nr. 1 Satz 3 Buchst. a Doppelbuchst. bb EStG kommt u. E. nicht in Betracht, da es sich nicht um eine Leibrente handelt. Die Erträge dürften folglich im Regelfall unter Einbeziehung der Regelungen des Investmentsteuergesetzes über § 20 Abs. 1 Nr. 7 EStG steuerlich zu erfassen sein, denn eine nennenswerte Risikotragung, die zu einer Besteuerung nach § 20 Abs. 1 Nr. 6 EStG führen könnte, dürfte bei einer derartigen Kapitalanlage wohl schwer darstellbar sein. 1517

Als Ergebnis bleibt festzuhalten, dass bei einer Rentenversicherung mit Kapitalwahlrecht folgende Leistungen zu den Einnahmen nach § 20 Abs. 1 Nr. 6 EStG rechnen: 1518

---

1 X R 64/01, BStBl II 2006 S. 245.
2 X R 3/06, BStBl 2006 II S. 870.
3 BMF-Schreiben vom 1. 10. 2009, BStBl 2009 I S. 1172, Rz. 21.

- Auszahlung der Versicherungsleistung in mehreren Teilauszahlungen
- Auszahlung der Versicherungsleistung in wiederkehrenden Bezügen, die keine lebenslange Leibrente darstellen.

(4) Rentenversicherung ohne Kapitalwahlrecht

1519 Nach § 20 Abs. 1 Nr. 6 EStG i. d. F. des AltEinkG waren Rentenversicherungen ohne Kapitalwahlrecht von dieser Vorschrift überhaupt nicht erfasst. Dies hatte zur Folge, dass – wie bei der Rentenversicherung mit Kapitalwahlrecht, allerdings ohne ausdrückliche Regelung – die Erträge aus der Ansparphase unversteuert blieben. Die Leibrentenzahlungen unterlagen der Ertragsanteilsbesteuerung nach § 22 Nr. 1 Satz 3 Buchst. a Doppelbuchst. bb EStG. Zeitrenten dürften wohl mit dem Zinsanteil – vergleichbar wie bei Kaufpreisraten – nach § 20 Abs. 1 Nr. 7 EStG der Besteuerung unterlegen haben. Da in Höhe der eingezahlten Beiträge eigenes Kapital zurückbezahlt wird, dürfte eine Besteuerung als wiederkehrender Bezug i. S. d. § 22 Nr. 1 Satz 1 EStG nicht gerechtfertigt sein. Fraglich war hingegen, wie Rentenversicherungen mit Teilkapitalauszahlungen steuerlich zu behandeln waren, also z. B. Verträge, die für den Erlebensfall vorsehen, dass ein Teil der Ablaufleistung verrentet und ein Teil in einer Summe ausbezahlt wird. Die FinVerw hat festgelegt, dass diese Fälle grundsätzlich wie Rentenversicherungen mit Kapitalwahlrecht zu behandeln sind, die Teilkapitalauszahlung also zu Einnahmen i. S. d. § 20 Abs. 1 Nr. 6 EStG führt.[1]

1520 Dies war nach dem Gesetzestext jedoch nicht zwingend. Denn anders als bis 2004 § 22 Nr. 1 Satz 3 Buchst. a EStG sieht § 22 Nr. 1 Satz 3 Buchst. a Doppelbuchst. bb EStG ab 2005 vor, dass nicht nur Leibrenten, sondern auch andere Leistungen unter die Ertragsanteilsbesteuerung fallen (sollen). Vor diesem Hintergrund könnte genauso die Auffassung vertreten werden, eine Rentenversicherung mit Teilkapitalauszahlung unterliege der Besteuerung nach § 22 Nr. 1 Satz 3 Buchst. a Doppelbuchst. bb EStG. Allerdings lässt diese Vorschrift im Ergebnis eine Besteuerung nicht zu, da in der Kapitalleistung keine Einkünfte aus Erträgen des Rentenrechts enthalten sind. Diese Besteuerungslücke wollte die FinVerw offensichtlich schließen, indem sie derartige Verträge dem § 20 Abs. 1 Nr. 6 EStG zugeordnet hat. Unversteuert blieb auch der Rückkauf einer Rentenversicherung ohne Kapitalwahlrecht. Dies hätte ebenfalls Gestaltungspotenzial geboten. Würde kurz vor Erreichen des Rentenzahlungsbeginns

---

1 BMF-Schreiben vom 22.12.2005, BStBl 2006 I S. 92, Rz. 19 und vom 1.10.2009, BStBl 2009 I S. 1172, Rz. 19.

der Vertrag gekündigt, könnte auf diesem Wege eine steuerfreie Einmalauszahlung erreicht werden. Das Gleiche würde gelten, wenn nach Beginn der Rentenzahlung der Vertrag gekündigt und der Rentenzahlungsanspruch durch eine Kapitalleistung abgefunden würde.

Um diese Lücken zu schließen, wurde § 20 Abs. 1 Nr. 6 EStG im Rahmen des JStG 2007 ergänzt. Bei einer Rentenversicherung ohne Kapitalwahlrecht unterliegt für nach dem 31. 12. 2006 abgeschlossene Verträge im Erlebensfall ebenfalls der Unterschiedsbetrag zwischen der Versicherungsleistung und der Summe der auf sie entrichteten Beiträge der Besteuerung nach § 20 Abs. 1 Nr. 6 EStG, soweit keine lebenslange Rentenzahlung vereinbart und erbracht wird. Im Fall des Rückkaufs des Vertrages unterliegt der Unterschiedsbetrag auch für nach dem 31. 12. 2004 und vor dem 1. 1. 2007 abgeschlossene Verträge der Besteuerung nach § 20 Abs. 1 Nr. 6 EStG, wenn der Rückkauf nach dem 31. 12. 2006 erfolgt.[1] Damit ist die Lücke allerdings nicht ganz geschlossen worden. Für nach dem 31. 12. 2004 und vor dem 1. 1. 2007 abgeschlossene Verträge bleibt die ungeklärte Rechtslage bestehen. Für diese Fälle wird – wenn derartige Verträge in der Praxis überhaupt abgeschlossen worden sind – u. U. die Rechtsprechung irgendwann die endgültige Rechtslage klären müssen. Weiterhin unbesteuert bleiben bei einer Rentenversicherung ohne Kapitalwahlrecht die Erträge aus der Ansparphase. 1521

(5) Fondsgebundene Kapitallebensversicherungen und fondsgebundene Rentenversicherungen

Fondsgebundene Lebensversicherungen unterscheiden sich von konventionellen Lebensversicherungen dadurch, dass die Höhe der Leistungen direkt von der Wertentwicklung der in einem besonderen Anlagestock angesparten Vermögensanlagen abhängt, wobei üblicherweise die Sparanteile nur in Investmentanteilen angelegt werden. Die Kapitalerträge aus fondsgebundenen Lebensversicherungen gehören unter den gleichen Voraussetzungen zu den Einnahmen aus Kapitalvermögen wie Erträge aus konventionellen Lebensversicherungen. Eine der Höhe nach garantierte Leistung gibt es bei der fondsgebundenen Lebensversicherung i. d. R. nicht, selbst der Verlust des gesamten eingesetzten Kapitals ist möglich. Üblich sind Verträge, bei denen der Versicherungsnehmer einen oder mehrere Investmentfonds selbst wählen kann, wobei er die Auswahl für zukünftige Sparanteile während der Versicherungsdauer i. d. R. ändern kann (Switchen). Außerdem kann das Recht eingeräumt 1522

---

1 § 52 Abs. 36 EStG i. d. F. JStG 2007.

sein, bereits investierte Sparanteile in andere Fonds umzuschichten (Shiften). Solche Umschichtungen stellen keinen Zufluss dar.[1] Nicht unter § 20 Abs. 1 Nr. 6 EStG fallen allerdings ab 2009 Versicherungsverträge, in denen eine gesonderte Verwaltung von speziell für diesen Vertrag zusammengestellten Kapitalanlagen vereinbart ist, die nicht auf öffentlich vertriebenen Investmentfondsanteilen oder Anlagen, die die Entwicklung eines veröffentlichten Indexes abbilden, beschränkt ist und wo der wirtschaftlich Berechtigte unmittelbar oder mittelbar über die Veräußerung der Vermögensgegenstände und die Wiederanlage der Erlöse bestimmen kann (vermögensverwaltender Versicherungsvertrag). In diesem Fall sind die dem Versicherungsunternehmen nach dem 31. 12. 2008 zufließenden Erträge dem wirtschaftlich Berechtigten aus dem Versicherungsvertrag zuzurechnen.[2] Die Besteuerung des halben Unterschiedsbetrags[3] kommt nicht Betracht.

(6) Reine Risikoversicherungen

1523 Eine Leistung aus einer reinen Risikoversicherung, also einer Versicherung ohne Sparanteil (z. B. Risikolebensversicherung, Unfallversicherung ohne garantierte Beitragsrückzahlung, Berufsunfähigkeitsversicherung, Erwerbsunfähigkeitsversicherung, Pflegeversicherung), fällt nicht unter § 20 Abs. 1 Nr. 6 EStG. Dies gilt sowohl für Kapitalauszahlungen aus reinen Risikoversicherungen als auch für Rentenzahlungen (z. B. Unfall-Rente, Invaliditätsrente) und zwar unabhängig davon, ob es sich um lebenslange Leibrenten oder abgekürzte Leibrenten handelt.[4] Rentenzahlungen werden jedoch im Regelfall nach § 22 Nr. 1 Satz 3 Buchst. a Doppelbuchst. bb EStG steuerpflichtig sein. Auch die Barauszahlung von Überschüssen sowie die Leistung aufgrund einer verzinslichen Ansammlung der Überschüsse ist bei einer reinen Risikoversicherung keine Einnahme im Sinne des § 20 Abs. 1 Nr. 6 EStG und auch nicht i. S. d. § 20 Abs. 1 Nr. 7 EStG.[5]

---

1 BMF-Schreiben vom 1. 10. 2009, BStBl 2009 I S. 1172, Rz. 33.
2 § 20 Abs. 1 Nr. 6 i. V. m. § 52 Abs. 36 EStG i. d. F. des JStG 2009. Die Regelung steht im Zusammenhang mit der Einführung der Abgeltungsteuer und soll Gestaltungen zur missbräuchlichen Umgehung der Abgeltungsteuer verhindern; vgl. hierzu auch BMF-Schreiben vom 1. 10. 2009, BStBl 2009 I S. 1172, Rz. 34a ff.
3 Vgl. Rn. 1557.
4 Zeitrenten dürften in diesem Zusammenhang eher unüblich sein, würden aber ansonsten unter § 22 Nr. 1 Satz 1 EStG fallen.
5 BMF-Schreiben vom 1. 10. 2009, BStBl 2009 I S. 1172, Rz. 7.

(7) Absicherung von Zusatzrisiken

Neben dem charakteristischen Hauptrisiko (Erleben, Tod) können mit einem Versicherungsvertrag auch weitere Risiken (Nebenrisiken) in Form einer Zusatzversicherung oder innerhalb einer einheitlichen Versicherung abgesichert sein (z. B. Invaliditäts-, Berufsunfähigkeits-, Unfalltod-, Pflege- und die Dread-Disease-Absicherung).[1] 1524

Enthält der Versicherungsvertrag andere als die genannten Nebenrisiken und ist der Eintritt dieses Risikos zu erwarten oder durch die versicherte Person herbeiführbar, so dass es sich bei wirtschaftlicher Betrachtungsweise um eine Fälligkeitsregelung handelt (z. B. Beginn der Ausbildung, Heirat), ist die Kapitalauszahlung bei Eintritt eines solchen unechten Nebenrisikos nach Auffassung der FinVerw – u. E. zutreffend – als Erlebensfall-Leistung nach § 20 Abs. 1 Nr. 6 EStG zu versteuern.[2] 1525

Kapitalauszahlungen bei Eintritt eines (echten) Nebenrisikos sind hingegen nicht nach § 20 Abs. 1 Nr. 6 EStG zu versteuern, da es sich insoweit nicht um eine Erlebensfall-Leistung handelt.[3] 1526

Auch Überschüsse und sonstige Leistungen (z. B. Rückzahlung überhobener Beiträge) aus einer weiteren Absicherung sind grundsätzlich keine Einnahmen i. S. d. § 20 Abs. 1 Nr. 6 EStG. Derartige Überschüsse und sonstigen Leistungen werden aber nur nachweisbar sein, wenn das Versicherungsunternehmen den darauf entfallenden Beitrag, den Überschussanteil und die sonstige Leistung für die weitere Absicherung getrennt ausweist.[4] 1527

(8) Veräußerung von Ansprüchen aus Lebensversicherungen

Die Veräußerung von Ansprüchen aus Lebensversicherungen konnte zunächst – anders als grundsätzlich der Rückkauf – steuerlich nicht nach § 20 Abs. 1 Nr. 6 EStG erfasst werden. Dies hat dazu geführt, dass sich ein lukrativer Zweitmarkt für Lebensversicherungen gebildet hat, der durch professionelle gewerbliche Aufkäufer genutzt wurde. Der Veräußerer des Versicherungsvertrags konnte den Erlös steuerfrei vereinnahmen, während er im Fall des Rückkaufs bei der Versicherung den Rückkaufswert u. U. nach § 20 Abs. 1 Nr. 6 EStG 1528

---

1 Bei einer Dread-Disease-Absicherung wird bei Eintritt einer schweren Krankheit geleistet (engl. dread disease = furchtbare Krankheit, schlimme Leiden).
2 BMF-Schreiben vom 1. 10. 2009, BStBl 2009 I S. 1172, Rz. 36.
3 Gl. A. BMF-Schreiben vom 1. 10. 2009, BStBl 2009 I S. 1172, Rz. 37.
4 BMF-Schreiben vom 1. 10. 2009, BStBl 2009 I S. 1172, Rz. 38; die entsprechenden Beitragsanteile sind in diesem Fall ggf. als Sonderausgaben nach § 10 Abs. 1 Nr. 3 Buchst. a EStG abziehbar (vgl. hierzu Rn. 1396 ff.).

hätte versteuern müssen.[1] Der gewerbliche Aufkäufer hatte zwar bei Fälligkeit des erworbenen Versicherungsvertrags den vollen Erlös als Betriebseinnahme zu erfassen, allerdings konnte er die Anschaffungskosten als Betriebsausgabe gegenrechnen. Damit blieben im Ergebnis die vor dem Erwerb des Versicherungsvertrags erwirtschafteten Erträge unbesteuert.

1529 Vor diesem Hintergrund hat der Gesetzgeber im Rahmen des Unternehmensteuerreformgesetzes 2008 in § 20 Abs. 2 Nr. 6 EStG eine Regelung geschaffen, wonach der Gewinn aus der Veräußerung von Ansprüchen auf eine Versicherungsleistung i. S. d. § 20 Abs. 1 Nr. 6 EStG zu den Einkünften aus Kapitalvermögen gehört. Tritt nunmehr ein Versicherungsnehmer seine Ansprüche z. B. aus kapitalbildenden Lebensversicherungen gegen Entgelt vertraglich ab oder tritt ein Dritter gegen Entgelt als Versicherungsnehmer in einen Versicherungsvertrag ein, führt dies für nach dem 31. 12. 2008 erfolgte Veräußerungen zu Einkünften aus Kapitalvermögen, wenn der veräußerte Versicherungsvertrag nach dem 31. 12. 2004 abgeschlossen worden ist. Wurde der Versicherungsvertrag vor dem 1. 1. 2005 abgeschlossen, gilt dies entsprechend, sofern bei einem Rückkauf zum Veräußerungszeitpunkt die Erträge nach § 20 Abs. 1 Nr. 6 EStG in der am 31. 12. 2004 geltenden Fassung steuerpflichtig wären.[2] Eine generelle Besteuerung des Veräußerungsgewinns wäre bei Altverträgen nicht vertretbar gewesen, da hier grundsätzlich das Kapitallebensversicherungsprivileg weiter gilt. Eine Besteuerungslücke bzw. nicht vertretbare Ungleichbehandlung bestand daher nur in den Fällen, in denen der Rückkauf eine Besteuerung nach § 20 Abs. 1 Nr. 6 EStG ausgelöst hätte, weil z. B. der Versicherungsvertrag für eine schädliche Finanzierung verwendet worden ist oder im Zeitpunkt des Rückkaufs die Laufzeit von zwölf Jahren noch nicht erfüllt war. Da die FinVerw von Veräußerungen bislang keine Kenntnis erlangt, hat der Gesetzgeber in § 20 Abs. 2 Nr. 6 Satz 2 EStG festgelegt, dass das Versicherungsunternehmen nach Kenntniserlangung von einer Veräußerung unverzüglich Mitteilung an das für den Steuerpflichtigen zuständige Finanzamt machen muss und dem Steuerpflichtigen auf Verlangen eine Bescheinigung über die Höhe der errichteten Beiträge im Zeitpunkt der Veräußerung zu erteilen hat. Damit soll vermieden werden, dass die neu eingeführte Norm mit einem Voll-

---

1 Bei vor dem 1. 1. 2005 abgeschlossenen Versicherungsverträgen für den Fall, dass die Voraussetzungen für das Kapitallebensversicherungsprivileg nicht vorlagen, bei nach dem 31. 12. 2004 abgeschlossenen Verträgen bei Kapitalversicherungen mit Sparanteil und Rentenversicherungen mit Kapitalwahlrecht generell, bei Rentenversicherungen ohne Kapitalwahlrecht nur, wenn der Rückkauf nach dem 31. 12. 2006 erfolgt.
2 § 52a Abs. 10 Satz 5 EStG.

zugsdefizit behaftet ist, da eine Einbeziehung in den Kapitalertragsteuerabzug nicht möglich ist.

dd) Besteuerung des Unterschiedsbetrags nach § 20 Abs. 1 Nr. 6 EStG

(1) Erlebensfall oder Rückkauf des Vertrages

Der Besteuerung nach § 20 Abs. 1 Nr. 6 EStG bei einem Neuvertrag unterliegen nur der Erlebensfall oder der Rückkauf. Die Versicherungsleistung bei Eintritt des mit der Versicherung untrennbar verbundenen charakteristischen Hauptrisikos (Tod, Unfall) rechnet nicht zu den Einnahmen nach § 20 Abs. 1 Nr. 6 EStG. 1530

Alle Versicherungsleistungen, die vom Versicherungsunternehmen aufgrund des Versicherungsvertrages zu erbringen sind, ohne dass sich das versicherte Risiko realisiert hat (Risiko-Leistung) oder dass der Versicherungsvertrag ganz oder teilweise vorzeitig beendet wurde (Rückkauf), sind Erlebensfall-Leistungen. Enthält der Versicherungsvertrag einen Anspruch auf Gewährung eines Darlehens des Versicherungsunternehmens an den Steuerpflichtigen, ohne dass sich das Versicherungsunternehmen eine freie Entscheidung über das ob der Darlehensgewährung vorbehält, ist generell von einer steuerpflichtigen Erlebensfall-Leistung auszugehen. In allen anderen Fällen ist zu prüfen, ob ein nicht am Versicherungsvertrag beteiligter Dritter einen vergleichbaren Darlehensvertrag abschließen würde, wenn man unterstellt, dass dem Dritten die vertraglichen Ansprüche zur Sicherheit abgetreten werden. Unter Zugrundelegung des Fremdvergleichsmaßstabs ist in der Regel von einer steuerpflichtigen Erlebensfall-Leistung auszugehen, wenn insbesondere der Versicherungsschutz (Leistung bei Eintritt des versicherten Risikos) aufgrund der Auszahlung abgesenkt wird, oder keine oder offensichtlich marktunüblich niedrige Darlehenszinsen zu entrichten sind, oder die Höhe der Darlehenszinsen und/oder die Höhe des zurück zu zahlenden Kapitals an die Höhe der Verzinsung oder Wertentwicklung des Versicherungsvertrages gekoppelt sind.[1] In der Regel tritt der Erlebensfall bei Ablauf der vereinbarten Versicherungslaufzeit ein. Es können im Versicherungsvertrag aber auch mehrere konkrete Teilauszahlungstermine oder zeitlich und der Höhe nach flexible Abrufmöglichkeiten bereits in der Ansparphase bzw. Aufschubphase vereinbart sein, so dass es mehrere Erlebensfälle gibt. Beispielsweise können bei einem Versicherungsvertrag mit 30-jähriger Laufzeit Teilauszahlungen nach 20 und nach 25 Jahren vorgesehen 1531

---

[1] Zur zeitlichen Anwendung dieser Regelung vgl. BMF-Schreiben vom 1. 10. 2009, BStBl 2009 I S. 1172, Rz. 41a.

sein. Sofern es sich dabei lediglich um ein Wahlrecht des Begünstigten handelt, das nicht ausgeübt wird, liegt kein Erlebensfall vor.[1]

1532 Bei einer gestreckten Kapitalauszahlung (Teilauszahlungen oder wiederkehrende Bezüge, die keine lebenslange Rentenzahlung i. S. d. Rn. 1508 ff. darstellen) nach Ablauf der Versicherungslaufzeit geht die FinVerw[2] nur von einem Erlebensfall zum Ablauftermin aus. Ein Zufluss – und damit auch die Besteuerung tritt jedoch erst mit Leistung des jeweiligen Teilbetrags ein. Davon zu unterscheiden ist der Fall, dass bei einer Kapitallebensversicherung mit Rentenwahlrecht für die Rentenzahlung optiert wird. In der Ausübung der Renten-Option sieht die FinVerw nämlich eine Verfügung über die auszahlbare Versicherungsleistung, die einen Zufluss begründet (vgl. Rn. 1507).

1533 Wenn sich der Steuerpflichtige das Kapital nach Erreichen des Ablauftermins nicht auszahlen lässt, sondern es gegen Entgelt oder auch ohne Entgelt bis zur Entscheidung über die endgültige Verwendung dem Versicherungsunternehmen überlässt (sog. Parkdepot), liegt aufgrund der erlangten Verfügungsmacht ein Zufluss vor. Wird hingegen die Fälligkeit einer Versicherungsleistung aufgrund einer nachträglichen Vertragsänderung während der Versicherungslaufzeit (Verlängerung der Versicherungslaufzeit) hinausgeschoben, liegt dagegen zum ursprünglichen Fälligkeitszeitpunkt kein Zufluss vor.[3]

1534 Sieht der Vertrag eine laufende (z. B. jährliche) Auszahlung von Überschüssen vor, stellt dies ebenfalls eine zugeflossene Erlebensfall-Leistung dar. Dies gilt auch, wenn der Überschuss nicht zur Barauszahlung, sondern zur Reduzierung der laufenden Beitragszahlung verwendet wird, da in diesen Fällen zivilrechtlich eine Aufrechnung vorliegt. Ist jedoch von vornherein vertraglich nur eine Verrechnung mit den Beiträgen vereinbart, besteht also kein Wahlrecht zwischen Auszahlung und Verrechnung, liegt hinsichtlich der Überschüsse kein Erlebensfall und kein Zufluss von Erträgen vor.

1535 Ein Rückkauf liegt vor, wenn der Versicherungsvertrag vorzeitig ganz oder teilweise beendet wird (insbesondere aufgrund Rücktritt, Kündigung oder Anfechtung). Bei einer vorzeitigen Beendigung des Versicherungsvertrages ist regelmäßig vereinbart, dass das Versicherungsunternehmen einen Rückkaufswert zu erstatten hat (vgl. § 176 Abs. 1 VVG, der eine gesetzliche Verpflichtung zur Erstattung des Rückkaufswertes bei Kapitalversicherungen auf den Todesfall mit unbedingter Leistungspflicht enthält). Der Rückkaufswert ist nach den

---

1 BMF-Schreiben vom 1. 10. 2009, BStBl 2009 I S. 1172, Rz. 41 ff.
2 BMF-Schreiben vom 1. 10. 2009, BStBl 2009 I S. 1172, Rz. 43.
3 BMF-Schreiben vom 1. 10. 2009, BStBl 2009 I S. 1172, Rz. 44.

anerkannten Regeln der Versicherungsmathematik für den Schluss der laufenden Versicherungsperiode als Zeitwert der Versicherung zu berechnen. Beitragsrückstände werden vom Rückkaufswert abgesetzt. § 12 Abs. 4 Satz 1 BewG ist nicht anwendbar. Ein teilweiser Rückkauf liegt insbesondere vor, wenn der Versicherungsvertrag das Recht enthält, durch Teilkündigung einen Teil der Erlebensfall-Leistung vorzeitig abzurufen.[1]

(2) Zurechnung der Einkünfte nach § 20 Abs. 1 Nr. 6 EStG

Die Einkünfte aus einem Versicherungsvertrag sind grundsätzlich demjenigen zuzurechnen, der das Kapital in Form der Spartenteile im eigenen Namen und für eigene Rechnung dem Versicherungsunternehmen zur Nutzung überlassen hat. Soweit eine andere Person wirtschaftlicher Eigentümer i. S. d. § 39 Abs. 2 Nr. 1 AO des Anspruchs auf die steuerpflichtige Versicherungsleistung (Erlebensfall-Leistung oder Rückkaufswert) ist, sind ihr die erzielten Erträge zuzurechnen.[2] 1536

Steuerpflichtiger wird i. d. R. der Versicherungsnehmer sein, also der Vertragspartner des Versicherers. Er ist Träger aller Rechte des Vertrages, z. B. des Rechts die Versicherungsleistung zu fordern, den Vertrag zu ändern, zu kündigen, Bezugsberechtigungen zu erteilen, die Ansprüche aus dem Vertrag abzutreten oder zu verpfänden. Er ist gleichzeitig Träger aller Pflichten, z. B. Pflicht zur Beitragszahlung.[3] 1537

Wechselt die Person des Versicherungsnehmers durch Gesamtrechts- oder Einzelrechtsnachfolge, wird regelmäßig der Rechtsnachfolger Steuerpflichtiger.[4] 1538

Hat der Versicherungsnehmer allerdings einer anderen Person ein unwiderrufliches Bezugsrecht eingeräumt, gilt grundsätzlich der Bezugsberechtigte als Steuerpflichtiger der erzielten Erträge. Ist das Bezugsrecht widerruflich, tritt der Bezugsberechtigte erst bei Eintritt des Erlebensfalls an die Stelle des Steuerpflichtigen.[5] 1539

Hat der Steuerpflichtige den Anspruch auf Versicherungsleistung abgetreten, wird der Abtretungsempfänger (Zessionar) nur dann Steuerpflichtiger, wenn er und nicht der Abtretende (Zedent) die Erträge erzielt. Das Erzielen von Erträ- 1540

---

1 BMF-Schreiben vom 1. 10. 2009, BStBl 2009 I S. 1172, Rz. 48.
2 BMF-Schreiben vom 1. 10. 2009, BStBl 2009 I S. 1172, Rz. 50.
3 BMF-Schreiben vom 1. 10. 2009, BStBl 2009 I S. 1172, Rz. 8.
4 BMF-Schreiben vom 1. 10. 2009, BStBl 2009 I S. 1172, Rz. 51.
5 BMF-Schreiben vom 1. 10. 2009, BStBl 2009 I S. 1172, Rz. 9 ff. und 52.

gen setzt voraus, dass nach den getroffenen Vereinbarungen die Versicherungsleistung das Vermögen des Zessionars und nicht das des Zedenten mehren soll. Dient beispielsweise die Versicherungsleistung dazu, eigene Verbindlichkeiten des Zedenten gegenüber dem Zessionar zu tilgen, bleibt der Zedent Steuerpflichtiger. Typischerweise werden durch die Versicherungsleistung bei Eintritt des Sicherungsfalls bei einer Sicherungsabtretung oder bei Einziehung und Verwertung durch einen Pfandgläubiger eigene Verbindlichkeiten des Zedenten bzw. des Pfandschuldners getilgt, so dass regelmäßig der Zedent bzw. der Pfandschuldner Steuerpflichtiger der Erträge bleibt.

1541 Ob der Versicherungsnehmer auch versicherte Person ist, ist für die Frage der Zurechnung der Einkünfte unmaßgeblich. Die versicherte Person ist nur maßgebend für die Frage, auf wessen Leben oder Gesundheit die Versicherung abgeschlossen ist.[1]

(3) Berechnung des Unterschiedsbetrags

1542 Greift für einen nach dem 31.12.2004 abgeschlossenen Vertrag die Besteuerung nach § 20 Abs. 1 Nr. 6 EStG ein, unterliegt der Unterschiedsbetrag zwischen der Versicherungsleistung und der Summe der auf sie entrichteten Beiträge der Besteuerung.

(a) Versicherungsleistung

1543 Versicherungsleistung ist grundsätzlich der Gesamtbetrag der zugeflossenen Geldleistungen. In der Versicherungsleistung enthalten sind die angesammelten Sparanteile, die garantierte Verzinsung der Sparanteile und Überschüsse aus dem Kapitalanlage-, dem Risiko- und dem Kostenergebnis.[2] Ein Versicherungsvertrag sieht i. d. R. vor, dass der Versicherungsnehmer und/oder der Bezugsberechtigte an den Überschüssen des Versicherungsunternehmens zu beteiligen ist. Überschüsse erzielen die Unternehmen vor allem aus dem Kapitalanlage-, dem Risiko- und dem Kostenergebnis. Ein Überschuss entsteht im Kapitalanlageergebnis, wenn ein höherer Ertrag als der Rechnungszins erzielt wird, wobei der Rechnungszins den vom Versicherungsunternehmen garantierten Zins wiedergibt, mit dem die Deckungsrückstellung kalkuliert wird. Beim Risikoergebnis kommt es zu Überschüssen, wenn der Risikoverlauf günstiger ist, als bei der Kalkulation angenommen (z. B. bei Versicherungen mit Todesfall-Leistung eine geringere Anzahl von Sterbefällen). Das Kostenergebnis

---

[1] BMF-Schreiben vom 1.10.2009, BStBl 2009 I S.1172, Rz.12; vgl. auch Rn.1495.
[2] BMF-Schreiben vom 1.10.2009, BStBl 2009 I S.1172, Rz.55.

ist positiv, wenn das Versicherungsunternehmen weniger Kosten für die Einrichtung und die laufende Verwaltung des Vertrages aufwendet, als veranschlagt wurde. Die Überschüsse werden jährlich ermittelt.

Die Beteiligung an den Überschüssen kann insbesondere wie folgt erfolgen: 1544

▶ Barauszahlung:

Die Überschüsse werden jährlich ausgezahlt.[1]

▶ Bonussystem:

Beim Bonussystem werden die Überschussanteile als Einmalbeiträge für eine zusätzliche beitragsfreie Versicherung (Bonus) verwendet. Bei jährlichen Überschussanteilen erhöht sich dadurch die Versicherungsleistung von Jahr zu Jahr. Der Bonus fließt aber insgesamt erst mit Ablauf der Versicherungslaufzeit bzw. im Rückkaufszeitpunkt zu.[2]

▶ Verzinsliche bzw. rentierliche Ansammlung:

Bei der verzinslichen Ansammlung werden die jährlichen Überschussanteile beim Versicherungsunternehmen einbehalten und Ertrag bringend angelegt. Die angesammelten Beträge zuzüglich der Erträge werden zusammen mit der Versicherungssumme ausbezahlt und fließen dem Steuerpflichtigen auch erst zu diesem Zeitpunkt zu.

▶ Schlussüberschussbeteiligung:

Überschussanteile, die nicht laufend dem Vertrag unwiderruflich zugeteilt, sondern nur für den Fall einer Leistung aus dem Vertrag in einem Geschäftsjahr festgelegt werden, werden als z. B. Schlussüberschüsse, Schlussgewinne, Schlussdividende bezeichnet; auch sie fließen erst bei Fälligkeit der Versicherungsleistung zu.[3]

Nicht Bestandteil der steuerpflichtigen Versicherungsleistung sind die Überschussanteile und sonstige Leistungen aus Nebenrisiken, da nur Versicherungsleistungen anlässlich des Erlebensfalls der Besteuerung unterliegen.[4] 1545

Kann der Versicherungsnehmer bei einer fondsgebundenen Lebensversicherung wählen, ob er statt einer Geldzahlung die Übertragung der Fondsanteile in sein Depot möchte, ist nach Auffassung der FinVerw als Versicherungsleis- 1546

---

[1] In diesen Fällen ist die Besteuerung nach § 20 Abs. 1 Nr. 6 EStG auch jährlich im Jahr der jeweiligen Auszahlung der Überschüsse vorzunehmen; vgl. BMF-Schreiben vom 1. 10. 2009, BStBl 2009 I S. 1172, Rz. 45.
[2] BMF-Schreiben vom 1. 10. 2009, BStBl 2009 I S. 1172, Rz. 47.
[3] BMF-Schreiben vom 1. 10. 2009, BStBl 2009 I S. 1172, Rz. 47.
[4] BMF-Schreiben vom 1. 10. 2009, BStBl 2009 I S. 1172, Rz. 55.

tung der Rücknahmepreis der Fondsanteile anzusetzen, mit dem die Versicherungsleistung bei einer Geldzahlung berechnet worden wäre.[1] Dies weicht u. E. von den üblichen Bewertungsgrundsätzen bei Sachleistungen ab. Üblicherweise wird hier auf den festgestellten Rücknahmepreis der Anteile im Zeitpunkt der Depoteinbuchung beim Steuerpflichtigen abgestellt, denn in dieser Höhe fließt ihm ein Vorteil tatsächlich zu. Wie hoch die Geldzahlung gewesen wäre, wenn er diese gewählt hätte, ist für die Bewertung des Zuflusses unmaßgeblich. Möglicherweise hat die FinVerw auf die alternativ zustehende Geldleistung abgestellt, um dem Schuldner den Kapitalertragsteuerabzug zu vereinfachen. Dennoch hätte es in diesem Fall wohl näher gelegen, aus Vereinfachungsgründen auf den Rücknahmepreis der Anteile am Tag der Ausbuchung der Fondsanteile aus dem Depot des Versicherungsunternehmens abzustellen.

(b) Entrichtete Beiträge

1547 Von der Versicherungsleistung in Abzug zu bringen sind nach dem Gesetzeswortlaut die auf sie entrichteten Beiträge. Zugunsten des Steuerpflichtigen geht die FinVerw[2] davon aus, dass die aufgrund des Versicherungsvertrags erbrachten Geldleistungen mindernd zu berücksichtigen sind, wozu auch die Ausfertigungsgebühr, Abschlussgebühr und die Versicherungssteuer gehören, sowie Vermittlungsprovisionen, die vom Versicherungsnehmer aufgrund eines gesonderten Vertrags an einen Versicherungsvermittler erbracht werden. Letztere gehören nach der Rechtsprechung des BFH nicht zu den sofort abziehbaren Werbungskosten, sondern zu den Anschaffungsnebenkosten eines Versicherungsvertrags.[3] Da der Gesetzgeber nur den Abzug der Beiträge von der Versicherungsleistung vorgesehen hat, wären die genannten Geldleistungen ohne die großzügige Auslegung der FinVerw – wohl zu Unrecht – unberücksichtigt geblieben.

1548 Provisionen, die der Versicherungsvermittler von der Versicherungsgesellschaft erhält und die dieser an den Steuerpflichtigen weiterleitet, oder Provisionen, die der Steuerpflichtige unmittelbar von der Versicherungsgesellschaft erhält (sog. Eigenprovisionen), mindern die Summe der entrichteten Beiträge.[4]

---

1 BMF-Schreiben vom 1.10.2009, BStBl 2009 I S. 1172, Rz. 34.
2 BMF-Schreiben vom 1.10.2009, BStBl 2009 I S. 1172, Rz. 56.
3 Vgl. z. B. BFH, Urteil vom 27.6.1989, VIII R 30/88, BStBl 1989 II S. 934 und vom 16.9.2004, X R 19/03, BFH/NV 2005, 120.
4 BFH, Urteil vom 2.3.2004, IX R 68/02, BStBl 2004 II S. 506.

III. Steuerliche Behandlung der Beiträge und der Leistungen aus Verträgen

Sah der Versicherungsvertrag eine Verrechnung der laufenden Überschüsse mit den Beiträgen vor, ohne dass dem Versicherungsnehmer ein Wahlrecht zwischen Auszahlung und Verrechnung zustand, können von der Versicherungsleistung nur die um die verrechneten Überschüsse verminderten Nettobeiträge gegenübergestellt werden.[1]   1549

Wurden die Überschussanteile nach dem Bonussystem für eine zusätzliche beitragsfreie Versicherung verwendet, stellten sie keinen entrichteten Beitrag dar.[2]   1550

Von der Versicherungsleistung in Abzug gebracht werden dürfen nach der gesetzlichen Formulierung nur die im Beitrag enthaltenen Anteile zur Absicherung des charakteristischen Hauptrisikos (Todesfallrisiko bei einer Lebensversicherung, Unfallrisiko sowie das Risiko der Beitragsrückzahlung im Todesfall bei einer Unfallversicherung mit Beitragsrückzahlung). Beitragsanteile, die das Versicherungsunternehmen aufgrund individueller oder pauschaler Kalkulation den Nebenrisiken zugeordnet hat, sind bei der Ermittlung des Unterschiedsbetrags nicht ertragsmindernd anzusetzen.[3]   1551

Sieht der Vertrag allerdings vor, dass bei Eintritt eines Nebenrisikos (z. B. Berufsunfähigkeit) keine Kapitalauszahlung und auch keine Rentenzahlung erbracht wird, sondern dass stattdessen die Leistung in einer Beitragsbefreiung für den Hauptvertrag besteht, ist von der Versicherungsleistung bei Eintritt des Versicherungsfalls für das Hauptrisiko ein rechnerischer Ausgleichsposten in Höhe der angenommenen oder tatsächlich durch das Versicherungsunternehmen übernommenen Beiträge bei der Berechnung des Unterschiedsbetrags ertragsmindernd zu berücksichtigen.   1552

Unerheblich ist nach Auffassung der FinVerw[4] und u. E. zutreffend, wer die Versicherungsbeiträge aufgewendet hat. Auch Beiträge, die nicht der Steuerpflichtige aufgewendet hat, mindern den steuerpflichtigen Ertrag.   1553

BEISPIEL: ▶ Berechnung des Unterschiedsbetrags nach § 20 Abs. 1 Nr. 6 EStG
A zahlt in der Ansparphase (Vertragsabschluss im Juli 2005) 54 000 € Beiträge in eine Lebensversicherung ein. Außerdem sichert er über den gleichen Vertrag auch noch die Berufsunfähigkeit ab, wodurch zusätzliche Beiträge i. H. v. 20 000 € über die Laufzeit anfallen. Erfreulicherweise wird A nicht berufsunfähig. Im Alter von 59 Jahren erhält er eine Kapitalauszahlung aus dem Versicherungsvertrag i. H. v. 150 000 €.

---

1 BMF-Schreiben vom 1. 10. 2009, BStBl 2009 I S. 1172, Rz. 46.
2 BMF-Schreiben vom 1. 10. 2009, BStBl 2009 I S. 1172, Rz. 57.
3 BMF-Schreiben vom 1. 10. 2009, BStBl 2009 I S. 1172, Rz. 58.
4 BMF-Schreiben vom 1. 10. 2009, BStBl 2009 I S. 1172, Rz. 59.

Die Ablaufleistung aus der Versicherung unterliegt mit 96 000 € der Besteuerung nach § 20 Abs. 1 Nr. 6 EStG. Dass neben den Beiträgen i. H. v. 54 000 € auf den Lebensversicherungsvertrag noch 20 000 € Beiträge für die Absicherung der Berufsunfähigkeit entrichtet worden sind, wirkt sich auf die Ertragsbesteuerung nicht mindernd aus.

1554 Wird die Versicherungsleistung in Teilbeträgen erbracht – ohne dass eine lebenslange Rentenleistung vorliegt, die die Anwendung des § 20 Abs. 1 Nr. 6 EStG ausschließt (vgl. Rn. 1508 ff.) oder werden die laufenden Überschussanteile in Form von Barauszahlungen ausgezahlt (vgl. Rn. 1543), sind die von der Versicherungsleistung in Abzug zu bringenden Beiträge nach Auffassung der FinVerw[1] nach folgender Formel zu ermitteln:

Versicherungsleistung × (Summe der entrichteten Beiträge – bereits verbrauchte Beiträge)
Zeitwert der Versicherung zum Auszahlungszeitpunkt

1555 Die nach der genannten Formel ermittelten Beiträge sind dann höchstens in Höhe der Teilleistung anzusetzen. Die bereits für Teilleistungen verbrauchten Beiträge mindern die bei nachfolgenden Teilleistungen zu berücksichtigenden Beiträge. Bei der Ermittlung des Unterschiedsbetrags der letzten Teilleistung bzw. der Schlussleistung sind die noch nicht angesetzten Beiträge abzuziehen.

BEISPIEL: Berechnung des Unterschiedsbetrags nach § 20 Abs. 1 Nr. 6 EStG bei Teilleistungen[2]

Der Versicherungsvertrag sieht wiederkehrende Bezüge von jährlich 6 000 € für die Lebenszeit des Begünstigten, längstens jedoch für fünf Jahre vor. An Beiträgen wurden 12 000 € erbracht. Der Steuerpflichtige (männlich) hat zum Beginn der Auszahlung das 50. Lebensjahr vollendet.

Der nach den anerkannten Regeln der Versicherungsmathematik unter Berücksichtigung der geschlechtsspezifischen Sterbewahrscheinlichkeit ermittelte Zeitwert der Versicherung vor Auszahlung der jeweiligen Bezüge beträgt im

Jahr 01:	27 500 €
Jahr 02:	22 500 €
Jahr 03:	17 200 €
Jahr 04:	11 700 €
Jahr 05:	6 000 €.

---

1 BMF-Schreiben vom 1. 10. 2009, BStBl 2009 I S. 1172, Rz. 61.
2 Entnommen aus BMF-Schreiben vom 1. 10. 2009, BStBl 2009 I S. 1172, Rz. 63.

III. Steuerliche Behandlung der Beiträge und der Leistungen aus Verträgen

Ermittlung der anteiligen Beiträge im Jahr 01:

$$\frac{6\,000\,\text{€} \times 12\,000\,\text{€}}{27\,500\,\text{€}} \text{ ergibt } 2\,618{,}18\,\text{€}$$

Versicherungsleistung:	6 000,00 €
./. anteilig geleistete Beiträge:	2 618,18 €
Ertrag nach § 20 Abs. 1 Nr. 6 EStG in 01	3 381,82 €

Ermittlung der anteiligen Beiträge im Jahr 02:

$$\frac{6\,000\,\text{€} \times (12\,000\,\text{€} - 2\,618{,}18\,\text{€})}{22\,500\,\text{€}} \text{ ergibt } 2\,501{,}82\,\text{€}$$

Versicherungsleistung:	6 000,00 €
./. anteilig geleistete Beiträge:	2 501,82 €
Ertrag nach § 20 Abs. 1 Nr. 6 EStG in 02	3 498,18 €

Gesamtlösung für die Jahre 01 bis 05:

Jahr	Versicherungsleistungen	anteilige Beiträge	Ertrag
01	6 000,00 €	2 618,18 €	3 381,82 €
02	6 000,00 €	2 501,82 €	3 498,18 €
03	6 000,00 €	2 400,00 €	3 600,00 €
04	6 000,00 €	2 297,44 €	3 702,56 €
05	6 000,00 €	2 182,56 €	3 817,44 €
Kontrolle	30 000,00 €	12 000,00 €	18 000,00 €

Erfolgt eine Kapitalauszahlung erst nach Beginn der Auszahlungsphase einer Rentenversicherung, ist bei der Ermittlung des Unterschiedsbetrages zu berücksichtigen, dass in den bis zum Zeitpunkt der Kapitalauszahlung bereits geleisteten Rentenzahlungen anteilige Versicherungsbeiträge enthalten sind. Diese ergeben sich nach Auffassung der FinVerw in pauschalierender Form aus der Differenz zwischen dem bisher ausgezahlten Rentenbetrag und dem für diese Rentenzahlung anzusetzenden Ertragsanteil. Der so ermittelte Betrag ist bei der Berechnung des Unterschiedsbetrages nach § 20 Abs. 1 Nr. 6 EStG als bereits verbrauchte Beiträge zu berücksichtigen.[1] 1555a

---

[1] BMF-Schreiben vom 18. 6. 2003, BStBl 2013 I S. 768 mit Berechnungsbeispiel.

(c) Entgeltlich erworbener Vertrag

1556 Die FinVerw hatte zunächst keine Aussage zur Ermittlung des Unterschiedsbetrags getroffen für die Fälle, in denen der Steuerpflichtige den Vertrag entgeltlich erworben hat. U. E. müsste in diesem Fall das Entgelt für den Erwerb des Vertrags den Beiträgen gleichgestellt und damit von der Versicherungsleistung abgezogen werden. In diesem Sinne wurde § 20 Abs. 1 Nr. 6 EStG inzwischen im Rahmen des Unternehmensteuerreformgesetzes 2008 mit Wirkung ab dem VZ 2008 geändert. In § 20 Abs. 1 Nr. 6 Satz 3 EStG heißt es nunmehr, dass bei entgeltlichem Erwerb eines Anspruchs auf die Versicherungsleistung die Anschaffungskosten an die Stelle der vor dem Erwerb entrichteten Beiträge treten. Die FinVerw hat ihre Verwaltungsanweisung entsprechend ergänzt.[1] Ergänzend hat sie geregelt, dass § 20 Abs. 1 Nr. 6 Satz 3 EStG entsprechend anzuwenden ist, wenn für einen vor dem 1.1.2005 abgeschlossenen Vertrag das Kapitallebensversicherungsprivileg nicht zur Anwendung kommt. In diesem Fall sind die bis zum Erwerbszeitpunkt angefallenen außerrechnungsmäßigen und rechnungsmäßigen Zinsen mindernd zu berücksichtigen.

(4) Hälftiger Unterschiedsbetrag

1557 Im Rahmen des Vermittlungsverfahrens zum AltEinkG wurde durchgesetzt, dass der Unterschiedsbetrag nur zur Hälfte mit dem individuellen Steuersatz zu versteuern ist, wenn die Vertragslaufzeit mindestens zwölf Jahre beträgt und die Kapitalauszahlung erst nach Vollendung des 60. Lebensjahres des Steuerpflichtigen erfolgt. Für Verträge, die nach dem 31.12.2011 abgeschlossen werden, ist insoweit auf die Vollendung des 62. Lebensjahres abzustellen.[2]

1558 Die FinVerw hat klargestellt, dass keine Bedenken bestehen, hinsichtlich der Berechnung der Mindestvertragsdauer als Beginn der Vertragsdauer den im Versicherungsschein bezeichneten Tag des Versicherungsbeginns gelten zu lassen, wenn innerhalb von drei Monaten nach diesem Tag der Versicherungsschein ausgestellt und der erste Beitrag gezahlt wird; ist die Frist von drei Monaten überschritten, tritt an die Stelle des im Versicherungsschein bezeichneten Tages des Versicherungsbeginns der Tag der Zahlung des ersten Beitrages.[3]

1559 Sind während der Vertragslaufzeit wesentliche Merkmale der Versicherung (z. B. Versicherungslaufzeit, Versicherungssumme, Beitragshöhe, Beitragszah-

---

1 Vgl. BMF-Schreiben vom 1.10.2009, BStBl 2009 I S. 1172, Rz. 64a f.
2 Vgl. § 52 Abs. 36 Satz 9 EStG i. d. F. des RV-Altersgrenzenanpassungsgesetzes.
3 BMF-Schreiben vom 1.10.2009, BStBl 2009 I S. 1172, Rz. 66.

III. Steuerliche Behandlung der Beiträge und der Leistungen aus Verträgen

lungsdauer)[1] geändert worden, hat dies Auswirkungen auf die Mindestvertragsdauer, wenn nachträglich Beitragserhöhungen und Erhöhungen der Versicherungssumme vereinbart werden. Im Umfang der Erhöhung liegt ein neuer Vertrag vor, für den die Mindestvertragsdauer ab dem vereinbarten Erhöhungszeitpunkt neu zu laufen beginnt.[2] Waren die Vertragsanpassungen hingegen bereits im ursprünglichen Vertrag vorgesehen (ggf. im Rahmen einer hinreichend bestimmten Option) und liegt kein Gestaltungsmissbrauch vor (vgl. hierzu Rn. 1495 ff.), kommt es hingegen bei Eintritt der Vertragsänderung nicht zu einem Neubeginn der Mindestvertragsdauer.[3] Gleiches gilt, wenn im Rahmen einer nachträglichen Vertragsänderung ausschließlich wesentliche Vertragsbestandteile vermindert bzw. gesenkt werden (z. B. Verkürzung der Laufzeit oder der Beitragszahlungsdauer, niedrigere Beitragszahlungen oder Versicherungssumme). Es wird hier der geänderte Vertrag als „alter Vertrag" fortgeführt.[4] Wird nachträglich die Versicherungslaufzeit oder die Beitragszahlungsdauer verkürzt, ist dies unbeachtlich, soweit nicht die Gesamtvertragsdauer von zwölf Jahren unterschritten wird.[5]

Für vor dem 1.1.2012 abgeschlossene Verträge hat die FinVerw im Hinblick auf die Mindestvertragsdauer allerdings beschlossen, dass Anpassungen bzgl. der gesetzlichen Anhebung des Rentenalters von 65 auf 67 Jahre (Verlängerung der Laufzeit eines Vertrages) nicht zu einer nachträglichen Vertragsänderung führt, wenn der Vertrag bisher einen Auszahlungszeitpunkt im 65. oder 66. Lebensjahr zum Inhalt hatte und wenn die Verlängerung einen Zeitraum von höchstens zwei Jahren umfasst. Eine entsprechende Verlängerung der Beitragszahlungsdauer ist zulässig. Eine solche Verlängerung der Laufzeit bzw. der Beitragszahlungsdauer infolge der Anhebung der Altersgrenze kann nur einmalig vorgenommen werden.[6] 1559a

Treten während der Vertragslaufzeit beim Versicherungsnehmer Zahlungsschwierigkeiten auf, sieht der Versicherungsvertrag häufig Regelungen vor, wonach innerhalb einer Frist von i. d. R. drei Jahren eine Wiederherstellung des alten Versicherungsschutzes bis zur Höhe der ursprünglich vereinbarten Versicherungssumme verlangt werden kann und die Beitragsrückstände nachentrichtet werden können. Die FinVerw rechnet – u. E. zutreffenderweise – auch 1560

---

1 BFH, Urteil vom 9.5.1974, VI R 137/72, BStBl 1974 II S. 633.
2 BMF-Schreiben vom 1.10.2009, BStBl 2009 I S. 1172, Rz. 71.
3 BMF-Schreiben vom 1.10.2009, BStBl 2009 I S. 1172, Rz. 68.
4 BMF-Schreiben vom 1.10.2009, BStBl 2009 I S. 1172, Rz. 69.
5 BMF-Schreiben vom 1.10.2009, BStBl 2009 I S. 1172, Rz. 70.
6 BMF-Schreiben vom 6.3.2012, BStBl 2012 I S. 238.

die Wiederherstellung des ursprünglichen Versicherungsschutzes dem „alten Vertrag" zu.[1] Werden statt der Nachentrichtung der Beiträge andere Maßnahmen zur Schließung der Beitragslücke ergriffen (z. B. Anhebung künftiger Beiträge, Leistungsherabsetzung, Verlegung von Beginn- und Ablauftermin) führt dies nach Auffassung der FinVerw nicht zu einem Neubeginn der Mindestvertragsdauer.[2] Wurde eine Versicherung während der Elternzeit i. S. d. Bundeselterngeld- und Elternzeitgesetzes beitragsfrei gestellt und innerhalb von drei Monaten nach Beendigung der Elternzeit zu den vor der Beitragsfreistellung vereinbarten Bedingungen fortgeführt, gilt Entsprechendes.[3]

1561 Anders als für die Inanspruchnahme des Kapitallebensversicherungsprivilegs in § 20 Abs. 1 Nr. 6 Satz 2 EStG in der am 31. 12. 2004 geltenden Fassung war für die hälftige Besteuerung des Unterschiedsbetrags bei Neuverträgen zunächst weder ein Mindesttodesfallschutz erforderlich, noch war Voraussetzung, dass laufende Beiträge gezahlt worden sind. Abzustellen war vielmehr darauf, dass ein Versicherungsvertrag zur Abdeckung eines biometrischen Risikos vorlag.[4] Unschädlich war nach der gesetzlichen Formulierung in § 20 Abs. 1 Nr. 6 EStG auch, wenn die Ansprüche aus dem Versicherungsvertrag der Tilgung oder Sicherung eines Darlehens dienen (Policendarlehen).[5] Im Rahmen des JStG 2009 hat der Gesetzgeber allerdings für Versicherungsverträge, die nach dem 31. 3. 2009 abgeschlossen werden oder bei denen die erstmalige Beitragszahlung nach dem 31. 3. 2009 erfolgt, die Besteuerung mit dem halben Unterschiedsbetrag ausgeschlossen, wenn

▶ in einem Kapitallebensversicherungsvertrag mit vereinbarter laufender Beitragszahlung in mindestens gleichbleibender Höhe bis zum Zeitpunkt des Erlebensfalls die vereinbarte Leistung bei Eintritt des versicherten Risikos weniger als 50 % der Summe der für die gesamte Vertragsdauer zu zahlenden Beiträge beträgt und

▶ bei einem Kapitallebensversicherungsvertrag die vereinbarte Leistung bei Eintritt des versicherten Risikos das Deckungskapital oder den Zeitwert der Versicherung spätestens fünf Jahre nach Vertragsabschluss nicht um mindestens 10 % des Deckungskapitals, des Zeitwerts oder der Summe der gezahlten Beiträge übersteigt. Dieser Prozentsatz darf bis zum Ende der Vertragslaufzeit in jährlich gleichen Schritten auf Null sinken.

---

1 BMF-Schreiben vom 1. 10. 2009, BStBl 2009 I S. 1172, Rz. 72.
2 BMF-Schreiben vom 1. 10. 2009, BStBl 2009 I S. 1172, Rz. 73.
3 BMF-Schreiben vom 1. 10. 2009, BStBl 2009 I S. 1172, Rz. 73a.
4 BMF-Schreiben vom 1. 10. 2009, BStBl 2009 I S. 1172, Rz. 3.
5 Gl. A. BMF-Schreiben vom 1. 10. 2009, BStBl 2009 I S. 1172, Rz. 74.

III. Steuerliche Behandlung der Beiträge und der Leistungen aus Verträgen

Damit soll sichergestellt werden, dass die Besteuerung des hälftigen Unterschiedsbetrags auf Fälle beschränkt wird, in denen ein gewisser Mindesttodesfallschutz vorgesehen ist, also erkennbar ein biometrisches Risiko mit abgesichert und nicht nur Kapital angelegt wird. Die FinVerw hat zu dieser gesetzlichen Neuregelung ausführlich im BMF-Schreiben vom 1.10.2009[1] Stellung genommen.

Werden mehrere Versicherungsleistungen zu unterschiedlichen Zeitpunkten ausgekehrt (z. B. bei Teilauszahlungen und Barauszahlungen von laufenden Überschussanteilen), ist jeweils gesondert zu prüfen, ob § 20 Abs. 1 Nr. 6 Satz 2 EStG zur Anwendung kommt. 1562

BEISPIEL: Berechnung des Unterschiedsbetrags nach § 20 Abs. 1 Nr. 6 EStG bei Teilleistungen, teilweise vor dem 60. Lebensjahr[2]

A hat einen Versicherungsvertrag mit einer Laufzeit von 20 Jahre abgeschlossen. Nach 10 Jahren ist eine Teilauszahlung i. H. v. 5 000 € vorgesehen (vollendetes Lebensalter des Steuerpflichtigen im Zeitpunkt der Teilauszahlung 55 Jahre, geleistete Beiträge zum Auszahlungszeitpunkt: 10 000 €, Zeitwert der Versicherung zum Auszahlungszeitpunkt 15 000 €). Nach weiteren 10 Jahren erfolgt eine Restauszahlung i. H. v. 25 000 € (geleistete Beiträge insgesamt 20 000 €).

Ertrag bei Teilauszahlung

Versicherungsleistung:	5 000,00 €	
./. anteilig geleistete Beiträge:		
(5 000 : 15 000 × 10 000)	3 333,33 €	(= 33 %)
Ertrag nach § 20 Abs. 1 Nr. 6 Satz 1 EStG	1 666,67 €	

Ertrag bei Restauszahlung

Versicherungsleistung:	25 000,00 €
./. geleistete Beiträge	
(20 000 − 3 333,33)	16 666,67 €
Ertrag nach § 20 Abs. 1 Nr. 6 Satz 1 EStG	8 333,33 €
anzusetzen mit $1/2$	4 166,67 €

Sofern bei einer Kapitalversicherung auf verbundene Leben die Versicherungsleistung mehreren Steuerpflichtigen gemeinschaftlich zufließt, ist nach Auffassung der FinVerw bei jedem Beteiligten gesondert zu prüfen, inwieweit er in seiner Person die Voraussetzungen für die hälftige Besteuerung des Unter- 1563

---

1 BStBl 2009 I S. 1172, Rz. 3 ff. und Rz. 78a ff.
2 Entnommen aus BMF-Schreiben vom 1.10.2009, BStBl 2009 I S. 1172, Rz. 76.

schiedsbetrags verwirklicht. Die Aufteilung der Erträge ist dabei nach Köpfen vorzunehmen, soweit kein abweichendes Verhältnis vereinbart ist.[1]

BEISPIEL: Berechnung des hälftigen Unterschiedsbetrags nach § 20 Abs. 1 Nr. 6 EStG bei verbundenen Leben[2]

Ehemann A schließt als Versicherungsnehmer eine Kapitalversicherung mit Sparanteil auf verbundene Leben ab. Versicherte Personen sind Ehemann A und Ehefrau B. Beiden steht das unwiderrufliche Bezugsrecht gemeinschaftlich zu. Laufzeit der Versicherung 20 Jahre. Erlebensfall-Leistung 30 000 €, geleistete Beiträge 20 000 €. A hat zum Auszahlungszeitpunkt das 62., B das 58. Lebensjahr vollendet.

Versicherungsleistung	30 000 €
./. geleistete Beiträge	20 000 €
Zwischensumme:	10 000 €
auf Ehemann A entfallen 50 % = 5 000 €	
davon anzusetzen nach § 20 Abs. 1 Nr. 6 Satz 2 EStG	2 500 €
auf Ehefrau B entfallen 50 % = 5 000 €	
davon anzusetzen nach § 20 Abs. 1 Nr. 6 Satz 1 EStG	5 000 €

(5) Negativer Unterschiedsbetrag

1564 In der Anfangszeit einer Versicherung ist der Rückkaufswert regelmäßig niedriger als die Summe der geleisteten Beiträge. Dies ergibt sich daraus, dass jeder Vertrag Abschlusskosten (z. B. Provision für den Versicherungsvermittler) verursacht, die zu tilgen sind. Außerdem behalten sich die Versicherer gewöhnlich vor, einen Abzug bei vorzeitiger Beendigung vorzunehmen (Stornoabschlag). Dadurch kann es insbesondere bei einem sehr frühzeitigen Rückkauf zu einem negativen Unterschiedsbetrag kommen.

1565 Ob der negative Unterschiedsbetrag im Wege des Verlustausgleichs bzw. der Verlustverrechnung berücksichtigt werden kann, dürfte sich u. E. danach richten, ob eine Einkünfteerzielungsabsicht vorgelegen hat. Diese dürfte zu bejahen sein, wenn sich bei ordnungsgemäßem Vertragsverlauf ein positiver Unterschiedsbetrag ergeben hätte. Hätte die reguläre Vertragslaufzeit erst nach Vollendung des 60. Lebensjahres des Steuerpflichtigen (bei Vertragsabschlüssen nach dem 31.12.2011 nach Vollendung des 62. Lebensjahres) geendet, kann für die Überprüfung der Einkünfteerzielungsabsicht aber wohl nur der halbe Unterschiedsbetrag herangezogen werden.[3]

---

1 BMF-Schreiben vom 1.10.2009, BStBl 2009 I S. 1172, Rz. 77.
2 Entnommen aus BMF-Schreiben vom 1.10.2009, BStBl 2009 I S. 1172, Rz. 78.
3 BMF-Schreiben vom 1.10.2009, BStBl 2009 I S. 1172, Rz. 60.

(6) Ermittlung des steuerpflichtigen Ertrags bei Mischverträgen (Altvertrag mit Vertragsänderung nach dem 31. 12. 2004)

Haben sich während der Vertragslaufzeit Änderungen ergeben, die dazu führen, dass die auf die Vertragsänderung entfallende Versicherungsleistung als „neuer Vertrag" anzusehen ist und ist diese Vertragsänderung nach dem 31. 12. 2004 erfolgt, richtet sich die Besteuerung der Versicherungsleistung, soweit sie auf den „alten Vertrag" entfällt nach § 20 Abs. 1 Nr. 6 EStG in der am 31. 12. 2004 geltenden Fassung und soweit sie auf den „neuen Vertrag" entfällt nach § 20 Abs. 1 Nr. 6 EStG in der ab 2005 geltenden Fassung. Kommt für den Altvertrag das Kapitallebensversicherungsprivileg nicht zum Tragen, würde dies bedeuten, dass der Versicherer einmal den Ertrag nach den rechnungsmäßigen und außerrechnungsmäßigen Zinsen ermitteln muss und einmal als Unterschiedsbetrag zwischen der Versicherungsleistung und der auf sie entfallenden Beiträge.

1566

Gegen den Gesetzeswortlaut und wohl auch gegen den Willen des Gesetzgebers beanstandet die FinVerw es nicht, wenn das Versicherungsunternehmen als Einnahmen in diesem Fall mit Zustimmung des Steuerpflichtigen insgesamt die rechnungsmäßigen und außerrechnungsmäßigen Zinsen zugrunde legt.[1] Erfüllt der neue Vertrag eine Laufzeit von zwölf Jahren und hat der Steuerpflichtige im Zeitpunkt der Auszahlung der Versicherungsleistung das 60. Lebensjahr (bei Vertragsabschlüssen nach dem 31. 12. 2011 das 62. Lebensjahr) vollendet, bleibt es allerdings dabei, dass nur die Hälfte der rechnungsmäßigen und außerrechnungsmäßigen Zinsen der Besteuerung unterliegt.

1567

(7) Berücksichtigung von Werbungskosten

Fraglich könnte zunächst sein, ob die Werbungskosten auch dann in voller Höhe abziehbar sind, wenn der Unterschiedsbetrag nur zur Hälfte der Besteuerung unterliegt oder ob § 3c Abs. 1 EStG zur Anwendung kommt.

1568

U. E. steht dem Steuerpflichtigen auch dann der volle Werbungskostenabzug zu, wenn nur der halbe Unterschiedsbetrag zu versteuern ist, denn § 20 Abs. 1 Nr. 6 EStG enthält keine Steuerbefreiung, sondern nur eine Sonderregelung zur Ermittlung des anzusetzenden Ertrags.[2]

1569

Zu den Werbungskosten gehören Kosten, die durch den Versicherungsvertrag veranlasst sind. Eine Vermittlungsprovision, die der Versicherungsnehmer auf-

1570

---

1 BMF-Schreiben vom 1. 10. 2009, BStBl 2009 I S. 1172, Rz. 94.
2 BMF-Schreiben vom 1. 10. 2009, BStBl 2009 I S. 1172, Rz. 81.

grund eines gesonderten Vertrages an den Versicherungsvermittler zahlt, gehört allerdings nach Auffassung der FinVerw[1] zu den Beiträgen und ist bereits bei der Ermittlung des Unterschiedsbetrags mindernd zu berücksichtigen (vgl. hierzu Rn. 1546). Abschlusskosten, die durch die Beitragsleistung bezahlt werden (insbesondere die Vermittlungsprovision, die das Versicherungsunternehmen an den Vermittler erbringt), sind keine Werbungskosten.[2] Auch sie mindern jedoch als Anschaffungsnebenkosten bereits den zu ermittelnden Unterschiedsbetrag.

1571 Der entgeltliche Erwerb des Versicherungsvertrages stellt nach Auffassung der FinVerw eine steuerneutrale Vermögensumschichtung in der Privatsphäre dar mit der Folge, dass die Aufwendungen für den Erwerb Anschaffungskosten und keine Werbungskosten sind.[3] Folgerichtig hat der Gesetzgeber in § 20 Abs. 1 Nr. 6 Satz 3 EStG im Rahmen des Unternehmensteuerreformgesetzes 2008 geregelt, dass diese Anschaffungskosten bei der Ermittlung des Unterschiedsbetrags eines entgeltlich erworbenen Versicherungsvertrags wie Beiträge mindernd zu berücksichtigen sind (vgl. auch Rn. 1555).

1571a Für Veranlagungszeiträume ab 2009 ist zu beachten, dass der Werbungskostenabzug nach § 20 Abs. 9 EStG ausschließlich durch den Sparer-Pauschbetrag erfolgt und ein Abzug der tatsächlichen Werbungskosten ausgeschlossen ist.[4]

(8) Kapitalertragsteuerabzug

1572 In § 43 Abs. 1 Nr. 4 EStG ist geregelt, dass auf Kapitalerträge i. S. d. § 20 Abs. 1 Nr. 6 EStG Kapitalertragsteuer zu erheben ist. Sie beträgt ab dem VZ 2009 gem. § 43a Abs. 1 Nr. 1 EStG 25 %. Da gem. § 43 Abs. 1 Nr. 4 Satz 1 Halbsatz 2 EStG die Anwendung des § 20 Abs. 1 Nr. 6 Satz 2 und 3 EStG allerdings ausgeschlossen ist, bemisst sich die Kapitalertragsteuer in allen Fällen nach der Versicherungsleistung abzüglich entrichteter Beiträge (Unterschiedsbetrag). Die Regelung, dass bei Auszahlung der Versicherungsleistung nach Vollendung des 60. bzw. 62. Lebensjahres[5] und einer Vertragslaufzeit von zwölf Jahren nur die Hälfte des Unterschiedsbetrags steuerpflichtig ist, bleibt für die Erhebung der Kapitalertragsteuer ebenso unberücksichtigt, wie die Regelung, dass bei entgeltlich erworbenen Versicherungsverträgen zur Ermittlung des Unterschiedsbetrags nicht die entrichteten Beiträge, sondern die Anschaffungskos-

---

1 BMF-Schreiben vom 1. 10. 2009, BStBl 2009 I S. 1172, Rz. 56.
2 BMF-Schreiben vom 1. 10. 2009, BStBl 2009 I S. 1172, Rz. 79.
3 BMF-Schreiben vom 1. 10. 2009, BStBl 2009 I S. 1172, Rz. 80.
4 BMF-Schreiben vom 1. 10. 2009, BStBl 2009 I S. 1172, Rz. 79 u. 81a.
5 Vgl. Rn. 1557.

ten in Abzug zu bringen sind. Beide Tatbestände bedingen folglich eine Einbeziehung in die Einkommensteuerveranlagung, allerdings mit unterschiedlichen Folgewirkungen.

▶ Sollen die Anschaffungskosten für einen entgeltlich erworbenen Versicherungsvertrag bei der Ermittlung des Unterschiedsbetrags berücksichtigt werden, steht dem Steuerpflichtigen das Veranlagungswahlrecht des § 32d Abs. 4 EStG zu (Teiloption). Macht er hiervon Gebrauch, erhöht sich die tarifliche Einkommensteuer um 25 % des – neu berechneten – Unterschiedsbetrags. Gemäß § 36 Abs. 1 Nr. 2 EStG wird die einbehaltene Kapitalertragsteuer auf die festgesetzte Einkommensteuer angerechnet.

▶ Kommt § 20 Abs. 1 Nr. 6 Satz 2 EStG zur Anwendung, steht dem Steuerpflichtigen ebenfalls gem. § 32d Abs. 4 EStG ein Veranlagungswahlrecht zu. Allerdings ist in diesem Fall gem. § 32d Abs. 2 Nr. 2 EStG die Anwendbarkeit des 25 %igen Abgeltungssteuersatzes ausgeschlossen. Der hälftige Unterschiedsbetrag unterliegt vielmehr dem individuellen progressiven Einkommensteuersatz. Damit soll eine Doppelermäßigung ausgeschlossen werden. Würde auf den hälftigen Unterschiedsbetrag der Abgeltungssteuersatz von 25 % angewendet, würde dies im Ergebnis – bezogen auf die tatsächlich erzielten Erträge – eine Besteuerung von 12,5 % bedeuten. Die Regelung erscheint im Ergebnis gerechtfertigt. Allerdings drängt sich die Frage auf, warum der Gesetzgeber eine aufwendige Lösung über einen Ausschluss von der Abgeltungssteuer verbunden mit dem Veranlagungswahlrecht gewählt hat. U. E. hätte es näher gelegen, die hälftige Besteuerung des Unterschiedsbetrags in § 20 Abs. 1 Nr. 6 Satz 2 EStG zu streichen.

Wird ein Versicherungsvertrag veräußert und resultiert daraus ein steuerpflichtiger Kapitalertrag i. S. d. § 20 Abs. 2 Nr. 6 EStG (vgl. Rn. 1529), ist ein Kapitalertragsteuerabzug nicht vorgesehen. Dieser wäre auch nicht praktikabel, da das zum Kapitalertragsteuerabzug zu verpflichtende Versicherungsunternehmen in den Veräußerungsvorgang nicht direkt eingebunden ist und damit über die Bemessungsgrundlage für einen Kapitalertragsteuerabzug keine oder keine eine mögliche Haftung rechtfertigenden Erkenntnisse hat. Gemäß § 32d Abs. 3 i. V. m. Abs. 1 EStG ist der entsprechende Veräußerungsgewinn in die Einkommensteuerveranlagung mit einzubeziehen, indem die tarifliche Einkommensteuer um 25 % des Veräußerungsgewinns zu erhöhen ist. 1573

Kapitalertragsteuer ist nach § 44a EStG nicht einzubehalten, wenn eine Nichtveranlagungsbescheinigung vorgelegt oder soweit ein Freistellungsauftrag erteilt wurde. Hieran hat sich mit der Einführung der Abgeltungssteuer nichts geändert. 1574

1575 Die Kapitalertragsteuer wird von den inländischen Versicherungsunternehmen auch von den Erträgen aus Versicherungen i. S. d. § 20 Abs. 1 Nr. 6 EStG erhoben, bei denen der Steuerpflichtige nur beschränkt steuerpflichtig ist (§ 1 Abs. 4, § 49 Abs. 1 Nr. 5 EStG). Sie hat in diesen Fällen nach § 50 Abs. 5 Satz 1 EStG abgeltende Wirkung. Niedrigere Quellensteuerhöchstsätze nach den Doppelbesteuerungsabkommen sind im Erstattungsverfahren nach § 50d Abs. 1 EStG geltend zu machen.[1]

1576–1580 (Einstweilen frei)

c) Auszahlungen aus Fonds- und Banksparplänen

1581 Der Besteuerung nach § 20 Abs. 1 Nr. 6 EStG unterliegen nur Erträge aus Renten- und Kapitalversicherungen, die einen Sparanteil enthalten. Liegt kein Versicherungsvertrag vor, richtet sich die Besteuerung des Kapitalertrags nach § 20 Abs. 1 Nr. 7 EStG und den Regelungen des Investmentsteuergesetzes.

1582 Eine Versicherung i. S. d. § 20 Abs. 1 Nr. 6 EStG unterscheidet sich von einer Vermögensanlage ohne Versicherungscharakter dadurch, dass ein wirtschaftliches Risiko abgedeckt wird, das aus der Unsicherheit und Unberechenbarkeit des menschlichen Lebens für den Lebensplan des Menschen erwächst (biometrisches Risiko). Die durch die Lebensversicherung typischerweise abgedeckten Gefahren sind der Tod (Todesfallrisiko) oder die ungewisse Lebensdauer (Erlebensfallrisiko, Langlebigkeitsrisiko). Es liegt kein Versicherungsvertrag i. S. d. § 20 Abs. 1 Nr. 6 EStG vor, wenn der Vertrag keine nennenswerte Risikotragung enthält. Davon ist insbesondere dann auszugehen, wenn bei Risikoeintritt nur eine Leistung der angesammelten und verzinsten Sparanteile zuzüglich einer Überschussbeteiligung vereinbart ist. In der Regel ist vom Vorliegen eines Versicherungsvertrages i. S. d. § 20 Abs. 1 Nr. 6 EStG auszugehen, wenn es sich um eine Lebensversicherung oder Unfallversicherung mit garantierter Beitragsrückzahlung im Sinne des Versicherungsaufsichtsrechts handelt. Die vor 2005 geltenden Regelungen zum Mindesttodesfallschutz bei kapitalbildenden Lebensversicherungen waren nach Auffassung der FinVerw zunächst nicht mehr anzuwenden. Inzwischen gelten jedoch für nach dem 31. 3. 2009 abgeschlossene Kapitallebensversicherungsverträge neue Regelungen zum Mindesttodesfallschutz.[2] Kapitalisierungsgeschäfte, also Geschäfte, bei denen unter Anwendung eines mathematischen Verfahrens die im Voraus festgesetzten einmaligen oder wiederkehrenden Prämien und die übernommenen Verpflichtungen nach

---

[1] BMF-Schreiben vom 1. 10. 2009, BStBl 2009 I S. 1172, Rz. 87.
[2] BMF-Schreiben vom 1. 10. 2009, BStBl 2009 I S. 1172, Rz. 3.

Dauer und Höhe festgelegt sind (vgl. § 1 Abs. 4 Satz 2 des Versicherungsaufsichtsgesetzes), sind keine Versicherungsverträge i. S. d. § 20 Abs. 1 Nr. 6 EStG.[1]

(Einstweilen frei) 1583–1590

IV. Wirkungen der Günstigerprüfung nach § 10 Abs. 4a EStG

1. Allgemeines

Der schrittweise Übergang zur vollständigen Freistellung der Altersvorsorgeaufwendungen nach § 10 Abs. 1 Nr. 2 Buchst. a und b i. V. m. Abs. 3 EStG[2] konnte für bestimmte Personengruppen zu Schlechterstellungen gegenüber dem bis 2004 geltenden Recht führen. 1591

Bis 2004 konnten bei kleinen Einkommen (bei allein stehenden Arbeitnehmern mit einem Bruttolohn von jährlich bis etwa 12 000 €, bei verheirateten Arbeitnehmern mit einem Bruttolohn von jährlich bis etwa 24 000 €) die gesamten Sozialversicherungsbeiträge vollständig als Sonderausgaben abgezogen werden, da die geltenden Höchstbeträge nach § 10 Abs. 3 EStG und der nach § 3 Nr. 62 EStG steuerfreie Arbeitgeberanteil ein entsprechendes Abzugsvolumen eröffneten. Für kleine Einkommen wäre daher eine zunächst 60 %ige Abziehbarkeit der Gesamtbeiträge zur gesetzlichen Rentenversicherung insgesamt ungünstiger als die Abzugsmöglichkeiten nach altem Recht. Erst ab mittleren Arbeitnehmer-Einkommen kann das neue Recht in der ersten Stufe der Übergangsphase seine Wirkungen entfalten. 1592

Aus diesem Grund hat der Gesetzgeber in § 10 Abs. 4a EStG eine Günstigerprüfung zwischen altem und neuem Recht eingeführt. Allerdings sind in die Günstigerprüfung nicht nur die Altersvorsorgeaufwendungen nach § 10 Abs. 1 Nr. 2 Buchst. a und b i. V. m. Abs. 3 EStG einzubeziehen, sondern auch die übrigen Vorsorgeaufwendungen nach § 10 Abs. 1 Nr. 3 Buchst. a und b i. V. m. Abs. 4 EStG. In den Jahren 2005 bis 2019 ist danach zu überprüfen, ob die Anwendung des § 10 Abs. 4a EStG zu günstigeren Ergebnissen führt als die Anwendung des § 10 Abs. 3 und Abs. 4 EStG. Dabei ist der im Rahmen der Günstigerprüfung nach altem Recht zu berücksichtigende Vorwegabzug mit ab 2011 sukzessive abgeschmolzenen Höchstbeträgen zu berücksichtigen, die sich im 1593

---

1 BMF-Schreiben vom 1. 10. 2009, BStBl 2009 I S. 1171, Rz. 4.
2 In 2005 waren zunächst nur noch 60 % der Aufwendungen abziehbar; über eine jährliche Steigerung von jeweils 2 % können erst in 2025 wieder 100 % der Aufwendungen steuerlich geltend gemacht werden (jeweils im Rahmen der Höchstbeträge); vgl. auch Rn. 1406 ff.

Einzelnen aus dem Gesetz ergeben (§ 10 Abs. 4a EStG). Der Grundhöchstbetrag bleibt für die Günstigerprüfung bis 2019 mit 1 334 € bzw. 2 668 € bei Zusammenveranlagung von Ehegatten/Lebenspartnern unverändert erhalten. Gleiches gilt für den hälftigen Grundhöchstbetrag mit 667 € bzw. 1 334 €.

1594 Bei der Günstigerprüfung ist zu berücksichtigen, dass sich die einzubeziehenden Aufwendungen auf jeden Fall nach neuem Recht richten. Beiträge, die nach neuem Recht nicht mehr berücksichtigt werden können,[1] gehen auch nicht in die Günstigerprüfung ein.

1595 Nach der gesetzlichen Formulierung in § 10 Abs. 4a EStG ist nicht ganz eindeutig, ob der Verweis auf die nach neuem Recht begünstigten Beiträge auch den Arbeitgeberanteil zur gesetzlichen Rentenversicherung mit in die Günstigerprüfung einbezieht, denn ab 2005 gehört dieser nach § 10 Abs. 1 Nr. 2 Satz 2 EStG zu den begünstigten Aufwendungen. Vom Sinn und Zweck der Günstigerprüfung – den Steuerpflichtigen nicht schlechter zu stellen als in 2004 –, kommt die Einbeziehung des steuerfreien Arbeitgeberanteils nicht in Betracht. Aus diesem Grund hat die FinVerw geregelt, dass der nach § 10 Abs. 1 Nr. 2 Satz 2 EStG hinzuzurechnende steuerfreie Arbeitgeberanteil zur gesetzlichen Rentenversicherung und ein diesem gleichgestellter steuerfreier Zuschuss des Arbeitgebers nicht zu den in die Günstigerprüfung einzubeziehenden Aufwendungen gehört.[2] Am Gesetzestext lässt sich diese Lösung u. E. auch festmachen, denn in § 10 Abs. 4a EStG heißt es „Vorsorgeaufwendungen nach Absatz 1 Nr. 2 Buchst. a und b" und die steuerfreien Arbeitgeberanteile sind in Abs. 1 Satz 2 geregelt.

1596 Neben den Arbeitnehmern mit geringen Einkünften gibt es noch eine weitere Gruppe, die von der Günstigerprüfung zunächst profitiert hat. Alle Selbständigen, die sich in der Vergangenheit dafür entschieden haben, ihre Altersabsicherung über eine Kapitallebensversicherung sicherzustellen, hätten ab 2005 vor dem Problem gestanden, dass die Beiträge – insbesondere aufgrund der Kapitalauszahlungsmöglichkeit – nicht zu den Altersvorsorgebeiträgen Basisversorgung gehören, also das Abzugsvolumen i. H. v. bis zu 20 000 €/40 000 € nach § 10 Abs. 3 EStG für diese Beiträge nicht zur Verfügung steht. Im Rahmen der sonstigen Vorsorgeaufwendungen hätten sich die Beiträge nicht ausgewirkt, da der Abzugsbetrag i. H. v. 2 400 € nicht mal die notwendigen Krankenversicherungsbeiträge abdecken dürfte. Bis einschließlich 2010 wurde über

---

1 Insbesondere sind dies die Beiträge zu Lebensversicherungen, deren Laufzeit nach dem 31. 12. 2004 beginnt.
2 BMF-Schreiben vom 19. 8. 2013, BStBl 2013 I S. 1087, Rz. 108.

die Günstigerprüfung zumindest sichergestellt, dass die Abzugsmöglichkeiten sich gegenüber dem bisherigen Recht nicht verschlechtern. Ab 2011 wird der Vorwegabzug allerdings abgeschmolzen mit der Folge, dass die Abzugsmöglichkeiten im Rahmen der Günstigerprüfung insoweit ab diesem Zeitpunkt gegenüber dem bis 2004 geltenden Recht schlechter ausfallen werden. Allerdings hat der Gesetzgeber mit der Regelung in § 10 Abs. 1 Nr. 3 EStG mit Wirkung ab 2010 den Abzug der Krankenversicherungsbeiträge für die Basisversorgung verbessert. Damit sind die Krankenversicherungsbeiträge deutlich besser als Sonderausgaben abziehbar. Allerdings dürften sich damit die Beiträge zu einer alten Kapitallebensversicherung auch im Rahmen der Günstigerprüfung nicht mehr auswirken.

Mit der Günstigerprüfung verbunden war aber zunächst noch ein anderer Nachteil. Schloss der Selbständige, der für seine Kapitallebensversicherungsbeiträge von der Günstigerprüfung profitierte, eine Basis-Versicherung ab, hatte er zwar möglicherweise einen höheren Sonderausgabenabzug nach § 10 Abs. 3 EStG, aber da über die Günstigerprüfung seine Kapitallebensversicherungsbeiträge in höherem Umfang Berücksichtigung fanden als nach § 10 Abs. 4 EStG, hat sich sein Sonderausgabenabzug insgesamt möglicherweise nicht erhöht. Da dies dem Ziel des Gesetzgebers, Steuerbürger zu mehr Altersvorsorge zu motivieren, nicht gerecht wurde, wurde die Günstigerprüfung um einen Erhöhungsbetrag für Basis-Rentenbeiträge ergänzt. 1597

Seit dem VZ 2006 werden in die Günstigerprüfung nach § 10 Abs. 4a Satz 1 EStG zunächst nur die Vorsorgeaufwendungen ohne die Beiträge nach § 10 Abs. 1 Nr. 2 Buchst. b EStG einbezogen. Die Beiträge zu einer eigenen kapitalgedeckten Altersversorgung i. S. d. § 10 Abs. 1 Nr. 2 Buchst. b EStG (Basis-Vertrag) werden gesondert, und zwar stets mit dem sich aus § 10 Abs. 3 Satz 4 und 6 EStG ergebenden Prozentsatz berücksichtigt. Hierfür erhöhen sich die nach der Günstigerprüfung als Sonderausgaben zu berücksichtigenden Beträge um einen Erhöhungsbetrag (§ 10 Abs. 4a Satz 1 und 3 EStG) für Beiträge nach § 10 Abs. 1 Nr. 2 Buchst. b EStG. Es ist jedoch im Rahmen der Günstigerprüfung mindestens der Betrag anzusetzen, der sich ergibt, wenn auch die Beiträge nach § 10 Abs. 1 Nr. 2 Buchst. b EStG in die Günstigerprüfung nach § 10 Abs. 4a Satz 1 EStG einbezogen werden, allerdings ohne Hinzurechnung des Erhöhungsbetrags nach § 10 Abs. 4a Satz 1 und 3 EStG. Der jeweils höhere Betrag (Vorsorgeaufwendungen nach dem ab 2005 geltenden Recht, Vorsorgeaufwendungen nach dem für das Jahr 2004 geltenden Recht zuzüglich Erhöhungsbetrag oder Vorsorgeaufwendungen nach dem für das Jahr 2004 geltenden Recht einschließlich Beiträge nach § 10 Abs. 1 Nr. 2 Buchst. b EStG) wird dann als Sonderausgaben berücksichtigt. 1598

Teil D: Besteuerung von Altersbezügen

2. Beispiele zur Günstigerprüfung (Rechtslage bis VZ 2009)

a) Günstigerprüfung nach § 10 Abs. 4a EStG bei Ehegatten/Lebenspartnern

1599 Die Eheleute A (Gewerbetreibender) und B (Hausfrau) zahlen im Jahr 2008 folgende Versicherungsbeiträge:

Private Kranken- und Pflegepflichtversicherung (Basisvorsorge)	5 500 €
Private Krankenversicherung (Wahlleistungen)	500 €
Haftpflichtversicherungen	1 200 €
Kapitalversicherung	
(1995 abgeschlossen, Laufzeit 25 Jahre)	3 600 €
Kapitalversicherung	
(2005 abgeschlossen, Laufzeit 20 Jahre)	2 400 €
insgesamt	13 200 €

Die Beiträge zu der im Jahr 2005 abgeschlossenen Kapitalversicherung sind mangels Erfüllung der Voraussetzungen des § 10 Abs. 1 Nr. 2 und 3 EStG nicht zu berücksichtigen.

Abziehbar nach § 10 Abs. 3 und Abs. 4 EStG sind:

Beiträge zur Altersversorgung (§ 10 Abs. 3 EStG)		0 €
sonstige Vorsorgeaufwendungen (§ 10 Abs. 4 EStG)		
Kranken- und Pflegeversicherung insgesamt		6 000 €
Haftpflichtversicherungen		1 200 €
Kapitalversicherung (88 % v. 3 600 €)		3 168 €
insgesamt		10 368 €
Höchstbetrag nach § 10 Abs. 4 EStG		5 600 €
Private Kranken- und Pflegeversicherung (Basisvorsorge)		5 500 €
anzusetzen daher		5 600 €
Günstigerprüfung:		
Kranken- und Pflegeversicherung		6 000 €
Haftpflichtversicherungen		1 200 €
Kapitalversicherung		3 168 €
insgesamt		10 368 €
davon sind abziehbar:		
Vorwegabzug	6 136 €	6 136 €
verbleibende Aufwendungen	4 232 €	
Grundhöchstbetrag	2 668 €	2 668 €
verbleibende Aufwendungen	1 564 €	
hälftige Aufwendungen	782 €	

IV. Wirkungen der Günstigerprüfung nach § 10 Abs. 4a EStG

höchstens hälftiger Höchstbetrag	1 334 €	782 €
abziehbar insgesamt		9 586 €

Da die Günstigerprüfung zu einem höheren abziehbaren Betrag führt als der Sonderausgabenabzug nach § 10 Abs. 3 und Abs. 4 EStG, wird das Ergebnis der Günstigerprüfung angesetzt.

b) Günstigerprüfung nach § 10 Abs. 4a EStG beim beherrschenden Gesellschafter-Geschäftsführer

Allein-Gesellschafter-Geschäftsführer A, ledig, hat eine Anwartschaft auf betriebliche Altersversorgung über seine Kapitalgesellschaft in Form einer Pensionszusage. Zusätzlich hat er im Januar 2008 einen Basis-Rentenversicherungsvertrag abgeschlossen und zahlt darauf Beiträge i. H. v. 15 000 €. Für übrige Vorsorgeaufwendungen wendet er im Jahr 2010 10 000 € auf (davon Basisvorsorge Kranken- und Pflegeversicherung i. S. d. § 10 Abs. 1 Nr. 3 EStG 4 000 €). Seine angemessene Gesellschafter-Geschäftsführer-Vergütung beträgt 100 000 €. 1600

1. Schritt: § 10 Abs. 3 EStG (Basisversorgung):

Basis-Rentenvertrag	15 000 €	
Höchstbetrag	20 000 €	
abzgl. 19,9 % von 54 000 €	10 746 €	
maßgebend		9 254,00 €
abziehbar 70 % von 9 254 €		6 477,80 €
§ 10 Abs. 4 EStG (übrige Vorsorgeaufwendungen):		
Beiträge	10 000 €	
Höchstbetrag nach § 10 Abs. EStG		2 800,00 €
Private Kranken- und Pflegeversicherung (Basisvorsorge)	4 000 €	
anzusetzen		4 000 €
1. Schritt insgesamt abziehbar		
§ 10 Abs. 3 EStG		6 477,80 €
§ 10 Abs. 4 EStG		4 000,00 €
Summe		10 477,80 €

2. Schritt: (Günstigerprüfung mit Erhöhungsbetrag)

übrige Vorsorgeaufwendungen	10 000 €	
Vorwegabzug	3 068 €	3 068,00 €
verbleibende Aufwendungen	6 932 €	
Grundhöchstbetrag	1 334 €	1 334,00 €
verbleibende Aufwendungen	5 598 €	
hälftige Aufwendungen	2 799 €	

Teil D: Besteuerung von Altersbezügen

höchstens hälftiger Höchstbetrag	667 €	667,00 €
Zwischensumme		5 069,00 €
Ermittlung des Erhöhungsbetrages:		
Beiträge Basis-Rentenvertrag	15 000 €	
Höchstbetrag	20 000 €	
abzgl. 19,9 % von 54 000 €	10 746 €	
maßgebend	9 254 €	
davon abziehbar 2010: 70 %		6 477,80 €
abziehbar insgesamt nach		
§ 10 Abs. 4a Satz 1 EStG		11 546,80 €
3. Schritt: (Mindestgünstigerprüfung)		
Beiträge zur Basis-Rente	15 000 €	
übrige Vorsorgeaufwendungen	10 000 €	
Summe	25 000 €	
Vorwegabzug	3 068 €	3 068 €
verbleibende Aufwendungen	21 932 €	
Grundhöchstbetrag	1 334 €	1 334 €
verbleibende Aufwendungen	20 598 €	
hälftige Aufwendungen	10 299 €	
max. hälftiger Höchstbetrag	667 €	667 €
abziehbar insgesamt nach		
§ 10 Abs. 4a Satz 2 EStG		5 069 €
Ermittlung des abziehbaren Betrags		
1. Schritt	6 477,80 €	
2. Schritt	11 546,80 €	
3. Schritt	5 069,00 €	
maßgebend		11 546,80 €

c) **Günstigerprüfung nach § 10 Abs. 4a EStG bei verheiratetem Arbeitnehmer mit geringem Arbeitslohn und Basis-Rentenvertrag**

1601 A, verheiratet, zahlt im Jahr **2006** Beiträge an die gesetzliche Rentenversicherung i. H. v. 2 000 €. In gleicher Höhe zahlt sein Arbeitgeber nach § 3 Nr. 62 EStG steuerfreie Arbeitgeberbeiträge. Außerdem hat A in 2006 im Zusammenhang mit seiner neu aufgenommenen selbständigen Tätigkeit einen Basis-Rentenvertrag abgeschlossen und Beiträge i. H. v. 10 000 € eingezahlt. Seine übrigen Vorsorgeaufwendungen i. S. d. § 10 Abs. 1 Nr. 3 EStG betragen 12 000 €. Der Arbeitslohn im Zusammenhang

IV. Wirkungen der Günstigerprüfung nach § 10 Abs. 4a EStG

mit dem sozialversicherungspflichtigen Arbeitsverhältnis beträgt 20 512 €. Die Ehefrau ist nicht berufstätig und beim Ehemann in der Krankenkasse mitversichert.

1. Schritt: § 10 Abs. 3 EStG (Basisversorgung):

gesetzliche Rentenversicherung	4 000 €		
Basis-Rentenvertrag	10 000 €		
Summe	14 000 €		
Höchstbetrag	40 000 €		
abziehbar 62 % von 14 000 €		8 680 €	
abzüglich AG-Anteil grV		2 000 €	6 680 €
§ 10 Abs. 4 EStG (übrige Vorsorgeaufwendungen):			
Beiträge	12 000 €		
abziehbar (maximal 2 x 1 500 €)			3 000 €
insgesamt abziehbar nach § 10 Abs. 3 und 4 EStG			9 680 €

2. Schritt: (Günstigerprüfung mit Erhöhungsbetrag)

Beiträge grV (nur AN-Anteil)		2 000 €	
übrige Vorsorgeaufwendungen		12 000 €	
Summe		14 000 €	
Vorwegabzug	6 136 €		
Kürzung um 16 % von 20 512 €	3 281 €		
verbleibender Vorwegabzug	2 855 €	2 855 €	2 855 €
verbleibende Aufwendungen		11 145 €	
Grundhöchstbetrag		2 668 €	2 668 €
verbleibende Aufwendungen		8 477 €	
hälftige Aufwendungen		4 238 €	
höchstens hälftiger Höchstbetrag		1 334 €	1 334 €
Zwischensumme			6 857 €
Ermittlung des Erhöhungsbetrages:			
Beiträge Basis-Rente		10 000 €	
Höchstbetrag	40 000 €		
abzgl. Gesamtbeitrag grV	4 000 €		
verbleibendes Abzugsvolumen	36 000 €		
maßgebend		10 000 €	
davon abziehbar 2006: 62 %			6 200 €
abziehbar insgesamt nach § 10 Abs. 4a Satz 1 EStG			13 057 €

537

Teil D: Besteuerung von Altersbezügen

3. Schritt: (Mindestgünstigerprüfung)

Beiträge gRV (nur AN-Anteil)		2 000 €
Beiträge zur Basis-Rente		10 000 €
übrige Vorsorgeaufwendungen		12 000 €
Summe		24 000 €
Vorwegabzug	6 136 €	
Kürzung um 16 % von 20 512 €	3 281 €	
verbleibender Vorwegabzug		2 855 €	2 855 €
verbleibende Aufwendungen		21 145 €	
Grundhöchstbetrag		2 668 €	2 668 €
verbleibende Aufwendungen		18 477 €	
hälftige Aufwendungen	9 238 €		
max. hälftiger Höchstbetrag		1 334 €	1 334 €
abziehbar insgesamt nach § 10 Abs. 4a Satz 2 EStG		6 857 €	

4. Ermittlung des abziehbaren Betrags

1. Schritt	9 680 €	
2. Schritt	13 057 €	
3. Schritt	6 857 €	
Anzusetzen ist der höchste Wert		13 057 €

d) Günstigerprüfung nach § 10 Abs. 4a EStG bei verheiratetem Arbeitnehmer mit hohem Arbeitslohn und Basis-Rentenvertrag

1602 B, verheiratet, zahlt im Jahr **2006** die Höchstbeiträge an die gesetzliche Rentenversicherung i. H. v. 6 143 € (Arbeitslohn 120 000 €). In gleicher Höhe zahlt sein Arbeitgeber nach § 3 Nr. 62 EStG steuerfreie Arbeitgeberbeiträge. Außerdem hat A in 2006 einen Basis-Rentenvertrag abgeschlossen und Beiträge i. H. v. 10 000 € eingezahlt. Seine Ehefrau ist ebenfalls nichtselbständig tätig und zahlt Beiträge an die gesetzliche Rentenversicherung i. H. v. 2 000 € (Arbeitgeberanteil in gleicher Höhe; Arbeitslohn 20 512 €). Die übrigen Vorsorgeaufwendungen der Ehegatten i. S. d. § 10 Abs. 1 Nr. 3 EStG betragen 12 000 €.

1. Schritt: § 10 Abs. 3 EStG (Basisversorgung):

gesetzliche Rentenversicherung EM	12 285 €	
gesetzliche Rentenversicherung EF	4 000 €	
Basis-Rentenvertrag	10 000 €	
Summe	26 285 €	
Höchstbetrag	40 000 €	
abziehbar 62 % von 26 285 €		16 297 €

IV. Wirkungen der Günstigerprüfung nach § 10 Abs. 4a EStG

abzüglich AG-Anteil gRV		8 142 €	8 155 €
§ 10 Abs. 4 EStG (übrige Vorsorgeaufwendungen):			
Beiträge	12 000 €		
abziehbar (maximal 2 x 1 500 €)			3 000 €
insgesamt abziehbar nach § 10 Abs. 3 und 4 EStG			11 155 €
2. Schritt: (Günstigerprüfung mit Erhöhungsbetrag)			
Beiträge gRV (nur AN-Anteil)		8 143 €	
übrige Vorsorgeaufwendungen		12 000 €	
Summe		20 143 €	
Vorwegabzug	6 136 €		
Kürzung um 16 % von 140 512 €	22 481 €		
verbleibender Vorwegabzug	0 €	0 €	0 €
verbleibende Aufwendungen		20 143 €	
Grundhöchstbetrag		2 668 €	2 668 €
verbleibende Aufwendungen		17 475 €	
hälftige Aufwendungen		8 738 €	
höchstens hälftiger Höchstbetrag		1 334 €	1 334 €
Zwischensumme			4 002 €
Ermittlung des Erhöhungsbetrages:			
Beiträge Basis-Rentenvertrag		10 000 €	
Höchstbetrag	40 000 €		
abzgl. Gesamtbeitrag gRV	12 285 €		
abzgl. Gesamtbeitrag gRV	4 000 €		
verbleibendes Abzugsvolumen	23 715 €		
maßgebend		10 000 €	
davon abziehbar 2006: 62 %			6 200 €
abziehbar insgesamt nach § 10 Abs. 4a Satz 1 EStG			10 202 €
3. Schritt: (Mindestgünstigerprüfung)			
Beiträge gRV (nur AN-Anteil)		6 143 €	
Beiträge gRV (nur AN-Anteil)		2 000 €	
Beiträge zur Basis-Rente		10 000 €	
übrige Vorsorgeaufwendungen		12 000 €	
Summe		30 143 €	
Vorwegabzug	6 136 €		

Teil D: Besteuerung von Altersbezügen

Kürzung um 16 % von 140 512 €	22 481 €		
verbleibender Vorwegabzug	0 €	0 €	0 €
verbleibende Aufwendungen		30 143 €	
Grundhöchstbetrag		2 668 €	2 668 €
verbleibende Aufwendungen		27 475 €	
hälftige Aufwendungen	13 738 €		
max. hälftiger Höchstbetrag		1 334 €	1 334 €
abziehbar insgesamt nach § 10 Abs. 4a Satz 2 EStG		4 002 €	
4. Ermittlung des abziehbaren Betrags			
1. Schritt		11 155 €	
2. Schritt		10 202 €	
3. Schritt		4 002 €	
Anzusetzen ist der höchste Wert			11 155 €

e) **Günstigerprüfung nach § 10 Abs. 4a EStG bei ledigem Selbständigen mit Kapitallebensversicherungs- und Basis-Rentenvertrag**

1603   C, ledig, ist selbständig tätig und hat seine Altersversorgung bisher über eine Kapitallebensversicherung abgesichert (Vertragsabschluss in 1999). Die Beiträge betragen jährlich 14 000 €. Für übrige Vorsorgeaufwendungen wendet er im Jahr **2006** 10 000 € auf. Außerdem hat er in 2005 einen Basis-Rentenvertrag abgeschlossen und zahlt darauf Beiträge i. H. v. 15 000 € monatlich.

1. Schritt: § 10 Abs. 3 EStG (Basisversorgung)

Basis-Rentenvertrag	15 000 €	
Höchstbetrag	20 000 €	
abziehbar 62 % von 15 000 €		9 300 €
§ 10 Abs. 4 EStG (übrige Vorsorgeaufwendungen)		
Beiträge	24 000 €	
abziehbar (maximal 2 400 €)		2 400 €
insgesamt abziehbar nach § 10 Abs. 3 und 4 EStG		11 700 €
2. Schritt: (Günstigerprüfung mit Erhöhungsbetrag)		
übrige Vorsorgeaufwendungen	24 000 €	
Vorwegabzug	3 068 €	3 068 €
verbleibende Aufwendungen	20 932 €	
Grundhöchstbetrag	1 334 €	1 334 €
verbleibende Aufwendungen	19 598 €	

IV. Wirkungen der Günstigerprüfung nach § 10 Abs. 4a EStG

hälftige Aufwendungen	9 799 €	
höchstens hälftiger Höchstbetrag	667 €	667 €
Zwischensumme		5 069 €
Ermittlung des Erhöhungsbetrages:		
Beiträge Basis-Rentenvertrag	15 000 €	
Höchstbetrag	20 000 €	
maßgebend	15 000 €	
davon abziehbar 2006: 62 %		9 300 €
abziehbar insgesamt nach § 10 Abs. 4a Satz 1 EStG	14 362 €	
3. Schritt: (Mindestgünstigerprüfung)		
Beiträge zur Basis-Rente	15 000 €	
übrige Vorsorgeaufwendungen	24 000 €	
Summe	39 000 €	
Vorwegabzug	3 068 €	3 068 €
verbleibende Aufwendungen	35 932 €	
Grundhöchstbetrag	1 334 €	1 334 €
verbleibende Aufwendungen	34 598 €	
hälftige Aufwendungen	17 299 €	
max. hälftiger Höchstbetrag	667 €	667 €
abziehbar insgesamt nach § 10 Abs. 4a Satz 2 EStG		5 069 €
4. Ermittlung des abziehbaren Betrags		
1. Schritt	11 700 €	
2. Schritt	14 362 €	
3. Schritt	5 069 €	
Anzusetzen ist der höchste Wert		14 362 €

f) **Günstigerprüfung nach § 10 Abs. 4a EStG bei ledigem Selbständigen mit berufsständischem Versorgungswerk und Basis-Rentenvertrag**

D, ledig, ist selbständig tätig und hat seine Altersversorgung bisher ausschließlich über ein berufsständisches Versorgungswerk abgesichert. In 2010 zahlt er insgesamt Beiträge i. H.v. 14 000 €. Für übrige Vorsorgeaufwendungen wendet er im Jahr 2006 10 000 € auf (davon Basisvorsorge Kranken- und Pflegepflichtversicherung i. S. d. § 10 Abs. 1 Nr. 3 EStG 4 000 €). Außerdem hat er in 2005 einen Basis-Rentenvertrag abgeschlossen und zahlt darauf Beiträge i. H.v. 15 000 € monatlich.

1604

Teil D: Besteuerung von Altersbezügen

1. Schritt: § 10 Abs. 3 EStG (Basisversorgung)

berufsständisches Versorgungswerk	14 000 €	
Basis-Rentenvertrag	15 000 €	
Summe	29 000 €	
Höchstbetrag	20 000 €	
abziehbar 70 % von 20 000 €		14 000 €
§ 10 Abs. 4 EStG (übrige Vorsorgeaufwendungen):		
Beiträge	10 000 €	
Höchstbetrag § 10 Abs. 4 EStG		2 800 €
Kranken- und Pflegeversicherung (Basisvorsorge)		4 000 €
anzusetzen		4 000 €
insgesamt abziehbar nach § 10 Abs. 3 und 4 EStG		18 000 €

2. Schritt: (Günstigerprüfung mit Erhöhungsbetrag)

Beiträge berufsständisches Versorgungswerk	14 000 €	
übrige Vorsorgeaufwendungen	10 000 €	
Summe	24 000 €	
Vorwegabzug	3 068 €	3 068 €
verbleibende Aufwendungen	20 932 €	
Grundhöchstbetrag	1 334 €	1 334 €
verbleibende Aufwendungen	19 598 €	
hälftige Aufwendungen	9 799 €	
höchstens hälftiger Höchstbetrag	667 €	667 €
Zwischensumme		5 069 €
Ermittlung des Erhöhungsbetrages:		
Beiträge Basis-Rentenvertrag	15 000 €	
Höchstbetrag	20 000 €	
abzgl. berufständ. Versorgungswerk	14 000 €	
verbleibendes Abzugsvolumen	6 000 €	
maßgebend		6 000 €
davon abziehbar 2010: 70 %		4 200 €
abziehbar insgesamt nach § 10 Abs. 4a Satz 1 EStG		9 269 €

IV. Wirkungen der Günstigerprüfung nach § 10 Abs. 4a EStG

3. Schritt: (Mindestgünstigerprüfung)

Beiträge berufständ. Versorgungswerk	14 000 €	
Beiträge zur Basis-Rente	15 000 €	
übrige Vorsorgeaufwendungen	10 000 €	
Summe	39 000 €	
Vorwegabzug	3 068 €	3 068 €
verbleibende Aufwendungen	35 932 €	
Grundhöchstbetrag	1 334 €	1 334 €
verbleibende Aufwendungen	34 598 €	
hälftige Aufwendungen	17 299 €	
max. hälftiger Höchstbetrag	667 €	667 €
abziehbar insgesamt nach § 10 Abs. 4a Satz 2 EStG		5 069 €
4. Ermittlung des abziehbaren Betrags		
1. Schritt	18 000 €	
2. Schritt	9 269 €	
3. Schritt	5 069 €	
Anzusetzen ist der höchste Wert		18 000 €

3. Beispiel Günstigerprüfung (Rechtslage ab 2010)

Allein-Gesellschafter-Geschäftsführer A, verheiratet hat eine Anwartschaft auf betriebliche Altersversorgung über seine Kapitalgesellschaft in Form einer Pensionszusage. Zusätzlich hat er im Januar 2008 einen Basis-Rentenversicherungsvertrag abgeschlossen und zahlt darauf Beiträge i. H.v. 15 000 €. Für übrige Vorsorgeaufwendungen wendet er im Jahr 2009/2010 20 000 € auf (davon entfallen 10 000 € auf seine Basisvorsorge KV/PV). Seine angemessene Gesellschafter-Geschäftsführer-Vergütung beträgt 100 000 €. Seine Ehefrau B ist Arbeitnehmerin, Bruttoarbeitslohn in 2009/2010 45 000 €. Die Beiträge zur gRV betragen 8 955 € (AN-Anteil 4 477,50 €, AG-Anteil 4 477,50 €) die Beiträge zur gKV 6 705 € (AN-Anteil 3 555 €, AG-Anteil 3 150 €) und zur gPV 877,50 € (AN-Anteil 438,75 €, AG-Anteil 438,75 €). Die Tochter T (24 Jahre alt) ist in der studentischen Krankenversicherung (KVdS) versichert und zahlt als Versicherungsnehmerin einen Jahresbeitrag zu ihrer Basiskrankenversicherung i. H.v. 2 000 €. A und B erstatten T den von ihr geleisteten Jahresbeitrag im Rahmen ihrer Unterhaltsverpflichtung.

1605

Lösung für den Veranlagungszeitraum 2009:

§ 10 Abs. 3 EStG (Basisversorgung):

gRV	8 955,00 €	
Rürup-Rentenvertrag	15 000,00 €	
Zwischensumme		23 955,00 €

Teil D: Besteuerung von Altersbezügen

Höchstbetrag	40 000,00 €	
abzgl. 19,9 % von 54 600 €	10 865,40 €	
	29 134,60 €	
maßgebend		23 955,00 €
abziehbar 68 % von 23 955,00 €		16 289,40 €
abzgl. AG-Anteil grV		4 477,50 €
Summe		11 811,90 €

§ 10 Abs. 4 EStG (übrige Vorsorgeaufwendungen)

übrige Aufwendungen	10 000 €	
Basisvorsorge KV/PV EM	10 000 €	
Basisvorsorge KV/PV EF	3 555,00 €	
Basisvorsorge KV/PV T	2 000,00 €	
Summe	25 555,00 €	
im Rahmen der Höchstbeträge		
abziehbar (maximal 2 400 € + 1 500 €)		3 900,00 €
Summe § 10 Abs. 3 und Abs. 4 EStG		15 711,90 €

Günstigerprüfung § 10 Abs. 4a EStG

Vorsorgeaufwendungen (ohne Rürup)	30 032,50 €	
Vorwegabzug	6 136,00 €	6 136,00 €
verbleibende Aufwendungen	23 896,50 €	
Grundhöchstbetrag	2.668,00 €	2 668,00 €
verbleibende Aufwendungen	21 228,50 €	
hälftige Aufwendungen	10 614,25 €	
höchstens hälftiger Höchstbetrag	1 334,00 €	1 334,00 €
Zwischensumme		10 138,00 €
Ermittlung des Erhöhungsbetrages:		
Beiträge Rürup-Rentenvertrag	15 000,00 €	
Höchstbetrag	40 000,00 €	
abzgl. 19,9 % von 54 600 €	./. 10 865,40 €	
	29 134,60 €	
abzgl. grV-Beiträge	8 955,00 €	
Summe	20 179,60 €	
abziehbar insgesamt nach § 10 Abs. 4a Satz 1 EStG		20 338,00 €

IV. Wirkungen der Günstigerprüfung nach § 10 Abs. 4a EStG

Mindestgünstigerprüfung

Beiträge zur Rürup-Rente	15 000,00 €	
weitere Vorsorgeaufwendungen	30 032,50 €	
Summe	45 032,50 €	
Vorwegabzug	3 068,00 €	6 136,00 €
verbleibende Aufwendungen	38 896,50 €	
Grundhöchstbetrag	2 668,00 €	2 668,00 €
verbleibende Aufwendungen	36 228,50 €	
hälftige Aufwendungen	18 114,25 €	
max. hälftiger Höchstbetrag	1 334,00 €	1 334,00 €
abziehbar insgesamt nach § 10 Abs. 4a Satz 2 EStG		10 138,00 €

Vergleichsrechnung:

abziehbar nach § 10 Abs. 3 und § 10 Abs. 4	15 711,90 €
Günstigerprüfung mit Erhöhungsbetrag	20 338,00 €
Mindestgünstigerprüfung	10 138,00 €
abziehbar	20 338,00 €

Lösung für den Veranlagungszeitraum 2010:

§ 10 Abs. 3 EStG (Basisversorgung):

gRV	8 955,00 €	
Rürup-Rentenvertrag	15 000,00 €	
Zwischensumme	23 955,00 €	
Höchstbetrag	40 000,00 €	
abzgl. 19,9 % von 55 800 €	11 104,00 €	
	28 896,00 €	
		23 955,00 €
abziehbar 70 % von 23 955,00 €		16 768,50 €
abzgl. AG-Anteil gRV		4 477,50 €
Summe		12 291,00 €

§ 10 Abs. 4 EStG (übrige Vorsorgeaufwendungen)

übrige Aufwendungen	10 000,00 €
Basisvorsorge KV/PV EM	10 000,00 €
Basisvorsorge KV/PV EF	3 555,00 €
Basisvorsorge KV/PV T	2 000,00 €
Summe	25 555,00 €

Teil D: Besteuerung von Altersbezügen

im Rahmen der Höchstbeträge abziehbar (maximal 2 800 € + 1 900 €)		4 700,00 €
mindestens Basisvorsorge KV/Pfl.		
Basisvorsorge KV/PV EM	10 000,00 €	
Basisvorsorge KV/PV EF	3 555,00 €	
abzgl. 4 % Krankengeld	./. 142,20 €	
Basisvorsorge KV/PV T	2 000,00 €	
Summe	15 412,80 €	15 412,80 €
im Ergebnis abziehbar		15 412,80 €
Summe § 10 Abs. 3 und Abs. 4 EStG		27 703,80 €
Günstigerprüfung § 10 Abs. 4a EStG		
Vorsorgeaufwendungen (ohne Rürup)	30 032,50 €	
Vorwegabzug	6 136,00 €	6 136,00 €
verbleibende Aufwendungen	23 896,50 €	
Grundhöchstbetrag	2 668,00 €	2 668,00 €
verbleibende Aufwendungen	21 228,50 €	
hälftige Aufwendungen	10 614,25 €	
höchstens hälftiger Höchstbetrag	1 334,00 €	1 334,00 €
Zwischensumme		10 138,00 €
Ermittlung des Erhöhungsbetrages:		
Beiträge Rürup-Rentenvertrag	15 000 €	
Höchstbetrag	40 000 €	
abzgl. 19,9 % von 55 800 €	11 104 €	
abzgl. gRV EF	8 955 €	
Summe	19 941 €	
maßgebend		15 000,00 €
davon abziehbar 70 %		10 500,00 €
abziehbar insgesamt nach § 10 Abs. 4a Satz 1 EStG		20 638,00 €
Mindestgünstigerprüfung		
Beiträge zur Rürup-Rente	15 000,00 €	
weitere Vorsorgeaufwendungen	30 032,50 €	
Summe	45 032,50 €	
Vorwegabzug	3 068,00 €	6 136,00 €
verbleibende Aufwendungen	38 896,50 €	
Grundhöchstbetrag	1 334,00 €	2 668,00 €
verbleibende Aufwendungen	36 228,50 €	

hälftige Aufwendungen	18 114,25 €	
max. hälftiger Höchstbetrag	1 334,00 €	1 334,00 €
abziehbar insgesamt nach § 10 Abs. 4a Satz 2 EStG		10 138,00 €
Vergleichsrechnung:		
abziehbar nach § 10 Abs. 3 und § 10 Abs. 4	27 703,80 €	
Günstigerprüfung mit Erhöhungsbetrag	20 638,00 €	
Mindestgünstigerprüfung	10 138,00 €	
abziehbar		27 703,80 €

(Einstweilen frei) 1606–1620

V. Besteuerung nach § 22 Nr. 5 EStG (Riester-Renten)

1. Allgemeines

a) Gegenstand der Regelung

Leistungen aus Altersvorsorgeverträgen, Direktversicherungen, Pensionsfonds, Pensionskassen und der Versorgungsausgleichskasse werden nach § 22 Nr. 5 EStG nachgelagert besteuert. Die Regelung ist zusammen mit der Möglichkeit eingeführt worden, aus steuerlich unbelasteten Beiträgen eine kapitalgedeckte geförderte Altersvorsorge aufzubauen. Der Gesetzgeber sah es als gerechtfertigt an, die auf den geförderten Beiträgen beruhenden Leistungen in der Auszahlungsphase als sonstige Einkünfte in vollem Umfang zu besteuern. Dies gilt unabhängig davon, ob die Leistungen auf Beiträgen, Zulagen, Wertsteigerungen oder auf den in der Vertragslaufzeit erwirtschafteten Erträgen beruhen. Erfasst werden alle Auszahlungen aus den entsprechenden Vorsorgeverträgen, die auf geförderten Beträgen beruhen. Dies gilt unabhängig davon, ob die Leistungen regelmäßig[1] oder einmalig[2] ausgezahlt werden. Die Besteuerung erfolgt auch, wenn es sich nicht um eine Altersleistung für den Anleger, sondern um eine Hinterbliebenen- oder Erwerbsminderungsrente an eine andere Person (Ehegatte/Lebenspartner/Kinder) handelt.[3]

1621

---

[1] Z. B. Rente/Leistungen im Rahmen eines Auszahlungsplans
[2] Z. B. Teilkapitalauszahlung/Abfindung einer Kleinbetragsrente/Einmalauszahlung im Rahmen einer Vertragskündigung
[3] Zu den Einzelheiten vgl. BMF-Schreiben vom 24. 7. 2013/13. 1. 2014 (BStBl 2013 I S. 1022/BStBl 2014 I S. 97, Rn. 121 ff.).

1622 Die sich ergebenden Leistungen unterliegen der vollen nachgelagerten Besteuerung, soweit sie auf Beiträgen beruhen, auf die

- ▶ § 3 Nr. 63 EStG (Steuerbefreiung für im Rahmen der betrieblichen Altersversorgung erbrachte Beiträge an eine Direktversicherung, eine Pensionskasse oder einen Pensionsfonds; vgl. Rn. 1888 ff., 2061 ff.),
- ▶ § 10a EStG/Abschn. XI EStG (Sonderausgaben- und Zulagenförderung; vgl. Rn. 1670 ff.),
- ▶ § 3 Nr. 56 EStG (Steuerbefreiung für bestimmte Umlagezahlungen des Arbeitgebers; Rn. 1850, 2151 ff.),
- ▶ § 3 Nr. 66 EStG (Steuerbefreiung für bestimmte Übernahmen von Versorgungsanwartschaften; vgl. Rn. 1903 ff.),
- ▶ § 3 Nr. 55b Satz 1 EStG (Steuerbefreiung im Zeitpunkt der Durchführung des Versorgungsausgleichs; vgl. Rn. 1900 f.) oder
- ▶ § 3 Nr. 55c EStG (Steuerbefreiung für Kapitalübertragungen im Rahmen eines Anbieterwechsels; vgl. Rn. 1902)

angewendet wurde.

1623 Der Umfang der nachgelagerten Besteuerung richtet sich danach, inwieweit die sich ergebenden Leistungen auf geförderten Beträgen beruhen. So können die in der Ansparphase eingezahlten Beiträge in vollem Umfang, nur teilweise oder nicht steuerlich gefördert worden sein. Nicht gefördert wurden z. B. Beiträge die auf einen zertifizierten Altersvorsorgevertrag eingezahlt wurden, obschon der Anleger die Riester-Förderung nicht in Anspruch nimmt bzw. nicht nutzen kann. Die Besteuerung der auf den nicht geförderten Beiträgen beruhenden Leistungen richtet sich nach § 22 Nr. 5 Satz 2 EStG. Für den Umfang der nachgelagerte Besteuerung ist somit von entscheidender Bedeutung, wie die Beiträge zum Aufbau der Anwartschaft in der Ansparphase steuerlich behandelt wurden. Beruhen die Leistungen teilweise auf geförderten und teilweise auf ungeförderten Beträgen, ist für steuerliche Zwecke eine Aufteilung der sich später ergebenden Leistung erforderlich.

1624 Nach den Vorstellungen des Gesetzgebers ist diese Aufteilung von demjenigen vorzunehmen, der die betreffende Leistung erbringt. Dieser hat dem Steuerpflichtigen bei erstmaligem Bezug von Leistungen sowie im Falle einer Änderung der Leistungshöhe auf einem amtlich vorgeschriebenen Vordruck[1] mitzuteilen, wie die Leistung aufzuteilen und steuerlich einzuordnen ist (§ 22 Nr. 5 Satz 7 EStG). Die Bescheinigung dient der Information des Steuerpflichti-

---

[1] BMF-Schreiben vom 17. 12. 2011, BStBl 2012 I S. 6.

gen. Sie muss daher der Einkommensteuererklärung auch nicht beigefügt werden. Die FinVerw erfährt vom entsprechenden Leistungsbezug über das Rentenbezugsmitteilungsverfahren nach § 22a EStG (Rn. 2301 ff.). Danach ist der Anbieter verpflichtet die FinVerw unter Angabe der IdNr. des Steuerpflichtigen nach amtlich vorgeschriebenem Datensatz über den Leistungsbezug und dessen steuerliche Einordnung zu informieren. Die Rentenbezugsmitteilung ist für alle Veranlagungszeiträume ab 2005 zu erstellen.

(Einstweilen frei) 1625–1628

b) Entstehung und Entwicklung

Die Einführung des § 22 Nr. 5 EStG erfolgte im Rahmen des Gesetzes zur Reform der gesetzlichen Rentenversicherung und zur Förderung eines kapitalgedeckten Altersvorsorgevermögens (Altersvermögensgesetz – AVmG).[1] Dieses Gesetz bildete im Jahr 2001 den Endpunkt einer Rentenreformdiskussion, deren Ausgangspunkt bereits das Rentenkorrekturgesetz vom 19.12.1998[2] darstellte. Mit diesem Gesetz setzte die damalige Rot/Grüne Bundesregierung die wesentlichen Regelungen des noch von der Vorgängerregierung verabschiedeten Rentenreformgesetzes 1999[3] – u.a. den demographischen Faktor – bis zum 31.12.2000 vorläufig aus. Die Notwendigkeit, auf die demographischen Veränderungen in der Gesellschaft zu reagieren, war damit allerdings nicht beseitigt. 1629

Im September 2000 stellte das Bundesministerium für Arbeit und Sozialordnung den Diskussionsentwurf zur Reform der gesetzlichen Rentenversicherung und zur Förderung des Aufbaus eines kapitalgedeckten Vermögens zur Altersvorsorge (Altersvermögensaufbaugesetz – AVAG)[4] vor. Der Gesetzentwurf beinhaltete – neben rentenrechtlichen Bestimmungen[5] – detaillierte Regelungen für den steuerlich geförderten Aufbau einer zusätzlichen Altersvorsorge. So war u.a. ein am Familienleistungsausgleich angelehntes Förderverfahren vorgesehen, welches aus einer staatlichen Zulage (vergleichbar dem Kindergeld) und einem zusätzlichen Sonderausgabenabzugsbetrag (vergleichbar den kindbedingten Freibeträgen) bestand. Das Finanzamt sollte ermitteln, welche För- 1630

---

1 BGBl 2001 I S. 1310; BR-Drucks. 331/01; zur Entwicklung und Entstehung des AVmG ausführlich Myßen in: Kirchhof/Söhn/Mellinghoff, § 10a Rn. A 418 ff.
2 Rentenkorrekturgesetz vom 19.12.1998, BGBl 1998 I S. 3843.
3 Rentenreformgesetz 1999 vom 16.12.1997, BGBl 1997 I S. 2998.
4 Diskussionsentwurf vom 22.9.2000.
5 Viele der rentenrechtlichen Regelungen im AVAG wurden letztendlich, wenn auch mehrfach modifiziert, im Rahmen des Altersvermögensergänzungsgesetzes – AVmEG – umgesetzt.

derkomponente (Zulage oder Sonderausgabenabzug) für den Berechtigten wirtschaftlich günstiger ist. Für die verwaltungspraktische Umsetzung der Förderregelungen waren nach dem Diskussionsentwurf die Finanzämter zuständig. Eine nachgelagerte Besteuerung sah der Entwurf hingegen noch nicht vor.

1631 Basierend auf dem Diskussionsentwurf des AVAG wurde am 14.11.2000 von der Bundesregierung der Entwurf eines Gesetzes zur Reform der gesetzlichen Rentenversicherung und zur Förderung eines kapitalgedeckten Altersvorsorgevermögens (Altersvermögensgesetz – AVmG) beschlossen und in das Gesetzgebungsverfahren eingebracht.[1] Neben der Änderung des Namens wies der Gesetzentwurf erhebliche inhaltliche Abweichungen gegenüber dem Diskussionsentwurf auf, die hauptsächlich den Bereich der steuerlichen Förderung der zusätzlichen Altersvorsorge betrafen. Erstmals aufgenommen wurde die bisher fehlende Bestimmung zur nachgelagerten Besteuerung der Leistungen aus Altersvorsorgeverträgen (§ 22 Nr. 5 EStG).[2]

1632 Im Rahmen der Gesetzesberatungen wurde der Gesetzentwurf erneut konzeptionell überarbeitet und in wesentlichen Teilen geändert, so wurden u. a. Förderkomponenten für die betriebliche Altersversorgung aufgenommen (§ 3 Nr. 63 EStG). Dies führte auch zu einer Anpassung des § 22 Nr. 5 EStG. Ebenso fanden Besteuerungsregelungen für den Fall einer schädlichen Verwendung des Vorsorgekapitals Eingang in den Gesetzestext. Trotz der konzeptionellen Verbesserungen des AVmG verweigerte der Bundesrat dem Gesetz in seiner Sitzung am 16.2.2001 die erforderliche Zustimmung. Bedenken wurden von der Länderkammer vor allem aus Kostengesichtspunkten und im Hinblick auf den Verwaltungsaufwand für die FinVerw vorgetragen.

1633 Der Vermittlungsausschuss gab nach langen und intensiven Diskussionen am 8.5.2001 eine Beschlussempfehlung ab. Diese sah gegenüber dem ursprünglichen Gesetzesbeschluss des Bundestages erneut eine Vielzahl von Änderungen vor. Eine wesentliche Neuerung war die sehr kontrovers diskutierte Einbeziehung von selbstgenutztem Wohneigentum in das Förderkonzept des Altersvermögensgesetzes. Der Gesetzesbeschluss vom 26.1.2001 sah diesbezüglich noch eine als unpraktikabel kritisierte Regelung im AltZertG vor, nach der Verträge zur Förderung von selbstgenutztem Wohneigentum nur dann steuerlich begünstigte Altersvorsorgeverträge sein konnten, wenn sie die Vo-

---

1 BR-Drucks. 764/00; BT-Drucks. 14/5068.
2 In der Fassung des Gesetzentwurfs vom 14.11.2000.

raussetzungen des § 1 Abs. 1 AltZertG gleichwertig erfüllten.[1] Eine weitere wesentliche Neuerung ergaben die Verhandlungen im Vermittlungsausschuss hinsichtlich der Ausgestaltung des Zulageverfahrens. Hiermit sollte den Forderungen der Länder Rechnung getragen werden, dass der zusätzliche Arbeitsaufwand in den Finanzverwaltungen auf ein Mindestmaß begrenzt werden müsse. Während bisher vorgesehen war, dass die Zulagenfestsetzung bei der Förderung der Privatvorsorge und die Ermittlung des über die Zulagen hinausgehenden Steuervorteils aus dem zusätzlichen Sonderausgabenabzug (sog. „Günstigerprüfung") einheitlich durch das Finanzamt im Rahmen der Einkommensteuererklärung durchgeführt wird, wurde das Zulageverfahren von der Berechnung des Sonderausgabenvorteils abgetrennt. Die Ermittlung der Zulage und deren Auszahlung sollte nun von einer zentralen Stelle des Bundes übernommen werden. § 22 Nr. 5 EStG wurde aufgrund der zahlreichen Änderungen vom Vermittlungsausschuss komplett neu gefasst.[2] Er behielt allerdings die im Gesetzesbeschluss vom 26. 1. 2001 angelegte Grundstruktur. Das aufgrund der Beschlussempfehlung des Vermittlungsausschusses vom 8. 5. 2001 geänderte AVmG fand am 11. 5. 2001 die erforderliche Mehrheit in Bundestag und Bundesrat. Das Gesetz wurde am 26. 6. 2001 im BGBl 2001 I S. 1310 ff. verkündet.

Die ersten Modifikationen des § 22 Nr. 5 EStG wurden bereits durch das Steueränderungsgesetz 2001[3] vorgenommen. Allerdings handelte es sich insoweit lediglich um redaktionelle Klarstellungen. Mit dem Alterseinkünftegesetz (AltEinkG)[4] wurden rückwirkend zum 1. 1. 2002 die auf steuerlich geförderten Beiträgen beruhenden Leistungen der Zusatzversorgungseinrichtungen zur betrieblichen Altersversorgung mit beamtenähnlicher Gesamtversorgung in den Anwendungsbereich des § 22 Nr. 5 EStG einbezogen.[5] Diese Änderung erfolgte vor dem Hintergrund, dass auch die Beschäftigten des öffentlichen Dienstes in den Kreis der begünstigten Personengruppen nach § 10a Abs. 1 EStG aufgenommen wurden.[6] Außerdem wurden redaktionelle Folgeänderungen aus

1634

---

1 § 1 Abs. 1 Satz 2 AltZertG a. F.; vgl. zu den unter diese Regelung fallenden „reverse mortgage"-Modellen: Vetter, Möglichkeiten der finanziellen Altersvorsorge unter besonderer Berücksichtigung von Leibrente und reverse mortgage, 2006.
2 Es fehlt daher insoweit an einer Gesetzesbegründung zu einigen Textpassagen in § 22 Nr. 5 EStG, da die Änderungsvorschläge des Vermittlungsausschusses nicht begründet werden müssen.
3 Steueränderungsgesetz 2001 – StÄndG 2001 vom 20. 12. 2001, BGBl 2001 I S. 3794; BStBl 2002 I S. 4.
4 Vom 5. 7. 2004, BGBl 2004 I S. 1427; BStBl 2004 I S. 554.
5 Risthaus in: Herrmann/Heuer/Raupach, EStG, Jahresband 2005, § 22, J 04-27.
6 Risthaus/Myßen, NWB F. 3 S. 11997.

der Streichung des Steuerprivilegs der Kapitallebensversicherung in § 20 Abs. 1 Nr. 6 Satz 2 EStG vorgenommen.

1635 Eine völlige Neufassung des § 22 Nr. 5 EStG erfolgte mit dem Jahressteuergesetz 2007.[1,2] In diesem Zusammenhang stellte der Gesetzgeber klar, dass § 22 Nr. 5 EStG gegenüber anderen Vorschriften eine vorrangige Spezialvorschrift für die steuerliche Erfassung der entsprechenden Leistungen ist (lex specialis). Bei der Neustrukturierung wurden die bisherigen Grundprinzipien beibehalten, jedoch einzelne Sätze zusammengefasst und konkretisiert.

1636 Mit dem Eigenheimrentengesetz[3] wurde im Jahr 2008 die selbstgenutzte Wohnimmobilie besser in die steuerlich geförderte Altersvorsorge (Riester-Rente) integriert.[4] Dies geschah insbesondere durch die Einführung einer sog. Tilgungsförderung sowie verbesserten Rahmenbedingungen für die Entnahme steuerlich geförderten Altersvorsorgekapitals.[5] Die geförderten Tilgungsbeiträge und die entnommenen Beträge werden in ein Wohnförderkonto eingestellt, dessen Saldo jährlich um 2 % erhöht wird. Dieser Betrag bildet in der Auszahlungsphase die Grundlage für die nachgelagerte Besteuerung. Mit Beginn der „Auszahlungsphase" wird er schrittweise vermindert bzw. einmalig aufgelöst. Die aus dem Wohnförderkonto ausgebuchten Beträge sind nach § 22 Nr. 5 EStG nachgelagert zu besteuern.

1637 Aufgrund der mit dem Jahressteuergesetz 2009[6] vorgenommenen Erweiterung des § 22 Nr. 5 EStG sind ab dem 1.1.2009 die vom Vermittler eines zertifizierten Altersvorsorgevertrags an den Steuerpflichtigen zurückerstatteten Abschluss- und Vertriebskosten als sonstige Einkünfte nach § 22 Nr. 5 Satz 1 EStG zu erfassen. Auch im Zuge der Reform des Versorgungsausgleichs[7] ist es zu Änderungen im § 22 Nr. 5 Satz 2 EStG gekommen. So wird durch § 3 Nr. 55b EStG sichergestellt, dass bei der im Versorgungsausgleich vorgenommenen ex-

---

1 Jahressteuergesetz 2007 (JStG 2007) v. 13.12.2006, BGBl 2006 I S. 2878.
2 Vgl. hierzu Myßen/Bering, NWB F. 3 S. 14293.
3 Gesetz zur verbesserten Einbeziehung der selbstgenutzten Wohnimmobilie in die geförderte Altersvorsorge (Eigenheimrentengesetz – EigRentG) v. 29.7.2008, BGBl 2008 I S. 1509.
4 Vgl. hierzu Myßen/Fischer, NWB F. 3 S. 15117. Risthaus, Beilage 6 zu DB 33/2010. Zu den verschiedenen im Vorfeld diskutierten Modellansätzen vgl. Rieckhoff, DRV 2007 S. 590. Mit dem Altersvorsorgeverbesserungsgesetz vom 24.6.2013 (BGBl 2013 I S. 1667) wurden die Regelungen zur Einbeziehung der selbstgenutzten Wohnimmobilie weiter ausgeweitet und vereinfacht, vgl. hierzu Myßen/Fisacher, 25/2013, S. 1977.
5 Zu den Vorteilen der Regelungen vgl. Schönemann/Dietrich/Kiesewetter, StuW 2009 S. 107.
6 Jahressteuergesetz 2009 (JStG 2009) v. 19.12.2008, BGBl 2008 I S. 2794.
7 Gesetz zur Strukturreform des Versorgungsausgleichs v. 3.4.2009, BGBl 2009 I S. 700 = BStBl 2009 I S. 534 (auszugsweise). Zu den Hintergründen der Neuregelung vgl. Ruland, Versorgungsausgleich 2. Aufl. 2009, Rdnr. 23 ff.

V. Besteuerung nach § 22 Nr. 5 EStG (Riester-Renten)

ternen Teilung einer Versorgungsanwartschaft, die – zumindest teilweise – auf gefördertem Altersvorsorgekapital beruht, es nicht zu einem nach § 22 Nr. 5 Satz 1 EStG relevanten Zufluss kommt. Die vorgenommene Steuerfreistellung im Zeitpunkt der Durchführung des Versorgungsausgleichs wird allerdings als steuerliche Förderung behandelt. Die auf den insoweit freigestellten Beiträgen beruhenden Leistungen sind daher im Zeitpunkt der Auszahlung nach § 22 Nr. 5 Satz 1 EStG nachgelagert zu versteuern.

Eine weitere Änderung der Vorschrift erfolgte mit dem Jahressteuergesetz 2010 (JStG 2010).[1] Dies betraf den sogenannten Wohn-Riester. Im geltenden Gesetz ist vorgesehen, dass das in der Immobilie gebundene steuerlich geförderte Altersvorsorgevermögen auf dem Wohnförderkonto erfasst und als Grundlage für die nachgelagerte Besteuerung dient. Zu Beginn der Auszahlungsphase wird der Saldo des Wohnförderkontos entweder als Einmalbetrag mit 30 % Abschlag oder verteilt bis zum 85. Lebensjahr besteuert. Entscheidet sich der Anleger für die Einmalbesteuerung, dann erfolgt nach § 22 Nr. 5 Satz 6 EStG eine Nachversteuerung des gewährten 30 % Abschlags, wenn der Anleger die Immobilie nicht mindestens noch 20 Jahre selbst nutzt. Durch die mit dem JStG 2010 vorgenommenen Änderungen wird klargestellt, dass diese Nachversteuerung nicht erfolgt, wenn die Eigennutzung nach Beginn der Auszahlungsphase durch den Tod des Zulageberechtigten beendet wird. Dies entsprach bereits vor der Gesetzesänderung der Auffassung der FinVerw, allerdings war der Gesetzestext nicht ganz eindeutig. Diese Unsicherheiten werden durch die Gesetzesänderungen beseitigt. Außerdem wird eine Regelung zur Besteuerung von Versorgungsanwartschaften nach einer internen Teilung ergänzt (§ 22 Nr. 5 Satz 10 EStG a. F.[2]).

1638

Im Zuge des Beitreibungsrichtlinien-Umsetzungsgesetzes[3] wurde der § 22 Nr. 5 EStG erneut modifiziert.[4] Auslöser war die Aufnahme des § 3 Nr. 55c EStG. Die Norm betrifft die Übertragung von Versorgungsanwartschaften von einem begünstigten Alterssicherungssystem auf ein anderes. Führt dieser Wechsel im Übertragungszeitpunkt zu steuerpflichtigen Einkünften, dann werden diese durch § 3 Nr. 55c EStG steuerfrei gestellt. Die sich hieraus ergebenden Leistungen werden – aufgrund einer entsprechenden Ergänzung des Gesetzestextes –

1639

---

1 Gesetz vom 8. 12. 2010, BGBl 2010 I S. 1768; BStBl 2010 I S. 1394.
2 Jetzt § 22 Nr. 5 Satz 9 EStG.
3 Gesetz zur Umsetzung der Beitreibungsrichtlinie sowie zur Änderung steuerlicher Vorschriften (Beitreibungsrichtlinie-Umsetzungsgesetz – BeitrRLUmsG) vom 7. 12. 2011, BGBl 2011 I S. 2592; BStBl 2011 I S. 1296.
4 Zum BeitrRLUmsG vgl. auch Myßen/Fischer, NWB 52/2011 S. 4390.

nach § 22 Nr. 5 Satz 1 EStG nachgelagert besteuert. Der Besteuerungszeitpunkt wird somit auf den Zeitpunkt der tatsächlichen Auszahlung an den Anleger verschoben. Außerdem wurde in § 22 Nr. 5 EStG ein Satz angefügt mit dem die Besteuerung von Anwartschaften aus dem Versorgungsausgleich konkretisiert wird (§ 22 Nr. 5 Satz 11 EStG a. F.[1]).

1640 Die letzte – allerdings nur geringfügige – Änderung hat der § 22 Nr. 5 EStG durch das Altersvorsorgeverbesserungsgesetz (AltvVerbG)[2] erfahren.[3] Im diesem Gesetz wird u. a. geregelt, dass das Wohnförderkonto von der zentralen Stelle (ZfA) geführt wird. Die entsprechenden Pflichten der ZfA ergeben sich insbesondere aus § 92a EStG. Ursprünglich sollte dies die Ausnahme sein, so dass der ehemaligen § 22 Nr. 5 Satz 8 EStG a. F. eine auf diese Ausnahme aufbauende Sonderregelung enthielt. Aufgrund der generellen Übernahme der Kontenführung durch die ZfA wurde der ehemalige Satz 8 gestrichen.[4]

1641–1645 (Einstweilen frei)

c) Struktur der Vorschrift

1646 § 22 Nr. 5 EStG enthält zehn Sätze, von denen die **Sätze 1 und 2** den Grundtatbestand der nachgelagerten Besteuerung von Altersleistungen betreffen. **Satz 3** regelt den Fall der schädlichen Verwendung von geförderten Altersvorsorgevermögen (§ 10a/Abschn. XI EStG). Die **Sätze 4 bis 6** enthalten Sonderregelungen, die der Erfassung des in einer selbstgenutzten Wohnimmobilie gebundenen steuerlich geförderten Kapitals dienen („Wohn-Riester" vgl. Rn. 1772 ff.). Das Gesetz sieht vor, dass der in das Wohnförderungskonto eingestellte Betrag ab dem Beginn der „Auszahlungsphase" schrittweise aufgelöst und besteuert wird. Da ein tatsächlicher Zufluss von Leistungen i. S. d. Satzes 1 nicht gegeben ist, wird dieser entsprechend fingiert. **Satz 7** verpflichtet den Leistungserbringer, dem Steuerpflichtigen eine Bescheinigung nach amtlichem Vordruck[5] über die von ihm bezogenen Leistungen auszustellen. **Satz 8** regelt, dass auch **Abschluss- und Vertriebskosten** eines zertifizierten Altersvorsorgevertrags, die dem Steuerpflichtigen erstattet werden, als **steuerpflichtige Leistungen** nach Satz 1 gelten. Gesetzessystematisch hätte die ent-

---

[1] Jetzt § 22 Nr. 5 Satz 10 EStG.
[2] Gesetz zur Verbesserung der steuerlichen Förderung der privaten Altersvorsorge (Altersvorsorge-Verbesserungsgesetz – AltvVerbG) vom 24. 6. 2013, BGBl 2013 I S. 1667.
[3] Zum AltvVerbG vgl. auch Myßen/Fischer, NWB 25/2013 S. 1977; Myßen/Fischer, NWB 26/2013 S. 2062; Franz, DB 2013 S. 1988; Schmieszek, StED 2013 S. 530.
[4] Dies hat zur Folge, dass in § 22 Nr. 5 die bisherigen Sätze 9, 10 und 11 in der aktuellen Fassung des Gesetzes die Sätze 8, 9 und 10 sind.
[5] BMF-Schreiben vom 17. 12. 2011, BStBl 2012 I S. 6.

sprechende Regelung vor dem jetzigen Satz 7 eingefügt werden müssen, da es sich – wie bei den Sätzen 4 bis 6 – um die Fiktion von nach § 22 Nr. 5 Satz 1 EStG zu erfassenden Leistungen handelt. Werden Versorgungsanwartschaften im Versorgungsausgleich intern geteilt und handelt es sich hierbei um Anwartschaften, deren spätere Leistungen nach § 22 Nr. 5 EStG besteuert werden, dann ist § 22 Nr. 5 Satz 8 EStG zu beachten.[1] Für die Besteuerung der sich aus den geteilten Anrechten ergebenden Leistungen wird auch die vor der Teilung gewährte steuerliche Förderung entsprechend aufgeteilt. Dies hat zur Folge, dass sich die aus beiden Anrechten ergebenden Leistungen so besteuert werden, als ob keine Teilung erfolgt worden wäre. Dies gilt auch für die Zuordnung der Altersleistung zum § 22 Nr. 5 Satz 1 EStG und § 22 Nr. 5 Satz 2 EStG.[2]

(Einstweilen frei) 1647–1650

d) § 22 Nr. 5 EStG im Besteuerungssystem

aa) Lex specialis

§ 22 Nr. 5 EStG erfasst alle Leistungen aus Altersvorsorgeverträgen sowie aus Direktversicherungen, Pensionsfonds, Pensionskassen und der Versorgungsausgleichskasse. Außerdem wird die Besteuerung des im Wohnförderkonto eingestellten „Kapitals" geregelt. Die Zuordnung der entsprechenden Leistungen zu den sonstigen Einkünften geht den anderen Vorschriften des EStG vor. § 22 Nr. 5 EStG ist insoweit als lex specialis anzusehen.[3] Dies ergibt sich bereits aus dem Wortlaut der Vorschrift. Die aufgeführten Leistungen werden – abschließend – den sonstigen Einkünften nach § 22 Nr. 5 EStG zugewiesen. Hierfür spricht ein Vergleich des Wortlauts von § 22 Nr. 1 EStG und dem des § 22 Nr. 5. Die Zuordnung von wiederkehrenden Bezügen zu den sonstigen Einkünften (§ 22 Nr. 1 EStG) erfolgt nur, wenn diese Bezüge „nicht zu den in § 2 Abs. 1 Nr. 1 bis 6 bezeichneten Einkunftsarten gehören".[4] Eine solche Einschränkung enthält der Wortlaut des § 22 Nr. 5 EStG hingegen nicht. Damit gibt der Gesetzgeber zu erkennen, dass die bei den wiederkehrenden Bezügen geltende Subsidiarität der Zuordnung zu den sonstigen Einkünften beim § 22 Nr. 5 EStG keine Anwendung finden soll.

1651

---

1 Vgl. hierzu BMF-Schreiben vom 24. 7. 2013, BStBl 2013 I S. 1022 Rn. 400 ff.
2 Dies bezieht sich allerdings nur auf die während der Ehezeit gewährte Förderung.
3 Weber-Grellet in: Schmidt, § 22 Rn. 125; Fischer in: Kirchhof, § 22 Rn. 50; Dorenkamp, Nachgelagerte Besteuerung von Einkommen, Berlin 2004, S. 199. Stuhrmann in: Blümich, § 22 Rn. 195. Lindberg in: Frotscher, § 22 Rn. 194.
4 Vgl. hierzu auch Weber-Grellet in: Schmidt, § 22 Rn. 2.

Teil D: Besteuerung von Altersbezügen

1652 Die Vorrangigkeit der steuerlichen Erfassung nach § 22 Nr. 5 EStG ergibt sich auch aus der Gesetzesbegründung,[1] wonach die von der Vorschrift erfassten Leistungen immer nach § 22 Nr. 5 EStG besteuert werden sollen – unabhängig von ihrer Behandlung nach anderen Vorschriften. So bleiben in der Ansparphase erzielte Zinsen eines Altersvorsorgevertrags im Zeitpunkt der Gutschrift unbesteuert, obschon diese ansonsten nach § 20 EStG steuerpflichtig gewesen wären.[2] Dies gilt auch, wenn die Leistungen von in- oder ausländischen Investmentfonds erbracht werden. So sind die auf Investmentanteile ausgeschütteten sowie die ausschüttungsgleichen Erträge und der Zwischengewinn nicht den Einkünften aus Kapitalvermögen zuzuordnen, sondern nach § 22 Nr. 5 EStG zu besteuern, wenn es sich um Erträge handelt, die im Rahmen eines Altersvorsorgevertrags anfallen. § 22 Nr. 5 EStG verdrängt ebenso die Vorschriften des Investmentsteuerrechts.[3] Die Abgeltungssteuer ist gleichfalls nicht anzuwenden.[4]

1653 § 22 Nr. 5 EStG ist auch lex specialis zu § 3 Nr. 40 i.V. m. §§ 17, 20 EStG. Die Einordnung der Erträge als sonstige Einkünfte gilt ebenso, wenn auf den Altersvorsorgevertrag oder an die Direktversicherung, den Pensionsfonds oder die Pensionskasse ausschließlich Beiträge geleistet werden, die nicht nach § 3 Nr. 63, 66, 56, 55b, 55c EStG steuerfrei belassen oder nicht nach § 10a EStG oder Abschn. XI EStG gefördert wurden.[5] Dies hat zur Folge, dass – unabhängig davon, ob steuerlich begünstigte Beiträge geleistet werden – bei den entsprechenden Anlageprodukten in der Ansparphase keine Besteuerung vorgenommen wird. Auch in diesen Fällen erfolgt eine nachgelagerte Besteuerung.

1654 Durch die Einordnung des § 22 Nr. 5 EStG als lex specialis unterliegen sowohl die Zinsen in der Ansparphase als auch die spätere Auszahlung der Leistungen weder der Abgeltungssteuer noch einem Kapitalertragsteuerabzug.[6] Dies gilt für zertifizierte Rentenversicherungsverträge genauso wie für Leistungen aus Direktversicherungen unabhängig vom Umfang der steuerlichen Forderung.

1655–1657 (Einstweilen frei)

---

1 BT-Drucks. 14/4595 S. 66.
2 Fischer in: Kirchhof, § 22 Rn. 50; Weber-Grellet in: Schmidt, § 22 Rn. 125.
3 BT-Drucks. 14/4595 S. 66; BMF-Schreiben vom 24. 7. 2013, BStBl 2013 I S. 1022 Rn. 121.
4 Fischer in: Kirchhof, § 22 Rn. 50; BMF-Schreiben vom 24. 7. 2013, BStBl 2013 I S. 1022 Rn. 121.
5 Weber-Grellet in: Schmidt, § 22 Rn. 125; a. A. Ross in: Dankmeyer/Giloy, EStG, § 22 Rn. 115, der die Auffassung vertritt, dass Leistungen aus betrieblichen Vorsorgeverträgen dann nicht unter § 22 Nr. 5 EStG fallen, wenn zu keiner Zeit § 3 Nr. 63 EStG oder § 3 Nr. 66 EStG angewandt wurde. Demgegenüber soll es für die Einbeziehung von Leistungen aus zertifizierten Altersvorsorgeverträgen unerheblich sein, ob für die Beiträge eine Förderung in Anspruch genommen wurde oder nicht.
6 Weber-Grellet in: Schmidt, § 22 Rn. 125; Fischer in: Kirchhof, § 22 Rn. 50.

bb) Einkunftsermittlung

(1) Zufluss

Die nach § 22 Nr. 5 EStG erfassten Leistungen gehören zu den sonstigen Einkünften. Bei dieser Einkunftsart werden die steuerlich anzusetzenden Einkünfte als Überschuss der Einnahmen über die Werbungskosten ermittelt (§ 2 Abs. 2 Nr. 2 EStG).

1658

Einnahmen sind nach § 8 EStG alle Güter, die in Geld oder Geldeswert bestehen und dem Steuerpflichtigen im Rahmen der Leistungen nach § 22 Nr. 5 EStG zufließen. Für die Zuordnung der Einnahmen ist auf den jeweiligen Veranlagungszeitraum abzustellen. Der Zufluss von Einnahmen richtet sich grundsätzlich nach § 11 EStG. Die Vorschrift enthält allerdings keine Legaldefinition des Zuflussbegriffs. Es wird insoweit darauf abgestellt, wann der Steuerpflichtige nach dem Gesamtbild der Verhältnisse die wirtschaftliche Verfügungsmacht erlangt hat.[1] Für die Annahme eines Zuflusses werden bestehende Verfügungsbeschränkungen – z. B. Verpfändung des Kontos oder Einzahlungen auf ein Sperrkonto[2] – grundsätzlich als unschädlich angesehen, d. h., sie stehen der Annahme eines Zuflusses nicht entgegen.

1659

Bezogen auf die nach § 22 Nr. 5 EStG zu besteuernden Leistungen hätte eine konsequente Anwendung dieser Grundsätze allerdings zur Folge, dass Zinsen oder Erträge, die dem Steuerpflichtigen z. B. im Rahmen eines Banksparplans während der Vertragslaufzeit gutgeschrieben werden, im Zeitpunkt der Gutschrift auf dem Vertrag als zugeflossen gelten und damit besteuert werden müssten. Diese Auslegung würde jedoch dem gesetzgeberischen Ziel widersprechen, sämtliche während der Ansparphase erwirtschafteten Erträge erst in der Leistungsphase steuerlich zu erfassen.[3]

1660

Vor diesem Hintergrund sind die Zuflussgrundsätze im Bereich des § 22 Nr. 5 EStG entsprechend zu modifizieren. So ist ein Zufluss von Einnahmen i. S. d. § 22 Nr. 5 EStG nicht anzunehmen, wenn Erträge auf dem immer noch der Altersvorsorge gewidmeten Vorsorgevertrag gutgeschrieben werden.[4] Es wird für den Zufluss und damit für die Besteuerung auf den Zeitpunkt der tatsächlichen Verwendung der angesparten Mittel durch den Steuerpflichtigen abge-

1661

---

1 Seiler in: Kirchhof, § 11 Rn. 10; Birk in: Herrmann/Heuer/Raupach, § 11 EStG, Anm. 33.
2 Seiler in: Kirchhof, § 11 Rn. 14.
3 BT-Drucks. 14/4595 S. 66.
4 In diesem Sinne auch Weber-Grellet in: Schmidt, § 22 Rn. 125.

stellt. Ein Zufluss ist ebenso anzunehmen, wenn der Steuerpflichtige das angesparte Kapital auf einen anderen Vertrag überträgt oder er sich dafür entscheidet das Vermögen nicht mehr für die Altersvorsorge zu verwenden.

1662–1665   (Einstweilen frei)

(2) Werbungskosten

1666   Die Einordnung des § 22 Nr. 5 EStG als „lex specialis" (Rn. 1651 ff.) hat zur Folge, dass es sich bei den entsprechenden Leistungen immer um sonstige Einkünfte handelt. Bei der Einkunftsermittlung ist – sofern die tatsächlich nachgewiesenen Werbungskosten nicht höher sind – grundsätzlich[1] ein Werbungskosten-Pauschbetrag i. H. v. 102 € (§ 9a Satz 1 Nr. 3 EStG) anzusetzen, soweit dieser nicht bereits durch andere sonstige Einkünfte ausgeschöpft ist. Werden vom Steuerpflichtigen weitere Einnahmen i. S. d. § 22 Nr. 1 oder § 22 Nr. 1a EStG erzielt, ist der Pauschbetrag insgesamt nur einmal anzusetzen.

1667–1668   (Einstweilen frei)

2. Steuerliche Behandlung der Beiträge in der Ansparphase

1669   Der Umfang der Besteuerung der von § 22 Nr. 5 EStG erfassten Leistungen richtet sich grundsätzlich[2] nach der steuerlichen Behandlung der zugrunde liegenden Beiträge in der Ansparphase. Sind diese gefördert worden, wird die sich daraus ergebende spätere Leistung in vollem Umfang nachgelagert besteuert. Hat der Steuerpflichtige hingegen keine Förderung in Anspruch genommen, sind grundsätzlich[3] nur die noch nicht steuerlich erfassten Erträge, Zinsen und Wertsteigerungen zu versteuern. Zu den geförderten Beiträgen gehören diejenigen, auf die

▶ § 10a EStG/Abschnitt XI EStG (Riester-Förderung) oder

▶ § 3 Nr. 63 EStG

---

1 Eine Ausnahme besteht bei bestimmten Leistungen aus einem Pensionsfonds. Haben Arbeitnehmer von ihrem Arbeitgeber aufgrund einer Direktzusage oder von einer Unterstützungskasse laufende Versorgungsleistungen erhalten und ist diese Versorgungsverpflichtung nach § 3 Nr. 66 EStG auf einen Pensionsfonds übertragen worden, dann werden bei den Leistungsempfängern nach § 52 Abs. 34c EStG weiterhin der Arbeitnehmer-Pauschbetrag und der Versorgungsfreibetrag sowie der Zuschlag zum Versorgungsfreibetrag gewahrt.

2 Besonderheiten ergeben sich bei der steuerlichen Erfassung der in das Wohnförderkonto (Rn. 1797) eingestellten Beträge, weil es sich hierbei nicht um „Leistungen" im eigentlichen Sinne handelt. Die entsprechenden Beträge werden daher „wie" Leistungen behandelt.

3 Zu den Ausnahmen vgl. Rn. 1905, 1557 ff. (Steuerfreiheit von Kapitalleistungen aus Versicherung, die vor dem 1. 1. 2005 abgeschlossen wurde hälftiger Unterschiedsbetrag).

V. Besteuerung nach § 22 Nr. 5 EStG (Riester-Renten)

- § 3 Nr. 66 EStG
- § 3 Nr. 55b Satz 1 EStG
- § 3 Nr. 56 EStG
- § 3 Nr. 55c EStG

angewendet wurden.

a) „Riester-Förderung" (§ 10a EStG/Abschn. XI)

aa) Allgemeines

Mit dem AVmG[1] wurde für bestimmte Altersvorsorgeaufwendungen – neben dem bereits bestehenden nach § 10 EStG (vgl. Rn. 1391 ff.) – in § 10a EStG ein zusätzlicher Sonderausgabenabzugsbetrag eingeführt. Damit von diesem zusätzlichen Abzugsvolumen nicht nur diejenigen profitieren können, die Einkommensteuer zahlen, wurde der Sonderausgabenabzug ergänzt um eine progressionsunabhängige Zulage (sog. „Riester-Förderung"). 1670

Im Rahmen dieses Sonderausgabenabzugs werden Beiträge zum Aufbau einer kapitalgedeckten Alterversorgung begünstigt. Allerdings hat der Gesetzgeber im Hinblick auf den Kreis der begünstigten Anlageprodukte nur solche Anlageformen zugelassen, deren vertragliche Gestaltung eine Absicherung im Alter gewährleistet und in einem gewissen Umfang verbraucherschützende Regelungen enthält. Hierbei handelt es sich um Beiträge zugunsten von zertifizierten Altersvorsorgeverträgen (vgl. Rn. 1696 ff.) und bestimmte Aufwendungen zum Aufbau einer kapitalgedeckten betrieblichen Altersversorgung (vgl. Rn. 1731 ff.). Begünstigt sind allerdings auch Tilgungsleistungen zugunsten zertifizierter Altersvorsorgeverträge in Form von Darlehensverträgen, wenn das Darlehen für die Bildung von selbstgenutztem Wohneigentum eingesetzt wird (zu den Voraussetzungen im Einzelnen vgl. Rn. 1772 ff.). 1671

Das Förderverfahren sieht zunächst vor, dass jedem Förderberechtigten (Rn. 1673 ff.) die ihm zustehende Zulage unmittelbar auf seinen Altersvorsorgevertrag überwiesen wird. Die Zulage erhöht damit entweder das gebildete Altersvorsorgevermögen des Förderberechtigten oder sie fungiert als Sondertilgung und verringert damit das vom Förderberechtigten für seine selbstgenutzte Immobilie aufgenommene Darlehen. Neben der Zulagengewährung wird dem Förderberechtigten ein zusätzlicher Sonderausgabenabzug (§ 10a EStG) eingeräumt. Diese zusätzliche Abzugsmöglichkeit ist eigentlich die Kern- 1672

---

1 Altersvermögensgesetz vom 26. 6. 2001, BGBl 2001 I S. 1310; BStBl 2001 I S. 420.

559

vorschrift der steuerlichen Förderung, auch wenn der öffentliche Fokus eher auf der Zulagengewährung liegt. Beansprucht der Förderberechtigte für die von ihm geleisteten Beiträge bei seiner Einkommensteuerveranlagung einen zusätzlichen Sonderausgabenabzug nach § 10a EStG, dann prüft das Finanzamt, ob für die Altersvorsorgeaufwendungen (Eigenbeiträge und Zulagenanspruch) der Sonderausgabenabzug nach § 10a EStG oder die bereits gewährte Zulage günstiger ist (Günstigerprüfung, vgl. Rn. 1757 f.). Ergibt sich insoweit, dass die Auswirkungen durch den Ansatz des Sonderausgabenabzugs die Höhe der Altersvorsorgezulage übersteigen, erhält der Steuerpflichtige im Rahmen der Einkommensteuerveranlagung die über die Zulage hinausgehende gesondert festgestellte Steuerermäßigung. Im Gegensatz zur Zulage wird die zusätzliche Steuerermäßigung nicht auf den Vorsorgevertrag überwiesen, sondern dem Steuerpflichtigen unmittelbar gutgeschrieben.

bb) Förderberechtigung

1673 Die steuerliche Förderung soll einen Ausgleich für die Absenkung des Rentenniveaus in der gesetzlichen Rentenversicherung durch die Rentenreform 2001 bzw. des Versorgungsniveaus durch die Versorgungsreform 2001 sein. Zum begünstigten Personenkreis gehören daher grundsätzlich diejenigen, die von den entsprechenden leistungsmindernden Maßnahmen betroffen sind und dem betreffenden Alterssicherungssystem weiterhin „aktiv" angehören. Sie sind auch nach den Leistungskürzungen gesetzlich verpflichtet, in den jeweiligen Alterssicherungssystemen zukünftig Anwartschaften aufzubauen.

1674 Die steuerliche Förderung konnten ursprünglich nur diejenigen in Anspruch nehmen, die unbeschränkt einkommensteuerpflichtig waren. Der EuGH[1] hat jedoch entschieden, dass der vom Gesetzgeber gewählte Inlandsbezug gegen die Freizügigkeit der Arbeitnehmer innerhalb der Gemeinschaft verstößt.[2] Aus

---

1 Urteil vom 10.9.2009, C-269/07.
2 Der EuGH hat im Einzelnen entschieden, dass die Vorschriften des Abschnitts XI EStG gegen EU-Recht verstoßen soweit sie
 1. Grenzarbeitnehmern aus Österreich und Frankreich und ihren Ehegatten die Zulageberechtigung verweigern, wenn diese nicht unbeschränkt einkommensteuerpflichtig sind,
 2. nicht zulassen, dass das steuerlich geförderte Altersvorsorgevermögen von Grenzgängern unmittelbar für die Anschaffung oder Herstellung einer eigenen Wohnzwecken dienenden Wohnimmobilie verwendet wird, sofern diese nicht in Deutschland liegt, und
 3. vorsehen, dass die Förderung bei Beendigung der unbeschränkten Einkommensteuerpflicht zurückzuzahlen ist.

V. Besteuerung nach § 22 Nr. 5 EStG (Riester-Renten)

diesem Grund wurden die Förderbedingungen entsprechend modifiziert.[1] Für das Vorliegen einer Förderberechtigung ist ab dem Beitragsjahr 2010 das Bestehen einer Pflichtversicherung in der **inländischen** gesetzlichen Rentenversicherung bzw. der Bezug einer **inländischen** Besoldung maßgebend. Der steuerliche Status (unbeschränkte/beschränkte Steuerpflicht) einer Person ist für die Förderberechtigung ohne Bedeutung.[2] Damit sind auch die im Ausland lebenden und im Inland sozialversicherungspflichtig arbeitenden Grenzarbeitnehmer unmittelbar förderberechtigt. Da die FinVerw bis Ende 2009 eine Förderberechtigung auch für diejenigen angenommen hat, die zwar unbeschränkt steuerpflichtig, jedoch in einer ausländischen Pflichtversicherung[3] abgesichert waren, hat der Gesetzgeber insoweit eine Vertrauensschutzregelung geschaffen (§ 52 Abs. 24c EStG). Diese sieht eine Förderberechtigung für unbeschränkt Steuerpflichtige vor, die bereits vor dem 1. 1. 2010 in einer ausländischen gesetzlichen Rentenversicherung pflichtversichert waren und es im betreffenden Beitragsjahr noch sind. Für die Anwendung der Vertrauensschutzregelung ist außerdem zu beachten, dass nur Altersvorsorgebeiträge zugunsten eines vor dem 1. 1. 2010 abgeschlossenen Vertrages berücksichtigt werden.[4] Wird der Vertrag vom Anleger gekündigt und das Vermögen anderweitig verwendet bzw. auf einen anderen später abgeschlossenen begünstigten Vertrag übertragen, dann endet die Möglichkeit die Vertrauensschutzregelung in Anspruch zu nehmen.[5]

Eine Anwendung der Vertrauensschutzregelung scheidet aus, wenn die Pflichtmitgliedschaft des Anlegers in der ausländischen gesetzlichen Rentenversicherung erst nach dem 31. 12. 2009 begründet wurde oder vor dem 1. 1. 2010 kein Altersvorsorgevertrag abgeschlossen wurde.

1674a

Zum Kreis der begünstigten Personengruppen gehören insbesondere die Pflichtversicherten in der inländischen gesetzlichen Rentenversicherung[6] so-

1675

---

1 Gesetz zur Umsetzung steuerlicher EU-Vorgaben sowie zur Änderung steuerlicher Vorschriften v. 8. 4. 2010, BGBl I 2010 S. 386 (EU-Umsetzungsgesetz), vgl. hierzu auch Hörster, NWB 15/2010 S. 1130.
2 Dies gilt zum Teil bereits mit dem Urteil des EuGH v. 10. 9. 2009, RS. C-269/07, allerdings nur für die von der Entscheidung des EuGH unmittelbar betroffenen Grenzgänger aus Frankreich und Österreich.
3 Voraussetzung war allerdings, dass die ausländische Pflichtversicherung, der inländischen gesetzlichen Rentenversicherung vergleichbar ist.
4 BMF-Schreiben vom 24. 7. 2013, BStBl 2013 I S. 1022 Rn. 16.
5 BMF-Schreiben vom 24. 7. 2013, BStBl 2013 I S. 1022 Rn. 16.
6 Vgl. hierzu die Auflistung in Anlage 1 zum BMF-Schreiben vom 24. 7. 2013, BStBl 2013 I S. 1022.

wie die Bezieher einer inländischen Besoldung Besoldungsempfänger und diesen gleichgestellte Personengruppen.[1] Kraft ausdrücklicher Regelung sind auch Personen förderberechtigt, die wegen Arbeitslosigkeit bei einer inländischen Agentur für Arbeit als Arbeitssuchende gemeldet sind und der Versicherungspflicht in der Rentenversicherung nicht unterliegen, weil sie eine Leistung nach dem SGB II nur wegen des zu berücksichtigenden Einkommens oder Vermögens nicht beziehen.[2] Die unmittelbare Förderberechtigung kann seit dem 1.1.2008 auch durch den Bezug einer Rente wegen Erwerbsunfähigkeit, wegen voller Erwerbsminderung aus der gesetzlichen Rentenversicherung oder eine Versorgung wegen Dienstunfähigkeit ausgelöst werden.[3] Dies gilt entsprechend auch für die Bezieher einer Rente wegen voller Erwerbsminderung nach § 13 ALG (Gesetz über die Alterssicherung der Landwirte).[4]

1676 Nicht begünstigt sind z.B. Selbständige (sofern sie nicht in der inländischen gesetzlichen Rentenversicherung pflichtversichert sind), in einer berufsständischen Versorgungseinrichtung Pflichtversicherte, Bezieher einer Vollrente wegen Alters, Sozialhilfebezieher oder geringfügig Beschäftigte oder geringfügig selbständig Tätige, die auf die Rentenversicherungspflicht verzichtet haben.[5]

---

1 Vgl. hierzu die Auflistung in Anlage 2 zum BMF-Schreiben vom 24.7.2013, BStBl 2013 I S. 1022.
2 BMF-Schreiben vom 24.7.2013, BStBl 2013 I S. 1022 Rn. 6.
3 Voraussetzung ist allerdings, dass die Betroffenen die Rente/Versorgung aus einem der von der Niveauabsenkung durch die Renten- oder Versorgungsreform 2001 betroffenen Alterssicherungssysteme erhalten. Ein tatsächlicher Bezug der Rente wegen voller Erwerbsminderung oder Erwerbsunfähigkeit oder einer entsprechenden Versorgung ist allerdings dann für die Begründung der Förderberechtigung nicht erforderlich, wenn der Zahlungsanspruch dem Grunde nach besteht, die Rente/Versorgung jedoch aufgrund von Anrechnungsvorschriften nicht geleistet wird (BMF-Schreiben vom 24.7.2013, BStBl 2013 I S. 1022 Rn. 10). Der Bezug einer Erwerbsminderungsrente aus einer privaten Versicherung ist somit isoliert betrachtet nicht ausreichend zur Begründung einer unmittelbaren Förderberechtigung (Mühlenharz in: Littmann/Bitz/Pust, vor §§ 79 ff. Rn. 71). Für die Empfänger einer Versorgung wegen Dienstunfähigkeit wurde die Förderberechtigung gesetzlich auf das 67. Lebensjahr begrenzt (BMF-Schreiben vom 24.7.2013, BStBl 2013 I S. 1022 Rn. 13). Eine unmittelbare Förderberechtigung besteht jedoch nur dann, wenn der Versorgungsempfänger gegenüber seiner die Versorgung auszahlenden Stelle eine Einwilligung zur Übermittlung der Höhe der Versorgungsbezüge an die zentrale Stelle abgibt (BMF-Schreiben vom 24.7.2013, BStBl 2013 I S. 1022 Rn. 11). Hierbei handelt es sich um das gleiche Verfahren wie bei Besoldungsempfängern.
4 Eine entsprechende gesetzliche Ergänzung wurde im Rahmen des Jahressteuergesetzes 2009 rückwirkend zum 1.1.2008 vorgenommen.
5 BMF-Schreiben vom 24.7.2013, BStBl 2013 I S. 1022, Anlage 1 Abschn. C.

V. Besteuerung nach § 22 Nr. 5 EStG (Riester-Renten)

Bei Ehegatten/Lebenspartner,[1] die nicht dauernd getrennt leben[2] und von denen nur ein Ehegatte zu einem der in § 10a Abs. 1 EStG genannten Personengruppen gehört, kann dem anderen Ehegatten eine mittelbare Förderberechtigung zustehen. Es handelt sich hierbei um eine Sonderregelung, da derjenige Ehegatte, der keiner begünstigten Personengruppe angehört nicht unmittelbar von der Niveauabsenkung in der gesetzlichen Rentenversicherung betroffen ist. Es besteht insoweit jedoch eine mittelbare Betroffenheit im Hinblick auf die Auswirkungen der Renten- und Versorgungsreform. Diese ergibt sich durch die Minderung einer diesem Ehegatten eventuell zustehenden Hinterbliebenenrente. Dem trägt der Gesetzgeber durch die Einräumung einer eigenständigen Zulageberechtigung Rechnung. Ein eigenständiges Sonderausgabenabzugsvolumen nach § 10a EStG wird dem mittelbar Begünstigten jedoch nicht eingeräumt.

1677

(Einstweilen frei)

1678

Bei Ehegatten oder eingetragenen Lebenspartnern kann einer der Ehegatten/Lebenspartner mittelbar zulageberechtigt sein (§ 79 Satz 2 EStG). Dies ist der Fall, wenn die folgenden Voraussetzungen vorliegen:

1679

▶ Der potentiell mittelbar Zulageberechtigte ist mit dem unmittelbar Begünstigten verheiratet oder lebt mit diesem in einer eingetragenen Lebenspartnerschaft. Der Wortlaut der Vorschrift stellt zwar auf das Bestehen einer zivilrechtlichen Ehe ab, allerdings werden eingetragene Lebenspartner nach § 2 Abs. 8 EStG den Ehegatten gleichgestellt. Diese Gleichstellung gilt

---

1 Das BVerfG hat mit Beschluss vom 7.5.2013, 2 BvR 909/06, 2 BvR 1981/06, 2 BvR 288/07, NWB DokID KAAAE-37046 entschieden, dass der Ausschluss eingetragener Lebenspartnerschaften vom Ehegattensplitting verfassungswidrig ist (vgl. hierzu Gebhardt, EStB 2013 S. 315). Das Gericht hat den Gesetzgeber aufgefordert, kurzfristig eine Gesetzesänderung mit Rückwirkung seit Bestehen der eingetragenen Lebenspartnerschaft vorzunehmen. Diese erfolgte mit dem Gesetz zur Änderung des Einkommensteuergesetzes in Umsetzung der Entscheidung des BVerfG vom 7.5.2013, BGBl 2013 I S. 2397. Nach § 2 Abs. 8 EStG werden die Partner einer eingetragenen Lebenspartnerschaft einkommensteuerlich den Ehegatten gleichgestellt.
2 Bis zum Beitragsjahr 2010 war für das Vorliegen einer mittelbaren Förderberechtigung erforderlich, dass die Voraussetzungen für eine Ehegattenveranlagung nach § 26 EStG vorlagen. Dies bedeutete, dass beide Ehegatten unbeschränkt einkommensteuerpflichtig sein mussten. Diese Voraussetzung ist vom EuGH mit Urteil vom 10.9.2009, RS. C-269/07 als europarechtswidrig angesehen worden. Mit dem EU-Umsetzungsgesetz wurde dies geändert. Ab dem Beitragsjahr 2010 ist für das Bestehen einer mittelbaren Förderberechtigung nur noch erforderlich, dass die Ehegatten nicht dauernd getrennt leben. Der steuerliche Status der Ehegatten ist insoweit ohne Bedeutung. So kann auch ein im EU-Ausland lebendes Ehepaar, bei dem nur ein Ehegatte in der inländischen gesetzlichen Rentenversicherung pflichtversichert ist, die Altersvorsorgezulage für beide Ehepartner beanspruchen.

Teil D: Besteuerung von Altersbezügen

ab dem Beitragsjahr 2013.[1] Für die vor 2013 liegenden Beitragsjahre war das Bestehen einer eingetragenen Lebenspartnerschaft für die Begründung einer mittelbaren Zulageberechtigung nicht ausreichend, da diese nicht unter den zivilrechtlichen Ehebegriff subsumiert werden konnten und eine analoge Anwendung der Vorschrift aufgrund des Fehlens einer planwidrigen Gesetzeslücke nicht möglich war.[2]

▶ Ein Ehegatte/Lebenspartner gehört einer der nach § 10a Abs. 1 EStG begünstigten Personengruppe an und ist damit nach § 79 Satz 1 EStG unmittelbar zulageberechtigt ist. Es ist insoweit ausreichend, wenn diese Zulageberechtigung nur dem Grund nach besteht, d. h. dieser Ehegatte/Lebenspartner keinen eigenen Versorgungsvertrag abgeschlossen hat.[3]

▶ Weiterhin ist erforderlich, dass „nur" der andere Ehegatte/Lebenspartner unmittelbar zulageberechtigt ist.[4] Gehören beide Ehegatten/Lebenspartner zu einer der in § 79 Satz 1 i.V. m § 10 a Abs. 1 EStG genannten Personengruppe, dann scheidet das Bestehen einer mittelbaren Zulageberechtigung aus, da die Anwendung des § 79 Satz 2 EStG bereits begrifflich nicht möglich ist.

▶ Die Ehegatten/Lebenspartner dürfen nicht dauernd getrennt leben und müssen ihren Wohnsitz oder gewöhnlichen Aufenthalt in einem Mitgliedstaat der Europäischen Union (EU-Staat) oder einem Staat, auf den das Abkommen über den Europäischen Wirtschaftsraum anwendbar ist (EWR-Staat), haben.[5]

▶ Derjenige Ehegatte/Lebenspartner, der nicht unmittelbar zulageberechtigt ist, muss einen auf seinen Namen lautenden, nach § 5 Altersvorsorgeverträge-Zertifizierungsgesetz (AltZertG) zertifizierten Vertrag (Altersvorsorgevertrag) abgeschlossen haben. Eine nach § 82 Abs. 2 begünstigte betriebliche Altersversorgung ist hingegen nicht ausreichend für die Begründung einer mittelbaren Zulageberechtigung.[6]

Seit dem Beitragsjahr 2012 ist für das Bestehen einer mittelbaren Zulageberechtigung **zusätzlich** erforderlich, dass der potentiell mittelbar zulage-

---

1 Gesetz zur Änderung des Einkommensteuergesetzes in Umsetzung der Entscheidung des BVerfG vom 7. 5. 2013, BGBl 2013 I S. 2397; vgl. zum Gesetz und den Rechtsfolgen ausführlich Tölle, NWB 34/2013 S. 2708.
2 Lindberg in: Blümich, EStG, § 79 Rn. 8.
3 So auch Wacker in: Schmidt, § 79 Rn. 3; Fischer in: Kirchhof, § 79 Rn. 2.
4 Wacker in: Schmidt, § 79 Rn. 3; Bode in: Bordewin/Brandt, § 79 Rn. 5.
5 Mühlenharz in: Littmann/Bitz/Pust, § 79 Rn. 7; Myßen/Fischer, NWB 51/2011 S. 4304, (4307).
6 BFH vom 21. 7. 2009, X R 33/07, BStBl 2009 II S. 995; Myßen/Fischer, NWB 51/2011 S. 4304, (4307).

V. Besteuerung nach § 22 Nr. 5 EStG (Riester-Renten)

berechtigte Ehegatte/Lebenspartner auf den auf seinen Namen lautenden Altersvorsorgevertrag Altersvorsorgebeiträge in Höhe von 60 € pro Beitragsjahr einzahlt.[1] Zahlungen zugunsten eines anderen Vertrages werden nicht berücksichtigt. Der zu zahlende Betrag ist ein absoluter Mindestbetrag.[2] Wird er unterschritten, besteht keine mittelbare Zulageberechtigung. Dies gilt auch, wenn der betreffende Ehegatte/Lebenspartner innerhalb des Beratungsjahres verstirbt und bis zu seinem Todestag der Mindestbeitrag noch nicht in vollem Umfang eingezahlt wurde.[3] Ob eine mittelbare Förderberechtigung besteht, ist für jedes Beitragsjahr gesondert zu prüfen.[4] Die Notwendigkeit der Zahlung eines Mindestbeitrags von 60 € besteht für jedes Jahr, für das der nicht unmittelbar berechtigte Ehegatte/Lebenspartner die Altersvorsorgezulage beanspruchen will.

Entfallen die Voraussetzungen für das Bestehen einer mittelbaren Zulageberechtigung – z. B. bei der Auflösung der Ehe oder einem dauernd getrennt Leben der Ehegatten – kann vom folgenden Beitragsjahr an eine steuerliche Förderung nicht mehr in Anspruch genommen werden. 1680

Ein gesondertes Abzugvolumen im Rahmen des § 10a EStG wird dem mittelbar Zulageberechtigten hingegen nicht eingeräumt.[5] Dies ist dem Grunde nach auch nicht erforderlich, da der mittelbar Zulageberechtigte für die Gewährung der ungekürzten Altersvorsorgezulage keinen[6] eigenen Mindesteigenbeitrag erbringen muss. Er erhält eine ungekürzte Zulage, wenn der unmittelbar zulageberechtigte Ehegatte/Lebenspartner den von ihm geforderten Mindesteigenbeitrag leistet. Wird vom unmittelbar Förderberechtigten ein zusätzlicher Sonderausgabenabzug beantragt, werden allerdings die beiden Ehegatten/Lebenspartner als Einheit behandelt und die den Ehegatten/Lebenspartnern insgesamt zustehenden Zulagen bei der Günstigerprüfung angesetzt. 1681

---

1 Myßen/Fischer, NWB 52/2011 S. 4390.
2 Der Mindestbeitrag unterscheidet sich insoweit vom Mindesteigenbeitrag. Zahlt der unmittelbar Zulageberechtigte nicht den erforderlichen Mindesteigenbeitrag wird die Zulage im gleichen Verhältnis gekürzt, in dem der Anleger nicht den Mindesteigenbeitrag geleistet hat. D. h. selbst wenn nur ein geringerer Betrag als Mindesteigenbeitrag geleistet wird, erhält der unmittelbar Begünstigte immer eine Zulage. Diese kann jedoch ggf. stark gekürzt worden sein. Im Gegensatz dazu besteht auch bei Zahlung eines Mindestbeitrags von knapp unter 60 € keine mittelbare Zulageberechtigung, so dass keine Zulage gewährt wird, auch nicht anteilig. Vgl. hierzu BMF vom 24. 7. 2013, BStBl I 2013 S. 1022 Rn. 21.
3 BMF-Schreiben vom 24. 7. 2013, BStBl I 2013 S. 1022 Rn. 21.
4 BMF-Schreiben vom 24. 7. 2013, BStBl I 2013 S. 1022 Rn. 21.
5 § 10a Abs. 3 EStG so auch FG Nürnberg v. 26. 9. 2007, III 208/2005, NWB DokID: TAAAC-62843.
6 Für das Bestehen der mittelbaren Zulageberechtigung ist die Zahlung eines Mindestbeitrags von 60 € für jedes Beitragsjahr erforderlich. Dieser Mindestbeitrag wird jedoch bei der Mindesteigenbeitragsberechnung nicht berücksichtigt.

Außerdem erhöht sich des maximale Sonderausgabenabzugsvolumen um 60 € auf 2 160 €. Damit ist sichergestellt, dass der Mindestbeitrag des Mittelbaren berücksichtigt wird.

1682–1685 (Einstweilen frei)

cc) Altersvorsorgebeiträge

(1) Allgemeines

1686 § 82 EStG bestimmt die im Rahmen der Riester-Rente förderbaren Altersvorsorgebeiträge. Hierbei handelt es sich zum einen um Beiträge, die der Zulageberechtigte zugunsten eines auf seinen Namen lautenden nach § 5 Altersvorsorgeverträge-Zertifizierungsgesetz (AltZertG) zertifizierten Vertrags zahlt, zum anderen werden auch bestimmte Beiträge zum Aufbau einer kapitalgedeckten betrieblichen Altersversorgung wie Altersvorsorgebeiträge behandelt (§ 82 Abs. 2 EStG).

1687 Welche Voraussetzungen ein zertifizierter Altersvorsorgevertrag erfüllen muss, ergibt sich aus dem **AltZertG**. Das Bundeszentralamt für Steuern[1] **(Zertifizierungsstelle)** prüft auf Antrag des jeweiligen Anbieters eines Altersvorsorgeprodukts vorab, ob die vorgelegte Vertragsgestaltung den Förderkriterien entspricht. Ist dies der Fall, wird der Vertrag bzw. die vorgelegte Vertragsgestaltung von der Zertifizierungsstelle zertifiziert. Diese Zertifizierung ist **bindend für die FinVerw** (Grundlagenbescheid).[2] Zahlt der Zulageberechtigte Beiträge zugunsten eines zertifizierten Vertrags, kann er also sicher sein, dass die erforderlichen Voraussetzungen für eine steuerliche Begünstigung der Beiträge erfüllt sind. Mit der Zertifizierung wird jedoch weder bestätigt noch geprüft, ob der Altersvorsorgevertrag wirtschaftlich tragfähig, die Zusagen des Anbieters erfüllbar oder die Vertragsbedingungen zivilrechtlich wirksam sind. Es handelt sich somit nicht um ein staatliches Gütesiegel, das die Qualität des Produkts hinsichtlich Rentabilität und Sicherheit bestätigt. Die Zertifizierung bezieht sich lediglich auf die Übereinstimmung der konkreten Vertragsgestaltung mit den Vorgaben des AltZertG.

1688 Nach dem bis Mitte 2008 geltenden Recht konnte es sich bei den zertifizierten Altersvorsorgeverträgen nur um solche Vorsorgeprodukte handeln, bei denen ab Beginn des Renten- bzw. Pensionsalters eine lebenslange Auszahlung er-

---

1 Bis zum 30.6.2010 oblag diese Aufgabe allerdings noch der Bundesanstalt für Finanzdienstleistung (§ 14 AltZertG).
2 Bode in: Bordewin/Brandt, § 82 Rn. 25; Drenseck in: Schmidt, § 82 Rn. 1; Kauffmann in: Frotscher, § 82 Rn. 2, 8.

V. Besteuerung nach § 22 Nr. 5 EStG (Riester-Renten)

folgt. Hierzu gehören u. a. Rentenversicherungen oder Fonds- und Banksparpläne, die mit Auszahlungsplänen und Absicherungen für das hohe Alter ab 85 Jahren (sog. Restverrentungspflicht) verbunden sind.

Mit dem Eigenheimrentengesetz[1] (Wohn-Riester) wurde der Kreis der begünstigten Anlageprodukte erheblich erweitert. So kann seitdem auch der Erwerb von weiteren Genossenschaftsanteilen im Rahmen eines zertifizierten Altersvorsorgevertrags erfolgen.[2] Ebenso begünstigt sind – im Falle der Zertifizierung – Darlehensverträge, die der Bildung selbstgenutzten Wohneigentums dienen, und entsprechende Kombiprodukte (z. B. Bausparverträge).[3] 1689

Zu den im Rahmen eines zertifizierten Altersvorsorgevertrags begünstigten Anlageformen können somit gehören: 1690

- ▶ Rentenversicherungen,
- ▶ Fondssparpläne mit Teilkapitalverrentung,
- ▶ Banksparpläne mit Teilkapitalverrentung,
- ▶ Vertragsgestaltungen, die den Erwerb weiterer Genossenschaftsanteile an einer selbstgenutzten[4] Genossenschaftswohnung vorsehen,
- ▶ Darlehensverträge zur Bildung selbstgenutzten Wohneigentums,
- ▶ Verträge aus Darlehens- und Sparkomponenten (z. B. Bausparverträge),
- ▶ Kombiverträge bestehend aus einem Vorfinanzierungsdarlehen und einem Bausparvertrag.

Für die Besteuerung der kapitalbildenden Anlageformen ist auf die Art der ausgezahlten Leistungen und den Umfang der steuerlichen Förderung abzustellen (Einzelheiten vgl. Rn. 1859 ff.). Wird die steuerliche Förderung für die Bildung selbstgenutzten Wohneigentums eingesetzt (Tilgungsförderung vgl. Rn. 1772 ff.), dann erfolgt die steuerliche Erfassung im Rahmen des sog. Wohnförderkontos (Rn. 1797 ff.). 1691

Neben den Beiträgen zugunsten eines zertifizierten Altersvorsorgevertrags werden auch Beiträge zum Aufbau einer kapitalgedeckten betrieblichen Al- 1692

---

1 Hierzu ausführlich Myßen/Fischer, NWB 29/2008, Fach 3 S. 15117.
2 Myßen/Fischer, NWB 29/2008, Fach 3, 15117, (15118 ff.); Risthaus, DB 2008, Beilage zu 6/2008 S. 1, (19 f.); Lindberg in: Blümich, § 82 Rn. 3.
3 Myßen/Fischer, NWB 29/2008, Fach 3, 15117, (15119 f.); Risthaus, DB 2008, Beilage zu 6/2008 S. 1, (9); Lindberg in: Blümich, § 82 Rn. 4.
4 Zum Merkmal der Selbstnutzung bereits in der Ansparphase vgl. Myßen/Wolter, NWB 50/2009 S. 3900, (3909). Ab dem 1. 1. 2014 ist die Selbstnutzung der Genossenschaftswohnung nur noch bei Vertragsabschluss und in den 9 Monaten vor diesem Zeitpunkt erforderlich (§ 1 Abs. 1 Nr. 5 AltZertG).

tersversorgung unter bestimmten Bedingungen wie Altersvorsorgebeiträge (§ 82 Abs. 2 EStG, Rn. 1731 ff.) behandelt. Eine Zertifizierung ist in diesen Fällen nicht erforderlich, da durch das Betriebsrentengesetz für diese Anlageprodukte bereits ein Qualitätsmindeststandard besteht.[1]

1693–1695 (Einstweilen frei)

(2) Altersvorsorgebeiträge nach § 82 Abs. 1 Nr. 1 EStG

1696 Zu den Altersvorsorgebeiträgen nach § 82 Abs. 1 Nr. 1 EStG gehören die Beiträge zugunsten eines zertifizierten Altersvorsorgevertrags, die zum Aufbau eines Kapitalvermögens eingesetzt werden. Neben den klassischen Anlageprodukten (Rentenversicherung/Fonds- und Banksparplan) gehören hierzu Altersvorsorgeverträge, die den Erwerb weiterer Geschäftsanteile an einer Wohnungsgenossenschaft zum Gegenstand haben, und auch Bausparverträge.

1697 Verträge, die die Anschaffung weiterer Geschäftsanteile an einer in das Genossenschaftsregister eingetragenen Genossenschaft für eine vom Förderberechtigten selbstgenutzte Genossenschaftswohnung vorsehen, müssen allerdings regeln, dass die Geschäftsanteile – wie bei anderen Anlageprodukten vgl. Rn. 1706 – frühestens ab der Vollendung des 62. Lebensjahrs[2] für die Verminderung des monatlichen Nutzungsentgelts für eine vom Anleger selbstgenutzte Genossenschaftswohnung eingesetzt werden. Damit erhält der Anleger zwar keine Rentenauszahlung, über die er frei verfügen kann. Die Verminderung des monatlichen Nutzungsentgelts ist jedoch ein vergleichbarer Zufluss, da die Leistungen aus dem Altersvorsorgevertrag dazu eingesetzt werden, eine ihm obliegende Verbindlichkeit zu begleichen. Faktisch handelt es sich um einen abgekürzten Zahlungsweg. Der Betrag, um den das Nutzungsentgelt für die selbstgenutzte Genossenschaftswohnung sinkt, unterliegt – wie jede andere Auszahlung aus dem Altersvorsorgevertrag – der nachgelagerten Besteuerung.

1698 Keine Besonderheiten gelten für zertifizierte Bausparverträge. Bei diesen handelt es sich dem Grunde nach um „klassische" Sparverträge nach § 1 Abs. 1 AltZertG, die mit der Option verbunden sind, zu einem bestimmten Zeitpunkt ein Darlehen zu einem bereits bei Vertragsabschluss festgelegten Zinssatz in An-

---

1 Kauffmann in: Frotscher, § 82 Rn. 14, Schneider/Krammer in: Littmann/Bitz/Pust, § 82 Rn. 12, Rürup/Myßen in: Alterssicherung und Besteuerung, § 8 Rn. 123.
2 Für vor dem 1.1.2012 abgeschlossene Verträge gilt das 60. Lebensjahr als frühestmöglicher Beginn der Auszahlungsphase.

V. Besteuerung nach § 22 Nr. 5 EStG (Riester-Renten)

spruch nehmen zu können. Nutzt der Anleger die Darlehensoption nicht, dann handelt es sich faktisch um einen Banksparplan. Die Auszahlung des geförderten Altersvorsorgekapitals kann dann nur entsprechend den allgemeinen Regelungen erfolgen (lebenslange Rente/Auszahlungsplan mit Teilverrentung). Nimmt der Anleger die Darlehensoption in Anspruch, wird der Anleger regelmäßig das angesparte Kapital für die Bildung von selbstgenutztem Wohneigentum einsetzen. Aus diesem Bausparvertrag fließen in der Auszahlungsphase regelmäßig keine Altersleistungen. Die nachgelagerte Besteuerung erfolgt mit Hilfe des sog. Wohnförderkontos.

(Einstweilen frei) 1699–1705

Auszahlungsbeginn

Für die Besteuerung der sich aus den Altersvorsorgeverträgen ergebenden Leistung sind insbesondere die Auszahlungsmodalitäten von Bedeutung. Hierzu gehört auch die Frage des Zeitpunkts des Auszahlungsbeginns. Nach § 1 Abs. 1 Nr. 2 AltZertG dürfen Altersvorsorgeleistungen erbracht werden: 1706

▶ frühestens mit der Vollendung des 62. Lebensjahres des Zulageberechtigten (bei vor dem 1. Januar 2012 abgeschlossenen Verträgen grundsätzlich bereits mit Vollendung des 60. Lebensjahres – § 14 Abs. 2 AltZertG) oder

▶ vor Vollendung des 60. bzw. 62. Lebensjahres des Zulageberechtigten mit

 – dem Bezug einer Altersrente aus der gesetzlichen Rentenversicherung,

 – dem Beginn der Altersrente nach dem Gesetz über die Alterssicherung der Landwirte,

 – dem Beginn einer Versorgung nach den beamten- und soldatenrechtlichen Regelungen wegen Erreichens der Altersgrenze oder

 – dem Bezug einer Versorgung nach beamtenähnlichen Regelungen wegen Erreichens der Altersgrenze. Eine solche beamtenähnliche Versorgung liegt vor, wenn der Begünstigte eine Versorgung i. S. d. § 10a Abs. 1 Satz 1 Nr. 2 und Nr. 3 EStG erhält.

Der Beginn einer Versorgung nach beamten- und soldatenrechtlichen sowie beamtenähnlichen Regelungen kann auch bereits vor Vollendung des 60. Lebensjahres bzw. 62. Lebensjahres liegen (z. B. bei Berufssoldaten mit Vollendung des 55. Lebensjahres oder bei Berufspiloten), so dass bereits zu diesem Zeitpunkt Altersleistungen aus dem Altersvorsorgevertrag erbracht werden können. 1707

Leistungsarten

1708 § 1 Abs. 1 Nr. 4 AltZertG sieht darüber hinaus vor, welche Leistungsarten ein Altersvorsorgevertrag vorsehen kann. Insoweit ist zwischen monatlichen und anderen Leistungen zu unterscheiden.

1709 **Monatliche Leistungen:** Diese sind möglich in Form

- ▶ einer lebenslangen gleich bleibenden oder steigenden monatlichen Leibrente (§ 1 Abs. 1 Satz 1 Nr. 2 und 4 Buchst. a AltZertG),

- ▶ eines Auszahlungsplans mit gleich bleibenden oder steigenden Raten und unmittelbar anschließender lebenslanger Teilkapitalverrentung spätestens ab dem 85. Lebensjahr des Zulageberechtigten (§ 1 Abs. 1 Satz 1 Nr. 4 Buchst. a AltZertG),

- ▶ einer lebenslangen Verminderung des monatlichen Nutzungsentgeltes für eine vom Zulageberechtigten selbst genutzte Genossenschaftswohnung (§ 1 Abs. 1 Satz 1 Nr. 4 Buchst. b AltZertG),

- ▶ einer zeitlich befristeten Verminderung des monatlichen Nutzungsentgeltes für eine vom Zulageberechtigten selbst genutzte Genossenschaftswohnung mit einer anschließenden Teilkapitalverrentung spätestens ab dem 85. Lebensjahr des Zulageberechtigten (§ 1 Abs. 1 Satz 1 Nr. 4 Buchst. b AltZertG),

- ▶ einer Hinterbliebenenrente (vgl. zur Absicherung von Zusatzrisiken Rn. 1715) oder

- ▶ einer Rente wegen verminderter Erwerbsfähigkeit oder Dienstunfähigkeit (vgl. zur Absicherung von Zusatzrisiken Rn. 1715) möglich.

Die sich an den Auszahlungsplan oder eine Minderung des Nutzungsentgelts für eine Genossenschaftswohnung anschließende Teilkapitalverrentung muss so bemessen sein, dass dem Anleger spätestens ab dem 85. Lebensjahr eine gleich bleibende oder steigende Leibrente gewährt werden kann, deren erste monatliche Rente so hoch sein muss, wie die letzte vom Anbieter zugesagte feste Rate bzw. der Wert der Minderung des Nutzungsentgelts.

1710 Aus Gründen der Verfahrensvereinfachung hat der Gesetzgeber die Zusammenfassung von bis zu 12 Monatsrenten zu einer Auszahlung zugelassen. Das heißt, auch wenn nur „eine" Zahlung im Jahr erfolgt, kann es sich im Sinne dieser Vorschrift noch um eine monatliche Renten- oder Ratenzahlung handeln.

1711 **Kapitalauszahlungen:** Neben den monatlichen Leistungen sind in einem gewissen Umfang einmalige Kapitalauszahlungen möglich. So kann dem Anleger bis zu 30 % des zu Beginn der Auszahlungsphase zur Verfügung stehenden Kapitals als Einmalbetrag ausgezahlt werden. Hierbei handelt es sich um eine förderunschädliche Auszahlung, die allerdings nachgelagert zu versteuern ist. Erst bei einer darüber hinausgehenden Kapitalauszahlung aus gefördertem Altersvorsorgevermögen würden die in § 93 EStG normierten Rechtsfolgen einer schädlichen Verwendung eintreten. Die förderunschädliche Auszahlung des Teilkapitalbetrags muss zu Beginn der Auszahlungsphase erfolgen. Sie kann nicht über mehrere Zahlungszeitpunkte verteilt werden.

Altersvorsorgeverträge dürfen außerdem die Abfindung einer Kleinbetragsrente vorsehen. Was unter einer Kleinbetragsrente zu verstehen ist, wird in § 93 Abs. 3 EStG geregelt. Die Vorschrift orientiert sich insoweit an der für den Arbeitgeber geltenden betriebsrentenrechtlichen Regelung des § 3 Abs. 2 BetrAVG. 1712

Eine Kleinbetragsrente liegt vor, wenn sich bei einer gleichmäßigen Verteilung des zu Beginn der Auszahlungsphase zur Verfügung stehenden geförderten Altersvorsorgevermögens eine monatliche Rente ergibt, die 1% der monatlichen Bezugsgröße nach § 18 SGB IV nicht übersteigt. Diese beträgt zum 1.1.2014: 2 765 €,[1] so dass im Jahr 2014 eine Kleinbetragsrente bei einem monatlichen Rentenbetrag von nicht mehr als 27,65 € vorliegt. Bei der Ermittlung, ob eine Kleinbetragsrente vorliegt, ist immer auf die Bezugsgröße West abzustellen.[2] Durch die Bezugnahme auf § 18 SGB IV handelt es sich um eine dynamische Verweisung. Die insoweit entscheidende Bezugsgröße bestimmt sich nach dem Durchschnittsentgelt in der gesetzlichen Rentenversicherung im vorvergangenen Kalenderjahr,[3] steigt dieses im Laufe der Jahre an, erhöht sich dementsprechend auch der Betrag bis zu dem von einer Kleinbetragsrente auszugehen ist. Für die Berechnung, ob eine Kleinbetragsrente vorliegt, ist das gesamte geförderte Altersvorsorgekapital **vor** Abzug einer möglichen Teilkapitalauszahlung von bis zu 30% maßgeblich.[4] Bestehen bei einem Anbieter mehrere Verträge, dann ist für die Prüfung, ob eine Kleinbetragsrente vorliegt, auf alle Leistungen abzustellen, die auf gefördertem Altersvorsorgevermögen beruhen.[5] Sind in den Verträgen unterschiedliche Auszahlungszeitpunkte vorgesehen, dann ist ggf. eine Prognose vorzunehmen. 1713

Neben der monatlichen Auszahlung können auch die in der Auszahlungsphase anfallenden Zinsen und Erträge gesondert ausgezahlt werden. Dies ermög- 1714

---

1 Verordnung vom 16.10.2013 über die Sozialversicherungsrechengrößen 2014.
2 BT-Drucks. 15/3004, 57; Wolter/Myßen in: Handbuch Zulagenförderung, Fach 5000 Rn. 14; Mecklenburg/Schmidt in: Handbuch Alterssicherung, Fach 8030 Rn. 39
3 Eilts, NWB 52-53/2009 S. 4103 (4106).
4 BT-Drucks. 15/3004 S. 57; Lindberg in: Blümich, § 93 Rn. 18.
5 BMF-Schreiben vom 24.7.2013, BStBl 2013 I S. 1022 Rn. 195.

licht, dass zusätzlich zu der monatlichen Leibrente oder Teilrate variable Auszahlungen für die in der Auszahlungsphase erwirtschafteten Zinsen oder andere Erträge vorgenommen werden können.

Absicherung von Zusatzrisiken

1715 Der Altersvorsorgevertrag kann neben der Altersvorsorge die Absicherung des zusätzlichen Risikos der verminderten Erwerbsfähigkeit oder Dienstunfähigkeit des Zulageberechtigten sowie von bestimmten Hinterbliebenen vorsehen. Nach § 82 Abs. 3 EStG gehören auch diese Beitragsanteile zu den steuerlich begünstigten Altersvorsorgebeiträgen. Voraussetzung ist jedoch, dass die Versicherungsleistung in Form einer Rente ausgezahlt wird. Die auf einer Zusatzabsicherung beruhenden Leistungen dürfen schon vor Vollendung des 60. Lebensjahres bzw. des 62. Lebensjahres des Anlegers erbracht werden.[1]

1716–1717 (Einstweilen frei)

(3) Altersvorsorgebeiträge nach § 82 Abs. 1 Nr. 2 EStG (Wohn-Riester)

1718 Altersvorsorgebeiträge nach § 82 Abs. 1 Satz 1 Nr. 2 EStG sind die zugunsten eines auf den Namen des Zulageberechtigten lautenden Altersvorsorgevertrages geleisteten Tilgungen für ein Darlehen, das der Zulageberechtigte für die Anschaffung oder Herstellung einer selbstgenutzten Wohnung nach dem 31. 12. 2007 eingesetzt hat. Die entsprechenden Tilgungsleistungen werden genauso wie Sparbeiträge steuerlich gefördert. Die für die Tilgungsleistungen gezahlten Zulagen sind unmittelbar für die Tilgung des jeweiligen Darlehens zu verwenden.

1719 Zum 1. 1. 2014 wird der Kreis der wohnungswirtschaftlichen Verwendung erweitert.[2] So besteht ab diesem Zeitpunkt die Möglichkeit das geförderte Altersvorsorgevermögen bzw. das aufgenommene Darlehen zu nutzen um ein anderes Darlehen, welches der Finanzierung von Anschaffungs-/Herstellungskosten der selbstgenutzten Wohnung diente, ganz oder teilweise abzulösen. Die Umschuldung ist ab dem 1. 1. 2014 innerhalb der Ansparphase jederzeit möglich. Diese Ausweitung hat erhebliche Auswirkungen auf die Tilgungsförderung. Bisher konnte für Altobjekte die Tilgungsförderung nicht genutzt werden, weil die wohnungswirtschaftliche Verwendung – d. h. die Anschaffung oder Herstellung – vor dem 1. 1. 2008 erfolgt sein musste. Aufgrund der Ausweitung des Begriffs der wohnungswirtschaftlichen Verwendung auf die Um-

---

1 Myßen, NWB 29/2001, F. 3 S. 11645 (11651).
2 Vgl. hierzu Myßen/Fischer, 25/2013 S. 1977.

schuldung eines bestehenden Darlehens, gilt diese Umschuldung als eine nach dem 31.12.2007 vorgenommene wohnungswirtschaftliche Verwendung. Der Zeitpunkt der Anschaffung oder Herstellung der Immobilie ist ohne Bedeutung. Werden Tilgungsbeiträge zugunsten eines zertifizierten Altersvorsorgevertrags (Darlehen) gezahlt, bei dem das zugrundeliegende Darlehen der Umschuldung dient, dann können die Tilgungen wie Altersvorsorgebeiträge entsprechend gefördert werden. Außerdem wird zum 1.1.2014 eine weitere Art der wohnungswirtschaftlichen Verwendung i. S. v. § 92a Abs. 1 EStG eingeführt: der barrierereduzierende Umbau der selbstgenutzten Wohnung. Hierbei sind jedoch bestimmte Voraussetzungen (Art der Aufwendungen, Mindestentnahmebetrag, Bestätigung eines Sachverständigen, Erklärung des Steuerpflichtigen) zu beachten. Liegen diese vor, kann das vom Anleger aufgenommene Darlehen auch für diesen Zweck verwendet werden.

Begünstigt sind auch sog. Vorfinanzierungsdarlehen. Diese bestehen aus einem Darlehen in Kombination mit einem Sparvertrag, wobei das Darlehen bereits bei Vertragsabschluss ausgezahlt wird. Außerdem wird unwiderruflich vereinbart, dass das Sparkapital zur Darlehenstilgung eingesetzt wird (§ 1 Abs. 1a Satz 1 Nr. 3 AltZertG). Beide Vertragsbestandteile (Spar-/Darlehenskomponente) müssen in einem einheitlichen Vertragsmuster geregelt werden, so dass dem Anleger somit nur ein Anbieter gegenüber tritt. Die Tilgung des Vorfinanzierungsdarlehens erfolgt durch das angesparte Kapital, ggf. sofern ein Bausparvertrag in diese Vertragsgestaltung mit einbezogen ist, durch das Kapital sowie das Bauspardarlehen. Bei diesen Vertragsgestaltungen ist zu differenzieren. Zahlungen, die unmittelbar für die Tilgung des Darlehens eingesetzt werden, sind Tilgungsleistungen nach § 82 Abs. 1 Satz 1 Nr. 2 EStG. Wird mit den vom Zulageberechtigten geleisteten Zahlungen jedoch zunächst Altersvorsorgevermögen gebildet, welches zu einem späteren Zeitpunkt zur Tilgung des Darlehens eingesetzt wird, und ist dies bereits bei Vertragsabschluss unwiderruflich vereinbart worden, dann gelten die geleisteten Zahlungen bereits im Zahlungszeitpunkt als Tilgungsleistungen nach § 82 Abs. 1 Satz 3 EStG. Die Einstellung ins Wohnförderkonto erfolgt erst bei tatsächlicher Darlehenstilgung oder im Zeitpunkt der Aufgabe der Selbstnutzung.

1720

Der in der zu zahlenden Kreditrate enthaltene Zinsanteil sowie die anfallenden Kosten und Gebühren sind keine Altersvorsorgebeiträge und damit nicht im Rahmen des § 10a/Abschnitt XI EStG begünstigt.[1] Die Förderung bezieht sich nur auf den in der gezahlten Kreditrate enthaltenen Tilgungsanteil.

1721

---

1 Myßen/Fischer, NWB 29/2008, Fach 3 S. 15117, (15122).

Teil D: Besteuerung von Altersbezügen

1722 Wird gefördertes Altersvorsorgevermögen von einem Altersvorsorgevertrag i. S. d. § 1 Abs. 1 oder Abs. 1a Satz 1 Nr. 2 AltZertG in einen Altersvorsorgevertrag i. S. d. § 1 Abs. 1a Satz 1 Nr. 3 AltZertG übertragen (Vorfinanzierungsdarlehen),[1] sind ab dem Zeitpunkt der Übertragung des angesparten Kapitals die damit übertragenen und bereits geförderten Beiträge nicht mehr Beiträge i. S. d. § 82 Abs. 1 Satz 1 Nr. 1 EStG, sondern bereits geförderte Tilgungsleistungen nach § 82 Abs. 1 Satz 3 EStG. Diese Übertragung ist auch möglich, wenn das Vorfinanzierungsdarlehen für eine Umschuldung genutzt wird.

1723 (Einstweilen frei)

(4) Potenzielle Anbieter von Altersvorsorgeverträgen nach § 82 Abs. 1 EStG

1724 Anbieter von zertifizierten Altersvorsorgeverträgen sind:[2]

▶ **Lebensversicherungsunternehmen mit Sitz im Inland**[3] oder in einem anderen Staat des europäischen Wirtschaftsraumes;[4]

▶ **Kreditinstitute (mit Erlaubnis zum Betreiben des Einlagengeschäftes) mit Sitz im Inland**[5] oder in einem anderen Staat des europäischen Wirtschaftsraumes:[6] Ein Kreditinstitut betreibt Bankgeschäfte gewerbsmäßig oder in einem Umfang, der einen in kaufmännischer Weise eingerichteten Geschäftsbetrieb erfordert. Zu den Bankgeschäften gehört u. a. das Einlagengeschäft. Da der Anbieter dem Anleger zusagen muss, dass die von ihm eingezahlten Beiträge zu Beginn der Auszahlungsphase für die Altersleistungen zur Verfügung stehen, handelt es sich bei den Altersvorsorgeverträgen – wegen der Hereinnahme der Gelder der Anleger gekoppelt mit der Zusage – immer um **Einlagengeschäfte**.

▶ **Bausparkassen**[7] **i. S. d. Bausparkassengesetzes;**[8]

▶ **Kapitalanlagegesellschaften (KAG) mit Sitz im Inland:**[9] Kapitalanlagegesellschaften werden ausdrücklich erwähnt, obwohl sie Kreditinstitute sind.

---

1 § 1 Abs. 1 Nr. 10 Buchst. b AltZertG.
2 Risthaus/Niermann, Das neue Altersvermögensgesetz, S. 10; Myßen/Wolter in: Handbuch Zulagenforderung F. 4000 Rn. 194–196.
3 § 1 Abs. 2 Satz 1 Nr. 1 Buchst. a AltZertG.
4 § 1 Abs. 2 Satz 1 Nr. 2 Buchst. a AltZertG.
5 § 1 Abs. 2 Satz 1 Nr. 1 Buchst. b AltZertG.
6 § 1 Abs. 2 Satz 1 Nr. 2 Buchst. b AltZertG.
7 § 1 Abs. 2 Satz 1 Nr. 1 Buchst. c AltZertG.
8 Gesetz über Bausparkassen in der Fassung der Bekanntmachung vom 15. 2. 1991 (BGBl I S. 454) in der jeweils geltenden Fassung.
9 § 1 Abs. 2 Satz 1 Nr. 1 Buchst. d AltZertG.

V. Besteuerung nach § 22 Nr. 5 EStG (Riester-Renten)

Kapitalanlagegesellschaften sind Kreditinstitute, deren Geschäftsbereich darauf gerichtet ist, Sondervermögen zu verwalten);

▶ **Verwaltungs- oder Investmentgesellschaften** mit Sitz in einem anderen Staat des Europäischen Wirtschaftsraumes[1] (vergleichbar den inländischen Kapitalanlagegesellschaften);

▶ **in das Genossenschaftsregister eingetragene Genossenschaften:**[2] Voraussetzung ist allerdings, dass die Eintragung in das Genossenschaftsregister vorgenommen wurde, eine gutachterliche Äußerung des zuständigen Prüfungsverbands vorliegt, dass die Genossenschaft die sich aus dem AltZertG ergebenden Voraussetzungen voraussichtlich erfüllen wird, die Satzung der Genossenschaft die Beteiligung mit mehreren Geschäftsanteilen erlaubt und ausgeschlossen wird, dass hinsichtlich der im Rahmen des Altersvorsorgevertrags erworbenen weiteren Geschäftsanteile eine Verpflichtung besteht, Nachschüsse zu leisten, und die Genossenschaft einen Nachweis über die Sicherung der gewährten Beitragszusage beibringt (die Sicherung kann auf 20 000 € pro Vertrag begrenzt werden). Der Anbieterbegriff wurde erst im Rahmen des Eigenheimrentengesetzes um die Genossenschaften erweitert, so dass diese erst seit dem 1. 11. 2008 zertifizierte Altersvorsorgeverträge anbieten können. Vor dieser gesetzlichen Erweiterung des Anbieterbegriffs konnten nur diejenigen Wohnungsgenossenschaften Altersvorsorgeverträge anbieten, die über eine Erlaubnis zum Betreiben des Einlagegeschäfts verfügten.

Sonstige Anbieter[3]   1725

▶ **Finanzdienstleistungsinstitute** sind Unternehmen, die Finanzdienstleistungen für andere gewerbsmäßig oder in einem Umfang erbringen, der einen in kaufmännischer Weise eingerichteten Geschäftsbetrieb erfordert und die keine Kreditinstitute sind. Finanzdienstleistungen sind u. a. Anlagevermittlung, Abschlussvermittlung, Finanzportfolioverwaltung, die Anschaffung und die Veräußerung von Finanzinstrumenten im Wege des Eigenhandels für andere (Eigenhandel), die Vermittlung von Einlagengeschäften mit Unternehmen mit Sitz außerhalb des Europäischen Wirtschaftsraums, der Handel mit Sorten (Wechselstuben) und das Kreditkartengeschäft.

▶ **Wertpapierdienstleistungsunternehmen** sind Kreditinstitute und Finanzdienstleistungsinstitute, die Wertpapierdienstleistungen allein oder zu-

---
1 § 1 Abs. 2 Satz 1 Nr. 2 Buchst. c AltZertG.
2 § 1 Abs. 2 Nr. 4 AltZertG.
3 Vgl. hierzu § 1 Abs. 2 Satz 2 AltZertG.

sammen mit Wertpapiernebendienstleistungen gewerbsmäßig oder in einem Umfang erbringen, der einen in kaufmännischer Weise eingerichteten Geschäftsbetrieb erfordert. Wertpapierdienstleistungen sind die Anschaffung, Veräußerung, Platzierung und Verwaltung von Wertpapieren, Geldmarktinstrumenten oder Derivaten (§ 2 WpHG). Da eigentlich ein Einlagengeschäft vorliegt, können diese Unternehmen zwar Anbieter sein, müssen die Gelder aber bei Kreditinstituten mit Erlaubnis zum Betrieb des Einlagengeschäfts anlegen.

1726–1730 (Einstweilen frei)

(5) Beiträge im Rahmen der betrieblichen Altersversorgung

1731 Neben den Beiträgen zugunsten von zertifizierten Altersvorsorgeverträgen können auch bestimmte Beiträge zum Aufbau einer kapitalgedeckten betrieblichen Altersvorsorge nach § 10a EStG/Abschn. XI EStG steuerlich gefördert werden.[1] Der Gesetzgeber hat in diesem Zusammenhang auf eine zusätzliche Zertifizierung verzichtet, da durch das Betriebsrentengesetz (BetrAVG) für diese Anlageprodukte bereits ein Qualitätsmindeststandard besteht, durch den die im AltZertG aufgezählten Kriterien weitgehend erfüllt werden.[2]

1732 Entsprechende Beitragsleistungen sind allerdings nur dann begünstigt, wenn sie aus dem individuell versteuerten Arbeitslohn des Arbeitnehmers an einen Pensionsfonds, eine Pensionskasse oder eine Direktversicherung geleistet werden, dem Aufbau einer kapitalgedeckten betrieblichen Altersversorgung dienen und die Auszahlung der zugesagten Altersvorsorgeleistungen in Form einer lebenslangen Altersversorgung i. S. d. § 1 Abs. 1 Satz 1 Nr. 4 AltZertG vorgesehen ist (§ 82 Abs. 2 Satz 1 Buchst. a EStG). Damit sind nicht alle Durchführungswege in der betrieblichen Altersversorgung begünstigt, sondern nur diejenigen, bei denen bereits in der Ansparphase die Leistungen des Arbeitgebers an die Versorgungseinrichtung als Lohnzufluss des Arbeitnehmers erfasst werden. Wird eine betriebliche Altersversorgung über eine Direktzusage oder eine Unterstützungskasse abgewickelt, ist keine steuerliche Berücksichtigung von „Beiträgen" als Altersvorsorgebeiträge möglich, weil bei diesen Durchführungswegen dem Arbeitnehmer in der Ansparphase – trotz des Aufbaus einer Versorgungsanwartschaft – kein Arbeitslohn zufließt.[3] Die vom Arbeitgeber eingesetzten „Beiträge" (z. B. an eine rückgedeckte Unterstützungskasse) wer-

---

1 Vgl. hierzu allgemein Bode in: Bordewin/Brandt, § 82 Rn. 43 ff.; Kauffmann in: Frotscher, § 82 Rn. 10 ff.; Bick/Strohner, DStR 2005 S. 1033 ff.
2 Mühlenharz in: Littmann/Bitz/Pust, § 82 Rn. 12.
3 Schack/Tacke/Thau, Praktiker-Handbuch zur Umsetzung der betrieblichen Altersversorgung, S. 46.

den in der Ansparphase beim Arbeitnehmer lohnsteuerlich nicht erfasst. Die sich hieraus ergebenden Leistungen unterliegen in der Auszahlungsphase als nachträglicher Arbeitslohn der vollen nachgelagerten Besteuerung als Einkünfte aus nichtselbständiger Arbeit (§ 19 EStG). Eine zusätzliche Steuerfreistellung dieser „Beiträge" im Wege des Sonderausgabenabzugs würde daher zu einer systemwidrigen Doppelbegünstigung[1] führen.[2]

Mit dem AltEinkG[3] hat der Gesetzgeber § 1a BetrAVG um einen Absatz 4 ergänzt. Dieser gibt dem Arbeitnehmer in bestimmten Fällen das Recht auch bei einem ruhenden, aber weiter bestehenden Arbeitsverhältnis, den Aufbau seiner betrieblichen Altersversorgung mit eigenen Beiträgen fortzusetzen. Hierzu kann der Arbeitnehmer die Beitragszahlung selbst vornehmen oder seinem Arbeitgeber die entsprechenden Mittel zukommen lassen, um dessen Aufwand abzugelten, falls die betriebliche Altersversorgung unmittelbar über ihn oder über eine Unterstützungskasse erfolgt. Die Versorgungszusage des Arbeitgebers umfasst, wegen des engen Bezugs zum bestehenden Beschäftigungsverhältnis, auch die sich aus diesen Eigenbeiträgen ergebenden Anwartschaften.[4] Hat der Arbeitnehmer für diese Altersversorgung bisher eine steuerliche Förderung in Anspruch genommen (§ 10a EStG oder § 3 Nr. 63 EStG), dann gelten die von ihm während des Ruhens geleisteten Beiträge als Altersvorsorgebeiträge (§ 82 Abs. 2 Buchst. b EStG). Er kann die steuerliche Förderung nach § 10a/Abschnitt XI EStG in Anspruch nehmen, obschon die Beiträge nicht aus seinem individuell versteuerten Arbeitslohn stammen. Die Förderung nach § 3 Nr. 63 EStG kann allerdings nicht genutzt werden, da der Arbeitnehmer von seinem Arbeitgeber keinen Arbeitslohn erhält der steuerfrei gestellt werden kann.

1733

(Einstweilen frei)

1734

---

1 Kauffmann in: Frotscher, § 82 Rn. 11 sieht als Grund für den Ausschluss der Durchführungswege „Direktzusage" und „Unterstützungskasse" die fehlende Kapitaldeckung. Dies mag auf die Direktzusage zutreffen, bei einer rückgedeckten Unterstützungskasse bestehen allerdings Zweifel, ob diese Begründung dann noch tragfähig wäre.
2 A. A. Albert/Schumann/Sieben/Menzel, Betriebliche und private Altersvorsorge nach der Rentenreform 2002, Rn. 440; Höfer, Das neue Betriebsrentenrecht, Rn. 803, der den Ausschluss im Hinblick auf den allgemeinen Gleichheitssatz aus Art. 3 Abs. 1 GG für bedenklich hält. Kritisch offenbar auch Popp/Zander (PERSONAL 9/2006, 10 (11)), die davon sprechen, dass „lediglich" drei der fünf möglichen Durchführungswege in die Riester-Rente einbezogen worden seien.
3 Alterseinkünftegesetz v. 5. 7. 2004, BGBl 2004 I S. 1427; BStBl 2004 I S. 554.
4 Förster/Rühmann/Cisch, Betriebsrentengesetz, § 1a Rn. 55.

dd) Förderwege

1735 Die Förderung setzt sich grundsätzlich aus der Altersvorsorgezulage nach Abschnitt XI EStG und dem Sonderausgabenabzug nach § 10a EStG zusammen. Da der Anspruch auf Zulage im Rahmen des Sonderausgabenabzugs mit zu berücksichtigen ist, wird im Folgenden zunächst die Altersvorsorgezulage dargestellt, obschon der § 10a EStG die zentrale Fördervorschrift ist. Die Sonderregelungen zur Immobilienförderung schließen sich an die Darstellung des Sonderausgabenabzugs an.

(1) Altersvorsorgezulage

Allgemeines

1736 Die Altersvorsorgezulage setzt sich aus einer Grundzulage und einer Kinderzulage zusammen. Sie wird allerdings nur dann in vollem Umfang gewährt, wenn der Zulageberechtigte einen bestimmten Mindesteigenbeitrag geleistet hat. Wird dieser nicht oder nur teilweise erbracht, erfolgt eine Zulagenkürzung nach dem Verhältnis der geleisteten Altersvorsorgebeiträge zum Mindesteigenbeitrag. Hat der Zulageberechtigte nur 50 % des Mindesteigenbeitrags erbracht, erhält er auch nur 50 % der ihm maximal zustehenden Altersvorsorgezulage.

1737 Gehören beide Ehegatten/Lebenspartner zum begünstigten Personenkreis nach § 10a Abs. 1 EStG, ist der Abschn. XI EStG für jeden Ehegatten gesondert anzuwenden. Jeder erhält somit die Altersvorsorgezulage, wenn er den für ihn maßgebenden Mindesteigenbeitrag erbracht hat. Gehört nur ein Ehegatte/Lebenspartner zu dem nach § 10a Abs. 1 EStG begünstigten Personenkreis, gewährt das Gesetz dem anderen Ehegatten/Lebenspartner zumindest eine abgeleitete Zulageberechtigung (mittelbare Begünstigung, Rn. 1677 ff.), wenn u. a. ein auf seinen Namen lautender Altersvorsorgevertrag besteht und der Mindestbeitrag i. H. v. 60 € auf diesen Vertrag eingezahlt wurde (§ 79 Satz 2 EStG). Der Abschluss einer betrieblichen Altersversorgung ist für die Begründung der mittelbaren Zulageberechtigung nicht ausreichend.[1] Der mittelbar begünstigte Ehegatte/Lebenspartner hat nur dann Anspruch auf eine ungekürzte Zulage, wenn der unmittelbar begünstigte Ehegatte/Lebenspartner einen Altersvorsorgevertrag abgeschlossen hat oder über eine geförderte betriebliche Altersversorgung verfügt und er zugunsten des betreffenden Vertrags den von ihm geforderten Mindesteigenbeitrag geleistet hat.[2] Der

---

1 BFH vom 21. 7. 2009, X R 33/07, BStBl 2009 II S. 995.
2 Mühlenharz in: Littmann/Bitz/Pust, § 86 Rn. 12.

vom Mittelbaren zu zahlende Mindestbeitrag (Rn. 1679) ist bei der Mindesteigenbeitragsberechnung nicht zu berücksichtigen. Der mittelbar begünstigte Ehegatte/Lebenspartner erhält ohne weitergehende Beiträge eine ungekürzte Altersvorsorgezulage, wenn auch der unmittelbar begünstigte Ehegatte/Lebenspartner eine ungekürzte Altersvorsorgezulage beanspruchen kann.

Grundzulage

Die Grundzulage beträgt: 1738

- in den Jahren 2002 und 2003   38 €
- in den Jahren 2004 und 2005   76 €
- in den Jahren 2006 und 2007   114 €
- ab dem Jahr 2008   154 €.

Für unmittelbar Zulageberechtigte, die das 25. Lebensjahr noch nicht vollendet haben, erhöht sich die Grundzulage einmalig um einen Betrag von 200 € (sog. Berufseinsteiger-Bonus).[1] Die erhöhte Grundzulage ist einmalig für das erste nach dem 31. 12. 2007 beginnende Beitragsjahr zu zahlen, für das der Zulageberechtigte die Altersvorsorgezulage beantragt, wenn er zu Beginn des betreffenden Beitragsjahrs das 25. Lebensjahr noch nicht vollendet hat. Ein separater Antrag ist nicht erforderlich, der Bonus wird automatisch gewährt.[2] Das Datum des Vertragsabschlusses ist ebenso unerheblich.[3] Für die Berechnung des Mindesteigenbeitrags ist in dem Beitragsjahr, in dem die Voraussetzungen für die Gewährung des Erhöhungsbetrags vorliegen, die erhöhte Grundzulage zu berücksichtigen. Erbringt der Zulageberechtigte allerdings nicht den erforderlichen Mindesteigenbeitrag (§ 86 Abs. 1 EStG), erfolgt eine entsprechende Kürzung der Altersvorsorgezulage und damit auch des in der erhöhten Grundzulage enthaltenen Berufseinsteiger-Bonusses. Eine Nachholungsmöglichkeit in einem späteren Beitragsjahr besteht nicht.[4]

---

1 Lindberg in: Blümich, § 83–85 Rn. 2.
2 BMF-Schreiben vom 24. 7. 2013, BStBl 2013 I S. 1022 Rn. 41.
3 BMF-Schreiben vom 24. 7. 2013, BStBl 2013 I S. 1022 Rn. 41.
4 Mühlenharz in: Littmann/Bitz/Pust, § 84 Rn. 7; BMF-Schreiben vom 24. 7. 2013, BStBl 2013 I S. 1022 Rn. 41.

Teil D: Besteuerung von Altersbezügen

Kinderzulage

1739 Die Kinderzulage[1] beträgt für jedes Kind, für das dem Zulageberechtigten Kindergeld gewährt wird:

- in den Veranlagungszeiträumen 2002 und 2003   46 €
- in den Veranlagungszeiträumen 2004 und 2005   92 €
- in den Veranlagungszeiträumen 2006 und 2007   138 €
- ab dem Veranlagungszeitraum 2008 jährlich   185 €.

Für alle ab dem 1.1.2008 geborenen Kinder **erhöht sich die Kinderzulage** auf 300 €.[2] Wie beim Kindergeld wird auch die Kinderzulage nur einmal je Kind gewährt. Eine Aufteilung der Zulage für ein Kind zwischen den Eltern sieht das Gesetz nicht vor. Die Kinderzulage wird grundsätzlich demjenigen Elternteil zugeordnet, dem das Kindergeld ausgezahlt wird. Dies gilt auch, wenn der Elternteil, der das Kindergeld erhält, keine Kinderzulage beantragt bzw. keinen zertifizierten Altersvorsorgevertrag abgeschlossen hat. Eine Ausnahme von der Zuordnung der Kinderzulage zu demjenigen Elternteil, dem das Kindergeld ausgezahlt wird, sieht das Gesetz nur vor, wenn die Eltern grundsätzlich[3] die Voraussetzungen für eine Ehegattenveranlagung erfüllen. In diesen Fällen wird die Kinderzulage primär der Mutter zugeordnet.[4] Allerdings besteht die Möglichkeit, durch einen gemeinsamen Antrag die Kinderzulage dem Vater zuzuordnen. Dieser Antrag ist auch erforderlich, wenn nur der Vater die steuerliche Förderung in Anspruch nehmen will.[5] Haben die Eltern mehrere Kinder muss die Zuordnung nicht einheitlich vorgenommen werden. Der Antrag kann für jedes Kind einzeln gestellt werden.

1740–1743   (Einstweilen frei)

---

1 Vgl. hierzu auch BMF-Schreiben vom 24.7.2013, BStBl 2013 I S. 1022 Rn. 42 ff.
2 Vgl. auch Merten, NWB F. 26 S. 4807 ff.
3 Zu den Voraussetzungen für eine Ehegattenveranlagung gehört auch, dass beide Ehegatten unbeschränkt einkommensteuerpflichtig sind. Der EuGH (Urteil v. 10.9.2009, RS. C-269/07) hat allerdings die Verknüpfung der Zulagenförderung mit dem steuerlichen Status der Förderberechtigten als europarechtswidrig angesehen. Aus diesem Grund hat der Gesetzgeber die Übertragungsmöglichkeiten auch Ehegatten eingeräumt, bei denen zumindest ein Ehegatte unmittelbar förderberechtigt ist und bei denen mit Ausnahme der unbeschränkten Einkommensteuerpflicht ansonsten die Voraussetzungen für eine Ehegattenveranlagung vorliegen.
4 Fischer in: Kirchhoff, § 85 Rn. 1.
5 BMF-Schreiben vom 24.7.2013, BStBl 2013 I S. 1022 Rn. 46.

V. Besteuerung nach § 22 Nr. 5 EStG (Riester-Renten)

Mindesteigenbeitrag

Die ungekürzte Altersvorsorgezulage wird nur gewährt, wenn der Zulageberechtigte einen eigenen Anteil zur Schließung seiner Versorgungslücke leistet.[1] Die auf dem Altersvorsorgevertrag eingehende Zahlung soll nach der Vorstellung des Gesetzgebers ab dem Beitragsjahr 2008 insgesamt 4 % der maßgebenden[2] Einnahmen des Zulageberechtigten ausmachen. Die Sparleistung setzt sich aus den Eigenbeiträgen des Zulageberechtigten und der Zulage zusammen. Erbringt der Zulagenberechtigte nicht den von ihm erwarteten Eigenbeitrag, so wird auch die vom Staat gewährte Zulage in dem entsprechenden Umfang gekürzt. Der Mindesteigenbeitrag berechnet sich wie folgt:

1744

- in den Jahren 2002 und 2003

  1 % der maßgebenden Einnahmen maximal 525 €, abzüglich der Zulage,

- in den Jahren 2004 und 2005

  2 % der maßgebenden Einnahmen maximal 1 050 €, abzüglich der Zulage,

- in den Jahren 2006 und 2007

  3 % der maßgebenden Einnahmen maximal 1 575 €, abzüglich der Zulage,

- ab dem Jahr 2008

  4 % der maßgebenden Einnahmen maximal 2 100 €, abzüglich der Zulage.

Für die Ermittlung des Mindesteigenbeitrags wird auf die Summe der vom Zulageberechtigten in dem dem Sparjahr vorangegangenen Kalenderjahr erzielten beitragspflichtigen Einnahmen[3] bzw. der bezogenen Besoldung[4]/Amts-

1745

---

1 Zum Mindesteigenbeitrag allgemein BMF-Schreiben vom 24.7.2013, BStBl 2013 I S. 1022 Rn. 57.
2 Hierzu gehören z.B. bei den in der gesetzlichen Rentenversicherung Pflichtversicherte die beitragspflichtigen Einnahmen bzw. bei den Beamten die Besoldung.
3 Bei der Ermittlung der beitragspflichtigen Einnahmen i.S.d. SGB VI ist auf diejenigen Einnahmen abzustellen, die im Rahmen des sozialversicherungsrechtlichen Meldeverfahrens den Trägern der gesetzlichen Sozialversicherung gemeldet wurden. Für die Zuordnung der erzielten beitragspflichtigen Einnahmen zu den einzelnen Beitragsjahren ist auf die sozialversicherungsrechtlichen Wertungen abzustellen. Dies gilt auch, wenn der Steuerpflichtige in einem Beitragsjahr beitragspflichtige Einnahmen erzielt, die sozialversicherungsrechtlich einem von der tatsächlichen Zahlung abweichenden Jahr zuzurechnen sind.
4 Für die Bestimmung der maßgeblichen Besoldung ist auf die in dem betreffenden Kalenderjahr zugeflossene Besoldung/Amtsbezüge entsprechend der Besoldungsmitteilung/Mitteilung über die Amtsbezüge abzustellen. Zur Besoldung gehören u. a. das Grundgehalt, Leistungsbezüge an Hochschulen, der Familienzuschlag, Zulagen und Vergütungen, ferner Anwärterbezüge, jährliche Sonderzahlungen, vermögenswirksame Leistungen, das jährliche Urlaubsgeld, der Altersteilzeitzuschlag und die Sachbezüge, nicht hingegen Auslandsdienstbezüge.

bezüge abgestellt (maßgebende Einnahmen).[1] Der Betrag der maßgebenden Einnahmen ist für die Berechnung des Mindesteigenbeitrags auf volle Euro abzurunden. Bei bestimmten Pflichtversicherten, bei denen die beitragspflichtigen Einnahmen erheblich vom tatsächlich erzielten Entgelt abweichen oder bei denen entsprechende Einnahmen berücksichtigt werden, ohne dass ein tatsächliches Entgelt erzielt wurde, wird für die Mindesteigenbeitragsberechnung abweichend vom Grundsatz „beitragspflichtige Einnahmen des Vorjahrs" auf das „tatsächlich erzielte Entgelt oder die Entgeltsatzleistung des Vorjahrs" abgestellt.

1746 In bestimmten Fällen muss der Arbeitgeber Rentenversicherungsbeiträge auf Basis fiktiver beitragspflichtiger Einnahmen ermitteln. Die insoweit anzusetzenden Einnahmen übersteigen in der Regel das von den Betroffenen erzielte Arbeitsentgelt. In diesen Fällen ist als maßgebende Einnahme nach § 86 Abs. 2 Satz 2 EStG das vom Zulageberechtigten tatsächlich erzielte Entgelt anzusetzen. Es handelt sich hierbei z. B. um

▶ Behinderte, die in anerkannten Werkstätten beschäftigt werden,

▶ Altersteilzeitbeschäftigte, bei denen die Aufstockungsbeträge nicht als maßgebende Einnahmen erfasst werden,

▶ Bezieher von Lohnersatzleistungen oder vergleichbaren Leistungen (z. B. Arbeitslosengeld, Krankengeld, Vorruhestandsgeld, Unterhaltsgeld, Verletztengeld, Kurzarbeitergeld, Winterausfallgeld) bei denen der tatsächliche Leistungsbetrag anzusetzen ist.

Nicht im Rahmen des Mindesteigenbeitrags zu berücksichtigen ist allerdings das sog. Elterngeld[2], Mutterschaftsgeld oder Betreuungsgeld, da es sich hierbei nicht um beitragspflichtige Einnahmen handelt.

1747 Werden mehrere Tätigkeiten ausgeübt, die jede für sich die Zugehörigkeit zum begünstigten Personenkreis begründen würde, so ist für die Mindesteigenbeitragsberechnung auf die Summe der Einnahmen aus diesen Tätigkeiten abzustellen. Ist der Zulageberechtigte z. B. in der gesetzlichen Rentenversicherung und in der Alterssicherung der Landwirte pflichtversichert, sind die beitragspflichtigen Einnahmen aus dem Vorjahr und die positiven Einkünfte aus Land- und Forstwirtschaft (§ 13 EStG) dem zweiten dem Sparjahr vorangegangenen Veranlagungszeitraum für die Mindesteigenbeitragsberechnung zusammenzufassen.

---

1 Fischer in: Kirchhoff, § 86 Rn. 1.
2 BMF-Schreiben vom 24. 7. 2013, BStBl 2013 I S. 1022 Rn. 77.

V. Besteuerung nach § 22 Nr. 5 EStG (Riester-Renten)

Gehört nur ein Ehegatte/Lebenspartner zum begünstigten Personenkreis nach § 10a Abs. 1 EStG und besteht für den anderen Ehegatten eine abgeleitete Zulagenberechtigung nach § 79 Satz 2 EStG, wird nur für den unmittelbar begünstigten Ehegatten/Lebenspartner ein Mindesteigenbeitrag berechnet. Dabei sind die beiden Ehegatten/Lebenspartner zustehenden Zulagen zu berücksichtigen. Der nach § 79 Satz 2 EStG begünstigte Ehegatte/Lebenspartner erhält dann eine ungekürzte Zulage, wenn der andere – der unmittelbar begünstigte – Ehegatte/Lebenspartner den von ihm geforderten Mindesteigenbeitrag erbracht hat.[1] Leistet der nach § 10a Abs. 1 EStG begünstigte Ehegatte/Lebenspartner diesen Betrag nicht, wird sowohl seine als auch die Zulage des nach § 79 Satz 2 EStG Begünstigten gekürzt.

1748

BEISPIEL: A und B sind verheiratet und haben drei Kinder. Eines ihrer Kinder ist nach dem 1.1.2008 geboren. A erzielt in 2012 beitragspflichtige Einnahmen i. H. v. 30 000 €. B erzielt keine Einkünfte. Beide haben in 2013 einen eigenen Altersvorsorgevertrag abgeschlossen. A zahlt einen jährlichen Beitrag von 933 € zugunsten seines Vertrags ein. B zahlt lediglich den Mindestbeitrag i. H. v. 60 €; es fließen nur die Grundzulage und die Kinderzulagen für drei Kinder auf ihren Vertrag.

Beitragspflichtige Einnahmen	30 000 €
4 %	1 200 €
Höchstens	2 100 €
Anzusetzen	1 200 €
abzgl. Zulagen (2 × 154 €, 2 × 185 €, 1 × 300 €)	978 €
Mindesteigenbeitrag nach § 86 Abs. 1 Satz 2 EStG	222 €
Sockelbetrag (§ 86 Abs. 1 Satz 4 EStG)	60 €
maßgebend (§ 86 Abs. 1 Satz 5 EStG)	222 €
tatsächlich geleisteter Betrag	933 €

Die Ehegatten erhalten die ungekürzten Zulagen.

Für den Fall, dass bereits der Betrag der staatlichen Zulage der geforderten Sparleistung entspricht oder sie sogar übersteigt, muss zur Erlangung der Zulage zumindest ein sog. Sockelbetrag geleistet werden. Hierbei handelt es sich um einen Jahresbetrag. Der Sockelbetrag beläuft sich ab dem Veranlagungszeitraum 2005 auf jährlich 60 €.

1749

---

1 Steiner in: Gérard/Göbel, Staatliche Förderung der Altersvorsorge und Vermögensbildung, KZ 200 § 86 Rn. 26.

Teil D: Besteuerung von Altersbezügen

BEISPIEL: A ist Beamtin. Sie ist ledig, hat zwei Kinder (alle vor dem 1.1.2008 geboren) und im Vorjahr eine Besoldung i.H.v. 10 000 € bezogen. Mindesteigenbeitragsberechnung (VZ 2010):

maßgebende Einnahmen	10 000 €	
4 %	400 €	
Maximal	2 100 €	
anzusetzen somit		400 €
abzgl. Zulagen (1 × 154 €, 2 × 185 €)		524 €
Mindesteigenbeitrag nach § 86 Abs. 1 Satz 2 EStG		− 124 €
Sockelbetrag		60 €
der geforderte Mindesteigenbeitrag beträgt		60 €

Leistet B den geforderten Mindesteigenbeitrag von 60 €, erhält sie die volle Zulage auf ihren Altersvorsorgevertrag überwiesen. Leistet sie beispielsweise aber nur 30 € (50 % von 60 €), beträgt die Zulage auch nur 262 € (50 % von 524 €).

Nachzahlungsmöglichkeit für Beitragsjahre bis 2011

1750 Bei der Zulagengewährung geht die ZfA in vielen Fällen davon aus, dass die Angaben des Zulageberechtigten zutreffend sind. Hierdurch können die Zulagen zeitnah den Konten der Berechtigten gutgeschrieben werden. Die Angaben werden im Nachgang überprüft und, sofern kein Zulageanspruch bestand, zurückgefordert. Eine Rückforderung der steuerlichen Förderung erfolgt auch, wenn sich der Anleger entscheidet, das geförderte Altersvorsorgevermögen nicht mehr für seine Altersvorsorge einzusetzen (schädliche Verwendung). Im Jahr 2010 hat die ZfA die Zulagengewährung der Jahre 2005 bis 2007 überprüft. Dies führte teilweise zu Zulagenrückforderungen über die die Anleger mit ihrer § 92-Bescheinigung Anfang 2011 vom Anbieter informiert wurden. Diese Rückforderungen lösten 2011 eine Diskussion in der Öffentlichkeit aus. Besonders kritisiert wurden Fallgestaltungen im Zusammenhang mit Kindererziehungszeiten. So wird ein Anleger, bei dem Kindererziehungszeiten in der gesetzlichen Rentenversicherung berücksichtigt werden, für diese Zeiträume unmittelbar förderberechtigt. Diese grds. positive Regelung führt jedoch dazu, dass er − wie alle anderen unmittelbar Förderberechtigten − einen Eigenbeitrag erbringen muss. Dem alleinerziehenden Elternteil wird diese für ihn positive Regelung bekannt sein. Er wird deshalb auch entsprechende Altersvorsorgebeiträge leisten, um die Altersvorsorgezulage erhalten zu können. Demgegenüber können sich bei Ehegatten Probleme ergeben. Ging der kindererziehende Anleger − weil ihm die entsprechende Regelung im Sozialrecht nicht bewusst war − davon aus, über seinen unmittelbar förderberechtigten Ehegatten mittelbar förderberechtigt zu sein, dann wird er in dem betreffenden Beitrags-

V. Besteuerung nach § 22 Nr. 5 EStG (Riester-Renten)

jahr in der Regel keine Altersvorsorgebeiträge geleistet haben. Wird die Zahlung eines Eigenbeitrags im betreffenden Beitragsjahr versäumt, besteht bei einem unmittelbar Förderberechtigten konsequenterweise kein Anspruch auf die Zahlung einer Zulage. Wurde diese wegen fehlerhafter Angaben im Zulageantrag bereits gewährt, erfolgt eine Rückforderung, über die der Anleger erst mit der Jahresbescheinigung seines Anbieters informiert wird. Da die tatbestandlichen Voraussetzungen für die Zulagegewährung im Rahmen eines nachträglichen Datenabgleichs überprüft werden, kann die Rückforderung auch erst Jahre nach dem Beitragsjahr erfolgen. Für diese Fallgestaltungen hat der Gesetzgeber eine Nachzahlungsmöglichkeit im § 52 Abs. 63b EStG vorgesehen. Hierdurch sollen die Fälle geheilt werden, in denen der Zulageberechtigte im guten Glauben, er sei mittelbar zulageberechtigt gewesen, obwohl er tatsächlich unmittelbar zulageberechtigt war, keine Altersvorsorgebeiträge gezahlt hat.

Die Nachzahlungsmöglichkeit für ein bestimmtes Beitragsjahr besteht, wenn 1751
▶ dieses Beitragsjahr bereits abgelaufen ist,
▶ ein Altersvorsorgevertrag bestand,
▶ ein fristgerechter Zulageantrag gestellt wurde,
▶ in diesem Zulageantrag von einer mittelbaren Zulageberechtigung ausgegangen wurde und
▶ tatsächlich eine unmittelbare Zulageberechtigung bestand.

Ist der Anleger potenziell nachzahlungsberechtigt, dann kann er für das in der Vergangenheit liegende Beitragsjahr Altersvorsorgebeiträge in der aus seiner Sicht erforderlichen Höhe einzahlen. Der Nachzahlungsbetrag sollte sich an dem für die ungekürzte Zulagegewährung erforderlichen Mindesteigenbeitrag orientieren.

Liegen die Anspruchsvoraussetzungen für einen Anspruch auf Zulage für das 1752
Beitragsjahr, **für** das Beiträge nachgezahlt wurden, vor, erhält der Zulageberechtigte nach der (ggf. erneuten) Ermittlung des Zulageanspruchs durch die ZfA rückwirkend eine Zulage (ggf. erneut) auf seinen Altersvorsorgevertrag ausgezahlt. Nach § 52 Abs. 63b Satz 4 EStG ist § 10a EStG auf die nachgezahlten Beiträge nicht anzuwenden. Ein rückwirkender Sonderausgabenabzug wird nicht gewährt. Dies gilt gleichermaßen für das Jahr in dem die Beiträge zulagentechnisch angesetzt werden, wie für das Jahr, in dem die Beiträge geleistet wurden. Die nachgezahlten Beiträge sind auch nicht bei der Ermittlung des Anspruchs auf Zulage im Rahmen der Einkommensteuerveranlagung anzusetzen. Dies hat verschiedene Folgen für den Anleger: Die nachgezahlten Beiträge (ggf. zusammen mit bereits für dieses Beitragsjahr fristgerecht ge-

zahlten Beiträgen) gelten bis zu einer Höhe von 2 100 € abzüglich Zulage als geförderte Beiträge. Die Leistungen, die sich aus diesen Beiträgen einschließlich der dazugehörigen Zulagen und Erträge ergeben, werden bei der Auszahlung voll nachgelagert besteuert. Dies gilt selbst dann, wenn die Zulage für die Steuerfreistellung der Beiträge nicht ausgereicht hat und sie wegen des Ausschlusses des Sonderausgabenabzugs nach § 10a EStG für nachgezahlte Beiträge nicht in voller Höhe steuerfrei gestellt wurden.

1753 (Einstweilen frei)

(2) Sonderausgabenabzug nach § 10a EStG

Allgemeines

1754 Die Altersvorsorgesparleistungen können in der Einkommensteuerveranlagung unabhängig vom individuellen Einkommen als Sonderausgabe nach § 10a EStG berücksichtigt werden. Das entsprechende Abzugsvolumen ist unabhängig von der steuerlichen Berücksichtigung von Aufwendungen zugunsten einer Basisversorgung im Rahmen des § 10 EStG. Das heißt, die nach § 10 EStG und nach § 10a EStG bestehenden Abzugsvolumen können nebeneinander ausgeschöpft werden. Die geleisteten Beiträge können jedoch nicht gleichzeitig nach § 10 und § 10a EStG berücksichtigt werden.

Der Sonderausgabenabzugsbetrag nach § 10a EStG ist wie folgt gestaffelt:

- ▶ in den Veranlagungszeiträumen 2002/2003 bis zu 525 €,
- ▶ in den Veranlagungszeiträumen 2004/2005 bis zu 1 050 €,
- ▶ in den Veranlagungszeiträumen 2006/2007 bis zu 1 575 €,
- ▶ ab dem Veranlagungszeitraum 2008 jährlich bis zu 2 100 €[1].

1755 Zu den abziehbaren Sonderausgaben gehören die vom Steuerpflichtigen geleisteten Altersvorsorgebeiträge zuzüglich des Anspruchs auf Altersvorsorgezulage nach Abschn. XI EStG (Grund- und Kinderzulage). Bei Bestimmung der im Rahmen des Sonderausgabenabzugs anzusetzenden Beträge ist nicht auf die tatsächlich gezahlte Zulage abzustellen, sondern auf den Anspruch auf Zulage. Es kommt nicht darauf an, ob der Zulageberechtigte tatsächlich einen Zulageantrag gestellt hat oder wann die Zulage tatsächlich ausgezahlt wurde. Für die Ermittlung des Zulageanspruches ist grundsätzlich auf den Abschnitt XI EStG abzustellen. Eine Ausnahme besteht für den Erhöhungsbetrag nach § 84 Satz 2 EStG (Berufseinsteiger Bonus). Demnach erhöht sich die Grundzula-

---

1 Besteht bei Ehegatten/Lebenspartnern eine mittelbare Zulageberechtigung, erhöht sich das maximale Abzugsvolumen auf 2 160 € (vgl. Rn. 1759 ff.).

V. Besteuerung nach § 22 Nr. 5 EStG (Riester-Renten)

ge bei unmittelbar Zulageberechtigten, die zu Beginn des Beitragsjahrs das 25. Lebensjahr noch nicht vollendet haben, einmalig um 200 €. Dieser sog. Berufseinsteiger-Bonus ist bei der Ermittlung des Zulageanspruchs nicht zu berücksichtigen (§ 10a Abs. 1 Satz 5 EStG). Der Verzicht auf den Ansatz liegt im Auseinanderfallen der Verwaltungszuständigkeiten für die Zulagegewährung (zentrale Stelle – ZfA) und die Ermittlung des Sonderausgabenabzugs (Finanzamt) begründet. Für das Finanzamt wäre es sehr verwaltungsaufwendig zu ermitteln, ob und wann der Steuerpflichtige einen Berufseinsteiger-Bonus erhalten hat bzw. wann erstmals ein entsprechender Anspruch bestand. Vor diesem Hintergrund hat sich der Gesetzgeber im Steuerbürokratieabbaugesetz[1] dazu entschieden, dass der Berufseinsteiger-Bonus von Seiten des Finanzamtes weder bei der – auch für die Ermittlung des Zulageanspruchs erforderlichen – Mindesteigenbeitragsberechnung noch bei der Hinzurechnung nach § 2 Abs. 6 Satz 2 EStG zu berücksichtigen ist. Für den Steuerpflichtigen ist der Nichtansatz des Berufseinsteiger-Bonusses bei der Ermittlung des über die Zulage hinausgehenden Steuervorteils immer vorteilhaft.

Voraussetzung für die Berücksichtigung von Altersvorsorgebeiträgen nach § 10a Abs. 1 EStG ist bis zum Veranlagungszeitraum 2009, dass die geleisteten Beiträge vom Anleger gegenüber dem Finanzamt nach amtlich vorgeschriebenem Vordruck nachgewiesen werden (§ 10a Abs. 5 EStG a. F.). Die Vorlage dieser Bescheinigung war eine materielle Voraussetzung für die Inanspruchnahme des Sonderausgabenabzugs nach § 10a EStG. Die Bescheinigung enthielt Angaben zur Höhe der im abgelaufenen Beitragsjahr geleisteten Altersvorsorgebeiträge. Außerdem war die Zulagenummer enthalten. Dies ermöglichte u. a. eine automatisierte Überprüfung der Anspruchsvoraussetzungen durch die ZfA. Anstelle der Vorlage der Papierbescheinigung sind die entsprechenden Daten ab dem Veranlagungszeitraum 2010 vom Anbieter per Datensatz an die FinVerw zu übermitteln. Die Datenübermittlung erfolgt nur, wenn der Steuerpflichtige hierzu gegenüber seinem Anbieter spätestens bis zum Ende des zweiten auf das betreffende Beitragsjahr folgenden Kalenderjahr eingewilligt hat (§ 10a Abs. 2a Satz 1 EStG). Gehören beide Ehegatten/Lebenspartner zum Kreis der unmittelbar Förderberechtigten, dann hat jeder Ehegatte/Lebenspartner die erforderliche Einwilligung abzugeben. Um die bürokratischen Belastungen für die Verfahrensbeteiligten möglichst gering zu halten, steht der erforderlichen Einwilligung der Zulageantrag gleich. Das heißt, nutzt der Anleger bereits das Dauerzulageantragsverfahren oder beantragt er jährlich

1756

---

[1] Gesetz zur Modernisierung und Entbürokratisierung des Steuerverfahrens v. 20. 12. 2008, BGBl 2008 I S. 2850.

Teil D: Besteuerung von Altersbezügen

die Zulage neu, dann ist eine gesonderte Einwilligung in die Datenübermittlung an das Finanzamt nicht erforderlich. Dies gilt auch im Falle des Zulageantrags eines mittelbar Zulageberechtigten.

Günstigerprüfung

1757 Bei denjenigen, die steuerlich geführt werden, prüft das Finanzamt, ob der sich aus dem zusätzlichen Sonderausgabenabzug ergebende Steuervorteil oder der Zulageanspruch für den Zulageberechtigten günstiger ist. Voraussetzung ist, dass der Anleger die erforderlichen Angaben in der Einkommensteuererklärung gemacht hat und in die Datenübermittlung eingewilligt hat. Ist der sich aus dem Sonderausgabenabzug ergebende Steuervorteil geringer als der Anspruch auf Zulage, scheidet ein zusätzlicher Sonderausgabenabzug aus. Der Steuerpflichtige hat dann die sich aus dem Abzug der Altersvorsorgebeiträge ergebende Steuerermäßigung bereits durch die Zulage erhalten.

1758 Ergibt sich, dass der Steuervorteil aus dem Sonderausgabenabzug größer ist, als der Anspruch auf die Zulage, dann wird der Sonderausgabenabzug angesetzt. In diesen Fällen erhöht sich die tarifliche Einkommensteuer allerdings um den Anspruch auf Zulage. Der Steuerpflichtige erhält mit der Einkommensteuerveranlagung somit nur die über die Zulage hinausgehende Steuerermäßigung.

BEISPIEL: A ist ledig, kinderlos. Sein im Jahr 2012 erzielter Bruttoarbeitslohn (= beitragspflichtige Einnahmen) betrug 40 000 €. Er hat im Jahr 2013 insgesamt 1 500 € auf einen Altersvorsorgevertrag eingezahlt.

Ermittlung des Zulageanspruchs

Mindesteigenbeitragsberechnung (VZ 2013):

maßgebende Einnahmen	40 000 €
4 %	1 600 €
Maximal	2 100 €
anzusetzen somit	1 600 €
abzgl. der Zulage	−154 €
Mindesteigenbeitrag nach § 86 Abs. 1 Satz 2 EStG	1 446 €
mindestens Sockelbetrag	60 €
der geforderte Mindesteigenbeitrag beträgt	1 446 €
geleisteter Eigenbeitrag des A	1 500 €

A hat den erforderlichen Mindestbetrag geleistet. Er hat Anspruch auf eine ungekürzte Zulage.

V. Besteuerung nach § 22 Nr. 5 EStG (Riester-Renten)

Sonderausgabenabzug

Altersvorsorgebeiträge	1 500 €
Zulageanspruch	154 €
Summe	1 654 €
Maximal	2 100 €
anzusetzen somit	1 654 €
daraus angenommene Verminderung der tariflichen ESt	400 €
Hinzurechnung des Zulageanspruchs	154 €
zusätzliche Steuerermäßigung durch den Sonderausgabenabzug	246 €

Besonderheiten bei mittelbarer Zulageberechtigung

Für Ehegatten/Lebenspartner, die zusammenveranlagt werden und die beide unmittelbar begünstigt sind, ist die Begrenzung auf den Höchstbetrag nach § 10a Abs. 1 EStG jeweils gesondert vorzunehmen. Ein nicht ausgeschöpftes Abzugsvolumen eines Ehegatten/Lebenspartners kann dabei nicht auf den Anderen übertragen werden. Besonderheiten gelten, wenn nur ein Ehegatte/Lebenspartner unmittelbar und der andere nur mittelbar zulageberechtigt ist. In diesem Fall steht dem unmittelbar Begünstigten das sich nach § 10a Abs. 1 EStG ergebende Abzugsvolumen zu (2 100 €/inklusive der jeweiligen Zulageansprüche). Dieses erhöht sich um 60 € auf 2 160 € (§ 10a Abs. 3 Satz 3 EStG). Mit der Anhebung berücksichtigt der Gesetzgeber, dass der mittelbar zulageberechtigte Ehegatte/Lebenspartner seit dem Beitragsjahr 2012 einen Mindestbeitrag zu zahlen hat, um überhaupt mittelbar zulageberechtigt sein zu können. Außerdem werden die sich aus dem Mindestbeitrag ergebenden Leistungen nachgelagert besteuert. Der Mindestbeitrag ist im Rahmen des dem unmittelbar begünstigten Ehegatten/Lebenspartner zustehenden Sonderausgabenabzugs nach § 10a Abs. 1 EStG anzusetzen. Wie im Bereich der Zulagegewährung setzt dies jedoch voraus, dass auch der unmittelbar förderberechtigte Ehegatte/Lebenspartner die steuerliche Förderung nutzt und eigene Altersvorsorgebeiträge geleistet hat. 1759

Das sich nach § 10a Abs. 1 EStG ergebende Sonderausgabenabzugsvolumen steht grundsätzlich nur dem unmittelbar begünstigten Ehegatten/Lebenspartner für die von ihm geleisteten Beiträge zu. Bei der Günstigerprüfung werden allerdings die von beiden Ehegatten/Lebenspartner bezogenen Zulagen mitberücksichtigt. Hat der andere Ehegatte/Lebenspartner, ohne selbst unmittelbar zulageberechtigt zu sein, einen eigenen Altersvorsorgevertrag abgeschlossen und Beiträge von mehr als 60 € geleistet, können diese beim Sonderausgabenabzug nach § 10a EStG berücksichtigt werden, wenn der Höchstbetrag 1760

Teil D: Besteuerung von Altersbezügen

durch die vom unmittelbar zulageberechtigten Ehegatten/Lebenspartner geleisteten Altersvorsorgebeiträge sowie die zu berücksichtigenden Zulagenansprüche nicht ausgeschöpft wird.

BEISPIEL: Die Ehegatten haben im Jahr 2013 ein zu versteuerndes Einkommen von 150 000 € (ohne Sonderausgabenabzug nach § 10a EStG). Darin sind Einkünfte aus unterschiedlichen Einkunftsarten enthalten. Nur der Ehemann ist unmittelbar begünstigt; er hat den erforderlichen Mindesteigenbeitrag erbracht. Seine Ehefrau hat einen eigenen Altersvorsorgevertrag abgeschlossen und den Mindestbeitrag von 60 € erbracht. Sie ist daher mittelbar zulageberechtigt. Die Eheleute haben Beiträge i. H. v. 1 700 € (Ehemann) bzw. 250 € (Ehefrau) zugunsten ihrer Verträge gezahlt und für das Beitragsjahr 2013 jeweils einen Zulageanspruch von 154 €.

Ehemann		Ehefrau
Eigenbeitrag	1 700 €	Eigenbeitrag 250 €
davon gefördert	1 700 €	
durch den unmittelbar Zulageberechtigten ausgeschöpftes Abzugsvolumen:		
Eigenbeitrag des Ehemanns	1 700 €	
Zulageanspruch Ehemann	154 €	
Zulageanspruch Ehefrau	154 €	
ausgeschöpft somit	2 008 €	
Abzugsvolumen insgesamt	2 100 €	60 €
noch nicht ausgeschöpft	92 €	
von der Ehefrau noch nutzbar	92 €	92 €
Abzugsvolumen Ehefrau		152 €
abziehbare Sonderausgaben der Ehegatten insgesamt:		
1 700 € + 152 € + 154 € + 154 € =		2 160 €
zu versteuerndes Einkommen (bisher)		150 000 €
abzgl. Sonderausgaben (§ 10a EStG) Ehemann		2 160 €
zu versteuerndes Einkommen (neu)		147 840 €
Steuer auf 150 000 €		49 171 €
Steuer auf 147 860 €		48 214 €
Differenz		957 €
abzüglich Zulageansprüche insgesamt (2 × 154 €)		308 €
zusätzliche Steuerermäßigung insgesamt		649 €

Der Sonderausgabenabzug nach § 10a EStG ergibt für die Ehegatten eine zusätzliche Steuerermäßigung i. H. v. 649 €.

1761–1763 (Einstweilen frei)

V. Besteuerung nach § 22 Nr. 5 EStG (Riester-Renten)

Gesonderte Feststellung

Der sich aus dem zusätzlichen Sonderausgabenabzug ergebende Steuervorteil wird vom Finanzamt gesondert festgestellt (§ 10a Abs. 4 EStG). Diese Feststellung erfolgt allerdings nur, wenn es überhaupt zum Ansatz des Sonderausgabenabzugsbetrags nach § 10a Abs. 1 EStG kommt. Der festzustellende Steuervorteil bezieht sich nur auf die Einkommensteuer. Zuschlagssteuer (Kirchensteuer/Solidaritätszuschlag) bleiben in der Feststellung wie bei der Günstigerprüfung unberücksichtigt. 1764

Hat der Steuerpflichtige Beiträge zugunsten mehrerer Altersvorsorgeverträge geltend gemacht, ist der festgestellte Steuervorteil im Verhältnis der nach § 10a Abs. 1 Satz 1 EStG berücksichtigten Altersvorsorgebeiträge auf die Vorsorgeverträge zu verteilen (§ 10a Abs. 4 Satz 2 EStG). Dies gilt entsprechend, wenn gleichzeitig sowohl Beiträge für einen Altersvorsorgevertrag, als auch Beiträge zugunsten einer nach § 82 Abs. 2 EStG begünstigten betrieblichen Altersversorgung erbracht werden. Liegen die Voraussetzungen für eine Ehegattenveranlagung vor und sind beide Ehegatten/Lebenspartner unmittelbar förderberechtigt, dann ist die Steuerermäßigung den Ehegatten/Lebenspartner getrennt zuzurechnen und dies entsprechend festzustellen. Die gesonderte Feststellung besteht somit aus drei Bestandteilen: Feststellung der Höhe der Steuerermäßigung, Zuordnung dieses Betrages zu einem Steuerpflichtigen und einem bestimmten Vorsorgevertrag. 1765

Werden Altersvorsorgebeiträge eines mittelbar begünstigten Ehegatten/Lebenspartners nach § 10a Abs. 2 Satz 3 EStG im Rahmen des den Ehegatten/Lebenspartnern zustehenden Sonderausgabenabzugs berücksichtigt, ist die hierauf entfallende Steuerermäßigung dem Vertrag zuzuordnen, auf den die Beiträge geleistet wurden. Dementsprechend ist die Steuerermäßigung auch dem mittelbar begünstigten Ehegatten/Lebenspartner zuzurechnen. 1766

Besonderheiten im Hinblick auf die gesonderte Feststellung des Steuervorteils ergeben sich in den Fällen, in denen gefördertes Altersvorsorgevermögen in den Versorgungsausgleich einbezogen wird und eine interne oder externe Teilung vorgenommen wird. Die Auszahlung von gefördertem Altersvorsorgevermögen außerhalb der nach dem AltZertG zulässigen Altersleistung stellt grundsätzlich eine schädliche Verwendung dar (§ 93 EStG). Soweit eine schädliche Verwendung vorliegt, hat der Steuerpflichtige die hierauf entfallenden ihm gegenüber gesondert festgestellten Beträge und die Zulagen nach Abschnitt XI EStG zurückzuzahlen (vgl. Rn. 1805 ff.). Wird die Auszahlung im Rahmen einer internen oder externen Teilung des Vertrages vorgenommen, dann führt dies in der Regel nicht zu einer schädlichen Verwendung (§ 93 Abs. 1a 1767

EStG). Damit die ausgleichspflichtige Person und damit auch das Familiengericht Kenntnis über den Umfang der auf die Ehezeit entfallenden steuerlichen Förderung erhält, wird sie entsprechend von der ZfA informiert. Es handelt sich hierbei um eine Auflistung der im Rahmen des Zulageverfahrens bisher gewährten Zulagen sowie der der ZfA bekannten gesondert festgestellten Beträge nach § 10a Abs. 4 EStG. Nach Durchführung der versorgungsrechtlichen Teilung (§§ 10, 14 VersAusglG), d. h. nach der Übertragung von gefördertem Altersvorsorgekapital von der ausgleichspflichtigen auf die ausgleichsberechtigte Person, obliegt es jedem Berechtigten, die zweckentsprechende Verwendung des ihm zugerechneten Vermögens sicherzustellen. Um der Interessenlage der geschiedenen Partner Rechnung zu tragen, geht die auf den Anteil des auf die ausgleichspflichtige Person übertragenen geförderten Altersvorsorgevermögens entfallende steuerliche Förderung mit allen Rechten und Pflichten auf die ausgleichsberechtigte Person über. Dies hat zur Folge, dass im Falle einer schädlichen Verwendung des geförderten Altersvorsorgevermögens derjenige die Förderung zurückzahlen muss, der über das ihm zugerechnete geförderte Altersvorsorgevermögen schädlich verfügt. Bezieht er Leistungen aus dem geförderten Altersvorsorgevermögen, so obliegt dem Leistungsempfänger auch die nachgelagerte Besteuerung.

1768   Durch die Übertragung des geförderten Altersvorsorgevermögens im Rahmen der Durchführung des Versorgungsausgleichs (§§ 10, 14 VersAusglG) ändert sich die Zuordnung der gesondert festgestellten Beträge nach § 10a Abs. 4 EStG sowie der ermittelten Zulagen. Aus diesem Grund erhalten sowohl die ausgleichspflichtige als auch die ausgleichsberechtigte Person einen Feststellungsbescheid von der ZfA über die geänderte Zuordnung der gewährten steuerlichen Förderung. Damit wissen die Verfahrensbeteiligten, welche Konsequenzen sich aus einer schädlichen Verwendung des ihnen zugerechneten Vermögens ergibt.

1769–1771   (Einstweilen frei)

(3) Tilgungsförderung

1772   Seit dem Beitragsjahr 2008 sind auch Darlehensverträge und Bausparverträge in den Kreis derjenigen Vertragsgestaltungen aufgenommen worden, die zertifiziert werden können (Rn. 1718 ff.). Diese strukturelle Erweiterung des Kreises der begünstigten Altersvorsorgeverträge geht einher mit der Einführung der sog. Tilgungsförderung.[1] Demnach werden Tilgungen als Altersvorsorgebeiträ-

---

1 Zu verschiedenen Beispielen vgl. Myßen/Fischer, NWB F. 3 S. 15117 ff.

V. Besteuerung nach § 22 Nr. 5 EStG (Riester-Renten)

ge, wie die bisherigen Sparbeiträge, steuerlich gefördert, wenn das Darlehen für eine nach dem 31.12.2007 vorgenommene wohnungswirtschaftliche Verwendung i. S. d. § 92a Abs. 1 Satz 1 EStG genutzt wird.[1] Nach dem bis zum 31.12.2013 geltenden Recht war dies insbesondere gegeben, wenn das Darlehen bis zum Beginn der Auszahlungsphase zeitlich unmittelbar für die Anschaffung oder Herstellung einer selbstgenutzten Wohnung aufgenommen wurde. Dies hatte zur Folge, dass Altobjekte nicht gefördert werden konnten, weil die wohnungswirtschaftliche Verwendung – d. h. die Anschaffung oder Herstellung der Immobilie – vor dem 1.1.2008 erfolgt sein musste.

Zum 1.1.2014 wird der Kreis der wohnungswirtschaftlichen Verwendung erweitert (Rn. 1719).[2] So besteht die Möglichkeit das begünstigte Darlehen für die Ablösung eines anderen zur Finanzierung der Anschaffungs-/Herstellungskosten der selbstgenutzten Wohnung aufgenommenen Darlehens zu nutzen. Diese Umschuldung ist ab dem 1.1.2014 innerhalb der gesamten Ansparphase möglich. Die Ausweitung des Begriffs der wohnungswirtschaftlichen Verwendung hat erhebliche Auswirkungen auf die Tilgungsförderung, da nun die Umschuldung eines bestehenden – ungeförderten – Darlehens bereits als eine nach dem 31.12.2007 vorgenommene wohnungswirtschaftliche Verwendung anzusehen ist. Der Zeitpunkt der Anschaffung oder Herstellung der Immobilie ist in diesen Fällen ohne Bedeutung. Neben der Einbeziehung von Altobjekten kann ein begünstigtes Darlehen ab dem 1.1.2014 unter bestimmten Voraussetzungen auch für den barrierereduzierende Umbau der selbstgenutzten Wohnung genutzt werden. 1773

Die Tilgungsleistungen müssen vom Zulageberechtigten zugunsten eines auf seinen Namen lautenden Vertrags geleistet werden, der nach § 5 AltZertG zertifiziert ist. Für den nicht unmittelbar förderberechtigten Ehegatten/Lebenspartner besteht eine mittelbare Zulageberechtigung nur, wenn dieser einen eigenen auf seinen Namen lautenden zertifizierten Altersvorsorgevertrag abgeschlossen hat (§ 79 Satz 2 EStG). Wollen Ehegatten/Lebenspartner die volle Tilgungsförderung in Anspruch nehmen, müssen sie daher, unabhängig davon, ob sie unmittelbar oder mittelbar förderberechtigt sind, jeweils einen eigenen Altersvorsorgevertrag (Darlehensvertrag) abschließen.[3] Unproblematisch ist insoweit, wenn eine dritte Person oder der Ehegatte/Lebenspartner für das im 1774

---

1 BMF-Schreiben vom 24.7.2013/13.1.2014, BStBl 2013 I S. 1022/BStBl 2014 I S. 97 Rn. 27.
2 Vgl hierzu Myßen/Fischer, NWB 25/2013, S. 1977.
3 BMF-Schreiben vom 24.7.2013/13.1.2014, BStBl 2013 I S. 1022/BStBl 2014 I S. 97 Rn. 26.

Rahmen eines zertifizierten Altersvorsorgevertrags aufgenommene Darlehen mithaftet.[1]

1775 Der in der zu zahlenden Kreditrate enthaltene Zinsanteil ist kein Altersvorsorgebeitrag und damit nicht im Rahmen des § 10a (Abschnitt XI) EStG begünstigt. Dies gilt auch für sonstige Kreditgebühren. Die Förderung bezieht sich nur auf den in der gezahlten Kreditrate enthaltenen Tilgungsanteil.[2]

1776 Werden Tilgungsleistungen i. H. v. mindestens 4 % der maßgebenden Einnahmen (maximal 2 100 €) abzüglich Zulage in den Altersvorsorgevertrag mit Darlehenskomponente eingezahlt, wird dem Zulageberechtigten die ungekürzte Altersvorsorgezulage gewährt. Die Altersvorsorgezulage wird von der ZfA an den Anbieter überwiesen, der diese dem betreffenden Darlehensvertrag gutzuschreiben hat. Die Zulagenzahlung fungiert damit als Sondertilgung, d. h. in diesem Umfang reduziert sich die Darlehensschuld des Zulageberechtigten. Eine Auszahlung der Zulage an den Anleger ist – wie bei anderen Sparverträgen auch – grds. nicht möglich.

1777 Wie bei Sparbeiträgen wird auf Antrag des Zulageberechtigten auch geprüft, ob der Sonderausgabenabzug für die entsprechenden Tilgungsleistungen einschließlich des Zulagenanspruchs (bis maximal 2 100 €/2 160 €) für den Zulageberechtigten günstiger ist als der Zulagenanspruch (vgl. Rn. 1757 ff.). Ist dies der Fall, erhält der Zulageberechtigte noch einen über die Zulage hinausgehenden Steuervorteil im Rahmen seiner Einkommensteuerveranlagung. Die geförderten Tilgungszahlungen und die dafür gewährten Altersvorsorgezulagen werden in ein Wohnförderkonto (Rn. 1797 ff.) eingestellt. Dieses bildet später die Grundlage für die nachgelagerte Besteuerung.

1778–1780 (Einstweilen frei)

(4) Altersvorsorge-Eigenheimbetrag

Überblick

1781 Die selbst genutzte Wohnung wird in die Riester-Förderung mit zwei Förderansätzen einbezogen. Zum einen werden Aufwendungen zur Tilgung eines Darlehens wie Beiträge zu einem Riester-Sparvertrag gefördert (Rn. 1772 ff.). Zum anderen kann das in einem Altersvorsorgevertrag angesparte geförderte Altersvorsorgevermögen für eine wohnungswirtschaftliche Verwendung nach

---

1 BMF-Schreiben vom 24. 7. 2013/13. 1. 2014, BStBl 2013 I S. 1022/BStBl 2014 I S. 97 Rn. 26.
2 Mühlenharz in: Littmann/Bitz/Pust, § 86 Rn. 10c.

§ 92a Abs. 1 EStG förderunschädlich entnommen werden (Altersvorsorge-Eigenheimbetrag).

Mit dem AltvVerbG hat der Gesetzgeber zum 1. 1. 2014 wesentliche Änderungen an der Ausgestaltung des Altersvorsorge-Eigenheimbetrages vorgenommen. Diese betreffen den Kreis der begünstigten wohnungswirtschaftlichen Verwendungen und die Ausgestaltung der Entnahme.

1782

Wohnungswirtschaftliche Verwendung / Entnahmeumfang Recht bis zum 31. 12. 2013

1783

Für den Entnahmebetrag (Altersvorsorge-Eigenheimbetrag) sieht der Gesetzgeber nach dem bis zum 31. 12. 2013 geltenden Recht drei verschiedene Verwendungsarten vor:

▶ bis zum Beginn der Auszahlungsphase unmittelbar[1] für die Anschaffung oder Herstellung[2] einer Wohnung (§ 92a Abs. 1 Satz 1 Nr. 1 EStG),

▶ zu Beginn der Auszahlungsphase zur Entschuldung[3] einer Wohnung (§ 92a Abs. 1 Satz 1 Nr. 2 EStG) und

▶ bis zum Beginn der Auszahlungsphase für den Erwerb von Geschäftsanteilen (Pflichtanteilen)[4] an einer eingetragenen Genossenschaft für die Selbstnutzung einer Genossenschaftswohnung (§ 92a Abs. 1 Satz 1 Nr. 3 EStG).

---

1 Der Entnahmevorgang und die Anschaffung/Herstellung der Wohnung müssen in einem direkten zeitlichen Zusammenhang erfolgen. Innerhalb welchen Zeitraums dies zu erfolgen hat, lässt das Gesetz offen. Nach Auffassung der FinVerw ist von einer Unmittelbarkeit auszugehen, wenn entsprechende Aufwendungen für die Anschaffung/Herstellung innerhalb von einem Monat vor Antragstellung bei der ZfA und bis zwölf Monate nach Auszahlung entstanden sind. Vgl. hierzu auch FG Berlin-Brandenburg vom 17. 10. 2013, EFG 2014, 206.
2 Für die Auslegung des Begriffs der Anschaffung bzw. der Herstellung gelten die allgemeinen Regelungen.
3 Der Zeitpunkt des ursprünglichen Erwerbs bzw. der Herstellung der Wohnimmobilie ist im Falle der Entschuldung – im Gegensatz zur Tilgungsförderung – ohne Bedeutung. Allerdings ist die Entnahme nur zu Beginn der Auszahlungsphase möglich. Zu diesem Zeitpunkt muss auch eine Selbstnutzung vorliegen, eine vorangegangene Vermietung ist insoweit unerheblich. Der Beginn der Auszahlungsphase und damit der Zeitpunkt der Entnahmemöglichkeit bestimmt sich aus dem Altersvorsorgevertrag, aus dem die Entnahme erfolgen soll. Im Zeitpunkt der Entnahme für die Entschuldung beginnt gleichzeitig die Besteuerung des entsprechenden Wohnförderkontos.
4 Der Pflichtanteil ist der Anteil, den der Zulageberechtigte erwerben muss, um eine Genossenschaftswohnung selbst beziehen zu können. Hiervon abzugrenzen ist der Erwerb von weiteren Geschäftsanteilen an einer eingetragenen Genossenschaft. Die Wohnungsgenossenschaft muss in diesen Fällen nicht die im AltZertG genannten Voraussetzungen für das Anbieten von Altersvorsorgeverträgen erfüllen, da eine entsprechende Bezugnahme in § 92a Abs. 1 Satz 1 Nr. 3 EStG fehlt. Erforderlich ist lediglich, dass es sich um eine in das Genossenschaftsregister eingetragene Genossenschaft handelt.

Teil D: Besteuerung von Altersbezügen

Andere Verwendungsarten sieht das Gesetz nicht vor. Damit scheidet bis zum 31. 12. 2013 die Möglichkeit der Entnahme zur Entschuldung einer bereits vorhandenen selbstgenutzten Wohnung **vor** Beginn der Auszahlungsphase aus. Als Altersvorsorge-Eigenheimbetrag können entweder bis zu 75 % oder 100 % des geförderten Altersvorsorgevermögens entnommen werden.

Recht ab dem 1. 1. 2014

1784 Nach bisher geltendem Recht konnte das geförderte Altersvorsorgevermögen nur zeitlich unmittelbar für die Anschaffung/Herstellung oder zu Beginn der Auszahlungsphase des Vertrags für die Entschuldung einer selbst genutzten Wohnung verwendet werden. Eine andere Möglichkeit zur förderunschädlichen Entnahme sah das Gesetz nicht vor. Nicht möglich war damit z. B. die nach Ablauf der Zinsbindungsfrist vorgenommene Umschuldung eines zur Finanzierung der Anschaffung/Herstellung der Wohnimmobilie aufgenommenen Darlehens, wenn dieser Zeitpunkt vor dem Beginn der Auszahlungsphase des Vertrags lag. Dies ändert sich zum 1. 1. 2014. Das auf einem Altersvorsorgevertrag angesparte geförderte Altersvorsorgevermögen kann damit – bei Einhaltung von Mindestentnahme-/Mindestrestbeträgen (Rn. 1785 ff.) – zu einem beliebigen Zeitpunkt in der Ansparphase des Vertrags genutzt werden, um eine bestehende Finanzierung von Anschaffungs-/Herstellungskosten der selbst genutzten Wohnung ganz oder teilweise abzulösen. Daneben kann der Altersvorsorge-Eigenheimbetrag – wie bisher – zur Anschaffung oder Herstellung einer begünstigten Wohnung sowie Erwerb von Pflichtanteilen an einer Genossenschaft für die Selbstnutzung einer Genossenschaftswohnung eingesetzt werden (Rn. 1783).

1785 Der Anleger kann das geförderte Altersvorsorgevermögen teilweise oder vollständig für eine wohnungswirtschaftliche Verwendung einsetzen. Entscheidet er sich für eine teilweise Entnahme, dann ist dies ab dem 1. 1. 2014 (§ 52 Abs. 23h EStG) nur möglich, wenn auf dem Vertrag gefördertes Altersvorsorgevermögen von mindestens 3 000 € verbleibt (Mindestrestbetrag). Der Mindestrestbetrag ersetzt die bisherige Regelung nach der der Anleger entweder bis zu 75 % oder 100 % des geförderten Altersvorsorgevermögens entnehmen konnte. Das geltende Recht war für den Anleger zwar flexibler, führte allerdings in der Praxis zu einem hohen administrativen Aufwand. Die Anknüpfung an einen bestimmten Prozentsatz des geförderten Altersvorsorgevermögens hatte zur Folge, dass die ZfA vor Bewilligung des Entnahmebetrags den aktuellen Stand des angesparten geförderten Altersvorsorgevermögens beim Anbieter erfragen musste. Änderungen des Altersvorsorgevermögens in der Zeit bis zur Bewilligung – z. B. Gutschrift von Erträgen – machten ggf. eine erneute

V. Besteuerung nach § 22 Nr. 5 EStG (Riester-Renten)

Kommunikation zwischen Zulagenstelle und Anbieter erforderlich. Weitere Probleme ergaben sich bei einer nachträglichen Änderung des Förderanteils des Altersvorsorgevermögens, da sich die 75 %-Grenze nur auf das geförderte Altersvorsorgevermögen bezog. Dieser Aufwand wird durch die Anknüpfung an einen festen Mindestrestbetrag erheblich reduziert. Mit dem Mindestrestbetrag soll vermieden werden, dass Mini-Verträge mit Kleinst-Rentenansprüchen, bei denen die laufenden Verwaltungskosten nicht immer kostendeckend finanziert werden können, vom Anbieter fortgeführt werden müssen. Nach dem Zweck der Regelung ist deshalb für die Prüfung des Mindestrestbetrags immer auf den jeweiligen Vertrag abzustellen, aus dem die Entnahme erfolgen soll. Da der Stand des geförderten Altersvorsorgevermögens Veränderungen u. a. aufgrund von Ertragssteigerungen oder Kursschwankungen unterliegt, hat der Gesetzgeber für die Prüfung des Mindestrestbetrags einen Stichtag festgelegt. Es ist auf den Zeitpunkt der erstmaligen Erteilung des Entnahmebescheides durch die ZfA abzustellen. Die Einhaltung des Mindestrestbetrags ist künftig vom Anbieter zu prüfen.

Das geförderte Altersvorsorgevermögen kann für die Anschaffung, Herstellung oder Entschuldung einer selbstgenutzten Wohnimmobilie eingesetzt werden. Für Entnahmen ab dem 1.1.2014 muss der Anleger jedoch mindestens 3 000 € gefördertes Altersvorsorgevermögen entnehmen (Mindestentnahmebetrag). Im bisherigen Recht war ein Mindestentnahmebetrag nicht vorgesehen, was dazu führte, dass Anleger im Hinblick auf die Anschaffung oder Herstellung einer selbst genutzten Wohnung geringe dreistellige Beträge aus ihren Verträgen entnommen haben. Diese Kleinstentnahmen sollen künftig vermieden werden, um die ZfA und die Anbieter von administrativem und kostenintensivem Aufwand zu entlasten. Aufgrund des Entnahmezwecks – Anschaffung, Herstellung oder Entschuldung einer Wohnimmobilie – erscheint ein Mindestentnahmebetrag angemessen. 1786

Der Mindestentnahmebetrag kann – wenn der Vertrag keine gegenteiligen Vereinbarungen enthält – auch durch die Entnahme aus mehreren Verträgen erreicht werden. Der Gesetzgeber stellt insoweit auf die konkrete wohnungswirtschaftliche Verwendung ab. Für diese muss der Anleger mindestens einen Betrag in Höhe des Mindestentnahmebetrags einsetzen. 1787

BEISPIEL: Der Anleger A hat zwei zertifizierte Altersvorsorgeverträge. Auf jeden dieser Verträge hat er 10 000 € angespart. Er möchte sich eine selbst genutzte Eigentumswohnung für 150 000 € kaufen. Zur Finanzierung des Kaufpreises will er von jedem der Verträge 1 500 € entnehmen.

Eine entsprechende förderunschädliche Entnahme nach § 92a EStG ist möglich. A hat bei seinem Entnahmeantrag nachzuweisen, dass er den Entnahmebetrag wohnungswirtschaftlich i. S. d. § 92a Abs. 1 EStG verwendet (z. B. durch den Kaufvertrag und eine Meldebescheinigung). Außerdem hat er anzugeben, aus welchen Verträgen die Entnahme erfolgen soll. Die ZfA prüft, ob es sich um eine wohnungswirtschaftliche Verwendung handelt und stellt die Höhe fest (Anschaffungskosten Eigentumswohnung = 150 000 €). Sie teilt außerdem den Anbietern der Altersvorsorgeverträge dies mit. Eine Entnahme ist möglich, da der Mindestentnahmebetrag durch die Entnahme aus zwei Verträgen erreicht wird.

Abwandlung:

Wie im Ausgangsfall. Auf den Altersvorsorgeverträgen des A befindet sich jedoch gefördertes Altersvorsorgevermögen i. H. v. jeweils 4 000 €.

Eine Teilentnahme in Höhe von jeweils 1 500 € ist nicht möglich. Durch die Entnahme aus den zwei Verträgen wird zwar der Mindestentnahmebetrag erreicht, allerdings wird der vertragsbezogen zu bestimmende Mindestrestbetrag i. H. v. 3 000 € unterschritten. Eine förderunschädliche Teilentnahme, wie von A gewünscht, ist nicht möglich.

1788   Mit dem AltvVerbG wird ab 1. 1. 2014 noch eine weitere wohnungswirtschaftliche Verwendung i. S. v. § 92a Abs. 1 EStG eingeführt: der barrierereduzierende Umbau der selbst genutzten Wohnung. Für diese Art der wohnungswirtschaftlichen Verwendung gelten besondere Mindestentnahmebeträge, deren Höhe sich nach dem Zeitpunkt der Durchführung der Umbaumaßnahmen richten. Erfolgt der Umbau innerhalb von 3 Jahren nach der Anschaffung oder Herstellung der selbst genutzten Wohnung, dann muss das für den Umbau entnommene Kapital (Altersvorsorge-Eigenheimbetrag) oder aufgenommene Darlehen (Tilgungsförderung) mindestens 6 000 € betragen. Der Gesetzgeber hat sich bei dieser zeitlichen Grenze an den Grundsätzen für das Vorliegen von anschaffungsnahem Aufwand orientiert. Auch insoweit gilt ein 3-Jahreszeitraum. Im Hinblick auf die Prüfung der 6 000 €-Grenze ist es ausreichend, wenn die Maßnahmen innerhalb dieses Zeitraumes begonnen wurden. Werden die begünstigten Maßnahmen nach diesem Zeitraum aufgenommen – handelt es sich somit nicht mehr um anschaffungsnahe Aufwendungen –, muss das entnommene Kapital bzw. das aufgenommene Riester-Darlehen mindestens 20 000 € betragen.

1789   Die Umbaukosten müssen für die Realisierung von barrierereduzierenden Maßnahmen eingesetzt werden. Dies ist der Fall, wenn die Mittel mindestens zu 50 % für Maßnahmen verwendet werden, die den Vorgaben der DIN 18040 Teil 2, Ausgabe September 2011, entsprechen. Dieser Teil der DIN-Norm stellt die Planungsgrundlagen für barrierefreies Bauen von Wohnungen dar. Der verbleibende Teil der verwendeten Mittel ist für die Reduzierung von Barrieren in oder an der Wohnung zu verwenden. Die Festlegung der technischen Mindestanforderungen für die Reduzierung von Barrieren in oder an der Wohnung erfolgt durch das Bundesministerium für Verkehr, Bau und Stadtentwicklung im

Einvernehmen mit dem Bundesministerium der Finanzen. Mit den technischen Mindestanforderungen soll der barrierereduzierende Umbau auch für Altbauten ermöglicht werden, bei denen sich die Vorgaben der DIN 18040 Teil 2 aus baustrukturellen Gründen nicht umsetzen lassen. Die Bestimmung dieser technischen Mindestanforderungen orientiert sich im Wesentlichen an den Kriterien für die Inanspruchnahme des Förderprogramms der Kreditanstalt für Wiederaufbau „Altersgerecht Umbauen". Die technischen Mindestanforderungen wurden im Bundesbaublatt veröffentlicht, damit sie einer breiten Öffentlichkeit zur Verfügung stehen.[1]

Eine weitere Voraussetzung für die Nutzung eines Altersvorsorge-Eigenheimbetrags oder eines Riester-Darlehens für den barrierereduzierenden Umbau ist, dass sich der Zulageberechtigte die zweckgerechte Verwendung durch einen Sachverständigen bestätigen lässt. Als Sachverständige sind hierfür neben den nach Landesrecht Bauvorlageberechtigten (in der Regel Architekten und Bauingenieure) auch nach § 91 Abs. 1 Nr. 8 der Handwerksordnung öffentlich bestellte und vereidigte Sachverständige zugelassen. Voraussetzung ist, dass die Sachverständigen für ein Sachgebiet bestellt sind, das die Barrierefreiheit und Barrierereduzierung in Wohngebäuden umfasst. Das sind regelmäßig die Sachverständigen eines Bauhandwerks. Ein Sachverständiger des Frisör- oder des Bäckerhandwerks erfüllt somit nicht die Kriterien für die Bestätigungsbefähigung. Des Weiteren müssen die Sachverständigen eine besondere Sachkunde oder ergänzende Fortbildung auf dem Gebiet der Barrierefreiheit und Barrierereduzierung nachweisen. 1790

Der Zulageberechtigte muss als weitere Voraussetzung schriftlich versichern, dass weder er selbst noch ein Mitnutzer der Wohnung für die Umbaukosten 1791

▶ eine Förderung durch Zuschüsse (z. B. von einer Kranken- oder Unfallkasse) oder

▶ eine Steuerermäßigung nach § 35a EStG für haushaltsnahe Dienstleistungen oder

▶ eine Berücksichtigung als außergewöhnliche Belastung nach § 33 EStG

beantragt hat oder beantragen wird. Eine Mehrfachbegünstigung der Umbaukosten soll auf diese Weise vermieden werden. Die Versicherung ist bei der Beantragung der Entnahme eines Altersvorsorge-Eigenheimbetrags gegenüber der ZfA abzugeben. Wird zur Finanzierung des Umbaus ein Riester-Darlehen

---

1 Bundesbaublatt 12/2013.

aufgenommen, hat der Zulageberechtigte diese Versicherung gegenüber seinem Anbieter abzugeben.[1]

Entnahmebetrag

1792 Jeder Altersvorsorgevertrag muss die Möglichkeit vorsehen die Vorteile des Altersvorsorge-Eigenheimbetrags nutzen zu können. Grundsätzlich ist die teilweise und vollständige Entnahme des geförderten Altersvorsorgevermögens möglich. Der Altersvorsorgevertrag kann jedoch vorsehen, dass nur eine vollständige Auszahlung des gebildeten Kapitals für eine Verwendung i. S. d. § 92a EStG vom Anleger verlangt werden kann. Nicht gefördertes Kapital kann unbegrenzt ausgezahlt werden, wenn der Vertrag dies zulässt. Die in der Auszahlung enthaltenen Erträge muss der Anleger allerdings im Rahmen des § 22 Nr. 5 Satz 2 EStG versteuern. Eine Pflicht zur Rückzahlung des entnommenen Betrags besteht nicht.

1793 Hat der Zulageberechtigte das geförderte Altersvorsorgekapital vollständig entnommen und werden nach erfolgter Entnahme noch Zulagen für die entnommenen Beiträge ausgezahlt, gehören diese mit zum entnehmbaren Betrag. Sie können vom Anbieter unmittelbar an den Zulageberechtigten ausgezahlt werden. Ein gesonderter Entnahmeantrag ist nicht erforderlich.

1794 Hat der Zulageberechtigte mehrere Altersvorsorgeverträge, kann er die Entnahmemöglichkeit für jeden dieser Verträge nutzen. Dabei muss der Zeitpunkt der Entnahme aus den einzelnen Verträgen nicht identisch sein. Es ist auch eine mehrmalige Entnahme aus demselben Vertrag zulässig, wenn die Entnahmevoraussetzungen gegeben sind. Die Kombination einer Kapitalentnahme und einer Tilgungsförderung für dieselbe wohnungswirtschaftliche Verwendung ist zulässig. Dies betrifft insbesondere Bausparverträge. Mit der Auszahlung der Bausparsumme für eine wohnungswirtschaftliche Verwendung erhält der Bausparer sein angespartes Kapital (Entnahme/Altersvorsorge-Eigenheimbetrag) und das Bauspardarlehen, dessen Tilgung im Rahmen der Tilgungsförderung begünstigt sein kann.

1795 **Begünstigte Wohnung**

Als begünstigte Wohnung zählt

▶ eine Wohnung in einem eigenen Haus,

▶ eine eigene Eigentumswohnung,

---

1 BMF-Schreiben v. 24. 7. 2013/13. 1. 2014, BStBl I S. 1022/BStBl 2014 I S. 97 Rn. 247 d.

V. Besteuerung nach § 22 Nr. 5 EStG (Riester-Renten)

▶ eine Genossenschaftswohnung einer in das Genossenschaftsregister eingetragenen Genossenschaft oder
▶ ein eigentumsähnliches oder lebenslanges Dauerwohnrecht.

Die Wohnung muss in einem EU-/EWR-Staat liegen, mit Beginn der Selbstnutzung den Lebensmittelpunkt des Zulageberechtigten bilden oder von ihm zu eigenen Wohnzwecken als Hauptwohnsitz i. S. d. Melderechts genutzt werden.[1] Zu den Anschaffungs- oder Herstellungskosten für die begünstigte Wohnung gehört neben den Anschaffungs-/Herstellungskosten für das Gebäude auch der insoweit erworbene Grund- und Bodenanteil.

Die begünstigte Wohnung muss vom Zulageberechtigten selbst genutzt werden.[2] Dem Erfordernis der Selbstnutzung liegt der Gedanke zugrunde, dass der Zulageberechtigte im Alter in der eigenen Wohnung billiger wohnt, als in einer Mietwohnung. Dieser „Nutzungsvorteil" steht nach Auffassung des Gesetzgebers einer Altersrente gleich. Vor diesem Hintergrund, muss die Selbstnutzung, anders als bei der Eigenheimzulage, auf die Wohnzwecke des Eigentümers selbst bezogen sein. Es ist nicht erforderlich, dass der Zulageberechtigte Alleineigentümer der begünstigten Wohnung wird. Die Anschaffung eines Miteigentumsanteils ist grds. ausreichend. Der Gesetzgeber regelt insoweit lediglich, dass der Entnahmebetrag „für" die Begründung des Eigentums an einer selbstgenutzten Wohnimmobilie eingesetzt werden muss. Die Höhe des Eigentumsanteils ist grds. von nachrangiger Bedeutung.[3] Dies ist allerdings dann anders zu beurteilen, wenn der Wert des Eigentumsanteils geringer ist als der Entnahmebetrag, weil in diesem Fall der Entnahmebetrag nicht insgesamt „für" die Bildung selbstgenutzten Wohneigentums eingesetzt wurde.

1796

(5) Wohnförderkonto

Die geförderten Tilgungsbeiträge, die hierfür gewährten Zulagen sowie der entnommene Altersvorsorge-Eigenheimbetrag werden in einem sog. Wohnförderkonto eingestellt.[4] Das Wohnförderkonto dient der Erfassung des in der Immobilie gebundenen steuerlich geförderten Kapitals. Dieser Wert ist die Grundlage für die spätere nachgelagerte Besteuerung. Es erfolgt somit keine

1797

---

1 Lindberg in: Blümich, EStG, § 92a Rn. 21; BMF-Schreiben vom 24. 7. 2013, BStBl 2013 I S. 1022 Rn. 248.
2 BMF-Schreiben vom 24. 7. 2013, BStBl 2013 I S. 1022 Rn. 254.
3 BMF-Schreiben vom 24. 7. 2013, BStBl 2013 I S. 1022 Rn. 216.
4 § 92a Abs. 2 Satz 1 EStG vgl. hierzu auch Wacker in: Schmidt, § 92a Rn. 1; Lindberg in: Blümich, EStG, § 92a Rn. 23; Lindner in: Bausparkassenfachbuch 2011/2012, Kapital 12, S. 551 ff.; BMF-Schreiben vom 24. 7. 2013/13. 1. 2014, BStBl 2013 I S. 1022/BStBl 2014 I S. 97 Rn. 161 ff.

Teil D: Besteuerung von Altersbezügen

Nutzungswertbesteuerung der Wohnimmobilie, sondern lediglich eine Besteuerung des tatsächlich geförderten Betrags.[1] Als Ausgleich für die vorzeitige Nutzung des Altersvorsorgekapitals und zur Gleichstellung mit anderen Riester-Produkten wird der in das Wohnförderkonto eingestellte Betrag in der Ansparphase um jährlich 2 % erhöht.[2]

1798 Diese Erhöhung erfolgt – unabhängig vom Zeitpunkt der Einstellung der entsprechenden Beträge ins Wohnförderkonto – nach Ablauf des jeweiligen Beitragsjahrs; letztmals ist sie im Zeitpunkt des Beginns der Auszahlungsphase vorzunehmen.[3] Hierdurch wird lediglich eine – im Verhältnis zu den geförderten Sparprodukten – adäquate Versteuerung des tatsächlich in der Immobilie gebundenen, steuerlich geförderten Kapitals sichergestellt. In der Auszahlungsphase erfolgt jedoch keine 2 %ige Erhöhung.[4]

1799 (Einstweilen frei)

1800 Der Zulageberechtigte hat jederzeit die Möglichkeit, den Stand des Wohnförderkontos zu verringern, indem er einen entsprechenden Betrag auf einen zertifizierten Altersvorsorgevertrag (Sparvertrag) einzahlt.[5] Faktisch handelt es sich hierbei um eine Art Anbieterwechsel. Der Zulageberechtigte überführt das bisher in der Immobilie gebundene steuerlich geförderte Altersvorsorgekapital auf einen anderen zertifizierten Altersvorsorgevertrag. Die im Rahmen der Einzahlung auf den neuen Vertrag eingezahlten Beträge werden nicht erneut gefördert, da es sich bereits um gefördertes Altersvorsorgekapital handelt[6]. Die sich aus den eingezahlten Beträgen ergebenden Altersleistungen unterliegen dann allerdings der vollen nachgelagerten Besteuerung (§ 22 Nr. 5 Satz 1 EStG). Dies ist steuersystematisch konsequent, da die ursprünglichen Tilgungsbeiträge bereits gefördert wurden und es sich bei den Zahlungen dem Grunde nach lediglich um einen Wechsel des begünstigten Anlageprodukts handelt. Wird gefördertes Altersvorsorgevermögen z. B. von einem zertifizierten Banksparplan in eine zertifizierte Rentenversicherung transferiert, unterliegen die sich insoweit aus der Rentenversicherung ergebenden Leistungen der nachgelagerten Besteuerung. Auch in diesen Fällen wird auf die im Rah-

---

1 Myßen/Fischer, NWB 51/2011, S. 4304, (4314); Myßen/Fischer, NWB 29/2008, F. 3 S. 15117, (15130).
2 § 92a Abs. 2 Satz 3 EStG.
3 BMF-Schreiben vom 24. 7. 2013/13. 1. 2014, BStBl 2013 I S. 1022/BStBl 2014 I S. 97 Rn. 165.
4 Kaufmann in: Frotscher, § 92a Rn. 23.
5 § 92a Abs. 2 Satz 4 Nr. 1 EStG; BMF-Schreiben vom 24. 7. 2013, BStBl 2013 I S. 1022, a. a. O., Rn. 170.
6 § 82 Abs. 4 Nr. 4 EStG, Myßen/Fischer, NWB 29/2008, F. 3, S. 15117, (15131); Risthaus, DB 33/2008, Beilage 6/2008 S. 12.

V. Besteuerung nach § 22 Nr. 5 EStG (Riester-Renten)

men des zertifizierten Banksparplans gewährte Förderung abgestellt. Ein vergleichbares System liegt der Umschichtung vom Wohnförderkonto in einen zertifizierten Altersvorsorgevertrag zugrunde.

Zu Beginn der Auszahlungsphase wird der Saldo des Wohnförderkontos entweder als Einmalbetrag mit 30 % Abschlag[1] oder verteilt bis zum 85. Lebensjahr besteuert.[2] Hat sich der Steuerpflichtige zu Beginn der Auszahlungsphase für die ratierliche Besteuerung des Stands des Wohnförderkontos entschieden, kann er sich ab dem 1.1.2014 noch nach Beginn der Auszahlungsphase umentscheiden und den verbliebenen Rest des Stands des Wohnförderkontos durch eine Einmalbesteuerung begleichen.[3] Unabhängig vom Zeitpunkt der Einmalbesteuerung erhält er immer einen 30 %igen Abschlag auf den noch zu versteuernden Betrag. Außerdem führt die Einmalbesteuerung dazu, dass bei einem Tod des Zulageberechtigten keine Besteuerung des im Wohnförderkonto verbliebenen Restbetrags erfolgen muss.

1801

Der Beginn der Auszahlungsphase ergibt sich grds. aus den vertraglichen Vereinbarungen. Er muss zwischen der Vollendung des 60. und des 68. Lebensjahrs des Zulageberechtigten liegen.[4] Der vereinbarte Zeitpunkt kann zwischen Anbieter und Zulageberechtigtem einvernehmlich bis zu Beginn der Auszahlungsphase geändert werden. Soweit der Vertrag keine anders lautende Vereinbarung enthält, gilt als Beginn der Auszahlungsphase die Vollendung des 67. Lebensjahrs.

1802

Gibt der Zulageberechtigte die Selbstnutzung der geförderten Wohnung nicht nur vorübergehend auf, ist das Wohnförderkonto aufzulösen. Dies gilt auch für den Fall der Aufgabe der Reinvestitionsabsicht. Der im Wohnförderkonto eingestellte Betrag (Auflösungsbetrag) gilt im Zeitpunkt der Aufgabe der Selbstnutzung als Leistung i.S.d. § 22 Nr. 5 Satz 1 EStG (§ 22 Nr. 5 Satz 4 EStG). Gibt der Zulageberechtigte die Selbstnutzung der geförderten Wohnung nach der Einmalbesteuerung innerhalb einer Frist von 20 Jahren nicht nur vorübergehend auf, ist der bisher noch nicht besteuerte Betrag[5] gestaffelt nach der Haltedauer im Zeitpunkt der Aufgabe der Selbstnutzung eineinhalbfach (innerhalb eines Zeitraums von zehn Jahren ab Beginn der Auszahlungsphase) oder einfach (in

1803

---

1 § 22 Nr. 5 Satz 5 i.V.m. § 92a Abs. 2 Satz 6 EStG.
2 § 22 Nr. 5 Satz 4 i.V.m. § 92a Abs. 2 Satz 4 Nr. 2 und Satz 5 EStG.
3 BMF-Schreiben vom 24.7.2013, BStBl I S. 1022, Rn. 170; Myßen/Fischer, NWB 25/2013, S. 1977, (1989).
4 Wacker in: Schmidt, § 92a Rn. 1.
5 Bei der Einmalbesteuerung muss der Anleger nur 70 % des Betrages versteuern, der in das Wohnförderkonto eingestellt wurde. Nicht steuerlich erfasst wurden somit 30 % des Wohnförderkontos.

den nachfolgenden zehn Jahren) mit dem individuellen Steuersatz der Besteuerung zu unterwerfen.[1] Der Tod des Zulageberechtigten führt hingegen nicht zu einer nachgelagerten Besteuerung des noch nicht erfassten Betrags.

1804 (Einstweilen frei)

ee) Schädliche Verwendung

(1) Allgemeines

1805 Wird das geförderte Altersvorsorgevermögen nicht im Rahmen der nach dem AltZertG zulässigen Auszahlungsmodalitäten ausgezahlt (vgl. Rn. 1706 ff.) oder wird die mit dem Altersvorsorge-Eigenheimbetrag (Rn. 1781 ff.) oder der Tilgungsförderung (Rn. 1772 ff.) angeschaffte bzw. hergestellte Wohnimmobilie nicht mehr vom Steuerpflichtigen selbst genutzt, dann handelt es sich grundsätzlich um eine sog. schädliche Verwendung.

1806 Wird steuerlich gefördertes Altersvorsorgevermögen (Sparvermögen) schädlich verwendet, dann hat der Steuerpflichtige die auf das ausgezahlte Kapital entfallenden Zulagen und den nach § 10a Abs. 4 EStG gesondert festgestellten Steuervorteil (vgl. Rn. 1764 ff.) an den Fiskus zurückzuzahlen. Außerdem sind die im ausgezahlten Kapital enthaltenen Erträge und Wertsteigerungen als sonstige Einkünfte zu versteuern.[2] Wird nur ein Teil des geförderten Altersvorsorgevermögens „schädlich verwendet", wird auch die steuerliche Förderung nur insoweit zurückgefordert. Durch diese Regelungen soll die Verwendung des steuerlich geförderten Vorsorgevermögens für die Altersversorgung des Steuerpflichtigen sichergestellt werden, ohne in die vertraglichen Beziehungen zwischen dem Anbieter und dem Anleger einzugreifen. Je nach den konkreten vertraglichen Vereinbarungen kann der Anleger über das angesparte Vermögen auch für andere Zwecke als seine Altersvorsorge verfügen, allerdings muss er dann die gewährte steuerliche Förderung zurückzahlen. Der sich in diesem Fall ergebende Rückzahlungsbetrag wird jedoch unverzinst zurückgefordert, d.h. der Fiskus fordert lediglich die nominal gewährten Fördermittel zurück. Dies bedeutet, dass dem Steuerpflichtigen die durch die Nutzung der Zulagen bzw. des zusätzlichen Steuervorteils erzielten Zinsen und Wertsteigerungen auch dann verbleiben, wenn er den Altersvorsorgevertrag vorzeitig kündigt. Er muss die betreffenden Werte lediglich als sonstige Einkünfte versteuern.

---

1 § 22 Nr. 5 Satz 6 EStG.
2 § 22 Nr. 5 Satz 3 i.V.m. Satz 2 EStG.

V. Besteuerung nach § 22 Nr. 5 EStG (Riester-Renten)

Bei Nutzung des Altersvorsorge-Eigenheimbetrages und der Tilgungsförderung treten die Rechtsfolgen einer schädlichen Verwendung ein, wenn der Zulageberechtigte die Selbstnutzung der geförderten Wohnung nicht nur vorübergehend aufgibt oder er die geförderte Wohnung verkauft (Rn. 1812 ff.). Die Aufgabe der Selbstnutzung ist immer dann anzunehmen, wenn der Steuerpflichtige die Wohnung nicht mehr selbst bewohnt. Von einer nur vorübergehenden Aufgabe der Selbstnutzung kann bei einem Zeitraum von bis zu einem Jahr ausgegangen werden.[1] In diesem Fall hat der Steuerpflichtige das in der Immobilie gebundene steuerlich geförderte Altersvorsorgekapital zu versteuern. Der anzusetzende Betrag entspricht demjenigen, der im Wohnförderkonto eingestellt ist. Eine zusätzliche Rückforderung der gewährten Zulagen und Steuervorteile erfolgt nicht. 1807

(Einstweilen frei) 1808–1810

(2) Rahmenbedingungen für eine steuerunschädliche Auszahlung von gefördertem Altersvorsorgekapital

Nach den Regelungen des AltZertG darf Altersvorsorgevermögen nur wie folgt ausgezahlt werden: 1811

▶ frühestens

- mit Vollendung des 60. Lebensjahres (bei nach dem 31. 12. 2011 abgeschlossenen Verträgen grundsätzlich mit Vollendung des 62. Lebensjahres – § 14 Abs. 2 AltZertG)[2] oder

- mit Beginn der Altersrente (aus der gesetzlichen Rentenversicherung oder nach dem Gesetz über die Alterssicherung der Landwirte) oder mit Beginn einer Versorgung nach beamten- oder soldatenversorgungsrechtlichen Regelungen wegen Erreichens der Altersgrenze

▶ in monatlichen Leistungen in Form

- einer lebenslangen gleich bleibenden oder steigenden monatlichen Leibrente (§ 1 Abs. 1 Satz 1 Nr. 2 und Nr. 4 Buchst. a AltZertG) oder

- eines Auszahlungsplans mit gleich bleibenden oder steigenden Raten und unmittelbar anschließender lebenslanger Teilkapitalverrentung spätestens ab dem 85. Lebensjahr des Zulageberechtigten (§ 1 Abs. 1 Satz 1 Nr. 4 Buchst. a AltZertG) oder

---

[1] BMF-Schreiben vom 24. 7. 2013, BStBl 2013 I S. 1022 Rn. 257.
[2] Vor Vollendung des 60. bzw. 62. Lebensjahres können bereits Leistungen für den Fall der Erwerbsminderung erfolgen.

- einer lebenslangen Verminderung des monatlichen Nutzungsentgelts für eine vom Zulageberechtigten selbst genutzte Genossenschaftswohnung (§ 1 Abs. 1 Satz 1 Nr. 4 Buchst. b AltZertG) oder

- einer zeitlich befristeten Verminderung des monatlichen Nutzungsentgelts für eine vom Zulageberechtigten selbst genutzte Genossenschaftswohnung mit einer anschließenden Teilkapitalverrentung ab spätestens dem 85. Lebensjahr des Zulageberechtigten (§ 1 Abs. 1 Satz 1 Nr. 4 Buchst. b AltZertG) oder

- einer Hinterbliebenenrente (§ 1 Abs. 1 Satz 1 Nr. 2 AltZertG) oder

- einer Rente wegen verminderter Erwerbsfähigkeit oder Dienstunfähigkeit (§ 1 Abs. 1 Satz 1 Nr. 2 AltZertG)

► außerhalb der monatlichen Leistungen

- in Form eines zusammengefassten Auszahlungsbetrags i. H. v. bis zu zwölf Monatsleistungen (§ 1 Abs. 1 Satz 1 Nr. 4 AltZertG; dies gilt auch bei einer Hinterbliebenen- oder Erwerbsminderungsrente) oder

- die in der Auszahlungsphase angefallenen Zinsen und Erträge (§ 1 Abs. 1 Satz 1 Nr. 4 AltZertG)[1] oder

- in Form einer Auszahlung zur Abfindung einer Kleinbetragsrente[2] i. S. d. § 93 Abs. 3 EStG (§ 1 Abs. 1 Satz 1 Nr. 4 AltZertG; dies gilt auch bei einer Hinterbliebenen- oder Erwerbsminderungsrente) oder

- in Form einer einmaligen Teilkapitalauszahlung von bis zu 30 % des zu Beginn der Auszahlungsphase zur Verfügung stehenden Kapitals (§ 1 Abs. 1 Satz 1 Nr. 4 AltZertG) oder

- wenn der Vertrag im Verlauf der Ansparphase gekündigt und das gebildete geförderte Kapital auf einen anderen auf den Namen des Zulageberechtigten lautenden Altersvorsorgevertrag übertragen wird (§ 1 Abs. 1 Satz 1 Nr. 10 Buchst. b AltZertG) oder

---

[1] Hierbei kann es sich nur um die bereits erwirtschafteten Zinsen/Erträge handeln, denn nur wenn die entsprechenden Beträge auf dem „Konto" sind, können diese ausgezahlt werden.
[2] Im Jahr 2014 ist von einer Kleinbetragsrente auszugehen, wenn der monatliche Rentenbetrag 27,65 € nicht übersteigt. Vgl. auch BMF-Schreiben vom 24. 7. 2013/13. 1. 2014, BStBl 2013 I S. 1022/BStBl 2014 I S. 97 Rn. 194.

V. Besteuerung nach § 22 Nr. 5 EStG (Riester-Renten)

- wenn im Falle des Todes des Zulageberechtigten das geförderte Altersvorsorgevermögen auf einen auf den Namen des Ehegatten/Lebenspartner lautenden Altersvorsorgevertrag übertragen wird, wenn die Ehegatten/Lebenspartner im Zeitpunkt des Todes des Zulageberechtigten die grds.[1] Voraussetzungen des § 26 Abs. 1 EStG erfüllt haben oder

- wenn im Fall der Aufgabe der Selbstnutzung der Genossenschaftswohnung, des Ausschlusses, des Ausscheidens des Mitglieds aus der Genossenschaft oder der Auflösung der Genossenschaft mindestens die eingezahlten Altersvorsorgebeiträge und die gutgeschriebenen Erträge auf einen auf den Namen des Zulageberechtigten lautenden Altersvorsorgevertrag übertragen werden (§ 1 Abs. 1 Satz 1 Nr. 5 Buchst. a AltZertG) oder

- wenn im Fall der Verminderung des monatlichen Nutzungsentgelts für eine vom Zulageberechtigten selbst genutzte Genossenschaftswohnung der Vertrag bei Aufgabe der Selbstnutzung der Genossenschaftswohnung in der Auszahlungsphase gekündigt wird und das noch nicht verbrauchte Kapital auf einen anderen auf den Namen des Zulageberechtigten lautenden Altersvorsorgevertrag desselben oder eines anderen Anbieters übertragen wird (§ 1 Abs. 1 Satz 1 Nr. 11 AltZertG) oder

- wenn im Falle des Versorgungsausgleichs auf Grund einer internen oder externen Teilung nach den §§ 10 oder 14 Versorgungsausgleichsgesetz (VersAusglG) gefördertes Altersvorsorgevermögen auf einen auf den Namen der ausgleichsberechtigten Person lautenden Altersvorsorgevertrag oder eine nach § 82 Abs. 2 EStG begünstigte betriebliche Altersversorgung übertragen wird (§ 93 Abs. 1a Satz 1 EStG) oder

- im Verlauf der Ansparphase als Altersvorsorge-Eigenheimbetrag i. S. d. § 92a EStG (§ 1 Abs. 1 Satz 1 Nr. 10 Buchst. c AltZertG).

---

1 Zu den Voraussetzungen für eine Ehegattenveranlagung gehört auch, dass beide Ehegatten/Lebenspartner unbeschränkt einkommensteuerpflichtig sind. Der EuGH (Urteil v. 10.9.2009, Rs. C-269/07) hat allerdings die Verknüpfung der Zulagenförderung mit dem steuerlichen Status der Förderberechtigten als europarechtswidrig angesehen. Aus diesem Grund hat der Gesetzgeber eine förderunschädliche Übertragung des geförderten Altersvorsorgevermögens auf den überlebenden Ehegatten/Lebenspartner auch dann ermöglicht, wenn bei den Ehegatten/Lebenspartner im Zeitpunkt des Todes des Zulageberechtigten mit Ausnahme der unbeschränkten Einkommensteuerpflicht ansonsten die Voraussetzungen für eine Ehegattenveranlagung vorlagen.

(3) Rechtsfolgen einer schädlichen Verwendung von Altersvorsorgevermögen

1812 Wird das steuerlich geförderte Altersvorsorgevermögen nicht im Rahmen der genannten Bedingungen ausgezahlt, handelt es sich grundsätzlich um eine sog. schädliche Verwendung. Der Zulageberechtigte hat dann die auf das **ausgezahlte** Altersvorsorgevermögen entfallenden Zulagen sowie den entsprechenden Anteil der gesondert festgestellten Steuerermäßigung zurückzuzahlen. Außerdem sind die im ausgezahlten Kapital enthaltenen Erträge und Wertsteigerungen zu versteuern (§ 22 Nr. 5 Satz 3 i.V.m. Satz 2 EStG). Besonderheiten ergeben sich, wenn der Altersvorsorgevertrag mit einer Zusatzversicherung verbunden ist. In diesem Zusammenhang kommen eine Erwerbsminderungs- sowie eine Hinterbliebenenabsicherung in Betracht. Die hierfür eingesetzten Beiträge – die sich aus den Eigenbeiträgen, den Zulagen und den hierauf entfallenden Erträgen und Wertsteigerungen zusammensetzen – bleiben bei der Berechnung des Rückforderungsbetrags sowie des zu versteuernden Betrages außer Betracht (§ 93 Abs. 1 Satz 3 Buchst. b EStG).[1]

1813 Eine schädliche Verwendung ist grundsätzlich auch im Falle der Vererbung anzunehmen, denn hier wird das Kapital nicht an den Zulageberechtigten, sondern an Dritte ausgezahlt.[2] Nach dem AltZertG werden als Altersvorsorgeverträge auch solche Verträge anerkannt, bei denen im Zeitpunkt des Todes des Berechtigten noch ein Kapitalstock vorhanden ist, der nicht an die Solidargemeinschaft der Anleger fällt, sondern der Erbmasse zugute kommt. Hierbei kann es sich z.B. um Investment- oder Banksparverträge handeln. Wird in diesen Fällen steuerlich gefördertes Altersvorsorgevermögen an die Erben ausgezahlt, so handelt es sich insoweit um eine schädliche Verwendung, da das Kapital nicht an den **Zulageberechtigten** ausgezahlt wird. Dies ist aus Sicht des Gesetzgebers eine zwingende Konsequenz im Hinblick auf den Förderzweck des zusätzlichen Sonderausgabenabzugs bzw. der Zulage. Die steuerliche Förderung soll demjenigen zugute kommen, der von der Renten- oder Versorgungsniveauabsenkung 2001 betroffen ist. Es handelt sich um eine höchstpersönliche Förderung, die dem Aufbau der Altersvorsorge einer bestimmten Person dienen soll. Die Leistungsfähigkeit der Erben soll hingegen nicht erhöht werden.

---

1 Steiner in: Gérard/Göbel, Staatliche Förderung der Altersvorsorge und Vermögensbildung, KZ 200 § 93 Rn. 16; Kaufmann in: Frotscher, § 93 Rn. 19.
2 Lindberg in: Blümich, EStG, § 93 Rn. 4; Myßen/Fischer, NWB 51/2011 S. 4304, (4316).

Eine Ausnahme gilt, wenn bei Ehegatten/Lebenspartner, die grds. die Voraussetzungen des § 26 Abs. 1 EStG[1] erfüllen, das steuerlich geförderte Altersvorsorgekapital im Falle des Todes des Zulageberechtigten auf einen Altersvorsorgevertrag seines Ehegatten eingezahlt wird. Hierbei ist unschädlich, wenn der verstorbene Ehegatte/Lebenspartner einen Altersvorsorgevertrag mit einer Rentengarantiezeit abgeschlossen hat und die jeweiligen Rentengarantieleistungen fortlaufend mit dem jeweiligen Auszahlungsanspruch und nicht kapitalisiert unmittelbar zugunsten des zertifizierten Altersvorsorgevertrages des überlebenden Ehegatten/Lebenspartners übertragen werden.[2] Die Übertragungsmöglichkeit ist unabhängig davon, ob der überlebende Ehegatte/Lebenspartner zum begünstigten Personenkreis nach § 10a Abs. 1 EStG gehört bzw. ob er bereits einen Altersvorsorgevertrag abgeschlossen hat.[3] 1814

Die Übertragungsmöglichkeit greift nicht in das Erbrecht ein, da lediglich eine Vergünstigung für eine bestimmte Kapitalverwendung eingeräumt wird. Es steht den Erben frei, über das Kapital zu verfügen. Machen sie von der Übertragungsmöglichkeit zugunsten des überlebenden Ehegatten/Lebenspartners Gebrauch, treten insoweit nicht die Folgen der schädlichen Verwendung ein. Die Vergünstigung ist unabhängig von dem dem überlebenden Ehegatten/Lebenspartner zustehenden Erbteil. 1815

(Einstweilen frei) 1816–1818

(4) Rechtsfolgen einer schädlichen Verwendung beim Altersvorsorge-Eigenheimbetrag und der Tilgungsförderung

Bei Nutzung des Altersvorsorge-Eigenheimbetrags und der Tilgungsförderung treten die Rechtsfolgen einer schädlichen Verwendung nur dann ein, wenn der Zulageberechtigte die Selbstnutzung der geförderten Wohnung nicht nur vorübergehend aufgibt[4] oder er die geförderte Wohnung verkauft. Konsequenz aus der Aufgabe der Selbstnutzung ist die Auflösung des Wohnförderkontos und die nachgelagerte Besteuerung der entsprechenden Beträge. Bei anteiliger Aufgabe des Eigentums erfolgt die Auflösung des Wohnförderkontos und Besteuerung des Auflösungsbetrags insoweit, als der Stand des Wohnförderkontos die dem verbleibenden Miteigentumsanteil entsprechenden Anschaffungs- oder Herstellungskosten übersteigt. 1819

---

1 Nicht erforderlich ist allerdings das Vorliegen der unbeschränkten Einkommensteuerpflicht.
2 BMF-Schreiben vom 24. 7. 2013, BStBl 2013 I S. 1022 Rn. 223.
3 Myßen/Fischer, NWB 51/2011 S. 4304, (4316).
4 BMF-Schreiben vom 24. 7. 2013, BStBl 2013 I S. 1022 Rn. 257.

1820 Der Zulageberechtigte hat die Aufgabe der Selbstnutzung demjenigen anzuzeigen, der das Wohnförderkonto führt. In diesen Fällen erfolgt eine unmittelbare Besteuerung des in das Wohnförderkonto eingestellten Betrags.[1] Ist der Zulageberechtigte verstorben und wird die Selbstnutzung durch den überlebenden Ehegatten/Lebenspartner nicht fortgesetzt, geht die Anzeigepflicht auf den Rechtsnachfolger über. Der zu versteuernde Betrag ist dem Erblasser zuzurechnen, der diesen in seiner letzten Einkommensteuererklärung zu versteuern hat.[2]

1821 Besteht ein Wohnförderkonto, weichen die Rechtsfolgen einer schädlichen Verwendung – Besteuerung des in das Wohnförderkonto eingestellten Betrags – von denen bei einem „klassischen" Riester-Vertrag ab. Bei den Riester-Sparprodukten erfolgt eine Rückforderung der Zulagen und der nach § 10a Abs. 4 EStG gesondert festgestellten Steuerermäßigung. Damit berücksichtigt der Gesetzgeber die Besonderheiten des Wohneigentums. Die Rechtsfolgen der schädlichen Verwendung treten ein, wenn der Zulageberechtigte die Selbstnutzung „nicht nur vorübergehend" aufgibt. Dies wird i. d. R. der Fall sein, wenn die Wohnung mehr als ein Jahr nicht mehr von ihm selbst genutzt wird.[3]

1822 Die Rechtsfolgen einer schädlichen Verwendung werden allerdings in den wenigsten Fällen tatsächlich eintreten. Der Gesetzgeber hat eine Fülle von Ausnahmen geregelt, in denen vom Grundsatz – schädliche Verwendung – abgewichen wird. So unterbleibt eine sofortige Besteuerung, wenn

- ▶ der Zulageberechtigte einen Betrag in Höhe des Stands des Wohnförderkontos innerhalb von zwei[4] Jahren vor und fünf Jahren nach Ablauf des Veranlagungszeitraums, in dem die Selbstnutzung aufgegeben wurde, für eine weitere förderfähige Wohnung verwendet (§ 92a Abs. 3 Satz 9 Nr. 1 EStG),

- ▶ der Zulageberechtigte einen Betrag in Höhe des Stands des Wohnförderkontos innerhalb eines Jahres nach Ablauf des Veranlagungszeitraums, in dem die Selbstnutzung aufgegeben wurde, auf einen zertifizierten Altersvorsorgevertrag zahlt (§ 92a Abs. 3 Satz 9 Nr. 2 EStG),

- ▶ bei nicht dauernd getrennt lebenden Ehegatten/Lebenspartnern der Ehegatte/Lebenspartner des verstorbenen Zulageberechtigten innerhalb eines

---

1 § 22 Nr. 5 Satz 4 i. V. m. § 92a Abs. 3 Satz 5 EStG.
2 § 92a Abs. 3 Satz 6 EStG.
3 BMF-Schreiben vom 24. 7. 2013, BStBl 2013 I S. 1022 Rn. 257.
4 In dem bis zum 31. 12. 2013 geltenden Recht besteht eine Frist von einem Jahr vor und vier Jahren nach der Aufgabe der Selbstnutzung.

V. Besteuerung nach § 22 Nr. 5 EStG (Riester-Renten)

Jahres Eigentümer[1] der geförderten Wohnung wird und diese zu eigenen Wohnzwecken nutzt,

▶ die Ehewohnung aufgrund einer richterlichen Entscheidung dem Ehegatten des Zulageberechtigten zugewiesen und von diesem selbst genutzt wird (§ 92a Abs. 3 Satz 9 Nr. 3 EStG),

▶ der Zulageberechtigte krankheits- oder pflegebedingt die Wohnung nicht mehr bewohnt, sofern er Eigentümer dieser Wohnung bleibt, sie ihm weiterhin zur Selbstnutzung zur Verfügung steht und sie nicht von Dritten, mit Ausnahme seines Ehegatten/Lebenspartners, genutzt wird oder

▶ die selbstgenutzte Wohnung aufgrund eines beruflich bedingten Umzugs für die Dauer der beruflich bedingten Abwesenheit nicht selbst genutzt wird, der Steuerpflichtige beabsichtigt, die Selbstnutzung wieder aufzunehmen und die Selbstnutzung spätestens mit der Vollendung des 67. Lebensjahres des Steuerpflichtigen wieder aufgenommen wird; wird während der beruflich bedingten Abwesenheit mit einer anderen Person ein Nutzungsrecht vereinbart, muss die Vereinbarung von vornherein entsprechend befristet werden (§ 92a Abs. 4 EStG).

Wie bei einem klassischen Riester-Sparprodukt können die Rechtsfolgen einer schädlichen Verwendung auch in der Auszahlungsphase auftreten. Die steuerliche Förderung soll dem Zweck dienen, den Zulageberechtigten beim Aufbau einer lebenslangen Altersversorgung zu unterstützen. Entscheidet er sich dazu, das geförderte Altervorsorgevermögen für einen anderen Zweck einzusetzen, ist eine Rückforderung der Förderung nur konsequent. 1823

Eine vergleichbare Regelung wurde auch für die selbstgenutzte Wohnimmobilie vorgesehen. Die steuerlichen Folgen der schädlichen Verwendung in der Auszahlungsphase hängen davon ab, ob sich der Zulageberechtigte für eine jährliche oder eine einmalige nachgelagerte Besteuerung entschieden hat. Im erstgenannten Fall reduziert sich jedes Jahr der Stand des Wohnförderkontos um den nachgelagert besteuerten Betrag. Gibt der Zulageberechtigte die Selbstnutzung auf, dann ist der noch im Wohnförderkonto eingestellte Betrag zu versteuern. Hat er sich für die Einmalbesteuerung entschieden, hat er bis zum zehnten Jahr nach dem Beginn der Auszahlungsphase das Eineinhalbfache der noch nicht besteuerten 30 % des Wohnförderkontos zu versteuern, vom zehnten bis zum zwanzigsten Jahr nach dem Beginn der Auszahlungs- 1824

---

1 Es ist ausreichend wenn der überlebende Ehegatte/Lebenspartner einen Eigentumsanteil übernimmt der wertmäßig dem Stand des Wohnförderkontos entspricht, vgl. BMF-Schreiben vom 24. 7. 2013/13. 1. 2014, BStBl 2013 I S. 1022/BStBl 2014 I S. 97 Rn. 259.

Teil D: Besteuerung von Altersbezügen

phase das Einfache (§ 22 Nr. 5 Satz 6 EStG). Im Falle des Todes des Zulageberechtigten erfolgt nach der Einmalbesteuerung jedoch keine Besteuerung des Restbetrags.

1825–1828   (Einstweilen frei)

ff) Sonstiges

(1) Wegzug ins Ausland

1829   Die ursprüngliche Fassung des § 95 Abs. 1 EStG a. F. sah vor, dass bei Beendigung der unbeschränkten Steuerpflicht des Zulageberechtigten die Rechtsfolgen einer schädlichen Verwendung ausgelöst werden. Die Zahlung des Rückforderungsbetrags konnte allerdings bis zu Beginn der Auszahlungsphase gestundet werden. Nach der Entscheidung des EuGH zur Riester-Rente[1] verstößt diese Regelung gegen die Arbeitnehmerfreizügigkeit.[2] Die Entscheidung des EuGH beruht auf dem Gedanken, dass es sich bei der Altersvorsorgezulage um eine soziale Leistung handele, die dem Ausgleich der vom inländischen Gesetzgeber vorgenommenen Leistungsminderungen in den betreffenden Alterssicherungssystemen dienen solle. Verzieht der Zulageberechtigte ins EU-Ausland nimmt er folglich die durch die Renten-/Versorgungsreform vorgenommene Kürzung mit, dementsprechend muss er nach Auffassung des EuGH auch die gewährte Förderung behalten dürfen. Vor diesem Hintergrund hat der Gesetzgeber die Regelungen entsprechend modifiziert.[3] Demnach führt die Beendigung der unbeschränkten Steuerpflicht des Zulageberechtigten nicht mehr automatisch zu einer Rückforderung der auf das geförderte Altersvorsorgevermögen entfallenden Förderung. Eine Rückforderung erfolgt nur noch in den Fällen, in denen

▶ sich der Wohnsitz oder gewöhnliche Aufenthalt des Zulageberechtigten außerhalb der Mitgliedstaaten der Europäischen Union oder der Staaten befindet, auf die das Abkommen über den Europäischen Wirtschaftsraum anwendbar ist, oder er trotz eines Wohnsitzes oder gewöhnlichen Aufenthalts in einem dieser Staaten nach einem Abkommen zur Vermeidung der Doppelbesteuerung dieses Staats als in einem Nicht-EU/EWR-Staat ansässig gilt und

▶ entweder die Zulageberechtigung des Zulageberechtigten endet oder die Auszahlungsphase des Altersvorsorgevertrages begonnen hat.

---

1 Urteil v. 10. 9. 2009, Rs. C 269/07.
2 Vgl. hierzu auch Myßen/Fischer, FR 2010 S. 462.
3 EU-Umsetzungsgesetz vom 8. 4. 2010, BGBl 2010 I S. 386.

Kommt es auch nach der Gesetzesänderung zur Anwendung des § 95 Abs. 1 EStG – z. B. weil der Zulageberechtigte seinen Wohnsitz in ein Nicht-EU/EWR-Land verlegt und er auch nicht mehr zulageberechtigt ist – dann kann der Rückforderungsbetrag weiterhin bis zu Beginn der Auszahlungsphase gestundet werden. Allerdings werden zukünftig Stundungszinsen erhoben. Die Stundung ermöglicht es dem Zulageberechtigten solange nicht in Anspruch genommen zu werden, wie er noch keine Leistungen aus dem Altersvorsorgevertrag erhält. Der Gesetzgeber nimmt somit Rücksicht auf die Liquiditätssituation des Zulageberechtigten. Mit Beginn der Auszahlungsphase hat er die gestundete Rückzahlungsverpflichtung mit 15 % der ausgezahlten Altersvorsorgeleistungen zu tilgen. Wird die unbeschränkte Einkommensteuerpflicht nach dem Wegzug ins Ausland neu begründet oder ein Wohnsitz innerhalb der EU/EWR begründet, ist der Rückforderungsbetrag erlassen.

(Einstweilen frei)

(2) Sonderfall Entsendung

Wurde der Zulageberechtigte ins Ausland entsandt (§ 4 SGB IV) war dieser häufig nicht mehr unbeschränkt steuerpflichtig. Bis zum Beitragsjahr 2009 entfiel damit auch die Zulageberechtigung des Betroffenen. Aufgrund der Änderungen durch das EU-Umsetzungsgesetz kommt es ab dem Beitragsjahr 2010 nicht mehr auf den steuerlichen Status des Berechtigten an. Damit kann der Entsandte auch während der Zeit seines Auslandsaufenthalts die Zulagenförderung in Anspruch nehmen. Eine Sonderregelung – wie bisher in § 95 Abs. 3 EStG a. F. – ist nicht mehr erforderlich.

(3) Förderverfahren

Die Ermittlung und Auszahlung der Zulagen erfolgt durch die zentrale Stelle (Zulagenstelle für Altersvermögen – ZfA). Die Gewährung eines zusätzlichen Sonderausgabenabzugs nach § 10a EStG und die damit verbundene Günstigerprüfung wird vom zuständigen Finanzamt durchgeführt. Das Verfahren sah ursprünglich vor, dass der Anbieter dem Anleger einen vorausgefüllten Zulageantrag[1] zusendet, der Anleger diesen ergänzt und an den Anbieter zurücksendet, der Anbieter den Antrag elektronisch erfasst und an die ZfA übermittelt. Diese ermittelt und überweist die Zulage an den Anbieter, der sie dem Vorsorgevertrag des Anlegers gutschreibt.

---

1 Vgl. hierzu auch das Vordruckmuster für den Antrag auf Altersvorsorgezulage 2013, Bekanntmachung vom 5. 9. 2013, BStBl 2013 I S. 1144.

1833 Mit dem AltEinkG wurde zusätzlich zu dem bisherigen Verfahren das sog. Dauerzulageantragsverfahren eingeführt.[1] Dieses sieht vor, dass der Zulageberechtigte seinen Anbieter künftig bevollmächtigen kann, den Zulageantrag für ihn zu stellen (sog. Dauerzulageantrag). Will der Zulageberechtigte von dieser Möglichkeit Gebrauch machen, muss er gegenüber seinem Anbieter eine entsprechende Erklärung abgeben. Einzige Voraussetzung ist, dass die Bevollmächtigung schriftlich vorgenommen wird. Auf die Verwendung eines gesonderten Vordrucks hat der Gesetzgeber verzichtet. Die Bevollmächtigung gilt grundsätzlich bis auf Widerruf.[2] Sie kann bei Vertragsabschluss oder im laufenden Beitragsjahr erteilt werden.

1834 Eine Anwendung des vereinfachten Antragsverfahrens ist auch für zurückliegende Beitragsjahre möglich, so dass der Anbieter bei Vorlage der Vollmacht ab dem 1.1.2005 auch für die Beitragsjahre 2003 und 2004 die Zulage beantragen könnte (wenn der Anleger noch keinen Zulageantrag gestellt hat). Dem Berechtigten bleibt es allerdings unbenommen, das geltende Verfahren weiter anzuwenden. Ist die Vollmacht erteilt worden, kann der Anbieter nach Ablauf des Beitragsjahres Jahr für Jahr die Zulage auf elektronischem Wege bei der ZfA beantragen. Der Zulageberechtigte braucht i.d.R. nichts weiter zu veranlassen. Nur Änderungen seiner persönlichen Daten (z.B. Geburt eines Kindes) sollte er im eigenen Interesse dem Anbieter mitteilen, damit dieser z.B. eine weitere Kinderzulage für ihn beantragen kann. Das Dauerzulageantragsverfahren wird dadurch ermöglicht, dass die ZfA die Höhe der beitragspflichtigen Einnahmen (deren Kenntnis für die Ermittlung des Mindesteigenbeitrags erforderlich ist) unmittelbar beim zuständigen Träger der gesetzlichen Rentenversicherung abfragen und somit den Mindesteigenbeitrag auch ohne entsprechende Angaben des Anlegers berechnen kann.

1835 Zuständig für die Berechnung der Zulage ist die ZfA. Sie berechnet und ermittelt die Höhe der Altersvorsorgezulage insbesondere aufgrund der ihr vom Anbieter übermittelten Daten und zahlt diese aus (§ 90 Abs. 2 EStG). Erkennt die ZfA im Rahmen der nachträglichen Überprüfung der Angaben des Zulageberechtigten, dass ein Zulageanspruch nicht bzw. nicht in entsprechendem Umfang besteht, fordert sie die zu viel gezahlten Zulagen zurück. Die Rückforderung wird dem Anbieter per Datensatz mitgeteilt, bei einem noch bestehenden Vertragsverhältnis hat der Anbieter das Konto des Zulageberechtigten zu belasten und den Rückforderungsbetrag an die ZfA zu überweisen. Der Anleger

---

1 Vgl. hierzu auch Fasshauer/Rieckhoff in: Handbuch zur Altersvorsorge, 6 C Rn. 45.
2 Lindberg in: Blümich, § 89 Rn. 4a.

erfährt hiervon durch entsprechende Angaben in der jährlich vom Anbieter zu erteilenden Bescheinigung nach § 92 EStG.

Eine gesonderte – schriftliche – Festsetzung der Zulage erfolgt nur auf besonderen Antrag des Zulageberechtigten (§ 90 Abs. 4 EStG). Dieser Antrag ist innerhalb eines Jahres nach Erteilung der Bescheinigung nach § 92 EStG zu stellen. Gegen den Bescheid kann der Zulageberechtigte im Wege des Rechtsbehelfsverfahrens vorgehen. 1836

(Einstweilen frei) 1837–1838

b) Steuerfreiheit nach § 3 Nr. 63 EStG

Nach § 3 Nr. 63 EStG sind steuerfrei Beiträge des Arbeitgebers an einen Pensionsfonds, eine Pensionskasse oder für eine Direktversicherung, wenn die Auszahlung der zugesagten Alters-, Invaliditäts- oder Hinterbliebenenversorgung in Form einer Rente oder eines Auszahlungsplans erfolgt (vgl. hierzu ausführlich Rn. 2061 ff.). Die Form der zulässigen Auszahlungen richtet sich insoweit nach § 1 Abs. 1 Satz 1 Nr. 4 AltZertG (Rn. 1708 ff.). Begünstigt sind – wie im Bereich der Förderung nach § 10a/Abschnitt XI EStG – allerdings nur Beiträge, die zum Aufbau einer kapitalgedeckten betrieblichen Altersversorgung erbracht werden. Eine betriebliche Altersversorgung liegt vor, wenn dem Arbeitnehmer aus Anlass seines Arbeitsverhältnisses vom Arbeitgeber Leistungen zur Absicherung mindestens eines biometrischen Risikos (Alter, Tod, Invalidität) zugesagt und Ansprüche auf diese Leistungen erst mit dem Eintritt des biologischen Ereignisses fällig werden (vgl. ausführlich Rn. 2026 ff.). Das biologische Ereignis ist bei der Altersversorgung das altersbedingte Ausscheiden aus dem Erwerbsleben, bei der Hinterbliebenenversorgung der Tod des Arbeitnehmers und bei der Invaliditätsversorgung der Invaliditätseintritt. 1839

Nicht begünstigt sind Zahlungen für eine umlagefinanzierte betriebliche Altersversorgung. Für Umlagen kommt die Steuerfreiheit nach § 3 Nr. 63 EStG somit nicht in Betracht.[1] Allerdings können entsprechende Zahlungen nach § 3 Nr. 56 EStG steuerfrei sein (Rn. 1850; 2151 ff.). Die Leistungen aus umlagefinanzierten Pensionskassen werden jedoch genauso nach § 22 Nr. 5 EStG besteuert wie diejenigen aus kapitalgedeckten Pensionskassen, wobei jedoch berücksichtigt wird, ob der Aufbau der Anwartschaft steuerlich gefördert wurde. 1840

Werden sowohl Umlagen als auch Beiträge im Kapitaldeckungsverfahren erhoben, gehören Letztere nur dann zu den begünstigten Aufwendungen, wenn 1841

---

1 Heinicke in: Schmidt, § 3 Stichwort „Altersvorsorge".

eine getrennte Verwaltung und Abrechnung beider Vermögensmassen erfolgt (Trennungsprinzip).

1842 Neben den rein arbeitgeberfinanzierten Beitragszahlungen (vgl. hierzu Rn. 2041) sind auch diejenigen Beitragszahlungen nach § 3 Nr. 63 EStG steuerfrei, für die der Arbeitnehmer auf künftige Entgeltansprüche (Entgeltumwandlung vgl. hierzu Rn. 2042 ff.) verzichtet. Von der Steuerfreiheit nach § 3 Nr. 63 EStG können alle Arbeitnehmer (§ 1 LStDV) Gebrauch machen. Dies gilt unabhängig davon, ob sie in der gesetzlichen Rentenversicherung pflichtversichert sind oder nicht.

1843 Die Steuerfreiheit nach § 3 Nr. 63 EStG ist auf 4 % der Beitragsbemessungsgrenze in der allgemeinen Rentenversicherung begrenzt.[1] Für Neuzusagen besteht darüber hinaus noch die Möglichkeit, in bestimmten Fällen zusätzliche Volumen i. H. v. 1 800 € für den steuerlich begünstigten Aufbau einer betrieblichen Altersvorsorge zu nutzen (ausführlich Rn. 2085 f.).

1844–1846 (Einstweilen frei)

c) Steuerfreiheit nach § 3 Nr. 66 EStG

1847 Die Steuerfreiheit von Beiträgen nach § 3 Nr. 66 EStG betrifft den Fall, dass bestehende Versorgungsanwartschaften aus Direktzusagen oder Unterstützungskassen auf einen Pensionsfonds übertragen werden sollen (vgl. ausführlich Rn. 2241 ff.). Der Wechsel von einem intern finanzierten Durchführungsweg der betrieblichen Altersversorgung auf einen externen Durchführungsweg führt grundsätzlich zu steuerpflichtigem Arbeitslohn, da der Arbeitnehmer mit der Übertragung einen Rechtsanspruch gegenüber dem Pensionsfonds auf die Versorgungsleistung erwirbt. Da der Gesetzgeber in § 22 Nr. 5 EStG die nachgelagerte Besteuerung der sich aus diesen Anwartschaften ergebenden Leistungen geregelt hat, ist es insoweit konsequent, im Zeitpunkt der Verlagerung der Anwartschaft auf den Pensionsfonds keine Lohnsteuer zu erheben.

1848 Bei einer Direktzusage – die den Ausgangspunkt für die Übertragung auf den Pensionsfonds bildet – verpflichtet sich der Arbeitgeber gegenüber dem Arbeitnehmer in Versorgungsleistungen zu zahlen. Aufgrund dieser Versorgungszusage ist der Arbeitgeber verpflichtet, in seiner Bilanz eine Pensionsrückstellung (§ 6a EStG) zu bilden. Für die Berechnung der Rückstellungshöhe muss der Arbeitgeber bei der Bewertung der Anwartschaft einen Zinssatz von

---

[1] Es gilt insoweit einheitlich die Beitragsbemessungsgrenze West vgl. auch Rn. 2061 f.

6 % zugrunde legen. Er unterstellt damit, dass sich die „zurückgestellten" Mittel zukünftig mit 6 % verzinsen und damit insoweit die Anwartschaft finanzieren. Dieser Wert ist allerdings vor dem Hintergrund des aktuellen Zinsniveaus zu hoch. Dies hat wiederum zur Folge, dass der in die Rückstellung eingestellte Betrag in der Regel zur Finanzierung der Anwartschaft nicht ausreicht. Der Pensionsfonds – auf den die Anwartschaft übertragen wird – ist allerdings verpflichtet, die Anwartschaft versicherungsmathematisch zu bewerten. Dieser Wert liegt deutlich über der vom Arbeitgeber gebildeten Pensionsrückstellung. Das heißt, die Übertragung der Anwartschaft führt auf Seiten des Arbeitgebers zu einem bilanziellen Verlust und damit zu entsprechenden Steuermindereinnahmen auf Seiten des Fiskus. Um diese in Grenzen zu halten, wurde als Voraussetzung für die Steuerfreiheit nach § 3 Nr. 66 EStG normiert, dass der Arbeitgeber einen Antrag nach § 4d Abs. 3 EStG oder § 4e Abs. 3 EStG stellen muss und sich damit verpflichtet, die sich aus der Übertragung der Anwartschaft ergebenden Betriebsausgaben nicht sofort, sondern über die folgenden zehn Jahre verteilt anzusetzen. Stellt der Arbeitgeber den betreffenden Antrag nicht, liegen die Voraussetzungen des § 3 Nr. 66 EStG nicht vor und die Übertragung der Anwartschaft ist lohnsteuerpflichtig.

(Einstweilen frei) 1849

d) Steuerfreie Zuwendungen nach § 3 Nr. 56 EStG

Mit dem JStG 2007 hatte der Gesetzgeber umfassende Änderungen im Bereich der Besteuerung von Aufwendungen zur betrieblichen Zusatzversorgung verabschiedet. Durch den § 3 Nr. 56 EStG werden ab 2008 die Zuwendungen des Arbeitgebers zu einer umlagefinanzierten betrieblichen Altersversorgung bis zu 1 % der Beitragsbemessungsgrenze der allgemeinen Rentenversicherung West steuerfrei gestellt (vgl. auch Rn. 2151). Das sind in 2013 jährlich 696 €.[1] Bis zum Jahr 2025 wird der Höchstbetrag in drei Schritten auf 4 % angehoben: 1850

▶ ab 1.1.2008: bis zu 1 % der Beitragsbemessungsgrenze-West
▶ ab 1.1.2014: bis zu 2 % der Beitragsbemessungsgrenze-West
▶ ab 1.1.2020: bis zu 3 % der Beitragsbemessungsgrenze-West
▶ ab 1.1.2025: bis zu 4 % der Beitragsbemessungsgrenze-West

---

1 In 2014 steigt der für die Ermittlung des Höchstbetrags anzusetzende Prozentsatz auf 2 an. Es ergibt sich somit 2014 folgender Betrag: 1 428 € (2 % von 71 400 €).

Die Voraussetzungen für die neue Steuerbefreiung decken sich weitgehend mit den für die Steuerfreiheit von Beitragsleistungen an Pensionsfonds, Pensionskassen und Direktversicherungen geltenden Regelungen in § 3 Nr. 63 EStG (zu den Einzelheiten vgl. Rn. 2061 ff.). Die Steuerbefreiung hat zur Folge, dass die sich aus den begünstigten Beträgen ergebenden späteren Versorgungsleistungen – entsprechend der steuerlich geförderten kapitalgedeckten betrieblichen Altersversorgung – der nachgelagerten Besteuerung gemäß § 22 Nr. 5 Satz 1 EStG unterliegen und damit voll steuerpflichtig sind.

1851 (Einstweilen frei)

e) Steuerfreiheit nach § 3 Nr. 55b EStG

1852 Mit dem Versorgungsausgleichsgesetz (VersAusglG)[1] wurden die Vorschriften zum Versorgungsausgleich grundlegend geändert. Es gilt künftig für alle ausgleichsreifen Anrechte auf Altersversorgung der Grundsatz der internen Teilung, der bisher schon bei der gesetzlichen Rentenversicherung zur Anwendung kam. Bisher wurden alle von den Ehegatten während der Ehe erworbenen Anrechte auf eine Versorgung wegen Alter und Invalidität bewertet und im Wege eines Einmalausgleichs ausgeglichen. Dies geschah vorrangig über die gesetzliche Rentenversicherung. Daraus ergab sich in der Vergangenheit das Problem, für die unterschiedlichen Anwartschaften ein einheitliches Bewertungssystem zu finden. Das neue VersAusglG sieht dagegen die interne Teilung als Grundsatz des Versorgungsausgleichs auch für alle Systeme der betrieblichen Altersversorgung und privaten Altersvorsorge vor. Hierbei werden die von den Ehegatten in den unterschiedlichen Altersversorgungssystemen erworbenen Anrechte zum Zeitpunkt der Scheidung innerhalb des jeweiligen Systems geteilt und für den ausgleichsberechtigten Ehegatten eigenständige Versorgungsanrechte geschaffen, die unabhängig von den Versorgungsanrechten des ausgleichspflichtigen Ehegatten im jeweiligen System gesondert weitergeführt werden. Das ist der Grundsatz der „internen Teilung". Aus steuerlicher Sicht ergeben sich durch die interne Teilung keine Besonderheiten, da die Teilung zu keinem steuerlich relevanten Zufluss führt (§ 3 Nr. 55a EStG).

Die Besteuerung erfolgt erst in der Auszahlungsphase. Die sich aus der geteilten Anwartschaft ergebenden Leistungen werden insoweit bei der ausgleichspflichtigen und ausgleichsberechtigten Person steuerlich gleich eingeordnet. Dies gilt für den Umfang der auf geförderten Beiträgen beruhenden Leistun-

---

[1] Gesetz v. 3. 4. 2009, BGBl 2009 I S. 700.

gen genauso wie für die Zuordnung der Leistungen zu einer Einkunftsart. Lediglich die individuellen Merkmale für die Besteuerung sind bei jedem Ehegatten gesondert zu ermitteln. Wird z. B. eine private ungeförderte Rentenversicherung geteilt, dann sind die Renten bei der ausgleichspflichtigen und ausgleichsberechtigten Person mit dem jeweiligen Ertragsanteil zu besteuern. Die Höhe des Ertragsanteils ist vom individuellen Alter des Ehegatten bei Beginn der Rentenzahlung abhängig. Wird das Anrecht aus einem Altersvorsorgevertrag oder einem Direktversicherungsvertrag intern geteilt und somit ein eigenes Anrecht der ausgleichsberechtigten Person begründet, gilt der neu abgeschlossene Altersvorsorge- oder Direktversicherungsvertrag der ausgleichsberechtigten Person insoweit zu dem gleichen Zeitpunkt als abgeschlossen wie derjenige der ausgleichspflichtigen Person (§ 52 Abs. 36 Satz 12 EStG). Hierdurch wird erreicht, dass die sich in der Auszahlungsphase ergebenden Leistungen bei der ausgleichspflichtigen und der ausgleichsberechtigten Person in vergleichbarem Umfang steuerlich erfasst werden.

Abweichend vom Grundsatz der internen Teilung kann unter bestimmten Bedingungen (z. B. Wert der zu teilenden Anwartschaft) auch eine „externe Teilung" vorgenommen werden, wenn die ausgleichsberechtigte Person zustimmt oder bestimmte Wertgrenzen nicht überschritten sind. Die Teilung erfolgt dann nicht intern beim Versorgungsträger des ausgleichspflichtigen Ehegatten, sondern extern durch zweckgebundene Abfindung und Einzahlung dieses Kapitalbetrages bei einem anderen Versorgungsträger. Die ausgleichsberechtigte Person kann entscheiden, ob eine für sie bereits bestehende Versorgung aufgestockt oder eine neue Versorgung begründet werden soll. Sie bestimmt also, in welches Versorgungssystem der Ausgleichswert zu transferieren ist (ggf. Aufstockung einer bestehenden Anwartschaft, ggf. Neubegründung einer Anwartschaft). Führt allerdings die Wahl der Zielversorgung durch die ausgleichsberechtigte Person bei der ausgleichspflichtigen Person zu steuerlich nachteiligen Folgen oder zu einer schädlichen Verwendung, dann muss die ausgleichspflichtige Person der Wahl der Zielversorgung zustimmen. Übt die ausgleichsberechtigte Person ihr Wahlrecht im Hinblick auf die Zielversorgung nicht aus, dann ergeben sich die Konsequenzen aus § 15 VersAusglG. Soll eine betriebliche Anwartschaft extern geteilt werden und übt die ausgleichsberechtigte Person ihr Wahlrecht nicht aus, dann wird eine Anwartschaft in der Versorgungsausgleichskasse[1] begründet. Bei einer privaten An-

1853

---

[1] Vgl. hierzu die Bekanntmachung zur Aufnahme der Tätigkeit der Versorgungsausgleichskasse vom 26. 3. 2010, BGBl 2010 I S. 340.

wartschaft ist die gesetzliche Rentenversicherung als Auffangversorgung vorgesehen.

1854 Nach § 3 Nr. 55b Satz 1 EStG sind Vermögensübertragungen im Rahmen einer externen Teilung dann steuerfrei, wenn die späteren Leistungen aus diesen Anrechten bei der ausgleichsberechtigten Person zu steuerpflichtigen Einkünften nach §§ 19, 20, 22 EStG führen. Eine Ausnahme besteht in den Fällen, in denen die Leistungen aus den übertragenen Anrechten bei der ausgleichsberechtigten Person nach § 22 Nr. 1 Satz 3 Buchst. a Doppelbuchst. bb EStG oder § 20 Abs. 1 Nr. 6 EStG besteuert werden würden. Eine Steuerfreiheit der Übertragung ist somit immer dann gegeben, wenn es nicht zu einem Wechsel des anzuwendenden Besteuerungsregimes kommt. Eine Steuerfreistellung ist z. B. nicht möglich, wenn eine mit geförderten Beiträgen (§ 3 Nr. 63 EStG) aufgebaute betriebliche Altersversorgung geteilt und auf eine private Rentenversicherung der ausgleichsberechtigten Person übertragen werden soll. In diesen Fällen scheidet eine Anwendung des § 3 Nr. 55b Satz 1 EStG nach § 3 Nr. 55b Satz 2 EStG aus. Dies ist auch konsequent, da die ursprüngliche Versorgung nach § 22 Nr. 5 Satz 1 EStG in vollem Umfang nachgelagert besteuert werden würde. Die Leistungen aus der privaten Rentenversicherung unterliegen bei der ausgleichsberechtigten Person hingegen nur der Ertragsanteilsbesteuerung. Eine Aufteilung der Leistungen sieht das Gesetz nicht vor. In diesen Fallgestaltungen wäre es nicht sachgerecht, eine steuerfreie Übertragung zu ermöglichen.

1855 Eine Anwendung des § 3 Nr. 55b EStG ist jedoch im Zeitpunkt der Teilung nur erforderlich, soweit die Übertragung von Anrechten im Rahmen des Versorgungsausgleichs zu steuerpflichtigen Einkünften führen würde. Ergeben sich bei der Übertragung keine steuerlich zu erfassenden Einkünfte bei der ausgleichspflichtigen Person, bedarf es auch keiner Steuerfreistellung nach § 3 Nr. 55b EStG. Dies ist beispielsweise der Fall, in denen die in einem Versicherungsvertrag gebildete Anwartschaft, die auf nicht geförderten Beiträgen beruht, extern geteilt wird. Der insoweit übertragene Ausgleichswert führt nicht zu steuerbaren Einkünften, da die tatbestandlichen Voraussetzungen für eine Erfassung des Ausgleichswertes nach § 22 Nr. 5 Satz 2 Buchst. b i.V. m. § 20 Abs. 1 Nr. 6 EStG bzw. § 20 Abs. 1 Nr. 6 EStG nicht vorliegen. Die Zahlung erfolgt aufgrund eines richterlichen Gestaltungsaktes, so dass es sich nicht um eine Erlebensfallleistung oder einen Rückkauf handelt. Der Steuerbefreiung nach § 3 Nr. 55b EStG bedarf es daher nicht.

V. Besteuerung nach § 22 Nr. 5 EStG (Riester-Renten)

f) Steuerfreiheit nach § 3 Nr. 55c EStG

Mit der Übertragung von Altersvorsorgevermögen auf einen anderen begünstigten Vertrag verfügt der Anleger über seine Anwartschaft. Dies führt grundsätzlich zu einem steuerpflichtigen Zufluss, bei dem die Leistungen nach § 22 Nr. 5 EStG besteuert werden müssten. Handelt es sich um gefördertes Altersvorsorgevermögen, dann wäre die entsprechende Auszahlung in vollem Umfang nach § 22 Nr. 5 Satz 1 EStG zu erfassen. Bei Leistungen die auf ungefördertem Altersvorsorgevermögen beruhen wären – in Abhängigkeit vom konkreten Anlageprodukt – maximal die noch nicht besteuerten Erträge und Wertsteigerungen zu erfassen. An dieser Stelle setzt § 3 Nr. 55c EStG an. Die Vorschrift regelt die Steuerfreistellung der normalerweise im Zeitpunkt der Übertragung zu besteuernden Beträge. Dies bedeutet allerdings nicht, dass die Leistungen endgültig steuerfrei sind. Im Zeitpunkt der tatsächlichen Auszahlung sind die sich aus dem steuerfrei gestellten Betrag ergebenden Leistungen in vollem Umfang nach § 22 Nr. 5 Satz 1 EStG zu versteuern. Die Vorschrift führt somit lediglich zu einer Verschiebung des Besteuerungszeitpunkts. Dies gilt entsprechend, wenn

1856

▶ Anwartschaften der betrieblichen Altersversorgung abgefunden werden, soweit das Altersvorsorgevermögen zugunsten eines auf den Namen des Zulageberechtigten lautenden Altersvorsorgevertrags geleistet wird oder

▶ im Fall des Todes des Zulageberechtigten das Altersvorsorgevermögen auf einen auf den Namen des Ehegatten/Lebenspartner lautenden Altersvorsorgevertrag übertragen wird, wenn die Ehegatten/Lebenspartner im Zeitpunkt des Todes des Zulageberechtigten nicht dauernd getrennt gelebt haben (§ 26 Abs. 1 EStG) und ihren Wohnsitz oder gewöhnlichen Aufenthalt in einem EU-/EWR-Staat hatten.

Bedarf es im Zeitpunkt der Übertragung keiner Steuerfreistellung – weil der Zufluss keine steuerlich relevanten Einkünfte verursachen würde – ist § 3 Nr. 55c EStG nicht anzuwenden.

BEISPIEL: ▶ A hat am 1.1.2002 einen versicherungsförmigen Altersvorsorgevertrag abgeschlossen, auf den er nur ungeförderte Beiträge eingezahlt hat. Im Jahr 2015 überträgt er die angesparte Anwartschaft auf einen neu abgeschlossenen Altersvorsorgevertrag (Fondssparplan).

1857

Die Übertragung der Anwartschaft erfolgt steuerunbelastet. Eine Anwendung des § 3 Nr. 55c EStG ist nicht erforderlich, da die Leistungen aus dem versicherungsförmigen Altersvorsorgevertrag nach § 22 Nr. 5 Satz 2 Buchst. b EStG i.V. m. § 20 Abs. 1 Nr. 6 in der bis zum 31.12.2004 geltenden Fassung des EStG nicht zu steuerlich relevanten Einkünften führen.

Abwandlung:

A hat in seinem versicherungsförmigen Altersvorsorgevertrag geförderte wie ungeförderte Vermögensbestandteile. Zwei Jahre nach der Übertragung (VZ 2017) beginnt die Auszahlungsphase aus seinem neuen Altersvorsorgevertrag.

Veranlagungszeitraum 2015

Das übertragene geförderte Altersvorsorgevermögen wird nach § 3 Nr. 55c EStG steuerfrei gestellt, da die Leistungen, die auf dem geförderten Altersvorsorgevermögen beruhen, im Zeitpunkt der Übertragung zu steuerpflichtigen Einkünften nach § 22 Nr. 5 Satz 1 EStG führen würden. Eine Steuerfreistellung des übertragenen ungeförderten Altersvorsorgevermögens erfolgt nicht, da die Leistungen bei einer unterstellten Auszahlung an den Zulageberechtigten im Zeitpunkt der Kapitalübertragung nach § 22 Nr. 5 Satz 2 Buchst. b EStG i. V. m. § 20 Abs. 1 Nr. 6 EStG in der am 31. 12. 2004 geltenden Fassung des EStG nicht der Besteuerung unterlegen hätten.

Veranlagungszeitraum 2017

Die auf das nach § 3 Nr. 55c EStG steuerfrei gestellten Altersvorsorgevermögen beruhenden Leistungen sind nach § 22 Nr. 5 Satz 1 EStG zu versteuern. Das im Zeitpunkt der Übertragung ungeförderte Altersvorsorgevermögen wird so behandelt, als ob A dieses aus seinem versteuerten Vermögen auf seinen Altersvorsorgevertrag (Fondssparplan) eingezahlt hat. Im Zeitpunkt der Auszahlung ist der Unterschiedsbetrag zwischen den eingezahlten Beiträgen (ungefördertes Altersvorsorgevermögen im Zeitpunkt der Übertragung) und dem Auszahlungsbetrag nach § 22 Nr. 5 Satz 2 Buchst. c EStG zu versteuern.

1858 (Einstweilen frei)

3. Steuerliche Behandlung der Leistungen in der Auszahlungsphase

a) Allgemeines

1859 Leistungen aus

- ▶ Altersvorsorgeverträgen,
- ▶ Pensionsfonds,
- ▶ Pensionskassen und
- ▶ Direktversicherungen

werden nach § 22 Nr. 5 EStG besteuert. Korrespondierend mit der Freistellung der Beiträge, Zahlungen, Erträge und Wertsteigerungen von steuerlichen Belastungen in der Ansparphase werden die Leistungen erst in der Auszahlungsphase besteuert, und zwar selbst dann, wenn zugunsten des Vertrags ausschließlich Beiträge geleistet wurden, die nicht gefördert worden sind.[1] Seit

---

1 BMF-Schreiben vom 24. 7. 2013, BStBl 2013 I S. 1022 Rn. 122.

V. Besteuerung nach § 22 Nr. 5 EStG (Riester-Renten)

den im Rahmen des Jahressteuergesetzes 2007 vorgenommenen Änderungen ist es für die Anwendung des § 22 Nr. 5 EStG auch ohne Bedeutung, ob die Versorgungseinrichtung die Leistungen im Kapitaldeckungs- oder im Umlageverfahren finanziert.[1]

Ist § 22 Nr. 5 EStG anzuwenden, dann regelt Satz 1, dass grundsätzlich alle Leistungen aus den genannten Anlageprodukten der vollen nachgelagerten Besteuerung unterliegen. Beruhen die Leistungen nicht auf geförderten Beiträgen, sieht § 22 Nr. 5 Satz 2 EStG eine Ausnahme vor. In diesem Fall erfolgt die Besteuerung – je nach der Auszahlungsform – nach den allgemeinen Grundsätzen für nicht geförderte Anlageprodukte. Werden die Leistungen in Form einer lebenslangen Rente ausgezahlt, ist lediglich der Ertragsanteil anzusetzen (§ 22 Nr. 5 Satz 2 Buchst. c EStG). Diese gilt allerdings nur „soweit" die Leistungen auf nicht geförderten Beiträgen beruhen. Der Besteuerungsumfang in der Auszahlungsphase richtet sich somit danach, inwieweit die Beiträge in der Ansparphase steuerfrei gestellt (§ 3 Nr. 55b, 55c, 63 und 66 EStG), nach § 10a/Abschnitt XI EStG (Sonderausgabenabzug und Altersvorsorgezulage) gefördert worden sind oder durch steuerfreie Zuwendungen nach § 3 Nr. 56 EStG erworben wurden. Dies gilt auch für Leistungen aus einer ergänzenden Absicherung der verminderten Erwerbsfähigkeit oder Dienstunfähigkeit und einer zusätzlichen Absicherung der Hinterbliebenen, da alle „Leistungen" aus den betreffenden Anlageprodukten gleichermaßen erfasst werden.

1860

Da § 22 Nr. 5 EStG gegenüber anderen Vorschriften eine vorrangige Spezialvorschrift (lex specialis)[2] ist – z. B. zu § 20 Abs. 1 Nr. 6 EStG –, hat dies u. a. zur Folge, dass in der Ansparphase kein Zufluss stattfindet.[3] Dementsprechend findet auch die Zuflussfiktion, wonach bei thesaurierenden Fonds ein jährlicher Zufluss der nicht zur Kostendeckung oder Ausschüttung verwendeten Einnahmen und Gewinne anzunehmen ist, im Zusammenhang mit zertifizierten Altersvorsorgeverträgen keine Anwendung.[4] Laufende Erträge ausschüttender Fonds, die wieder angelegt werden, werden in der Ansparphase auch nicht besteuert. Ebenso finden – in der Anspar- wie in der Auszahlungsphase – die Vorschriften über die Erhebung der Abgeltungsteuer keine Anwendung.[5] Dies gilt

1861

---

[1] Fischer in: Kirchhoff, § 22 Rn. 48; Weber-Grellet in: Schmidt, § 22 Rn. 126.
[2] Lindberg in: Frotscher, § 22 Rn. 195, Weber-Grellet in: Schmidt, § 22 Rn. 125; Bauschatz in: Korn/Carlé/Stahl/Strahl, § 22 Rn. 145.
[3] Weber-Grellet in: Schmidt, § 22 Rn. 125.
[4] Stuhrmann in: Blümich, § 22 Rn. 195; Lindner in: Bausparkassen-Fachbuch 2011/2012, Kapitel 12 Tz. 1.6, S. 549.
[5] Weber-Grellet in: Schmidt, § 22 Rn. 125; Bauschatz in: Korn/Carlé/Stahl/Strahl, § 22 Rn. 146.

unabhängig davon, ob der Anleger dem Grunde nach eine steuerliche Förderung in Anspruch nehmen kann oder nimmt.

1862 Da es sich bei den Leistungen nach § 22 Nr. 5 EStG nicht um Einkünfte aus Kapitalvermögen handelt, wird auch kein Sparer-Pauschbetrag nach § 20 Abs. 9 EStG gewährt.[1] In der Auszahlungsphase ist ein Werbungskosten-Pauschbetrag i. H. v. 102 € (§ 9a Nr. 3 EStG) zu berücksichtigen.

1863 In Falle der Rückforderung der steuerlichen Förderung nach § 93 EStG werden die sich ergebenden Auszahlungen, so behandelt als ob sie auf ungeförderten Beiträgen beruhen würde (§ 22 Nr. 5 Satz 3 EStG). Die Besteuerung erfolgt dementsprechenden nach § 22 Nr. 5 Satz 2 EStG.

1864 Mit dem EigRentG[2] und dem AltvVerbG[3] wurde die selbstgenutzte Wohnimmobilie stärker in die steuerlich geförderte Altersvorsorge (Riester-Rente) integriert (Tilgungsförderung Rn. 1772 ff.; Altersvorsorge-Eigenheimbetrag Rn. 1781 ff.). Auf einem sog. Wohnförderkonto (Rn. 1797 ff.) wird das in der selbstgenutzten Immobilie gebundene steuerlich geförderte Altersvorsorgevermögen erfasst.[4] Hierbei handelt es sich um ein „fiktives" Konto, welches nur die Funktion hat, die Grundlage eine spätere nachgelagerte Besteuerung zu legen. Werden Beträge aus dem Wohnförderkonto „ausgebucht", so führt dies i. d. R.[5] zu einer Besteuerung des entsprechenden Betrags (§ 22 Nr. 5 Satz 4–6 EStG).

1865 Als Leistung i. S. d. § 22 Nr. 5 Satz 1 gelten auch Abschluss- und Vertriebskosten eines zertifizierten Altersvorsorgevertrags[6], die dem Steuerpflichtigen erstattet werden (§ 22 Nr. 5 Satz 8 EStG).[7] Die Besteuerung der Provisionserstattung beim Anleger als Einkünfte nach § 22 Nr. 5 EStG stellt sicher, dass – unabhängig davon, ob die Provisionserstattung auf den Altersvorsorgevertrag eingezahlt oder an den Anleger ausgezahlt wird – eine Doppelbegünstigung vermie-

---

1 Bauschatz in: Korn/Carlé/Stahl/Strahl, § 22 Rn. 146; Fischer, in: Kirchhoff, § 22 Rn. 50; im Ergebnis ebenso Weber-Grellet in: Schmidt, § 22 Rn. 125.
2 Vgl. hierzu ausführlich Myßen/Fischer, NWB F. 3 S. 15117 ff.
3 Vgl. hierzu ausführlich Myßen/Fischer, NWB 25/2013 S. 1977.
4 Lindner in: Bausparkassen-Fachbuch 2011/2012, Kapitel 12 Tz. 1.6, S. 551.
5 Eine Ausnahme besteht, wenn der Anleger einen bestimmten Betrag zur Minderung des Wohnförderkontos auf einen Altersvorsorgevertrag einzahlt. In diesem Fall wird der entsprechende Betrag aus dem Wohnförderkonto ausgebucht, ohne dass es in diesem Zeitpunkt zu einer nachgelagerten Besteuerung kommt. Die sich aus der Einzahlung ergebende spätere Leistung wird im Gegenzug in vollem Umfang nachgelagert besteuert.
6 Nur für diesen Teilbereich gilt die mit dem JStG 2009 eingeführte Regelung.
7 Stuhrmann in: Blümich, § 22 Rn. 210.

den wird und eine zutreffende steuerrechtliche Erfassung erfolgt, ohne dass dies zu Verwerfungen im Riester-Förderverfahren führt. § 22 Nr. 5 Satz 8 EStG gilt erstmals für den Veranlagungszeitraum 2009.

(Einstweilen frei) 1866–1867

b) Leistungen aus Sparprodukten (§ 22 Nr. 5 Sätze 1 – 3 EStG)

aa) Erfasste Altersvorsorgeprodukte

§ 22 Nr. 5 Satz 1 EStG erfasst Leistungen aus Altersvorsorgeverträgen, Pensionsfonds, Pensionskassen, Direktversicherungen. 1868

(1) Altersvorsorgevertrag

Ein Altersvorsorgevertrag ist nach § 82 Abs. 1 EStG ein auf den Namen des Steuerpflichtigen lautender Vertrag, der nach § 5 AltZertG zertifiziert ist. Diese Legaldefinition gilt auch für § 22 Nr. 5 EStG. Zu den zertifizierten Altersvorsorgeverträgen können neben privaten Rentenversicherungen, Bank- und Fondssparpläne auch Verträge zum Erwerb weiterer Geschäftsanteile an einer Wohnungsgenossenschaft sowie Bausparverträge mit anschließender Teilkapitalverrentung gehören. Auch Darlehensverträge können – unter bestimmten Voraussetzungen (Rn. 1718 ff.) – nach § 5 AltZertG zertifiziert werden. Allerdings fließen aus Darlehensverträgen den Steuerpflichtigen in der Auszahlungsphase keine Altersleistungen zu, so dass § 22 Nr. 5 Satz 1 EStG faktisch nur diejenigen Altersvorsorgeverträge betrifft, bei denen Altersvorsorgekapital angespart und später an den Anleger ausgezahlt wird. Sofern ein zertifizierter Altersvorsorgevertrag in Form eines Darlehensvertrages für die Bildung von selbstgenutztem Wohneigentum genutzt wird, erfolgt die Besteuerung über die Erfassung des Auflösungs- bzw. Verminderungsbetrages nach § 22 Nr. 5 Satz 4 und 5 EStG (Rn. 1934 ff.). 1869

Nach den Vorschriften des AltZertG darf bei einem Altersvorsorgevertrag z. B. die Leistungsphase frühestens mit Vollendung des 60. bzw. 62. Lebensjahrs oder dem Beginn einer Altersrente des Vertragspartners aus der gesetzlichen Rentenversicherung beginnen (vgl. Rn. 1706). Das AltZertG regelt nur den frühestmöglichen Auszahlungsbeginn, nicht hingegen den spätestmöglichen Beginn der Auszahlungsphase. Vorgegeben sind jedoch die möglichen Auszahlungsmodalitäten (vgl. Rn. 1708 ff.). So müssen die Auszahlungen grundsätzlich in Form einer lebenslangen gleich bleibenden oder steigenden monatli- 1870 chen Leibrente erfolgen. Alternativ dazu ist ein Auszahlungsplan[1] mit unmittelbar anschließender lebenslanger Teilkapitalverrentung möglich, d. h., ab Beginn der Auszahlungsphase bis spätestens zur Vollendung des 85. Lebensjahres müssen gleich bleibende oder steigende monatliche Raten oder gleich bleibende oder steigende monatliche Teilraten und zusätzlich variable Teilraten zugesagt werden und spätestens ab Vollendung des 85. Lebensjahres eine gleich bleibende oder steigende lebenslange Leibrente, deren erste monatliche Rate mindestens so hoch ist, wie die letzte monatliche Auszahlung aus dem Auszahlungsplan.

1871 Eine Absicherung gegen den Eintritt der verminderten Erwerbsfähigkeit oder eine ergänzende Hinterbliebenenabsicherung ist auch möglich (Rn. 1715). In diesen Fällen unterliegen die jeweiligen Renten der nachgelagerten Besteuerung. Als Hinterbliebene kommen der Ehegatte/Lebenspartner und die Kinder, für die dem Vertragspartner zum Zeitpunkt des Eintritts des Versorgungsfalls ein Anspruch auf Kindergeld oder ein Freibetrag nach § 32 Abs. 6 zugestanden hätte, in Betracht. Der Anspruch auf Waisenrente darf jedoch längstens für den Zeitraum bestehen, in dem der Rentenberechtigte die Voraussetzungen für die Berücksichtigung als Kind i. S. d. § 32 EStG erfüllt.

(2) Pensionsfonds

1872 Der Pensionsfonds (vgl. auch Rn. 2009 ff.) ist im Versicherungsaufsichtsgesetz und den dazu ergangenen Rechtsverordnungen geregelt. Er ist eine „rechtsfähige Versorgungseinrichtung, die im Wege des Kapitaldeckungsverfahrens beitrags- und leistungsbezogene Leistungen der betrieblichen Altersversorgung für einen oder mehrere Arbeitgeber zugunsten von Arbeitnehmern erbringt" (§ 112 Abs. 1 VAG). Alle Leistungen aus einem Pensionsfonds werden nach § 22 Nr. 5 EStG besteuert.

(3) Pensionskasse

1873 Der Arbeitgeber kann die betriebliche Altersversorgung auch über eine Pensionskasse abwickeln (vgl. Rn. 2004 ff.).[2] Es handelt sich hierbei um eine rechtsfähige Versorgungseinrichtung, die den Arbeitnehmern einen Anspruch auf Leistungen bei Alter, Tod oder Invalidität gewährt.[3] Im Unterschied zur Direkt-

---

[1] Als eine Form des Auszahlungsplans ist auch die zeitlich befristete Verringerung des Nutzungsentgelts für eine selbstgenutzte Genossenschaftswohnung anzusehen.
[2] § 1b Abs. 3 BetrAVG; zur Pensionskasse allgemein vgl.: Risthaus, EStB 2002 S. 189, (190); Harder-Buschner, NWB 50/2002, F. 3 S. 12233, (12235 f.); Myßen, BetrAV 2002 S. 128 ff.
[3] Zur Pensionskasse in der Rechtsform einer Aktiengesellschaft: Braun, BetrAV 2003 S. 11 ff.

V. Besteuerung nach § 22 Nr. 5 EStG (Riester-Renten)

versicherung wird der versorgungsberechtigte Mitarbeiter Mitglied der Pensionskasse und damit selbst Versicherungsnehmer.[1] Eine rechtliche Verpflichtung des Arbeitgebers, eine betriebliche Altersversorgung im Rahmen einer Pensionskasse anzubieten, besteht grundsätzlich nicht. Sie kann sich jedoch aus dem konkreten Arbeitsverhältnis ergeben. Für den Begriff der Pensionskasse ist es gleichgültig, ob sie ihren Sitz bzw. die Geschäftsleitung im In- oder Ausland hat. Pensionskassen können auf privat- oder auf öffentlich-rechtlicher Grundlage errichtet werden.

Für Zusatzversorgungseinrichtungen des öffentlichen Dienstes gelten – gegenüber „privaten" Pensionskassen – arbeitsrechtliche Besonderheiten (§ 18 Abs. 1 BetrAVG). Trotz dieser Sonderregelungen handelt es sich auch bei den öffentlichen Zusatzversorgungseinrichtungen um Pensionskassen.[2] 1874

(4) Direktversicherung

Der Begriff der Direktversicherung (vgl. Rn. 2014 ff.) ergibt sich aus § 1b Abs. 2 BetrAVG.[3] Es handelt sich danach bei diesem Durchführungsweg um eine vom Arbeitgeber aus betrieblichem Anlass auf das Leben des Arbeitnehmers abgeschlossene Lebensversicherung,[4] aus der das Bezugsrecht hinsichtlich der Leistungen des Versicherers ganz oder teilweise dem Arbeitnehmer oder seinem Hinterbliebenen zusteht.[5] Aufgrund der für Lebensversicherungen geltenden Regelungen ist der Durchführungsweg „Direktversicherung" zwangsläufig kapitalgedeckt ausgestaltet. 1875

Leistungen aus Direktversicherungen wurden schon seit dem Veranlagungszeitraum (VZ) 2002 von § 22 Nr. 5 Satz 1 EStG erfasst, obschon erst seit dem VZ 2005 für Beiträge zu Direktversicherungen unter bestimmten Voraussetzungen auch die Steuerfreiheit nach § 3 Nr. 63 EStG gewährt wird (vgl. Rn. 2061). In den VZ 2002 bis 2004 war dies nicht möglich. Allerdings bestand seit dem VZ 2002 unter bestimmten Voraussetzungen die Möglichkeit, für individuell versteuerte Beiträge (z. B. aus Entgeltumwandlung oder für Eigenbeiträge i. S. d. § 1 Abs. 2 Nr. 4 BetrAVG) den Sonderausgabenabzug nach § 10a EStG oder die Zulage nach Abschnitt XI EStG in Anspruch zu nehmen. 1876

---

1 Vgl. BFH, Urteil vom 29. 4. 1991, VI R 61/88, BStBl 1991 II S. 647.
2 Sarrazin, BetrAV 2003 S. 189, (189). So auch in einem zu § 40b EStG ergangenen Urteil: BFH, Urteil vom 4. 10. 1990, X R 60/90, BStBl 1991 II S. 89.
3 Zur Direktversicherung allgemein vgl. Risthaus, EStB 2002 S. 189, (194); Harder-Buschner, NWB 50/2002, F. 3 S. 12233, (12234 f.); Ley, DStR 2002 S. 193, (196).
4 Zum Begriff der Lebensversicherung vgl. auch BFH, Urteil vom 9. 11. 1990, VI R 164/86, BStBl 1991 II S. 189.
5 Hohaus/Mittelsten Scheid, DStZ 2002 S. 627, (628).

(5) Sonstiges

1877 Für eine betriebliche Altersversorgung kommen – neben den bereits genannten Durchführungswegen Pensionsfonds, Pensionskasse, Direktversicherung – noch zwei weitere Durchführungswege in Betracht. Es handelt sich hierbei um die Direktzusage (Rn. 1992 ff.) und die Unterstützungskasse (Rn. 1998 ff.). Die Leistungen aus diesen beiden Durchführungswegen werden als Einkünfte aus nichtselbständiger Tätigkeit behandelt. Bei diesen Durchführungswegen fließt dem Arbeitnehmer in der Ansparphase trotz des Aufbaus einer Versorgungsanwartschaft kein Arbeitslohn zu. Die vom Arbeitgeber eingesetzten „Beiträge" (z. B. an eine rückgedeckte Unterstützungskasse) werden in der Ansparphase beim Arbeitnehmer lohnsteuerlich nicht erfasst. Die sich hieraus ergebenden Leistungen unterliegen in der Auszahlungsphase als nachträglicher Arbeitslohn der vollen nachgelagerten Besteuerung (§ 19 EStG). Eine Erfassung im Rahmen des § 22 Nr. 5 EStG erfolgt nicht.

1878–1880 (Einstweilen frei)

bb) Erfasste Leistungen

1881 Der Begriff der „Leistung" erfasst alle Arten von Auszahlungen aus den betreffenden Altersvorsorgeprodukten unabhängig davon, ob es sich um Renten, Kapitalauszahlungen oder Raten im Rahmen eines Auszahlungsplans (§ 1 Abs. 1 Satz 1 Nr. 4 AltZertG) handelt. Erfasst werden auch Bonuszahlungen, Sonderzahlungen, Zinsboni wegen der Nichtinanspruchnahme eines Bauspardarlehens oder anders bezeichnet „Erträge".[1] Dies gilt für Altersleistungen genauso wie für Leistungen, die im Fall der Berufsunfähigkeit an den Steuerpflichtigen gezahlt werden. Ebenso sind Auszahlungen an die Hinterbliebenen im Rahmen einer Hinterbliebenenrente erfasst.

1882 Ohne Bedeutung ist insoweit auch, wie sich die Auszahlung zusammensetzt, d. h., ob mit dem Auszahlungsbetrag ursprünglich eingezahlte Beiträge gewährte Zulagen oder erwirtschaftete Erträge ausgezahlt werden.[2]

---

1 Bleschick in: Gérard/Göbel, Staatliche Förderung der Altersvorsorge und Vermögensbildung, KZ 200 § 22 Nr. 5 Rn. 15; in diesem Sinne Weber-Grellet in: Schmidt, § 22 Rn. 126
2 Stuhrmann in: Blümich, § 22, Rn. 196. Lindberg in: Frotscher § 22 Rn. 195.

V. Besteuerung nach § 22 Nr. 5 EStG (Riester-Renten)

cc) Steuerliche Förderung

Der Umfang der Besteuerung richtet sich danach, ob die den Leistungen zugrunde liegenden Beiträge in der Ansparphase steuerlich gefördert wurden.[1] Ist dies der Fall gewesen, sind die sich aus Beiträgen ergebenden Leistungen nach § 22 Nr. 5 Satz 1 EStG in vollem Umfang nachgelagert zu besteuern. Zu den geförderten Beiträgen gehören diejenigen, auf die 1883

- § 3 Nr. 63 EStG
- § 10a/Abschnitt XI EStG oder
- § 3 Nr. 55b Satz 1 EStG
- § 3 Nr. 55c EStG

angewendet wurden.

Ebenso nachgelagert zu besteuern sind Leistungen, 1884

- die auf den nach Abschnitt XI EStG gewährten Zulagen beruhen bzw. mit denen die Zulagen selbst an den Anleger ausgezahlt werden (Grundzulage – Rn. 1738/Kinderzulage – Rn. 1739 f.)
- die ihren Ursprung in steuerfreien Leistungen eines Arbeitgebers (§ 3 Nr. 66 EStG) an einen Pensionsfonds haben oder
- die auf steuerfreien Zuwendungen nach § 3 Nr. 56 EStG beruhen.

Eine nachgelagerte Besteuerung erfolgt allerdings nur, wenn die entsprechende steuerliche Begünstigung auch tatsächlich gewährt wurde. Lediglich das Vorliegen der tatbestandlichen Voraussetzungen für eine Inanspruchnahme ist für die spätere nachgelagerte Besteuerung nicht ausreichend. 1885

(Einstweilen frei) 1886–1887

(1) Anwendung des § 3 Nr. 63 EStG

Zu den Beiträgen, auf die § 3 Nr. 63 EStG Anwendung gefunden hat, gehören Beiträge zum Aufbau einer kapitalgedeckten betrieblichen Altersversorgung an einem Pensionsfonds, einer Pensionskasse oder einer Direktversicherung, wenn die Versorgungseinrichtung dem Berechtigten eine Altersvorsorge i. S. d. § 1 Abs. 1 Satz 1 Nr. 4 AltZertG gewährt (vgl. Rn. 2061 ff.). Die Steuerfreiheit gilt für arbeitgeber- und arbeitnehmerfinanzierte Beiträge. 1888

Betragsmäßig ist die Anwendung des § 3 Nr. 63 EStG allerdings begrenzt (vgl. Rn. 2079 ff.), so dass als geförderte Beiträge nur diejenigen anzusehen sind, die 1889

---

1 BMF-Schreiben vom 24. 7. 2013, BStBl 2013 I S. 1022 Rn. 124.

den nach § 3 Nr. 63 EStG möglichen Höchstbetrag[1] nicht übersteigen. Zu den geförderten Beiträgen gehören weiterhin die aus Anlass der Beendigung des Dienstverhältnisses geleisteten Beiträge, für die die Vervielfältigungsregelung des § 3 Nr. 63 Satz 4 EStG (vgl. Rn. 2087 ff.) in Anspruch genommen wird.

1890 (Einstweilen frei)

(2) Anwendung § 10a/Abschnitt XI EStG

1891 Zu den Beiträgen, auf den der § 10a EStG Anwendung gefunden hat, gehören zunächst die vom Steuerpflichtigen geleisteten Altersvorsorgebeiträge (Eigenbeiträge), für die er eine Altersvorsorgezulage beantragt hat. Innerhalb der sich aus § 10a EStG ergebenden Höchstbeträge[2] (vgl. Rn. 1754) gelten diese Beiträge als steuerlich gefördert. Die Höhe des vom Steuerpflichtigen geleisteten Mindesteigenbeitrags (vgl. Rn. 1744 ff.) ist für die Frage, ob auf die Beiträge der § 10a EStG angewandt wurde, ohne Bedeutung. Der Mindesteigenbeitrag regelt nur, in welchem Umfang der Steuerpflichtige sich selbst am Aufbau seiner zusätzlichen Altersvorsorge beteiligen muss, um Anspruch auf eine ungekürzte Zulage zu haben. Dies hat zur Folge, dass auch auf Eigenbeiträge des Steuerpflichtigen, die den Mindesteigenbeitrag, nicht jedoch den Höchstbetrag nach § 10a Abs. 1 EStG überstiegen haben und für die im Rahmen der Günstigerprüfung nach § 10a EStG kein über die Zulage hinausgehender Steuervorteil gewährt wurde, § 10a EStG angewandt wurde. Das heißt, auch die auf diesen Beitragsanteilen beruhenden Leistungen sind nach § 22 Nr. 5 Satz 1 EStG zu besteuern.

BEISPIEL: ▶ A ist ledig, er hat drei Kinder, für die er Kindergeld erhält. Alle seine Kinder sind vor dem 1. 1. 2008 geboren. Sein im Jahr 2012 erzielter Bruttoarbeitslohn (= bei-

---

1 Beiträge sind nach § 3 Nr. 63 EStG steuerfrei, wenn sie den Höchstbetrag von 4 % der Beitragsbemessungsgrenze in der allgemeinen Rentenversicherung nicht übersteigen. Werden die Beiträge aufgrund einer erst nach dem 31.12.2004 erteilten Versorgungszusage geleistet und überschreiten die gezahlten Beiträge den Höchstbetrag von 4 %, gehören weitere Beiträge bis zu 1 800 € zu den geförderten Beiträgen Rn. 2085 f., wenn der Arbeitnehmer die Voraussetzungen für die Inanspruchnahme des Erhöhungsbetrags in § 3 Nr. 63 Satz 3 EStG erfüllt (keine anderweitige Inanspruchnahme der Pauschalversteuerung nach § 40b EStG in der am 31.12.2004 geltenden Fassung).
2 Das Sonderausgabenabzugsvolumen für einen unmittelbar Zulageberechtigten beträgt seit dem VZ 2008 nach § 10a Abs. 1 EStG 2 100 € (Eigenbeiträge + Anspruch auf Zulage). Besteht bei Ehegatten/Lebenspartner eine mittelbare Zulageberechtigung erhöht sich das dem Unmittelbaren zustehende Abzugsvolumen auf 2 160 €. Allerdings kann der unmittelbar Begünstigte von dieser Erhöhung nicht profitieren. Der Gesetzgeber hat das erhöhte Abzugsvolumen eingeführt, damit der vom mittelbar Begünstigten gezahlte Mindestbeitrag steuerlich berücksichtigt wird.

V. Besteuerung nach § 22 Nr. 5 EStG (Riester-Renten)

tragspflichtige Einnahmen) betrug 40 000 €. Er hat im Jahr 2013 insgesamt 1 000 € auf einen Altersvorsorgevertrag eingezahlt.

Ermittlung des Zulageanspruchs
Mindesteigenbeitragsberechnung (VZ 2013):

maßgebende Einnahmen	40 000 €
4 %	1 600 €
Maximal	2 100 €
anzusetzen somit	1 600 €
abzgl. der Zulage (154 € + (3 × 185 €))	– 709 €
Mindesteigenbeitrag nach § 86 Abs. 1 Satz 2 EStG	891 €
mindestens Sockelbetrag	60 €
der geforderte Mindesteigenbeitrag beträgt	891 €
geleisteter Eigenbeitrag des A	1 000 €

A hat den erforderlichen Mindestbeitrag geleistet. Er hat Anspruch auf eine ungekürzte Zulage.

Sonderausgabenabzug

Altersvorsorgebeiträge	1 000 €
Zulageanspruch	709 €
Summe	1 709 €
Maximal	2 100 €
anzusetzen somit	1 709 €
daraus angenommene Verminderung der tariflichen ESt	400 €
Abzug des Anspruchs auf Zulage	709 €
zusätzliche Steuerermäßigung durch den Sonderausgabenabzug	0 €

Obschon die von A über den Mindesteigenbeitrag hinaus geleisteten Eigenbeiträge (im Beispiel: 1 000 € – 891 € = 109 €) sich nicht über den Zulageanspruch hinaus steuermindernd ausgewirkt haben, ist auf den insgesamt geleisteten Beitrag § 10a EStG angewandt worden. Dadurch, dass A mehr als den erforderlichen Mindesteigenbeitrag auf seinen Altersvorsorgevertrag eingezahlt hat, sinkt der in der Zulage enthaltene Förderanteil. Korrespondierend dazu steigt die in der Zulage enthaltene Vorauszahlung auf den sich nach § 10a EStG ergebenden Steuervorteil.

Als geförderter Beitrag ist ebenso der vom Steuerpflichtigen geleistete Sockelbetrag anzusehen (zum Sockelbetrag allgemein vgl. Rn. 1749 f.).[1] Dies gilt selbst in den Fällen, in denen die Zulagen den nach § 10a Abs. 1 EStG anzusetzenden Höchstbetrag übersteigen.[2] Besteht eine mittelbare Zulageberechti-

1892

---

1 Bleschick in: Gérard/Göbel, Staatliche Förderung der Altersvorsorge und Vermögensbildung, KZ 200 § 22 Nr. 5 Rn. 11.
2 BMF-Schreiben vom 24. 7. 2013, BStBl 2013 I S. 1022 Rn. 126.

gung, dann handelt es sich auch bei dem vom mittelbar Berechtigten gezahlten Mindestbeitrag um einen geförderten Beitrag, so dass die sich hieraus ergebenden Leistungen nachgelagert zu versteuern sind.

1893 Auf Altersvorsorgebeiträge zugunsten eines zertifizierten Altersvorsorgevertrags ist – innerhalb der Höchstbeträge – auch dann § 10a EStG angewendet worden, wenn die Beiträge zwar im Rahmen des Sonderaugabenabzugs nach § 10a EStG geltend gemacht wurden, jedoch keine Zulage beansprucht wurde.[1] Dies kann z. B. passieren, wenn es der Steuerpflichtige versäumt, innerhalb der Antragsfrist von zwei Jahren nach dem Ende des jeweiligen Beitragsjahres einen Zulageantrag zu stellen. Vergleichbares gilt auch, wenn zwar eine Zulage beantragt wurde, der entsprechende Altersvorsorgevertrag als weiterer Vertrag jedoch nicht mehr zulagebegünstigt ist (§ 87 Satz 1 EStG). Selbst in diesen Fällen unterliegt die sich aus den Beiträgen ergebende Leistung in vollem Umfang der nachgelagerten Besteuerung.

1894 Auch Beiträge aus dem individuell versteuerten Arbeitslohn des Arbeitnehmers zum Aufbau einer kapitalgedeckten betrieblichen Altersversorgung, für die der Arbeitnehmer den Sonderausgabenabzug nach § 10a EStG bzw. eine Altersvorsorgezulage nach Abschnitt XI beantragt, gehören dem Grunde nach zu den geförderten Beiträgen. Dies gilt ebenso für Beiträge des aus dem Betrieb Ausgeschiedenen, die dieser im Fall der zunächst durch Entgeltumwandlung[2] (vgl. Rn. 2042 ff.) finanzierten und nach § 3 Nr. 63 EStG oder § 10a/Abschnitt XI EStG geförderten kapitalgedeckten betrieblichen Altersversorgung nach Maßgabe des § 1b Abs. 5 Satz 1 Nr. 2 BetrAVG[3] selbst erbringt.

1895 Bei einem mittelbar zulageberechtigten Ehegatten/Lebenspartner (§ 79 Satz 2 EStG) ist – neben dem Mindestbeitrag von 60 € für das Bestehen der Zulageberechtigung – eine von diesem getragene eigene Beitragsleistung für die Gewährung der ungekürzten Zulage nicht erforderlich. Der Mindestbeitrag ist in jedem Fall im Rahmen des Sonderausgabenabzugs des unmittelbar Begünstigten zu berücksichtigen. Hat der mittelbar Zulageberechtigte über den Mindestbeitrag hinaus weitere Altersvorsorgebeiträge geleistet, dann können diese auch im Rahmen des Sonderausgabenabzugsvolumens des unmittelbar zulageberechtigten Ehegatten/Lebenspartner nach § 10a Abs. 1 EStG berücksichtigt werden. Diese Möglichkeit besteht allerdings nur, wenn der unmittelbar

---

1 Bleschick in: Gérard/Göbel, Staatliche Förderung der Altersvorsorge und Vermögensbildung, KZ 200 § 22 Nr. 5 Rn. 11.
2 § 1a BetrAVG.
3 Fortsetzung einer betrieblichen Altersversorgung mit eigenen Beiträgen nach Ausscheiden des Arbeitnehmers.

V. Besteuerung nach § 22 Nr. 5 EStG (Riester-Renten)

begünstigte Ehegatte/Lebenspartner den ihm zustehenden Höchstbetrag noch nicht mit eigenen Beiträgen ausgeschöpft hat (vgl. hierzu das Beispiel in Rn. 1760). Soweit die von mittelbar Berechtigten geleisteten Beiträge als Sonderausgaben angesetzt werden, unterliegen die hierauf entfallenden späteren Leistungen der nachgelagerten Besteuerungen.

Zu den geförderten Beträgen gehören alle auf den Altersvorsorgevertrag überwiesenen Zulagen. Dies gilt unabhängig davon, ob der Steuerpflichtige unmittelbar oder mittelbar zulageberechtigt ist. Ein sich im Rahmen der Günstigerprüfung nach § 10a EStG (vgl. Rn. 1757 ff.) ergebender zusätzlicher Steuervorteil ist insoweit nicht als geförderter Betrag i. S. d. § 22 Nr. 5 Satz 1 zu behandeln, da dieser nicht auf den Altersvorsorgevertrag eingezahlt wird. 1896

Zu den nicht geförderten Beiträgen[1] gehören diejenigen Beiträge, 1897

▶ die zugunsten eines zertifizierten Altersvorsorgevertrags in einem Beitragsjahr eingezahlt werden, in dem der Anleger nicht zum begünstigten Personenkreis gehört;

▶ für die der Anleger keine Altersvorsorgezulage und keinen steuerlichen Vorteil aus dem Sonderausgabenabzug nach § 10a EStG erhalten hat oder

▶ die den Höchstbetrag nach § 10a EStG abzüglich der individuell für das Beitragsjahr zustehenden Zulage übersteigen („Überzahlungen"), sofern es sich nicht um den Sockelbetrag handelt.

Zum nicht geförderten Altersvorsorgevermögen gehören auch Erträge und Wertsteigerungen, die auf zu Unrecht gezahlten und dementsprechend von der ZfA wieder zurückgeforderten Zulagen entfallen.[2] Sieht der zertifizierte Altersvorsorgevertrag vertraglich die Begrenzung auf einen festgelegten Höchstbetrag vor (z. B. den Betrag nach § 10a EStG oder den nach § 86 EStG erforderlichen Mindesteigenbeitrag zuzüglich Zulageanspruch), handelt es sich bei Zahlungen, die darüber hinausgehen, um zivilrechtlich nicht geschuldete Beträge. Der Steuerpflichtige kann sie entweder nach den allgemeinen zivilrechtlichen Vorschriften vom Anbieter zurückfordern oder in Folgejahren mit geschuldeten Beiträgen verrechnen lassen. In diesem Fall sind sie erst für das Jahr der Verrechnung als Altersvorsorgebeiträge zu behandeln.

(Einstweilen frei) 1898–1899

---

1 BMF-Schreiben vom 24. 7. 2013, BStBl 2013 I S. 1022 Rn. 129.
2 BMF-Schreiben vom 24. 7. 2013, BStBl 2013 I S. 1022 Rn. 130.

(3) Anwendung des § 3 Nr. 55b Satz 1 EStG

1900 Wird im Rahmen des Versorgungsausgleichs eine externe Teilung der Versorgungsanwartschaften durchgeführt, dann ist nach den allgemeinen steuerlichen Grundsätzen im Zeitpunkt der Übertragung der Anwartschaft auf den externen Versorgungsträger i. d. R. von einem steuerlich relevanten Zufluss beim Ausgleichsverpflichteten auszugehen. Dieser müsste ohne eine Steuerfreistellung die ihm zufließenden Einnahmen grds. nach den §§ 19, 20 oder § 22 EStG versteuern, es sei denn der Versorgungsausgleich selbst würde sich auf der Vermögensebene vollziehen. Um eine Besteuerung im Zeitpunkt der Durchführung des Versorgungsausgleichs zu verhindern, stellt § 3 Nr. 55b Satz 1 EStG sicher, dass sich bei einer externen Teilung in der Regel keine belastenden steuerlichen Konsequenzen ergeben (Rn. 1852 ff.). Nach § 3 Nr. 55b Satz 1 EStG wird daher regelmäßig der Teil des Ausgleichswerts steuerfrei gestellt, der sonst zu steuerpflichtigen Einkünften führen würde. Ergeben sich durch die Übertragung im Zeitpunkt der Teilung keine steuerlich zu erfassende Einkünfte (weil es sich z. B. lediglich um eine Beitragsrückzahlung auf der Vermögensebene oder um nicht zu besteuernde Zinsen aus einem „alten" Lebensversicherungsvertrag handelt), greift die Steuerfreistellung nicht ein. Findet § 3 Nr. 55b Satz 1 EStG Anwendung, dann werden später die auf den steuerfrei gestellten Beiträgen beruhenden Leistungen in vollem Umfang nachgelagert besteuert.

Die Steuerfreistellung greift dann ein, wenn die übertragenen Anwartschaften auch bei Ausgleichsverpflichteten nachgelagert besteuert worden wären. § 3 Nr. 55b Satz 1 EStG begründet somit grundsätzlich keine neue Steuerfreistellung, sondern stellt lediglich sicher, dass beim Ausgleichberechtigten später nur die Leistungen der Besteuerung unterliegen, die auch beim Ausgleichspflichtigen erfasst worden wären.

1901 Die Steuerfreistellung ist allerdings nach § 3 Nr. 55b Satz 2 EStG für bestimmte Fallgestaltungen ausgeschlossen. Der Ausschluss dient der Vermeidung einer Besteuerungslücke, die dadurch entstehen kann, dass Mittel aus der betrieblichen Altersversorgung oder der nach § 10a/Abschnitt XI des EStG geförderten Altersvorsorge auf Vorsorgeprodukte übertragen werden, bei denen eine vollständige nachgelagerte Besteuerung nicht möglich ist. Dies ist der Fall, wenn die später zufließende Leistung unmittelbar nach § 20 Abs. 1 Nr. 6 EStG (z. B. hälftiger Unterschiedsbetrag) oder § 22 Nr. 1 Satz 3 Buchst. a Doppelbuchst. bb EStG (Ertragsanteil) der Besteuerung unterliegen.

V. Besteuerung nach § 22 Nr. 5 EStG (Riester-Renten)

(4) Anwendung des § 3 Nr. 55c EStG

Mit der Übertragung von Altersvorsorgevermögen auf einen anderen begünstigten Vertrag verfügt der Anleger über seine Anwartschaft. Dies führt grundsätzlich zu einem steuerpflichtigen Zufluss, bei dem die Leistungen nach § 22 Nr. 5 EStG zu besteuern sind. Um dies im Zeitpunkt der Übertragung zu verhindern, wird der Teil der übertragenen Anwartschaft, der zu steuerpflichtigen Einkünften führen würde, steuerfrei gestellt (§ 3 Nr. 55c EStG, Rn. 1856 f.). Die sich auch den steuerfrei gestellten Beträgen ergebenden Leistungen werden im Zeitpunkt der Auszahlung aus dem Folgevertrag in vollem Umfang nachgelagert besteuert. § 3 Nr. 55c EStG führt somit lediglich zu einer Verschiebung des Besteuerungszeitpunkts.

1902

(5) Anwendung des § 3 Nr. 66 EStG

Nach § 3 Nr. 66 EStG können die Leistungen des Arbeitgebers oder einer Unterstützungskasse an einen Pensionsfonds zur Übernahme bestehender Versorgungsverpflichtungen aus einer Direktzusage oder einer Unterstützungskasse auf einen Pensionsfonds steuerbefreit werden (vgl. Rn. 1847 ff., 2241 ff.). Voraussetzung ist jedoch, dass der Arbeitgeber die durch Übertragung entstehenden zusätzlichen Betriebsausgaben auf die der Übertragung folgenden zehn Wirtschaftsjahre gleichmäßig verteilt. Die entsprechend freigestellten vom Arbeitgeber für den Arbeitnehmer geleisteten Beträge sind als geförderte Beiträge zu behandeln. Mit der Folge, dass die sich hieraus ergebenden Leistungen nach § 22 Nr. 5 Satz 1 EStG nachgelagert besteuert werden.[1]

1903

dd) Leistungen, die ausschließlich auf geförderten Altersvorsorgebeiträgen beruhen (§ 22 Nr. 5 Satz 1 EStG)

Leistungen aus Altersvorsorgeverträgen, Pensionsfonds, Pensionskassen und Direktversicherungen unterliegen in vollem Umfang der Besteuerung nach § 22 Nr. 5 Satz 1 EStG, wenn die der Auszahlung zugrunde liegenden Beiträge

1904

---

1 Macht der Arbeitgeber von den Möglichkeiten des § 3 Nr. 66 EStG Gebrauch, dann führt dies für die Arbeitnehmer dazu, dass sie bei Leistungsbezug sonstige Einkünfte nach § 22 Nr. 5 Satz 1 EStG beziehen. Dies hätte für Steuerpflichtige, die bereits bei Inkrafttreten der Regelung Leistungen aufgrund von Direktzusagen oder von Unterstützungskassen erhalten, die Folge, dass ihnen bei der Besteuerung nach § 22 Nr. 5 EStG weder der Arbeitnehmer-Pauschbetrag § 9a Satz 1 Nr. 1 Buchst. a EStG bzw. der Werbungskosten-Pauschbetrag nach § 9a Satz 1 Nr. 1 Buchst. b EStG noch der Versorgungs-Freibetrag nach § 19 Abs. 2 EStG sowie der Zuschlag zum Versorgungsfreibetrag zur Verfügung stünde. Der Gesetzgeber hat daher eine Regelung in § 52 Abs. 34c EStG aufgenommen, nach der diese Steuerpflichtigen durch die Übertragung ihrer Versorgungsverpflichtungen auf einen Pensionsfonds nicht schlechter gestellt werden. Vgl. hierzu ausführlich Rn. 2246 ff.

Teil D: Besteuerung von Altersbezügen

bzw. Zuwendungen gefördert worden sind. Dies gilt auch, soweit die Leistungen auf gutgeschriebenen Zulagen sowie den erzielten Erträgen und Wertsteigerungen beruhen.

■■■ BEISPIEL: ▶ Der Steuerpflichtige A hat über 25 Jahre einschließlich der Zulagen immer genau die förderbaren Höchstbeiträge nach § 10a EStG zugunsten eines begünstigten Altersvorsorgevertrags eingezahlt. Er erhält ab Vollendung des 65. Lebensjahres am 1. 1. 13 eine monatliche Rente i. H. v. 500 €. Am 1. 7. 14 verstirbt er. Nach den vertraglichen Bedingungen des Altersvorsorgevertrages erhält seine Ehefrau B nun eine Hinterbliebenenrente i. H. v. 250 € monatlich.

Jahr 13
Die Rentenzahlung ist von A mit 6 000 € (12 x 500 €) nachgelagert zu besteuern (§ 22 Nr. 5 Satz 1 EStG).

Jahr 14
Die Rentenzahlung ist von A mit 3 000 € (6 x 500 €) nachgelagert zu besteuern (§ 22 Nr. 5 Satz 1 EStG).
Die Hinterbliebenenrente ist von B mit 1 500 € (6 x 250 €) nachgelagert zu besteuern (§ 22 Nr. 5 Satz 1 EStG).

ee) Leistungen, die ausschließlich auf nicht geförderten Altersvorsorgebeiträgen beruhen (§ 22 Nr. 5 Satz 2 EStG)

1905 Die Besteuerung von Leistungen, die auf **nicht geförderten Beiträgen** beruhen, richtet sich nach der **Art der Leistung**. Es werden hierbei drei Gruppen unterschieden:

▶ Leistungen in Form einer lebenslangen Rente oder eine Berufsunfähigkeits-, Erwerbsminderungs- und Hinterbliebenenrente werden entweder mit der Kohorte[1] oder mit dem Ertragsanteil[2] erfasst (§ 22 Nr. 5 Satz 2 Buchst. a EStG).

▶ Bei anderen Leistungen aus Versicherungsverträgen, Pensionsfonds, Pensionskassen und Direktversicherungen treten die Rechtsfolgen des § 20 Abs. 1 Nr. 6 EStG in der jeweils für den Vertrag geltenden Fassung ein. Wurde mithin der Versicherungsvertrag vor dem 1. 1. 2005 abgeschlossen, ist insoweit sogar eine steuerfreie Kapitalauszahlung[3] möglich (§ 22 Nr. 5 Satz 2 Buchst. b EStG).

▶ In allen anderen Fällen wird der Unterschiedsbetrag zwischen der ausgezahlten Leistung und den auf sie entrichteten Beiträgen besteuert (§ 22 Nr. 5 Satz 2 Buchst. c EStG). Hierbei handelt es sich um die gleiche Art der

---

1 § 22 Nr. 1 Satz 3 Buchst. a Doppelbuchst. aa EStG; vgl. auch Rn. 1279 ff.
2 § 22 Nr. 1 Satz 3 Buchst. a Doppelbuchst. bb EStG; vgl. auch Rn. 1446 ff.
3 Vgl. Rn. 1486 ff.

Ertragsermittlung, wie in § 20 Abs. 1 Nr. 6 EStG.¹ Hauptanwendungsfall sind Leistungen aus Fonds- und Banksparplänen, die auf nicht geförderten Beiträgen beruhen. Für diese Art der Leistungen gilt eine privilegierte Besteuerung, wenn die Auszahlung nach Vollendung des 60. Lebensjahrs und frühestens nach Ablauf von zwölf Jahren seit Vertragsabschluss erfolgt. In diesen Fällen ist nur der hälftige Unterschiedsbetrag anzusetzen. Bei einem Vertragswechsel nach § 1 Abs. 1 Satz 1 Nr. 10 AltZertG beginnt die Zwölfjahresfrist allerdings erneut zu laufen. Bei nach dem 31. 12. 2011 abgeschlossenen Verträgen ist die Vollendung des 62. Lebensjahrs für die hälftige Besteuerung des Unterschiedsbetrags maßgebend.²

Auf nicht geförderten Beiträgen beruhen auch Leistungen aus einer **Basis-/ „Rürup"-Rente**. Ein entsprechender Fall kann sich allerdings nur im Rahmen der betrieblichen Altersversorgung ergeben.³

ff) Leistungen, die zum Teil auf geförderten, zum Teil auf nicht geförderten Altersvorsorgebeiträgen beruhen (§ 22 Nr. 5 Satz 1 und 2 EStG)

Wenn die Leistungen, die der Steuerpflichtige bezieht, sowohl auf geförderten als auch nicht geförderten Beiträgen beruhen, hat eine Aufteilung zu erfolgen.⁴ Aufteilungsfälle liegen z. B. vor, wenn

▶ ein Vertrag, der die Voraussetzungen des AltZertG bisher nicht erfüllt hat, in einen zertifizierten Altersvorsorgevertrag umgewandelt worden ist (§ 1 Abs. 1 AltZertG),

▶ ein zertifizierter Altersvorsorgevertrag nicht in der gesamten Ansparphase gefördert wurde, weil z. B. in einigen Jahren die persönlichen Fördervoraussetzungen nicht vorgelegen haben, aber weiterhin Beiträge eingezahlt worden sind,

▶ der Begünstigte höhere Beiträge eingezahlt hat, als im einzelnen Beitragsjahr nach § 10a EStG begünstigt waren.

Die Aufteilung der Leistungen ist durch den Anbieter vorzunehmen. Aufgrund der unterschiedlichen Anlagestruktur der betrieblichen Altersversorgung und der privaten Altersvorsorge sind für die jeweiligen Bereiche Besonderheiten zu beachten.

1906

---

1 Zur Ermittlung vgl. Rn. 1530 ff.
2 Vgl. hierzu RV-Altersgrenzenanpassungsgesetz vom 20. 4. 2007, BGBl 2007 I S. 554.
3 Vgl. hierzu und zu anderen Sonderfällen im Rahmen der Neustrukturierung des § 22 Nr. 5 EStG durch das JStG 2007 Myßen/Bering, NWB F. 3 S. 14293 ff.
4 BMF-Schreiben vom 24. 7. 2013, BStBl 2013 I S. 1022 Rn. 134.

Teil D: Besteuerung von Altersbezügen

(1) Betriebliche Altersversorgung

1907 Der Grundsatz, dass bei den nach § 22 Nr. 5 EStG zu besteuernden Leistungen genau zwischen denjenigen Leistungen, die auf geförderten Beiträgen beruhen, und denjenigen, die auf nicht geförderten Beiträgen beruhen, zu unterscheiden ist, gilt auch für den Bereich der betrieblichen Altersversorgung. Aus Vereinfachungsgründen hat die FinVerw ein versicherungsmathematisches Näherungsverfahren zugelassen.[1] Dieses Verfahren findet insbesondere dann Anwendung, wenn aufgrund der tatsächlichen Gegebenheiten eine individuelle Zuordnung der vor dem 1.1.2002 gezahlten Beiträge und/oder der sich daraus ergebenden Leistungen einschließlich zugeteilter Erträge für jeden Versicherten, insbesondere für den vor dem 1.1.2002 liegenden Zeitraum, nicht mehr möglich war.

Hierzu ist wie folgt vorzugehen:

1908 Zunächst ist für den einzelnen Berechtigten das am 31.12.2001 zur Erfüllung der zugesagten Leistungen reservierte Vermögen der Versorgungseinrichtung zu ermitteln. In diesem Zusammenhang ist danach zu differenzieren, nach welchem Verfahren die Leistungen der Versorgungseinrichtung finanziert werden.

▶ Bei einem individuellen Anwartschaftsdeckungsverfahren entspricht das reservierte Vermögen dem geschäftsplanmäßigen Deckungskapital, das dem einzelnen Berechtigten individuell zugeordnet wird, zuzüglich der zugeteilten Überschüsse. Soweit die Berechnung des Deckungskapitals nicht zum Geschäftsplan gehört, tritt an die Stelle des geschäftsplanmäßigen Deckungskapitals der Zeitwert.

▶ Bei einem kollektiven Anwartschaftsdeckungsverfahren ist das für den Versichertenbestand reservierte Vermögen (kollektives Deckungskapital) nach folgendem Verfahren den einzelnen Berechtigten zuzuordnen:

– Zunächst ist aus diesem reservierten Vermögen der Vermögensanteil abzuspalten, der zur vollständigen Erfüllung der Versorgungsverpflichtungen für die am 31.12.2001 in Rente befindlichen und die zu diesem Zeitpunkt mit unverfallbaren Anwartschaften ausgeschiedenen Personen erforderlich ist. Hierzu ist der Barwert der Versorgungsverpflichtungen mit den am Stichtag angewendeten Rechnungsgrundlagen (z. B. Zins, Sterbetafeln) anzusetzen.

---

[1] BMF-Schreiben vom 11.11.2004, BStBl 2004 I S. 1061 unter Berücksichtigung der Änderungen durch das BMF-Schreiben vom 14.3.2012, BStBl 2012 I S. 311.

V. Besteuerung nach § 22 Nr. 5 EStG (Riester-Renten)

- Anschließend ist das verbleibende reservierte Vermögen (V_{akt}) auf die aktiven Arbeitnehmer aufzuteilen. Dabei ist als Aufteilungsmaßstab der zeitanteilig quotierte Barwert der zugesagten Leistungen am 31.12.2001 mit den an diesem Tag angewendeten Rechnungsgrundlagen (z. B. Zins, Sterbetafeln) heranzuziehen.

    Die Formel zur Ermittlung des quotierten Barwerts der zugesagten Leistungen zum 31.12.2001:
    $$\frac{m_i}{n_i} \cdot ä^L_{x_i + m_i} / \sum_i (\frac{m_i}{n_i} \cdot ä^L_{x_i + m_i})$$

Hierbei ist:

m_i die bis zum 31.12.2001 abgeleistete tatsächliche Dienstzeit der Person i;

n_i die bis zum vertraglichen Pensionsalter insgesamt mögliche Dienstzeit der Person i;

der Barwert der zugesagten Leistungen am 31.12.2001 der Person i, deren Alter am 31.12.2001 $x_i + m_i$ beträgt.

$ä^L_{x_i + m_i}$

Aus dem zeitanteilig quotierten Barwert der zugesagten Leistungen am 31.12.2001 und dem reservierten Vermögen (V_{akt}) wird das individuell zugeordnete Vermögen (V_i) berechnet.

Die Formel zur Ermittlung des individuell zugeordneten Vermögens:
$$V_i = V_{akt} \cdot \{\frac{m_i}{n_i} \cdot ä^L_{x_i + m_i} / \sum_i (\frac{m_i}{n_i} \cdot Ä^L_{x_i + m_i})\}$$

Der nach § 22 Nr. 5 Satz 2 EStG mit dem Ertragsanteil zu versteuernde Anteil ist dann in einem nächsten Schritt wie folgt zu ermitteln: 1909

▶ Das am 31.12.2001 für den einzelnen Berechtigten reservierte Vermögen ist zusammen mit ggf. danach gezahlten in § 22 Nr. 5 Satz 2 EStG genannten Beiträgen bis zum Zeitpunkt des erstmaligen Bezugs von Leistungen (i. d. R.: Eintritt des Versorgungsfalls) mit dem sich aus den tatsächlich erwirtschafteten Kapitalerträgen ergebenden Zinssatz aufzuzinsen (= Summe der aufgezinsten nicht steuerfrei gestellten und/oder nicht geförderten Beiträge je Berechtigten).

▶ Daneben ist das für diesen Berechtigten am 31.12.2001 reservierte Vermögen zusammen mit **allen** nach diesem Zeitpunkt gezahlten Beiträgen bis zum Zeitpunkt des erstmaligen Bezugs von Leistungen (i. d. R.: Eintritt des Versorgungsfalls) mit dem sich aus den tatsächlich erwirtschafteten Kapitalerträgen ergebenden Zinssatz aufzuzinsen (= Summe der **insgesamt**

Teil D: Besteuerung von Altersbezügen

bis zum Zeitpunkt des erstmaligen Bezugs von Leistungen tatsächlich erbrachten aufgezinsten Beiträge je Berechtigten).

► Der für diesen Berechtigten nach § 22 Nr. 5 Satz 2 EStG zu versteuernde Teil der Leistungen ergibt sich aus dem folgenden Verhältnis:

$$\frac{\text{Summe der aufgezinsten nicht steuerfrei gestellten und/oder nicht geförderten Beiträge je Berechtigten}}{\text{Summe der insgesamt bis zum Zeitpunkt des erstmaligen Bezugs von Leistungen tatsächlich erbrachten aufgezinsten Beiträge je Berechtigten}}$$

1910 Ausnahmsweise kann abweichend vom Grundsatz der genauen Aufteilung und von dem in Rn. 1908 f. beschriebenen Näherungsverfahren noch ein beitragsproportionales Aufteilungsverfahren angewandt werden. Hierbei wird die Leistung ausschließlich nach dem Verhältnis der Summe der steuerfreien und/oder nicht geförderten Beiträge zur Summe der insgesamt geleisteten Beiträge aufgeteilt. Zinseffekte werden nicht berücksichtigt. Das Verfahren sollte allerdings nur dann zur Anwendung kommen, wenn eine genaue Aufteilung bzw. das Näherungsverfahren aus tatsächlichen Gründen nicht angewandt werden kann, da eine beitragsproportionale Aufteilung in vielen Fällen zu einer unzutreffenden – aus Sicht des Steuerpflichtigen zu hohen – Besteuerung führt, weil es den Zinseszinseffekt außer Acht lässt. Führt die Aufteilung nach dem beitragsproportionalen Verfahren zu einem offensichtlich unzutreffenden Ergebnis, dann muss sich der Steuerpflichtige an seine Versorgungseinrichtung wenden und diese auffordern die Aufteilung nach versicherungsmathematischen Grundsätzen durchzuführen.[1]

1911 (Einstweilen frei)

(2) Zertifizierte Altersvorsorgeverträge

1912 Die Zertifizierung von Altersvorsorgeverträgen ist zusammen mit der Riester-Förderung eingeführt worden. Das heißt, bereits bei Vertragsabschluss war für den Anbieter klar, dass er den auf die Förderung entfallenden Anteil der Leistungen zu ermitteln hat. Dies unterscheidet zertifizierte Altersvorsorgeverträge von Anlageprodukten der betrieblichen Altersversorgung, da die betrieblichen Versorgungsanwartschaften schon vor dem 1.1.2002 vom Anleger auf-

---

1 BMF-Schreiben vom 14.3.2012, BStBl 2012 I S. 311; Bauschatz in: Korn/Carlé/Stahl/Strahl, § 22 Rn. 147.

640

V. Besteuerung nach § 22 Nr. 5 EStG (Riester-Renten)

gebaut wurden und die Riester-Förderung – ohne eine zusätzliche Zertifizierung – für die ab dem 1.1.2002 ggf. in Anspruch genommen werden konnte.

Zur Durchführung der genauen Aufteilung kann der Anbieter z. B. von Anfang an zwei physisch getrennte Verträge – einer mit den geförderten Beiträgen/einer mit den nicht geförderten Beiträgen – führen. Allerdings ist in diesem Zusammenhang zu berücksichtigen, dass

▶ die Aufteilung der Beiträge u.U. über die Vertragslaufzeit nicht konstant bleibt;

▶ die Aufteilung der Beiträge für die einzelnen Vertragsjahre dem Anbieter nicht von vornherein bekannt ist;

▶ der Anleger mehrere dem Grunde nach steuerlich begünstigte Altersvorsorgeverträge abgeschlossen hat und sich die Aufteilung zwischen geförderten und nicht geförderten Beiträgen – aus Sicht des Anbieters – noch rückwirkend ändern kann.

1913

Aus diesen Gründen ist bei Anbietern privater Altersvorsorgeverträge auch ein versicherungsmathematisches Verfahren zur Aufteilung möglich, mit dem im Zeitpunkt des Leistungsbeginns rückwirkend eine Aufteilung vorgenommen werden kann, um so auch im Interesse der Anleger die durch die Aufteilung entstehenden Kosten zu minimieren. Die Anwendung eines beitragsproportionalen Verfahrens für einen längeren Zeitraum – mehr als zwei Beitragsjahre – scheidet zur Ermittlung der sich aus den entsprechenden Beiträgen ergebenden Leistungen und Erträge allerdings aus.

1914

BEISPIEL ▶ A (geb. im Januar 1961) hat einen Altersvorsorgevertrag abgeschlossen und zugunsten dieses Vertrages ausschließlich geförderte Beiträge eingezahlt (§ 10a EStG/Abschnitt XI EStG). Der Vertrag sieht vor, dass 10 % der geleisteten Beiträge zur Absicherung der verminderten Erwerbsfähigkeit eingesetzt werden.

Im Januar 2020 wird A vermindert erwerbsfähig und erhält aus dem Altersvorsorgevertrag eine Erwerbsminderungsrente i. H. v. 100 € monatlich ausgezahlt. Die Zahlung der Erwerbsminderungsrente steht unter der auflösenden Bedingung des Wegfalls der Erwerbsminderung. Der Versicherer hat sich vorbehalten, die Voraussetzungen für die Rentengewährung alle zwei Jahre zu überprüfen. Diese Rente endet mit Ablauf des Jahres 2025. Ab dem Jahr 2026 erhält A aus dem Vertrag eine Altersrente i. H. v. monatlich 150 €.

Die Erwerbsminderungsrente ist im Jahr 2020 i. H. v. 1 200 € (12 x 100 €) im Rahmen der Einkünfte aus § 22 Nr. 5 Satz 1 EStG zu erfassen. Dies gilt entsprechend für die Jahre 2021 bis 2025. Ab dem Jahr 2026 erfolgt eine Erfassung der Altersrente i. H. v. 1 800 € (12 x 150 €) nach § 22 Nr. 5 Satz 1 EStG.

Abwandlung:

A leistet ab dem Jahr 2008 einen jährlichen Beitrag i. H. v. insgesamt 1 000 €. Er ist in den Jahren 2008 bis 2017 (10 Jahre) unmittelbar förderberechtigt. Die von ihm geleisteten Beiträge werden nach § 10a/Abschnitt XI EStG gefördert. Im Jahr 2018 und 2019 ist er hingegen nicht förderberechtigt. Er zahlt in den Jahren jedoch – trotz der fehlenden Förderung – weiterhin einen jährlichen Beitrag i. H. v. 1 000 €. Ende des Jahres 2019 beträgt das von A geförderte Altersvorsorgevermögen 15 000 €. Das Gesamtvermögen beläuft sich auf 18 000 €.

Die Erwerbsminderungsrente ist im Jahr 2020 i. H. v. 1 000 € (1 200 € x 15/18) im Rahmen der Einkünfte aus § 22 Nr. 5 Satz 1 EStG zu erfassen. Die verbleibenden 200 € sind nach § 22 Nr. 5 Satz 2 Buchst. a EStG i. V. m. § 22 Nr. 1 Satz 3 Buchst. a Doppelbuchst. bb Satz 5 EStG i. V. m. § 55 EStDV mit einem Ertragsanteil i. H. v. 7 % (bemessen nach einer voraussichtlichen Laufzeit von sechs Jahren) steuerlich zu erfassen. Der Ertragsanteil bemisst sich grundsätzlich nach der Zeitspanne zwischen dem Eintritt des Versicherungsfalles (Begründung der Erwerbsminderung) und dem voraussichtlichen Leistungsende (hier: Erreichen der für die Hauptversicherung vereinbarten Altersgrenze). Steht der Anspruch auf Rentengewährung unter der auflösenden Bedingung des Wegfalls der Erwerbsminderung und lässt der Versicherer das Fortbestehen der Erwerbsminderung in mehr oder minder regelmäßigen Abständen prüfen, wird hierdurch die zu berücksichtigende voraussichtliche Laufzeit nicht berührt. Ab dem Jahr 2026 erfolgt eine Erfassung der Altersrente i. H. v. 1 500 € (1 800 € x 15/18) nach § 22 Nr. 5 Satz 1 EStG. Der verbleibende Rentenbetrag i. H. v. 300 € wird mit dem vom Alter des Rentenberechtigten bei Beginn der Altersrente abhängigen Ertragsanteil nach § 22 Nr. 5 Satz 2 Buchst. a EStG i. V. m. § 22 Nr. 1 Satz 3 Buchst. a Doppelbuchst. bb EStG erfasst.

gg) Anwendung des § 22 Nr. 5 Satz 3 EStG

1915 Wird steuerlich gefördertes Altersvorsorgevermögen nicht für eine Altersvorsorge i. S. d. § 1 Abs. 1 Satz 1 Nr. 4, 5 AltZertG eingesetzt, kommt es zu einer sog. schädlichen Verwendung (§ 93 EStG; Rn. 1805 ff.). Rechtsfolge einer schädlichen Verwendung ist die Rückabwicklung der gewährten steuerlichen Förderung. Der Steuerpflichtige hat in diesem Fall die auf das ausgezahlte steuerlich geförderte Altersvorsorgevermögen entfallenden Steuervorteile zurückzuzahlen (Zulagen + darüber hinausgehenden Vorteil aus dem Sonderausgabenabzug nach § 10a EStG). Aus den ursprünglich geförderten Beiträgen werden damit wieder ungeförderte Beiträge.[1] Die Besteuerung der entsprechenden Leistungen richtet sich somit nach § 22 Nr. 5 Satz 2 EStG (Rn. 1905 ff.) und damit nach der Art der ausgezahlten Leistung.[2]

1916 Als steuerpflichtige Leistung nach § 22 Nr. 5 Satz 2 EStG gilt das aus dem Vertrag ausgezahlte ursprünglich geförderte Altersvorsorgevermögen nach Abzug der gewährten Altersvorsorgezulagen. Nicht abzuziehen sind die über die Zulage hinausgehenden Steuervorteile nach § 10a EStG. Insoweit verweist der

---

1 Bauschatz in: Korn/Carlé/Stahl/Strahl, § 22 Rn. 148.
2 Fischer in: Kirchhoff, § 22 Rn. 56.

V. Besteuerung nach § 22 Nr. 5 EStG (Riester-Renten)

Gesetzestext zutreffenderweise lediglich auf die steuerliche Förderung nach Abschnitt XI des EStG. Der über die Zulage hinausgehende Steuervorteil ist zu keinem Zeitpunkt Bestandteil des steuerlich geförderten Altersvorsorgevermögens geworden. Zwar sind diese Beträge Bestandteil des Rückzahlungsbetrages i. S. d. § 93 Abs. 1 EStG und werden vom zurückzuzahlenden Altersvorsorgevermögen einbehalten, allerdings sind sie nicht heranzuziehen, um die steuerpflichtigen Wertzuwächse zu ermitteln.

War im Vertrag des Anlegers vorgesehen, dass ein Teil der Beiträge für die Finanzierung der Absicherung gegen den Eintritt der verminderten Erwerbsfähigkeit bzw. für eine Hinterbliebenenabsicherung eingesetzt werden, dann wird die hierauf entfallende Förderung nicht zurückgefordert. Eine schädliche Verwendung liegt insoweit nicht vor, da der Anleger den begünstigten Risikoschutz bereits erhalten hat. Die entsprechenden Beitragsanteile sind nicht im Altersvorsorgevermögen enthalten. Im Hinblick auf die nach § 22 Nr. 5 Satz 3 EStG zu besteuernden Leistungen ergeben sich somit keine Besonderheiten.

Verstirbt der Zulageberechtigte und wird steuerlich gefördertes Altersvorsorgevermögen an die Erben ausgezahlt, dann handelt es sich grundsätzlich[1] um eine schädliche Verwendung. Es stellt sich in diesen Fällen die Frage wer die im ausgezahlten Altersvorsorgevermögen enthaltenen Erträge nach § 22 Nr. 5 Satz 3 EStG zu versteuern hat. Die FinVerw[2] ging zunächst davon aus, dass die bis zum Todestag entstandenen Erträge dem Erblasser und die übrigen Erträge den Erben zuzurechnen sind. Dies konnte für die Erben den Vorteil haben, dass aufgrund der Vertragslaufzeit und des Alters des Erblassers nur der hälftige Unterschiedsbetrag steuerlich erfasst wurde. Allerdings verstieß diese Art der Ertragszuordnung gegen des Zu- und Abflussprinzip, da die Erträge insgesamt erst nach dem Tod den Erben zufließen. Aus diesem Grund hat die FinVerw[3] ihre Auffassung geändert. Die den Erben nach dem 1.1.2013[4] aufgrund des Versterbens des Zulageberechtigten zufließenden Erträge sind nur diesen zuzurechnen. Eine Aufteilung zwischen Erblasser und Erben erfolgt zutreffenderweise nicht.

1917

---

[1] Eine schädliche Verwendung ist allerdings nicht gegeben, wenn das geförderte Altersvorsorgevermögen auf den Vertrag des überlebenden Ehegatten/Lebenspartner eingezahlt wird (Rn. 1811).
[2] BMF-Schreiben vom 31.3.2010, BStBl 2010 I S. 270 Rn. 188.
[3] BMF-Schreiben vom 24.7.2013, BStBl 2013 I S. 1022 Rn. 219.
[4] BMF-Schreiben vom 24.7.2013/13.1.2014, BStBl 2013 I S. 1022/BStBl 2014 I S. 97 Rn. 425.

Teil D: Besteuerung von Altersbezügen

1918　**BEISPIEL 1** ▶ (Vertragskündigung in der Ansparphase):

A kündigt vor dem Ende der Ansparphase seinen Altersvorsorgevertrag (Banksparplan). Im Zeitpunkt der Kündigung hat er sein 60. Lebensjahr noch nicht vollendet. Sein steuerlich gefördertes Altersvorsorgekapital setzt sich wie folgt zusammen:

Eigenbeiträge	25 000 €
Summe der Zulagen	15 000 €
Erträge	20 000 €
Altersvorsorgekapital	60 000 €

A hat neben den Zulagen aufgrund des zusätzlichen Sonderausgabenabzugs noch eine gesondert festgestellte Steuerermäßigung i. H. v. 1 000 € erhalten.

Die vorzeitige Vertragskündigung ist eine schädliche Verwendung i. S. d. § 93 EStG. A hat die steuerliche Förderung i. H. v. 16 000 € (Zulage [15 000 €] + Steuerermäßigung durch den Sonderausgabenabzug [1 000 €]) zurückzuzahlen.

Betrag nach § 22 Nr. 5 Satz 3 EStG

Altersvorsorgevermögen	60 000 €
abzüglich Zulagen	15 000 €
Betrag, auf den § 22 Nr. 5 Satz 2 EStG anzuwenden ist =	45 000 €

Besteuerung nach § 22 Nr. 5 Satz 2 Buchst. c EStG

(Unterschiedsbetrag)

Auszahlungsbetrag	45 000 €
abzüglich Eigenbeiträge	25 000 €
Unterschiedsbetrag	20 000 €

Die im Rahmen der Kapitalauszahlung realisierten Erträge i. H. v. 20 000 € hat er zusammen mit seinen anderen Einkünften zu versteuern (§ 22 Nr. 5 Satz 3 i. V. m. Satz 2 Buchst. c EStG). Eine Anwendung des § 34 EStG erfolgt nicht.

BEISPIEL 2 ▶ (Vertragskündigung während der Auszahlungsphase):

Sachverhalt wie Beispiel 1. Seit dem 1. 1. 11 erhält A Altersvorsorgeleistungen aus seinem mehr als 12 Jahre laufenden Altersvorsorgevertrag (Banksparplan). Zum 31. 12. 15 entscheidet er sich, den Vertrag zu kündigen, um eine Weltreise mit dem erlösten Betrag zu unternehmen. Er erhält einen Betrag von 40 000 € von seinem Produktanbieter ausgezahlt. Sein steuerlich gefördertes Altersvorsorgekapital belief sich zu Beginn der Auszahlungsphase auf insgesamt 60 000 € und setzte sich so wie im Beispiel 1 beschrieben zusammen. A hat neben den Zulagen noch eine gesondert festgestellte Steuerermäßigung i. H. v. 1 000 € erhalten.

Die Vertragskündigung ist eine schädliche Verwendung nach § 93 EStG. A hat die auf das ausgezahlte Kapital entfallende steuerliche Förderung zurückzuzahlen (Rückzahlungsverpflichtung) sowie den entsprechenden Anteil der Erträge zu versteuern (§ 22 Nr. 5 Satz 3 EStG).

V. Besteuerung nach § 22 Nr. 5 EStG (Riester-Renten)

Ermittlung der Rückzahlungsverpflichtung

Gesamtkapital zu Beginn der Auszahlungsphase	60 000 €
ausgezahltes Kapital	40 000 €
Verhältnis Auszahlungskapital/Gesamtkapital (40 000 / 60 000 × 100)	66,6 %
Summe der Zulagen	15 000 €
zusätzliche Steuerermäßigung	1 000 €
gesamte steuerliche Förderung	16 000 €
davon 66,6 %	10 666 €
Rückzahlungsverpflichtung	10 666 €

Betrag nach § 22 Nr. 5 Satz 3 EStG

Altersvorsorgevermögen	40 000 €
abzüglich Zulagen (66,6% von 15 000 €)	10 000 €
Betrag, auf den § 22 Nr. 5 Satz 2 EStG anzuwenden ist =	30 000 €

Besteuerung nach § 22 Nr. 5 Satz 2 Buchst. c EStG (Unterschiedsbetrag)

Auszahlungsbetrag	30 000 €
abzüglich Eigenbeiträge (66,6 % von 25 000 €)	16 666 €
Unterschiedsbetrag (§ 22 Nr. 5 Satz 3 i. V. m. Satz 2 Buchst. c EStG)	13 334 €
davon 50 %, weil A bereits das 60. Lebensjahr vollendet hat und der Vertrag eine Laufzeit von mehr als zwölf Jahren hatte	6 667 €

BEISPIEL 3 ▶ (Altersvorsorgevertrag mit Hinterbliebenenabsicherung im Erbfall):

A hat einen Altersvorsorgevertrag mit einer zusätzlichen Hinterbliebenenabsicherung abgeschlossen. Er gehört während der gesamten Vertragslaufzeit zum begünstigten Personenkreis und hat die erforderlichen Sparbeiträge zugunsten des Vertrages erbracht. Zum 31. 12. 10 verstirbt er und hinterlässt eine Ehefrau und eine aus der Hinterbliebenenabsicherung des Altersvorsorgevertrags begünstigte Tochter. Weitere Erben sind nicht vorhanden. Aus dem Altersvorsorgevertrag erhalten die Erben (Ehefrau und Tochter) insgesamt einen Betrag i. H. v. 60 000 €. Die Erben entscheiden sich, das Kapital in einen Altersvorsorgevertrag zugunsten der Ehefrau zu investieren. Die Tochter erhält aus der Hinterbliebenenabsicherung eine mtl. Rente i. H. v. 500 €.

Die Rechtsfolgen einer schädlichen Verwendung treten nicht ein, da das ausgezahlte Altersvorsorgekapital in einen Altersvorsorgevertrag zugunsten der Ehefrau investiert wird. Die von der Tochter bezogenen Rentenleistungen unterliegen zu 100 % der nachgelagerten Besteuerung nach § 22 Nr. 5 Satz 1 EStG.

BEISPIEL 4 (Altersvorsorgevertrag mit Hinterbliebenenabsicherung /Zurechnung der Erträge)

Der 60-jährige Steuerpflichtige hat zugunsten eines Altersvorsorgevertrags (zertifizierter Banksparplan) ausschließlich geförderte Beiträge (insgesamt 38 000 €) eingezahlt. Dem Altersvorsorgevertrag wurden Zulagen i. H. v. insgesamt 3 080 € gutgeschrieben. Die Steuerermäßigungen nach § 10a EStG wurden i. H. v. 5 000 € festgestellt. Bevor die Auszahlung beginnt, verstirbt er. Im Zeitpunkt seines Todes am 10.1.2014 beträgt das angesparte Altersvorsorgevermögen 55 000 €. Bis es im Wege der Einmalkapitalauszahlung zur Auszahlung des Altersvorsorgevermögens an die Tochter kommt, beträgt das Vermögen 55 500 €.

Zur Auszahlung gelangen:

Altersvorsorgevermögen	55 500 €
abzüglich Zulagen	3 080 €
abzüglich Steuervorteil	5 000 €
= Auszahlungsbetrag	47 420 €

Betrag nach § 22 Nr. 5 Satz 3 EStG bei der Tochter

Altersvorsorgevermögen	55 500 €
abzüglich Zulagen	3 080 €
=	52 420 €

Auf diesen Betrag ist § 22 Nr. 5 Satz 2 Buchst. c EStG anzuwenden.

maßgebender Betrag	52 420 €
abzüglich Eigenbeiträge	38 000 €
Unterschiedsbetrag	14 420 €

Bei der Tochter unterliegen somit 14 420 € der Besteuerung nach § 22 Nr. 5 Satz 3 i. V. m. Satz 2 Buchst. c EStG. Wäre die bis zum 31.12.2012 geltende Auffassung der FinVerw zur Anwendung gekommen, dann hätte der Erblasser einen Betrag von 6 900 € nach § 22 Nr. 5 Satz 3 EStG versteuern müssen (55 000 € − 3 080 € [Zulagen] − 38 000 € [Eigenbetrag] und davon 50 %). Die Tochter hätte nach § 22 Nr. 5 Satz 3 EStG nur 500 € versteuern müssen.

c) Wohnförderkonto (§ 22 Nr. 5 Satz 4 bis 6 EStG)

aa) Allgemeines

1919 Die geförderten Tilgungsbeiträge, die hierfür gewährten Zulagen sowie der entnommene Altersvorsorge-Eigenheimbetrag werden in einem sog. Wohnförderkonto erfasst (§ 92a Abs. 2 Satz 1 EStG). Das Wohnförderkonto dient der Erfassung des in der Immobilie gebundenen steuerlich geförderten Kapitals.[1]

---

[1] Lindner in: Bausparkassen-Fachbuch 2011/2012, Kapitel 12 Tz. 1.6, S. 551.

V. Besteuerung nach § 22 Nr. 5 EStG (Riester-Renten)

Dieser Wert ist die Grundlage für die spätere nachgelagerte Besteuerung. Es erfolgt somit keine Nutzungswertbesteuerung der Wohnimmobilie, sondern lediglich eine Erfassung des tatsächlich geförderten Betrags. Als Ausgleich für die vorzeitige Nutzung des Altersvorsorgekapitals und zur Gleichstellung mit anderen Riester-Produkten wird der in das Wohnförderkonto eingestellte Betrag in der Ansparphase um jährlich 2 % erhöht (§ 92a Abs. 2 Satz 3 EStG). Diese Erhöhung erfolgt – unabhängig vom Zeitpunkt der Einstellung der entsprechenden Beträge ins Wohnförderkonto – nach Ablauf des jeweiligen Beitragsjahres; letztmals ist sie im Zeitpunkt des Beginns der Auszahlungsphase vorzunehmen.[1] In der Auszahlungsphase erfolgt jedoch keine zweiprozentige Erhöhung mehr.

BEISPIEL: Der am 5.2.1970 geborene Zulageberechtigte hat in seinem zertifizierten Darlehensvertrag mit dem Anbieter vereinbart, dass die Auszahlungsphase am 1.2.2035 beginnt. Das Darlehen wurde im Jahr 2033 vollständig getilgt. Der Gesamtbetrag des Wohnförderkontos am 31.12.2034 beträgt nach der jährlichen Erhöhung um 2 % 30 000 €.

Das Wohnförderkonto wird letztmals zum 1.2.2035 für 2035 um 2 % auf 30 600 € erhöht. Im Fall der jährlichen Teilauflösung (Rz. 1926) ist dieser Betrag in den Veranlagungszeiträumen 2035 bis 2055 i.H.v. 1/21 von 30 600 € = 1 457,14 € zu versteuern. Wählt der Zulageberechtigte die Auflösung des Wohnförderkontos (Rn. 1926) werden im Veranlagungszeitraum 2035 70 % von 30 600 € = 21 420 € versteuert.

Das Wohnförderkonto ist von der ZfA vertragsbezogen zu führen. 1920

Die Einstellung der Tilgungsleistungen in das Wohnförderkonto hat in dem Zeitpunkt zu erfolgen, in dem die Meldung der ZfA über die Steuerverstrickung dieser Tilgungsleistungen (§ 90 Abs. 2 Satz 6 EStG) dem Anbieter vorliegt. Die Zulagen für Tilgungsleistungen sind spätestens in das Wohnförderkonto einzustellen, wenn sie dem Altersvorsorgevertrag gutgeschrieben wurden. Insoweit hat der Anbieter aus Sicht der FinVerw somit einen gewissen Spielraum. Eine Einstellung der Zulagen wäre nämlich auch bereits in dem Zeitpunkt möglich, in dem der Anbieter die Höhe der zur Auszahlung vorgesehenen Zulagen mitgeteilt bekommt. Allerdings kann sich dieser Wert bis zur letztendlichen Zulagenauszahlung theoretisch noch ändern. Vor diesem Hintergrund ist davon auszugehen, dass die Anbieter die Zulage erst in das Wohnförderkonto einstellen werden, wenn die Zulage tatsächlich gewährt wurde. Die spätere Einstellung in das Wohnförderkonto wird sich allerdings i.d.R. nicht bzw. nicht zulasten des Steuerpflichtigen auswirken, da die 2%-Erhöhung der in das 1921

---

[1] BMF-Schreiben vom 24.7.2013/13.1.2014, BStBl 2013 I S. 1022/BStBl 2014 I S. 97 Rn. 165.

Wohnförderkonto eingestellten Beträge unabhängig vom konkreten Zeitpunkt der Zulageneinstellung zum Ende des jeweiligen Beitragsjahres erfolgt. Auswirkungen können sich mithin nur dann ergeben, wenn die Mitteilung über die Zulagegewährung im Altjahr erfolgt, die Zulagenauszahlung jedoch erst im Folgejahr. In diesem Fall wäre die späte Einstellung für den Steuerpflichtigen jedoch positiv.

1922 Ist das Darlehen vollständig getilgt worden und geht nach diesem Zeitpunkt noch eine Zulage beim Anbieter ein, dann kann er diese Zulage unmittelbar an den Zulageberechtigten weiterleiten. Allerdings sind auch diese Zulagen in das Wohnförderkonto einzustellen.

1923 Werden Zulagen für Tilgungsleistungen nach Beginn der Auszahlungsphase – und damit nach vollständiger Tilgung des Darlehens – beantragt und gezahlt, dann können auch diese an den Steuerpflichtigen weitergeleitet werden. Allerdings erfolgt ausnahmsweise keine Erfassung im Wohnförderkonto, sondern es ist vom Anbieter eine Leistung nach § 22 Nr. 5 Satz 1 EStG zu melden. Diese Differenzierung beruht auf dem Gedanken, dass mit Beginn der Auszahlungsphase der aus dem Wohnförderkonto zu besteuernde Betrag bereits berechnet wurde. Eine Neuberechnung – mit den entsprechenden Informationen an die Verfahrensbeteiligten – wäre sehr aufwendig. Dies insbesondere vor dem Hintergrund, dass nach Beginn der Auszahlungsphase i. d. R. nur eine Zulage in Höhe der Grundzulage (154 €) gezahlt werden wird. Die dazugehörigen Tilgungsleistungen sind rückwirkend zum letzten Tag vor Beginn der Auszahlungsphase in das Wohnförderkonto einzustellen. Hieraus können sich allerdings Änderungen auf die steuerlich zu erfassenden Beträge ergeben.

1924 Zahlungen, die nach § 82 Abs. 1 Satz 3 EStG als Tilgungsleistungen gelten, werden in der Regel erst im Zeitpunkt der tatsächlichen Darlehenstilgung einschließlich der zur Tilgung eingesetzten Zulagen und Erträge in das Wohnförderkonto eingestellt (§ 92a Abs. 2 Satz 2 EStG). Dies gilt nicht, wenn vor diesem Zeitpunkt die Selbstnutzung der geförderten Wohnung aufgegeben wurde. In diesem Fall sind die als Tilgungsleistungen behandelten Zahlungen (§ 82 Abs. 1 Satz 3 EStG), die dafür gewährten Zulagen und die entsprechenden Erträge als gefördertes Altersvorsorgevermögen zu behandeln. Wird in diesen Fällen bei einem Altersvorsorgevertrag nach § 1 Abs. 1a Satz 1 Nr. 3 AltZertG das Darlehen nicht mehr wohnungswirtschaftlich i. S. d. § 92a Abs. 1 Satz 1 EStG verwendet, nimmt die FinVerw einen steuerschädlicher Zufluss an. Diese Rechtsfolge kann der Anleger dadurch verhindern, dass das Altersvorsorgevermögen zuvor auf einen anderen Altersvorsorgevertrag übertragen wird.

V. Besteuerung nach § 22 Nr. 5 EStG (Riester-Renten)

Der Zulageberechtigte hat jederzeit die Möglichkeit, den Stand des Wohnförderkontos zu verringern, indem er den entsprechenden Betrag auf einen zertifizierten Altersvorsorgevertrag (Sparvertrag) einzahlt (§ 92a Abs. 2 Satz 4 Nr. 1 EStG).[1] Faktisch handelt es sich hierbei um eine Art Anbieterwechsel. Der Zulageberechtigte überführt das bisher in der Immobilie gebundene steuerlich geförderte Altersvorsorgekapital auf einen anderen zertifizierten Altersvorsorgevertrag. Die Einzahlung auf den neuen Vertrag wird in diesem Fall nicht erneut gefördert, da es sich bereits um gefördertes Altersvorsorgekapital handelt. Die sich hieraus ergebenden Altersleistungen unterliegen der nachgelagerten Besteuerung nach § 22 Nr. 5 Satz 1 EStG. Dies ist steuersystematisch konsequent, da die ursprünglichen Tilgungsbeiträge bzw. der Altersvorsorge-Eigenheimbetrag bereits gefördert wurde und es sich dem Grunde nach lediglich um einen Wechsel des begünstigten „Anlageprodukts" handelt. Wird gefördertes Altersvorsorgevermögen z. B. von einem zertifizierten Banksparplan in eine zertifizierte Rentenversicherung transferiert, dann unterliegen die sich aus der Rentenversicherung insoweit ergebenden Leistungen der nachgelagerten Besteuerung. Auch in diesen Fällen wird auf die im Rahmen des zertifizierten Banksparplans gewährte Förderung abgestellt. Ein vergleichbares System liegt der Umschichtung vom Wohnförderkonto in einen zertifizierten Altersvorsorgevertrag zugrunde.

1925

BEISPIEL: Der Stand des Wohnförderkontos des Zulageberechtigten beträgt 10 000 €. Dieser Betrag setzt sich aus eingestellten Zulagen (4 000 €), Tilgungsleistungen (5 000 €) und dem Erhöhungsbetrag (1 000 €) zusammen. Neben den Zulagen hat der Zulageberechtigte noch einen über die Zulage hinausgehenden Steuervorteil (§ 10a EStG) i. H. v. 800 € erhalten.

Der Zulageberechtigte entscheidet sich, Einzahlungen auf einen zertifizierten Altersvorsorgevertrag zur Minderung seines Wohnförderkontos i. H. v. 5 000 € vorzunehmen. Auf dem Wohnförderkonto verbleiben somit 5 000 €. Auf dem neu abgeschlossenen Altersvorsorgevertrag gehen in den nächsten zehn Jahren keine zusätzlichen Einzahlungen ein. Das angesparte Altersvorsorgevermögen einschließlich der Erträge beläuft sich nach zehn Jahren auf insgesamt 6 100 €. Jetzt verwendet der Zulageberechtigte das geförderte Altersvorsorgevermögen schädlich.

Zur Auszahlung gelangen:

Altersvorsorgevermögen	6 100 €
abzüglich Zulagen	2 000 €
abzüglich Steuervorteil	400 €
= Auszahlungsbetrag	3 700 €

---

[1] Lindner in: Bausparkassen-Fachbuch 2011/2012, Kapitel 12 Tz. 1.6, S. 552.

Betrag nach § 22 Nr. 5 Satz 3 EStG

Altersvorsorgevermögen	6 100 €
abzüglich Zulagen	2 000 €
=	4 100 €
Auf diesen Betrag ist § 22 Nr. 5 Satz 2 Buchst. c EStG anzuwenden.	
maßgebender Betrag	4 100 €
abzüglich eingezahlte Beträge (Tilgungsleistungen)	2 500 €
= Unterschiedsbetrag	1 600 €

Nach § 22 Nr. 5 Satz 2 Buchst. c EStG sind 1 600 € zu versteuern.

Das Wohnförderkonto bleibt von der schädlichen Verwendung unberührt.

1926 Zu Beginn der Auszahlungsphase wird der Saldo des Wohnförderkontos entweder als Einmalbetrag mit 30 % Abschlag[1] oder verteilt bis zum 85. Lebensjahr besteuert.[2] Hat sich der Steuerpflichtige zu Beginn der Auszahlungsphase für eine ratierliche Besteuerung des Standes des Wohnförderkontos entscheiden, dann hat er ab dem 1. 1. 2014 die Möglichkeit innerhalb der Auszahlungsphase jederzeit die Einmalbesteuerung des aktuellen Wohnförderkontostandes zu beantragen. Auch in diesem Fall muss er nur einem um 30 % verminderten Betrag besteuern. Der Beginn der Auszahlungsphase ergibt sich grundsätzlich aus den vertraglichen Vereinbarungen. Er muss zwischen der Vollendung des 60. und des 68. Lebensjahres des Zulageberechtigten liegen (§ 92a Abs. 2 Satz 5 EStG). Der vereinbarte Zeitpunkt kann zwischen Anbieter und Zulageberechtigtem einvernehmlich bis zu Beginn der Auszahlungsphase geändert werden. Soweit der Vertrag keine anders lautende Vereinbarung enthält, gilt als Beginn der Auszahlungsphase die Vollendung des 67. Lebensjahres.

1927 Wird die Selbstnutzung der geförderten Wohnung aufgegeben, handelt es sich grds. um eine schädliche Verwendung. Der Zulageberechtigte hat die Aufgabe der Selbstnutzung demjenigen anzuzeigen, der das Wohnförderkonto führt.[3] In diesen Fällen erfolgt eine unmittelbare Besteuerung des Stands des Wohnförderkontos.[4] Ist der Zulageberechtigte verstorben und wird die Selbstnutzung durch den überlebenden Ehegatten/Lebenspartner nicht fortgesetzt, wird der zu versteuernde Betrag dem Erblasser zugerechnet, der diesen in seiner letzten Einkommensteuererklärung zu versteuern hat (§ 92a Abs. 3 Satz 6 EStG).

---

1 § 22 Nr. 5 Satz 5 i.V. m. § 92a Abs. 2 Satz 6 EStG.
2 § 22 Nr. 5 Satz 4 i.V. m. § 92a Abs. 2 Satz 4 Nr. 2 und Satz 5 EStG.
3 § 92a Abs. 3 Satz 1 und 2 EStG.
4 § 22 Nr. 5 Satz 4 i.V. m. § 92a Abs. 3 Satz 5 EStG.

V. Besteuerung nach § 22 Nr. 5 EStG (Riester-Renten)

Besteht ein Wohnförderkonto, weichen die Rechtsfolgen einer schädlichen Verwendung – Besteuerung des Wohnförderkontos – von denen bei einem „klassischen" Riester-Vertrag ab. Bei den Riester-Sparprodukten erfolgt eine Rückforderung der Zulagen und der gewährten Steuervorteile. Damit berücksichtigt der Gesetzgeber die Besonderheiten des Wohneigentums. Die Rechtsfolgen der schädlichen Verwendung treten ein, wenn der Zulageberechtigte die Selbstnutzung „nicht nur vorübergehend" aufgibt. Dies wird i. d. R. der Fall sein, wenn die Wohnung mehr als ein Jahr nicht mehr von ihm selbst genutzt wird. 1928

Eine schädliche Verwendung wird in den wenigsten Fällen tatsächlich vorliegen, da der Gesetzgeber eine Fülle von Ausnahmen geregelt hat. So unterbleibt eine sofortige Besteuerung, wenn 1929

▶ der Zulageberechtigte einen Betrag in Höhe des Stands des Wohnförderkontos innerhalb eines Jahres (ab 1. 1. 2014: zwei Jahre) vor und von vier Jahren (ab 1. 1. 2014: fünf Jahre) nach Ablauf des Veranlagungszeitraums, in dem die Selbstnutzung aufgegeben wurde, für eine weitere förderfähige Wohnung verwendet (§ 92a Abs. 3 Satz 9 Nr. 1 EStG),

▶ der Zulageberechtigte einen Betrag in Höhe des Stands des Wohnförderkontos innerhalb eines Jahres nach Ablauf des Veranlagungszeitraums, in dem die Selbstnutzung aufgegeben wurde, auf einen zertifizierten Altersvorsorgevertrag zahlt (§ 92a Abs. 3 Satz 9 Nr. 2 EStG),

▶ bei zusammenveranlagten Ehegatten der Ehegatte/Lebenspartner des verstorbenen Zulageberechtigten innerhalb eines Jahres Eigentümer der geförderten Wohnung wird und diese zu eigenen Wohnzwecken nutzt; ausreichend ist insoweit, wenn der Eigentumsanteil des Überlebenden wertmäßig dem im Wohnförderkonto eingestellten Betrag entspricht (§ 92a Abs. 3 Satz 9 Nr. 3 EStG),

▶ die Ehewohnung aufgrund einer richterlichen Entscheidung dem Ehegatten/Lebenspartner des Zulageberechtigten zugewiesen wird (§ 92a Abs. 3 Satz 9 Nr. 4 EStG) oder

▶ wenn die selbstgenutzte Wohnung aufgrund eines beruflich bedingten Umzugs für die Dauer der beruflich bedingten Abwesenheit nicht selbst genutzt wird, der Steuerpflichtige beabsichtigt, die Selbstnutzung wieder aufzunehmen und die Selbstnutzung spätestens mit der Vollendung des 67. Lebensjahres des Steuerpflichtigen wieder aufgenommen wird; wird während der beruflich bedingten Abwesenheit mit einer anderen Person ein Nutzungsrecht vereinbart, muss die Vereinbarung von vornherein entsprechend befristet werden (§ 92a Abs. 4 EStG).

1930 Wie bei einem „klassischen" Riester-Sparprodukt können die Rechtsfolgen einer schädlichen Verwendung auch in der Auszahlungsphase auftreten. Die steuerliche Förderung soll dem Zweck dienen, den Zulageberechtigten beim Aufbau einer lebenslangen Altersversorgung zu unterstützen. Entscheidet sich der Zulageberechtigte dazu, das geförderte Altersvorsorgevermögen für einen anderen Zweck einzusetzen, dann ist eine Rückforderung der Förderung nur konsequent. Eine vergleichbare Regelung wurde auch für die selbstgenutzte Wohnimmobilie vorgesehen. Die steuerlichen Folgen der schädlichen Verwendung in der Auszahlungsphase hängen davon ab, ob sich der Zulageberechtigte für eine jährliche oder eine einmalige nachgelagerte Besteuerung entschieden hat. Im erstgenannten Fall reduziert sich jedes Jahr der Stand des Wohnförderkontos um den nachgelagert besteuerten Betrag. Gibt der Zulageberechtigte die Selbstnutzung auf, dann ist der noch im Wohnförderkonto eingestellte Betrag zu versteuern. Hat er sich für die Einmalbesteuerung entschieden, hat er bis zum zehnten Jahr nach dem Beginn der Auszahlungsphase das Eineinhalbfache der noch nicht besteuerten 30% des Wohnförderkontos zu versteuern, vom elften bis zum zwanzigsten Jahr nach dem Beginn der Auszahlungsphase das Einfache (§ 22 Nr. 5 Satz 6 EStG).[1] Im Falle des Todes des Zulageberechtigten erfolgt nach der Einmalbesteuerung jedoch keine Besteuerung des Restbetrags mehr.

1931–1933 (Einstweilen frei)

bb) Besteuerung nach § 22 Nr. 5 Satz 4 EStG

1934 Entscheidet sich der Steuerpflichtige für eine schrittweise Versteuerung des Wohnförderkontos, dann ist der sich mit Ablauf des Jahres in dem die Auszahlungsphase beginnt ergebende Saldo des Wohnförderkontos auf den Zeitraum bis zur Vollendung des 85. Lebensjahres gleichmäßig zu verteilen. Der sich so ergebende Betrag, um den das Wohnförderkonto jährlich zu reduzieren ist, wird vom Gesetzgeber als Verminderungsbetrag bezeichnet. Dieser Betrag ist nach § 22 Nr. 5 Satz 4 EStG nachgelagert zu besteuern. Er gilt als Leistung nach § 22 Nr. 5 Satz 1 EStG.

1935 Gibt der Zulageberechtigte die Selbstnutzung der geförderten Wohnung nicht nur vorübergehend auf, ist das Wohnförderkonto aufzulösen. Dies gilt auch für den Fall der Aufgabe der Reinvestitionsabsicht i.S.d. § 92a Abs. 3 Satz 9

---

[1] Auch im Hinblick auf die ab 1.1.2014 bestehende Möglichkeit während der gesamten Auszahlungsphase von einer ratierlichen Besteuerung zur Einmalbesteuerung zu wechseln, bleibt es bei den vom Gesetzgeber vorgesehenen Fristen, die ab Beginn der Auszahlungsphase anfangen zu laufen.

V. Besteuerung nach § 22 Nr. 5 EStG (Riester-Renten)

Nr. 1 und 2 in Verbindung mit Satz 10 EStG. Gleiches gilt, wenn der Zulageberechtigte in der Auszahlungsphase stirbt und das Wohnförderkonto noch nicht vollständig zurückgeführt worden ist. Der Auflösungsbetrag (§ 92a Abs. 3 Satz 5 EStG) gilt im Zeitpunkt der Aufgabe der Selbstnutzung als Leistung i. S. d. § 22 Nr. 5 Satz 1 EStG (§ 22 Nr. 5 Satz 4 EStG). Für diesen Auflösungsbetrag ist § 22 Nr. 5 Satz 5 nicht anzuwenden. Dies ist auch konsequent, da der Steuerpflichtige die steuerliche Förderung nicht für seine Alterssicherung eingesetzt hat, ist eine privilegierte steuerliche Erfassung nicht geboten.

Im Falle des Todes des Zulageberechtigten ist der Auflösungsbetrag noch dem Erblasser zuzurechnen, so dass in dessen letzter Einkommensteuererklärung die nachgelagerte Besteuerung vorgenommen wird. 1936

(Einstweilen frei) 1937

cc) Besteuerung nach § 22 Nr. 5 Satz 5 EStG

Entscheidet sich der Steuerpflichtige insbesondere zu Beginn der Auszahlungsphase für die Einmalbesteuerung, dann ist der Stand des Wohnförderkontos im Jahr nach dem Beginn der Auszahlungsphase zu versteuern. Der eingestellte Saldo ist in vollem Umfang „auszubuchen" (§ 92a Abs. 2 Satz 6 EStG = Auflösungsbetrag). Nach § 22 Nr. 5 Satz 5 EStG ist dieser Auflösungsbetrag mit 70 % als Leistung nach § 22 Nr. 5 Satz 1 EStG anzusetzen.[1] Eine über den verminderten Ansatz hinausgehende weitere Progressionsmilderung ist nicht vorgesehen. 1938

Um die Einmalbesteuerung zu nutzen, muss der Zulageberechtigte bei dem Anbieter oder der ZfA die Auflösung des Wohnförderkontos beantragen. Ohne einen solchen Antrag wird der Stand des Wohnförderkontos ab Beginn der Auszahlungsphase auf den Zeitraum bis zur Vollendung des 85. Lebensjahres gleichmäßig verteilt jährlich aufgelöst. 1939

(Einstweilen frei) 1940–1943

dd) Besteuerung nach § 22 Nr. 5 Satz 6 EStG

Gibt der Zulageberechtigte die Selbstnutzung der geförderten Wohnung nach dem Beginn der Auszahlungsphase auf und hatte er sich für die Einmalbesteuerung entschieden, wurde das Wohnförderkonto bereits aufgelöst. Allerdings ist in diesem Fall nach § 22 Nr. 5 Satz 6 EStG der noch nicht erfasste Saldo des Wohnförderkontos noch zu besteuern. Der Besteuerungsumfang ist 1944

---

1 § 22 Nr. 5 Satz 5 i. V. m. § 92a Abs. 2 Satz 6 EStG.

abhängig vom Zeitpunkt der Aufgabe der Selbstnutzung. Wird diese bis zum zehnten Jahr nach dem Beginn der Selbstnutzung aufgegeben, ist das Eineinhalbfache der noch nicht besteuerten 30 % des Wohnförderkontos zu versteuern, vom elften bis zum zwanzigsten Jahr nach dem Beginn der Auszahlungsphase das Einfache (§ 22 Nr. 5 Satz 6 EStG). Im Falle des Todes des Zulageberechtigten erfolgt nach der Einmalbesteuerung jedoch keine Besteuerung des Restbetrags mehr.

ee) Zusammenfassende Beispiele

1945 **BEISPIEL 1** ▸ (Eheleute, zwei Kinder, Ehemann berufstätig):
Die Eheleute Müller wollen sich den Traum von den eigenen vier Wänden verwirklichen und von der neuen Förderung profitieren. Sie entschließen sich daher, jeweils einen Riester-Darlehensvertrag abzuschließen. Herr Müller nimmt ein Darlehen i. H. v. 14 806 € und Frau Müller ein Darlehen i. H. v. 8 294 € auf. Zusammen erhalten sie somit ein Darlehen von 23 100 €. Herr Müller erzielt jährliche beitragspflichtige Einnahmen i. H. v. 52 500 €. Seine Frau kümmert sich um die beiden nach dem 1. 1. 2008 geborenen Kinder. (Aus Vereinfachungsgründen wird unterstellt, dass die Einnahmen konstant bleiben und Frau Müller über den gesamten zu betrachtenden Zeitraum mittelbar begünstigt ist. Außerdem werden die Zulagenzahlungen dem jeweiligen Beitragsjahr zugerechnet, obwohl sie eigentlich erst mit Ablauf des Beitragsjahres beantragt und ausgezahlt werden.) Nach den Vorstellungen der Ehegatten soll der Vertrag von Herrn Müller mit den Eigenbeiträgen und der Grundzulage bespart werden. Auf den Vertrag von Frau Müller sollen hingegen die Grund- und Kinderzulagen fließen. Eigene Beiträge werden von Frau Müller nicht gezahlt, da sie lediglich mittelbar begünstigt ist. Auf den Darlehensvertrag von Herrn Müller gehen somit Jahr für Jahr 1 346 € ein (1 192 € Eigenbeitrag + 154 € Grundzulage). Der Vertrag von Frau Müller wird jährlich mit 754 € bespart (154 € Grundzulage + 600 € Kinderzulage). Nach Ablauf von elf Jahren haben die Müllers ihre Darlehen i. H. v. insgesamt 23 100 € (14 806 € und 8 294 €) getilgt. (Aus Vereinfachungsgründen wurden keine laufenden Verwaltungskosten berücksichtigt. Auch die Zinsen für die Darlehen wurden nicht berücksichtigt, weil diese nicht gefördert werden.) Die Tilgung erfolgte durch Eigenbeiträge von insgesamt 13 112 € (11 × 1 192 €) und Zulagen von insgesamt 9 988 € (11 × 908 €).

Grundannahmen

	Ehemann	Ehefrau	zusammen
Die Eheleute sind verheiratet und haben zwei Kinder			
beitragspflichtiges Einkommen	52 500 €	–	52 500 €
eigener jährlicher Tilgungsbeitrag (4 % des beitragspflichtigen Einkommens, abzüglich der Zulagen: 2 100 € ./. 908 €)	1 192 €	–	1 192 €
Grundzulage (jährlich)	154 €	154 €	308 €

V. Besteuerung nach § 22 Nr. 5 EStG (Riester-Renten)

Kinderzulage (jährlich), zwei Kinderzulagen, die Kinder sind nach dem 31.12.2007 geboren und werden für die gesamte Tilgungsphase berücksichtigt	–	600 €	600 €
Gesamtleistung pro Jahr	1 346 €	754 €	2 100 €

Darlehen			
Darlehenssumme	14 806 €	8 294 €	23 100 €
eigener Anteil an den Tilgungen (jährlich)	1 192 €	–	1 192 €
Zulagen (jährlich)	154 €	754 €	908 €
Gesamtbetrag der jährlichen Tilgung	1 346 €	754 €	2 100 €
Tilgungsdauer	11 Jahre	11 Jahre	11 Jahre
Tilgungen insgesamt	14 806 €	8 294 €	23 100 €

Die aus Eigenbeiträgen und Zulagen bestehenden Darlehenstilgungen der Eheleute Müller werden jährlich ins Wohnförderkonto eingestellt und jeweils am Ende des Jahres um 2 % erhöht. Nach dem Ende der elfjährigen Tilgungsphase beträgt das Wohnförderkonto somit 16 706 € bzw. 9 358 €.

Wohnförderkonto am Ende der Tilgung	Ehemann	Ehefrau	zusammen
Darlehenstilgungen (Eigenbeiträge + Zulagen insgesamt)	14 806 €	8 294 €	23 100 €
jährliche Erhöhung um 2 %	1 900 €	1 064 €	2 964 €
Gesamtstand Wohnförderkonto nach 11 Jahren	16 706 €	9 358 €	26 064 €

Beginnt für die Müllers nach der Rückführung des Darlehens die Auszahlungsphase, haben sie die Wahl, ob sie die Wohnförderkonten i.H.v. insgesamt 26 064 € in einer Summe mit einem Abschlag von 30 % versteuern wollen – d.h. insgesamt somit 18 244 € – oder jedes Jahr 1 447 € (Zeitraum vom Beginn der mit dem Anbieter vereinbarten Auszahlungsphase, hier das 67. Lebensjahr, bis zur Vollendung des 85. Lebensjahres = 18 Jahre). In welchem Umfang auf diese Beträge tatsächlich Steuern anfallen, hängt von der individuellen steuerlichen Situation der Müllers ab. Dabei ist zu berücksichtigen, dass die nachgelagerte Besteuerung erst im Jahr nach Rentenbeginn einsetzt und in der Altersphase der individuelle Steuersatz i.d.R. erheblich geringer ist als in der Erwerbsphase.

Nachgelagerte Besteuerung	Ehemann	Ehefrau	zusammen
Stand Wohnförderkonto	16 706 €	9 358 €	26 064 €
Einmalbesteuerung 70 % (einmalig im Jahr nach Rentenbeginn)	11 694 €	6 550 €	18 244 €
Verteilung über 18 Jahre (jährlich bis zum 85. Lebensjahr)	928 €	519 €	1 447 €

Teil D: Besteuerung von Altersbezügen

Nehmen wir an, die Müllers haben zu Beginn der Auszahlungsphase die Einmalbesteuerung gewählt. Im Jahr nach der Vollendung ihres 67. Lebensjahrs (das war der vertraglich vereinbarte Beginn ihrer Auszahlungsphase) wurden also 70 % des Stands ihrer Wohnförderkonten i. H. v. 26 064 €, das sind 18 244 €, ihrem zu versteuernden Einkommen hinzugerechnet. Im neunten Jahr nach Beginn der Auszahlungsphase beschließen die Müllers, ihr Haus zu verkaufen, in eine Mietwohnung zu ziehen und den Verkaufserlös ihres Hauses für eine Weltreise zu nutzen. Da sie ihr bisher selbstgenutztes Haus und die damit erzielte Mietersparnis nicht mehr für ihre Altersvorsorge nutzen, müssen sie jetzt für das noch in der Immobilie gebundene geförderte Kapital erneut Steuern zahlen. Da sie die Selbstnutzung ihrer Immobilie bereits innerhalb des Zeitraums „bis zum zehnten Jahr nach dem Beginn der Auszahlungsphase" aufgegeben haben, unterliegt das Eineinhalbfache der noch nicht versteuerten 30 % des Stands des Wohnförderkontos der Besteuerung. Das sind 11 730 € (7 820 € x 1,5). Hätten sie ihr Haus in der Zeit vom elften bis zum zwanzigsten Jahr nach Beginn der Auszahlungsphase ohne eine entsprechende Reinvestition verkauft, hätten sie nur den einfachen Betrag der noch nicht versteuerten 30 % des Stands des Wohnförderkontos besteuern müssen. Ab dem einundzwanzigsten Jahr nach Beginn der Auszahlungsphase könnten sie ihr Haus ohne Konsequenzen verkaufen.

Aufgabe der Selbstnutzung nach der Einmalbesteuerung	Ehemann	Ehefrau	zusammen
noch nicht besteuerte 30 % des Wohnförderkontos	5 012 €	2 808 €	7 820 €
zu versteuernder Betrag bei Aufgabe der Selbstnutzung bis zum 10. Jahr nach Beginn der Auszahlungsphase (1,5-facher Betrag)	7 518 €	4 212 €	11 730 €
zu versteuernder Betrag bei Aufgabe der Selbstnutzung vom 11. bis 20. Jahr nach Beginn der Auszahlungsphase (1-facher Betrag)	5 012 €	2 808 €	7 820 €
zu versteuernder Betrag bei Aufgabe der Selbstnutzung ab dem 21. Jahr nach Beginn der Auszahlungsphase	–	–	–

BEISPIEL 2 ▶ (alleinstehend, keine Kinder, berufstätig):

1946 Herr Meier, der Kollege von Herrn Müller, dessen jährliche beitragspflichtige Einnahmen ebenfalls 52 500 € betragen, will sich eine Eigentumswohnung kaufen. Der Grenzsteuersatz von Herrn Meier beträgt 40 %. Zur Finanzierung der Eigentumswohnung will er einen Bausparvertrag nutzen. Da er zum Zeitpunkt des Erwerbs seiner Immobilie noch keinen Bausparvertrag abgeschlossen hat, entscheidet er sich für ein tilgungsfreies Vorfinanzierungsdarlehen und den gleichzeitigen Abschluss eines Bausparvertrags mit einer Bausparsumme von 47 889 €. Wenn der Bausparvertrag zuteilungsreif ist, soll das angesparte Kapital zur Tilgung des Vorfinanzierungsdarlehens genutzt werden, so dass Herr Meier dann nur noch das Bauspardarlehen tilgen muss. Er will außerdem die neue Wohn-Riester-Förderung nutzen. Bereits bei Vertragsabschluss vereinbart Herr Meier mit seiner Bausparkasse unwiderruflich, dass das

V. Besteuerung nach § 22 Nr. 5 EStG (Riester-Renten)

auf dem Bausparvertrag angesparte Kapital bei Erreichen der vereinbarten Darlehenssumme für die Ablösung des Darlehens entnommen wird. Der Bausparvertrag wird mit 1,41 % verzinst. Herr Meier zahlt jährlich den erforderlichen Mindesteigenbeitrag (1 946 €) und erhält die Grundzulage (154 €). Auf den Bausparvertrag gehen somit jährlich insgesamt 2 100 € ein. Außerdem macht er die geleisteten Altersvorsorgebeiträge und den entsprechenden Zulageanspruch im Rahmen seiner Einkommensteuererklärung geltend (§ 10a EStG). Aufgrund seines Grenzsteuersatzes erhält er jährlich einen über die Zulage hinausgehenden Steuervorteil i. H. v. 686 € (2 100 € × 40 % = 840 €, davon bereits in Form der Zulage erhalten 154 €, Restbetrag somit 686 €). Der Steuervorteil wird vom Finanzamt unmittelbar an Herrn Meier überwiesen. Er verwendet diesen zur Finanzierung seines jährlich zu zahlenden Eigenbeitrags, so dass er faktisch nur noch mit 1 260 € jährlich belastet ist (die Vereinfachungsregeln aus Beispiel 1 finden auch hier Anwendung, insbesondere wird unterstellt, dass der Steuervorteil bereits im jeweiligen Beitragsjahr zur Reduzierung des Eigenbeitrags eingesetzt wird, obschon die Überweisung erst im Folgejahr erfolgt). Nach zehn Jahren ist der Bausparvertrag zuteilungsreif und Herr Meier kann sein Vorfinanzierungsdarlehen ablösen und mit der Tilgung des Bauspardarlehens beginnen.

Grundannahmen

Herr Meier ist alleinstehend und hat keine Kinder

beitragspflichtiges Einkommen	52 500 €
Mindesteigenbeitrag (4 % des beitragspflichtigen Einkommens abzüglich Zulage)	1 946 €
zusätzlicher Steuervorteil (jährlich)	686 €
Grundzulage (jährlich)	154 €
Eigenanteil (jährlich)	1 260 €
Gesamtleistung pro Jahr	2 100 €

Sparphase

Spardauer	10 Jahre
Eigenanteil (jährlich)	1 260 €
zusätzlicher Steuervorteil (jährlich)	686 €
Grundzulage (jährlich)	154 €
Einzahlungen insgesamt (10 Jahre x 2 100 €)	21 000 €
Sparzinssatz	1,41 %
Zinsen insgesamt	1 699 €
Gesamtvermögen am Ende der Sparphase = Entnahmebetrag zur Ablösung des Vorfinanzierungsdarlehens	22 699 €

Die auf dem Bausparvertrag von Herrn Meier eingezahlten Eigenbeiträge und Zulagen, die unwiderruflich für die Tilgung des Vorfinanzierungsdarlehens eingesetzt werden müssen, gelten zwar bereits als Tilgungsbeiträge, die Einstellung der Beträge in das Wohnförderkonto erfolgt jedoch erst im Zeitpunkt der Ablösung des Vorfinanzierungsdarlehens. Die Tilgungsleistungen für das Bauspardarlehen werden hingegen jährlich in das Wohnförderkonto eingestellt. In der Ansparphase wird das Wohnförderkonto jährlich um 2 % erhöht, so dass es zu Beginn der Auszahlungsphase, die bei Herrn Meier am Ende der Tilgung des Bauspardarlehens beginnt, 57 516 € beträgt.

Tilgungsphase	
Tilgungsdauer	12 Jahre
Eigenanteil (jährlich)	1 260 €
Grundzulage (jährlich)	154 €
zusätzlicher Steuervorteil (jährlich)	686 €
Tilgungsleistungen – ohne Zinsen – insgesamt (12 × 2 100 €)	25 200 €
Wohnförderkonto	
bei Ablösung des Vorfinanzierungsdarlehens (Eigenbeiträge + Zulagen + Zinsen insgesamt)	22 699 €
Darlehenstilgungen des Bauspardarlehens (Eigenbeiträge + Zulagen insgesamt)	25 200 €
jährliche Erhöhung um 2 %	9 617 €
Gesamtstand Wohnförderkonto zu Beginn der Auszahlungsphase	57 516 €
Zusammenfassung Ansparphase	
zur Immobilienfinanzierung eingesetzt	47 899 €
davon Eigenanteil	27 720 €
davon Zinsen (Bausparvertrag)	1 699 €
davon Grundzulagen	3 388 €
davon zusätzlicher Steuervorteil	15 092 €

Beginnt für Herrn Meier nach der Rückführung des Darlehens die Auszahlungsphase, hat er die Wahl, ob er das Wohnförderkonto i. H. v. insgesamt 57 516 € in einer Summe mit einem Abschlag von 30 % versteuern will – d. h. insgesamt somit 40 261 € – oder jedes Jahr 3 195 € (Zeitraum vom Beginn der mit dem Anbieter vereinbarten Auszahlungsphase, hier das 67. Lebensjahr, bis zur Vollendung des 85. Lebensjahres = 18 Jahre). In welchem Umfang auf diese Beträge tatsächlich Steuern anfallen, hängt von der individuellen steuerlichen Situation bei Herrn Meier ab. Dabei ist zu berücksichtigen, dass die nachgelagerte Besteuerung erst im Jahr nach Rentenbeginn einsetzt und in der Altersphase der individuelle Steuersatz i. d. R. erheblich geringer ist als in der Erwerbsphase.

nachgelagerte Besteuerung	
Stand Wohnförderkonto	57 516 €
Einmalbesteuerung 70 % (einmalig im Jahr nach Rentenbeginn)	40 261 €
Verteilung über 18 Jahre (jährlich bis zum 85. Lebensjahr)	3 195 €

d) Provisionserstattungen bei geförderten Altersvorsorgeverträgen (§ 22 Nr. 5 Satz 8 EStG)

Bei der Vermittlung von zertifizierten Altersvorsorgeverträgen leiten einige Vermittler nach einem bestimmten Zeitablauf Teile der hierfür erhaltenen Provision an ihre Kunden weiter. In diesem Zusammenhang war fraglich, wie diese Provisionserstattungen steuerlich zu behandeln sind, insbesondere, ob es sich dabei um Beitragsrückerstattungen handelt und welche Auswirkungen diese Erstattungen auf die vom Anbieter zu erstellende Bescheinigung nach § 92 EStG haben. 1947

Bei der steuerlichen Berücksichtigung von Versicherungsbeiträgen im Rahmen des Sonderausgabenabzugs hat der BFH mit Urteil vom 2.3.2004[1] entschieden, dass Provisionen, die der Versicherungsvermittler von der Versicherungsgesellschaft erhält und an den Steuerpflichtigen weiterleitet, die Summe der entrichteten Versicherungsbeiträge mindert. Diese Zahlungen an den Steuerpflichtigen sind wie eine Beitragserstattung zu behandeln. Die Provisionen stellen nach Auffassung des BFH keine Sonstigen Einkünfte gemäß § 22 Nr. 3 EStG dar, da es insoweit an einer Leistung fehle. Der Kunde nehme vielmehr nur die Erstattung an, ohne selber eine Leistung zu erbringen.[2] 1948

Auch die Aufwendungen zugunsten eines Altersvorsorgevertrags können nach § 10a Abs. 1 EStG als Sonderausgaben berücksichtigt werden. Insoweit würden für diese Beiträge dem Grunde nach die gleichen Grundsätze gelten wie für andere Sonderausgaben. So sind Sonderausgaben in dem Veranlagungszeitraum abziehbar, in dem sie geleistet worden sind (vgl. § 11 Abs. 2 EStG – sog. „Zufluss-Abflussprinzip"). Sie dürfen allerdings nur dann bei der Ermittlung des Einkommens abgezogen werden, wenn der Steuerpflichtige tatsächlich und endgültig wirtschaftlich belastet ist. Entscheidend ist dabei, ob bereits im Zeitpunkt der Zahlung abgesehen werden kann, dass eine Erstattung erfolgen wird. Ist dies nicht der Fall, ist ein Abzug zunächst möglich. Eine spätere Erstattung wird dann im Erstattungsjahr steuerlich berücksichtigt. Ist dagegen erkennbar, dass eine Erstattung erfolgen wird, ist sofort nur der gekürzte Betrag abziehbar. 1949

Diese Grundsätze lassen sich jedoch nicht einfach auf die steuerliche Berücksichtigung von Altersvorsorgebeiträgen nach § 10a EStG bzw. das Zulageverfahren übertragen. Probleme ergeben sich insbesondere dadurch, dass der Anbieter nicht in jedem Fall Kenntnis vor der Provisionserstattung durch den 1950

---

1 IX R 68/02, BStBl II 2004 S. 506.
2 Vgl. BFH-Urteil vom 2.3.2004, IX R 62/02, BFH/NV 2004 S. 952.

Fondsvermittler hat. Aus diesem Grund wird der Anbieter bei der ZfA für die vom Anleger an ihn geleisteten Beiträge die Altersvorsorgezulage beantragen. Einen Abzug wegen der erfolgten „Beitragsrückerstattung" wird er nicht vornehmen. Außerdem wird er dem Anleger eine Bescheinigung über die geleisteten Altersvorsorgebeiträge ausstellen bzw. die entsprechenden Daten per Datensatz an die Finanzverwaltung übermitteln. Die Berücksichtigung der teilweise erst später vom Fondsvermittler vorgenommenen Provisionserstattung ist insoweit nur eingeschränkt möglich. Kenntnis von den entsprechenden Zahlungsströmen haben in vielen Fällen lediglich der Anleger und der nicht am Förderverfahren unmittelbar beteiligte Fondsvermittler. Kürzt der Anleger im Rahmen seiner Einkommensteuererklärung im Jahr der Erstattung die vom Anbieter bescheinigten übermittelten Altersvorsorgebeiträge, würde dies – entsprechend der o. g. BFH-Rechtsprechung – zwar zu einer zutreffenden Ermittlung des Sonderausgabenabzugs führen, allerdings hat der Anbieter zwischenzeitlich schon einen Zulageantrag bei der ZfA gestellt, ohne eine solche Kürzung vorgenommen zu haben. Damit gehen ZfA und Finanzamt für die Berechnung der Zulage bzw. des Zulageanspruchs von unterschiedlichen Berechnungsgrundlagen aus, die wiederum zu unterschiedlichen Zulagebeträgen führen. Dies führt zu erheblichen Abstimmungsproblemen im Rahmen des nachträglichen Datenabgleichs.

1951   Vor diesem Hintergrund hat der Gesetzgeber im Jahressteuergesetz 2009 geregelt, dass Abschluss- und Vertriebskosten eines zertifizierten Altersvorsorgevertrages, die dem Steuerpflichtigen erstattet werden, der Besteuerung nach § 22 Nr. 5 Satz 8 EStG unterliegen. Dies gilt unabhängig davon, ob der Erstattungsbetrag auf den Altersvorsorgevertrag eingezahlt oder an den Steuerpflichtigen ausgezahlt wird. Die Regelung gilt für Erstattungen, die nach dem 1. 1. 2009 vorgenommen wurden.

1952–1955   (Einstweilen frei)

e) Bescheinigungspflichten (§ 22 Nr. 5 Satz 7 EStG)
Bescheinigungsverpflichteter

1956   Verpflichtet zur Ausstellung der Bescheinigung nach § 22 Nr. 5 Satz 7 EStG ist der Anbieter nach § 80 EStG. Hierzu gehören zum einen die in § 1 Abs. 2 AltZertG (vgl. Rn. 1724 f.) aufgeführten Anbieter zertifizierter Altersvorsorgeverträge (z. B. Versicherungsunternehmen, Genossenschaften, Bausparkassen, Kreditinstitute, Kapitalanlagegesellschaften und Finanzdienstleistungsinstitute), zum anderen die in § 82 Abs. 2 EStG genannten betrieblichen Versorgungseinrichtungen (Direktversicherungen, Pensionsfonds und Pensionskassen).

V. Besteuerung nach § 22 Nr. 5 EStG (Riester-Renten)

Ausstellungszeitpunkt

Eine Bescheinigung ist im Grundsatz immer dann auszustellen, wenn die Höhe des ausgezahlten Betrages von dem im Vorjahr gezahlten Betrag abweicht. Faktisch bedeutet dies, dass der Anbieter die Bescheinigung nach § 22 Nr. 5 Satz 7 EStG jährlich zu erstellen hat, da es i. d. R. aufgrund der sich ändernden Erträge bzw. einer bestehenden Rentendynamisierung jedes Jahr zumindest zu kleinen Abweichungen hinsichtlich der Leistungshöhe kommen wird. Wird allerdings ein Einmalbetrag ausgezahlt, dann ist nur im Jahr der Auszahlung eine Bescheinigung zu erstellen. 1957

Die Ausstellung der Bescheinigung ist bereits ab dem Kalenderjahr 2002 gesetzlich vorgeschrieben. Der entsprechende amtliche Vordruck ist erstmals erst am 8. 4. 2005 veröffentlicht worden. Aufgrund dieser zeitlichen Verschiebung verzichtet die FinVerw auf die Erstellung einer dem amtlichen Vordruck entsprechenden Bescheinigung für Zeiträume vor der erstmaligen Veröffentlichung des amtlichen Vordrucks, wenn der Anbieter dem Leistungsempfänger die zugeflossenen Leistungen in anderer Form schriftlich mitgeteilt hat.[1] In diesen Fällen ist eine erneute Mitteilung durch den Anbieter nach amtlich vorgeschriebenem Vordruck nicht erforderlich. 1958

Die Bescheinigung ist immer erst nach Ablauf des Kalenderjahres auszustellen, in dem das die Mitteilungspflicht auslösende Ereignis vorlag. Das heißt, auch wenn die Bescheinigung wegen einer schädlichen Verwendung – z. B. Kündigung des Vertrages im Januar – auszustellen ist, braucht die Bescheinigung erst mit Ablauf des entsprechenden Kalenderjahres ausgestellt zu werden. 1959

Vordruck

Die Bescheinigung hat **nach** einem amtlichen Vordruck zu erfolgen. Der Vordruck ist somit vom Anbieter entsprechend den amtlichen Vorgaben selbst zu erstellen. Die FinVerw stellt insoweit keine entsprechenden Vordrucke zur Verfügung.[2] Die Ermächtigungsgrundlage für die Herausgabe des Vordrucks ergibt sich aus § 99 Abs. 1 EStG. 1960

Der Vordruck kann vom Anbieter maschinell hergestellt werden. Wichtig ist insoweit, dass vom Inhalt, Aufbau und der Reihenfolge nicht vom amtlichen Vordruck abgewichen wird.[3] Der Vordruck hat das Format DIN A 4. Die FinVerw hat es zugelassen, dass die Bescheinigungen zweiseitig bedruckt werden kön- 1961

---

1 BMF-Schreiben vom 23. 3. 2009, BStBl 2009 I S. 489.
2 Hätte der Gesetzgeber gewollt, dass die FinVerw die Vordrucke zur Verfügung stellt, dann hätte die Bescheinigung auf einem amtlichen Vordruck erstellt werden müssen.
3 BMF-Schreiben vom 17. 12. 2010, BStBl 2011 I S. 6.

nen, außerdem brauchen sie nicht unterschrieben zu werden. Damit der Anleger nicht durch unnötige Informationen zu allen theoretisch möglichen Fallgestaltungen belastet wird, können die Zeilen des Vordrucks, bei denen im Einzelfall keine Leistungen zu bescheinigen sind, einschließlich der zugehörigen Hinweise entfallen.

1962 Die laufenden Nummern für die einzelnen vom Steuerpflichtigen bezogenen Leistungen und die betreffenden Hinweise müssen entsprechend dem amtlichen Vordruck beibehalten werden.[1] Dies ist auch sinnvoll, da in der Anlage R zur Einkommensteuererklärung auf die Nummerierung in der Bescheinigung nach § 22 Nr. 5 Satz 7 EStG verwiesen wird. Dies ist jedoch nur dann eine Hilfe für den Steuerpflichtigen, wenn sich die Nummerierungen nicht von Anbieter zu Anbieter ändern.

1963 Die Bescheinigung betrifft alle Leistungen, die nach § 22 Nr. 5 EStG als sonstige Einkünfte besteuert werden. Erfasst sind demnach neben den kapitalgedeckten auch die umlagefinanzierten Leistungen aus der betrieblichen Altersversorgung.

1964–1967 (Einstweilen frei)

1968 **BEISPIEL 1:** A erhält aus einem zertifizierten Altersvorsorgevertrag ab dem 1. 6. 2010 eine monatliche Rente von 100 €. Die Rente beruht ausschließlich auf geförderten Beiträgen. Die Rente erhöht sich zum 1. 6. 2012 um 10 €.

Da es sich um Einkünfte aus § 22 Nr. 5 EStG handelt, hat der Anbieter dem Steuerpflichtigen eine Bescheinigung nach § 22 Nr. 5 Satz 7 EStG auszustellen. Diese ist mit Beginn des Leistungsbezugs sowie bei jeder Änderung der Höhe auszustellen.

Der Anbieter hat in die Bescheinigung unter der laufenden Nr. 1 folgende Werte einzutragen:

Jahr	2010	2011	2012	2013
Nr. 1	700 €	1 200 €	1 270 €	1 320 €

Da sich die Leistungshöhe in den Jahren 2011 bis 2013 geändert hat, ist der Anbieter verpflichtet, in jedem Jahr eine Bescheinigung nach § 22 Nr. 5 Satz 7 EStG zu erstellen.

1969 **BEISPIEL 2:** A erhält aus einem zertifizierten Altersvorsorgevertrag ab dem 1. 6. 2010 eine mtl. Rente von 100 €. Diese beruht zu 90 % (Verhältnis zu Beginn der Auszahlungsphase) auf geförderten Beiträgen. Die Rente erhöht sich zum 1. 6. 2012 um 10 €.

Mitzuteilen sind nach Nr. 1 und Nr. 4 der Bescheinigung:

Jahr	2010	2011	2012	2013
Nr. 1	630 €	1 080 €	1 143 €	1 188 €
Nr. 4	70 €	120 €	127 €	132 €

---

1 BMF-Schreiben vom 17. 12. 2010, BStBl 2011 I S. 6.

V. Besteuerung nach § 22 Nr. 5 EStG (Riester-Renten)

BEISPIEL 3: Der ledige A hat seinen im Jahr 2005 abgeschlossenen zertifizierten Altersvorsorgevertrag (Rentenversicherung) wie folgt bespart: 1970

geförderte Beiträge	30 000 €
ungeförderte Beiträge	20 000 €
Zulagen	4 000 €
Erträge aus geförderten Beiträgen	7 000 €
Erträge aus ungeförderten Beiträgen	3 000 €
zur Verfügung stehendes Kapital bei Auszahlung	64 000 €

Zu Beginn der Auszahlungsphase (1.5.2015) lässt sich A eine Teilauszahlung i. H. v. 31 000 € auszahlen. Außerdem erhält er eine Rente von mtl. 50 €. Im Jahr 2017 erhält er eine Überschussbeteiligung für 2016 von 10 € ausgezahlt.

Zu Beginn der Auszahlungsphase zur Verfügung stehendes Vermögen	64 000 €
– ungeförderte Beträge	20 000 €
– Erträge aus ungeförderten Beiträgen	3 000 €
Zwischensumme	41 000 €
Ermittlung der zu Beginn der Auszahlungsphase steuerschädlich möglichen Teilkapitalauszahlung	
30 % von 41 000 €	12 300 €
+ ungeförderte Beiträge	20 000 €
+ Erträge aus ungeförderten Beiträgen	3 000 €
Höchstbetrag für steuerunschädliche Teilkapitalauszahlung	35 300 €

Teilauszahlung (31 000 €) führt somit nicht zu einer schädlichen Verwendung (§ 93 EStG).
Steuerliche Behandlung der Kapitalauszahlung:

Auszahlungsbetrag	31 000 €
– ungeförderte Beiträge	20 000 €
– Erträge nicht geförderte Beiträge	3 000 €
verbleiben und zu versteuern	8 000 €
Steuerliche Behandlung der Rente	
gefördertes Kapital (nach Entnahme)	33 000 €
ungefördertes Kapital (nach Entnahme)	0 €
Rente entfällt zu 100 % auf gefördertes Kapital	
steuerpflichtig nach § 22 Nr. 5 Satz 1 EStG somit:	
Kapitalauszahlung	8 000 €
Rentenzahlung mtl. 50 € (d. h. in 2015: 7 × 50 € = 350 €)	350 €
Summe	8 350 €

steuerpflichtig nach § 22 Nr. 5 Satz 2 u. 3 EStG
Erträge 3 000 €
Der Anbieter hat somit Folgendes in die Bescheinigung nach § 22 Nr. 5 Satz 7 EStG aufzunehmen:

Jahr	2015	2016	2017
Nr. 1	8 350 €	600 €	610 €
Nr. 6	3 000 €	0 €	0 €

1971–1977 (Einstweilen frei)

f) Sonderfälle

aa) Versorgungsausgleich (§ 22 Nr. 5 Satz 9 EStG)

1978 Im Versorgungsausgleich besteht die Möglichkeit einer internen und externen Teilung der von den Ehegatten/Lebenspartner aufgebauten Versorgungsanwartschaften. Die interne Teilung soll nach den Vorstellungen des Gesetzgebers der Regelfall sein.[1] § 3 Nr. 55a EStG stellt klar, dass aufgrund einer innerhalb des betreffenden Versorgungssystems vorgenommenen Teilung keine steuerlich nachteiligen Folgen eintreten. Die Übertragung der Anrechte von der ausgleichsverpflichteten auf die ausgleichsberechtigte Person erfolgt steuerfrei. Die Leistungen aus den übertragenen Anrechten gehören bei der ausgleichsberechtigten Person zu den Einkünften, zu denen die Leistungen bei der ausgleichspflichtigen Person gehören würden, wenn die interne Teilung nicht stattgefunden hätte. Die (späteren) Versorgungsleistungen sind daher (weiterhin) Einkünfte aus nichtselbständiger Arbeit (§ 19 EStG) oder aus Kapitalvermögen (§ 20 EStG) oder sonstige Einkünfte (§ 22 EStG). Ausgleichspflichtige Person und ausgleichsberechtigte Person versteuern beide die ihnen jeweils zufließenden Leistungen.

1979 Sofern die Leistungen bei der ausgleichsberechtigten Person nach § 22 Nr. 5 EStG zu besteuern sind, ist für die Besteuerung auf die der ausgleichspflichtigen Person gewährten Förderung abzustellen, soweit diese auf die übertragene Anwartschaft entfällt.[2] Dies regelt § 22 Nr. 5 Satz 9 EStG.[3] Ohne die entsprechende Bestimmung wäre eine solche Besteuerung zumindest fraglich gewesen, da die ausgleichsberechtigte Person selbst keine steuerliche Förderung er-

---

1 Von Beckerath in: Kirchhof, § 3 Rn. 144.
2 Bauschatz in: Korn/Carlé/Stahl/Strahl, § 22 Rn. 149.6.
3 Die Vorschrift wurde eingeführt mit dem Jahressteuergesetz 2010 vom 8. 12. 2010, BGBl 2010 I S. 1768; BStBl 2010 I S. 1394.

halten hat. Nach § 52 Abs. 36 Satz 12 EStG ist außerdem der im Rahmen der internen Teilung entstandene Altersvorsorge- oder Direktversicherungsvertrag der ausgleichsberechtigten Person insoweit zu dem gleichen Zeitpunkt als abgeschlossen zu behandeln,[1] wie derjenige der ausgleichspflichtigen Person.[2] Dies hat insbesondere Bedeutung für die Frage in welchem Umfang das in der übertragenen Anwartschaft enthaltene ungeförderte Altersvorsorgevermögen zu versteuern ist (§ 22 Nr. 5 Satz 2 Buchst. b i.V. m. § 20 Abs. 1 Nr. 6 EStG).

bb) Kapitalübertragungen (§ 22 Nr. 5 Satz 10 EStG)

Wechsel der Arbeitnehmer seinen Beschäftigungsverhältnis, dann hat er unter bestimmten Voraussetzung das Recht, die bei seinem ehemaliger Arbeitgeber aufgebaute betriebliche Altersversorgung auf seinen neuen Arbeitgeber übertragen zu können.[3] § 3 Nr. 55 EStG gewährleistet, dass sich insoweit keine steuerlich nachteiligen Folgen im Zeitpunkt der Übertragung ergeben. Wie bei einer internen Teilung sind die sich aus der übertragenen Anwartschaft ergebenden Leistungen in Bezug auf die Anwendung des § 22 Nr. 5 Satz 1 EStG und § 22 Nr. 5 Satz 2 EStG grundsätzlich so zu besteuern, als ob die Übertragung nicht durchgeführt worden wäre. Dies gilt auch in den Fällen, in denen Anwartschaften aufgrund eines Abkommens mit einer zwischen- oder überstaatlichen Einrichtung übertragen werden (§ 3 Nr. 55e EStG).[4]

1980

(Einstweilen frei)

1981–1990

VI. Besteuerung von Leistungen aus der betrieblichen Altersversorgung

1. Abgrenzung der unterschiedlichen Durchführungswege der betrieblichen Altersversorgung

Im Bereich der betrieblichen Altersversorgung werden fünf verschiedene Durchführungswege unterschieden, die sowohl in der Ansparphase als auch in der Auszahlungsphase unterschiedliche steuerliche Folgen nach sich ziehen.

1991

---

1 Es handelt sich hierbei um eine gesetzliche Fiktion um eine Gleichbehandlung der Beteiligten sicherzustellen (vgl. von Beckerath in: Kirchhof, § 3 Rn. 147).
2 BMF-Schreiben vom 24. 7. 2013, BStBl 2013 I S. 1022 Rn. 414.
3 Von Beckerath in: Kirchhof, § 3 Rn. 140.
4 Bauschatz in: Korn/Carlé/Stahl/Strahl, § 22 Rn. 149.7; zum § 3 Nr. 55e EStG vgl. Heinicke in: Schmidt, § 3 Stichwort „Versorgungsanspruchsübertragung".

a) Direktzusage

1992 Bei einer Direktzusage verpflichtet sich der Arbeitgeber gegenüber dem Arbeitnehmer, ihm im Alter, bei Erwerbsunfähigkeit oder im Todesfall gegenüber den Hinterbliebenen Versorgungsleistungen zu zahlen. Diese können in Form einer Kapitalauszahlung oder in Form von Rentenzahlungen erbracht werden.

1993 Bei der Direktzusage bestehen Rechtsbeziehungen nur zwischen dem Arbeitgeber und dem Arbeitnehmer. D. h. der Arbeitgeber muss dafür Sorge tragen, dass die dem Arbeitnehmer zugesagten Leistungen bei Eintritt des abgesicherten biometrischen Risikos aus dem Betrieb finanzierbar sind.

1994 Aus diesem Grund sieht § 6a EStG vor, dass der bilanzierende Arbeitgeber unter bestimmten Voraussetzungen eine Pensionsrückstellung bilden kann. Durch den möglichen Betriebsausgabenabzug erhält er folglich in der Ansparphase einen Liquiditätsgewinn, den er z. B. nutzen kann, um Beiträge zu einer Rückdeckungsversicherung zu entrichten.

1995 Beim Arbeitnehmer erfolgt in der Ansparphase kein Lohnzufluss und zwar unabhängig davon, ob der Arbeitgeber die Direktzusage auch wirtschaftlich finanziert, oder ob der Arbeitnehmer sich durch Entgeltumwandlung intern an der Finanzierung beteiligt[1] und auch unabhängig davon, ob der Arbeitgeber eine Rückdeckungsversicherung abgeschlossen hat oder nicht. Denn die Forderung aus einer solchen Rückdeckungsversicherung steht nur dem Arbeitgeber zu. Der Arbeitnehmer hat insoweit kein Bezugsrecht.

1996 Kommt es zur Auszahlung von Versorgungsleistungen, sind die Zahlungen an den Arbeitnehmer beim Arbeitgeber Lohnzahlungen (= Betriebsausgaben), von denen der Lohnsteuerabzug nach den persönlichen Merkmalen des Arbeitnehmers vorzunehmen ist. Die nach § 6a EStG gebildete Rückstellung ist sukzessive ertragswirksam wieder aufzulösen.

1997 Dem Arbeitnehmer fließen in der Auszahlungsphase Bezüge i. S. d. § 19 EStG zu. Bei Altersversorgungsleistungen werden ab der Vollendung des 63. Lebensjahres (bei Schwerbehinderung ab dem 60. Lebensjahr) ein Versorgungsfreibetrag und ein Zuschlag zum Versorgungsfreibetrag nach § 19 Abs. 2 EStG gewährt. Außerdem sind die Versorgungsleistungen kranken- und pflegeversicherungspflichtig.

---

1 Beteiligt sich der Arbeitnehmer durch Entgeltumwandlung an der Finanzierung, ist die Entgeltumwandlung jedoch nur bis zu 4 % der Beitragsbemessungsgrenze in der allgemeinen Rentenversicherung sozialversicherungsfrei. Ein Verzicht, der darüber hinausgeht, unterliegt der Sozialversicherungspflicht.

b) Unterstützungskassenzusage

Führt der Arbeitgeber die betriebliche Altersversorgung über eine Unterstützungskasse durch, so verpflichtet er sich ebenfalls gegenüber dem Arbeitnehmer, ihm im Alter, bei Erwerbsunfähigkeit oder im Todesfall gegenüber den Hinterbliebenen Versorgungsleistungen (Kapitalauszahlung, Rente) zu erbringen.   1998

Rechtsbeziehungen bestehen bei der Unterstützungskassenzusage einerseits zwischen dem Arbeitgeber und dem Arbeitnehmer und andererseits zwischen dem Arbeitgeber und der Unterstützungskasse. Der Arbeitnehmer hat allerdings keinen eigenen Rechtsanspruch gegenüber der Unterstützungskasse.   1999

Die Unterstützungskasse ist nach § 1b Abs. 4 BetrAVG eine rechtsfähige Versorgungseinrichtung. Der Arbeitgeber wird Mitglied der Unterstützungskasse bzw. deren Vertragspartner. Je nachdem, ob es sich um eine pauschaldotierte oder um eine rückgedeckte Unterstützungskasse handelt, bestehen für den Arbeitgeber unterschiedliche steuerrechtliche Möglichkeiten, seine Zuwendungen an die Unterstützungskasse zur Finanzierung der zugesagten Versorgungsleistungen als Betriebsausgaben steuerlich geltend zu machen (§ 4d EStG).   2000

Beim Arbeitnehmer erfolgt in der Ansparphase kein Lohnzufluss und zwar unabhängig von der Dotierung der Unterstützungskasse und unabhängig davon, ob der Arbeitgeber die Direktzusage auch wirtschaftlich finanziert, oder ob der Arbeitnehmer sich durch Entgeltumwandlung intern an der Finanzierung beteiligt.[1]   2001

Die Auszahlung der späteren Versorgungsleistungen erfolgt durch die Unterstützungskasse. Diese wird i. d. R. auch die Arbeitgeberpflichten bezüglich des Lohnsteuerabzugs übernehmen.   2002

Dem Arbeitnehmer fließen Bezüge i. S. d. § 19 EStG zu. Bei Altersversorgungsleistungen werden ab der Vollendung des 63. Lebensjahres (bei Schwerbehinderung ab dem 60. Lebensjahr) ein Versorgungsfreibetrag und ein Zuschlag zum Versorgungsfreibetrag nach § 19 Abs. 2 EStG gewährt. Außerdem sind die Versorgungsleistungen kranken- und pflegeversicherungspflichtig.   2003

---

[1] Beteiligt sich der Arbeitnehmer durch Entgeltumwandlung an der Finanzierung, ist die Entgeltumwandlung jedoch nur bis zu 4 % der Beitragsbemessungsgrenze in der allgemeinen Rentenversicherung sozialversicherungsfrei. Ein Verzicht, der darüber hinausgeht, unterliegt der Sozialversicherungspflicht.

c) Pensionskasse

2004 Erfolgt die betriebliche Altersversorgung über eine Pensionskasse, erteilt der Arbeitgeber dem Arbeitnehmer eine entsprechende Zusage und verpflichtet sich, auf das Leben des Arbeitnehmers bei der Pensionskasse eine Lebensversicherung abzuschließen bzw. dem Arbeitnehmer die Mitgliedschaft in der Pensionskasse zu ermöglichen. Als Versorgungsleistungen sind rechtlich sowohl Kapitalauszahlungen als auch Rentenzahlungen bzw. Auszahlungspläne mit Restkapitalverrentung nach § 1 AltZertG möglich.

2005 Rechtsbeziehungen bestehen in diesem Fall zwischen dem Arbeitgeber und dem Arbeitnehmer, zwischen der Pensionskasse und dem Arbeitgeber und zwischen der Pensionskasse und dem Arbeitnehmer. Denn in diesem Fall erhält der Arbeitnehmer einen eigenen Rechtsanspruch gegenüber der Pensionskasse.

2006 Rechtlich zur Beitragszahlung verpflichtet ist der Arbeitgeber und zwar unabhängig davon, ob er die Beiträge auch wirtschaftlich trägt oder ob der Arbeitnehmer sich durch Entgeltumwandlung an der Beitragszahlung beteiligt. Die Beiträge an die Pensionskasse sind beim Arbeitgeber in der geleisteten Höhe als Betriebsausgaben abziehbar.

2007 Da der Arbeitnehmer bereits in der Ansparphase einen eigenen Rechtsanspruch gegenüber der Pensionskasse erwirbt, führen die Beiträge des Arbeitgebers zum Lohnzufluss beim Arbeitnehmer, sind je nach steuerlicher Behandlung aber pauschal zu versteuern oder steuer- und ggf. sozialversicherungsfrei (vgl. hierzu Rn. 2161 ff.). Neben den Arbeitgeberbeiträgen sieht § 1 Abs. 2 Nr. 4 BetrAVG die Möglichkeit vor, dass der Arbeitnehmer auch Eigenbeiträge zur Finanzierung der betrieblichen Versorgungszusage erbringen kann. Diese erfolgen aus dem versteuerten Einkommen des Arbeitnehmers, können aber unter bestimmten Voraussetzungen nach § 10a und Abschn. XI EStG förderfähig sein (vgl. hierzu Rn. 1710 ff.).

2008 Tritt der Versorgungsfall ein, erfolgt die Zahlung durch die Pensionskasse. Da bereits die Beiträge zum Lohnzufluss beim Arbeitnehmer geführt haben, entstehen im Zusammenhang mit den Versorgungsleistungen keine lohnsteuerlichen Pflichten mehr. Der Arbeitnehmer erzielt vielmehr Einkünfte nach § 22 Nr. 5 EStG.

d) Pensionsfonds

2009 Der betriebliche Durchführungsweg Pensionsfonds ist durch das AVmG zum 1.1.2002 neu geschaffen worden. Hier erteilt der Arbeitgeber dem Arbeitnehmer eine Versorgungszusage und trifft mit dem Pensionsfonds eine vertragliche Vereinbarung über die Leistungserbringung an den Arbeitnehmer. Es dürfen insoweit nur Leistungen nach § 1 AltZertG vereinbart werden.

Rechtsbeziehungen bestehen in diesem Fall zwischen dem Arbeitgeber und dem Arbeitnehmer, zwischen dem Pensionsfonds und dem Arbeitgeber und zwischen dem Pensionsfonds und dem Arbeitnehmer. Der Arbeitnehmer erhält einen eigenen Rechtsanspruch gegenüber dem Pensionsfonds. 2010

Rechtlich zur Beitragszahlung verpflichtet ist – wie bei der Pensionskasse – der Arbeitgeber, unabhängig davon, ob er die Beiträge auch wirtschaftlich trägt oder ob der Arbeitnehmer sich durch Entgeltumwandlung an der Beitragszahlung beteiligt. Die Beiträge an den Pensionsfonds sind beim Arbeitgeber in der geleisteten Höhe als Betriebsausgaben abziehbar. 2011

Da der Arbeitnehmer bereits in der Ansparphase einen eigenen Rechtsanspruch gegenüber dem Pensionsfonds erwirbt, führen die Beiträge des Arbeitgebers zum Lohnzufluss beim Arbeitnehmer, sind je nach steuerlicher Behandlung aber steuer- und ggf. sozialversicherungsfrei (vgl. hierzu Rn. 2171 ff.). Neben den Arbeitgeberbeiträgen sieht § 1 Abs. 2 Nr. 4 BetrAVG die Möglichkeit vor, dass der Arbeitnehmer auch Eigenbeiträge zur Finanzierung der betrieblichen Versorgungszusage erbringen kann. Diese erfolgen aus dem versteuerten Einkommen des Arbeitnehmers, können aber unter bestimmten Voraussetzungen nach § 10a und Abschn. XI EStG förderfähig sein (vgl. hierzu Rn. 1710 ff.). 2012

Tritt der Versorgungsfall ein, erfolgt die Zahlung durch den Pensionsfonds. Da bereits die Beiträge zum Lohnzufluss beim Arbeitnehmer geführt haben, entstehen im Zusammenhang mit den Versorgungsleistungen keine lohnsteuerlichen Pflichten mehr. Der Arbeitnehmer erzielt vielmehr Einkünfte nach § 22 Nr. 5 EStG. 2013

e) Direktversicherung

Wird die betriebliche Altersversorgung über eine Direktversicherung durchgeführt, schließt der Arbeitgeber eine Lebensversicherung auf das Leben des Arbeitnehmers ab und räumt dem Arbeitnehmer oder seinen Hinterbliebenen das Bezugsrecht für die spätere Kapitalauszahlung oder die Rentenleistungen ein. 2014

Rechtsbeziehungen bestehen zwischen dem Arbeitgeber und dem Arbeitnehmer, zwischen dem Direktversicherungsunternehmen und dem Arbeitgeber und zwischen dem Direktversicherungsunternehmen und dem Arbeitnehmer. 2015

Der Arbeitnehmer erhält einen eigenen Rechtsanspruch gegenüber dem Direktversicherungsunternehmen.

2016 Rechtlich zur Beitragszahlung verpflichtet ist – wie bei der Pensionskasse und dem Pensionsfonds – der Arbeitgeber, unabhängig davon, ob er die Beiträge auch wirtschaftlich trägt oder ob der Arbeitnehmer sich durch Entgeltumwandlung an der Beitragszahlung beteiligt. Die Beiträge an das Direktversicherungsunternehmen sind beim Arbeitgeber in der geleisteten Höhe als Betriebsausgaben abziehbar.

2017 Da der Arbeitnehmer bereits in der Ansparphase einen eigenen Rechtsanspruch gegenüber dem Direktversicherungsunternehmen erwirbt, führen die Beiträge des Arbeitgebers zum Lohnzufluss beim Arbeitnehmer, sind je nach steuerlicher Behandlung aber pauschal zu versteuern oder steuer- und ggf. sozialversicherungsfrei (vgl. hierzu Rn. 2181 ff.). Neben den Arbeitgeberbeiträgen sieht § 1 Abs. 2 Nr. 4 BetrAVG die Möglichkeit vor, dass der Arbeitnehmer auch Eigenbeiträge zur Finanzierung der betrieblichen Versorgungszusage erbringen kann. Diese erfolgen aus dem versteuerten Einkommen des Arbeitnehmers, können aber unter bestimmten Voraussetzungen nach § 10a und Abschn. XI EStG förderfähig sein (vgl. hierzu Rn. 1710 ff.).

2018 Tritt der Versorgungsfall ein, erfolgt die Zahlung durch das Direktversicherungsunternehmen. Da bereits die Beiträge zum Lohnzufluss beim Arbeitnehmer geführt haben, entstehen im Zusammenhang mit den Versorgungsleistungen keine lohnsteuerlichen Pflichten mehr. Der Arbeitnehmer erzielt vielmehr Einkünfte nach § 22 Nr. 5 EStG.

2019–2025 (Einstweilen frei)

2. Allgemeine Anforderungen an die Anerkennung betrieblicher Altersversorgung

2026 Betriebliche Altersversorgung liegt vor, wenn dem Arbeitnehmer anlässlich seines Arbeitsverhältnisses vom Arbeitgeber Leistungen zur Absicherung mindestens eines biometrischen Risikos (Alter, Tod, Invalidität) zugesagt werden und die Leistungen erst mit dem Eintritt des biologischen Ereignisses fällig werden (§ 1 BetrAVG). Die dargestellten Anforderungen gelten grundsätzlich unabhängig vom gewählten Durchführungsweg und unabhängig davon, ob die betriebliche Altersversorgung arbeitgeberfinanziert ist oder vom Arbeitnehmer über eine Entgeltumwandlung oder – bei externen Durchführungswegen – über Eigenbeträge i. S. d. § 1 Abs. 2 Nr. 4 BetrAVG finanziert wird.

2027 Biometrisches Risiko ist

VI. Besteuerung von Leistungen aus der betrieblichen Altersversorgung

▶ bei der Altersversorgung das altersbedingte Ausscheiden aus dem Arbeitsverhältnis.

Als Untergrenze für betriebliche Altersversorgungsleistungen gilt im Regelfall das 60. Lebensjahr. Ausnahmen sind nur denkbar, wenn Versorgungsleistungen aufgrund berufsspezifischer Ausnahmefälle schon vor dem 60. Lebensjahr üblich sind. Ob solche Ausnahmefälle (berufsspezifische Besonderheiten) vorliegen, ergibt sich aus einem Gesetz, einem Tarifvertrag oder einer Betriebsvereinbarung (= abschließende Aufzählung). Bei einzelvertraglichen Vereinbarungen, die eine Auszahlung vor dem 60. Lebensjahr vorsehen, handelt es sich folglich nicht um betriebliche Altersversorgung. Unschädlich ist – bei den Durchführungswegen Pensionskasse, Pensionsfonds, Direktversicherung[1] –, wenn der Arbeitnehmer im Zeitpunkt der Auszahlung der Versorgungsleistungen das 60. Lebensjahr erreicht, seine berufliche Tätigkeit aber noch nicht beendet hat. Außerdem ist zu beachten, dass die Untergrenze für das altersbedingte Ausscheiden aus dem Erwerbsleben von 60 Lebensjahren im Fall einer arbeitgeberfinanzierten betrieblichen Altersversorgung nur für solche Versorgungsordnungen gilt, die nach dem 16. 9. 2002 in Kraft getreten sind.[2] Für Versorgungszusagen, die nach dem 31. 12. 2011 erteilt werden, tritt an die Stelle des 60. Lebensjahres regelmäßig das 62. Lebensjahr. Diese Änderung trägt dem Umstand Rechnung, dass der Gesetzgeber mit dem RV-Altersgrenzenanpassungsgesetz vom 20. 4. 2007 die Altersgrenzen in den gesetzlichen Rentenversicherungen heraufgesetzt und in der Gesetzesbegründung gefordert hat, dass dies entsprechend auf andere Altersversorgungssysteme übertragen wird.[3]

▶ bei der Hinterbliebenenversorgung der Tod des Arbeitnehmers.

Die Hinterbliebenenversorgung umfasst Leistungen an den Ehegatten des verstorbenen Arbeitnehmers, die steuerlich zu berücksichtigenden Kinder (ohne auf die Höhe der eigenen Einkünfte und Bezüge des Kindes abzustellen), den früheren Ehegatten, den eingetragenen Lebenspartner und an den Lebensgefährten/die Lebensgefährtin des Arbeitnehmers.[4]

---

[1] BMF-Schreiben vom 24. 7. 2013, BStBl 2013 I S. 1022; Rz. 286.
[2] BMF-Schreiben vom 5. 8. 2002, BStBl 2002 I S. 767; vgl. hierzu auch Niermann/Risthaus, DB Beilage Nr. 2/2005, S. 51.
[3] BGBl I 2007 S. 554; vgl. auch BT-Drucks. 16/3794 vom 12. 12. 2006, S. 31 unter „IV. Zusätzliche Altersvorsorge".
[4] BMF-Schreiben vom 24. 7. 2013, BStBl 2013 I S. 270; Rz. 287.

Teil D: Besteuerung von Altersbezügen

Kinder

Als Kind kann auch ein im Haushalt des Arbeitnehmers auf Dauer aufgenommenes Kind begünstigt werden, welches in einem Obhuts- und Pflegeverhältnis zu ihm steht nicht die Voraussetzungen des § 32 EStG zu ihm erfüllt und in der Versorgungsvereinbarung namentlich genannt ist. Die namentliche Nennung ist auch dann erforderlich, wenn die Voraussetzungen des § 32 EStG für dieses Kind nur beim ebenfalls im Haushalt des Arbeitnehmers lebenden Ehegatten oder Lebenspartners erfüllt sind (Pflegekind/Stiefkind und faktisches Stiefkind). Dabei ist es – anders als bei der Gewährung von staatlichen Leistungen – unerheblich, dass ggf. noch ein Obhuts- und Pflegeverhältnis zu dem anderen leiblichen Elternteil des Kindes besteht. Entsprechendes gilt, wenn ein Enkelkind auf Dauer im Haushalt der Großeltern aufgenommen und versorgt wird. Bei Versorgungszusagen, die vor dem 1.1.2007 erteilt wurden, sind für das Vorliegen einer begünstigten Hinterbliebenenversorgung weiterhin die Altersgrenzen des § 32 EStG in der bis zum 31.12.2006 geltenden Fassung (27. Lebensjahr) maßgebend.

Eingetragene Lebenspartner

Bei Partnern einer eingetragenen Lebenspartnerschaft besteht die Besonderheit, dass sie einander gesetzlich zum Unterhalt verpflichtet sind (§ 5 Lebenspartnerschaftsgesetz). Insoweit liegt eine mit der zivilrechtlichen Ehe vergleichbare Partnerschaft vor. Weiterer Voraussetzungen zur Anerkennung als begünstigte Hinterbliebenenversorgung bedarf es daher nicht.

Lebensgefährten

Handelt es sich um eine andere Form der nichtehelichen Lebensgemeinschaft reicht es zur Anerkennung als begünstigte Hinterbliebenenversorgung aus, wenn neben der namentlichen Benennung des Lebensgefährten in der schriftlichen Vereinbarung gegenüber dem Arbeitgeber auch versichert wird, dass eine gemeinsame Haushaltsführung besteht. Es reicht in diesen Fällen aus, wenn dem Arbeitgeber spätestens zu Beginn der Auszahlungsphase der Hinterbliebenenleistung eine schriftliche Versicherung des Arbeitnehmers vorliegt.

Pauschalversteuerung

Die vorstehende Einschränkung des Personenkreises bei der Hinterbliebenenversorgung gilt nicht für die Pauschalbesteuerung von Beiträgen an Direktversicherungen im Rahmen des § 40b EStG. Hier kann eine beliebige

Person als Bezugsberechtigte für den Fall des Todes des Arbeitnehmers benannt werden.[1]
▶ bei der Invaliditätsversorgung der Invaliditätseintritt.
Auf den Invaliditätsgrad kommt es dabei nicht an.[2]

Die Vereinbarung über eine betriebliche Altersversorgung ist mit ihren einzelnen Komponenten aus steuerlicher Sicht grundsätzlich als Einheit anzusehen. Werden mehrere der vorstehenden biometrischen Risiken (Alter, Tod, Invalidität) abgesichert, ist die gesamte Vereinbarung nicht mehr als betriebliche Altersversorgung anzuerkennen, wenn für eines dieser Risiken die jeweiligen Vorgaben nicht beachtet werden.[3]

2028

Eine getrennte Beurteilung der einzelnen abgesicherten Risiken kommt allenfalls in Betracht, wenn es sich nicht um eine einheitliche, sondern um mehrere Teil-Versorgungszusagen handelt. Anhaltspunkt hierfür ist die gleichzeitige Absicherung der einzelnen biometrischen Risiken in verschiedenen Durchführungswegen (z. B. Alter über Direktversicherung und Tod über Pensionskasse). Entsprechendes gilt bei vollkommen getrennt voneinander finanzierten Versorgungsblöcken.[4]

2029

Keine betriebliche Altersversorgung liegt vor, wenn über die vorstehenden Regelungen zur Hinterbliebenenversorgung hinaus zwischen Arbeitnehmer und Arbeitgeber die Vererblichkeit von Anwartschaften vereinbart ist. Das gilt auch, wenn bei einer vereinbarten Rentengarantiezeit die Auszahlung an Personen, die nicht zum Kreis der Begünstigten bei der Hinterbliebenenversorgung gehören, vorgesehen ist. Lediglich die Möglichkeit, ein einmaliges angemessenes Sterbegeld (bis zu 8 000 €) an eine beliebige Person zu zahlen, führt nicht zur Versagung der Anerkennung der betrieblichen Altersversorgung. Ist die Auszahlung der garantierten Leistungen nach dem Tod des Berechtigten hingegen ausschließlich an Hinterbliebene im engeren Sinne (vgl. Rn. 2027) möglich, ist die vereinbarte Rentengarantiezeit nach Auffassung der FinVerw ausnahmsweise unschädlich. Eine Option zur Einmal- oder Teilkapitalauszahlung (vgl. Rn. 2068 ff.) ist in diesem Fall aber nicht mehr möglich. Es handelt sich vielmehr nur dann um unschädliche Zahlungen nach dem Tod des Berechtigten, wenn die garantierte Rente in unveränderter Höhe (einschließlich Dynamisierungen) an die versorgungsberechtigten Hinterbliebenen im engeren

2030

---

1 BMF-Schreiben vom 24. 7. 2013, BStBl 2013 I S. 1022; Rz. 288.
2 BMF-Schreiben vom 24. 7. 2013, BStBl 2013 I S. 1022; Rz. 286.
3 BMF-Schreiben vom 24. 7. 2013, BStBl 2013 I S. 1022; Rz. 284af.
4 Gl. A. Niermann/Risthaus, DB Beilage Nr. 2/2005 S. 51.

Sinne weiter gezahlt wird. Die Zusammenfassung von bis zu 12 Monatsleistungen in einer Auszahlung sowie die gesonderte Auszahlung der zukünftig in der Auszahlungsphase anfallenden Zinsen und Erträge sind dabei möglich. Aus der Sicht der FinVerw ist es im Fall der Witwe/des Witwers oder der Lebensgefährtin/des Lebensgefährten nicht zu beanstanden, wenn anstelle der Zahlung der garantierten Rentenleistung in unveränderter Höhe das im Zeitpunkt des Todes des Berechtigten noch vorhandene „Restkapital" ausnahmsweise lebenslang verrentet wird.

2031 Auch Vereinbarungen, nach denen Arbeitslohn gutgeschrieben und ohne Abdeckung eines biometrischen Risikos zu einem späteren Zeitpunkt (z. B. bei Ausscheiden aus dem Arbeitsverhältnis) ggf. mit Wertsteigerung ausgezahlt werden soll, sind nicht dem Bereich der betrieblichen Altersversorgung zuzuordnen. Entsprechendes gilt, wenn von vornherein eine Abfindung der Versorgungsanwartschaft zu einem bestimmten Zeitpunkt oder bei Vorliegen bestimmter Voraussetzungen vereinbart ist, und dadurch nicht mehr von der Absicherung eines biometrischen Risikos ausgegangen werden kann. Allein die Möglichkeit einer Beitragserstattung einschließlich der gutgeschriebenen Erträge für den Fall des Ausscheidens aus dem Arbeitsverhältnis vor Erreichen der gesetzlichen Unverfallbarkeit und/oder für den Fall des Todes vor Ablauf einer arbeitsrechtlich vereinbarten Wartezeit sowie der Abfindung einer Witwenrente/Witwerrente für den Fall der Wiederheirat führen noch nicht zur Versagung der Anerkennung der betrieblichen Altersversorgung. Derartige Vereinbarungen sind also unschädlich. Ebenfalls unschädlich ist die Abfindung unverfallbarer Anwartschaften bei Beendigung oder während des bestehenden Arbeitsverhältnisses.[1]

2032 Außerdem handelt es sich nicht (mehr) um betriebliche Altersversorgung, wenn z. B. mit Bezug des Vorruhestandsgeldes die Arbeitnehmereigenschaft endet; allerdings können die steuerlichen Vergünstigungen (Steuerfreiheit nach § 3 Nr. 63 EStG; Pauschalbesteuerung nach § 40b EStG) in der Zeit des Vorruhestands weiter angewendet werden, wenn es sich um die Fortführung einer betrieblichen Altersversorgung aus der aktiven Beschäftigungszeit handelt.[2]

2033 Betriebliche Altersversorgung liegt ebenfalls nicht vor, wenn der Arbeitgeber oder eine Versorgungseinrichtung einem nicht bei ihm beschäftigten Ehegatten des Arbeitnehmers eigene Versorgungsleistungen zur Absicherung seiner

---

1 BMF-Schreiben vom 24. 7. 2013, BStBl 2013 I S. 1022; Rz. 289.
2 BFH, Urteil vom 7. 7. 1972, VI R 116/69, BStBl 1972 II S. 890.

biometrischen Risiken (Alter, Tod, Invalidität) verspricht. Es liegt insoweit keine Versorgungszusage aus Anlass eines Arbeitsverhältnisses zwischen dem Arbeitgeber und dem Ehegatten vor (§ 1 BetrAVG).[1]

Bei sog. Altzusagen (= Versorgungszusagen, die vor dem 1. 1. 2005 erteilt wurden; zu den Einzelheiten vgl. Rn. 2101 ff.), wird es von der FinVerw aus Vertrauensschutzgründen nicht beanstandet, wenn in den Versorgungsordnungen – abweichend von den vorstehenden Grundsätzen – die Möglichkeit einer Elternrente oder der Beitragserstattung einschließlich der gutgeschriebenen Erträge im Fall des Versterbens vor Erreichen der Altersgrenze an den überlebenden Ehegatten, die steuerlich zu berücksichtigenden Kinder oder den Lebensgefährten des Arbeitnehmers vorgesehen ist. Für Versorgungszusagen, die nach dem 31. 12. 2004 (Neuzusagen, zu den Einzelheiten vgl. Rn. 2101 ff.) aufgrund von Versorgungsordnungen erteilt werden, die diese Voraussetzungen nicht erfüllen, ist hingegen aus steuerlicher Sicht nicht mehr von betrieblicher Altersversorgung auszugehen.[2]

(Einstweilen frei)

3. Finanzierungsformen der betrieblichen Altersversorgung

a) Arbeitgeberfinanzierung

Wird die betriebliche Altersversorgung durch den Arbeitgeber finanziert, bedeutet dies, dass der Arbeitgeber dem Arbeitnehmer zusätzlich zu den bereits bestehenden Lohn- oder Gehaltsansprüchen und ggf. Sachleistungen eine Zusage über betriebliche Versorgungsleistungen im Alter, bei Tod oder bei Invalidität erteilt und die Finanzierung sicherstellt. Das heißt im Ergebnis, dass sich die Gesamtansprüche des Arbeitnehmers dadurch erhöhen. Ob es zu einem zusätzlichen Lohnzufluss kommt, ist allerdings vom gewählten Durchführungsweg abhängig (vgl. insoweit Rn. 2156 ff.).

b) Entgeltumwandlung

aa) Voraussetzungen

Eine durch Entgeltumwandlung finanzierte betriebliche Altersversorgung liegt nach BetrAVG vor, wenn Arbeitgeber und Arbeitnehmer vereinbaren, künftige Arbeitslohnansprüche des Arbeitnehmers in eine wertgleiche Anwartschaft

---

[1] BMF-Schreiben vom 24. 7. 2013, BStBl 2013 I S. 1022; Rz. 285.
[2] BMF-Schreiben vom 24. 7. 2013, BStBl 2013 I S. 1022; Rz. 290

auf Versorgungsleistungen umzuwandeln (§ 1 Abs. 2 Nr. 3 BetrAVG).[1] Dabei ist es steuerlich zulässig, die erforderliche Wertgleichheit außerhalb versicherungsmathematischer Grundsätze zu berechnen und festzustellen.[2] Steuerlich wird eine Entgeltumwandlung von Arbeitslohn (laufender Arbeitslohn, Einmal- und Sonderzahlungen) zugunsten betrieblicher Altersversorgung auch dann anerkannt, wenn durch die Umwandlungsvereinbarung bereits erdiente, aber noch nicht fällig gewordene Anteile des Arbeitslohns umgewandelt werden. Dies gilt auch dann, wenn eine Einmal- oder Sonderzahlung einen Zeitraum von mehr als einem Jahr betrifft.[3]

2043 Bei einer Gehaltsumwandlung von laufendem Arbeitslohn zugunsten einer betrieblichen Altersversorgung ist es unschädlich, wenn der bisherige ungekürzte Arbeitslohn weiterhin Bemessungsgrundlage für künftige Lohnerhöhungen oder andere Arbeitgeberleistungen (z. B. Weihnachtsgeld, Tantieme, Boni, Jubiläumszuwendungen; = sog. „Schattengehalt") bleibt oder die Gehaltsminderung zeitlich begrenzt wird. Entsprechendes gilt, wenn Arbeitnehmer oder Arbeitgeber die Vereinbarung für künftigen Arbeitslohn einseitig ändern können.[4]

2044–2046 (Einstweilen frei)

bb) Rechtsanspruch auf Entgeltumwandlung

2047 Bis zum 31.12.2001 bestand kein individuellrechtlicher Anspruch auf Entgeltumwandlung zugunsten der betrieblichen Altersversorgung. Der Arbeitgeber konnte grundsätzlich frei darüber entscheiden, ob und in welcher Form er in seinem Betrieb für alle Arbeitnehmer oder nur für bestimmte Arbeitnehmer (z. B. leitende Angestellte) betriebliche Altersversorgung durchführte. Lediglich tarifgebundene Arbeitgeber waren verpflichtet, betriebliche Altersversorgung anzubieten, wenn der für sie maßgebende Tarifvertrag eine solche Verpflichtung vorsah.

2048 Seit dem 1.1.2002 kann der Arbeitnehmer von seinem Arbeitgeber einseitig verlangen, dass von seinen künftigen Entgeltansprüchen bis zu 4 % der Beitragsbemessungsgrenze in der allgemeinen Rentenversicherung – West – durch Entgeltumwandlung für seine betriebliche Altersversorgung eingesetzt werden (§ 1a BetrAVG). Ausgeschlossen ist der Rechtsanspruch, soweit bereits

---

1 BMF-Schreiben vom 24.7.2013, BStBl 2013 I S. 1022; Rz. 292.
2 BMF-Schreiben vom 24.7.2013, BStBl 2013 I S. 1022; Rz. 293.
3 BMF-Schreiben vom 24.7.2013, BStBl 2013 I S. 1022; Rz. 294.
4 BMF-Schreiben vom 24.7.2013, BStBl 2013 I S. 1022; Rz. 295.

eine durch Entgeltumwandlung finanzierte betriebliche Altersversorgung besteht (§ 1a Abs. 2 BetrAVG).

Hat der Arbeitnehmer einen Rechtsanspruch auf Entgeltumwandlung, ist durch Vereinbarung zwischen Arbeitgeber und Arbeitnehmer festzulegen, in welcher Form die betriebliche Altersversorgung durchgeführt werden soll (§ 1a Abs. 1 Satz 2 BetrAVG). Ist der Arbeitgeber zur Durchführung über einen Pensionsfonds oder eine Pensionskasse bereit, ist die betriebliche Altersversorgung dort durchzuführen. Andernfalls kann der Arbeitnehmer verlangen, dass der Arbeitgeber für ihn eine Direktversicherung abschließt (§ 1a Abs. 1 Satz 3 BetrAVG). 2049

Falls der Arbeitnehmer bei fortbestehendem Arbeitsverhältnis kein Entgelt erhält, hat er das Recht, die Direktversicherung bzw. Versorgung über einen Pensionsfonds oder eine Pensionskasse mit eigenen Beiträgen fortzusetzen. Der Arbeitgeber muss auch für diese Leistungen einstehen (§ 1a Abs. 4 BetrAVG). Für diese Eigenbeiträge (vgl. Rn. 2051) kann der Arbeitnehmer die Altersvorsorgezulage nach Abschn. XI EStG bzw. den Sonderausgabenabzug nach § 10a EStG in Anspruch nehmen (§ 82 Abs. 2 Satz 1 Buchst. b EStG; vgl. auch Rn. 1710 ff.). 2050

c) Eigenbeiträge

Von der Entgeltumwandlung zu unterscheiden sind die sog. Eigenbeiträge des Arbeitnehmers (§ 1 Abs. 2 Nr. 4 BetrAVG), bei denen der Arbeitnehmer aus seinem bereits zugeflossenen und versteuerten Arbeitsentgelt Beiträge zur Finanzierung der betrieblichen Altersversorgung leistet. Die Unterscheidung ist dann von Bedeutung, wenn es steuerlich darauf ankommt, ob „Beiträge des Arbeitgebers" vorliegen (z. B. bei der Steuerfreiheit von Beiträgen an einen Pensionsfonds, eine Pensionskasse oder eine Direktversicherung nach § 3 Nr. 63 EStG). „Beiträge des Arbeitgebers" im steuerlichen Sinne liegen nur vor, wenn der Arbeitgeber als Versicherungsnehmer die Beiträge selbst schuldet und an die Versorgungseinrichtung leistet, also hinsichtlich der arbeitgeberfinanzierten Beiträge zur betrieblichen Altersversorgung oder der über eine Entgeltumwandlung finanzierten Beiträge. In bestimmten Versorgungssystemen gehören auch noch die Finanzierungsanteile des Arbeitnehmers an einem Gesamtversicherungsbeitrag sowie die Eigenbeteiligung des Arbeitnehmers zu den „Beiträgen des Arbeitgebers" (z. B. tarifvertragliche Eigenbeteiligung des Arbeitnehmers bei Zusatzversorgungssystemen im öffentlichen Dienst). „Eigenbeiträge des Arbeitnehmers", die keine „Beiträge des Arbeitgebers" im steuerlichen Sinne sind, liegen vor, wenn der Arbeitnehmer zu deren Leistung 2051 aufgrund einer eigenen vertraglichen Vereinbarung mit der Versorgungseinrichtung originär selbst verpflichtet ist.[1] Mit Eigenbeiträgen können daher nur Leistungen der betrieblichen Altersversorgung über einen Pensionsfonds, eine Pensionskasse oder eine Direktversicherung finanziert werden, da nur bei diesen Durchführungswegen eine Versorgungseinrichtung in der Weise eingeschaltet ist, dass sie dem Arbeitnehmer einen eigenen Rechtsanspruch verschafft. Ungeachtet dessen ist erforderlich, dass die Zusage des Arbeitgebers auch die Leistungen aus diesen Beiträgen umfasst.

2052–2060 (Einstweilen frei)

4. Gemeinsame Anforderungen für die Inanspruchnahme der Steuerfreiheit nach § 3 Nr. 63 EStG bei den externen Durchführungswegen

a) Reform durch das AltEinkG

2061 Im Rahmen der Reform durch das AltEinkG hat der Gesetzgeber auch bei der betrieblichen Altersversorgung einen weiteren Schritt in Richtung „nachgelagerte Besteuerung" vollzogen. Direktzusage und Unterstützungskassenzusage gehörten schon immer zu den nachgelagert besteuerten Durchführungswegen (Besteuerung der Versorgungsbezüge in voller Höhe nach § 19 EStG). Mit der Einführung der Steuerfreiheit nach § 3 Nr. 63 EStG durch das AVmG zum 1.1.2002 hat der Gesetzgeber die Beiträge zur Pensionskasse und zum Pensionsfonds vorrangig steuerfrei gestellt. Zum 1.1.2005 hat er in einem zweiten Schritt auch die Direktversicherung in die Steuerfreiheit mit einbezogen. Beiträge des Arbeitgebers aus dem ersten Arbeitsverhältnis an einen kapitalgedeckten Pensionsfonds, eine kapitalgedeckte Pensionskasse oder für eine kapitalgedeckte Direktversicherung sind grundsätzlich steuer- und sozialversicherungsfrei, soweit sie 4 % der Beitragsbemessungsgrenze in der allgemeinen Rentenversicherung – West[2] – nicht übersteigen (§ 3 Nr. 63 EStG). Für Direktversicherungsverträge, die auf einer vor 2005 erteilten Versorgungszusage beruhen, besteht ggf. ein Wahlrecht zwischen der Steuerfreiheit und der bisherigen 20 %igen Pauschalversteuerung der Direktversicherungsbeiträge nach § 40b EStG in der am 31.12.2004 geltenden Fassung. Beiträge zu ab 2005 zugesagten Versorgungen über eine Direktversicherung können hingegen nicht mehr pauschal besteuert werden.

---

1 BMF-Schreiben vom 24.7.2013, BStBl 2013 I S. 1022; Rz. 304.
2 BMF-Schreiben vom 24.7.2013, BStBl 2013 I S. 1022; Rz. 307.

VI. Besteuerung von Leistungen aus der betrieblichen Altersversorgung

Für die Jahre 2005 bis 2014 ergeben sich folgende Beitragsbemessungsgrenzen West in der allgemeinen Rentenversicherung und damit folgende steuer- und sozialversicherungsfreie Höchstbeträge: 2062

Jahr	Beitragsbemessungsgrenze West	Höchstbetrag 4 %
2005	62 400 € jährlich (5 200 € monatlich)	2 496 €
2006	63 000 € jährlich (5 250 € monatlich)	2 520 €
2007	63 000 € jährlich (5 250 € monatlich)	2 520 €
2008	63 600 € jährlich (5 300 € monatlich)	2 544 €
2009	64 800 € jährlich (5 400 € monatlich)	2 592 €
2010	66 000 € jährlich (5 500 € monatlich)	2 640 €
2011	66 000 € jährlich (5 500 € monatlich)	2 640 €
2012	67 200 € jährlich (5 600 € monatlich)	2 688 €
2013	69 600 € jährlich (5 800 € monatlich)	2 784 €
2014	71 400 € jährlich (5 950 € monatlich)	2 856 €

Es kommt für die Höhe des steuer- und sozialversicherungsfreien Höchstbetrags nicht darauf an, ob der Arbeitnehmer seinen Wohnsitz in den alten oder in den neuen Bundesländern hat. Auch der Ort an dem der Arbeitnehmer tätig wird, ist unmaßgeblich.

Beiträge des Arbeitgebers – für die der steuerfreie Höchstbetrag in Anspruch genommen werden kann – liegen vor, wenn sie von ihm zusätzlich zum ohnehin geschuldeten Arbeitslohn erbracht werden (rein arbeitgeberfinanzierte Beiträge; vgl. Rn. 2041) oder im Innenverhältnis vom Arbeitnehmer z. B. aufgrund einer Entgeltumwandlung finanziert werden (vgl. Rn. 2042).[1] Für sog. Eigenbeiträge des Arbeitnehmers (§ 1 Abs. 2 Nr. 4 BetrAVG; vgl. Rn. 2051) kann die Steuerbefreiung nicht in Anspruch genommen werden, da es sich nicht um Beiträge des Arbeitgebers im steuerlichen Sinne handelt. Das gilt auch dann, wenn sie vom Arbeitgeber an die Versorgungseinrichtung abgeführt werden. 2063

Die Steuerbefreiung gilt nicht nur für Beiträge zugunsten von rentenversicherungspflichtigen Arbeitnehmern, sondern grundsätzlich bei allen Arbeitnehmern im steuerlichen Sinne. Sie kann also auch bei Beiträgen zugunsten von geringfügig Beschäftigten, des (beherrschenden) Gesellschafter-Geschäftsführers einer GmbH oder eines im Betrieb mitarbeitenden Ehegatten – sofern das 2064

---

[1] Bei einer Finanzierung der Beiträge durch eine Entgeltumwandlung ist die Beachtung des Mindestbetrags nach § 1a BetrAVG für die Inanspruchnahme der Steuerfreiheit nicht erforderlich.

Teil D: Besteuerung von Altersbezügen

Ehegatten-Arbeitsverhältnis auch in diesem Punkt steuerlich anzuerkennen ist – in Anspruch genommen werden. Entsprechendes gilt für die in einem berufsständischen Versorgungswerk Versicherten.[1] Die Steuerbefreiung kommt allerdings nicht für arbeitnehmerähnliche Selbständige (§ 2 Nr. 9 SGB VI) in Betracht, weil es sich steuerlich nicht um Arbeitnehmer handelt und folglich kein erstes Dienstverhältnis vorliegen kann. Bei Gesellschafter-Geschäftsführern sind zudem die allgemeinen Grundsätze zur Abgrenzung zwischen verdeckter Gewinnausschüttung und Arbeitslohn zu beachten.[2]

b) Begünstigte Auszahlungsformen für die Steuerfreiheit

2065 Bis einschließlich 2004 war die Zahlungsweise der späteren Versorgungsleistungen (lebenslange Rentenzahlung, befristete Zahlung, Kapitalauszahlung) für die Steuerfreiheit der Beiträge an eine Pensionskasse oder einen Pensionsfonds ohne Bedeutung.

2066 Seit dem 1.1.2005 ist die Steuerfreiheit von Beiträgen des Arbeitgebers zugunsten von betrieblicher Altersversorgung in den drei Durchführungswegen Pensionskasse, Pensionsfonds und Direktversicherung auf solche Versorgungszusagen beschränkt worden, die eine Auszahlung der zugesagten Alters-, Invaliditäts- oder Hinterbliebenenversorgungen in Form einer lebenslangen Rente oder eines Auszahlungsplans mit anschließender lebenslanger Teilkapitalverrentung (§ 1 Abs. 1 Satz 1 Nr. 4 AltZertG) vorsehen (= lebenslange Altersversorgung). Die Steuerfreiheit der Beiträge besteht also von vornherein nicht, wenn die späteren Versorgungsleistungen (vorrangig) als einmalige Kapitalleistungen erbracht werden sollen.

2067 Im Hinblick auf die entfallende Versorgungsbedürftigkeit (z. B. Vollendung des 25. Lebensjahres der Kinder, Wiederheirat der Witwe/des Witwers, Ende der Erwerbsminderung wegen Verbesserung der Gesundheitssituation oder Erreichen der Altersgrenze) ist die zeitliche Befristung einer Rente oder eines Auszahlungsplans nach Auffassung der FinVerw[3] aber steuerlich unschädlich.

2068 Von einer für die Steuerbefreiung erforderlichen lebenslangen Versorgung ist nach ihrer Auffassung auch dann noch auszugehen, wenn bis zu 30 % des zu Beginn der Auszahlungsphase zur Verfügung stehenden Kapitals außerhalb der monatlichen Leistungen an den Arbeitnehmer ausgezahlt werden; die

---

1 BMF-Schreiben vom 24.7.2013, BStBl 2013 I S. 1022, Rz. 301.
2 BMF-Schreiben vom 20.1.2009, BStBl 2009 I S. 273, Rz. 313; vgl. auch Niermann/Risthaus DB, Beilage Nr. 2/2005 S. 55 f.
3 BMF-Schreiben vom 24.7.2013, BStBl 2013 I S. 1022, Rz. 312.

diesbezügliche Entscheidung darf jedoch erst zu Beginn der Auszahlungsphase getroffen werden. Auch allein die Möglichkeit, anstelle lebenslanger Versorgungsleistungen eine Einmalkapitalauszahlung (100 % des zu Beginn der Auszahlungsphase zur Verfügung stehenden Kapitals) zu wählen, steht der Steuerfreiheit nicht entgegen (= Wahlrecht zwischen Rentenzahlung und Kapitalauszahlung ist für die Steuerfreiheit unschädlich); hingegen wäre das Wahlrecht zwischen einer Kapitalauszahlung und der Möglichkeit der Verrentung der Versorgungsleistung für die Steuerfreiheit der Beiträge wohl schädlich.

Die Möglichkeit anstelle einer lebenslangen Altersversorgung eine Einmalkapitalauszahlung zu wählen, ist nach Auffassung der FinVerw nicht nur bei Altersversorgungsleistungen zulässig, sondern auch bei Invaliditäts- oder Hinterbliebenenversorgungsleistungen. Entscheidet sich der Arbeitnehmer zugunsten einer Einmalkapitalauszahlung, sind von diesem Zeitpunkt an die Voraussetzungen für die Steuerfreiheit der Beiträge nicht mehr erfüllt und die Beitragsleistungen zu besteuern. Nur wenn die Ausübung des Wahlrechts innerhalb des letzten Jahres vor dem altersbedingten Ausscheiden aus dem Arbeitsverhältnis erfolgt, können die Beiträge weiterhin steuerfrei belassen werden.[1] Für die Berechnung der Jahresfrist ist dabei auf das im Zeitpunkt der Ausübung des Wahlrechts vertraglich vorgesehene Ausscheiden aus dem Erwerbsleben (Beginn der Altersversorgungsleistungen) abzustellen.

2069

Im Übrigen müssen die Versorgungsleistungen – vorbehaltlich der vorstehenden Angaben – während der gesamten Auszahlungsphase gleich bleiben oder steigen, wobei eine Auszahlung von bis zu zwölf Monatsbeträgen in einer Summe zulässig ist. Auch eine gesonderte Auszahlung der in der Auszahlungsphase anfallenden Zinsen und Erträge ist zulässig.[2]

2070

Die vorstehenden Grundsätze gelten auch für sog. Altzusagen (= Versorgungszusagen, die vor dem 1.1.2005 erteilt worden sind). Unschädlich ist allerdings bei Altzusagen, wenn lediglich für die zugesagte Altersversorgung, nicht aber für die Hinterbliebenen- oder Invaliditätsversorgung die Auszahlung in Form einer Rente oder eines Auszahlungsplans vorgesehen ist.[3]

2071

c) Keine Steuerfreiheit bei umlagefinanzierten Versorgungseinrichtungen

Die Steuerfreiheit nach § 3 Nr. 63 EStG setzt voraus, dass die Beiträge zum Aufbau einer betrieblichen Altersversorgung im Kapitaldeckungsverfahren erho-

2072

---

1 BMF-Schreiben vom 24.7.2013, BStBl 2013 I S. 1022, Rz. 312.
2 BMF-Schreiben vom 24.7.2013, BStBl 2013 I S. 1022, Rz. 288.
3 BMF-Schreiben vom 24.7.2013, BStBl 2013 I S. 1022, Rz. 290.

Teil D: Besteuerung von Altersbezügen

ben werden. Für Umlagen, die vom Arbeitgeber an eine Versorgungseinrichtung entrichtet werden, ist eine Steuerfreiheit nach § 3 Nr. 63 EStG nicht möglich. Hiervon betroffen sind in erster Linie die Beiträge zugunsten der Arbeiter und Angestellten im öffentlichen Dienst zu einer Pflichtversicherung bei der Versorgungsanstalt des Bundes und der Länder (VBL) oder einer kommunalen Zusatzversorgungskasse (ZVK). Seit dem VZ 2008 können derartige Umlagen aber nach § 3 Nr. 56 EStG steuerfrei sein (vgl. hierzu Rn. 2151 ff.). Die unter Aufsicht der Bundesanstalt für Finanzdienstleistungsaufsicht stehenden Pensionskassen arbeiten allerdings weit überwiegend im Kapitaldeckungsverfahren, so dass der Inanspruchnahme der Steuerfreiheit nichts entgegensteht.

2073 Werden sowohl Umlagen als auch Beiträge im Kapitaldeckungsverfahren erhoben, sind die im Kapitaldeckungsverfahren erhobenen Beiträge bis zum Höchstbetrag nach § 3 Nr. 63 EStG steuerfrei, wenn eine getrennte Verwaltung und Abrechnung beider Vermögensmassen erfolgt (sog. Trennungsprinzip).[1]

d) Keine Steuerfreiheit bei Durchschnittsfinanzierung

2074 Die Steuerfreiheit nach § 3 Nr. 63 EStG kann nach Auffassung der FinVerw nur in Anspruch genommen werden, wenn der vom Arbeitgeber zur Finanzierung der zugesagten Versorgungsleistungen an einen Pensionsfonds, eine Pensionskasse oder für eine Direktversicherung gezahlte Beitrag nach bestimmten individuellen Kriterien dem einzelnen Arbeitnehmer zugeordnet wird. Die Verteilung eines vom Arbeitgeber gezahlten Gesamtbetrags nach der Anzahl der begünstigten Arbeitnehmer (Pro-Kopf-Aufteilung) genügt nicht. Allerdings setzt die Steuerfreiheit nicht voraus, dass sich die Höhe der zugesagten Versorgungsleistung an der Höhe der eingezahlten Beiträge orientiert, da der Arbeitgeber nach dem BetrAVG nicht nur eine Beitragszusage mit Mindestleistung oder eine beitragsorientierte Leistungszusage, sondern auch eine reine Leistungszusage erteilen kann.[2] Diese Differenzierung ist u. E. nicht ganz nachvollziehbar, da – wie das folgende Beispiel zeigt, das steuerliche Ergebnis nur von der gewählten Formulierung abhängt.

BEISPIEL: Keine Gewährung der Steuerfreiheit nach § 3 Nr. 63 EStG bei Durchschnittsfinanzierung

Der Beitrag zu einer Pensionskasse beträgt laut Satzung monatlich 1,65 % der Bruttolohnsumme. Für 50 Arbeitnehmer ergibt sich im Abrechnungsmonat eine Bruttolohnsumme von 125 000 €. Der Beitrag an die Pensionskasse beträgt monatlich

---

1 BMF-Schreiben vom 24. 7. 2013, BStBl 2013 I S. 1022, Rz. 303.
2 BMF-Schreiben vom 24. 7. 2013, BStBl 2013 I S. 1022, Rz. 306.

2 062,50 €. Bei einer Pro-Kopf-Aufteilung ergibt sich je Arbeitnehmer ein Beitrag von monatlich 41,25 € (= 495 € jährlich).
Eine Steuerfreiheit des Beitrags nach § 3 Nr. 63 EStG an die Pensionskasse kommt nicht in Betracht, da eine Pro-Kopf-Aufteilung nach Auffassung der FinVerw keine individuelle Zuordnung des Beitrags zum einzelnen Arbeitnehmer darstellt.
Hätte der Arbeitgeber – bei unveränderten Versorgungszusagen in die Satzung geschrieben, dass der monatliche Beitrag je Arbeitnehmer 41,25 € beträgt, hätte die Steuerfreiheit nach § 3 Nr. 63 EStG gewährt werden können.

e) **Beiträge an ausländische Pensionsfonds, ausländische Pensionskassen und – bei Direktversicherungen – an ausländische Versicherungsunternehmen**

Für Beiträge an ausländische betriebliche Altersversorgungssysteme ist entscheidend, ob das ausländische Altersversorgungssystem mit einem Durchführungsweg der betrieblichen Altersversorgung nach dem deutschen Betriebsrentengesetz vergleichbar ist bzw. einem der Durchführungswege als vergleichbar zugeordnet werden kann. Ist eine Vergleichbarkeit des ausländischen Altersversorgungssystems mit einem Pensionsfonds, einer Pensionskasse oder einer Direktversicherung gegeben, sind auch die weiteren wesentlichen Kriterien für die steuerliche Anerkennung einer betrieblichen Altersversorgung im Inland erfüllt (u. a. Absicherung mindestens eines biometrischen Risikos, enger Hinterbliebenenbegriff, keine Vererblichkeit, begünstigte Auszahlungsformen) und kommt die ausländische Versorgungseinrichtung in vergleichbarer Weise den für inländische Versorgungseinrichtungen maßgeblichen Aufbewahrungs-, Mitteilungs- und Bescheinigungspflichten nach dem Einkommensteuergesetz und der Altersvorsorge-Durchführungsverordnung zur Sicherstellung der Besteuerung der Versorgungsleistungen im Wesentlichen nach, sind die Beiträge nach § 3 Nr. 63 EStG steuerfrei.[1]

2075

(Einstweilen frei)

2076

Schweizerische Pensionskassen, die bei Grenzgängern von Bedeutung sein können, werden für Zwecke der einkommensteuerrechtlichen Behandlung der an sie geleisteten Beiträge und der an ihre Versicherten erbrachten Leistungen der deutschen gesetzlichen Rentenversicherung gleichgestellt. Es handelt sich daher nicht um einen Durchführungsweg der betrieblichen Altersversorgung, sondern um Altersversorgung im Rahmen der sog. Basisversorgung (vgl. Rn. 1121 ff.). Ausschlaggebend für diese steuerliche Beurteilung ist, dass die schweizerischen Pensionskassen Träger eines Alterssicherungssystems sind,

2077

---

[1] BMF-Schreiben vom 24. 7. 2013, BStBl 2013 I S. 1022, Rz. 314.

Teil D: Besteuerung von Altersbezügen

das ebenso wie die deutsche gesetzliche Rentenversicherung durch Gesetz als Pflichtsystem ausgestaltet ist. Sie erbringen ebenso wie die deutsche gesetzliche Rentenversicherung Alters-, Invaliditäts- und Hinterbliebenenleistungen.

2078 Beiträge an einen amerikanischen Pensionsfonds sind nicht im Rahmen der betrieblichen Altersversorgung begünstigt, da ein solcher Fonds auf die Ansammlung von Kapital ausgerichtet ist und es sich damit nicht um einen Durchführungsweg der betrieblichen Altersversorgung handelt.

f) Steuerfreistellungsvolumen des § 3 Nr. 63 EStG

aa) 4 %-Grenze

2079 § 3 Nr. 63 EStG begrenzt das Steuerfreistellungsvolumen zunächst auf 4 % der Beitragsbemessungsgrenze in der gesetzlichen Rentenversicherung – West –.[1] Dabei handelt es sich um einen Jahresbetrag. Eine zeitanteilige Kürzung des Höchstbetrags ist nicht vorzunehmen, wenn das Arbeitsverhältnis nicht während des ganzen Jahres bestanden hat oder nicht für das ganze Jahr Beiträge gezahlt werden.

2080 Seit 2005 gilt der steuerfreie Höchstbetrag von 4 % der Beitragsbemessungsgrenze in der allgemeinen Rentenversicherung nicht mehr – wie von 2002 bis 2004 – je Kalenderjahr, sondern je Arbeitgeber. Bei einem Arbeitgeberwechsel im Laufe des Kalenderjahres 2005 kann der steuerfreie Höchstbetrag – bei entsprechenden Beitragsleistungen – erneut in Anspruch genommen werden. Eine erneute Inanspruchnahme des steuerfreien Höchstbetrags scheidet aber in den Fällen der Gesamtrechtsnachfolge und des Betriebsübergangs nach § 613a BGB aus.[2] Die vorstehenden Regelungen gelten auch sozialversicherungsrechtlich. Das bedeutet, dass die mögliche Mehrfachgewährung der Steuerfreiheit bei einem Arbeitgeberwechsel auch sozialversicherungsrechtlich übernommen worden ist.[3]

2081 Die Steuerfreiheit von Beiträgen des Arbeitgebers an einen Pensionsfonds, eine Pensionskasse oder für eine Direktversicherung setzt ein bestehendes erstes Dienstverhältnis voraus. Hat ein Arbeitnehmer nebeneinander mehrere Dienstverhältnisse, kommt die Steuerfreistellung nur für Beitragszahlungen des Arbeitgebers aus dem ersten Dienstverhältnis in Betracht. Unter einem

---

1 Beträge vgl. Rn. 2061.
2 BMF-Schreiben vom 24. 7. 2013, BStBl 2013 I S. 1022, Rz. 307.
3 Tz. 7.8 – S. 32 – des Rundschreibens der Spitzenverbände der Sozialversicherung vom 21. 12. 2004.

VI. Besteuerung von Leistungen aus der betrieblichen Altersversorgung

ersten Dienstverhältnis sind alle Beschäftigungen zu verstehen, für die die Lohnsteuer nicht nach der Steuerklasse VI zu erheben ist. Ein erstes Dienstverhältnis kann auch vorliegen, wenn eine geringfügige oder kurzfristige Beschäftigung ausgeübt wird und der Arbeitslohn pauschal besteuert wird.

Stellt der Arbeitgeber vor Ablauf des Kalenderjahres fest (z. B. bei Beendigung des Dienstverhältnisses), dass die Steuerfreiheit der Beiträge durch die monatlichen Teilbeträge nicht in vollem Umfang ausgeschöpft worden ist bzw. werden kann, muss eine ggf. vorgenommene Besteuerung der Beiträge rückgängig gemacht werden. Spätester Zeitpunkt hierfür ist die Übermittlung/Erteilung der Lohnsteuerbescheinigung. Es ist auch möglich, den monatlichen Teilbetrag für die Zukunft so zu ändern, dass der steuerfreie Höchstbetrag ausgeschöpft wird.[1]

2082

Für die Steuer- und Sozialversicherungsfreiheit kommt es nicht darauf an, wer mit den Beitragszahlungen wirtschaftlich belastet ist. Von der Steuer- und Sozialversicherungsfreiheit umfasst werden daher neben den rein arbeitgeberfinanzierten Beitragszahlungen (= Zahlungen des Arbeitgebers zusätzlich zum ohnehin geschuldeten Arbeitslohn) auch Finanzierungsanteile des Arbeitnehmers (z. B. Entgeltumwandlung), sofern es sich um Beiträge des Arbeitgebers handelt (vgl. Rn. 2041 ff.). Für Eigenbeiträge des Arbeitnehmers (i. S. d. § 1 Abs. 2 Nr. 4 BetrAVG; vgl. Rn. 2051) kann die Steuerbefreiung nicht in Anspruch genommen werden, da es sich nicht um Beiträge des Arbeitgebers handelt.

2083

Für die Inanspruchnahme des steuerfreien Höchstbetrags von 4 % der Beitragsbemessungsgrenze in der allgemeinen Rentenversicherung[2] gilt eine Rangfolge: Besteht neben einer Altzusage auch eine Neuzusage (zur Abgrenzung vgl. Rn. 2101 ff.), wird der Höchstbetrag zunächst durch alle Beiträge auf Grund der Altzusage ausgeschöpft. Soweit die Steuerfreiheit dadurch nicht voll ausgeschöpft wurde, sind die Beiträge auf Grund der Neuzusage zu berücksichtigen. Innerhalb dieser Rangfolge gilt wiederum: zunächst Berücksichtigung der rein arbeitgeberfinanzierten Beiträge, sodann Finanzierungsanteile des Arbeitnehmers. Damit ergibt sich folgendes Schema:

2084

▶ Altzusage: rein arbeitgeberfinanzierte Beiträge, sodann auf den verschiedenen Finanzierungsanteilen des Arbeitnehmers beruhende Beiträge

▶ Neuzusage: rein arbeitgeberfinanzierte Beiträge, sodann auf den verschiedenen Finanzierungsanteilen des Arbeitnehmers beruhende Beiträge.[3]

---

1 BMF-Schreiben vom 24. 7. 2013, BStBl 2013 I S. 1022, Rz. 309.
2 Beträge vgl. Rn. 2061.
3 BMF-Schreiben vom 24. 7. 2013, BStBl 2013 I S. 1022, Rz. 310.

bb) Zusätzlicher Höchstbetrag von 1 800 € für Neuzusagen

2085 Als Ausgleich für den Wegfall der Pauschalierungsmöglichkeit nach § 40b EStG (vgl. hierzu Rn. 2146 ff.) hat der Gesetzgeber das ursprüngliche Steuerfreistellungsvolumen nach § 3 Nr. 63 Satz 1 EStG von 4 % der Beitragsbemessungsgrenze in der allgemeinen Rentenversicherung für Versorgungszusagen, die nach dem 31. 12. 2004 erteilt werden, um einen festen Betrag von 1 800 € erhöht (zur Abgrenzung von Alt- und Neuzusagen vgl. Rn. 2101 ff.). Beitragsfreiheit in der Sozialversicherung besteht insoweit – unabhängig von der Finanzierungsform (vgl. Rn. 2041 ff.) – jedoch nicht.

2086 Weitere Voraussetzung für die Inanspruchnahme des zusätzlichen Höchstbetrags von 1 800 € ist, dass der Arbeitnehmer im gleichen Kalenderjahr nicht zusätzlich für eine bestehende Altzusage die Pauschalversteuerung nach § 40b EStG in der am 31. 12. 2004 geltenden Fassung in Anspruch nimmt (§ 52 Abs. 6 Satz 3 EStG). Dies gilt unabhängig von der Höhe der pauschal besteuerten Beiträge. Es ist allerdings zulässig, diese Beiträge individuell über die Lohnsteuerkarte zu versteuern und damit quasi auf die Pauschalversteuerung mit 20 % zu verzichten, um den zusätzlichen Steuerfreibetrag von 1 800 € in Anspruch nehmen zu können.[1] Die Inanspruchnahme der Pauschalbesteuerung nach § 40b EStG in der ab 2005 geltenden Fassung für eine umlagefinanzierte Pensionskassenzusage (vgl. Rn. 2141 f.) steht der Inanspruchnahme des zusätzlichen Höchstbetrags nicht entgegen.

cc) Vervielfältigungsregelung des § 3 Nr. 63 Satz 4 EStG bei Beendigung des Dienstverhältnisses

2087 Beiträge für die betriebliche Altersversorgung über eine Pensionskasse, einen Pensionsfonds oder eine Direktversicherung, die aus Anlass der Beendigung des Dienstverhältnisses nach dem 31. 12. 2004 geleistet werden, können unter Anwendung einer sog. Vervielfältigungsregelung steuerfrei sein. § 3 Nr. 63 Satz 4 EStG regelt, dass diese Beiträge steuerfrei belassen werden können, soweit sie 1 800 € vervielfältigt mit der Anzahl der Kalenderjahre, in denen das Dienstverhältnis des Arbeitnehmers zu dem Arbeitgeber bestanden hat, nicht übersteigen. Dieser vervielfältigte Betrag vermindert sich um die steuerfreien Beiträge, die der Arbeitgeber in dem Kalenderjahr, in dem das Dienstverhältnis beendet worden ist und in den sechs vorangegangenen Kalenderjahren erbracht hat (§ 3 Nr. 63 Satz 4 EStG).

---

1 BMF-Schreiben vom 24. 7. 2013, BStBl 2013 I S. 1022, Rz. 363.

VI. Besteuerung von Leistungen aus der betrieblichen Altersversorgung

Für die Anwendung der steuerfreien Vervielfältigungsregelung kommt es nicht darauf an, ob die Versorgungszusage vom Arbeitgeber vor oder nach dem 1.1.2005 erteilt worden ist. Allerdings sind sowohl bei der Ermittlung der zu vervielfältigenden als auch der zu kürzenden Jahre nur die Kalenderjahre ab 2005 zu berücksichtigen. Es kommt also nicht darauf an, wie lange das Dienstverhältnis zu dem Arbeitgeber tatsächlich bestanden hat. Werden die Beiträge statt als Einmalbetrag in Teilbeträgen geleistet, sind diese so lange steuerfrei, bis der für den Arbeitnehmer maßgebende Höchstbetrag ausgeschöpft ist. Der nach den vorstehenden Regelungen ermittelte vervielfältigte steuerfreie Betrag ist auch sozialversicherungsfrei, wenn er sozialversicherungsrechtlich als Abfindung anzusehen ist.[1]   2088

Die Anwendung der Vervielfältigungsregelung nach § 3 Nr. 63 Satz 4 EStG ist jedoch ausgeschlossen, wenn der Arbeitnehmer gleichzeitig die Vervielfältigungsregelung des § 40b Abs. 2 Satz 3 und 4 EStG in der am 31.12.2004 geltenden Fassung in Anspruch nimmt oder – bei einer Direktversicherungsaltzusage – von seinem Wahlrecht Gebrauch gemacht und für die laufenden Beiträge auf die Steuerfreiheit nach § 3 Nr. 63 EStG zugunsten der weiteren Pauschalversteuerung nach § 40b Abs. 1 EStG in der am 31.12.2004 geltenden Fassung verzichtet hat.[2]   2089

Bei einer Pensionskasse steht die Pauschalbesteuerung der laufenden Beiträge mit 20 % nach § 40b EStG in der am 31.12.2004 geltenden Fassung der Inanspruchnahme der steuerfreien Vervielfältigungsregelung nach § 3 Nr. 63 EStG anlässlich des Ausscheidens aus dem Dienstverhältnis allerdings nicht entgegen. Denn in diesen Fällen hat der Arbeitnehmer nicht auf die Steuerfreiheit nach § 3 Nr. 63 EStG verzichtet. Eine Pauschalversteuerung von Beiträgen an eine Pensionskasse kommt vielmehr seit dem 1.1.2002 nur noch in Betracht, wenn das Steuerfreistellungsvolumen des § 3 Nr. 63 Satz 1 EStG – entweder bei der Pensionskasse oder bei einem anderen Durchführungsweg – ausgeschöpft ist.   2090

(Einstweilen frei)   2091–2100

---

1 Abfindungen für den Verlust des Arbeitsplatzes gehören nach dem Urteil des BSozG vom 21.2.1990, 12 KR 20/88, DB 1990 S. 1520, nicht zum sozialversicherungspflichtigen Arbeitsentgelt.
2 BMF-Schreiben vom 24.7.2013, BStBl 2013 I S. 1022, Rz. 361.

5. Abgrenzung von Alt- und Neuzusage

2101 Für die Anwendung des zusätzlichen Höchstbetrags in § 3 Nr. 63 Satz 3 EStG und für die Weiteranwendung der Pauschalbesteuerung mit 20 % nach § 40b EStG in der am 31.12.2004 geltenden Fassung kommt es darauf an, ob die Beiträge aufgrund einer Versorgungszusage geleistet werden, die vor dem 1.1.2005 (Altzusage) oder nach dem 31.12.2004 (Neuzusage) erteilt wurde.

a) Erteilung einer Versorgungszusage

2102 Für die Frage, zu welchem Zeitpunkt eine Versorgungszusage erstmalig erteilt wurde, ist grundsätzlich die zu einem Rechtsanspruch führende arbeitsrechtliche bzw. betriebsrentenrechtliche Verpflichtungserklärung des Arbeitgebers maßgebend (z. B. Einzelvertrag, Betriebsvereinbarung oder Tarifvertrag). Entscheidend ist daher nicht, wann Mittel an die Versorgungseinrichtung fließen. Bei kollektiven, rein arbeitgeberfinanzierten Versorgungsregelungen ist die Zusage daher regelmäßig mit Abschluss der Versorgungsregelung bzw. mit dem Beginn des Dienstverhältnisses des Arbeitnehmers erteilt. Ist die erste Dotierung durch den Arbeitgeber erst nach Ablauf einer von vornherein arbeitsrechtlich festgelegten Wartezeit vorgesehen, so wird der Zusagezeitpunkt dadurch nicht verändert.

2103 Im Fall der ganz oder teilweise durch Entgeltumwandlung finanzierten Zusage (vgl. Rn. 2042 ff.) gilt diese regelmäßig mit Abschluss der erstmaligen Entgeltumwandlungsvereinbarung als erteilt. Liegen zwischen der Entgeltumwandlungsvereinbarung und der erstmaligen Herabsetzung des Arbeitslohns mehr als 12 Monate, gilt die Versorgungszusage nach Auffassung der FinVerw[1] erst im Zeitpunkt der erstmaligen Herabsetzung als erteilt.

b) Änderung einer Versorgungszusage

2104 Die Änderung einer erteilten Versorgungszusage stellt nach Auffassung der FinVerw[2] aus steuerlicher Sicht wegen des betriebsrentenrechtlichen Grundsatzes der Einheit der Versorgung insbesondere dann keine Neuzusage dar, wenn bei ansonsten unveränderter Versorgungszusage

▶ die Beiträge und/oder die Leistungen erhöht oder vermindert werden,

▶ die Finanzierungsform ersetzt oder ergänzt wird (rein arbeitgeberfinanziert, im Gesamtversicherungsbeitrag des Arbeitgebers enthaltene Finan-

---

[1] BMF-Schreiben vom 24.7.2013, BStBl 2013 I S. 1022, Rz. 350.
[2] BMF-Schreiben vom 24.7.2013, BStBl 2013 I S. 1022, Rz. 351.

VI. Besteuerung von Leistungen aus der betrieblichen Altersversorgung

zierungsanteile des Arbeitnehmers oder eigene Beiträge des Arbeitnehmers i. S. d. § 1 Abs. 1 und 2 BetrAVG),

- ▶ der Versorgungsträger/Durchführungsweg gewechselt wird,
- ▶ die zugrunde liegende Rechtsgrundlage gewechselt wird (z. B. bisher tarifvertraglich, jetzt einzelvertraglich),
- ▶ eine befristete Entgeltumwandlung erneut befristet oder unbefristet fortgesetzt wird oder in einer vor dem 1. 1. 2012 erteilten Zusage die Untergrenze für betriebliche Altersversorgungsleistungen bei altersbedingtem Ausscheiden aus dem Erwerbsleben um höchstens zwei Jahre bis maximal auf das 67. Lebensjahr (neue Regelaltersgrenze) erhöht wird. Dabei ist es unerheblich, ob dies zusammen mit einer Verlängerung der Beitragszahlungsdauer erfolgt.

Keine Neuzusage liegt auch im Fall der Übernahme der Zusage bei einem Arbeitgeberwechsel (Schuldübernahme nach § 4 Abs. 2 Nr. 1 BetrAVG) und bei einem Betriebsübergang nach § 613a BGB vor.[1]

2105

BEISPIEL: ▶ Änderung des betrieblichen Durchführungswegs bei Ausscheiden aus dem Arbeitsverhältnis als Altzusage

A ist seit 1990 bei B angestellt und hat im Jahre 1997 eine Direktzusage erhalten. Im Jahre 2010 scheidet er aus der Firma aus. Anstelle der Direktzusage vereinbaren A und B einvernehmlich den Abschluss einer Direktversicherung mit sofort beginnender Rentenzahlung, für deren Finanzierung in größtmöglichen Umfang die vorgesehene Abfindung von 50 000 € genutzt werden soll.

Die mit 20 % lohnsteuerpflichtige Vervielfältigungsregelung nach § 40b EStG ist anwendbar, da es sich beim Wechsel des Durchführungswegs von der Direktzusage zur Direktversicherung um eine Altzusage handelt.

Es ergibt sich daher folgendes Pauschalierungsvolumen:

Jahre der Betriebszugehörigkeit (1990 – 2010 =) 20 Jahre á 1 752 € =35 040 € abzüglich pauschalierte Beiträge im Jahr des Ausscheidens

und den sechs vorangegangenen Jahren	0 €
Pauschalierungsfähiges Volumen	35 040 €

Für die steuerfreie Vervielfältigungsregelung in § 3 Nr. 63 Satz 4 EStG hätte sich nur ein Volumen von 10 800 € ergeben (6 Jahre – 2005 – á 1 800 €).

Um eine Neuzusage handelt es sich hingegen insbesondere,[2]

2106

- ▶ soweit die bereits erteilte Versorgungszusage um zusätzliche biometrische Risiken erweitert wird und dies mit einer Beitragserhöhung verbunden ist

---

1 BMF-Schreiben vom 24. 7. 2013, BStBl 2013 I S. 1022, Rz. 352.
2 BMF-Schreiben vom 24. 7. 2013, BStBl 2013 I S. 1022, Rz. 353.

(werden einzelne Leistungskomponenten einer betrieblichen Altersversorgung im Rahmen einer von vornherein vereinbarten Wahloption verringert, erhöht oder erstmals aufgenommen, wie z. B. Einbeziehung der Hinterbliebenenabsicherung nach Heirat, und kommt es infolge dessen nicht zu einer Beitragsanpassung, liegt weiterhin eine Altzusage vor),[1]
► im Fall der Übertragung der Zusage bei einem Arbeitgeberwechsel nach § 4 Abs. 2 Nr. 2 und Abs. 3 BetrAVG (Übertragungswert; vgl. Rn. 2216 ff.).

2107 Entsprechendes kann gelten, wenn zusätzlich zu einer bereits bestehenden Versorgungszusage eine weitere Versorgungszusage über einen anderen Durchführungsweg erteilt wird (z. B. neben der Beitragsentrichtung an eine Pensionskasse wird eine Direktversicherung abgeschlossen), aber auch, wenn der gleiche Durchführungsweg gewählt wird. Wird z. B. neben einer für alle Arbeitnehmer tarifvertraglich vereinbarten Pflichtversorgung erstmalig nach 2004 tarifvertraglich eine Entgeltumwandlung mit ganz eigenen Leistungskomponenten zugelassen, liegt im Falle der Nutzung der Entgeltumwandlung insoweit eine Neuzusage vor. Demgegenüber ist insgesamt von einer Altzusage auszugehen, wenn neben einem „alten" Direktversicherungsvertrag (Abschluss vor 2005) ein „neuer" Direktversicherungsvertrag (Abschluss nach 2004) abgeschlossen wird und die bisher erteilte Versorgungszusage nicht um zusätzliche biometrische Risiken erweitert wird (vgl. Rn. 2104). Dies gilt auch, wenn der „neue" Direktversicherungsvertrag bei einer anderen Versicherungsgesellschaft abgeschlossen wird.[2]

2108 Die Ausführungen zeigen, dass es aus steuerrechtlicher Sicht durchaus möglich ist, mehrere Versorgungszusagen nebeneinander zu erteilen. Dies macht es auch möglich neben einer Altzusage eine Neuzusage zu erteilen. Damit haben Arbeitgeber und Arbeitnehmer – je nach Ausgestaltung – die Möglichkeit, eine bestehende Altzusage zu verändern um z. B. auch für die Beitragserhöhung die Pauschalbesteuerung nach § 40b EStG in der am 31. 12. 2004 geltenden Fassung in Anspruch zu nehmen. Wünschen Sie die Inanspruchnahme des zusätzlichen Höchstbetrags i. H. v. 1 800 € nach § 3 Nr. 63 EStG, können sie die Versorgungszusage auch so gestalten, dass eine Neuzusage vorliegt. Je nachdem, welche Gestaltung gewählt wird, ergeben sich unterschiedliche Folgen für die Besteuerung der späteren Altersversorgungsleistungen (vgl. Rn. 2161 ff.).

2109–2115 (Einstweilen frei)

---

1 BMF-Schreiben vom 24. 7. 2013, BStBl 2013 I S. 1022, Rz. 354.
2 BMF-Schreiben vom 24. 7. 2013, BStBl 2013 I S. 1022, Rz. 355.

c) Übertragung von Direktversicherungen oder von Versicherungen einer Pensionskasse im Fall des Arbeitgeberwechsels

Hat der bisherige Arbeitgeber seinem Arbeitnehmer vor dem 1.1.2005 eine Zusage über einen externen Versorgungsträger erteilt (Direktversicherung, Pensionskasse, Pensionsfonds) und wechselt der Arbeitnehmer zu einem Arbeitgeber, der seine betriebliche Altersversorgung über einen anderen Versorgungsträger durchführt, bestehen nach Auffassung der FinVerw aus steuerlicher Sicht keine Bedenken, wenn auch nach einer Übertragung auf einen neuen Arbeitgeber unter Anwendung des „Abkommens zur Übertragung zwischen den Durchführungswegen Direktversicherungen, Pensionskassen oder Pensionsfonds bei Arbeitgeberwechsel" oder vergleichbaren Regelungen zur Übertragung von Versicherungen in Pensionskassen oder Pensionsfonds weiterhin von einer Altzusage ausgegangen wird. Dies setzt voraus, dass die Übertragung mit Zustimmung aller Beteiligten (neuer Arbeitgeber, alter Arbeitgeber und Arbeitnehmer) bei einem der beteiligten Versorgungsträger innerhalb von 15 Monaten nach dem Ausscheiden des Arbeitnehmers aus dem bisherigen Arbeitsverhältnis beantragt wird und der bisherige Versorgungsträger den Barwert ohne Abzüge an den neuen Versorgungsträger überweist. Die vorstehenden Ausführungen gelten auch für Kollektiv(Rahmen)verträge.[1] Dies gilt auch, wenn sich bei der Übertragung die bisher abgesicherten biometrischen Risiken ändern, ohne dass damit eine Beitragsänderung verbunden ist. Führt der neue Arbeitgeber den (Alt-)Direktversicherungsvertrag unmittelbar fort, ist ebenfalls weiterhin von einer Altzusage auszugehen.[2]

2116

Auch wenn eine Direktversicherung nach Beendigung des Arbeitsverhältnisses nach § 2 Abs. 2 BetrAVG vom bisherigen Arbeitgeber – der die Versorgungszusage vor dem 1.1.2005 erteilt hat – auf den Arbeitnehmer (Wechsel des Versicherungsnehmers; versicherungsvertragliche Lösung) und zu einem späteren Zeitpunkt – z.B. nach Arbeitslosigkeit – auf einen neuen Arbeitgeber übertragen wird, geht die FinVerw ebenfalls von einer Altzusage aus. Der Versicherungsvertrag darf in diesen Fällen – abgesehen von den in Rn. 2104 dargestellten Fällen – keine wesentlichen Änderungen erfahren haben. Es kommt nicht darauf an, für welchen Zeitraum der Versicherungsschein aufgrund der Arbeitslosigkeit auf den Namen des Arbeitnehmers ausgestellt war.[3]

2117

(Einstweilen frei) 2118–2125

---

1 BMF-Schreiben vom 24.7.2013, BStBl 2013 I S. 1022, Rz. 356.
2 BMF-Schreiben vom 24.7.2013, BStBl 2013 I S. 1022, Rz. 357.
3 BMF-Schreiben vom 24.7.2013, BStBl 2013 I S. 1022, Rz. 358.

6. Weiteranwendung der Pauschalversteuerung bei einer Altzusage über eine Direktversicherung oder eine Pensionskasse

a) Direktversicherungen

2126 Aus Vertrauensschutzgründen ist die bisherige Pauschalbesteuerung für Beiträge von bis zu 1 752 € mit 20 % (§ 40b Abs. 1 EStG in der am 31. 12. 2004 geltenden Fassung) weiter anzuwenden, wenn die Beiträge aufgrund einer Versorgungszusage geleistet werden, die vor dem 1.1.2005 erteilt wurde (§ 52 Abs. 6 i.V. mit Abs. 52a Satz 1 EStG; sog. Altzusage; vgl. hierzu Rn. 2101 ff.).

2127 Beiträge für eine Direktversicherungsaltzusage, die die Voraussetzungen für die Steuerfreiheit nach § 3 Nr. 63 EStG nicht erfüllt (z. B. Direktversicherung mit Kapitalauszahlung; vgl. hierzu im Einzelnen Rn. 2065 ff.), können weiterhin vom Arbeitgeber mit 20 % pauschal besteuert werden, ohne dass es hierfür einer Erklärung des Arbeitnehmers bedarf.

2128 Erfüllt die Direktversicherungsaltzusage allerdings die Voraussetzungen für die Steuerfreiheit nach § 3 Nr. 63 EStG, kann die Pauschalbesteuerung der Beiträge bis zu 1 752 € mit 20 % nur dann weiter angewendet werden, wenn der Arbeitnehmer gegenüber dem Arbeitgeber für diese Beiträge auf die Anwendung der Steuerfreiheit verzichtet hat. Das gilt selbst dann, wenn der steuerfreie Höchstbetrag von 4 % der Beitragsbemessungsgrenze (2013 = 2 748 €) bereits durch anderweitige steuerfreie Beitragsleistungen (z. B. an einen Pensionsfonds) vollständig ausgenutzt wird. Handelt es sich um rein arbeitgeberfinanzierte Beiträge und wird die Pauschalsteuer nicht auf den Arbeitnehmer abgewälzt, kann von einer solchen Verzichtserklärung nach Auffassung der FinVerw bereits dann ausgegangen werden, wenn der Arbeitnehmer der Weiteranwendung der Pauschalbesteuerung der Beiträge mit 20 % bis zum Zeitpunkt der ersten Beitragsleistung in 2005 nicht ausdrücklich widersprochen hat.[1] In allen anderen Fällen (z. B. Finanzierung der Beiträge aus einer Entgeltumwandlung oder Abwälzung der Pauschalsteuer auf den Arbeitnehmer) ist eine Weiteranwendung der Pauschalversteuerung der Beiträge für eine Direktversicherung mit 20 % nur möglich, wenn der Arbeitnehmer dem Angebot des Arbeitgebers, die Beiträge weiterhin pauschal zu versteuern, spätestens bis zum 30. 6. 2005 zugestimmt hat. Wurde diese Frist versäumt oder hat der Arbeitnehmer ausdrücklich nicht zugestimmt, sind die Beiträge – soweit § 3

---

[1] BMF-Schreiben vom 24. 7. 2013, BStBl 2013 I S. 1022, Rz. 361.

Nr. 63 Satz 1 EStG noch nicht anderweitig ausgeschöpft ist – seit dem 1.1.2005 steuerfrei zu stellen.

Bei einem Arbeitgeberwechsel lebt das Wahlrecht zwischen Steuerfreiheit und Pauschalbesteuerung für Beiträge für eine Direktversicherungsaltzusage wieder auf. In diesem Fall ist die Weiteranwendung der Pauschalversteuerung der Beiträge mit 20 % möglich, wenn der Arbeitnehmer dem Angebot des neuen Arbeitgebers, die Beiträge pauschal zu versteuern, spätestens bis zur ersten Beitragszahlung zustimmt.[1] 2129

b) Pensionskassen

Beiträge an Pensionskassen aufgrund einer vor dem 1.1.2005 erteilten Versorgungszusage (Altzusage; vgl. zur Abgrenzung Rn. 2101 ff.) können insbesondere dann weiterhin nach § 40b EStG in der am 31.12.2004 geltenden Fassung pauschalbesteuert werden, wenn die Summe der nach § 3 Nr. 63 Satz 1 EStG steuerfreien Beiträge und der Beiträge, die wegen der Ausübung des Wahlrechts nach § 3 Nr. 63 Satz 2 EStG i.V.m. § 1a Abs. 3 BetrAVG individuell versteuert werden (vgl. hierzu Rn. 2146 ff.), 4 % der Beitragsbemessungsgrenze in der allgemeinen Rentenversicherung übersteigen. Wurde im Fall einer Altzusage bisher lediglich § 3 Nr. 63 Sätze 1 und/oder 2 EStG angewendet und wird der Höchstbetrag von 4 % der Beitragsbemessungsgrenze in der allgemeinen Rentenversicherung erst nach dem 31.12.2004 durch eine Beitragserhöhung überschritten, die nicht zu einer Neuzusage führt, ist eine Pauschalbesteuerung nach § 40b EStG in der am 31.12.2004 geltenden Fassung für die übersteigenden Beiträge möglich. Der zusätzliche Höchstbetrag von 1 800 € bleibt in diesen Fällen unberücksichtigt, da er nur dann zur Anwendung gelangen kann, wenn es sich um eine Neuzusage handelt.[2] 2130

Anders als bei Direktversicherungen bedarf es für Zuwendungen an eine Pensionskasse keiner Verzichtserklärung, da es in diesen Fällen bereits seit dem 1.1.2002 zu einer Pauschalbesteuerung nach § 40b EStG nur dann kommen konnte, wenn die Summe der nach § 3 Nr. 63 EStG steuerfreien Beiträge und der Beiträge, die wegen der Ausübung des Wahlrechts nach § 3 Nr. 63 Satz 2 EStG i.V. mit § 1a Abs. 3 BetrAVG individuell versteuert werden, den Höchstbetrag des § 3 Nr. 63 EStG überstieg. 2131

Dies führt im Übrigen dazu, dass für Pensionskassenbeiträge aufgrund einer vor dem 1.1.2005 erteilten Versorgungszusage die Steuervorteile nach 2132

---

[1] BMF-Schreiben vom 24.7.2013, BStBl 2013 I S. 1022, Rz. 361.
[2] BMF-Schreiben vom 24.7.2013, BStBl 2013 I S. 1022, Rz. 362.

Teil D: Besteuerung von Altersbezügen

§ 3 Nr. 63 Satz 1 EStG und § 40b EStG in der am 31.12.2004 geltenden Fassung auch nach 2004 weiterhin kumuliert in Anspruch genommen werden können.

BEISPIEL: Kumulative Inanspruchnahme von § 3 Nr. 63 Satz 1 und § 40b EStG für Pensionskassenbeiträge

Der Arbeitgeber entrichtet für seinen Arbeitnehmer im Rahmen eines ersten Dienstverhältnisses seit 2002 Beiträge an eine kapitalgedeckte Pensionskasse, die eine Auszahlung der Versorgungsleistungen in Form einer lebenslangen monatlichen Rente vorsieht. Der Jahresbeitrag beträgt 7 000 €.

Hiervon sind 4 % der geltenden Beitragsbemessungsgrenze zur gesetzlichen Rentenversicherung (für 2013 = 2 748 €) steuerfrei. Weitere 1 752 € können mit 20 % pauschaliert werden. Die restlichen Beiträge (i. H. v. 2 500 €) sind steuer- und sozialversicherungspflichtig. Gegebenenfalls besteht Anspruch auf Altersvorsorgezulage nach Abschn. XI EStG bzw. auf den Sonderausgabenabzug nach § 10a EStG (vgl. Rn. 1710 ff.).

c) Pensionsfonds

2133 Für Beiträge an einen Pensionsfonds kann keine Weiteranwendung der Pauschalbesteuerung nach § 40b EStG in der am 31.12.2004 geltenden Fassung in Betracht kommen, denn für diesen Durchführungsweg war die Pauschalbesteuerung auch vor dem 1.1.2005 nicht möglich. Als der Gesetzgeber durch das AVmG zum 1.1.2002 die Möglichkeit geschaffen hat, betriebliche Altersversorgung auch über einen Pensionsfonds zu betreiben, hat er diesen neuen Durchführungsweg gar nicht erst in die Pauschalbesteuerung nach § 40b EStG aufgenommen.

2134–2140 (Einstweilen frei)

7. Beibehaltung der Pauschalbesteuerung nach § 40b EStG für umlagefinanzierte Pensionskassen

2141 Für Zuwendungen des Arbeitgebers zum Aufbau einer betrieblichen Altersversorgung bei einer Pensionskasse, die nicht im Kapitaldeckungsverfahren, sondern im Umlageverfahren finanziert wird (z. B. diverse Zusatzversorgungskassen im öffentlichen Dienst) hat der Gesetzgeber die Pauschalbesteuerung der Beiträge bis zu 1 752 € mit 20 % nach § 40b EStG beibehalten – und zwar unabhängig davon, ob es sich um eine Alt- oder eine Neuzusage handelt. Werden von einer Versorgungseinrichtung sowohl Umlagen als auch Beiträge im Kapitaldeckungsverfahren erhoben, ist § 40b EStG auch auf die im Kapital-

VI. Besteuerung von Leistungen aus der betrieblichen Altersversorgung

deckungsverfahren erhobenen Beiträge anwendbar, wenn eine getrennte Verwaltung und Abrechnung beider Vermögensmassen nicht erfolgt.[1]

Damit verblieb es für den Bereich der umlagefinanzierten betrieblichen Altersversorgung über eine Pensionskasse zunächst weiterhin bei der vorgelagerten Besteuerung, wenn die Zuwendungen im Rahmen eines ersten Dienstverhältnisses geleistet werden. Allerdings hat der Gesetzgeber zum 1.1.2008 für Umlagen die Steuerfreiheit nach § 3 Nr. 56 EStG eingeführt, die ab diesem Zeitpunkt der Pauschalbesteuerung vorgeht (vgl. hierzu Rn. 2151 ff.). Für umlagefinanzierte Direktversicherungen – falls derartige Produkte überhaupt angeboten werden – ist die Pauschalbesteuerung nach § 40b EStG bei Neuverträgen hingegen nicht mehr möglich, da Direktversicherungen in § 40b EStG in der ab 2005 geltenden Fassung nicht mehr genannt werden. 2142

(Einstweilen frei) 2143–2145

8. Verzicht auf die Steuerfreiheit nach § 3 Nr. 63 Satz 2 EStG zugunsten der Förderung nach § 10a und Abschn. XI EStG bei Entgeltumwandlung

Sofern der Arbeitnehmer nach § 1a Abs. 3 BetrAVG einen Anspruch auf Entgeltumwandlung hat (vgl. Rn. 2047 ff.), kann er verlangen, dass die Voraussetzungen für eine steuerliche Förderung über Altersvorsorgezulage nach Abschn. XI EStG und ggf. den Sonderausgabenabzug nach § 10a EStG („Riester-Rente") erfüllt werden, wenn die betriebliche Altersversorgung über einen Pensionsfonds, eine Pensionskasse oder eine Direktversicherung durchgeführt wird. Die Voraussetzungen für eine steuerliche Förderung über Altersvorsorgezulage nach Abschn. XI EStG und den Sonderausgabenabzug nach § 10a EStG sind aber nur dann erfüllt, wenn die entsprechenden Beiträge nach den individuellen Merkmalen des jeweiligen Arbeitnehmers lohnversteuert und verbeitragt worden sind und die Versorgungseinrichtung eine lebenslange Altersversorgung des Arbeitnehmers gewährleistet (§ 82 Abs. 2 EStG; zu den begünstigten Auszahlungsformen vgl. Rn. 2065 ff.). Aufgrund dieses Zusammenhangs besteht die Möglichkeit, dass der Arbeitnehmer die Steuerfreiheit von Beiträgen an einen Pensionsfonds, eine Pensionskasse oder für eine Direktversicherung ganz oder teilweise „abwählt" und die individuelle Versteuerung und Verbeitragung verlangt (§ 3 Nr. 63 Satz 2 EStG). 2146

---

[1] BMF-Schreiben vom 24.7.2013, BStBl 2013 I S. 1022, Rz. 347.

2147 Auf die Steuerfreiheit können grundsätzlich nur Arbeitnehmer verzichten, die in der gesetzlichen Rentenversicherung pflichtversichert sind. Alle anderen Arbeitnehmer können von dieser Möglichkeit nur Gebrauch machen, wenn der Arbeitgeber zustimmt.[1] Bei dem Verzicht auf die Steuerfreiheit (und damit automatisch auch auf die Sozialversicherungsfreiheit) war zu beachten, dass die steuerliche Förderung über Zulage und Sonderausgabenabzug bis 2008 erst langsam aufgebaut worden ist, so dass die Steuer- und Sozialversicherungsfreiheit der Beiträge an einen Pensionsfonds, eine Pensionskasse oder für eine Direktversicherung für die meisten Arbeitnehmer günstiger gewesen sein dürfte.

2148 Soweit der Arbeitnehmer einen Rechtsanspruch auf Entgeltumwandlung hat (§ 1a BetrAVG), müssen die Beiträge an einen Pensionsfonds, eine Pensionskasse oder für eine Direktversicherung auf Verlangen des Arbeitnehmers individuell versteuert und verbeitragt werden. Hat der Arbeitnehmer keinen Rechtsanspruch auf Entgeltumwandlung, ist in den anderen Fällen der Entgeltumwandlung (z. B. Entgeltumwandlungen vor dem Jahr 2002, wo es den gesetzlichen Anspruch noch nicht gab, keine Pflichtversicherung des Arbeitnehmers in der gesetzlichen Rentenversicherung) ein Verzicht auf die Steuerfreiheit nur bei einvernehmlicher Vereinbarung zwischen Arbeitgeber und Arbeitnehmer möglich.[2]

2149 Bei rein arbeitgeberfinanzierten Beiträgen (vgl. Rn. 2041) kann auf die Steuerfreiheit nach § 3 Nr. 63 EStG nicht verzichtet werden.

2150 Der Verzicht auf die Steuerfreiheit kann zudem nur bis zu dem Zeitpunkt erfolgen, bis zu dem eine Entgeltumwandlung steuerlich anerkannt wird. Maßgebend ist also die Fälligkeit des umzuwandelnden Arbeitslohns (vgl. hierzu Rn. 2042 ff.). Eine nachträgliche Änderung der steuerlichen Behandlung der durch Entgeltumwandlung finanzierten Beiträge ist nicht zulässig.

9. Steuerfreiheit nach § 3 Nr. 56 EStG für Umlagen

2151 Im Rahmen des JStG 2007 hat der Gesetzgeber Ausgaben des Arbeitgebers an eine umlagefinanzierte Pensionskasse ebenfalls in begrenztem Umfang steuerfrei gestellt (§ 3 Nr. 56 EStG). Die Vorschrift ist erstmals auf laufende Zuwendungen des Arbeitgebers anzuwenden, die für einen nach dem 31.12.2007 endenden Lohnzahlungszeitraum gezahlt werden, und auf Zuwendungen in Form eines sonstigen Bezugs, die nach dem 31. 12. 2007 geleistet werden. Die

---

1 BMF-Schreiben vom 24. 7. 2013, BStBl 2013 I S. 1022, Rz. 316.
2 BMF-Schreiben vom 24. 7. 2013, BStBl 2013 I S. 1022, Rz. 316.

VI. Besteuerung von Leistungen aus der betrieblichen Altersversorgung

Steuerfreiheit setzt – wie die Steuerfreiheit nach § 3 Nr. 63 EStG – die Zahlung der Beiträge im Rahmen eines ersten Dienstverhältnisses und die Auszahlung der zugesagten Versorgung (Alters-, Invaliditäts-, Hinterbliebenenversorgung) in Form einer Rente oder eines Auszahlungsplans mit anschließender lebenslanger Teilkapitalverrentung voraus. Die Steuerfreiheit der Ausgaben ist 2008 zunächst begrenzt auf 1 % der Beitragsbemessungsgrenze in der allgemeinen Rentenversicherung – West – (ab 2014 2 %, ab 2020 3 % und ab 2025 4 %).

Soweit die Zuwendungen nicht nach § 3 Nr. 56 EStG steuerfrei bleiben, können sie individuell oder nach § 40b Abs. 1 und 2 EStG pauschal besteuert werden. Werden von der Versorgungseinrichtung sowohl Zuwendungen/Umlagen als auch Beiträge im Kapitaldeckungsverfahren erhoben, ist § 3 Nr. 56 EStG auch auf die im Kapitaldeckungsverfahren erhobenen Beiträge anwendbar, wenn eine getrennte Verwaltung und Abrechnung beider Vermögensmassen nicht erfolgt. Erfolgt eine getrennte Verwaltung und Abrechnung beider Vermögensmassen, ist die Steuerfreiheit nach § 3 Nr. 63 EStG für die im Kapitaldeckungsverfahren erhobenen Beiträge vorrangig zu berücksichtigen. Dies gilt unabhängig davon, ob diese Beiträge rein arbeitgeberfinanziert sind oder auf einer Entgeltumwandlung beruhen.

2152

Steuerfreie Beiträge des Arbeitgebers an eine kapitalgedeckte Versorgungseinrichtung (§ 3 Nr. 63 EStG) werden – im jeweiligen Dienstverhältnis – auf das steuerfreie Volumen nach § 3 Nr. 56 EStG angerechnet. Die Anrechnung unterbleibt hingegen, soweit (erst) in einem späteren ersten Dienstverhältnis Beiträge nach § Nr. 63 EStG steuerfrei bleiben. Nach Auffassung der FinVerw bestehen keine Bedenken gegen eine kalenderjahrbezogene Betrachtung hinsichtlich der gem. § 3 Nr. 56 Satz 3 EStG vorzunehmenden Verrechnung, wenn sowohl nach § 3 Nr. 63 EStG steuerfreie Beiträge als auch nach § 3 Nr. 56 EStG steuerfreie Zuwendungen erbracht werden sollen. Stellt der Arbeitgeber vor Übermittlung der elektronischen Lohnsteuerbescheinigung fest (z. B. wegen einer erst im Laufe des Kalenderjahres vereinbarten nach § 3 Nr. 63 EStG steuerfreien Entgeltumwandlung aus einer Sonderzuwendung), dass die ursprüngliche Betrachtung nicht mehr zutreffend ist, hat er eine Korrektur vorzunehmen.[1]

2153

Zu der Frage, ob sich die Steuerfreiheit des § 3 Nr. 56 EStG aufgrund ihrer Wechselwirkungen mit § 3 Nr. 63 EStG als Stolperstein für die versicherungsförmigen Durchführungswege in Bezug auf die Entgeltumwandlung im öf-

2154

---

1 BMF-Schreiben vom 24. 7. 2013, BStBl 2013 I S. 1022, Rz. 345.

fentlichen Dienst erweist, vgl. Dommermuth/Killat in: NWB 3/2013 S. 675 und in NWB 10/2013 S. 119.

2155 (Einstweilen frei)

10. Steuerliche Behandlung der Betriebsrenten und anderen Leistungen aus einer Direktzusage oder einer Unterstützungskassenzusage

a) Ansparphase

2156 Wie bei den Versorgungsbezügen im öffentlichen Dienst, zahlt der Arbeitnehmer bei einer Versorgungszusage über den Arbeitgeber (Direktzusage) oder über eine Unterstützungskasse keine eigenen Beiträge. Eine steuerliche Belastung in der Beitragsphase liegt bei ihm folglich nicht vor (vgl. hierzu auch Rn. 1992 ff.).

b) Auszahlungsphase

2157 Die späteren Versorgungsbezüge führen zum Zufluss von Arbeitslohn i. S. d. § 19 EStG, der ggf. durch Abzug eines Versorgungsfreibetrags und eines Zuschlags zum Versorgungsfreibetrag zu mindern ist (§ 19 Abs. 2 EStG) und um den Werbungskosten-Pauschbetrag nach § 9a Satz 1 Nr. 1 Buchst. b EStG. Zu den Einzelheiten vgl. die Ausführungen in Rn. 2262 ff. zur steuerlichen Behandlung von Versorgungsbezügen.

2158–2160 (Einstweilen frei)

11. Steuerliche Behandlung der Leistungen aus den externen Durchführungswegen

a) Ansparphase

aa) Kapitalgedeckte Pensionskassen

(1) Vor dem 1. 1. 2005 erteilte Altzusagen

2161 Die Beiträge sind bis zu 4 % der Beitragsbemessungsgrenze in der allgemeinen Rentenversicherung – West –[1] steuer- und sozialversicherungsfrei (§ 3 Nr. 63 Satz 1 EStG). Zum Verzicht auf die Steuerfreiheit der Beiträge nach § 3 Nr. 63 Satz 2 EStG vgl. Rn. 2146 ff.

---

1 Beträge vgl. Rn. 2061.

Übersteigen die Beiträge das Steuerfreistellungsvolumen des § 3 Nr. 63 Satz 1 EStG, können die übersteigenden Beiträge bis zu 1752 € pauschal besteuert werden. Werden die Beiträge durch den Arbeitgeber finanziert, sind sie ebenfalls sozialversicherungsfrei. Werden die Beiträge durch Entgeltumwandlung finanziert, greift die Sozialversicherungsfreiheit nur, wenn die Umwandlung aus Einmalzahlungen erfolgt. Stammen die Beiträge aus dem laufenden Arbeitslohn, sind sie sozialversicherungspflichtig, sofern der entsprechende Arbeitslohn nicht oberhalb der Beitragsbemessungsgrenze liegt. 2162

Übersteigen die Beiträge auch diesen Betrag, sind weitere Beiträge individuell zu versteuern und zu verbeitragen. Es besteht die Möglichkeit, die Altersvorsorgezulage nach Abschn. XI EStG bzw. den Sonderausgabenabzug nach § 10a EStG in Anspruch zu nehmen. 2163

(2) Nach dem 31. 12. 2004 erteilte Neuzusagen

Die Beiträge sind bis zu 4 % der Beitragsbemessungsgrenze in der allgemeinen Rentenversicherung – West –[1] steuer- und sozialversicherungsfrei (§ 3 Nr. 63 Satz 1 EStG). Zum Verzicht auf die Steuerfreiheit der Beiträge nach § 3 Nr. 63 Satz 2 EStG vgl. Rn. 2146 ff. 2164

Übersteigende Beiträge sind bis zu 1 800 € nach § 3 Nr. 63 Satz 3 EStG steuer- aber nicht sozialversicherungsfrei, wenn der Arbeitnehmer nicht für eine weitere Versorgungszusage (über einen anderen Durchführungsweg) die Pauschalbesteuerung nach § 40b EStG in der am 31. 12. 2004 geltenden Fassung in Anspruch nimmt. Die Inanspruchnahme der Pauschalbesteuerung in der ab 2005 geltenden Fassung für eine umlagefinanzierte Pensionskassenzusage (vgl. Rn. 2141 ff.) steht der Inanspruchnahme des zusätzlichen Höchstbetrags nicht entgegen. 2165

Weitere Beiträge sind individuell zu versteuern und zu verbeitragen. Es besteht die Möglichkeit, die Altersvorsorgezulage nach Abschn. XI EStG bzw. den Sonderausgabenabzug nach § 10a EStG in Anspruch zu nehmen. 2166

(Einstweilen frei) 2167–2170

---

1 Beträge vgl. Rn. 2061.

Teil D: Besteuerung von Altersbezügen

bb) Pensionsfonds

(1) Vor dem 1.1.2005 erteilte Altzusagen

2171 Die Beiträge sind bis zu 4% der Beitragsbemessungsgrenze in der allgemeinen Rentenversicherung – West –[1] steuer- und sozialversicherungsfrei (§ 3 Nr. 63 Satz 1 EStG). Zum Verzicht auf die Steuerfreiheit der Beiträge nach § 3 Nr. 63 Satz 2 EStG vgl. Rn. 2146 ff.

2172 Übersteigen die Beiträge das Steuerfreistellungsvolumen des § 3 Nr. 63 Satz 1 EStG, können die übersteigenden Beiträge – anders als bei der Pensionskasse – nicht bis zu 1 752 € pauschal besteuert werden, da § 40b EStG auf Pensionsfonds keine Anwendung findet.

2173 Übersteigen die Beiträge 4% der Beitragsbemessungsgrenze in der allgemeinen Rentenversicherung, sind diese individuell zu versteuern und zu verbeitragen. Es besteht die Möglichkeit, die Altersvorsorgezulage nach Abschn. XI EStG bzw. den Sonderausgabenabzug nach § 10a EStG in Anspruch zu nehmen.

(2) Nach dem 31.12.2004 erteilte Neuzusagen

2174 Die Beiträge sind bis zu 4% der Beitragsbemessungsgrenze in der allgemeinen Rentenversicherung – West –[2] steuer- und sozialversicherungsfrei (§ 3 Nr. 63 Satz 1 EStG). Zum Verzicht auf die Steuerfreiheit der Beiträge nach § 3 Nr. 63 Satz 2 EStG vgl. Rn. 2146 ff.

2175 Übersteigende Beiträge sind bis zu 1 800 € nach § 3 Nr. 63 Satz 3 EStG steuer- aber nicht sozialversicherungsfrei, wenn der Arbeitnehmer nicht für eine weitere Versorgungszusage über einen anderen Durchführungsweg die Pauschalbesteuerung nach § 40b EStG in der am 31.12.2004 geltenden Fassung in Anspruch nimmt. Die Inanspruchnahme der Pauschalbesteuerung in der ab 2005 geltenden Fassung für eine umlagefinanzierte Pensionskassenzusage steht der Inanspruchnahme des zusätzlichen Höchstbetrags nicht entgegen.

2176 Weitere Beiträge sind individuell zu versteuern und zu verbeitragen. Es besteht die Möglichkeit, die Altersvorsorgezulage nach Abschn. XI EStG bzw. den Sonderausgabenabzug nach § 10a EStG in Anspruch zu nehmen.

2177–2180 (Einstweilen frei)

---

1 Beträge vgl. Rn. 2061.
2 Beträge vgl. Rn. 2061.

VI. Besteuerung von Leistungen aus der betrieblichen Altersversorgung

cc) Direktversicherungen

(1) Vor dem 1.1.2005 erteilte Altzusagen

Erfüllt die Direktversicherung die Voraussetzungen des § 3 Nr. 63 EStG sind die Beiträge seit dem 1.1.2005 grundsätzlich bis zu 4 % der Beitragsbemessungsgrenze in der allgemeinen Rentenversicherung – West –[1] steuer- und sozialversicherungsfrei (§ 3 Nr. 63 Satz 1 EStG). Zum Verzicht auf die Steuerfreiheit der Beiträge nach § 3 Nr. 63 Satz 2 EStG vgl. Rn. 2146 ff. Übersteigende Beiträge können bis zu 1 752 € pauschal besteuert werden. Werden die Beiträge durch den Arbeitgeber finanziert, sind sie ebenfalls sozialversicherungsfrei. Werden die Beiträge durch Entgeltumwandlung finanziert, greift die Sozialversicherungsfreiheit nur, wenn die Umwandlung aus Einmalzahlungen erfolgt. Stammen die Beiträge aus dem laufenden Arbeitslohn, sind sie sozialversicherungspflichtig, sofern der entsprechende Arbeitslohn nicht oberhalb der Beitragsbemessungsgrenze liegt. 2181

Alternativ konnte der Arbeitnehmer sich (Ausübung des Wahlrechts bis zum 30.6.2005) auch für die Weiteranwendung der Pauschalbesteuerung nach § 40b EStG in der am 31.12.2004 geltenden Fassung aussprechen (vgl. hierzu Rn. 2126 ff.). In diesem Fall können die Beiträge weiterhin bis zu 1 752 € mit 20 % pauschal besteuert werden (hinsichtlich der sozialversicherungsrechtlichen Behandlung in diesem Fall vgl. Rn. 2181). Gleiches gilt automatisch, wenn die Zusage die Voraussetzungen für die Steuerfreiheit nicht erfüllt. 2182

Beiträge, die über das Volumen der Rn. 2181 bzw. 2182 hinausgehen, sind individuell zu versteuern und zu verbeitragen. Es besteht die Möglichkeit, die Altersvorsorgezulage nach Abschn. XI EStG bzw. den Sonderausgabenabzug nach § 10a EStG in Anspruch zu nehmen. 2183

(2) Nach dem 31.12.2004 erteilte Neuzusagen

Die Beiträge sind bis zu 4 % der Beitragsbemessungsgrenze in der allgemeinen Rentenversicherung – West –[2] steuer- und sozialversicherungsfrei (§ 3 Nr. 63 Satz 1 EStG). Zum Verzicht auf die Steuerfreiheit der Beiträge nach § 3 Nr. 63 Satz 2 EStG vgl. Rn. 2146 ff. 2184

Übersteigende Beiträge sind bis zu 1 800 € nach § 3 Nr. 63 Satz 3 EStG steuer- aber nicht sozialversicherungsfrei, wenn der Arbeitnehmer nicht für eine weitere Versorgungszusage (über einen anderen Durchführungsweg) die Pau- 2185

---

1 Beträge vgl. Rn. 2061.
2 Beträge vgl. Rn. 2061.

schalbesteuerung nach § 40b EStG in der am 31.12.2004 geltenden Fassung in Anspruch nimmt. Die Inanspruchnahme der Pauschalbesteuerung in der ab 2005 geltenden Fassung für eine umlagefinanzierte Pensionskassenzusage (vgl. Rn. 2141 ff.) steht der Inanspruchnahme des zusätzlichen Höchstbetrags nicht entgegen.

2186 Weitere Beiträge sind individuell zu versteuern und zu verbeitragen. Es besteht die Möglichkeit, die Altersvorsorgezulage nach Abschn. XI EStG bzw. den Sonderausgabenabzug nach § 10a EStG in Anspruch zu nehmen.

2187–2189 (Einstweilen frei)

dd) Umlagefinanzierte Pensionskassen

2190 Zuwendungen an eine umlagefinanzierte Pensionskasse bleiben ab dem 1.1.2008 zunächst im Rahmen des § 3 Nr. 56 EStG steuerfrei. Die den Rahmen des § 3 Nr. 56 EStG übersteigenden Zuwendungen können dann nach § 40b Abs. 1 und Abs. 2 EStG pauschal besteuert werden. Dies gilt unabhängig davon, ob die Zuwendungen aufgrund einer Alt- oder Neuzusage geleistet werden.[1]

b) Auszahlungsphase

aa) Allgemeines

2191 Durch das AVmG hat der Gesetzgeber zum 1.1.2002 die neue Besteuerungsnorm des § 22 Nr. 5 EStG geschaffen. Damit unterfallen seit dem Veranlagungszeitraum 2002 alle Auszahlungen aus den betrieblichen Durchführungswegen Pensionskasse, Pensionsfonds und Direktversicherung – wie die Auszahlungen aus privaten Riester-Rentenverträgen der Besteuerung nach § 22 Nr. 5 EStG.

2192 § 22 Nr. 5 EStG sieht grundsätzlich die nachgelagerte Besteuerung vor. Da die staatlichen Fördermöglichkeiten in der Ansparphase aber begrenzt sind, ist die nachgelagerte Besteuerung auf die Leistungen beschränkt, die auf geförderten Beiträgen beruhen (§ 22 Nr. 5 Satz 1 EStG). Beruhen die Leistungen auf nicht geförderten Beiträgen, gelten Ausnahmeregelungen (§ 22 Nr. 5 Satz 2 Buchst. a bis c EStG). Ebenfalls Sonderregelungen gelten, wenn eine schädliche Verwendung (vgl. Rn. 1756 ff. und Rn. 1921 ff.) von gefördertem Altersvorsorgevermögen vorliegt (§ 22 Nr. 5 Satz 3 EStG).

2193–2195 (Einstweilen frei)

---

[1] BMF-Schreiben vom 24.7.2013, BStBl 2013 I S. 1022, Rz. 347.

bb) Leistungen, die ausschließlich auf nicht geförderten Beiträgen beruhen

Auch wenn der Arbeitnehmer in der Ansparphase weder eine staatliche Förderung nach § 3 Nr. 55b Satz 1, Nr. 55c, Nr. 56 oder Nr. 63 EStG noch nach Abschn. XI oder § 10a EStG in Anspruch genommen hat (z. B. weil die Auszahlungsphase bereits vor dem 1.1.2002 begonnen hat) und die Versorgungszusage auch nicht nach § 3 Nr. 66 EStG begünstigt auf einen Pensionsfonds übertragen worden ist (vgl. Rn. 2241 ff.), richtet sich die Besteuerung der Auszahlungsleistungen dennoch nach § 22 Nr. 5 EStG. Diese Vorschrift gilt für alle Leistungen aus der betrieblichen Altersversorgung über einen externen Durchführungsweg – auch für Leistungen aus einer umlagefinanzierten Pensionskasse[1] – als lex specialis. Allerdings greifen in diesem Fall die Ausnahmeregelungen des § 22 Nr. 5 Satz 2 Buchst. a bis c EStG.

2196

Rentenleistungen werden danach im Ergebnis mit dem Ertragsanteil nach § 22 Nr. 1 Satz 3 Buchst. a Doppelbuchst. bb EStG besteuert (§ 22 Nr. 5 Satz 2 Buchst. a EStG).

2197

Für Kapitalauszahlungen, die auf nicht geförderten Beiträgen beruhen, enthält § 22 Nr. 5 Satz 2 Buchst. b EStG seit der Fassung JStG 2007 eine ausdrückliche Regelung. Es ist § 20 Abs. 1 Nr. 6 EStG in der jeweils für den Vertrag geltenden Fassung entsprechend anzuwenden. Dies bedeutet, dass für Verträge, die vor dem 1.1.2005 abgeschlossen wurden, das Kapitallebensversicherungsprivileg zur Anwendung kommt. Bei Verträgen, die nach dem 31.12.2004 abgeschlossen wurden, unterliegt der (hälftige) Unterschiedsbetrag der Besteuerung.

2198

Für Veranlagungszeiträume vor 2007 hatte die FinVerw für Kapitalauszahlungen aus einer Pensionskasse, einem Pensionsfonds oder einer Direktversicherung, die auf nicht geförderten Beiträgen beruht, geregelt, dass die in der Kapitalauszahlung enthaltenen Erträge nur zu versteuern sind, wenn sie auch nach den allgemeinen Vorschriften als Kapitalerträge der Besteuerung unterliegen würden.

2199

Dies kam im Grunde zu dem gleichen Ergebnis wie die ab dem VZ 2007 geltende gesetzliche Regelung und orientierte sich daran, dass die FinVerw auch vor der Schaffung des § 22 Nr. 5 EStG bei Kapitalauszahlungen aus den externen betrieblichen Durchführungswegen das Kapitalversicherungsprivileg des § 20 Abs. 1 Nr. 6 Satz 2 EStG analog angewendet hatte. Allerdings ließ sich diese Regelung aus dem Gesetz nicht herleiten.

2200

---

1 Vgl. hierzu auch Rn. 2209 f.

2201 Für vor dem 1.1.2005 abgeschlossene Verträge war dies unkritisch, da das wirtschaftliche Ergebnis bei Anwendung der gesetzlichen Norm (Besteuerungslücke) mit dem bei Anwendung der Verwaltungsauffassung (Kapitallebensversicherungsprivileg) identisch war. Dies hat sich jedoch geändert für Kapitalauszahlungen, die auf einem Vertrag beruhen, der nach dem 31.12.2004 abgeschlossen wurde. Für diese Verträge wollte die FinVerw den (hälftigen) Unterschiedsbetrag zwischen der Kapitalauszahlung und den Beiträgen besteuern, während die Besteuerungsnorm des § 22 Nr. 5 Satz 2 EStG eine Besteuerung zunächst ausschloss. Um eine klare Regelung zu schaffen, hat der Gesetzgeber im JStG 2007 daher die Regelung des § 22 Nr. 5 Satz 2 EStG bereinigt.

2202 In diesem Zusammenhang ist auch zu beachten, dass Altzusage (vgl. Rn. 2101 ff.) und damit die Möglichkeit, die Beiträge zu einer Direktversicherung oder zu einer Versicherung über eine Pensionskasse ab 2005 weiterhin bis zu 1 752 € mit 20 % pauschal besteuern zu können, nicht übereinstimmt mit Altvertrag i.S.d. § 20 Abs. 1 Nr. 6 Satz 2 EStG, für den noch das Kapitallebensversicherungsprivileg gilt. Handelt es sich zwar (lohnsteuerlich) um eine pauschalierungsfähige Altzusage, ist der (Direkt-)Versicherungsvertrag aber erst nach dem 31.12.2004 abgeschlossen worden gehört bei einer Kapitalauszahlung – ungeachtet der Pauschalierung der Beiträge – der Unterschiedsbetrag zwischen der Versicherungsleistung und der Summe der auf sie entrichteten Beiträge (ggf. zur Hälfte) zu den Einkünften aus Kapitalvermögen (§ 20 Abs. 1 Nr. 6 Satz 1 EStG in der ab 2005 geltenden Fassung). Insoweit liegt nämlich ein Neuvertrag vor.

2203 Bei einem Neuvertrag ist zudem zu beachten, dass u.U. die Voraussetzungen für den Sonderausgabenabzug nach § 10 Abs. 1 Nr. 2 Buchst. b EStG erfüllt sein können (Basisversorgung; vgl. hierzu Rn. 1183 ff.). Ist dies der Fall, unterliegen sowohl Rentenzahlungen als auch eine Kapitalauszahlung[1] der Besteuerung nach § 22 Nr. 5 Satz 2 Buchst. a i.V. m. § 22 Nr. 1 Satz 3 Buchst. a Doppelbuchst. aa EStG.[2]

2204 Fraglich ist, ob die betroffenen Versorgungsträger in diesen Fällen Mitteilungen nach § 22 Nr. 5 Satz 7 EStG erstellen. Nach dem Gesetzeswortlaut sind sie hierzu bei Änderung des Leistungsbezugs verpflichtet. Da die Leistungen insgesamt auf steuerlich nicht geförderten Beiträgen beruhen und daher nicht

---

1 Eine Kapitalauszahlung ist dann allerdings nur möglich, wenn es außerhalb der vertraglichen Vereinbarungen zu einer Abfindung kommt, denn vertraglich würde die Möglichkeit einer Kapitalauszahlung die Förderfähigkeit nach § 10 Abs. 1 Nr. 2 Buchst. b EStG ausschließen.
2 BMF-Schreiben vom 24. 7. 2013, BStBl 2013 I S. 1022, Rz. 375.

aufzuteilen sind in einen Teil, der der Besteuerung nach § 22 Nr. 5 Satz 1 EStG unterliegt und einen Teil, der der Besteuerung nach § 22 Nr. 5 Satz 2 oder 3 EStG unterliegt, wird für eine solche Mitteilung vielfach keine Notwendigkeit gesehen; dies insbesondere vor dem Hintergrund, dass daneben noch die Pflicht zur Übermittlung der Rentenbezugsmitteilung nach § 22a EStG besteht (vgl. Rn. 2301 ff.). Da sich allerdings die Anlage R zur Erfassung der Renteneinkünfte im Rahmen der Einkommensteuererklärung an der Bescheinigung nach § 22 Nr. 5 Satz 7 EStG orientiert, wird sie in der Praxis benötigt, um die Anlage zutreffend ausfüllen zu können.

cc) Leistungen, die ausschließlich auf geförderten Beiträgen beruhen

Leistungen, die ausschließlich auf geförderten Beiträgen beruhen, unterliegen – unabhängig davon, ob es sich um Rentenzahlungen, Auszahlungsplanraten oder um Kapitalauszahlungen handelt – nach § 22 Nr. 5 Satz 1 EStG in vollem Umfang der Besteuerung. Hierbei kann es sich nur um Zusagen handeln, deren Laufzeit nach dem 31.12.2001 beginnt. Außerdem dürfen nur Beiträge eingezahlt worden sein, die in vollem Umfang nach § 3 Nr. 56 oder Nr. 63 EStG steuerfrei waren, die – ggf. kumulativ mit § 3 Nr. 63 EStG – nach Abschn. XI EStG i.V. m. § 10a EStG begünstigt waren, die im Zusammenhang mit der Übertragung einer Versorgungszusage auf einen Pensionsfonds nach § 3 Nr. 66 EStG steuerfrei waren, die im Zusammenhang mit einer externen Teilung im Rahmen des Versorgungsausgleichs nach § 3 Nr. 55b EStG steuerfrei waren oder die im Zuge einer Übertragung von betrieblichem Altersvorsorgevermögen in einen zertifizierten Altersvorsorgevertrag nach § 3 Nr. 55c EStG steuerfrei waren.

2205

dd) Leistungen, die auf geförderten und nicht geförderten Beiträgen beruhen

Beruhen die späteren Versorgungsleistungen sowohl auf geförderten als auch auf nicht geförderten Beiträgen, müssen die Versorgungsleistungen aufgeteilt werden. Die Leistungen sind voll steuerpflichtig, soweit sie auf geförderten Beitragsleistungen (einschließlich darauf entfallender Erträge und Zulagen) beruhen. Das gilt unabhängig davon, ob sie als Rente, im Rahmen eines Auszahlungsplans oder als Kapital ausgezahlt werden. Soweit die Leistungen auf nicht geförderten Beiträgen beruhen, erfolgt die Besteuerung nach § 22 Nr. 5 Satz 2 EStG.

2206

Teil D: Besteuerung von Altersbezügen

> **BEISPIEL:** Besteuerung nach § 22 Nr. 5 EStG bei teilweise geförderten Beiträgen
>
> Arbeitgeber A erteilt dem Arbeitnehmer B im Juni 2005 eine Versorgungszusage über eine Pensionskasse, die ab Juni 2015 Versorgungsleistungen in Form von Rentenzahlungen vorsieht. Die Voraussetzungen für die Basisversorgung i. S. d. § 10 Abs. 1 Nr. 2 Buchst. b EStG sind erfüllt. Die Beiträge an die Pensionskasse betragen 5 000 € jährlich.
>
> Die Beiträge an die Pensionskasse sind i. H. v. 4 % der Beitragsbemessungsgrenze in der allgemeinen Rentenversicherung zuzüglich 1 800 € steuerfrei, darüber hinaus steuerpflichtig. Der übersteigende Betrag ist individuell nach den persönlichen Merkmalen des B zu versteuern und kann nach § 10 Abs. 1 Nr. 2 Buchst. b i. V. m. Abs. 3 EStG als Sonderausgaben geltend gemacht werden.
>
> Folge: Die späteren Versorgungsleistungen gehören zu den sonstigen Einkünften i. S. d. § 22 Nr. 5 Satz 1 EStG, soweit sie auf steuerfreien Beiträgen beruhen. Soweit die späteren Versorgungsleistungen auf den steuerpflichtigen Beiträgen der Jahre 2005 bis 2015 beruhen, sind sie mit einem Besteuerungsanteil von 70 % (Beginn der Rente in 2015) zu erfassen, da es sich – aus der Sicht des § 22 Nr. 5 EStG – um nicht geförderte Beiträge aufgrund einer Neuzusage handelt, die die Voraussetzungen für die Basisversorgung erfüllen (§ 22 Nr. 5 Satz 2 Buchst. a i. V. m. § 22 Nr. 1 Satz 3 Buchst. a Doppelbuchst. aa EStG).

2207 Die Aufteilung der Versorgungsleistungen ist durch die auszahlende betriebliche Versorgungseinrichtung (Pensionsfonds, Pensionskasse, Lebensversicherungsunternehmen) vorzunehmen und auf amtlich vorgeschriebenem Vordruck (§ 22 Nr. 5 Satz 7 EStG) zu bescheinigen.

2208 Mit BMF-Schreiben vom 11. 11. 2004[1] hat die FinVerw unterschiedliche Aufteilungsmaßstäbe für die Aufteilung zugelassen, da nicht sichergestellt ist, dass bei allen Versicherungen die Beiträge individualisiert und zusätzlich nach den steuerlichen Förderkriterien getrennt aufgezeichnet und die sich daraus ergebenden Leistungen einschließlich zugeteilter Erträge getrennt ermittelt, erfasst und fortgeschrieben werden. Für den Fall, dass diese Voraussetzungen nicht vorliegen, kann für die Aufteilung ein näher beschriebenes versicherungsmathematisches Näherungsverfahren angewendet werden. Alternativ können die Leistungen ausschließlich nach dem Verhältnis der Summe der steuerfreien und/oder nicht geförderten Beiträge zur Summe der insgesamt geleisteten Beiträge ohne Berücksichtigung von Zinseffekten aufgeteilt werden (beitragsproportionales Verfahren). Außerdem kann das Betriebsstättenfinanzamt der Versorgungseinrichtung im Einzelfall ein abweichendes Aufteilungsverfahren genehmigen, wenn dies zu sachgerechten Ergebnissen führt und z. B. wegen eines besonderen Finanzierungsverfahrens erforderlich ist. Zu den Einzelheiten vgl. Rn. 1909 ff.

---

1 BStBl 2004 I S. 1061.

VI. Besteuerung von Leistungen aus der betrieblichen Altersversorgung

ee) Leistungen aus umlagefinanzierten Versorgungseinrichtungen

Rentenleistungen aus ausschließlich umlagefinanzierten Versorgungseinrichtungen unterlagen, da die Zuwendungen in diesen Fällen auch nach 2004 zunächst pauschal versteuert wurden (§ 40b EStG in der ab 2005 geltenden Fassung; vgl. auch Rn. 2141 ff.), weiterhin der Ertragsanteilsbesteuerung nach § 22 Nr. 1 Satz 3 Buchst. a Doppelbuchst. bb EStG (vgl. insoweit Rn. 1446 ff.). § 22 Nr. 5 EStG fand insoweit keine Anwendung. Aus diesem Grund waren die Leistungen u. E. auch nicht in der Bescheinigung nach § 22 Nr. 5 Satz 7 EStG auszuweisen. 2209

Erhob die Versorgungseinrichtung sowohl Umlagen als auch Beiträge im Kapitaldeckungsverfahren und verwaltete beide Vermögensmassen getrennt und rechnete diese auch getrennt ab (Trennungsprinzip), waren die Leistungen aufzuteilen. Soweit die Leistungen auf den Umlagen beruhten, galt Rn. 2209. Soweit die Leistungen auf Beiträgen im Kapitaldeckungsverfahren beruhten, kam es darauf an, ob und inwieweit diese Beiträge nach § 3 Nr. 63, Abschn. XI EStG oder § 10a EStG gefördert worden waren. Insoweit galten die Ausführungen in Rn. 2196 ff. 2210

Mit der Einführung der Steuerfreiheit nach § 3 Nr. 56 EStG für Zuwendungen an umlagefinanzierte Pensionskassen durch das JStG 2007 wurden die Leistungen allerdings generell in die Vorschrift des § 22 Nr. 5 EStG mit aufgenommen. Der Bezug dieser Vorschrift auf kapitalgedeckte Systeme wurde gestrichen. Am Umfang der Besteuerung hat sich dadurch jedoch nichts geändert. Soweit die Rentenleistungen auf nicht nach § 3 Nr. 56 EStG geförderten Zuwendungen bzw. Beiträgen beruhen, bleibt es weiterhin bei der Ertragsanteilsbesteuerung. Diese richtet sich nunmehr allerdings nach § 22 Nr. 5 Satz 2 Buchst. a i. V. m. § 22 Nr. 1 Satz 3 Buchst. a Doppelbuchst. bb EStG. 2211

(Einstweilen frei) 2212–2215

12. Auswirkungen der Portabilität (Mitnahme betrieblicher Versorgungsanwartschaften) auf die Besteuerung der Leistungen

a) Arbeitsrechtliche Übertragungsmöglichkeiten

Im Rahmen des AltEinkG hat der Gesetzgeber arbeitsrechtlich im BetrAVG die Mitnahmemöglichkeiten erworbener Betriebsrentenanwartschaften bei einem Arbeitgeberwechsel (sog. Portabilität) verbessert. Nunmehr kann nach Beendigung des Arbeitsverhältnisses im Einvernehmen des ehemaligen mit dem neuen Arbeitgeber sowie dem Arbeitnehmer 2216

- die Zusage vom neuen Arbeitgeber übernommen werden (§ 4 Abs. 2 Nr. 1 BetrAVG). Es handelt sich nach wie vor um eine Altzusage, wenn der alte Arbeitgeber die Versorgungszusage vor dem 1.1.2005 erteilt hat; vgl. Rn. 2101 ff.) oder
- der Wert der vom Arbeitnehmer erworbenen unverfallbaren Anwartschaft auf betriebliche Altersversorgung (= Übertragungswert) auf den neuen Arbeitgeber übertragen werden, wenn dieser eine wertgleiche Zusage erteilt (§ 4 Abs. 2 Nr. 2 BetrAVG). Für die neue Anwartschaft gelten die Regelungen für die Entgeltumwandlung, d. h., sie ist sofort unverfallbar und damit insolvenzgeschützt. Mit der vollständigen Übertragung erlischt die Zusage des ehemaligen Arbeitgebers (§ 4 Abs. 6 BetrAVG). Es handelt sich um eine Neuzusage (= Versorgungszusage, die nach dem 31.12.2004 erteilt wurde; vgl. Rn. 2101 ff.).

2217 Darüber hinaus hat der Arbeitnehmer bei einem Arbeitgeberwechsel in bestimmten Fällen ein Recht auf Mitnahme seiner erworbenen Betriebsrentenanwartschaften (§ 4 Abs. 3 BetrAVG). Er kann innerhalb eines Jahres nach Beendigung des Arbeitsverhältnisses verlangen, dass der Übertragungswert auf den neuen Arbeitgeber übertragen wird, wenn

- die betriebliche Altersversorgung über einen externen Versorgungsträger (Pensionsfonds, Pensionskasse oder Direktversicherung) durchgeführt worden ist und
- der Übertragungswert die Beitragsbemessungsgrenze in der allgemeinen Rentenversicherung[1] nicht übersteigt. Überschreitet der Übertragungswert die Beitragsbemessungsgrenze, besteht kein Recht auf anteilige Mitnahme.

2218 Der neue Arbeitgeber ist verpflichtet, eine dem Übertragungswert wertgleiche Zusage zu erteilen und die betriebliche Altersversorgung wiederum über einen externen Versorgungsträger (Pensionsfonds, Pensionskasse oder Direktversicherung) durchzuführen. Für die neue Anwartschaft gelten die Regelungen für die Entgeltumwandlung, das bedeutet, sie ist sofort unverfallbar und damit insolvenzgeschützt. Mit der vollständigen Übertragung erlischt die Zusage des ehemaligen Arbeitgebers (§ 4 Abs. 6 BetrAVG). Das vorstehend beschriebene Recht auf Mitnahme erworbener Betriebsrentenanwartschaften (Fall des § 4 Abs. 3 BetrAVG) gilt nur für Zusagen, die nach dem 31.12.2004 erteilt wurden (§ 30b BetrAVG) mit der Folge, dass es sich steuerlich stets um Neuzusagen handelt. Das Recht des Arbeitnehmers auf Mitnahme erworbener Betriebsrentenanwartschaften besteht nicht, wenn die betriebliche Altersversor-

---

1 Beträge vgl. Rn. 2061.

VI. Besteuerung von Leistungen aus der betrieblichen Altersversorgung

gung beim bisherigen Arbeitgeber über eine Direktzusage oder eine Unterstützungskasse durchgeführt wurde.

Wird die betriebliche Altersversorgung sowohl beim alten als auch beim neuen Arbeitgeber über einen Pensionsfonds, eine Pensionskasse oder eine Direktversicherung abgewickelt, liegt bei der Übernahme der Versorgungszusage (Fall des § 4 Abs. 2 Nr. 1 BetrAVG) lediglich ein Schuldnerwechsel und damit kein lohnsteuerlich relevanter Vorgang vor. Wird ein Direktversicherungsvertrag unmittelbar vom neuen Arbeitgeber fortgeführt, geht die Finanzverwaltung von einer Altzusage aus, wenn der bisherige Arbeitgeber die Versorgungszusage vor dem 1.1.2005 erteilt hat (vgl. Rn. 2101 ff.). Außerdem lebt das Wahlrecht, sich für die Pauschalbesteuerung der Beiträge zu entscheiden, wieder auf (vgl. Rn. 2126 ff.). 2219

Kein lohnsteuerlich relevanter Vorgang ist auch die Übernahme der Versorgungszusage (Fall des § 4 Abs. 2 Nr. 1 BetrAVG), wenn die betriebliche Altersversorgung sowohl beim alten als auch beim neuen Arbeitgeber über eine Direktzusage oder Unterstützungskasse durchgeführt wird.[1] 2220

b) Steuerfreiheit des Übertragungswerts

aa) Übertragung von externem zu externem Versorgungsträger

Der bei einem Arbeitgeberwechsel nach den Regelungen des Betriebsrentenrechts ggf. vom bisherigen Arbeitgeber des Arbeitnehmers oder dessen externer Versorgungseinrichtung an den neuen Arbeitgeber oder dessen externer Versorgungseinrichtung zu leistende Übertragungswert (vgl. § 4 Abs. 5 BetrAVG) ist steuerfrei, wenn die betriebliche Altersversorgung sowohl beim alten als auch beim neuen Arbeitgeber über einen externen Versorgungsträger (Pensionsfonds, Pensionskasse, Direktversicherung) durchgeführt wird (§ 3 Nr. 55 Satz 1 EStG). Es ist für die Steuerfreiheit nicht Voraussetzung, dass beide Arbeitgeber den gleichen Durchführungsweg gewählt haben. 2221

bb) Übertragung von einem internen zu einem internen Durchführungsweg

Wird der Übertragungswert vom ehemaligen Arbeitgeber oder von einer Unterstützungskasse an den neuen Arbeitgeber oder eine andere Unterstützungskasse geleistet, ist die Steuerfreiheit des Übertragungswerts über § 3 Nr. 55 Satz 2 EStG gegeben. 2222

---

1 BMF-Schreiben vom 24.7.2013, BStBl 2013 I S. 1022, Rz. 328.

cc) **Übertragung von einem internen Durchführungsweg auf einen externen Versorgungsträger oder umgekehrt**

2223 Die Steuerfreiheit für einen Übertragungswert kann nicht in Anspruch genommen werden, wenn der bisherige Arbeitgeber als betriebliche Altersversorgung eine Direktzusage erteilt oder diese über eine Unterstützungskasse durchgeführt hat und sie beim neuen Arbeitgeber über einen externen Versorgungsträger (Pensionsfonds, Pensionskasse oder Direktversicherung) durchgeführt wird.[1]

2224 Die Zahlungen des bisherigen Arbeitgebers bzw. der Unterstützungskasse an den externen Versorgungsträger sind grundsätzlich steuerpflichtiger Arbeitslohn. Möglicherweise liegen aber die Voraussetzungen für die Inanspruchnahme der Vervielfältigungsregelung in § 3 Nr. 63 Satz 4 EStG oder in § 40b Abs. 2 EStG in der am 31.12.2004 geltenden Fassung vor.

2225 Eine Steuerfreiheit des Übertragungswerts kommt ebenfalls nicht in Betracht, wenn die betriebliche Altersversorgung beim alten Arbeitgeber über einen externen Versorgungsträger (Pensionsfonds, Pensionskasse oder Direktversicherung) durchgeführt wurde und der neue Arbeitgeber eine Direktzusage erteilt oder die betriebliche Altersversorgung über eine Unterstützungskasse durchführt.

2226–2230 (Einstweilen frei)

c) **Steuerliche Behandlung der (Versorgungs-)Leistungen**

aa) **Übertragung von externem zu externem Versorgungsträger**

2231 Die auf dem Übertragungswert beruhenden später gezahlten Versorgungsleistungen gehören zu den Einkünften, zu denen die Leistungen gehören würden, wenn die Übertragung nicht stattgefunden hätte (§ 3 Nr. 55 Satz 3 i.V. m. § 22 Nr. 5 Satz 10 EStG).

> **BEISPIEL:** Steuerliche Behandlung der Versorgungsleistungen bei Übertragung nach § 3 Nr. 55 Satz 1 EStG
>
> Arbeitgeber A hat für seinen Arbeitnehmer C die betriebliche Altersversorgung in der Vergangenheit mit nach § 3 Nr. 63 EStG steuerfreien Beiträgen über eine Pensionskasse durchgeführt. Anlässlich der Beendigung des Arbeitsverhältnisses überträgt die Pensionskasse den Übertragungswert von 15 000 € im Einvernehmen mit A, dem Arbeitnehmer C und dem neuen Arbeitgeber B auf einen Pensionsfonds, über den B die betriebliche Altersversorgung seiner Arbeitnehmer durchführt (§ 4 Abs. 2 Nr. 2 Be-

---

[1] BMF-Schreiben vom 24.7.2013, BStBl 2013 I S. 1022, Rz. 327.

VI. Besteuerung von Leistungen aus der betrieblichen Altersversorgung

trAVG). Beide Durchführungswege sehen lebenslange Altersversorgungsleistungen vor.

Die Übertragung des Betrags von 15 000 € ist steuerfrei (§ 3 Nr. 55 Satz 1 EStG). Die späteren Versorgungsleistungen des Pensionsfonds sind als sonstige Einkünfte zu versteuern (§ 22 Nr. 5 Satz 1 EStG), soweit sie auf nach § 3 Nr. 63 EStG steuerfreien Beiträgen beruhen. Dies gilt auch, soweit die Steuerfreistellung durch A erfolgt ist. Dessen steuerliche Behandlung der Beiträge wirkt durch die steuerfreie Übertragung über § 3 Nr. 55 Satz 3 EStG fort.

Hätte der Arbeitgeber A die Beiträge individuell versteuert, weil Arbeitnehmer C nach § 3 Nr. 63 Satz 2 EStG auf die Steuer- und Sozialversicherungsfreiheit der Beiträge verzichtet hat, um die Altersvorsorgezulage nach Abschn. XI EStG und den Sonderausgabenabzug nach § 10a EStG in Anspruch nehmen zu können, liegt bei der Übertragung keine schädliche Verwendung i. S. d. § 93 EStG vor, weil auch der Pensionsfonds lebenslange Altersversorgungsleistungen vorsieht (§ 93 Abs. 2 Satz 2 EStG).

bb) Übertragung von einem internen zu einem internen Durchführungsweg

Die späteren Versorgungsleistungen gehören insgesamt zu den Bezügen i. S. d. § 19 EStG. Da die Übertragung steuerfrei erfolgen kann, kommt es im Zeitpunkt der Übertragung nicht zum Zufluss von steuerpflichtigem Arbeitslohn. Es bleibt daher über die Regelung in § 3 Nr. 55 Satz 3 EStG insgesamt bei der nachgelagerten Besteuerung als Arbeitslohn. 2232

BEISPIEL: Steuerliche Behandlung der Versorgungsleistungen bei Übertragung nach § 3 Nr. 55 Satz 2 EStG

Arbeitgeber F hat für seinen Arbeitnehmer G die betriebliche Altersversorgung in der Vergangenheit über die Unterstützungskasse A durchgeführt. Anlässlich der Beendigung des Arbeitsverhältnisses überträgt die Unterstützungskasse A den Übertragungswert von 20 000 € im Einvernehmen mit F, dem Arbeitnehmer G und dem neuen Arbeitgeber H auf die Unterstützungskasse B, über die H die betriebliche Altersversorgung seiner Arbeitnehmer durchführt (§ 4 Abs. 2 Nr. 2 BetrAVG).

Die Übertragung des Betrags von 20 000 € ist steuerfrei (§ 3 Nr. 55 Satz 2 EStG). Sämtliche späteren Versorgungsleistungen der Unterstützungskasse B sind als Arbeitslohn i. S. d. § 19 EStG (Versorgungsbezüge) zu versteuern (§ 3 Nr. 55 Satz 3 EStG).

cc) Übertragung von einem internen Durchführungsweg auf einen externen Versorgungsträger oder umgekehrt

Die steuerpflichtige Übertragung von einem internen Durchführungsweg auf einen externen Versorgungsträger führt im Übertragungszeitpunkt zur Besteuerung der späteren Versorgungsleistungen nach § 19 EStG. 2233

Ist eine Übertragung von einem externen Versorgungsträger auf einen internen Durchführungsweg erfolgt, liegen im Zeitpunkt der Übertragung beim Arbeitnehmer regelmäßig steuerpflichtige sonstige Einkünfte i. S. d. § 22 Nr. 5 2234

Teil D: Besteuerung von Altersbezügen

EStG vor. Hat der Arbeitnehmer vor der Übertragung die Altersvorsorgezulage nach Abschn. XI EStG oder den Sonderausgabenabzug nach § 10a EStG in Anspruch genommen, liegt eine schädliche Verwendung i. S. d. § 93 EStG (vgl. Rn. 1756 ff. und Rn. 1921 ff.) vor. Darüber hinaus führt der „Einkauf" in die Versorgungsregelung des neuen Arbeitgebers beim Arbeitnehmer nicht zu Werbungskosten.[1] Dies hat zur Folge, dass die späteren Rentenleistungen über § 22 Nr. 5 Satz 2 Buchst. a EStG nur mit dem Ertragsanteil nach § 22 Nr. 1 Satz 3 Buchst. a Doppelbuchst. bb EStG zu versteuern sind.

2235–2240   (Einstweilen frei)

13. Auswirkungen auf die Besteuerung der Leistungen bei Übertragung einer Versorgungszusage auf einen Pensionsfonds

2241   Mit § 3 Nr. 66 EStG hat der Gesetzgeber im Rahmen des AVmG zum 1. 1. 2002 die Möglichkeit geschaffen, Verpflichtungen des Arbeitgebers aus einer Direktzusage oder einer Unterstützungskassenzusage steuerfrei auf einen Pensionsfonds zu übertragen, soweit es sich um bereits erdiente Anwartschaften (sog. „Past-Service") handelt. Ohne entsprechende gesetzliche Regelung würde eine solche Übertragung beim Arbeitnehmer zumindest teilweise zu steuerpflichtigem Arbeitslohn führen, weil dieser im Zeitpunkt der Übertragung einen Rechtsanspruch gegenüber dem Pensionsfonds auf die spätere Versorgungsleistung erwirbt. Der Steuerfreistellungsrahmen des § 3 Nr. 63 EStG reicht in solchen Fällen aufgrund der Höhe der für die Übertragung des bereits erdienten Anteils zu zahlenden Beträge regelmäßig nicht aus. Zahlungen an den Pensionsfonds für zukünftig noch zu erdienende Anwartschaften (sog. „Future-Service") sind nach Auffassung der FinVerw ausschließlich in dem begrenzten Rahmen des § 3 Nr. 63 EStG lohnsteuerfrei. Erfolgt im Rahmen eines Gesamtplans zunächst eine nach § 3 Nr. 66 EStG begünstigte Übertragung der erdienten Anwartschaften auf einen Pensionsfonds und werden anschließend regelmäßig wiederkehrend (z. B. jährlich) die dann neu erdienten Anwartschaften auf den Pensionsfonds übertragen, sind die weiteren Übertragungen auf den Pensionsfonds nicht nach § 3 Nr. 66 EStG begünstigt, sondern nur im Rahmen des § 3 Nr. 63 EStG steuerfrei.[2]

---

1 Gl. A. Hartz/Meeßen/Wolf, ABC-Führer Lohnsteuer, Stichwort „Zukunftssicherung von Arbeitnehmern" Rn. 123 und Niermann/Risthaus, DB, Beilage Nr. 2/2005 S. 65.
2 BMF-Schreiben vom 24. 7. 2013, BStBl 2013 I S. 1022, Rz. 322; zu weiteren Einzelheiten, insbesondere zur Abgrenzung von „Past-" und „Future-Service", siehe BMF vom 26. 10. 2006, BStBl 2006 I S. 709.

VI. Besteuerung von Leistungen aus der betrieblichen Altersversorgung

Allerdings ist die Inanspruchnahme der Steuerfreiheit nach § 3 Nr. 66 EStG daran geknüpft, dass der Arbeitgeber die durch die Übertragung entstehenden zusätzlichen Betriebsausgaben auf die der Übertragung folgenden zehn Wirtschaftsjahre gleichmäßig verteilt (§ 3 Nr. 66 EStG i.V.m. § 4d Abs. 3 und § 4e Abs. 3 EStG). Dies gilt auch für die Übertragung von Versorgungszusagen eines Gesellschafter-Geschäftsführers und von Arbeitnehmern, die bereits Versorgungsleistungen erhalten („Bestandsrentner"). Die zusätzlichen Betriebsausgaben fallen dadurch an, dass der Arbeitgeber bei Direktzusagen in seiner Bilanz eine Pensionsrückstellung bildet, wobei ein (Abzinsungs-)Zinssatz von 6 % zugrunde gelegt wird. Bei Pensionsfonds ist hingegen aus versicherungsaufsichtsrechtlichen Gründen ein deutlich niedrigerer Zinssatz anzusetzen. Der Arbeitgeber muss somit bei der Übertragung der Versorgungsverpflichtung auf den Pensionsfonds regelmäßig einen Betrag zahlen, der deutlich höher als die bilanzielle Rückstellung ist. Dies führt im Ergebnis zu einem bilanziellen Verlust in Höhe der Differenz zwischen dem für die Übertragung zu zahlenden Betrag und der aufzulösenden Pensionsrückstellung. Die Steuerfreiheit kann aber auch dann in Anspruch genommen werden, wenn der Arbeitgeber im Zusammenhang mit der Übernahme der Versorgungsverpflichtung ausnahmsweise keine Zahlungen an den Pensionsfonds zu leisten hat.[1]

2242

Die dargestellten Grundsätze (Steuerfreiheit der Beiträge, Verteilung zusätzlicher Betriebsausgaben auf zehn Jahre) gelten entsprechend, wenn es anlässlich der Übertragung von Versorgungsverpflichtungen einer Unterstützungskasse auf einen Pensionsfonds zu Zuwendungen des Arbeitgebers an die Unterstützungskasse kommt (§ 4d Abs. 3 EStG).

2243

Stellt der Arbeitgeber keinen Antrag – an den auch der Rechtsnachfolger gebunden ist – auf Verteilung der zusätzlichen Betriebsausgaben auf zehn Jahre, sind die Beiträge zwar im Jahr der Übertragung in vollem Umfang als Betriebsausgaben abziehbar, dann ist aber die Lohnsteuerfreiheit nicht gegeben.

2244

Sind Versorgungsverpflichtungen oder Versorgungsanwartschaften steuer- und sozialversicherungsfrei auf einen Pensionsfonds übertragen worden, sind die Versorgungsleistungen des Pensionsfonds im Zeitpunkt der Auszahlung insoweit in vollem Umfang als sonstige Einkünfte steuerpflichtig (§ 22 Nr. 5 EStG). Die Arbeitnehmer verlieren durch die Übertragung von Versorgungszusagen auf Pensionsfonds grundsätzlich ihren Anspruch auf die Freibeträge für Versorgungsbezüge (§ 19 Abs. 2 EStG; zu den Ausnahmen vgl. Rn. 2246 ff.).

2245

---

[1] BMF-Schreiben vom 24. 7. 2013, BStBl 2013 I S. 1022, Rz. 322.

Teil D: Besteuerung von Altersbezügen

BEISPIEL: Steuerfreie Übertragung einer Versorgungszusage auf einen Pensionsfonds (§ 3 Nr. 66 EStG)

Arbeitgeber A hat bestehende Versorgungsverpflichtungen gegenüber seinen Arbeitnehmern auf einen Pensionsfonds übertragen und beantragt, die sich hierdurch ergebenden zusätzlichen Betriebsausgaben auf die nächsten zehn Wirtschaftsjahre gleichmäßig zu verteilen. Die Beiträge, die der Arbeitnehmer B nach der Übertragung noch leistet, sind insgesamt steuerfrei nach § 3 Nr. 63 EStG. Der Pensionsfonds zahlt dem B später Versorgungsleistungen von 500 € monatlich.

Die Zahlungen des Arbeitgebers A an den Pensionsfonds anlässlich der Übertragung der Versorgungsverpflichtungen sind nach § 3 Nr. 66 EStG steuer- und sozialversicherungsfrei. Die späteren Versorgungsleistungen des Pensionsfonds von 500 € monatlich führen in voller Höhe zu sonstigen Einkünften i. S. d. § 22 Nr. 5 Satz 1 EStG, da sie insgesamt auf nach § 3 Nr. 63 oder § 3 Nr. 66 steuerfrei gestellten Beiträgen beruhen.

2246 Auch bezogen auf Arbeitnehmer, die bereits Versorgungsbezüge erhalten (sog. „Bestandsrentner"), können die Versorgungsverpflichtungen des Arbeitgebers unter den zuvor beschriebenen Voraussetzungen steuerfrei auf einen Pensionsfonds übertragen werden. Die Auszahlungen des Pensionsfonds führen auch in diesem Fall zu voll steuerpflichtigen sonstigen Einkünften (§ 22 Nr. 5 Satz 1 EStG). Wurde mit der Auszahlung der laufenden Versorgungsleistungen durch einen Arbeitgeber oder eine Unterstützungskasse bereits vor dem 1.1.2002 begonnen, galt zunächst aufgrund einer vom Gesetzgeber geschaffenen Übergangsregelung für die Freibeträge für Versorgungsbezüge – unabhängig vom Zeitpunkt der Übertragung der Versorgungsverpflichtung auf den Pensionsfonds – Folgendes (§ 52 Abs. 34 EStG):

2247 Handelte es sich bereits beim erstmaligen Bezug der Versorgungsleistungen um Versorgungsbezüge, wird ab dem Jahr 2005 der Arbeitnehmer-Pauschbetrag von 102 € (§ 9a Satz 1 Nr. 1b EStG) abgezogen und der für den Versorgungsbeginn maßgebende Versorgungsfreibetrag (40 % der Versorgungsbezüge höchstens 3 000 €) und der Zuschlag zum Versorgungsfreibetrag (900 €) berücksichtigt (§ 19 Abs. 2 EStG).

2248 Handelte es sich beim erstmaligen Bezug von Versorgungsleistungen nicht um Versorgungsbezüge, z. B. weil keine der Altersgrenzen des § 19 Abs. 2 EStG erreicht war, ist zunächst lediglich der Arbeitnehmer-Pauschbetrag (§ 9a Abs. 1 Satz 1 Nr. 1 Buchst. a EStG) abzuziehen. Wird die Altersgrenze zu einem späteren Zeitpunkt erreicht, ist ab diesem Zeitpunkt der Arbeitnehmer-Pauschbetrag von 102 € (§ 9a Abs. 1 Satz 1 Nr. 1 Buchst. b EStG) und der für dieses Jahr maßgebende Versorgungsfreibetrag und der Zuschlag zum Versorgungsfreibetrag abzuziehen (§ 19 Abs. 2 EStG).

VI. Besteuerung von Leistungen aus der betrieblichen Altersversorgung

BEISPIEL: Besteuerung von Versorgungsleistungen nach Übertragung auf einen Pensionsfonds nach § 3 Nr. 66 EStG bei „Bestandsrentnern"

Arbeitgeber A hat bestehende Versorgungsanwartschaften und Versorgungsverpflichtungen von „Bestandsrentnern" aufgrund von Direktzusagen nach § 3 Nr. 66 EStG steuer- und sozialversicherungsfrei auf einen Pensionsfonds übertragen. Mit der Auszahlung der Versorgungsleistungen an die Bestandsrentner wurde bereits vor dem 1.1.2002 begonnen. Der Pensionsfonds zahlt dem Arbeitnehmer B, der bei Beginn der Zahlung der Versorgungsleistungen im Juli 2001 65 Jahre alt war (Vollendung des 65. Lebensjahres im Januar 2001), Versorgungsleistungen i. H. v. 400 € monatlich.

Ermittlung der sonstigen Einkünfte des B in 2006:

Einnahmen	4 800 €
Versorgungsfreibetrag	
40 % von 4 800 € höchstens 3 000 €	1 920 €
Zuschlag zum Versorgungsfreibetrag	900 €
Arbeitnehmer-Pauschbetrag	102 €
Sonstige Einkünfte nach § 22 Nr. 5 Satz 1 EStG	1 858 €

Wäre C (nicht schwer behindert) im Juli 2001 erst 58 Jahre alt gewesen, hätten bei ihm im Januar 2006 erstmals die altersmäßigen Voraussetzungen für Versorgungsbezüge vorgelegen.

Ermittlung der sonstigen Einkünfte des C in 2005:

Einnahmen	4 800 €
Arbeitnehmer-Pauschbetrag	920 €
Versorgungsfreibetrag	0 €
Zuschlag zum Versorgungsfreibetrag	0 €
Sonstige Einkünfte	3 880 €

Ermittlung der sonstigen Einkünfte des C in 2006:

Einnahmen	4 800 €
Versorgungsfreibetrag	
38,4 % von 4 800 € höchstens 2 880 €	1 844 €
Zuschlag zum Versorgungsfreibetrag	864 €
Arbeitnehmer-Pauschbetrag	102 €
Sonstige Einkünfte	1 990 €

Für VZ ab 2007 kommt es für die Gewährung der Freibeträge für Versorgungsbezüge nicht mehr darauf an, dass der Leistungsbezug bereits vor dem 1.1.2002 eingesetzt hat. Vielmehr werden allen Empfängern von Versorgungsbezügen die Freibeträge für Versorgungsbezüge gewährt, wenn mit der Auszahlung der auf einer Direktzusage beruhenden oder von einer Unterstützungskasse zu erbringenden laufenden Versorgungsleistungen durch einen Ar-

2249

beitgeber oder eine Unterstützungskasse vor der Übertragung der Versorgungsverpflichtung auf den Pensionsfonds begonnen wurde. Die Gewährung der Freibeträge erfolgt auch dann, wenn der Zeitpunkt des erstmaligen Leistungsbezugs und der Zeitpunkt der Übertragung der Versorgungsverpflichtung auf den Pensionsfonds in denselben Monat fallen.[1]

2250–2260 (Einstweilen frei)

VII. Steuerliche Behandlung der Versorgungsbezüge

1. Steuerliche Behandlung in der Ansparphase

2261 Unabhängig davon, ob die späteren Versorgungsbezüge aus öffentlichen Kassen stammen (wie z. B. bei Beamten und Richtern) oder aus einer Direktzusage oder einer Unterstützungskassenzusage im Rahmen der betrieblichen Altersversorgung, fallen aus der Sicht des späteren Empfängers der Versorgungsbezüge in der Ansparphase keine „Beiträge" an. Aufwendungen können daher in der Ansparphase ggf. nur beim Arbeitgeber – als Betriebsausgaben – steuerwirksam werden. Dem Arbeitnehmer fließt insoweit während seiner aktiven Beschäftigungszeit kein Arbeitslohn zu.

2. Steuerliche Behandlung in der Auszahlungsphase

a) Allgemeines

2262 Da beim Arbeitnehmer während der Ansparphase keine steuerliche Belastung im Zusammenhang mit den späteren Versorgungsbezügen eintritt, unterliegen diese bei Zufluss im Prinzip in voller Höhe der Besteuerung nach § 19 EStG.

2263 Allerdings sah das Gesetz in § 19 Abs. 2 EStG unter bestimmten Voraussetzungen[2] die Gewährung eines Versorgungsfreibetrags i. H. v. 40 % der Versorgungsbezüge – höchstens 3 072 € – vor. Daneben konnte der Empfänger der Versorgungsbezüge den Arbeitnehmer-Pauschbetrag von 920 € geltend machen, um die Nachteile der nachgelagerten Besteuerung im Gegensatz zur günstigen Ertragsanteilsbesteuerung der Renten aus den gesetzlichen Sicherungssystemen nach § 22 Abs. 1 Satz 3 Buchst. a EStG auszugleichen.

---

1 BMF-Schreiben vom 24. 7. 2013, BStBl 2013 I S. 1022, Rz. 384.
2 Versorgungsbezüge aus öffentlichen Kassen sind immer begünstigt. Bei anderen Versorgungsbezügen, z. B. aus der betrieblichen Altersversorgung, wird ein Versorgungsfreibetrag nur gewährt, wenn der Berechtigte das 63. (bei Schwerbehinderung das 60.) Lebensjahr vollendet hat.

VII. Steuerliche Behandlung der Versorgungsbezüge

Da die Neuordnung der Besteuerung der Altersbezüge aus den gesetzlichen Sicherungssystemen durch das AltEinkG aus Gründen der Sozialverträglichkeit und aus haushaltswirtschaftlichen Gründen abgestuft über einen Zeitraum von 35 Jahren erfolgt, sieht § 19 Abs. 2 EStG weiterhin vor, dass von den Versorgungsbezügen ein nach einem Prozentsatz ermittelter, auf einen Höchstbetrag begrenzter Versorgungsfreibetrag steuerfrei bleibt. Der Arbeitnehmer-Pauschbetrag ist in einen Zuschlag zum Versorgungsfreibetrag umgewandelt worden. Der Versorgungsfreibetrag verringert sich – entsprechend dem Anstieg des Besteuerungsanteils bei den Renten (§ 22 Nr. 1 Satz 3 Buchst. a Doppelbuchst. aa EStG) – in Schritten von je 1,6 %-Punkten in den Jahren 2006 bis 2020 und in Schritten von je 0,8 %-Punkten in den Jahren 2021 bis 2040 von 40 % – höchstens 3 000 € – in 2005 auf 0 % – höchstens 0 € – in 2040. Der Zuschlag zum Versorgungsfreibetrag schmilzt nach den gleichen Regeln von 900 € in 2005 auf 0 € in 2040.   2264

Die Überführung des bisherigen Arbeitnehmer-Pauschbetrags in den Zuschlag zum Versorgungsfreibetrag soll dem Umstand Rechnung tragen, dass dieser Abzugsbetrag beim Empfänger von Versorgungsbezügen seinem Wesen nach kein Werbungskosten-Pauschbetrag war, sondern – wie der Versorgungsfreibetrag – in der Vergangenheit nur gewährt wurde, um die Ungleichbehandlung zwischen der Renten- und Pensionsbesteuerung auszugleichen.   2265

Aufgrund einer Änderung in § 9a Satz 1 Nr. 1 Buchst. b EStG steht auch dem Empfänger von Versorgungsbezügen – wie dem Rentner – ab dem VZ 2005 nur noch ein Werbungskosten-Pauschbetrag i. H. v. 102 € zu.   2266

Erzielt der Empfänger der Versorgungsbezüge neben seinen Versorgungsbezügen noch Arbeitslohn (z. B. in dem Jahr, indem er in Pension geht oder aufgrund eines Hinzuverdienstes) steht ihm für diese Einkünfte nochmals der ungekürzte Arbeitnehmer-Pauschbetrag zur Verfügung, da das Gesetz eine zeitanteilige Gewährung nicht vorsieht.[1]   2267

Die eigentliche Vergünstigung gegenüber dem bis 2004 geltenden Recht liegt jedoch nicht in dem Nebeneinander der zwei Pauschbeträge, sondern vielmehr darin, dass sich in günstigen Fällen der Arbeitnehmerpauschbetrag in der Anfangsphase der Neuregelung im Ergebnis fast zweimal auswirkt. Für spätere Pensionsjahrgänge besteht dieser Vorteil aufgrund der Abschmelzung des Versorgungsfreibetrags und des Zuschlags zum Versorgungsfreibetrag nicht mehr.   2268

---

[1] BMF-Schreiben vom 19. 8. 2013, IV C 3 - S 2221/12/10010:004, IV C 5 - S 2345/08/0001, 2013/0760735, Rz. 169.

Teil D: Besteuerung von Altersbezügen

> **BEISPIEL:** Doppelbegünstigung durch Zuschlag zum Versorgungsfreibetrag und Arbeitnehmer-Pauschbetrag
> A bezieht im Januar 2006 noch Arbeitslohn i. H. v. 2 000 € und geht im Februar 2006 in den Ruhestand. Seine Versorgungsbezüge betragen monatlich 1 800 €. Tatsächliche Werbungskosten weist er nicht nach.
> A erhält in 2006 den vollen Arbeitnehmer-Pauschbetrag von 920 €, da das Gesetz eine zeitanteilige Gewährung nicht vorsieht. Außerdem sind seine Versorgungsbezüge um den Versorgungsfreibetrag i. H. v. 2 640 € (12 × 1 800 € = 21 600 × 38,4 % = 8 295 € – höchstens 2 880 € × $^{11}/_{12}$), den Zuschlag zum Versorgungsfreibetrag i. H. v. 792 € ($^{11}/_{12}$ von 864 €) und den Werbungskosten-Pauschbetrag von 102 € zu kürzen. Mit insgesamt 4 454 € sind die Steuervergünstigungen damit um 462 € höher, als nach altem Recht (3 072 € + 920 €).

2269   Der Versorgungsfreibetrag und der Zuschlag verlieren ihre Berechtigung in dem Umfang, in dem die Altersrenten aus den gesetzlichen Rentenversicherungssystemen in die nachgelagerte Besteuerung überführt werden (vgl. hierzu Rn. 1236 ff.). Beide stufenweisen Umstellungen werden nach dem sog. Kohortenprinzip durchgeführt, d. h., für den einzelnen Bezieher von Versorgungsbezügen wird die Besteuerungssituation jeweils in dem Zustand „eingefroren", der im Jahr des erstmaligen Bezugs der Versorgungsbezüge vorgelegen hat. Der bei Beginn des Versorgungsbezugs ermittelte Versorgungsfreibetrag und der Zuschlagsbetrag bleiben also auf Dauer unverändert. Damit für die Anwendung des Gesetzes einfach erkennbar ist, welcher Prozentsatz und welche Höchstbeträge für welche Kohorte gelten, wurden die jeweils maßgebenden Werte in tabellarischer Form unmittelbar in das Gesetz aufgenommen (§ 19 Abs. 2 Satz 3 EStG).

b) Berechnung des Versorgungsfreibetrags und des Zuschlags

2270   Die Berechnung des Versorgungsfreibetrags nebst Zuschlag erfolgt nur einmal im Zeitpunkt der erstmaligen Zahlung von Versorgungsbezügen, bzw. bei Steuerpflichtigen, die am 1.1.2005 bereits Versorgungsbezüge bezogen haben, einmal in 2005. Der so ermittelte Wert wird dann für den Lohnsteuerabzug vom Arbeitgeber und für die Veranlagung vom Finanzamt festgehalten und ist bei allen weiteren Lohnsteuerabzügen bzw. Veranlagungen mit Versorgungsbezügen zugrunde zu legen.

2271   Bemessungsgrundlage für die Ermittlung des Versorgungsfreibetrags ist das Zwölffache des Versorgungsbezugs für den ersten vollen Monat, bzw. das Zwölffache des Versorgungsbezugs für Januar 2005.

2272   Bei einer nachträglichen Festsetzung von Versorgungsbezügen ist der Monat maßgebend, für den die Versorgungsbezüge erstmals festgesetzt werden; auf den Zahlungstermin kommt es nicht an. Bei Bezügen und Vorteilen aus früheren Dienstleistungen i. S. d. § 19 Abs. 2 Satz 2 Nr. 2 EStG, die wegen Erreichens einer Altersgrenze gezahlt werden, ist der Monat maßgebend, in dem der Steuerpflichtige das 63. Lebensjahr oder – wenn er schwerbehindert ist – das 60. Lebensjahr vollendet hat, da die Bezüge erst mit Erreichen dieser Altersgrenzen als Versorgungsbezüge gelten.[1]

Der Betrag ist zu erhöhen um voraussichtliche Sonderzahlungen (z. B. Urlaubs- oder Weihnachtsgeld) im Kalenderjahr, auf die zu dem maßgebenden Zeitpunkt (Beginn des Versorgungsbezugs bzw. Januar 2005) ein Rechtsanspruch bestand. Diese sind mit dem Betrag anzusetzen, auf den bei einem Bezug von Versorgungsbezügen für das ganze Jahr des Versorgungsbeginns ein Rechtsanspruch besteht, auch wenn der Versorgungsempfänger tatsächlich in dem Jahr nur anteilige Sonderzahlungen erhält. Bei Versorgungsempfängern, die schon vor dem 1. 1. 2005 in Ruhestand gegangen sind, können nach Auffassung der FinVerw aus Vereinfachungsgründen die Sonderzahlungen 2004 berücksichtigt werden.[2]

2273

Mit der Verzwölffachung des ersten Versorgungsbezugs wird erreicht, dass der Versorgungsfreibetrag auch dann bereits im ersten Jahr bestimmt werden kann, wenn die Versorgungsbezüge nicht bereits ab dem 1. 1. des Jahres gezahlt werden. Hätte der Gesetzgeber auf die tatsächlich erzielten Versorgungsbezüge abgestellt, hätte der Versorgungsfreibetrag in den meisten Fällen erst für das Jahr ermittelt werden können, das dem Jahr des erstmaligen Bezugs von Versorgungsleistungen folgt. Dies hätte allerdings zur Folge gehabt, dass der Versorgungsfreibetrag im ersten Jahr beim Lohnsteuerabzug nicht korrekt hätte berücksichtigt werden können.

2274

Die Klarstellung, dass sich die Rahmendaten für die Ermittlung des Versorgungsfreibetrags und des Zuschlags zum Versorgungsfreibetrag bei Bezügen nach § 19 Abs. 2 Nr. 2 EStG nach dem Monat richten, in dem der Steuerpflichtige das 63. Lebensjahr oder, wenn er schwerbehindert ist, das 60. Lebensjahr vollendet hat, ist systemgerecht. Erst ab diesem Zeitpunkt gelten die Bezüge als Versorgungsbezüge und führen zur Gewährung der entsprechenden Freibeträge.

2275

---

1 BMF-Schreiben vom 19. 8. 2013, IV C 3 - S 2221/12/10010:004, IV C 5 - S 2345/08/0001, 2013/0760735, Rz. 171.
2 BMF-Schreiben vom 19. 8. 2013, IV C 3 - S 2221/12/10010:004, IV C 5 - S 2345/08/0001, 2013/0760735, Rz. 171.

Teil D: Besteuerung von Altersbezügen

> **BEISPIEL:** Berechnung des Versorgungsfreibetrags bei Versorgungsbezügen wegen Erreichens der Altersgrenze
>
> A erhält ab September 2005 mit Vollendung des 59. Lebensjahres von seinem Arbeitgeber eine Betriebsrente (Direktzusage) i. H. v. 500 €. Im September 2009 beträgt die monatliche Betriebsrente 560 €.
> Der Versorgungsfreibetrag und der Zuschlag zum Versorgungsfreibetrag kommen erst mit Vollendung des 63. Lebensjahres im September 2009 in Betracht. Der Versorgungsfreibetrag ermittelt sich wie folgt:
>
> | Bemessungsgrundlage | | |
> |---|---|---|
> | 12 x 560 € | | 6 720 € |
> | x 33,6 % | | 2 257,92 € |
> | höchstens | 2 520 € | |
> | zzgl. Zuschlag zum Versorgungsfreibetrag | | 756,00 € |
> | Summe der Freibeträge | | 3 013,92 € |
> | in 2009 zu gewähren mit $^4/_{12}$ | | 1 004,64 € |

2275a Bezieht ein Steuerpflichtiger zunächst Versorgungsbezüge wegen verminderter Erwerbsfähigkeit, bestimmen sich der Prozentsatz, der Höchstbetrag des Versorgungsfreibetrags und der Zuschlag zum Versorgungsfreibetrag nach dem Jahr des Beginns dieses Versorgungsbezugs. Wird der Versorgungsbezug wegen verminderter Erwerbsfähigkeit mit Vollendung des 63. Lebensjahres des Steuerpflichtigen oder, wenn er schwerbehindert ist, mit Vollendung des 60. Lebensjahres, in einen Versorgungsbezug wegen Erreichens der Altersgrenze umgewandelt, bestimmen sich der Prozentsatz, der Höchstbetrag des Versorgungsfreibetrags und der Zuschlag zum Versorgungsfreibetrag weiterhin nach dem Jahr des Beginns des Versorgungsbezugs wegen verminderter Erwerbsfähigkeit. Da es sich bei der Umwandlung des Versorgungsbezugs jedoch nicht um eine regelmäßige Anpassung handelt, ist eine Neuberechnung des Versorgungsfreibetrags vorzunehmen.[1]

c) Zeitanteilige Gewährung von Versorgungsfreibetrag und Zuschlag

2276 Für jeden vollen Kalendermonat, für den keine Versorgungsbezüge gezahlt werden, ermäßigen sich der Versorgungsfreibetrag und der Zuschlag zum Versorgungsfreibetrag um je ein Zwölftel (§ 19 Abs. 2 Satz 12 EStG). Gleiches muss u. E. gelten, wenn die Voraussetzungen für die Gewährung des Versorgungsfreibetrags und des Zuschlags zum Versorgungsfreibetrag erst im Laufe

---

[1] BMF-Schreiben vom 19. 8. 2013, IV C 3 - S 2221/12/10010:004, IV C 5 - S 2345/08/0001, 2013/0760735, Rz. 175.

VII. Steuerliche Behandlung der Versorgungsbezüge

des Jahres vorliegen, weil der Empfänger erst im Laufe des Jahres das 63. (bei Schwerbehinderung das 60.) Lebensjahr vollendet (§ 19 Abs. 2 Satz 2 EStG). Die zeitanteilige Gewährung der Freibeträge für Versorgungsbezüge greift erstmals im Veranlagungszeitraum 2005. Das Recht bis einschließlich 2004 sah eine vergleichbare Regelung nicht vor. Sie ist darauf zurückzuführen, dass der Versorgungsfreibetrag ab 2005 nicht mehr jährlich neu berechnet, sondern im Jahr des Versorgungsbeginns festgeschrieben wird.

BEISPIEL: Berechnung des Versorgungsfreibetrags und des Zuschlags zum Versorgungsfreibetrag

A war Beamter und ist am 1. 7. 2005 in Pension gegangen. Seine Versorgungsbezüge betragen monatlich 2 000 € brutto. Zum 1.9.2005 erfolgt eine Anpassung auf 2 050 €. Für Dezember hat er Anspruch auf ein Weihnachtsgeld i. H. v. 50 % seiner Versorgungsbezüge.

Berechnung des steuerpflichtigen Anteils der Versorgungsbezüge

Versorgungsbezüge	
2 × 2 000 €	4 000 €
4 × 2 050 €	8 200 €
Weihnachtsgeld	1 025 €
Zwischensumme	13 225 €
abzgl. Versorgungsfreibetrag	
Bemessungsgrundlage	
12 × 2 000 €	24 000 €
zzgl. Weihnachtsgeld	1 000 €
Summe	25 000 €
davon 40 %	10 000 €
höchstens	3 000 €
Zuschlag zum Versorgungsfreibetrag	900 €
Summe	3 900 €
anteilig zu gewähren mit $^6/_{12}$	1 950 €
Werbungskosten-Pauschbetrag	102 €
zu versteuernde Versorgungsbezüge	11 173 €

Der jährliche Freibetrag wird mit 3 900 € (3 000 € Versorgungsfreibetrag und 900 € Zuschlag) bis an das Lebensende von A festgeschrieben.[1]

---

[1] Das Gesetz enthält keine Regelung, dass der Freibetrag durch das Finanzamt gesondert festgestellt wird. Folglich verwendet die Überschrift zu Rz. 172 des BMF-Schreibens vom 19. 8. 2013, IV C 3 - S 2221/12/10010:004, IV C 5 - S 2345/08/0001, 2013/0760735nur den Begriff der Festschreibung, der verfahrensrechtlich nicht belegt ist.

2277 Da der Zuschlag zum Versorgungsfreibetrag sich nicht in Abhängigkeit von der Höhe der Versorgungsbezüge bemisst, enthält das Gesetz eine Regelung, wonach der Zuschlag nur bis zur Höhe der um den Versorgungsfreibetrag geminderten Bemessungsgrundlage berücksichtigt werden darf. Damit wird verhindert, dass sich durch den Zuschlag negative Einkünfte ergeben. Dies war auch nach altem Recht hinsichtlich des Arbeitnehmer-Pauschbetrages ausgeschlossen. Allerdings dürften sich nur wenige Anwendungsfälle für diese Regelung ergeben, da – anders als beim Arbeitnehmer-Pauschbetrag – bei Wegfall der Versorgungsbezüge im Laufe des Jahres sowohl der Versorgungsfreibetrag als auch der Zuschlag nur zeitanteilig gewährt werden. Damit dürfte bereits vielfach das Entstehen negativer Einkünfte ausgeschlossen sein.

d) Mehrere Versorgungsbezüge mit unterschiedlichem Bezugsbeginn

2278 Bezieht der Steuerpflichtige mehrere Versorgungsbezüge mit unterschiedlichem Bezugsbeginn, bestimmen sich der maßgebende Prozentsatz für den steuerfreien Teil der Versorgungsbezüge und der Höchstbetrag des Versorgungsfreibetrags sowie der Zuschlag zum Versorgungsfreibetrag nach Auffassung der FinVerw[1] nach dem Beginn des jeweiligen Versorgungsbezugs. Die Summe aus den jeweiligen Freibeträgen für Versorgungsbezüge wird nach § 19 Abs. 2 Satz 6 EStG auf den Höchstbetrag des Versorgungsfreibetrags und den Zuschlag zum Versorgungsfreibetrag nach dem Beginn des ersten Versorgungsbezugs begrenzt. Fällt der Beginn mehrerer laufender Versorgungsbezüge in dasselbe Kalenderjahr, können die Bemessungsgrundlagen aller Versorgungsbezüge zusammen gerechnet werden, da in diesen Fällen für sie jeweils dieselben Höchstbeträge gelten.

2279 Werden mehrere Versorgungsbezüge von unterschiedlichen Arbeitgebern gezahlt, ist die Begrenzung der Freibeträge für Versorgungsbezüge im Lohnsteuerabzugsverfahren nicht anzuwenden; die Gesamtbetrachtung und ggf. die Begrenzung erfolgt im Veranlagungsverfahren. Allerdings ist seit dem VZ 2008 der Zuschlag zum Versorgungsfreibetrag nur noch bei der Steuerklasse I bis V zu berücksichtigen, so dass insoweit eine Doppelberücksichtigung im Rahmen des Lohnsteuerabzugs nicht mehr erfolgen kann (§ 39b Abs. 2 Satz 5 Nr. 1 EStG). Treffen mehrere Versorgungsbezüge bei demselben Arbeitgeber zusammen, ist die Begrenzung von Versorgungsfreibetrag und

---

1 BMF-Schreiben vom 19.8.2013, IV C 3 - S 2221/12/10010:004, IV C 5 - S 2345/08/0001, 2013/0760735, Rz. 177.

VII. Steuerliche Behandlung der Versorgungsbezüge

Zuschlag zum Versorgungsfreibetrag auch im Lohnsteuerabzugsverfahren zu beachten.[1]

BEISPIEL: Berechnung des Versorgungsfreibetrags und des Zuschlags zum Versorgungsfreibetrag bei mehreren Versorgungsbezügen
A erhält ab Januar 2007 Versorgungsbezüge von der Gemeinde X (Steuerklasse VI in 2008) i. H. v. 500 € monatlich. Ab März 2008 hat er Anspruch auf Versorgungsbezüge von der Gemeinde Y (Steuerklasse I in 2008) i. H. v. 2 000 € monatlich.

Veranlagung 2007

Versorgungsbezüge		
12 × 500 €		6 000 €
abzgl. Versorgungsfreibetrag		
Bemessungsgrundlage		
12 × 500 €		6 000 €
davon 36,8 %		2 208 €
höchstens	2 760 €	
Zuschlag zum Versorgungsfreibetrag		828 €
Werbungskosten-Pauschbetrag		102 €
zu versteuernde Versorgungsbezüge		2 862 €

Veranlagung 2008

Berechnung des Versorgungsfreibetrags und des Zuschlags		
Bemessungsgrundlage		
Versorgungsbezug 1		
12 × 500 €		6 000 €
davon 36,8 %		2 208 €
Zuschlag zum Versorgungsfreibetrag		828 €
Summe		3 036 €
Bemessungsgrundlage		
Versorgungsbezug 2		
12 × 2 000 €		24 000 €
davon 35,2 %		8 448 €
höchstens		2 640 €
Zuschlag zum Versorgungsfreibetrag		792 €
Summe		3 432 €

---

1 BMF-Schreiben vom 19.8.2013, IV C 3 - S 2221/12/10010:004, IV C 5 - S 2345/08/0001, 2013/0760735, Rz. 178.

Begrenzung auf die maßgebenden Höchstbeträge für Kohorte 2007:

Freibeträge für Versorgungsbezug 1	3 036 €
Freibeträge für Versorgungsbezug 2	3 432 €
höchstens	2 760 €
zzgl. Zuschlag	828 €
Summe	3 588 €

Da im Rahmen des Lohnsteuerabzugs insgesamt 5 068 € (2 208 € + $^{10}/_{12}$ von 3 432 €) Versorgungsfreibetrag und Zuschlag berücksichtigt worden sind, kommt es im Rahmen der nach § 46 Abs. 2 Nr. 2 EStG in diesen Fällen zwingend durchzuführenden Einkommensteuerveranlagung u. U. zu einer Einkommensteuernachzahlung. Der im Jahr 2008 neu berechnete Versorgungsfreibetrag nebst Zuschlag i. H. v. 3 588 € ist in voller Höhe anzusetzen, auch wenn die Versorgungsbezüge, die zur Neuberechnung geführt haben, nur für zehn Monate bezogen wurden. Die FinVerw hat insoweit geregelt, dass eine Kürzung der Beträge nur für Monate erfolgt, für die keiner der Versorgungsbezüge gezahlt wurde und dass in Fällen der Neuberechnung in dem Kalenderjahr die höchsten Freibeträge für Versorgungsbezüge maßgebend sind und eine zeitanteilige Aufteilung nicht vorzunehmen ist.[1]

e) Neuberechnung der Freibeträge für Versorgungsbezüge

2280 Regelmäßige Anpassungen des Versorgungsbezugs (laufender Bezug und Sonderzahlungen) führen nicht zu einer Neuberechnung (§ 19 Abs. 2 Satz 9 EStG) der Freibeträge für Versorgungsbezüge. Zu einer Neuberechnung führen nur Änderungen des Versorgungsbezugs, die ihre Ursache in der Anwendung von Anrechnungs-, Ruhens-, Erhöhungs- oder Kürzungsregelungen haben (§ 19 Abs. 2 Satz 10 EStG), z. B. Wegfall, Hinzutreten oder betragsmäßige Änderungen. Dies ist insbesondere der Fall, wenn der Versorgungsempfänger neben seinen Versorgungsbezügen

▶ Erwerbs- oder Erwerbsersatzeinkommen (§ 53 des Beamtenversorgungsgesetzes – BeamtVG –),

▶ andere Versorgungsbezüge (§ 54 BeamtVG),

▶ Renten (§ 55 BeamtVG) oder

▶ Versorgungsbezüge aus zwischenstaatlicher und überstaatlicher Verwendung (§ 56 BeamtVG)

erzielt.

2281 In diesen Fällen ist der geänderte Versorgungsbezug – anders als bei der Neuberechnung des steuerfrei bleibenden Teils einer Rente nach § 22 Nr. 1 Satz 3

---

1 BMF-Schreiben vom 19. 8. 2013, IV C 3 - S 2221/12/10010:004, IV C 5 - S 2345/08/0001, 2013/0760735, Rz. 176.

Buchst. a Doppelbuchst. aa EStG (vgl. hierzu Rn. 1330 ff.) – ggf. einschließlich zwischenzeitlicher Anpassungen Bemessungsgrundlage für die Neuberechnung der Freibeträge für Versorgungsbezüge (§ 19 Abs. 2 Satz 11 EStG).[1] Kommt es beim Bezug von Rentenleistungen nach § 22 Nr. 1 Satz 3 Buchst. a Doppelbuchst. aa EStG zu einer Neuberechnung des steuerfrei bleibenden Teils der Rente, dürfen zwischenzeitliche Rentenerhöhungen nicht mit in die Neuberechnung des steuerfrei bleibenden Teils der Rente einbezogen werden. Ob diese unterschiedliche Behandlung von Rentenerhöhungen und Pensionserhöhungen gerechtfertigt ist, darf u. E. bezweifelt werden, denn eine nachvollziehbare Begründung ist nicht erkennbar und wurde vom Gesetzgeber ebenfalls nicht gegeben.

BEISPIEL: Neuberechnung des Versorgungsfreibetrags und des Zuschlags zum Versorgungsfreibetrag

A erhält ab März 2005 Hinterbliebenenbezüge i. H. v. 500 € monatlich. Der Anspruch ist gekürzt, da A noch berufstätig ist und daher ihre eigenen Einkünfte auf den Hinterbliebenenbezug angerechnet werden. Im Juli 2008 geht A in Rente. Ab diesem Zeitpunkt steht ihr (einschließlich Pensionserhöhung) ein Hinterbliebenenbezug i. H. v. 900 € zu.

2005

Hinterbliebenenbezüge		
10 × 500 €		5 000 €
abzüglich Versorgungsfreibetrag		
Bemessungsgrundlage		
12 × 500 €	6 000 €	
davon 40 % (höchstens 3 000 €)	2 400 €	
anteilig mit $^{10}/_{12}$		2 000 €
Zuschlag zum Versorgungsfreibetrag	900 €	
zeitanteilig mit $^{10}/_{12}$		750 €
Werbungskosten-Pauschbetrag		102 €
zu versteuernde Versorgungsbezüge		2 148 €

2006 und 2007

Hinterbliebenenbezüge	
12 × 500 €	6 000 €
Versorgungsfreibetrag	2 400 €
Zuschlag zum Versorgungsfreibetrag	900 €

---

[1] BMF-Schreiben vom 19. 8. 2013, IV C 3 - S 2221/12/10010:004, IV C 5 - S 2345/08/0001, 2013/0760735, Rz. 174.

Werbungskosten-Pauschbetrag	102 €
zu versteuernde Versorgungsbezüge 2008	2 598 €

Hinterbliebenenbezüge		
6 × 500 €	3 000 €	
6 × 900 €	5 400 €	
Zwischensumme		8 400 €
abzgl. neu berechneter Versorgungsfreibetrag		
Bemessungsgrundlage		
12 × 900 €	10 800 €	
davon 40 %	4 320 €	
mindestens bisheriger Versorgungsfreibetrag	2 400 €	
höchstens	3 000 €	
Zuschlag zum Versorgungsfreibetrag	900 €	
Werbungskosten-Pauschbetrag	102 €	
zu versteuernde Versorgungsbezüge	4 398 €	

f) Hinterbliebenenbezüge und Sterbegeldzahlungen

2282 Schließt sich an den Bezug von Versorgungsbezügen der Bezug von Hinterbliebenenbezügen an, gelten der Prozentsatz, der Höchstbetrag und der Zuschlag nach dem Jahr des Beginns des Versorgungsbezugs des verstorbenen Ehegatten/Lebenspartners fort. Der Versorgungsfreibetrag ist allerdings anhand der Hinterbliebenenbezüge neu festzulegen. Die Regelung orientiert sich damit an der Berechnung des steuerfrei bleibenden Teils einer Witwen-/Witwerrente aus der Basisversorgung (vgl. hierzu Rn. 1336 ff.).

BEISPIEL: Berechnung des Versorgungsfreibetrags und des Zuschlags zum Versorgungsfreibetrag bei nachfolgenden Hinterbliebenenbezügen

A bezieht seit dem Jahr 2003 Versorgungsbezüge. Diese betragen monatlich 2 500 €. Im März 2009 verstirbt er. Seine Witwe erhält ab April 2009 gekürzte Hinterbliebenenbezüge i. H. v. 500 € monatlich, da sie noch über eigenes Arbeitseinkommen verfügt.

Versteuerung der Versorgungsbezüge bei A:

2005 – 2008

Versorgungsbezüge	
12 × 2 500 €	30 000 €

VII. Steuerliche Behandlung der Versorgungsbezüge

abzgl. Versorgungsfreibetrag		
Bemessungsgrundlage		
12 × 2 500 €	30 000 €	
davon 40 %	12 000 €	
höchstens		3 000 €
Zuschlag zum Versorgungsfreibetrag		900 €
Werbungskosten-Pauschbetrag		102 €
zu versteuernde Versorgungsbezüge		25 998 €
2009		
3 × 2 500 €		7 500 €
abzgl. Versorgungsfreibetrag $^3/_{12}$ von 3 000 €		750 €
abzgl. Zuschlag $^3/_{12}$ von 900 €		225 €
abzgl. Werbungskosten-Pauschbetrag		102 €
zu versteuernde Versorgungsbezüge		6 423 €
Versteuerung der Hinterbliebenenbezüge bei der Witwe:		
2009		
Hinterbliebenenbezug		
9 × 500 €		4 500 €
abzgl. Versorgungsfreibetrag		
Bemessungsgrundlage		
12 × 500 €	6 000 €	
davon 40 % (höchstens 3 000 €)	2 400 €	
zeitanteilig mit $^9/_{12}$		1 800 €
Zuschlag zum Versorgungsfreibetrag		
zeitanteilig mit $^9/_{12}$		675 €
Werbungskosten-Pauschbetrag		102 €
zu versteuernde Versorgungsbezüge		1 923 €

Nach dem Gesetz nicht zu klären ist die Frage, wie die Berechnung der Freibeträge für Versorgungsbezüge beim Bezug von Sterbegeld erfolgt. Die Fin-Verw[1] hat dazu folgende Regelung vorgesehen: 2283

„Erhält ein Hinterbliebener Sterbegeld, stellt dieses nach R 19.8 Abs. 1 Nr. 1 LStR und R 19.9 Abs. 3 Nr. 3 LStR ebenfalls einen Versorgungsbezug dar. Für das Sterbegeld gelten zur Berechnung der Freibeträge für Versorgungsbezüge

---

1 BMF-Schreiben vom 19.8.2013, IV C 3 - S 2221/12/10010:004, IV C 5 - S 2345/08/0001, 2013/0760735, Rz. 182.

ebenfalls der Prozentsatz, der Höchstbetrag und der Zuschlag zum Versorgungsfreibetrag des Verstorbenen. Das Sterbegeld darf als Leistung aus Anlass des Todes die Berechnung des Versorgungsfreibetrags für etwaige sonstige Hinterbliebenenbezüge nicht beeinflussen und ist daher nicht in deren Berechnungsgrundlage einzubeziehen. Das Sterbegeld ist vielmehr als eigenständiger – zusätzlicher – Versorgungsbezug zu behandeln. Die Zwölftelungsregelung ist für das Sterbegeld nicht anzuwenden. Als Bemessungsgrundlage für die Freibeträge für Versorgungsbezüge ist die Höhe des Sterbegeldes anzusetzen, unabhängig von der Zahlungsweise und Berechnungsart."

BEISPIEL: Berechnung des Versorgungsfreibetrags und des Zuschlags zum Versorgungsfreibetrag beim Bezug von Sterbegeld[1]

Im April 2012 verstirbt ein Ehegatte, der zuvor seit 2007 Versorgungsbezüge i. H. v. 1 500 € monatlich erhalten hat. Der überlebende Ehegatte erhält ab Mai 2012 laufende Hinterbliebenenbezüge i. H. v. 1 200 € monatlich. Daneben wird ihm einmalig Sterbegeld i. H. v. zwei Monatsbezügen des verstorbenen Ehegatten, also 3 000 € gezahlt.

Laufender Hinterbliebenenbezug:

Monatsbetrag 1 200 × 12 = 14 400 €. Auf den hochgerechneten Jahresbetrag werden der für den Verstorbenen maßgebende Prozentsatz und Höchstbetrag des Versorgungsfreibetrags (2007), zuzüglich des Zuschlags von 828 € angewandt. Das bedeutet im vorliegenden Fall 14 400 € × 36,8 % = 5 300 € (aufgerundet), höchstens 2 760 €. Da der laufende Hinterbliebenenbezug nur für 8 Monate gezahlt wurde, erhält der überlebende Ehegatte acht Zwölftel dieses Versorgungsfreibetrags, 2 760 €: 12 = 230 € × 8 = 1 840 €. Der Versorgungsfreibetrag für den laufenden Hinterbliebenenbezug beträgt somit 1 840 €, der Zuschlag zum Versorgungsfreibetrag 552 € (acht Zwölftel von 828 €).

Sterbegeld:

Gesamtbetrag des Sterbegelds (2 × 1 500 € = 3 000 €). Auf diesen Gesamtbetrag von 3 000 € werden ebenfalls der für den Verstorbenen maßgebende Prozentsatz und Höchstbetrag des Versorgungsfreibetrags (2007), zuzüglich des Zuschlags von 828 € angewandt. Der Versorgungsfreibetrag für das Sterbegeld beträgt 1 104 € (3 000 € × 36,8 % = 1 104 €), der Zuschlag zum Versorgungsfreibetrag 828 €.

Beide Versorgungs-Freibeträge ergeben zusammen einen Betrag von 2 944 €, auf den der insgesamt berücksichtigungsfähige Höchstbetrag nach dem maßgebenden Jahr 2007 anzuwenden ist. Der Versorgungsfreibetrag für den laufenden Hinterbliebenenbezug und das Sterbegeld zusammen beträgt damit 2 760 €. Dazu kommt der Zuschlag zum Versorgungsfreibetrag von insgesamt 828 €.

---

[1] Entnommen aus BMF-Schreiben vom 19. 8. 2013, IV C 3 - S 2221/12/10010:004, IV C 5 - S 2345/08/0001, 2013/0760735, Rz. 183.

VII. Steuerliche Behandlung der Versorgungsbezüge

Die Auffassung der FinVerw ist u. E. nicht zwingend, wirkt sich durch den Verzicht auf die zeitanteilige Gewährung aber zugunsten des Steuerpflichtigen aus. 2284

(Einstweilen frei) 2285–2290

3. Angepasste Übertragung der Abschmelzregelung auf Abgeordnetenbezüge

Über eine Änderung in § 22 Nr. 4 Satz 4 EStG ist sichergestellt worden, dass die Neuregelungen zur Besteuerung der Versorgungsbezüge nur bezüglich der geänderten Berechnung des Versorgungsfreibetrags auf die Besteuerung der Abgeordnetenversorgungsbezüge übertragen worden ist. Damit ist gewährleistet, dass bei den Abgeordneten kein Zuschlag zum Versorgungsfreibetrag gewährt wird. Dies ist u. E. gerechtfertigt, da den Abgeordneten bis 2004 auch kein Arbeitnehmer-Pauschbetrag zugestanden hat. 2291

4. Berechnung und Aufteilung des Versorgungsfreibetrags bei Versorgungsbezügen aus unterschiedlichen Einkunftsarten

Fraglich war, wie der Versorgungsfreibetrag zu berechnen und aufzuteilen ist, wenn der Steuerpflichtige neben Versorgungsbezügen nach § 19 EStG noch Versorgungsbezüge aus anderen Einkunftsarten (z. B. Versorgungsbezüge aus einer Abgeordnetentätigkeit nach § 22 Nr. 4 EStG oder Versorgungsbezüge nach § 22 Nr. 5 i. V. m. § 52 Abs. 34b EStG aus einer Versorgungszusage, die auf einen Pensionsfonds übertragen worden ist; vgl. hierzu Rn. 2241 ff.) und ggf. daneben noch eine Einmalzahlung für mehrere Jahre bezieht. 2292

Die FinVerw hat hierzu bundeseinheitlich[1] entschieden, dass der Versorgungsfreibetrag und der Zuschlag zum Versorgungsfreibetrag zunächst für die laufenden Einkünfte zu berechnen und dann entsprechend dem Verhältnis der laufenden Einnahmen aufzuteilen sind, wobei auf die Abgeordneten-Versorgungsbezüge kein Zuschlag zum Versorgungsfreibetrag entfällt, da § 19 Abs. 2 EStG bei diesen Versorgungsbezügen nur hinsichtlich des Versorgungsfreibetrags anzuwenden ist. Die Nachzahlung für mehrere Jahre stellt einen eigenständigen Versorgungsbezug dar,[2] für den der Versorgungsfreibetrag und der Zuschlag zum Versorgungsfreibetrag selbständig zu ermitteln sind und für die die Zwölftelungsregelung nicht anzuwenden ist. Deshalb kann eine auf- 2293

---

1 Nicht veröffentlicht.
2 BMF-Schreiben vom 19. 8. 2013, IV C 3 - S 2221/12/10010:004, IV C 5 - S 2345/08/0001, 2013/0760735, Rz. 184 ff.

729

grund der Anwendung der Zwölftelungsregelung bei laufenden Bezügen nicht ausgeschöpfte Differenz zum maßgebenden Höchstbetrag für den Versorgungsfreibetrag (und ggf. auch beim Zuschlag zum Versorgungsfreibetrag) bei einer Einmalzahlung noch berücksichtigt werden.

2294 Der Werbungskosten-Pauschbetrag nach § 9a Satz 1 Nr. 1 Buchst. b EStG kann beim Zusammentreffen von Versorgungsbezügen nach § 19 Abs. 2 EStG und Versorgungsbezügen nach § 22 Nr. 5 i.V. m. § 52 Abs. 34b EStG insgesamt nur einmal berücksichtigt werden und ist ebenfalls nach dem Verhältnis der laufenden Einnahmen aufzuteilen.

2295 Liegen die tatsächlichen Werbungskosten bei den Versorgungsbezügen nach § 22 Nr. 5 i.V. m. § 52 Abs. 34b EStG über dem anteiligen Werbungskosten-Pauschbetrag, sind die tatsächlichen Werbungskosten anzusetzen. Um diese Regelung zutreffend anwenden zu können, müssen die auf die Versorgungsbezüge nach § 52 Abs. 34b EStG entfallenden Werbungskosten in der Steuererklärung (Anlage R) gesondert angegeben werden.

2296–2300 (Einstweilen frei)

VIII. Erstellung und Auswertung von Rentenbezugsmitteilungen nach § 22a EStG

1. Grundsätze

2301 Mit § 22a EStG hat der Gesetzgeber eine neue Regelung geschaffen, die vorsieht, dass die Träger der gesetzlichen Rentenversicherung, die landwirtschaftliche Alterskasse, die berufständischen Versorgungseinrichtungen (§ 6 Abs. 1 Nr. 1 SGB VI), die Pensionskassen, die Pensionsfonds, die Versicherungsunternehmen, die Unternehmen, die Verträge i. S. d. § 10 Abs. 1 Nr. 2 Buchst. b EStG anbieten und die Anbieter i. S. d. § 80 EStG (Anbieter von Riesterverträgen) jährlich bis zum 1. 3. des Folgejahres des Leistungsbezugs der zentralen Stelle (§ 81 EStG, Deutsche Rentenversicherung Bund) für jeden Vertrag und für jede Rente gesondert Daten ihrer Mitglieder und Kunden auf elektronischem Wege zu übermitteln haben. Zum Inhalt der Rentenbezugsmitteilung hat die FinVerw mit BMF-Schreiben vom 7. 12. 2011 detaillierte Vorgaben erlassen.[1]

2302 Der Verpflichtung unterliegen nach Auffassung der FinVerw auch ausländische Versicherungsunternehmen (einschließlich Pensionskassen) sowie auslän-

---
1 BStBl 2011 I S. 1223.

VIII. Erstellung und Auswertung von Rentenbezugsmitteilungen nach § 22a EStG

dische Pensionsfonds, sofern sie aufsichtsrechtlich zur Ausübung des Geschäftsbetriebs im Inland befugt sind.[1]

Die Datenübermittlung hat – wie bereits bei der Riester-Rente (§ 91 EStG) – nach amtlich vorgeschriebenen Datensätzen durch Datenfernübertragung zu erfolgen. Auch bezüglich des Rentenbezugsmitteilungsverfahrens ist es unabdingbar, – wie bei der Riester-Rente – die Rahmenbedingungen für den einheitlichen Datenaustausch näher zu beschreiben. 2303

Wann es tatsächlich erstmals zu einer Datenübermittlung kommen konnte, stand zunächst nicht genau fest. Grundsätzlich wären erstmals zum 31.5.2006 die Daten für das Jahr 2005 zu melden gewesen. Das Bundesamt für Finanzen war aber im Rahmen des AltEinkG ermächtigt worden, abweichend von § 22a Abs. 1 EStG den Zeitpunkt der erstmaligen Übermittlung von Rentenbezugsmitteilungen durch ein im BStBl zu veröffentlichendes Schreiben bekanntzugeben (§ 52 Abs. 38a EStG). Die Verschiebung der erstmaligen Datenübermittlung war darauf zurückzuführen, dass die Identifikationsnummer (§ 139b AO) ein wesentlicher Bestandteil des Mitteilungsverfahrens ist und dieses in 2006 noch nicht vorlag. Nur über dieses Merkmal können die Rentenbezugsmitteilungen eindeutig zugeordnet werden. Mit Aufnahme des Mitteilungsverfahrens mussten allerdings die Daten rückwirkend ab dem Veranlagungszeitraum 2005 gemeldet werden. Mit Schreiben vom 28.10.2008[2] hat das Bundeszentralamt für Steuern schließlich bekanntgegeben, dass für die Veranlagungsjahre 2005 bis 2008 die Rentenbezugsmitteilungen im Zeitraum vom 1.10.2009 bis zum 31.12.2009 zu übermitteln sind. Für die Rentenbezugsmitteilungen ab dem Veranlagungsjahr 2009 galt dann die in § 22a Abs. 1 Satz 1 EStG genannte Frist (bis zum 1.3. des Folgejahres).[3] Außerdem wurde der für die Übersendung der Rentenbezugsmitteilung erforderliche amtlich vorgeschriebene Datensatz auf der Internetseite des BZSt (www.bzst.bund.de) veröffentlicht. 2304

Fraglich ist u.E., ob es ausreicht, dass der Austausch von Daten auf Versicherer und Finanzverwaltung begrenzt ist oder ob die Daten nicht auch dem Steuerpflichtigen zur Verfügung gestellt werden müssten. Bezieht er nämlich z.B. eine Rente aus der gesetzlichen Rentenversicherung und ändert sich in einem Kalenderjahr nach 2005 der Jahresbetrag der Rente, ist er oder sein steuerlicher Berater ohne die Daten der gesetzlichen Rentenversicherung, die die zwi- 2305

---

1 BMF-Schreiben vom 7.12.2011, BStBl 2011 I S. 1223, Rz. 5.
2 BStBl I 2008, 955.
3 Hinsichtlich des Datums wurde zwischenzeitlich eine gesetzliche Anpassung vom 31.5. auf den 1.3. vorgenommen.

schenzeitlichen Rentenanpassungen gesondert ausweisen, nicht in der Lage, den steuerpflichtigen Anteil seiner Rente zu ermitteln.[1] Bei einer Übermittlung der Daten auch an den Steuerpflichtigen – hier wohl in Papierform – wäre hinsichtlich der Riester-Renten auch das separate Bescheinigungsverfahren nach § 22 Nr. 5 Satz 7 EStG überflüssig.

2306–2310   (Einstweilen frei)

2. Rentenbezugsmitteilung und Öffnungsklausel in § 22 Nr. 1 Satz 3 Buchst. a Doppelbuchst. bb Satz 2 EStG

2311   Bezieht der Steuerpflichtige Leistungen aus der gesetzlichen Rentenversicherung oder aus einer berufsständischen Versorgungseinrichtung, die unter die Öffnungsklausel in § 22 Nr. 1 Satz 3 Buchst. a Doppelbuchst. bb Satz 2 EStG fallen und teilweise mit dem Ertragsanteil zu versteuern sind (vgl. Rn. 1346 ff.), kann dies im Rahmen des Rentenbezugsmitteilungsverfahrens nicht berücksichtigt werden, da die Anwendung der Öffnungsklausel antragsgebunden ist. Die Rente wird daher insgesamt als Rente i. S. d. § 22 Nr. 1 Satz 3 Buchst. a Doppelbuchst. aa EStG übermittelt werden. Um eine korrekte Besteuerung zu erreichen, muss der Steuerpflichtige die unterschiedlich zu besteuernden Leistungsbestandteile durch eine gesonderte Bescheinigung seines Versorgungsträgers nachweisen.[2]

2312–2315   (Einstweilen frei)

3. Zuordnung der Leistungen zum Bescheinigungsjahr

2316   Da der für die Anwendung des § 11 EStG erforderliche Zeitpunkt des tatsächlichen Zuflusses beim Leistungsempfänger den Mitteilungspflichtigen i. d. R. nicht bekannt sein dürfte, kann für Zwecke der Rentenbezugsmitteilung nach Auffassung der FinVerw[3] aus Vereinfachungsgründen der Tag der Auszahlung beim Leistungsverpflichteten als Zuflusszeitpunkt angenommen werden. Der Mitteilungspflichtige kann von anderen Kriterien ausgehen, wenn dies wegen seiner organisatorischen Verhältnisse zu genaueren Ergebnissen führt. Dem Leistungsempfänger bleibt es allerdings unbenommen, dem Finanzamt einen abweichenden Zuflusszeitpunkt zu belegen.

---

1 Vgl. zur Neuberechnung des steuerfrei bleibenden Teils der Rente in diesen Fällen Rn. 1321 ff.
2 BMF-Schreiben vom 19. 8. 2013, IV C 3 - S 2221/12/10010:004, IV C 5 - S 2345/08/0001, 2013/0760735, Rz. 248 und BMF-Schreiben vom 7. 12. 2011, BStBl 2011 I S. 1223, Rz. 24 f.; Rn. 1369 ff.
3 BMF-Schreiben vom BMF-Schreiben vom 7. 12. 2011, BStBl 2011 I S. 1223, Rz. 56.

BEISPIEL: Zuordnung der Leistungen i. S. d. § 22 EStG zum Bescheinigungsjahr nach § 22a EStG

Die Rentennachzahlung für das Jahr 2004 und die Rente für Januar 2006 werden am 28.12.2005 zur Auszahlung angewiesen.

Für die Erstellung der Rentenbezugsmitteilung kann aus Vereinfachungsgründen unterstellt werden, dass der Betrag am 28.12.2005 dem Konto des Rentenempfängers gutgeschrieben wurde. Die Rentennachzahlung ist nach § 11 Abs. 1 Satz 1 EStG dem Kalenderjahr 2005, die Rente für Januar 2006 nach § 11 Abs. 1 Satz 2 EStG dem Jahr 2006 zuzuordnen.

Werden Renten oder andere Leistungen zurückgefordert, sind sie im Kalenderjahr der Rückzahlung von den ihnen entsprechenden zugeflossenen Leistungen abzuziehen. Übersteigt in einem Kalenderjahr der zurückgezahlte Betrag den Betrag der zugeflossenen Leistungen, ist der überschießende Betrag als negativer Betrag in der Rentenbezugsmitteilung anzugeben.[1]   2317

(Einstweilen frei)   2318–2320

4. Regelmäßige Rentenanpassungen

In den Fällen, in denen die Leistung ganz oder teilweise der Besteuerung nach § 22 Nr. 1 Satz 3 Buchst. a Doppelbuchst. aa EStG unterliegt, ist in der Rentenbezugsmitteilung die auf regelmäßigen Rentenanpassungen beruhende Erhöhung des Jahresbetrags der Rente gegenüber dem Jahr mitzuteilen, das dem Jahr des Rentenbeginns folgt. Das gilt auch bei einer Neuberechnung der Rente. Bei Renten, die vor dem 1.1.2005 begonnen haben, sind nur die Erhöhungen des Jahresbetrags der Rente gegenüber dem Jahr 2005 mitzuteilen.[2]   2321

Bei einer vollständigen oder teilweisen Rückforderung der Rente ist der in der Rückforderung enthaltene, auf regelmäßigen Anpassungen beruhende Teil der Rente zu ermitteln. Dieser Betrag ist für den Ausweis in der Rentenbezugsmitteilung mit dem in der laufenden Rente enthaltenen Teil der Rente, der auf regelmäßigen Anpassungen beruht, zu saldieren. Gegebenenfalls ist auch ein negativer Betrag in der Rentenbezugsmitteilung auszuweisen.[3]   2322

(Einstweilen frei)   2323–2325

---

1 BMF-Schreiben vom BMF-Schreiben vom 7.12.2011, BStBl 2011 I S. 1223, Rz. 51.
2 BMF-Schreiben vom BMF-Schreiben vom 7.12.2011, BStBl 2011 I S. 1223, Rz. 65 und Beispiel in Rz. 67.
3 BMF-Schreiben vom BMF-Schreiben vom 7.12.2011, BStBl 2011 I S. 1223, Rz. 71.

5. Zeitpunkt des Beginns und Ende des Leistungsbezugs

2326 In der Rentenbezugsmitteilung muss der Zeitpunkt des Beginns und des Endes des jeweiligen Leistungsbezugs übermittelt werden. Folgen nach dem 31.12.2004 Renten aus derselben Versicherung einander nach, sind in den Fällen, in denen die Leistung ganz oder teilweise der Besteuerung nach § 22 Nr. 1 Satz 3 Buchst. a Doppelbuchst. aa EStG unterliegt, auch Beginn und Ende der vorhergehenden Renten mitzuteilen, damit für die nachfolgende Rente die zutreffende Besteuerungskohorte ermittelt werden kann (vgl. § 22 Nr. 1 Satz 3 Buchst. a Doppelbuchst. aa Satz 8 EStG und Rn. 1336 ff.).[1]

2327 Bei einmaligen Leistungen, die vor Beginn der Rente ausgezahlt werden, ist als Beginn des Leistungsbezugs das Datum der Zahlung der einmaligen Leistung anzugeben. Werden sie zusammen mit Renten gezahlt, sind sie hingegen nicht gesondert auszuweisen.[2]

2328–2330 (Einstweilen frei)

6. Identifikationsnummer

2331 Da der Mitteilungsverpflichtete die Identifikationsnummer des Versicherten im Regelfall nicht kennt, bestimmt § 22a Abs. 2 EStG, dass der Leistungsempfänger verpflichtet ist, ihm diese mitzuteilen. Kommt der Leistungsempfänger dieser Aufforderung nicht nach, übermittelt das Bundeszentralamt für Steuern dem Mitteilungspflichtigen auf dessen Anfrage die Identifikationsnummer. Weitere Daten dürfen jedoch nicht übermittelt werden. Insbesondere dürfen in der Anfrage des Mitteilungsverpflichteten nur die in § 139b Abs. 3 AO genannten Daten des Leistungsempfängers angegeben werden, soweit diese dem Mitteilungspflichtigen bekannt sind.[3]

2332 Die Identifikationsnummer darf durch den Mitteilungspflichtigen nur verwendet werden, soweit dies für die Erfüllung der Mitteilungspflicht nach § 22a Abs. 1 EStG erforderlich ist. Außerdem hat er den Leistungsempfänger jeweils darüber zu unterrichten, dass die Leistungen der zentralen Stelle mitgeteilt werden. Dies kann im Rentenbescheid, in einer Rentenanpassungsmitteilung, in einer sonstigen Mitteilung über Leistungen oder in der Mitteilung nach § 22 Nr. 5 Satz 7 EStG erfolgen.

2333–2335 (Einstweilen frei)

---

1 BMF-Schreiben vom BMF-Schreiben vom 7.12.2011, BStBl 2011 I S. 1223, Rz. 92.
2 BMF-Schreiben vom BMF-Schreiben vom 7.12.2011, BStBl 2011 I S. 1223, Rz. 82 und 42.
3 Vgl. zu den Einzelheiten BMF-Schreiben vom 7.12.2011, BStBl 2011 I S. 1223, Rz. 108 ff.

IX. Tarifermäßigung bei Rentennachzahlungen

Kommt es zur Nachzahlung von Renten, kann nach Auffassung der FinVerw die sog. Fünftelregelung nach § 34 Abs. 1 EStG zur Anwendung kommen. Zwar handelt es sich bei Rentennachzahlungen nicht um begünstigte Entschädigungen i. S. d. § 24 Nr. 1a i. V. m. § 34 Abs. 2 Nr. 2 EStG, da kein Ersatz für entgangene oder entgehende Einnahmen geleistet wird, sondern nur die Leistungen nachgezahlt werden, auf die der Empfänger ohnehin einen Rechtsanspruch hat. Die Finanzverwaltung geht jedoch davon aus, dass es sich in diesen Fällen um eine Vergütung für eine mehrjährige Tätigkeit handeln kann. § 34 Abs. 2 Nr. 4 i. V. m. Abs. 1 EStG gelte grundsätzlich für alle Einkunftsarten. § 34 Abs. 1 EStG sei auch auf Nachzahlungen von Ruhegehaltsbezügen und von Renten i. S. d. § 22 Nr. 1 EStG anwendbar. Voraussetzung für die Anwendung sei, dass aufgrund der Einkunftsermittlungsvorschriften eine Zusammenballung von Einkünften eintrete, die bei Einkünften aus nichtselbständiger Arbeit auf wirtschaftlich vernünftigen Gründen beruhe und bei anderen Einkünften nicht dem vertragsgemäßen oder dem typischen Ablauf entspreche.[1] Streitig könnte sein, ob im Zusammenhang mit einer Rentennachzahlung auch die Erhöhungsbeträge für die monatlichen Rentenbezüge des laufenden Kalenderjahres, in dem die Auszahlung erfolgt, in die Bemessungsgrundlage für die Tarifermäßigung nach § 34 EStG einzubeziehen sind. Dies könnte man in Frage stellen, weil insoweit keine Zusammenballung eintritt. Die FinVerw hat sich aber bundeseinheitlich[2] unter Bezugnahme auf R 34.4 Abs. 1 Satz 2 EStR und das BFH-Urteil vom 14. 12. 2006[3] dafür ausgesprochen, alle nachgezahlten Rentenerhöhungsbeträge – also auch die für das laufende Kalenderjahr – zu den außerordentlichen Einkünften zu zählen.

2336

Für die Praxis viel bedeutender ist allerdings bei der Basisversorgung die Frage, ob sich die Besteuerung von Rentennachzahlungen nach dem Recht richtet, das im Zuflusszeitpunkt Anwendung findet, oder nach dem Recht des Jahres, auf das die Rentennachzahlung rechtlich entfällt. Dies hat durch die Reform der Alterseinkünftebesteuerung insbesondere für Erwerbsminderungsrenten aus der gesetzlichen Rentenversicherung, die für Zeiträume vor 2005 nachgezahlt werden, große Auswirkungen. Bei einer kurzen Laufzeit wäre der Ertragsanteil einer solchen Rente vor 2005 sehr gering gewesen, so dass möglicherweise nicht einmal die zusammengeballte Nachzahlung zu einer steuerli-

2337

---

1 R 34.4 EStR.
2 Der Beschluss ist nicht veröffentlicht.
3 IV R 57/05, BStBl II 2007 S. 180.

Teil D: Besteuerung von Altersbezügen

chen Belastung geführt hätte. Wird die Nachzahlung der Erwerbsminderungsrente jedoch mit einem Besteuerungsanteil von 50% versteuert, dürfte dies im Regelfall – trotz Tarifermäßigung – zu einer deutlichen steuerlichen Belastung führen. Die FinVerw hat von Anfang an die Auffassung vertreten, dass sich die Rentenbesteuerung nach dem im Zeitpunkt des Zuflusses geltenden Recht richtet.[1] Die Auffassung der Finanzgerichte hierzu war nicht einheitlich. Das Niedersächsische FG hat mit Urteil vom 18.11.2009, 2 K 309/07 (DStZ 2010 S. 226) entschieden, dass die Rente wegen Erwerbsminderung soweit die Nachzahlung auf Zeiträume vor 2005 entfällt, nach altem Recht mit dem Ertragsanteil nach § 55 Abs. 2 EStDV von 4% zu besteuern und dann der Fünftelregelung zu unterwerfen ist, wenn die Voraussetzungen des § 34 Abs. 1 EStG vorliegen. Das FG Düsseldorf hingegen hatte mit Urteil vom 11.3.2009, 7 K 3215/08 E (EFG 2009 S. 1381) die Auffassung der FinVerw geteilt, dass auch die Nachzahlung einer Erwerbsminderungsrente ab 2005 mit 50% der Besteuerung unterliegt.

2338 Der BFH[2] hat inzwischen entschieden, dass Rentennachzahlungen aus der Basisversorgung für Zeiträume vor 2005 der nachgelagerten Besteuerung nach § 22 Nr. 1 Satz 3 Buchst. a Doppelbuchst. aa EStG und nicht der Ertragsanteilsbesteuerung nach § 22 Nr. 1 Satz 3 Buchst. a Doppelbuchst. bb EStG unterliegen. Ausschlaggebend für die Ermittlung des Besteuerungsanteils sei allein das generell für die sonstigen Einkünfte geltende Zuflussprinzip. Für eine Einschränkung dieses Prinzips sah er auch dann keine verfassungsrechtliche Notwendigkeit, wenn die Rente rechtzeitig vor 2005 beantragt worden war und der Steuerpflichtige die verspätete Zahlung nicht beeinflussen konnte. Das Ergebnis erscheint unbefriedigend, ist im Hinblick auf die Systematik des EStG aber wohl nicht in Frage zu stellen. Eine Abmilderung der steuerlichen Belastung kommt damit allenfalls durch die Anwendung der Fünftelregelung gem. § 34 Abs. 1 EStG in Betracht.

2339–2340 (Einstweilen frei)

---

1 Verfügung der OFD Frankfurt/M. vom 4.8.2006, S 2255 A – 23 – St 218, DB 2006, 1925.
2 Urteil vom 13.4.2011, X R 1/10, BStBl 2011 II S. 915.

X. Besteuerung von Alterseinkünften bei beschränkter Steuerpflicht

1. Rechtslage bis 2004

Seit dem EStG 1934 waren sonstige Einkünfte nach § 22 Nr. 1 EStG nur insoweit in die beschränkte Steuerpflicht einbezogen, als sie dem Steuerabzug unterworfen wurden (§ 49 Abs. 1 Nr. 7 EStG). Da ein Steuerabzug im Bereich der wiederkehrenden Bezüge nicht vorgenommen wurde, lief die Vorschrift leer.

2341

2. Rechtslage ab 2005

Im Rahmen des AltEinkG hat der Gesetzgeber § 49 Abs. 1 Nr. 7 EStG dergestalt geändert, dass ab 2005 Renten aus inländischen gesetzlichen Rentenversicherungen, aus inländischen landwirtschaftlichen Alterskassen sowie aus inländischen berufsständischen Versorgungseinrichtungen zu den beschränkt steuerpflichtigen Einkünften gehören.

2342

Hintergrund dieser Änderung war, dass durch die Einführung der nachgelagerten Besteuerung im Bereich der Basisversorgung (vgl. Rn. 1236 ff.) Einzahlungen in die genannten Kassen und Versorgungseinrichtungen das Einkommen mindern und korrespondierend damit die späteren Renten der Besteuerung unterliegen. Es sollte ermöglicht werden, dass Deutschland die Renten auch dann besteuern kann, wenn der Rentenbezieher nicht mehr in Deutschland lebt. Da das Besteuerungsrecht für sonstige Einkünfte nach den DBA aber vielfach dem Wohnsitzstaat zusteht, dürfte die Regelung weiterhin teilweise leer laufen. Sie kann lediglich Bedeutung entfalten, für Renten eines Berechtigten, der seinen Wohnsitz in einem Staat hat, mit dem kein Doppelbesteuerungsabkommen besteht oder der seinen Wohnsitz in einem Staat hat, für den das Doppelbesteuerungsabkommen Deutschland als Zahlstaat das Besteuerungsrecht zuweist.

2343

Mit dem JStG 2009 wurde der Katalog der beschränkt einkommensteuerpflichtigen Einkünfte mit § 49 Abs. 1 Nr. 10 EStG auf sonstige Einkünfte i. S. d. § 22 Nr. 5 EStG ausgedehnt. Im Rahmen des Gesetzes zur Umsetzung steuerlicher EU-Vorgaben sowie zur Änderung steuerlicher Vorschriften vom 8. 4. 2010 wurden die Bedingungen für die beschränkte Steuerpflicht neu gefasst, indem bislang vorgesehene einschränkende Bedingungen gestrichen wurden („soweit die Leistungen auf Beiträgen, auf die § 3 Nr. 63 EStG angewendet wurde, steuerfreien Leistungen nach § 3 Nr. 66 EStG oder steuerfreien Zuwendungen nach § 3 Nr. 56 EStG beruhen"). Außerdem wurde eine Regelung ergänzt, wonach die beschränkte Steuerpflicht auch für Leistungen ausländischer Zahlstellen

2344

gilt, soweit die Leistungen bei einem unbeschränkt Steuerpflichtigen zu Einkünften nach § 22 Nr. 5 Satz 1 EStG führen würden oder wenn die Beiträge, die den Leistungen zugrunde liegen, nach § 10 Abs. 1 Nr. 2 EStG ganz oder teilweise bei der Ermittlung der Sonderausgaben berücksichtigt wurden. Auch mit dieser Regelung sollte erreicht werden, dass Leistungen, die auf in der Ansparphase steuerlich geförderten Beiträgen beruhen, bei Zufluss auch dann im Inland besteuert werden können, wenn der Steuerpflichtige seinen Wohnsitz inzwischen ins Ausland verlegt hat. Wie bei den sonstigen Leistungen nach § 22 Nr. 1 Satz 3 Buchst. a EStG scheitert dies jedoch ebenfalls in vielen Fällen an entgegenstehenden DBA-Regelungen.

2345 Auch § 49 Abs. 1 Nr. 7 EStG wurde im Rahmen des Gesetzes zur Umsetzung steuerlicher EU-Vorgaben sowie zur Änderung steuerlicher Vorschriften vom 8. 4. 2010 um eine Regelung erweitert, wonach ab dem VZ 2010 auch Leistungen ausländischer Zahlstellen in die beschränkte Steuerpflicht einbezogen werden. Allerdings unterliegen Leibrenten und andere Leistungen i. S. d. § 22 Nr. 1 Satz 3 Buchst. a EStG von ausländischen Zahlstellen – vorbehaltlich der DBA-Regelungen – nur dann der deutschen Besteuerung, wenn die Beiträge, die den Leistungen zugrunde liegen, nach § 10 Abs. 1 Nr. 2 EStG ganz oder teilweise bei der Ermittlung der Sonderausgaben berücksichtigt wurden.

2346–2360 (Einstweilen frei)

Teil E: Besteuerung der übrigen wiederkehrenden Bezüge

I. Schadensersatz- und Schmerzensgeldrenten

1. Allgemeines

Schadensersatzleistungen sind wiederkehrende Leistungen aufgrund einer zum Schadenersatz verpflichtenden Körperverletzung oder Tötung. Die Rechtsgrundlage der Leistungen enthalten §§ 843 bis 845 BGB bzw. spezielle Vorschriften in anderen Gesetzen. Die Zahlungen sind entweder dazu bestimmt, die finanziellen Nachteile auszugleichen, die ein Verletzter infolge der Minderung seiner Erwerbstätigkeit oder durch vermehrte Bedürfnisse erleidet (§ 843 BGB) oder sie ersetzen die einem Dritten infolge einer Tötung entgehenden Unterhaltsleistungen (§ 844 BGB) oder die Dienste (§ 845 BGB), zu denen der Getötete gesetzlich verpflichtet gewesen wäre. Um Schadensersatz nach § 844 BGB handelt es sich auch, wenn Hinterbliebene des Getöteten eine Sozialversicherungsrente erhalten und der Sozialversicherungsträger den nach § 116 des Zehnten Buchs des SGB auf ihn übergegangenen Anspruch gegen den Schädiger geltend macht.[1]

2361

2. Schadensersatzleistungen wegen Beeinträchtigung der Erwerbsfähigkeit

Schadenersatzleistungen zum Ausgleich des Schadens, der durch den Wegfall oder die Minderung der Erwerbstätigkeit eingetreten ist, gehören als „Entschädigung" zu der Einkunftsart, die von dem Einnahmeausfall betroffen ist (§ 24 Nr. 1a EStG). Schadensersatzleistungen zum Ausgleich des Wegfalls oder der Minderung der Erwerbsfähigkeit eines Arbeitnehmers zählen dementsprechend zu den Einnahmen aus nichtselbständiger Arbeit (§ 19 EStG) und sind daher in voller Höhe zu erfassen, auch wenn die Voraussetzungen einer Leibrente erfüllt sind.

2362

Hat der Verletzte einen Berufswechsel vorbereitet oder war er noch nicht berufstätig, kann die Abgrenzung zwischen den Einkunftsarten Schwierigkeiten bereiten. Zu welcher Einkunftsart Schadensersatzleistungen gehören, die Verdienstausfall ausgleichen, richtet sich dann primär nach den hypothetischen Überlegungen über die künftige berufliche Entwicklung des Verletzten, nach

2363

---

1 BFH, Urteil vom 5.4.1965, VI 330/63 U, BStBl 1965 III S. 359.

denen die Leistungen bemessen worden sind. Fehlen entsprechende Anhaltspunkte, z. B. bei vergleichsweiser Regelung des Schadensersatzes, so können die Leistungen nicht als Entschädigung i. S. d. § 24 Nr. 1a EStG behandelt werden, weil diese Vorschrift voraussetzt, dass Einnahmen aus einer der ersten sechs Einkunftsarten weggefallen sind. Die Leistungen zählen daher in diesem Fall zu den sonstigen Einkünften (§ 22 Nr. 1 EStG).

2364 Nach der Rechtsprechung des VIII. Senats des BFH sind Schadensersatzleistungen, die zu den sonstigen Einkünften gehören, nur steuerbar, soweit Ersatz für weggefallene steuerbare Einkünfte geleistet wird.[1] Ist diese Voraussetzung erfüllt, sind die Leistungen regelmäßig in voller Höhe anzusetzen, weil ihnen die Gleichmäßigkeit fehlt. Das ergibt sich aus der Abänderbarkeit aufgrund einer Klage nach § 323 ZPO. Die Beteiligten können jedoch vereinbaren, dass der bisherige Schuldgrund „unerlaubte Handlung" (§ 823 BGB) durch eine abstrakte, auf Zahlung einer Leibrente (§ 759 BGB) oder einer Zeitrente gerichtete Verpflichtung ersetzt wird. Diese Umschaffung des Schuldgrundes (Novation) setzt lediglich voraus, dass der darauf gerichtete Wille der Vertragspartner im Vertrag klar zum Ausdruck gelangt. Sein Inhalt muss deshalb so gestaltet sein, dass keiner der Beteiligten auf die Vorschriften über den früheren Rechtsgrund zurückgreifen darf. Nach Auffassung der FinVerw[2] und der h. M. im Schrifttum[3] ist eine Novation auch steuerlich anzuerkennen, so dass die Schadensersatzleistungen nur mit dem Ertragsanteil anzusetzen sind.

2365 Stellen die Schadensersatzleistungen Entschädigungen i. S. d. § 24 Nr. 1a EStG dar, kann der ermäßigte Steuersatz des § 34 Abs. 1 EStG nicht gewährt werden. Er ist nur auf Entschädigungen anwendbar, in denen sich Einkünfte zusammenballen, die ohne das schädigende Ereignis auf mehrere Jahre verteilt angefallen wären. Diese Voraussetzung ist bei den hier erörterten Schadensersatzleistungen nicht erfüllt. Durch sie wird nur der jährliche Verdienstausfall ersetzt.

2366 Falls die Schadensersatzleistungen, die zum Ausgleich einer Minderung der Erwerbsfähigkeit gezahlt werden, zu den Einnahmen aus nichtselbständiger Arbeit gehören, ist hinsichtlich der Verpflichtung zum Steuerabzug zu unterscheiden:

---

1 Urteil vom 25. 10. 1994, VIII R 79/91, BStBl 1995 II S. 121.
2 Vfg. der OFD München vom 10. 9. 1979, StEK, § 22 EStG Nr. 72, Tz. 3.3.
3 Biergans, S. 83; Bilsdorfer, NJW 1979 S. 2423; Herrmann/Heuer/Raupach, § 22, Anm. 122; Steinle, BB 1981 S. 359.

▶ Hat der inländische Arbeitgeber zu zahlen, ist der Steuerabzug vorzunehmen (§ 38 Abs. 1 Satz 1 EStG).
▶ Ist ein Dritter zum Schadensersatz verpflichtet, so wird ein Steuerabzug i. d. R. nicht in Betracht kommen. Ausnahmen können sich jedoch z. B. ergeben, wenn Arbeitgeber und Dritter verbundene Unternehmen i. S. von § 15 Aktiengesetz sind (§ 38 Abs. 1 Satz 3 EStG). Soweit die Schadensersatzleistungen Ausfluss tarifvertraglicher Ansprüche des Arbeitnehmers sind, die sich unmittelbar gegen einen Dritten mit Wohnsitz, Geschäftsleitung oder Sitz im Inland richten und die von diesem durch die Zahlung von Geld erfüllt werden, kann sich eine Abzugsverpflichtung für den Dritten ergeben (§ 38 Abs. 3a EStG). Liegt eine Verpflichtung zum Steuerabzug nicht vor, ist unter den Voraussetzungen des § 46 EStG eine Veranlagung zur Einkommensteuer durchzuführen.

(Einstweilen frei) 2367–2370

3. Schadensersatzleistungen an Unterhaltsberechtigte oder Dienstleistungsberechtigte

Wird ein Mensch getötet, der einem anderen Unterhalt zu leisten hatte oder unterhaltspflichtig werden konnte, kann der Unterhaltsberechtigte für die mutmaßliche Dauer der Unterhaltsleistungen vom Schädiger eine Rente verlangen (§ 844 Abs. 2 BGB). Auch auf Ersatz entgehender Dienste im Hauswesen, auf die ein gesetzlicher Anspruch bestanden hätte, ist im Fall der Tötung oder Verletzung des Dienstverpflichteten sowie im Fall der Freiheitsentziehung in Form einer Rente zu leisten (§ 845 BGB). Gesetzliche Dienstleistungsverpflichtungen im Hauswesen obliegen Ehegatten (§ 1356 BGB) sowie Kindern gegenüber den Eltern, solange sie dem elterlichen Hausstand angehören und von den Eltern erzogen oder unterhalten werden (§ 1619 BGB).

2371

Schadensersatzleistungen, die ihre Rechtsgrundlage in § 844 Abs. 2 oder § 845 BGB haben, gehörten bei dem Berechtigten zu den steuerpflichtigen Einnahmen (§ 22 Nr. 1 EStG).[1] Dagegen wurde jedoch eingewandt, da einmalige Schadensersatzleistungen nicht besteuert würden, sei es nicht gerechtfertigt, Schadensersatz allein wegen wiederkehrender Zahlungsweise steuerlich zu erfassen.[2] Mit Urteil vom 25. 10. 1994[3] hat sich der BFH – u. E. zu Recht – dieser Auf-

2372

---

[1] BFH, Urteil vom 19. 10. 1978, VIII R 9/77, BStBl 1979 II S. 133.
[2] Bader/Lammsfuß/Rinne, S. 38; P. Fischer, DStR, Beihefter zu Heft 17/1992 S. 7; Steinle, BB 1981 S. 359.
[3] VIII R 79/91, BStBl 1995 II S. 121.

fassung angeschlossen. Die FinVerw hat diesbezüglich zunächst an einer Besteuerung nach § 22 Nr. 1 EStG mit dem vollen Betrag festgehalten, weil es in diesen Fällen bei dem für Unterhaltsrenten in § 22 Nr. 1 Satz 1 EStG bestimmten Korrespondenzprinzip bleibe, wonach wiederkehrende Bezüge beim Verpflichteten und beim Empfänger einheitlich zu beurteilen sind.[1]

2373 Mit Urteil vom 26. 11. 2008 hat der BFH jedoch noch einmal eindeutig entschieden, dass eine Schadensersatzrente nach § 844 Abs. 2 des Bürgerlichen Gesetzbuches (BGB), die den durch den Tod des Ehegatten eingetretenen materiellen Unterhaltsschaden ausgleicht, nicht der Einkommensteuer unterliegt. Die Unterhaltsrente nach § 844 Abs. 2 BGB sei nicht steuerbar, da sie lediglich den durch das schädigende Ereignis entfallenden, nicht steuerbaren Unterhaltsanspruch ausgleiche und nicht Ersatz für entgangene oder entgehende Einnahmen i. S. d. in § 2 Abs. 1 Satz 1 Nr. 1 bis 7 EStG genannten Einkunftsarten gewähre. Auch wenn die Rente nach § 844 Abs. 2 BGB ihrer Rechtsnatur nach kein Unterhalts-, sondern ein Schadensersatzanspruch sei, stütze sich der Anspruch aus § 844 Abs. 2 BGB aus Sicht des Geschädigten unmittelbar auf unterhaltsgesetzliche Regeln (§§ 1360 ff. BGB). Die Unterhaltsrente nach § 844 Abs. 2 BGB gleiche keine steuerbaren Einnahmen, sondern den vom Getöteten geschuldeten fiktiven Unterhalt aus. Anders als bei einer Witwenpension richte sich die Höhe der Unterhaltsrente nach § 844 Abs. 2 BGB danach, wie sich die Unterhaltsbeziehungen zwischen dem Unterhaltsberechtigten und dem Unterhaltsverpflichteten bei Unterstellung seines Fortlebens nach dem Unfall entwickelt haben würden. Deshalb greife ertragsteuerlich die Nichtsteuerbarkeit der Unterhaltsleistungen nach § 2 i. V. m. § 22 Nr. 1 EStG, wonach „Bezüge ... an eine gesetzlich unterhaltsberechtigte Person" i. d. R. nicht steuerpflichtig seien. Auch das sog. Korrespondenzprinzip gebiete nicht die Steuerbarkeit einer Unterhaltsrente; aus dem EStG lasse sich die generelle Geltung eines solchen Prinzips für die wiederkehrenden Bezüge nicht entnehmen. Im Übrigen sei in den einzelnen Rentenleistungen kein steuerpflichtiger Zinsanteil enthalten. Werde ein Vermögensanspruch in wiederkehrenden Leistungen erfüllt, umfassten diese zwar grundsätzlich von Beginn an einen steuerbaren Zinsanteil. Ansprüche auf die einzelnen Leistungen i. S. d. § 844 Abs. 2 BGB entstünden von Gesetzes wegen aber sukzessiv. Nur bei Vorliegen eines wichtigen Grundes könne der Unterhaltsberechtigte vom Schädiger eine Abfindung in Kapital verlangen. Der Ersatzverpflichtete habe gar kein Recht, den unterhaltsberechtigten Dritten in Kapital abzufinden. Daher sei die Vorstellung, die Schadensersatzrente enthalte wirtschaftliche Elemente einer darlehensähnlichen

---

1 BMF-Schreiben vom 8. 11. 1995, BStBl 1995 I S. 705.

Überlassung von Kapital, verfehlt. Die Finanzverwaltung hat sich mit BMF-Schreiben vom 15. 7. 2009[1] der schlüssigen Interpretation des BFH angeschlossen und ihr abweichendes Schreiben vom 8. 11. 1995 aufgehoben.

Von den nicht steuerbaren Schadensersatz- bzw. Unterhaltsrenten gem. § 844 Abs. 2 BGB abzugrenzen sind Erziehungsrenten der gesetzlichen Rentenversicherung. Da die Erziehungsrente auf Beiträgen beruht, handelt es sich nicht um eine Schadensersatz- bzw. Unterhaltsrente i. S. d. § 844 Abs. 2 BGB, die lediglich auf einem schädigenden Ereignis beruht, das zu einer Ersatzpflicht des dafür Verantwortlichen führt. Die Erziehungsrente unterliegt daher der Besteuerung nach § 22 Nr. 1 Satz 3 Buchst. a Doppelbuchst. aa EStG. Hätte der Gesetzgeber sie trotz ihrer Unterhaltsersatzfunktion von der Steuerpflicht befreien wollen, hätte er sie in den Katalog der Steuerbefreiungen aufnehmen können.[2]   2374

(Einstweilen frei)   2375

4. Schadensersatzleistungen wegen Vermehrung der Bedürfnisse oder als Schmerzensgeld

Eine Geldrente ist auch zu entrichten, wenn infolge einer Verletzung des Körpers oder der Gesundheit eine „Vermehrung der Bedürfnisse" des Verletzten eintritt (§ 843 Abs. 2 BGB). Ferner hat der Verletzte in diesen Fällen sowie im Falle der Freiheitsentziehung einen Anspruch auf Schmerzensgeld (§ 847 BGB).[3] Dieses wird regelmäßig in einem Betrag gezahlt, doch ist die Vereinbarung einer Leibrente, insbesondere bei dauernden Nachteilen des Verletzten nicht ausgeschlossen.   2376

Renten dieser Art waren nach der früheren Rechtsprechung regelmäßig in voller Höhe als Einnahmen i. S. d. § 22 Nr. 1 EStG zu erfassen, weil der Empfänger nicht zu den gesetzlich unterhaltspflichtigen Personen i. S. d. § 22 Nr. 1 Satz 2 EStG gehört.[4] Nach dem BFH-Urteil vom 25. 10. 1994[5] sind die sog. Mehrbedarfsrenten jedoch grundsätzlich nicht steuerbar. Ist ausnahmsweise eine Leibrente vereinbart worden, gehört der Ertragsanteil zu den Einnahmen i. S. d. § 22 Nr. 1 Satz 3 Buchst. a Doppelbuchst. bb EStG. Die FinVerw hat geregelt,   2377

---

1 BStBl I 2009 S. 836.
2 Vgl. BFH vom 19. 8. 2013, X R 35/11, BFH/NV 2013, 1861.
3 Vgl. z. B. RFH, Urteil vom 23. 11. 1932, RStBl 1933 S. 133 (Zahlung von Schmerzensgeld).
4 BFH, Urteil vom 19. 10. 1978, VIII R 9/77, BStBl 1979 II S. 133.
5 BStBl 1995 II S. 121.

Teil E: Besteuerung der übrigen wiederkehrenden Bezüge

dass außer den Mehrbedarfsrenten auch Schmerzensgeldrenten (§ 847 BGB) als nicht steuerbar zu behandeln sind.[1]

2378–2380   (Einstweilen frei)

5. Zusammentreffen verschiedener Arten von Schadensersatzleistungen

2381   Werden durch eine Rente entgehende Einnahmen und daneben andere Schäden abgegolten, so ist die Rente aufzuteilen.[2] Wenn Anhaltspunkte für die Aufteilung fehlen, muss geschätzt werden (§ 162 AO). Bei einer Leibrente ist der Teil, der auf die entgehenden Einnahmen entfällt, in voller Höhe zu besteuern (§ 22 Nr. 1 Satz 1 EStG), während der Rest nur in Höhe des Ertragsanteils (§ 22 Nr. 1 Satz 3 Buchst. a Doppelbuchst. bb EStG) zu den steuerpflichtigen Einnahmen zählt.

6. Steuerliche Wirkung beim Verpflichteten

2382   Beim Verpflichteten können die Zahlungen betrieblich veranlasst sein, obwohl der Berechtigte Einnahmen aus einer Überschusseinkunftsart bezieht. Wie bei betrieblichen Schadensrenten hängen die steuerlichen Wirkungen außerbetrieblicher Schadensersatzleistungen beim Verpflichteten nach wie vor entscheidend davon ab, ob der zum Schadensersatz führende Vorgang dem betrieblichen oder privaten Bereich des Verpflichteten zuzuordnen ist. Es treten bei ihm also dieselben Wirkungen ein, die für betriebliche Schadensrenten in Rn. 1059 ff. dargestellt worden sind.

2383   Ob wiederkehrende Leistungen zur Erfüllung des Schadensersatzanspruchs einer gesetzlich unterhaltsberechtigten Person als Sonderausgaben abziehbar sind, hat der BFH noch nicht entschieden. Der Abzug setzt jedenfalls voraus, dass die Schadensersatzleistung eindeutig gegen Unterhaltsleistungen abgrenzbar ist.[3] U.E. handelt es sich um Zuwendungen aufgrund der gesetzlichen Unterhaltsberechtigung, soweit der Schadensersatz „vermehrte Bedürfnisse" (§ 843 BGB) ausgleicht. Die gesetzliche Unterhaltsberechtigung umfasst den gesamten Lebensbedarf (§ 1610 Abs. 2 BGB). Hierzu gehört auch der er-

---

1   BMF-Schreiben vom 8.11.1995, BStBl 1995 I S. 705, ersetzt durch BMF-Schreiben vom 15.7.2009, BStBl 2009 I S. 836.
2   BFH, Urteil vom 29.10.1959, IV 235/58 U, BStBl 1960 III S. 87.
3   BFH, Urteil vom 17.4.1980, IV R 207/75, BStBl 1980 II S. 639. Im Schrifttum wird die Zulässigkeit des Abzugs von Blümich, § 12 V 5a; Herrmann/Heuer/Raupach, § 12, Anm. 88, und von Schmidt, § 12, Rz. 44, grundsätzlich bejaht.

höhte Bedarf, der durch eine zum Schadensersatz verpflichtete Handlung entsteht, denn unter „Vermehrung der Bedürfnisse" ist der schadensbedingt vermehrte Bedarf für die persönliche Lebensführung zu verstehen. Das Abzugsverbot des § 12 Nr. 2 EStG greift dagegen u. E. nicht ein, soweit andere Schäden ersetzt werden, insbesondere die Nachteile, die durch eine Minderung der Erwerbsfähigkeit entstanden sind, oder der entgehende Gewinn (vgl. § 842 BGB).

Ab dem VZ 2008 ist der Abzug als Sonderausgaben allerdings – unabhängig davon, ob es sich um Unterhaltsleistungen handelt oder nicht – entfallen, weil der Gesetzgeber den Anwendungsbereich des § 10 Abs. 1 Nr. 1a EStG auf Versorgungsleistungen im Zusammenhang mit unentgeltlichen Vermögensübergaben im Wege der vorweggenommenen Erbfolge eingeschränkt hat. Ob dies beabsichtigt war, darf bezweifelt werden, da sich die Gesetzesbegründung hierzu nicht äußert. Es ändert aber nichts an der Tatsache, dass die Abzugsmöglichkeit faktisch nicht mehr besteht (vgl. hierzu auch Rn. 101). 2384

(Einstweilen frei) 2385

II. Versorgungsausgleich nach Scheidung der Ehe

1. Allgemeines

Gem. Art. 6 Abs. 1 i. V. m. Art. 3 Abs. 2 GG haben Eheleute einen Anspruch auf gleichmäßige Teilhabe an dem in der Ehezeit erworbenen Versorgungsvermögen[1], also ein Recht auf Ausgleich zugunsten desjenigen Ehegatten, der die geringeren Vorsorgeanrechte in der Ehe erworben hat (Halbteilung der Anrechte). Sinnvoll umsetzen lässt sich dieses Recht eigentlich nur durch einen Wertausgleich, der dem ausgleichsberechtigten Ehegatten eine eigenständige Anwartschaft verschafft. Beim schuldrechtlichen Versorgungsausgleich hingegen erhält der ausgleichsberechtigte Ehegatte keinen eigenständigen Vorsorgeanspruch, sondern nur ein Recht auf Ausgleichsrente. Diese kann er zudem erst verlangen, wenn beide Ehegatten eine Versorgung erlangt haben oder wenn der ausgleichspflichtige Ehegatte eine Versorgung erlangt hat und der ausgleichsberechtigte Ehegatte wegen Krankheit oder anderer Gebrechen oder Schwäche seiner körperlichen oder geistigen Kräfte auf nicht absehbare Zeit eine ihm nach Ausbildung und Fähigkeiten zumutbare Erwerbstätigkeit nicht ausüben kann oder das 65. Lebensjahr vollendet hat. Außerdem erlischt der Anspruch grundsätzlich mit dem Tod des ausgleichsberechtigten Ehegat- 2386

---

1 Beschluss des BVerfG vom 2. 5. 2006 – 1 BvR 1275/97, FamRZ 2006, 1000.

ten.[1] Die Möglichkeiten eines Wertausgleichs im Rahmen eines öffentlich-rechtlichen Versorgungsausgleichs waren jedoch begrenzt und wurden den Gegebenheiten aufgrund des Strukturwandels der Altersversorgung auch nicht mehr gerecht.

2387 Vor diesem Hintergrund hat der Gesetzgeber mit dem Gesetz zur Strukturreform des Versorgungsausgleichs vom 3. 4. 2009[2] eine Neuregelung geschaffen, indem er zum einen sämtliche im In- oder Ausland bestehenden Anwartschaften auf Versorgungen und Ansprüche auf laufende Versorgungen, insbesondere aus der gesetzlichen Rentenversicherung, aus anderen Regelsicherungssystemen wie der Beamtenversorgung oder der berufsständischen Versorgung, aus der betrieblichen Altersversorgung oder aus der privaten Alters- und Invaliditätsvorsorge in den öffentlich-rechtlichen Versorgungsausgleich einbezogen und vorrangig eine interne Teilung innerhalb des Versorgungssystems vorgesehen hat. Ein Ausgleichsanspruch nach der Scheidung (bislang schuldrechtliche Versorgungsausgleich) kommt damit nur noch in Betracht, wenn eine Anwartschaft im Zeitpunkt der Scheidung noch nicht ausgleichsreif ist (z. B. eine verfallbare betriebliche Anwartschaft, eine Anwartschaft bei einem ausländischen, zwischenstaatlichen oder überstaatlichen Versorgungträger) oder wenn die Ehegatten ausdrücklich einen Ausgleich nach der Scheidung vereinbart haben. Für eine eingetragene Lebenspartnerschaft gelten gem. § 20 Lebenspartnerschaftsgesetz die Regelungen des VersAusglG entsprechend.

2. Wertausgleich bei Scheidung

a) Allgemeines

2388 Bei nach dem 31. 8. 2009 eingeleiteten Verfahren über den Versorgungsausgleich ist nicht mehr zwischen Rentensplitting, (Quasi-)Splitting und Realteilung zu differenzieren, sondern zwischen interner und externer Teilung (§§ 10, 14 VersAusglG). Im In- oder Ausland bestehende Anwartschaften auf Versorgungen und Ansprüche auf laufende Versorgungen, insbesondere aus der gesetzlichen Rentenversicherung, aus anderen Regelsicherungssystemen wie der Beamtenversorgung oder der berufsständischen Versorgung, aus der betrieblichen Altersversorgung oder aus der privaten Alters- und Invaliditätsvorsorge sind auszugleichen, sofern das Anrecht durch Arbeit oder Vermögen geschaffen oder aufrechterhalten worden ist, der Absicherung im Alter oder bei Invali-

---

1 Vgl. § 3a VAHRG zu den Fällen, in denen nach dem Tod des ausgleichspflichtigen Ehegatten weiterhin Leistungen zu erbringen sind – nunmehr § 26 VersAusglG.
2 BGBl I 2009, 700.

dität, insbesondere wegen verminderter Erwerbsfähigkeit, Berufsunfähigkeit oder Dienstunfähigkeit dient und auf eine Rente gerichtet ist. Lediglich ein Anrecht auf betriebliche Altersversorgung oder nach dem Altersvorsorgeverträge-Zertifizierungsgesetz (Riester-Rente) ist unabhängig von der Leistungsform auszugleichen. Für den Ausgleich ist nicht erforderlich, dass am Ende der Ehezeit eine für das Anrecht maßgebliche Wartezeit, Mindestbeschäftigungszeit, Mindestversicherungszeit oder ähnliche zeitliche Voraussetzung bereits erfüllt ist (§ 2 VersAusglG).

Gem. § 9 VersAusglG unterfallen alle Anrechte grundsätzlich dem Versorgungsausgleich, sofern die Ehegatten nicht gem. § 6 ff. VersAusglG eine anderweitige Regelung (z. B. Einbeziehung in die Regelung der ehelichen Vermögensverhältnisse, Ausschluss des Versorgungsausgleichs, Ausgleich nach der Scheidung) getroffen haben. Außerdem ist bestimmt, dass die interne Teilung Vorrang hat. Eine externe Teilung kommt nur in eng begrenzten – gesetzlich definierten Fallgestaltungen in Betracht (§ 6 Abs. 3 VersAusglG). 2389

Für den Fall dass die Differenz der beiderseitigen Ausgleichswerte sehr gering ist oder dass einzelne Anrechte einen geringen Ausgleichswert haben, kann das Familiengericht gem. § 18 VersAusglG bestimmen, dass ein Ausgleich (insoweit) nicht stattfindet. Von einem geringen Wertunterschied bzw. einem geringen Ausgleichswert ist dabei auszugehen, wenn er am Ende der Ehezeit höchstens 1 % der Bezugsgröße beträgt, sofern ein Rentenbetrag die maßgebliche Bezugsgröße ist. In anderen Fällen darf der Wertunterschied als Kapitalwert höchstens 120 % der monatlichen Bezugsgröße nach § 18 Abs. 1 SGB IV betragen. Bezugsgröße ist das Durchschnittsentgelt der gesetzlichen Rentenversicherung im vorvergangenen Kalenderjahr, aufgerundet auf den nächsthöheren, durch 420 teilbaren Betrag. Im Jahr 2013 beläuft sich die monatliche Bezugsgröße auf 2 839 € (in 2011 auf 2 675 € und in 2012 auf 2 704 €). 2390

b) Interne Teilung

aa) Zivilrechtliche Grundlagen

(1) Durchführung der internen Teilung

Bei der internen Teilung überträgt das Familiengericht für die ausgleichsberechtigte Person zu Lasten des Anrechts der ausgleichspflichtigen Person ein Anrecht in Höhe des Ausgleichswerts bei dem Versorgungsträger, bei dem das Anrecht der ausgleichspflichtigen Person besteht (§ 10 Abs. 1 VersAusglG). Mit anderen Worten: die ausgleichsberechtigte Person bekommt beim gleichen Versorgungsträger wie die ausgleichspflichtige Person eine eigene Anwart- 2391 schaft. War die ausgleichsberechtigte Person bereits vor dem Versorgungsausgleich selbst bei dem gleichen Versorgungsträger versichert – z. B. beide Ehegatten sind in der gesetzlichen Rentenversicherung versichert –, kommt es ggf. zunächst zur Verrechnung der gegenseitigen Ausgleichsansprüche und nur der verbleibende Saldo wird dann auf die verbleibende ausgleichsberechtigte Person übertragen.

2392 Verfügen die Ehegatten über mehrere Versorgungsanwartschaften ist dieser Vorgang grundsätzlich für jede Versorgungsanwartschaft separat durchzuführen. Allerdings sieht § 10 Abs. 2 Satz 2 VersAusglG vor, dass zunächst eine Verrechnung der gegenseitigen Ausgleichsansprüche erfolgen kann, wenn verschiedene Versorgungsträger entsprechende Vereinbarungen getroffen haben. Sofern sich die Versorgungsträger nach der Einführung der neuen Regelungen zum Versorgungsausgleich zu entsprechenden Vereinbarungen entschließen können, dürfte dies den mit dem Versorgungsausgleich verbundenen Aufwand reduzieren.

(2) Rechtsfolgen der internen Teilung

2393 Über die interne Teilung wird die gleichwertige Teilhabe der Ehegatten an den in der Ehezeit erworbenen Anrechten sichergestellt, indem für die ausgleichsberechtigte Person ein eigenständiges und entsprechend gesichertes Anrecht übertragen wird, das eine vergleichbare Wertentwicklung hat, wie das Anrecht der ausgleichspflichtigen Person, den gleichen Risikoschutz gewährt und für das grundsätzlich die Regelungen über das Anrecht der ausgleichspflichtigen Person entsprechend gelten. Schafft der Versorgungsträger keine eigenständigen Regelungen für den Versorgungsausgleich, die den genannten Kriterien gerecht werden, gelten diese über eine Regelung im § 11 VersAusglG.

2394 Für betriebliche Versorgungsanwartschaften hat der Gesetzgeber ergänzend geregelt, dass die ausgleichsberechtigte Person mit der Übertragung des Anrechts im Rahmen des Versorgungsausgleichs die Stellung eines ausgeschiedenen Arbeitnehmers i. S. d. des BetrAVG erlangt. Dies bedeutet allerdings nicht, dass sie damit eine arbeitsrechtliche Stellung erhält, sondern es wird lediglich eine versorgungsrechtliche Beziehung mit dem Versorgungsträger hergestellt.[1] Bei Vorliegen der entsprechenden Voraussetzungen gelten folglich der Insolvenzschutz nach § 7 ff. BetrAVG, die Anpassungsregelungen für laufende Leistungen nach § 16 BetrAVG und die ausgleichsberechtigte Person hat ein Recht zur Fortsetzung der Versorgung mit eigenen Beiträgen gem. § 1b

---

1 Vgl. BT-Drucks. 16/10144 S. 58.

Abs. 5 Satz 1 Nr. 2 BetrAVG und ein Recht zur Mitnahme gem. § 4 Abs. 3 BetrAVG.[1]

Für die ausgleichspflichtige Person hat die interne Teilung zur Folge, dass der Versorgungsträger sein Anrecht entsprechend dem auf die ausgleichsberechtigte Person übertragenen Anrecht kürzen wird. Ob eine Möglichkeit besteht, die Minderung der Anwartschaft – z. B. durch eigene Zahlungen – wieder auszugleichen, dürfte von der jeweiligen Versorgungsordnung abhängig sein. Für die gesetzliche Rentenversicherung räumt § 187 Abs. 1 SGB VI jedenfalls entsprechende Rechte ein.

2395

bb) Steuerrechtliche Folgewirkungen

(1) Steuerfreiheit der Übertragung

Bislang wurde davon ausgegangen, dass sich das Rentensplitting nach § 1587b Abs. 1 BGB auf der Vermögensebene vollzieht und keine einkommensteuerlichen Auswirkungen hat. Diese Annahme – ohne konkrete gesetzliche Norm – reichte aber nach der Ausweitung der internen Teilung auf grundsätzlich alle Versorgungssysteme nicht mehr aus, da insbesondere die Auszahlung aus einem Riester-Vertrag oder einem Rürup-Vertrag im Zeitpunkt der Übertragung auf eine Versorgung der ausgleichsberechtigten Person steuerliche Belastungen nach sich ziehen kann. Dies wäre allerdings kontraproduktiv zum Ansatz der Strukturreform des Versorgungsausgleichs. Aus diesem Grund hat der Gesetzgeber mit § 3 Nr. 55a Satz 1 EStG eine Regelung geschaffen, die sicherstellt, dass die im Rahmen der internen Teilung durchgeführte Übertragung von Anrechten für die ausgleichsberechtigte Person zulasten von Anrechten der ausgleichspflichtigen Person – unabhängig vom Versorgungssystem – für beide Beteiligten steuerfrei ist.

2396

(2) Besteuerung der späteren Leistungen

§ 3 Nr. 55a Satz 2 EStG stellt ergänzend sicher, dass die Leistungen aus den im Rahmen der internen Teilung übertragenen Anrechten bei der ausgleichsberechtigten Person zu den Einkünften gehören, zu denen die Leistungen bei der ausgleichspflichtigen Person gehören würden, wenn die interne Teilung nicht erfolgt wäre. Ausgleichspflichtige und ausgleichsberechtigte Person versteuern beide die ihnen jeweils zufließenden Leistungen.

2397

---

1 Statt auf die Beendigung des Arbeitsverhältnisses dürfte es in diesen Fällen wohl auf den Zeitpunkt des Versorgungsausgleichs ankommen.

Ansprüche aus der Basisversorgung

2398 Werden Ansprüche aus der gesetzlichen Rentenversicherung, der landwirtschaftlichen Alterskasse, berufsständischen Versorgungseinrichtungen oder aus Basisversorgungsverträgen i. S. d. § 10 Abs. 1 Nr. 2 Buchst. b EStG (Rürup-Verträge) intern geteilt, erzielen beide Ehegatten folglich im Leistungszeitpunkt Einkünfte i. S. d. § 22 Nr. 1 Satz 3 Buchst. a Doppelbuchst. aa EStG. Dabei gilt der Anspruch der ausgleichsberechtigten Person hinsichtlich der Ermittlung des Besteuerungsanteils als eigenständiger Anspruch. Es ist also darauf abzustellen, wann bei ihr der Leistungsbezug beginnt. Bedenken gegen diese Handhabung könnten sich ergeben, wenn die ausgleichsberechtigte Person (erheblich) jünger ist als die ausgleichspflichtige Person, denn in diesem Fall fällt die Besteuerungskohorte in der Übergangszeit (Rentenbeginn bis 2039) (erheblich) höher aus, als bei der ausgleichspflichtigen Person, obwohl sich die steuerliche Behandlung der Beiträge nach deren Verhältnissen gerichtet hat.[1]

2399 Theoretisch lösbar wäre dieses Problem, indem man für die Besteuerung der auf der internen Teilung basierenden Basisrentenleistungen auf die für die ausgleichspflichtige Person maßgebende Besteuerungskohorte i. S. d. § 22 Nr. 1 Satz 3 Buchst. a Doppelbuchst. aa EStG abstellen würde. Nur in der praktischen Handhabung dürfte sich dieser Lösungsansatz in mehrfacher Hinsicht als problematisch erweisen. Zum einen kann der Rückgriff nur für die Altersrente funktionieren, nicht hingegen für Leistungen wegen Invalidität und zum anderen ist nicht sichergestellt, dass der ausgleichsberechtigten Person die anzuwendende Kohorte der ausgleichspflichtigen Person bekannt ist, da u. U. gar kein Kontakt mehr besteht.[2] Aus diesem Grund müssen die möglichen Ungerechtigkeiten, die sich zudem ja nur in Fallgestaltungen mit großem Altersunterschied zwischen den Ehegatten und nur für einen Rentenbeginn in der Übergangsphase ergeben können, m. E. wohl hingenommen werden. Gestützt wird diese Sichtweise ergänzend durch den Gesichtspunkt, dass hierdurch in der Person des ausgleichsberechtigten Ehegatten selbst auch keine Zweifachbesteuerung eintritt, denn er hat die Beiträge selbst nicht aus versteuertem Einkommen erbringen müssen und der Versorgungsausgleich an sich war ein Vorgang, der gem. § 3 Nr. 55a EStG steuerfrei war.

2400 Beruhen die Ansprüche der ausgleichsberechtigten Person aus der internen Teilung allerdings auf Beiträgen der ausgleichspflichtigen Person, für die die Öffnungsklausel i. S. d. § 22 Nr. 1 Satz 3 Buchst. a Doppelbuchst. bb Satz 2 EStG

---

1 Vgl. hierzu Risthaus, NWB 45/2007 Fach 3, 14831.
2 Vgl. zu den Einzelheiten Risthaus, NWB 45/2007 Fach 3, 14831.

zur Anwendung kommt, greift diese auch bezüglich der Leistungen der ausgleichsberechtigten Person. Die Finanzverwaltung hat hierzu umfangreiche Regelungen erlassen, die sich wie folgt zusammenfassen lassen:[1]

▶ Die Öffnungsklausel kann auf Antrag sowohl bei der ausgleichspflichtigen Person als auch bei der ausgleichsberechtigten Person zur Anwendung kommen, wenn die Ehe bzw. die Lebenspartnerschaft vor dem 1.1.2005 geschlossen wurde.

▶ Die Voraussetzungen für die Anwendung der Öffnungsklausel sind bei der ausgleichspflichtigen Person zu prüfen und zwar unabhängig von der Ehe- oder Lebenspartnerschaftszeit.

▶ Der Teil der Leistungen, auf den die Öffnungsklausel bei der ausgleichspflichtigen Person tatsächlich zur Anwendung kommt, ist ehe- bzw. lebenspartnerschaftszeitbezogen zu ermitteln.

▶ Hat die ausgleichsberechtigte Person eine eigene Anwartschaft, ist die Anwendung der Öffnungsklausel für diese Anwartschaft gesondert zu prüfen. Die im Rahmen des Versorgungsausgleichs übertragenen Anwartschaften bleiben dabei unberücksichtigt.

▶ Die Anwendung der Öffnungsklausel muss nicht von beiden beantragt werden und ist unabhängig vom Rentenbeginn des jeweils anderen. Ausgleichsberechtigte und ausgleichspflichtige Person können hierüber eigenständig entscheiden. Allerdings führt die Möglichkeit der Beantragung der Öffnungsklausel für die ausgleichsberechtigte Person bei der ausgleichspflichtigen Person zu einer Kürzung der Leistung, auf die die Öffnungsklausel anwendbar ist.

Versorgungsbezüge i. S. d. § 19 EStG

Sind Gegenstand der internen Teilung Versorgungsansprüche aus einem öffentlich-rechtlichen Dienstverhältnis, aus einer Direktzusage oder aus einer Unterstützungskassenzusage der ausgleichspflichtigen Person, sind für die Ermittlung des Versorgungsfreibetrags und des Zuschlags zum Versorgungsfreibetrag der Versorgungsbeginn und das Lebensalter der ausgleichsberechtigten Person zugrunde zu legen, um die ihr zustehenden Beträge zu ermitteln. Die Behandlung der (verminderten) Versorgungsbezüge bei der ausgleichspflichtigen Person ist unmaßgeblich. Hinsichtlich der Abschmelzung des Versorgungsfreibetrags und des Zuschlags zum Versorgungsfreibetrag bei Versorgungsbeginn im Übergangszeitraum bis 2039 können sich bei (erheblichem)

2401

---

1 Vgl. BMF-Schreiben vom 19.8.2013, IV C 3 - S 2221/12/10010:004, IV C 5 - S 2345/08/0001, 2013/0760735, Rz. 258 ff.

Altersunterschied zwischen den geschiedenen Ehegatten/Lebenspartnern die gleichen Bedenken ergeben wie bei der Basisversorgung (vgl. Rn. 2398).

Leistungen aus der externen betrieblichen Altersversorgung und aus Riester-Verträgen

2402 Leistungen aus Pensionskassen, Pensionsfonds, Direktversicherungen und aus zertifizierten Riester-Verträgen unterliegen – inzwischen ohne Ausnahme – der Besteuerung nach § 22 Nr. 5 EStG. Ob eine volle nachgelagerte Besteuerung nach § 22 Nr. 5 Satz 1 EStG in Betracht kommt oder eine Besteuerung nur der Erträge nach den Regelungen des § 22 Nr. 5 Satz 2 Buchst. a bis c EStG (Ertragsanteil i. S. d. § 22 Nr. 1 Satz 3 Buchst. a Doppelbuchst. bb EStG, Kapitallebensversicherungsprivileg i. S. d. § 20 Abs. 1 Nr. 6 EStG a. F., Unterschiedsbetrag i. S. d. § 20 Abs. 1 Nr. 6 EStG n. F., Unterschiedsbetrag i. S. d. § 22 Nr. 5 Satz 2 Buchst. c EStG), richtet sich danach, in welchem Umfang in der Ansparphase Förderungen nach § 3 Nr. 63, § 10a oder Abschnitt XI in Anspruch genommen wurden, in welchem Umfang die späteren Leistungen auf steuerfreien Leistungen nach § 3 Nr. 66 EStG beruhen, durch steuerfreie Zuwendungen i. S. d. § 3 Nr. 56 EStG oder durch die nach § 3 Nr. 55b Satz 1 oder § 3 Nr. 55c EStG steuerfreie Leistung aus einem neu begründeten Anrecht erworben wurden. Ist Gegenstand der internen Teilung ein Riester-Vertrag, sind für die Zuordnung ebenfalls noch Zahlungen i. S. d. § 92a Abs. 2 Satz 4 Nr. 1 und des § 92a Abs. 3 Satz 9 Nr. 2 EStG maßgebend. Bei Versorgungsansprüchen aus Pensionskassen, Pensionsfonds, Direktversicherungen oder Riester-Verträgen, ist für die Besteuerung bei der ausgleichsberechtigten Person darauf abzustellen, inwieweit die zugrunde liegenden Beiträge bei der ausgleichspflichtigen Person nach den vorstehenden Grundsätzen gefördert worden sind.

2403 § 22 Nr. 5 Satz 10 EStG stellt hierzu ergänzend klar, dass sich die Zuordnung zu § 22 Nr. 5 Satz 1 oder Satz 2 EStG bei der ausgleichsberechtigten Person danach richtet, wie eine nur auf die Ehezeit bezogene Zuordnung der sich aus dem übertragenen Anrecht ergebenden Leistung zu Satz 1 oder Satz 2 bei der ausgleichspflichtigen Person im Zeitpunkt der Übertragung ohne die Teilung vorzunehmen gewesen wäre. Die Abgrenzung der geförderten und der nicht geförderten Beiträge ist folglich bei der ausgleichsberechtigten Person genauso vorzunehmen, wie sie bei der ausgleichspflichtigen Person erfolgt wäre, wenn die interne Teilung nicht stattgefunden hätte.[1] In der praktischen Handhabung ist dies für die ausgleichsberechtigte Person kein Problem, da der Versorgungsträger verpflichtet ist, ihr bei erstmaligem Leistungsbezug oder bei

---

1 Vgl. BMF-Schreiben vom 31. 3. 2010, BStBl 2010 I S. 270, Rz. 117.

Änderung der Leistungshöhe über die Leistungen i. S. d. § 22 Nr. 5 EStG eine detaillierte Mitteilung zu erteilen. Da er zugleich auch der Versorgungsträger der ausgleichspflichtigen Person ist, liegen ihm die für die Beurteilung der Leistungen notwendigen Daten vor.

Private Renten- oder Kapitallebensversicherung

Werden Anwartschaften aus einer privaten Renten- oder Kapitallebensversicherung intern geteilt, erzielen bei einer privaten Rentenversicherung beide Ehegatten Einkünfte i. S. d. § 22 Nr. 1 Satz 3 Buchst. a Doppelbuchst. bb EStG. Da die ausgleichsberechtigte Person einen eigenständigen Rentenanspruch erwirbt, richtet sich die Höhe des anzuwendenden Ertragsanteils nach ihrem im Zeitpunkt des Rentenbeginns vollendeten Lebensalter bzw. bei einer zeitlich befristeten Rente nach der vorgesehenen Laufzeit (§ 55 Abs. 1 EStDV). Bei einer Kapitallebensversicherung bzw. bei einer Rentenversicherung, die keine lebenslange Rentenzahlung i. S. d. Rz. 19 ff. des BMF-Schreibens vom 1. 10. 2009[1] vorsieht, richtet sich die Besteuerung bei beiden Ehegatten nach § 20 Abs. 1 Nr. 6 EStG in der jeweils für den Vertrag geltenden Fassung. Dabei ist zu berücksichtigen, dass nach § 52 Abs. 36 Satz 12 EStG der Vertrag der ausgleichsberechtigten Person als zum gleichen Zeitpunkt abgeschlossen gilt, wie derjenige der ausgleichspflichtigen Person. D. h. kommt es bei einem vor 2005 abgeschlossenen Kapitallebensversicherungsvertrag zu einer internen Teilung, gilt auch für die ausgleichsberechtigte Person das Kapitallebensversicherungsprivileg. Nach der gesetzlichen Formulierung gilt § 52 Abs. 36 Satz 12 EStG allerdings nur für Versicherungsverträge, nicht hingegen für Fondssparpläne. Da eine zunächst für das JStG 2010 vorgesehene gesetzliche Nachbesserung bislang nicht erfolgt ist, bleibt fraglich, wie die FinVerw mit entsprechenden Fondsparplänen verfahren wird.

2404

c) Externe Teilung

aa) Zivilrechtliche Grundlagen

(1) Externe Teilung auf Wunsch

Eine externe Teilung darf nur durchgeführt werden, wenn die ausgleichsberechtigte Person und der Versorgungsträger der ausgleichspflichtigen Person eine externe Teilung vereinbaren oder der Versorgungsträger der ausgleichspflichtigen Person eine externe Teilung verlangt, weil der Ausgleichs-

2405

---

[1] BStBl I 2009, 1172.

wert am Ende der Ehezeit höchstens 2 % der Bezugsgröße beträgt, sofern ein Rentenbetrag die maßgebliche Bezugsgröße ist. In anderen Fällen darf der Ausgleichswert als Kapitalwert höchstens 240 % der monatlichen Bezugsgröße nach § 18 Abs. 1 SGB IV (in 2011 2 675 €, in 2012 2 704 € und in 2013 2 839 €) betragen (§ 14 Abs. 1 VersAusglG).

2406   Ist ein Anrecht aus einer Direktzusage oder einer Unterstützungskassenzusage extern zu teilen, gilt eine höhere Wertgrenze. Der Versorgungsträger kann in diesen Fällen eine externe Teilung durch einseitiges Verlangen gem. § 17 VersAusglG auch dann bewirken, wenn der Ausgleichswert als Kapitalwert nicht höher ist als die Beitragsbemessungsgrenze in der allgemeinen Rentenversicherung (2013 69 600 €, 2014 71 400 €). Laut Gesetzesbegründung hält der Gesetzgeber dies für gerechtfertigt, da bei Anrechten aus einem internen Durchführungsweg der betrieblichen Altersversorgung der Arbeitgeber unmittelbar mit den Folgen einer internen Teilung konfrontiert ist, indem er die Verwaltung von Ansprüchen für betriebsfremde Versorgungsempfänger übernehmen muss.[1] Höhere Anwartschaften können nur dann extern geteilt werden, wenn die ausgleichsberechtigte Person zustimmt.

(2) Externe Teilung in Beamtenversorgungssystemen

2407   Nach § 16 VersAusglG bleibt eine externe Teilung wie nach dem bisher geltenden Recht (Quasi-Splitting) bei Beamtenversorgungen erlaubt, solange keine Regelungen für die interne Teilung geschaffen worden sind. Für Beamtinnen und Beamte des Bundes sind mit dem Gesetz zur Strukturreform des Versorgungsausgleichs Regelungen für eine interne Teilung geschaffen worden. Für Landes- und Kommunalbeamte hat der Bund seit der Einführung der Föderalismusreform keine entsprechende Regelungskompetenz mehr. Diese liegt nunmehr bei den Ländern. Versorgungsanwartschaften von Beamtinnen und Beamten auf Widerruf und Soldatinnen und Soldaten auf Zeit sind immer extern auszugleichen. Diese Regelung wird damit begründet, dass in den betroffenen Fällen noch offen ist, ob die ausgleichspflichtige Person in ein Dienstverhältnis auf Lebenszeit wechselt. Geschieht dies nicht, erfolgt eine Nachversicherung gem. § 8 Abs. 2 Nr. 1 SGB VI, so dass der ausgleichspflichtigen Person gar keine Versorgungsanwartschaft aus einer Beamten- oder Soldatenversorgung verbleibt. Die Regelung in § 16 VersAusglG soll also verhindern, dass nur noch die ausgleichsberechtigte Person einen Versorgungsanspruch aus dem öffentlich-rechtlichen Dienstverhältnis hat, nicht hingegen die eigentlich anspruchs-

---

1 Vgl. BT-Drucks. 16/10144 S. 61.

begründende ausgleichspflichtige Person. Allerdings besteht dieses Problem auch bei Lebenszeitbeamten. Scheiden diese aus dem Beamtenverhältnis aus, erfolgt ebenfalls eine Nachversicherung. Hat in einem solchen Fall zuvor ein Versorgungsausgleich in Form einer internen Teilung stattgefunden – was bei Bundesbeamten ja zulässig ist – erfolgt für die ausgleichspflichtige Person eine Nachversicherung, für die ausgleichsberechtigte Person bleibt die Anwartschaft jedoch bestehen.[1]

(3) Zielversorgung

Während die ausgleichsberechtigte Person bei der externen Teilung grundsätzlich wählen kann, ob ein für sie bestehendes Anrecht in irgendeinem Versorgungssystem ausgebaut oder ein neues Anrecht begründet wird, erfolgt der Versorgungsausgleich in den Fällen des § 16 VersAusglG stets durch Begründung eines Anrechts in der gesetzlichen Rentenversicherung. Wählt die ausgleichsberechtigte Person – in den anderen Fällen – eine Zielversorgung aus, muss diese gem. § 15 Abs. 2 VersAusglG eine angemessene Versorgung gewährleisten. Das Gesetz bestimmt jedoch nicht näher, was darunter zu verstehen ist. Im Gesetzentwurf war noch vorgesehen, dass ein Anrecht aus einem Vertrag, der nach § 5 AltZertG zertifiziert ist, als angemessene Versorgung i. S. d. § 15 Abs. 2 Satz 1 VersAusglG gilt. Im Rahmen der weiteren Beratungen hat man darauf verzichtet – vielleicht um andere Versorgungsformen nicht in den Hintergrund treten zu lassen, vielleicht auch weil die steuerrechtlichen Folgen in bestimmten Fallkonstellationen schier unüberschaubar sind.[2] U. E. wird zumindest jede Absicherung der Basisversorgung (gesetzliche Rentenversicherung, landwirtschaftliche Alterskasse, berufsständische Versorgungseinrichtung, Rürup-Rentenvertrag) und jede kapitalgedeckte Form der Zusatzversorgung (betriebliche Altersversorgung, Riester-Vertrag) sowie ein privater Leibrentenversicherungsvertrag, der lebenslange Leistungen i. S. d. § 22 Nr. 1 Satz 3 Buchst. a Doppelbuchst. bb EStG vorsieht, als angemessene Versorgung in diesem Sinne anzusehen sein. Inwieweit Versicherungen i. S. d. § 20 Abs. 1 Nr. 6 EStG oder Verträge über Zeitrenten als angemessene Versorgung gelten, wird ggf. im Einzelfall zu prüfen sein. Übt die ausgleichsberechtigte Person ihr Wahlrecht nicht aus, so erfolgt gem. § 15 Abs. 5 VersAusglG die externe Teilung durch Begründung eines Anrechts in der gesetzlichen Rentenversicherung. Ist ein Anrecht i. S. d. BetrAVG auszugleichen, ist abweichend davon ein Anrecht bei der Versorgungsausgleichskasse zu begründen.

2408

---

1 Vgl. BT-Drucks. 16/10144 S. 105 zu § 5.
2 Vgl. hierzu die Ausführungen in Rn. 2410 ff.

(4) Rechtsfolge für die ausgleichspflichtige Person

2409 Auch die externe Teilung hat für die ausgleichspflichtige Person zur Folge, dass ihre verbleibende Anwartschaft entsprechend der übertragenen Anwartschaft gekürzt wird. Ob eine Möglichkeit besteht, die Minderung der Anwartschaft – z. B. durch eigene Zahlungen – wieder auszugleichen, dürfte – wie bei der internen Teilung – von der jeweiligen Versorgungsordnung bzw. den Versicherungsbedingungen abhängig sein.

bb) Steuerrechtliche Folgewirkungen

(1) Steuerfreiheit der Übertragung

2410 Um den Versorgungsausgleich in Form der externen Teilung zu flankieren, hat der Gesetzgeber auch für die externe Teilung eine Steuerfreistellungsregelung geschaffen. Gem. § 3 Nr. 55b EStG ist der aufgrund einer externen Teilung geleistete Ausgleichswert grundsätzlich steuerfrei, soweit die Übertragung aus dem Versorgungssystem der ausgleichspflichtigen Person auf das – ggf. frei gewählte – Versorgungssystem der ausgleichsberechtigten Person bei der ausgleichspflichtigen Person zu Einkünften i. S. d. EStG führt. Soweit sich die Übertragung auf der nicht steuerbaren Vermögensebene vollzieht, bedurfte es einer entsprechenden Freistellung nicht, denn die Steuerfreistellung ist nur eine auf den Zeitpunkt der Übertragung des Ausgleichswerts zeitlich befristete Freistellung. Sie hindert nicht die Besteuerung der Leistungen, die der ausgleichspflichtigen und der ausgleichsberechtigten Person (später) im maßgebenden Leistungszeitpunkt zufließen.

2411 Die Steuerfreiheit nach § 3 Nr. 55b Satz 1 EStG greift gem. Satz 2 der Vorschrift jedoch nicht ein, soweit die aus dem bei der ausgleichsberechtigten Person aufgrund der externen Teilung begründeten Anrecht (später) zufließenden Einkünfte im Leistungszeitpunkt zu Einkünften i. S. d. § 20 Abs. 1 Nr. 6 EStG oder § 22 Nr. 1 Satz 3 Buchst. a Doppelbuchst. bb EStG führen würden. Durch diese Regelung soll eine Besteuerungslücke vermieden werden, die sich ansonsten ergeben würde, wenn eine nachgelagert zu besteuernde Versorgungsanwartschaft extern geteilt wird und die ausgleichsberechtigte Person eine Zielversorgung bestimmt, die nicht der nachgelagerten Besteuerung unterliegt. Dass bei der Basisversorgung und bei den Versorgungsbezügen im Übergangszeitraum bis 2040 u. U. keine 100 %ige nachgelagerte Besteuerung erreicht wird, wird aus Vereinfachungsgründen ohne Sonderregelung hingenommen.

2412 Betrachtet man die Folgewirkungen, die sich aus der Vorschrift des § 3 Nr. 55b EStG bezogen auf die unterschiedlichen Versorgungsträger und möglichen

Zielversorgungen ergeben können, sind die Rechtsfolgen mitunter recht komplex. Daher kann für die Praxis wohl nur der Hinweis gegeben werden, eine externe Teilung insbesondere dann möglichst zu vermeiden, wenn es durch die externe Teilung aus einer betrieblichen Altersversorgung über eine Pensionskasse, einen Pensionsfonds oder eine Direktversicherung oder über einen Riester-Vertrag auch noch zu einer schädlichen Verwendung kommt.

(2) Besteuerung der späteren Leistungen

Anders als bei der internen Teilung ist bei der externen Teilung grundsätzlich unerheblich, zu welchen Einkünften die Leistungen aus der übertragenen Anwartschaft bei der ausgleichspflichtigen Person geführt hätten. Maßgebend für die Besteuerung bei der ausgleichsberechtigten Person sind in der Regel die steuerrechtlichen Rahmenbedingungen der Zielversorgung. So sind z. B. Leistungen aus einer Basisversorgung immer nach § 22 Nr. 1 Satz 3 Buchst. a Doppelbuchst. aa EStG steuerpflichtig – unabhängig davon, ob und ggf. in welchem Umfang der Sonderausgabenabzug nach § 10 Abs. 1 Nr. 2 Buchst. a oder Buchst. b EStG gewährt worden ist. Versorgungsbezüge sind immer nach § 19 EStG steuerpflichtig. Leistungen aus einer privaten Renten- oder Kapitallebensversicherung unterliegen bei der ausgleichsberechtigten Person auch soweit sie auf den Ausgleichswert entfallen der Besteuerung nach § 22 Nr. 1 Satz 3 Buchst. a Doppelbuchst. bb EStG oder § 20 Abs. 1 Nr. 6 EStG.

2413

Lediglich bei Leistungen, die aus der externen betrieblichen Altersversorgung oder einem Riester-Vertrag der augleichspflichtigen Person stammen und aufgrund der Bestimmung der ausgleichsberechtigten Person wiederum in eine externe betriebliche Altersversorgung oder einen Riestervertrag eingezahlt werden, bestimmt § 93 Abs. 1a EStG, dass die auf den Ausgleichswert entfallende steuerliche Förderung der ausgleichspflichtigen Person mit allen Rechten und Pflichten auf die ausgleichsberechtigte Person übergeht. Wird eine andere Zielversorgung bestimmt, ist hingegen unerheblich, welche Förderungen die ausgleichspflichtige Person ggf. auf den Ausgleichswert erhalten hat. Aus der Sicht der ausgleichsberechtigten Person gilt die übertragene Anwartschaft soweit sie aus dem Ausgleichswert resultiert, als auf ungeförderten Beiträgen beruhend – es sei denn der Ausgleichswert ist nach § 3 Nr. 55b EStG steuerfrei gestellt worden. Da der Gesetzgeber den § 3 Nr. 55b EStG in § 22 Nr. 5 Satz 2 EStG mit aufgenommen hat, führt die Steuerfreistellung – wie z. B. die Förderungen nach § 3 Nr. 63 oder § 10a oder dem XI. Abschnitt des EStG zu einer vollen nachgelagerten Besteuerung nach § 22 Nr. 5 Satz 1 EStG.

2414

2415 Die Besteuerung für das „abgebende" Versorgungssystem der ausgleichspflichtigen Person wird bezüglich des Ausgleichswerts abschließend im Zeitpunkt der externen Teilung vorgenommen, indem in diesen Fällen ggf. die Steuerfreiheit nach § 3 Nr. 55b Satz 2 EStG zu versagen ist.

(3) Ausgleichszahlung zur Vermeidung einer Versorgungskürzung

2416 Gleicht die ausgleichspflichtige Person die Minderung einer Rentenanwartschaft i. S. d. § 10 Abs. 1 Nr. 2 Buchst. a EStG oder § 10 Abs. 1 Nr. 2 Buchst. b EStG durch zusätzliche Beiträge an den Versicherungsträger aus, können diese Beiträge im Rahmen des Höchstbetrags des § 10 Abs. 3 EStG als Sonderausgaben geltend gemacht werden. Im Hinblick darauf, dass die späteren Leistungen aus der Basisversorgung mit einem Besteuerungsanteil zwischen 50 % und 100 % nachgelagert besteuert werden, sind Zweifachbesteuerungen nicht auszuschließen, denn wenn die Ausgleichszahlung nicht auf mehrere Jahre gestreckt wird, dürfte der Höchstbetrag des § 10 Abs. 3 EStG schnell überschritten sein, so dass die Ausgleichszahlung ggf. (teilweise) aus versteuertem Einkommen erbracht werden muss.

2417 Wendet die ausgleichspflichtige Person hingegen die Kürzung ihrer Versorgungsbezüge i. S. d. § 19 EStG durch Zahlung eines Kapitalbetrages an den Dienstherrn oder den Arbeitgeber, der die Pensionszusage oder die Unterstützungskassenzusage erteilt hat, ab, kann er den entsprechenden Betrag im Zeitpunkt der Zahlung als vorweggenommene Werbungskosten bei den Einkünften i. S. d. § 19 EStG geltend machen, weil der Kapitalbetrag den ungeschmälerten Zufluss der Versorgungsbezüge sicher stellen soll.

2418 Diese Differenzierung ist schwer nachvollziehbar, zumal in beiden Bereichen durch das Alterseinkünftegesetz die nachgelagerte Besteuerung eingeführt worden ist. Lösen ließe sich das Problem jedoch nur durch eine ausdrückliche Regelung des Gesetzgebers, durch die er die Ausgleichszahlung ausdrücklich zum Werbungskosten- oder Sonderausgabenabzug zuließe. Eine derartige Regelung ist aber offensichtlich nicht geplant.

3. Ausnahmen vom Versorgungsausgleich

a) Zivilrechtliche Grundlagen

2419 Wäre die Durchführung eines Versorgungsausgleichs unverhältnismäßig und aus der Sicht der Parteien nicht vorteilhaft, weil z. B. die Differenz zweier Ausgleichswerte gering ist oder ein einzelner Ausgleichswert selbst gering ist, hat der Gesetzgeber dem Familiengericht über § 18 VersAusglG die Möglichkeit eingeräumt, die Teilung zu unterlassen. Da es sich aber um eine „Sollvorschrift" handelt, kann das Familiengericht im Einzelfall auch anders entscheiden. Da § 20 VersAusglG auf § 18 VersAusglG verweist, findet ein Ausgleich geringer Ausgleichswerte in der Regel auch im Rahmen des Ausgleichs nach der Scheidung nicht statt. Außerdem hat der Gesetzgeber in § 3 VersAusglG bestimmt, dass bei einer Ehezeit von bis zu drei Jahren ein Versorgungsausgleich nur stattfindet, wenn ein Ehegatte dies beantragt. Gem. § 6 Abs. 1 Nr. 2 VersAusglG steht den Ehegatten das Recht zu, den Versorgungsausgleich – ggf. gegen eine Abfindungszahlung – auszuschließen. Dies kann z. B. in Betracht kommen, wenn beide Ehegatten nach dem gewählten Ehemodell keinen sozialen Bedarf für einen Ausgleich der in der Ehe erworbenen Anrechte sehen oder den Ausgleichsbedarf in die Regelung der ehelichen Vermögensverhältnisse mit einbeziehen. Sie können z. B. auch vereinbaren, nur auf den Ausgleich der ergänzenden Altersvorsorge (betriebliche Altersversorgung, private Vorsorge) zu verzichten. Treffen die Ehegatten jedoch (ggf. teilweise) Regelungen zu einem Ausgleich nach der Scheidung (bis 2009 zu einem schuldrechtlichen Versorgungsausgleich) im Rahmen eines Ehevertrags gem. § 1408 BGB), so sind diese Vereinbarungen nach den steuerrechtlichen Regelungen für Ausgleichszahlungen (vgl. Rn. 2432 ff.) zu behandeln und nicht wie vermögensrechtliche Abfindungszahlungen (vgl. Rn. 2420 ff.).[1] Eine ehevertragliche Vereinbarung ist der Entscheidung des Familiengerichts aber nur zugrunde zu legen, wenn sie rechtlich wirksam ist. Es ist also zu berücksichtigen, dass generell eine notarielle Beurkundung erforderlich ist (vgl. § 7 VersAusglG). Ein Versorgungsausgleich findet gem. § 27 VersAusglG nicht statt, soweit er grob unbillig wäre, was nur der Fall ist, wenn die gesamten Umstände des Einzelfalls es rechtfertigen, von der Halbteilung abzuweichen. Beispiele hat der Gesetzgeber nicht genannt, so dass die Regelung laut Gesetzesbegründung hinreichenden Spielraum für die Rechtsprechung lässt – z. B. auf die bislang gebildeten Fallgruppen der Härtefälle zurückzugreifen.

b) Steuerrechtliche Folgewirkungen bei Ausschluss des Versorgungsausgleichs gegen Abfindung

aa) Ausgleichspflichtige Person

Wird der Versorgungsausgleich – entweder durch Ehevertrag (§ 1408 BGB) oder durch Vereinbarung nach § 1587 BGB gegen Abfindungszahlung ausgeschlossen, kommt es für die steuerliche Behandlung der Abfindungszahlung

2420

---

[1] BFH, Urteil vom 22. 8. 2012 – X R 36/09, BFH/NV 2013 S. 436.

bei der ausgleichspflichtigen Person darauf an, welche Bezüge beim Versorgungsausgleich hätten ausgeglichen werden müssen und ob sie am Ende der Ehezeit als ausgleichsreif i. S. d. § 19 VersAusglG anzusehen sind.

2421 Handelt es sich bei den ausgleichspflichtigen Bezügen um Versorgungsbezüge, die nach § 19 EStG der Besteuerung unterliegen und die dem Versorgungsausgleich zugänglich wären (ausgleichsreife Ansprüche), führt die Abfindungszahlung zu vorweggenommenen Werbungskosten bei den Einkünften aus § 19 EStG – so jedenfalls der BFH in Fällen, die bislang dem öffentlich-rechtlichen Versorgungsausgleich zugänglich waren.[1] Gleiches gilt ggf. für Finanzierungskosten, wenn die Abfindungszahlung durch Darlehensaufnahme finanziert worden ist.[2] Hieran hat sich durch die Reform des Versorgungsausgleichs nichts geändert.

2422 Handelt es sich bei den ausgleichspflichtigen Anrechten um solche aus der Basisversorgung (gesetzliche Rentenversicherung, berufsständische Versorgungseinrichtung, landwirtschaftliche Alterskasse, Basisversorgung i. S. d. § 10 Abs. 1 Nr. 2 Buchst. b EStG), aus Riester-Verträgen, Pensionsfonds, Pensionskassen, Direktversicherungen oder anderen privaten Lebens- und Rentenversicherungsverträgen, wurde ein vorweggenommener Werbungskostenabzug bei den Einkünften aus §§ 20, 22 EStG bislang ausgeschlossen. Die Abfindungszahlung wurde vielmehr als Anschaffungskosten für ein Rentenrecht und damit für ein nicht abnutzbares Wirtschaftsgut, angesehen, die sich nicht steuermindernd auswirken.[3] Lediglich Finanzierungskosten für den Fall, dass die Abfindungszahlung fremdfinanziert wurde, waren als vorweggenommene Werbungskosten anzuerkennen.[4] Ein Sonderausgabenabzug nach § 10 oder § 10a EStG, die Steuerfreiheit nach § 3 Nr. 63 EStG bzw. die Altersvorsorgezulage nach Abschnitt XI EStG kamen nicht in Betracht, da die Abfindungszahlung nicht an einen Versorgungsträger geleistet wurde, sondern an den ausgleichsberechtigten Ehegatten.[5] Mit der Reform der Alterseinkünftebesteuerung zum 1.1.2005 ist diese Differenzierung so jedoch nicht mehr gerechtfertigt. U. E. müsste zumindest in den Fällen, in denen durch die Abfindungszahlung eine nachgelagert zu besteuernde ausgleichspflichtige und ausgleichsreife Einkunftsquelle der ausgleichspflichtigen Person ungeschmälert erhalten bleibt,

---

1 Vgl. BFH-Urteile vom 8.3.2006, IX R 107/00, BStBl II 2006, 446 und IX R 78/01, BStBl 2006 II S. 448.
2 Vgl. BFH-Urteil vom 5.5.1993, X R 128/90, BStBl 1993 II S. 867.
3 Gl. A. Korn, NWB F. 6 S. 4689.
4 Vgl. BFH-Urteil vom 5.5.1993, X R 128/90, BStBl 1993 II S. 867.
5 Gl. A. Steger/Venturelli, INF 2006 S. 938.

– wie bei den Versorgungsbezügen – ein vorweggenommener Werbungskostenabzug möglich sein.

Handelt es sich hingegen um Anrechte, die am Ende der Ehezeit nicht ausgleichsreif sind und die damit nur einem Ausgleich nach der Scheidung zugänglich wären, scheidet ein Werbungskostenabzug aus. In einem solchen Fall wäre der ausgleichspflichtigen Person das Anrecht auf jeden Fall ungeschmälert erhalten geblieben. Sie müsste bei einem Ausgleich nach der Scheidung lediglich einen Teil der Leistungen, die ihr im Alter aus dem Anrecht zufließen werden, in Form einer Ausgleichsrente an die ausgleichsberechtigte Person abgeben. Die Abfindungszahlung kann folglich nicht anders zu beurteilen sein, wie die Abfindung eines schuldrechtlichen Ausgleichsanspruchs gem. § 23 VersAusglG.[1]

2423

bb) Ausgleichsberechtigte Person

Die ausgleichsberechtigte Person erzielt mit der Abfindungszahlung keine Einkünfte i. S. d. § 20 Abs. 1 Nr. 6, § 22 Nr. 1 Satz 1, § 22 Nr. 1 Satz 3 Buchst. a Doppelbuchst. aa oder bb oder § 22 Nr. 5 EStG.[2] Fraglich ist allerdings, ob nicht Einkünfte aus Leistungen i. S. d. § 22 Nr. 3 EStG vorliegen. Leistung in diesem Sinne ist jedes Tun, Dulden oder Unterlassen, das Gegenstand eines entgeltlichen Vertrags sein kann und das eine Gegenleistung auslöst,[3] sofern es sich nicht um Veräußerungsvorgänge oder veräußerungsähnliche Vorgänge im privaten Bereich handelt, bei denen ein Entgelt dafür erbracht wird, dass ein Vermögenswert in seiner Substanz endgültig aufgegeben wird.[4] U. E. liegen die Voraussetzung für die Annahme von Einkünften i. S. d. § 22 Nr. 3 EStG nicht vor. Durch den Verzicht auf Versorgungsausgleich gegen Abfindung gibt der ausgleichsberechtigte Ehegatte einen Vermögenswert – nämlich das Recht auf Bildung einer Versorgungsanwartschaft oder das Recht auf eine Ausgleichsleistung in seiner Substanz endgültig auf. Damit handelt es sich um einen veräußerungsähnlichen Vorgang, der nicht der Besteuerung nach § 22 Nr. 3 EStG unterliegt.[5]

2424

---

1 Zur steuerlichen Behandlung vgl. Rn. 2440 f.
2 Gl. A. Steger/Venturelli, INF 2006 S. 938.
3 Vgl. BFH-Urteil vom 21. 9. 2004, IX R 13/02, BStBl 2005 II S. 44.
4 Vgl. BFH-Urteil vom 28. 11. 1984 – I R 291/81, BStBl 1985 II S. 264; und vom 10. 9. 2003 – XI R 26/02, BStBl 2004 II S. 218.
5 A. A. für das Quasisplitting nach der Rechtslage vor der Strukturreform des Versorgungsausgleichs Steger/Venturelli, INF 2006, 938.

4. Ausgleich nach der Scheidung

a) Zivilrechtliche Grundlagen

aa) Fehlende Ausgleichsreife

(1) Allgemeines

2425 Anrechte, die am Ende der Ehezeit nicht ausgleichsreif sind, sind gem. § 19 Abs. 1 VersAusglG von der internen und externen Teilung (§§ 10, 14 VersAusglG) ausgeschlossen. Insoweit kommt gem. § 19 Abs. 4 VersAusglG nur ein Ausgleich nach der Scheidung in Betracht. Da es sich um erhebliche Ansprüche handeln kann, hat der Gesetzgeber über § 224 Abs. 4 FamFG-VAE (Gesetz über das Verfahren in Familiensachen und in den Angelegenheiten der freiwilligen Gerichtsbarkeit) bestimmt, dass das Familiengericht verpflichtet ist, noch nicht ausgleichsreife Anrecht in der Begründung zu benennen. Damit wird zwar die ausgleichsberechtigte Person daran erinnert, dass ihr insoweit noch Ansprüche zustehen könnten. Es bleibt aber in diesen Fällen dabei, dass – u. U. viele Jahre nach der Scheidung – wieder Kontakt zum geschiedenen Ehegatten/Lebenspartner aufgenommen werden muss, um diese Ansprüche auch zu verwirklichen. Ein Anrecht ist gem. § 19 Abs. 2 VersAusglG noch nicht ausgleichsreif,

▶ wenn es dem Grunde oder der Höhe nach nicht hinreichend verfestigt ist, insbesondere als noch verfallbares Anrecht i. S. d. BetrAVG,

▶ soweit es auf eine abzuschmelzende Leistung gerichtet ist,

▶ soweit sein Ausgleich für die ausgleichsberechtigte Person unwirtschaftlich wäre oder

▶ wenn es bei einem ausländischen, zwischenstaatlichen oder überstaatlichen Versorgungsträger besteht.

2426 Verfallbare Anrechte aus der betrieblichen Altersversorgung aus der internen und externen Teilung auszunehmen, entspricht der bisherigen Rechtslage beim öffentlich-rechtlichen Versorgungsausgleich (§ 1587a Abs. 2 Nr. 3 BGB). Sie sind aus der Sicht der ausgleichspflichtigen Person noch unsicher. Da der Gesetzgeber aber geregelt hat, dass tatsächliche Veränderungen nach dem Ende der Ehezeit zu berücksichtigen sind, die auf den Ehezeitanteil zurückwirken (§ 19 Abs. 1 Satz 2 i. V. m. § 5 Abs. 2 Satz 2 VersAusglG), ist zu berücksichtigen, dass eine betriebliche Altersversorgung ausgleichsreif ist, wenn sie zwar am Ende der Ehezeit noch verfallbar war, vor der Entscheidung über den Wertausgleich aber unverfallbar geworden ist. Möglicherweise kann es sich also in Einzelfällen anbieten mit dem Versorgungsausgleich noch ein wenig zu warten, wenn die Unverfallbarkeit unmittelbar bevorsteht. Dies hätte dann den Vorteil, dass der Ausgleich im Zuge der Scheidung abgeschlossen werden kann und die geschiedenen Partner im Alter keine ergänzenden Verhandlungen über den Versorgungsausgleich führen müssen.

Anrechte, die auf eine abzuschmelzende Leistung gerichtet sind, kommen z. B. in der gesetzlichen Rentenversicherung aber auch in der Beamtenversorgung vor. Betroffen hiervon sind z. B. bestimmte Zusatzleistungen in der gesetzlichen Rentenversicherung gem. § 307b Abs. 6 oder §§ 315a, 319a, 319b SGB VI, gem. § 4 Abs. 4 Anspruchs- und Anwartschaftsüberführungsgesetz oder gem. § 4 Abs. 1 Zusatzversorgungssystem-Gleichstellungsgesetz und Abflachungsbeträge von Anrechten aus der Beamtenversorgung. Da sie im Zeitpunkt der Scheidung nicht hinreichend sicher bewertet werden können, waren sie auch nach altem Recht dem schuldrechtlichen Versorgungsausgleich vorbehalten.[1]   2427

Ein Ausgleich wäre für die ausgleichsberechtigte Person z. B. unwirtschaftlich, wenn – z. B. gem. § 16 VersAusglG – zwingend ein Ausgleich in der gesetzlichen Rentenversicherung herzustellen wäre, sie aber die allgemeine Wartezeit für den Bezug einer gesetzlichen Rente voraussichtlich nicht mehr erfüllen könnte. Die Regelung greift damit die bisherige Regelung in § 1587b Abs. 4 BGB auf.   2428

Anrechte bei einem ausländischen, zwischenstaatlichen oder überstaatlichen Versorgungsträger sind generell nicht ausgleichsreif, da ein ausländischer Versorgungsträger durch ein deutsches Gericht nicht verpflichtet werden kann, die ausgleichsberechtigte Person in sein Versorgungssystem aufzunehmen oder das Anrecht extern auszugleichen.   2429

(2) Wirkung auf andere Anrechte

Hat ein Partner nicht ausgleichsreife Anrechte bei einem ausländischen, zwischenstaatlichen oder überstaatlichen Versorgungsträger erworben, hat dies zur Folge, dass ein Wertausgleich bei der Scheidung auch in Bezug auf die anderen – eigentlich ausgleichsreifen – Anrechte beider Partner nicht stattfindet, soweit dies für den anderen Partner unbillig wäre (§ 19 Abs. 3 VersAusglG). Hat z. B. ein Partner in der Ehezeit durch eine längere, gut dotierte Tätigkeit im Ausland erhebliche Anwartschaften bei einem ausländischen Versorgungsträger erworben und hat der andere Partner in der Ehe nur Anwartschaften in der gesetzlichen Rentenversicherung erworben, wäre letzteres Anrecht grundsätzlich ausgleichsreif. Es wäre aber unbillig, wenn dieser Ehegatte durch die Tei-   2430

---

1 Vgl. BT-Drucks. 16/10144 S. 63.

lung des von ihm erworbenen Anrechts die Hälfte seiner ehezeitlichen Versorgung abgeben müsste, gleichzeitig wegen seiner Teilhabe an der ausländischen Versorgung des anderen Ehegatten aber auf die schwächeren schuldrechtlichen Ausgleichsansprüche verwiesen würde. An einer Unbilligkeit fehlt es allerdings, wenn die Anrechte bei einem ausländischen, zwischenstaatlichen oder überstaatlichen Versorgungsträger nur einen geringen Ausgleichswert haben und im Übrigen größere Werte auszugleichen sind. Außerdem sind Fälle denkbar, in denen der Ehegatte, der nicht ausgleichsreife ausländische Anrechte erworben hat, zugleich über ausgleichsreife Anrechte aus inländischen Regelsicherungssystemen verfügt. In diesen Fällen dürfte es dem Interesse des anderen Ehegatten entsprechen, dieses Anrecht zu teilen, damit jedenfalls insoweit ein Erwerb schon im Wertausgleich bei der Scheidung möglich ist. Ob und inwieweit es also zu Anwendung des § 19 Abs. 3 VersAusglG) kommt, entscheidet das Familiengericht im Einzelfall.[1]

bb) Vorbehalt ausgleichsreifer Anrechte für den Ausgleich nach der Scheidung

2431 Gem. § 6 Abs. 1 Nr. 3 VersAusglG steht den Ehegatten das Recht zu, Ansprüche einem späteren Ausgleich nach der Scheidung vorzubehalten. Es ist jedoch fraglich, ob hiervon in großem Umfang Gebrauch gemacht wird, denn im Regelfall dürfte es im Interesse der Ehegatten liegen, mit der Scheidung die Verhältnisse so weit wie möglich endgültig zu regeln.

cc) Ausgleichszahlungen

(1) Ausgleichsrente

2432 Bezieht die ausgleichspflichtige Person eine laufende Versorgung aus einem noch nicht ausgeglichenen Anrecht, kann die ausgleichsberechtigte Person von ihr eine Ausgleichsrente verlangen. Diese richtet sich – wie bisher – grundsätzlich nach dem Ausgleichswert. Allerdings sind gem. § 20 Abs. 1 Satz 2 VersAusglG auf den Ausgleichswert entfallende Sozialversicherungsbeiträge oder vergleichbare Aufwendungen abzuziehen. Bedeutung hat diese Regelung z. B. für Betriebsrenten, die der Krankenversicherungspflicht unterliegen. Da die Ausgleichsrente keiner Krankenversicherungspflicht unterliegt, hat der Gesetzgeber die Wirkungen der vollen Krankenversicherungspflicht der ausgleichspflichtigen Person geteilt.

---

[1] Vgl. BT-Drucks. 16/10144 S. 52.

II. Versorgungsausgleich nach Scheidung der Ehe

Beanspruchen kann die ausgleichsberechtigte Person die Ausgleichsrente, sobald sie eine laufende Versorgung aus einem Anrecht i. S. d. VersAusglG bezieht, also eine Altersrente oder eine Versorgung wegen Invalidität vor Erreichen der Regelaltersgrenze. Ein Anspruch wird aber auch begründet, wenn sie die Regelaltersgrenze der gesetzlichen Rentenversicherung erreicht hat oder die gesundheitlichen Voraussetzungen für eine laufende Versorgung wegen Invalidität erfüllt, aber keinen Anspruch auf eigene Versorgung hat (§ 20 Abs. 2 VersAusglG). 2433

Insbesondere bei geschiedenen Ehegatten mit größerem Altersunterschied ist also zu beachten, dass eine Ausgleichsrente immer voraussetzt, dass die ausgleichspflichtige Person bereits entsprechende Versorgungsleistungen bezieht. Ist z. B. die ausgleichsberechtigte Person erheblich älter als die ausgleichspflichtige Person, hilft ihr das Erreichen der Regelaltersgrenze nicht. Denn der Anspruch auf Ausgleichsrente wird erst fällig, wenn auch der ausgleichspflichtige Partner die Altersgrenze erreicht – oder Leistungen wegen Invalidität bezieht. Ist die ausgleichspflichtige Person erheblich älter, braucht sie noch nicht zu leisten, wenn die ausgleichsberechtigte Person die Altersgrenze noch nicht erreicht hat und auch nicht invalide ist. 2434

(2) Abtretung von Versorgungsansprüchen

Wie bisher gem. § 1587i Abs. 1 BGB hat die ausgleichsberechtigte Person nunmehr nach § 21 VersAusglG ein Recht, von der ausgleichspflichtigen Person zu verlangen, ihr den Anspruch gegen den Versorgungsträger in Höhe der Ausgleichsrente abzutreten. Der Gesetzgeber hat in § 21 Abs. 3 VersAusglG weiterhin ausdrücklich klargestellt, dass die Abtretung auch wirksam ist wenn andere Vorschriften die Übertragung oder Pfändung des Versorgungsanspruchs ausschließen (bislang § 1587i Abs. 2 BGB). Diese Regelung hat z. B. Bedeutung im Zusammenhang mit der betrieblichen Altersversorgung. Ist ein Arbeitnehmer vor Eintritt des Versorgungsfalls mit einer unverfallbaren Direktversicherung aus dem Arbeitsverhältnis ausgeschieden, darf der Arbeitnehmer die Ansprüche aus dem Versicherungsvertrag in Höhe des durch Beitragszahlungen des Arbeitgebers gebildeten geschäftsplanmäßigen Deckungskapitals oder, soweit die Berechnung des Deckungskapitals nicht zum Geschäftsplan gehört, das nach § 169 Abs. 3 und 4 des Versicherungsvertragsgesetzes berechneten Wertes weder abtreten noch beleihen. Diese Regelung des § 2 Abs. 2 Satz 4 BetrAVG wird durch § 21 Abs. 3 VersAusglG außer Kraft gesetzt. 2435

Da gem. § 31 Abs. 3 Satz 3 VersAusglG Ausgleichsansprüche nach der Scheidung mit dem Tod eines Ehegatten erlöschen, geht eine Abtretung mit dem 2436

Tod der ausgleichsberechtigten Person gem. § 21 Abs. 4 VersAusglG wieder auf die ausgleichspflichtige Person über, d. h. ihr steht ab dem Zeitpunkt wieder die ungekürzte Versorgung allein zu.

(3) Ausgleich von Kapitalzahlungen

2437   Insbesondere über die betriebliche Altersversorgung können im Rahmen des Ausgleichs nach der Scheidung auch Kapitalauszahlungen ausgleichspflichtig sein (z. B. „alte" Direktversicherungen, aber auch Einmalauszahlungen i. S. d. AltZertG aus einer „neuen" Direktversicherung, einer Pensionskasse oder einem Pensionsfonds), wenn die Anwartschaft im Zeitpunkt der Scheidung noch verfallbar und daher der internen oder externen Teilung nicht zugänglich war.

2438   Für diesen Fall bestimmt § 22 VersAusglG, dass die ausgleichsberechtigte Person von der ausgleichspflichtigen Person die Zahlung des Ausgleichswerts verlangen kann, sobald bei ihr die Voraussetzungen des § 20 Abs. 2 VersAusglG vorliegen (Bezug einer eigenständigen Versorgung, Erreichen der Regelaltersgrenze, Invalidität). Bei der Bestimmung der Höhe des Ausgleichsanspruchs ist zu berücksichtigen, dass vom tatsächlichen Kapitalbetrag die von der ausgleichspflichtigen Person geschuldeten anteiligen Sozialversicherungsbeiträge in Abzug zu bringen sind (vergleichbare Rechtslage wie bei der Ausgleichsrente), denn auch Kapitalauszahlungen können der Kranken- und Pflegeversicherungspflicht unterliegen.

2439   Zu beachten ist weiter, dass die ausgleichspflichtige Person die Kapitalzahlung möglicherweise zu einem viel früheren Zeitpunkt ausgezahlt bekommt, als die ausgleichsberechtigte Person ihren Anspruch geltend machen kann (z. B. wenn die ausgleichspflichtige Person erheblich älter ist als die ausgleichsberechtigte Person). Wird dies durch die ausgleichspflichtige Person nicht beachtet, bleibt der ausgleichsberechtigten Person wohl nichts anderes übrig, als ihre Ausgleichszahlung zivilrechtlich einzuklagen – in der Hoffnung, dass die ausgleichspflichtige Person anderweitig über ausreichendes Vermögen verfügt, um den Anspruch erfüllen zu können. Geht es um höhere Beträge, sollte ggf. darüber nachgedacht werden, frühzeitig eine Abtretung zu vereinbaren oder eine Abfindung zu verlangen.

(4) Abfindung eines schuldrechtlichen Ausgleichsanspruchs

2440   Gem. § 23 VersAusglG kann die ausgleichsberechtigte Person für ein noch nicht ausgeglichenes Anrecht von der ausgleichspflichtigen Person eine zweckgebundene Abfindung verlangen. Diese ist dann an den Versorgungsträger zu zahlen, bei dem ein bestehendes Anrecht ausgebaut oder ein neues Anrecht begründet werden soll, wobei insoweit eine angemessene Zielversorgung i. S. d. § 15 VersAusglG gewählt werden muss. Trifft die ausgleichsberechtigte Person insoweit keine Entscheidung, erfolgt die Abfindung durch Begründung eines Anrechts in der gesetzlichen Rentenversicherung bzw. bei Abfindung eines Anrechts i. S. d. BetrAVG, durch Begründung eines Anrechts bei der Versorgungsausgleichskasse.

Der Gesetzgeber hat damit weiterhin eine Möglichkeit geschaffen, Versorgungen auch dann endgültig auszugleichen, wenn eine interne oder externe Teilung nach den §§ 9 bis 19 VersAusglG nicht möglich ist (bisher § 1587I BGB). Abhängig ist sie nach wie vor davon, dass die Zahlung einer Abfindung für die ausgleichspflichtige Person zumutbar ist. Da sie zu diesem Zeitpunkt im Regelfall noch nicht über das auszugleichende Anrecht verfügen kann, muss sie die Abfindung aus ihrem sonstigen Vermögen aufbringen. Vor diesem Hintergrund ist auch die Regelung in § 23 Abs. 3 VersAusglG zu verstehen, die der ausgleichspflichtigen Person das Recht einräumt, eine Ratenzahlung zu verlangen. 2441

(5) Tod der ausgleichspflichtigen Person

Da der Ausgleich nach der Scheidung der ausgleichsberechtigten Person keinen eigenständigen Versorgungsanspruch verschafft, sondern sie lediglich an den Versorgungsleistungen der ausgleichspflichtigen Person in Form einer Ausgleichsrente partizipieren lässt, entsteht u. U. eine Versorgungslücke, wenn die ausgleichspflichtige Person verstirbt. Gewährt der betreffende Versorgungsträger, auf dessen Leistungen sich die Ausgleichsrente bezieht, Hinterbliebenenleistungen, ist der Versorgungsträger gem. § 25 Abs. 1 VersAusglG verpflichtet, der ausgleichsberechtigten Person einen Teilhabeanspruch an diesen Hinterbliebenenleistungen zu gewähren und zwar in dem Umfang, in dem die ausgleichsberechtigte Person Hinterbliebenleistungen erhielte, wenn die Ehe bis zum Tod der ausgleichspflichtigen Person fortbestanden hätte. Die Höhe des Anspruchs ist auf den Betrag beschränkt, den die ausgleichsberechtigte Person als Ausgleichsrente verlangen könnte. Ausgeschlossen ist eine solche Teilhabe allerdings, wenn die Ehegatten eine Vereinbarung nach den §§ 6 bis 8 VersAusglG getroffen hatten – insbesondere also auch wenn sie gem. § 6 Abs. 1 Nr. 3 VersAusglG bewusst den Versorgungsausgleich in Form einer internen oder externen Teilung zugunsten eines Ausgleichs nach der Scheidung ausgeschlossen haben. In diesen Fällen geht die Versorgungslücke im Todesfall also nach Auffassung des Gesetzgebers in erster Linie wohl auf die bewusste Vereinbarung der Ehegatten im Scheidungszeitpunkt zurück und nicht auf die rechtlichen Rahmenbedingungen des Ausgleichs nach der Scheidung. 2442

2443 Kam eine interne oder externe Teilung wegen fehlender Ausgleichsreife gem. § 19 Abs. 2 Nr. 2 und Nr. 3 VersAusglG (abzuschmelzende Leistung, Ausgleich für die ausgleichsberechtigte Person unwirtschaftlich) oder gem. § 19 Abs. 3 VersAusglG (Ausschluss des öffentlich-rechtlichen Versorgungsausgleichs wegen ausländischer Anrechte) nicht in Betracht, ist die Teilhabe an Hinterbliebenenleistungen nach § 25 Abs. 1 VersAusglG ebenfalls ausgeschlossen. Besteht ein noch nicht ausgeglichenes Anrecht bei einem ausländischen, zwischenstaatlichen oder überstaatlichen Versorgungsträger, besteht allerdings gem. § 26 VersAusglG ein Anspruch der ausgleichsberechtigten Person gegen die Witwe oder den Witwer der ausgleichspflichtigen Person, soweit der Versorgungsträger an die Witwe oder den Witwer eine Hinterbliebenenversorgung erbringt. Diese Sonderregelung ist darauf zurückzuführen, dass ein ausländischer Versorgungsträger durch ein deutsches Gericht nicht zur Leistung verpflichtet werden kann. Die Regelungen entsprechen damit im Wesentlichen der bisher über § 3a VAHRG hergestellten Rechtslage.

b) Steuerrechtliche Folgewirkungen

aa) Allgemeines

2444 Ausgleichszahlungen in Form einer Ausgleichsrente (§ 20 VersAusglG) oder in Form von Kapitalzahlungen (§ 22 VersAusglG) im Rahmen des Ausgleichs nach der Scheidung können von der ausgleichspflichtigen Person in dem Umfang als Sonderausgaben nach § 10 Abs. 1 Nr. 1b EStG geltend gemacht werden, in dem die den Ausgleichszahlungen zu Grunde liegenden Einnahmen bei ihr der Besteuerung unterliegen. Sind die zu Grunde liegenden Einnahmen steuerfrei oder nicht steuerbar, kommt ein Sonderausgabenabzug nach § 10 Abs. 1 Nr. 1b EStG nicht in Betracht.

2445 Von der ausgleichsberechtigten Person sind die entsprechenden Ausgleichszahlungen als Einkünfte nach § 22 Nr. 1c EStG zu versteuern, wenn die Leistungen bei der ausgleichspflichtigen Person als Sonderausgaben nach § 10 Abs. 1 Nr. 1b EStG abgezogen werden können. Es kommt dabei nicht darauf an, dass sich die Leistungen bei der ausgleichspflichtigen Person auch tatsächlich steuermindernd ausgewirkt haben, sondern nur darauf, dass die Voraussetzungen für den Sonderausgabenabzug vorgelegen haben. Wirken sich also die Ausgleichszahlungen z. B. aufgrund von Verlusten nicht steuermindernd aus, steht dies der Besteuerung bei der ausgleichsberechtigten Person nicht entgegen.

2446 Bei der Ermittlung der Einkünfte nach § 22 Nr. 1b EStG ist der Werbungskostenpauschbetrag nach § 9a Satz 1 Nr. 3 EStG zu berücksichtigen, wenn keine höheren Werbungskosten nachgewiesen werden. Da der Gesetzgeber es aber offensichtlich versäumt hatte, die Vorschrift entsprechend mit zu ändern, hat die Finanzverwaltung den Werbungskostenpauschbetrag zunächst im Billigkeitswege gewährt.[1] Eine gesetzliche Bereinigung des § 9a EStG ist dann im Rahmen des JStG 2010 erfolgt.

Nach der gesetzlichen Formulierung in § 10 Abs. 1 Nr. 1b EStG war der Sonderausgabenabzug für Ausgleichszahlungen im Rahmen des Ausgleichs nach der Scheidung bei der ausgleichspflichtigen Person zunächst nicht davon abhängig gemacht worden, dass die ausgleichsberechtigte Person unbeschränkt einkommensteuerpflichtig ist. 2447

Es war jedoch zweifelhaft, das aufgrund des grundsätzlich bestehenden Korrespondenzprinzips zwischen § 10 Abs. 1 Nr. 1b EStG und § 22 Nr. 1c EStG beabsichtigt war, denn bei ähnlichen Vorschriften wie § 10 Abs. 1 Nr. 1 EStG/§ 22 Nr. 1a EStG (Realsplitting) bzw. § 10 Abs. 1 Nr. 1a EStG/§ 22 Nr. 1b EStG (Versorgungsleistungen anlässlich einer unentgeltlichen Vermögensübergabe) hat der Gesetzgeber ausdrücklich die unbeschränkte Einkommensteuerpflicht zum Tatbestandsmerkmal für den Sonderausgabenabzug gemacht. Im Rahmen des JStG 2010 hat der Gesetzgeber dann aber eine gesetzliche Korrektur vorgenommen. Korrespondierend damit hat er aus europarechtlichen Gründen sichergestellt, dass § 1a Abs. 1 EStG um eine Regelung erweitert wurde, wonach der Sonderausgabenabzug nach § 10 Abs. 1 Nr. 1b EStG auch für nach § 1 Abs. 1 EStG unbeschränkt einkommensteuerpflichtige oder nach § 1 Abs. 3 EStG als unbeschränkt einkommensteuerpflichtig zu behandelnde Staatsangehörige eines Mitgliedstaats der Europäischen Union oder eines Staates, auf den das Abkommen über den Europäischen Wirtschaftsraum anwendbar ist, in Betracht kommt, wenn die ausgleichsberechtigte Person ihren Wohnsitz oder gewöhnlichen Aufenthalt im Hoheitsgebiet eines anderen Mitgliedstaats der Europäischen Union oder eines Staates, auf den das Abkommen über den Europäischen Wirtschaftsraum anwendbar ist, hat und durch eine Bescheinigung der zuständigen ausländischen Steuerbehörde nachgewiesen wird, dass die Ausgleichsleistungen der Besteuerung unterliegen. 2448

bb) Anspruch auf Ausgleichsrente

(1) Laufende Versorgung in Form einer Basisrente

Liegt der Ausgleichsrente eine Leibrente zugrunde, die bei der ausgleichspflichtigen Person nach § 22 Nr. 1 Satz 3 Buchst. a Doppelbuchst. aa EStG steuer- 2449

---

[1] BMF-Schreiben vom 9. 4. 2010, NWB DokID: NAAAD-40962.

Teil E: Besteuerung der übrigen wiederkehrenden Bezüge

pflichtig ist (Leistungen aus der gesetzlichen Rentenversicherung, berufsständischen Versorgungseinrichtung, landwirtschaftlichen Alterskasse, Basisversorgung i. S. d. § 10 Abs. 1 Nr. 2 Buchst. b EStG), ist der Teil der Ausgleichsrente als Sonderausgabe nach § 10 Abs. 1 Nr. 1b EStG anzusetzen, der dem steuerpflichtigen Teil der zu Grunde liegenden Leistung entspricht. In gleicher Höhe unterliegt die Ausgleichsrente bei der ausgleichberechtigten Person als Leistung aufgrund eines schuldrechtlichen Versorgungsausgleichs der Besteuerung nach § 22 Nr. 1c EStG.

BEISPIEL: Der Ausgleichsverpflichtete A bezieht seit dem Jahr 2010 eine Rente aus einem berufsständischen Versorgungswerk im Sinne des § 10 Abs. 1 Nr. 2 Buchst. a EStG. Laut Rentenbezugsmitteilung für das Jahr 2014 beträgt der Leistungsbetrag 20 000 € und der darin enthaltene Anpassungsbetrag 1 000 €. Als Ausgleichsrente zahlt A 40 % seiner Rente an die Ausgleichsberechtigte B.

LÖSUNG: Die Rente unterliegt für das Jahr 2014 beim Ausgleichsverpflichteten nach § 22 Nr. 1 Satz 3 Buchst. a Doppelbuchst. aa EStG i. H. v. 12 400 € der Besteuerung (60 % von 19 000 € = 11 400 € zzgl. Anpassungsbetrag von 1 000 € = 12 400 €). Nach § 10 Abs. 1 Nr. 1b EStG kann A von den an B geleisteten 8 000 € einen Betrag i. H. v. 4 960 (40 % von 12 400 €, da die Ausgleichsrente 40 % der Rente beträgt) als Sonderausgaben geltend machen. B muss korrespondierend hierzu 4 960 € abzüglich 102 € Werbungskostenpauschbetrag nach § 22 Nr. 1c EStG versteuern.

(2) Laufende Versorgung in Form eines Versorgungsbezugs i. S. d. § 19 EStG

2450 Wird im Wege der schuldrechtlichen Ausgleichsrente ein Anrecht auf einen Versorgungsbezug nach § 19 EStG (z. B. Beamtenpension oder Werkspension) ausgeglichen, kann anteilig der an den Versorgungsempfänger geleistete Teil der Bezüge, die nach Abzug des Versorgungsfreibetrags und des Zuschlags zum Versorgungsfreibetrag nach § 19 Abs. 2 EStG der Besteuerung unterliegen, als Sonderausgaben nach § 10 Abs. 1 Nr. 1b EStG geltend gemacht werden. Die ausgleichsberechtigte Person hat die Leistungen in entsprechendem Umfang abzüglich 102 € Werbungskostenpauschbetrag nach § 22 Nr. 1c EStG zu versteuern.

BEISPIEL: Der Ausgleichsverpflichtete A bezieht im Jahr 2014 (Versorgungsbeginn 1. 1. 2014) eine Pension aus einer Direktzusage i. H. v. 20 000 €. Der Ausgleichsberechtigte B erhält eine Ausgleichsrente i. H. v. 10 000 € jährlich.

LÖSUNG: Nach Abzug der Freibeträge für Versorgungsbezüge nach § 19 Abs. 2 EStG i. H. v. 2 496 € unterliegt ein Betrag von 17 504 € bei A der Besteuerung. A kann einen Betrag i. H. v. 8 752 € (= 50 % von 17 504 €) als Sonderausgaben geltend machen. B hat einen Betrag i. H. v. 8 752 € abzüglich 102 € Werbungskostenpauschbetrag nach § 22 Nr. 1c EStG zu versteuern.

II. Versorgungsausgleich nach Scheidung der Ehe

(3) Laufende Versorgung in Form einer Leibrente i. S. d. § 22 Nr. 1 Satz 3 Buchst. a Doppelbuchst. bb EStG

Soweit der Ausgleichsrente eine nur mit dem Ertragsanteil nach § 22 Nr. 1 Satz 3 Buchst. a Doppelbuchst. bb EStG steuerbare Leibrente zu Grunde liegt – z. B. auch eine Leistung i. S. d. § 22 Nr. 1 Satz 3 Buchst. a Doppelbuchst. aa EStG, soweit sie der Öffnungsklausel i. S. d. § 22 Nr. 1 Satz 3 Buchst. a Doppelbuchst. bb Satz 2 EStG unterliegt –, sind die Ausgleichszahlungen in Höhe des Ertragsanteils als Sonderausgaben nach § 10 Abs. 1 Nr. 1b EStG zu berücksichtigen. Korrespondierend hierzu hat die ausgleichsberechtigte Person die Ausgleichsrente in entsprechender Höhe nach § 22 Nr. 1c EStG zu versteuern.

2451

BEISPIEL: Der Ausgleichsverpflichtete A bezieht seit Vollendung des 63. Lebensjahres eine nach § 22 Nr. 1 Satz 3 Buchst. a Doppelbuchst. bb EStG nur mit dem Ertragsanteil zu versteuernde Leibrente. Laut Rentenbezugsmitteilung für das Jahr 2014 beträgt der Leistungsbetrag 10 000 €. Im Rahmen des Versorgungsausgleichs leistet A als Ausgleichsrente 50 % seiner Leibrente an den Ausgleichsberechtigten B, also eine Ausgleichsrente i. H. v. 5 000 €.

LÖSUNG: Die Leibrente unterliegt beim Ausgleichsverpflichteten nach § 22 Nr. 1 Satz 3 Buchst. a Doppelbuchst. bb EStG i. H. v. 2 000 € (Ertragsanteil: 20 % / Jahresrente 10 000 €) der Besteuerung. Als Sonderausgaben nach § 10 Abs. 1 Nr. 1b EStG kann A 50 % von 2 000 €, somit einen Betrag i. H. v. 1 000 €, geltend machen. B muss korrespondierend hierzu einen Betrag i. H. v. 1 000 € abzüglich 102 € Werbungskostenpauschbetrag nach § 22 Nr. 1c EStG versteuern.

(4) Laufende Versorgung aus einem Pensionsfonds, einer Pensionskasse, einer Direktversicherung oder einem Riester-Vertrag

Liegt der Ausgleichsrente eine Leistung aus einem Pensionsfonds, einer Pensionskasse, einer Direktversicherung oder einem zertifizierten Altersvorsorgevertrag (§ 5 AltZertG; sog. Riester-Vertrag) zugrunde, kann bei der ausgleichspflichtigen Person der Teil der Ausgleichsrente als Sonderausgaben nach § 10 Abs. 1 Nr. 1b EStG berücksichtigt werden, der nach § 22 Nr. 5 EStG bei ihr der Besteuerung unterliegt. Dabei ist unerheblich, ob die zu Grunde liegende Leistung in Form einer Rentenzahlung oder eines Auszahlungsplans mit anschließender Teilkapitalverrentung ausgezahlt wird. Die ausgleichsberechtigte Person hat die Leistung in entsprechendem Umfang nach § 22 Nr. 1c EStG zu versteuern. Eine schädliche Verwendung nach § 93 EStG tritt nicht ein, da das geförderte Altersvorsorgevermögen unter den Voraussetzungen des AltZertG an die ausgleichspflichtige Person gezahlt wird.

2452

BEISPIEL: Der Ausgleichsverpflichtete A erhält nach Vollendung des 60. Lebensjahres aus dem Auszahlungsplan seines Riester-Vertrags eine monatliche Leistung i. H. v. 600 € - also jährlich 7 200 €. Aus der Leistungsmitteilung (§ 22 Nr. 5 Satz 7 EStG) ergibt sich, dass die Leistung zu 70 % auf geförderten Beiträgen beruht und damit i. H. v. 5 040 € nach § 22 Nr. 5 Satz 1 EStG steuerpflichtig ist. Die auf ungeförderten Beiträgen beruhende anteilige Leistung von 30 % (2 160 €) unterliegt mit der Hälfte des Unterschiedsbetrags zwischen der Leistung und der Summe der auf sie entrichteten Beiträge (2 000 €), also mit 80 € nach § 22 Nr. 5 Satz 2 Buchst. c EStG der Besteuerung, da bei der erstmaligen Auszahlung der Leistung bereits mehr als 12 Jahre seit dem Vertragsabschluss vergangen waren. Im Rahmen des Versorgungsausgleichs zahlt A 50 % seiner (gesamten) Leistungen aus dem Riester-Vertrag an den Ausgleichsberechtigten B.

LÖSUNG: A muss die Leistung aus dem Auszahlungsplan zunächst i. H. v. 5 120 € (5 040 € + 80 €) versteuern. Als Sonderausgaben nach § 10 Abs. 1 Nr. 1b EStG sind 2 560 € zu berücksichtigen, da er 50 % der von ihm bezogenen Leistungen als Ausgleichsrente an B zahlt. B muss korrespondierend hierzu 2 560 € abzüglich 102 € Werbungskostenpauschbetrag nach § 22 Nr. 1c EStG versteuern.

cc) Abtretung von Versorgungsansprüchen

2453 Hat die ausgleichspflichtige Person der ausgleichsberechtigten Person ihren Anspruch gegen den Versorgungsträger in Höhe der Ausgleichsrente abgetreten (§ 21 VersAusglG; § 1587i BGB a. F.), sind die Versorgungsleistungen in der Auszahlungsphase bei der ausgleichspflichtigen Person auch insoweit steuerlich zu erfassen, als sie wegen der Abtretung nicht an sie, sondern unmittelbar an die ausgleichsberechtigte Person geleistet werden. Die Abtretung hat nur Sicherungscharakter; sie führt nicht dazu, dass – vergleichbar der internen oder externen Teilung – ein eigenständiger Versorgungsanspruch der ausgleichsberechtigten Person begründet wird. Den abgetretenen und versteuerten Teil der Versorgungsleistungen kann die ausgleichspflichtige Person als Sonderausgaben nach § 10 Abs. 1 Nr. 1b EStG abziehen. Die ausgleichsberechtigte Person hat die Leistungen aufgrund des schuldrechtlichen Versorgungsausgleichs nach § 22 Nr. 1c EStG zu versteuern.

2454 Bei einem zertifizierten Altersvorsorgevertrag (§ 5 AltZertG) oder einer nach § 10a/Abschnitt XI EStG geförderten betrieblichen Altersversorgung führt die Abtretung des Leistungsanspruchs in der Auszahlungsphase im Rahmen eines Ausgleichs nach der Scheidung nicht zu einer schädlichen Verwendung im Sinne von § 93 EStG. Dies gilt auch, wenn die Abtretung bereits vor Beginn der Auszahlungsphase vereinbart wird. Die Abtretung bewirkt lediglich einen abgekürzten Zahlungsweg mit der Folge, dass die Leistung steuerrechtlich weiterhin als der ausgleichspflichtigen Person zugeflossen gilt.

dd) Anspruch auf Ausgleich von Kapitalzahlungen

2455 Zahlt die ausgleichspflichtige Person einen Ausgleichswert für Kapitalzahlungen aus einem noch nicht ausgeglichenen Anrecht (§ 22 VersAusglG), ist die

Zahlung bei ihr nach § 10 Abs. 1 Nr. 1b EStG in dem Umfang zu berücksichtigen, wie die dem Ausgleichswert zugrunde liegenden Kapitalzahlungen bei ihr zu versteuern sind. Die ausgleichsberechtigte Person hat die Zahlung korrespondierend hierzu nach § 22 Nr. 1c EStG zu versteuern. Ein Anspruch auf Ausgleich von Kapitalzahlungen kann z. b. in Betracht kommen bei Kapitalauszahlungen aus einer pauschalversteuerten Direktversicherung, einer (Teil-)Kapitalisierung im Rahmen der betrieblichen Altersversorgung oder eines Riester-Vertrages, aber auch bei Kapitalauszahlungen aus einer berufsständischen Versorgungseinrichtung.

BEISPIEL: Der Ausgleichsverpflichtete A hat auf seinem zertifizierten Altersvorsorgevertrag gefördertes Altersvorsorgevermögen i. H. v. 50 000 € angespart. Zu Beginn der Auszahlungsphase lässt sich A im Rahmen einer förderunschädlichen Teilkapitalauszahlung 30 % des vorhandenen geförderten Altersvorsorgekapitals auszahlen (15 000 €). A zahlt dem Ausgleichsberechtigten B einen Ausgleichswert i. H. v. 7 500 € (die Hälfte von 15 000 €).

LÖSUNG: Die Auszahlung unterliegt bei A nach § 22 Nr. 5 Satz 1 EStG i. H. v. 15 000 € der vollen nachgelagerten Besteuerung. Als Sonderausgaben nach § 10 Abs. 1 Nr. 1b EStG kann A einen Betrag i. H. v. 7 500 € (50 % von 15 000 €) ansetzen. B muss korrespondierend hierzu 7 500 € abzüglich 102 € Werbungskostenpauschbetrag nach § 22 Nr. 1c EStG versteuern.

ee) Anspruch auf Abfindung

Verlangt die ausgleichsberechtigte Person von der ausgleichspflichtigen Person für ein noch nicht ausgeglichenes Anrecht eine zweckgebundene Abfindung, die an einen von der ausgleichsberechtigten Person zu bestimmenden Versorgungsträger zu zahlen ist (§ 23 VersAusglG; § 1587l BGB a. F.), scheidet bei der ausgleichspflichtigen Person ein Sonderausgabenabzug nach § 10 Abs. 1 Nr. 1b EStG aus, da die Abfindung nicht zu steuerpflichtigen Einnahmen führt. Ob später einmal steuerpflichtige Einnahmen aus der Versorgungsanwartschaft bezogen werden, die Gegenstand des schuldrechtlichen Ausgleichs ist, steht zum Zeitpunkt der Zahlung der Abfindung nicht fest. Die ausgleichsberechtigte Person hat entsprechend die Abfindung nicht nach § 22 Nr. 1c EStG zu versteuern. 2456

Die als Abfindung geleisteten Zahlungen können von der ausgleichspflichtigen Person steuerlich auch nicht als Versicherungsbeiträge im Sinne des § 10 EStG geltend gemacht werden, weil die Beiträge nicht als Versicherungsnehmer für die eigene Absicherung geleistet werden. Die Zahlung der Abfindung ist ein Vorgang auf der nicht steuerwirksamen privaten Vermögensebene.[1] Dient die 2457

---

1 BMF-Schreiben vom 9. 4. 2010, NWB DokID: NAAAD-40962, Rz. 19 f.

Abfindung dem Ausgleich von Versorgungsbezügen i.S.d. § 19 EStG scheidet ein Werbungskostenabzug ebenfalls aus. Da im Rahmen des Ausgleichs nach der Scheidung die maßgeblichen Bezüge nicht geschmälert werden, dient die Abfindung nicht dem Erhalt der Einkünfte.

2458 Dass Zahlungen zur Abfindung einer im Rahmen des Ausgleichs nach der Scheidung zu zahlenden Ausgleichsrente bei der ausgleichspflichtigen Person nicht abziehbar sind, erscheint systemgerecht, denn in diesen Fällen verbleibt ihr auch ohne Ausgleichszahlung die volle Einkunftsquelle. Erst wenn sie später tatsächlich Versorgungsleistungen bezieht, müsste sie im Rahmen des Ausgleichs nach der Scheidung einen Teil davon an die ausgleichsberechtigte Person transferieren. Diese Transferzahlungen wären als Sonderausgaben nach § 10 Abs. 1 Nr. 1b EStG steuerlich abziehbar. Werden im Bereich der vorweggenommenen Erbfolge Versorgungsleistungen i.S.d. § 10 Abs. 1 Nr. 1a EStG abgefunden, liegt ebenfalls ein Vorgang auf der Vermögensebene vor. Dies kann beim Ausgleich nach der Scheidung wohl nicht anders gehandhabt werden, da § 10 Abs. 1 Nr. 1a EStG und § 10 Abs. 1 Nr. 1b EStG vergleichbare Transfervorschriften innerhalb eines Korrespondenzprinzips sind.

2459 Allerdings erscheint es vertretbar, die zweckgebundene Abfindung bei der ausgleichsberechtigten Person steuermindernd zu berücksichtigen. Zwar zahlt sie die Abfindung nicht selbst in das Zielversorgungssystem ein, sondern die ausgleichspflichtige Person. Es handelt sich aber insoweit um einen der ausgleichsberechtigten Person zustehenden Vermögensvorteil. Vor diesem Hintergrund scheint es vertretbar, in Höhe der Abfindung von einer Beitragszahlung im abgekürzten Zahlungsweg auszugehen.

2460 Eine solche Sichtweise würde auch spätere Zweifachbesteuerungsprobleme vermeiden, denn die ausgleichsberechtigte Person bezieht aufgrund der Abfindung künftig eigene – möglicherweise voll nachgelagert zu besteuernde – Einkünfte aus einem eigenen Anrecht. Denn die Besteuerung der der ausgleichsberechtigten Person (später) zufließenden Leistungen ist davon abhängig, welche Versorgungseinrichtung sie für die Abfindungszahlung als Zielversorgung bestimmt hat. Hat sie bestimmt, dass die Abfindungszahlung an die gesetzliche Rentenversicherung zu leisten ist oder an ein berufsständisches Versorgungswerk i.S.d. § 10 Abs. 1 Nr. 2 Buchst. a EStG, unterliegen die späteren Leistungen nach § 22 Nr. 1 Buchst. a Doppelbuchst. aa EStG der Besteuerung, hat sie z.B. einen Riester-Vertrag als Zielversorgung bestimmt, unterliegen die Leistungen nach § 22 Nr. 5 EStG der Besteuerung.

ff) Anspruch gegen die Witwe oder den Witwer, § 26 VersAusglG

Stirbt die ausgleichspflichtige Person und besteht ein noch nicht ausgeglichenes Anrecht bei einem ausländischen, zwischenstaatlichen oder überstaatlichen Versorgungsträger, aus dem der Versorgungsträger eine Hinterbliebenenversorgung an die Witwe oder den Witwer der ausgleichspflichtigen Person leistet, kann die Witwe oder der Witwer Leistungen, die an den ausgleichberechtigten, geschiedenen Ehegatten des Verstorbenen zu erbringen sind (§ 26 VersAusglG § 3a Abs. 5 VAHRG a. F.), als Sonderausgaben nach § 10 Abs. 1 Nr. 1b EStG geltend machen. Die ausgleichsberechtigte Person hat die Leistungen nach § 22 Nr. 1c EStG zu versteuern.

2461

BEISPIEL: Die Witwe W (zweite Ehefrau des verstorbenen Ausgleichsverpflichteten) bezieht seit dem Jahr 2010 eine Hinterbliebenenrente i. H.v. 10 000 € jährlich von einem Versorgungsträger in der Schweiz. Die Hinterbliebenenrente ist wie eine (große) Witwenrente aus der deutschen gesetzlichen Rentenversicherung nach § 22 Nr. 1 Satz 3 Buchst. a Doppelbuchst. aa EStG zu versteuern. Die geschiedene erste Ehefrau E des Verstorbenen hat gegen W einen Anspruch nach § 26 Abs. 1 VersAusglG auf Versorgungsausgleich i. H.v. 50 % der Rente. W zahlt daher im Jahr 2010 an E eine Ausgleichsrente i. H.v. 5 000 €.

LÖSUNG: Die Leibrente unterliegt bei der Ausgleichsverpflichteten W nach § 22 Nr. 1 Satz 3 Buchst. a Doppelbuchst. aa EStG i. H.v. 6 000 € der Besteuerung (60 % von 10 000 €). Nach § 10 Abs. 1 Nr. 1b EStG kann W von der Ausgleichsrente i. H.v. 5 000 € einen Betrag i. H.v. 3 000 (50 % von 6 000 €) als Sonderausgaben geltend machen. E muss korrespondierend hierzu 3 000 € abzüglich 102 € Werbungskostenpauschbetrag nach § 22 Nr. 1c EStG versteuern.

(Einstweilen frei) 2462–2468

III. Unterhaltsleistungen geschiedener oder dauernd getrennt lebender Ehegatten (Realsplitting)

1. Allgemeines

Seit dem Veranlagungszeitraum 1979 ist das Abzugsverbot des § 12 Nr. 2 EStG für Zuwendungen an gesetzlich unterhaltsberechtigte Personen durchbrochen. Auf Antrag sind Unterhaltsleistungen an den dauernd getrennt lebenden oder geschiedenen Ehegatten bis zum Höchstbetrag von 13 805 € jährlich als Sonderausgaben (§ 10 Abs. 1 Nr. 1 EStG) abziehbar.[1] Das Gleiche gilt in den Fällen der Nichtigkeit oder Aufhebung der Ehe (§ 10 Abs. 1 Nr. 1 Satz 5 EStG). Leistet

2469

---

1 Zur Sonderregelung für Kranken- und Pflegeversicherungsbeiträge für den dauernd getrennt lebenden oder geschiedenen Ehegatten vgl. Rn. 2483 ff.

der Verpflichtete Unterhalt an mehrere Ehegatten, gilt der Höchstbetrag für jeden geschiedenen oder dauernd getrennt lebenden Ehegatten. Die Abzugsmöglichkeit geht nicht auf den Erben über.[1] Der Antrag kann jeweils nur für ein Kalenderjahr gestellt werden; seine Rücknahme ist nicht zulässig (§ 10 Abs. 1 Nr. 1 Satz 2 EStG). Er ist auf einen Teilbetrag der Unterhaltsleistungen beschränkbar.[2] Dem Antrag darf nur entsprochen werden, wenn er mit Zustimmung des Empfängers der Unterhaltsleistungen gestellt worden ist. Grundsätzlich müssen Geber und Empfänger unbeschränkt einkommensteuerpflichtig sein (§ 10 Abs. 1 Nr. 1 Satz 1 EStG).[3] Der Empfänger hat die Beträge, die der Geber abziehen darf, als sonstige Einkünfte nach § 22 Nr. 1a EStG zu versteuern. Der Höchstbetrag gilt auch dann, wenn es sich um Nachzahlungen oder Vorauszahlungen handelt. Möglicherweise wirken sich Nachzahlungen oder Vorauszahlungen daher im Jahr der Zahlung nicht in vollem Umfang steuermindernd aus.

2. Bedeutung des Realsplittings

2470 Durch das begrenzte Realsplitting verschiebt sich die Steuerschuld in dem entsprechenden Umfang vom unterhaltsleistenden Ehegatten auf den unterhaltsempfangenden Ehegatten. Allerdings wird sich der Unterhaltsleistende regelmäßig zur Übernahme der beim Empfänger anfallenden Mehrsteuern verpflichten müssen; der Empfänger wird regelmäßig seine Zustimmung zum Realsplitting davon abhängig machen.

2471 Gleichwohl ist in den meisten Fällen ein Steuervorteil für den unterhaltsleistenden Ehegatten mit dem Realsplitting verbunden, der in der Differenz der Steuerersparnis durch den Sonderausgabenabzug und der niedrigeren übernommenen Steuerbelastung des unterhaltsberechtigten Ehegatten liegt. Der Steuervorteil ist umso höher, je höher der Spitzensteuersatz des unterhaltsverpflichteten und je niedriger der Spitzensteuersatz des unterhaltsberechtigten Ehegatten ist.

2472 Gleicht der Unterhaltsverpflichtete die finanziellen Nachteile des Berechtigten aus, die diesem aus der Zustimmung zum Realsplitting erwachsen, hat er grundsätzlich einen Anspruch auf die Zustimmung.[4] Dieser Anspruch ist zivilrechtlicher Natur.[5] Die Zustimmung stellt eine öffentlich-rechtliche Willens-

---

1 BFH, Urteil vom 12.11.1997, X R 83/94, BStBl 1998 II S.148.
2 R 10.2 Abs. 1 EStR.
3 Zur Ausnahme vgl. Rn. 2491.
4 BGH, Urteil vom 25.3.1983, NJW 1983 S.1545; BFH, Urteil vom 25.10.1988, IX R 53/84, BStBl 1989 II S.192.
5 BFH, Urteil vom 25.7.1990, X R 137/88, BStBl 1990 II S.1022.

erklärung dar. Ist der Unterhaltsberechtigte zur Abgabe dieser Willenserklärung verurteilt worden, kann ihre Abgabe nach § 894 ZPO erzwungen werden. Die Zustimmung gilt grundsätzlich als erteilt, sobald das Urteil rechtskräftig wird. Ist die Zustimmung jedoch davon abhängig gemacht worden, dass der unterhaltsverpflichtete Ehegatte Sicherheit leistet, gilt die Zustimmung erst als erklärt, wenn ihm eine vollstreckbare Ausfertigung des Urteils erteilt worden ist (§ 894 Abs. 1 Satz 2 ZPO).[1] Liegt die Zustimmung des Unterhaltsberechtigten erst vor, nachdem der Einkommensteuerbescheid des Unterhaltsverpflichteten Bestandskraft erlangt hat, und stellt dieser daraufhin den Antrag, ist der Steuerbescheid nach § 175 Abs. 1 Satz 1 Nr. 2 AO durch Abzug der Unterhaltsleistungen als Sonderausgaben nach § 10 Abs. 1 Nr. 1 EStG zu ändern. Durch den Antrag ist die Rechtslage mit Wirkung für die Vergangenheit umgestaltet worden, denn aus nichtabziehbaren Aufwendungen sind durch die Zustimmung und den Antrag Sonderausgaben geworden. Ist die Veranlagung beim Berechtigten bereits durchgeführt worden, stellt der spätere Sonderausgabenabzug des Gebers ebenfalls ein rückwirkendes Ereignis dar, das zu einer Änderung der Steuerfestsetzung beim Empfänger nach § 175 Abs. 1 Satz 1 Nr. 2 AO berechtigt.[2]

3. Begünstigte Unterhaltsleistungen

Zu den Unterhaltsleistungen, die im Rahmen des Realsplittings berücksichtigt werden können, gehören alle Zuwendungen, die ohne Gegenleistung gewährt werden, unabhängig davon, ob es sich um laufende oder einmalige Leistungen handelt oder ob sie in Geld oder Geldeswert (Sachleistungen) bestehen. Ohne Bedeutung ist auch, ob sie über den Rahmen dessen hinausgehen, was der Empfänger nach bürgerlichem Recht beanspruchen kann, ob er wegen seiner Einkommens- und Vermögensverhältnisse und seiner Erwerbsmöglichkeiten nach bürgerlichem Recht überhaupt Unterhaltsleistungen fordern kann oder der Geber aufgrund seiner Leistungsfähigkeit zu entsprechenden Unterhaltsleistungen verpflichtet ist. Berücksichtigungsfähig sind allerdings nur Unterhaltsleistungen für den Ehegatten. Zahlt der Verpflichtete auch Leistungen für die gemeinsamen Kinder, dürften diese nicht in das Realsplitting mit einbezogen werden. Eine einheitlich geleistete Unterhaltszahlung des Unterhaltsverpflichteten an seine geschiedene oder dauernd getrennt lebende Ehefrau und seine Kinder ist daher für Zwecke des Realsplittings nach zivilrechtlichen Grundsätzen – nicht nach Köpfen – aufzuteilen. Dabei kann auf zivilrechtliche

2473

---

[1] BFH, Urteil vom 25. 10. 1988, IX R 53/84, BStBl 1989 II S. 192.
[2] Vgl. FG Münster, Urteil vom 12. 4. 2000, E 8 K 3457/96, EFG 2000 S. 1002, rkr.

Unterhaltstitel oder übereinstimmende Berechnungen der Beteiligten zurückgegriffen werden, sofern nicht einer der Beteiligten die Berechnungen in substantiiert nachvollziehbarer Weise bestreitet.[1]

2474 Vom Begriff der Unterhaltsleistungen erfasst sind grundsätzlich die typischen Aufwendungen zur Bestreitung der Lebensführung, z. B. für die Ernährung, Kleidung, Wohnung. Überlässt der Verpflichtete eine Wohnung unentgeltlich zu Unterhaltszwecken an den Berechtigten und vermindert sich dadurch der Anspruch des unterhaltsberechtigten Ehegatten auf Barunterhalt, so ist die Wohnungsüberlassung einer geldwerten Sachleistung (Ausgabe) gleichzusetzen, mit der lediglich der Zahlungsweg der Unterhaltsleistungen abgekürzt wird. Ebenso kann der Unterhaltsverpflichtete die von ihm übernommenen verbrauchsunabhängigen Kosten der Wohnung einschließlich Schuldzinsen seines geschiedenen Ehegatten bei gleichzeitigem Verzicht auf ihm zustehende Ausgleichsansprüche dem Grunde nach als – im Zahlungswege abgekürzte – Unterhaltsleistungen i. S. d. § 10 Abs. 1 Nr. 1 EStG geltend machen; und zwar auch insoweit, als sie auf einen im Eigentum des unterhaltsberechtigten Ehegatten stehenden Wohnungsanteil entfallen. Maßgeblich hierfür ist, dass der Verpflichtete seinem Ehegatten auch einen entsprechend höheren Barunterhalt hätte bezahlen und im Gegenzug die Erstattung der von ihm übernommenen Kosten hätte fordern können.[2] Wird zwischen Unterhaltsverpflichtetem und Unterhaltsberechtigtem vereinbart, dass der Verpflichtete dem Berechtigten die durch die Besteuerung der Unterhaltsleistungen nach § 22 Nr. 1a EStG entstehende Einkommensteuer erstattet, gehört die Ausgleichszahlung wiederum zu den Unterhaltsleistungen i. S. d. § 10 Abs. 1 Nr. 1 und § 22 Nr. 1a EStG. Zur Berücksichtigung der Kranken- und Pflegeversicherungsbeiträge zur Erlangung eines sozialhilfegleichen Versorgungsniveaus vgl. Rn 2483 ff.

4. Begrenzung des Antrags auf einen Teilbetrag der Unterhaltsleistungen

2475 Wird der Antrag auf Abzug der Unterhaltsleistungen als Sonderausgaben auf einen Teil der Unterhaltszahlungen beschränkt, erfasst die Steuerpflicht nach § 22 Nr. 1a EStG in diesem Falle beim Unterhaltsberechtigten nur den Teil des Unterhalts, den der Verpflichtete nach § 10 Abs. 1 Nr. 1 EStG tatsächlich abzieht. Der überschießende Teil fließt dem Empfänger steuerfrei zu. Wurde der Antrag betragsmäßig begrenzt und liegt die Begrenzung unterhalb des

---

1 Vgl. BFH, Urteil vom 12. 12. 2007, XI R 36/05, BFH/NV 2008 S. 792.
2 Vgl. BFH, Urteil vom 18. 10. 2006, XI R 42/04, BFH/NV 2007 S. 1283.

Höchstbetrags von 13 805 €, kann der Antrag auch nach Bestandskraft des Einkommensteuerbescheides noch erweitert werden. Der erweiterte Antrag stellt in diesem Fall i. V. m. der erweiterten Zustimmungserklärung ein rückwirkendes Ereignis i. S. d. § 175 Abs. 1 Satz 1 Nr. 2 AO dar.[1] Allerdings kann ein einmal beim Finanzamt gestellter Antrag nicht wieder eingeschränkt werden, da eine Rücknahme eines gestellten Antrags laut Gesetz unzulässig ist (§ 10 Abs. 1 Nr. 1 Satz 2 EStG).

Der übersteigende Teil der Unterhaltsleistungen kann nicht als außergewöhnliche Belastungen abgezogen werden.[2] Dies gilt auch für über dem Höchstbetrag liegende Unterhaltsleistungen. Durch Antrag und Zustimmung zum Realsplitting werden alle in dem betreffenden Veranlagungszeitraum geleisteten Unterhaltsaufwendungen zu Sonderausgaben umqualifiziert.[3] Wird hingegen ein Antrag auf Sonderausgabenabzug der Unterhaltsleistungen nicht gestellt, die Zustimmung vom Empfänger wirksam widerrufen oder nicht erteilt, können die für den Lebensunterhalt notwendigen Unterhaltsleistungen (z. B. Wohnungsmiete, Ernährung und Kleidung) beim Geber durch eine Steuerermäßigung bis zu 8 004 €) im Kalenderjahr[4] als außergewöhnliche Belastung berücksichtigt werden.

2476

5. Wirkungen der Zustimmung

Anders als der Antrag auf Sonderausgabenabzug, der jährlich neu gestellt werden muss, gilt die Zustimmung zum Realsplitting grundsätzlich bis zur Erklärung des Widerrufs gegenüber dem Finanzamt (§ 10 Abs. 1 Nr. 1 Satz 3 EStG). Der Widerruf muss vor Beginn des Kalenderjahres erklärt worden sein, für das die Zustimmung erstmals nicht mehr gelten soll (§ 10 Abs. 1 Nr. 1 Satz 4 EStG). Eine im Laufe eines Kalenderjahres widerrufene Zustimmung zum Realsplitting wirkt daher bis zum Ablauf dieses Kalenderjahres fort und entfaltet frühestens ab Beginn des nachfolgenden Kalenderjahres keine Wirkung mehr.[5] Der Widerruf ist sowohl gegenüber dem Wohnsitzfinanzamt des Unterhaltsleistenden als auch gegenüber dem des Unterhaltsempfängers möglich.[6]

2477

---

1 BFH, Urteil vom 28. 6. 2006, BStBl 2007 II S. 5.
2 H 10.2 EStH.
3 BFH, Urteil vom 7. 11. 2000, III R 23/98, BStBl 2001 II S. 338; BFH, Urteil vom 25. 2. 2005, BFH/NV 2005 S. 1276.
4 Der Höchstbetrag ist um alle Einkünfte und Bezüge des Empfängers zu kürzen, die zur Bestreitung seines Unterhalts bestimmt oder geeignet sind, soweit sie 624 € jährlich übersteigen.
5 BFH, Urteil vom 8. 2. 2007, XI B 124/06, BFH/NV 2007 S. 903.
6 BFH, Urteil vom 2. 7. 2003, XI R 8/03, BStBl 2003 II S. 803.

2478 Verweigert der Unterhaltsempfänger die Zustimmung zum Realsplitting, ist die FinVerw nicht verpflichtet zu prüfen, ob die Verweigerung der Zustimmung rechtsmissbräuchlich ist.[1] Dies ist auf zivilrechtlicher Ebene zwischen Unterhaltsverpflichtetem und Unterhaltsberechtigtem zu klären. Ist der Unterhaltsberechtigte allerdings rechtskräftig zur Erteilung der Zustimmung verurteilt worden (§ 894 Abs. 1 ZPO), tritt die Dauerwirkung der Zustimmung nicht ein; sie gilt nur für das Kalenderjahr, das Gegenstand des Rechtstreits war.[2]

2479 Mit Urteil vom 14. 4. 2005[3] hat der BFH entschieden, dass die Zustimmung des Empfängers zu einem der Höhe nach beschränkten Antrag auf Abzug der Unterhaltsleistungen als Sonderausgaben keine der Höhe nach unbeschränkte Zustimmung für die Folgejahre beinhaltet, wovon die FinVerw offensichtlich bis dahin ausging.[4] Die Auffassung, eine einmal erteilte Zustimmung bis auf Widerruf im Sinne einer Blanko-Zustimmung zu verstehen, führt laut BFH zu einer nicht zu vertretenden Benachteiligung der jeweiligen Unterhaltsempfänger und steht damit im Widerspruch zu den gegenläufigen Motiven des Gesetzgebers bei Einführung des Zustimmungserfordernisses im Jahre 1979. Die zu einem bestimmten Abzugsbetrag erteilte Zustimmung gelte daher auch für zukünftige Veranlagungszeiträume nur in dieser Höhe, es sei denn, Unterhaltsleistender und Unterhaltsempfänger einigten sich einvernehmlich auf einen anderen Wert. Die FinVerw hat sich der Auffassung des BFH inzwischen angeschlossen und die Anlage U entsprechend geändert. Stimmt der Empfänger allerdings einem nicht bezifferten Antrag auf Abzug der Zahlungen als Sonderausgaben i. S. d. § 10 Abs. 1 Nr. 1 EStG – also blanko – zu, gilt diese blanko erteilte Zustimmung auch für die Folgejahre, soweit sie nicht rechtzeitig widerrufen oder der Höhe nach beschränkt wird.[5]

6. Korrespondenz zwischen § 22 Nr. 1a und § 10 Abs. 1 Nr. 1 EStG

2480 Wegen der Verknüpfung des Tatbestandes des § 22 Nr. 1a EStG mit § 10 Abs. 1 Nr. 1 EStG sind die Unterhaltsleistungen nur in dem Umfang zu versteuern, in dem sie vom Geber als Sonderausgaben geltend gemacht werden. Die Steuer-

---

1 BFH, Urteil vom 25. 7. 1990, X R 137/88, BStBl 1990 II S. 1022.
2 BFH, Urteil vom 25. 10. 1988, IX R 53/84, BStBl 1989 II S. 192.
3 XI R 33/03, BStBl 2005 II S. 825.
4 In Anlage U hieß es ausdrücklich in Abschnitt B, dass die – bis auf Widerruf geltende – Zustimmung dem Grunde nach – unabhängig von den in Abschn. A bezeichneten Unterhaltsleistungen – gilt.
5 BFH, Urteil vom 12. 12. 2007, XI R 36/05, BFH/NV 2008 S. 792.

pflicht der Unterhaltsleistungen knüpft danach nicht an die abstrakte Möglichkeit der Abziehbarkeit der Unterhaltsleistungen an. Sie setzt vielmehr voraus, dass alle Voraussetzungen für eine Abziehbarkeit erfüllt sein müssen (tatsächliche Unterhaltsleistungen und Antrag des Gebers auf Berücksichtigung der Zahlungen als Sonderausgaben sowie die Zustimmung des Empfängers zur Berücksichtigung der Zahlungen als Sonderausgaben beim Geber). Nur soweit der Geber in dem vom Gesetzgeber vorgegebenen Rahmen einen Antrag auf Berücksichtigung der Zahlungen als Sonderausgaben stellt und diese tatsächlich auch berücksichtigt werden und zu einer Minderung der Einkommensteuer beim Geber führen, sind die Zahlungen als sonstige Einkünfte beim Empfänger zu berücksichtigen.

Das bedeutet, dass allein aufgrund von Angaben des Empfängers sonstige Einkünfte solange noch nicht zu berücksichtigen sind, als bei der Veranlagung zur Einkommensteuer des Gebers Unterhaltsleistungen als Sonderausgaben noch nicht angesetzt worden sind. Der gesetzliche Besteuerungstatbestand ist solange noch nicht erfüllt. Erst mit der Berücksichtigung derartiger Zahlungen als Sonderausgaben bei der Durchführung der Einkommensteuerveranlagung des Gebers findet bei dem Empfänger die Veränderung der einkommensteuerrechtlichen Qualifikation der Unterhaltszahlungen von einkommensteuerrechtlich irrelevanten Vermögenszuflüssen in einkommensteuerrechtlich relevante sonstige Einkünfte statt.[1] Der Wortlaut des § 22 Nr. 1a EStG, „soweit sie ... vom Geber abgezogen werden können" ist nicht abstrakt in dem Sinne zu verstehen, dass die Unterhaltsleistungen immer dann zu versteuern sind, wenn beim Zahlungsverpflichteten der Tatbestand des § 10 Abs. 1 Nr. 1 erfüllt ist. Der Wortlaut bringt vielmehr die Befugnis des Unterhaltsleistenden zum Ausdruck, im Rahmen des § 10 Abs. 1 Nr. 1 EStG entscheiden zu können, in welchem Umfang – bis zum Höchstbetrag von 13 805 € – er seine Zahlungen als Sonderausgaben abziehen will. 2481

Folge davon ist, dass Vorauszahlungen auf die Unterhaltsleistungen beim Empfänger der Unterhaltsleistungen seitens des Finanzamtes nur dann festgesetzt werden dürfen, wenn der Verpflichtete in dem Zeitpunkt – z. B. durch einen Lohnsteuerermäßigungsantrag oder im Rahmen seiner Vorauszahlungsfestsetzung – bereits den Antrag auf Abzug der Unterhaltsleistungen als Sonderausgaben nach § 10 Abs. 1 Nr. 1 EStG gestellt hat. 2482

---

1 U. E. zutreffend in diesem Sinne FG Münster, Urteil vom 12. 4. 2000, 8 K 3457/96 E, EFG 2000 S. 1002, rkr.

7. Kranken- und Pflegeversicherungsbeiträge für den dauernd getrennt lebenden oder geschiedenen Ehegatten

2483 Mit dem Bürgerentlastungsgesetz vom 16. 7. 2009[1] hat der Gesetzgeber eine Sonderregelung für Kranken- und Pflegeversicherungsbeiträge für den geschiedenen oder dauernd getrennt lebenden Ehegatten geschaffen. § 10 Abs. 1 Nr. 1 Satz 2 EStG sieht insoweit eine Sonderregelung vor, wonach sich der Höchstbetrag von 13 805 € für Unterhaltsleistungen an den geschiedenen oder dauernd getrennt lebenden Ehegatten um den Betrag der im jeweiligen Kalenderjahr für die Absicherung dessen sozialhilfegleichen Versorgungsniveaus in der Kranken- und Pflegepflichtversicherung aufgewandten Beiträge erhöht. Nach dem Wortlaut der gesetzlichen Regelung ist für die Erhöhung wohl unerheblich, ob der unterhaltsverpflichtete oder der unterhaltsberechtigte Ehegatte Versicherungsnehmer ist und wer von beiden die Beiträge tatsächlich entrichtet hat.

2484 Es setzt sich also im Ergebnis – nur über eine andere Vorschrift – die für nicht dauernd getrennt lebende Ehegatten geltende Grundregelung fort, dass es unmaßgeblich ist, ob der Unterhaltsberechtigte oder der Unterhaltsverpflichtete Versicherungsnehmer ist. Mit dem Erhöhungsbetrag wird sichergestellt, dass sich die Kranken- und Pflegeversicherungsbeiträge für eine Basisversorgung beim Unterhaltsverpflichteten auch dann steuermindernd auswirken, wenn er den Höchstbetrag von 13 805 € schon mit anderen Unterhaltsleistungen ausgeschöpft hat.

2485 Zu beachten ist allerdings zum einen die Korrespondenz: Was der Unterhaltsverpflichtete nach § 10 Abs. 1 Nr. 1 EStG als Sonderausgaben abziehen kann, muss der Unterhaltsempfänger nach § 22 Nr. 1a EStG versteuern. Dies gilt ab 2010 dann auch für den Erhöhungsbetrag. Eine tatsächliche Freistellung der Basis-Kranken- und Pflegeversicherungsbeiträge kann daher nur durch eine weitere begleitende Regelung erreicht werden, indem nämlich in § 10 Abs. 1 Nr. 3 Satz 3 EStG bestimmt worden ist, dass Beiträge, die der unterhaltspflichtige Ehegatte als Versicherungsnehmer für den dauernd getrennt lebenden oder geschiedenen Ehegatten geleistet hat, als eigene Beiträge des geschiedenen oder dauernd getrennt lebenden Ehegatten behandelt werden. Somit ist – unabhängig davon ob der unterhaltsverpflichtete oder der unterhaltsberechtigte Ehegatte Versicherungsnehmer ist – sichergestellt, dass sich die Kranken- und Pflegeversicherungsbeiträge mit dem dem Realsplitting immanenten Progressionsvorteil beim Unterhaltsverpflichteten steuermindernd auswirken

---

1 BGBl I 2009 S. 1959.

und sich beim Unterhaltsberechtigten Einnahmen nach § 22 Nr. 1a EStG und Sonderausgabenabzug nach § 10 Abs. 1 Nr. 3 Buchst. a und Buchst. b i. V. m. Abs. 4 EStG in gleicher Höhe gegenüberstehen – eine zwar komplizierte, aber letztlich wohl folgerichtige Regelung.

Zum anderen ist jedoch zu beachten, dass diese Regelung nur greift, wenn die Zustimmung des unterhaltsberechtigten Ehegatten zum Realsplitting vorliegt. Verweigert er diese, kann der unterhaltsverpflichtete Ehegatte seine gesamten Unterhaltsleistungen einschließlich ggf. gezahlter Kranken- und Pflegeversicherungsbeiträge für den dauernd getrennt lebenden oder geschiedenen Ehegatten nicht steuermindernd geltend machen. Ein Abzug nach § 10 Abs. 1 Nr. 3 Buchst. a und Buchst. b i. V. m. Abs. 4 EStG scheidet in diesem Fall ebenfalls aus – und zwar auch beim unterhaltsberechtigten Ehegatten, denn aus der Sicht beider Ehegatten liegen keine eigenen Beiträge für eine eigene Absicherung vor. Lediglich in den Fällen, in denen der unterhaltsberechtigte Ehegatte Kranken- und Pflegeversicherungsbeiträge zur Absicherung seines sozialhilfegleichen Versorgungsniveaus aus eigenem Recht erbringt, kann er den Sonderausgabenabzug nach § 10 Abs. 1 Nr. 3 Buchst. a und Buchst. b i. V. m. Abs. 4 EStG beanspruchen. 2486

8. Vorrang des § 22 Nr. 1a EStG vor § 22 Nr. 1 Satz 1 EStG

Die Besteuerung nach § 22 Nr. 1a EStG geht – ebenso wie die der anderen sonstigen Einkünfte – der Besteuerung nach den anderen Einkunftsarten des § 2 EStG nach. Dies dürfte jedoch bei den Unterhaltsleistungen keine praktische Bedeutung erlangen. 2487

Allerdings ist § 22 Nr. 1a EStG gegenüber § 22 Nr. 1 EStG als Spezialvorschrift anzusehen. Dies erlangte bis einschließlich VZ 2007 Bedeutung, wenn der Geber der Unterhaltsleistungen nicht unbeschränkt steuerpflichtig war. In diesem Fall hätte – bei Anwendung des § 22 Nr. 1 EStG – nämlich Satz 2 dieser Vorschrift nicht gegriffen, wonach Bezüge, die einer gesetzlich unterhaltsberechtigten Person gewährt werden, nur dann nicht vom Empfänger der Leistungen zu versteuern waren, wenn der Geber unbeschränkt steuerpflichtig war. D. h. bei Anwendung des § 22 Nr. 1 EStG hätte sich eine Steuerpflicht beim Empfänger ergeben, während diese über § 22 Nr. 1a EStG mangels Sonderausgabenabzug für den nicht unbeschränkt steuerpflichtigen Verpflichteten ausgeschlossen gewesen wäre. 2488

Mit Wirkung ab dem VZ 2008 wurde § 22 Nr. 1 Satz 2 EStG im Rahmen des JStG 2009 aber dergestalt angepasst, dass Unterhaltsleistungen dem Empfänger nach dieser Vorschrift für die Besteuerung auch dann nicht zuzurechnen 2489

Teil E: Besteuerung der übrigen wiederkehrenden Bezüge

sind, wenn der Geber nicht unbeschränkt steuerpflichtig ist. Da der BFH aber im Hinblick auf das Prinzip des Realsplittings (auf übereinstimmenden Antrag steuerlicher Abzug der Unterhaltsleistungen beim Geber, im Gegenzug Versteuerung beim Empfänger) sowieso der Ansicht war, dass die Spezialvorschrift des § 22 Nr. 1a EStG für sämtliche Unterhaltsleistungen, die ein unbeschränkt Steuerpflichtiger von seinem geschiedenen oder dauernd getrennt lebenden Ehegatten bezieht, eine Sperrwirkung entfaltet und die allgemeine Regelung zur Versteuerung wiederkehrender Bezüge (§ 22 Nr. 1 Satz 1 EStG) insoweit verdrängt, hat die gesetzliche Änderung des § 22 Nr. 1 Satz 2 EStG für Unterhaltsleistungen im Rahmen des Realsplittings im Ergebnis keine Bedeutung.[1] Sie führt allenfalls dazu, dass nunmehr die Unterhaltsleistungen beim Empfänger nach beiden Vorschriften (§ 22 Nr. 1 und § 22 Nr. 1a EStG) nicht der Besteuerung unterliegen würden.

2490   Zur Vorrangigkeit der Vorschrift des § 22 Nr. 1a EStG hat der BFH bisher folgende Auffassung vertreten: In Fällen, in denen zwar der Regelungsbereich des § 22 Nr. 1a EStG eröffnet ist, eine Besteuerung der Unterhaltsbezüge aber mangels Erfüllung der Voraussetzungen für den korrespondierenden Sonderausgabenabzug tatsächlich nicht stattfindet, kann die Steuerpflicht der Bezüge nicht auf die verdrängte Regelung des § 22 Nr. 1 EStG gestützt werden. Dies gilt, ohne dass dazu bisher abweichende Auffassungen vertreten worden wären, etwa für Unterhaltsleistungen, bei denen es wegen fehlender Zustimmung des Empfängers nicht zu einem Sonderausgabenabzug kommt; ebenso für Unterhaltsleistungen, die über den Höchstbetrag des § 10 Abs. 1 Nr. 1 EStG hinaus gehen. Nichts anderes kann gelten, wenn der Unterhaltsverpflichtete den Sonderausgabenabzug deshalb nicht in Anspruch nehmen kann, weil er beschränkt steuerpflichtig ist und § 50 Abs. 1 Satz 3 EStG die Anwendung des § 10 Abs. 1 Nr. 1 EStG auf beschränkt Steuerpflichtige ausschließt. Denn auch hier ist der Regelungsbereich des § 22 Nr. 1a EStG zunächst eröffnet, weil es sich um Unterhaltsleistungen zwischen geschiedenen oder dauernd getrennt lebenden Ehegatten handelt. Weder § 22 Nr. 1a EStG noch die dort in Bezug genommene Norm des § 10 Abs. 1 Nr. 1 EStG machen die steuerliche Erfassung von Unterhaltsleistungen beim Empfänger von der Art der Steuerpflicht des Gebers abhängig. Die Nichtsteuerbarkeit der Unterhaltsleistungen beim Empfänger folgt in diesen Fällen – entsprechend den Tatbestandsvoraussetzungen des § 22 Nr. 1a EStG – daraus, dass sie vom Geber (in diesem Fall wegen § 50 Abs. 1 Satz 3 EStG) nicht nach § 10 Abs. 1 Nr. 1 EStG abgezogen werden können. Gesichtspunkte, die es nahe legen, für diesen Fall der Nichterfüllung der

---

1 BFH, Urteil vom 31. 3. 2004, X R 18/03, BStBl 2004 II S. 1047.

Tatbestandsvoraussetzungen des § 22 Nr. 1a EStG – anders als in den dargestellten vergleichbaren Fällen – auf die allgemeine Regelung über die Besteuerung wiederkehrender Bezüge zurückzugreifen, sind nicht ersichtlich.

9. Keine unbeschränkte Steuerpflicht des Empfängers

§ 10 Abs. 1 Nr. 1 EStG fordert, dass sowohl der Geber als auch der Empfänger der Unterhaltsleistungen unbeschränkt einkommensteuerpflichtig sind. Ein unbeschränkt einkommensteuerpflichtiger Staatsangehöriger eines Mitgliedstaats der EU oder des EWR kann Unterhaltsaufwendungen im Rahmen des Realsplittings aber auch dann absetzen, wenn der geschiedene oder dauernd getrennt lebende Ehegatte zwar nicht unbeschränkt einkommensteuerpflichtig ist, aber in einem anderen Mitgliedstaat der EU bzw. des EWR wohnt und der Geber durch eine Bescheinigung der zuständigen ausländischen Steuerbehörde jährlich nachweist, dass der Empfänger den erhaltenen Betrag in dem Staat versteuert, in dem er ansässig ist (§ 1a Abs. 1 Nr. 1 EStG). Vor diesem Hintergrund hat der BFH mit Urteil vom 13. 12. 2005[1] entschieden, dass ein Abzug von Unterhaltsleistungen im Rahmen des Realsplittings an einen in Österreich lebenden geschiedenen Ehegatten nicht in Betracht kommt, da dieser die Zahlungen in Österreich nicht versteuern muss und demgemäß eine Bescheinigung über die Besteuerung der Unterhaltsleistungen nicht vorgelegt werden kann.

2491

(Einstweilen frei)

2492–2495

IV. Abzug der Jahreserbschaftsteuer nach § 23 ErbStG als dauernde Last

1. Allgemeines

Wählt der Erwerber einer Rente oder anderer wiederkehrender Leistungen im Fall der Schenkung oder der Erbschaft die Versteuerung nach § 23 ErbStG, kann es in bestimmten Fällen zu einer Gesamtbelastung mit Erbschaftsteuer und Einkommensteuer kommen, die höher ist als die gewollte Doppelbelastung, die sich im Regelfall aus dem Nebeneinander von Erbschaft- und Einkommensteuer ergibt. Dies ist darauf zurückzuführen, dass die Erbschaftsteuer in diesen Fällen statt vom abgezinsten Wert des Anspruchs im Zeitpunkt des Rechtserwerbs nach dem Jahreswert der wiederkehrenden Leistungen er-

2496

---

[1] XI R 5/02 HFR 2006 S. 568.

hoben wird mit der Folge, dass die darin enthaltenen Erträge sowohl der Erbschaft- als auch der Einkommensteuer unterliegen.

2. Rechtslage bis 1998

2497 Bis einschließlich 1998 sah das Gesetz in § 35 EStG vor, dass die um sonstige Steuerermäßigungen gekürzte tarifliche Einkommensteuer auf Antrag ermäßigt wurde, wenn bei der Ermittlung des Einkommens Einkünfte berücksichtigt wurden, die im Veranlagungszeitraum oder in den vorangegangenen vier Veranlagungszeiträumen als Erwerb von Todes wegen der Erbschaftsteuer unterlegen haben. Nach § 35 Satz 3 EStG war die Tarifermäßigung des § 35 Satz 1 EStG jedoch ausgeschlossen, soweit Erbschaftsteuer nach § 10 Abs. 1 Nr. 1a EStG als Sonderausgaben abgezogen wurde.

2498 Der Abzug als dauernde Last nach § 10 Abs. 1 Nr. 1a EStG scheint zunächst in Widerspruch zu dem Verbot des Abzugs von Personensteuern zu stehen (§ 12 Nr. 3 EStG). Die Erbschaftsteuer ist nach der Rechtsprechung des BFH eine Personensteuer[1] und § 12 Nr. 3 EStG hatte nach den einleitenden Worten des § 12 EStG Vorrang vor dem Sonderausgabenabzug von Renten und dauernden Lasten (§ 10 Abs. 1 Nr. 1a EStG). Aus den einleitenden Worten des § 12 EStG ergab sich zwar, dass das Abzugsverbot des § 12 Nr. 3 EStG hinsichtlich der meisten Aufwendungen, die nach § 10 EStG zu den Sonderausgaben zählen, durchbrochen war; das galt aber nicht für die nach § 10 Abs. 1 Nr. 1a EStG abziehbaren Aufwendungen. Der BFH sah den Abzug der vom Jahreswert wiederkehrender Nutzungen oder Leistungen entrichteten Erbschaftsteuer nach dieser Vorschrift jedoch i.V.m. § 35 Satz 3 EStG als eine „spezialgesetzliche Ausnahme" an.[2]

2499 Dieser Auffassung des BFH war u. E. im Ergebnis zuzustimmen.[3] § 10 Abs. 1 Nr. 1a EStG ist durch das StÄndG 1979 aus dem Vorbehalt, den § 12 EStG zugunsten des § 10 EStG enthält, herausgenommen worden. Damit sollte klargestellt werden, dass § 12 Nr. 3 EStG den Abzug von Renten und dauernden Lasten ausschließt, soweit es sich dabei um freiwillige Zuwendungen, Zuwendungen aufgrund einer freiwillig begründeten Rechtspflicht oder Zuwendungen an gesetzlich unterhaltsberechtigte Personen handelt. Dass darüber hinaus auch beabsichtigt war, mit der Gesetzesänderung den Abzug der jährlich

---

1 Urteile vom 9. 8. 1983, VIII R 35/80, BStBl 1984 II S. 27; vom 7. 12. 1990, X R 72/89, BStBl 1991 II S. 350 und vom 23. 2. 1994, X R 123/92, BStBl 1994 II S. 690.
2 BFH, Urteil vom 23. 2. 1994, X R 123/92, BStBl 1994 II S. 690.
3 Gl. A. H 87 EStH.

gezahlten Erbschaftsteuer zu untersagen, geht aus der Begründung des Gesetzentwurfs nicht hervor.[1] Da der Wortlaut des Gesetzes somit über den Gesetzeszweck hinausging, war es u. E. geboten, diesen Abzug weiterhin zuzulassen.

Nach dem Leitsatz des BFH-Urteils vom 23. 3. 1994 war der Abzug als dauernde Last nur zulässig, soweit Einkünfte als Erwerb von Todes wegen mit Erbschaftsteuer belastet waren. Das waren sie aber nur in Höhe des Ertrags- oder Zinsanteils. In Höhe des Kapitalanteils der wiederkehrenden Leistungen konnte der Empfänger den Abzug der gezahlten Erbschaftsteuer als dauernde Last daher nicht geltend machen. 2500

Problematisch war, ob die nach § 23 ErbStG gezahlte Erbschaftsteuer eine dauernde Last darstellte, wenn sie auf wiederkehrende Leistungen entfiel, deren Laufzeit von der Lebensdauer eines Menschen abhing. Die vom Jahreswert wiederkehrender Leistungen zu entrichtende Erbschaftsteuer wurde in diesen Fällen zunächst nicht als Leibrente angesehen, weil sie nicht auf einem Stammrecht beruhte. Da ein Stammrecht nach der neueren Beurteilung nicht mehr zu den Voraussetzungen einer Leibrente gehört, kam es für die Beurteilung der für die Lebenszeit des Empfängers zu entrichtenden Erbschaftsteuerzahlungen im Wesentlichen wohl nur noch darauf an, ob sie gleichmäßig waren. U. E. war die Gleichmäßigkeit zu bejahen. Der Jahreswert wird nach § 17 Abs. 3 BewG für den Stichtag, an dem die Steuer entstanden ist (§§ 9, 11 ErbStG) berechnet und mit dem nach § 19 ErbStG maßgebenden Prozentsatz im Erbschaftsteuer-Bescheid festgesetzt. Spätere Veränderungen führen aufgrund des Stichtagsprinzips nicht zu einer Berichtigung des Bescheids. Die Annahme einer Leibrente konnte jedoch nicht befriedigen. Wäre die Erbschaftsteuerzahlung in den erwähnten Fällen als Leibrente zu behandeln gewesen, hätte der Zweck des Sonderausgabenabzugs – die Vermeidung der Doppelbelastung mit Erbschaft- und Einkommensteuer – wegen der Begrenzung des Abzugs auf den Ertragsanteil nur teilweise erreicht werden können. Aus diesem Grund kam wohl nur der Abzug als dauernde Last in Betracht, auch wenn begrifflich die Voraussetzungen einer Leibrente vorliegen konnten. 2501

3. Rechtslage von 1999 bis 2004

Mit Wirkung zum 1. 1. 1999 ist § 35 EStG im Rahmen des Steuerentlastungsgesetzes 1999/2000/2002 aus Vereinfachungsgründen gestrichen worden.[2] 2502

---

1 BT-Drucks. 8/2116 und 8/2118.
2 Vgl. BT-Drucks. 14/23 S. 183.

Damit ist u. E. das Abzugsverbot des § 12 Nr. 3 EStG für die nach dem Jahreswert der wiederkehrenden Leistungen bemessene Erbschaftsteuer wieder aufgelebt. Denn der BFH hatte die Abziehbarkeit als dauernde Last nach § 10 Abs. 1 Nr. 1a EStG nach dieser Vorschrift nur i.V. m. § 35 Satz 3 EStG als eine „spezialgesetzliche Ausnahme" von § 12 Nr. 3 EStG angesehen.[1] Mit Wegfall des § 35 EStG war damit u. e. automatisch auch die Berechtigung für den Sonderausgabenabzug nach § 10 Abs. 1 Nr. 1a EStG entfallen.

4. Rechtslage von 2005 bis 2008

2503   Ab 2005 konnten zunächst Zweifel bestehen, ob § 12 Satz 1 EStG noch den Vorrang des § 12 Nr. 3 EStG vor § 10 Abs. 1 Nr. 1a EStG regelt. Im Rahmen des AltEinkG wurde der Einleitungssatz in § 12 EStG nämlich dergestalt geändert, dass nichtabziehbare Aufwendungen nur insoweit vorliegen, als in § 10 Abs. 1 Nr. 1 bis 4, 6, 7 und 9, § 10a, § 10b und den §§ 33 bis 33c EStG nichts anderes bestimmt ist. Ziel der Änderung war es, die nunmehr in § 10 Abs. 1 Nr. 3 EStG geregelten übrigen Vorsorgeaufwendungen vom Abzugsverbot des § 12 EStG auszunehmen. Allerdings ist durch die Formulierung „Nr. 1 bis 4" – versehentlich – auch die Nr. 1a ausgenommen worden. Dieses Versehen hat der Gesetzgeber im Rahmen des Gesetzes zur steuerlichen Förderung von Wachstum und Beschäftigung vom 26. 4. 2006 mit Wirkung ab dem 6. 5. 2006 bereinigt. Ab dem Veranlagungszeitraum 2008 hat der Gesetzgeber im Übrigen durch das JStG 2008 den Sonderausgabenabzug nach § 10 Abs. 1 Nr. 1a EStG ausdrücklich auf Versorgungsleistungen im Zusammenhang mit Vermögensübergaben im Wege der vorweggenommenen Erbfolge eingeschränkt. Damit kommt ein Abzug der Jahreserbschaftsteuer ab 2008 – unabhängig von § 12 Satz 1 EStG – nicht mehr in Betracht.

2504   Aber auch für die Jahre vor 2008 erfüllen die Erbschaftsteuerzahlungen u. E. nicht die Tatbestandsvoraussetzungen des § 10 Abs. 1 Nr. 1a EStG. Abziehbar waren auf besonderen Verpflichtungsgründen beruhende Renten und dauernde Lasten, die nicht mit Einkünften in wirtschaftlichem Zusammenhang stehen, die bei der Veranlagung außer Betracht bleiben. Der BFH hat den Anwendungsbereich dieser Vorschrift in ständiger Rechtsprechung dahin gehend präzisiert, dass zu unterscheiden ist zwischen der zeitlich gestreckten Vermögensumschichtung, die nicht zu einem Abzug einer dauernden Last führt, und dem Sonderrecht der Vermögensübergabe gegen Versorgungsleistungen (private Versorgungsrente). Hauptanwendungsfall der in vollem Umfang abziehbaren

---

[1] BFH, Urteil vom 23. 2. 1994, X R 123/92, BStBl 1994 II S. 690.

dauernden Last ist danach die anlässlich einer Vermögensübergabe zur Vorwegnahme der Erbfolge vereinbarte private Versorgungsrente. Hier behält sich der Übergeber einen Teil der Erträge des übergebenen Vermögens vor. Der Sache nach findet „ein Transfer steuerlicher Leistungsfähigkeit" statt. Der besagte Transfer wird nach der ständigen Rechtsprechung des BFH in der Weise rechtstechnisch verwirklicht, dass die Aufwendungen beim Übernehmer abziehbar und die entsprechenden Zuflüsse beim Übergeber steuerbar sind. Hierdurch werden – materiell korrespondierend – die vom Vermögensübernehmer erwirtschafteten Einkünfte mit der Wirkung auf den Übergeber übergeleitet, dass sie (nur) von diesem zu versteuern sind. Werden demgegenüber außerhalb des Sonderrechts der Vermögensübergabe gegen private Versorgungsrente wiederkehrende (Gegen-)Leistungen vereinbart, greift der den Abzug als dauernde Last (ohne Verrechnung mit dem Wert einer erbrachten Gegenleistung; sog. Wertverrechnung) oder als Leibrente legitimierende Gesichtspunkt der „vorbehaltenen Vermögenserträge" nicht ein; es gelten daher § 12 EStG und die allgemeinen Grundsätze des Einkommensteuerrechts uneingeschränkt. Zu diesen gehören die Grundsätze über entgeltliche Rechtsgeschäfte, insbesondere die Nichtabziehbarkeit privater Schuldzinsen. Einer der privaten Versorgungsrente vergleichbaren Rechtstechnik des Transfers von Einkünften bedient sich der Gesetzgeber bei der Ausgestaltung des Realsplittings (§ 10 Abs. 1 Nr. 1, § 22 Nr. 1a EStG). Einen Grund dafür, dass weitere Anwendungsfälle der dauernden Last vom Abzugsverbot des § 12 EStG ausgeschlossen sein sollten, sieht der BFH nicht. Sie würden – wie beim schuldrechtlichen Versorgungsausgleich – nur dort in Betracht kommen, wo nach der Wertung des Gesetzgebers der vorstehend beschriebene steuerliche Effekt eines Transfers von Einkünften stattfinden soll. Diese Voraussetzungen liegen bei der Jahreserbschaftsteuerzahlung nicht vor.[1]

5. Rechtslage ab 2009

Durch die Einführung des § 35b EStG ab dem VZ 2009, der den Wortlaut des alten § 35 EStG aufgreift, hat sich die Rechtslage abermals geändert. Seitdem kann die um sonstige Steuerermäßigungen gekürzte Einkommensteuer auf Antrag wieder ermäßigt werden, wenn bei der Ermittlung des Einkommens Einkünfte berücksichtigt wurden, die im Veranlagungszeitraum oder in den vorangegangenen vier Veranlagungszeiträumen als Erwerb von Todes wegen der Erbschaftsteuer unterlegen haben. Soweit § 35b Satz 3 EStG weiterhin die Einschränkung vorsieht, dass die Tarifermäßigung ausgeschlossen ist, soweit

2505

---

1 Gl. A. offensichtlich auch die FinVerw, denn H 87 EStH ist inzwischen gestrichen worden.

die Erbschaftsteuer nach § 10 Abs. 1 Nr. 1a EStG abgezogen wird, läuft diese Regelung leer, da die Jahreserbschaftsteuer zumindest nach der Neuregelung des § 10 Abs. 1 Nr. 1a EStG keine nach dieser Vorschrift abziehbare Versorgungsleistung (mehr) darstellt (vgl Rn. 2504).

2506–2510 (Einstweilen frei)

V. Rentenversicherungen und Lebensversicherungen gegen fremdfinanzierten Einmalbetrag

1. Modellgestaltung

2511 Seit den 1990er Jahren wurden verstärkt Versicherungsmodelle angeboten, bei denen dem Anleger eine zusätzliche private Absicherung in Aussicht gestellt wurde, die er durch Bankkredit und Steuerersparnisse finanzierte. Der Anleger schloss hierfür eine Renten- oder Kapitallebensversicherung gegen Einmalbetrag ab, aus der er eine lebenslange Altersversorgung („Rente") bezieht, oftmals ergänzt um eine umfangreiche Hinterbliebenenversorgung. Der Einmalbetrag (die Versicherungsprämie) wurde durch ein Bankdarlehen finanziert. Während der Finanzierungsdauer von ca. 10-15 Jahren entstanden dem Anleger zumeist erhebliche Verluste aus § 20 EStG und/oder § 22 EStG. Mit Urteil vom 15.12.1999[1] hat der BFH grundlegend zu einem derartigen Modell Stellung genommen. Werden Verluste geltend gemacht, ist zunächst zu prüfen, ob die Vertragsabschlüsse mit Totalüberschusserzielungsabsicht erfolgt sind.

2512 Die Modelle setzen sich grundsätzlich aus folgenden Komponenten zusammen:

▶ Lebenslange Altersversorgung

Rentenversicherung gegen Einmalbetrag ohne Kapitalwahlrecht mit sofort beginnender Rentenzahlung

oder

Lebensversicherung gegen Einmalbetrag mit regelmäßigen Auszahlungen („Teilkündigungen")

---

[1] X R 23/95, BStBl 2000 II S. 267.

▶ Finanzierung des Einmalbetrags

Bankkredit, zumeist mit einem 5 bis 10 %-igen Disagio, einer Laufzeit von bis zu 15 Jahren, einer kürzeren Zinsfestschreibung und der Tilgungsaussetzung bis zum Ende der Laufzeit

▶ Tilgung des Bankkredits

Lebensversicherung gegen Einmalbetrag (dann Aufnahme eines zusätzlichen Kredits zur Finanzierung dieses Einmalbetrags) oder gegen laufende Beitragsleistung (aus Eigenmitteln)

oder

Wertpapierdepot (für Anteile an Investmentfonds); entweder Einmalanlage (dann Aufnahme eines zusätzlichen Kredits zur Finanzierung der Investmentanteile) oder Abschluss eines Investmentsparplans (jährliche Käufe erfolgen aus Eigenmitteln)

▶ Sicherung des Bankkredits

Ansprüche aus der Lebensversicherung werden zur Sicherheit an die Banken abgetreten, das Wertpapierdepot verpfändet; Abschluss einer Risikolebensversicherung gegen laufende Beitragsleistung.

Sinn der Konzepte ist es, den Steuerpflichtigen auch während der Finanzierungsphase möglichst weitgehend von der Belastung frei zu stellen, Eigenmittel einzusetzen. Die nicht durch die Rentenzahlungen abgedeckten Zinsverbindlichkeiten sollen daher möglichst durch die Steuervorteile (Verrechnung der Verluste aus §§ 20, 22 EStG mit anderen positiven Einkünften) ausgeglichen werden. Es wurden zahlreiche Versicherungsmodelle auf dem Markt angeboten, die alle im Wesentlichen nach dem obigen Grundprinzip funktionieren und – je nach Initiator – unter unterschiedlichen Namen (z. B. System-Rente, Lombard-Plan, Euro-Plan) angeboten wurden.[1]

2513

2. Steuerliche Behandlung der unterschiedlichen Komponenten

Der Steuerpflichtige erzielt aus den Rentenversicherungen Einkünfte aus § 22 EStG, aus den Lebensversicherungen, die zur lebenslangen Altersvorsorge und/oder zur Kredittilgung abgeschlossen wurden, Einkünfte aus § 20 Abs. 1 Nr. 6 oder 7 EStG und aus den zur Tilgung eingesetzten Wertpapierdepots (Anteile

2514

---

[1] In der Verfügung der OFD Rheinland vom 28. 11. 2011, S 2212-1002-St 225 werden einige verbreitete Modelle skizziert.

Teil E: Besteuerung der übrigen wiederkehrenden Bezüge

an Investmentfonds) Einkünfte aus § 20 Abs. 1 Nr. 1 EStG. Die Finanzierungskosten für die Einmalbeträge dieser Einkunftsquellen, also den Erwerb der Kapitalanlagen, stellen grundsätzlich Werbungskosten im Rahmen der betreffenden Einkunftsarten dar. Während der Finanzierungsphase erzielt der Steuerpflichtige hohe Verluste aus den Einkunftsarten.

2515 Aus Rentenversicherungen und ähnlichen Produkten, die eine lebenslange Versorgung sicher stellen sollen, bezieht der Steuerpflichtige von Anfang an lebenslänglich Einnahmen. Vielfach erfolgen Rentenzahlungen über seinen Tod hinaus an seine Erben oder sonstige als Bezugsberechtigte eingesetzte Personen. Aus der zur Tilgung eingesetzten Lebensversicherung bezieht der Steuerpflichtige hingegen nur einmalig – bei Vertragsende – Kapitalerträge. Die gleichfalls zur Tilgung eingesetzten Investmentanteile (regelmäßig Anteile an thesaurierenden Investmentfonds) werfen jährlich Kapitalerträge ab (jährliche Zuflussfiktion z. B. nach § 39 Abs. 1 Satz 2 KAGG, § 17 Abs. 1 Satz 3 AuslInvestmG, § 2 Abs. 1 InvStG).

2516 Für die Anerkennung von Verlusten ist zum einen Voraussetzung, dass zwischen den Finanzierungskosten und den späteren Renteneinkünften ein eindeutiger wirtschaftlicher Zusammenhang besteht. Dieser ist nicht deshalb zu verneinen, weil Rentenzahlungen erst nach einer Aufschubfrist einsetzen. Denn bei dieser Versicherungsform besteht kein ordentliches Kündigungsrecht nach § 165 VVG; eine außerordentliche Kündigung ist nur in Ausnahmefällen möglich. Es ist daher gewährleistet, dass der Steuerpflichtige im Erlebensfall Rentenzahlungen i. S. d. § 22 EStG beziehen wird. Für die Anerkennung der Verluste ist des Weiteren Voraussetzung, dass jede Kapitalanlage (für sich gerechnet) voraussichtlich einen steuerlichen Totalüberschuss abwerfen wird. Für den BFH[1] ist hierbei unerheblich, dass ein Überschuss möglicherweise erst in mehreren Jahrzehnten (im Urteilsfall nach 39 Jahren) anfällt. Gleichermaßen unmaßgeblich ist, dass unter Berücksichtigung der jährlichen Geldentwertung die zukünftigen positiven Erträge die anfänglichen Verluste nicht abdecken werden, da bei der Überschussprognose strikt die Nennbeträge der Einnahmen und Kosten zugrunde zu legen sind. Auf den Umfang des Erfolges kommt es nicht entscheidend an; auch ein „bescheidener Überschuss" reicht als Indiz aus; so spricht der BFH selbst bei einem rechnerischen Überschuss von ca. 9 000 € (also – bei einem Zeitraum von etwa 4 Jahrzehnten – einem durchschnittlichen jährlichen steuerlichen Ertrag von nur ca. 225 € für eine Investition im Wert von 60 000 €) sogar von einem „deutlichen" Überschuss und stellt

---

[1] Urteil vom 15. 12. 1999, X R 23/95, BStBl 2000 II S. 267.

hierbei erkennbar nur auf eine absolute Zahl, aber nicht auf eine wirtschaftliche Berechnung ab. Der VIII. Senat des BFH betrachtet es in seinem Urteil vom 7.12.1999[1] hierbei auch als unerheblich, wenn die nicht steuerbaren Vermögensvorteile (also insbesondere Steuervorteile sowie Kursgewinne bei den Investmentplänen) die steuerpflichtigen Erträge deutlich übersteigen.

Bei der Gesamtwürdigung einer Überschussprognose sind die allgemein zugänglichen Erfahrungswerte der Vergangenheit verstärkt heranzuziehen. Gravierende nachträgliche Veränderungen können für spätere Veranlagungszeiträume bedeutsam werden, allerdings auch nur dann, soweit es dem Steuerpflichtigen möglich und zumutbar sein sollte, auf die veränderte Situation zu reagieren. 2517

Zu den Einzelheiten der Besteuerung vgl. Vfg. der Oberfinanzdirektion Rheinland 28.11.2011.[2] 2518

(Einstweilen frei) 2519–2525

3. Einschränkung der Modelle durch § 2b EStG

Durch das Steuerentlastungsgesetz 1999/2000/2002 vom 24.3.1999[3] hat der Gesetzgeber die Berücksichtigung von Verlusten aus Verlustzuweisungsmodellen und ähnlichen Modellen erheblich eingeschränkt. Negative Einkünfte aufgrund von Beteiligungen an Gesellschaften oder Gemeinschaften oder ähnlichen Modellen durften danach nicht mehr mit anderen Einkünften ausgeglichen werden, wenn bei dem Erwerb oder der Begründung der Einkunftsquelle die Erzielung eines steuerlichen Vorteils im Vordergrund stand (§ 2b Satz 1 EStG). Die Erzielung eines steuerlichen Vorteils stand insbesondere dann im Vordergrund, wenn nach dem Betriebskonzept der Gesellschaft oder Gemeinschaft oder des ähnlichen Modells die Rendite auf das einzusetzende Kapital nach Steuern mehr als das Doppelte dieser Rendite vor Steuern betrug und ihre Betriebsführung überwiegend auf diesem Umstand beruhte, oder wenn Kapitalanlegern Steuerminderungen durch Verlustzuweisungen in Aussicht gestellt wurden. 2526

Die FinVerw hat mit BMF-Schreiben vom 22.8.2001[4] klargestellt, dass § 2b EStG auch alle modellhaften Anlage- bzw. Investitionstätigkeiten einzelner Steuerpflichtiger außerhalb einer Gesellschaft oder Gemeinschaft erfasst. Es 2527

---

1 VIII R 8/98, BFH/NV 2000 S. 825.
2 S 2212-1002-St 225.
3 BGBl 1999 I S. 402.
4 BStBl 2001 I S. 588.

sei nicht erforderlich, dass mehrere Steuerpflichtige im Hinblick auf die Einkünfteerzielung im weitesten Sinn gemeinsam tätig würden, also eine einer Gesellschaft oder Gemeinschaft ähnliche Verbundenheit bestünde. Als Beispiel hierfür nennt sie eine fremdfinanzierte Renten- oder Lebensversicherung gegen fremdfinanzierten Einmalbeitrag.[1]

2528 Erfüllte ein fremdfinanziertes Rentenversicherungsmodell die Voraussetzungen des § 2b EStG, durften die Verluste aus der Ansparphase nicht mehr mit anderen Einkünften verrechnet werden, sondern nur noch mit positiven Einkünften aus diesem oder anderen Modellen i. S. d. § 2b EStG.

2529 § 2b EStG ist anzuwenden für Einkünfte aus einer Einkunftsquelle, die der Steuerpflichtige nach dem 4. 3. 1999 und vor dem 11. 11. 2005 rechtswirksam erworben oder begründet hat.

4. Weitere Einschränkung durch § 15b EStG

2530 Durch das am 22. 12. 2005 verabschiedete Gesetz zur Beschränkung der Verlustverrechnung im Zusammenhang mit Steuerstundungsmodellen[2] hat der Gesetzgeber die Verlustverrechnungsmöglichkeiten derartiger Modelle weiter eingeschränkt. Verluste im Zusammenhang mit einem Steuerstundungsmodell dürfen nach § 15b Abs. 1 EStG weder mit Einkünften aus Gewerbebetrieb noch mit anderen Einkünften aus anderen Einkunftsarten ausgeglichen werden; sie dürfen auch nicht nach § 10d EStG abgezogen werden. Die Verluste mindern nur noch die Einkünfte, die der Steuerpflichtige in den folgenden Wirtschaftsjahren aus derselben Einkunftsquelle erzielt. Ein solches Steuerstundungsmodell liegt vor, wenn innerhalb der Anfangsphase das Verhältnis der Summe der prognostizierten Verluste zur Höhe des gezeichneten und nach dem Konzept auch aufzubringenden Kapitals oder bei Einzelinvestitionen des eingesetzten Eigenkapitals 10 % übersteigt (§ 15b Abs. 3 EStG).

2531 Durch entsprechende Verweise in den §§ 13, 18, 20 Abs. 1 Nr. 4, 21 und 22 Nr. 1 EStG auf § 15b EStG hat der Gesetzgeber sichergestellt, dass von der Verlustverrechnungsbeschränkung u. a. auch Verluste aus sonstigen Einkünften (insbesondere bei sog. Renten-/Lebensversicherungsmodellen gegen finanzierten Einmalbeitrag) erfasst werden.

2532 Die Verlustverrechnungsbeschränkung des § 15b EStG gilt mit Wirkung ab dem 11. 11. 2005, d. h. – bezogen auf die fremdfinanzierten Renten- und Le-

---

1 BStBl 2001 I S. 588, Rz. 11 f.
2 BGBl 2005 I S. 3683.

bensversicherungsmodelle – in allen Fällen, in denen der Steuerpflichtige die Investition nach dem 10.11.2005 rechtsverbindlich getätigt hat. Gleichzeitig ist die bisher für Verlustzuweisungsgesellschaften geltende Regelung des § 2b EStG aufgehoben worden.

Anhang

Internet-Service

Folgende wichtige BMF-Schreiben stehen nach Freischaltung der Online-Version (s. vorne S. 2) zum kostenlosen Download zur Verfügung:

Zum Thema Vermögensübergabe:

BMF-Schreiben vom 11. 3. 2010, BStBl 2010 I S. 227; NWB DokID: RAA-AD-39637.

Zum Thema Alterseinkünfte:

BMF-Schreiben vom 24. 7. 2013, BStBl 2013 I S. 1022; NWB DokID: OAA-AD-40752 unter Berücksichtigung der Änderungen durch das BMF-Schreiben vom 13. 1. 2014, BStBl 2014 I S. 97; NWB DokID: MAAAE-53147 (Fassung gültig ab 1. 1. 2014).*

BMF-Schreiben vom 19. 8. 2013, BStBl 2013 I S. 1087, NWB DokID: VAA-AD-42202 unter Berücksichtigung der Änderungen durch das BMF-Schreiben vom 10. 1. 2014, BStBl 2014 I S. 70; NWB DokID: CAAAE-53146 (Fassung gültig ab 1. 1. 2014).*

BMF-Schreiben vom 1. 10. 2009, BStBl I 2009 S. 1172.

Zum Thema Versorgungsausgleich nach der Scheidung:

BMF-Schreiben vom 9. 4. 2010, BStBl 2010 I S. 323; NWB DokID: NAAAD-40962

---

* Gedruckte Fassung red. bearbeitet und zusammengefasst. Im Internet einzeln abrufbar.

BMF v. 24. 7. 2013 (BStBl 2013 I 1022); mit Änderungen ab 1. 1. 2014 (BStBl 2014 I 97)

Steuerliche Förderung der privaten Altersvorsorge und betrieblichen Altersversorgung

Zur steuerlichen Förderung der privaten Altersvorsorge und betrieblichen Altersversorgung nehme ich im Einvernehmen mit den obersten Finanzbehörden der Länder wie folgt Stellung:

Für die Inanspruchnahme des Sonderausgabenabzugs nach § 10a EStG wird, was die Prüfungskompetenz der Finanzämter betrifft, vorab auf § 10a Abs. 5 Satz 4 EStG hingewiesen, wonach die vom Anbieter mitgeteilten übrigen Voraussetzungen für den Sonderausgabenabzug nach § 10a Abs. 1 bis 3 EStG (z. B. die Zulageberechtigung oder die Art der Zulageberechtigung) im Wege des automatisierten Datenabgleichs nach § 91 EStG durch die zentrale Stelle (Zentrale Zulagenstelle für Altersvermögen – ZfA –) überprüft werden.

A. Private Altersvorsorge

I. Förderung durch Zulage und Sonderausgabenabzug

1. Begünstigter Personenkreis

a) Allgemeines

Die persönlichen Voraussetzungen müssen im jeweiligen Beitragsjahr (Veranlagungszeitraum) zumindest während eines Teils des Jahres vorgelegen haben. 1

b) Unmittelbar begünstigte Personen

aa) Pflichtversicherte in der inländischen gesetzlichen Rentenversicherung (§ 10a Abs. 1 Satz 1 Halbsatz 1 EStG) und Pflichtversicherte nach dem Gesetz über die Alterssicherung der Landwirte (§ 10a Abs. 1 Satz 3 EStG)

In der inländischen gesetzlichen Rentenversicherung pflichtversichert ist, wer nach §§ 1 bis 4, 229, 229a und 230 des Sechsten Buches Sozialgesetzbuch (SGB VI) der Versicherungspflicht unterliegt. Hierzu gehört der in der Anlage 1 Abschnitt A aufgeführte Personenkreis. Allein die Zahlung von Pflichtbeiträgen zur inländischen gesetzlichen Rentenversicherung ohne Vorliegen einer Versicherungspflicht, beispielsweise von dritter Seite aufgrund eines Forderungs- 2 überganges (Regressierung) wegen eines Schadensersatzanspruchs (§ 119 des Zehnten Buches Sozialgesetzbuch – SGB X –), begründet nicht die Zugehörigkeit zu dem nach § 10a Abs. 1 Satz 1 EStG begünstigten Personenkreis.

3   Pflichtversicherte nach dem Gesetz über die Alterssicherung der Landwirte gehören, soweit sie nicht als Pflichtversicherte der inländischen gesetzlichen Rentenversicherung ohnehin bereits anspruchsberechtigt sind, in dieser Eigenschaft ebenfalls zum begünstigten Personenkreis. Darunter fallen insbesondere die in Anlage 1 Abschnitt B aufgeführten Personen.

bb)   Empfänger von inländischer Besoldung und diesen gleichgestellte Personen (§ 10a Abs. 1 Satz 1 Halbsatz 2 EStG)

4   Zum begünstigten Personenkreis nach § 10a Abs. 1 Satz 1 Halbsatz 2 EStG gehören:

▶ Empfänger von inländischer Besoldung nach dem Bundesbesoldungsgesetz – BBesG – oder einem entsprechenden Landesbesoldungsgesetz (§ 10a Abs. 1 Satz 1 Halbsatz 2 Nr. 1 EStG),

▶ Empfänger von Amtsbezügen aus einem inländischen Amtsverhältnis, deren Versorgungsrecht die entsprechende Anwendung des § 69e Abs. 3 und 4 des Beamtenversorgungsgesetzes – BeamtVG – vorsieht (§ 10a Abs. 1 Satz 1 Halbsatz 2 Nr. 2 EStG),

▶ die nach § 5 Abs. 1 Satz 1 Nr. 2 und 3 SGB VI versicherungsfrei Beschäftigten und die nach § 6 Abs. 1 Satz 1 Nr. 2 SGB VI oder nach § 230 Abs. 2 Satz 2 SGB VI von der Versicherungspflicht befreiten Beschäftigten, deren Versorgungsrecht die entsprechende Anwendung des § 69e Abs. 3 und 4 BeamtVG vorsieht (§ 10a Abs. 1 Satz 1 Halbsatz 2 Nr. 3 EStG),

▶ Beamte, Richter, Berufssoldaten und Soldaten auf Zeit, die ohne Besoldung beurlaubt sind, für die Zeit einer Beschäftigung, wenn während der Beurlaubung die Gewährleistung einer Versorgungsanwartschaft unter den Voraussetzungen des § 5 Abs. 1 Satz 1 SGB VI auf diese Beschäftigung erstreckt wird (§ 10a Abs. 1 Satz 1 Halbsatz 2 Nr. 4 EStG) und

▶ Steuerpflichtige im Sinne von § 10a Abs. 1 Satz 1 Nr. 1 bis 4 EStG, die beurlaubt sind und deshalb keine Besoldung, Amtsbezüge oder Entgelt erhalten, sofern sie eine Anrechnung von Kindererziehungszeiten nach § 56 SGB VI in Anspruch nehmen könnten, wenn die Versicherungsfreiheit in der inländischen gesetzlichen Rentenversicherung nicht bestehen würde (§ 10a Abs. 1 Satz 1 Halbsatz 2 Nr. 5 EStG). Der formale Grund für die Beurlaubung ist insoweit ohne Bedeutung.

Einzelheiten ergeben sich aus der Anlage 2 zu diesem Schreiben. 5

Neben den vorstehend genannten Voraussetzungen ist für die steuerliche Förderung die schriftliche Einwilligung zur Weitergabe der für einen maschinellen Datenabgleich notwendigen Daten von der zuständigen Stelle (§ 81a EStG) an die ZfA erforderlich. Die Einwilligung ist spätestens bis zum Ablauf des zweiten Kalenderjahres, das auf das Beitragsjahr folgt, gegenüber der zuständigen Stelle zu erteilen. Die zuständigen Stellen haben die Daten nach § 10a Abs. 1 Satz 1 EStG **bis zum 31. März des dem Beitragsjahr folgenden Kalenderjahres an die ZfA zu übermitteln (§ 91 Abs. 2 Satz 1 EStG). Liegt die Einwilligung erst nach diesem Meldetermin vor, hat die zuständige Stelle die Daten nach § 10a Abs. 1 Satz 1 EStG** zeitnah – spätestens bis zum Ende des folgenden Kalendervierteljahres – nach Vorlage der Einwilligung an die ZfA zu übermitteln (§ 91 Abs. 2 **Satz 2** EStG). Wechselt die zuständige Stelle, muss gegenüber der neuen zuständigen Stelle eine Einwilligung abgegeben werden.

Auch der Gesamtrechtsnachfolger (z. B. Witwe, Witwer) kann die Einwilligung innerhalb der Frist für den Verstorbenen/die Verstorbene nachholen.

Wenn ein Angehöriger dieses Personenkreises keine Sozialversicherungsnummer hat, muss über die zuständige Stelle eine Zulagenummer bei der ZfA beantragt werden (§ 10a Abs. 1a EStG).

cc) **Pflichtversicherten gleichstehende Personen**

Nach § 10a Abs. 1 Satz 3 EStG stehen den Pflichtversicherten der inländischen 6 gesetzlichen Rentenversicherung Personen gleich, die **eine Anrechnungszeit nach § 58 Abs. 1 Nr. 3 oder Nr. 6 SGB VI in der gesetzlichen Rentenversicherung erhalten** und unmittelbar vor einer Anrechnungszeit nach § 58 Abs. 1 Nr. 3 oder Nr. 6 SGB VI zum begünstigten Personenkreis nach § 10a Abs. 1 Satz 1, Satz 3 erster Halbsatz oder Satz 4 EStG gehörten. Der unmittelbare zeitliche Zusammenhang ist gegeben, wenn im Veranlagungszeitraum vor dem Beginn der Anrechnungszeit eine Zugehörigkeit zum genannten begünstigten Personenkreis bestand. Anrechnungszeiten nach § 58 Abs. 1 Nr. 3 SGB VI erhalten Personen, die wegen Arbeitslosigkeit bei einer deutschen Agentur für Arbeit als Arbeitsuchende gemeldet waren und eine öffentlich-rechtliche Leistung bezogen oder nur wegen des zu berücksichtigenden Einkommens oder Vermögens nicht bezogen haben. Anrechnungszeiten nach § 58 Abs. 1 Nr. 6 SGB VI erhalten Personen, die nach dem 31. Dezember 2010 Arbeitslosengeld II bezogen haben; dies gilt nicht für Empfänger der Leistung,

▶ die Arbeitslosengeld II nur darlehensweise oder

- nur Leistungen nach § 24 Abs. 3 Satz 1 des Zweiten Buches Sozialgesetzbuch bezogen haben oder
- die aufgrund von § 2 Abs. 1a des Bundesausbildungsförderungsgesetzes keinen Anspruch auf Ausbildungsförderung gehabt haben oder
- deren Bedarf sich nach § 12 Abs. 1 Nr. 1 des Bundesausbildungsförderungsgesetzes, nach § 62 Abs. 1 oder § 124 Abs. 1 Nr. 1 des Dritten Buches Sozialgesetzbuch bemessen hat oder
- die versicherungspflichtig beschäftigt oder versicherungspflichtig selbständig tätig gewesen sind oder eine Leistung bezogen haben, wegen der sie nach § 3 Satz 1 Nr. 3 SGB VI versicherungspflichtig gewesen sind.

Wird eine **Anrechnungszeit** in der Rentenversicherung nicht gewährt, weil

- durch die Zeit der Arbeitslosigkeit keine versicherungspflichtige Beschäftigung oder selbständige Tätigkeit im Sinne von § 58 Abs. 2 SGB VI unterbrochen worden ist oder
- die Anwartschaftszeiten in der Arbeitslosenversicherung nicht erfüllt waren oder
- sich der Arbeitslose nicht bei einer Agentur für Arbeit als Arbeitssuchender gemeldet hat, besteht keine Förderberechtigung nach § 10a Abs. 1 Satz 3 EStG.

dd) Entsendete Pflichtversicherte und Beamte, denen eine Tätigkeit im Ausland zugewiesen wurde

7   Bei Pflichtversicherten in der inländischen gesetzlichen Rentenversicherung, die von ihrem Arbeitgeber entsendet werden, ergibt sich die Zugehörigkeit zum begünstigten Personenkreis unmittelbar aus § 10a Abs. 1 Satz 1 Halbsatz 1 EStG.

8   Beamte, denen im dienstlichen oder öffentlichen Interesse vorübergehend eine Tätigkeit bei einer öffentlichen Einrichtung außerhalb der Bundesrepublik Deutschland zugewiesen wurde (§ 123a BRRG) und die in ihrem bisherigen inländischen Alterssicherungssystem verbleiben, gehören unmittelbar zu der nach § 10a Abs. 1 Satz 1 Nr. 1 EStG begünstigten Personengruppe.

ee) Bezieher einer Rente wegen voller Erwerbsminderung oder Erwerbsunfähigkeit oder einer Versorgung wegen Dienstunfähigkeit

9   Zum begünstigten Personenkreis nach § 10a Abs. 1 Satz 4 EStG gehören Personen, die nicht nach § 10a Abs. 1 Satz 1 oder 3 EStG begünstigt sind und eine Rente wegen voller Erwerbsminderung oder Erwerbsunfähigkeit oder eine Ver-

sorgung wegen Dienstunfähigkeit aus einem der in § 10a Abs. 1 Satz 1 oder 3 EStG genannten inländischen Alterssicherungssysteme beziehen, wenn sie unmittelbar vor dem Bezug der Leistung einer in § 10a Abs. 1 Satz 1 oder 3 EStG genannten Personengruppe angehörten. Eine vorangegangene Zugehörigkeit zu einer begünstigten Personengruppe ist auch anzunehmen, wenn eine Förderberechtigung nur wegen des Fehlens der Einwilligung (Rz. 5) nicht bestand. Der Bezug einer Rente wegen teilweiser Erwerbsminderung oder einer Rente wegen Berufsunfähigkeit begründet keine Zugehörigkeit zum begünstigten Personenkreis nach § 10a Abs. 1 Satz 4 EStG. Voraussetzung für die Inanspruchnahme der steuerlichen Förderung bei Beziehern einer Versorgung wegen Dienstunfähigkeit ist die Erteilung einer Einwilligungserklärung (Rz. 5). Zum begünstigten Personenkreis gehören auch Bezieher einer Rente wegen voller Erwerbsminderung oder Erwerbsunfähigkeit oder einer Versorgung wegen Dienstunfähigkeit, deren Rente/Versorgung vor dem 1. Januar 2002 begonnen hat.

Ein tatsächlicher Bezug der Rente wegen voller Erwerbsminderung oder Erwerbsunfähigkeit oder Versorgung wegen Dienstunfähigkeit ist nicht erforderlich, wenn ein Anspruch dem Grunde nach besteht (einschließlich Antragstellung), aber die Rente oder Versorgung aufgrund von Anrechnungsvorschriften (z. B. § 93 Abs. 1 SGB VI, §§ 53 ff. BeamtVG) nicht geleistet wird. 10

Gehörte der Empfänger einer Versorgung wegen Dienstunfähigkeit vor Beginn der Versorgung zum begünstigten Personenkreis und wechselt die zuständige Stelle (§ 81a EStG) wegen des Versorgungsbezugs, muss er gegenüber der die Versorgung anordnenden Stelle seine Einwilligung (vgl. Rz. 5) erklären. 11

Bei den Personen nach § 10a Abs. 1 Satz 4 EStG ist der unmittelbare zeitliche Zusammenhang gegeben, wenn im Veranlagungszeitraum vor dem Eintritt der vollen Erwerbsminderung/Erwerbsunfähigkeit oder Dienstunfähigkeit eine Zugehörigkeit zur Personengruppe nach § 10a Abs. 1 **Satz 1 oder** 3 EStG bestand. Dies gilt entsprechend für den in Rz. **17** genannten Personenkreis. 12

Die Begünstigung nach § 10a Abs. 1 Satz 4 EStG endet, wenn die anspruchsbegründende Leistung wegfällt oder in eine Altersrente umgestellt wird, spätestens jedoch mit der Vollendung des 67. Lebensjahres des Steuerpflichtigen. Rz. 1 findet Anwendung. 13

ff) Bestandsschutz ausländische Alterssicherungssysteme

Aufgrund der Änderung durch das Gesetz zur Umsetzung steuerlicher EU-Vorgaben sowie zur Änderung steuerlicher Vorschriften (BGBl. I 2010 S. 386) ge- 14 hören ab dem 1. Januar 2010 die in einem ausländischen Alterssicherungssystem Versicherten nicht mehr zum Kreis der nach § 10a Abs. 1 EStG begünstigten Personen. Für Altfälle sieht das Gesetz eine Bestandsschutzregelung im § 52 Abs. 24c EStG vor.

(1) Pflichtversicherte in einer ausländischen gesetzlichen Rentenversicherung

15 Zum begünstigten Personenkreis gehören nach § 52 Abs. 24c Satz 2 EStG auch Pflichtmitglieder in einem ausländischen gesetzlichen Alterssicherungssystem, wenn diese Pflichtmitgliedschaft

▶ mit einer Pflichtmitgliedschaft in einem inländischen Alterssicherungssystem nach § 10a Abs. 1 Satz 1 oder 3 EStG vergleichbar ist und

▶ vor dem 1. Januar 2010 begründet wurde,

sofern sie unbeschränkt einkommensteuerpflichtig sind oder für das Beitragsjahr nach § 1 Abs. 3 EStG als unbeschränkt einkommensteuerpflichtig behandelt werden. Das gilt ebenso für den Fall der Arbeitslosigkeit, wenn die Pflichtversicherung in der ausländischen gesetzlichen Rentenversicherung fortbesteht. Endet die Pflichtmitgliedschaft in diesem ausländischen gesetzlichen Alterssicherungssystem oder wird sie für länger als ein Beitragsjahr unterbrochen, endet der Bestandsschutz des § 52 Abs. 24c Satz 2 EStG.

16 In analoger Anwendung des § 52 Abs. 24c Satz 4 EStG erfolgt die Gleichstellung der in einer ausländischen Pflichtversicherung Versicherten mit denen, die in der inländischen gesetzlichen Rentenversicherung abgesichert sind, wenn der Anleger vor dem 1. Januar 2010 einen Vertrag abgeschlossen hat. Wird der vom Anleger vor dem 1. Januar 2010 abgeschlossene Vertrag gekündigt, ist dieser für die Prüfung der Voraussetzungen der Bestandsschutzregelung des § 52 Abs. 24c EStG nicht zu berücksichtigen. Ein nach dem 31. Dezember 2009 abgeschlossener Vertrag ist für die Prüfung der Voraussetzungen der Bestandsschutzregelung des § 52 Abs. 24c EStG nicht zu berücksichtigen, selbst wenn Altersvorsorgevermögen von einem vor dem 1. Januar 2010 abgeschlossenen Vertrag auf diesen übertragen wird. Für die Anwendung des § 10a/Abschnitt XI EStG im Rahmen der Bestandsschutzregelung werden nur Altersvorsorgebeiträge zugunsten eines vor dem 1. Januar 2010 abgeschlossenen Vertrags berücksichtigt (vgl. Rz. 39).

(2) Bezieher einer Rente wegen voller Erwerbsminderung oder Erwerbsunfähigkeit oder einer Versorgung wegen Dienstunfähigkeit aus einem ausländischen Alterssicherungssystem

Die Bestandsschutzregelung gilt auch für Personen, 17

▶ die aus einem vergleichbaren ausländischen gesetzlichen Alterssicherungssystem eine Leistung erhalten, die mit einer Rente wegen voller Erwerbsminderung oder Erwerbsunfähigkeit oder einer Versorgung wegen Dienstunfähigkeit aus einem der in § 10a Abs. 1 Satz 1 oder 3 EStG genannten inländischen Alterssicherungssysteme vergleichbar ist,

▶ die unmittelbar vor dem Bezug dieser Leistung einer der in Rz. 2 bis 8, 15, 18 oder 19 genannten Personengruppen angehörten,

▶ das 67. Lebensjahr noch nicht vollendet haben und

unbeschränkt einkommensteuerpflichtig sind oder für das Beitragsjahr nach § 1 Abs. 3 EStG als unbeschränkt einkommensteuerpflichtig behandelt werden (vgl. Rz. 39).

(3) Beschäftigte internationaler Institutionen

Für die Anwendung der Bestandsschutzregelung des § 52 Abs. 24c Satz 2 EStG 18 sind die Alterssicherungssysteme der folgenden internationalen Organisationen als ein einem begünstigten inländischen Alterssicherungssystem vergleichbares Alterssicherungssystem anzusehen:

▶ Bank für Internationalen Zahlungsausgleich (BIZ),
▶ Europäische Agentur für Flugsicherheit (EASA),
▶ Europäische Investitionsbank (EIB),
▶ Europäische Kommission (KOM),
▶ Europäische Organisation für astronomische Forschung in der südlichen Hemisphäre, (ESO),
▶ Europäische Organisation für die Nutzung meteorologischer Satelliten (EUMETSAT),
▶ Europäische Organisation für Kernforschung (CERN),
▶ Europäische Organisation zur Sicherung der Luftfahrt (EUROCONTROL),
▶ Europäische Patentorganisation (EPO),
▶ Europäische Weltraumorganisation (ESA),
▶ Europäische Zentralbank (EZB),
▶ Europäischer Rechnungshof (EuRH),

- Europäisches Hochschulinstitut (EHI),
- Europäisches Laboratorium für Molekularbiologie (EMBL),
- Europäisches Patentamt (EPA),
- Europäisches Zentrum für mittelfristige Wettervorhersage (EZMV, engl. ECWMF),
- Europarat,
- Nordatlantikvertragsorganisation (NATO),
- Organisation für wirtschaftliche Zusammenarbeit und Entwicklung (OECD),
- Vereinte Nationen (VN) und
- Westeuropäische Union (WEU).

Das Alterssicherungssystem der Gemeinsamen Organisation der Rüstungskooperation (OCCAR) ist hingegen für die Anwendung der Bestandsschutzregelung des § 52 Abs. 24c Satz 2 EStG nicht als ein einem begünstigten inländischen Alterssicherungssystem vergleichbares Alterssicherungssystem anzusehen.

19   Bedienstete der Europäischen Gemeinschaften (Beamte und sonstige Bedienstete) sind für die Beurteilung der Zugehörigkeit zum begünstigten Personenkreis so zu behandeln, als bestünde für sie eine Pflichtmitgliedschaft in einem ausländischen gesetzlichen Rentenversicherungssystem, die mit einer Pflichtmitgliedschaft in einem inländischen Alterssicherungssystem nach § 10a Abs. 1 Satz 1 oder 3 EStG vergleichbar ist.

c) **Nicht unmittelbar begünstigte Personen**

20   Nicht unmittelbar begünstigt sind insbesondere die in Anlage 1 Abschnitt C aufgeführten Personengruppen.

d) **Mittelbar zulageberechtigte Personen**

21   Bei Ehegatten oder Lebenspartnern einer Lebensgemeinschaft *nach dem Lebenspartnerschaftsgesetz (BGBl I 2001 S. 266) – LPartG –* (nachfolgend: Lebenspartner), von denen nur ein Ehegatte/Lebenspartner unmittelbar zulageberechtigt ist, ist auch der andere Ehegatte/Lebenspartner (mittelbar) zulageberechtigt, wenn

- die Ehegatten/Lebenspartner nicht dauernd getrennt gelebt haben (§ 26 Abs. 1 EStG),
- beide Ehegatten/Lebenspartner jeweils einen auf ihren Namen lautenden, nach § 5 des Altersvorsorgeverträge-Zertifizierungsgesetzes (AltZertG) zer-

tifizierten Vertrag (Altersvorsorgevertrag) abgeschlossen haben oder der unmittelbar zulageberechtigte Ehegatte/Lebenspartner über eine förderbare Versorgung im Sinne des § 82 Abs. 2 EStG bei einer Pensionskasse, einem Pensionsfonds oder über eine nach § 82 Abs. 2 EStG förderbare Direktversicherung verfügt und der andere Ehegatte/Lebenspartner einen auf seinen Namen lautenden, nach § 5 AltZertG zertifizierten Vertrag abgeschlossen hat,

▶ sie ihren Wohnsitz oder gewöhnlichen Aufenthalt in einem Mitgliedstaat der Europäischen Union oder einem Staat gehabt haben, auf den das Abkommen über den Europäischen Wirtschaftsraum anwendbar ist, (EU-/EWR-Staat),

▶ der nicht unmittelbar zulageberechtigte Ehegatte/Lebenspartner Altersvorsorgebeiträge in Höhe von mindestens 60 € auf seinen Altersvorsorgevertrag geleistet hat. Eine anteilige Zahlung ist nicht ausreichend; dies gilt auch, wenn dieser Ehegatte/Lebenspartner innerhalb des Beitragsjahres verstirbt und

▶ bei dem Altersvorsorgevertrag, für den die Zulage beansprucht wird, die Auszahlungsphase noch nicht begonnen hat.

Die Voraussetzungen für das Vorliegen einer mittelbaren Zulageberechtigung sind für jedes Beitragsjahr gesondert zu prüfen.

Es reicht nicht aus, wenn der nicht unmittelbar zulageberechtigte Ehegatte/ *Lebenspartner* über eine förderbare Versorgung im Sinne des § 82 Abs. 2 EStG bei einer Pensionskasse, einem Pensionsfonds oder über eine nach § 82 Abs. 2 EStG förderbare Direktversicherung verfügt **hat** (BFH-Urteil vom 21. Juli 2009, BStBl II S. 995). Zum Sonderausgabenabzug nach § 10a EStG vgl. Rz. **95**. Im Hinblick auf die Beantragung einer Zulagenummer wird auf § 89 Abs. 1 Satz 4 EStG verwiesen. 22

Die mittelbare Zulageberechtigung entfällt, **wenn** 23

▶ der mittelbar Zulageberechtigte unmittelbar zulageberechtigt wird,

▶ der unmittelbar zulageberechtigte Ehegatte/*Lebenspartner* **für das Beitragsjahr** nicht mehr zum zulageberechtigten Personenkreis gehört,

▶ die Ehegatten/*Lebenspartner* **im gesamten Beitragsjahr** dauernd getrennt **gelebt haben,**

▶ mindestens ein Ehegatte/*Lebenspartner* seinen Wohnsitz oder gewöhnlichen Aufenthalt **im gesamten Beitragsjahr** nicht mehr in einem EU-/EWR-Staat, **gehabt** hat.

24 Ein mittelbar zulageberechtigter Ehegatte/*Lebenspartner* verliert im Fall der Auflösung der Ehe bzw. der Aufhebung der eingetragenen Lebenspartnerschaft – auch wenn die Ehegatten/*Lebenspartner* nicht bereits während des ganzen Jahres getrennt gelebt haben – bereits für das Jahr der Auflösung der Ehe bzw. der Aufhebung der Lebenspartnerschaft seine Zulageberechtigung, wenn der unmittelbar Zulageberechtigte im selben Jahr wieder geheiratet hat bzw. eine neue *Lebenspartnerschaft* begründet hat und er und der neue Ehegatte/*Lebenspartner* nicht dauernd getrennt leben und ihren Wohnsitz oder gewöhnlichen Aufenthalt in einem EU-/EWR-Staat, haben.

25 nicht belegt

2. Altersvorsorgebeiträge (§ 82 EStG)

a) Private Altersvorsorgebeiträge

26 Altersvorsorgebeiträge im Sinne des § 82 Abs. 1 EStG sind die zugunsten eines auf den Namen des Zulageberechtigten lautenden nach § 5 AltZertG zertifizierten Vertrags (Altersvorsorgevertrag) bis zum Beginn der Auszahlungsphase geleisteten Beiträge und Tilgungsleistungen. Die dem Vertrag gutgeschriebenen oder zur Tilgung eingesetzten Zulagen stellen – anders als im AltZertG – keine Altersvorsorgebeiträge dar und sind daher selbst nicht zulagefähig. Beiträge zugunsten von Verträgen, bei denen mehrere Personen Vertragspartner sind, sind nicht begünstigt. Dies gilt auch für Verträge, die von Ehegatten/Lebenspartnern gemeinsam abgeschlossen werden. Der Notwendigkeit zum Abschluss eigenständiger Verträge steht jedoch nicht entgegen, wenn eine dritte Person oder der Ehegatte/ Lebenspartner für das im Rahmen eines zertifizierten Altersvorsorgevertrags aufgenommene Darlehen mithaftet. Sämtliche Beträge, die bei den in § 3 Nr. 55 bis 55c EStG genannten Übertragungsvorgängen übertragen werden, sind nach § 82 Abs. 4 Nr. 5 EStG für die Berücksichtigung als Altersvorsorgebeiträge ausgeschlossen. *Es wird jedoch nicht beanstandet, wenn der Zulageberechtigte für die im Jahr der Übertragung an den abgebenden Anbieter gezahlten Beiträge über den annehmenden Anbieter eine Zulage beantragt, sofern dem annehmenden Anbieter die Höhe der an den abgebenden Anbieter im laufenden Jahr gezahlten Beiträge bekannt ist.*

27 Altersvorsorgebeiträge nach § 82 Abs. 1 Satz 1 Nr. 2 EStG sind die zugunsten eines auf den Namen des Zulageberechtigten lautenden Altersvorsorgevertrags geleisteten Tilgungen für ein Darlehen, das der Zulageberechtigte ausschließlich für eine nach dem 31. Dezember 2007 vorgenommene wohnungswirtschaftliche Verwendung im Sinne des § 92a Abs. 1 Satz 1 EStG eingesetzt hat, vgl. hierzu Rz. 241 bis 256. Dies gilt auch, wenn das für eine **wohnungswirt-**

schaftliche Verwendung im Sinne des § 92a Abs. 1 Satz 1 Nr. 1 oder 2 EStG aufgenommene Darlehen später auf einen zertifizierten Altersvorsorgevertrag in Form eines Darlehensvertrags umgeschuldet wird; auch mehrfache Umschuldungen sind in den Fällen der wohnungswirtschaftlichen Verwendung im Sinne des § 92a Abs. 1 Satz 1 Nr. 1 oder 2 EStG möglich. Es kommt nicht darauf an, ob das abgelöste Darlehen im Rahmen eines zertifizierten Altersvorsorgevertrags gewährt worden ist und ob der Zulageberechtigte alleiniger oder gemeinschaftlicher Darlehensnehmer des abgelösten Darlehens war. Die für die Tilgungsleistungen gezahlten Zulagen sind unmittelbar für die Tilgung des jeweiligen Darlehens zu verwenden. Bei Beiträgen zugunsten mehrerer Altersvorsorgeverträge vgl. Rz. 114, 115. Der Zulageberechtigte muss die vertragsgemäße Verwendung des Darlehens gegenüber seinem Anbieter nachweisen. Der Anbieter hat solange ganz oder teilweise von nicht ordnungsgemäß verwendeten Darlehensbeträgen auszugehen, bis die ordnungsgemäße Verwendung nachgewiesen ist.

Setzt sich ein Altersvorsorgevertrag aus einer Vertragsgestaltung im Sinne des § 1 Abs. 1 AltZertG und einem Rechtsanspruch auf Gewährung eines Darlehens zusammen (§ 1 Abs. 1a Satz 1 Nr. 2 AltZertG), handelt es sich bei den geleisteten Beiträgen für den Vertragsteil, der nach § 1 Abs. 1 AltZertG ausgestaltet ist, um Altersvorsorgebeiträge nach § 82 Abs. 1 Satz 1 Nr. 1 EStG und bei den zur Tilgung des Darlehens geleisteten Zahlungen um Altersvorsorgebeiträge nach § 82 Abs. 1 Satz 1 Nr. 2 EStG. 28

Handelt es sich um Zahlungen zugunsten eines zertifizierten Altersvorsorgevertrags nach § 1 Abs. 1a Satz 1 Nr. 3 AltZertG, ist zu differenzieren: Zahlungen, die unmittelbar für die Tilgung des Darlehens eingesetzt werden, sind Tilgungsleistungen nach § 82 Abs. 1 Satz 1 Nr. 2 EStG. Wird mit den vom Zulageberechtigten geleisteten Zahlungen jedoch zunächst Altersvorsorgevermögen gebildet, welches zu einem späteren Zeitpunkt zur Tilgung des Darlehens eingesetzt wird und ist dies bereits bei Vertragsabschluss unwiderruflich vereinbart worden, dann gelten die geleisteten Zahlungen bereits im Zahlungszeitpunkt als Tilgungsleistungen nach § 82 Abs. 1 Satz 3 EStG. 29

Der in der zu zahlenden Kreditrate enthaltene Zinsanteil sowie die anfallenden Kosten und Gebühren sind keine Altersvorsorgebeiträge und damit nicht nach § 10a/Abschnitt XI EStG begünstigt. Die Förderung bezieht sich nur auf den in der gezahlten Kreditrate enthaltenen Tilgungsanteil. 30

Die während der Nichtnutzung aufgrund des beruflichen Umzugs geleisteten Tilgungsbeträge sind **ab dem Jahr nach Aufgabe der Selbstnutzung bis zur Wiederaufnahme der Selbstnutzung** keine Altersvorsorgebeiträge und damit 31 nicht nach § 10a/Abschnitt XI EStG begünstigt, auch wenn die weiteren steuerlichen Folgen (Besteuerung des Wohnförderkontos bzw. schädliche Verwendung i. S. d. § 93 EStG) wegen der Regelung des § 92a Abs. 4 EStG nicht eintreten. Nach § 82 Abs. 1 Satz 5 EStG werden Tilgungsleistungen nur berücksichtigt, wenn das zugrunde liegende Darlehen für eine nach dem 31. Dezember 2007 vorgenommene wohnungswirtschaftliche Verwendung i. S. d. § 92a Abs. 1 Satz 1 EStG eingesetzt wurde. Eine wohnungswirtschaftliche Verwendung i. S. d. § 92a EStG liegt in der Zeit der berufsbedingten Nichtnutzung nicht vor, da die Wohnung in dieser Zeit weder die Hauptwohnung noch den Mittelpunkt der Lebensinteressen des Zulageberechtigten darstellt. Die ZfA hat den Anbieter über eine Bescheiderteilung nach § 92a Abs. 4 Satz 3 EStG, eine Wiederaufnahme der Selbstnutzung nach einem beruflichen Umzug sowie den Wegfall der Voraussetzungen nach § 92a Abs. 4 EStG zu informieren.

32 Wird gefördertes Altersvorsorgevermögen von einem Altersvorsorgevertrag im Sinne des § 1 Abs. 1 oder Abs. 1a Satz 1 Nr. 2 AltZertG in einen Altersvorsorgevertrag im Sinne des § 1 Abs. 1a Satz 1 Nr. 3 AltZertG übertragen (§ 1 Abs. 1 Nr. 10 Buchstabe b AltZertG), sind ab dem Zeitpunkt der Übertragung des gebildeten Kapitals, frühestens ab der Inanspruchnahme des Vorfinanzierungsdarlehens oder des Zwischenkredits, die damit übertragenen und bereits geförderten Beiträge nicht mehr Beiträge im Sinne des § 82 Abs. 1 Satz 1 Nr. 1 EStG, sondern bereits geförderte Tilgungsleistungen nach § 82 Abs. 1 Satz 3 EStG. Dies gilt auch, wenn ein Altersvorsorgevertrag im Sinne des § 1 Abs. 1a Satz 1 Nr. 3 AltZertG für eine Umschuldung im Sinne der Rz. 27 genutzt wird.

33 Der Zulageberechtigte kann für abgelaufene Beitragsjahre bis einschließlich 2011 Altersvorsorgebeiträge auf einen auf seinen Namen lautenden Altersvorsorgevertrag nachzahlen (§ 52 Abs. 63b EStG), wenn er

▶ im jeweiligen für die Nachzahlung bestimmten Beitragsjahr bereits einen Altersvorsorgevertrag hatte,

▶ im fristgerechten Antrag auf Zulage für dieses Beitragsjahr eine mittelbare Zulageberechtigung angegeben hat und

▶ tatsächlich aber unmittelbar zulageberechtigt war.

Die Nachzahlungsmöglichkeit besteht längstens bis zum Beginn der Auszahlungsphase des Altersvorsorgevertrags. Die Zahlung dieser Beiträge muss bis zum Ablauf von zwei Jahren nach Erteilung der Bescheinigung nach § 92 EStG erfolgen, mit der zuletzt Ermittlungsergebnisse für das betreffende Beitragsjahr bescheinigt wurden. Im Sinne einer anlegergerechten Umsetzung der Maßnahmen kann von der Fristenprüfung für Beitragsnachzahlungen in den

Jahren 2012 und 2013 im Billigkeitswege abgesehen werden. Die Nachzahlung muss nicht auf den Altersvorsorgevertrag geleistet werden, für den der Antrag auf Zulage für dieses Beitragsjahr gestellt wurde. Eine Nachzahlung auf eine betriebliche Altersversorgung im Sinne des § 82 Abs. 2 EStG ist nicht zulässig. Der Anbieter meldet die nachgezahlten Altersvorsorgebeiträge zusammen mit den korrigierten Daten des Zulageantrags oder des Änderungsantrags für das jeweilige Beitragsjahr, für das die Nachzahlung erfolgt ist. Erfolgt nach der bereits gemeldeten Nachzahlung für dieses Beitragsjahr eine weitere Nachzahlung, hat der Anbieter einen korrigierten Antragsdatensatz mit dem Gesamtnachzahlungsbetrag zu melden.

Eine Nachzahlungsmöglichkeit nach § 52 Abs. 63b EStG für die Erben oder den überlebenden Ehegatten/*Lebenspartner* besteht nicht, da nach dem Tod des Zulageberechtigten kein auf den Namen des Zulageberechtigten lautender Vertrag mehr besteht. 34

b) **Beiträge im Rahmen der betrieblichen Altersversorgung**

Auf die Ausführungen in Rz. 303 ff. und 331 ff. wird hingewiesen. 35

c) **Altersvorsorgebeiträge nach Beginn der Auszahlungsphase**

Beiträge zugunsten eines Vertrags, die nach Beginn der Auszahlungsphase geleistet wurden, sind keine Altersvorsorgebeiträge i. S. d. § 82 EStG. D. h., für diese Beiträge kommt eine steuerliche Förderung nach § 10a/Abschnitt XI EStG nicht in Betracht. 36

d) **Beiträge, die über den Mindesteigenbeitrag hinausgehen**

Auch Beiträge, die über den Mindesteigenbeitrag hinausgehen, sind Altersvorsorgebeiträge. Zum Begriff der Überzahlung wird auf Rz. 129 verwiesen. 37

Sieht der Altersvorsorgevertrag allerdings eine vertragliche Begrenzung auf einen festgelegten Höchstbetrag vor (z. B. den Betrag nach § 10a EStG oder den nach § 86 EStG erforderlichen Mindesteigenbeitrag zuzüglich Zulageanspruch), handelt es sich bei Zahlungen, die darüber hinausgehen, um zivilrechtlich nicht geschuldete Beträge, hinsichtlich derer dem Anleger ein Rückerstattungsanspruch gegen den Anbieter zusteht. Diese Beträge stellen grundsätzlich keine Altersvorsorgebeiträge im Sinne des § 82 Abs. 1 EStG dar (Ausnahme vgl. Rz. 131). Der Anbieter darf diese Beträge daher nicht in **den Datensatz** nach § 10a Abs. 5 Satz 1 EStG aufnehmen. 38

e) Beiträge von Versicherten in einer ausländischen gesetzlichen Rentenversicherung

39 Als Altersvorsorgebeiträge im Sinne des § 82 EStG sind bei den in Rz. 14 bis 19 genannten Personengruppen nur diejenigen Beiträge zu berücksichtigen, die vom Zulageberechtigten zugunsten eines vor dem 1. Januar 2010 abgeschlossenen Vertrags geleistet wurden.

3. Zulage

a) Grundzulage

40 Jeder unmittelbar Zulageberechtigte erhält auf Antrag für seine im abgelaufenen Beitragsjahr gezahlten Altersvorsorgebeiträge eine Grundzulage. Für die Zulagengewährung bei mittelbar zulageberechtigten Ehegatten/**Lebenspartnern** sind die Rz. 21 bis 25 zu beachten. Die Grundzulage beträgt ab dem Jahr 2008 jährlich 154 €.

41 Für unmittelbar Zulageberechtigte, die das 25. Lebensjahr noch nicht vollendet haben, erhöht sich die Grundzulage einmalig um einen Betrag von 200 € (sog. Berufseinsteiger-Bonus). Für die Erhöhung ist kein gesonderter Antrag erforderlich. Die erhöhte Grundzulage ist einmalig für das erste nach dem 31. Dezember 2007 beginnende Beitragsjahr zu zahlen, für das der Zulageberechtigte die Altersvorsorgezulage beantragt, wenn er zu Beginn des betreffenden Beitragsjahres das 25. Lebensjahr noch nicht vollendet hat. Das Datum des Vertragsabschlusses ist insoweit unerheblich. Für die Berechnung des Mindesteigenbeitrags ist in dem ersten Beitragsjahr, in dem die Voraussetzungen für die Gewährung des Erhöhungsbetrags vorliegen, die erhöhte Grundzulage zu berücksichtigen. Erbringt der Zulageberechtigte nicht den erforderlichen Mindesteigenbeitrag (§ 86 Abs. 1 EStG), erfolgt eine entsprechende Kürzung der Altersvorsorgezulage und damit auch des in der erhöhten Grundzulage enthaltenen einmalig zu gewährenden Erhöhungsbetrags (vgl. Rz. 85). Eine Nachholungsmöglichkeit des gekürzten Erhöhungsbetrags in späteren Beitragsjahren **besteht** nicht.

b) Kinderzulage

aa) Allgemeines

42 Anspruch auf Kinderzulage besteht für jedes Kind, für das für mindestens einen Monat des Beitragsjahres Kindergeld an den Zulageberechtigten ausgezahlt worden ist. Die Kinderzulage beträgt ab dem Jahr 2008 für jedes vor

dem 1. Januar 2008 geborene Kind 185 € und für jedes nach dem 31. Dezember 2007 geborene Kind 300 € jährlich. Auf den Zeitpunkt der Auszahlung des Kindergeldes kommt es nicht an. Anspruch auf Kinderzulage besteht für ein Beitragsjahr auch dann, wenn das Kindergeld für dieses Jahr erst in einem späteren Kalenderjahr rückwirkend gezahlt wurde. Wird ein Kind z. B. am Ende des Beitragsjahres geboren, so besteht der Anspruch auf Kinderzulage für das gesamte Jahr, auch wenn das Kindergeld für Dezember regelmäßig erst im nachfolgenden Kalenderjahr ausgezahlt wird.

Wird einem anderen als dem Kindergeldberechtigten, z. B. einer Behörde, das Kindergeld ausgezahlt (§ 74 EStG), ist die Festsetzung des Kindergelds für die Zulageberechtigung maßgebend. 43

BEISPIEL: Für den kindergeldberechtigten Vater wird Kindergeld festgesetzt. Wegen der Unterbringung des Kindes in einem Heim stellt das Jugendamt einen Antrag auf Abzweigung des Kindergelds, dem stattgegeben wird. Das Kindergeld wird nicht an den Vater, sondern an das Jugendamt ausgezahlt. 44

Anspruch auf Kinderzulage hat in diesem Fall der Vater.

Dem Kindergeld gleich stehen andere Leistungen für Kinder im Sinne des § 65 Abs. 1 Satz 1 EStG (§ 65 Abs. 1 Satz 2 EStG). Zu den mit dem Kindergeld vergleichbaren Leistungen im Sinne des § 65 Abs. 1 Satz 1 Nr. 2 EStG wird auf das Schreiben des **Bundeszentralamts** für Steuern vom **7. Dezember 2011 (BStBl I 2012 S. 18)** verwiesen, **das auf der Internetseite des Bundeszentralamts für Steuern abrufbar ist.** 45

bb) Kinderzulageberechtigung bei miteinander verheirateten Eltern

Steht ein Kind zu beiden Ehegatten, die 46

▶ nicht dauernd getrennt leben (§ 26 Abs. 1 EStG) und

▶ ihren Wohnsitz oder gewöhnlichen Aufenthalt in einem EU-/EWR-Staat haben,

in einem Kindschaftsverhältnis (§ 32 Abs. 1 EStG), erhält grundsätzlich die Mutter die Kinderzulage. Die Eltern können gemeinsam für das jeweilige Beitragsjahr beantragen, dass der Vater die Zulage erhält. In beiden Fällen kommt es nicht darauf an, welchem Elternteil das Kindergeld ausgezahlt wurde. Die Übertragung der Kinderzulage muss auch in den Fällen beantragt werden, in denen die Mutter keinen Anspruch auf Altersvorsorgezulage hat, weil sie beispielsweise keinen Altersvorsorgevertrag abgeschlossen hat. Eine Übertragungsmöglichkeit besteht nicht, wenn das Kind nur zu einem der Ehegatten in einem Kindschaftsverhältnis steht (vgl. Rz. **50**).

47 Der Antrag kann

- ► für jedes einzelne Kind gestellt werden,
- ► nach Eingang beim Anbieter nicht mehr widerrufen werden.

48 Hat der Vater seinem Anbieter eine Vollmacht (vgl. Rz. 266) zur formlosen Antragstellung erteilt, kann der Antrag auf Übertragung der Kinderzulage von der Mutter auf ihn auch für die Folgejahre bis auf Widerruf erteilt werden. Der Antrag kann vor Ende des Beitragsjahres, für das er erstmals nicht mehr gelten soll, gegenüber dem Anbieter des Vaters widerrufen werden.

cc) Kinderzulageberechtigung in anderen Fällen

49 Sind die Eltern nicht miteinander verheiratet, leben sie dauernd getrennt oder haben sie ihren Wohnsitz oder gewöhnlichen Aufenthalt nicht in einem EU-/EWR-Staat, erhält der Elternteil die Kinderzulage, dem das Kindergeld für das Kind ausgezahlt wird (§ 85 Abs. 1 Satz 1 EStG). Eine Übertragung der Kinderzulage nach § 85 Abs. 2 EStG ist in diesen Fällen nicht möglich. Dies gilt auch, wenn derjenige Elternteil, dem das Kindergeld ausgezahlt wird, keine Grundzulage erhält.

50 Sind nicht beide Ehegatten Eltern des Kindes, ist eine Übertragung der Kinderzulage nach § 85 Abs. 2 EStG nicht zulässig. Erhält beispielsweise ein Zulageberechtigter Kindergeld für ein in seinen Haushalt aufgenommenes Kind seines Ehegatten (§ 63 Abs. 1 Satz 1 Nr. 2 EStG), steht nur ihm die Kinderzulage nach § 85 Abs. 1 EStG zu.

51 Erhält ein Großelternteil nach § 64 Abs. 2 EStG das Kindergeld, steht nur ihm die Kinderzulage zu.

52 Wird das Kindergeld dem Kind selbst ausgezahlt, haben die Eltern keinen Anspruch auf die Kinderzulage für dieses Kind. Dem Kind selbst steht in diesem Fall die Kinderzulage nur zu, soweit es auch eine Grundzulage erhält.

dd) Wechsel des Kindergeldempfängers im Laufe des Beitragsjahres

53 Wurde während des Beitragsjahres mehreren Zulageberechtigten für unterschiedliche Zeiträume Kindergeld ausgezahlt, hat gem. § 85 Abs. 1 Satz 4 EStG grundsätzlich derjenige den Anspruch auf die Kinderzulage, dem für den zeitlich frühesten Anspruchszeitraum im Beitragsjahr Kindergeld ausgezahlt wurde. Dies gilt nicht bei einem Wechsel zwischen den in Rz. 46 genannten Elternteilen.

BEISPIEL: Das Kind lebt mit den Großeltern und der unverheirateten Mutter in einem gemeinsamen Haushalt. Ein Großelternteil erhält das Kindergeld für die Monate Januar bis Mai **2013**. Ab Juni **2013** erhält die Mutter das Kindergeld. 54

Die Kinderzulage steht dem zulageberechtigten Großelternteil zu, da dieser im Jahr 2013 den zeitlich ersten Kindergeldanspruch besaß.

Hat der Kindergeldberechtigte keinen Kindergeldantrag gestellt, wird aber vom Finanzamt der Kinderfreibetrag nach § 32 Abs. 6 Satz 1 EStG berücksichtigt, besteht nach § 85 Abs. 1 Satz 1 EStG kein Anspruch auf die Kinderzulage. 55

ee) Kindergeldrückforderung

Stellt sich zu einem späteren Zeitpunkt heraus, dass das gesamte Kindergeld im Beitragsjahr zu Unrecht ausgezahlt wurde und wird das Kindergeld dahingehend insgesamt zurückgefordert, entfällt der Anspruch auf die Zulage gem. § 85 Abs. 1 Satz 3 EStG. Darf dieses zu Unrecht ausgezahlte Kindergeld aus verfahrensrechtlichen Gründen nicht zurückgefordert werden, bleibt der Anspruch auf die Zulage für das entsprechende Beitragsjahr bestehen. Wird Kindergeld teilweise zu Unrecht ausgezahlt und später für diese Monate zurückgezahlt, bleibt der Anspruch auf Zulage für das entsprechende Beitragsjahr ebenfalls bestehen; allerdings ist in diesen Fällen Rz. 53 zu beachten. 56

c) Mindesteigenbeitrag

aa) Allgemeines

Die Altersvorsorgezulage wird nur dann in voller Höhe gewährt, wenn der Berechtigte einen bestimmten Mindesteigenbeitrag zugunsten der begünstigten – maximal zwei – Verträge erbracht hat (§§ 86, 87 EStG). 57

Der **jährliche** Mindesteigenbeitrag ermittelt sich **ab dem Veranlagungszeitraum 2008** wie folgt: **4 % der maßgebenden Einnahmen, maximal 2.100 €,** abzüglich der Zulage. 58

Der Mindesteigenbeitrag gem. Rz. **58** ist – auch bei Beiträgen zugunsten von Verträgen, die vor dem 1. Januar 2005 abgeschlossen wurden – mit dem Sockelbetrag nach § 86 Abs. 1 Satz 4 EStG zu vergleichen. Dieser beträgt ab dem Beitragsjahr 2005 jährlich einheitlich 60 €. Die Altersvorsorgezulage wird nicht gekürzt, wenn der Berechtigte in dem maßgebenden Beitragsjahr den höheren der beiden Beträge als Eigenbeitrag zugunsten der begünstigten – maximal zwei – Verträge eingezahlt hat. Zu den Besonderheiten bei Ehegatten/**Lebenspartnern** vgl. Rz. **80** ff. 59

60 Hat der Zulageberechtigte in dem dem Beitragsjahr vorangegangenen Kalenderjahr keine maßgebenden Einnahmen (vgl. Rz. 65) erzielt, ist als Mindesteigenbeitrag immer der Sockelbetrag zugrunde zu legen.

61 **BEISPIEL 1:** Der ledige A ohne Kinder erzielt Einkünfte aus nichtselbständiger Arbeit und ist in der inländischen gesetzlichen Rentenversicherung pflichtversichert. Für ihn ist die Beitragsbemessungsgrenze West maßgeblich. Er zahlt zugunsten seines Altersvorsorgevertrags im Jahr 2013 eigene Beiträge von 1.946 € ein. Im Jahr 2012 hatte er beitragspflichtige Einnahmen i. H. v. 53.000 €. Die beitragspflichtigen Einnahmen des A überschreiten nicht die Beitragsbemessungsgrenze in der allgemeinen Rentenversicherung (West) für das Kalenderjahr 2012.

Beitragspflichtige Einnahmen	53.000 €	
4 %	2.120 €	
höchstens	2.100 €	
anzusetzen		2.100 €
abzüglich Zulage		154 €
Mindesteigenbeitrag (§ 86 Abs. 1 Satz 2 EStG)		1.946 €
Sockelbetrag (§ 86 Abs. 1 Satz 4 EStG)		60 €
maßgebend (§ 86 Abs. 1 Satz 5 EStG)		1.946 €

Da A den Mindesteigenbeitrag erbracht hat, wird die Zulage von 154 € nicht gekürzt.

62 Abwandlung des Beispiels 1 in Rz. 61:

A erhält zudem Kinderzulage für seine in den Jahren 2004 und 2005 geborenen Kinder.

Beitragspflichtige Einnahmen	53.000 €	
4 %	2.120 €	
höchstens	2.100 €	
anzusetzen		2.100 €
abzüglich Zulage (154 € + 2 × 185 €)		524 €
Mindesteigenbeitrag (§ 86 Abs. 1 Satz 2 EStG)		1.576 €
Sockelbetrag (§ 86 Abs. 1 Satz 4 EStG)		60 €
maßgebend (§ 86 Abs. 1 Satz 5 EStG)		1.576 €

Die von A geleisteten Beiträge übersteigen den Mindesteigenbeitrag. Die Zulage wird nicht gekürzt.

BMF v. 24.7.2013 (BStBl 2013 I 1022); mit Änderungen ab 1.1.2014 (BStBl 2014 I 97)

BEISPIEL 2: B werden in der gesetzlichen Rentenversicherung für das Jahr 2013 Kindererziehungszeiten (§ 56 SGB VI) angerechnet. Sie hat zwei Kinder, die in den Jahren 2006 und 2012 geboren worden sind, und zahlt zugunsten ihres Altersvorsorgevertrags im Jahr 2013 eigene Beiträge i.H.v. 30 € ein. Im Jahr 2013 hat sie keine beitragspflichtigen Einnahmen erzielt, 2012 erzielte sie aus einer rentenversicherungspflichtigen Beschäftigung beitragspflichtige Einnahmen i.H.v. insgesamt 4.800 €. Außerdem erhielt sie im Jahr 2012 Elterngeld i.H.v. 300 € (keine beitragspflichtigen Einnahmen, vgl. Rz. 77). 63

Elterngeld (kein Ansatz)	0 €
Beitragspflichtige Einnahmen	4.800 €
4 %	192 €
höchstens	2.100 €
anzusetzen	192 €
abzüglich Zulage (154 € + 185 € + **300 €**)	**639 €**
Mindesteigenbeitrag (§ 86 Abs. 1 Satz 2 EStG)	0 €
Sockelbetrag (§ 86 Abs. 1 Satz 4 EStG)	60 €
maßgebend (§ 86 Abs. 1 Satz 5 EStG)	60 €
geleisteter Eigenbeitrag	30 €
Kürzungsfaktor (Eigenbeitrag/Mindesteigenbeitrag × 100)	50 %

Da B den Mindesteigenbeitrag (in Höhe des Sockelbetrags) nur zu 50 % geleistet hat, wird die Zulage von insgesamt **639 €** um 50 % gekürzt, so dass eine Zulage i.H.v. **319,50 €** gewährt wird.

Für die Berechnung der Zulagehöhe sowie des erforderlichen Mindesteigenbeitrags wird u.a. von der ZfA auf der Internetseite www.deutsche-rentenversicherung.de ein Zulagenrechner zur Verfügung gestellt. 64

bb) Berechnungsgrundlagen

Maßgebend für den individuell zu ermittelnden Mindesteigenbeitrag (Rz. 58) ist die Summe der in dem dem Beitragsjahr vorangegangenen Kalenderjahr erzielten beitragspflichtigen Einnahmen im Sinne des SGB VI, der bezogenen Besoldung und Amtsbezüge, in den Fällen des § 10a Abs. 1 Satz 1 Halbsatz 2 Nr. 3 und 4 EStG der erzielten Einnahmen, die beitragspflichtig gewesen wären, 65 wenn die Versicherungsfreiheit in der gesetzlichen Rentenversicherung nicht bestanden hätte und der bezogenen Bruttorente wegen voller Erwerbsminderung oder Erwerbsunfähigkeit oder bezogenen Versorgungsbezüge wegen Dienstunfähigkeit (maßgebende Einnahmen). Die entsprechenden Beträge sind auf volle Euro abzurunden, dies gilt auch für die Ermittlung des Mindesteigenbeitrags.

Zu Besonderheiten siehe Rz. 78 ff.

(1) Beitragspflichtige Einnahmen

66 Als „beitragspflichtige Einnahmen" im Sinne des SGB VI ist nur der Teil des Arbeitsentgelts zu erfassen, der die jeweils gültige Beitragsbemessungsgrenze nicht übersteigt. Insoweit ist auf diejenigen Einnahmen abzustellen, die im Rahmen des sozialrechtlichen Meldeverfahrens den Trägern der gesetzlichen Rentenversicherung gemeldet werden.

67 Die beitragspflichtigen Einnahmen ergeben sich

▶ bei Arbeitnehmern und Beziehern von Vorruhestandsgeld aus der Durchschrift der „Meldung zur Sozialversicherung nach der DEÜV" (Arbeitsentgelte) und

▶ bei rentenversicherungspflichtigen Selbständigen aus der vom Rentenversicherungsträger erstellten Bescheinigung.

68 Ausländische Einkünfte sind grundsätzlich nicht im Rahmen der maßgebenden Einnahmen zu berücksichtigen. Eine Ausnahme besteht nur dann, wenn der Zulageberechtigte in dem dem Beitragsjahr vorangegangenen Kalenderjahr die Voraussetzungen für die Bestandsschutzregelung nach § 52 Abs. 24c Satz 2 EStG erfüllt hat. Nach dieser Vorschrift gehören – unter bestimmten Voraussetzungen – auch Pflichtmitglieder in einem ausländischen gesetzlichen Alterssicherungssystem zum unmittelbar zulageberechtigten Personenkreis (vgl. Rz. 14 bis 19). In diesem Fall sind als maßgebende Einnahmen auch die Einnahmen aus der Tätigkeit zu berücksichtigen, die zur Erfüllung der Voraussetzungen nach § 52 Abs. 24c Satz 2 EStG führten. Freistellungen nach dem jeweiligen DBA sind bei der Bestimmung der beitragspflichtigen Einnahmen unbeachtlich.

69 Bei der Ermittlung der nach § 86 EStG maßgebenden Einnahmen ist auf die in dem dem Beitragsjahr vorangegangenen Kalenderjahr erzielten beitragspflichtigen Einnahmen im Sinne des SGB VI abzustellen. Dabei handelt es sich um diejenigen Einnahmen, die im Rahmen des sozialversicherungsrechtlichen Meldeverfahrens den Trägern der gesetzlichen Sozialversicherung gemeldet

wurden. Für die Zuordnung der erzielten beitragspflichtigen Einnahmen zu den einzelnen Beitragsjahren ist auf die sozialversicherungsrechtlichen Wertungen abzustellen. Dies gilt auch, wenn der Steuerpflichtige in einem Beitragsjahr beitragspflichtige Einnahmen erzielt, die sozialversicherungsrechtlich einem von der tatsächlichen Zahlung abweichenden Jahr zuzurechnen sind.

(2) Besoldung und Amtsbezüge

Die Besoldung und die Amtsbezüge ergeben sich aus den Bezüge-/Besoldungsmitteilungen bzw. den Mitteilungen über die Amtsbezüge der die Besoldung bzw. die Amtsbezüge anordnenden Stelle. Für die Bestimmung der maßgeblichen Besoldung ist auf die in dem betreffenden Kalenderjahr zugeflossene Besoldung/*zugeflossenen* Amtsbezüge entsprechend der Besoldungsmitteilung/Mitteilung über die Amtsbezüge abzustellen. 70

Für die Mindesteigenbeitragsberechnung sind sämtliche Bestandteile der Besoldung oder Amtsbezüge außer *der Auslandsbesoldung nach* § 52 ff. BBesG oder *entsprechenden Vorschriften der Länder* zu berücksichtigen. Dabei ist es unerheblich, ob die Bestandteile 71

▶ beitragspflichtig wären, wenn die Versicherungsfreiheit in der gesetzlichen Rentenversicherung nicht bestünde,

▶ steuerfrei oder

▶ *ruhegehaltfähig* sind.

Besoldungsbestandteile sind u. a. das Grundgehalt, Leistungsbezüge an Hochschulen, der Familienzuschlag, Zulagen und Vergütungen, ferner Anwärterbezüge, vermögenswirksame Leistungen, jährliche *Sonderzahlungen (Sonderzuwendungen, Urlaubsgeld)*, der Altersteilzeitzuschlag und die Sachbezüge. Nicht zur Besoldung *im Sinne der Vorschriften* über den Mindesteigenbetrag gehören Fürsorgeleistungen (z. B. Beihilfe, Zuschuss zur privaten Krankenversicherung bei Elternzeit), die zwar zum Teil *zusammen* mit der Besoldung ausgezahlt werden, aber auf gesetzliche Regelungen mit anderer Zielsetzung beruhen.

Die Höhe der Amtsbezüge richtet sich nach den jeweiligen bundes- oder landesrechtlichen Vorschriften. 72

(3) Land- und Forstwirte

Bei einem Land- und Forstwirt, der nach dem Gesetz über die Alterssicherung der Landwirte pflichtversichert ist, ist für die Berechnung des Mindesteigen- 73 beitrags auf die Einkünfte im Sinne des § 13 EStG des zweiten dem Beitragsjahr vorangegangenen Veranlagungszeitraums abzustellen (§ 86 Abs. 3 EStG). Ist dieser Land- und Forstwirt neben seiner land- und forstwirtschaftlichen Tätigkeit auch als Arbeitnehmer tätig und in der gesetzlichen Rentenversicherung pflichtversichert, sind die beitragspflichtigen Einnahmen des Vorjahres und die positiven Einkünfte im Sinne des § 13 EStG des zweiten dem Beitragsjahr vorangegangenen Veranlagungszeitraums zusammenzurechnen. Eine Saldierung mit negativen Einkünften im Sinne des § 13 EStG erfolgt nicht.

(4) Bezieher einer Rente wegen voller Erwerbsminderung/Erwerbsunfähigkeit oder einer Versorgung wegen Dienstunfähigkeit

74 Der Bruttorentenbetrag ist der Jahresbetrag der Rente vor Abzug der einbehaltenen eigenen Beitragsanteile zur Kranken- und Pflegeversicherung. Nicht diesem Betrag hinzuzurechnen sind Zuschüsse zur Krankenversicherung. Leistungsbestandteile, wie z. B. der Auffüllbetrag nach § 315a SGB VI oder der Rentenzuschlag nach § 319a SGB VI sowie Steigerungsbeträge aus der Höherversicherung nach § 269 SGB VI zählen zum Bruttorentenbetrag. Es sind nur die Rentenzahlungen für die Mindesteigenbeitragsberechnung zu berücksichtigen, die zur unmittelbaren Zulageberechtigung führen. Private Renten oder Leistungen der betrieblichen Altersversorgung bleiben unberücksichtigt.

75 Hat der Bezieher einer Rente wegen voller Erwerbsminderung/Erwerbsunfähigkeit oder einer Versorgung wegen Dienstunfähigkeit im maßgeblichen Bemessungszeitraum (auch) Einnahmen nach § 86 Abs. 1 Satz 2 Nr. 1 bis 3 EStG bezogen, sind diese Einnahmen bei der Mindesteigenbeitragsberechnung mit zu berücksichtigen.

76 **BEISPIEL:** A erhält im April 2013 den Bescheid, mit dem ihm die Deutsche Rentenversicherung rückwirkend ab dem 1. Oktober 2012 eine Rente wegen voller Erwerbsminderung bewilligt. Das Krankengeld, das ihm bis zum Beginn der laufenden Rentenzahlung noch bis zum 31. Mai 2013 von seiner gesetzlichen Krankenkasse gezahlt wird, wird aufgrund deren Erstattungsanspruchs mit der Rentennachzahlung verrechnet.

In dem Beitragsjahr 2012, in das der Beginn der rückwirkend bewilligten Rente fällt, gehörte A noch aufgrund des Bezugs von Entgeltersatzleistungen zum begünstigten Personenkreis nach § 10a Abs. 1 Satz 1 EStG. Als Bemessungsgrundlage für den für 2012 zu zahlenden Mindesteigenbeitrag wäre hier entweder die in 2011 berücksichtigten beitragspflichtigen Einnahmen oder das ggf. niedrigere tatsächlich bezogene Krankengeld heranzuziehen – vgl. Rz. **79**.

Ab Beginn des Beitragsjahres **2013** liegt der Tatbestand des Leistungsbezuges vor, aus dem sich die Zugehörigkeit zum begünstigten Personenkreis nach § 10a Abs. 1 Satz 4 EStG begründet. Die Bemessungsgrundlage für den im Kalenderjahr **2013** zu leistenden Mindesteigenbeitrag bildet damit die Rente, die am 1. Oktober **2012** begonnen hat, und das im Zeitraum vom 1. Januar bis zum 30. September **2012** bezogene Krankengeld.

(5) Elterngeld

Das Elterngeld ist keine maßgebende Einnahme im Sinne des § 86 EStG. Eine Berücksichtigung im Rahmen der Mindesteigenbeitragsberechnung scheidet daher aus. 77

(6) Sonderfälle

In der gesetzlichen Rentenversicherung werden für bestimmte pflichtversicherte Personen abweichend vom tatsächlich erzielten Entgelt (§ 14 SGB IV) oder von der Entgeltersatzleistung andere Beträge als beitragspflichtige Einnahmen berücksichtigt. Beispielhaft sind folgende Personen zu nennen: 78

- ▶ zu ihrer Berufsausbildung Beschäftigte,
- ▶ behinderte Menschen, die in Einrichtungen der Jugendhilfe oder in anerkannten Werkstätten für behinderte Menschen beschäftigt werden,
- ▶ Personen, die für eine Erwerbstätigkeit befähigt werden sollen,
- ▶ Bezieher von Kurzarbeiter- oder Winterausfallgeld,
- ▶ Beschäftigte, die in einem Altersteilzeitarbeitsverhältnis stehen,
- ▶ Bezieher von Vorruhestandsgeld, Krankengeld, Arbeitslosengeld, Unterhaltsgeld, Übergangsgeld, Verletztengeld oder Versorgungskrankengeld,
- ▶ als wehr- oder zivildienstleistende Versicherte,
- ▶ Versicherte, die für Zeiten der Arbeitsunfähigkeit oder Rehabilitation ohne Anspruch auf Krankengeld versichert sind,
- ▶ Personen, die einen Pflegebedürftigen nicht erwerbsmäßig wenigstens 14 Stunden in der Woche in seiner häuslichen Umgebung pflegen.

Sind die rentenrechtlich berücksichtigten beitragspflichtigen Einnahmen in den genannten Fallgestaltungen höher als das tatsächlich erzielte Entgelt **oder** der Zahlbetrag der Entgeltersatzleistung (z. B. das Arbeitslosengeld oder Krankengeld), dann sind die tatsächlichen Einnahmen anstelle der rentenrechtlich berücksichtigten Einnahmen für die Berechnung des individuellen Mindesteigenbeitrags zugrunde zu legen. Bei Altersteilzeitarbeit ist das aufgrund der abgesenkten Arbeitszeit erzielte Arbeitsentgelt – ohne Aufstockungs- und 79

Unterschiedsbetrag – maßgebend. **Bei Personen, die einen Pflegebedürftigen nicht erwerbsmäßig pflegen, ist ein tatsächlich erzieltes Entgelt von 0 € zu berücksichtigen.**

cc) Besonderheiten bei Ehegatten/Lebenspartnern

80 Gehören beide Ehegatten/**Lebenspartner** zum unmittelbar begünstigten Personenkreis, ist für jeden Ehegatten/**Lebenspartner** anhand seiner jeweiligen maßgebenden Einnahmen (Rz. 65 bis 79) ein eigener Mindesteigenbeitrag nach Maßgabe der Rz. 58 und 60 zu berechnen.

81 Die Grundsätze zur Zuordnung der Kinderzulage (Rz. 46 ff.) gelten auch für die Ermittlung des Mindesteigenbeitrags.

82 Ist nur ein Ehegatte/**Lebenspartner** unmittelbar und der andere mittelbar begünstigt, ist die Mindesteigenbeitragsberechnung nur für den unmittelbar begünstigten Ehegatten/**Lebenspartner** durchzuführen. Berechnungsgrundlage sind seine Einnahmen im Sinne der Rz. 65 bis 79. Der sich ergebende Betrag **(4 % der maßgebenden Einnahmen höchstens 2.100 €)** ist um die den Ehegatten/**Lebenspartnern** insgesamt zustehenden Zulagen zu vermindern.

83 Hat der unmittelbar begünstigte Ehegatte/**Lebenspartner** den erforderlichen geförderten Mindesteigenbeitrag zugunsten seines Altersvorsorgevertrags oder einer förderbaren Versorgung im Sinne des § 82 Abs. 2 EStG bei einer Pensionskasse, einem Pensionsfonds oder einer nach § 82 Abs. 2 EStG förderbaren Direktversicherung erbracht, erhält auch der Ehegatte/**Lebenspartner** mit dem mittelbaren Zulageanspruch (**vgl. Rz. 21 ff.**) die Altersvorsorgezulage ungekürzt.

84 **BEISPIEL:** ▶ A und B sind verheiratet und haben drei Kinder, die in den Jahren 1995, 1997 und 2000 geboren wurden. A erzielt **Einkünfte aus nichtselbständiger Arbeit und ist in der inländischen gesetzlichen Rentenversicherung pflichtversichert. Für ihn ist die Beitragsbemessungsgrenze West maßgeblich.** Im Jahr 2012 betragen seine beitragspflichtigen Einnahmen 53.000 €.

B erzielt keine Einkünfte und hat für das Beitragsjahr auch keinen Anspruch auf Kindererziehungszeiten mehr. B ist nur mittelbar zulageberechtigt. Beide haben in 2008 einen eigenen Altersvorsorgevertrag abgeschlossen. A zahlt einen eigenen jährlichen Beitrag von 1.237 € zugunsten seines Vertrags ein. B erbringt **den Mindestbeitrag zur Erlangung der mittelbaren Zulageberechtigung in Höhe von 60 €**. Daneben fließen die ihr zustehende Grundzulage und die Kinderzulagen für drei Kinder auf ihren Vertrag.

Mindesteigenbeitragsberechnung für A:

Beitragspflichtige Einnahmen	53.000 €
4 %	2.120 €
höchstens	2.100 €
anzusetzen	2.100 €
abzüglich Zulage (2 × 154 € + 3 × 185 €)	863 €
Mindesteigenbeitrag (§ 86 Abs. 1 Satz 2 EStG)	1.237 €
Sockelbetrag (§ 86 Abs. 1 Satz 4 EStG)	60 €
maßgebend (§ 86 Abs. 1 Satz 5 EStG)	1.237 €

Beide Ehegatten haben Anspruch auf die volle Zulage, da **B den Mindestbetrag zur Erlangung der mittelbaren Zulageberechtigung in Höhe von 60 €** und A seinen Mindesteigenbeitrag von 1.237 € erbracht hat, der sich auch unter Berücksichtigung der B zustehenden Kinder- und Grundzulage errechnet.

dd) Kürzung der Zulage

Erbringt der unmittelbar Begünstigte in einem Beitragsjahr nicht den erforderlichen Mindesteigenbeitrag, ist die für dieses Beitragsjahr zustehende Altersvorsorgezulage (Grundzulage und Kinderzulage) nach dem Verhältnis der geleisteten Altersvorsorgebeiträge zum erforderlichen Mindesteigenbeitrag zu kürzen. Für den mittelbar zulageberechtigten Ehegatten/*Lebenspartner* gilt dieser Kürzungsmaßstab auch für seinen Zulageanspruch *(§ 86 Abs. 2 Satz 1 EStG)*; der vom mittelbar zulageberechtigten Ehegatten/*Lebenspartner* zu leistende Mindestbeitrag wird nicht als Altersvorsorgebeitrag des unmittelbar berechtigten Ehegatten/*Lebenspartners* berücksichtigt. 85

BEISPIEL: Wie Beispiel in Rz. 84, allerdings haben A und B im Beitragsjahr **2013** zugunsten ihrer Verträge jeweils folgende Beiträge geleistet: 86

A	1.100 €
B	200 €

Mindesteigenbeitragsberechnung für A:

Beitragspflichtige Einnahmen	53.000 €
4 %	2.120 €
höchstens	2.100 €

anzusetzen	2.100 €
abzüglich Zulage (2 × 154 € + 3 × 185 €)	863 €
Mindesteigenbeitrag (§ 86 Abs. 1 Satz 2 EStG)	1.237 €
Sockelbetrag (§ 86 Abs. 1 Satz 4 EStG)	60 €
maßgebend (§ 86 Abs. 1 Satz 5 EStG)	1.237 €
tatsächlich geleisteter Eigenbeitrag	1.100 €

dies entspricht 88,92 % des Mindesteigenbeitrags (1.100/1.237 × 100 = 88,92)

Zulageanspruch A: 88,92 % von 154 €	136,94 €
Zulageanspruch B: 88,92 % von 709 € (154 € + 3 × 185 €)	630,44 €
Zulageansprüche insgesamt	767,38 €

Die eigenen Beiträge von B haben keine Auswirkung auf die Berechnung der Zulageansprüche, können aber von A im Rahmen seines Sonderausgabenabzugs nach § 10a Abs. 1 EStG (vgl. Rz. 95) geltend gemacht werden (1.100 € + 200 € + Zulagen A und B 767,38 € = 2.067,38 €).

4. Sonderausgabenabzug

87 Neben der Zulageförderung nach Abschnitt XI EStG können die zum begünstigten Personenkreis gehörenden Steuerpflichtigen ihre Altersvorsorgebeiträge (vgl. Rz. **26–39**) bis zu bestimmten Höchstbeträgen als Sonderausgaben geltend machen (§ 10a Abs. 1 EStG). Bei Ehegatten/**Lebenspartnern**, die nach § 26b EStG zusammen zur Einkommensteuer veranlagt werden, kommt es nicht darauf an, ob der Ehemann oder die Ehefrau bzw. **welcher der Lebenspartner** die Altersvorsorgebeiträge geleistet hat. Altersvorsorgebeiträge gelten auch dann als eigene Beiträge des Steuerpflichtigen, wenn sie im Rahmen der betrieblichen Altersversorgung direkt vom Arbeitgeber an die Versorgungseinrichtung gezahlt werden.

Zu den abziehbaren Sonderausgaben gehören die im Veranlagungszeitraum 88
geleisteten Altersvorsorgebeiträge (siehe Rz. 26 ff. und Rz. 331 ff.). Außerdem
ist die dem Steuerpflichtigen zustehende Altersvorsorgezulage (Grund- und
Kinderzulage) zu berücksichtigen. Hierbei ist abweichend von § 11 Abs. 2 EStG
der für das Beitragsjahr (= Kalenderjahr) entstandene Anspruch auf Zulage für
die Höhe des Sonderausgabenabzugs maßgebend (§ 10a Abs. 1 Satz 1 EStG).
Ob und wann die Zulage dem begünstigten Vertrag gutgeschrieben wird, ist
unerheblich. Bei der Ermittlung des nach § 10a Abs. 1 EStG anzusetzenden Anspruchs auf Zulage ist der Erhöhungsbetrag nach § 84 Satz 2 und 3 EStG nicht
zu berücksichtigen. **Für die Anwendung des § 10a Abs. 1 Satz 1 EStG sowie bei
der Ermittlung der dem Steuerpflichtigen zustehenden Zulage im Rahmen des
§ 2 Abs. 6 EStG und des § 10a EStG sind die nach § 52 Abs. 63b Satz 1 EStG gezahlten Altersvorsorgebeiträge (vgl. Rz. 33) weder für das Beitragsjahr, für das
sie gezahlt werden, noch für das Beitragsjahr der Zahlung zu berücksichtigen
(§ 52 Abs. 63b Satz 4 EStG).**

Die Höhe der vom Steuerpflichtigen geleisteten Altersvorsorgebeiträge ist 89
durch einen entsprechenden Datensatz des Anbieters nachzuweisen. Dies gilt
nicht für nachgezahlte Beiträge nach § 52 Abs. 63b EStG (vgl. Rz. 88). Hierzu
hat der Steuerpflichtige gegenüber dem Anbieter schriftlich darin einzuwilligen, dass dieser die im jeweiligen Beitragsjahr zu berücksichtigenden Altersvorsorgebeiträge unter Angabe der steuerlichen Identifikationsnummer
(§ 139b AO) an die ZfA übermittelt. Die Einwilligung muss dem Anbieter spätestens bis zum Ablauf des zweiten Kalenderjahres, das auf das Beitragsjahr
folgt, vorliegen. Die Einwilligung gilt auch für folgende Beitragsjahre, wenn
der Steuerpflichtige sie nicht gegenüber seinem Anbieter schriftlich widerruft.
Sind beide Ehegatten/*Lebenspartner* unmittelbar zulageberechtigt oder ist
ein Ehegatte/*Lebenspartner* unmittelbar zulageberechtigt und ein Ehegatte/
Lebenspartner mittelbar berechtigt, müssen beide Ehegatten/*Lebenspartner*
die Einwilligungserklärung abgeben. Die Einwilligung gilt auch ohne gesonderte Erklärung als erteilt, wenn

▶ der Zulageberechtigte seinen Anbieter bevollmächtigt hat, für ihn den Zulageantrag zu stellen (Rz. 266), oder

▶ dem Anbieter für das betreffende Beitragsjahr ein Zulageantrag des mittelbar Zulageberechtigten vorliegt.

Liegt eine solche Einwilligungsfiktion vor, ist ein Widerruf der Einwilligung
nicht möglich. Eine Einwilligungsfiktion entfällt, wenn der Zulageberechtigte
seine Bevollmächtigung nach § 89 Abs. 1a EStG widerrufen bzw. seinen Zulageantrag zurückgenommen hat. Der Zulageberechtigte kann in diesen Fällen

die Einwilligung zur Datenübermittlung nach § 10a Abs. 5 EStG gesondert erteilen, wenn er eine Steuerermäßigung beanspruchen möchte. Wird der Zulageantrag zurückgenommen und eine gesonderte Einwilligung nicht erteilt, ist ein bereits übermittelter Datensatz nach § 10a Abs. 5 EStG vom Anbieter zu stornieren.

90 Bei Vorliegen der Einwilligung hat der Anbieter die nach § 10a Abs. 5 EStG erforderlichen Daten an die ZfA zu übermitteln. Zu diesen Daten zählt u. a. die Versicherungsnummer nach § 147 SGB VI oder die Zulagenummer. Soweit noch keine Versicherungs- oder Zulagenummer vergeben wurde, gilt die Einwilligung des Zulageberechtigten auch als Antrag auf Vergabe einer Zulagenummer durch die ZfA. **Der Anbieter hat die Daten auch dann zu übermitteln, wenn die Einwilligung offenbar verspätet erteilt wurde. Die Einhaltung von Fristen ist insoweit vom Finanzamt als materiell-rechtliche Grundlage für den Sonderausgabenabzug zu prüfen.** Der Anbieter hat den Zulageberechtigten über die erfolgte Datenübermittlung in der Bescheinigung nach § 92 EStG zu informieren. Werden die erforderlichen Daten aus Gründen, die der Steuerpflichtige nicht zu vertreten hat (z. B. technische Probleme), vom Anbieter nicht übermittelt, kann der Steuerpflichtige den Nachweis über die geleisteten Altersvorsorgebeiträge auch in anderer Weise erbringen. **Liegen die in § 10a Abs. 5 Satz 1 EStG genannten Voraussetzungen vor und kann der vorgegebene Übermittlungstermin durch den Anbieter, z. B. wegen technischer Probleme, nicht eingehalten werden, hat er dem Steuerpflichtigen die für den Sonderausgabenabzug erforderlichen Daten nach dem mit BMF-Schreiben vom 18. August 2011 (BStBl I S. 788) bekannt gegebenen Vordruckmuster grundsätzlich bis zum 31. März des dem Beitragsjahr folgenden Kalenderjahres zu bescheinigen. Die Bescheinigung entbindet den Anbieter nicht von der Verpflichtung einer Datenübermittlung. Er hat diese unverzüglich nachzuholen. Bei fristgerechter Datenübermittlung hat der Anbieter keine solche Bescheinigungspflicht, selbst wenn dem Finanzamt im Zeitpunkt der Veranlagung die erforderlichen Daten für den Sonderausgabenabzug (noch) nicht vorliegen.**

91 Die übrigen Tatbestandsvoraussetzungen für die Inanspruchnahme des Sonderausgabenabzugs nach § 10a EStG – insbesondere die Zulageberechtigung – werden grundsätzlich im Wege des Datenabgleichs nach § 91 EStG durch die ZfA überprüft. Eine gesonderte Prüfung durch die Finanzämter erfolgt nicht.

92 Hat das Finanzamt aufgrund einer Mitteilung der ZfA (z. B. wegen fehlender Zulageberechtigung) den Sonderausgabenabzug nach § 91 Abs. 1 Satz 4 EStG korrigiert, entfällt die Steuerermäßigung. Erfolgt danach eine schädliche Ver-

wendung (z. B. wegen einer Vertragskündigung), kann es in Einzelfällen zusätzlich zu einer Rückforderung dieser Steuerermäßigung durch die ZfA kommen. In diesen Fällen verbleibt es bei der geänderten Steuerfestsetzung. Die ZfA wird über die Änderung der Steuerermäßigung im Rahmen des Datenaustauschs informiert und erstattet zu Unrecht zurückgeforderte Beträge.

Der für die Übersendung des Datensatzes nach § 10a Abs. 5 EStG erforderliche amtlich vorgeschriebene Datensatz ist auf der Internetseite des Bundeszentralamtes für Steuern –BZSt– (www.bzst.bund.de) veröffentlicht (vgl. BMF-Schreiben vom 13. September 2007, BStBl I S. 700). Die für die Datenübermittlung erforderliche Schnittstelle und die dazugehörige Dokumentation werden von der ZfA in einem geschützten Bereich des Internets unter www.zfa.deutsche-rentenversicherung-bund.de zur Verfügung gestellt. 93

a) Umfang des Sonderausgabenabzugs bei Ehegatten/Lebenspartnern

Für Ehegatten/*Lebenspartner*, die beide unmittelbar begünstigt sind, ist die Begrenzung auf den Höchstbetrag nach § 10a Abs. 1 EStG jeweils gesondert vorzunehmen. Ein nicht ausgeschöpfter Höchstbetrag eines Ehegatten/*Lebenspartners* kann dabei nicht auf den anderen Ehegatten/*Lebenspartner* übertragen werden. 94

Ist nur ein Ehegatte/Lebenspartner nach § 10a Abs. 1 EStG unmittelbar begünstigt, kommt ein Sonderausgabenabzug bis zu der in § 10a Abs. 1 EStG genannten Höhe grundsätzlich nur für seine Altersvorsorgebeiträge sowie die ihm und dem mittelbar zulageberechtigten Ehegatten/Lebenspartner zustehenden Zulagen in Betracht. Der Höchstbetrag erhöht sich um 60 €, wenn der andere Ehegatte/Lebenspartner die Voraussetzungen der mittelbaren Zulageberechtigung (§ 79 Satz 2 EStG) erfüllt. Die vom mittelbar zulageberechtigten Ehegatten/Lebenspartner zugunsten seines Altersvorsorgevertrags geleisteten Altersvorsorgebeiträge können beim Sonderausgabenabzug des unmittelbar zulageberechtigten Ehegatten/Lebenspartners berücksichtigt werden, wenn der Höchstbetrag durch die vom unmittelbar Zulageberechtigten geleisteten Altersvorsorgebeiträge sowie die zu berücksichtigenden Zulagen nicht ausgeschöpft wird. Dabei sind die vom unmittelbar zulageberechtigten Ehegatten/Lebenspartner geleisteten Altersvorsorgebeiträge vorrangig zu berücksichtigen, jedoch mindestens 60 € der vom mittelbar zulageberechtigten Ehegatten/Lebenspartner geleisteten Altersvorsorgebeiträge. Auf das Beispiel in Rz. 86 wird hingewiesen. Der mittelbar Begünstigte hat gegenüber seinem Anbieter in die Datenübermittlung nach § 10a Abs. 2a Satz 1 EStG einzuwilligen (§ 10a Abs. 2a Satz 3 EStG), sofern die Einwilligung nicht als erteilt gilt (§ 10a Abs. 2a Satz *4* EStG). 95

b) Günstigerprüfung

96 Ein Sonderausgabenabzug nach § 10a Abs. 1 EStG wird nur gewährt, wenn er für den Steuerpflichtigen einkommensteuerlich günstiger ist als der Anspruch auf Zulage nach Abschnitt XI EStG (§ 10a Abs. 2 Satz 1 und 2 EStG). Bei der Veranlagung zur Einkommensteuer wird diese Prüfung von Amts wegen vorgenommen. Voraussetzung hierfür ist allerdings, dass der Steuerpflichtige gegenüber seinem Anbieter in die Datenübermittlung nach § 10a Abs. 2a Satz 1 EStG **eingewilligt und die weiteren für den Sonderausgabenabzug erforderlichen Angaben in die Anlage AV zur Einkommensteuererklärung erklärt oder dies bis zum Eintritt der Bestandskraft des Steuerbescheids nachholt.** Der Nachweis über die Höhe der geleisteten Beiträge erfolgt dann durch den entsprechenden Datensatz des Anbieters.

97 Bei der Günstigerprüfung wird stets auf den sich nach den erklärten Angaben ergebenden Zulageanspruch abgestellt. Daher ist es für die Höhe des im Rahmen des Sonderausgabenabzugs zu berücksichtigenden Zulageanspruchs unerheblich, ob ein Zulageantrag gestellt worden ist. Der Erhöhungsbetrag nach § 84 Satz 2 und 3 EStG bleibt bei der Ermittlung der dem Steuerpflichtigen zustehenden Zulage außer Betracht.

98 **Ein Steuerbescheid ist nach § 10a Abs. 5 Satz 2 i.V.m. § 10 Abs. 2a Satz 8 Nr. 1 EStG zu ändern, soweit Daten im Sinne des § 10a Abs. 5 Satz 1 EStG**

▶ erstmals übermittelt (§ 10a Abs. 5 Satz 1 EStG) oder

▶ zwecks Korrektur erneut übermittelt oder storniert (§ 10a Abs. 5 Satz 2 i.v.m. § 10 Abs. 2a Satz 7 EStG)

worden sind, diese Daten oder Stornierungen bei der bisherigen Steuerfestsetzung nicht berücksichtigt worden sind und sich durch Berücksichtigung der Daten oder Stornierungen eine Änderung der festgesetzten Steuer ergibt. Dies gilt auch dann, wenn die Daten oder Stornierungen im zu ändernden Einkommensteuerbescheid bereits hätten berücksichtigt werden können. Auf die Kenntnis des Bearbeiters kommt es insoweit nicht an. Ein Steuerbescheid ist nach § 10a Abs. 5 Satz 2 i.V.m. § 10 Abs. 2a Satz 8 Nr. 2 EStG zu ändern, wenn das Finanzamt feststellt, dass der Steuerpflichtige die Einwilligung in die Datenübermittlung nach § 10a Abs. 2a Satz 1 EStG innerhalb der hierfür maßgeblichen Frist (§ 10a Abs. 2 Satz 2 i.V.m. § 10 Abs. 2a Satz 1 EStG) nicht erteilt hat. Ohne diese Einwilligung sind die Voraussetzungen für den Sonderausgabenabzug nicht gegeben. Der Steuerbescheid ist zu ändern, soweit ein entsprechender Sonderausgabenabzug berücksichtigt wurde und sich durch die Korrektur eine Änderung der festgesetzten Steuer ergibt.

aa) Anrechnung des Zulageanspruchs

Erfolgt aufgrund der Günstigerprüfung ein Sonderausgabenabzug, erhöht sich die unter Berücksichtigung des Sonderausgabenabzugs ermittelte tarifliche Einkommensteuer um den Anspruch auf Zulage (§ 10a Abs. 2 EStG i.V. m. § 2 Abs. 6 Satz 2 EStG). Durch diese Hinzurechnung wird erreicht, dass dem Steuerpflichtigen im Rahmen der Einkommensteuerveranlagung nur die über den Zulageanspruch hinausgehende Steuerermäßigung gewährt wird. Der Erhöhungsbetrag nach § 84 Satz 2 und 3 EStG bleibt bei der Ermittlung der dem Steuerpflichtigen zustehenden Zulage außer Betracht. Um die volle Förderung sicherzustellen, muss stets die Zulage beantragt werden. Über die zusätzliche Steuerermäßigung kann der Steuerpflichtige verfügen; sie wird nicht Bestandteil des Altersvorsorgevermögens. Die Zulage verbleibt auch dann auf dem Altersvorsorgevertrag, wenn die Günstigerprüfung ergibt, dass der Sonderausgabenabzug für den Steuerpflichtigen günstiger ist. 99

bb) Ehegatten/Lebenspartner

Wird bei einer Zusammenveranlagung von Ehegatten/**Lebenspartnern** der Sonderausgabenabzug beantragt, gilt für die Günstigerprüfung Folgendes: 100

Ist nur ein Ehegatte/**Lebenspartner** unmittelbar begünstigt und hat der andere Ehegatte/**Lebenspartner** keinen Altersvorsorgevertrag abgeschlossen, wird die Steuerermäßigung für die Aufwendungen nach § 10a Abs. 1 EStG des berechtigten Ehegatten/**Lebenspartners** mit seinem Zulageanspruch verglichen. 101

Ist nur ein Ehegatte/**Lebenspartner** unmittelbar begünstigt und hat der andere Ehegatte/**Lebenspartner** einen Anspruch auf Altersvorsorgezulage aufgrund seiner mittelbaren Zulageberechtigung nach § 79 Satz 2 EStG, wird die Steuerermäßigung für die im Rahmen des § 10a Abs. 1 EStG berücksichtigten Aufwendungen beider Ehegatten/**Lebenspartner** einschließlich der hierfür zustehenden Zulagen mit dem den Ehegatten/**Lebenspartnern** insgesamt zustehenden Zulageanspruch verglichen (§ 10a Abs. 3 Satz 2 **bis 4** i.V. m. Abs. 2 EStG; vgl. auch das Beispiel in Rz. **106**). 102

Haben beide unmittelbar begünstigten Ehegatten/**Lebenspartner** Altersvorsorgebeiträge geleistet, wird die Steuerermäßigung für die Summe der für jeden Ehegatten/**Lebenspartner** nach § 10a Abs. 1 EStG anzusetzenden Aufwendungen mit dem den Ehegatten/**Lebenspartnern** insgesamt zustehenden Zulageanspruch verglichen (§ 10a Abs. 3 Satz 1 i.V. m. Abs. 2 EStG; vgl. auch das Beispiel in Rz. **105**). Auch wenn nur für die von einem Ehegatten/**Lebenspartner** geleisteten Altersvorsorgebeiträge ein Sonderausgabenabzug nach § 10a Abs. 1 EStG beantragt wird, wird bei der Ermittlung der über den Zulage- 103 anspruch hinausgehenden Steuerermäßigung die den beiden Ehegatten/**Lebenspartnern** zustehende Zulage berücksichtigt (§ 10a Abs. 3 Satz 5 EStG).

104 Im Fall der **Einzelveranlagung von Ehegatten/Lebenspartnern nach § 26a EStG (bis 31. Dezember 2012:** getrennte Veranlagung nach § 26a EStG oder besondere Veranlagung nach § 26c EStG) ist Rz. **101** oder **102** entsprechend anzuwenden; sind beide Ehegatten/**Lebenspartner** unmittelbar begünstigt, erfolgt die Günstigerprüfung für jeden Ehegatten/**Lebenspartner** wie bei einer Einzelveranlagung. Es wird daher nur der den jeweiligen Ehegatten/**Lebenspartnern** zustehende Zulageanspruch angesetzt.

105 **BEISPIEL:** Ehegatten, die beide unmittelbar begünstigt sind, haben im Jahr **2013** ein zu versteuerndes Einkommen i. H. v. 150.000 € (ohne Sonderausgabenabzug nach § 10a EStG). Darin sind Einkünfte aus unterschiedlichen Einkunftsarten enthalten. Sie haben mit den Beiträgen i. H. v. 2.300 € (Ehemann)/900 € (Ehefrau) zugunsten ihrer Verträge mehr als die erforderlichen Mindesteigenbeiträge gezahlt und daher für das Beitragsjahr **2013** jeweils einen Zulageanspruch von 154 €.

Ehemann		Ehefrau	
Eigenbeitrag	2.300 €	Eigenbeitrag	900 €
davon gefördert		davon gefördert	
höchstens (2.100 € – 154 €)	1.946 €	höchstens (2.100 € – 154 €)	1.946 €
gefördert somit	1.946 €	gefördert somit	900 €
Abziehbare Sonderausgaben (1.946 € + 154 € =)	2.100 €	Abziehbare Sonderausgaben (900 € + 154 € =)	1.054 €
zu versteuerndes Einkommen (bisher)			150.000 €
abzüglich Sonderausgaben Ehemann		2.100 €	
abzüglich Sonderausgaben Ehefrau		1.054 €	
			3.154 €
zu versteuerndes Einkommen (neu)			146.846 €
Einkommensteuer auf 150.000 €			49.171 €
Einkommensteuer auf 146.846 €			47.773 €
Differenz			1.398 €

abzüglich Zulageansprüche insgesamt (2×154 €)		308 €
zusätzliche Steuerermäßigung insgesamt		1.090 €

Der Sonderausgabenabzug nach § 10a EStG ergibt für die Ehegatten eine zusätzliche Steuerermäßigung i. H. v. **1.090** €. Zur Zurechnung der auf den einzelnen Ehegatten entfallenden Steuerermäßigung vgl. Rz. 112.

BEISPIEL: Ehegatten haben im Jahr **2013** ein zu versteuerndes Einkommen i. H. v. 150.000 € (ohne Sonderausgabenabzug nach § 10a EStG). Darin sind Einkünfte aus unterschiedlichen Einkunftsarten enthalten. Nur der Ehemann ist unmittelbar begünstigt; er hat den erforderlichen Mindesteigenbeitrag erbracht. Seine Ehefrau hat einen eigenen Altersvorsorgevertrag abgeschlossen und **den Mindestbeitrag von 60 € erbracht. Sie** ist daher mittelbar zulageberechtigt. Sie haben Beiträge i. H. v. **1.700** € (Ehemann) bzw. 250 € (Ehefrau) zugunsten ihrer Verträge gezahlt und – da **der Ehemann** den erforderlichen Mindesteigenbeitrag geleistet hat – für das Beitragsjahr **2013** jeweils einen Zulageanspruch von 154 €.

106

	Ehemann		Ehefrau	
Eigenbeitrag	1.700 €	Eigenbeitrag		250 €
davon gefördert	1.700 €			
durch den unmittelbar Zulageberechtigten ausgeschöpftes Abzugsvolumen:				
Eigenbeitrag des Ehemanns	1.700 €			
Zulageanspruch Ehemann	154 €			
Zulageanspruch Ehefrau	154 €			
ausgeschöpft somit	2.008 €			
Abzugsvolumen	2.100 €		60 €	
noch nicht ausgeschöpft	92 €			
von der Ehefrau noch nutzbares				
Abzugsvolumen			92 €	
Abzugsvolumen Ehefrau				152 €
Eigenbeitrag Ehefrau				250 €
davon abziehbar				152 €

förderbar	152 €
(1.700 € + 154 € + 154 € =)	
2.008 € förderbar	
Abziehbare Sonderausgaben der Ehegatten insgesamt:	
(1.700 € + 152 € + 154 € + 154 € =)	
2.160 €	
zu versteuerndes Einkommen (bisher)	150.000 €
abzüglich Sonderausgaben Ehemann/ Ehefrau	2.160 €
zu versteuerndes Einkommen (neu)	147.840 €
Steuer auf 150.000 €	49.171 €
Steuer auf 147.840 €	48.214 €
Differenz	957 €
abzüglich Zulageansprüche insgesamt (2 × 154 €)	308 €
zusätzliche Steuerermäßigung insgesamt	649 €

Der Sonderausgabenabzug nach § 10a EStG ergibt für die Ehegatten eine zusätzliche Steuerermäßigung i. H. v. 649 €. Zur Zurechnung der auf den einzelnen Ehegatten entfallenden Steuerermäßigung vgl. Rz. 113.

c) Gesonderte Feststellung der zusätzlichen Steuerermäßigung

107 Eine gesonderte Feststellung der zusätzlichen Steuerermäßigung nach § 10a Abs. 4 Satz 1 EStG ist nur durchzuführen, wenn der Sonderausgabenabzug nach § 10a Abs. 1 EStG günstiger ist als der Zulageanspruch nach Abschnitt XI EStG. Das Wohnsitzfinanzamt stellt in diesen Fällen die über den Zulageanspruch hinausgehende Steuerermäßigung fest und teilt sie der ZfA mit. Wirkt sich eine Änderung der Einkommensteuerfestsetzung auf die Höhe der Steuerermäßigung aus, ist die Feststellung nach § 10a Abs. 4 Satz 1 i. V. m. § 10d Abs. 4 Satz 4 EStG ebenfalls zu ändern.

BMF v. 24. 7. 2013 (BStBl 2013 I 1022); mit Änderungen ab 1. 1. 2014 (BStBl 2014 I 97)

Ehegatten/**Lebenspartner**, bei denen die Voraussetzungen des § 26 Abs. 1 EStG vorliegen, ist die über den Zulageanspruch hinausgehende Steuerermäßigung – unabhängig von der gewählten Veranlagungsart – jeweils getrennt zuzurechnen (§ 10a Abs. 4 Satz 3 EStG). Hierbei gilt Folgendes:	108
Gehören beide Ehegatten/**Lebenspartner** zu dem nach § 10a Abs. 1 EStG begünstigten Personenkreis, ist die über den Zulageanspruch hinausgehende Steuerermäßigung jeweils getrennt zuzurechnen (§ 10a Abs. 4 Satz 3 EStG). Die Zurechnung erfolgt im Verhältnis der als Sonderausgaben berücksichtigten Altersvorsorgebeiträge (geförderte Eigenbeiträge; § 10a Abs. 4 Satz 3 Halbsatz 2 EStG).	109
Gehört nur ein Ehegatte/**Lebenspartner** zu dem nach § 10a Abs. 1 EStG begünstigten Personenkreis und ist der andere Ehegatte/**Lebenspartner** nicht nach § 79 Satz 2 EStG zulageberechtigt, weil er keinen eigenen Altersvorsorgevertrag abgeschlossen **oder weniger als 60 € im Beitragsjahr zugunsten seines Altersvorsorgevertrags geleistet** hat, ist die Steuerermäßigung dem Ehegatten/**Lebenspartner** zuzurechnen, der zum unmittelbar begünstigten Personenkreis gehört.	110
Gehört nur ein Ehegatte/**Lebenspartner** zu dem nach § 10a Abs. 1 EStG begünstigten Personenkreis und ist der andere Ehegatte/**Lebenspartner** nach § 79 Satz 2 EStG zulageberechtigt, ist die Steuerermäßigung den Ehegatten/**Lebenspartnern** getrennt zuzurechnen. Die Zurechnung erfolgt im Verhältnis der als Sonderausgaben berücksichtigten Altersvorsorgebeiträge (geförderte Eigenbeiträge; § 10a Abs. 4 Satz 3 und 4 EStG).	111
Fortführung des Beispiels aus Rz. **105**: Die zusätzliche Steuerermäßigung von **1.090 €** ist den Ehegatten für die gesonderte Feststellung nach § 10a Abs. 4 Satz 2 EStG getrennt zuzurechnen. Aufteilungsmaßstab hierfür sind die nach § 10a Abs. 1 EStG berücksichtigten Eigenbeiträge.	112

Zusätzliche Steuerermäßigung insgesamt		1.090,00 €
davon Ehemann	(1.946 €/2.846 € × 100 = 68,38 %)	745,34 €
davon Ehefrau	(900 €/2.846 € × 100 = 31,62 %)	344,66 €

Diese Beträge und die Zuordnung zu den jeweiligen Verträgen sind nach § 10a Abs. 4 EStG gesondert festzustellen und der ZfA als den jeweiligen Verträgen zugehörig mitzuteilen.	
Fortführung des Beispiels aus Rz. **106**: Die zusätzliche Steuerermäßigung von **649 €** ist den Ehegatten für die gesonderte Feststellung nach § 10a Abs. 4 Satz 4 EStG getrennt zuzurechnen. Aufteilungsmaßstab hierfür ist das Verhältnis der Eigenbeiträge des unmittelbar zulageberechtigten	113

Ehegatten zu den wegen der Nichtausschöpfung des Höchstbetrags berücksichtigten Eigenbeiträgen des mittelbar zulageberechtigten Ehegatten.

Zusätzliche Steuerermäßigung insgesamt		649,00 €
davon Ehemann	(1.700 €/1.852 € × 100 = 91,79 %)	595,72 €
davon Ehefrau	(152 €/1.852 € × 100 = 8,21 %)	53,28 €

Diese Beträge und die Zuordnung zu den jeweiligen Verträgen sind nach § 10a Abs. 4 EStG gesondert festzustellen und der ZfA als den jeweiligen Verträgen zugehörig mitzuteilen.

5. Zusammentreffen mehrerer Verträge

a) Altersvorsorgezulage

114   Die Altersvorsorgezulage wird bei einem unmittelbar Zulageberechtigten höchstens für zwei Verträge gewährt (§ 87 Abs. 1 Satz 1 EStG). Der Zulageberechtigte kann im Zulageantrag jährlich neu bestimmen, für welche Verträge die Zulage gewährt werden soll (§ 89 Abs. 1 Satz 2 EStG). Wurde nicht der gesamte nach § 86 EStG erforderliche Mindesteigenbeitrag zugunsten dieser Verträge geleistet, wird die Zulage entsprechend gekürzt (§ 86 Abs. 1 Satz 6 EStG). Die zu gewährende Zulage wird entsprechend dem Verhältnis der zugunsten dieser beiden Verträge geleisteten Altersvorsorgebeiträge verteilt. Es steht dem Zulageberechtigten allerdings frei, auch wenn er mehrere Verträge abgeschlossen hat, die Förderung nur für einen Vertrag in Anspruch zu nehmen.

115   Erfolgt bei mehreren Verträgen keine Bestimmung oder wird die Zulage für mehr als zwei Verträge beantragt, wird die Zulage nur für die zwei Verträge gewährt, für die im Beitragsjahr die höchsten Altersvorsorgebeiträge geleistet wurden (§ 89 Abs. 1 Satz 3 EStG).

116   **BEISPIEL:** Der Zulageberechtigte zahlt im Jahr **2013** 800 €, 800 € und 325 € zugunsten von drei verschiedenen Altersvorsorgeverträgen (ohne Zulage). Sein Mindesteigenbeitrag beträgt 1.461 €.

Der Zulageberechtigte beantragt die Zulage für die Verträge 1 und 2:

	Vertrag 1	Vertrag 2	Vertrag 3
Beiträge	800 €	800 €	325 €
Zulage	77 € (800 €/1.600 € × 154 €)	77 € (800 €/1.600 € × 154 €)	–

Er erhält die ungekürzte Zulage von 154 €, da zugunsten der Verträge 1 und 2 in der Summe der erforderliche Mindesteigenbeitrag geleistet worden ist.

Abwandlung: 117
Wie oben, der Zulageberechtigte zahlt die Beiträge (ohne Zulage) jedoch i. H.v. 650 €, 650 € und 325 € zugunsten von drei verschiedenen Altersvorsorgeverträgen.

Weil der Zulageberechtigte mit den Einzahlungen zugunsten der zwei Verträge, für die die Zulage beantragt wird, nicht den Mindesteigenbeitrag von 1.461 € erreicht, wird die Zulage von 154 € im Verhältnis der Altersvorsorgebeiträge zum Mindesteigenbeitrag gekürzt (§ 86 Abs. 1 Satz 6 EStG). Die Zulage beträgt 154 € × 1.300 €/1.461 € = 137,03 €, sie wird den Verträgen 1 und 2 mit jeweils 68,52 € gutgeschrieben:

	Vertrag 1	Vertrag 2	Vertrag 3
Beiträge	650 €	650 €	325 €
Zulage	68,52 € (650 €/1.300 € × 137,03 €)	68,52 € (650 €/1.300 € × 137,03 €)	–

Der nach § 79 Satz 2 EStG mittelbar Zulageberechtigte kann die Zulage für das jeweilige Beitragsjahr nicht auf mehrere Verträge verteilen (§ 87 Abs. 2 EStG). Es ist nur der Vertrag begünstigt, für den zuerst die Zulage beantragt wird. 118

b) Sonderausgabenabzug

Für den Sonderausgabenabzug nach § 10a Abs. 1 EStG ist keine Begrenzung der Anzahl der zu berücksichtigenden Verträge vorgesehen. Der Steuerpflichtige kann im Rahmen des Höchstbetrags nach § 10a Abs. 1 Satz 1 EStG auch Altersvorsorgebeiträge für Verträge geltend machen, für die keine Zulage beantragt wurde oder aufgrund des § 87 Abs. 1 EStG keine Zulage gewährt wird. In dem Umfang, in dem eine Berücksichtigung nach § 10a EStG erfolgt, gelten die Beiträge als steuerlich gefördert. Die Zurechnung der über den Zulageanspruch nach Abschnitt XI EStG hinausgehenden Steuerermäßigung erfolgt hierbei im Verhältnis der berücksichtigten Altersvorsorgebeiträge (§ 10a Abs. 4 Satz 2 EStG). 119

BEISPIEL: Der Steuerpflichtige zahlt im Jahr **2013** insgesamt 2.400 € Beiträge (ohne Zulage von 154 €) auf vier verschiedene Altersvorsorgeverträge ein (800 €, 800 €, 400 €, 400 €). Sein Mindesteigenbeitrag beträgt 1.461 €. Die Zulage wird für die beiden Verträge mit je 800 € Beitragsleistung beantragt. Die zusätzliche Steuerermäßigung für den Sonderausgabenabzug nach § 10a Abs. 1 EStG beträgt 270 €. 120

Obwohl die Altersvorsorgebeiträge für die Verträge 3 und 4 sich nicht auf die Zulagegewährung auswirken (§ 87 Abs. 1 Satz 1 EStG), gehören die auf diese Beiträge entfallenden Leistungen aus diesen Verträgen in der Auszahlungsphase ebenfalls zu den sonstigen Einkünften nach § 22 Nr. 5 Satz 1 EStG, soweit sie als Sonderausgaben berücksichtigt wurden. In folgender Höhe sind die Beiträge steuerlich begünstigt worden:

Sonderausgabenhöchstbetrag abzüglich Zulage (2.100 € − 154 € = 1.946 €) im Verhältnis zu den geleisteten Beiträgen	648,67 € (1.946 €/ 2.400 € × 800 €)	648,67 € (1.946 €/ 2.400 € × 800 €)	324,33 € (1.946 €/ 2.400 € × 400 €)	324,33 € (1.946 €/ 2.400 € × 400 €)
Zulage	77 €	77 €	–	–
bei den einzelnen Verträgen sind somit die folgenden Einzahlungen steuerlich begünstigt (725,67 € + 725,67 € + 324,33 € + 324,33 € = 2.100,00 €)	725,67 €	725,67 €	324,33 €	324,33 €

Die Steuerermäßigung ist den vier Verträgen wie folgt zuzurechnen:

	Vertrag 1	Vertrag 2	Vertrag 3	Vertrag 4
Beiträge	800 €	800 €	400 €	400 €
Zulage	77 €	77 €	–	–
Zusätzliche Steuerermäßigung	90 € (648,67 €/ 1.946 € × 270 €)	90 € (648,67 €/ 1.946 € × 270 €)	45 € (324,33 €/ 1.946 € × 270 €)	45 € (324,33 €/ 1.946 € × 270 €)

II. Nachgelagerte Besteuerung nach § 22 Nr. 5 EStG

1. Allgemeines

121 § 22 Nr. 5 EStG ist anzuwenden auf Leistungen aus Altersvorsorgeverträgen im Sinne des § 82 Abs. 1 EStG sowie auf Leistungen aus Pensionsfonds, Pensionskassen und Direktversicherungen. Korrespondierend mit der Freistellung der Beiträge, Zahlungen, Erträge und Wertsteigerungen von steuerlichen Belastungen in der Ansparphase werden die Leistungen erst in der Auszahlungsphase besteuert (nachgelagerte Besteuerung; zu Ausnahmen vgl. Rz. 190 ff.), und zwar auch dann, wenn zugunsten des Vertrags ausschließlich Beiträge geleistet wurden, die nicht nach § 10a/Abschnitt XI EStG gefördert worden sind. § 22 Nr. 5 EStG ist gegenüber anderen Vorschriften des EStG und des InvStG eine vorrangige Spezialvorschrift. Dies bedeutet auch, dass die ab dem 1. Januar 2009 geltende Abgeltungsteuer in diesen Fällen keine Anwendung findet.

122 Während der Ansparphase erfolgt bei zertifizierten Altersvorsorgeverträgen keine Besteuerung von Erträgen und Wertsteigerungen. Dies gilt unabhängig davon, ob oder in welchem Umfang die Altersvorsorgebeiträge nach § 10a/Abschnitt XI EStG gefördert wurden. Die Zuflussfiktion, wonach bei thesaurierenden Fonds ein jährlicher Zufluss der nicht zur Kostendeckung oder Ausschüttung verwendeten Einnahmen und Gewinne anzunehmen ist, findet im Zu-

sammenhang mit Altersvorsorgeverträgen keine Anwendung (§ 2 Abs. 1 Satz 2 InvStG, § 14 Abs. 5 Satz 2 InvStG). Laufende Erträge ausschüttender Fonds, die wieder angelegt werden, werden in der Ansparphase nicht besteuert.

Die Regelungen über die Erhebung der Kapitalertragsteuer sind nicht anzuwenden. In der Ansparphase fallen keine kapitalertragsteuerpflichtigen Kapitalerträge an; die Leistungen in der Auszahlungsphase unterliegen nach § 22 Nr. 5 EStG der Besteuerung im Rahmen der Einkommensteuerveranlagung, so dass auch in der Auszahlungsphase kein Kapitalertragsteuerabzug vorzunehmen ist. Da es sich um Einkünfte nach § 22 Nr. 5 EStG handelt, ist kein Sparer-Freibetrag nach § 20 Abs. 4 EStG (ab 2009: Sparer-Pauschbetrag nach § 20 Abs. 9 EStG) anzusetzen. Der Pauschbetrag für Werbungskosten bestimmt sich nach § 9a Satz 1 Nr. 3 EStG. 123

Der Umfang der Besteuerung der Leistungen in der Auszahlungsphase richtet sich danach, inwieweit die Beiträge in der Ansparphase steuerfrei gestellt (§ 3 Nr. 63 und 66 EStG), nach § 10a/Abschnitt XI EStG (Sonderausgabenabzug und Altersvorsorgezulage) gefördert worden sind, durch steuerfreie Zuwendungen nach § 3 Nr. 56 EStG oder durch die nach § 3 Nr. 55b Satz 1 **oder** § 3 **Nr. 55c EStG** steuerfreien Leistungen aus einem **neu** begründeten Anrecht erworben wurden. Dies gilt auch für Leistungen aus einer ergänzenden Absicherung der verminderten Erwerbsfähigkeit oder Dienstunfähigkeit und einer zusätzlichen Absicherung der Hinterbliebenen. Dabei ist von einer einheitlichen Behandlung der Beitragskomponenten für Alter und Zusatzrisiken auszugehen. **An den Leistungsempfänger auszuzahlende Anteile an den Bewertungsreserven sind steuerlich so zu behandeln wie die zu Grunde liegende Hauptleistung.** Die Abgrenzung von geförderten und nicht geförderten Beiträgen im Fall einer internen Teilung nach § 10 des Versorgungsausgleichsgesetzes – VersAusglG – (BGBl. I 2009 S. 700) ist bei der ausgleichsberechtigten Person genauso vorzunehmen, wie sie bei der ausgleichspflichtigen Person erfolgt wäre, wenn die interne Teilung nicht stattgefunden hätte. 124

Zu den Einzelheiten zur Besteuerung der Leistungen aus Pensionsfonds, Pensionskassen und Direktversicherungen vgl. Rz. **372** ff. 125

2. Abgrenzung der geförderten und der nicht geförderten Beiträge

a) Geförderte Beiträge

Zu den geförderten Beiträgen gehören die geleisteten Eigenbeiträge zuzüglich der für das Beitragsjahr zustehenden Altersvorsorgezulage, soweit sie den Höchstbetrag nach § 10a EStG nicht übersteigen, mindestens jedoch die ge- 126 währten Zulagen und die geleisteten Sockelbeträge im Sinne des § 86 Abs. 1 Satz 4 EStG. Zu den im Rahmen der betrieblichen Altersversorgung im Sinne des § 22 Nr. 5 EStG geförderten Beiträgen vgl. Rz. **284** ff.

127 Soweit Altersvorsorgebeiträge zugunsten eines zertifizierten Altersvorsorgevertrags, für den keine Zulage beantragt wird oder der als weiterer Vertrag nicht mehr zulagebegünstigt ist (§ 87 Abs. 1 Satz 1 EStG), als Sonderausgaben im Sinne des § 10a EStG berücksichtigt werden, gehören die Beiträge ebenfalls zu den geförderten Beiträgen.

128 Bei einem mittelbar zulageberechtigten Ehegatten/**Lebenspartner** gehören die im Rahmen des Sonderausgabenabzugs nach § 10a Abs. 1 EStG berücksichtigten Altersvorsorgebeiträge (vgl. Rz. **95, 106, 111**) und die für dieses Beitragsjahr zustehende Altersvorsorgezulage zu den geförderten Beiträgen.

b) Nicht geförderte Beiträge

129 Zu den nicht geförderten Beiträgen gehören Beträge,

▶ die zugunsten eines zertifizierten Altersvorsorgevertrags in einem Beitragsjahr eingezahlt werden, in dem der Anleger nicht zum begünstigten Personenkreis gehört,

▶ für die er keine Altersvorsorgezulage und keinen steuerlichen Vorteil aus dem Sonderausgabenabzug nach § 10a EStG erhalten hat oder

▶ die den Höchstbetrag nach § 10a EStG abzüglich der individuell für das Beitragsjahr zustehenden Zulage übersteigen („Überzahlungen"), sofern es sich nicht um den Sockelbetrag handelt.

130 Erträge und Wertsteigerungen, die auf zu Unrecht gezahlte und dementsprechend später zurückgeforderte Zulagen entfallen, sind als ungefördertes Altersvorsorgevermögen zu behandeln.

131 Sieht der zertifizierte Altersvorsorgevertrag vertraglich die Begrenzung auf einen festgelegten Höchstbetrag (z. B. den Betrag nach § 10a EStG, **den Mindestbeitrag nach § 79 Satz 2 EStG** oder den nach § 86 EStG erforderlichen Mindesteigenbeitrag zuzüglich Zulageanspruch) vor, handelt es sich bei Zahlungen, die darüber hinausgehen, um zivilrechtlich nicht geschuldete Beträge. Der Anleger kann sie entweder nach den allgemeinen zivilrechtlichen Vorschriften vom Anbieter zurückfordern oder in Folgejahren mit geschuldeten Beiträgen verrechnen lassen. In diesem Fall sind sie für das Jahr der Verrechnung als Altersvorsorgebeiträge zu behandeln.

BMF v. 24. 7. 2013 (BStBl 2013 I 1022); mit Änderungen ab 1. 1. 2014 (BStBl 2014 I 97)

3. **Leistungen, die ausschließlich auf geförderten Altersvorsorgebeiträgen beruhen (§ 22 Nr. 5 Satz 1 EStG)**

Die Leistungen in der Auszahlungsphase unterliegen in vollem Umfang der Besteuerung nach § 22 Nr. 5 Satz 1 EStG, wenn 132

▶ die gesamten Altersvorsorgebeiträge in der Ansparphase nach § 10a/Abschnitt XI EStG gefördert worden sind **oder**

▶ sie auf einem nach § 3 Nr. 55b Satz 1 oder Nr. 55c EStG vollständig steuerfrei begründeten Anrecht beruhen.

Dies gilt auch, soweit die Leistungen auf gutgeschriebenen Zulagen sowie den erzielten Erträgen und Wertsteigerungen beruhen.

BEISPIEL: Der Steuerpflichtige hat über 25 Jahre einschließlich der Zulagen immer genau die förderbaren Höchstbeiträge zugunsten eines begünstigten Altersvorsorgevertrags eingezahlt. Er erhält ab Vollendung des 65. Lebensjahres eine monatliche Rente i. H. v. 500 €. 133

Die Rentenzahlung ist mit 12 × 500 € = 6.000 € im Rahmen der Einkommensteuerveranlagung nach § 22 Nr. 5 Satz 1 EStG voll steuerpflichtig.

4. **Leistungen, die zum Teil auf geförderten, zum Teil auf nicht geförderten Altersvorsorgebeiträgen beruhen (§ 22 Nr. 5 Satz 1 und 2 EStG)**

Hat der Steuerpflichtige in der Ansparphase sowohl geförderte als auch nicht geförderte Beiträge zugunsten des Vertrags geleistet, sind die Leistungen in der Auszahlungsphase aufzuteilen. 134

Soweit die Altersvorsorgebeiträge **in der Ansparphase** nach § 10a/Abschnitt XI EStG gefördert **oder steuerfrei gestellt** (z. B. Rz. 145 ff.) worden sind, sind die Leistungen nach § 22 Nr. 5 Satz 1 EStG voll zu besteuern. Insoweit gilt Rz. **132** entsprechend. 135

Aufteilungsfälle liegen z. B. vor, wenn 136

▶ ein Vertrag, der die Voraussetzungen des AltZertG bisher nicht erfüllt hat, in einen zertifizierten Altersvorsorgevertrag umgewandelt worden ist (§ 1 Abs. 1 AltZertG),

▶ ein zertifizierter Altersvorsorgevertrag nicht in der gesamten Ansparphase gefördert worden ist, weil z. B. in einigen Jahren die persönlichen Fördervoraussetzungen nicht vorgelegen haben, aber weiterhin Beiträge eingezahlt worden sind,

▶ der Begünstigte höhere Beiträge eingezahlt hat, als im einzelnen Beitragsjahr nach § 10a EStG begünstigt waren.

Für die Frage des Aufteilungsmaßstabs sind die Grundsätze des BMF-Schreibens vom 11. November 2004, BStBl I S. 1061, **unter Berücksichtigung der Änderungen durch das BMF-Schreiben vom 14. März 2012, BStBl I S. 311**, anzuwenden. Beiträge, die nach dem 31. Dezember 2001 zugunsten eines zertifizierten Altersvorsorgevertrags geleistet wurden, sind danach getrennt aufzuzeichnen und die sich daraus ergebenden Leistungen einschließlich zugeteilter Erträge getrennt zu ermitteln. Dabei scheidet die Anwendung eines beitragsproportionalen Verfahrens für einen längeren Zeitraum – mehr als zwei Beitragsjahre – zur Ermittlung der sich aus den entsprechenden Beiträgen ergebenden Leistungen und Erträge aus.

137 **Wird vom Anbieter zur Erfüllung der Beitragszusage (§ 1 Abs. 1 Satz 1 Nr. 3 AltZertG) zu Beginn der Auszahlungsphase ein Betrag auf den Altersvorsorgevertrag eingezahlt, ist dieser im gleichen Verhältnis in einen geförderten und einen ungeförderten Teil aufzuteilen, in dem das zu Beginn der Auszahlungsphase auf dem Altersvorsorgevertrag vorhandene geförderte Kapital zum ungeförderten Kapital steht.**

138 Die Besteuerung von Leistungen, die auf nicht geförderten Beiträgen beruhen, richtet sich nach der Art der Leistung. Es werden insoweit drei Gruppen unterschieden:

▶ Leistungen in Form einer lebenslangen Rente oder einer Berufsunfähigkeits-, Erwerbsminderungs- und Hinterbliebenenrente, § 22 Nr. 5 Satz 2 Buchstabe a EStG (Rz. **139**)

▶ andere Leistungen aus Altersvorsorgeverträgen (zertifizierten Versicherungsverträgen), Pensionsfonds, Pensionskassen und Direktversicherungen, § 22 Nr. 5 Satz 2 Buchstabe b EStG (Rz. **140**)

▶ **übrige Leistungen (z. B. aus zertifizierten Bank- oder Fondssparplänen oder aus zertifizierten Bausparverträgen)**, § 22 Nr. 5 Satz 2 Buchstabe c EStG (Rz. **141**).

139 Soweit es sich um eine lebenslange Rente oder eine Berufsunfähigkeits-, Erwerbsminderungs- und Hinterbliebenenrente handelt, die auf nicht geförderten Beiträgen beruht, erfolgt die Besteuerung nach § 22 Nr. 5 Satz 2 Buchstabe a i. V. m. § 22 Nr. 1 Satz 3 Buchstabe a Doppelbuchstabe bb EStG mit dem entsprechenden Ertragsanteil. Werden neben einer Grundrente Überschussbeteiligungen in Form einer Bonusrente gezahlt, so ist der gesamte Auszahlungsbetrag mit einem einheitlichen Ertragsanteil der Besteuerung zu unterwerfen. R 22.4 Abs. 1 Satz 1 EStR ist in diesen Fällen nicht einschlägig, da mit der Überschussbeteiligung in Form einer Bonusrente kein neues Rentenrecht

begründet wird. In der Mitteilung nach § 22 Nr. 5 EStG ist der Betrag von Grund- und Bonusrente in einer Summe auszuweisen.

Wird auf nicht geförderten Beiträgen beruhendes Kapital aus einem zertifizierten Versicherungsvertrag ausgezahlt, ist nach § 22 Nr. 5 Satz 2 Buchstabe b EStG die Regelung des § 20 Abs. 1 Nr. 6 EStG in der für den zugrunde liegenden Vertrag geltenden Fassung entsprechend anzuwenden. Erfolgt bei einem vor dem 1. Januar 2005 abgeschlossenen Versicherungsvertrag die Kapitalauszahlung erst nach Ablauf von zwölf Jahren seit Vertragsabschluss und erfüllt der Vertrag die weiteren Voraussetzungen des § 10 Abs. 1 Nr. 2 EStG in der am 31. Dezember 2004 geltenden Fassung, unterliegt die Kapitalauszahlung insgesamt nicht der Besteuerung (§ 52 Abs. 36 Satz 5 EStG). Liegen die genannten Voraussetzungen nicht vor, unterliegen die rechnungsmäßigen und außerrechnungsmäßigen Zinsen der Besteuerung (§ 52 Abs. 36 Satz 5 EStG). Bei einem nach dem 31. Dezember 2004 abgeschlossenen Versicherungsvertrag, der die Voraussetzungen des § 20 Abs. 1 Nr. 6 EStG erfüllt, unterliegt bei Kapitalauszahlungen der Unterschiedsbetrag zwischen der Versicherungsleistung und der Summe der auf sie entrichteten Beiträge der Besteuerung. Erfolgt die Auszahlung erst nach Vollendung des 60. Lebensjahres des Steuerpflichtigen und hat der Vertrag im Zeitpunkt der Auszahlung mindestens zwölf Jahre bestanden, ist nur die Hälfte dieses Unterschiedsbetrags der Besteuerung zu Grunde zu legen. Für nach dem 31. Dezember 2011 abgeschlossene Verträge ist grundsätzlich auf die Vollendung des 62. Lebensjahres abzustellen.

140

Erhält der Steuerpflichtige in der Auszahlungsphase gleich bleibende oder steigende monatliche (Teil-)Raten, variable Teilraten oder eine Kapitalauszahlung, auf die § 22 Nr. 5 Satz 2 Buchstabe b EStG nicht anzuwenden ist (z. B. Teilkapitalauszahlung aus einem Altersvorsorgevertrag in der Form eines zertifizierten Bank-/Fondssparplans oder Bausparvertrags), gilt § 22 Nr. 5 Satz 2 Buchstabe c EStG. Zu versteuern ist der Unterschiedsbetrag zwischen der ausgezahlten Leistung und den auf sie entrichteten Beiträgen. Erfolgt die Auszahlung der Leistung nach Vollendung des 60. Lebensjahres des Leistungsempfängers und hatte der Vertrag eine Laufzeit von mehr als zwölf Jahren, ist nur die Hälfte des Unterschiedsbetrags zu versteuern. Für nach dem 31. Dezember 2011 abgeschlossene Verträge ist grundsätzlich auf die Vollendung des 62. Lebensjahres abzustellen. Für die Berechnung des Unterschiedsbetrags ist das BMF-Schreiben vom 1. Oktober 2009, BStBl I S. 1172 entsprechend anzuwenden.

141

BEISPIEL: A (geb. im Januar 1961) hat einen Altersvorsorgevertrag abgeschlossen und zugunsten dieses Vertrags ausschließlich geförderte Beiträge eingezahlt

142

(§ 10a EStG /Abschnitt XI EStG). Der Vertrag sieht vor, dass 10 % der geleisteten Beiträge zur Absicherung der verminderten Erwerbsfähigkeit eingesetzt werden.
Im Januar 2020 wird A vermindert erwerbsfähig und erhält aus dem Altersvorsorgevertrag eine Erwerbsminderungsrente i. H. v. 100 € monatlich ausgezahlt. Die Zahlung der Erwerbsminderungsrente steht unter der auflösenden Bedingung des Wegfalls der Erwerbsminderung. Der Versicherer hat sich vorbehalten, die Voraussetzungen für die Rentengewährung alle zwei Jahre zu überprüfen. Diese Rente endet mit Ablauf des Jahres 2025. Ab dem Jahr 2026 erhält A aus dem Vertrag eine Altersrente i. H. v. monatlich 150 €.

Die Erwerbsminderungsrente ist im Jahr 2020 i. H. v. 1.200 € (12 × 100 €) im Rahmen der Einkünfte aus § 22 Nr. 5 Satz 1 EStG zu erfassen. Dies gilt entsprechend für die Jahre 2021 bis 2025. Ab dem Jahr 2026 erfolgt eine Erfassung der Altersrente i. H. v. 1.800 € (12 × 150 €) nach § 22 Nr. 5 Satz 1 EStG.

Abwandlung:

A leistet ab dem Jahr 2008 einen jährlichen Beitrag i. H. v. insgesamt 1.000 €. Er ist in den Jahren 2008 bis 2017 (zehn Jahre) unmittelbar förderberechtigt. Die von ihm geleisteten Beiträge werden nach § 10a EStG /Abschnitt XI EStG gefördert. Im Jahr 2018 und 2019 ist er hingegen nicht förderberechtigt. Er zahlt in den Jahren jedoch – trotz der fehlenden Förderung – weiterhin einen jährlichen Beitrag i. H. v. 1.000 €. Ende des Jahres 2019 beträgt das von A geförderte Altersvorsorgevermögen 15.000 €. Das Gesamtvermögen beläuft sich auf 18.000 €.

Die Erwerbsminderungsrente ist im Jahr 2020 i. H. v. 1.000 € (1.200 € × 15/18) im Rahmen der Einkünfte aus § 22 Nr. 5 Satz 1 EStG zu erfassen. Die verbleibenden 200 € sind nach § 22 Nr. 5 Satz 2 Buchstabe a EStG i.V. m. § 22 Nr. 1 Satz 3 Buchstabe a Doppelbuchstabe bb Satz 5 EStG i.V. m. § 55 EStDV mit einem Ertragsanteil i. H. v. 7 % (bemessen nach einer voraussichtlichen Laufzeit von sechs Jahren) steuerlich zu erfassen. Der Ertragsanteil bemisst sich grundsätzlich nach der Zeitspanne zwischen dem Eintritt des Versicherungsfalls (Begründung der Erwerbsminderung) und dem voraussichtlichen Leistungsende (hier: Erreichen der für die Hauptversicherung vereinbarten Altersgrenze). Steht der Anspruch auf Rentengewährung unter der auflösenden Bedingung des Wegfalls der Erwerbsminderung und lässt der Versicherer das Fortbestehen der Erwerbsminderung in mehr oder minder regelmäßigen Abständen prüfen, wird hierdurch die zu berücksichtigende voraussichtliche Laufzeit nicht berührt. Ab dem Jahr 2026 erfolgt eine Erfassung der Altersrente i. H. v. 1.500 € (1.800 € × 15/18) nach § 22 Nr. 5 Satz 1 EStG. Der verbleibende Rentenbetrag i. H. v. 300 € wird mit dem vom Alter des Rentenberechtigten bei Beginn der Altersrente abhängigen Ertragsanteil nach § 22 Nr. 5 Satz 2 Buchstabe a EStG i.V. m. § 22 Nr. 1 Satz 3 Buchstabe a Doppelbuchstabe bb EStG erfasst.

5. Leistungen, die ausschließlich auf nicht geförderten Altersvorsorgebeiträgen beruhen

143 Hat der Steuerpflichtige in der Ansparphase ausschließlich nicht geförderte Beiträge zugunsten eines zertifizierten Altersvorsorgevertrags eingezahlt, gelten für die gesamte Auszahlungsleistung die Ausführungen in Rz. **138** bis **142**.

6. Vertragswechsel

Die Übertragung von Altersvorsorgevermögen auf einen anderen Altersvorsorgevertrag führt grundsätzlich zu einem steuerpflichtigen Zufluss, bei dem die Leistungen nach § 22 Nr. 5 EStG zu besteuern sind.

144

Unter den nachfolgenden Voraussetzungen ist eine steuerfreie Übertragung möglich:

a) Steuerfreiheit nach § 3 Nr. 55c EStG

Nach § 3 Nr. 55c EStG sind Übertragungen von Altersvorsorgevermögen auf einen anderen auf den Namen des Zulageberechtigten lautenden Altersvorsorgevertrag (§ 1 Abs. 1 Satz 1 Nr. 10 Buchstabe b AltZertG) steuerfrei, soweit die Leistungen zu steuerpflichtigen Einkünften nach § 22 Nr. 5 EStG führen würden. Dies gilt entsprechend, wenn

145

- Anwartschaften der betrieblichen Altersversorgung abgefunden werden, soweit das Altersvorsorgevermögen zugunsten eines auf den Namen des Zulageberechtigten lautenden Altersvorsorgevertrags geleistet wird oder

- im Fall des Todes des Zulageberechtigten das Altersvorsorgevermögen auf einen auf den Namen des Ehegatten/Lebenspartner lautenden Altersvorsorgevertrag übertragen wird, wenn die Ehegatten/Lebenspartner im Zeitpunkt des Todes des Zulageberechtigten nicht dauernd getrennt gelebt haben (§ 26 Abs. 1 EStG) und ihren Wohnsitz oder gewöhnlichen Aufenthalt in einem EU-/EWR-Staat hatten.

Soweit die Übertragung im Rahmen des Vertragswechsels nicht zu Einkünften im Sinne des EStG führt, bedarf es keiner Steuerfreistellung nach § 3 Nr. 55c EStG.

146

b) Besteuerung beim überlebenden Ehegatten/Lebenspartner

Für die Besteuerung der Leistungen bei dem überlebenden Ehegatten/Lebenspartner ist unerheblich, zu welchen Einkünften die Leistungen aus dem übertragenen Altersvorsorgevermögen bei dem verstorbenen Zulageberechtigten geführt hätten, da mit der Übertragung des Altersvorsorgevermögens ein neues Anrecht begründet wird. Bei dem überlebenden Ehegatten/Lebenspartner unterliegen die Leistungen aus dem Altersvorsorgevertrag, die auf dem nach § 3 Nr. 55c EStG steuerfreien Betrag beruhen, insoweit in vollem Umfang der nachgelagerten Besteuerung nach § 22 Nr. 5 Satz 1 EStG.

147

148 **BEISPIEL:** A hat am 1. Januar 2002 einen versicherungsförmigen Altersvorsorgevertrag abgeschlossen, auf den geförderte und ungeförderte Beiträge eingezahlt wurden. Im Jahr **2012** verstirbt A. Das Altersvorsorgevermögen wird auf den im Jahr **2012** abgeschlossenen Altersvorsorgevertrag (Fondssparplan) seiner überlebenden Ehefrau B übertragen.

Das übertragene geförderte Altersvorsorgevermögen wird nach § 3 Nr. 55c EStG steuerfrei gestellt, da die Leistungen, die auf dem geförderten Altersvorsorgevermögen beruhen, im Zeitpunkt der Übertragung zu steuerpflichtigen Einkünften nach § 22 Nr. 5 EStG führen würden. Eine Steuerfreistellung des übertragenen ungeförderten Altersvorsorgevermögens erfolgt nicht, da die Leistungen bei einer unterstellten Auszahlung *im Todesfall* nach § 22 Nr. 5 Satz 2 Buchstabe b EStG i.V.m. § 20 Abs. 1 Nr. 6 EStG in der am 31. Dezember 2004 geltenden Fassung nicht der Besteuerung unterlegen hätten (*kein Erlebensfall oder Rückkauf*).

Zwei Jahre nach der Übertragung des Altersvorsorgevermögens beginnt die Auszahlungsphase des Altersvorsorgevertrags von B. Das geförderte Kapital wird im Rahmen eines Auszahlungsplans mit einer Teilkapitalverrentung ab dem 85. Lebensjahr ausgezahlt. Das ungeförderte Kapital erhält B als Einmalauszahlung.

	Gefördertes AV in €	Ungefördertes AV in €
Beiträge des A	23.012	10.460
Zulagen des A	3.388	
Erträge des A	8.000	3.000
Altersvorsorgevermögen zum Zeitpunkt der Kapitalübertragung wegen Todes	34.400	13.460
Nach § 3 Nr. 55c EStG gefördertes Altersvorsorgevermögen (bisher nach anderen Vorschriften gefördert)	34.400	
Bisher ungefördertes jetzt gefördertes Altersvorsorgevermögen (§ 3 Nr. 55c EStG)	–	–
Altersvorsorgevermögen nach dem Zeitpunkt der Kapitalübertragung	34.400	13.460
Erträge nach der Kapitalübertragung	1.400	550
Tatsächliche Auszahlung	35.800	14.010

Die Auszahlung des übertragenen geförderten Kapitals im Rahmen eines Auszahlungsplans mit einer Teilkapitalverrentung ab dem 85. Lebensjahr ist wegen der Steuerfreistellung nach § 3 Nr. 55c EStG steuerpflichtig nach § 22 Nr. 5 Satz 1 EStG. Die Besteuerung der Einmalauszahlung aus dem übertragenen ungeförderten Kapital erfolgt nach § 22 Nr. 5 Satz 2 Buchstabe c EStG. Danach ist der steuerpflichtige Unterschiedsbetrag zwischen der Leistung und der Summe der auf sie entrichteten Beiträge wie folgt zu ermitteln: 14.010 € ./. 13.460 € = 550 €. Die Anwendung des hälftigen Unterschiedsbetrags (§ 22 Nr. 5 Satz 2 Buchstabe c EStG) kommt nicht in Betracht, da die Laufzeit des Vertrags von B nur zwei Jahre betragen hat.

c) Übertragung von ungefördertem Altersvorsorgevermögen

Um beim Vertragswechsel die praktische Umsetzung zu gewährleisten gilt im Hinblick auf die Übertragung von ungefördertem **Altersvorsorgevermögen von einem zertifizierten Altersvorsorgevertrag auf einen anderen zertifizierten Altersvorsorgevertrag** des Zulageberechtigten Folgendes:

149

aa) Ermittlung des nach § 3 Nr. 55c EStG steuerfreien Betrags bei einem vor dem 1. Januar 2005 abgeschlossenen, versicherungsförmigen Altersvorsorgevertrag

Bei einer Übertragung eines vor dem 1. Januar 2005 abgeschlossenen, versicherungsförmigen Altersvorsorgevertrags im Sinne der Rz. 145 ist § 3 Nr. 55c EStG anzuwenden, wenn die Leistungen bei einer unterstellten Auszahlung an den Zulageberechtigten im Zeitpunkt der Kapitalübertragung zu steuerpflichtigen Einkünften geführt hätten (§ 22 Nr. 5 Satz 2 Buchstabe b EStG i. V. m. § 20 Abs. 1 Nr. 6 EStG in der am 31. Dezember 2004 geltenden Fassung). Für die Ermittlung des insoweit steuerfrei zu stellenden Betrags ist aus Vereinfachungsgründen auf den Unterschiedsbetrag zwischen dem ungeförderten Teil des übertragenen Altersvorsorgevermögens und der Summe der auf ihn entrichteten Beiträge statt auf die rechnungsmäßigen und außerrechnungsmäßigen Zinsen im Sinne des § 20 Abs. 1 Nr. 6 EStG in der am 31. Dezember 2004 geltenden Fassung abzustellen. Dies gilt auch, wenn die Übertragung von einem vor dem 1. Januar 2005 abgeschlossenen versicherungsförmigen Altersvorsorgevertrag auf einen vor dem 1. Januar 2005 abgeschlossenen versicherungsförmigen Altersvorsorgevertrag erfolgt. *Die Sätze 2 und 3 sind auch bei Übertragungen im Sinne des § 3 Nr. 55a oder 55b EStG von einem versicherungsförmigen Altersvorsorgevertrag anzuwenden.*

150

bb) Besteuerung im Auszahlungszeitpunkt

Die auf den nach § 3 Nr. 55c EStG steuerfrei gestellten Beträgen (einschließlich ihrer Erträge und Wertsteigerungen) beruhenden Leistungen werden bei der Auszahlung an den Zulageberechtigten nach § 22 Nr. 5 Satz 1 EStG besteuert. Sie sind vom aufnehmenden Anbieter entsprechend in die Mitteilung nach

151

§ 22 Nr. 5 Satz 7 EStG aufzunehmen und mit der Rentenbezugsmitteilung nach § 22a EStG zu melden (vgl. Rz. 188).

152 Hat der abgebende Anbieter dem aufnehmenden Anbieter einen nach § 3 Nr. 55c EStG freizustellenden Betrag für den ungeförderten Teil des übertragenen Altersvorsorgevermögens in Höhe von 0 € gemeldet, weil z. B. bei einer unterstellten Auszahlung an den Zulageberechtigten im Zeitpunkt der Kapitalübertragung nach § 22 Nr. 5 Satz 2 i.V. m. § 20 Abs. 1 Nr. 6 EStG in der am 31. Dezember 2004 geltenden Fassung die Leistungen nicht der Besteuerung unterlägen hätten, dann wird dieser Teil des übertragenen Kapitals im Zeitpunkt der Auszahlung an den Zulageberechtigten nicht besteuert. Die sich aus dem übertragenen ungeförderten Kapital beim aufnehmenden Anbieter ergebenden Erträge und Wertsteigerungen werden nach § 22 Nr. 5 Satz 2 EStG steuerlich erfasst. Sie sind vom aufnehmenden Anbieter entsprechend in die Mitteilung nach § 22 Nr. 5 Satz 7 EStG aufzunehmen und mit der Rentenbezugsmitteilung nach § 22a EStG zu melden (vgl. Rz. 188).

153 Eine Kapitalübertragung i. S. d. § 3 Nr. 55c EStG löst grundsätzlich eine Vertragsänderung i. S. d. Rz. 67 ff. des BMF-Schreibens vom 1. Oktober 2009 (BStBl I S. 1172) sowie des BMF-Schreibens vom 6. März 2012 (BStBl I S. 238) aus. *Die vertraglichen Vereinbarungen des aufnehmenden Vertrags (z. B. zum frühestmöglichen Beginn der Auszahlungsphase) bleiben unberührt.*

154 **BEISPIEL 1:** A hat am 1. Januar 2008 einen versicherungsförmigen Altersvorsorgevertrag und einen Altersvorsorgevertrag in Form eines Fondssparplans abgeschlossen. Am 1. Januar 2011 erfolgt eine Kapitalübertragung des bisher auf dem versicherungsförmigen Altersvorsorgevertrag angesparten, ausschließlich ungeförderten Altersvorsorgevermögens in Höhe von 3.000 € auf den bestehenden Altersvorsorgevertrag in Form eines Fondssparplans. Im Übertragungswert sind 2.900 € an Beiträgen sowie Erträge enthalten. Mit der Vollendung seines 61. Lebensjahres am 1. April 2020 lässt sich A das auf seinem Altersvorsorgevertrag in Form eines Fondssparplans angesparte, ausschließlich ungeförderte Altersvorsorgevermögen in Höhe von insgesamt 30.000 € in einer Summe auszahlen. Darin enthalten sind 20.000 € Eigenbeiträge, 3.000 € Übertragungswert sowie Erträge. Von den Erträgen sind 800 € für den Übertragungswert nach der Kapitalübertragung angefallen.
Betrag auf den nach § 22 Nr. 5 Satz 2 Buchstabe c i.V. m. § 20 Abs. 1 Nr. 6 EStG der hälftige Unterschiedsbetrag anzuwenden ist:

Altersvorsorgevermögen	30.000 €
abzügl. Übertragungswert	3.000 €
abzügl. für den Übertragungswert nach der Übertragung angefallene Erträge	800 €
abzügl. Eigenbeiträge	20.000 €
=	6.200 €

Da der Altersvorsorgevertrag in Form eines Fondssparplans vor dem 1. Januar 2012 abgeschlossen wurde und die Auszahlung nach dem 60. Lebensjahr des Steuerpflichtigen und nach Ablauf von zwölf Jahren seit dem Vertragsabschluss erfolgte, ist die Hälfte von den 6.200 €, also 3.100 € zu versteuern.

Betrag auf den nach § 22 Nr. 5 Satz 2 Buchstabe c i. V. m. § 20 Abs. 1 Nr. 6 EStG der volle Unterschiedsbetrag anzuwenden ist:

Übertragungswert	3.000 €
zuzügl. für den Übertragungswert nach der Übertragung angefallene Erträge	800 €
abzügl. Eigenbeiträge im Übertragungswert	2.900 €
=	900 €

Da der Übertragungswert als Neuvertrag zu behandeln ist und die Auszahlung vor dem Ablauf von 12 Jahren seit dem Vertragsabschluss dieses Neuvertrags erfolgt, sind bezogen auf diesen Neuvertrag die vollen 900 € zu versteuern.

Insgesamt sind somit 3.100 € + 900 € = 4.000 € zu versteuern.

BEISPIEL 2: ▶ B hat am 1. Januar 2008 einen versicherungsförmigen Altersvorsorgevertrag und einen Altersvorsorgevertrag in Form eines Banksparplans abgeschlossen. Am 1. Januar 2013 erfolgt eine Kapitalübertragung des bisher auf dem versicherungsförmigen Altersvorsorgevertrag angesparten, ausschließlich geförderten Altersvorsorgevermögens in Höhe von 3.250 € auf den bestehenden Altersvorsorgevertrag in Form eines Banksparplans. Im Übertragungswert sind 2.919 € an Beiträgen, 231 € an Zulagen sowie Erträge enthalten. Mit der Vollendung seines 61. Lebensjahres am 1. April 2025 lässt sich B das auf seinem Altersvorsorgevertrag in Form eines Banksparplans angesparte, ausschließlich geförderte Altersvorsorgevermögen in Höhe von insgesamt 36.000 € in einer Summe auszahlen. Darin enthalten sind 26.800 € Eigenbeiträge, 1.848 € Zulagen (ohne die Zulagen aus dem Übertragungswert), 3.250 € Übertragungswert sowie Erträge. Von den Erträgen sind 800 € für den Übertragungswert nach der Kapitalübertragung angefallen. Für das geförderte Altersvorsorgevermögen hat er insgesamt einen Steuervorteil von 2.200 € erhalten.

Zur Auszahlung gelangen:

Altersvorsorgevermögen	36.000 €
abzüglich Zulagen (einschließlich der Zulagen aus dem Übertragungswert)	2.079 €
abzüglich Steuervorteil	2.200 €
=	31.721 €

Betrag auf den nach § 22 Nr. 5 Satz 3 EStG i. V. m. § 22 Nr. 5 Satz 2 Buchstabe c i. V. m. § 20 Abs. 1 Nr. 6 EStG der hälftige Unterschiedsbetrag anzuwenden ist:

Altersvorsorgevermögen	36.000 €
abzügl. Zulagen (ohne Zulagen aus dem Übertragungswert)	1.848 €
abzügl. Übertragungswert	3.250 €

abzügl. für den Übertragungswert nach der   800 €
Übertragung angefallene Erträge

abzügl. Eigenbeiträge   26.800 €

=   3.302 €

Da der Altersvorsorgevertrag in Form eines Banksparplans vor dem 1. Januar 2012 abgeschlossen wurde und die Auszahlung nach dem 60. Lebensjahr des Steuerpflichtigen und nach Ablauf von zwölf Jahren seit dem Vertragsabschluss erfolgte, ist die Hälfte von den 3.302 €, also 1.651 € zu versteuern.

Betrag auf den nach § 22 Nr. 5 Satz 3 EStG i. V. m. § 22 Nr. 5 Satz 2 Buchstabe c i. V. m. § 20 Abs. 1 Nr. 6 EStG der volle Unterschiedsbetrag anzuwenden ist:

Übertragungswert   3.250 €

zuzügl. für den Übertragungswert nach der   800 €
Übertragung angefallene Erträge

abzügl. Zulagen im Übertragungswert   231 €

abzügl. Eigenbeiträge im Übertragungswert   2.919 €

=   900 €

Da der Übertragungswert als Neuvertrag zu behandeln ist und dieser Neuvertrag nach dem 31. Dezember 2011 abgeschlossen wurde, sind bezogen auf diesen Neuvertrag die vollen 900 € zu versteuern, weil die Auszahlung vor dem 62. Lebensjahr des Steuerpflichtigen erfolgte.

Insgesamt sind somit 1.651 € + 900 € = 2.551 € zu versteuern.

156   Ergibt sich nach der Kapitalübertragung eine Änderung, die Auswirkung auf die Aufteilung des übertragenen Altersvorsorgevermögens in einen geförderten und einen ungeförderten Anteil hat, so hat der aufnehmende Anbieter eine neue Aufteilung des übertragenen Altersvorsorgevermögens vorzunehmen. Erfolgte die Kapitalübertragung vor dem 8. August 2012 und liegen dem aufnehmenden Anbieter keine jahresbezogenen Aufteilungen hinsichtlich des geförderten und ungeförderten übertragenen Altersvorsorgevermögens vor, wird es nicht beanstandet, wenn eine für diesen Zeitraum erforderliche neue Aufteilung nach einem beitragsproportionalen Verfahren vorgenommen wird. Bei der späteren Leistungsauszahlung hat der Anbieter den entsprechend angepassten nach § 3 Nr. 55c Satz 1 EStG steuerfreien Betrag bei der Mitteilung nach § 22 Nr. 5 Satz 7 EStG und der Rentenbezugsmitteilung nach § 22a EStG zu berücksichtigen (vgl. Rz. 188).

157   **BEISPIEL 1:** A hat am 1. Januar 2002 einen versicherungsförmigen Altersvorsorgevertrag abgeschlossen. Im Jahr 2013 wird das Altersvorsorgevermögen auf seinen im Jahr 2013 abgeschlossenen Altersvorsorgevertrag in Form eines Fondssparplans übertragen.

Das übertragene geförderte Altersvorsorgevermögen wird nach § 3 Nr. 55c EStG steuerfrei gestellt, da die Leistungen, die auf dem geförderten Altersvorsorgevermögen beruhen, im Zeitpunkt der Übertragung zu steuerpflichtigen Einkünften nach § 22 Nr. 5 EStG führen würden. Vom übertragenen ungeförderten Altersvorsorgevermögen wird der Unterschiedsbetrag zwischen der Leistung und der Summe der auf sie entrichteten Beiträge nach § 3 Nr. 55c EStG steuerfrei gestellt (vgl. Rz. 150).

Zwei Jahre nach der Übertragung des Altersvorsorgevermögens beginnt die Auszahlungsphase des Altersvorsorgevertrags. Das geförderte Kapital wird im Rahmen eines Auszahlungsplans mit einer Teilkapitalverrentung ab dem 85. Lebensjahr ausgezahlt. Das ungeförderte Kapital erhält A als Einmalauszahlung.

	Gefördertes AV in €	Ungefördertes AV in €
Beiträge 1. Vertrag	23.012	10.460
Zulagen 1. Vertrag	3.388	
Erträge 1. Vertrag	8.000	3.000
Altersvorsorgevermögen zum Zeitpunkt der Kapitalübertragung	34.400	13.460
Nach § 3 Nr. 55c EStG gefördertes Altersvorsorgevermögen (bisher nach anderen Vorschriften gefördert)	34.400	
Bisher ungefördertes jetzt gefördertes Altersvorsorgevermögen (§ 3 Nr. 55c EStG)	3.000	−3.000
Altersvorsorgevermögen nach dem Zeitpunkt der Kapitalübertragung	37.400	10.460
Erträge nach Kapitalübertragung	(1.400 + 122 =) 1.522	428
Tatsächliche Auszahlung	38.922	10.888

Die Auszahlung des übertragenen geförderten Kapitals im Rahmen eines Auszahlungsplans mit einer Teilkapitalverrentung ab dem 85. Lebensjahr ist wegen der Steuerfreistellung nach § 3 Nr. 55c EStG steuerpflichtig nach § 22 Nr. 5 Satz 1 EStG. Die Besteuerung der Einmalauszahlung aus dem übertragenen ungeförderten Kapital erfolgt nach § 22 Nr. 5 Satz 2 Buchstabe c EStG. Danach ist der steuerpflichtige Unterschiedsbetrag zwischen der Leistung und der Summe der auf sie entrichteten Beiträge wie folgt zu ermitteln: 10.888 € − 10.460 € = 428 €. Die Anwendung des hälftigen Unterschiedsbetrags (§ 22 Nr. 5 Satz 2 Buchstabe c EStG) kommt nicht in Betracht, da die Laufzeit des zweiten Vertrags von A nur zwei Jahre betragen hat.

158 **BEISPIEL 2:** A hat am 1. Januar 2002 einen Altersvorsorgevertrag in Form eines Fondssparplans abgeschlossen. Im Jahr 2013 wird das Altersvorsorgevermögen auf seinen im Jahr 2013 abgeschlossenen Altersvorsorgevertrag in Form eines Banksparplans übertragen.

Das übertragene geförderte Altersvorsorgevermögen wird nach § 3 Nr. 55c EStG steuerfrei gestellt, da die Leistungen, die auf dem geförderten Altersvorsorgevermögen beruhen, im Zeitpunkt der Übertragung zu steuerpflichtigen Einkünften nach § 22 Nr. 5 EStG führen würden. Vom übertragenen ungeförderten Altersvorsorgevermögen wird der Unterschiedsbetrag zwischen der Leistung und der Summe der auf sie entrichteten Beiträge nach § 3 Nr. 55c EStG steuerfrei gestellt. Da A einen Verlust erzielt hat, sind negative Erträge zu berücksichtigen.

	Gefördertes AV in €	Ungefördertes AV in €
Beiträge 1. Vertrag	23.012	10.460
Zulagen 1. Vertrag	3.388	
Erträge 1. Vertrag	−80	−30
Altersvorsorgevermögen zum Zeitpunkt der Kapitalübertragung	26.320	10.430
Nach § 3 Nr. 55c EStG gefördertes Altersvorsorgevermögen (bisher nach anderen Vorschriften gefördert)	26.320	
Bisher ungefördertes jetzt gefördertes Altersvorsorgevermögen (§ 3 Nr. 55c EStG)	0	0
Verlustverrechnung	−30	30
Altersvorsorgevermögen nach dem Zeitpunkt der Kapitalübertragung	26.290	10.460
Erträge nach Kapitalübertragung	1.060	428
Tatsächliche Auszahlung	27.350	10.888

Die Auszahlung des übertragenen geförderten Kapitals im Rahmen eines Auszahlungsplans mit einer Teilkapitalverrentung ab dem 85. Lebensjahr ist wegen der Steuerfreistellung nach § 3 Nr. 55c EStG steuerpflichtig nach § 22 Nr. 5 Satz 1 EStG. Die Besteuerung der Einmalauszahlung aus dem übertragenen ungeförderten Kapital erfolgt nach § 22 Nr. 5 Satz 2 Buchstabe c EStG. Danach ist der steuerpflichtige Unterschiedsbetrag zwischen der Leistung und der Summe der auf sie entrichteten Beiträge wie folgt zu ermitteln: 10.888 € − 10.460 € = 428 €. Die Anwendung des hälftigen Unterschiedsbetrags (§ 22 Nr. 5 Satz 2 Buchstabe c EStG) kommt nicht in Betracht, da die Laufzeit des zweiten Vertrags von A nur zwei Jahre betragen hat.

BEISPIEL 3: Der 1957 geborene A hat am 1. Januar 2005 einen versicherungsförmigen Altersvorsorgevertrag abgeschlossen. Im Jahr 2018 wird das Altersvorsorgevermögen auf seinen im Jahr 2018 abgeschlossenen Altersvorsorgevertrag in Form eines Fondssparplans übertragen.

159

Das übertragene geförderte Altersvorsorgevermögen wird nach § 3 Nr. 55c EStG steuerfrei gestellt, da die Leistungen, die auf dem geförderten Altersvorsorgevermögen beruhen, im Zeitpunkt der Übertragung zu steuerpflichtigen Einkünften nach § 22 Nr. 5 EStG führen würden. Vom übertragenen ungeförderten Altersvorsorgevermögen wird der hälftige Unterschiedsbetrag zwischen der Leistung und der Summe der auf sie entrichteten Beiträge nach § 3 Nr. 55c EStG steuerfrei gestellt, weil der ursprüngliche Altersvorsorgevertrag zum Zeitpunkt der Übertragung bereits eine Laufzeit von 12 Jahren erreicht und A sein 60. Lebensjahr bereits vollendet hatte.

Zwei Jahre nach der Übertragung des Altersvorsorgevermögens beginnt die Auszahlungsphase des Altersvorsorgevertrags. Das geförderte Kapital wird im Rahmen eines Auszahlungsplans mit einer Teilkapitalverrentung ab dem 85. Lebensjahr ausgezahlt. Das ungeförderte Kapital erhält A als Einmalauszahlung.

	Gefördertes AV in €	Ungefördertes AV in €
Beiträge 1. Vertrag	23.012	10.460
Zulagen 1. Vertrag	3.388	
Erträge 1. Vertrag	8.000	3.000
Altersvorsorgevermögen zum Zeitpunkt der Kapitalübertragung	34.400	13.460
Nach § 3 Nr. 55c EStG gefördertes Altersvorsorgevermögen (bisher nach anderen Vorschriften gefördert)	34.400	
Bisher ungefördertes jetzt gefördertes Altersvorsorgevermögen (§ 3 Nr. 55c EStG)	1.500	−1.500
Altersvorsorgevermögen nach dem Zeitpunkt der Kapitalübertragung	35.900	11.960
Erträge nach Kapitalübertragung	(1.400 + 61 =) 1.461	489
Tatsächliche Auszahlung	37.361	12.449

Die Auszahlung des übertragenen geförderten Kapitals im Rahmen eines Auszahlungsplans mit einer Teilkapitalverrentung ab dem 85. Lebensjahr ist wegen der Steuerfreistellung nach § 3 Nr. 55c EStG steuerpflichtig nach § 22 Nr. 5 Satz 1 EStG.

Die Besteuerung der Einmalauszahlung aus dem übertragenen ungeförderten Kapital erfolgt nach § 22 Nr. 5 Satz 2 Buchstabe c EStG. Danach ist der steuerpflichtige Unterschiedsbetrag zwischen der Leistung und der Summe der auf sie entrichteten Beiträge wie folgt zu ermitteln: 12.449 € − 11.960 € = 489 €. Die Anwendung des hälftigen Unterschiedsbetrags (§ 22 Nr. 5 Satz 2 Buchstabe c EStG) kommt nicht in Betracht, da die Laufzeit des zweiten Vertrags von A nur zwei Jahre betragen hat.

160 Die Regelungen der Rz. 145 bis 159 können auch für vor dem 14. Dezember 2011 (Inkrafttreten des Beitreibungsrichtlinien-Umsetzungsgesetzes) durchgeführte Vertragswechsel angewendet werden.

7. Wohnförderkonto

161 Das im Wohneigentum gebundene steuerlich geförderte Altersvorsorgekapital wird nach § 22 Nr. 5 EStG nachgelagert besteuert und zu diesem Zweck in einem **vertragsbezogenem** Wohnförderkonto erfasst *(Altersvorsorgevertrag mit Wohnförderkonto). Das Wohnförderkonto wird unabhängig vom Zeitpunkt der Eröffnung durch die ZfA geführt. Im Wohnförderkonto hat die ZfA die ge*förderten Tilgungsbeiträge (vgl. Rz. 27 bis 30 und 32), die hierfür gewährten Zulagen sowie den entnommenen Altersvorsorge-Eigenheimbetrag vertragsbezogen zu erfassen. *Die ZfA teilt dem Anbieter eines Altersvorsorgevertrags, zu dem sie ein Wohnförderkonto führt, jährlich den Stand des Wohnförderkontos mit.*

162 Die Tilgungsleistungen für ein zur wohnungswirtschaftlichen Verwendung in Anspruch genommenes Darlehen **werden** in das Wohnförderkonto *eingestellt,* **wenn** die ZfA die Steuerverstrickung dieser Tilgungsleistungen (§ 90 Abs. 2 Satz 6 EStG) dem Anbieter *mitteilt.* Die Zulagen für Tilgungsleistungen **werden** in das Wohnförderkonto *eingestellt, wenn die ZfA die Auszahlung an den Anbieter zur Gutschrift auf den Altersvorsorgevertrag veranlasst.* Zulagen für Tilgungsleistungen, die erst nach der vollständigen Tilgung des Darlehens ausgezahlt werden, müssen vom Anbieter unmittelbar an den Zulageberechtigten weitergereicht werden. Diese Zulagen **werden** im Wohnförderkonto *erfasst.* Zulagen für Tilgungsleistungen, die erst nach Beginn der Auszahlungsphase beantragt werden, müssen vom Anbieter an den Anleger weitergereicht werden. *Damit werden diese Zulagen* nicht im Wohnförderkonto *erfasst.* Die dazugehörigen Tilgungsleistungen **werden** rückwirkend zum letzten Tag vor Beginn der Auszahlungsphase in das Wohnförderkonto *eingestellt.*

Beiträge, die nach § 82 Abs. 1 Satz 3 EStG als Tilgungsleistungen gelten (Rz. 29 und 32), werden erst im Zeitpunkt der **unmittelbaren** Darlehenstilgung einschließlich der zur Tilgung eingesetzten Zulagen und Erträge in das Wohnförderkonto eingestellt (§ 92a Abs. 2 Satz 2 EStG). *Die zur Tilgung eingesetzten ungeförderten Beiträge einschließlich der darauf entfallenden Erträge fließen dem Zulageberechtigten im Zeitpunkt der Ablösung des Vorfinanzierungsdarlehens zu; die Erträge unterliegen der Besteuerung (Rz. 129 ff.).* 163

Wird vor dem Zeitpunkt der Darlehenstilgung die Selbstnutzung der geförderten Wohnung aufgegeben, werden die als Tilgungsleistungen behandelten Beiträge (§ 82 Abs. 1 Satz 3 EStG), die dafür gewährten Zulagen und die entsprechenden Erträge in das Wohnförderkonto aufgenommen und die Regelungen des § 92a Abs. 3 EStG (vgl. Rz. 259) angewendet (§ 92a Abs. 3 Satz 8 EStG). Der Anbieter hat im Zeitpunkt der unmittelbaren Darlehenstilgung die als Tilgungsleistung geltenden Beiträge an die ZfA zu melden. Hinsichtlich des ungeförderten Altersvorsorgevermögens ist Rz. 184 Satz 1 entsprechend anzuwenden. 164

Der sich aus dem Wohnförderkonto ergebende Gesamtbetrag ist in der Ansparphase jährlich um 2 % zu erhöhen. Diese Erhöhung erfolgt – unabhängig vom Zeitpunkt der Einstellung der entsprechenden Beträge ins Wohnförderkonto – nach Ablauf des jeweiligen Beitragsjahres; letztmals ist sie im Zeitpunkt des Beginns der Auszahlungsphase vorzunehmen. 165

BEISPIEL: Der am 5. Februar 1970 geborene Zulageberechtigte hat in seinem zertifizierten Darlehensvertrag mit dem Anbieter vereinbart, dass die Auszahlungsphase am 1. Februar 2035 beginnt. Das Darlehen wurde im Jahr 2033 vollständig getilgt und das Wohnförderkonto auf die ZfA übertragen. Der Gesamtbetrag des Wohnförderkontos am 31. Dezember 2034 beträgt nach der Erhöhung um 2 % 30.000 €. 166

Das Wohnförderkonto wird letztmals zum 1. Februar 2035 für 2035 um 2 % auf 30.600 € erhöht. Im Fall der jährlichen Teilauflösung (Rz. **173**) ist dieser Betrag in den Veranlagungszeiträumen 2035 bis 2055 in Höhe von 1/21 von 30.600 € = 1.457,14 € zu versteuern. Wählt der Zulageberechtigte die Auflösung des Wohnförderkontos (Rz. **176**) werden im Veranlagungszeitraum 2035 70 % von 30.600 € = 21.420 € versteuert.

(weggefallen) 167–169

Das Wohnförderkonto wird vermindert um Zahlungen des Zulageberechtigten, die dieser – soweit Vertragsvereinbarungen nicht entgegen stehen – **bis zum Beginn der Auszahlungsphase** auf einen auf seinen Namen lautenden Al- 170 tersvorsorgevertrag zur Minderung der in das Wohnförderkonto eingestellten Beträge leistet. Die zur Minderung des Wohnförderkontos geleisteten Beträge (**Minderungsbeträge**) sind keine Altersvorsorgebeiträge (§ 82 Abs. 4 Nr. 4 EStG); insoweit kann keine erneute Förderung beansprucht werden. Sie stellen jedoch gefördertes Altersvorsorgevermögen dar, welches im Fall einer schädlichen Verwendung bei der Berechnung des Rückzahlungsbetrags (§ 94 EStG) zu berücksichtigen ist. Hierbei bestimmt sich der Rückzahlungsbetrag nach der Förderung, die für die in das Wohnförderkonto eingestellten und durch die Zahlung getilgten Beträge gewährt wurde.

171 **BEISPIEL:** Der Stand des Wohnförderkontos des Zulageberechtigten beträgt 10.000 €. Dieser Betrag setzt sich aus eingestellten Zulagen (4.000 €), Tilgungsleistungen (5.000 €) und dem Erhöhungsbetrag (1.000 €) zusammen. Neben den Zulagen hat der Zulageberechtigte noch einen über die Zulage hinausgehenden Steuervorteil (§ 10a EStG) in Höhe von 800 € erhalten. Der Zulageberechtigte entscheidet sich, Einzahlungen auf einen zertifizierten Altersvorsorgevertrag zur Minderung seines Wohnförderkontos in Höhe von 5.000 € vorzunehmen. Auf dem Wohnförderkonto verbleiben somit 5.000 €. Auf dem neu abgeschlossenen Altersvorsorgevertrag gehen in den nächsten zehn Jahren keine zusätzlichen Einzahlungen ein. Das angesparte Altersvorsorgevermögen einschließlich der Erträge beläuft sich nach zehn Jahren auf insgesamt 6.100 €. Jetzt verwendet der Zulageberechtigte das geförderte Altersvorsorgevermögen schädlich.

Zur Auszahlung gelangen:

Altersvorsorgevermögen	6.100 €
abzüglich Zulagen	2.000 €
abzüglich Steuervorteil	400 €
=	3.700 €

Betrag nach § 22 Nr. 5 Satz 3 EStG

Altersvorsorgevermögen	6.100 €
abzüglich Zulagen	2.000 €
=	4.100 €

Auf diesen Betrag ist § 22 Nr. 5 Satz 2 Buchstabe c EStG anzuwenden.

maßgebender Betrag	4.100 €
abzüglich eingezahlte Beträge (Tilgungsleistungen)	2.500 €
=	1.600 €

Nach § 22 Nr. 5 Satz 2 Buchstabe c EStG sind 1.600 € zu versteuern.

Das Wohnförderkonto bleibt von der schädlichen Verwendung unberührt.

Der Anbieter hat die Einzahlung von Minderungsbeträgen der ZfA mitzuteilen. 172
Der Zulageberechtigte kann die *Einzahlung* auch an einen anderen Anbieter leisten als an den, *für dessen Altersvorsorgevertrag die ZfA* das Wohnförderkonto *führt. In diesem Fall* hat der Zulageberechtigte dem Anbieter *an den die Einzahlung erfolgt, die Vertragsdaten des Altersvorsorgevertrags mit Wohnförderkonto mitzuteilen.* Diese Daten hat der Anbieter im Rahmen seiner Datenübermittlung über die erfolgte Einzahlung der ZfA mitzuteilen. *Die ZfA schließt das bisherige Wohnförderkonto und führt es* ab dem Zeitpunkt der Einzahlung *für den Altersvorsorgevertrag weiter, auf* dem die Einzahlung erfolgt ist. *Die Schließung des Wohnförderkontos teilt sie dem Anbieter des bisherigen Vertrags mit Wohnförderkonto mit.* Dies gilt entsprechend für Zahlungen nach § 92a Abs. 3 Satz 9 Nr. 2 EStG (Einzahlung der in das Wohnförderkonto eingestellten Beträge bei Aufgabe der Selbstnutzung).

Eine weitere Verminderung des Wohnförderkontos erfolgt durch den jährlichen Verminderungsbetrag (§ 92a Abs. 2 Satz 5 EStG), der nachgelagert besteuert wird (§ 22 Nr. 5 Satz 4 EStG). Dieser Betrag stellt eine jährliche Teilauflösung des Wohnförderkontos dar. Er ergibt sich, indem zu Beginn der Auszahlungsphase der im Wohnförderkonto eingestellte Gesamtbetrag einschließlich des darin enthaltenen Erhöhungsbetrags zu gleichen Teilen auf die Jahre bis zur Vollendung des 85. Lebensjahres verteilt wird (vgl. auch Beispiel unter Rz. **164**). 173

Der Beginn der Auszahlungsphase ergibt sich grundsätzlich aus den vertraglichen Vereinbarungen. Er muss zwischen der Vollendung des 60. und des 68. Lebensjahres des Zulageberechtigten liegen (§ 92a Abs. 2 Satz 5 EStG). Der vereinbarte Zeitpunkt kann zwischen Anbieter und Zulageberechtigtem einvernehmlich bis zu Beginn der Auszahlungsphase geändert werden. Soweit der Vertrag keine anders lautende Vereinbarung enthält, gilt als Beginn der Auszahlungsphase die Vollendung des 67. Lebensjahres. 174

Gibt der Zulageberechtigte die Selbstnutzung der geförderten Wohnung nicht nur vorübergehend auf (Rz. **257**), ist das Wohnförderkonto aufzulösen. Dies gilt auch für den Fall der Aufgabe der Reinvestitionsabsicht im Sinne des § 92a Abs. 3 Satz 9 Nr. 1 und 2 in Verbindung mit Satz 10 EStG (vgl. Abschnitt IV). Gleiches gilt, wenn der Zulageberechtigte in der Auszahlungsphase stirbt und das Wohnförderkonto noch nicht vollständig zurückgeführt worden ist. Der Auflösungsbetrag (§ 92a Abs. 3 Satz 5 EStG) gilt im Zeitpunkt der Aufgabe der Selbstnutzung als Leistung im Sinne des § 22 Nr. 5 Satz 1 EStG (§ 22 Nr. 5 Satz 4 EStG). Im Fall des Todes des Zulageberechtigten ist der Auflösungsbetrag noch dem Erblasser zuzurechnen, so dass in dessen letzter Einkommensteuererklärung die nachgelagerte Besteuerung vorgenommen wird. 175

176 Anstelle der sukzessiven Besteuerung durch Verminderung des Wohnförderkontos kann der Steuerpflichtige die einmalige Besteuerung wählen. Hierfür kann er *jederzeit in der Auszahlungsphase* verlangen, dass das Wohnförderkonto vollständig aufgelöst wird. Der Antrag ist **bei** der ZfA zu stellen. Im Fall eines wirksamen **Antrags** wird der Auflösungsbetrag (§ 92a Abs. 2 Satz 6 EStG) als der im Wohnförderkonto eingestellte Gesamtbetrag einschließlich des darin enthaltenen Erhöhungsbetrags zu 70 % der Besteuerung unterworfen (§ 22 Nr. 5 Satz 5 EStG).

177 Gibt der Zulageberechtigte die Selbstnutzung der geförderten Wohnung nach der Einmalbesteuerung innerhalb einer Frist von 20 Jahren nicht nur vorübergehend auf, ist der bisher noch nicht besteuerte Betrag gestaffelt nach der Haltedauer im Zeitpunkt der Aufgabe der Selbstnutzung eineinhalbfach (innerhalb eines Zeitraums von zehn Jahren ab Beginn der Auszahlungsphase) oder einfach (in den nachfolgenden zehn Jahren) mit dem individuellen Steuersatz der Besteuerung zu unterwerfen (§ 22 Nr. 5 Satz 6 EStG). Der Tod des Zulageberechtigten führt hingegen nicht zu einer nachgelagerten Besteuerung des noch nicht erfassten Betrags.

178 **BEISPIEL:** Der Zulageberechtigte bestimmt zum Beginn der Auszahlungsphase, die am 1. Juli 2034 beginnt, die Auflösung des Wohnförderkontos. Bei einer Aufgabe der Selbstnutzung in der Zeit vom 1. Juli 2034 bis einschließlich 30. Juni 2044 ist der bisher noch nicht besteuerte Betrag mit dem Eineinhalbfachen der Besteuerung zu unterwerfen, in der Zeit vom 1. Juli 2044 bis einschließlich 30. Juni 2054 mit dem Einfachen.

179 Geht im Rahmen der Regelung von Scheidungsfolgen bzw. der Aufhebung der Lebenspartnerschaft der Eigentumsanteil des Zulageberechtigten an der geförderten Wohnung ganz oder teilweise auf den anderen Ehegatten/Lebenspartner über, geht auch das Wohnförderkonto in Höhe des Anteils, der dem Verhältnis des übergegangenen Eigentumsanteils zum verbleibenden Eigentumsanteil entspricht, mit allen Rechten und Pflichten auf den anderen Ehegatten/Lebenspartner über.

180 **BEISPIEL:** Den Eheleuten A und B gehört die geförderte Wohnung (Einfamilienhaus) jeweils zu 50 %. Bei der Scheidung wird der Eigentumsanteil von A zur Hälfte auf B übertragen; A wohnt auch nach der Scheidung weiterhin neben B in dem Haus. A und B haben jeweils ein Wohnförderkonto mit einem Stand von je 50.000 € zum Zeitpunkt der Scheidung. Mit dem Übergang des Eigentumsanteils geht auch das hälftige Wohnförderkonto – 25.000 € – auf B über.

181 Der Beginn der Besteuerung des auf den anderen Ehegatten/Lebenspartner übergegangenen Wohnförderkontos richtet sich nach dessen Lebensalter bzw. nach dem Beginn der Auszahlungsphase seines Vertrags. Hat der andere Ehe-

gatte/Lebenspartner das Lebensalter für den vertraglich vereinbarten Beginn der Auszahlungsphase oder, soweit kein Beginn der Auszahlungsphase vereinbart wurde, das 67. Lebensjahr im Zeitpunkt des Übergangs des Wohnförderkontos bereits überschritten, so gilt als Beginn der Auszahlungsphase der Zeitpunkt des Übergangs des Wohnförderkontos.

Die Rz. 179 bis 181 gelten entsprechend für Ehegatten/Lebenspartner, die im Zeitpunkt des Todes des Zulageberechtigten 181a

▶ *nicht dauernd getrennt gelebt haben (§ 26 Abs. 1 EStG) und*

▶ *ihren Wohnsitz oder gewöhnlichen Aufenthalt in einem Mitgliedstaat der Europäischen Union oder einem Staat hatten, auf den das Abkommen über den Europäischen Wirtschaftsraum anwendbar ist.*

Die ZfA stellt zu Beginn der vertraglich vereinbarten Auszahlungsphase oder, soweit kein Beginn der Auszahlungsphase vereinbart wurde, mit Vollendung des 67. Lebensjahres den Stand des Wohnförderkontos sowie den Verminderungsbetrag oder den Auflösungsbetrag (vgl. Rz. 176) von Amts wegen gesondert fest. Hierzu hat ihr der Anbieter zu Beginn der Auszahlungsphase den vertraglich vereinbarten Auszahlungszeitpunkt mittels amtlich vorgeschriebenem Datensatz mitzuteilen. 182

8. Nachträgliche Änderung der Vertragsbedingungen

Erfüllt ein Altersvorsorgevertrag aufgrund nachträglicher Änderungen nicht mehr die Zertifizierungskriterien nach dem AltZertG, gilt im Zeitpunkt der Vertragsänderung das Altersvorsorgevermögen als zugeflossen. Wird bei einem Altersvorsorgevertrag nach § 1 Abs. 1a AltZertG das Darlehen nicht wohnungswirtschaftlich im Sinne des § 92a Abs. 1 Satz 1 EStG verwendet, erfolgt kein Zufluss, soweit das Altersvorsorgevermögen **innerhalb eines Jahres nach Ablauf des Veranlagungszeitraumes, in dem die Darlehensauszahlung erfolgt**, auf einen weiteren **auf den Namen des Zulageberechtigten lautenden** zertifizierten Vertrag übertragen wird. 183

Soweit ungefördertes Altersvorsorgevermögen zufließt, gelten die Ausführungen in Rz. **123, 138** bis **142**. Soweit gefördertes Altersvorsorgevermögen zufließt, finden die Regelungen der schädlichen Verwendung Anwendung (vgl. Rz. **208** ff.). 184

9. Provisionserstattungen bei geförderten Altersvorsorgeverträgen

Abschluss- und Vertriebskosten eines Altersvorsorgevertrags, die dem Steuerpflichtigen erstattet werden, unterliegen der Besteuerung nach § 22 Nr. 5 185

Satz 9 EStG unabhängig davon, ob der Erstattungsbetrag auf den Altersvorsorgevertrag eingezahlt oder an den Steuerpflichtigen ausgezahlt wird.

10. Bonusleistungen bei geförderten Altersvorsorgeverträgen

186 Bonusleistungen, die im Zusammenhang mit einem Altersvorsorgevertrag stehen, z. B. Sonderauszahlungen oder Zins-Boni für die Nichtinanspruchnahme eines Bau-Darlehens, unterliegen ebenfalls der Besteuerung nach § 22 Nr. 5 EStG.

11. Vorweggenommene Werbungskosten

187 Die aus den Altersvorsorgebeiträgen geleisteten Aufwendungen eines Altersvorsorgevertrags (z. B. Abschluss-, Verwaltungskosten, Depotgebühren) mindern das Altersvorsorgevermögen und können nicht zusätzlich als vorweggenommene Werbungskosten in Zusammenhang mit Einkünften nach § 22 Nr. 5 EStG geltend gemacht werden.

12. Bescheinigungs- und Mitteilungspflicht des Anbieters

188 Nach § 22 Nr. 5 Satz 7 EStG hat der Anbieter beim erstmaligen Bezug von Leistungen sowie bei Änderung der im Kalenderjahr auszuzahlenden Leistungen dem Steuerpflichtigen nach amtlich vorgeschriebenem Vordruck den Betrag der im abgelaufenen Kalenderjahr zugeflossenen Leistungen zu bescheinigen. In dieser Bescheinigung sind die Leistungen entsprechend den Grundsätzen in Rz. 134 bis 186 gesondert auszuweisen. Zusätzlich hat der Anbieter bis zum 1. März des Jahres, das auf das Jahr folgt, in dem eine Leistung nach § 22 Nr. 5 EStG einem Leistungsempfänger zugeflossen ist, unter Beachtung der im Bundessteuerblatt veröffentlichten Auslegungsvorschriften der Finanzverwaltung eine Rentenbezugsmitteilung nach § 22a EStG zu übermitteln (hierzu ausführlich: BMF-Schreiben vom 7. Dezember 2011, BStBl I S. 1223).

189 Wird bei einem Altersvorsorgevertrag nach Beginn der Auszahlungsphase noch eine Förderung gewährt oder eine gewährte Förderung zurückgefordert, ist die Aufteilung der Leistung hinsichtlich des Beruhens auf geförderten/nicht geförderten Beiträgen neu vorzunehmen. Die Bescheinigung(en) nach § 22 Nr. 5 Satz 7 EStG sowie die Rentenbezugsmitteilung(en) nach § 22a EStG sind ab Beginn der Auszahlungsphase zu korrigiere. Aus steuerrechtlicher Sicht bestehen keine Bedenken, wenn bei einer Rückforderung der Zulage nach Beginn der Auszahlungsphase im Einvernehmen zwischen dem Zulageberechtigten und dem Anbieter auf eine Neuberechnung der (Gesamt-)Leistungshöhe verzichtet wird. In diesem Fall muss zwischen beiden Einigkeit bestehen, dass die

vom Anbieter an die ZfA zurückgezahlte Zulage vom Zulageberechtigten beim Anbieter durch eine entsprechende Einzahlung oder durch eine Verrechnung mit auszuzahlenden Leistungen ausgeglichen wird.

III. Schädliche Verwendung von Altersvorsorgevermögen

1. Allgemeines

Nach den Regelungen des AltZertG und des § 93 EStG darf **gefördertes** Altersvorsorgevermögen *auf das § 10a oder Abschnitt XI des EStG angewandt wurde,* nur wie folgt ausgezahlt werden: 190

frühestens

▶ mit Vollendung des 62. Lebensjahres (bei *vor dem 1. Januar 2012* abgeschlossenen Verträgen grundsätzlich mit Vollendung des 60. Lebensjahres – § 14 Abs. 2 AltZertG)

oder

▶ mit Beginn der Altersrente

– aus der gesetzlichen Rentenversicherung

– oder

– nach dem Gesetz über die Alterssicherung der Landwirte

oder

▶ mit Beginn einer Versorgung nach beamten- oder soldatenversorgungsrechtlichen Regelungen wegen Erreichens der Altersgrenze

in monatlichen Leistungen in Form

▶ einer lebenslangen gleich bleibenden oder steigenden monatlichen Leibrente (§ 1 Abs. 1 Satz 1 Nr. 2 und 4 Buchstabe a AltZertG)

oder

▶ eines Auszahlungsplans mit gleich bleibenden oder steigenden Raten und unmittelbar anschließender lebenslanger Teilkapitalverrentung spätestens ab dem 85. Lebensjahr des Zulageberechtigten (§ 1 Abs. 1 Satz 1 Nr. 4 Buchstabe a AltZertG)

oder

▶ einer lebenslangen Verminderung des monatlichen Nutzungsentgelts für eine vom Zulageberechtigten selbst genutzte Genossenschaftswohnung (§ 1 Abs. 1 Satz 1 Nr. 4 Buchstabe b AltZertG)

oder

- einer zeitlich befristeten Verminderung des monatlichen Nutzungsentgelts für eine vom Zulageberechtigten selbst genutzte Genossenschaftswohnung mit einer anschließenden Teilkapitalverrentung ab spätestens dem 85. Lebensjahr des Zulageberechtigten (§ 1 Abs. 1 Satz 1 Nr. 4 Buchstabe b AltZertG)

oder

- einer Hinterbliebenenrente (§ 1 Abs. 1 Satz 1 Nr. 2 AltZertG)

oder

- einer Rente wegen verminderter Erwerbsfähigkeit oder Dienstunfähigkeit (§ 1 Abs. 1 Satz 1 Nr. 2 AltZertG)

außerhalb der monatlichen Leistungen

- in Form eines zusammengefassten Auszahlungsbetrags i. H. v. bis zu 12 Monatsleistungen (§ 1 Abs. 1 Satz 1 Nr. 4 Buchstabe a und b AltZertG; dies gilt auch bei einer Hinterbliebenen- oder Erwerbsminderungsrente)

oder

- die in der Auszahlungsphase anfallenden Zinsen und Erträge (§ 1 Abs. 1 Satz 1 Nr. 4 Buchstabe a und b AltZertG); hierbei handelt es sich um die bereits erwirtschafteten Zinsen und Erträge

oder

- in Form einer Auszahlung zur Abfindung einer Kleinbetragsrente im Sinne des § 93 Abs. 3 EStG (§ 1 Abs. 1 Satz 1 Nr. 4 Buchstabe a und b AltZertG; dies gilt auch bei einer Hinterbliebenen- oder Erwerbsminderungsrente); vgl. Rz. 194

oder

- in Form einer einmaligen Teilkapitalauszahlung von bis zu 30 % des zu Beginn der Auszahlungsphase zur Verfügung stehenden Kapitals (§ 1 Abs. 1 Satz 1 Nr. 4 Buchstabe a und b AltZertG);

oder

- wenn der Vertrag im Verlauf der Ansparphase gekündigt und das gebildete geförderte Kapital auf einen anderen auf den Namen des Zulageberechtigten lautenden Altersvorsorgevertrag übertragen wird (§ 1 Abs. 1 Satz 1 Nr. 10 Buchstabe b AltZertG)

oder

- wenn im Fall der Aufgabe der Selbstnutzung der Genossenschaftswohnung, des Ausschlusses, des Ausscheidens des Mitglieds aus der Genossenschaft oder der Auflösung der Genossenschaft mindestens die eingezahlten

Eigenbeiträge, Zulagen und die gutgeschriebenen Erträge auf einen auf den Namen des Zulageberechtigten lautenden Altersvorsorgevertrag übertragen werden (§ 1 Abs. 1 Satz 1 Nr. 5 Buchstabe a AltZertG)

oder

▶ wenn im Fall der Verminderung des monatlichen Nutzungsentgelts für eine vom Zulageberechtigten selbst genutzte Genossenschaftswohnung der Vertrag bei Aufgabe der Selbstnutzung der Genossenschaftswohnung in der Auszahlungsphase gekündigt wird und das noch nicht verbrauchte Kapital auf einen anderen auf den Namen des Zulageberechtigten lautenden Altersvorsorgevertrag desselben oder eines anderen Anbieters übertragen wird (§ 1 Abs. 1 Satz 1 Nr. 11 AltZertG)

oder

▶ wenn im Fall des Versorgungsausgleichs aufgrund einer internen oder externen Teilung nach den §§ 10 oder 14 VersAusglG gefördertes Altersvorsorgevermögen auf einen auf den Namen der ausgleichsberechtigten Person lautenden Altersvorsorgevertrag oder eine nach § 82 Abs. 2 EStG begünstigte betriebliche Altersversorgung (einschließlich der Versorgungsausgleichskasse nach dem Gesetz über die Versorgungsausgleichskasse) übertragen wird (§ 93 Abs. 1a Satz 1 EStG)

oder

▶ wenn im Fall des Todes des Zulageberechtigten das geförderte Altersvorsorgevermögen auf einen auf den Namen des Ehegatten/Lebenspartners lautenden Altersvorsorgevertrag übertragen wird, wenn die Ehegatten/Lebenspartner im Zeitpunkt des Todes des Zulageberechtigten nicht dauernd getrennt gelebt haben (§ 26 Abs. 1 EStG) und ihren Wohnsitz oder gewöhnlichen Aufenthalt in einem EU-/EWR-Staat hatten

oder

▶ im Verlauf der Ansparphase als Altersvorsorge-Eigenheimbetrag im Sinne des § 92a EStG (§ 1 Abs. 1 Satz 1 Nr. 10 Buchstabe c AltZertG).

Bei einem Altersvorsorgevertrag, bei dem die Auszahlung in Form eines Auszahlungsplans mit anschließender Teilkapitalverrentung vorgesehen ist, ist die Höhe der über die gesamte Auszahlungsphase (Auszahlungsplan und Teilkapitalverrentung) mindestens auszuzahlenden monatlichen Leistung wie folgt zu bestimmen: 191

▶ Auszahlungsplan:

Das gesamte zu Beginn der Auszahlungsphase zur Verfügung stehende Kapital ist durch die Anzahl der Monate vom Beginn der Auszahlungsphase

bis zum Beginn der Teilkapitalverrentung zu teilen. Das zu Beginn der Auszahlungsphase zur Verfügung stehende Kapital ist zu vermindern, um
- das für die Teilkapitalverrentung spätestens ab dem 85. Lebensjahr eingesetzte Kapital,
- den Betrag einer Einmalauszahlung von maximal 30 % sowie
- den Betrag, der zur Entschuldung einer begünstigten Wohnung entnommen wurde.

▶ Wird vom Anbieter eine Mindestverzinsung garantiert, ist der errechnete monatliche Betrag um diese Mindestverzinsung zu erhöhen.

▶ Teilkapitalverrentung:

▶ Die monatliche Rente aus der Teilkapitalverrentung muss mindestens so hoch sein, wie die errechnete monatliche Leistung aus dem Auszahlungsplan.

192 Geringfügige Schwankungen in der Höhe der Altersleistungen sind unschädlich, sofern diese Schwankungen auf in einzelnen Jahren unterschiedlich hohen Überschussanteilen, Zinsen oder Erträgen beruhen. D. h., der auf Basis des zu Beginn der Auszahlungsphase garantierten Kapitals zzgl. der unwiderruflich zugeteilten Überschüsse bzw. zugesagten Zinsen oder Erträge zu errechnende Leistungsbetrag darf während der gesamten Auszahlungsphase nicht unterschritten werden. Aus Vereinfachungsgründen können darüber hinausgehende Leistungen auch außerhalb der monatlichen Leistungen ausgezahlt werden, unabhängig davon, ob es sich um Zinsen, Erträge, Überschussanteile, Wertsteigerungen oder Verkaufserlöse aus Fonds handelt.

193 Soweit der Vertrag Leistungen für den Fall der Erwerbsminderung oder eine Hinterbliebenenrente im Sinne des § 1 Abs. 1 Satz 1 Nr. 2 AltZertG vorsieht, dürfen diese im Versicherungsfall schon vor Erreichen der Altersgrenze zur Auszahlung kommen.

194 Eine Kleinbetragsrente nach § 93 Abs. 3 EStG liegt vor, wenn bei gleichmäßiger Verteilung des zu Beginn der Auszahlungsphase zur Verfügung stehenden geförderten Kapitals – einschließlich einer eventuellen Teilkapitalauszahlung *jedoch ohne einen eventuellen Altersvorsorge-Eigenheimbetrag* – über die gesamte Auszahlungsphase der Wert von 1 % der monatlichen Bezugsgröße (West) nach § 18 SGB IV nicht überschritten wird. Die monatliche Bezugsgröße zum 1. Januar **2014** beträgt **2.765 €**, so dass im Jahr **2014** eine Kleinbetragsrente bei einem monatlichen Rentenbetrag von nicht mehr als **27,65 €** vorliegt. Das geförderte Altersvorsorgevermögen von sämtlichen Verträgen bei einem Anbieter ist für die Berechnung zusammenzufassen.

Bestehen bei einem Anbieter mehrere Verträge, aus denen sich unterschiedliche Auszahlungstermine ergeben, liegt eine Kleinbetragsrente vor, wenn alle für die Altersversorgung zur Auszahlung kommenden Leistungen, die auf geförderten Altersvorsorgebeiträgen beruhen, den Wert von 1 % der monatlichen Bezugsgröße nach § 18 SGB IV nicht übersteigen. Stichtag für die Berechnung, ob die Voraussetzungen für das Vorliegen einer Kleinbetragsrente gegeben sind, ist der Tag des Beginns der Auszahlungsphase für den abzufindenden Vertrag. Bei Beginn der Auszahlung aus dem ersten Vertrag ist zu prognostizieren und festzuhalten, in welcher Höhe zukünftig Leistungen monatlich anfallen würden. Wird der Höchstwert nicht überschritten, liegen insgesamt Kleinbetragsrenten vor, die unschädlich abgefunden werden können. Wird der Höchstwert bei Auszahlung der weiteren Leistungen dennoch überschritten, z. B. wegen günstiger Konditionen am Kapitalmarkt, verbleibt es für die bereits abgefundenen Verträge bei der ursprünglichen Prognose; eine schädliche Verwendung tritt insoweit nicht ein. Für den bei Feststellung der Überschreitung des Höchstwerts zur Auszahlung anstehenden und alle weiteren Verträge mit späterem Auszahlungsbeginn kommt eine Abfindung nicht mehr in Betracht.

195

Für die Zusammenfassung (§ 93 Abs. 3 Satz 3 EStG) ist auf die sich aus der entsprechenden Absicherung des jeweiligen biometrischen Risikos ergebende Leistung abzustellen, wenn für dieses Risiko ein eigenes Deckungskapital gebildet wurde. Für die Prüfung, ob eine Kleinbetragsrente vorliegt, erfolgt die Zusammenfassung getrennt nach dem jeweils abgesicherten Risiko und dem jeweiligen Deckungskapital. In die Prüfung, ob eine Kleinbetragsrente vorliegt, sind nur die Leistungen einzubeziehen, die für den entsprechenden Versicherungsfall zur Auszahlung kommen. Eine nachträgliche Verschiebung von Deckungskapital mit dem Ziel, das Vorliegen der Voraussetzungen für eine Kleinbetragsrente herbeizuführen, ist nicht zulässig.

196

Für die Abfindung einer Altersrente kann eine solche Betrachtung erst zu Beginn der Auszahlungsphase dieser Rente vorgenommen werden. Dementsprechend ist die Auszahlung der Abfindung einer Kleinbetragsrente aus der Altersrente bereits vor Beginn der Auszahlungsphase eine schädliche Verwendung im Sinne des § 93 EStG. Bei Leistungen für den Fall der Erwerbsminderung oder bei Hinterbliebenenrenten im Sinne des § 1 Abs. 1 Satz 1 Nr. 2 AltZertG ist für den Beginn der Auszahlungsphase Rz. **193** zu beachten.

197

Geht nach der Auszahlung der Kleinbetragsrentenabfindung beim Anbieter eine Zulagezahlung für den Anleger ein, hat dies keinen Einfluss auf das Vorliegen einer Kleinbetragsrente. Diese Zulage gehörte im Zeitpunkt des Beginns der Auszahlungsphase noch nicht zum zur Verfügung stehenden Altersvorsor-

198

gevermögen und ist daher nicht in die Berechnung des Höchstbetrags für die Kleinbetragsrentenabfindung einzubeziehen.

199 Die Zulage kann im Fall einer abgefundenen Altersrente vom Anbieter unmittelbar an den Zulageberechtigten weitergereicht werden. Sie ist in diesem Fall nicht in die Bescheinigung nach § 92 EStG als dem Vertrag gutgeschriebene Zulage aufzunehmen. Der Anbieter hat diese Zulage als Leistung nach § 22 Nr. 5 Satz 1 EStG zu behandeln und entsprechend nach § 22a EStG zu melden (vgl. Rz. 188).

200 Zulagen, die nach der Auszahlung der Kleinbetragsrentenabfindung wegen Erwerbsminderung beim Anbieter eingehen, sind dem Altersvorsorgevertrag für die Alters- und ggf. Hinterbliebenenabsicherung gutzuschreiben und nicht unmittelbar an den Zulageberechtigten weiterzureichen.

201 Wird eine Hinterbliebenenrente aus einer zusätzlichen Hinterbliebenenrisikoabsicherung ohne Kapitalbildung gezahlt oder als Kleinbetragsrente abgefunden, darf eine nach dem Beginn der Auszahlungsphase für diese Hinterbliebenenrisikorente ermittelte Zulage nicht mehr an den/die Hinterbliebenen ausgezahlt werden. Sie fällt dem bisherigen Altersvorsorgekapital zu.

202 Etwas anderes gilt für den Teil der Zulagen, der auf nach § 1 Abs. 1 Nr. 2 AltZertG angespartes gefördertes Altersvorsorgevermögen entfällt, das in Form einer Hinterbliebenenrente oder Abfindung einer Hinterbliebenenkleinbetragsrente an die in § 1 Abs. 1 Nr. 2 AltZertG genannten Hinterbliebenen ausgezahlt wird (d. h., für die Hinterbliebenenrente wird das bei Risikoeintritt vorhandene Kapital eingesetzt). Dieser Teil der Zulagen darf nach Beginn der Auszahlungsphase der Hinterbliebenenrente(n) an den/die Hinterbliebenen weitergereicht werden. Der Anbieter hat diesen Teil der Zulage als Leistung nach § 22 Nr. 5 Satz 1 EStG zu behandeln und entsprechend nach § 22a EStG zu melden (vgl. Rz. 188).

203 Die Entnahme des Teilkapitalbetrags von bis zu 30 % des zur Verfügung stehenden Kapitals aus dem Vertrag hat zu Beginn der Auszahlungsphase zu erfolgen. Eine Verteilung über mehrere Auszahlungszeitpunkte ist nicht möglich. *Eine Kombination mit der Entnahme eines Altersvorsorge-Eigenheimbetrags zu Beginn der Auszahlungsphase ist zulässig, solange die Einschränkung der Entnahmemöglichkeit im Hinblick auf die Mindestentnahme- bzw. Restbeträge nach § 92a Abs. 1 Satz 1 EStG beachtet wird.*

203a **BEISPIEL:** Der Altersvorsorgevertrag des A enthält zu Beginn der Auszahlungsphase ein Altersvorsorgevermögen von 10.000 €, davon sind 7.000 € gefördert und 3.000 € ungefördert. Lässt sich A die maximal steuerunschädlich zulässige Teilkapitalauszahlung von 3.000 € (30 % von 10.000 €) auszahlen, kann er maximal 4.000 € als Altersvorsorge-Eigenheimbetrag entnehmen, weil bei einer solchen Teilentnahme mindestens 3.000 € im Altersvorsorgevertrag verbleiben müssen.

Soweit gefördertes Altersvorsorgevermögen *auf das § 10a oder Abschnitt XI des EStG angewandt wurde,* nicht diesen gesetzlichen Regelungen entsprechend ausgezahlt wird, liegt eine schädliche Verwendung (§ 93 EStG) vor. 204

Erfolgt die Auszahlung des geförderten Altersvorsorgevermögens abweichend von den in Rz. 190 aufgeführten Möglichkeiten in Raten, z. B. als Rentenzahlung im Rahmen einer vereinbarten Rentengarantiezeit im Fall des Todes des Zulageberechtigten, so stellt jede Teilauszahlung eine anteilige schädliche Verwendung dar. 205

Wird nicht gefördertes Altersvorsorgevermögen (zur Abgrenzung von geförderten und nicht geförderten Beiträgen vgl. Rz. 126 ff.) abweichend von den in Rz. 190 aufgeführten Möglichkeiten verwendet, liegt keine schädliche Verwendung vor (Rz. 226 f.). 206

2. Auszahlung von gefördertem Altersvorsorgevermögen

a) Möglichkeiten der schädlichen Verwendung

Eine schädliche Verwendung von gefördertem Altersvorsorgevermögen liegt beispielsweise in folgenden Fällen vor: 207

- ▶ (Teil-)Kapitalauszahlung aus einem geförderten Altersvorsorgevertrag an den Zulageberechtigten während der Ansparphase oder nach Beginn der Auszahlungsphase (§ 93 Abs. 1 Satz 1 und 2 EStG), soweit das Kapital nicht als Altersvorsorge-Eigenheimbetrag (§ 1 Abs. 1 Satz 1 Nr. 10 Buchstabe c AltZertG i. V. m. § 93 Abs. 1 Satz 1 EStG), im Rahmen einer Rente, eines Auszahlungsplans oder einer Verminderung des monatlichen Nutzungsentgelts für eine vom Zulageberechtigten selbst genutzte Genossenschaftswohnung im Sinne des § 1 Abs. 1 Satz 1 Nr. 4 Buchstabe a und b AltZertG oder als Abfindung einer Kleinbetragsrente ausgezahlt wird;
- ▶ (Teil-)Kapitalauszahlung aus gefördertem Altersvorsorgevermögen bei einer externen Teilung (§ 14 VersAusglG) im Rahmen des Versorgungsausgleichs, soweit das Kapital nicht unmittelbar zur Begründung eines Anrechts in einem Altersvorsorgevertrag oder in einer nach § 82 Abs. 2 EStG begünstigten betrieblichen Altersversorgung (einschließlich Versorgungsausgleichskasse) verwendet wird (vgl. Rz 213);
- ▶ Weiterzahlung der Raten oder Renten aus gefördertem Altersvorsorgevermögen an die Erben im Fall des Todes des Zulageberechtigten nach Beginn der Auszahlungsphase (§ 93 Abs. 1 Satz 2 EStG), sofern es sich nicht um

eine Hinterbliebenenversorgung im Sinne des § 1 Abs. 1 Satz 1 Nr. 2 AltZertG handelt (§ 93 Abs. 1 Satz 3 Buchstabe a EStG); zu Heilungsmöglichkeiten für den überlebenden Ehegatten/**Lebenspartner** vgl. Rz. **222 ff.**;

▶ (Teil-)Kapitalauszahlung aus gefördertem Altersvorsorgevermögen im Fall des Todes des Zulageberechtigten an die Erben (§ 93 Abs. 1 Satz 2 EStG; zu Heilungsmöglichkeiten für den überlebenden Ehegatten/**Lebenspartner** vgl. Rz. **222 ff.**).

b) Folgen der schädlichen Verwendung

aa) Rückzahlung der Förderung

208 Liegt eine schädliche Verwendung von gefördertem Altersvorsorgevermögen vor, sind die darauf entfallenden während der Ansparphase gewährten Altersvorsorgezulagen und die nach § 10a Abs. 4 EStG gesondert festgestellten Steuerermäßigungen zurückzuzahlen (Rückzahlungsbetrag § 94 Abs. 1 EStG; vgl. Beispiel in Rz. 218). Der Anbieter darf Kosten und Gebühren, die durch die schädliche Verwendung entstehen (z. B. Kosten für die Vertragsbeendigung), nicht mit diesem Rückzahlungsbetrag verrechnen. Abschluss- und Vertriebskosten im Sinne des § 1 Abs. 1 Satz 1 Nr. 8 AltZertG sowie bis zur schädlichen Verwendung angefallene Kosten im Sinne des § 7 Abs. 1 Satz 1 Nr. 1 und 2 und Beitragsanteile zur Absicherung der verminderten Erwerbsfähigkeit oder der Hinterbliebenenabsicherung im Sinne des § 1 Abs. 1 Satz 1 Nr. 3 AltZertG können dagegen vom Anbieter berücksichtigt werden, soweit sie auch angefallen wären, wenn die schädliche Verwendung nicht stattgefunden hätte.

209 Wurde für ein Beitragsjahr bereits eine Zulage zugunsten eines Vertrags ausgezahlt, dessen steuerlich gefördertes Altersvorsorgevermögen anschließend schädlich verwendet wird, und gehen während der Antragsfrist noch weitere Zulageanträge für zugunsten anderer Verträge geleistete Beiträge ein, so werden neben dem Antrag zu dem zwischenzeitlich schädlich verwendeten Vertrag alle für dieses Beitragsjahr eingehenden rechtswirksamen Zulageanträge in die Zulageermittlung nach den Verteilungsvorschriften gem. § 87 Abs. 1 und § 89 Abs. 1 Satz 3 EStG einbezogen.

210 Eine Rückzahlungsverpflichtung besteht nicht für den Teil der Zulagen, der auf nach § 1 Abs. 1 Nr. 2 AltZertG angespartes gefördertes Altersvorsorgevermögen entfällt, wenn es in Form einer Hinterbliebenenrente an die dort genannten Hinterbliebenen ausgezahlt wird. Dies gilt auch für den entsprechenden Teil der Steuerermäßigung.

Im Fall der schädlichen Verwendung besteht ebenfalls keine Rückzahlungsverpflichtung für den Teil der Zulagen oder der Steuerermäßigung, der den Beitragsanteilen zuzuordnen ist, die für die Absicherung der verminderten Erwerbsfähigkeit und einer zusätzlichen Hinterbliebenenabsicherung ohne Kapitalbildung eingesetzt worden sind. 211

Für den Fall der schädlichen Verwendung sowie für die Beitragszusage nach § 1 Abs. 1 Nr. 3 AltZertG ist zu beachten, dass nach dem Beginn der Auszahlungsphase einer Rente wegen Erwerbsminderung oder einer Abfindung einer Kleinbetragsrente wegen Erwerbsminderung keine Beitragsanteile mehr der Absicherung der verminderten Erwerbsfähigkeit zuzuordnen sind. 212

Erfolgt aufgrund des § 6 VersAusglG eine Auszahlung aus gefördertem Altersvorsorgevermögen oder wird gefördertes Altersvorsorgevermögen aufgrund einer externen Teilung nach § 14 VersAusglG nicht im Rahmen des § 93 Abs. 1a Satz 1 EStG übertragen, treten die Folgen der schädlichen Verwendung zu Lasten der ausgleichspflichtigen Person ein. Dies gilt selbst dann, wenn die ausgleichsberechtigte Person das an sie im Rahmen einer Vereinbarung nach § 6 VersAusglG ausgezahlte Kapital wieder auf einen Altersvorsorgevertrag oder in eine nach § 82 Abs. 2 EStG begünstigte betriebliche Altersversorgung (einschließlich Versorgungsausgleichskasse) einzahlt. Die auf das ausgezahlte geförderte Altersvorsorgevermögen entfallenden Zulagen und die nach § 10a Abs. 4 EStG gesondert festgestellten Beträge sind zurückzuzahlen. 213

Werden dem Zulageberechtigten Raten im Rahmen eines Auszahlungsplans mit einer anschließenden Teilkapitalverrentung ab spätestens dem 85. Lebensjahr gezahlt und lässt er sich nach Beginn der Auszahlungsphase, aber vor Beginn der Teilkapitalverrentung, das gesamte für den Auszahlungsplan noch vorhandene Kapital auszahlen, handelt es sich um eine schädliche Verwendung des gesamten noch vorhandenen geförderten Altersvorsorgevermögens. Dies gilt selbst dann, wenn dem Anleger aus dem Teil des Kapitals, das als Einmalbetrag in eine Rentenversicherung eingezahlt wurde, ab spätestens dem 85. Lebensjahr eine Rente gezahlt wird. Deshalb sind auch die auf das gesamte zum Zeitpunkt der Teil-Kapitalentnahme noch vorhandene geförderte Altersvermögen entfallenden Zulagen und die nach § 10a Abs. 4 EStG gesondert festgestellten Beträge zurückzuzahlen. 214

Die Rückforderung erfolgt sowohl für die Zulagen als auch für die gesondert festgestellten Steuerermäßigungen durch die ZfA (**siehe auch Rz. 92**). Die Rückforderung zieht keine Änderung von Einkommensteuer- oder Feststellungsbescheiden im Sinne des § 10a Abs. 4 EStG nach sich. 215

216 Verstirbt der Zulageberechtigte und wird steuerlich gefördertes Altersvorsorgevermögen schädlich verwendet (Rz. 207), hat die Rückzahlung (Rz. 208) vor der Auszahlung des Altervorsorgevermögens an die Erben oder Vermächtnisnehmer zu erfolgen.

bb) Besteuerung nach § 22 Nr. 5 Satz 3 EStG

217 § 22 Nr. 5 Satz 3 EStG regelt die Besteuerung in den Fällen, in denen das ausgezahlte geförderte Altersvorsorgevermögen steuerschädlich verwendet wird (§ 93 EStG). Der Umfang der steuerlichen Erfassung richtet sich insoweit nach der Art der ausgezahlten Leistung (§ 22 Nr. 5 Satz 2 EStG). Hierbei sind Rz. 138 bis 160 zu beachten. Als ausgezahlte Leistung im Sinne des § 22 Nr. 5 Satz 2 EStG gilt das geförderte Altersvorsorgevermögen nach Abzug der Zulagen im Sinne des Abschnitts XI EStG. Die insoweit nach § 10a Abs. 4 EStG gesondert festgestellten, zurückgezahlten Beträge sind nicht in Abzug zu bringen.

218 **BEISPIEL:** Der 50-jährige Steuerpflichtige hat zugunsten eines Altersvorsorgevertrags ausschließlich geförderte Beiträge (insgesamt 38.000 €) eingezahlt. Zum Zeitpunkt der schädlichen Verwendung (Kapitalauszahlung aus einem zertifizierten Banksparplan) beträgt das Altersvorsorgevermögen 55.000 €. Dem Altersvorsorgevertrag wurden Zulagen i. H. v. insgesamt 3.080 € gutgeschrieben. Die Steuerermäßigungen nach § 10a EStG wurden i. H. v. 5.000 € festgestellt.

Zur Auszahlung gelangen:

Altersvorsorgevermögen	55.000 €
abzüglich Zulagen	3.080 €
abzüglich Steuervorteil	5.000 €
=	46.920 €

Betrag nach § 22 Nr. 5 Satz 3 EStG	
Altersvorsorgevermögen	55.000 €
abzüglich Zulagen	3.080 €
=	51.920 €

Auf diesen Betrag ist § 22 Nr. 5 Satz 2 Buchstabe c EStG anzuwenden.

maßgebender Betrag	51.920 €
abzüglich Eigenbeiträge	38.000 €
	13.920 €

Nach § 22 Nr. 5 Satz 2 Buchstabe c EStG sind 13.920 € zu versteuern.

Verstirbt der Zulageberechtigte und wird steuerlich gefördertes Altersvorsor- 219
gevermögen außerhalb einer zulässigen Hinterbliebenenabsicherung an die
Erben ausgezahlt, sind die Erträge von den Erben zu versteuern.

Abwandlung des Beispiels zu Rz. **218**: 220

Der **62**-jährige Steuerpflichtige hat zugunsten eines **seit 20 Jahren laufenden** Altersvorsorgevertrags (zertifizierter Banksparplan) ausschließlich geförderte Beiträge (insgesamt 38.000 €) eingezahlt. Dem Altersvorsorgevertrag wurden Zulagen i. H. v. insgesamt 3.080 € gutgeschrieben. Die Steuerermäßigungen nach § 10a EStG wurden i. H. v. 5.000 € festgestellt. Bevor die Auszahlung beginnt, verstirbt er. Im Zeitpunkt seines Todes beträgt das angesparte Altersvorsorgevermögen 55.000 €. Bis es im Wege der Einmalkapitalauszahlung zur Auszahlung des Altersvorsorgevermögens an die **42-jährige** Tochter kommt, beträgt das Vermögen 55.500 €.

Zur Auszahlung gelangen:

Altersvorsorgevermögen	55.500 €
abzüglich Zulagen	3.080 €
abzüglich Steuervorteil	5.000 €
=	47.420 €

Betrag nach § 22 Nr. 5 Satz 3 EStG	
Altersvorsorgevermögen	**55.500 €**
abzüglich Zulagen	3.080 €
=	52.420 €

Auf diesen Betrag ist § 22 Nr. 5 Satz 2 Buchstabe c EStG anzuwenden.

maßgebender Betrag	52.420 €
abzüglich Eigenbeiträge	38.000 €
Unterschiedsbetrag	**14.420 €**

Bei der Tochter unterliegen **14.420 €** der Besteuerung nach § 22 Nr. 5 Satz 3 i. V. m. Satz 2 Buchstabe c EStG.

Die als Einkünfte nach § 22 Nr. 5 Satz 3 EStG i. V. m. § 22 Nr. 5 Satz 2 EStG zu be- 221
steuernden Beträge muss der Anbieter gem. **§ 22 Nr. 5 Satz 7 EStG** dem Zulageberechtigten bescheinigen und im Wege des Rentenbezugsmitteilungsverfahrens (§ 22a EStG) mitteilen (vgl. Rz. 188). Ergeben sich insoweit steuerpflichtige Einkünfte nach § 22 Nr. 5 Satz 3 EStG für einen anderen Leistungsempfänger (z. B. Erben), ist für diesen eine entsprechende Rentenbezugsmitteilung der ZfA zu übermitteln.

c) **Übertragung begünstigten Altersvorsorgevermögens auf den überlebenden Ehegatten/Lebenspartner**

222 Haben die Ehegatten/**Lebenspartner** im Zeitpunkt des Todes des Zulageberechtigten nicht dauernd getrennt gelebt (§ 26 Abs. 1 EStG) und hatten sie im Zeitpunkt des Todes ihren Wohnsitz oder gewöhnlichen Aufenthalt in einem EU-/EWR-Staat, treten die Folgen der schädlichen Verwendung nicht ein, wenn das geförderte Altersvorsorgevermögen des verstorbenen Ehegatten/**Lebenspartners** zugunsten eines auf den Namen des überlebenden Ehegatten/**Lebenspartners** lautenden zertifizierten Altersvorsorgevertrags übertragen wird (§ 93 Abs. 1 Satz 4 Buchstabe c EStG). Eine solche Übertragung kann beispielsweise durch Abtretung eines Auszahlungsanspruchs erfolgen. **Der Anbieter des verstorbenen Zulageberechtigten hat sich vor der Kapitalübertragung durch eine Erklärung des überlebenden Ehegatten/Lebenspartners bestätigen zu lassen, dass die Voraussetzungen für eine steuerunschädliche Übertragung (§ 26 Abs. 1 EStG und Wohnsitz EU/EWR) im Zeitpunkt des Todes vorgelegen haben.** Es ist unerheblich, ob der Vertrag des überlebenden Ehegatten/**Lebenspartners** bereits bestand oder im Zuge der Kapitalübertragung neu abgeschlossen wird und ob der überlebende Ehegatte/**Lebenspartner** selbst zum begünstigten Personenkreis gehört oder nicht. Die Auszahlung von Leistungen aus diesem Altersvorsorgevertrag richtet sich nach § 1 Abs. 1 AltZertG. **Zur steuerlichen Behandlung der auf dem übertragenen Altersvorsorgevermögen beruhenden Leistungen an den überlebenden Ehegatten/Lebenspartner vgl. Rz. 147 f.**

223 Hat der verstorbene Ehegatte/**Lebenspartner** einen Altersvorsorgevertrag mit einer Rentengarantiezeit abgeschlossen, treten die Folgen einer schädlichen Verwendung auch dann nicht ein, wenn die jeweiligen Rentengarantieleistungen fortlaufend mit dem jeweiligen Auszahlungsanspruch und nicht kapitalisiert unmittelbar zugunsten eines zertifizierten Altersvorsorgevertrags des überlebenden Ehegatten/**Lebenspartners** übertragen werden. Im Fall der Kapitalisierung des Auszahlungsanspruchs gilt Rz. **222** entsprechend.

224 Steht das Altersvorsorgevermögen nicht dem überlebenden Ehegatten/**Lebenspartner** allein zu, sondern beispielsweise einer aus dem überlebenden Ehegatten/**Lebenspartner** und den Kindern bestehenden Erbengemeinschaft, treten ebenfalls die in Rz. **222** genannten Rechtsfolgen ein, wenn das gesamte geförderte Altersvorsorgevermögen zugunsten eines auf den Namen des überlebenden Ehegatten/**Lebenspartners** lautenden zertifizierten Altersvorsorgevertrags übertragen wird. Es ist unschädlich, wenn die übrigen Erben für den über die Erbquote des überlebenden Ehegatten/**Lebenspartners** hinaus-

gehenden Kapitalanteil einen Ausgleich erhalten. Satz 1 und 2 gelten entsprechend, wenn Rentengarantieleistungen im Sinne der Rz. 223 der Erbengemeinschaft zustehen und diese unmittelbar mit dem jeweiligen Auszahlungsanspruch zugunsten eines zertifizierten Altersvorsorgevertrags des überlebenden Ehegatten/**Lebenspartners** übertragen werden.

Die Verwendung des geförderten geerbten Altersvorsorgevermögens zur Begleichung der durch den Erbfall entstehenden Erbschaftsteuer stellt auch beim überlebenden Ehegatten/**Lebenspartner** eine schädliche Verwendung dar. 225

3. Auszahlung von nicht gefördertem Altersvorsorgevermögen

Die Auszahlung von Altersvorsorgevermögen, das aus nicht geförderten Beiträgen (vgl. Rz. 129 ff.) stammt, stellt keine schädliche Verwendung im Sinne von § 93 EStG dar. Bei Teilauszahlungen aus einem zertifizierten Altersvorsorgevertrag gilt das nicht geförderte Kapital als zuerst ausgezahlt (Meistbegünstigung). 226

BEISPIEL: ▶ A, ledig, hat (ab 2008) über 20 Jahre jährlich (einschließlich der Grundzulage von 154 €) 2.100 € geförderte Beiträge zugunsten eines Fondssparplans eingezahlt. Zusätzlich hat er jährlich 500 € nicht geförderte Beiträge geleistet. Zusätzlich zur Zulage von 3.080 € hat A über die gesamte Ansparphase insgesamt einen – gesondert festgestellten – Steuervorteil i. H. v. 12.500 € erhalten (§ 10a EStG). Am 31. Dezember 2027 beträgt das Kapital, das aus nicht geförderten Beiträgen besteht, 14.000 €. A entnimmt einen Betrag von 12.000 €. 227

Nach Rz. 226 ist davon auszugehen, dass A das nicht geförderte Altersvorsorgevermögen entnommen hat. Aus diesem Grund kommt es nicht zur Rückforderung der gewährten Zulagen und Steuerermäßigungen. Allerdings hat A nach § 22 Nr. 5 Satz 2 Buchstabe c EStG den Unterschiedsbetrag zwischen der Leistung (Auszahlung) und der Summe der auf sie entrichteten Beiträge zu versteuern.

4. Sonderfälle der Rückzahlung

Endet die Zulageberechtigung oder hat die Auszahlungsphase des Altersvorsorgevertrags begonnen, treten grundsätzlich die Folgen der schädlichen Verwendung ein, 228

▶ wenn sich der Wohnsitz oder gewöhnliche Aufenthalt des Zulageberechtigten außerhalb der EU-/EWR-Staaten befindet oder

▶ wenn sich der Wohnsitz oder gewöhnliche Aufenthalt zwar in einem EU-/EWR-Staat befindet, der Zulageberechtigte aber nach einem DBA als außerhalb eines EU-/EWR-Staates ansässig gilt.

Dabei kommt es nicht darauf an, ob aus dem Altersvorsorgevertrag **Auszahlungen erfolgen** oder nicht.

229 Auf Antrag des Zulageberechtigten wird der Rückzahlungsbetrag (Zulagen und Steuerermäßigungen) bis zum Beginn der Auszahlungsphase gestundet, wenn keine vorzeitige Auszahlung von gefördertem Altersvorsorgevermögen erfolgt (§ 95 Abs. 2 EStG). Bei Beginn der Auszahlungsphase ist die Stundung auf Antrag des Zulageberechtigten zu verlängern bzw. erstmalig zu gewähren, wenn der Rückzahlungsbetrag mit mindestens 15 % der Leistungen aus dem Altersvorsorgevertrag getilgt wird. Für die Dauer der gewährten Stundung sind Stundungszinsen nach § 234 AO zu erheben. Die Stundung kann innerhalb eines Jahres nach Erteilung der Bescheinigung nach § **94 Abs. 1 Satz 4/§ 95 Abs. 1** EStG beim Anbieter beantragt werden. Beantragt der Zulageberechtigte eine Stundung innerhalb der Jahresfrist, aber erst nach Zahlung des Rückzahlungsbetrags, ist ein Bescheid über die Stundung eines Rückzahlungsbetrages zu erlassen und der maschinell einbehaltene und abgeführte Rückzahlungsbetrag rückabzuwickeln.

230 **BEISPIEL:**

Ende der Zulageberechtigung
bei Wohnsitz außerhalb eines EU-/EWR
-Staats am   31. 12. 2010
Beginn der Auszahlungsphase am   01.02.**2013**

Das Altersvorsorgevermögen wird nicht vorzeitig ausgezahlt.

Summe der zurückzuzahlenden Zulagen
und Steuervorteile: 1.500 €
Monatliche Leistung aus dem Altersvorsorgevertrag ab 01.02.**2013**:   100 €

Der Rückzahlungsbetrag i. H. v. 1.500 € ist bis zum **31. Januar 2013** zu stunden. Die Stundung ist zu verlängern, wenn der Rückzahlungsbetrag vom 1. Februar **2013** an mit 15 € pro Monat getilgt wird. Für die Dauer der gewährten Stundung sind Stundungszinsen nach § 234 AO zu erheben. Die Stundungszinsen werden mit Ablauf des Kalenderjahres, in dem die Stundung geendet hat, festgesetzt (§ 239 Abs. 1 Nr. 2 AO).

231 Wurde der Rückzahlungsbetrag gestundet und

▶ verlegt der ehemals Zulageberechtigte seinen ausschließlichen **Wohnsitz oder gewöhnlichen Aufenthalt in einen EU-/EWR-Staat** oder

▶ wird der ehemals Zulageberechtigte erneut zulageberechtigt, sind der Rückzahlungsbetrag und die bereits entstandenen Stundungszinsen von der ZfA zu erlassen (§ 95 Abs. 3 EStG).

IV. Altersvorsorge-Eigenheimbetrag und Tilgungsförderung für eine wohnungswirtschaftliche Verwendung

1. Allgemeines

Die Auszahlung eines Altersvorsorge-Eigenheimbetrags ist nur aus einem zertifizierten Altersvorsorgevertrag und die Tilgungsförderung nur bei Zahlung von Tilgungsleistungen auf einen zertifizierten Altersvorsorgevertrag möglich. Diese Möglichkeiten bestehen jedoch nur bis zum Beginn der Auszahlungsphase des Altersvorsorgevertrags. Der vereinbarte Beginn der Auszahlungsphase darf dabei nicht nach der Vollendung des 68. Lebensjahres des Zulageberechtigten liegen. Es kommt ggf. auch rückwirkend zu einer schädlichen Verwendung, wenn nach einer Entnahme des Altersvorsorge-Eigenheimbetrags die Vereinbarung zum Beginn der Auszahlungsphase auf einen Zeitpunkt nach der Vollendung des 68. Lebensjahres des Zulageberechtigten geändert wird. Für den Bereich der betrieblichen Altersversorgung sind diese Möglichkeiten gesetzlich nicht vorgesehen. Dies gilt auch, wenn das Altersvorsorgevermögen aus Beiträgen im Sinne des § 82 Abs. 2 EStG gebildet worden ist. 232

Das angesparte Kapital kann als Altersvorsorge-Eigenheimbetrag vollständig oder teilweise entnommen werden. Bei einer teilweisen Entnahme müssen mindestens 3.000 € Restkapital im Vertrag verbleiben. Der im Rahmen der Entnahme zu beachtende Restbetrag nach § 92a Abs. 1 Satz 1 EStG bezieht sich nur auf das nach § 10a/Abschnitt XI EStG geförderte Altersvorsorgevermögen einschließlich der erwirtschafteten Erträge, Wertsteigerungen und Zulagen. *Der Mindestentnahmebetrag nach § 92a Abs. 1 Satz 1 EStG bezieht sich auf das gesamte geförderte und ungeförderte Altersvorsorgevermögen.* Der Altersvorsorgevertrag darf vorsehen, dass nur eine vollständige Auszahlung des gebildeten Kapitals für eine Verwendung im Sinne des § 92a EStG verlangt werden kann. Nicht gefördertes Kapital kann unbegrenzt ausgezahlt werden, wenn der Vertrag dies zulässt; insoweit sind die in der Auszahlung enthaltenen Erträge im Rahmen des § 22 Nr. 5 Satz 2 EStG zu besteuern. 233

2. Zulageberechtigter als Entnahmeberechtigter

Entnahmeberechtigt im Sinne des § 92a Abs. 1 Satz 1 EStG sind Personen, die in einem Altersvorsorgevertrag Altersvorsorgevermögen gebildet haben, das nach § 10a/Abschnitt XI EStG gefördert wurde. Eine Zulageberechtigung nach § 79 EStG muss im Zeitpunkt der Entnahme und der wohnungswirtschaftlichen Verwendung nicht bestehen. 234

3. Entnehmbare Beträge

235 Der Altersvorsorge-Eigenheimbetrag oder die Summe der Altersvorsorge-Eigenheimbeträge darf die Herstellungs- oder Anschaffungskosten der Wohnung inklusive der Anschaffungsnebenkosten (z. B. Notargebühren, Grunderwerbsteuer) zuzüglich der Anschaffungskosten für den dazugehörenden Grund und Boden nicht überschreiten (vgl. Rz. **249**).

236 Hat der Zulageberechtigte mehrere Altersvorsorgeverträge, kann er die Entnahmemöglichkeit für jeden dieser Verträge nutzen. Dabei muss der Zeitpunkt der Entnahme aus den einzelnen Verträgen nicht identisch sein. Es ist auch eine mehrmalige Entnahme aus demselben Vertrag zulässig. Jede Entnahme muss jedoch unmittelbar mit einer wohnungswirtschaftlichen Verwendung nach § 92a Abs. 1 Satz 1 EStG zusammenhängen. Auch eine Entnahme in mehreren Teilbeträgen in Abhängigkeit vom Baufortschritt ist zulässig, solange die Einschränkung der Entnahmemöglichkeit **im Hinblick auf die Mindestentnahme- bzw. Restbeträge nach § 92a Abs. 1 Satz 1 EStG** beachtet wird.

236a *Bei der Ermittlung des Restkapitals im Zuge der Auszahlung ist auf den Stand des geförderten Altersvorsorgevermögens zum Ablauf des Tages (Stichtag) abzustellen, an dem die ZfA den Bescheid über die Höhe der wohnungswirtschaftlichen Verwendung ausgestellt und den Anbieter darüber informiert hat (§ 92b Abs. 1 Satz 3 EStG).*

237 Die Mindesthöhe für die Entnahme kann, soweit die Vertragsvereinbarungen dies zulassen, auch durch die Entnahme aus mehreren Verträgen erreicht werden. Der Mindestentnahmebetrag ist innerhalb von zwölf Monaten nach dem Zeitpunkt der erstmaligen Auszahlung zu entnehmen. Der Mindestbetrag ist auch bei einem Darlehen nach § 1 Abs. 1a AltZertG zu beachten. Wird ein Darlehen nach § 1 Abs. 1a AltZertG in Höhe des Mindestbetrags für eine wohnungswirtschaftliche Verwendung nach § 92a EStG genutzt, dieses aber auch mit ungefördertem Vermögen getilgt (z. B. durch Tilgungsleistungen oberhalb der Förderhöchstgrenze des § 10a EStG), ist dies unschädlich. Es ist ausreichend, wenn der Mindestbetrag für eine wohnungswirtschaftliche Verwendung insgesamt durch die Kombination aus Altersvorsorge-Eigenheimbeträgen und Darlehen nach § 1 Absatz 1a AltZertG erreicht wird.

237a **BEISPIEL:** *Der barrierereduzierende Umbau des selbst genutzten Hauses von R kostet insgesamt 20.000 Euro. R hat auf seinem Altersvorsorgevertrag bei Anbieter A bisher 15.000 Euro angespart. R beantragt im Januar 2014 unter Vorlage der notwendigen Nachweise die Entnahme der 15.000 Euro bei der ZfA. Gleichzeitig schließt er bei Anbieter B ein zertifiziertes Darlehen zur Finanzierung der Umbaumaßnahmen über 5.000 Euro ab. Die ZfA bestätigt nach § 92b Absatz 1 Satz 3 EStG eine wohnungswirtschaftliche Verwendung in Höhe von 20.000 Euro. Damit die Anbieter die Erfüllung* *der Voraussetzungen prüfen können, muss R Anbieter A Nachweise zum Darlehen bei Anbieter B und Anbieter B Nachweise zur Entnahme bei Anbieter A vorlegen.*

Hat der Zulageberechtigte 100 % des geförderten Altersvorsorgevermögens entnommen, gehören auch die Zulagen, die nach erfolgter Entnahme für die entnommenen Beiträge noch auf den Altersvorsorgevertrag ausgezahlt werden, zum entnehmbaren Betrag. Dies gilt auch dann, wenn die Auszahlung dieser Zulagen nicht mehr im unmittelbar zeitlichen Zusammenhang mit der wohnungswirtschaftlichen Verwendung steht. Ein gesonderter Entnahmeantrag ist hierfür nicht erforderlich. 238

Ändert sich nach Erteilung des Bescheides über die **Höhe der wohnungswirtschaftlichen Verwendung** rückwirkend der Umfang der steuerlichen Förderung, gilt das nicht geförderte Kapital als zuerst entnommen (vgl. Rz. 226), soweit es nicht vom Anbieter für die Rückforderung einer Zulage verwendet wurde. Das Wohnförderkonto ist entsprechend zu korrigieren. 239

(weggefallen) 240

4. Begünstigte Verwendung (§ 92a Abs. 1 EStG)

Für den Altersvorsorge-Eigenheimbetrag sieht der Gesetzgeber drei verschiedene begünstigte Verwendungsarten vor: 241

- ▶ bis zum Beginn der Auszahlungsphase unmittelbar für die Anschaffung oder Herstellung einer Wohnung **oder zur Tilgung eines zu diesem Zweck aufgenommenen Darlehens, wenn das dafür entnommene Kapital mindestens 3.000 € beträgt** (§ 92a Abs. 1 Satz 1 Nr. 1 EStG),

- ▶ **bis zum** Beginn der Auszahlungsphase **unmittelbar für den Erwerb von Pflicht-Geschäftsanteilen an einer eingetragenen Genossenschaft für die Selbstnutzung einer Genossenschaftswohnung oder zur Tilgung eines zu diesem Zweck aufgenommenen Darlehens, wenn das dafür entnommene Kapital mindestens 3.000 € beträgt** (§ 92a Abs. 1 Satz 1 Nr. 2 EStG), oder

- ▶ bis zum Beginn der Auszahlungsphase für die Finanzierung von Umbaumaßnahmen zur Reduzierung von Barrieren in oder an einer Wohnung; zu den weiteren Voraussetzungen wird auf die Rz. 247a ff. verwiesen (§ 92a Abs. 1 Satz 1 Nr. 3 EStG).

Andere begünstigte Verwendungsarten sieht das Gesetz nicht vor.

a) Unmittelbare Anschaffung oder Herstellung

Der Entnahmevorgang und die Anschaffung/Herstellung der Wohnung müssen in einem unmittelbaren zeitlichen Zusammenhang erfolgen. Davon ist 242 auszugehen, wenn innerhalb von einem Monat vor Antragstellung bei der ZfA und bis zwölf Monate nach Auszahlung entsprechende Aufwendungen für die Anschaffung/Herstellung entstanden sind. Aufwendungen, für die der Zulageberechtigte bereits eine vertragsmäßige Verwendung im Sinne des WoPG erklärt hat, bleiben unberücksichtigt.

242a *Wird die Wohnung nach dem Anschaffungszeitpunkt zunächst durch einen Dritten/Mieter genutzt, kann von einer wohnungswirtschaftlichen Verwendung ab Beginn der Selbstnutzung durch den Zulageberechtigten ausgegangen werden, wenn*

- *der Zulageberechtigte innerhalb eines Monats nach der Anschaffung der Wohnung die beabsichtigte Selbstnutzung durch eine schriftliche Kündigung des Mietverhältnisses zum nächstmöglichen Zeitpunkt nachweist und*
- *die Selbstnutzung des Zulageberechtigten innerhalb von sechs Monaten nach Auszug des Dritten/Mieters aufgenommen wird.*

Andernfalls ist keine Unmittelbarkeit gegeben.

243 Der Antrag nach § 92b Abs. 1 EStG ist unter Vorlage der notwendigen Nachweise vom Zulageberechtigten **spätestens zehn Monate vor dem Beginn der Auszahlungsphase** bei der ZfA zu stellen. Der Zulageberechtigte kann den Anbieter hierzu bevollmächtigen. Im Rahmen eines einheitlichen Vertrags nach § 1 Abs. 1a AltZertG ist nicht zu beanstanden, wenn der Anbieter die für die Prüfung der Entnahmevoraussetzungen erforderlichen Daten an die ZfA übermittelt und das Vorliegen der den Daten zugrunde liegenden Nachweise bestätigt.

b) Entschuldung

244 Der Altersvorsorge-Eigenheimbetrag **kann auch zur vollständigen** oder **teilweisen** Ablösung eines für die **Finanzierung der Anschaffungs-/Herstellungskosten** der selbst genutzten Wohnung **oder für den Erwerb von Pflicht-Geschäftsanteilen an einer eingetragenen Genossenschaft** eingesetzten Darlehens (Entschuldung) **verwendet werden.** Diese Entschuldung ist eine wohnungswirtschaftliche Verwendung im Sinne des § 92a Abs. 1 EStG. Auf den Anschaffungs-/Herstellungszeitpunkt **der Wohnung** kommt es insoweit nicht an. Von einer Finanzierung von Anschaffungs- und Herstellungskosten einer selbst genutzten Wohnung kann insoweit ausgegangen werden, als das ursprüngliche Darlehen im zeitlichen Kontext (Zeitraum von drei Jahren vor und nach der Anschaffung bzw. Herstellung) aufgenommen wurde. **Eine Entschuldung im Sinne des § 92a Abs. 1 EStG liegt auch dann vor, wenn das abzulösende Darlehen unmittelbar und ausschließlich zur Umschuldung des ursprünglichen Anschaf-

fungs- oder Herstellungsdarlehens diente. Dies gilt auch bei mehrfacher Umschuldung des ursprünglichen Darlehens. Soweit das Darlehen zur Finanzierung von Modernisierungs- bzw. Renovierungsaufwendungen aufgenommen wurde, **auch wenn es sich um Umbaumaßnahmen im Sinne des § 92a Abs. 1 Satz 1 Nr. 3 EStG handelt,** und keine anschaffungsnahen Herstellungskosten vorliegen, ist die Entnahme von gefördertem Kapital zur Entschuldung dieses Teils des Darlehens eine schädliche Verwendung. **Im Zeitpunkt der Entschuldung muss eine Selbstnutzung vorliegen, eine vorangegangene Vermietung ist unerheblich.** Rz. 243 Satz 1 und 2 gilt entsprechend.

c) Genossenschaftsanteile

Eine weitere begünstigte Verwendung für den Altersvorsorge-Eigenheimbetrag ist – bis zum Beginn der Auszahlungsphase – der Erwerb von Geschäftsanteilen (Pflichtanteilen) an einer eingetragenen Genossenschaft für die Selbstnutzung einer Genossenschaftswohnung (§ 92a Abs. 1 Satz 1 Nr. 2 EStG). Der Pflichtanteil ist der Anteil, den der Zulageberechtigte erwerben muss, um eine Genossenschaftswohnung selbst beziehen zu können. Hiervon abzugrenzen ist der Erwerb von weiteren Geschäftsanteilen an einer eingetragenen Genossenschaft. 245

Die Wohnungsgenossenschaft muss in diesen Fällen nicht die im AltZertG genannten Voraussetzungen für das Anbieten von Altersvorsorgeverträgen erfüllen, da eine entsprechende Bezugnahme in § 92a Abs. 1 Satz 1 Nr. 2 EStG fehlt. Erforderlich ist lediglich, dass es sich um eine in das Genossenschaftsregister eingetragene Genossenschaft handelt. 246

Rz. 243 Satz 1 und 2 **und Rz. 254 gelten** entsprechend. 247

d) Umbau einer Wohnung

Der Altersvorsorge-Eigenheimbetrag kann auch für die Finanzierung eines barrierereduzierenden Umbaus einer Wohnung verwendet werden (§ 92a Abs. 1 Satz 1 Nr. 3 EStG). Das für diesen Umbau entnommene Kapital muss mindestens 6.000 € betragen, wenn die Umbaumaßnahmen innerhalb eines Zeitraums von drei Jahren nach der Anschaffung oder Herstellung der Wohnung vorgenommen werden. Im Hinblick auf den Mindestentnahmebetrag ist es ausreichend, wenn die Maßnahmen innerhalb dieses Zeitraumes begonnen werden. Werden die begünstigten Maßnahmen nach diesem Zeitraum aufgenommen, muss das entnommene Kapital mindestens 20.000 € betragen. 247a

247b Das für den Umbau entnommene Kapital muss mindestens zu 50 % für Maßnahmen verwendet werden, die den Vorgaben der DIN 18040 Teil 2, Ausgabe September 2011, entsprechen, soweit baustrukturell möglich. Der verbleibende Teil des entnommenen Kapitals ist für die Reduzierung von Barrieren in oder an der Wohnung zu verwenden. Die technischen Mindestanforderungen für die Reduzierung von Barrieren in oder an der Wohnung nach § 92a Abs. 1 Satz 1 Nr. 3 Buchstabe b EStG werden im Bundesbaublatt veröffentlicht.

247c Der Zulageberechtigte hat die zweckgerechte Verwendung durch einen Sachverständigen bestätigen zu lassen. Als Sachverständige sind hierfür neben den nach Landesrecht Bauvorlageberechtigten (z. B. Architekten und Bauingenieure) auch nach § 91 Abs. 1 Nr. 8 der Handwerksordnung öffentlich bestellte und vereidigte Sachverständige zugelassen. Voraussetzung ist, dass die Sachverständigen für ein Sachgebiet bestellt sind, das die Barrierefreiheit und Barrierereduzierung in Wohngebäuden umfasst. Des Weiteren müssen sie eine besondere Sachkunde oder ergänzende Fortbildung auf diesem Gebiet nachweisen. Die Kosten für die Bestätigung des Sachverständigen gehören zu den förderunschädlich entnehmbaren Beträgen.

247d Der Zulageberechtigte hat schriftlich zu bestätigen, dass weder er selbst noch ein Mitnutzer der Wohnung für die Umbaukosten

▶ eine Förderung durch Zuschüsse oder

▶ eine Steuerermäßigung nach § 35a EStG oder

▶ eine Berücksichtigung als außergewöhnliche Belastung nach § 33 EStG

beantragt hat oder beantragen wird. Diese Bestätigung ist bei der Antragstellung (vgl. Rz. 243) gegenüber der ZfA abzugeben. Wird zur Finanzierung des Umbaus ein Darlehen im Rahmen eines Altersvorsorgevertrags nach § 1 Abs. 1a AltZertG aufgenommen, hat der Zulageberechtigte diese Bestätigung gegenüber seinem Anbieter abzugeben. Zu den jeweiligen Umbaukosten gehören neben den Materialkosten auch die anteiligen Lohnkosten für die entsprechende Maßnahme. Für darüber hinaus gehende Umbaukosten, für die keine Entnahme nach § 92a Abs. 1 Satz 1 Nr. 3 EStG erfolgt und für die kein Darlehen nach § 1 Abs. 1a AltZertG in Anspruch genommen wird, gelten keine Beschränkungen.

247e Rz. 243 sowie Rz. 254 gelten entsprechend.

5. Begünstigte Wohnung

Als begünstigte Wohnung zählt 248
- eine Wohnung in einem eigenen Haus (dies kann auch ein Mehrfamilienhaus sein),
- eine eigene Eigentumswohnung,
- eine Genossenschaftswohnung einer in das Genossenschaftsregister eingetragenen Genossenschaft oder
- ein eigentumsähnliches oder lebenslanges Dauerwohnrecht.

Die Wohnung muss in einem EU-/EWR-Staat liegen und mit Beginn der Selbstnutzung die Hauptwohnung oder den Mittelpunkt der Lebensinteressen des Zulageberechtigten darstellen. Nicht begünstigt sind somit Ferien- oder Wochenendwohnungen.

Der Zulageberechtigte muss wirtschaftlicher Eigentümer (§ 39 Abs. 2 Nr. 1 Satz 1 AO) der begünstigten Wohnung sein. Er muss nicht Alleineigentümer der Wohnung werden, ein Miteigentumsanteil ist grundsätzlich ausreichend. Die Höhe des Eigentumsanteils ist insoweit von nachrangiger Bedeutung. Der Entnahmebetrag darf jedoch die Anschaffungs-/Herstellungskosten des Miteigentumsanteils nicht übersteigen. 249

Im Fall der Entschuldung gilt Rz. 249 sinngemäß mit der Maßgabe, dass der Entnahmebetrag auf die Höhe der auf den Miteigentumsanteil entfallenden originären Anschaffungs-/Herstellungskosten beschränkt ist. Sind Ehegatten/Lebenspartner gesamtschuldnerische Darlehensnehmer, kann der Zulageberechtigte das Darlehen bis zur Höhe seiner anteiligen **originären** Anschaffungs-/Herstellungskosten ablösen. *Wurden mit dem umzuschuldenden Darlehen sowohl Anschaffungs-/Herstellungskosten der begünstigten Wohnung als auch andere Kosten finanziert, kann der Zulageberechtigte das Darlehen bis zur Höhe seiner anteiligen originären Anschaffungs-/Herstellungskosten ablösen.* 250

Der Erwerb eines eigentumsähnlichen (unbefristeten und vererbbaren) oder lebenslangen (befristeten und nicht vererbbaren) Dauerwohnrechts nach § 33 Wohneigentumsgesetz wird bei der Verwendung des Altersvorsorge-Eigenheimbetrags dem Wohneigentum gleichgestellt. Voraussetzung hierfür ist, dass Vereinbarungen im Sinne des § 39 Wohnungseigentumsgesetz getroffen werden, die den Fortbestand des Dauerwohnrechts auch im Fall einer Zwangsversteigerung sicherstellen. 251

Für den Begriff der Wohnung gelten die bewertungsrechtlichen Abgrenzungsmerkmale, die nach der Rechtsprechung des Bundesfinanzhofs, insbesondere 252 zur Abgeschlossenheit und zum eigenen Zugang, maßgebend sind. Auf die Art des Gebäudes, in dem sich die Wohnung befindet, kommt es nicht an.

6. Anschaffung oder Herstellung

253 Es gelten die allgemeinen einkommensteuerlichen Grundsätze zur Anschaffung oder Herstellung.

7. Selbstnutzung

254 Eine Wohnung wird nur zu Wohnzwecken genutzt, wenn sie tatsächlich bewohnt wird. Der Zulageberechtigte muss nicht Alleinnutzer der Wohnung sein. Ein Ehegatte/**Lebenspartner** nutzt eine ihm gehörende Wohnung, die er zusammen mit dem anderen Ehegatten/**Lebenspartner** bewohnt, auch dann zu eigenen Wohnzwecken, wenn der andere Ehegatte/**Lebenspartner** ein Wohnrecht an der gesamten Wohnung hat. Eine Nutzung zu eigenen Wohnzwecken liegt regelmäßig auch vor, wenn die Wohnung in der Form des betreuten Wohnens genutzt wird.

255 Eine Wohnung im eigenen Haus oder eine Eigentumswohnung dient nicht eigenen Wohnzwecken, wenn sie in vollem Umfang betrieblich oder beruflich genutzt oder unentgeltlich überlassen **oder vermietet** wird. Die unentgeltliche Überlassung an Angehörige im Sinne des § 15 AO dient ebenfalls nicht den eigenen Wohnzwecken des Zulageberechtigten.

255a *Sofern der Zulageberechtigte die Anschaffungs- oder Herstellungskosten einer Wohnung ganz oder teilweise unmittelbar durch ein Darlehen finanziert, liegt eine wohnungswirtschaftliche Verwendung ab dem Beginn der Darlehensauszahlung vor,*

▶ *wenn die Selbstnutzung des Zulageberechtigten innerhalb von sechs Monaten nach dem Anschaffungs- oder Herstellungszeitpunkt aufgenommen wird und*

▶ *die Wohnung zwischenzeitlich nicht von einem Dritten/Mieter genutzt wird.*

256 Dient die Wohnung teilweise beruflichen oder betrieblichen Zwecken, liegt insoweit keine Nutzung zu eigenen Wohnzwecken vor.

8. Aufgabe der Selbstnutzung der eigenen Wohnung

257 Die Auflösung des Wohnförderkontos und Besteuerung des Auflösungsbetrags erfolgt, wenn der Zulageberechtigte die Selbstnutzung der geförderten Wohnung nicht nur vorübergehend oder das Eigentum an der geförderten Wohnung vollständig aufgibt. Bei anteiliger Aufgabe des Eigentums erfolgt die

Auflösung des Wohnförderkontos und die Besteuerung des Auflösungsbetrags, soweit der Stand des Wohnförderkontos die auf den verbleibenden Miteigentumsanteil entfallenden originären Anschaffungs-/Herstellungskosten übersteigt. Von einer nur vorübergehenden Aufgabe der Selbstnutzung kann nach Würdigung des Einzelfalls bei einem Zeitraum von bis zu einem Jahr ausgegangen werden.

Sofern das Wohnförderkonto noch nicht vollständig zurückgeführt ist oder es bei einer Einmalbesteuerung des Wohnförderkontos zu einer Nachversteuerungspflicht nach § 22 Nr. 5 Satz 6 EStG kommt, hat der Zulageberechtigte dem Anbieter **des Altersvorsorgevertrags mit** Wohnförderkonto unverzüglich den Zeitpunkt der Aufgabe der Selbstnutzung oder des Eigentumsübergangs mitzuteilen. **Der Anbieter hat dies der ZfA nach amtlich vorgeschriebenem Datensatz anzuzeigen.** Erfolgt die Aufgabe der Selbstnutzung in der **Auszahlungsphase, so hat** der Zulageberechtigte die ZfA direkt zu informieren. Im Fall des Todes des Zulageberechtigten besteht diese Mitteilungspflicht für den Rechtsnachfolger. 258

Eine Auflösung des Wohnförderkontos in den Fällen der Rz. 257 unterbleibt, 259

a) wenn der Zulageberechtigte einen Betrag in Höhe des Stands des Wohnförderkontos innerhalb **von zwei Jahren** vor **dem Veranlagungszeitraum** und **fünf** Jahre nach Ablauf des Veranlagungszeitraums, in dem die Nutzung zu eigenen Wohnzwecken aufgegeben wurde, für eine weitere förderbare Wohnung verwendet (§ 92a Abs. 3 Satz 9 Nr. 1 EStG). In diesem Fall hat der Zulageberechtigte dem Anbieter **des Altersvorsorgevertrags mit Wohnförderkonto, in der Auszahlungsphase der ZfA,** seine Absicht **mitzuteilen,** in eine weitere selbst genutzte Wohnung zu investieren. Übersteigt der Stand des Wohnförderkontos die auf den Eigentumsanteil des Zulageberechtigten entfallenden Anschaffungs- oder Herstellungskosten für die weitere Wohnung, erfolgt zum Zeitpunkt der Reinvestition die Teilauflösung und Besteuerung des den reinvestierten Betrag übersteigenden Anteils des Wohnförderkontos. Buchstabe b **gilt entsprechend.** Gibt er die Reinvestitionsabsicht auf **hat er dies seinem Anbieter, in der Auszahlungsphase der ZfA, mitzuteilen. Zu** diesem Zeitpunkt **erfolgt** die Auflösung des Wohnförderkontos und Besteuerung des Auflösungsbetrags;

b) wenn der Zulageberechtigte innerhalb eines Jahres nach Ablauf des Veranlagungszeitraums, in dem die Nutzung zu eigenen Wohnzwecken aufgegeben wurde, einen Betrag in Höhe des Stands des Wohnförderkontos auf einen auf seinen Namen lautenden Altersvorsorgevertrag zahlt (§ 92a Abs. 3 Satz 9 Nr. 2 EStG). In diesem Fall hat der Zulageberechtigte dem Anbieter seine Absicht **mitzuteilen**, in einen Altersvorsorgevertrag zu investieren. **In der Auszahlungsphase hat er die ZfA zu informieren.** Erfolgt die Einzahlung nicht auf den Altersvorsorgevertrag **mit** Wohnförderkonto, hat der Zulageberechtigte dem Anbieter, bei dem die Einzahlung erfolgt, die Vertragsdaten des Altersvorsorgevertrags mit Wohnförderkonto **mitzuteilen**. **Diese Daten hat der Anbieter im Rahmen seiner Datenübermittlung über die erfolgte Einzahlung der** ZfA **mitzuteilen**. Ist der reinvestierte Betrag geringer als der Stand des Wohnförderkontos, erfolgt zum Zeitpunkt der Reinvestition die Teilauflösung und Besteuerung des den reinvestierten Betrag übersteigenden Anteils des Wohnförderkontos. Gibt **der Zulageberechtigte** die Reinvestitionsabsicht auf **hat er dies seinem Anbieter, in der Auszahlungsphase der ZfA, mitzuteilen.** Zu diesem Zeitpunkt **erfolgt** die Auflösung des Wohnförderkontos und Besteuerung des Auflösungsbetrags;

c) solange die Ehewohnung aufgrund einer richterlichen Entscheidung nach § 1361b BGB oder nach der Verordnung über die Behandlung der Ehewohnung und des Hausrats dem Ehegatten/Lebenspartner des Zulageberechtigten zugewiesen und von diesem selbst genutzt wird (§ 92a Abs. 3 Satz 9 Nr. 3 EStG). Hierbei wird das Wohnförderkonto grundsätzlich für den Zulageberechtigten weitergeführt;

d) wenn der Zulageberechtigte krankheits- oder pflegebedingt die Wohnung nicht mehr bewohnt, sofern er Eigentümer dieser Wohnung bleibt, sie ihm weiterhin zur Selbstnutzung zur Verfügung steht und sie nicht von Dritten, mit Ausnahme seines Ehegatten/Lebenspartners, genutzt wird **(§ 92a Abs. 3 Satz 9 Nr. 4 EStG);**

e) auf Antrag des Zulageberechtigten bei der ZfA, wenn er die eigene Wohnung aufgrund eines beruflich bedingten Umzugs für die Dauer der beruflich bedingten Abwesenheit nicht mehr selbst nutzt und beabsichtigt, die Selbstnutzung wieder aufzunehmen. Ein beruflich bedingter Umzug liegt auch dann vor, wenn die Ursache des Umzugs in den Berufsbereich des Ehegatten/Lebenspartner des Zulageberechtigten fällt; die Zulageberechtigung dieses Ehegatten/Lebenspartners ist unerheblich. Die Selbstnutzung muss bei Beendigung der beruflich bedingten Abwesenheit, spätestens mit der Vollendung des 67. Lebensjahres des Zulageberechtigten wieder aufgenommen werden. Wird während der beruflich bedingten Abwesenheit mit einer anderen Person ein Nutzungsrecht vereinbart, muss die Vereinbarung von vornherein entsprechend befristet werden (§ 92a Abs. 4 EStG). Gibt der Zulageberechtigte seine Absicht, die Selbstnutzung wieder aufzunehmen, auf oder hat er die Selbstnutzung bis zur Vollendung seines

67. Lebensjahres nicht wieder aufgenommen, erfolgt die Auflösung des Wohnförderkontos und Besteuerung des Auflösungsbetrags; es sei denn, es handelt sich um einen Fall der Buchstaben a bis **d**. Dies gilt auch für den Fall, dass die Selbstnutzung nach einem Wegfall der berufsbedingten Abwesenheitsgründe nicht wieder aufgenommen wird.

In den Fällen *des* Buchstaben c und des § 92a Abs. 2a EStG *tritt der andere, geschiedene, frühere* oder *überlebende* Ehegatten/Lebenspartner *für die Anwendung der* Regelungen des § 92a EStG an die Stelle des Zulagenberechtigten.

Geförderte Beiträge, 260

▶ die nach § 82 Abs. 1 Satz 3 EStG wie Tilgungsleistungen behandelt wurden, weil sie zugunsten eines Altersvorsorgevertrags im Sinne des § 1 Abs. 1a Satz 1 Nr. 3 AltZertG erbracht und zur Tilgung eines im Rahmen des Altersvorsorgevertrags abgeschlossenen Darlehens abgetreten wurden,

▶ die aber noch nicht in das Wohnförderkonto eingestellt wurden, weil die unmittelbare Darlehenstilgung noch nicht erfolgt ist,

sind einschließlich der darauf entfallenden Zulagen und Erträge **in ein Wohnförderkonto aufzunehmen**, wenn der Zulageberechtigte die Selbstnutzung der geförderten Wohnung nicht nur vorübergehend oder das Eigentum an der Wohnung vollständig aufgibt. Rz. 257 und 259 gelten entsprechend. Von einer Zahlung des Zulageberechtigten im Sinne der Rz. 259 Buchstabe b ist in diesem Zusammenhang auszugehen, wenn der Zulageberechtigte und der Anbieter innerhalb eines Jahres nach Ablauf des Veranlagungszeitraums, in dem die Nutzung zu eigenen Wohnzwecken aufgegeben wurde, eine Trennung des Altersvorsorgevertrags nach § 1 Abs. 1a Satz 1 Nr. 3 AltZertG in einen Altersvorsorgevertrag nach § 1 Abs. 1a Satz 1 Nr. 2 AltZertG und ein nicht zertifiziertes Darlehen vereinbaren (Trennungsvereinbarung). Wurde für diese Beiträge noch keine Förderung gewährt, fließen sie einschließlich der darauf entfallenden Erträge dem Zulageberechtigten zu dem Zeitpunkt zu, zu dem die Tilgungsleistungen nach § 82 Abs. 1 Satz 3 EStG in das Wohnförderkonto eingestellt werden. Dies gilt auch im Fall des Todes des Zulageberechtigten. Der Anbieter hat dies der ZfA nach amtlich vorgeschriebenem Datensatz anzuzeigen, sobald er davon Kenntnis erlangt (vgl. Rz. 258).

Im Beitragsjahr der Aufgabe der Selbstnutzung gelten auch die nach der Aufgabe der Selbstnutzung geleisteten Beiträge oder Tilgungsleistungen als Altersvorsorgebeiträge. Im Beitragsjahr einer Reinvestition in eine weitere begünstigte Wohnung (§ 92a Abs. 3 Satz 9 Nr. 1 EStG) gelten auch die vor der Reinvestition geleisteten Beiträge oder Tilgungsleistungen als Altersvorsorgebeiträge. 260a

V. Sonstiges

1. Pfändungsschutz (§ 97 EStG)

261 Gem. § 97 EStG sind das geförderte Altersvorsorgevermögen einschließlich der hierauf entfallenden Erträge und Wertzuwächse, die geförderten laufenden Altersvorsorgebeiträge und der Anspruch auf Zulage nicht übertragbar. Dieses Vermögen ist daher unpfändbar; dies gilt auch für den Fall einer Verbraucherinsolvenz (§ 851 Abs. 1 Zivilprozessordnung – ZPO – sowie §§ 4 und 304 ff. InsO). Der Pfändungsschutz erstreckt sich nicht auf Kapital, das auf nicht geförderten Beiträgen (vgl. Rz. **129 ff.**) einschließlich der hierauf entfallenden Erträge und Wertzuwächse beruht und auch nicht auf das in einer **Wohnung** gebundene geförderte Vermögen. Der Pfändung des steuerlich nicht geförderten Altersvorsorgevermögens steht ein vertragliches Abtretungs- und Übertragungsverbot nicht entgegen. Im Fall einer Pfändung tritt insoweit keine schädliche Verwendung im Sinne des § 93 EStG ein.

262 Der Einsatz des geförderten Altersvorsorgevermögens zur Tilgung des Darlehens, zur Verpfändung, zur Sicherungsabtretung und zur Aufrechnung bei Altersvorsorgeverträgen nach § 1 Abs. 1a Satz 1 Nr. 3 AltZertG stellt keine Übertragung im Sinne des § 97 EStG dar. Das Übertragungsverbot des § 97 EStG findet auf gefördertes Altersvorsorgevermögen, das im Rahmen eines Altersvorsorgevertrags nach § 1 Abs. 1a Satz 1 Nr. 3 AltZertG gebildet wurde, im Verhältnis der Vertragspartner untereinander keine Anwendung. Da es sich um einen einheitlichen Vertrag handeln muss, erfolgt lediglich eine Umbuchung innerhalb des Vertrags.

263 Die in der Auszahlungsphase an den Vertragsinhaber zu leistenden Beträge unterliegen nicht dem Pfändungsschutz nach § 97 EStG. Insoweit sind ausschließlich die zivilrechtlichen Regelungen (z. B. §§ 850 ff. ZPO) maßgeblich.

2. Verfahrensfragen

a) Zulageantrag

264 Die Zulage wird nur auf Antrag gewährt. Ein rechtswirksamer Antrag setzt nach § 89 Abs. 1 EStG voraus, dass der Steuerpflichtige die Altersvorsorgezulage nach amtlich vorgeschriebenem Vordruck beantragt. Der Vordruck muss innerhalb der Antragsfrist des § 89 Abs. 1 Satz 1 EStG beim Anbieter eingehen und bis dahin vom Antragsteller eigenhändig unterschrieben sein. Zudem muss erkennbar sein, wer Antragsteller ist; dies setzt voraus, dass die üblichen Personaldaten angegeben werden. Dem Antrag muss ferner entnommen wer-

den können, dass eine Grundzulage und ggf. auch eine Kinderzulage vom Steuerpflichtigen beantragt werden.

Ist bei Tilgungsleistungen eines unmittelbar Zulageberechtigten aus Sicht des Anbieters die wohnungswirtschaftliche Verwendung nicht gegeben, hat er dennoch den Antrag auf Zulage an die ZfA weiterzuleiten und die Altersvorsorgebeiträge insoweit mit 0 € zu übermitteln. 265

Ab 1. Januar 2005 hat der Zulageberechtigte die Möglichkeit, dem jeweiligen Anbieter eine schriftliche Vollmacht zu erteilen, für ihn den Antrag – bis auf Widerruf – zu stellen (**§ 89 Abs. 1a EStG**). Die Vollmacht kann im Rahmen des Zulageantrags oder formlos erteilt werden und ist auch für zurückliegende Beitragsjahre, für die noch kein Zulageantrag gestellt worden ist, möglich. 266

Die Antragsfrist endet mit Ablauf des zweiten Kalenderjahres nach Ablauf des Beitragsjahres. Maßgebend ist der Zeitpunkt, in dem der Zulageantrag beim Anbieter eingeht (§ 89 Abs. 1 EStG). Hat der Zulageberechtigte dem Anbieter seines Vertrags eine schriftliche Vollmacht zur formlosen Antragstellung erteilt (§ 89 Abs. 1a EStG), gilt als Antragseingang die Erstellung des Datensatzes durch den Anbieter. 267

Der Zulageberechtigte kann grundsätzlich auf Angaben zu den beitragspflichtigen Einnahmen und zur Höhe seiner Bruttorente im Zulageantrag verzichten. In diesen Fällen darf die ZfA die Angaben bei den Trägern der gesetzlichen Rentenversicherung erheben. Dies gilt nicht, wenn der Zulageberechtigte nicht der deutschen Rentenversicherung unterliegt oder wenn er Einkünfte aus Land- und Forstwirtschaft hat. Für die Bezieher einer Rente wegen voller Erwerbsminderung nach dem Gesetz über die Alterssicherung der Landwirte darf die ZfA bei fehlender Angabe im Zulageantrag die Höhe der Bruttorente beim Gesamtverband der landwirtschaftlichen Alterskassen erheben. An die Stelle des Gesamtverbands **trat** ab 1. Januar 2009 der Spitzenverband der landwirtschaftlichen Sozialversicherung. **Zum 1. Januar 2013 wurde die Sozialversicherung für Landwirtschaft, Forsten und Gartenbau (SVLFG) gegründet und tritt nunmehr an die Stelle des Spitzenverbands**. Sind die der gesetzlichen Rentenversicherung zugrunde liegenden beitragspflichtigen Einnahmen höher als das tatsächlich erzielte Entgelt oder ein Zahlbetrag von Entgeltersatzleistungen des Zulageberechtigten (siehe Rz. **78** f.), sollte dies im Zulageantrag angegeben werden. Andernfalls werden die höheren – beim Rentenversicherungsträger erhobenen – beitragspflichtigen Einnahmen der Mindesteigenbeitragsberechnung zugrunde gelegt. Bei einem Begünstigten nach § 10a Abs. 1 Satz 1 Halbsatz 2 EStG werden die erforderlichen Daten von den zuständigen Stellen an die ZfA übermittelt. 268

269 Zur Durchführung des Verfahrens ist es erforderlich, dass der Anleger dem Anbieter die Änderungen der folgenden Verhältnisse mitteilt:
1. Änderung der Art der Zulageberechtigung (mittelbar/unmittelbar),
2. Änderung des Familienstandes,
3. Änderung der Daten zur Ermittlung des Mindesteigenbeitrags, sofern diese im Antrag angegeben worden sind (z. B. tatsächliches Entgelt),
4. Wegfall des Kindergeldes für ein Kind, für das eine Kinderzulage beantragt wird,
5. Änderung der Zuordnung der Kinder.

In seinem eigenen Interesse sollte der Anleger darüber hinaus auch die Änderungen der folgenden Tatbestände anzeigen:
1. Änderung bei der Verteilung der Zulage auf mehrere Verträge,
2. Änderung des beruflichen Status (z. B. Beamter wird Angestellter oder umgekehrt),
3. Erhöhung der Anzahl der Kinder, für die eine Kinderzulage beantragt werden soll,
4. Änderungen der zuständigen Familienkasse und der Kindergeldnummer.

b) Rückforderung von Zulagen

270 Erkennt die ZfA nach Auszahlung der Zulage, dass der Zulageanspruch ganz oder teilweise nicht besteht oder weggefallen ist, fordert sie zu Unrecht gezahlte Zulagen mittels Datensatz vom Anbieter zurück. Der Anbieter führt die ihm mitgeteilten Rückforderungsbeträge an die ZfA ab, indem er das Vertragskonto des Zulageberechtigten entsprechend belastet. Ist die Geschäftsbeziehung im Hinblick auf den Altersvorsorgevertrag zwischen dem Zulageberechtigten und dem Anbieter beendet, beispielsweise nach Abfindung einer Kleinbetragsrente, fordert die ZfA die Zulage vom Anleger zurück.

271 Erfolgt nach einem durchgeführten Versorgungsausgleich eine Rückforderung zu Unrecht gezahlter Zulagen, fordert die ZfA diese Zulagen vom Zulageberechtigten zurück, soweit

▶ das Guthaben auf dem Vertrag des Zulageberechtigten zur Zahlung des Rückforderungsbetrags nach § 90 Abs. 3 Satz 1 EStG nicht ausreicht und

▶ im Rückforderungsbetrag ein Zulagebetrag enthalten ist, der in der **Ehe-/Lebenspartnerschaftszeit** ausgezahlt wurde.

In diesen Fällen setzt die ZfA den Rückforderungsbetrag, ggf. unter Anrechnung bereits vom Anbieter einbehaltener und abgeführter Beträge, gegenüber dem Zulageberechtigten fest.

Dies gilt auch in den Fällen, in denen nach einer Inanspruchnahme eines Altersvorsorge-Eigenheimbetrags eine Rückforderung zu Unrecht gezahlter Zulagen erfolgt. In diesen Fällen setzt die ZfA den Rückforderungsbetrag, ggf. unter Anrechnung bereits vom Anbieter einbehaltener und abgeführter Beträge, gegenüber dem Zulageberechtigten fest, soweit diesem die zu Unrecht gezahlten Zulagen als Bestandteil des Altersvorsorge-Eigenheimbetrags im Sinne des § 92a Abs. 1 EStG ausgezahlt worden waren.

272

BEISPIEL: A hat im Jahr 2013 Altersvorsorgebeiträge in Höhe von 1.946 € auf seinen Altersvorsorgevertrag eingezahlt. *Für die Beiträge des Jahres 2013 werden dem Vertrag am 31. Dezember 2013 38 € an Erträgen gutgeschrieben.* Anfang des Jahres 2014 erhält er für die Altersvorsorgebeiträge des Jahres 2013 154 € Zulage. Das Kapital in seinem Altersvorsorgevertrag beträgt mit den in den Vorjahren angesparten Beträgen insgesamt 12.154 €, davon sind 12.154 € gefördert und 0 € ungefördert. Weitere Beiträge zahlt er nicht ein.

272a

Mitte des Jahres 2014 entnimmt er 100 % des geförderten Vermögens als Altersvorsorge-Eigenheimbetrag. Es werden 12.154 € ins Wohnförderkonto eingestellt. Die Geschäftsbeziehung im Hinblick auf diesen Altersvorsorgevertrag zwischen dem Zulageberechtigten und dem Anbieter endet.

Im Herbst des Jahres 2014 stellt die ZfA fest, dass A für das Jahr 2013 keinen Zulageanspruch hatte. Sie fordert die Zulage in Höhe von 154 € unmittelbar vom Anleger zurück *und teilt dem Anbieter das geänderte Ermittlungsergebnis mit.*

Rückwirkend zum Zeitpunkt der Entnahme betrachtet, entfallen vom Altersvorsorge-Eigenheimbetrag (12.154 −1.946− 154− 38 =) **10.016 €** auf gefördertes Altersvorsorgevermögen. Das Wohnförderkonto wird *von der ZfA nach der Übermittlung der geänderten Meldung zur Auszahlung des Altersvorsorge-Eigenheimbetrags* auf **10.016 €** korrigiert.

Zu beachten ist, dass die in dem nunmehr ungeförderten Vermögen enthaltenen Erträge nach § 22 Nr. 5 Satz 2 EStG zum Zeitpunkt der Entnahme zu versteuern sind.

c) Festsetzungsfrist

Die reguläre Frist für die Berechnung bzw. Festsetzung der Altersvorsorgezulage beträgt vier Jahre (§ 169 Abs. 2 Satz 1 Nr. 2 AO) und beginnt mit Ablauf des Jahres, in dem sie entstanden ist, d. h. mit Ablauf des Beitragsjahres (§ 88 EStG i. V. m. § 170 Abs. 1 AO).

273

Die Festsetzungsfrist für die Rückforderung der Zulage nach § 90 Abs. 3 EStG sowie für die Aufhebung, Änderung oder Berichtigung der Zulagefestsetzung nach einer Festsetzung im Sinne des § 90 Abs. 4 EStG beginnt nach § 170

274

Abs. 3 AO nicht vor Ablauf des Jahres, in dem der Antrag nach § 89 EStG gestellt worden ist.

275 **BEISPIEL:** Der Zulageantrag für das Beitragsjahr **2007** geht im Jahr **2009** beim Anbieter ein und wird von diesem im Dezember **2009** per Datenübertragung an die ZfA übermittelt. Die ZfA ermittelt die Zulage und überweist sie im Jahr **2010** an den Anbieter. Im Rahmen des Datenabgleichs stellt die ZfA im Jahr **2013** fest, dass der Anleger nicht zum begünstigten Personenkreis gehört. Sie teilt dies dem Anbieter noch im gleichen Jahr mit und fordert gem. § 90 Abs. 3 EStG die gewährte Zulage zurück.

Nach § 170 Abs. 3 AO beginnt die Festsetzungsfrist für die Rückforderung nach § 90 Abs. 3 EStG mit Ablauf des Jahres **2009**. Damit endet die vierjährige Festsetzungsfrist mit Ablauf des Jahres **2013**. Die ZfA hat folglich den Rückforderungsanspruch vor Ablauf der Festsetzungsfrist geltend gemacht.

276 Die Festsetzungsfrist **für die Berechnung der Zulage (einschließlich der Rückforderung nach § 90 Abs. 3 EStG)** endet frühestens in dem Zeitpunkt, in dem über den Zulageantrag unanfechtbar entschieden worden ist (§ 171 Abs. 3 AO). **Sofern der Zulageberechtigte innerhalb der Jahresfrist keinen Antrag auf Festsetzung nach § 90 Abs. 4 EStG gestellt hat, ist über den Zulageantrag mit Ablauf eines Jahres nach Erteilung der** Bescheinigung nach § 92 EStG **durch den Anbieter unanfechtbar entschieden.**

277 Abwandlung des Beispiels zu Rz. 275:

Da zu dem in 2009 gestellten Antrag noch Klärungsbedarf bestand, wurde die Zulage von der ZfA erst im Dezember 2011 ermittelt und am 15. Februar 2012 zur Auszahlung angewiesen. Der Anbieter stellte am 3. Mai 2013 eine Bescheinigung nach § 92 EStG aus, mit der er den Anleger über die Zulagengewährung für das Beitragsjahr 2009 informierte.

Im Rahmen des Datenabgleichs stellt die ZfA Anfang Januar 2014 fest, dass der Anleger nicht zum begünstigten Personenkreis gehört. Sie teilt dies dem Anbieter umgehend mit und fordert gem. § 90 Abs. 3 EStG die gewährte Zulage zurück.

Nach § 170 Abs. 3 AO beginnt die Festsetzungsfrist für die Rückforderung mit Ablauf des Jahres 2009. Der Ablauf der Festsetzungsfrist ist gemäß § 171 Abs. 3 AO mindestens bis zum Ablauf eines Jahres nach der Erteilung der Bescheinigung nach § 92 EStG gehemmt. Sie endet somit nicht mit Ablauf des Jahres 2013, sondern erst am 2. Mai 2014. Die ZfA hat folglich den Rückforderungsanspruch vor Ablauf der Festsetzungsfrist geltend gemacht.

278 Korrigiert die ZfA die Berechnung der Zulage nach § 90 Abs. 3 EStG, hat die erneute Bescheinigung nach § 92 EStG über das korrigierte Ergebnis keine Auswirkung auf die Festsetzungsfrist.

279 Beantragt der Zulageberechtigte die förmliche Festsetzung der Zulage nach § 90 Abs. 4 EStG, tritt insoweit eine weitere Ablaufhemmung nach § 171 Abs. 3 AO ein.

d) Bescheinigungs- und Informationspflichten des Anbieters

Hat der Anleger im abgelaufenen Beitragsjahr Altersvorsorgebeiträge auf den Vertrag eingezahlt oder wurde der Anbieter von der ZfA über die Ermittlungsergebnisse im abgelaufenen Beitragsjahr **oder über den Stand des Wohnförderkontos** informiert oder hat sich im abgelaufenen Beitragsjahr der Stand des Altersvorsorgevermögens oder der Stand des Wohnförderkontos geändert, ist der Anbieter verpflichtet, dem Anleger eine Bescheinigung nach § 92 EStG auszustellen. Dies gilt auch nach einer vollständigen schädlichen Verwendung (§ 93 Abs. 1 EStG), nach Eintritt der Voraussetzungen des § 95 Abs. 1 EStG, nach Abfindung einer Kleinbetragsrente nach § 93 Abs. 3 EStG, nach einer Übertragung von gefördertem Altersvorsorgevermögen nach § 93 Abs. 1a EStG und in der Auszahlungsphase. **Sofern sich allein der Stand des Altersvorsorgevermögens aufgrund von Auszahlungen im Rahmen eines Auszahlungsplans ändert, muss der Anbieter keine Bescheinigung nach § 92 EStG ausstellen.** Die Übertragung nach § 93 Abs. 1a EStG stellt bei der ausgleichsberechtigten Person keine zu bescheinigende Einzahlung von Altersvorsorgebeiträgen dar. Wie bei der ausgleichspflichtigen Person ist ein geänderter Stand des Altersvorsorgevermögens zu bescheinigen. 280

Bei der Ermittlung des Stands des Altersvorsorgevermögens ist auch der Wert des in eine aufschiebend bedingte bzw. sofort beginnende Rentenversicherung investierten Kapitals mit in die Bescheinigung aufzunehmen. Bezogen auf den Teil des Altersvorsorgevermögens, der in eine aufschiebende oder sofort beginnende Rentenversicherung investiert worden ist, ist das von der Versicherung jährlich neu errechnete Deckungskapital der Rentenversicherung mit einzubeziehen. 281

Soweit kein Fall des § 92 Satz 2 EStG vorliegt, besteht die jährliche Bescheinigungspflicht nach § 92 EStG **(Rz. 280)** für den Anbieter **auch dann**, wenn die Geschäftsbeziehung zwischen dem Anbieter und dem Zulageberechtigten im Hinblick auf den jeweiligen Altersvorsorgevertrag **wegen vollständiger Kapitalentnahme oder nach vollständiger Darlehenstilgung** beendet wurde. Soweit sich jedoch diese Bescheinigungspflicht allein aus der Mitteilung der ZfA zum Stand des Wohnförderkontos ergibt (vgl. Rz. 161), bedarf es keiner jährlichen Bescheinigung, wenn der Anbieter dem Zulageberechtigten in einer Bescheinigung nach § 92 EStG Folgendes mitgeteilt hat: „Das Wohnförderkonto erhöht sich bis zum Beginn der Auszahlungsphase jährlich um zwei Prozent, solange Sie keine Zahlungen zur Minderung des Wohnförderkontos leisten." 282

Die jährliche Information nach **dem** AltZertG hat zu erfolgen, solange der Vertrag besteht, d. h. auch in der Auszahlungsphase. Auch wenn das gebildete Ka- 283 pital oder ein Teil davon für eine sofort beginnende oder für eine aufgeschobene Rente (Teilkapitalverrentung ab dem vollendeten 85. Lebensjahr) an ein Versicherungsunternehmen übertragen worden ist, besteht die Informationspflicht des Anbieters wegen der Einheitlichkeit des Vertrags fort. Er muss sich in diesem Fall die Daten, die er für die Erfüllung seiner Informationspflichten benötigt, von dem Versicherungsunternehmen mitteilen lassen.

B. Betriebliche Altersversorgung

I. Allgemeines

284 Betriebliche Altersversorgung liegt vor, wenn dem Arbeitnehmer aus Anlass seines Arbeitsverhältnisses vom Arbeitgeber Leistungen zur Absicherung mindestens eines biometrischen Risikos (Alter, Tod, Invalidität) zugesagt werden und Ansprüche auf diese Leistungen erst mit dem Eintritt des biologischen Ereignisses fällig werden (§ 1 BetrAVG). Werden mehrere biometrische Risiken abgesichert, ist aus steuerrechtlicher Sicht die gesamte Vereinbarung/Zusage nur dann als betriebliche Altersversorgung anzuerkennen, wenn für alle Risiken die Vorgaben der Rz. **284** bis **290** beachtet werden. Keine betriebliche Altersversorgung in diesem Sinne liegt vor, wenn vereinbart ist, dass ohne Eintritt eines biometrischen Risikos die Auszahlung an beliebige Dritte (z. B. die Erben) erfolgt. Dies gilt für alle Auszahlungsformen (z. B. lebenslange Rente, Auszahlungsplan mit Restkapitalverrentung, Einmalkapitalauszahlung und ratenweise Auszahlung). Als Durchführungswege der betrieblichen Altersversorgung kommen die Direktzusage (§ 1 Abs. 1 Satz 2 BetrAVG), die Unterstützungskasse (§ 1b Abs. 4 BetrAVG), die Direktversicherung (§ 1b Abs. 2 BetrAVG), die Pensionskasse (§ 1b Abs. 3 BetrAVG) oder der Pensionsfonds (§ 1b Abs. 3 BetrAVG, § 112 VAG) in Betracht.

285 Nicht um betriebliche Altersversorgung handelt es sich, wenn der Arbeitgeber oder eine Versorgungseinrichtung dem nicht bei ihm beschäftigten Ehegatten eines Arbeitnehmers eigene Versorgungsleistungen zur Absicherung seiner biometrischen Risiken (Alter, Tod, Invalidität) verspricht, da hier keine Versorgungszusage aus Anlass eines Arbeitsverhältnisses zwischen dem Arbeitgeber und dem Ehegatten vorliegt (§ 1 BetrAVG).

286 Das biologische Ereignis ist bei der Altersversorgung das altersbedingte Ausscheiden aus dem Erwerbsleben, bei der Hinterbliebenenversorgung der Tod des Arbeitnehmers und bei der Invaliditätsversorgung der Invaliditätseintritt. Als Untergrenze für betriebliche Altersversorgungsleistungen bei altersbedingtem Ausscheiden aus dem Erwerbsleben gilt im Regelfall das 60. Lebensjahr. In

Ausnahmefällen können betriebliche Altersversorgungsleistungen auch schon vor dem 60. Lebensjahr gewährt werden, so z. B. bei Berufsgruppen wie Piloten, bei denen schon vor dem 60. Lebensjahr Versorgungsleistungen üblich sind. Ob solche Ausnahmefälle (**berufsspezifische Besonderheiten**) vorliegen, ergibt sich aus Gesetz, Tarifvertrag oder Betriebsvereinbarung. Erreicht der Arbeitnehmer im Zeitpunkt der Auszahlung das 60. Lebensjahr, hat aber seine berufliche Tätigkeit noch nicht beendet, so ist dies bei **den Durchführungswegen Direktversicherung, Pensionskasse und Pensionsfonds** unschädlich. Die bilanzielle Behandlung beim Arbeitgeber **bei den Durchführungswegen Direktzusage und Unterstützungskasse** bleibt davon unberührt. Für Versorgungszusagen, die nach dem 31. Dezember 2011 erteilt werden, tritt an die Stelle des 60. Lebensjahres regelmäßig das 62. Lebensjahr (siehe auch BT-Drucksache 16/3794 vom 12. Dezember 2006, S. 31 unter „IV. Zusätzliche Altersvorsorge" zum RV-Altersgrenzenanpassungsgesetz vom 20. April 2007, BGBl. I 2007 S. 554). **Für die Frage, zu welchem Zeitpunkt eine Versorgungszusage erteilt wurde, gelten die Rz. 349 ff. entsprechend.** Bei der Invaliditätsversorgung kommt es auf den Invaliditätsgrad nicht an.

Eine Hinterbliebenenversorgung im steuerlichen Sinne darf nur Leistungen an die Witwe des Arbeitnehmers oder den Witwer der Arbeitnehmerin, die Kinder im Sinne des § 32 Abs. 3, 4 Satz 1 Nr. 1 bis 3 und Abs. 5 EStG, den früheren Ehegatten oder die Lebensgefährtin/den Lebensgefährten vorsehen. Der Arbeitgeber hat bei Erteilung oder Änderung der Versorgungszusage zu prüfen, ob die Versorgungsvereinbarung insoweit generell diese Voraussetzungen erfüllt; ob im Einzelfall Hinterbliebene in diesem Sinne vorhanden sind, ist letztlich vom Arbeitgeber/Versorgungsträger erst im Zeitpunkt der Auszahlung der Hinterbliebenenleistung zu prüfen. Als Kind kann auch ein im Haushalt des Arbeitnehmers auf Dauer aufgenommenes Kind begünstigt werden, welches in einem Obhuts- und Pflegeverhältnis zu ihm steht und nicht die Voraussetzungen des § 32 EStG zu ihm erfüllt (Pflegekind/Stiefkind und faktisches Stiefkind). Dabei ist es – anders als bei der Gewährung von staatlichen Leistungen – unerheblich, ob noch ein Obhuts- und Pflegeverhältnis zu einem leiblichen Elternteil des Kindes besteht, der ggf. ebenfalls im Haushalt des Arbeitnehmers lebt. Es muss jedoch spätestens zu Beginn der Auszahlungsphase der Hinterbliebenenleistung eine schriftliche Versicherung des Arbeitnehmers vorliegen, in der, neben der geforderten namentlichen Benennung des Pflegekindes/Stiefkindes und faktischen Stiefkindes, bestätigt wird, dass ein entsprechendes Kindschaftsverhältnis besteht. Entsprechendes gilt, wenn ein Enkelkind auf Dauer im Haushalt der Großeltern aufgenommen und versorgt wird. Bei Versorgungszusagen, die vor dem 1. Januar 2007 erteilt wurden, sind für 287 das Vorliegen einer begünstigten Hinterbliebenenversorgung die Altersgrenzen des § 32 EStG in der bis zum 31. Dezember 2006 geltenden Fassung (27. Lebensjahr) maßgebend. Der Begriff des/der Lebensgefährten/in ist als Oberbegriff zu verstehen, der auch die gleichgeschlechtliche Lebenspartnerschaft mit erfasst. Ob eine gleichgeschlechtliche Lebenspartnerschaft eingetragen wurde oder nicht, ist dabei zunächst unerheblich. Für Partner einer eingetragenen Lebenspartnerschaft besteht allerdings die Besonderheit, dass sie einander nach § 5 Lebenspartnerschaftsgesetz zum Unterhalt verpflichtet sind. Insoweit liegt eine mit der zivilrechtlichen Ehe vergleichbare Partnerschaft vor. Handelt es sich dagegen um eine andere Form der nicht ehelichen Lebensgemeinschaft, muss anhand der im BMF-Schreiben vom 25. Juli 2002, BStBl I S. 706 genannten Voraussetzungen geprüft werden, ob diese als Hinterbliebenenversorgung anerkannt werden kann. Ausreichend ist dabei regelmäßig, dass spätestens zu Beginn der Auszahlungsphase der Hinterbliebenenleistung eine schriftliche Versicherung des Arbeitnehmers vorliegt, in der neben der geforderten namentlichen Benennung des/der Lebensgefährten/in bestätigt wird, dass eine gemeinsame Haushaltsführung besteht.

288 Die Möglichkeit, andere als die in Rz. **287** genannten Personen als Begünstigte für den Fall des Todes des Arbeitnehmers zu benennen, führt steuerrechtlich dazu, dass es sich nicht mehr um eine Hinterbliebenenversorgung handelt, sondern von einer Vererblichkeit der Anwartschaften auszugehen ist. Gleiches gilt, wenn z. B. bei einer vereinbarten Rentengarantiezeit die Auszahlung auch an andere als die in Rz. **287** genannten Personen möglich ist. Ist die Auszahlung der garantierten Leistungen nach dem Tod des Berechtigten hingegen ausschließlich an Hinterbliebene im engeren Sinne (Rz. **287**) möglich, ist eine vereinbarte Rentengarantiezeit ausnahmsweise unschädlich. Ein Wahlrecht des Arbeitnehmers zur Einmal- oder Teilkapitalauszahlung ist in diesem Fall nicht zulässig. Es handelt sich vielmehr nur dann um unschädliche Zahlungen nach dem Tod des Berechtigten, wenn die garantierte Rente in unveränderter Höhe (einschließlich Dynamisierungen) an die versorgungsberechtigten Hinterbliebenen im engeren Sinne weiter gezahlt wird. Dabei ist zu beachten, dass die Zahlungen einerseits durch die garantierte Zeit und andererseits durch das Vorhandensein von entsprechenden Hinterbliebenen begrenzt werden. Die Zusammenfassung von bis zu zwölf Monatsleistungen in einer Auszahlung sowie die gesonderte Auszahlung der zukünftig in der Auszahlungsphase anfallenden Zinsen und Erträge sind dabei unschädlich. Im Fall der(s) Witwe(rs) oder der Lebensgefährtin/des Lebensgefährten wird dabei nicht beanstandet, wenn anstelle der Zahlung der garantierten Rentenleistung in unveränderter Höhe das im Zeitpunkt des Todes des Berechtigten noch vorhan-

dene „Restkapital" ausnahmsweise lebenslang verrentet wird. Die Möglichkeit, ein einmaliges angemessenes Sterbegeld an andere Personen als die in Rz. 287 genannten Hinterbliebenen auszuzahlen, führt nicht zur Versagung der Anerkennung als betriebliche Altersversorgung; bei Auszahlung ist das Sterbegeld gem. § 19 EStG oder § 22 Nr. 5 EStG zu besteuern (vgl. Rz. **369** ff.). Im Fall der Pauschalbesteuerung von Beiträgen für eine Direktversicherung nach § 40b EStG in der am 31. Dezember 2004 geltenden Fassung (§ 40b EStG a. F.) ist es ebenfalls unschädlich, wenn eine beliebige Person als Bezugsberechtigte für den Fall des Todes des Arbeitnehmers benannt wird.

Keine betriebliche Altersversorgung liegt vor, wenn zwischen Arbeitnehmer und Arbeitgeber die Vererblichkeit von Anwartschaften vereinbart ist. Auch Vereinbarungen, nach denen Arbeitslohn gutgeschrieben und ohne Abdeckung eines biometrischen Risikos zu einem späteren Zeitpunkt (z. B. bei Ausscheiden aus dem Dienstverhältnis) ggf. mit Wertsteigerung ausgezahlt wird, sind nicht dem Bereich der betrieblichen Altersversorgung zuzuordnen. Gleiches gilt, wenn von vornherein eine Abfindung der Versorgungsanwartschaft, z. B. zu einem bestimmten Zeitpunkt oder bei Vorliegen bestimmter Voraussetzungen, vereinbart ist und dadurch nicht mehr von der Absicherung eines biometrischen Risikos ausgegangen werden kann. Demgegenüber führt allein die Möglichkeit einer Beitragserstattung einschließlich der gutgeschriebenen Erträge bzw. einer entsprechenden Abfindung für den Fall des Ausscheidens aus dem Dienstverhältnis vor Erreichen der gesetzlichen Unverfallbarkeit und/oder für den Fall des Todes vor Ablauf einer arbeitsrechtlich vereinbarten Wartezeit sowie der Abfindung einer Witwenrente/Witwerrente für den Fall der Wiederheirat noch nicht zur Versagung der Anerkennung als betriebliche Altersversorgung. Ebenfalls unschädlich für das Vorliegen von betrieblicher Altersversorgung ist die Abfindung vertraglich unverfallbarer Anwartschaften; dies gilt sowohl bei Beendigung als auch während des bestehenden Arbeitsverhältnisses. Zu den steuerlichen Folgen im Auszahlungsfall siehe Rz. **369** ff. 289

Bei Versorgungszusagen, die vor dem 1. Januar 2005 erteilt wurden (Altzusagen, vgl. Rz. 349 ff.), ist es nicht zu beanstanden, wenn in den Versorgungsordnungen in Abweichung von Rz. 284 ff. die Möglichkeit einer Elternrente oder der Beitragserstattung einschließlich der gutgeschriebenen Erträge an die in Rz. 287 genannten Personen im Fall des Versterbens vor Erreichen der Altersgrenze und in Abweichung von Rz. 312 lediglich für die zugesagte Altersversorgung, nicht aber für die Hinterbliebenen- oder Invaliditätsversorgung die Auszahlung in Form einer Rente oder eines Auszahlungsplans vorgesehen ist. Dagegen sind Versorgungszusagen, die nach dem 31. Dezember 2004 (Neuzusagen, vgl. Rz. 349 ff.) aufgrund von Versorgungsordnungen erteilt werden, 290 die die Voraussetzungen dieses Schreibens nicht erfüllen, aus steuerlicher Sicht nicht mehr als betriebliche Altersversorgung anzuerkennen; eine steuerliche Förderung ist hierfür nicht mehr möglich. Im Fall der nach § 40b EStG a. F. pauschal besteuerten (Alt-)Direktversicherungen gilt nach Rz. 288 weiterhin keine Begrenzung bezüglich des Kreises der Bezugsberechtigten.

II. Lohnsteuerliche Behandlung von Zusagen auf Leistungen der betrieblichen Altersversorgung

1. Allgemeines

291 Der Zeitpunkt des Zuflusses von Arbeitslohn richtet sich bei einer **durch Beiträge des Arbeitgebers (einschließlich Entgeltumwandlung oder anderer Finanzierungsanteile des Arbeitnehmers, vgl. Rz. 304)** finanzierten betrieblichen Altersversorgung nach dem Durchführungsweg der betrieblichen Altersversorgung (vgl. auch R 40b.1 LStR zur Abgrenzung). Bei der Versorgung über eine Direktversicherung, eine Pensionskasse oder einen Pensionsfonds liegt Zufluss von Arbeitslohn im Zeitpunkt der Zahlung der Beiträge durch den Arbeitgeber an die entsprechende Versorgungseinrichtung vor. Erfolgt die Beitragszahlung durch den Arbeitgeber vor „Versicherungsbeginn", liegt ein Zufluss von Arbeitslohn jedoch erst im Zeitpunkt des „Versicherungsbeginns" vor. Die Einbehaltung der Lohnsteuer richtet sich nach § 38a Abs. 1 und 3 EStG (vgl. auch R 39b.2, 39b.5 und 39b.6 LStR). Bei der Versorgung über eine Direktzusage oder Unterstützungskasse fließt der Arbeitslohn erst im Zeitpunkt der Zahlung der Altersversorgungsleistungen an den Arbeitnehmer zu.

2. Entgeltumwandlung zugunsten betrieblicher Altersversorgung

292 Um durch Entgeltumwandlung finanzierte betriebliche Altersversorgung handelt es sich, wenn Arbeitgeber und Arbeitnehmer vereinbaren, künftige Arbeitslohnansprüche zugunsten einer betrieblichen Altersversorgung herabzusetzen (Umwandlung in eine wertgleiche Anwartschaft auf Versorgungsleistungen – Entgeltumwandlung – § 1 Abs. 2 Nr. 3 BetrAVG).

Davon zu unterscheiden sind die **eigenen Beiträge** des Arbeitnehmers, **zu deren** Leistung er aufgrund einer eigenen vertraglichen Vereinbarung mit der Versorgungseinrichtung originär selbst verpflichtet ist. Diese eigenen Beiträge des Arbeitnehmers zur betrieblichen Altersversorgung werden **aus dem** bereits zugeflossenen und versteuerten Arbeitsentgelt **geleistet** (vgl. auch Rz. 304).

293 Eine Herabsetzung von Arbeitslohnansprüchen zugunsten betrieblicher Altersversorgung ist steuerlich als Entgeltumwandlung auch dann anzuerkennen,

wenn die in § 1 Abs. 2 Nr. 3 Seite 100 BetrAVG geforderte Wertgleichheit außerhalb versicherungsmathematischer Grundsätze berechnet wird. Entscheidend ist allein, dass die Versorgungsleistung zur Absicherung mindestens eines biometrischen Risikos (Alter, Tod, Invalidität) zugesagt und erst bei Eintritt des biologischen Ereignisses fällig wird.

Die Herabsetzung von Arbeitslohn (laufender Arbeitslohn, Einmal- und Sonderzahlungen) zugunsten der betrieblichen Altersversorgung wird aus Vereinfachungsgründen grundsätzlich auch dann als Entgeltumwandlung steuerlich anerkannt, wenn die Gehaltsänderungsvereinbarung bereits erdiente, aber noch nicht fällig gewordene Anteile umfasst. Dies gilt auch, wenn eine Einmal- oder Sonderzahlung einen Zeitraum von mehr als einem Jahr betrifft. 294

Bei einer Herabsetzung laufenden Arbeitslohns zugunsten einer betrieblichen Altersversorgung hindert es die Annahme einer Entgeltumwandlung nicht, wenn der bisherige ungekürzte Arbeitslohn weiterhin Bemessungsgrundlage für künftige Erhöhungen des Arbeitslohns oder andere Arbeitgeberleistungen (wie z. B. Weihnachtsgeld, Tantieme, Jubiläumszuwendungen, betriebliche Altersversorgung) bleibt, die Gehaltsminderung zeitlich begrenzt oder vereinbart wird, dass der Arbeitnehmer oder der Arbeitgeber sie für künftigen Arbeitslohn einseitig ändern können. 295

3. Behandlung laufender Zuwendungen des Arbeitgebers und Sonderzahlungen an umlagefinanzierte Pensionskassen (§ 19 Abs. 1 Satz 1 Nr. 3 EStG)

Laufende Zuwendungen sind regelmäßig fortlaufend geleistete Zahlungen des Arbeitgebers für eine betriebliche Altersversorgung an eine Pensionskasse, die nicht im Kapitaldeckungsverfahren, sondern im Umlageverfahren finanziert wird. Hierzu gehören insbesondere Umlagen an die Versorgungsanstalt des Bundes und der Länder –VBL– bzw. an eine kommunale Zusatzversorgungskasse. 296

Sonderzahlungen des Arbeitgebers sind insbesondere Zahlungen, die an die Stelle der bei regulärem Verlauf zu entrichtenden laufenden Zuwendungen treten oder neben laufenden Beiträgen oder Zuwendungen entrichtet werden und zur Finanzierung des nicht kapitalgedeckten Versorgungssystems dienen. Hierzu gehören beispielsweise Zahlungen, die der Arbeitgeber anlässlich seines Ausscheidens aus einem umlagefinanzierten Versorgungssystem, des Wechsels von einem umlagefinanzierten zu einem anderen umlagefinanzierten Versorgungssystem oder der Zusammenlegung zweier nicht kapitalgedeckter Versorgungssysteme zu leisten hat. 297

298 **BEISPIEL ZUM WECHSEL DER ZUSATZVERSORGUNGSKASSE (ZVK):** Die ZVK A wird auf die ZVK B überführt. Der Umlagesatz der ZVK A betrug bis zur Überführung 6 % vom zusatzversorgungspflichtigen Entgelt. Die ZVK B erhebt nur 4 % vom zusatzversorgungspflichtigen Entgelt. Der Arbeitgeber zahlt nach der Überführung auf die ZVK B für seine Arbeitnehmer zusätzlich zu den 4 % Umlage einen festgelegten Betrag, durch den die Differenz bei der Umlagenhöhe (6 % zu 4 % vom zusatzversorgungspflichtigen Entgelt) ausgeglichen wird.

Bei dem Differenzbetrag, den der Arbeitgeber nach der Überführung auf die ZVK B zusätzlich leisten muss, handelt es sich um eine steuerpflichtige Sonderzahlung gem. § 19 Abs. 1 Satz 1 Nr. 3 Satz 2 Buchstabe b EStG, die mit 15 % gem. § 40b Abs. 4 EStG pauschal zu besteuern ist.

299 Zu den nicht zu besteuernden Sanierungsgeldern gehören die Sonderzahlungen des Arbeitgebers, die er anlässlich der Umstellung der Finanzierung des Versorgungssystems von der Umlagefinanzierung auf die Kapitaldeckung für die bis zur Umstellung bereits entstandenen Versorgungsverpflichtungen oder -anwartschaften noch zu leisten hat. Gleiches gilt für die Zahlungen, die der Arbeitgeber im Fall der Umstellung auf der Leistungsseite für diese vor Umstellung bereits entstandenen Versorgungsverpflichtungen und -anwartschaften in das Versorgungssystem leistet. Davon ist z. B. auszugehen wenn,

▶ eine deutliche Trennung zwischen bereits entstandenen und neu entstehenden Versorgungsverpflichtungen sowie -anwartschaften sichtbar wird,

▶ der finanzielle Fehlbedarf zum Zeitpunkt der Umstellung hinsichtlich der bereits entstandenen Versorgungsverpflichtungen sowie -anwartschaften ermittelt wird und

▶ dieser Betrag ausschließlich vom Arbeitgeber als Zuschuss geleistet wird.

300 **BEISPIEL ZUM SANIERUNGSGELD:** Die ZVK A stellt ihre betriebliche Altersversorgung auf der Finanzierungs- und Leistungsseite um. Bis zur Systemumstellung betrug die Umlage 6,2 % vom zusatzversorgungspflichtigen Entgelt. Nach der Systemumstellung beträgt die Zahlung insgesamt 7,7 % vom zusatzversorgungspflichtigen Entgelt. Davon werden 4 % zugunsten der nun im Kapitaldeckungsverfahren finanzierten Neuanwartschaften und 3,7 % für die weiterhin im Umlageverfahren finanzierten Anwartschaften einschließlich eines Sanierungsgeldes geleistet.

Die Ermittlung des nicht zu besteuernden Sanierungsgeldes erfolgt nach § 19 Abs. 1 Satz 1 Nr. 3 Satz 4 2. Halbsatz EStG. Ein solches nicht zu besteuerndes Sanierungsgeld liegt nur vor, soweit der bisherige Umlagesatz überstiegen wird.

Zahlungen nach der Systemumstellung insgesamt	7,7 %
Zahlungen vor der Systemumstellung	6,2 %
Nicht zu besteuerndes Sanierungsgeld	1,5 %

Ermittlung der weiterhin nach § 19 Abs. 1 Satz 1 Nr. 3 Satz 1 EStG grundsätzlich zu besteuernden Umlagezahlung:

Nach der Systemumstellung geleistete Zahlung für das Umlageverfahren einschließlich des Sanierungsgeldes	3,7 %
Nicht zu besteuerndes Sanierungsgeld	1,5 %
grundsätzlich zu besteuernde Umlagezahlung	2,2 %

Eine Differenzrechnung nach § 19 Abs. 1 Satz 1 Nr. 3 Satz 4 zweiter Halbsatz EStG entfällt, wenn es an laufenden und wiederkehrenden Zahlungen entsprechend dem periodischen Bedarf fehlt, also das zu erbringende Sanierungsgeld als Gesamtfehlbetrag feststeht und lediglich ratierlich getilgt wird.

4. Steuerfreiheit nach § 3 Nr. 63 EStG

a) Steuerfreiheit nach § 3 Nr. 63 Satz 1 und 3 EStG

aa) Begünstigter Personenkreis

Zu dem durch § 3 Nr. 63 EStG begünstigten Personenkreis gehören alle Arbeitnehmer (§ 1 LStDV), unabhängig davon, ob sie in der gesetzlichen Rentenversicherung pflichtversichert sind oder nicht (z. B. beherrschende Gesellschafter-Geschäftsführer, geringfügig Beschäftigte, in einem berufsständischen Versorgungswerk Versicherte). 301

Die Steuerfreiheit setzt lediglich ein bestehendes erstes Dienstverhältnis voraus. Diese Voraussetzung kann auch erfüllt sein, wenn es sich um ein geringfügiges Beschäftigungsverhältnis oder eine Aushilfstätigkeit handelt. Die Steuerfreiheit ist jedoch nicht bei Arbeitnehmern zulässig, **bei denen der** Arbeitgeber **den Lohnsteuerabzug nach** der Steuerklasse VI **vorgenommen hat**. 302

bb) Begünstigte Aufwendungen

Zu den nach § 3 Nr. 63 EStG begünstigten Aufwendungen gehören nur Beiträge an Pensionsfonds, Pensionskassen und Direktversicherungen, die zum Aufbau einer betrieblichen Altersversorgung im Kapitaldeckungsverfahren erhoben werden. Für Umlagen, die vom Arbeitgeber an eine Versorgungseinrichtung entrichtet werden, kommt die Steuerfreiheit nach § 3 Nr. 63 EStG dagegen nicht in Betracht (siehe aber § 3 Nr. 56 EStG, Rz. **340** ff.). Werden sowohl Umlagen als auch Beiträge im Kapitaldeckungsverfahren erhoben, gehören 303 letztere nur dann zu den begünstigten Aufwendungen, wenn eine getrennte Verwaltung und Abrechnung beider Vermögensmassen erfolgt (Trennungsprinzip).

304 Steuerfrei sind nur Beiträge des Arbeitgebers. Das sind diejenigen Beiträge, die vom Arbeitgeber als Versicherungsnehmer selbst geschuldet und an die Versorgungseinrichtung geleistet werden. Dazu gehören

► die Beiträge des Arbeitgebers, die zusätzlich zum ohnehin geschuldeten Arbeitslohn erbracht werden (rein arbeitgeberfinanzierte Beiträge) sowie

► alle im Gesamtversicherungsbeitrag des Arbeitgebers enthaltenen Finanzierungsanteile des Arbeitnehmers (BFH-Urteil vom 9. Dezember 2010 – VI R 57/08 –, BStBl II 2011 S. 978 und BMF-Schreiben vom 25. November 2011, BStBl I S. 1250) wie z. B.

► eine Eigenbeteiligung des Arbeitnehmers oder

► die mittels Entgeltumwandlung finanzierten Beiträge(vgl. Rz. 292 ff.). Im Fall der Finanzierung der Beiträge durch eine Entgeltumwandlung ist die Beachtung des Mindestbetrags gem. § 1a BetrAVG für die Inanspruchnahme der Steuerfreiheit nicht erforderlich.

Beiträge des Arbeitnehmers, zu deren Leistung er aufgrund einer eigenen vertraglichen Vereinbarung mit der Versorgungseinrichtung originär selbst verpflichtet ist (sog. eigene Beiträge des Arbeitnehmers), sind dagegen vom Anwendungsbereich des § 3 Nr. 63 EStG ausgeschlossen, auch wenn sie vom Arbeitgeber an die Versorgungseinrichtung abgeführt werden.

305 Zur Umsetzung des BFH-Urteils vom 9. Dezember 2010 – VI R 57/08 – (BStBl II 2011 S. 978) zur steuerlichen Behandlung von Finanzierungsanteilen der Arbeitnehmer zur betrieblichen Altersversorgung im öffentlichen Dienst siehe BMF-Schreiben vom 25. November 2011 (BStBl I S. 1250).

306 Die Steuerfreiheit nach § 3 Nr. 63 EStG kann nur dann in Anspruch genommen werden, wenn der vom Arbeitgeber zur Finanzierung der zugesagten Versorgungsleistung gezahlte Beitrag nach bestimmten individuellen Kriterien dem einzelnen Arbeitnehmer zugeordnet wird. Allein die Verteilung eines vom Arbeitgeber gezahlten Gesamtbeitrags nach der Anzahl der begünstigten Arbeitnehmer genügt hingegen für die Anwendung des § 3 Nr. 63 EStG nicht. Für die Anwendung des § 3 Nr. 63 EStG ist nicht Voraussetzung, dass sich die Höhe der zugesagten Versorgungsleistung an der Höhe des eingezahlten Beitrags des Arbeitgebers orientiert, da der Arbeitgeber nach § 1 BetrAVG nicht nur eine Beitragszusage mit Mindestleistung oder eine beitragsorientierte Leistungszusage, sondern auch eine Leistungszusage erteilen kann.

Maßgeblich für die betragsmäßige Begrenzung der Steuerfreiheit auf 4 % der Beitragsbemessungsgrenze in der allgemeinen Rentenversicherung ist auch bei einer Beschäftigung in den neuen Ländern oder Berlin (Ost) die in dem Kalenderjahr gültige Beitragsbemessungsgrenze (West). Zusätzlich zu diesem Höchstbetrag können Beiträge, die vom Arbeitgeber aufgrund einer nach dem 31. Dezember 2004 erteilten Versorgungszusage (Neuzusage, vgl. Rz. **349 ff.**) geleistet werden, bis zur Höhe von 1.800 € steuerfrei bleiben. Dieser zusätzliche Höchstbetrag kann jedoch nicht in Anspruch genommen werden, wenn für den Arbeitnehmer in dem Kalenderjahr Beiträge nach § 40b Abs. 1 und 2 EStG a. F. pauschal besteuert werden (vgl. Rz. **363**). Bei den Höchstbeträgen des § 3 Nr. 63 EStG handelt es sich jeweils um Jahresbeträge. Eine zeitanteilige Kürzung der Höchstbeträge ist daher nicht vorzunehmen, wenn das Arbeitsverhältnis nicht während des ganzen Jahres besteht oder nicht für das ganze Jahr Beiträge gezahlt werden. Die Höchstbeträge können erneut in Anspruch genommen werden, wenn der Arbeitnehmer sie in einem vorangegangenen Dienstverhältnis bereits ausgeschöpft hat. Im Fall der Gesamtrechtsnachfolge und des Betriebsübergangs nach § 613a BGB kommt dies dagegen nicht in Betracht. 307

Soweit die Beiträge die Höchstbeträge übersteigen, sind sie individuell zu besteuern. Für die individuell besteuerten Beiträge kann eine Förderung durch Sonderausgabenabzug nach § 10a und Zulage nach Abschnitt XI EStG in Betracht kommen (vgl. Rz. **330 ff.**). Zur Übergangsregelung des § 52 Abs. 52b EStG siehe Rz. **359 ff.** 308

Bei monatlicher Zahlung der Beiträge bestehen keine Bedenken, wenn die Höchstbeträge in gleichmäßige monatliche Teilbeträge aufgeteilt werden. Stellt der Arbeitgeber vor Ablauf des Kalenderjahres, z. B. bei Beendigung des Dienstverhältnisses fest, dass die Steuerfreiheit im Rahmen der monatlichen Teilbeträge nicht in vollem Umfang ausgeschöpft worden ist oder werden kann, muss eine ggf. vorgenommene Besteuerung der Beiträge rückgängig gemacht (spätester Zeitpunkt hierfür ist die Übermittlung oder Erteilung der Lohnsteuerbescheinigung) oder der monatliche Teilbetrag künftig so geändert werden, dass die Höchstbeträge ausgeschöpft werden. 309

Rein arbeitgeberfinanzierte Beiträge sind steuerfrei, soweit sie die Höchstbeträge (4 % der Beitragsbemessungsgrenze in der allgemeinen Rentenversicherung sowie 1.800 €) nicht übersteigen. Die Höchstbeträge werden zunächst durch diese Beiträge ausgefüllt. Sofern die Höchstbeträge dadurch nicht ausgeschöpft worden sind, sind die **verbleibenden, auf den verschiedenen Finanzierungsanteilen des Arbeitnehmers** beruhenden Beiträge **des Ar-** 310 beitgebers (vgl. Rz. 304) zu berücksichtigen. Besteht neben einer Altzusage auch eine Neuzusage (s. Rz. 349 ff. und 355), wird der Höchstbetrag des § 3 Nr. 63 Satz 1 EStG (4 % der Beitragsbemessungsgrenze in der allgemeinen Rentenversicherung) zunächst durch alle Beiträge auf Grund der Altzusage ausgeschöpft. Soweit die Steuerfreiheit dadurch nicht voll ausgeschöpft wurde, sind die Beiträge auf Grund der Neuzusage zu berücksichtigen. Somit gilt in diesen Fällen für die Ermittlung des höchstmöglichen steuerfreien Volumens im Kalenderjahr folgendes Schema:

Altzusage: rein arbeitgeberfinanzierte Beiträge, sodann auf den verschiedenen

Finanzierungsanteilen des Arbeitnehmers beruhende Beiträge

Neuzusage: rein arbeitgeberfinanzierte Beiträge, sodann auf den verschiedenen

Finanzierungsanteilen des Arbeitnehmers beruhende Beiträge

311   **BEISPIEL:** ▶ Ein Arbeitgeber hat eine Altzusage und daneben eine Neuzusage erteilt. Es werden zur betrieblichen Altersversorgung folgende Beiträge geleistet:

- aufgrund einer *Altzusage an eine Pensionskasse*
  - rein arbeitgeberfinanzierte Beiträge   600 €
  - Finanzierungsanteile des Arbeitnehmers   1.800 €
    - ☐ Eigenbeteiligung des Arbeitnehmers   600 €
    - ☐ Entgeltumwandlung   1.200 €

- aufgrund einer *Neuzusage für eine Direktversicherung*
  - rein arbeitgeberfinanzierte Beiträge   1 200 €
  - Entgeltumwandlung   1.200 €

Insgesamt (*Alt- und Neuzusage*)   4.800 €

Die Beitragsbemessungsgrenze in der allgemeinen Rentenversicherung 2013 beträgt 69.600 € und der Höchstbetrag nach § 3 Nr. 63 Satz 1 EStG somit 2.784 €. Von der Vereinfachungsregelung nach Rz. 309 wird Gebrauch gemacht.

Für die Anwendung von § 3 Nr. 63 EStG ergibt sich Folgendes:

- Beiträge aufgrund der *Altzusage steuerfrei*
  nach § 3 Nr. 63 Satz 1 EStG i. H. v. (600 € + 1.800 €)   2.400 €
- rein arbeitgeberfinanzierte Beiträge aufgrund der *Neuzusage*
  steuerfrei nach § 3 Nr. 63 Satz 1 EStG i. H. v. (2.784 € − 2.400 €)   384 €
- verbleibende, rein arbeitgeberfinanzierte Beiträge *Neuzusage*
  steuerfrei nach § 3 Nr. 63 Satz 3 EStG i. H. v.
  (1.200 € − 384 €, aber höchstens 1.800 €)   816 €

- Entgeltumwandlung Beiträge aufgrund der *Neuzusage*
  (1.200 €, höchstens noch 1.800 € – 816 €)   984 €

- danach verbleibende Beiträge aufgrund der *Neuzusage*
  steuerpflichtig i. H. v. (2.400 € – 384 € – 1.800 €)   216 €

cc) Begünstigte Auszahlungsformen

Voraussetzung für die Steuerfreiheit ist, dass die Auszahlung der zugesagten Alters-, Invaliditäts- oder Hinterbliebenenversorgungsleistungen in Form einer lebenslangen Rente oder eines Auszahlungsplans mit anschließender lebenslanger Teilkapitalverrentung (§ 1 Abs. 1 Satz 1 Nr. 4 Buchstabe a AltZertG) vorgesehen ist. Im Hinblick auf die entfallende Versorgungsbedürftigkeit z. B. für den Fall der Vollendung des 25. Lebensjahres der Kinder (siehe auch Rz. **287**; bei Versorgungszusagen, die vor dem 1. Januar 2007 erteilt wurden, ist grundsätzlich das 27. Lebensjahr maßgebend), der Wiederheirat der Witwe/des Witwers, dem Ende der Erwerbsminderung durch Wegfall der Voraussetzungen für den Bezug (insbesondere bei Verbesserung der Gesundheitssituation oder Erreichen der Altersgrenze) ist es nicht zu beanstanden, wenn eine Rente oder ein Auszahlungsplan zeitlich befristet ist. Von einer Rente oder einem Auszahlungsplan ist auch noch auszugehen, wenn bis zu 30 % des zu Beginn der Auszahlungsphase zur Verfügung stehenden Kapitals außerhalb der monatlichen Leistungen ausgezahlt werden. Die zu Beginn der Auszahlungsphase zu treffende Entscheidung und Entnahme des Teilkapitalbetrags aus diesem Vertrag (Rz. **203**) führt zur Besteuerung nach § 22 Nr. 5 EStG. Allein die Möglichkeit, anstelle dieser Auszahlungsformen eine Einmalkapitalauszahlung (100 % des zu Beginn der Auszahlungsphase zur Verfügung stehenden Kapitals) zu wählen, steht der Steuerfreiheit noch nicht entgegen. Die Möglichkeit, eine Einmalkapitalauszahlung anstelle einer Rente oder eines Auszahlungsplans zu wählen, gilt nicht nur für Altersversorgungsleistungen, sondern auch für Invaliditäts- oder Hinterbliebenenversorgungsleistungen. Entscheidet sich der Arbeitnehmer zugunsten einer Einmalkapitalauszahlung, so sind von diesem Zeitpunkt an die Voraussetzungen des § 3 Nr. 63 EStG nicht mehr erfüllt und die Beitragsleistungen zu besteuern. Erfolgt die Ausübung des Wahlrechtes innerhalb des letzten Jahres vor dem altersbedingten Ausscheiden aus dem Erwerbsleben, so ist es aus Vereinfachungsgründen nicht zu beanstanden, wenn die Beitragsleistungen weiterhin nach § 3 Nr. 63 EStG steuerfrei belassen werden. Für die Berechnung der Jahresfrist ist dabei auf das im Zeitpunkt der Ausübung des Wahlrechts vertraglich vorgesehene Ausscheiden aus dem Erwerbs-

312

leben (vertraglich vorgesehener Beginn der Altersversorgungsleistung) abzustellen. Da die Auszahlungsphase bei der Hinterbliebenenleistung erst mit dem Zeitpunkt des Todes des ursprünglich Berechtigten beginnt, ist es in diesem Fall aus steuerlicher Sicht nicht zu beanstanden, wenn das Wahlrecht im zeitlichen Zusammenhang mit dem Tod des ursprünglich Berechtigten ausgeübt wird. Bei Auszahlung oder anderweitiger wirtschaftlicher Verfügung ist der Einmalkapitalbetrag gem. § 22 Nr. 5 EStG zu besteuern (siehe dazu Rz. 372 ff.).

dd) Sonstiges

313 Eine Steuerfreiheit der Beiträge kommt nicht in Betracht, soweit es sich hierbei nicht um Arbeitslohn im Rahmen eines Dienstverhältnisses, sondern um eine verdeckte Gewinnausschüttung im Sinne des § 8 Abs. 3 Satz 2 KStG handelt. Die allgemeinen Grundsätze zur Abgrenzung zwischen verdeckter Gewinnausschüttung und Arbeitslohn sind hierbei zu beachten.

314 Bei Beiträgen an ausländische betriebliche Altersversorgungssysteme ist zu entscheiden, ob das ausländische Altersversorgungssystem mit einem Durchführungsweg der betrieblichen Altersversorgung nach dem deutschen Betriebsrentengesetz vergleichbar ist bzw. einem der Durchführungswege als vergleichbar zugeordnet werden kann. Entsprechende Beiträge sind steuerfrei nach § 3 Nr. 63 EStG, wenn

- ▶ das ausländische betriebliche Altersversorgungssystem vergleichbar mit dem Pensionsfonds, der Pensionskasse oder der Direktversicherung ist und

- ▶ auch die weiteren wesentlichen Kriterien für die steuerliche Anerkennung einer betrieblichen Altersversorgung im Inland erfüllt werden (u. a. Absicherung mindestens eines biometrischen Risikos – vgl. Rz. 284 –, enger Hinterbliebenenbegriff – vgl. Rz. 287 –, keine Vererblichkeit – vgl. Rz. 289 –, begünstigte Auszahlungsformen – vgl. Rz. 312) und

- ▶ die ausländische Versorgungseinrichtung in vergleichbarer Weise den für inländische Versorgungseinrichtungen maßgeblichen Aufbewahrungs-, Mitteilungs- und Bescheinigungspflichten nach dem Einkommensteuergesetz und der Altersvorsorge-Durchführungsverordnung zur Sicherstellung der Besteuerung der Versorgungsleistungen im Wesentlichen nachkommt.

315 Unter den Voraussetzungen **der Rz. 301 bis 313** sind auch die **vom Arbeitgeber zusätzlich zum ohnehin geschuldeten Arbeitslohn erbrachten** Beiträge an eine Zusatzversorgungskasse (wie z. B. zur Versorgungsanstalt der deutschen Bühnen – VddB –, zur Versorgungsanstalt der deutschen Kulturorchester – VddKO – oder zum Zusatzversorgungswerk für Arbeitnehmer in der Land- und

Forstwirtschaft − ZLF −), die er nach der jeweiligen Satzung der Versorgungseinrichtung als Pflichtbeiträge für die Altersversorgung seiner Arbeitnehmer zusätzlich zu den nach § 3 Nr. 62 EStG steuerfreien Beiträgen zur gesetzlichen Rentenversicherung zu erbringen hat, ebenfalls im Rahmen des § 3 Nr. 63 EStG steuerfrei. Die Steuerfreiheit nach § 3 Nr. 62 Satz 1 EStG kommt für diese Beiträge nicht in Betracht. Die Steuerbefreiung des § 3 Nr. 63 (und auch Nr. 56) EStG ist nicht nur der Höhe, sondern dem Grunde nach vorrangig anzuwenden; die Steuerbefreiung nach § 3 Nr. 62 EStG ist bei Vorliegen von Zukunftssicherungsleistungen i. S. d. § 3 Nr. 63 (und auch Nr. 56) EStG daher auch dann ausgeschlossen, wenn die Höchstbeträge des § 3 Nr. 63 (und Nr. 56) EStG bereits voll ausgeschöpft werden.

b) Ausschluss der Steuerfreiheit nach § 3 Nr. 63 Satz 2 EStG

aa) Personenkreis

Auf die Steuerfreiheit können grundsätzlich nur Arbeitnehmer verzichten, die in der gesetzlichen Rentenversicherung pflichtversichert sind (§§ 1a, 17 Abs. 1 Satz 3 BetrAVG). Alle anderen Arbeitnehmer können von dieser Möglichkeit nur dann Gebrauch machen, wenn der Arbeitgeber zustimmt. 316

bb) Höhe und Zeitpunkt der Ausübung des Wahlrechts

Soweit der Arbeitnehmer einen Anspruch auf Entgeltumwandlung nach § 1a BetrAVG hat **oder andere Finanzierungsanteile (vgl. Rz. 304) zur betrieblichen Altersversorgung erbringt**, ist eine individuelle Besteuerung dieser Beiträge auf Verlangen des Arbeitnehmers durchzuführen; **die Beiträge sind dabei gleichrangig zu behandeln**. In allen anderen Fällen der Entgeltumwandlung (z. B. Entgeltumwandlungsvereinbarung aus dem Jahr 2001 oder früher) ist die individuelle Besteuerung der Beiträge hingegen nur aufgrund einvernehmlicher Vereinbarung zwischen Arbeitgeber und Arbeitnehmer möglich. Bei rein arbeitgeberfinanzierten Beiträgen kann auf die Steuerfreiheit nicht verzichtet werden (vgl. Rz. **310**). 317

Die Ausübung des Wahlrechts nach § 3 Nr. 63 Satz 2 EStG muss bis zu dem Zeitpunkt erfolgen, zu dem die entsprechende Gehaltsänderungsvereinbarung steuerlich noch anzuerkennen ist (vgl. Rz. **294**). 318

Eine nachträgliche Änderung der steuerlichen Behandlung der im Wege der Entgeltumwandlung finanzierten Beiträge ist nicht zulässig. 319

c) Vervielfältigungsregelung nach § 3 Nr. 63 Satz 4 EStG

320 Beiträge an einen Pensionsfonds, eine Pensionskasse oder für eine Direktversicherung, die der Arbeitgeber aus Anlass der Beendigung des Dienstverhältnisses leistet, können im Rahmen des § 3 Nr. 63 Satz 4 EStG steuerfrei belassen werden. Die Höhe der Steuerfreiheit ist dabei begrenzt auf den Betrag, der sich ergibt aus 1.800 € vervielfältigt mit der Anzahl der Kalenderjahre, in denen das Dienstverhältnis des Arbeitnehmers zu dem Arbeitgeber bestanden hat; der vervielfältigte Betrag vermindert sich um die nach § 3 Nr. 63 EStG steuerfreien Beiträge, die der Arbeitgeber in dem Kalenderjahr, in dem das Dienstverhältnis beendet wird, und in den sechs vorangegangenen Jahren erbracht hat. Sowohl bei der Ermittlung der zu vervielfältigenden als auch der zu kürzenden Jahre sind nur die Kalenderjahre ab 2005 zu berücksichtigen. Dies gilt unabhängig davon, wie lange das Dienstverhältnis zu dem Arbeitgeber tatsächlich bestanden hat. Die Vervielfältigungsregelung steht jedem Arbeitnehmer aus demselben Dienstverhältnis insgesamt nur einmal zu. Werden die Beiträge statt als Einmalbeitrag in Teilbeträgen geleistet, sind diese so lange steuerfrei, bis der für den Arbeitnehmer maßgebende Höchstbetrag ausgeschöpft ist. Eine Anwendung der Vervielfältigungsregelung des § 3 Nr. 63 Satz 4 EStG ist nicht möglich, wenn gleichzeitig die Vervielfältigungsregelung des § 40b Abs. 2 Satz 3 und 4 EStG a. F. auf die Beiträge, die der Arbeitgeber aus Anlass der Beendigung des Dienstverhältnisses leistet, angewendet wird (vgl. Rz. 365). Eine Anwendung ist ferner nicht möglich, wenn der Arbeitnehmer bei Beiträgen für eine Direktversicherung auf die Steuerfreiheit der Beiträge zu dieser Direktversicherung zugunsten der Weiteranwendung des § 40b EStG a. F. verzichtet hatte (vgl. Rz. **359** ff.).

5. Steuerfreiheit nach § 3 Nr. 65 und 66 EStG

321 Die sich aus § 3 Nr. 65 Satz 2 bis 4 EStG ergebenden Rechtsfolgen treten auch dann ein, wenn die Auszahlungen unmittelbar vom Träger der Insolvenzsicherung an den Versorgungsberechtigten oder seine Hinterbliebenen vorgenommen werden. In diesem Fall ist der Träger der Insolvenzsicherung Dritter i. S. d. § 3 Nr. 65 Satz 4 EStG und daher zum Lohnsteuereinbehalt verpflichtet.

322 Voraussetzung für die Steuerfreiheit **nach § 3 Nr. 66 EStG** ist, dass vom Arbeitgeber ein Antrag nach § 4d Abs. 3 EStG oder § 4e Abs. 3 EStG gestellt worden ist. Die Steuerfreiheit nach § 3 Nr. 66 EStG gilt auch dann, wenn beim übertragenden Unternehmen keine Zuwendungen i. S. v. § 4d Abs. 3 EStG oder Leistungen i. S. v. § 4e Abs. 3 EStG im Zusammenhang mit der Übernahme einer Versorgungsverpflichtung durch einen Pensionsfonds anfallen. Bei einer entgeltli-

chen Übertragung von Versorgungsanwartschaften aktiver Beschäftigter kommt die Anwendung von § 3 Nr. 66 EStG nur für Zahlungen an den Pensionsfonds in Betracht, die für die bis zum Zeitpunkt der Übertragung bereits erdienten Versorgungsanwartschaften geleistet werden (sog. „Past-Service"); Zahlungen an den Pensionsfonds für zukünftig noch zu erdienende Anwartschaften (sog. „Future-Service") sind ausschließlich in dem begrenzten Rahmen des § 3 Nr. 63 EStG lohnsteuerfrei; zu weiteren Einzelheiten, insbesondere zur Abgrenzung von „Past-" und „Future-Service", siehe BMF-Schreiben vom 26. Oktober 2006, BStBl I S. 709. **Erfolgt im Rahmen eines Gesamtplans zunächst eine nach § 3 Nr. 66 EStG begünstigte Übertragung der erdienten Anwartschaften auf einen Pensionsfonds und werden anschließend regelmäßig wiederkehrend (z. B. jährlich) die dann neu erdienten Anwartschaften auf den Pensionsfonds übertragen, sind die weiteren Übertragungen auf den Pensionsfonds nicht nach § 3 Nr. 66 EStG begünstigt, sondern nur im Rahmen des § 3 Nr. 63 EStG steuerfrei. Hinsichtlich des durch die Steuerbefreiungsvorschrift begünstigten Personenkreises vgl. Rz. 301.**

6. Steuerfreiheit nach § 3 Nr. 55 EStG

Gem. § 4 Abs. 2 Nr. 2 BetrAVG kann nach Beendigung des Arbeitsverhältnisses im Einvernehmen des ehemaligen mit dem neuen Arbeitgeber sowie dem Arbeitnehmer der Wert der vom Arbeitnehmer erworbenen Altersversorgung (Übertragungswert nach § 4 Abs. 5 BetrAVG) auf den neuen Arbeitgeber übertragen werden, wenn dieser eine wertgleiche Zusage erteilt. § 4 Abs. 3 BetrAVG gibt dem Arbeitnehmer für Versorgungszusagen, die nach dem 31. Dezember 2004 erteilt werden, das Recht, innerhalb eines Jahres nach Beendigung des Arbeitsverhältnisses von seinem ehemaligen Arbeitgeber zu verlangen, dass der Übertragungswert auf den neuen Arbeitgeber übertragen wird, wenn die betriebliche Altersversorgung beim ehemaligen Arbeitgeber über einen Pensionsfonds, eine Pensionskasse oder eine Direktversicherung durchgeführt worden ist und der Übertragungswert die im Zeitpunkt der Übertragung maßgebliche Beitragsbemessungsgrenze in der allgemeinen Rentenversicherung nicht übersteigt. 323

Die Anwendung der Steuerbefreiungsvorschrift des § 3 Nr. 55 EStG setzt aufgrund des Verweises auf die Vorschriften des Betriebsrentengesetzes die Beendigung des bisherigen Dienstverhältnisses und ein anderes Dienstverhältnis voraus. Die Übernahme der Versorgungszusage durch einen Arbeitgeber, bei dem der Arbeitnehmer bereits beschäftigt ist, ist betriebsrentenrechtlich unschädlich und steht daher der Anwendung der Steuerbefreiungsvorschrift nicht entgegen. § 3 Nr. 55 EStG und Rz. **323** gelten entsprechend für Arbeitnehmer, 324 die nicht in der gesetzlichen Rentenversicherung pflichtversichert sind (z. B. beherrschende Gesellschafter-Geschäftsführer oder geringfügig Beschäftigte).

325 Der geleistete Übertragungswert ist nach § 3 Nr. 55 Satz 1 EStG steuerfrei, wenn die betriebliche Altersversorgung sowohl beim ehemaligen Arbeitgeber als auch beim neuen Arbeitgeber über einen Pensionsfonds, eine Pensionskasse oder eine Direktversicherung durchgeführt wird. Es ist nicht Voraussetzung, dass beide Arbeitgeber auch den gleichen Durchführungsweg gewählt haben. Um eine Rückabwicklung der steuerlichen Behandlung der Beitragsleistungen an einen Pensionsfonds, eine Pensionskasse oder eine Direktversicherung vor der Übertragung (Steuerfreiheit nach § 3 Nr. 63, 66 EStG, individuelle Besteuerung, Besteuerung nach § 40b EStG) zu verhindern, bestimmt § 3 Nr. 55 Satz 3 EStG, dass die auf dem Übertragungsbetrag beruhenden Versorgungsleistungen weiterhin zu den Einkünften gehören, zu denen sie gehört hätten, wenn eine Übertragung nach § 4 BetrAVG nicht stattgefunden hätte.

326 Der Übertragungswert ist gem. § 3 Nr. 55 Satz 2 EStG auch steuerfrei, wenn er vom ehemaligen Arbeitgeber oder von einer Unterstützungskasse an den neuen Arbeitgeber oder an eine andere Unterstützungskasse geleistet wird.

327 Die Steuerfreiheit des § 3 Nr. 55 EStG kommt jedoch nicht in Betracht, wenn die betriebliche Altersversorgung beim ehemaligen Arbeitgeber als Direktzusage oder mittels einer Unterstützungskasse ausgestaltet war, während sie beim neuen Arbeitgeber über einen Pensionsfonds, eine Pensionskasse oder eine Direktversicherung abgewickelt wird. Dies gilt auch für den umgekehrten Fall. Ebenso kommt die Steuerfreiheit nach § 3 Nr. 55 EStG bei einem Betriebsübergang nach § 613a BGB nicht in Betracht, da in einem solchen Fall die Regelung des § 4 BetrAVG keine Anwendung findet.

328 Wird die betriebliche Altersversorgung sowohl beim alten als auch beim neuen Arbeitgeber über einen Pensionsfonds, eine Pensionskasse oder eine Direktversicherung abgewickelt, liegt im Fall der Übernahme der Versorgungszusage nach § 4 Abs. 2 Nr. 1 BetrAVG lediglich ein Schuldnerwechsel und damit für den Arbeitnehmer kein lohnsteuerlich relevanter Vorgang vor. Entsprechendes gilt im Fall der Übernahme der Versorgungszusage nach § 4 Abs. 2 Nr. 1 BetrAVG, wenn die betriebliche Altersversorgung sowohl beim alten als auch beim neuen Arbeitgeber über eine Direktzusage oder Unterstützungskasse durchgeführt wird. Zufluss von Arbeitslohn liegt hingegen vor im Fall der Ablösung einer gegenüber einem beherrschenden Gesellschafter-Geschäftsführer erteilten Pensionszusage, bei der nach der Ausübung eines zuvor eingeräumten Wahlrechtes auf Verlangen des Gesellschafter-Geschäftsführers der Ablö-

sungsbetrag zur Übernahme der Pensionsverpflichtung an einen Dritten gezahlt wird (BFH-Urteil vom 12. April 2007 – VI R 6/02 –, BStBl II S. 581).

7. Übernahme von Pensionsverpflichtungen gegen Entgelt durch Beitritt eines Dritten in eine Pensionsverpflichtung (Schuldbeitritt) oder Ausgliederung von Pensionsverpflichtungen

Bei der Übernahme von Pensionsverpflichtungen gegen Entgelt durch Beitritt eines Dritten in eine Pensionsverpflichtung (Schuldbeitritt) oder durch Ausgliederung von Pensionsverpflichtungen – ohne inhaltliche Veränderung der Zusage – handelt es sich weiterhin um eine Direktzusage des Arbeitgebers. Aus lohnsteuerlicher Sicht bleibt es folglich bei den für eine Direktzusage geltenden steuerlichen Regelungen, d. h. es liegen erst bei Auszahlung der Versorgungsleistungen – durch den Dritten bzw. durch die Pensionsgesellschaft anstelle des Arbeitgebers – Einkünfte im Sinne des § 19 EStG vor. Der Lohnsteuerabzug kann in diesem Fall mit Zustimmung des Finanzamts anstelle vom Arbeitgeber auch von dem Dritten bzw. der Pensionsgesellschaft vorgenommen werden (§ 38 Abs. 3a Satz 2 EStG). 329

8. Förderung durch Sonderausgabenabzug nach § 10a EStG und Zulage nach Abschnitt XI EStG

Zahlungen im Rahmen der betrieblichen Altersversorgung an einen Pensionsfonds, eine Pensionskasse oder eine Direktversicherung können als Altersvorsorgebeiträge durch Sonderausgabenabzug nach § 10a EStG und Zulage nach Abschnitt XI EStG gefördert werden (§ 82 Abs. 2 EStG). Die zeitliche Zuordnung der Altersvorsorgebeiträge im Sinne des § 82 Abs. 2 EStG richtet sich grundsätzlich nach den für die Zuordnung des Arbeitslohns geltenden Vorschriften (§ 38a Abs. 3 EStG; R 39b.2, 39b.5 und 39b.6 LStR). 330

Um Beiträge im Rahmen der betrieblichen Altersversorgung handelt es sich nur, wenn die Beiträge für eine vom Arbeitgeber aus Anlass des Arbeitsverhältnisses zugesagte Versorgungsleistung erbracht werden (§ 1 BetrAVG). Dies gilt unabhängig davon, ob die Beiträge 331

- ▶ ausschließlich vom Arbeitgeber finanziert werden,
- ▶ auf einer Entgeltumwandlung beruhen,
- ▶ andere im Gesamtversicherungsbeitrag des Arbeitgebers enthaltene Finanzierungsanteile des Arbeitnehmers sind (BFH-Urteil vom 9. Dezember 2010 – VI R 57/08 –, BStBl II 2011 S. 978, und BMF-Schreiben vom 25. November 2011, BStBl I S. 1250) oder

▶ **eigene Beiträge** des Arbeitnehmers **sind, die er aus seinem bereits zugeflossenen und versteuerten Arbeitsentgelt zur Finanzierung der betrieblichen Altersversorgung leistet.**

Im Übrigen sind Rz. 285 ff. zu beachten.

332 Voraussetzung für die steuerliche Förderung ist neben der individuellen Besteuerung der Beiträge, dass die Auszahlung der zugesagten Altersversorgungsleistung in Form einer lebenslangen Rente oder eines Auszahlungsplans mit anschließender lebenslanger Teilkapitalverrentung (§ 1 Abs. 1 Satz 1 Nr. 4 Buchstabe a AltZertG) vorgesehen ist. Die steuerliche Förderung von Beitragsteilen, die zur Absicherung einer Invaliditäts- oder Hinterbliebenenversorgung verwendet werden, kommt nur dann in Betracht, wenn die Auszahlung in Form einer Rente (§ 1 Abs. 1 Satz 1 Nr. 4 Buchstabe a AltZertG; vgl. Rz. 312) vorgesehen ist. Rente oder Auszahlungsplan in diesem Sinne liegt auch dann vor, wenn bis zu 30 % des zu Beginn der Auszahlungsphase zur Verfügung stehenden Kapitals außerhalb der monatlichen Leistungen ausgezahlt werden. Die zu Beginn der Auszahlungsphase zu treffende Entscheidung und Entnahme des Teilkapitalbetrags aus diesem Vertrag (Rz. 203) führt zur Besteuerung nach § 22 Nr. 5 EStG. Allein die Möglichkeit, anstelle dieser Auszahlungsformen eine Einmalkapitalauszahlung (100 % des zu Beginn der Auszahlungsphase zur Verfügung stehenden Kapitals) zu wählen, steht der Förderung noch nicht entgegen. Die Möglichkeit, eine Einmalkapitalauszahlung anstelle einer Rente oder eines Auszahlungsplans zu wählen, gilt nicht nur für Altersversorgungsleistungen, sondern auch für Invaliditäts- oder Hinterbliebenenversorgungsleistungen. Entscheidet sich der Arbeitnehmer zugunsten einer Einmalkapitalauszahlung, so sind von diesem Zeitpunkt an die Voraussetzungen des § 10a und Abschnitt XI EStG nicht mehr erfüllt und die Beitragsleistungen können nicht mehr gefördert werden. Erfolgt die Ausübung des Wahlrechtes innerhalb des letzten Jahres vor dem altersbedingten Ausscheiden aus dem Erwerbsleben, so ist es aus Vereinfachungsgründen nicht zu beanstanden, wenn die Beitragsleistungen weiterhin nach § 10a/Abschnitt XI EStG gefördert werden. Für die Berechnung der Jahresfrist ist dabei auf das im Zeitpunkt der Ausübung des Wahlrechts vertraglich vorgesehene Ausscheiden aus dem Erwerbsleben (vertraglich vorgesehener Beginn der Altersversorgungsleistung) abzustellen. Da die Auszahlungsphase bei der Hinterbliebenenleistung erst mit dem Zeitpunkt des Todes des ursprünglich Berechtigten beginnt, ist es in diesem Fall aus steuerlicher Sicht nicht zu beanstanden, wenn das Wahlrecht zu diesem Zeitpunkt ausgeübt wird. Bei Auszahlung des Einmalkapitalbetrags handelt es sich um eine schädliche Verwendung im Sinne des § 93 EStG (vgl. Rz. 391 f.), soweit sie auf steuerlich gefördertem Altersvorsorgevermögen be-

ruht. Da es sich bei der Teil- bzw. Einmalkapitalauszahlung nicht um außerordentliche Einkünfte im Sinne des § 34 Abs. 2 EStG (weder eine Entschädigung noch eine Vergütung für eine mehrjährige Tätigkeit) handelt, kommt eine Anwendung der Fünftelungsregelung des § 34 EStG auf diese Zahlungen nicht in Betracht.

Die aus bereits zugeflossenem Arbeitslohn des Arbeitnehmers geleisteten Beiträge an einen Pensionsfonds, eine Pensionskasse oder eine Direktversicherung zum Aufbau einer kapitalgedeckten betrieblichen Altersversorgung, bei der eine Auszahlung der zugesagten Altersversorgungsleistung in Form einer Rente oder eines Auszahlungsplans (§ 1 Abs. 1 Satz 1 Nr. 4 AltZertG) vorgesehen ist, zählen auch dann zu den Altersvorsorgebeiträgen im Sinne von § 82 Abs. 2 EStG, wenn der Arbeitslohn aufgrund eines Doppelbesteuerungsabkommens nicht in Deutschland, sondern in einem anderen Land der inländischen individuellen Besteuerung vergleichbar versteuert wird. 333

Beitragsleistungen, die aus nach § 40a EStG pauschal versteuertem Arbeitslohn erbracht werden, gehören nicht zu den Altersvorsorgebeiträgen nach § 82 Abs. 2 Satz 1 Buchstabe a EStG. 334

Altersvorsorgebeiträge im Sinne des § 82 Abs. 2 EStG sind auch die Beiträge des ehemaligen Arbeitnehmers, die dieser im Fall einer zunächst ganz oder teilweise durch Entgeltumwandlung finanzierten und nach § 3 Nr. 63 oder § 10a/Abschnitt XI EStG geförderten betrieblichen Altersversorgung nach der Beendigung des Arbeitsverhältnisses nach Maßgabe des § 1b Abs. 5 Nr. 2 BetrAVG selbst erbringt. Dies gilt entsprechend in den Fällen der Finanzierung durch **eigene Beiträge** des Arbeitnehmers (**vgl. Rz. 304**). 335

Die vom Steuerpflichtigen nach Maßgabe des § 1b Abs. 5 Satz 1 Nr. 2 BetrAVG selbst zu erbringenden Beiträge müssen nicht aus individuell versteuertem Arbeitslohn stammen (z. B. Finanzierung aus steuerfreiem Arbeitslosengeld). Gleiches gilt, soweit der Arbeitnehmer trotz eines weiter bestehenden Arbeitsverhältnisses keinen Anspruch auf Arbeitslohn mehr hat und die Beiträge **nun** selbst erbringt (z. B. während der Schutzfristen des § 3 Abs. 2 und § 6 Abs. 1 des Mutterschutzgesetzes, der Elternzeit, des Bezugs von Krankengeld oder auch § 1a Abs. 4 BetrAVG) oder aufgrund einer gesetzlichen Verpflichtung Beiträge zur betrieblichen Altersversorgung entrichtet werden (z. B. nach §§ 14a und 14b des Arbeitsplatzschutzgesetzes). 336

Voraussetzung für die Förderung durch Sonderausgabenabzug nach § 10a EStG und Zulage nach Abschnitt XI EStG ist in den Fällen der Rz. **335** f., dass der Steuerpflichtige zum begünstigten Personenkreis gehört. Die zeitliche 337

Zuordnung dieser Altersvorsorgebeiträge richtet sich grundsätzlich nach § 11 Abs. 2 EStG.

338 Zu den begünstigten Altersvorsorgebeiträgen gehören nur Beiträge, die zum Aufbau einer betrieblichen Altersversorgung im Kapitaldeckungsverfahren erhoben werden. Für Umlagen, die an eine Versorgungseinrichtung gezahlt werden, kommt die Förderung dagegen nicht in Betracht. Werden sowohl Umlagen als auch Beiträge im Kapitaldeckungsverfahren erhoben, gehören letztere nur dann zu den begünstigten Aufwendungen, wenn eine getrennte Verwaltung und Abrechnung beider Vermögensmassen erfolgt (Trennungsprinzip).

339 Die Versorgungseinrichtung hat dem Zulageberechtigten jährlich eine Bescheinigung zu erteilen (§ 92 EStG). Diese Bescheinigung muss u. a. den Stand des Altersvorsorgevermögens ausweisen (§ 92 Nr. 5 EStG). Bei einer Leistungszusage (§ 1 Abs. 1 Satz 2 Halbsatz 2 BetrAVG) und einer beitragsorientierten Leistungszusage (§ 1 Abs. 2 Nr. 1 BetrAVG) kann stattdessen der Barwert der erdienten Anwartschaft bescheinigt werden.

9. Steuerfreiheit nach § 3 Nr. 56 EStG

a) Begünstigter Personenkreis

340 Rz. 301 f. gelten entsprechend.

b) Begünstigte Aufwendungen

341 Zu den nach § 3 Nr. 56 EStG begünstigten Aufwendungen gehören nur laufende Zuwendungen des Arbeitgebers für eine betriebliche Altersversorgung an eine Pensionskasse, die nicht im Kapitaldeckungsverfahren, sondern im Umlageverfahren finanziert wird (wie z. B. Umlagen an die Versorgungsanstalt des Bundes und der Länder − VBL − bzw. an eine kommunale oder kirchliche Zusatzversorgungskasse). Soweit diese Zuwendungen nicht nach § 3 Nr. 56 EStG steuerfrei bleiben, können sie individuell oder nach § 40b Abs. 1 und 2 EStG pauschal besteuert werden. Im Übrigen gelten Rz. **305, 306 und 307** Satz 1 und 4 ff., Rz. **309** bis **312** entsprechend. Danach sind z. B. der Arbeitnehmereigenanteil an einer Umlage und die **sog. eigenen Beiträge des Arbeitnehmers** nicht steuerfrei nach § 3 Nr. 56 EStG.

342 Werden von der Versorgungseinrichtung sowohl Zuwendungen/Umlagen als auch Beiträge im Kapitaldeckungsverfahren erhoben, ist § 3 Nr. 56 EStG auch auf die im Kapitaldeckungsverfahren erhobenen Beiträge anwendbar, wenn eine getrennte Verwaltung und Abrechnung beider Vermögensmassen (Trennungsprinzip, Rz. 303) nicht erfolgt.

Erfolgt eine getrennte Verwaltung und Abrechnung beider Vermögensmassen, ist die Steuerfreiheit nach § 3 Nr. 63 EStG für die im Kapitaldeckungsverfahren erhobenen Beiträge vorrangig zu berücksichtigen. Dies gilt unabhängig davon, ob diese Beiträge rein arbeitgeberfinanziert sind, auf einer Entgeltumwandlung **oder anderen im Gesamtversicherungsbeitrag des Arbeitgebers enthaltenen Finanzierungsanteilen des Arbeitnehmers** beruhen. Die nach § 3 Nr. 63 EStG steuerfreien Beträge mindern den Höchstbetrag des § 3 Nr. 56 EStG (§ 3 Nr. 56 Satz 3 EStG). Zuwendungen nach § 3 Nr. 56 EStG sind daher nur steuerfrei, soweit die nach § 3 Nr. 63 EStG steuerfreien Beträge den Höchstbetrag des § 3 Nr. 56 EStG unterschreiten. Eine Minderung nach § 3 Nr. 56 Satz 3 EStG ist immer nur in dem jeweiligen Dienstverhältnis vorzunehmen; die Steuerfreistellung nach § 3 Nr. 56 EStG bleibt somit unberührt, wenn z. B. erst in einem späteren ersten Dienstverhältnis Beiträge nach § 3 Nr. 63 EStG steuerfrei bleiben. 343

BEISPIEL: Arbeitgeber A zahlt in **2013** an seine Zusatzversorgungskasse einen Betrag i. H. v.: 344

▶ 240 € (12×20 €) zugunsten einer getrennt verwalteten und abgerechneten kapitalgedeckten betrieblichen Altersversorgung und

▶ 1.680 € (12×140 €) zugunsten einer umlagefinanzierten betrieblichen Altersversorgung.

Der Beitrag i. H. v. 240 € ist steuerfrei gem. § 3 Nr. 63 EStG, denn der entsprechende Höchstbetrag wird nicht überschritten.

Von der Umlage sind **456 €** steuerfrei gem. § 3 Nr. 56 Satz 1 und 3 EStG (grundsätzlich 1.680 €, aber maximal 1 % der Beitragsbemessungsgrenze **2013** in der allgemeinen Rentenversicherung i. H. v. **696 €** abzüglich 240 €). Die verbleibende Umlage i. H. v. **1.224 €** (1.680 € abzüglich **456 €**) ist individuell oder gem. § 40b Abs. 1 und 2 EStG pauschal zu besteuern.

Es bestehen keine Bedenken gegen eine **auf das** Kalenderjahr bezogene Betrachtung hinsichtlich der gem. § 3 Nr. 56 Satz 3 EStG vorzunehmenden Verrechnung, wenn sowohl nach § 3 Nr. 63 EStG steuerfreie Beiträge als auch nach § 3 Nr. 56 EStG steuerfreie Zuwendungen erbracht werden sollen. Stellt der Arbeitgeber vor Übermittlung der elektronischen Lohnsteuerbescheinigung fest (z. B. wegen einer erst im Laufe des Kalenderjahrs vereinbarten nach § 3 Nr. 63 EStG steuerfreien Entgeltumwandlung aus einer Sonderzuwendung), dass die ursprüngliche Betrachtung nicht mehr zutreffend ist, hat er eine Korrektur vorzunehmen. 345

BEISPIEL: Arbeitgeber A zahlt ab dem 1. Januar **2013** monatlich an eine Zusatzversorgungskasse 140 € zugunsten einer umlagefinanzierten betrieblichen Altersversorgung; nach § 3 Nr. 63 EStG steuerfreie Beiträge werden nicht entrichtet. Aus dem Dezembergehalt (Gehaltszahlung 15. Dezember **2013**) wandelt der Arbeitnehmer einen 346

Betrag i. H. v. 240 € zugunsten einer kapitalgedeckten betrieblichen Altersversorgung um (wobei die Mitteilung an den Arbeitgeber am 5. Dezember **2013** erfolgt).

Der Beitrag i. H. v. 240 € ist vorrangig steuerfrei nach § 3 Nr. 63 EStG.

Von der Umlage wurde bisher ein Betrag i. H. v. **638** € (= 11 × **58** € [1 % der Beitragsbemessungsgrenze **2013** in der allgemeinen Rentenversicherung i. H. v. **696** €, verteilt auf 12 Monate]) nach § 3 Nr. 56 EStG steuerfrei belassen.

Im Monat Dezember **2013** ist die steuerliche Behandlung der Umlagezahlung zu korrigieren, denn nur ein Betrag i. H. v. **456** € (**696** € abzüglich 240 €) kann steuerfrei gezahlt werden. Ein Betrag i. H. v. **182** € (**638** € abzüglich **456** €) ist noch individuell oder pauschal zu besteuern. Der Arbeitgeber kann wahlweise den Lohnsteuerabzug der Monate 01/**2013** bis 11/**2013** korrigieren oder im Dezember **2013** den Betrag als sonstigen Bezug behandeln. Der Betrag für den Monat Dezember **2013** i. H. v. 140 € ist individuell oder pauschal zu besteuern.

10. Anwendung des § 40b EStG in der ab 1. Januar 2005 geltenden Fassung

347 § 40b EStG erfasst nur noch Zuwendungen des Arbeitgebers für eine betriebliche Altersversorgung an eine Pensionskasse, die nicht im Kapitaldeckungsverfahren, sondern im Umlageverfahren finanziert wird (wie z. B. Umlagen an die Versorgungsanstalt des Bundes und der Länder – VBL – bzw. an eine kommunale oder kirchliche Zusatzversorgungskasse). Werden für den Arbeitnehmer solche Zuwendungen laufend geleistet, bleiben diese ab 1. Januar 2008 zunächst im Rahmen des § 3 Nr. 56 EStG steuerfrei. Die den Rahmen des § 3 Nr. 56 EStG übersteigenden Zuwendungen können dann nach § 40b Abs. 1 und 2 EStG pauschal besteuert werden. Dies gilt unabhängig davon, ob die Zuwendungen aufgrund einer Alt- oder Neuzusage geleistet werden. Lediglich für den Bereich der kapitalgedeckten betrieblichen Altersversorgung wurde die Möglichkeit der Pauschalbesteuerung nach § 40b EStG grundsätzlich zum 1. Januar 2005 aufgehoben. Werden von einer Versorgungseinrichtung sowohl Umlagen als auch Beiträge im Kapitaldeckungsverfahren erhoben, ist dann § 40b EStG auch auf die im Kapitaldeckungsverfahren erhobenen Beiträge anwendbar, wenn eine getrennte Verwaltung und Abrechnung beider Vermögensmassen (Trennungsprinzip, Rz. **303**) nicht erfolgt.

348 Zuwendungen des Arbeitgebers im Sinne des § 19 Abs. 1 Satz 1 Nr. 3 Satz 2 EStG an eine Pensionskasse sind in voller Höhe pauschal nach § 40b Abs. 4 EStG i. d. F. des Jahressteuergesetzes 2007 mit 15 % zu besteuern. Dazu gehören z. B. Gegenwertzahlungen nach § 23 Abs. 2 der Satzung der Versorgungsanstalt des Bundes und der Länder – VBL –. Für die Anwendung des § 40b Abs. 4 EStG ist es unerheblich, wenn an die Versorgungseinrichtung keine weiteren laufenden Beiträge oder Zuwendungen geleistet werden.

11. Übergangsregelungen § 52 Abs. 6 und 52b EStG zur Anwendung des § 3 Nr. 63 EStG und des § 40b EStG a. F.

a) Abgrenzung von Alt- und Neuzusage

Für die Anwendung von § 3 Nr. 63 Satz 3 EStG sowie § 40b Abs. 1 und 2 EStG a. F. kommt es darauf an, ob die entsprechenden Beiträge aufgrund einer Versorgungszusage geleistet werden, die vor dem 1. Januar 2005 (Altzusage) oder nach dem 31. Dezember 2004 (Neuzusage) erteilt wurde. 349

Für die Frage, zu welchem Zeitpunkt eine Versorgungszusage erstmalig erteilt wurde, ist grundsätzlich die zu einem Rechtsanspruch führende arbeitsrechtliche bzw. betriebsrentenrechtliche Verpflichtungserklärung des Arbeitgebers maßgebend (z. B. Einzelvertrag, Betriebsvereinbarung oder Tarifvertrag). Entscheidend ist danach nicht, wann Mittel an die Versorgungseinrichtung fließen. Bei kollektiven, rein arbeitgeberfinanzierten Versorgungsregelungen ist die Zusage daher in der Regel mit Abschluss der Versorgungsregelung bzw. mit Beginn des Dienstverhältnisses des Arbeitnehmers erteilt. Ist die erste Dotierung durch den Arbeitgeber erst nach Ablauf einer von vornherein arbeitsrechtlich festgelegten Wartezeit vorgesehen, so wird der Zusagezeitpunkt dadurch nicht verändert. Im Fall der ganz oder teilweise durch Entgeltumwandlung finanzierten Zusage gilt diese regelmäßig mit Abschluss der erstmaligen Gehaltsänderungsvereinbarung (vgl. auch Rz. 292 ff.) als erteilt. Liegen zwischen der Gehaltsänderungsvereinbarung und der erstmaligen Herabsetzung des Arbeitslohns mehr als 12 Monate, gilt die Versorgungszusage erst im Zeitpunkt der erstmaligen Herabsetzung als erteilt. 350

Die Änderung einer solchen Versorgungszusage stellt aus steuerrechtlicher Sicht unter dem Grundsatz der Einheit der Versorgung insbesondere dann keine Neuzusage dar, wenn bei ansonsten unveränderter Versorgungszusage: 351

- ▶ die Beiträge und/oder die Leistungen erhöht oder vermindert werden,
- ▶ die Finanzierungsform ersetzt oder ergänzt wird (rein arbeitgeberfinanziert, Entgeltumwandlung, **andere im Gesamtversicherungsbeitrag des Arbeitgebers enthaltene Finanzierungsanteile des Arbeitnehmers** oder **eigene Beiträge des Arbeitnehmers**, vgl. Rz. 304),
- ▶ der Versorgungsträger/Durchführungsweg gewechselt wird,
- ▶ die zu Grunde liegende Rechtsgrundlage gewechselt wird (z. B. bisher tarifvertraglich jetzt einzelvertraglich),
- ▶ eine befristete Entgeltumwandlung erneut befristet oder unbefristet fortgesetzt wird **oder**

▶ in einer vor dem 1. Januar 2012 erteilten Zusage die Untergrenze für betriebliche Altersversorgungsleistungen bei altersbedingtem Ausscheiden aus dem Erwerbsleben um höchstens zwei Jahre bis maximal auf das 67. Lebensjahr erhöht wird. Dabei ist es unerheblich, ob dies zusammen mit einer Verlängerung der Beitragszahlungsdauer erfolgt (vgl. auch Rz. 376).

352 Eine **Einordnung als** Altzusage **bleibt** auch im Fall der Übernahme der Zusage (Schuldübernahme) nach § 4 Abs. 2 Nr. 1 BetrAVG durch den neuen Arbeitgeber und bei Betriebsübergang nach § 613a BGB **erhalten.**

353 Um eine Neuzusage handelt es sich neben den in Rz. **350** aufgeführten Fällen insbesondere,

▶ soweit die bereits erteilte Versorgungszusage um zusätzliche biometrische Risiken erweitert wird und dies mit einer Beitragserhöhung verbunden ist,

▶ im Fall der Übertragung der Zusage beim Arbeitgeberwechsel nach § 4 Abs. 2 Nr. 2 und Abs. 3 BetrAVG.

354 Werden einzelne Leistungskomponenten der Versorgungszusage im Rahmen einer von vornherein vereinbarten Wahloption verringert, erhöht oder erstmals aufgenommen (z. B. Einbeziehung der Hinterbliebenenabsicherung nach Heirat) und kommt es infolge dessen nicht zu einer Beitragsanpassung, liegt keine Neuzusage, **sondern** weiterhin eine Altzusage **vor.**

355 Gleichwohl ist es aus steuerlicher Sicht möglich, mehrere Versorgungszusagen nebeneinander, also neben einer Altzusage auch eine Neuzusage zu erteilen (z. B. „alte" Direktversicherung und „neuer" Pensionsfonds). **Dies gilt grundsätzlich unabhängig davon, ob derselbe Durchführungsweg gewählt wird.** Wird neben einer für alle Arbeitnehmer tarifvertraglich vereinbarten Pflichtversorgung z. B. erstmalig nach 2004 tarifvertraglich eine Entgeltumwandlung mit ganz eigenen Leistungskomponenten zugelassen, liegt im Falle der Nutzung der Entgeltumwandlung insoweit eine Neuzusage vor. Demgegenüber ist insgesamt von einer Altzusage auszugehen, wenn neben einem „alten" Direktversicherungsvertrag (Abschluss vor 2005) ein „neuer" Direktversicherungsvertrag (Abschluss nach 2004) abgeschlossen wird und die bisher erteilte Versorgungszusage nicht um zusätzliche biometrische Risiken erweitert wird (vgl. Rz. 351, 1. Spiegelstrich). Dies gilt auch, wenn der „neue" Direktversicherungsvertrag bei einer anderen Versicherungsgesellschaft abgeschlossen wird.

356 Wurde vom Arbeitgeber vor dem 1. Januar 2005 eine Versorgungszusage erteilt (Altzusage) und im Rahmen eines Pensionsfonds, einer Pensionskasse oder Direktversicherung durchgeführt, bestehen aus steuerlicher Sicht keine

Bedenken, wenn auch nach einer Übertragung auf einen neuen Arbeitgeber unter Anwendung des „**Abkommens zur Übertragung zwischen den Durchführungswegen Direktversicherungen, Pensionskassen oder Pensionsfonds bei Arbeitgeberwechsel**" oder vergleichbaren Regelungen zur Übertragung von Versicherungen in Pensionskassen oder Pensionsfonds weiterhin von einer Altzusage ausgegangen wird. Dies gilt auch, wenn sich dabei die bisher abgesicherten biometrischen Risiken ändern, ohne dass damit eine Beitragsänderung verbunden ist. Die Höhe des Rechnungszinses spielt dabei für die lohnsteuerliche Beurteilung keine Rolle. Es wird in diesen Fällen nicht beanstandet, wenn die Beiträge für die Direktversicherung oder an eine Pensionskasse vom neuen Arbeitgeber weiter pauschal besteuert werden (§ 52 Abs. 6 und 52b EStG i.V.m. § 40b EStG a.F.). Zu der Frage der Novation und des Zuflusses von Zinsen siehe Rz. 35 des BMF-Schreibens vom 22. August 2002, BStBl I S. 827, Rz. 88 ff. des BMF-Schreibens vom 1. Oktober 2009, BStBl I S. 1172 **und des BMF-Schreibens vom 6. März 2012, BStBl I S. 238.**

Entsprechendes gilt, wenn der (Alt-)Vertrag unmittelbar vom neuen Arbeitgeber fortgeführt wird. Auch insoweit bestehen keine Bedenken, wenn weiterhin von einer Altzusage ausgegangen wird und die Beiträge nach § 40b EStG a. F. pauschal besteuert werden. 357

Wird eine vor dem 1. Januar 2005 abgeschlossene Direktversicherung (Altzusage) oder Versicherung in einer Pensionskasse nach § 2 Abs. 2 oder 3 BetrAVG infolge der Beendigung des Dienstverhältnisses auf den Arbeitnehmer übertragen (versicherungsvertragliche Lösung), dann von diesem zwischenzeitlich privat (z. B. während der Zeit einer Arbeitslosigkeit) und später von einem neuen Arbeitgeber wieder als Direktversicherung oder Pensionskasse fortgeführt, bestehen ebenfalls keine Bedenken, wenn unter Berücksichtigung der übrigen Voraussetzungen bei dem neuen Arbeitgeber weiterhin von einer Altzusage ausgegangen wird. Das bedeutet insbesondere, dass der Versicherungsvertrag trotz der privaten Fortführung und der Übernahme durch den neuen Arbeitgeber – abgesehen von den in Rz. 351 f. genannten Fällen – keine wesentlichen Änderungen erfahren darf. Der Zeitraum der privaten Fortführung sowie die Tatsache, ob in dieser Zeit Beiträge geleistet oder der Vertrag beitragsfrei gestellt wurde, ist insoweit unmaßgeblich. Es wird in diesen Fällen nicht beanstandet, wenn die Beiträge für die Direktversicherung oder Pensionskasse vom neuen Arbeitgeber weiter pauschal besteuert werden (§ 52 Abs. 6 und 52b EStG i.V.m. § 40b EStG a.F.). 358

b) Weiteranwendung des § 40b Abs. 1 und 2 EStG a. F.

359 Auf Beiträge zugunsten einer kapitalgedeckten betrieblichen Altersversorgung, die aufgrund von Altzusagen geleistet werden, kann § 40b Abs. 1 und 2 EStG a. F. unter folgenden Voraussetzungen weiter angewendet werden:

360 Beiträge für eine Direktversicherung, die die Voraussetzungen des § 3 Nr. 63 EStG nicht erfüllen, können weiterhin vom Arbeitgeber nach § 40b Abs. 1 und 2 EStG a. F. pauschal besteuert werden, ohne dass es hierfür einer Verzichtserklärung des Arbeitnehmers bedarf.

361 Beiträge für eine Direktversicherung, die die Voraussetzungen des § 3 Nr. 63 EStG erfüllen, können nur dann nach § 40b Abs. 1 und 2 EStG a. F. pauschal besteuert werden, wenn der Arbeitnehmer zuvor gegenüber dem Arbeitgeber für diese Beiträge auf die Anwendung des § 3 Nr. 63 EStG verzichtet hat; dies gilt auch dann, wenn der Höchstbetrag nach § 3 Nr. 63 Satz 1 EStG bereits durch anderweitige Beitragsleistungen vollständig ausgeschöpft wird. Handelt es sich um rein arbeitgeberfinanzierte Beiträge und wird die Pauschalsteuer nicht auf den Arbeitnehmer abgewälzt, kann von einer solchen Verzichtserklärung bereits dann ausgegangen werden, wenn der Arbeitnehmer der Weiteranwendung des § 40b EStG a. F. bis zum Zeitpunkt der ersten Beitragsleistung in 2005 nicht ausdrücklich widersprochen hat. In allen anderen Fällen ist eine Weiteranwendung des § 40b EStG a. F. möglich, wenn der Arbeitnehmer dem Angebot des Arbeitgebers, die Beiträge weiterhin nach § 40b EStG a. F. pauschal zu versteuern, spätestens bis zum 30. Juni 2005 zugestimmt hat. Erfolgte die Verzichtserklärung erst nach Beitragszahlung, kann § 40b EStG a. F. für diese Beitragszahlung/en nur dann weiter angewendet und die Steuerfreiheit nach § 3 Nr. 63 EStG rückgängig gemacht werden, wenn die Lohnsteuerbescheinigung im Zeitpunkt der Verzichtserklärung noch nicht übermittelt oder ausgeschrieben worden war. Im Fall eines späteren Arbeitgeberwechsels ist in den Fällen des § 4 Abs. 2 Nr. 1 BetrAVG die Weiteranwendung des § 40b EStG a. F. möglich, wenn der Arbeitnehmer dem Angebot des Arbeitgebers, die Beiträge weiterhin nach § 40b EStG a. F. pauschal zu versteuern, spätestens bis zur ersten Beitragsleistung zustimmt.

362 Beiträge an Pensionskassen können nach § 40b EStG a. F. insbesondere dann weiterhin pauschal besteuert werden, wenn die Summe der nach § 3 Nr. 63 EStG steuerfreien Beiträge und der Beiträge, die wegen der Ausübung des Wahlrechts nach § 3 Nr. 63 Satz 2 EStG individuell versteuert werden, 4 % der Beitragsbemessungsgrenze in der allgemeinen Rentenversicherung übersteigt. Wurde im Fall einer Altzusage bisher lediglich § 3 Nr. 63 EStG angewendet und wird der Höchstbetrag von 4 % der Beitragsbemessungsgrenze in der

allgemeinen Rentenversicherung erst nach dem 31. Dezember 2004 durch eine Beitragserhöhung überschritten, ist eine Pauschalbesteuerung nach § 40b EStG a. F. für die übersteigenden Beiträge möglich. Der zusätzliche Höchstbetrag von 1.800 € bleibt in diesen Fällen unberücksichtigt, da er nur dann zur Anwendung gelangt, wenn es sich um eine Neuzusage handelt.

c) **Verhältnis von § 3 Nr. 63 Satz 3 EStG und § 40b Abs. 1 und 2 Satz 1 und 2 EStG a. F.**

Der zusätzliche Höchstbetrag von 1.800 € nach § 3 Nr. 63 Satz 3 EStG für eine Neuzusage kann dann nicht in Anspruch genommen werden, wenn die für den Arbeitnehmer aufgrund einer Altzusage geleisteten Beiträge bereits nach § 40b Abs. 1 und 2 Satz 1 und 2 EStG a. F. pauschal besteuert werden. Dies gilt unabhängig von der Höhe der pauschal besteuerten Beiträge und somit auch unabhängig davon, ob der Dotierungsrahmen des § 40b Abs. 2 Satz 1 EStG a. F. (1.752 €) voll ausgeschöpft wird oder nicht. Eine Anwendung des zusätzlichen Höchstbetrags von 1.800 € kommt aber dann in Betracht, wenn z. B. bei einem Beitrag zugunsten der Altzusage statt der Weiteranwendung des § 40b Abs. 1 und 2 Satz 1 und 2 EStG a. F. dieser Beitrag individuell besteuert wird.

363

Werden für den Arbeitnehmer im Rahmen einer umlagefinanzierten betrieblichen Altersversorgung Zuwendungen an eine Pensionskasse geleistet und werden diese – soweit sie nicht nach § 3 Nr. 56 EStG steuerfrei bleiben (vgl. Rz. **340** ff.) – pauschal besteuert, ist § 40b Abs. 1 und 2 EStG anzuwenden. Dies gilt unabhängig davon, ob die umlagefinanzierten Zuwendungen aufgrund einer Alt- oder Neuzusage geleistet werden. Lediglich für den Bereich der kapitalgedeckten betrieblichen Altersversorgung wurde die Möglichkeit der Pauschalbesteuerung nach § 40b EStG grundsätzlich zum 1. Januar 2005 aufgehoben. Werden von einer Versorgungseinrichtung sowohl Umlagen als auch Beiträge im Kapitaldeckungsverfahren erhoben, wird die Inanspruchnahme des zusätzlichen Höchstbetrags von 1.800 € nach § 3 Nr. 63 Satz 3 EStG für getrennt im Kapitaldeckungsverfahren erhobene Beiträge (Rz. **303**) somit durch nach § 40b EStG pauschal besteuerte Zuwendungen zugunsten der umlagefinanzierten betrieblichen Altersversorgung nicht ausgeschlossen.

364

d) **Verhältnis von § 3 Nr. 63 Satz 4 EStG und § 40b Abs. 1 und 2 Satz 3 und 4 EStG a. F.**

Begünstigte Aufwendungen (Rz. **303** ff.), die der Arbeitgeber aus Anlass der Beendigung des Dienstverhältnisses nach dem 31. Dezember 2004 leistet, können entweder nach § 3 Nr. 63 Satz 4 EStG steuerfrei belassen oder nach § 40b

365

Abs. 2 Satz 3 und 4 EStG a. F. pauschal besteuert werden. Für die Anwendung der Vervielfältigungsregelung des § 3 Nr. 63 Satz 4 EStG kommt es nicht darauf an, ob die Zusage vor oder nach dem 1. Januar 2005 erteilt wurde; sie muss allerdings die Voraussetzungen des § 3 Nr. 63 EStG erfüllen (vgl. insbesondere Rz. **312**). Die Anwendung von § 3 Nr. 63 Satz 4 EStG ist allerdings ausgeschlossen, wenn gleichzeitig § 40b Abs. 2 Satz 3 und 4 EStG a. F. auf die Beiträge, die der Arbeitgeber aus Anlass der Beendigung des Dienstverhältnisses leistet, angewendet wird. Eine Anwendung ist ferner nicht möglich, wenn der Arbeitnehmer bei Beiträgen für eine Direktversicherung auf die Steuerfreiheit der Beiträge zu dieser Direktversicherung zugunsten der Weiteranwendung des § 40b EStG a. F. verzichtet hatte (vgl. Rz. **359** ff.). Bei einer Pensionskasse hindert die Pauschalbesteuerung nach § 40b Abs. 1 und 2 Satz 1 und 2 EStG a. F. die Inanspruchnahme des § 3 Nr. 63 Satz 4 EStG nicht. Für die Anwendung der Vervielfältigungsregelung nach § 40b Abs. 2 Satz 3 und 4 EStG a. F. ist allerdings Voraussetzung, dass die begünstigten Aufwendungen zugunsten einer Altzusage geleistet werden. Da allein die Erhöhung der Beiträge und/oder Leistungen bei einer ansonsten unveränderten Versorgungszusage nach Rz. **351** noch nicht zu einer Neuzusage führt, kann die Vervielfältigungsregelung des § 40b EStG a. F. auch dann genutzt werden, wenn der Arbeitnehmer erst nach dem 1. Januar 2005 aus dem Dienstverhältnis ausscheidet. Die Höhe der begünstigten Beiträge muss dabei nicht bereits bei Erteilung dieser Zusage bestimmt worden sein. Entsprechendes gilt in den Fällen, in denen bei einer Altzusage bisher lediglich § 3 Nr. 63 EStG angewendet wurde und der Höchstbetrag von 4 % der Beitragsbemessungsgrenze in der allgemeinen Rentenversicherung erst durch die Beiträge, die der Arbeitgeber aus Anlass der Beendigung des Dienstverhältnisses nach dem 31. Dezember 2004 leistet, überschritten wird.

e) **Keine weitere Anwendung von § 40b Abs. 1 und 2 EStG a. F. auf Neuzusagen**

366   Auf Beiträge, die aufgrund von Neuzusagen geleistet werden, kann § 40b Abs. 1 und 2 EStG a. F. nicht mehr angewendet werden. Die Beiträge bleiben bis zur Höhe von 4 % der Beitragsbemessungsgrenze in der allgemeinen Rentenversicherung zuzüglich 1.800 € grundsätzlich nach § 3 Nr. 63 EStG steuerfrei.

f) **Verhältnis von § 3 Nr. 63 EStG und § 40b EStG a. F., wenn die betriebliche Altersversorgung nebeneinander bei verschiedenen Versorgungseinrichtungen durchgeführt wird**

Leistet der Arbeitgeber nach § 3 Nr. 63 Satz 1 EStG begünstigte Beiträge an verschiedene Versorgungseinrichtungen, kann er § 40b EStG a. F. auf Beiträge an Pensionskassen unabhängig von der zeitlichen Reihenfolge der Beitragszahlung anwenden, wenn die Voraussetzungen für die weitere Anwendung der Pauschalbesteuerung dem Grunde nach vorliegen. Allerdings muss zum Zeitpunkt der Anwendung des § 40b EStG a. F. bereits feststehen oder zumindest konkret beabsichtigt sein, die nach § 3 Nr. 63 Satz 1 EStG steuerfreien Beiträge in voller Höhe zu zahlen. Stellt der Arbeitgeber fest, dass die Steuerfreiheit noch nicht oder nicht in vollem Umfang ausgeschöpft worden ist oder werden kann, muss die Pauschalbesteuerung nach § 40b EStG a. F. – ggf. teilweise – rückgängig gemacht werden; spätester Zeitpunkt hierfür ist die Übermittlung oder Erteilung der Lohnsteuerbescheinigung. 367

Im Jahr der Errichtung kann der Arbeitgeber für einen neu eingerichteten Durchführungsweg die Steuerfreiheit in Anspruch nehmen, wenn er die für den bestehenden Durchführungsweg bereits in Anspruch genommene Steuerfreiheit rückgängig gemacht und die Beiträge nachträglich bis zum Dotierungsrahmen des § 40b EStG a. F. (1.752 €) pauschal besteuert hat. 368

III. Steuerliche Behandlung der Versorgungsleistungen

1. Allgemeines

Die Leistungen aus einer Versorgungszusage des Arbeitgebers können Einkünfte aus nichtselbständiger Arbeit oder sonstige Einkünfte sein oder nicht der Besteuerung unterliegen. 369

2. Direktzusage und Unterstützungskasse

Versorgungsleistungen des Arbeitgebers aufgrund einer Direktzusage und Versorgungsleistungen einer Unterstützungskasse führen zu Einkünften aus nichtselbständiger Arbeit (§ 19 EStG). 370

Werden solche Versorgungsleistungen nicht fortlaufend, sondern in einer Summe gezahlt, handelt es sich um Vergütungen (Arbeitslohn) für mehrjährige Tätigkeiten im Sinne des § 34 Abs. 2 Nr. 4 EStG (vgl. BFH-Urteil vom 12. April 2007, BStBl II S. 581), die bei Zusammenballung als außerordentliche Einkünfte nach § 34 Abs. 1 EStG zu besteuern sind. Die Gründe für eine Kapitalisierung von Versorgungsbezügen sind dabei unerheblich. Im Fall von Teilkapi- 371 talauszahlungen ist dagegen der Tatbestand der Zusammenballung nicht erfüllt; eine Anwendung des § 34 EStG kommt daher für diese Zahlungen nicht in Betracht.

3. Direktversicherung, Pensionskasse und Pensionsfonds

372 Die steuerliche Behandlung der Leistungen aus einer Direktversicherung, Pensionskasse und Pensionsfonds in der Auszahlungsphase erfolgt nach § 22 Nr. 5 EStG (lex **specialis**, vgl. Rz. 121 ff.). Der Umfang der Besteuerung hängt davon ab, inwieweit die Beiträge in der Ansparphase durch die Steuerfreiheit nach § 3 Nr. 63 EStG (vgl. Rz. **301** ff.), nach § 3 Nr. 66 EStG (vgl. Rz. **322**) oder durch Sonderausgabenabzug nach § 10a EStG und Zulage nach Abschnitt XI EStG (vgl. Rz. **330** ff.) gefördert wurden oder die Leistungen auf steuerfreien Zuwendungen nach § 3 Nr. 56 EStG basieren. Dies gilt auch für Leistungen aus einer ergänzenden Absicherung der Invalidität oder von Hinterbliebenen. Dabei ist grundsätzlich von einer einheitlichen Versorgungszusage und somit für den Aufteilungsmaßstab von einer einheitlichen Behandlung der Beitragskomponenten für Alter und Zusatzrisiken auszugehen. Ist nur die Absicherung von Zusatzrisiken Gegenstand einer Versorgungszusage, ist für den Aufteilungsmaßstab auf die gesamte Beitragsphase und nicht allein auf den letzten geleisteten Beitrag abzustellen. Zu den nicht geförderten Beiträgen gehören insbesondere die nach § 40b EStG a. F. pauschal besteuerten sowie die vor dem 1. Januar 2002 erbrachten Beiträge an eine Pensionskasse oder für eine Direktversicherung. Die Besteuerung erfolgt auch dann nach § 22 Nr. 5 EStG, wenn ein Direktversicherungsvertrag ganz oder teilweise privat fortgeführt wird.

373 Im Fall von Teil- bzw. Einmalkapitalauszahlungen handelt es sich nicht um außerordentliche Einkünfte im Sinne des § 34 Abs. 2 EStG. Es liegt weder eine Entschädigung noch eine Vergütung für eine mehrjährige Tätigkeit vor. Daher kommt eine Anwendung der Fünftelungsregelung des § 34 EStG auf diese Zahlungen nicht in Betracht.

a) Leistungen, die ausschließlich auf nicht geförderten Beiträgen beruhen

374 Leistungen aus Altzusagen (vgl. Rz. **349** ff.), die ausschließlich auf nicht geförderten Beiträgen beruhen, sind, wenn es sich um eine lebenslange Rente, eine Berufsunfähigkeits-, Erwerbsminderungs- oder um eine Hinterbliebenenrente handelt, als sonstige Einkünfte gem. § 22 Nr. 5 Satz 2 Buchstabe a i.V. m. § 22 Nr. 1 Satz 3 Buchstabe a Doppelbuchstabe bb EStG mit dem Ertragsanteil zu besteuern.

Handelt es sich um Renten im Sinne der Rz. 374 aus Neuzusagen (vgl. 375
Rz. 349 ff.), die die Voraussetzungen des § 10 Abs. 1 Nr. 2 Satz 1 Buchstabe
b EStG erfüllen, sind diese als sonstige Einkünfte gem. § 22 Nr. 5 Satz 2 Buchstabe a i. V. m. § 22 Nr. 1 Satz 3 Buchstabe a Doppelbuchstabe aa EStG zu besteuern. Liegen die Voraussetzungen des § 10 Abs. 1 Nr. 2 Satz 1 Buchstabe
b EStG nicht vor, erfolgt die Besteuerung gem. § 22 Nr. 5 Satz 2 Buchstabe a
i. V. m. § 22 Nr. 1 Satz 3 Buchstabe a Doppelbuchstabe bb EStG mit dem Ertragsanteil.

Auf andere als die in Rz. 374 f. genannten Leistungen (z. B. Kapitalauszahlun 376
gen, Teilraten aus Auszahlungsplänen, Abfindungen) sind die Regelungen in
Rz. 140 entsprechend anzuwenden. **Wird bei einem vor dem 1. Januar 2012 abgeschlossenen Vertrag die Untergrenze für betriebliche Altersversorgungsleistungen bis auf das 62. Lebensjahr oder der Zeitpunkt des erstmaligen Bezugs
von Altersversorgungsleistungen bei altersbedingtem Ausscheiden aus dem
Erwerbsleben auf das 67. Lebensjahr erhöht (vgl. Rz. 286) und dadurch die
Laufzeit des Vertrages verlängert, führt dies allein zu keiner nachträglichen
Vertragsänderung, wenn die Verlängerung einen Zeitraum von höchstens
zwei Jahren umfasst. Eine entsprechende Verlängerung der Beitragszahlungsdauer ist zulässig. Eine Verlängerung der Laufzeit bzw. der Beitragszahlungsdauer infolge der Anhebung der Altersgrenze kann nur einmalig vorgenommen werden.**

Zu Leistungen aus einer reinen Risikoversicherung vgl. insoweit Rz. 7 des BMF 377
Schreibens vom 1. Oktober 2009 (BStBl I S. 1172).

b) Leistungen, die ausschließlich auf geförderten Beiträgen beruhen

Leistungen, die ausschließlich auf geförderten Beiträgen beruhen, unterliegen 378
als sonstige Einkünfte nach § 22 Nr. 5 Satz 1 EStG in vollem Umfang der Besteuerung (vgl. auch Rz. 132 f.).

c) Leistungen, die auf geförderten und nicht geförderten Beiträgen beruhen

Beruhen die Leistungen sowohl auf geförderten als auch auf nicht geförderten 379
Beiträgen, müssen die Leistungen in der Auszahlungsphase aufgeteilt werden
(vgl. Rz. 134 ff.). Für die Frage des Aufteilungsmaßstabs ist das BMF-Schreiben
vom 11. November 2004, BStBl I S. 1061, **unter Berücksichtigung der Änderungen durch das BMF-Schreiben vom 14. März 2012, BStBl I S. 311**, anzuwenden.

Soweit die Leistungen auf geförderten Beiträgen beruhen, unterliegen sie als 380
sonstige Einkünfte nach § 22 Nr. 5 Satz 1 EStG in vollem Umfang der Besteue

rung. Dies gilt unabhängig davon, ob sie in Form der Rente oder als Kapitalauszahlung geleistet werden.

381 Soweit die Leistungen auf nicht geförderten Beiträgen beruhen, gelten die Regelungen in Rz. **374** bis **377** entsprechend.

d) Sonderzahlungen des Arbeitgebers nach § 19 Abs. 1 Satz 1 Nr. 3 EStG

382 Sonderzahlungen des Arbeitgebers im Sinne des § 19 Abs. 1 Satz 1 Nr. 3 Satz 2 EStG einschließlich der Zahlungen des Arbeitgebers zur Erfüllung der Solvabilitätsvorschriften nach den §§ 53c und 114 des Versicherungsaufsichtsgesetzes (VAG), der Zahlungen des Arbeitgebers in der Rentenbezugszeit nach § 112 Abs. 1a VAG und der Sanierungsgelder sind bei der Ermittlung des Aufteilungsmaßstabs nicht zu berücksichtigen.

e) Bescheinigungspflicht

383 Nach § 22 Nr. 5 Satz **7** EStG hat der Anbieter beim erstmaligen Bezug von Leistungen sowie bei Änderung der im Kalenderjahr auszuzahlenden Leistungen dem Steuerpflichtigen nach amtlich vorgeschriebenem Vordruck den Betrag der im abgelaufenen Kalenderjahr zugeflossenen Leistungen zu bescheinigen. In dieser Bescheinigung sind die Leistungen entsprechend den Grundsätzen in Rz. **132** ff. gesondert auszuweisen.

f) Sonderregelungen

aa) Leistungen aus einem Pensionsfonds aufgrund der Übergangsregelung nach § 52 Abs. 34c EStG

384 Haben Arbeitnehmer schon von ihrem Arbeitgeber aufgrund einer Direktzusage oder von einer Unterstützungskasse laufende Versorgungsleistungen erhalten und ist diese Versorgungsverpflichtung nach § 3 Nr. 66 EStG auf einen Pensionsfonds übertragen worden, werden bei den Leistungsempfängern nach § 52 Abs. 34c EStG weiterhin der Arbeitnehmer-Pauschbetrag i. H. v. 1.000 € (§ 9a Satz 1 Nr. 1 Buchstabe a EStG) bzw. der Pauschbetrag für Werbungskosten **i. H. v. 102 €** nach § 9a Satz 1 Nr. 1 Buchstabe b EStG und der Versorgungsfreibetrag sowie der Zuschlag zum Versorgungsfreibetrag (§ 19 Abs. 2 EStG) berücksichtigt. Dies gilt auch, wenn der Zeitpunkt des erstmaligen Leistungsbezugs und der Zeitpunkt der Übertragung der Versorgungsverpflichtung auf den Pensionsfonds in denselben Monat fallen. Die Leistungen unterliegen unabhängig davon als sonstige Einkünfte nach § 22 Nr. 5 Satz 1 EStG der Besteuerung. **Die vorstehenden Ausführungen zur Berücksichtigung des**

Versorgungsfreibetrags und des Zuschlags zum Versorgungsfreibetrag gelten entsprechend für einen Hinterbliebenenbezug, der auf den Versorgungsbezug folgt.

Handelt es sich bereits beim erstmaligen Bezug der Versorgungsleistungen um Versorgungsbezüge im Sinne des § 19 Abs. 2 EStG, wird der Pauschbetrag nach § 9a Satz 1 Nr. 1 Buchstabe b EStG abgezogen; zusätzlich werden der Versorgungsfreibetrag und der Zuschlag zum Versorgungsfreibetrag mit dem für das Jahr des Versorgungsbeginns maßgebenden Vomhundertsatz und Beträgen berücksichtigt. Handelt es sich beim erstmaligen Bezug der Versorgungsleistungen nicht um Versorgungsbezüge im Sinne des § 19 Abs. 2 EStG, weil z. B. keine der Altersgrenzen in § 19 Abs. 2 EStG erreicht sind, ist lediglich der Arbeitnehmer-Pauschbetrag (§ 9a Satz 1 Nr. 1 Buchstabe a EStG) abzuziehen. Wird eine der Altersgrenzen in § 19 Abs. 2 EStG erst zu einem späteren Zeitpunkt erreicht, sind ab diesem Zeitpunkt der für dieses Jahr maßgebende Versorgungsfreibetrag und der Zuschlag zum Versorgungsfreibetrag abzuziehen sowie anstelle des Arbeitnehmer-Pauschbetrags der Pauschbetrag nach § 9a Satz 1 Nr. 1 Buchstabe b EStG. Ein Abzug des Versorgungsfreibetrags nach § 19 Abs. 2 EStG in der bis zum 31. Dezember 2004 geltenden Fassung kommt nach dem 31. Dezember 2004 nicht mehr in Betracht. Dies gilt unabhängig vom Zeitpunkt der Übertragung der Versorgungsverpflichtung auf den Pensionsfonds. **Folgt ein Hinterbliebenenbezug einem Versorgungsbezug, sind die Rz. 123 ff. des BMF-Schreibens vom 13. September 2010, BStBl I S. 681, entsprechend anzuwenden.** 385

bb) Arbeitgeberzahlungen infolge der Anpassungsprüfungspflicht nach § 16 BetrAVG

Leistungen des Arbeitgebers aufgrund der Anpassungsprüfungspflicht nach § 16 Abs. 1 BetrAVG, mit der die Leistungen einer Versorgungseinrichtung ergänzt werden, gehören zu den Einkünften nach § 19 Abs. 1 Satz 1 Nr. 2 EStG. Rz. 385 gilt entsprechend. Als Versorgungsbeginn im Sinne des § 19 Abs. 2 EStG ist der Beginn der Zahlung durch den Arbeitgeber anzusehen. 386

Erhöhen sich die Zahlungen des Arbeitgebers infolge der Anpassungsprüfungspflicht nach § 16 BetrAVG, liegt eine regelmäßige Anpassung vor, die nicht zu einer Neuberechnung des Versorgungsfreibetrags und des Zuschlags zum Versorgungsfreibetrag führen. 387

Ändert sich die Höhe der Arbeitgeberzahlung unabhängig von der Anpassungsprüfungspflicht, gilt Folgendes: 388

Übernimmt die Versorgungseinrichtung die Arbeitgeberzahlung nur zum Teil, ist dies als Anrechnungs-/Ruhensregelung im Sinne des § 19 Abs. 2 Satz 10 EStG anzusehen und führt zu einer Neuberechnung. Gleiches gilt für den Fall, dass die Versorgungseinrichtung die Zahlungen nicht mehr erbringen kann und sich die Arbeitgeberzahlung wieder erhöht.

389 Kann die Versorgungseinrichtung die Arbeitgeberzahlungen zunächst vollständig übernehmen und stellt diese später (z. B. wegen Liquiditätsproblemen) wieder ein, so dass der Arbeitgeber die Zahlungsverpflichtung wieder vollständig erfüllen muss, lebt der Anspruch wieder auf. Dies führt nicht zu einem neuen Versorgungsbeginn, so dass für die (Neu-)Berechnung des Versorgungsfreibetrags und des Zuschlags zum Versorgungsfreibetrag die „alte" Kohorte maßgebend ist.

cc) Beendigung einer betrieblichen Altersversorgung

390 Bei Beendigung einer nach § 3 Nr. 63 EStG geförderten betrieblichen Altersversorgung gilt Folgendes:

Liegt eine betriebliche Altersversorgung im Sinne des BetrAVG vor und wird diese lediglich mit Wirkung für die Zukunft beendet, z. B. durch eine Abfindung (ggf. auch in Form der Beitragsrückerstattung), dann handelt es sich bei der Zahlung der Versorgungseinrichtung an den Arbeitnehmer um sonstige Einkünfte im Sinne des § 22 Nr. 5 EStG und nicht um Einkünfte nach § 19 EStG.

Im Fall einer kompletten Rückabwicklung des Vertragsverhältnisses mit Wirkung für die Vergangenheit handelt es sich bei der Zahlung der Versorgungseinrichtung an den Arbeitnehmer um eine Arbeitslohnzahlung im Sinne des § 19 Abs. 1 EStG, die im Zeitpunkt des Zuflusses nach den allgemeinen lohnsteuerlichen Grundsätzen behandelt wird.

Kündigt der Arbeitgeber vorzeitig einen nach § 40b EStG begünstigten Direktversicherungsvertrag und wird der Rückkaufswert im Hinblick auf ein unwiderrufliches bzw. unverfallbares Bezugsrecht an den Arbeitnehmer ausgezahlt, ergeben sich aus diesem Vorgang keine lohnsteuerlichen Konsequenzen.

Im Gegensatz zur rückwirkenden Aufhebung einer Vereinbarung mit der Rechtsfolge, dass der Anspruch auf betriebliche Altersversorgung gänzlich untergeht, bewirkt die Abfindung des Anspruchs lediglich einen Rechtsverlust ab dem Zeitpunkt des Wirksamwerdens der Vereinbarung. Der Pauschalierung nach § 40b EStG a. F. steht die vorzeitige Kündigung durch den Arbeitnehmer entgegen. Eine Kündigung durch den Arbeitgeber ist dagegen unschädlich.

Von einer Kündigung durch den Arbeitgeber ist auszugehen, wenn betriebliche Gründe (z. B. Liquiditätsschwierigkeiten) maßgebend waren oder die Kündigung durch den Arbeitgeber auf Wunsch des Arbeitnehmers erfolgt ist. Die Kündigung hat keine Auswirkung auf eine bis zu diesem Zeitpunkt erfolgte Pauschalierung nach § 40b EStG a. F.

IV. Schädliche Auszahlung von gefördertem Altersvorsorgevermögen

1. Allgemeines

Wird das nach § 10a/Abschnitt XI EStG steuerlich geförderte Altersvorsorgevermögen an den Arbeitnehmer nicht als Rente oder im Rahmen eines Auszahlungsplans ausgezahlt, handelt es sich grundsätzlich um eine schädliche Verwendung (§ 93 Abs. 1 EStG; Rz. **190** ff.). Im Bereich der betrieblichen Altersversorgung kann eine solche schädliche Verwendung dann gegeben sein, wenn Versorgungsanwartschaften abgefunden oder übertragen werden. Entsprechendes gilt, wenn der Arbeitnehmer im Versorgungsfall ein bestehendes Wahlrecht auf Einmalkapitalauszahlung ausübt (vgl. Rz. **332**). 391

Liegt eine schädliche Verwendung von gefördertem Altersvorsorgevermögen vor, gelten Rz. **196** ff. sowie **208** bis **231**. 392

2. Abfindungen von Anwartschaften, die auf nach § 10a/Abschnitt XI EStG geförderten Beiträgen beruhen

Im Fall der Abfindung von Anwartschaften der betrieblichen Altersversorgung gem. § 3 BetrAVG handelt es sich gem. § 93 Abs. 2 Satz 3 EStG um keine schädliche Verwendung, soweit das nach § 10a/Abschnitt XI EStG geförderte Altersvorsorgevermögen zugunsten eines auf den Namen des Zulageberechtigten lautenden zertifizierten privaten Altersvorsorgevertrags geleistet wird. Der Begriff der Abfindung umfasst außerdem auch Abfindungen, die in arbeitsrechtlich zulässiger Weise außerhalb des Regelungsbereiches des § 3 BetrAVG erfolgen, wie z. B. den Fall der Abfindung ohne Ausscheiden aus dem Arbeitsverhältnis. Liegen die übrigen Voraussetzungen des § 93 Abs. 2 Satz 3 EStG vor, kann somit auch in anderen Abfindungsfällen als denen des § 3 BetrAVG gefördertes Altersvorsorgevermögen aus der betrieblichen Altersversorgung auf einen zertifizierten privaten Altersvorsorgevertrag übertragen werden, ohne dass eine schädliche Verwendung vorliegt. 393

3. Abfindungen von Anwartschaften, die auf steuerfreien und nicht geförderten Beiträgen beruhen

394 Wird eine Anwartschaft der betrieblichen Altersversorgung abgefunden, die ganz oder teilweise auf nach § 3 Nr. 63 EStG, § 3 Nr. 66 EStG steuerfreien oder nicht geförderten Beiträgen beruht und zugunsten eines auf den Namen des Steuerpflichtigen lautenden zertifizierten Altersvorsorgevertrags geleistet **wird**, unterliegt der Abfindungsbetrag im Zeitpunkt der Abfindung nicht der Besteuerung (**§ 3 Nr. 55c Satz 2 Buchstabe a EStG; Rz. 145**). Die Rz. 146 ff. gelten entsprechend.

395 Wird der Abfindungsbetrag nicht entsprechend der Rz. **394** verwendet, erfolgt eine Besteuerung des Abfindungsbetrags im Zeitpunkt der Abfindung entsprechend den Grundsätzen der Rz. **374** bis **381**.

4. Portabilität

396 Bei einem Wechsel des Arbeitgebers kann der Arbeitnehmer für Versorgungszusagen, die nach dem 31. Dezember 2004 erteilt werden, gem. § 4 Abs. 3 BetrAVG verlangen, dass der bisherige Arbeitgeber den Übertragungswert (§ 4 Abs. 5 BetrAVG) auf eine Versorgungseinrichtung des neuen Arbeitgebers überträgt. Die Übertragung ist gem. § 93 Abs. 2 Satz 2 EStG dann keine schädliche Verwendung, wenn auch nach der Übertragung eine lebenslange Altersversorgung des Arbeitnehmers im Sinne des § 1 Abs. 1 Satz 1 Nr. 4 Buchstabe a AltZertG gewährleistet wird. Dies gilt auch, wenn der alte und neue Arbeitgeber sowie der Arbeitnehmer sich gem. § 4 Abs. 2 Nr. 2 BetrAVG freiwillig auf eine Übertragung der Versorgungsanwartschaften mittels Übertragungswert von einer Versorgungseinrichtung im Sinne des § 82 Abs. 2 EStG auf eine andere Versorgungseinrichtung im Sinne des § 82 Abs. 2 EStG verständigen.

397 Erfüllt die Versorgungseinrichtung des neuen Arbeitgebers nicht die Voraussetzungen des § 1 Abs. 1 Satz 1 Nr. 4 Buchstabe a AltZertG, gelten Rz. **374** bis **381** entsprechend.

5. Entschädigungsloser Widerruf eines noch verfallbaren Bezugsrechts

398 Hat der Arbeitnehmer für arbeitgeberfinanzierte Beiträge an eine Direktversicherung, eine Pensionskasse oder einen Pensionsfonds die Förderung durch Sonderausgabenabzug nach § 10a EStG und Zulage nach Abschnitt XI EStG erhalten und verliert er vor Eintritt der Unverfallbarkeit sein Bezugsrecht durch einen entschädigungslosen Widerruf des Arbeitgebers, handelt es sich um eine schädliche Verwendung im Sinne des § 93 Abs. 1 EStG. Das Versicherungsunternehmen oder die Pensionskasse hat der ZfA die schädliche Verwendung

nach § 94 Abs. 1 EStG anzuzeigen. Die gutgeschriebenen Zulagen sind vom Anbieter einzubehalten. Darüber hinaus hat die ZfA den steuerlichen Vorteil aus dem Sonderausgabenabzug nach § 10a EStG beim Arbeitnehmer nach § 94 Abs. 2 EStG zurückzufordern. Der maßgebliche Zeitpunkt für die Rückforderung der Zulagen und des steuerlichen Vorteils ist der Zeitpunkt, in dem die den Verlust des Bezugsrechts begründenden Willenserklärungen (z. B. Kündigung oder Widerruf) wirksam geworden sind. Im Übrigen gilt R 40b.1 Abs. 13 ff. LStR.

Zahlungen, die das Versicherungsunternehmen, die Pensionskasse oder der Pensionsfonds an den Arbeitgeber leistet, weil der Arbeitnehmer für eine arbeitgeberfinanzierte betriebliche Altersversorgung vor Eintritt der Unverfallbarkeit sein Bezugsrecht verloren hat (z. B. bei vorzeitigem Ausscheiden aus dem Dienstverhältnis), stellen Betriebseinnahmen dar. § 43 EStG ff. ist in diesem Fall zu beachten. 399

C. Besonderheiten beim Versorgungsausgleich

I. Allgemeines

1. Gesetzliche Neuregelung des Versorgungsausgleichs

Mit dem VersAusglG vom 3. April 2009 wurden die Vorschriften zum Versorgungsausgleich grundlegend geändert. Es gilt künftig für alle ausgleichsreifen Anrechte auf Altersversorgung der Grundsatz der internen Teilung, der bisher schon bei der gesetzlichen Rentenversicherung zur Anwendung kam. Bisher wurden alle von den Ehegatten während der Ehe erworbenen Anrechte auf eine Versorgung wegen Alter und Invalidität bewertet und im Wege eines Einmalausgleichs ausgeglichen, vorrangig über die gesetzliche Rentenversicherung. 400

Das neue VersAusglG sieht dagegen die interne Teilung als Grundsatz des Versorgungsausgleichs auch für alle Systeme der betrieblichen Altersversorgung und privaten Altersvorsorge vor. Hierbei werden die von den Ehegatten in den unterschiedlichen Altersversorgungssystemen erworbenen Anrechte zum Zeitpunkt der Scheidung innerhalb des jeweiligen Systems geteilt und für den ausgleichsberechtigten Ehegatten eigenständige Versorgungsanrechte geschaffen, die unabhängig von den Versorgungsanrechten des ausgleichspflichtigen Ehegatten im jeweiligen System gesondert weitergeführt werden. 401

Zu einem Ausgleich über ein anderes Versorgungssystem (externe Teilung) kommt es nur noch in den in §§ 14 bis 17 VersAusglG geregelten Ausnahme- 402 fällen. Bei einer externen Teilung entscheidet die ausgleichsberechtigte Person über die Zielversorgung. Sie bestimmt also, in welches Versorgungssystem der Ausgleichswert zu transferieren ist (ggf. Aufstockung einer bestehenden Anwartschaft, ggf. Neubegründung einer Anwartschaft). Dabei darf die Zahlung des Kapitalbetrags an die gewählte Zielversorgung nicht zu nachteiligen steuerlichen Folgen bei der ausgleichspflichtigen Person führen, es sei denn, sie stimmt der Wahl der Zielversorgung zu.

403 Die gesetzliche Rentenversicherung ist Auffang-Zielversorgung, wenn die ausgleichsberechtigte Person ihr Wahlrecht nicht ausübt und es sich nicht um eine betriebliche Altersversorgung handelt. Bei einer betrieblichen Altersversorgung wird bei fehlender Ausübung des Wahlrechts ein Anspruch in der Versorgungsausgleichskasse begründet.

404 Verbunden ist die externe Teilung mit der Leistung eines Kapitalbetrags in Höhe des Ausgleichswerts, der vom Versorgungsträger der ausgleichspflichtigen Person an den Versorgungsträger der ausgleichsberechtigten Person gezahlt wird. (Ausnahme: Externe Teilung von Beamtenversorgungen nach § 16 VersAusglG; hier findet wie nach dem bisherigen Quasi-Splitting zwischen der gesetzlichen Rentenversicherung und dem Träger der Beamtenversorgung ein Erstattungsverfahren im Leistungsfall statt.)

405 Kommt in Einzelfällen weder die interne Teilung noch die externe Teilung in Betracht, etwa weil ein Anrecht zum Zeitpunkt des Versorgungsausgleichs nicht ausgleichsreif ist (§ 19 VersAusglG), z. B. ein Anrecht bei einem ausländischen, zwischenstaatlichen oder überstaatlichen Versorgungsträger oder ein Anrecht im Sinne des BetrAVG, das noch verfallbar ist, kommt es zu Ausgleichsansprüchen nach der Scheidung (§ 20 ff. VersAusglG). Zur steuerlichen Behandlung der Ausgleichsansprüche nach der Scheidung vgl. BMF-Schreiben vom 9. April 2010 (BStBl I S. 323).

406 Nach § 20 LPartG findet, wenn eine Lebenspartnerschaft aufgehoben wird, in entsprechender Anwendung des VersAusglG mit Ausnahme der §§ 32 bis 38 VersAusglG ein Ausgleich von im In- oder Ausland bestehenden Anrechten (§ 2 Abs. 1 VersAusglG) statt, soweit sie in der Lebenspartnerschaftszeit begründet oder aufrechterhalten worden sind. Schließen die Lebenspartner in einem Lebenspartnerschaftsvertrag (§ 7 LPartG) Vereinbarungen über den Versorgungsausgleich, so sind die §§ 6 bis 8 VersAusglG entsprechend anzuwenden. Die Ausführungen zum VersAusglG gelten dementsprechend auch in diesen Fällen. **An die Stelle der Ehezeit nach § 3 Abs. 1 VersAusglG tritt insoweit die Lebenspartnerschaftszeit (§ 20 Abs. 2 LPartG).**

Von den nachfolgenden Ausführungen unberührt bleiben steuerliche Auswirkungen, die sich in Zusammenhang mit Pensionszusagen ergeben, die durch Körperschaften an ihre Gesellschafter erteilt wurden und die ganz oder teilweise gesellschaftsrechtlich veranlasst sind. 407

2. Besteuerungszeitpunkte

Bei der steuerlichen Beurteilung des Versorgungsausgleichs ist zwischen dem Zeitpunkt der Teilung eines Anrechts im Versorgungsausgleich durch gerichtliche Entscheidung und dem späteren Zufluss der Leistungen aus den unterschiedlichen Versorgungssystemen zu unterscheiden. 408

Bei der internen Teilung wird die Übertragung der Anrechte auf die ausgleichsberechtigte Person zum Zeitpunkt des Versorgungsausgleichs für beide Ehegatten nach § 3 Nr. 55a EStG steuerfrei gestellt, weil auch bei den im Rahmen eines Versorgungsausgleichs übertragenen Anrechten auf eine Alters- und Invaliditätsversorgung das Prinzip der nachgelagerten Besteuerung eingehalten wird. Die Besteuerung erfolgt erst während der Auszahlungsphase. Die später zufließenden Leistungen gehören dabei bei beiden Ehegatten zur gleichen Einkunftsart, da die Versorgungsanrechte innerhalb des jeweiligen Systems geteilt wurden. Ein Wechsel des Versorgungssystems und ein damit möglicherweise verbundener Wechsel der Besteuerung weg von der nachgelagerten Besteuerung hat nicht stattgefunden. Lediglich die individuellen Merkmale für die Besteuerung sind bei jedem Ehegatten gesondert zu ermitteln. 409

Bei einer externen Teilung kann dagegen die Übertragung der Anrechte zu einer Besteuerung führen, da sie mit einem Wechsel des Versorgungsträgers und damit regelmäßig mit einem Wechsel des Versorgungssystems verbunden ist. § 3 Nr. 55b Satz 1 EStG stellt deshalb die Leistung des Ausgleichswerts in den Fällen der externen Teilung für beide Ehegatten steuerfrei, soweit das Prinzip der nachgelagerten Besteuerung insgesamt eingehalten wird. Soweit die späteren Leistungen bei der ausgleichsberechtigten Person jedoch nicht der nachgelagerten Besteuerung unterliegen werden (z. B. Besteuerung nach § 20 Abs. 1 Nr. 6 EStG oder nach § 22 Nr. 1 Satz 3 Buchstabe a Doppelbuchstabe bb EStG mit dem Ertragsanteil), greift die Steuerbefreiung gem. § 3 Nr. 55b Satz 2 EStG nicht, und die Leistung des Ausgleichswerts ist bereits im Zeitpunkt der Übertragung beim ausgleichspflichtigen Ehegatten zu besteuern. Die Besteuerung der später zufließenden Leistungen erfolgt bei jedem Ehegatten unabhängig davon, zu welchen Einkünften die Leistungen beim jeweils anderen Ehegatten führen, und richtet sich danach, aus welchem Versorgungssystem sie jeweils geleistet werden. 410

II. Interne Teilung (§ 10 VersAusglG)

1. Steuerfreiheit nach § 3 Nr. 55a EStG

411 § 3 Nr. 55a EStG stellt klar, dass die aufgrund einer internen Teilung durchgeführte Übertragung von Anrechten steuerfrei ist; dies gilt sowohl für die ausgleichspflichtige als auch für die ausgleichsberechtigte Person.

2. Besteuerung

412 Die Leistungen aus den übertragenen Anrechten gehören bei der ausgleichsberechtigten Person zu den Einkünften, zu denen die Leistungen bei der ausgleichspflichtigen Person gehören würden, wenn die interne Teilung nicht stattgefunden hätte. Die (späteren) Versorgungsleistungen sind daher (weiterhin) Einkünfte aus nichtselbständiger Arbeit (§ 19 EStG) oder aus Kapitalvermögen (§ 20 EStG) oder sonstige Einkünfte (§ 22 EStG). Ausgleichspflichtige Person und ausgleichsberechtigte Person versteuern beide die ihnen jeweils zufließenden Leistungen. Liegen Einkünfte aus nichtselbständiger Arbeit vor, gilt Rz. 371 auch für die ausgleichberechtigte Person.

413 Für die Ermittlung des Versorgungsfreibetrags und des Zuschlags zum Versorgungsfreibetrag nach § 19 Abs. 2 EStG, des Besteuerungsanteils nach § 22 Nr. 1 Satz 3 Buchstabe a Doppelbuchstabe aa EStG sowie des Ertragsanteils nach § 22 Nr. 1 Satz 3 Buchstabe a Doppelbuchstabe bb EStG bei der ausgleichsberechtigten Person ist auf deren Versorgungsbeginn, deren Rentenbeginn bzw. deren Lebensalter abzustellen. Die Art einer Versorgungszusage (Alt-/Neuzusage) bei der ausgleichsberechtigten Person entspricht grundsätzlich der Art der Versorgungszusage der ausgleichspflichtigen Person. Dies gilt auch bei einer Änderung des Leistungsspektrums nach § 11 Abs. 1 Nr. 3 VersAusglG. Bei einer Hinterbliebenenversorgung zugunsten von Kindern ändert sich die bisher maßgebende Altersgrenze (Rz. 287) nicht. Die Aufstockung eines zugesagten Sterbegeldes (vgl. Rz. 288) ist möglich. Sofern die Leistungen bei der ausgleichsberechtigten Person nach § 22 Nr. 5 EStG zu besteuern sind, ist für die Besteuerung auf die der ausgleichspflichtigen Person gewährten Förderung abzustellen, soweit diese auf die übertragene Anwartschaft entfällt (vgl. Rz. 124).

414 Wird das Anrecht aus einem Altersvorsorgevertrag oder einem Direktversicherungsvertrag intern geteilt und somit ein eigenes Anrecht der ausgleichsberechtigten Person begründet, gilt der Altersvorsorge- oder Direktversicherungsvertrag der ausgleichsberechtigten Person insoweit zu dem gleichen Zeitpunkt als abgeschlossen wie derjenige der ausgleichspflichtigen Person

(§ 52 Abs. 36 Satz 12 EStG). Dies gilt entsprechend, wenn die Leistungen bei der ausgleichsberechtigten Person nach § 22 Nr. 5 Satz 2 Buchstabe c i. V. m. § 20 Abs. 1 Nr. 6 EStG zu besteuern sind.

III. Externe Teilung (§ 14 VersAusglG)

1. Steuerfreiheit nach § 3 Nr. 55b EStG

Nach § 3 Nr. 55b Satz 1 EStG ist der aufgrund einer externen Teilung an den Träger der Zielversorgung geleistete Ausgleichswert grundsätzlich steuerfrei, soweit die späteren Leistungen aus den dort begründeten Anrechten zu steuerpflichtigen Einkünften bei der ausgleichsberechtigten Person führen würden. Soweit die Übertragung von Anrechten im Rahmen des Versorgungsausgleichs zu keinen Einkünften im Sinne des EStG führt, bedarf es keiner Steuerfreistellung nach § 3 Nr. 55b EStG. Die Steuerfreiheit nach § 3 Nr. 55b Satz 1 EStG greift gemäß § 3 Nr. 55b Satz 2 EStG nicht, soweit Leistungen, die auf dem begründeten Anrecht beruhen, bei der ausgleichsberechtigten Person zu Einkünften nach § 20 Abs. 1 Nr. 6 EStG oder § 22 Nr. 1 Satz 3 Buchstabe a Doppelbuchstabe bb EStG führen würden. 415

Wird bei der externen Teilung einer betrieblichen Altersversorgung für die ausgleichsberechtigte Person ein Anrecht in einer betrieblichen Altersversorgung begründet, richtet sich die Art der Versorgungszusage (Alt-/Neuzusage) bei der ausgleichsberechtigten Person grundsätzlich nach der Art der Versorgungszusage der ausgleichspflichtigen Person. Dies gilt auch bei einer Änderung des Leistungsspektrums nach § 11 Abs. 1 Satz 2 Nr. 3 VersAusglG. Bei einer Hinterbliebenenversorgung zugunsten von Kindern ändert sich die bisher maßgebende Altersgrenze (Rz. **287**) nicht. Die Aufstockung eines zugesagten Sterbegeldes (vgl. Rz. **288**) ist möglich. Wird im Rahmen der externen Teilung eine bestehende Versorgungszusage der ausgleichsberechtigten Person aufgestockt, richtet sich die Art der Versorgungszusage nach den Rz. **349** ff. 416

2. Besteuerung bei der ausgleichsberechtigten Person

Für die Besteuerung bei der ausgleichsberechtigten Person ist unerheblich, zu welchen Einkünften die Leistungen aus dem übertragenen Anrecht bei der ausgleichspflichtigen Person geführt hätten, da mit der externen Teilung ein neues Anrecht begründet wird. Bei der ausgleichsberechtigten Person unterliegen Leistungen aus Altersvorsorgeverträgen, Pensionsfonds, Pensionskassen oder Direktversicherungen, die auf dem nach § 3 Nr. 55b Satz 1 EStG steuerfrei 417 geleisteten Ausgleichswert beruhen, insoweit in vollem Umfang der nachgelagerten Besteuerung nach § 22 Nr. 5 Satz 1 EStG.

3. Beispiele

418   **BEISPIEL 1:** Im Rahmen einer externen Teilung zahlt das Versicherungsunternehmen X, bei dem der Arbeitnehmerehegatte A eine betriebliche Altersversorgung über eine Direktversicherung (Kapitalversicherung mit Sparanteil) aufgebaut hat, den vom Familiengericht festgesetzten Ausgleichswert an das Versicherungsunternehmen Y zugunsten von Ehegatte B in einen zertifizierten Altersvorsorgevertrag in Form einer Rentenversicherung. Die Beiträge an das Versicherungsunternehmen X wurden in der Vergangenheit ausschließlich pauschal besteuert (§ 40b Abs. 1 und 2 EStG in der am 31. Dezember 2004 geltenden Fassung i.V.m. § 52 Abs. 52b EStG).

Der Ausgleichswert führt nicht zu steuerbaren Einkünften, da kein Erlebensfall oder Rückkauf vorliegt (§ 22 Nr. 5 Satz 2 Buchstabe b i.V.m. § 20 Abs. 1 Nr. 6 EStG). Der Steuerbefreiung nach § 3 Nr. 55b EStG bedarf es daher nicht. Die spätere durch die externe Teilung gekürzte Kapitalleistung unterliegt bei A der Besteuerung nach § 22 Nr. 5 Satz 2 Buchstabe b i.V.m. § 20 Abs. 1 Nr. 6 EStG (ggf. steuerfrei, wenn die Direktversicherung vor dem 1. Januar 2005 abgeschlossen wurde, § 52 Abs. 36 Satz 5 EStG i.V.m. § 20 Abs. 1 Nr. 6 Satz 2 EStG a. F.). Die Leistungen aus dem zertifizierten Altersvorsorgevertrag, die auf dem eingezahlten Ausgleichswert beruhen, unterliegen bei B der Besteuerung nach § 22 Nr. 5 Satz 2 EStG (vgl. Rz. **138** bis **143**).

419   **BEISPIEL 2:** Im Rahmen einer externen Teilung zahlt ein Versicherungsunternehmen X, bei der der Arbeitnehmerehegatte A eine betriebliche Altersversorgung über eine Direktversicherung (Rentenversicherung) aufgebaut hat, einen Ausgleichswert an das Versicherungsunternehmen Y zugunsten von Ehegatte B in einen zertifizierten Altersvorsorgevertrag. Die Beiträge an das Versicherungsunternehmen X waren steuerfrei (§ 3 Nr. 63 EStG).

Der Ausgleichswert ist steuerfrei nach § 3 Nr. 55b EStG. Die spätere geminderte Leistung unterliegt bei A der Besteuerung nach § 22 Nr. 5 Satz 1 EStG. Die Leistung bei B unterliegt – soweit diese auf dem eingezahlten Ausgleichswert beruht – ebenfalls der Besteuerung nach § 22 Nr. 5 Satz 1 EStG (vgl. Rz. **132** ff.).

420   **BEISPIEL 3:** Im Rahmen einer externen Teilung zahlt der Arbeitgeber des Arbeitnehmerehegatten A mit dessen Zustimmung (§§ 14 Abs. 4 i.V.m. 15 Abs. 3 VersAusglG) den hälftigen Kapitalwert aus einer Direktzusage in einen privaten Rentenversicherungsvertrag mit Kapitalwahlrecht des Ehegatten B ein.

Der Ausgleichswert ist steuerpflichtig, da die späteren Leistungen aus dem Rentenversicherungsvertrag zu lediglich mit dem Ertragsanteil steuerpflichtigen Einkünften beim Ehegatten B führen (§ 3 Nr. 55b Satz 2 EStG). Beim Ausgleichswert handelt es sich um steuerpflichtigen – ggf. nach der Fünftelregelung ermäßigt zu besteuernden – Arbeitslohn des Arbeitnehmerehegatten A.

4. Verfahren

Der Versorgungsträger der ausgleichspflichtigen Person hat grundsätzlich den Versorgungsträger der ausgleichsberechtigten Person über die für die Besteuerung der Leistungen erforderlichen Grundlagen zu informieren. Andere Mitteilungs-, Informations- und Aufzeichnungspflichten bleiben hiervon unberührt. 421

IV. Steuerunschädliche Übertragung im Sinne des § 93 Abs. 1a EStG

Eine steuerunschädliche Übertragung im Sinne des § 93 Abs. 1a Satz 1 EStG liegt vor, wenn aufgrund einer Entscheidung des Familiengerichts im Wege der internen Teilung nach § 10 VersAusglG oder externen Teilung nach § 14 VersAusglG während der Ehezeit (§ 3 Abs. 1 VersAusglG) gebildetes gefördertes Altersvorsorgevermögen auf einen zertifizierten Altersvorsorgevertrag oder in eine nach § 82 Abs. 2 EStG begünstigte betriebliche Altersversorgung (einschließlich der Versorgungsausgleichskasse) übertragen wird. Dies ist bei der internen Teilung immer der Fall. Es ist unerheblich, ob die ausgleichsberechtigte Person selbst zulageberechtigt ist. Werden die bei einer internen Teilung entstehenden Kosten mit dem Altersvorsorgevermögen verrechnet (§ 13 VersAusglG), liegt insoweit keine schädliche Verwendung vor. Im Fall der Verrechnung reduziert sich die Beitragszusage (§ 1 Abs. 1 Satz 1 Nr. 3 AltZertG) des Anbieters entsprechend dem Verhältnis von Verrechnungsbetrag zu dem unmittelbar vor der Verrechnung vorhandenen Altersvorsorgekapital. 422

Die Übertragung aufgrund einer internen Teilung nach § 10 VersAusglG oder einer externen Teilung nach § 14 VersAusglG auf einen Altersvorsorgevertrag oder eine nach § 82 Abs. 2 EStG begünstigte betriebliche Altersversorgung (einschließlich Versorgungsausgleichskasse) der ausgleichsberechtigten Person führt nicht zu steuerpflichtigen Einnahmen. 423

Beruht das auf die Ehezeit entfallende, aufzuteilende Altersvorsorgevermögen auf geförderten und ungeförderten Beiträgen, ist das zu übertragende Altersvorsorgevermögen entsprechend dem Verhältnis der hierin enthaltenen geförderten und ungeförderten Beiträge aufzuteilen und anteilig zu übertragen. 424

Wird aufgrund einer internen Teilung nach § 10 VersAusglG oder einer externen Teilung nach § 14 VersAusglG ausschließlich ungefördertes Altersvorsorgevermögen übertragen, *stellt dies eine mit einer* Übertragung im Sinne des § 93 Abs. 1a EStG *vergleichbare Übertragung dar. Insoweit gelten die Rz. 427 und 428 entsprechend. Die* in § 93 Abs. 1a EStG geregelten Rechtsfolgen und Mitteilungsgründe **treten aber** nicht ein. 425

426 Erfolgt jedoch in dem Fall nachträglich eine steuerliche Förderung von Altersvorsorgebeiträgen für ein in der Ehezeit liegendes Beitragsjahr, liegt rückwirkend betrachtet eine Übertragung im Sinne des § 93 Abs. 1a Satz 1 EStG vor, die auch die damit verbundenen weiteren Rechts- und Verfahrensfolgen auslöst. Hinsichtlich der Ermittlung und Auszahlung der nachträglich gewährten Zulage und der Zuordnung der Steuerverstrickung wird auf Rz. 434 verwiesen.

427 Im Fall der Übertragung im Sinne des § 93 Abs. 1a Satz 1 EStG erfolgt die Mitteilung über die Durchführung der Kapitalübertragung nach dem Verfahren gemäß § 11 AltvDV. Bei der internen Teilung entfällt der Datenaustausch zwischen den Anbietern nach § 11 Abs. 1 bis 3 AltvDV. Der Anbieter der ausgleichspflichtigen Person teilt der ZfA in seiner Meldung zur Kapitalübertragung (§ 11 Abs. 4 AltvDV) neben dem Prozentsatz des geförderten Altersvorsorgekapitals, das übertragen wird, auch die vom Familiengericht angegebene Ehezeit im Sinne des § 3 Abs. 1 VersAusglG mit.

428 Zu den Daten, die im Rahmen des Verfahrens gemäß § 11 AltvDV der ZfA mitzuteilen sind, zählen auch die Daten, die von der ZfA benötigt werden, um die gemeldete ausgleichsberechtigte Person eindeutig zu identifizieren und gegebenenfalls für diese eine Zulagenummer zu vergeben bzw. ein Zulagekonto anlegen zu können. Aus dem Tatbestand, dass die ausgleichsberechtigte Person die Übertragung in eine förderbare Zielversorgung gewählt hat, für die die Verfahrensgrundsätze des Abschnitts XI EStG gelten, leitet sich neben der Antragsfiktion für die Vergabe einer Zulagenummer auch die Berechtigung des Anbieters zur Erhebung der hierfür notwendigen Daten her.

429 Erfolgt die interne Teilung und damit verbunden die Übertragung eines Anrechts im Bereich der betrieblichen Altersversorgung, erlangt die ausgleichsberechtigte Person die versorgungsrechtliche Stellung eines ausgeschiedenen Arbeitnehmers im Sinne des BetrAVG (§ 12 VersAusglG). Damit erlangt sie bei einem Pensionsfonds, einer Pensionskasse oder einer Direktversicherung auch das Recht zur Fortsetzung der betrieblichen Versorgung mit eigenen Beiträgen, die nach § 82 Abs. 2 Buchstabe b EStG zu den Altersvorsorgebeiträgen gehören können, wenn ein Fortsetzungsrecht bei der ausgleichspflichtigen Person für die Versorgung bestanden hätte. Rz. 335 ff. gelten entsprechend.

430 Die ZfA teilt der ausgleichspflichtigen Person den Umfang der auf die Ehezeit entfallenden steuerlichen Förderung nach § 10a/Abschnitt XI EStG mit. Diese Mitteilung beinhaltet die beitragsjahrbezogene Auflistung der ermittelten Zulagen sowie die nach § 10a Abs. 4 EStG gesondert festgestellten Beträge, soweit der ZfA diese bekannt sind, für die innerhalb der Ehezeit liegenden Beitragsjahre. Für die Beitragsjahre, in die der Beginn oder das Ende der Ehezeit

fällt, wird die Förderung monatsweise zugeordnet, indem jeweils ein Zwölftel der für das betreffende Beitragsjahr gewährten Förderung den zu der Ehezeit zählenden Monaten zugerechnet wird. Die monatsweise Zuordnung erfolgt unabhängig davon, ob die für diese Beitragsjahre gezahlten Beiträge vor, nach oder während der Ehezeit auf den Altersvorsorgevertrag eingezahlt wurden. Die Mitteilung der Höhe der für den Vertrag insgesamt gewährten Förderung ist kein Verwaltungsakt.

Soweit das während der Ehezeit gebildete geförderte Altersvorsorgevermögen im Rahmen des § 93 Abs. 1a Satz 1 EStG übertragen wird, geht die steuerliche Förderung mit allen Rechten und Pflichten auf die ausgleichsberechtigte Person über. Dies hat zur Folge, dass im Fall einer schädlichen Verwendung des geförderten Altersvorsorgevermögens derjenige Ehegatte die Förderung zurückzahlen muss, der über das ihm zugerechnete geförderte Altersvorsorgevermögen schädlich verfügt. Leistungen aus dem geförderten Altersvorsorgevermögen sind beim Leistungsempfänger nachgelagert zu besteuern. Die Feststellung der geänderten Zuordnung der steuerlichen Förderung erfolgt beitragsjahrbezogen durch die ZfA. Sie erteilt sowohl der ausgleichspflichtigen als auch der ausgleichsberechtigten Person einen Feststellungsbescheid über die Zuordnung der nach § 10a Abs. 4 EStG gesondert festgestellten Beträge sowie der ermittelten Zulagen. Einwände gegen diese Bescheide können nur erhoben werden, soweit sie sich gegen die geänderte Zuordnung der steuerlichen Förderung richten. Nach Eintritt der Unanfechtbarkeit dieser Feststellungsbescheide werden auch die Anbieter durch einen Datensatz nach § 90 Abs. 2 Satz 6 EStG von der ZfA über die geänderte Zuordnung informiert. 431

Die ZfA kann die Mitteilung über den Umfang der auf die Ehezeit entfallenden steuerlichen Förderung (§ 93 Abs. 1a Satz 2 EStG, vgl. Rz. **430**) und den Feststellungsbescheid über die geänderte Zuordnung der steuerlichen Förderung (§ 93 Abs. 1a Satz 5 EStG, vgl. Rz. **431**) an die ausgleichspflichtige Person in einem Schreiben zusammenfassen, sofern deutlich wird, dass ein Einspruch nur zulässig ist, soweit er sich gegen die Zuordnung der steuerlichen Förderung richtet. 432

Bei der Übertragung im Sinne des § 93 Abs. 1a EStG ist das übertragene Altersvorsorgevermögen zunächst als Kapitalbetrag ohne steuerliche Zuordnung zu behandeln. Bei Eingang der Mitteilung der ZfA über die geänderte Zuordnung für die Ehezeit hat der Anbieter diese Zuordnung in die steuerliche Bestandsführung zu übernehmen. In der Zeit von der Übertragung des Altersvorsorgevermögens bis zur Mitteilung der ZfA über die steuerliche Neuzuordnung der Förderung sind Auszahlungen aus dem Vertrag nur insoweit zulässig, als 433 für ggf. zurückzuzahlende Förderungen noch ausreichend Kapital zur Verfügung steht.

434 Stellt die ausgleichspflichtige Person nach der Übertragung im Sinne des § 93 Abs. 1a Satz 1 EStG einen Antrag auf Altersvorsorgezulage für ein Beitragsjahr in der Ehezeit, sind bei der Ermittlung des Zulageanspruchs die gesamten von der ausgleichspflichtigen Person gezahlten Altersvorsorgebeiträge des Beitragsjahres – also auch der übertragene Teil der Altersvorsorgebeiträge – zugrunde zu legen. Die Zulage wird vollständig dem Vertrag der ausgleichspflichtigen Person gutgeschrieben. Die Zuordnung der Steuerverstrickung auf die ausgleichspflichtige und die ausgleichsberechtigte Person erfolgt, als wenn die Zulage bereits vor der Übertragung dem Vertrag gutgeschrieben worden wäre.

435 Werden nach Erteilung der Mitteilung über den Umfang der auf die Ehezeit entfallenden steuerlichen Förderung und der Feststellungsbescheide über die geänderte Zuordnung der steuerlichen Förderung für die Ehezeit Ermittlungsergebnisse getroffen, aufgehoben oder geändert, so hat die ZfA eine geänderte Mitteilung über den Umfang der auf die Ehezeit entfallenden steuerlichen Förderung zu erteilen und die Feststellungsbescheide über die geänderte Zuordnung der steuerlichen Förderung nach § 175 **Abs. 1 Satz 1 Nr. 2** AO zu ändern. **Dies gilt auch, wenn die ZfA nachträglich eine Mitteilung des Finanzamts über gesondert festgestellte Beträge nach § 10a Abs. 4 EStG für Veranlagungszeiträume in der Ehezeit erhält.** Nach Eintritt der Unanfechtbarkeit dieser geänderten Feststellungsbescheide werden auch die Anbieter durch einen Datensatz nach § 90 Abs. 2 Satz 6 EStG von der ZfA über die geänderte Zuordnung informiert.

V. Leistungen an die ausgleichsberechtigte Person als Arbeitslohn

436 Nach § 19 Abs. 1 **Satz 1** Nr. 2 EStG sind Leistungen, die die ausgleichsberechtigte Person aufgrund der internen oder externen Teilung später aus einer Direktzusage oder von einer Unterstützungskasse erhält, Einkünfte aus nichtselbständiger Arbeit; Rz. **371** gilt entsprechend. Sie unterliegen der Lohnsteuererhebung nach den allgemeinen Regelungen. Bei der ausgleichspflichtigen Person liegen Einkünfte aus nichtselbständiger Arbeit nur hinsichtlich der durch die Teilung gekürzten Leistungen vor.

437 Sowohl bei der ausgleichspflichtigen Person als auch bei der ausgleichsberechtigten Person werden der Arbeitnehmer-Pauschbetrag (§ 9a Satz 1 Nr. 1 Buchstabe a EStG) oder, soweit die Voraussetzungen dafür jeweils vorliegen, der

Pauschbetrag für Werbungskosten (§ 9a Satz 1 Nr. 1 Buchstabe b EStG), der Versorgungsfreibetrag und der Zuschlag zum Versorgungsfreibetrag (§ 19 Abs. 2 EStG) berücksichtigt. Die steuerlichen Abzugsbeträge sind nicht auf die ausgleichspflichtige Person und die ausgleichsberechtigte Person aufzuteilen.

Zur Neuberechnung des Versorgungsfreibetrags und des Zuschlags zum Versorgungsfreibetrag vgl. Rz. 413.

438

D. Anwendungsregelung

Teil B dieses Schreibens (Rz. 284–399) ist mit Wirkung ab dem Zeitpunkt der Veröffentlichung dieses Schreibens im Bundessteuerblatt anzuwenden. Im Übrigen ist dieses Schreiben mit Wirkung ab 1. Januar 2012 anzuwenden.

439

Teil B (Rz. 247–355) und Rz. 392 des BMF-Schreibens vom 31. März 2010 – IV C 3 – S 2222/09/10041 –/– IV C 5 – S 2333/07/0003 –, BStBl I S. 270 werden mit Wirkung ab dem Zeitpunkt der Veröffentlichung dieses Schreibens im Bundessteuerblatt aufgehoben. Im Übrigen wird das genannte BMF-Schreiben ab 1. Januar 2012 aufgehoben.

440

Abweichend von Rz. 439 sind die Rz. 219 und 220 erst ab 1. Januar 2013 anzuwenden.

Dieses Schreiben ist mit Wirkung ab 1. Januar 2014 anzuwenden. Abweichend hiervon ist die Neufassung der Rz. 425 bereits ab 1. Juli 2013 anzuwenden.

Anlage 1

Pflichtversicherte in der inländischen gesetzlichen Rentenversicherung (§ 10a Abs. 1 Satz 1 Halbsatz 1 EStG) und Pflichtversicherte nach dem Gesetz über die Alterssicherung der Landwirte (§ 10a Abs. 1 Satz 3 EStG) / Nicht begünstigter Personenkreis

A. Pflichtversicherte in der inländischen gesetzlichen Rentenversicherung (§ 10a Abs. 1 Satz 1 Halbsatz 1 EStG)

1. Personen, die gegen Arbeitsentgelt oder zu ihrer Berufsausbildung beschäftigt sind (§ 1 Satz 1 Nr. 1 des Sechsten Buches Sozialgesetzbuch – SGB VI –).

   Hierzu gehören auch geringfügig beschäftigte Personen im Sinne des § 8 Abs. 1 Nr. 1 oder § 8a i. V. m. § 8 Abs. 1 Nr. 1 des Vierten Buches Sozialgesetzbuch (SGB IV), die nicht von der Versicherungspflicht nach § 6 Abs. 1b SGB VI befreit sind.

   Hierzu **gehörten bis zum 31. Dezember 2012 ferner** geringfügig beschäftigte Personen im Sinne des § 8 Abs. 1 Nr. 1 SGB IV, die **auf die Versicherungs-**

freiheit nach § 5 Abs. 2 Satz 2 SGB VI (i. d. F. bis 31. Dezember 2012) verzichtet und den pauschalen Arbeitgeberbeitrag zur gesetzlichen Rentenversicherung auf den vollen Beitragssatz **aufgestockt haben (zum Übergangsrecht siehe Nr. 35 und 42)**.

Auch während des Bezuges von Kurzarbeitergeld nach dem Dritten Buch Sozialgesetzbuch (SGB III) besteht die Versicherungspflicht fort.

Teilnehmer an dualen Studiengängen stehen den Beschäftigten zur Berufsausbildung im Sinne von § 1 Satz 1 Nr. 1 SGB VI gleich (§ 1 Satz 5 SGB VI).

2. Behinderte Menschen, die in anerkannten Werkstätten für behinderte Menschen oder in Blindenwerkstätten im Sinne des § 143 SGB IX oder für diese Einrichtungen in Heimarbeit tätig sind (§ 1 Satz 1 Nr. 2 Buchstabe a SGB VI).

3. Behinderte Menschen, die in Anstalten, Heimen oder gleichartigen Einrichtungen in gewisser Regelmäßigkeit eine Leistung erbringen, die einem Fünftel der Leistung eines voll erwerbsfähigen Beschäftigten in gleichartiger Beschäftigung entspricht; hierzu zählen auch Dienstleistungen für den Träger der Einrichtung (§ 1 Satz 1 Nr. 2 Buchstabe b SGB VI).

4. Personen, die in Einrichtungen der Jugendhilfe oder in Berufsbildungswerken oder ähnlichen Einrichtungen für behinderte Menschen für eine Erwerbstätigkeit befähigt werden sollen; **dies gilt auch für Personen während der betrieblichen Qualifizierung im Rahmen der Unterstützten Beschäftigung nach § 38a SGB IX** (§ 1 Satz 1 Nr. 3 SGB VI).

5. Auszubildende, die in einer außerbetrieblichen Einrichtung im Rahmen eines Berufsausbildungsvertrags nach dem Berufsbildungsgesetz ausgebildet werden (§ 1 Satz 1 Nr. 3a SGB VI).

6. Mitglieder geistlicher Genossenschaften, Diakonissen und Angehörige ähnlicher Gemeinschaften während ihres Dienstes für die Gemeinschaft und während der Zeit ihrer außerschulischen Ausbildung (§ 1 Satz 1 Nr. 4 SGB VI).

7. Schwestern vom Deutschen Roten Kreuz.

8. Helfer im freiwilligen sozialen Jahr **nach dem Jugendfreiwilligendienstgesetz**.

9. Helfer im freiwilligen ökologischen Jahr **nach dem Jugendfreiwilligendienstgesetz**.

10. Helfer im Bundesfreiwilligendienst.

11. Heimarbeiter.
12. Seeleute (Mitglieder der Schiffsbesatzung von Binnenschiffen oder deutschen Seeschiffen).
13. Bezieher von Ausgleichsgeld nach dem Gesetz zur Förderung der Einstellung der landwirtschaftlichen Erwerbstätigkeit.
14. Selbständig tätige Lehrer und Erzieher, die im Zusammenhang mit ihrer selbständigen Tätigkeit keinen versicherungspflichtigen Arbeitnehmer beschäftigen (§ 2 Satz 1 Nr. 1 SGB VI).
15. Pflegepersonen, die in der Kranken-, Wochen-, Säuglings- oder Kinderpflege tätig sind und im Zusammenhang mit ihrer selbständigen Tätigkeit keinen versicherungspflichtigen Arbeitnehmer beschäftigen (§ 2 Satz 1 Nr. 2 SGB VI).
16. Selbständig tätige Hebammen und Entbindungspfleger (§ 2 Satz 1 Nr. 3 SGB VI).
17. Selbständig tätige Seelotsen der Reviere im Sinne des Gesetzes über das Seelotswesen (§ 2 Satz 1 Nr. 4 SGB VI).
18. Selbständige Künstler und Publizisten (§ 2 Satz 1 Nr. 5 SGB VI), wenn sie die künstlerische oder publizistische Tätigkeit erwerbsmäßig und nicht nur vorübergehend ausüben und im Zusammenhang mit der künstlerischen oder publizistischen Tätigkeit nicht mehr als einen Arbeitnehmer beschäftigen, es sei denn, die Beschäftigung erfolgt zur Berufsausbildung oder ist geringfügig im Sinne des § 8 SGB IV.
19. Selbständig tätige Hausgewerbetreibende (§ 2 Satz 1 Nr. 6 SGB VI).
20. Selbständig tätige Küstenschiffer und Küstenfischer, die zur Besatzung ihres Fahrzeuges gehören oder als Küstenfischer ohne Fahrzeug fischen und regelmäßig nicht mehr als vier versicherungspflichtige Arbeitnehmer beschäftigen (§ 2 Satz 1 Nr. 7 SGB VI).
21. Gewerbetreibende, die in die Handwerksrolle eingetragen sind und in ihrer Person die für die Eintragung in die Handwerksrolle erforderlichen Voraussetzungen erfüllen, wobei Handwerksbetriebe im Sinne der §§ 2 und 3 der Handwerksordnung sowie Betriebsfortführungen aufgrund von § 4 der Handwerksordnung außer Betracht bleiben; ist eine Personengesellschaft in die Handwerksrolle eingetragen, gilt als Gewerbetreibender, wer als Gesellschafter in seiner Person die Voraussetzungen für die Eintragung in die Handwerksrolle erfüllt (§ 2 Satz 1 Nr. 8 SGB VI).

22. Personen, die im Zusammenhang mit ihrer selbständigen Tätigkeit regelmäßig keinen versicherungspflichtigen Arbeitnehmer beschäftigen und auf Dauer und im Wesentlichen nur für einen Auftraggeber tätig sind; bei Gesellschaftern gelten als Auftraggeber die Auftraggeber der Gesellschaft (§ 2 Satz 1 Nr. 9 SGB VI).

Versicherungspflichtig sind ferner Personen in der Zeit,

23. für die ihnen Kindererziehungszeiten anzurechnen sind (§ 3 Satz 1 Nr. 1 SGB VI).

Versicherungspflicht wegen Kindererziehung besteht für die ersten 36 Kalendermonate nach dem Geburtsmonat des Kindes (§ 56 Abs. 5 SGB VI). Werden innerhalb des 36-Kalendermonatszeitraumes mehrere Kinder erzogen (z. B. bei Mehrlingsgeburten), verlängert sich die Zeit der Versicherung um die Anzahl an Kalendermonaten, in denen gleichzeitig mehrere Kinder erzogen werden. Dies gilt auch für Elternteile, die während der Erziehungszeit Anwartschaften auf Versorgung im Alter nach beamtenrechtlichen Vorschriften oder Grundsätzen oder entsprechenden kirchenrechtlichen Regelungen oder nach den Regelungen einer berufsständischen Versorgungseinrichtung aufgrund der Erziehung erworben haben, die systembezogen nicht gleichwertig berücksichtigt wird wie die Kindererziehung nach dem SGB VI.

24. in der sie einen Pflegebedürftigen im Sinne des § 14 SGB XI nicht erwerbsmäßig wenigstens 14 Stunden wöchentlich in seiner häuslichen Umgebung pflegen, wenn der Pflegebedürftige Anspruch auf Leistungen aus der sozialen oder einer privaten Pflegeversicherung hat; **dies gilt ab 1. Januar 2013 auch, wenn die Mindeststundenzahl nur durch die Pflege mehrerer Pflegebedürftiger erreicht wird** (nicht erwerbsmäßig tätige Pflegepersonen – § 3 Satz 1 Nr. 1a SGB VI).

25. in der sie aufgrund gesetzlicher Pflicht Wehrdienst oder Zivildienst (**längstens bis 31. Dezember 2011**) leisten (§ 3 Satz 1 Nr. 2 SGB VI. **Der zum 1. Juli 2011 neu eingeführte freiwillige Wehrdienst (für Männer und Frauen) führt zur Versicherungspflicht nach dieser Vorschrift.**

26. in der sie sich in einem Wehrdienstverhältnis besonderer Art befinden, wenn sich der Einsatzunfall während einer Zeit ereignet hat, in der Versicherungspflicht als Wehrdienstleistender bestand (§ 3 Satz 1 Nr. 2a SGB VI); die Versicherungspflicht für Einsatzgeschädigte kann frühestens ab 18. Dezember 2007 eintreten.

27. für die sie von einem Leistungsträger Krankengeld (seit 1. August 2012 auch Krankengeld bei Spende von Organen oder Geweben), Verletztengeld, Versorgungskrankengeld, Übergangsgeld oder Arbeitslosengeld beziehen, wenn sie im letzten Jahr vor Beginn der Leistung zuletzt versicherungspflichtig waren; der Zeitraum von einem Jahr verlängert sich um Anrechnungszeiten wegen des Bezugs von Arbeitslosengeld II (§ 3 Satz 1 Nr. 3 SGB VI).

28. für die sie ab 1. August 2012 von einem privaten Krankenversicherungsunternehmen, von einem Beihilfeträger des Bundes, von einem sonstigen öffentlich-rechtlichen Träger von Kosten in Krankheitsfällen auf Bundesebene, von dem Träger der Heilfürsorge im Bereich des Bundes, von dem Träger der truppenärztlichen Versorgung oder von einem öffentlich-rechtlichen Träger von Kosten in Krankheitsfällen auf Landesebene, soweit das Landesrecht dies vorsieht, Leistungen für den Ausfall von Arbeitseinkünften im Zusammenhang mit einer nach den §§ 8 und 8a des Transplantationsgesetzes erfolgenden Spende von Organen oder Geweben beziehen, wenn sie im letzten Jahr vor Beginn dieser Zahlung zuletzt versicherungspflichtig waren; der Zeitraum von einem Jahr verlängert sich um Anrechnungszeiten wegen des Bezugs von Arbeitslosengeld II (§ 3 Satz 1 Nr. 3a SGB VI).

29. für die sie Vorruhestandsgeld beziehen, wenn sie unmittelbar vor Beginn der Leistung versicherungspflichtig waren (§ 3 Satz 1 Nr. 4 SGB VI).

Nach Übergangsrecht im SGB VI bleiben in dieser Beschäftigung oder Tätigkeit weiterhin versicherungspflichtig:

30. Mitglieder des Vorstands einer Aktiengesellschaft, die am 31. Dezember 1991 versicherungspflichtig waren (§ 229 Abs. 1 Satz 1 Nr. 1 SGB VI).

31. Selbständig tätige Lehrer, Erzieher oder Pflegepersonen, die am 31. Dezember 1991 im Zusammenhang mit ihrer selbständigen Tätigkeit keinen Angestellten, aber mindestens einen Arbeiter beschäftigt haben (§ 229 Abs. 1 Satz 1 Nr. 2 SGB VI).

32. Mitglieder des Vorstands einer Aktiengesellschaft, die am 6. November 2003 in einer weiteren Beschäftigung oder selbständigen Tätigkeit nicht versicherungspflichtig waren und die Versicherungspflicht bis zum 31. Dezember 2004 beantragt haben (§ 229 Abs. 1a Satz 2 SGB VI).

33. Personen, die am 28. Juni 2011 aufgrund einer Beschäftigung im Ausland bei einer amtlichen Vertretung des Bundes oder der Länder oder bei deren Leitern, deutschen Mitgliedern oder Bediensteten versicherungspflichtig

waren und keine Beendigung der Versicherungspflicht beantragt haben (§ 229 Abs. 1b SGB VI).

34. Handwerker, die am 31. Dezember 2003 versicherungspflichtig waren und in dieser Tätigkeit **weiterhin** versicherungspflichtig **sind** (§ 229 Abs. 2a SGB VI).

35. Personen, die am 31. Dezember 2012 als Beschäftigte nach § 5 Abs. 2 Satz 2 SGB VI i. d. F. bis 31. Dezember 2012 wegen Verzichts auf die Versicherungsfreiheit in einer geringfügigen Beschäftigung oder mehreren geringfügigen Beschäftigungen versicherungspflichtig waren (§ 229 Abs. 5 Satz 1 SGB VI) und den Arbeitgeberbeitrag i. H. v. 15 % zur Rentenversicherung durch eigene Beiträge aufstocken.

36. nach dem Recht ab 1. April 2003 geringfügig Beschäftigte oder selbständig Tätige, die nach dem bis 31. März 2003 geltenden Recht ohne Verzicht auf die Versicherungsfreiheit (§ 5 Abs. 2 Satz 2 SGB VI i. d. F. bis 31. Dezember 2012) versicherungspflichtig waren, wenn sie nicht die Befreiung von der Versicherungspflicht beantragt haben (§ 229 Abs. 6 SGB VI).

37. Selbständig Tätige, die am 31. Dezember 2012 versicherungspflichtig waren und deren Tätigkeit die Merkmale einer geringfügigen Tätigkeit in der ab dem 1. Januar 2013 geltenden Fassung erfüllt, bleiben in dieser selbständigen Tätigkeit bis zum 31. Dezember 2014 versicherungspflichtig (§ 229 Abs. 7 Satz 2 SGB VI).

38. Personen, die am 31. Dezember 1991 im Beitrittsgebiet als **selbständige Tätige** versicherungspflichtig waren, und nicht ab 1. Januar 1992 nach §§ 1 bis 3 SGB VI versicherungspflichtig geworden sind, **blieben in dieser Tätigkeit versicherungspflichtig, wenn sie** keine Beendigung der Versicherungspflicht beantragt haben (§ 229a Abs. 1 SGB VI).

39. Selbständig tätige Landwirte im Beitrittsgebiet, die die Voraussetzungen des § 2 Abs. 1 Nr. 1 des Zweiten Gesetzes über die Krankenversicherung der Landwirte erfüllt haben, in der Krankenversicherung der Landwirte als Unternehmer versichert waren und am 1. Januar 1995 versicherungspflichtig waren, blieben in dieser Tätigkeit versicherungspflichtig (§ 229a Abs. 2 SGB VI).

40. Personen, die am 31. Dezember 1991 als Beschäftigte von Körperschaften, Anstalten oder Stiftungen des öffentlichen Rechts oder ihrer Verbände versicherungspflichtig waren (§ 230 Abs. 2 Nr. 1 SGB VI).

41. Personen, die am 31. Dezember 1991 als satzungsgemäße Mitglieder geistlicher Genossenschaften, Diakonissen oder Angehörige ähnlicher Gemeinschaften versicherungspflichtig waren (§ 230 Abs. 2 Nr. 2 SGB VI).

42. Geringfügig beschäftigte Personen, die am 31. Dezember 2012 nach § 5 Abs. 2 Satz 1 Nr. 1 SGB VI i. d. F. bis zum 31. Dezember 2012 versicherungsfrei waren, nach dem 31. Dezember 2012 auf die Versicherungsfreiheit verzichten (§ 230 Abs. 8 Satz 2 SGB VI) und den Arbeitgeberbeitrag i. H. v. 15 % zur Rentenversicherung durch eigene Beiträge aufstocken.

Auf Antrag sind versicherungspflichtig:

43. Entwicklungshelfer, die Entwicklungsdienst oder Vorbereitungsdienst leisten (§ 4 Abs. 1 Satz 1 Nr. 1 SGB VI).

44. **Staatsangehörige der EU, des EWR oder der Schweiz**, die für eine begrenzte Zeit im Ausland beschäftigt sind (§ 4 Abs. 1 Satz 1 Nr. 2 SGB VI).

45. **Staatsangehörige der EU, des EWR oder der Schweiz, die im Ausland bei einer amtlichen Vertretung des Bundes oder der Länder oder deren Leiter, Mitglied oder Bediensteten beschäftigt sind.**

46. Personen, die nicht nur vorübergehend selbständig tätig sind, wenn sie die Versicherungspflicht innerhalb von fünf Jahren nach der Aufnahme der selbständigen Tätigkeit oder dem Ende der Versicherungspflicht aufgrund dieser Tätigkeit beantragen (§ 4 Abs. 2 SGB VI).

47. Personen, die Krankengeld, Verletztengeld, Versorgungskrankengeld, Übergangsgeld **oder** Arbeitslosengeld **oder ab 1. August 2012 Leistungen für den Ausfall von Arbeitseinkünften** beziehen, aber nicht **nach § 3 Satz 1 Nr. 3** oder 3a SGB VI versicherungspflichtig **sind** (§ 4 Abs. 3 Satz 1 Nr. 1 SGB VI).

48. Personen, die nur deshalb keinen Anspruch auf Krankengeld haben, weil sie nicht in der gesetzlichen Krankenversicherung versichert sind oder in der gesetzlichen Krankenversicherung ohne Anspruch auf Krankengeld versichert sind, u. a. für die Zeit der Arbeitsunfähigkeit, wenn sie im letzten Jahr vor Beginn der Arbeitsunfähigkeit zuletzt versicherungspflichtig waren, längstens jedoch für 18 Monate (§ 4 Abs. 3 Satz 1 Nr. 2 SGB VI).

B. Pflichtversicherte nach dem Gesetz über die Alterssicherung der Landwirte (§ 10a Abs. 1 Satz 3 EStG)

Hierzu gehören insbesondere

1. versicherungspflichtige Landwirte,
2. versicherungspflichtige Ehegatten/**Lebenspartner** von Landwirten,

3. versicherungspflichtige mitarbeitende Familienangehörige,
4. ehemalige Landwirte, die nach Übergangsrecht weiterhin unabhängig von einer Tätigkeit als Landwirt oder mitarbeitender Familienangehöriger versicherungspflichtig sind.

C. Nicht begünstigter Personenkreis

Nicht zum Kreis der zulageberechtigten Personen gehören:

1. Freiwillig Versicherte in der gesetzlichen Rentenversicherung (vgl. §§ 7, 232 SGB VI)

2. Von der Versicherungspflicht in der gesetzlichen Rentenversicherung befreite Personen für die Zeit der Befreiung; das sind insbesondere

   a) Angestellte und selbständig Tätige für die Beschäftigung oder selbständige Tätigkeit, wegen der sie aufgrund einer durch Gesetz angeordneten oder auf Gesetz beruhenden Verpflichtung Mitglied einer öffentlich-rechtlichen Versicherungseinrichtung oder Versorgungseinrichtung ihrer Berufsgruppe (berufsständische Versorgungseinrichtung für z. B. Ärzte, Architekten, Rechtsanwälte) und zugleich kraft gesetzlicher Verpflichtung Mitglied einer berufsständischen Kammer sind. Für die Befreiung sind weitere Voraussetzungen zu erfüllen (§ 6 Abs. 1 Satz 1 Nr. 1 SGB VI),

   b) **Lehrer und Erzieher an nichtöffentlichen Schulen oder Anstalten (private Ersatzschulen)** (§ 6 Abs. 1 Satz 1 Nr. 2 SGB VI, **§ 231 Abs. 7 und 8 SGB VI**),

   c) **Gewerbetreibende im Handwerksbetrieb, wenn für sie mindestens 18 Jahre lang Pflichtbeiträge gezahlt worden sind** (§ 6 Abs. 1 Satz 1 Nr. 4 SGB VI),

   d) Selbständige mit einem Auftraggeber als sog. Existenzgründer (§ 6 Abs. 1a SGB VI),

   e) **Personen, die eine geringfügige Beschäftigung im Sinne des § 8 Abs. 1 Nr. 1 oder § 8a i. V. m. § 8 Abs. 1 Nr. 1 SGB VI ausüben und nach § 6 Abs. 1b SGB VI von der Versicherungspflicht befreit sind,**

   f) Personen, die am 31. Dezember 1991 von der Versicherungspflicht befreit waren (§ 231 Abs. 1 SGB VI),

   g) Selbständige mit einem Auftraggeber, die bereits **am 31. Dezember 1998** diese Tätigkeit ausübten und weitere Voraussetzungen erfüllen (§ 231 Abs. 5 SGB VI),

   h) Selbständige (z. B. Lehrer, Erzieher, Pflegepersonen), die bereits am 31. Dezember 1998 nach § 2 Satz 1 Nr. 1 bis 3, § 229a Abs. 1 SGB VI versicherungspflichtig waren und weitere Voraussetzungen erfüllen (§ 231 Abs. 6 SGB VI),

i) unter bestimmten Voraussetzungen deutsche Seeleute, die auf einem Seeschiff beschäftigt sind, das nicht berechtigt ist, die Bundesflagge zu führen (§ 231 Abs. 7 SGB VI **i. d. F. bis 31. Dezember 2008**),

j) selbständig Tätige, die am 31. Dezember 1991 im Beitrittsgebiet aufgrund eines Versicherungsvertrages von der Versicherungspflicht befreit waren, es sei denn sie haben bis zum 31. Dezember 1994 erklärt, dass die Befreiung von der Versicherungspflicht enden soll (§ 231a SGB VI).

3. In der gesetzlichen Rentenversicherung versicherungsfreie Personen; das sind insbesondere

a) geringfügig Beschäftigte, die den Arbeitgeberbeitrag i. H. v. 15 % zur Rentenversicherung nicht durch eigene Beiträge aufstocken (§ 5 Abs. 2 **Satz 1** Nr. 1 SGB VI i. V. m. §§ 8 Abs. 1, 8a SGB IV **[bis zum 31. Dezember 2012]**, § 230 Abs. 8 Satz 1 SGB VI **[ab 1. Januar 2013**

b) selbständig Tätige, die wegen der Geringfügigkeit der Tätigkeit versicherungsfrei sind (§ 5 Abs. 2 **Satz 1** Nr. 2 SGB VI i. V. m. § 8 Abs. 3 SGB IV),

c) Personen, die eine geringfügige nicht erwerbsmäßige Pflegetätigkeit ausüben (§ 5 Abs. 2 Satz 1 Nr. 3 SGB VI),

d) Personen, die während der Dauer eines Studiums als ordentliche Studierende einer Fachschule oder Hochschule ein Praktikum ableisten, das in ihrer Studienordnung oder Prüfungsordnung vorgeschrieben ist (§ 5 Abs. 3 SGB VI),

e) Bezieher einer Vollrente wegen Alters (§ 5 Abs. 4 Nr. 1 SGB VI),

f) Personen, die nach beamtenrechtlichen Vorschriften oder Grundsätzen oder entsprechenden kirchenrechtlichen Regelungen oder einer berufsständischen Versorgungseinrichtung eine Versorgung nach Erreichen einer Altersgrenze beziehen oder die in der Gemeinschaft übliche Versorgung im Alter erhalten (§ 5 Abs. 4 Nr. 2 SGB VI),

g) Personen, die bis zum Erreichen der Regelaltersgrenze nicht in der gesetzlichen Rentenversicherung versichert waren oder nach Erreichen der Regelaltersgrenze eine Beitragserstattung aus ihrer Versicherung bei der **inländischen** gesetzlichen Rentenversicherung erhalten haben (§ 5 Abs. 4 Nr. 3 SGB VI),

h) Polizeivollzugsbeamte auf Widerruf, Handwerker, Mitglieder der Pensionskasse deutscher Eisenbahnen und Straßenbahnen sowie Versorgungsbezieher, die am 31. Dezember 1991 versicherungsfrei waren (§ 230 Abs. 1 SGB VI),

4. Ohne Vorliegen von Versicherungspflicht in der gesetzlichen Rentenversicherung

a) **nicht versicherungspflichtige** selbständig Tätige,

b) **selbständig tätige** Handwerker, die am 31. Dezember 1991 **in ihrer Tätigkeit** nicht versicherungspflichtig waren (§ 229 Abs. 2 SGB VI),

c) selbständig Tätige, die am 31. Dezember 2012 nicht versicherungspflichtig waren, weil sie versicherungspflichtige Arbeitnehmer beschäftigt haben, bleiben in dieser Tätigkeit nicht versicherungspflichtig, wenn der beschäftigte Arbeitnehmer nicht geringfügig beschäftigt in der bis zum 31. Dezember 2012 geltenden Fassung ist (§ 229 Abs. 7 Satz 1 SGB VI),

d) Vorstandsmitglieder von Aktiengesellschaften in der Beschäftigung als Vorstand und weiteren Beschäftigungen in Konzernunternehmen (§ 1 Satz 3 [bis zum 28. Juni 2011 Satz 4] SGB VI). Bis zum 31. Dezember 2003 waren Vorstandsmitglieder von Aktiengesellschaften in allen Beschäftigungen, d. h. auch außerhalb des Konzerns nicht versicherungspflichtig. Seit dem 1. Januar 2004 besteht in Nebenbeschäftigungen **außerhalb des Konzerns** nur dann keine Versicherungspflicht, wenn die Nebenbeschäftigung bereits am 6. November 2003 ausgeübt wurde (§ 229 Abs. 1a **Satz 1** SGB VI),

e) Mitglieder des Deutschen Bundestages, der Landtage sowie des Europäischen Parlaments.

Anlage 2

Begünstigter Personenkreis nach § 10a Abs. 1 Satz 1 Halbsatz 2 EStG

1. Empfänger von **inländischer** Besoldung nach dem Bundesbesoldungsgesetz oder einem entsprechenden Landesbesoldungsgesetz (§ 10a Abs. 1 Satz 1 Halbsatz 2 Nr. 1 EStG), insbesondere:

a) Bundesbeamte, Beamte der Länder, der Gemeinden, der Gemeindeverbände sowie der sonstigen der Aufsicht eines Landes unterstehenden Körperschaften, Anstalten und Stiftungen des öffentlichen Rechts; hierzu gehören nicht die Ehrenbeamten,

b) Richter des Bundes und der Länder; hierzu gehören nicht die ehrenamtlichen Richter,

c) Berufssoldaten und Soldaten auf Zeit.

2. Empfänger von Amtsbezügen aus einem **inländischen** Amtsverhältnis (§ 10a Abs. 1 Satz 1 Halbsatz 2 Nr. 2 EStG)

   In einem öffentlich-rechtlichen Amtsverhältnis stehen z. B. die Mitglieder der Regierung des Bundes oder eines Landes (z. B. § 1 Bundesministergesetz) sowie die Parlamentarischen Staatssekretäre auf Bundes- und Landesebene (z. B. § 1 Abs. 3 des Gesetzes über die Rechtsverhältnisse der Parlamentarischen Staatssekretäre).

3. Sonstige Beschäftigte von Körperschaften, Anstalten oder Stiftungen des öffentlichen Rechts, deren Verbänden einschließlich der Spitzenverbände oder ihrer Arbeitsgemeinschaften (§ 10a Abs. 1 Satz 1 Halbsatz 2 Nr. 3 EStG), wenn ihnen nach beamtenrechtlichen Vorschriften oder Grundsätzen oder entsprechenden kirchenrechtlichen Regelungen Anwartschaft auf Versorgung bei verminderter Erwerbsfähigkeit und im Alter sowie auf Hinterbliebenenversorgung gewährleistet und die Gewährleistung gesichert ist, u. a. rentenversicherungsfreie Kirchenbeamte und Geistliche in öffentlich-rechtlichen Dienstverhältnissen.

4. Satzungsmäßige Mitglieder geistlicher Genossenschaften, Diakonissen oder Angehörige ähnlicher Gemeinschaften (§ 10a Abs. 1 Satz 1 Halbsatz 2 Nr. 3 EStG), wenn ihnen nach den Regeln der Gemeinschaft Anwartschaft auf die in der Gemeinschaft übliche Versorgung bei verminderter Erwerbsfähigkeit und im Alter gewährleistet und die Gewährleistung gesichert ist.

5. Lehrer oder Erzieher, die an nichtöffentlichen Schulen oder Anstalten beschäftigt sind (§ 10a Abs. 1 Satz 1 Halbsatz 2 Nr. 3 EStG), wenn ihnen nach beamtenrechtlichen Vorschriften oder Grundsätzen oder entsprechenden kirchenrechtlichen Regelungen Anwartschaft auf Versorgung bei verminderter Erwerbsfähigkeit und im Alter sowie auf Hinterbliebenenversorgung gewährleistet und die Gewährleistung gesichert ist.

6. Beamte, Richter, Berufssoldaten und Soldaten auf Zeit, die ohne Besoldung beurlaubt sind, für die Zeit einer Beschäftigung, wenn während der Beurlaubung die Gewährleistung einer Versorgungsanwartschaft unter den Voraussetzungen des § 5 Abs. 1 Satz 1 SGB VI auf diese Beschäftigung erstreckt wird (§ 10a Abs. 1 Satz 1 Halbsatz 2 Nr. 4 EStG).

7. Steuerpflichtige im Sinne der oben unter Ziffer 1. bis 6. aufgeführten, die beurlaubt sind und deshalb keine Besoldung, Amtsbezüge oder Entgelt erhalten, sofern sie eine Anrechnung von Kindererziehungszeiten nach § 56 SGB VI (d. h. im Sinne der **inländischen** gesetzlichen Rentenversiche-

rung) in Anspruch nehmen könnten, wenn die Versicherungsfreiheit in der **inländischen** gesetzlichen Rentenversicherung nicht bestehen würde.

In den Fällen der Nummern 2 bis 5 muss das Versorgungsrecht jedoch die Absenkung des Versorgungsniveaus in entsprechender Anwendung des § 69e Abs. 3 Satz 1 und Abs. 4 des Beamtenversorgungsgesetzes vorsehen.

Einkommensteuerrechtliche Behandlung von Vorsorgeaufwendungen und Altersbezügen

A. Abzug von Vorsorgeaufwendungen – § 10 EStG –

I. Sonderausgabenabzug für Beiträge nach § 10 Absatz 1 Nummer 2 EStG

1. Begünstigte Beiträge

a) Beiträge i. S. d. § 10 Absatz 1 Nummer 2 Satz 1 Buchstabe a EStG

aa) Beiträge zu den gesetzlichen Rentenversicherungen

Als Beiträge zur gesetzlichen Rentenversicherung sind Beiträge an folgende Träger der gesetzlichen Rentenversicherung zu berücksichtigen: 1

- Deutsche Rentenversicherung Bund,
- Deutsche Rentenversicherung Knappschaft-Bahn-See,
- Deutsche Rentenversicherung Regionalträger.

Die Beiträge können wie folgt erbracht und nachgewiesen werden: 2

Art der Beitragsleistung	Nachweis durch
Pflichtbeiträge aufgrund einer abhängigen Beschäftigung einschließlich des nach § 3 Nummer 62 EStG steuerfreien Arbeitgeberanteils	Lohnsteuerbescheinigung
Pflichtbeiträge aufgrund einer selbständigen Tätigkeit	Beitragsbescheinigung des Rentenversicherungsträgers oder der Künstlersozialkasse
freiwillige Beiträge	Beitragsbescheinigung des Rentenversicherungsträgers
Nachzahlung von freiwilligen Beiträgen	Beitragsbescheinigung des Rentenversicherungsträgers
freiwillige Zahlung von Beiträgen zum Ausgleich einer Rentenminderung (bei vorzeitiger Inanspruchnahme einer Altersrente) § 187a des Sechsten Buches Sozialgesetzbuch – SGB VI –	Beitragsbescheinigung des Rentenversicherungsträgers

freiwillige Zahlung von Beiträgen zum Auffüllen von Rentenanwartschaften, die durch einen Versorgungsausgleich gemindert worden sind § 187 SGB VI	Besondere Beitragsbescheinigung des Rentenversicherungsträgers
Abfindung von Anwartschaften auf betriebliche Altersversorgung § 187b SGB VI	Besondere Beitragsbescheinigung des Rentenversicherungsträgers

3   Bei selbständigen Künstlern und Publizisten, die nach Maßgabe des Künstlersozialversicherungsgesetzes versicherungspflichtig sind, ist als Beitrag zur gesetzlichen Rentenversicherung der von diesen entrichtete Beitrag an die Künstlersozialkasse zu berücksichtigen. Die Künstlersozialkasse fungiert als Einzugsstelle und nicht als Träger der gesetzlichen Rentenversicherung. Der Beitrag des Versicherungspflichtigen stellt den hälftigen Gesamtbeitrag dar. Der andere Teil wird in der Regel von der Künstlersozialkasse aufgebracht und setzt sich aus der Künstlersozialabgabe und einem Zuschuss des Bundes zusammen. Der von der Künstlersozialkasse gezahlte Beitragsanteil ist bei der Ermittlung der nach § 10 Absatz 1 Nummer 2 EStG zu berücksichtigenden Aufwendungen nicht anzusetzen.

4   Zu den Beiträgen zur gesetzlichen Rentenversicherung gehören auch Beiträge an ausländische gesetzliche Rentenversicherungsträger (vgl. BFH vom 24. Juni 2009, BStBl 2009 II S. 1000). **Die Übertragung von Anrechten auf eine zwischen- oder überstaatliche Einrichtung aufgrund eines Abkommens zur Begründung von Anrechten auf Altersversorgung ist steuerfrei nach § 3 Nummer 55e EStG. Das übertragene Vermögen ist nicht als Beitrag nach § 10 Absatz 1 Nummer 2 Satz 1 Buchstabe a EStG zu berücksichtigen.** Der Beitrag eines inländischen Arbeitgebers, den dieser an eine ausländische Rentenversicherung zahlt, ist dem Arbeitnehmer zuzurechnen, wenn die Abführung auf vertraglicher und nicht auf gesetzlicher Grundlage erfolgte (BFH vom 18. Mai 2004, BStBl 2004 II S. 1014). Die Anwendung des § 3 Nummer 62 EStG kommt in diesen Fällen nicht in Betracht.

bb) Beiträge zur landwirtschaftlichen Alterskasse

5   In der Alterssicherung der Landwirte können der Landwirt, sein Ehegatte, **sein Lebenspartner** oder in bestimmten Fällen mitarbeitende Familienangehörige versichert sein. Beiträge **zur** landwirtschaftlichen Alterskasse können, soweit sie zum Aufbau einer eigenen Altersversorgung führen, von dem zur Zahlung Verpflichteten als Beiträge i. S. d. § 10 Absatz 1 Nummer 2 Satz 1 Buchstabe a EStG geltend gemacht werden. Werden dem Versicherungspflichtigen aufgrund des

Gesetzes zur Alterssicherung der Landwirte Beitragszuschüsse gewährt, mindern diese die nach § 10 Absatz 1 Nummer 2 Satz 1 Buchstabe a EStG anzusetzenden Beiträge.

cc) **Beiträge zu berufsständischen Versorgungseinrichtungen**

Bei berufsständischen Versorgungseinrichtungen im steuerlichen Sinne handelt es sich um öffentlich-rechtliche Versicherungs- oder Versorgungseinrichtungen für Beschäftigte und selbständig tätige Angehörige der kammerfähigen freien Berufe, die den gesetzlichen Rentenversicherungen vergleichbare Leistungen erbringen. Die Mitgliedschaft in der berufsständischen Versorgungseinrichtung tritt aufgrund einer gesetzlichen Verpflichtung bei Aufnahme der betreffenden Berufstätigkeit ein. Die Mitgliedschaft in einer berufsständischen Versorgungseinrichtung führt in den in § 6 Absatz 1 SGB VI genannten Fallgestaltungen auf Antrag zu einer Befreiung von der gesetzlichen Rentenversicherungspflicht. 6

Welche berufsständischen Versorgungseinrichtungen diese Voraussetzung erfüllen, wird jeweils durch gesondertes BMF-Schreiben bekannt gegeben. 7

Die Rz. 8 bis 44 werden ab dem 1. Januar 2014 und die Rz. 204 wird wie folgt gefasst:

b) **Beiträge i. S. d. § 10 Absatz 1 Nummer 2 Satz 1 Buchstabe b EStG**

aa) **Allgemeines**

Eine Basisrente i. S. d. § 10 Absatz 1 Nummer 2 Satz 1 Buchstabe b EStG i. V. mit dem Altersvorsorgeverträge-Zertifizierungsgesetz - AltZertG - liegt vor, wenn es sich um einen Vertrag 8

▶ zum Aufbau einer eigenen kapitalgedeckten Altersversorgung (**Basisrente-Alter**), ggf. ergänzt um eine Absicherung des Eintritts der verminderten Erwerbsfähigkeit, der Berufsunfähigkeit oder von Hinterbliebenen oder

▶ zur Absicherung gegen den Eintritt der verminderten Erwerbsfähigkeit im Versicherungsfall (Basisrente-Erwerbsminderung), ggf. verbunden mit einer Absicherung gegen den Eintritt der Berufsunfähigkeit

handelt.

Beiträge i. S. d. § 10 Absatz 1 Nummer 2 Satz 1 Buchstabe b EStG liegen nur vor, wenn es sich um eigene Beiträge des Versicherten handelt. Es muss also Personenidentität zwischen dem Beitragszahler, der versicherten Person und dem 9

Leistungsempfänger **bestehen** (bei Ehegatten siehe R 10.1 EStR 2012 - dies gilt für Lebenspartner entsprechend). Der Anbieter kann davon ausgehen, dass die zugunsten des Vertrags geleisteten Beiträge der Person zuzurechnen sind, die einen vertraglichen Anspruch auf die Leistung hat. Ihn trifft keine Verpflichtung zur Feststellung der Mittelherkunft. Im Fall einer ergänzenden Hinterbliebenenabsicherung *im Rahmen der Basisrente-Alter* ist insoweit ein abweichender Leistungsempfänger zulässig.

10 Der Vertrag *darf* nur die Zahlung einer monatlichen, gleich bleibenden oder steigenden, lebenslangen Leibrente vorsehen.

11 Ein Auszahlungsplan erfüllt dieses Kriterium nicht. Bei einem Auszahlungsplan wird nur ein bestimmtes Kapital über eine gewisse Laufzeit verteilt. Nach Laufzeitende ist das Kapital aufgebraucht, so dass die Zahlungen dann enden. Insoweit ist eine lebenslange Auszahlung nicht gewährleistet. Eine andere Wertung ergibt sich auch nicht durch eine Kombination eines Auszahlungsplans mit einer sich anschließenden Teilkapitalverrentung. Begrifflich ist die „Teilverrentung" zwar eine Leibrente, allerdings wird der Auszahlungsplan durch die Verknüpfung mit einer Rente nicht selbst zu einer Leibrente.

12 Ein planmäßiges Sinken der Rentenhöhe ist nicht zulässig. Geringfügige Schwankungen in der Rentenhöhe, sofern diese Schwankungen auf in einzelnen Jahren unterschiedlich hohen Überschussanteilen **während der Rentenzahlung** beruhen, die für die ab **Leistungsbeginn** garantierten Rentenleistungen gewährt werden, sind unschädlich. Das heißt *z. B., bei der Basisrente-Alter darf* der auf Basis des zu Beginn der Auszahlungsphase garantierten Kapitals zuzüglich der unwiderruflich zugeteilten Überschüsse zu errechnende Rentenbetrag während der gesamten Auszahlungsphase nicht unterschritten werden. Ein Anlageprodukt, bei welchem dem Anleger lediglich eine Rente zugesichert wird, die unter diesen Rentenbetrag sinken kann, erfüllt demnach nicht die an eine Leibrente i. S. d. § 10 Absatz 1 Nummer 2 Satz 1 Buchstabe b *Doppelbuchstabe aa* EStG zu stellenden steuerlichen Voraussetzungen.

13 Eine Auszahlung durch die regelmäßige Gutschrift einer gleich bleibenden oder steigenden Anzahl von Investmentanteilen sowie die Auszahlung von regelmäßigen Raten im Rahmen eines Auszahlungsplans sind keine lebenslange Leibrente i. S. d. § 10 Absatz 1 Nummer 2 Satz 1 Buchstabe b EStG.

14 Damit sichergestellt ist, dass die Voraussetzungen für eine Leibrente i. S. d. § 10 Absatz 1 Nummer 2 Satz 1 Buchstabe b *Doppelbuchstabe aa* EStG vorliegen, insbesondere dass die Rente während ihrer Laufzeit nicht sinken kann, muss der Vertrag die Verpflichtung des Anbieters enthalten, vor Rentenbeginn

die Leibrente auf Grundlage einer anerkannten Sterbetafel zu berechnen und dabei den während der Laufzeit der Rente geltenden Zinsfaktor festzulegen.

In der vertraglichen Vereinbarung muss geregelt sein, dass die Ansprüche aus dem Vertrag gem. **§ 10 Absatz 1 Nummer 2 Satz 1 Buchstabe b Satz 2 EStG** folgende weitere Voraussetzungen erfüllen: 15

Nichtvererblichkeit: 16

Es darf nach den Vertragsbedingungen nicht zu einer Auszahlung an die Erben kommen; im Todesfall kommt das vorhandene Vermögen der Versichertengemeinschaft bzw. der Gemeinschaft der verbleibenden Vorsorgesparer zugute. Die Nichtvererblichkeit wird z. B. nicht ausgeschlossen durch gesetzlich zugelassene Hinterbliebenenleistungen im Rahmen der ergänzenden Hinterbliebenenabsicherung *(Rz. 26 ff.) bei der Basisrente-Alter* und durch Rentenzahlungen für die Zeit bis zum Ablauf des Todesmonats an die Erben.

Eine Rentengarantiezeit – also die Vereinbarung, dass die Rente unabhängig vom Tod der versicherten Person mindestens bis zum Ablauf einer vereinbarten Garantiezeit gezahlt wird – widerspricht der im EStG geforderten Nichtvererblichkeit.

Im Rahmen von Fondsprodukten (Publikumsfonds) kann die Nichtvererblichkeit *bei der Basisrente-Alter* dadurch sichergestellt werden, dass keine erbrechtlich relevanten Vermögenswerte aufgrund des Basisrentenvertrags beim Steuerpflichtigen vorhanden sind. Diese Voraussetzung kann entweder über eine auflösend bedingte Ausgestaltung des schuldrechtlichen Leistungsanspruchs („Treuhandlösung") oder im Wege spezieller Sondervermögen erfüllt werden, deren Vertragsbedingungen vorsehen, dass im Falle des Todes des Anlegers dessen Anteile zugunsten des Sondervermögens eingezogen werden („Fondslösung"). Ebenso kann diese Voraussetzung durch eine vertragliche Vereinbarung zwischen dem Anbieter und dem Steuerpflichtigen erfüllt werden, nach der im Falle des Todes des Steuerpflichtigen der Gegenwert seiner Fondsanteile der Spargemeinschaft zugutekommt („vertragliche Lösung").

Für die bei einem fondsbasierten Basis-/Rürup-Rentenprodukt im Rahmen der „vertraglichen Lösung" anfallenden „Sterblichkeitsgewinne" sowie für den Einzug der Anteile am Sondervermögen und die anschließende Verteilung bei der „Treuhandlösung" fällt mit Blick auf die persönlichen Freibeträge der Erwerber keine Erbschaftsteuer an.

17 **Nichtübertragbarkeit:**

Der Vertrag darf keine Übertragung der Ansprüche des Leistungsempfängers auf eine andere Person vorsehen z. B. im Wege der Schenkung; die Pfändbarkeit nach den Vorschriften der Zivilprozessordnung (ZPO) steht dem nicht entgegen. Der Vertrag darf zulassen, dass die Ansprüche des Leistungsempfängers aus dem Vertrag unmittelbar auf einen nach § 5a AltZertG zertifizierten Vertrag (vgl. Rz. 23) des Leistungsempfängers auch bei einem anderen Unternehmen übertragen werden. *Dabei ist lediglich die Übertragung innerhalb der jeweiligen Produktgruppe (Basisrente-Alter oder Basisrente-Erwerbsminderung) zulässig.* Dieser Vorgang ist steuerfrei nach § 3 Nummer 55d EStG. Das übertragene Vermögen ist nicht als Beitrag nach § 10 Absatz 1 Nummer 2 Satz 1 Buchstabe b EStG zu berücksichtigen. Die Übertragung *von Anrechten aus einem Basisrentenvertrag i. S. d. § 10 Absatz 1 Nummer 2 Satz 1 Buchstabe b Doppelbuchstabe aa EStG* zur Regelung von Scheidungsfolgen nach dem Versorgungsausgleichsgesetz - VersAusglG - vom 3. April 2009 (BGBl. I S. 700), insbesondere im Rahmen einer internen (§ 10 VersAusglG) oder externen Teilung (§ 14 VersAusglG), ist unschädlich.

18 **Nichtbeleihbarkeit:**

Es muss vertraglich ausgeschlossen sein, dass die Ansprüche z. B. sicherungshalber abgetreten oder verpfändet werden können.

19 **Nichtveräußerbarkeit:**

Der Vertrag muss so gestaltet sein, dass die Ansprüche nicht an einen Dritten veräußert werden können.

20 **Nichtkapitalisierbarkeit:**

Es darf vertraglich kein Recht auf Kapitalisierung des Rentenanspruchs vorgesehen sein mit Ausnahme der Abfindung einer Kleinbetragsrente in Anlehnung an § 93 Absatz 3 Satz 2 und 3 EStG. Die Abfindungsmöglichkeit besteht *bei einer Altersrente i. S. d. § 10 Absatz 1 Nummer 2 Satz 1 Buchstabe b Doppelbuchstabe aa EStG* erst mit dem Beginn der Auszahlungsphase, frühestens mit Vollendung des 62. Lebensjahres des Leistungsempfängers (bei vor dem 1. Januar 2012 abgeschlossenen Verträgen ist grundsätzlich die Vollendung des 60. Lebensjahres maßgebend, vgl. Rz. 24). Bei Renten aus einem Basisrentenvertrag *(Basisrente-Alter oder Basisrente-Erwerbsminderung)* wegen Berufsunfähigkeit, verminderter Erwerbsfähigkeit und an Hinterbliebene ist die Abfindung einer Kleinbetragsrente schon im Versicherungsfall möglich.

21 Zu den nach § 10 Absatz 1 Nummer 2 Satz 1 Buchstabe b EStG begünstigten Beiträgen können auch Beiträge an Pensionsfonds, Pensionskassen und Direkt-

versicherungen gehören, die im Rahmen der betrieblichen Altersversorgung erbracht werden (rein arbeitgeberfinanzierte und durch Entgeltumwandlung finanzierte Beiträge sowie Eigenbeiträge), sofern es sich um Beiträge zu einem entsprechend zertifizierten Vertrag handelt (vgl. *Rz. 23*). Nicht zu berücksichtigen sind steuerfreie Beiträge, pauschal besteuerte Beiträge und Beiträge, die aufgrund einer Altzusage geleistet werden (vgl. Rz. 349 ff., 374 und 376 des BMF-Schreibens vom 24. Juli 2013, BStBl I S. 1022).

Werden Beiträge zugunsten von Vorsorgeverträgen geleistet, die u. a. folgende Möglichkeiten vorsehen, liegen keine Beiträge i. S. d. § 10 Absatz 1 Nummer 2 Satz 1 Buchstabe b EStG vor: 22

▶ Kapitalwahlrecht,

▶ Anspruch bzw. Optionsrecht auf (Teil-)Auszahlung nach Eintritt des Versorgungsfalls,

▶ Zahlung eines Sterbegeldes,

Abfindung einer Rente - Abfindungsansprüche und Beitragsrückerstattungen im Fall einer Kündigung des Vertrags; dies gilt nicht für gesetzliche Abfindungsansprüche (z. B. § 3 Betriebsrentengesetz - BetrAVG) oder die Abfindung einer Kleinbetragsrente (vgl. Rz. *20*).

Für die Berücksichtigung von Beiträgen i. S. d. § 10 Absatz 1 Nummer 2 Satz 1 Buchstabe b EStG als Sonderausgaben **ist** u. a. Voraussetzung, dass 23

▶ die Beiträge zugunsten eines Vertrags geleistet wurden, der nach § 5a AltZertG zertifiziert ist (Grundlagenbescheid i. S. d. § 171 Absatz 10 AO), und

▶ der Steuerpflichtige gegenüber dem Anbieter in die Datenübermittlung nach § 10 Absatz 2a EStG eingewilligt hat (vgl. Rz. 145 ff.).

bb) Beiträge i. S. d. § 10 Absatz 1 Nummer 2 Satz 1 Buchstabe b Doppelbuchstabe aa EStG (Basisrente-Alter)

(1) Allgemeines

Die Beiträge zur *Basisrente-Alter* können als Sonderausgaben berücksichtigt werden, wenn die Laufzeit des Vertrags nach dem 31. Dezember 2004 beginnt (zu Versicherungsverträgen mit einem Beginn der Laufzeit und mindestens einer Beitragsleistung vor dem 1. Januar 2005 vgl. Rz. 96) und der Vertrag eine Leibrente vorsieht, die nicht vor Vollendung des 62. Lebensjahrs des Steuerpflichtigen beginnt (bei vor dem 1. Januar 2012 abgeschlossenen Verträgen ist regelmäßig die Vollendung des 60. Lebensjahres maßgebend). 24

25 *Für den Abzug von Beiträgen nach § 10 Absatz 1 Nummer 2 Satz 1 Buchstabe b Doppelbuchstabe aa EStG ist außerdem seit dem VZ 2010 Voraussetzung, dass der Vertrag zertifiziert ist (vgl. Rz. 23).* Es reicht für die Berücksichtigung sämtlicher im VZ 2010 und 2011 geleisteter Beiträge i. S. d. § 10 Absatz 1 Nummer 2 Satz 1 Buchstabe b Doppelbuchstabe aa EStG aus, wenn für den Mustervertrag bis zum 31. Dezember 2010 ein Antrag auf Zertifizierung bei der Zertifizierungsstelle eingegangen ist, das Muster daraufhin zertifiziert und der Basisrentenvertrag - falls erforderlich - bis zum 31. Dezember 2011 auf das zertifizierte Muster umgestellt worden ist.

(2) Ergänzende Absicherung von Berufsunfähigkeit, verminderter Erwerbsfähigkeit und Hinterbliebenen

26 *Zusätzlich* können *bei der Basisrente-Alter ergänzend* der Eintritt der Berufsunfähigkeit, der verminderten Erwerbsfähigkeit oder auch Hinterbliebene abgesichert werden, wenn die Zahlung einer Rente vorgesehen ist. Eine zeitliche Befristung einer Berufsunfähigkeits- oder Erwerbsminderungsrente ist ausschließlich im Hinblick auf die entfallende Versorgungsbedürftigkeit (Verbesserung der Gesundheitssituation oder Erreichen der Altersgrenze für den Bezug der Altersrente aus dem entsprechenden Vertrag) nicht zu beanstanden. Ebenso ist es unschädlich, wenn der Vertrag bei Eintritt der Berufsunfähigkeit oder der verminderten Erwerbsfähigkeit anstelle oder ergänzend zu einer Rentenzahlung eine Beitragsfreistellung vorsieht.

27 Die ergänzende Absicherung des Eintritts der Berufsunfähigkeit, der verminderten Erwerbsfähigkeit und von Hinterbliebenen ist nur dann unschädlich, wenn mehr als 50 % der Beiträge auf die eigene Altersversorgung des Steuerpflichtigen entfallen. Für das Verhältnis der Beitragsanteile zueinander ist regelmäßig auf den konkret vom Steuerpflichtigen zu zahlenden (Gesamt-)Beitrag abzustellen. Dabei dürfen die Überschussanteile aus den entsprechenden Risiken die darauf entfallenden Beiträge mindern.

28 Sieht der Basisrentenvertrag vor, dass der Steuerpflichtige bei Eintritt der Berufsunfähigkeit oder einer verminderten Erwerbsfähigkeit von der Verpflichtung zur Beitragszahlung für diesen Vertrag - vollständig oder teilweise - freigestellt wird, sind die insoweit auf die Absicherung dieses Risikos entfallenden Beitragsanteile der Altersvorsorge zuzuordnen. Das gilt jedoch nur, wenn sie der Finanzierung der vertraglich vereinbarten lebenslangen Leibrente i. S. d. § 10 Absatz 1 Nummer 2 Satz 1 Buchstabe b *Doppelbuchstabe aa* EStG dienen und aus diesen Beitragsanteilen keine Leistungen wegen Berufsunfähigkeit oder verminderter Erwerbsfähigkeit gezahlt werden, d. h., es wird lediglich der

Anspruch auf eine Altersversorgung weiter aufgebaut. Eine Zuordnung zur Altersvorsorge kann jedoch nicht vorgenommen werden, wenn der Steuerpflichtige vertragsgemäß wählen kann, ob er eine Rente wegen Berufsunfähigkeit oder verminderter Erwerbsfähigkeit erhält oder die Beitragsfreistellung in Anspruch nimmt.

Sieht der Basisrentenvertrag vor, dass der Steuerpflichtige eine Altersrente und nach seinem Tode der überlebende Ehegatte oder Lebenspartner seinerseits eine lebenslange gleichbleibende oder steigende Leibrente i. S. d. § 10 Absatz 1 Nummer 2 Satz 1 Buchstabe b *Doppelbuchstabe aa* EStG (insbesondere nicht vor Vollendung seines 62. bzw. 60. Lebensjahres für Verträge, die vor dem 1. Januar 2012 abgeschlossen wurden) erhält, handelt es sich nicht um eine ergänzende Hinterbliebenenabsicherung, sondern insgesamt um eine Altersvorsorge. Der Beitrag ist in diesen Fällen in vollem Umfang der Altersvorsorge zuzurechnen. Erfüllt dagegen die zugesagte Rente für den hinterbliebenen Ehegatten oder Lebenspartner nicht die Voraussetzungen des § 10 Absatz 1 Nummer 2 Satz 1 Buchstabe b *Doppelbuchstabe aa* EStG (insbesondere im Hinblick auf das Mindestalter für den Beginn der Rentenzahlung), liegt eine ergänzende Hinterbliebenenabsicherung vor. Die Beitragsanteile, die nach versicherungsmathematischen Grundsätzen auf das Risiko der Rentenzahlung an den hinterbliebenen Ehegatten oder Lebenspartner entfallen, sind daher der ergänzenden Hinterbliebenenabsicherung zuzuordnen. 29

Wird die Hinterbliebenenversorgung ausschließlich aus dem bei Tod des Steuerpflichtigen vorhandenen Altersvorsorge-(Rest)kapitals finanziert, handelt es sich bei der Hinterbliebenenabsicherung nicht um eine Risikoabsicherung und der Beitrag ist insoweit der Altersvorsorge zuzurechnen. Das gilt auch, wenn der Steuerpflichtige eine entsprechend gestaltete Absicherung des Ehegatten oder Lebenspartner als besondere Komponente im Rahmen seines (einheitlichen) Basisrentenvertrags hinzu- oder später wieder abwählen kann (z. B. bei Scheidung, Wiederheirat etc.). 30

Sowohl die Altersversorgung als auch die ergänzenden Absicherungen müssen in einem einheitlichen Vertrag geregelt sein. Andernfalls handelt es sich nicht um ergänzende Absicherungen zu einem Basisrentenvertrag, sondern um eigenständige Versicherungen. In diesem Fall sind die Aufwendungen hierfür unter den Voraussetzungen des § 10 Absatz 1 Nummer 3a EStG als sonstige Vorsorgeaufwendungen zu berücksichtigen (Rz. 95 ff.). *Erfüllt die Absicherung der verminderten Erwerbsfähigkeit in diesen Fällen die Voraussetzungen des § 10 Absatz 1 Nummer 2 Satz 1 Buchstabe b Doppelbuchstabe bb EStG, ist bei* 31

Vorliegen der übrigen Voraussetzungen auch ein Abzug der Aufwendungen nach § 10 Absatz 1 Nummer 2 Satz 1 Buchstabe b EStG möglich.

32 Bei einem Basisrentenvertrag auf Grundlage von Investmentfonds kann der Einschluss einer ergänzenden Absicherung des Eintritts der Berufsunfähigkeit, der verminderten Erwerbsfähigkeit oder einer zusätzlichen Hinterbliebenenrente im Wege eines einheitlichen Vertrags zugunsten Dritter gem. §§ 328 ff. des Bürgerlichen Gesetzbuchs - BGB - erfolgen. Hierbei ist die Kapitalanlagegesellschaft Versicherungsnehmer, während der Steuerpflichtige die versicherte Person ist und den eigentlichen (Renten-)Anspruch gegen das entsprechende Versicherungsunternehmen erhält. Dies wird im Fall der Vereinbarung einer Berufsunfähigkeits- bzw. Erwerbsunfähigkeitsrente in den Vertragsbedingungen durch Abtretung des Bezugsrechts an den Steuerpflichtigen ermöglicht. Im Falle der Vereinbarung einer zusätzlichen Hinterbliebenenrente erfolgt die Abtretung des Bezugsrechts an den privilegierten Hinterbliebenen. Die Kapitalanlagegesellschaft leitet die Beiträge des Steuerpflichtigen, soweit sie für die ergänzende Absicherung bestimmt sind, an den Versicherer weiter.

33 Zu den Hinterbliebenen, die zusätzlich abgesichert werden können, gehören nur der Ehegatte oder der Lebenspartner des Steuerpflichtigen und Kinder i. S. d. § 32 EStG. Der Anspruch auf Waisenrente ist dabei auf den Zeitraum zu begrenzen, in dem das Kind die Voraussetzungen des § 32 EStG erfüllt. Es ist nicht zu beanstanden, wenn die Waisenrente auch für den Zeitraum gezahlt wird, in dem das Kind nur die Voraussetzungen nach § 32 Absatz 4 Satz 1 EStG erfüllt. Für die vor dem 1. Januar 2007 abgeschlossenen Verträge gilt für das Vorliegen einer begünstigten Hinterbliebenenversorgung die Altersgrenze des § 32 EStG in der bis zum 31. Dezember 2006 geltenden Fassung (§ 52 Absatz 40 Satz 7 EStG). In diesen Fällen können z. B. Kinder in Berufsausbildung in der Regel bis zur Vollendung des 27. Lebensjahres berücksichtigt werden.

cc) **Beiträge i. S. d. § 10 Absatz 1 Nummer 2 Satz 1 Buchstabe b Doppelbuchstabe bb EStG i. V. mit § 2 Absatz 1a AltZertG (Basisrente-Erwerbsminderung)**

34 Beiträge zur Basisrente-Erwerbsminderung können als Sonderausgaben abgezogen werden, wenn diese auf einen nach § 5a AltZertG zertifizierten Vertrag eingezahlt werden (vgl. Rz. 23). Zertifizierungen können auf Antrag des Anbieters erstmalig mit Wirkung zum 1. Januar 2014 erteilt werden. Demnach sind Beiträge zu Basisrentenverträgen-Erwerbsminderung grundsätzlich ab dem VZ 2014 abziehbar.

Ein Basisrentenvertrag-Erwerbsminderung muss nach § 2 Absatz 1a Nummer 1 AltZertG zwingend eine Absicherung gegen den Eintritt der teilweisen oder vollen Erwerbsminderung vorsehen. Eine Erwerbsminderung liegt vor, wenn der Versicherungsnehmer voraussichtlich für mindestens zwölf Monate aufgrund von Krankheit, Körperverletzung oder Behinderung nicht in der Lage ist, unter den üblichen Bedingungen des allgemeinen Arbeitsmarktes voll erwerbstätig zu sein. Dabei ist von einer teilweisen Erwerbsminderung auszugehen, wenn der Versicherungsnehmer nicht imstande ist, mindestens sechs Stunden täglich erwerbstätig zu sein. Eine volle Erwerbsminderung liegt dagegen vor, wenn er hierzu nicht mindestens drei Stunden täglich in der Lage ist. Für die Beurteilung, ob eine Beschäftigung unter den üblichen Bedingungen des allgemeinen Arbeitsmarktes möglich und zumutbar ist, kommt es ausschließlich auf die gesundheitlichen Einschränkungen des Versicherten an. Die allgemeine Arbeitsmarktlage ist nicht zu beachten. 35

Neben der Absicherung gegen den Eintritt der verminderten Erwerbsfähigkeit darf ein Basisrentenvertrag-Erwerbsminderung nach § 10 Absatz 1 Nummer 2 Satz 1 Buchstabe b Doppelbuchstabe bb EStG zusätzlich auch die Absicherung gegen den Eintritt der Berufsunfähigkeit enthalten. Es handelt sich in diesen Fällen weiterhin um einen einheitlichen Vertrag. Die verschiedenen Vertragskomponenten können versicherungsrechtlich sowohl der Haupt- als auch der Zusatzversicherung zugeordnet werden. Tritt der Versicherungsfall (Erwerbsminderung oder ggf. Berufsunfähigkeit) bis zur Vollendung des 67. Lebensjahres ein, hat der Anbieter eine lebenslange gleichbleibende oder steigende Leibrente vorzusehen. 36

Eine zeitliche Befristung der Erwerbsminderungs- oder Berufsunfähigkeitsrente ist ausschließlich für den Fall nicht zu beanstanden, dass die Erwerbsminderung oder Berufsunfähigkeit bis zur Vollendung des 67. Lebensjahres weggefallen ist. Der Wegfall ist medizinisch zu begründen. Ein medizinisch begründeter Wegfall der Berufsunfähigkeit kann - wenn dies vereinbart wurde - auch dann vorliegen, wenn der Versicherungsnehmer eine andere Tätigkeit ausübt oder ausüben kann, die zu übernehmen er aufgrund seiner Ausbildung und Fähigkeiten in der Lage ist und die seiner bisherigen Lebensstellung entspricht. 37

Sofern der Steuerpflichtige bei Eintritt des Versicherungsfalls das 55. Lebensjahr vollendet hat, darf die zugesagte Rente in ihrer Höhe vom Alter des Steuerpflichtigen bei Eintritt des Versicherungsfalls abhängig gemacht werden. Es muss allerdings auch bei Eintritt des Versicherungsfalls zwischen dem 55. und 67. Lebensjahr eine gleichbleibende oder steigende lebenslange Leibrente (> 0 Euro) gezahlt werden (vgl. aber Rz. 20). 38

39 Hinsichtlich der Absicherung gegen den Eintritt der Berufsunfähigkeit sind die allgemeinen versicherungsvertraglichen Grundsätze zu erfüllen. Hinsichtlich der Absicherung gegen den Eintritt der verminderten Erwerbsfähigkeit müssen neben den allgemeinen versicherungsvertraglichen Grundsätzen folgende Regelungen nach § 2 Absatz 1a AltZertG im Vertrag vorgesehen werden:

40 ▶ Leistungsumfang:

Sieht der Vertrag sowohl eine Absicherung des Eintritts der vollen als auch teilweisen Erwerbsminderung vor, hat der Anbieter bei Eintritt der teilweisen Erwerbsminderung mindestens die Hälfte der versicherten Leistung zu gewähren.

41 ▶ Leistungsbeginn:

Die Leistung ist spätestens ab Beginn des Kalendermonats zu gewähren, der dem Kalendermonat folgt, in dem die teilweise oder volle Erwerbsminderung eingetreten ist. Dies gilt, wenn die Leistung bis zum Ende des 36. Kalendermonats nach Ablauf des Monats des Eintritts der teilweisen oder vollen Erwerbsminderung beantragt wird. Wird der Antrag zu einem späteren Zeitpunkt gestellt, hat der Anbieter spätestens ab Beginn des Kalendermonats zu leisten, der 36 Monate vor dem Monat der Beantragung liegt, frühestens jedoch ab Vertragsbeginn.

42 ▶ Beitragsstundung:

Die Beiträge (Beitragsanteile) zur Absicherung des Risikos „verminderte Erwerbsfähigkeit" sind auf Antrag des Steuerpflichtigen ab dem Zeitpunkt der Rentenantragstellung wegen teilweiser oder voller Erwerbsminderung bis zur endgültigen Entscheidung über die Leistungspflicht zinslos und ohne andere Auflagen zu stunden.

43 ▶ Kündigungs- und Abänderungsverzicht:

Verletzt der Steuerpflichtige (Vertragspartner) schuldlos seine Pflicht, ihm bekannte erhebliche Gefahrumstände anzuzeigen, die für den Versicherer hinsichtlich der Entscheidung zum Abschluss des Vertrags entscheidend sein können, hat der Anbieter auf sein Kündigungsrecht nach § 19 Absatz 3 Satz 2 VVG und das Abänderungsrecht nach § 19 Absatz 4 VVG zu verzichten.

44 ▶ Begrenzung der medizinischen Mitwirkungspflicht des Steuerpflichtigen:

Die Verpflichtung des Steuerpflichtigen zur medizinischen Mitwirkung muss nicht nur auf medizinisch indizierte, sondern auch auf zumutbare ärztliche Untersuchungs- und Behandlungsleistungen begrenzt sein. Dies gilt sowohl zur als auch nach der Feststellung der teilweisen oder vollen Erwerbsminderung.

c) Beitragsempfänger

Zu den Beitragsempfängern i. S. d. § 10 Absatz 2 Satz 1 Nummer 2 EStG gehören auch Pensionsfonds, die wie Versicherungsunternehmen den aufsichtsrechtlichen Regelungen des Versicherungsaufsichtsgesetzes – VAG – unterliegen und – seit 1. Januar 2006 – Anbieter i. S. d. § 80 EStG. Die Produktvoraussetzungen für das Vorliegen einer Basisrente (§ 10 Absatz 1 Nummer 2 Satz 1 Buchstabe b EStG) werden dadurch nicht erweitert.

2. Ermittlung des Abzugsbetrags nach § 10 Absatz 3 EStG

a) Höchstbetrag

Die begünstigten Beiträge sind nach § 10 Absatz 3 EStG bis zu 20.000 € als Sonderausgaben abziehbar. Im Falle der Zusammenveranlagung von Ehegatten **oder Lebenspartnern** verdoppelt sich der Betrag auf 40.000 €, unabhängig davon, wer von den Ehegatten **oder Lebenspartnern** die begünstigten Beiträge entrichtet hat.

b) Kürzung des Höchstbetrags nach § 10 Absatz 3 Satz 3 EStG

Der Höchstbetrag ist bei einem Steuerpflichtigen, der zum Personenkreis des § 10 Absatz 3 Satz 3 Nummer 1 oder 2 EStG gehört, um den Betrag zu kürzen, der dem Gesamtbeitrag (Arbeitgeber- und Arbeitnehmeranteil) zur allgemeinen Rentenversicherung entspricht. Der Gesamtbeitrag ist dabei anhand der Einnahmen aus der Tätigkeit zu ermitteln, die die Zugehörigkeit zum genannten Personenkreis begründen.

Für die Berechnung des Kürzungsbetrags ist auf den zu Beginn des jeweiligen Kalenderjahres geltenden Beitragssatz in der allgemeinen Rentenversicherung abzustellen.

aa) Kürzung des Höchstbetrags beim Personenkreis des § 10 Absatz 3 Satz 3 Nummer 1 Buchstabe a EStG

Zum Personenkreis des § 10 Absatz 3 Satz 3 Nummer 1 Buchstabe a EStG gehören insbesondere

- Beamte, Richter, Berufssoldaten, Soldaten auf Zeit, Amtsträger,
- Arbeitnehmer, die nach § 5 Absatz 1 **Satz 1** Nummer 2 und 3 SGB VI oder § 230 SGB VI versicherungsfrei sind (z. B. Beschäftigte bei Trägern der Sozialversicherung, Geistliche der als öffentlich-rechtliche Körperschaften anerkannten Religionsgemeinschaften),

▶ Arbeitnehmer, die auf Antrag des Arbeitgebers von der gesetzlichen Rentenversicherungspflicht befreit worden sind, z. B. eine Lehrkraft an nicht öffentlichen Schulen, bei der eine Altersversorgung nach beamtenrechtlichen oder entsprechenden kirchenrechtlichen Grundsätzen gewährleistet ist.

50 Der Höchstbetrag nach § 10 Absatz 3 Satz 1 EStG ist um einen fiktiven Gesamtbeitrag zur allgemeinen Rentenversicherung zu kürzen. Bemessungsgrundlage für den Kürzungsbetrag sind die erzielten steuerpflichtigen Einnahmen aus der Tätigkeit, die die Zugehörigkeit zum Personenkreis des § 10 Absatz 3 Satz 3 Nummer 1 Buchstabe a EStG begründen, höchstens bis zum Betrag der Beitragsbemessungsgrenze in der allgemeinen Rentenversicherung.

51 Es ist unerheblich, ob die Zahlungen insgesamt beitragspflichtig gewesen wären, wenn Versicherungspflicht in der gesetzlichen Rentenversicherung bestanden hätte. Aus Vereinfachungsgründen ist einheitlich auf die Beitragsbemessungsgrenze (Ost) in der allgemeinen Rentenversicherung abzustellen.

bb) Kürzung des Höchstbetrags beim Personenkreis des § 10 Absatz 3 Satz 3 Nummer 1 Buchstabe b EStG

52 Zum Personenkreis des § 10 Absatz 3 Satz 3 Nummer 1 Buchstabe b EStG gehören Arbeitnehmer, die während des ganzen oder eines Teils des Kalenderjahres nicht der gesetzlichen Rentenversicherungspflicht unterliegen und denen eine betriebliche Altersversorgung im Zusammenhang mit einem im betreffenden VZ bestehenden Dienstverhältnis zugesagt worden ist. Hierzu können insbesondere beherrschende Gesellschafter-Geschäftsführer einer GmbH oder Vorstandsmitglieder einer Aktiengesellschaft gehören. Für die Beurteilung der Zugehörigkeit zu diesem Personenkreis sind alle Formen der betrieblichen Altersversorgung zu berücksichtigen. Ohne Bedeutung sind dabei die Art der Finanzierung, die Höhe der Versorgungszusage und die Art des Durchführungswegs. Ebenso ist unerheblich, ob im betreffenden VZ Beiträge erbracht wurden oder die Versorgungsanwartschaft angewachsen ist.

53 Für die Beurteilung, ob eine Kürzung vorzunehmen ist, ist auf das konkrete Dienstverhältnis in dem jeweiligen VZ abzustellen. Nicht einzubeziehen sind Anwartschaftsrechte aus einer im gesamten VZ privat fortgeführten Direktversicherung, bei der der Arbeitnehmer selbst Versicherungsnehmer ist.

54 Für VZ von 2005 bis 2007 wird hinsichtlich der Zugehörigkeit zum Personenkreis des § 10 Absatz 3 Satz 3 Nummer 1 Buchstabe b EStG (bis zum 31. Dezember 2009 war der betroffene Personenkreis in § 10c Absatz 3 Nummer 2 EStG geregelt) danach differenziert, ob das Anwartschaftsrecht ganz oder teilweise ohne eigene Beitragsleistung bzw. durch nach § 3 Nummer 63 EStG steuerfreie

Beiträge aufgebaut wurde; siehe hierzu BMF-Schreiben vom 22. Mai. 2007, BStBl 2007 I S. 493.

Kommt eine Kürzung des Höchstbetrags nach § 10 Absatz 3 Satz 3 EStG in Betracht, gelten die Rz. **50** und Rz. **51** entsprechend. 55

cc) Kürzung des Höchstbetrags beim Personenkreis des § 10 Absatz 3 Satz 3 Nummer 2 EStG

Zu den Steuerpflichtigen, die Einkünfte i. S. d. § 22 Nummer 4 EStG beziehen, gehören insbesondere 56

- Bundestagsabgeordnete,
- Landtagsabgeordnete,
- Abgeordnete des Europaparlaments.

Nicht zu diesem Personenkreis gehören z. B. 57

- ehrenamtliche Mitglieder kommunaler Vertretungen,
- kommunale Wahlbeamte wie Landräte und Bürgermeister.

Eine Kürzung des Höchstbetrags nach § 10 Absatz 3 Satz 3 Nummer 2 EStG ist jedoch nur vorzunehmen, wenn der Steuerpflichtige zum genannten Personenkreis gehört und ganz oder teilweise ohne eigene Beitragsleistung einen Anspruch auf Altersversorgung nach dem Abgeordnetengesetz, dem Europaabgeordnetengesetz oder entsprechenden Gesetzen der Länder erwirbt. 58

Bemessungsgrundlage für den Kürzungsbetrag sind die Einnahmen i. S. d. § 22 Nummer 4 EStG, soweit sie die Zugehörigkeit zum Personenkreis im Sinne der Rz. **58** begründen, höchstens der Betrag der Beitragsbemessungsgrenze in der allgemeinen Rentenversicherung. Aus Vereinfachungsgründen ist einheitlich auf die Beitragsbemessungsgrenze (Ost) in der allgemeinen Rentenversicherung abzustellen. 59

c) Kürzung des Höchstbetrags bei Ehegatten und Lebenspartnern

Bei Ehegatten ist für jeden Ehegatten gesondert zu prüfen, ob und ggf. in welcher Höhe der gemeinsame Höchstbetrag von 40.000 € zu kürzen ist (Rz. **47** ff.). **Dies gilt für Lebenspartner entsprechend.** 60

d) Übergangsregelung (bis 2024)

Für den Übergangszeitraum bis 2024 sind die nach Rz. 1 bis **31** und **33** bis **60** zu berücksichtigenden Aufwendungen mit dem sich aus § 10 Absatz 3 Satz 4 und 6 EStG ergebenden Prozentsatz anzusetzen: 61

Jahr	Prozentsatz
2012	74
2013	76
2014	78
2015	80
2016	82
2017	84
2018	86
2019	88
2020	90
2021	92
2022	94
2023	96
2024	98
ab 2025	100

e) **Kürzung des Abzugsbetrags bei Arbeitnehmern nach § 10 Absatz 3 Satz 5 EStG**

62 Bei Arbeitnehmern, die steuerfreie Arbeitgeberleistungen nach § 3 Nummer 62 EStG oder diesen gleichgestellte steuerfreie Zuschüsse des Arbeitgebers erhalten haben, ist der sich nach Rz. 61 ergebende Abzugsbetrag um diese Beträge zu kürzen (nicht jedoch unter 0 €). Haben beide Ehegatten **oder beide Lebenspartner** steuerfreie Arbeitgeberleistungen erhalten, ist der Abzugsbetrag um beide Beträge zu kürzen.

Beispiele

63 Bei der Berechnung der Beispiele wurde ein Beitragssatz zur allgemeinen Rentenversicherung (RV) i. H. v. **19,6 % herangezogen.**

64 **BEISPIEL 1:** Ein lediger Arbeitnehmer zahlt im Jahr **2012** einen Arbeitnehmeranteil zur allgemeinen Rentenversicherung i. H. v. 4.000 €. Zusätzlich wird ein steuerfreier Arbeitgeberanteil in gleicher Höhe gezahlt. Daneben hat der Arbeitnehmer noch einen **Basisrentenvertrag** i. S. d. § 10 Absatz 1 Nummer 2 Satz 1 Buchstabe b EStG abgeschlossen und dort Beiträge i. H. v. 3.000 € eingezahlt.

Im Jahr **2012** können Altersvorsorgeaufwendungen i. H. v. **4.140 €** als Sonderausgaben nach § 10 Absatz 1 Nummer 2 i. V. m. Absatz 3 EStG abgezogen werden:

Arbeitnehmerbeitrag	4.000 €
Arbeitgeberbeitrag	4.000 €
Basisrentenvertrag	3.000 €
insgesamt	11.000 €
Höchstbetrag	20.000 €
74 % des geringeren Betrags	**8.140 €**
abzügl. steuerfreier Arbeitgeberanteil	4.000 €
verbleibender Betrag	**4.140 €**

Zusammen mit dem steuerfreien Arbeitgeberbeitrag werden damit Altersvorsorgeaufwendungen i. H. v. **8.140 €** von der Besteuerung freigestellt. Dies entspricht **74 %** der insgesamt geleisteten Beiträge.

BEISPIEL 2: ▸ Ein lediger Beamter zahlt 3.000 € in einen begünstigten **Basisrentenvertrag** i. S. d. § 10 Absatz 1 Nummer 2 Satz 1 Buchstabe b EStG, um zusätzlich zu seinem Pensionsanspruch eine Altersversorgung zu erwerben. Seine Einnahmen aus dem Beamtenverhältnis betragen **40.816 €**.

Im Jahr **2012** können Altersvorsorgeaufwendungen i. H. v. **2.220 €** als Sonderausgaben abgezogen werden:

Basisrentenvertrag	3.000 €
Höchstbetrag	20.000 €
abzügl. fiktiver Gesamtbeitrag RV (**40.816 € × 19,6 % =**)	8.000 €
gekürzter Höchstbetrag	12.000 €
74 % des geringeren Betrags	**2.220 €**

Auch bei diesem Steuerpflichtigen werden **74 %** der Beiträge von der Besteuerung freigestellt.

BEISPIEL 3: ▸ Die Eheleute A und B zahlen im Jahr **2012** jeweils 8.000 € für einen **Basisrentenvertrag** i. S. d. § 10 Absatz 1 Nummer 2 Satz 1 Buchstabe b EStG. A ist im Jahr **2012** als selbständiger Steuerberater tätig und zahlt darüber hinaus 15.000 € in die berufsständische Versorgungseinrichtung der Steuerberater, die der gesetzlichen Rentenversicherung vergleichbare Leistungen erbringt. B ist Beamtin ohne eigene Aufwendungen für ihre künftige Pension. Ihre Einnahmen aus dem Beamtenverhältnis betragen **40.816 €**.

Im Jahr **2012** können Altersvorsorgeaufwendungen i. H. v. **22.940 €** als Sonderausgaben abgezogen werden:

berufsständische Versorgungseinrichtung	15.000 €	
Basisrentenverträge	16.000 €	
insgesamt		31.000 €
Höchstbetrag	40.000 €	
abzügl. fiktiver Gesamtbeitrag RV		
(40.816 € × 19,6 % =)	8.000 €	
gekürzter Höchstbetrag		32.000 €
74 % des geringeren Betrags		**22.940 €**

67 Die Beiträge nach § 168 Absatz 1 Nummer 1b oder 1c SGB VI (geringfügig versicherungspflichtig Beschäftigte) oder nach § 172 Absatz 3 oder 3a SGB VI (versicherungsfrei geringfügig Beschäftigte) vermindern den abziehbaren Betrag nur, wenn der Steuerpflichtige die Hinzurechnung dieser Beiträge zu den Vorsorgeaufwendungen nach § 10 Absatz 1 Nummer 2 Satz 3 beantragt hat. Dies gilt, obwohl der Arbeitgeberbeitrag nach § 3 Nummer 62 EStG steuerfrei ist.

II. Sonderausgabenabzug für sonstige Vorsorgeaufwendungen nach § 10 Absatz 1 Nummer 3 und 3a EStG

1. Allgemeines

68 Mit dem Gesetz zur verbesserten steuerlichen Berücksichtigung von Vorsorgeaufwendungen (Bürgerentlastungsgesetz Krankenversicherung vom 16. Juli 2009) hat der Gesetzgeber die steuerliche Berücksichtigung von Kranken- und Pflegeversicherungsbeiträgen zum 1. Januar 2010 neu geregelt. Die vom Steuerpflichtigen tatsächlich geleisteten Beiträge für eine Absicherung auf sozialhilfegleichem Versorgungsniveau (Basisabsicherung) zur privaten und gesetzlichen Krankenversicherung und zur gesetzlichen Pflegeversicherung werden in vollem Umfang steuerlich berücksichtigt. Ab dem **VZ** 2010 ist deshalb innerhalb der sonstigen Vorsorgeaufwendungen zwischen den Basiskrankenversicherungsbeiträgen (Rz. **69** ff.) und den Beiträgen zur gesetzlichen Pflegeversicherung in § 10 Absatz 1 Nummer 3 EStG (Rz. **94**) sowie den weiteren sonstigen Vorsorgeaufwendungen in § 10 Absatz 1 Nummer 3a EStG (Rz. **95** ff.) zu unterscheiden. Die Beiträge **zur Basisabsicherung** können grundsätzlich vom Versicherungsnehmer – in den Fällen des § 10 Absatz 1 Nummer 3 Satz 2 EStG abweichend **aber** auch vom Unterhaltsverpflichteten – geltend gemacht werden, wenn dieser die eigenen Beiträge eines Kindes, für das ein Anspruch auf einen Kinderfreibetrag oder auf Kindergeld besteht, wirtschaftlich getragen

hat. Hierbei kommt es nicht darauf an, ob die Beiträge in Form von Bar- oder Sachunterhaltsleistungen getragen wurden. Die Beiträge können zwischen den Eltern und dem Kind aufgeteilt, im Ergebnis aber nur einmal – entweder bei den Eltern oder beim Kind – als Vorsorgeaufwendungen berücksichtigt werden (Grundsatz der Einmalberücksichtigung). Die Einkünfte und Bezüge des Kindes haben keinen Einfluss auf die Höhe der bei den Eltern zu berücksichtigenden Vorsorgeaufwendungen. Die Berücksichtigung der Kranken- und Pflegeversicherungsbeiträge des Kindes bei der Grenzbetragsprüfung nach § 32 Absatz 4 Satz 2 EStG in der bis zum VZ 2012 geltenden Fassung steht einer Berücksichtigung der Beiträge zur Basisabsicherung als Sonderausgaben bei den Eltern nicht entgegen.

2. Sonstige Vorsorgeaufwendungen

a) Beiträge zur Basiskrankenversicherung (§ 10 Absatz 1 Nummer 3 Satz 1 Buchstabe a EStG)

Begünstigt sind nach § 10 Absatz 1 Nummer 3 Satz 1 Buchstabe a EStG Beiträge zur Krankenversicherung, soweit diese zur Erlangung eines durch das Zwölfte Buch Sozialgesetzbuch – **SGB XII** – bestimmten sozialhilfegleichen Versorgungsniveaus erforderlich sind (Basiskrankenversicherung): 69

▶ Für Beiträge zur gesetzlichen Krankenversicherung (GKV) sind dies die nach dem Dritten Titel des Ersten Abschnitts des Achten Kapitels des Fünften Buches Sozialgesetzbuch – SGB V – oder die nach dem Sechsten Abschnitt des Zweiten Gesetzes über die Krankenversicherung der Landwirte festgesetzten Beiträge, ggf. gemindert um 4 % des Beitrags, soweit sich aus diesem ein Anspruch auf Krankengeld oder ein Anspruch auf eine Leistung, die anstelle von Krankengeld gewährt wird, ergeben kann. **Bei selbst getragenen Eigenleistungen für Vorsorgeuntersuchungen handelt es sich hingegen nicht um Beiträge zu einer Krankenversicherung und damit auch nicht um Vorsorgeaufwendungen i. S. d. § 10 EStG.**

▶ Für Beiträge zu einer privaten Krankenversicherung (PKV) sind dies die Beitragsanteile, die auf Vertragsleistungen entfallen, die, mit Ausnahme der auf das Krankengeld entfallenden Beitragsanteile, in Art, Umfang und Höhe den Leistungen nach dem Dritten Kapitel des SGB V vergleichbar sind, auf die ein Anspruch besteht. **Die aufgrund eines tariflichen Selbstbehalts oder wegen der Wahl einer Beitragsrückerstattung selbst getragenen Krankheitskosten sind keine Beiträge zur Krankenversicherung.**

▶ Bei einer bestehenden Basisabsicherung durch die GKV ist eine zeitgleiche zusätzliche PKV zur Basisabsicherung nicht erforderlich. In diesen Fällen sind bei Pflichtversicherten ausschließlich die Beiträge zur GKV und bei freiwillig Versicherten die höheren Beiträge als Beiträge für eine Basisabsicherung anzusetzen. Aus verwaltungsökonomischen Gründen ist der Sonderausgabenabzug für Beiträge an eine PKV als Basisabsicherung zu gewähren, wenn zeitgleich eine beitragsfreie Familienversicherung in der GKV gegeben ist.

70 Die im einkommensteuerrechtlichen Zusammenhang verwendeten Begriffe Basisabsicherung und Basiskrankenversicherung sind vom Basistarif i. S. d. § 12 Absatz 1a VAG abzugrenzen. Der Basistarif wurde zum 1. Januar 2009 eingeführt und ist ein besonders gestalteter Tarif. Dieser muss grundsätzlich von jedem privaten Krankenversicherungsunternehmen angeboten werden. Die Leistungen des Basistarifs entsprechen den Pflichtleistungen der GKV. Die so genannte Basisabsicherung i. S. d. Einkommensteuerrechts ist jedoch kein spezieller Tarif, sondern die Absicherung der Leistungen auf dem Niveau der GKV (mit Ausnahme des Krankengeldes), die auch in jedem anderen Tarif als dem Basistarif enthalten sein kann. Für die Absicherung solcher Leistungen gezahlte Beitragsanteile können nach § 10 Absatz 1 Nummer 3 Satz 1 Buchstabe a EStG steuerlich geltend gemacht werden.

71 Beitragsrückerstattungen mindern – unabhängig von ihrer Bezeichnung, z. B. als Pauschalleistung, und soweit sie auf die Basisabsicherung entfallen – die nach § 10 Absatz 1 Nummer 3 Satz 1 Buchstabe a EStG abziehbaren Krankenversicherungsbeiträge in dem Jahr, in dem sie zufließen. **Die Minderung erfolgt unabhängig davon, ob oder in welcher Höhe sich die Beiträge im Abflussjahr steuerlich ausgewirkt haben.** Zur Ermittlung der auf die Basisabsicherung entfallenden Höhe der Beitragsrückerstattung ist der Vertragsstand zugrunde zu legen, der den erstatteten Beitragszahlungen zugrunde lag, unabhängig vom Vertragsstand zum Zuflusszeitpunkt der Beitragsrückerstattung (**zu Erstattungsüberhängen vgl. Rz. 158 f.**). Aus Vereinfachungsgründen kann auf den Vertragsstand zum 31. Dezember des Beitragsjahres abgestellt werden, welcher der erstatteten Beitragszahlung zugrunde lag.

72 Beitragsrückerstattungen in diesem Sinne sind z. B. auch Prämienzahlungen nach § 53 SGB V und Bonuszahlungen nach § 65a SGB V. **Beitragserstattungen für Bonusprogramme sind erstmals zu dem Zeitpunkt zu melden, zu dem der Vorteil dem Grunde nach verfügbar ist. Wird der Vorteil z. B. in Form von Bonuspunkten gewährt, sind diese in Euro umzurechnen und als Beitragsrückerstattung zu melden.** Boni für familienversicherte Bonusprogrammteilnehmer sind dem Stammversicherten zuzurechnen. Aus Vereinfachungsgründen kann bei einem Stammversicherten, der für sich und seine im Rahmen seiner

Familienversicherung mit abgesicherten Angehörigen Bonuspunkte sammelt, eine Beitragserstattung in dem Jahr gemeldet werden, in dem die Sach- oder Geldprämie an den Versicherten ausgegeben wird.

Die Rückzahlung von Beiträgen aus Vorjahren infolge einer rückwirkenden Vertragsänderung ist keine Beitragsrückerstattung. Sie ist vielmehr über eine Datensatzstornierung bzw. -korrektur des betreffenden Jahres zu melden. Gleiches gilt für eine aus diesem Grund gewährte Gutschrift, die mit laufenden Beiträgen verrechnet wird. 73

Bei Vorliegen der übrigen Voraussetzungen sind die Beiträge für eine Absicherung im Krankheitsfall nach § 10 Absatz 1 Nummer 3 Satz 1 Buchstabe a bzw. § 10 Absatz 1 Nummer 3a i. V. m. § 10 Absatz 2 Satz 1 Nummer 2 Buchstabe a EStG an Versicherungsunternehmen, die ihren Sitz oder ihre Geschäftsleitung in einem Mitgliedstaat der Europäischen Union oder einem Vertragsstaat des Abkommens über den Europäischen Wirtschaftsraum haben und das Versicherungsgeschäft im Inland betreiben dürfen,[1] als Sonderausgaben absetzbar. Beiträge für eine Absicherung im Krankheitsfall nach § 10 Absatz 1 Nummer 3 Satz 1 Buchstabe a i. V. m. § 10 Absatz 2 Satz 1 Nummer 2 Buchstabe a EStG an Einrichtungen, die einen anderweitigen Anspruch auf Absicherung im Krankheitsfall i. S. d. § 5 Absatz 1 Nummer 13 SGB V oder eine der Beihilfe oder freien Heilfürsorge vergleichbare Absicherung i. S. d. § 193 Absatz 3 Satz 2 Nummer 2 des Versicherungsvertragsgesetzes – VVG – gewähren, können ebenfalls als Sonderausgaben berücksichtigt werden. Dies gilt entsprechend, wenn ein Steuerpflichtiger, der weder seinen Wohnsitz noch seinen gewöhnlichen Aufenthalt im Inland hat, mit den Beiträgen einen Versicherungsschutz i. S. d. § 10 Absatz 1 Nummer 3 Satz 1 EStG erwirbt. Wird durch eine Bestätigung des jeweiligen Staates oder eine andere geeignete Quelle (z. B. Dachverband der Versicherungen im jeweiligen Land) nachgewiesen, dass es sich beim Empfänger der Beiträge um einen ausländischen Sozialversicherungsträger handelt, sind auch diese Beiträge für eine Absicherung im Krankheitsfall nach § 10 Absatz 1 Nummer 3 Satz 1 Buchstabe a bzw. § 10 Absatz 1 Nummer 3a i. V. m. § 10 Absatz 2 Satz 1 Nummer 2 Buchstabe c EStG als Sonderausgaben 74

---

[1] Bei Versicherungsunternehmen innerhalb eines Mitgliedstaats der Europäischen Union bzw. eines Vertragsstaats des Abkommens über den Europäischen Wirtschaftsraum kann regelmäßig davon ausgegangen werden, dass die Erlaubnis zum Geschäftsbetrieb im Inland gem. § 6 Absatz 1 VAG als erteilt gilt. Welche Unternehmen eine Erlaubnis besitzen, notifiziert sind oder eine Repräsentanz in Deutschland unterhalten, kann unter folgendem Link recherchiert werden: https://portal.mvp.bafin.de/database/InstInfo/ .

abziehbar.[1] Beiträge in ausländischer Währung sind nach dem Jahresdurchschnitt der monatlich festgesetzten und im BStBl I veröffentlichten Umsatzsteuer-Umrechnungskurse zu berechnen. Zur Aufteilung von Globalbeiträgen wird auf Rz. 160 verwiesen.

75 Keine Beiträge i. S. d. § 10 Absatz 1 Nummer 3 Satz 1 Buchstabe a EStG sind Beiträge zu einer Auslandskrankenversicherung (Reisekrankenversicherung), die zusätzlich zu einem bestehenden Versicherungsschutz in der GKV oder PKV ohne eingehende persönliche Risikoprüfung abgeschlossen **wird**.

aa) **Beiträge zur gesetzlichen Krankenversicherung**

(1) Allgemeines

76 Die Beiträge zur GKV sowie die Beiträge zur landwirtschaftlichen Krankenkasse gehören grundsätzlich zu den Beiträgen für eine Basiskrankenversicherung. Hierzu zählt auch ein eventuell von der Krankenkasse erhobener kassenindividueller Zusatzbeitrag i. S. d. § 242 SGB V. **Beiträge zu einer über das Leistungsspektrum der gesetzlichen Krankenversicherung hinausgehenden Zusatzversicherung sind jedoch insgesamt nicht der Basisabsicherung i. S. d. § 10 Absatz 1 Nummer 3 Satz 1 EStG zuzurechnen, da sie nicht zur Erlangung des sozialhilfegleichen Versorgungsniveaus erforderlich sind.**

77 Nicht der Basisabsicherung zuzurechnen ist hingegen der Beitragsanteil, der der Finanzierung des Krankengeldes dient. Dieser Anteil wird mit einem pauschalen Abschlag i. H. v. 4 % bemessen und von der Finanzverwaltung von den übermittelten Beträgen abgezogen. Der Abschlag ist allerdings nur dann vorzunehmen, wenn **sich für den** Steuerpflichtigen im Krankheitsfall ein Anspruch auf Krankengeldzahlung oder ein Anspruch auf eine Leistung **ergeben kann,** die anstelle von Krankengeld gewährt wird. Werden über die GKV auch Leistungen abgesichert, die über die Pflichtleistungen hinausgehen, so sind auch die darauf entfallenden Beitragsanteile nicht der Basisabsicherung zuzurechnen. Hierzu gehören Beiträge für Wahl- und Zusatztarife, die z. B. Leistungen wie Chefarztbehandlung oder Einbettzimmer abdecken. Vom kassenindividuellen Zusatzbeitrag i. S. d. § 242 SGB V ist kein Abschlag vorzunehmen, da sich aus ihm kein unmittelbarer Anspruch auf Krankengeld oder Anspruch auf eine Leistung, die anstelle von Krankengeld gewährt wird, ergibt.

---

1 Für die Mitgliedstaaten der Europäischen Union, und die Vertragsstaaten des Abkommens über den Europäischen Wirtschaftsraum, sowie für die Schweiz kann das Verzeichnis unter folgenden Link genutzt werden: http://ec.europa.eu/employment_social/social-security-directory/Browse.seam?country=DE&langId=de .

Ermittelt sich bei einem freiwillig Versicherten der Beitrag unter Berücksichtigung mehrerer Einkunftsarten nach einem einheitlichen Beitragssatz, ist die Kürzung um 4 % für den gesamten Beitrag vorzunehmen, auch wenn nur ein Teil der Einkünfte bei der Bemessung der Höhe des Krankengeldes berücksichtigt wird. 78

(2) Einzelne Personengruppen

(a) Pflichtversicherte Arbeitnehmer

Der dem pflichtversicherten Arbeitnehmer zuzurechnende GKV-Beitrag ist grundsätzlich von der Finanzverwaltung um 4 % zu mindern. Ist der Finanzverwaltung bekannt, dass **sich bei dem** Arbeitnehmer im Einzelfall **aus den Beiträgen** kein Anspruch auf Krankengeld bzw. **auf** eine Leistung **ergeben kann**, die anstelle von Krankengeld gewährt wird, ist bei Berücksichtigung des Sonderausgabenabzugs von der Finanzverwaltung keine Minderung i. H. v. 4 % vorzunehmen. 79

(b) Freiwillig gesetzlich versicherte Arbeitnehmer

Bei Arbeitnehmern, bei denen der Arbeitgeber den Gesamtbeitrag des Arbeitnehmers an die GKV abführt (Firmenzahler) oder bei Arbeitnehmern, bei denen der Beitrag an die GKV vom Arbeitnehmer selbst gezahlt wird (Selbstzahler), ist der Beitrag nach Abzug des steuerfreien Arbeitgeberzuschusses (§ 3 Nummer 62 EStG) von der Finanzverwaltung um 4 % zu mindern, **wenn sich grundsätzlich ein Anspruch auf Krankengeld oder auf eine Leistung ergeben kann**, die anstelle von Krankengeld gewährt wird. **Bei freiwillig versicherten Versorgungsempfängern ist der geleistete Beitrag nicht um 4 % zu mindern, wenn sich kein Anspruch auf Krankengeld oder auf eine Leistung anstelle von Krankengeld ergeben kann.** 80

(c) Freiwillig gesetzlich versicherte Selbständige

Kann sich aus den geleisteten Beiträgen bei Selbständigen ein Anspruch auf Krankengeld oder ein Anspruch auf eine Leistung **ergeben,** die anstelle von Krankengeld gewährt wird, ist der Beitrag von der Finanzverwaltung um 4 % zu mindern. 81

(d) Pflichtversicherte selbständige Künstler und Publizisten

Wird von der Künstlersozialkasse an Stelle der steuerfreien Arbeitgeberanteile ein steuerfreier Betrag abgeführt, ist der Beitrag um diesen Betrag zu kürzen. 82

Kann sich aus den Beiträgen ein Anspruch auf Krankengeld oder ein Anspruch auf eine Leistung ergeben, die anstelle von Krankengeld gewährt wird, ist der ggf. um den steuerfreien Betrag gekürzte Beitrag von der Finanzverwaltung um 4 % zu mindern.

(e) Freiwillig gesetzlich versicherte Künstler und Publizisten

83 Der Beitrag ist um den von der Künstlersozialkasse gewährten steuerfreien Beitragszuschuss zu kürzen. **Kann sich aus den Beiträgen** ein Anspruch auf Krankengeld oder ein Anspruch auf eine Leistung **ergeben,** die anstelle von Krankengeld gewährt wird, ist der ggf. um den steuerfreien Zuschuss gekürzte Beitrag von der Finanzverwaltung um 4 % zu mindern.

(f) Pflichtversicherte Rentner

84 Der im Rahmen der Krankenversicherung der Rentner (KVdR) erhobene Beitrag ist nicht um 4 % zu mindern.

(g) Freiwillig gesetzlich versicherte Rentner

85 Der Beitrag ist um einen gewährten steuerfreien Zuschuss zur Krankenversicherung zu kürzen. Bezieht ein freiwillig gesetzlich versicherter Rentner neben der Rente noch andere Einkünfte und **kann sich** im Zusammenhang mit diesen anderen Einkünften ein Anspruch auf Krankengeld oder ein Anspruch auf eine Leistung **ergeben,** die anstelle von Krankengeld gewährt wird, ist der ggf. um den von der Rentenversicherung gezahlten steuerfreien Zuschuss gekürzte Beitrag von der Finanzverwaltung um 4 % zu mindern.

bb) Beiträge zur privaten Krankenversicherung

(1) Allgemeines

86 Der Basisabsicherung in einer PKV dienen die jeweiligen Beitragsanteile, mit denen Versicherungsleistungen finanziert werden, die in Art, Umfang und Höhe den Leistungen nach dem Dritten Kapitel des SGB V – also den Pflichtleistungen der GKV – vergleichbar sind und auf die ein Anspruch besteht. Nicht zur Basisabsicherung gehören – wie bei der GKV – Beitragsanteile, die der Finanzierung von Wahlleistungen (z. B. Chefarztbehandlung, Einbettzimmer) i. S. d. § 1 Absatz 1 i. V. m. § 2 Absatz 1 KVBEVO (vgl. Rz. **87**), des Krankenhaustagegeldes oder des Krankentagegeldes dienen.

87 Sind in einem Versicherungstarif begünstigte und nicht begünstigte Versicherungsleistungen abgesichert, muss der vom Versicherungsnehmer geleistete

Beitrag durch das Krankenversicherungsunternehmen aufgeteilt werden. Wie diese Aufteilung in typisierender Weise zu erfolgen hat, wird durch die „Verordnung zur tarifbezogenen Ermittlung der steuerlich berücksichtigungsfähigen Beiträge zum Erwerb eines Krankenversicherungsschutzes i. S. d. § 10 Absatz 1 Nummer 3 Satz 1 Buchstabe a des Einkommensteuergesetzes (Krankenversicherungsbeitragsanteil-Ermittlungsverordnung; KVBEVO)" (BGBl. 2009 I, S. 2730) geregelt. Die wesentlichen Grundsätze der Beitragsaufteilung lassen sich wie folgt zusammenfassen:

▶ Enthält ein Tarif nur Leistungen, mit denen eine Basisabsicherung gewährleistet wird, ist eine tarifbezogene Beitragsaufteilung nicht erforderlich. Der für diesen Tarif geleistete Beitrag ist insgesamt abziehbar. Dies gilt auch für Beiträge zum Basistarif i. S. d. § 12 Absatz 1a VAG. **Kann** sich im Rahmen des Basistarifs ein Anspruch auf Krankengeld **ergeben,** ist vom Beitrag ein Abschlag von 4 % vorzunehmen.

▶ Enthält ein Tarif nur Wahlleistungen, ist eine tarifbezogene Beitragsaufteilung nicht durchzuführen. Der für diesen Tarif geleistete Beitrag ist insgesamt nicht nach § 10 Absatz 1 Nummer 3 EStG abziehbar.

▶ Enthält ein Tarif sowohl Leistungen, mit denen eine Basisabsicherung gewährleistet wird, als auch solche, die darüber hinausgehen, hat das Krankenversicherungsunternehmen nach den Vorschriften der KVBEVO den nicht nach § 10 Absatz 1 Nummer 3 EStG abziehbaren Beitragsanteil zu ermitteln.

▶ Enthält ein erstmals nach dem 1. Mai 2009 für das Neugeschäft angebotener Tarif nur in geringerem Umfang Leistungen, mit denen eine Basisabsicherung gewährleistet wird, und ansonsten Leistungen, die diesem Niveau nicht entsprechen, hat das Krankenversicherungsunternehmen vom geleisteten Beitrag einen Abschlag i. H. v. 99 % vorzunehmen. Gleiches gilt, wenn – mit Ausnahme des Basistarifs i. S. d. § 12 Absatz 1a VAG – Krankentagegeld oder Krankenhaustagegeld zusammen mit anderen Leistungen in einem Tarif abgesichert ist.

Zahlt der Versicherte für seine Basisabsicherung zunächst einen erhöhten Beitrag, um ab einem bestimmten Alter durch eine entsprechend erhöhte Alterungsrückstellung i. S. d. § 12 Absatz 4a VAG eine zuvor vereinbarte zeitlich unbefristete Beitragsentlastung für seine Basisabsicherung zu erhalten, ist auch der auf die Basisabsicherung entfallende Beitragsanteil für die erhöhte Alterungsrückstellung nach § 10 Absatz 1 Nummer 3 Satz 1 Buchstabe a EStG abziehbar **und im Rahmen der für den VZ der Zahlung geleisteten Beiträge zu melden.**

88

89 Mit Beiträgen zugunsten einer so genannten Anwartschaftsversicherung erwirbt der Versicherungsnehmer den Anspruch, zu einem späteren Zeitpunkt eine private Krankenversicherung zu einem ermäßigten Beitrag zu erhalten. Der Versicherungsnehmer wird dabei hinsichtlich seines der Beitragsbemessung zugrunde gelegten Gesundheitszustands und ggf. auch hinsichtlich der Alterungsrückstellung so gestellt, als sei der Krankenversicherungsvertrag bereits zu einem früheren Zeitpunkt abgeschlossen worden. Übersteigen die Beiträge für eine Anwartschaftsversicherung jährlich nicht einen Betrag i. H. v. 100 €, sind sie aus Billigkeitsgründen insgesamt wie Beiträge zu einer Basiskrankenversicherung zu behandeln. Die den Betrag von 100 € übersteigenden Beiträge für eine Anwartschaftsversicherung sind nur insoweit wie Beiträge zu einer Basiskrankenversicherung zu behandeln, als sie auf die Minderung von Beitragsbestandteilen gerichtet sind, die der Basiskrankenversicherung zuzurechnen sind.

(2) Einzelne Personengruppen

(a) Privat versicherte Arbeitnehmer

90 Hat ein Arbeitnehmer mit dem Lohn einen steuerfreien Zuschuss für seine Krankenversicherung erhalten, steht dieser insgesamt in unmittelbarem Zusammenhang mit den Vorsorgeaufwendungen i. S. d. § 10 Absatz 1 Nummer 3 EStG (§ 10 Absatz 2 Satz 1 Nummer 1 EStG). Dies gilt auch, wenn der Arbeitnehmer Wahlleistungen abgesichert hat. Der Zuschuss mindert in vollem Umfang die Beiträge zur Basisabsicherung.

91 **BEISPIEL:** A ist privat krankenversicherter Arbeitnehmer und hat für seine Krankenversicherung einen Beitrag i. H. v. insgesamt 6.000 € jährlich an seine Krankenversicherung zu leisten. Diese Summe setzt sich zusammen aus einem Beitrag i. H. v. 500 € für einen Tarif, der ausschließlich Wahlleistungen abdeckt und einem Beitrag i. H. v. 5.500 € für einen Tarif, der sowohl Leistungen abdeckt, die der Basisabsicherung dienen, als auch darüber hinausgehende Leistungen. Der Beitrag i. H. v. 5.500 € für einen Tarif, der sowohl Leistungen abdeckt, die der Basisabsicherung dienen als auch darüber hinausgehende Leistungen, ist durch das Versicherungsunternehmen nach der KVBEVO aufzuteilen. Nach der Aufteilung ergibt sich für die Absicherung von Leistungen, die der Basisabsicherung dienen, ein Beitragsanteil i. H. v. 4.500 € und für die Absicherung von Leistungen, die nicht der Basisabsicherung dienen, ein Beitragsanteil i. H. v. 1.000 €. Das Versicherungsunternehmen übermittelt einen Beitrag für die Basisabsicherung i. H. v. 4.500 € an die Finanzverwaltung (ZfA). A erhält von seinem Arbeitgeber jährlich einen steuerfreien Zuschuss i. H. v. 3.000 € zu seinem Krankenversicherungsbeitrag.

Der Beitrag i. H. v. 500 € für einen Tarif, der ausschließlich Wahlleistungen abdeckt, ist insgesamt nicht nach § 10 Absatz 1 Nummer 3 EStG zu berücksichtigen. Eine Aufteilung nach der KVBEVO ist insoweit nicht erforderlich. Der Beitrag für die Basisabsicherung i. H. v. 4.500 € wurde der Finanzverwaltung vom Versicherungsunternehmen per Datensatz übermittelt. Dieser wird von der Finanzverwaltung um den vom Arbeitgeber steuerfrei gezahlten Zuschuss i. H. v. 3.000 € vermindert. Es verbleibt danach ein Beitrag i. H. v. 1 500 €, der als sonstige Vorsorgeaufwendungen i. S. d. § 10 Absatz 1 Nummer 3 EStG bei der Ermittlung des entsprechenden Abzugsvolumens zu berücksichtigen ist.

(b) Privat versicherte Künstler und Publizisten

Der Beitrag ist um einen gewährten steuerfreien Zuschuss zur Krankenversicherung zu kürzen. 92

(c) Privat versicherte Rentner

Der Beitrag ist um einen gewährten steuerfreien Zuschuss zur Krankenversicherung zu kürzen. 93

b) Beiträge zur gesetzlichen Pflegeversicherung

Begünstigt sind nach § 10 Absatz 1 Nummer 3 Satz 1 Buchstabe b EStG Beiträge zur gesetzlichen Pflegeversicherung, d. h. zur sozialen Pflegeversicherung und zur privaten Pflege-Pflichtversicherung. Die Beiträge sind nach Abzug des steuerfreien Arbeitgeberzuschusses (§ 3 Nummer 62 EStG) bzw. des an Stelle des steuerfreien Arbeitgeberzuschusses gezahlten Betrags, z. B. von der Künstlersozialkasse, ungekürzt anzusetzen. Für Beiträge zugunsten einer Anwartschaftsversicherung zur Pflegeversicherung gilt Rz. 89 entsprechend. 94

c) Weitere sonstige Vorsorgeaufwendungen

Begünstigt sind nach § 10 Absatz 1 Nummer 3a EStG Beiträge zu 95

- ▶ gesetzlichen oder privaten Kranken- und Pflegeversicherungen, soweit diese nicht nach § 10 Absatz 1 Nummer 3 EStG zu berücksichtigen sind; hierzu zählen z. B. Beitragsanteile, die auf Wahlleistungen entfallen **oder der Finanzierung des Krankengeldes dienen,** Beiträge zur freiwilligen privaten Pflegeversicherung oder Basiskrankenversicherungsbeiträge und Beiträge zur gesetzlichen Pflegeversicherung bei fehlender Einwilligung nach § 10 Absatz 2a EStG,
- ▶ Versicherungen gegen Arbeitslosigkeit (gesetzliche Beiträge an die Bundesagentur für Arbeit und Beiträge zu privaten Versicherungen),
- ▶ Erwerbs- und Berufsunfähigkeitsversicherungen, die nicht Bestandteil einer Versicherung i. S. d. § 10 Absatz 1 Nummer 2 Satz 1 Buchstabe b EStG sind;

dies gilt auch für Beitragsbestandteile einer kapitalbildenden Lebensversicherung i. S. d. § 20 Absatz 1 Nummer 6 EStG, die bei der Ermittlung des steuerpflichtigen Ertrags nicht abgezogen werden dürfen,

▶ Unfallversicherungen, wenn es sich nicht um eine Unfallversicherung mit garantierter Beitragsrückzahlung handelt, die insgesamt als Rentenversicherung oder Kapitalversicherung behandelt wird,

▶ Haftpflichtversicherungen,

▶ Lebensversicherungen, die nur für den Todesfall eine Leistung vorsehen (Risikolebensversicherung).

Auf Rz. 156 wird verwiesen.

96 Beiträge zu nachfolgenden Versicherungen sind ebenfalls nach § 10 Absatz 1 Nummer 3a EStG begünstigt, wenn die Laufzeit dieser Versicherungen vor dem 1. Januar 2005 begonnen hat und mindestens ein Versicherungsbeitrag bis zum 31. Dezember 2004 entrichtet wurde; der Zeitpunkt des Vertragsabschlusses ist insoweit unmaßgeblich:

▶ Rentenversicherungen ohne Kapitalwahlrecht, die die Voraussetzungen des § 10 Absatz 1 Satz 1 Nummer 2 EStG nicht erfüllen,

▶ Rentenversicherungen mit Kapitalwahlrecht gegen laufende Beitragsleistungen, wenn das Kapitalwahlrecht nicht vor Ablauf von zwölf Jahren seit Vertragsabschluss ausgeübt werden kann,

▶ Kapitalversicherungen gegen laufende Beitragsleistungen mit Sparanteil, wenn der Vertrag für die Dauer von mindestens zwölf Jahren abgeschlossen worden ist.

97 Ein Versicherungsbeitrag ist bis zum 31. Dezember 2004 entrichtet, wenn nach § 11 Absatz 2 EStG der Beitrag einem Kalenderjahr vor 2005 zuzuordnen ist. Für Beiträge im Rahmen der betrieblichen Altersversorgung an einen Pensionsfonds, an eine Pensionskasse oder für eine Direktversicherung gilt Rz. **330** des BMF-Schreibens vom 24. Juli 2013, BStBl 2013 I S. 1022.

98 Für die Berücksichtigung von diesen Beiträgen (Rz. **96**) gelten außerdem die bisherigen Regelungen des § 10 Absatz 1 Nummer 2 Satz 2 bis 6 und Absatz 2 Satz 2 EStG in der am 31. Dezember 2004 geltenden Fassung.

3. Ermittlung des Abzugsbetrags

a) Höchstbetrag nach § 10 Absatz 4 EStG

99 Vorsorgeaufwendungen i. S. d. § 10 Absatz 1 Nummer 3 und Nummer 3a EStG können (vorbehaltlich der Rz. **103** und der Günstigerprüfung Rz. **164** ff.) grund-

sätzlich bis zur Höhe von 2.800 € abgezogen werden (z. B. bei Steuerpflichtigen, die Aufwendungen für ihre Krankenversicherung und Krankheitskosten vollständig aus eigenen Mitteln tragen).

Bei einem Steuerpflichtigen, der ganz oder teilweise ohne eigene Aufwendungen einen Anspruch auf vollständige oder teilweise Erstattung oder Übernahme von Krankheitskosten hat oder für dessen Krankenversicherung Leistungen i. S. d. § 3 Nummer 9, 14, 57 oder 62 EStG erbracht werden, vermindert sich der Höchstbetrag auf 1.900 €. Dies gilt auch, wenn die Voraussetzungen nur in einem Teil des Kalenderjahres vorliegen. Ohne Bedeutung ist hierbei, ob aufgrund eines Anspruchs tatsächlich Leistungen erbracht werden, sowie die konkrete Höhe des Anspruchs. Es kommt nur darauf an, dass ganz oder teilweise ohne eigene Aufwendungen ein Anspruch besteht. Ein vom Arbeitgeber im Rahmen einer geringfügigen Beschäftigung erbrachter pauschaler Beitrag zur GKV führt nicht zum Ansatz des verminderten Höchstbetrags. 100

Der Höchstbetrag i. H. v. 1.900 € gilt z. B. für 101

- ▶ Rentner, die aus der gesetzlichen Rentenversicherung nach § 3 Nummer 14 EStG steuerfreie Zuschüsse zu den Krankenversicherungsbeiträgen erhalten,
- ▶ Rentner, bei denen der Träger der gesetzlichen Rentenversicherung Beiträge an die GKV zahlt,
- ▶ sozialversicherungspflichtige Arbeitnehmer, für die der Arbeitgeber nach § 3 Nummer 62 EStG steuerfreie Beiträge zur Krankenversicherung leistet; das gilt auch dann, wenn der Arbeitslohn aus einer Auslandstätigkeit aufgrund eines **Doppelbesteuerungsabkommens** – DBA – steuerfrei gestellt wird,
- ▶ Besoldungsempfänger oder gleichgestellte Personen, die von ihrem Arbeitgeber nach § 3 Nummer 11 EStG steuerfreie Beihilfen zu Krankheitskosten erhalten,
- ▶ **im VZ beihilferechtlich berücksichtigungsfähige Ehegatten oder Lebenspartner (BFH vom 23. Januar 2013, X R 43/09),**
- ▶ Beamte, die in der GKV freiwillig versichert sind und deshalb keine Beihilfe zu ihren Krankheitskosten – trotz eines grundsätzlichen Anspruchs – erhalten,
- ▶ Versorgungsempfänger im öffentlichen Dienst mit Beihilfeanspruch oder gleichgestellte Personen,
- ▶ in der GKV ohne eigene Beiträge familienversicherte Angehörige,

▶ Personen, für die steuerfreie Leistungen der Künstlersozialkasse nach § 3 Nummer 57 EStG erbracht werden.

102 Der nach § 3 Nummer 62 EStG steuerfreie Arbeitgeberanteil zur gesetzlichen Kranken- und Pflegeversicherung ist bei der Ermittlung des Höchstbetrags nach § 10 Absatz 4 EStG nicht zu berücksichtigen.

b) Mindestansatz

103 Übersteigen die vom Steuerpflichtigen geleisteten Beiträge für die Basisabsicherung (Basiskrankenversicherung – Rz. 69 ff. – und gesetzliche Pflegeversicherung – Rz. 94 –) den Höchstbetrag von 2.800 €/1.900 €, sind diese Beiträge für die Basisabsicherung als Sonderausgaben anzusetzen. Eine betragsmäßige Deckelung auf den Höchstbetrag erfolgt in diesen Fällen nicht. Ein zusätzlicher Abzug von Beiträgen nach § 10 Absatz 1 Nummer 3a EStG ist daneben nicht möglich (vorbehaltlich der Günstigerprüfung Rz. 164 ff.).

c) Abzugsbetrag bei Ehegatten und Lebenspartnern

aa) Zusammenveranlagung nach § 26b EStG

104 Bei zusammen veranlagten Ehegatten **oder Lebenspartnern** ist zunächst für jeden Ehegatten **oder Lebenspartner** nach dessen persönlichen Verhältnissen der ihm zustehende Höchstbetrag zu bestimmen. Die Summe der beiden Höchstbeträge ist der gemeinsame Höchstbetrag (§ 10 Absatz 4 Satz 3 EStG). Übersteigen die von den Ehegatten **oder Lebenspartnern** geleisteten Beiträge für die Basisabsicherung (Basiskrankenversicherung – Rz. 69 ff. – und gesetzliche Pflegeversicherung – Rz. 94) in der Summe den gemeinsamen Höchstbetrag, sind diese Beiträge für die Basisabsicherung als Sonderausgaben zu berücksichtigen. Eine betragsmäßige Deckelung auf den gemeinsamen Höchstbetrag erfolgt in diesen Fällen nicht. Ein zusätzlicher Abzug von Beiträgen nach § 10 Absatz 1 Nummer 3a EStG ist daneben nicht möglich (vorbehaltlich der Günstigerprüfung Rz. 164 ff.).

bb) Einzelveranlagung nach § 26a EStG und „Patchwork-Familien"

105 Wird von den Ehegatten **oder Lebenspartnern** die Einzelveranlagung beantragt, wird der Höchstbetrag sowie der Mindestansatz für jeden Ehegatten **oder Lebenspartner** gesondert ermittelt. Für die Berechnung des Mindestansatzes ist bei jedem Ehegatten **oder Lebenspartner** der von ihm als Versicherungsnehmer geleistete Beitrag zur Basisabsicherung anzusetzen. Ist ein Kind Versicherungsnehmer (**vgl. Rz. 68**), werden die Beiträge zur Kranken- und Pfle-

geversicherung i. S. d. § 10 Absatz 1 Nummer 3 Satz 2 EStG jedoch von **Unterhaltsverpflichteten** getragen, **sind die Beiträge entsprechend der wirtschaftlichen Tragung von dem jeweiligen unterhaltsverpflichteten Elternteil zu beantragen und anzusetzen (Grundsatz der Einmalberücksichtigung).** Innerhalb der Ehe bzw. Lebenspartnerschaft folgt die weitere Zuordnung den Regelungen des § 26a Absatz 2 EStG.

einstweilen frei 106

BEISPIEL 1: ▶ Ehemann A ist selbständig tätig und privat versichert. Er leistet als VN für seine Basiskrankenversicherung einen Jahresbeitrag i. H. v. 6.000 € bei Versicherung X. Seine Ehefrau B ist Beamtin und privat versichert bei Versicherung Y. Der von B als VN zu leistende Jahresbeitrag zur Basiskrankenversicherung beträgt 3.500 €. Der gemeinsame Sohn S ist im Vertrag von B mitversichert. Der hierfür zu leistende **und von B getragene** Jahresbeitrag zur Basiskrankenversicherung beträgt 1.000 €. Die Tochter T (24 Jahre alt) ist in der studentischen Krankenversicherung (KVdS) versichert und zahlt als VN einen Jahresbeitrag zu ihrer Basiskrankenversicherung i. H. v. 2.000 €. A und B erstatten T den von ihr geleisteten Jahresbeitrag im Rahmen ihrer Unterhaltsverpflichtung. Die Eheleute A und B beantragen die **Einzelveranlagung, wobei § 26a Absatz 2 Satz 1 EStG Anwendung finden soll.** 107

Der Höchstbetrag für Vorsorgeaufwendungen beträgt für A 2.800 € nach § 10 Absatz 4 Satz 1 EStG, da er seine Krankenversicherung vollständig aus eigenen Mitteln finanziert und auch keine steuerfreien Leistungen zu seinen Krankheitskosten erhält. Für B mindert sich der Höchstbetrag nach § 10 Absatz 4 Satz 2 EStG auf 1.900 €, da B einen Anspruch auf steuerfreie Beihilfen zu ihren Krankheitskosten hat. Dem für jeden Ehegatten gesondert ermittelten Höchstbetrag sind die jeweils von A bzw. von B als VN geleisteten Jahresbeiträge zur Basiskrankenversicherung gegenüberzustellen. Sowohl bei A als auch bei B übersteigen die als VN geleisteten Jahresbeiträge zur Basiskrankenversicherung die Höchstbeträge nach § 10 Absatz 4 EStG. Daher sind jeweils die Beiträge zur Basiskrankenversicherung anzusetzen (Mindestansatz).

A kann den Basiskrankenversicherungsbeitrag i. H. v. 6.000 € geltend machen. B kann in ihrer Veranlagung den von ihr als VN geleisteten Basiskrankenversicherungsbeitrag i. H. v. 3.500 € zuzügl. des **von ihr getragenen** Basiskrankenversicherungsbeitrags für ihren Sohn S in Höhe 1.000 €, zusammen = 4.500 € ansetzen. Den von A und B an T erstatteten Basiskrankenversicherungsbeitrag i. H. v. 2.000 € können A und B jeweils **zu 1.000 €** – entsprechend **der wirtschaftlichen Tragung** – im Rahmen der Sonderausgaben geltend machen.

BEISPIEL 2: ▶ A und B sind miteinander verheiratet. Ehefrau B ist die leibliche Mutter des Kindes K. Der Kindesvater ist C. K ist selbst VN seiner Kranken- und Pflegeversicherung. Im Rahmen ihrer Unterhaltspflicht haben C und B die Beiträge des K wirtschaftlich getragen und zwar C zu 20 % und B zu 80 %. A und B beantragen die Einzelveranlagung nach § 26a EStG, wobei § 26a Absatz 2 Satz 2 EStG Anwendung finden soll. 108

Entsprechend der Lastentragung werden gem. § 10 Absatz 1 Nummer 3 Satz 2 EStG bei C 20 % und bei B 80 % der jeweils für K getragenen Beiträge für die Absicherung im Krankheitsfall wie eigene Beiträge behandelt. Nach der Verteilungsregelung des

§ 26a Absatz 2 Satz 2 EStG werden bei A und B sämtliche Sonderausgaben – und damit auch die der B nach § 10 Absatz 1 Nummer 3 Satz 2 EStG zugewiesenen Beiträge des Kindes – jeweils hälftig abgezogen, so dass im Ergebnis A und B jeweils 40 % der Beiträge des K absetzen können. Dass bei A keine Unterhaltsverpflichtung gegenüber K besteht, da es nicht sein leibliches Kind ist, ist für die Verteilung durch § 26a Absatz 2 Satz 2 EStG ohne Belang.

4. Verfahren

109 Die übermittelnden Stellen haben die geleisteten und erstatteten Beiträge i. S. d. § 10 Absatz 1 Nummer 3 EStG sowie die weiteren nach § 10 Absatz 2a Satz 4 Nummer 2 EStG erforderlichen Daten an die Finanzverwaltung zu übermitteln; **wegen Einzelheiten vgl. die Ausführungen unter Rz. 142 ff.** Der Abzug der steuerfreien Zuschüsse zu den Kranken- und Pflegeversicherungsbeiträgen und die Minderung um 4 % bei den Beiträgen zur **GKV**, wenn sich ein Anspruch auf Krankengeld oder ein Anspruch auf eine Leistung **ergeben kann,** die anstelle von Krankengeld gewährt wird, werden von der Finanzverwaltung vorgenommen (im Einzelnen vgl. Rz. **79** ff.). Die Beiträge zu einer **PKV** werden bereits durch das Versicherungsunternehmen um einen Beitragsanteil, der auf Krankentagegeld entfällt, gemindert, so dass die Finanzverwaltung hier nur noch ggf. gewährte Zuschüsse abziehen muss.

110 Werden Beitragsvorauszahlungen (siehe Rz. 126) geleistet, sind ferner die vertraglich geschuldeten Beiträge zur Basiskranken- und gesetzlichen Pflegeversicherung des Beitragsjahres – bereinigt um Beiträge, die der unbefristeten Beitragsminderung nach Vollendung des 62. Lebensjahres dienen (Rz. 88) – als Bestandteil der Vertrags- bzw. Versicherungsdaten i. S. d. § 10 Absatz 2a Satz 4 EStG in den Datensatz aufzunehmen. Dies gilt nicht, sofern es sich lediglich um eine Vorauszahlung für Januar des Folgejahres handelt. Hierbei ist anzugeben, ob sich aus den Beiträgen ein Anspruch auf Krankengeld oder ein Anspruch auf eine Leistung ergeben kann, die anstelle von Krankengeld gewährt wird. Die Daten dienen der Finanzverwaltung zur Prüfung der sofort abziehbaren Vorauszahlungen nach § 10 Absatz 1 Nummer 3 Satz 4 EStG.

111 Werden steuerfreie Zuschüsse von anderen Stellen als den Mitteilungspflichtigen (§ 22a EStG), den Arbeitgebern oder der Künstlersozialkasse gewährt (z. B. in der Elternzeit), sind diese vom Steuerpflichtigen in der Einkommensteuererklärung anzugeben.

a) Gesetzlich Versicherte

Bei Vorliegen einer Familienversicherung i. S. d. § 10 SGB V ist für die mitversicherte Person mangels eigener Beitragsleistung kein Datensatz zu übermitteln. 112

aa) Pflichtversicherte Arbeitnehmer

Der vom Arbeitgeber einbehaltene und abgeführte Arbeitnehmerkranken- und Arbeitnehmerpflegeversicherungsbeitrag zur GKV wird im Rahmen der elektronischen Lohnsteuerbescheinigung an die Finanzverwaltung übermittelt. Erstattet die GKV Beiträge oder erhebt sie vom Versicherten unmittelbar einen kassenindividuellen Zusatzbeitrag i. S. d. § 242 SGB V, sind die jeweiligen Beträge – sofern sie auf die Basisabsicherung entfallen – unmittelbar von der GKV an die Finanzverwaltung (ZfA) zu übermitteln. 113

bb) Freiwillig gesetzlich versicherte Arbeitnehmer

Für Arbeitnehmer, bei denen der Arbeitgeber den Gesamtbeitrag des Arbeitnehmers zur Kranken- und Pflegeversicherung an die GKV abführt (Firmenzahler), hat der Arbeitgeber in der elektronischen Lohnsteuerbescheinigung der Finanzverwaltung den abgeführten Beitrag und den geleisteten steuerfreien Arbeitgeberzuschuss (§ 3 Nummer 62 EStG) mitzuteilen. Erstattet die GKV Beiträge oder erhebt sie vom Versicherten unmittelbar einen kassenindividuellen Zusatzbeitrag i. S. d. § 242 SGB V, sind die jeweiligen Beträge – sofern sie auf die Basisabsicherung entfallen – unmittelbar von der GKV an die Finanzverwaltung (ZfA) zu übermitteln. 114

Für Arbeitnehmer, bei denen der Kranken- und Pflegeversicherungsbeitrag an die GKV vom Arbeitnehmer selbst gezahlt wird (Selbstzahler), hat der Arbeitgeber in der elektronischen Lohnsteuerbescheinigung der Finanzverwaltung den geleisteten steuerfreien Arbeitgeberzuschuss (§ 3 Nummer 62 EStG) mitzuteilen. Die vom Arbeitnehmer unmittelbar an die GKV geleisteten oder von der GKV erstatteten Beiträge einschließlich eines kassenindividuellen Zusatzbeitrags i. S. d. § 242 SGB V sind – sofern sie auf die Basisabsicherung entfallen – von der GKV an die Finanzverwaltung (ZfA) zu übermitteln. **Kann sich für den** Arbeitnehmer aus der GKV ein Anspruch auf Krankengeld bzw. eine Leistung **ergeben,** die anstelle von Krankengeld gewährt wird, ist dies bei der Übermittlung anzugeben. 115

cc) Freiwillig gesetzlich versicherte Selbständige

116 Die vom Selbständigen an die GKV geleisteten oder von der GKV erstatteten Beiträge einschließlich eines kassenindividuellen Zusatzbeitrags i. S. d. § 242 SGB V sind – sofern sie auf die Basisabsicherung entfallen – von der GKV an die Finanzverwaltung (ZfA) zu übermitteln. **Kann sich für den** Selbständigen aus der GKV ein Anspruch auf Krankengeld bzw. eine Leistung **ergeben**, die anstelle von Krankengeld gewährt wird, ist dies bei der Übermittlung anzugeben.

dd) Pflichtversicherte selbständige Künstler und Publizisten

117 Die Künstlersozialkasse übermittelt die Höhe **des eigenen Beitragsanteils des** Künstlers oder Publizisten zur gesetzlichen Kranken- und Pflegeversicherung, **nicht aber die von der Künstlersozialkasse gezahlten steuerfreien Beitragsanteile** an die Finanzverwaltung (ZfA). **Kann sich für den** Künstler oder Publizisten aus der GKV ein Anspruch auf Krankengeld bzw. eine Leistung **ergeben**, die anstelle von Krankengeld gewährt wird, ist dies bei der Übermittlung anzugeben.

ee) Freiwillig gesetzlich versicherte Künstler und Publizisten

118 Die vom Künstler oder Publizisten an die GKV geleisteten oder von der GKV erstatteten Beiträge einschließlich eines kassenindividuellen Zusatzbeitrags i. S. d. § 242 SGB V sind – sofern sie auf die Basisabsicherung entfallen – von der GKV an die Finanzverwaltung (ZfA) zu übermitteln. **Kann sich für den** Künstler oder Publizisten aus der GKV ein Anspruch auf Krankengeld bzw. eine Leistung **ergeben**, die anstelle von Krankengeld gewährt wird, ist dies bei der Übermittlung anzugeben. Die Künstlersozialkasse übermittelt die Höhe des an den Künstler oder Publizisten steuerfrei gezahlten Beitragszuschusses an die Finanzverwaltung (ZfA).

ff) Pflichtversicherte Rentner

119 Bei den Empfängern einer Rente aus der gesetzlichen Rentenversicherung oder aus einer betrieblichen Altersversorgung wird in der Regel der Kranken- und Pflegeversicherungsbeitrag zur GKV unmittelbar vom Rentenversicherungs-/Versorgungsträger einbehalten und abgeführt. Die entsprechenden Daten werden zusammen mit der Rentenbezugsmitteilung vom Träger der gesetzlichen Rentenversicherung bzw. vom Versorgungsträger an die Finanzverwaltung (ZfA) übermittelt. Erstattet die GKV Beiträge oder erhebt sie vom Versicherten unmittelbar einen kassenindividuellen Zusatzbeitrag i. S. d.

§ 242 SGB V, sind die jeweiligen Beträge – sofern sie auf die Basisabsicherung entfallen – unmittelbar von der GKV an die Finanzverwaltung (ZfA) zu übermitteln.

gg) Pflichtversicherte Empfänger einer Kapitalleistung aus der betrieblichen Altersversorgung

Die vom Empfänger einer Kapitalleistung aus der betrieblichen Altersversorgung unmittelbar an die GKV geleisteten oder von der GKV erstatteten Kranken- und Pflegeversicherungsbeiträge sind von der GKV an die Finanzverwaltung (ZfA) zu übermitteln. 120

hh) Freiwillig gesetzlich versicherte Rentner

Die vom Empfänger einer Rente unmittelbar an die GKV geleisteten oder von der GKV erstatteten Kranken- und Pflegeversicherungsbeiträge einschließlich eines kassenindividuellen Zusatzbeitrags i. S. d. § 242 SGB V sind – sofern sie auf die Basisabsicherung entfallen – von der GKV an die Finanzverwaltung (ZfA) zu übermitteln. Die Höhe des vom Mitteilungspflichtigen i. S. d. § 22a Absatz 1 EStG (z. B. Träger der gesetzlichen Rentenversicherung) gewährten steuerfreien Zuschusses zu den Krankenversicherungsbeiträgen ist im Rahmen der Rentenbezugsmitteilung an die Finanzverwaltung (ZfA) zu übermitteln. 121

b) Privat Versicherte

aa) Privat versicherte Arbeitnehmer

Bei privat versicherten Arbeitnehmern übermittelt das Versicherungsunternehmen die Höhe der geleisteten und erstatteten Beiträge zur Basiskrankenversicherung und zur privaten Pflege-Pflichtversicherung an die Finanzverwaltung (ZfA). 122

Bei Arbeitnehmern, denen mit dem Lohn ein steuerfreier Zuschuss gezahlt wird, hat der Arbeitgeber in der elektronischen Lohnsteuerbescheinigung der Finanzverwaltung die Höhe des geleisteten steuerfreien Arbeitgeberzuschusses mitzuteilen. 123

bb) Privat versicherte Künstler und Publizisten

Bei Künstlern und Publizisten, für die von der Künstlersozialkasse ein Zuschuss zur Krankenversicherung abgeführt wird, hat die Künstlersozialkasse die Höhe des Zuschusses der Finanzverwaltung mitzuteilen. 124

cc) Privat versicherte Rentner

125 Die vom Empfänger einer Rente unmittelbar an die PKV geleisteten oder von der PKV erstatteten Kranken- und Pflegeversicherungsbeiträge sind von der PKV an die Finanzverwaltung (ZfA) zu übermitteln. Der vom Mitteilungspflichtigen i. S. d. § 22a Absatz 1 EStG (z. B. Träger der gesetzlichen Rentenversicherung) gewährte steuerfreie Zuschuss zu den Krankenversicherungsbeiträgen ist im Rahmen der Rentenbezugsmitteilung an die Finanzverwaltung (ZfA) zu übermitteln.

5. Beitragsvorauszahlungen

a) Anwendungsbereich

126 § 10 Absatz 1 Nummer 3 Satz 4 EStG begrenzt ab dem VZ 2011 die innerhalb eines VZ als Sonderausgaben abziehbaren Basiskranken- und gesetzlichen Pflegeversicherungsbeiträge (für das Verfahren vgl. Rz. 109). Die Einhaltung der Regelung wird durch die Finanzverwaltung überprüft. Sie betrifft ausschließlich Beiträge, die für nach Ablauf des Veranlagungszeitraums beginnende Beitragsjahre geleistet werden (Beitragsvorauszahlungen) und enthält eine Einschränkung des Abflussprinzips (§ 11 Absatz 2 Satz 1 EStG). Ausgenommen sind Basiskranken- und gesetzliche Pflegeversicherungsbeiträge, soweit sie der unbefristeten Beitragsminderung nach Vollendung des 62. Lebensjahres dienen (vgl. Rz. 88). Die Vorschrift gilt für Beiträge zur gesetzlichen und zur privaten Kranken- und Pflegeversicherung gleichermaßen. Für die Beiträge zur Pflegeversicherung und für die Beiträge zur Krankenversicherung sind jeweils getrennte Berechnungen durchzuführen.

b) Ermittlung der Vergleichsgrößen

127 Für die zeitliche Zuordnung der Beiträge sind zwei Vergleichsgrößen zu bilden:

- ► das Zweieinhalbfache der auf den VZ entfallenden Beiträge (zulässiges Vorauszahlungsvolumen) und

- ► die Summe der für nach Ablauf des VZ beginnende Beitragsjahre geleisteten Beiträge (Summe der geleisteten Beitragsvorauszahlungen).

128 In den Fällen des § 10 Absatz 1 Nummer 3 Satz 2 und Satz 3 EStG ist für die Ermittlung des zulässigen Vorauszahlungsvolumens und die Summe der geleisteten Beitragsvorauszahlungen auf die Verhältnisse des Versicherungsnehmers abzustellen.

aa) Ermittlung des zulässigen Vorauszahlungsvolumens

Zur Ermittlung des zulässigen Vorauszahlungsvolumens sind zunächst die für den VZ vertraglich geschuldeten Beiträge (es kommt nicht auf die tatsächlich gezahlten Beiträge an) zur Basiskrankenversicherung bzw. zur gesetzlichen Pflegeversicherung – jeweils gesondert – festzuhalten. Das Ergebnis ist jeweils mit 2,5 zu multiplizieren. Wird das Versicherungsunternehmen im Laufe eines VZ gewechselt, sind die für den VZ vertraglich geschuldeten Basiskranken- bzw. gesetzlichen Pflegeversicherungsbeiträge sämtlicher betroffener Versicherungsunternehmen einzubeziehen. 129

Sind für den VZ keine eigenen Beiträge geschuldet, weil der Steuerpflichtige z. B. als Kind zuvor in einer Familienversicherung mitversichert war und sein Versicherungsverhältnis erst nach Ablauf des VZ beginnt, beträgt das zulässige Vorauszahlungsvolumen des Kindes 0 Euro. Dagegen erhöht der von den Eltern im laufenden VZ letztmalig für das Kind geleistete Beitrag deren zulässiges Vorauszahlungsvolumen, obwohl insoweit die Beitragsverpflichtung im Folge-VZ nicht mehr besteht. 130

Steuerfreie Zuschüsse und Beitragserstattungen bleiben bei der Ermittlung des Zweieinhalbfachen der für den VZ vertraglich geschuldeten Beiträge außer Betracht. Auch die in einem späteren VZ zufließenden Beitragserstattungen oder die dann gewährten steuerfreien Zuschüsse ändern nicht das zulässige Vorauszahlungsvolumen. 131

bb) Summe der geleisteten Beitragsvorauszahlungen

In die Summe der Beitragsvorauszahlungen sind sämtliche im VZ abgeflossenen Basiskranken- bzw. gesetzlichen Pflegeversicherungsbeiträge – jeweils gesondert – einzubeziehen, die für nach dem VZ beginnende Beitragsjahre geleistet werden. Nicht in die Summe der geleisteten Beitragsvorauszahlungen einzubeziehen sind jedoch jene im VZ abgeflossenen Beiträge, die wegen § 11 Absatz 2 Satz 2 EStG erst im folgenden VZ anzusetzen sind. Diese sind in keinem VZ Beitragsvorauszahlungen (vgl. Beispiele 3 und 4, Rz. 140 f.). 132

c) Rechtsfolge

aa) Allgemein

§ 10 Absatz 1 Nummer 3 Satz 4 EStG schränkt die Anwendung des für Vorsorgeaufwendungen geltenden Abflussprinzips nach § 11 Absatz 2 Satz 1 EStG insoweit ein, als die betreffenden Beiträge abweichend vom Jahr der Zahlung in dem VZ anzusetzen sind, für den sie geleistet wurden. Wird bei der Vorauszah- 133 lung von Kranken- und Pflegeversicherungsbeiträgen für mehrere Zeiträume das zulässige Vorauszahlungsvolumen nicht überschritten, ist grundsätzlich kein Raum für die Anwendung des § 10 Absatz 1 Nummer 3 Satz 4 EStG.

134 Findet § 10 Absatz 1 Nummer 3 Satz 4 EStG Anwendung, ist der das zulässige Vorauszahlungsvolumen nicht übersteigende Teil der Beitragsvorauszahlungen im VZ des Abflusses abziehbar (§ 11 Absatz 2 Satz 1 EStG); § 11 Absatz 2 Satz 2 EStG bleibt unberührt (vgl. Rz. 137 ff.). Der verbleibende, das zulässige Vorauszahlungsvolumen übersteigende Teil der Summe der im Veranlagungszeitraum geleisteten Beitragsvorauszahlungen ist den Zeiträumen, für die die Beitragsvorauszahlungen geleistet wurden, gemäß ihrer zeitlichen Abfolge zuzuordnen und in dem betreffenden VZ anzusetzen. Vom zulässigen Vorauszahlungsvolumen sind dabei die Beiträge für jene VZ gedeckt, die zeitlich am nächsten am Kalenderjahr der Zahlung liegen.

135 **BEISPIEL 1:** Der für das Kalenderjahr 2011 zu leistende Beitrag beträgt 1.000 Euro. Der Steuerpflichtige leistet am 10. Dezember 2011 für die Jahre 2012 bis 2015 jeweils 1.000 Euro im Voraus.

Das zulässige Vorauszahlungsvolumen für 2011 ist mit 2,5 × 1.000 Euro = 2.500 Euro zu bemessen. Die geleisteten Beitragsvorauszahlungen betragen in der Summe 4 × 1.000 Euro = 4.000 Euro. Die Vorauszahlungen sind also aufzuteilen und den kommenden VZ chronologisch zuzuordnen. Der in 2011 absetzbare Teil der Vorauszahlungen in Höhe von 2.500 Euro ist den Jahren 2012, 2013 und zur Hälfte 2014 zuzuordnen. Der verbleibende Betrag i. H. v. 1.500 Euro ist mit 500 Euro in 2014 und mit 1.000 Euro in 2015 anzusetzen.

136 Für die vom VN vorausbezahlten Beiträge findet die Rechtsfolge des § 10 Absatz 1 Nummer 3 Satz 4 EStG in den Fällen des § 10 Absatz 1 Nummer 3 Satz 2 EStG beim unterhaltsverpflichteten Steuerpflichtigen und in den Fällen des § 10 Absatz 1 Nummer 3 Satz 3 EStG beim Unterhaltsberechtigten Anwendung.

bb) Vorauszahlungen vs. regelmäßig wiederkehrende Zahlungen

137 Regelmäßig wiederkehrende Ausgaben, die kurze Zeit vor Beginn oder kurze Zeit nach Beendigung des Kalenderjahres, zu dem sie wirtschaftlich gehören, abgeflossen und fällig geworden sind, werden dem Kalenderjahr zugeordnet, zu dem sie wirtschaftlich gehören (§ 11 Absatz 2 Satz 2 i. V. m. Absatz 1 Satz 2 EStG). Für im Voraus entrichtete Beiträge bedeutet „kurze Zeit", dass die Zahlung innerhalb des Zeitraums vom 22. Dezember bis 31. Dezember vorgenommen wird und die Beiträge entsprechend der vertraglichen Vereinbarung innerhalb des Zeitraums vom 22. Dezember bis 10. Januar fällig werden.

Dies gilt auch für Kranken- und Pflegeversicherungsbeiträge, die kumuliert für mehrere Monate oder Jahre in einer Zahlung geleistet werden. Sind die Voraussetzungen des § 11 Absatz 2 Satz 2 i.V. m. Absatz 1 Satz 2 EStG erfüllt, wird der für das folgende Jahr geleistete Beitrag steuerlich im Folgejahr erfasst. § 10 Absatz 1 Nummer 3 Satz 4 EStG hat auf die Anwendung des § 11 Absatz 2 Satz 2 i.V. m. Absatz 1 Satz 2 EStG keine Auswirkung. 138

BEISPIEL 2: Am 28. Dezember 2011 leistet der Steuerpflichtige die Beiträge für die Jahre 2012 und 2013 in einer Zahlung im Voraus. Der regelmäßig zum Jahresende des Vorjahres gezahlte Jahresbeitrag ist für das Jahr 2012 am 1. Januar 2012 fällig. Insgesamt überschreitet die Summe der geleisteten Beitragsvorauszahlungen das Zweieinhalbfache der auf den VZ entfallenden Beiträge nicht. 139

Der in 2011 geleistete Beitrag für das Beitragsjahr 2013 ist im Jahr 2011 anzusetzen. Der Beitrag für das Beitragsjahr 2012 ist nach der Regelung in § 11 Absatz 2 Satz 2 i.V. m. Absatz 1 Satz 2 EStG abweichend vom Zahlungsjahr 2011 im Jahr 2012 zu berücksichtigen. Die in einem Zahlungsvorgang geleisteten Beitragsvorauszahlungen werden also aufgeteilt.

BEISPIEL 3: Am 28. Dezember 2011 leistet der Steuerpflichtige die Beiträge für die Jahre 2012 bis 2015 in einer Zahlung im Voraus. Der regelmäßig zum Jahresende des Vorjahres gezahlte Beitrag ist für das Jahr 2012 am 1. Januar 2012 fällig. Wie in Beispiel 1 beträgt der für das Kalenderjahr 2011 zu leistende Beitrag 1.000 Euro. Die Summe der geleisteten Beitragsvorauszahlungen (3.000 Euro für die Jahre 2013 bis 2015) überschreitet das zulässige Vorauszahlungsvolumen von 2.500 Euro um 500 Euro. 140

Die Vorauszahlungen sind aufzuteilen und den kommenden VZ chronologisch zuzuordnen. Für den zum Jahreswechsel geleisteten Beitrag für 2012 findet § 11 Absatz 2 Satz 2 i.V. m. Absatz 1 Satz 2 EStG Anwendung, so dass dieser Beitrag im VZ 2012 zu berücksichtigen ist. Bis zur Höhe des zulässigen Vorauszahlungsvolumens in Höhe von 2.500 Euro ist der Beitrag für 2013, 2014 und ein Betrag i. H. v. 500 Euro für das Kalenderjahr 2015 in 2011 anzusetzen. Der das zulässige Vorauszahlungsvolumen überschreitende Betrag von 500 Euro ist gem. § 10 Absatz 1 Nummer 3 Satz 4 EStG im VZ 2015 anzusetzen.

BEISPIEL 4: Der Steuerpflichtige leistet regelmäßig zum Monatsende den für den Folgemonat geschuldeten Beitrag. Am 28. Dezember 2011 leistet er die Beiträge für die Jahre 2012 bis 2017 im Voraus. Der jährlich zu leistende Beitrag beträgt in allen fraglichen Kalenderjahren 1.200 Euro. 141

Die Summe der geleisteten Beitragsvorauszahlungen (Februar bis Dezember 2012: 1.100 Euro + 2013 bis 2017: 6.000 Euro = 7.100 Euro) überschreitet das zulässige Vorauszahlungsvolumen von 3.000 Euro (= 2,5 × 1.200 Euro) um 4.100 Euro. (Der Beitrag für Januar 2012 wird nicht in die Summe der geleisteten Beitragsvorauszahlungen mit einbezogen, vgl. Rz. 132).

Der Beitrag für Januar 2012 ist nach der Regelung in § 11 Absatz 2 Satz 2 i.V. m. Absatz 1 Satz 2 EStG abweichend vom Zahlungsjahr 2011 im Jahr 2012 zu berücksichtigen. Bis zur Höhe des zulässigen Vorauszahlungsvolumens i. H. v. 3.000 Euro können die Beiträge für Februar 2012 bis Juli 2014 (1.100 Euro für 2012, 1.200 Euro für 2013, 700 Euro für 2014) in 2011 als Sonderausgaben angesetzt werden. Der das zulässige Vorauszahlungsvolumen überschreitende Betrag i. H. v. 4.100 Euro ist aufzuteilen und gem. § 10 Absatz 1 Nummer 3 Satz 4 EStG im jeweiligen Kalenderjahr, für das er gezahlt wurde (2014 bis 2017), zum Abzug zu bringen. In 2014 sind daher 500 Euro, in 2015 bis 2017 jeweils 1.200 Euro als Sonderausgaben anzusetzen.

III. Gemeinsame Regelungen

1. Datenübermittlung

142 Die erforderlichen Daten nach § 10 Absatz 1 Nummer 2 Satz 1 Buchstabe b und Nummer 3 EStG werden von den übermittelnden Stellen bei Vorliegen der Einwilligung nach § 10 Absatz 2a Satz 1 EStG nach amtlich vorgeschriebenem Datensatz durch Datenfernübertragung unter Angabe der steuerlichen Identifikationsnummer (§ 139b AO) und der Vertragsdaten an die zentrale Stelle (§ 81 EStG) übermittelt.

143 In den Fällen des § 10 Absatz 1 Nummer 3 EStG ist eine Datenübermittlung durch die übermittelnden Stellen nicht vorzunehmen, soweit die Daten bereits mit der elektronischen Lohnsteuerbescheinigung oder der Rentenbezugsmitteilung übermittelt werden. Wurden die auf eine Rente entfallenden Beiträge i. S. d. § 10 Absatz 1 Satz 1 Nummer 3 Buchstabe a Satz 1 und 2 und Buchstabe b EStG bereits mit einer elektronischen Lohnsteuerbescheinigung übermittelt, sind diese insoweit nicht in die Rentenbezugsmitteilung nach § 22a Absatz 1 Satz 1 EStG aufzunehmen (vgl. Rz. 97 des BMF-Schreibens vom 7. Dezember 2011, BStBl 2011 I S. 1223).

144 Übermittelnde Stellen sind in den Fällen des
- ▶ § 10 Absatz 1 Nummer 2 Satz 1 Buchstabe b EStG der Anbieter,
- ▶ § 10 Absatz 1 Nummer 3 EStG das Versicherungsunternehmen, der Träger der gesetzlichen Kranken- und Pflegeversicherung und die Künstlersozialkasse.

2. Einwilligung in die Datenübermittlung

a) Allgemeines

145 Voraussetzung für den Sonderausgabenabzug nach § 10 Absatz 1 Nummer 2 Satz 1 Buchstabe b und Nummer 3 EStG ist, dass der Steuerpflichtige (VN) gegenüber der übermittelnden Stelle in die Übermittlung der erforderlichen Daten schriftlich einwilligt bzw. nicht widersprochen hat, als die übermittelnde Stelle ihn informierte, dass sie von seinem Einverständnis ausgeht (§ 52 Ab-

satz 24 Satz 2 Nummer 1 EStG). Die Einwilligung in die Übermittlung der Beiträge umfasst auch Beitragsrückerstattungen.

Wurde eine Einwilligung erteilt (oder gilt diese nach § 52 Absatz 24 Satz 2 Nummer 1 EStG als erteilt) und wurde diese nicht widerrufen, hat ein zwischenzeitlicher Statuswechsel (z. B. ein privat krankenversicherter Selbständiger nimmt vorübergehend die Tätigkeit als gesetzlich versicherter Arbeitnehmer auf) auf den Sonderausgabenabzug von Basiskranken- und gesetzlichen Pflegeversicherungsbeiträgen keinen Einfluss.

Die Einwilligung muss der übermittelnden Stelle spätestens bis zum Ablauf des zweiten Kalenderjahres vorliegen, das auf das Beitragsjahr folgt. Die Einwilligung gilt auch für die folgenden Beitragsjahre, wenn der Steuerpflichtige sie nicht gegenüber der übermittelnden Stelle schriftlich widerruft. 146

Die übermittelnde Stelle hat die Daten auch dann zu übermitteln, wenn die Einwilligung offenbar verspätet erteilt wurde. Ob die Frist eingehalten wurde, ist vom Finanzamt als materiell-rechtliche Grundlage für den Sonderausgabenabzug zu prüfen. 147

b) Einwilligungsfiktion bei Kranken- und Pflegeversicherungsbeiträgen

Im Lohnsteuerabzugs- und Rentenbezugsmitteilungsverfahren gilt für den Zeitraum der Datenübermittlung im Rahmen dieser Verfahren die Einwilligung für Beiträge zur Basisabsicherung nach § 10 Absatz 1 Nummer 3 EStG (einschließlich Beitragsrückerstattungen) – und ab dem VZ 2011 auch die Einwilligung für Zusatzbeiträge zur Basisabsicherung (§ 10 Absatz 2 Satz 3 i. V. m. § 52 Absatz 24 Satz 4 EStG) – als erteilt. 148

Die Einwilligung gilt auch dann als erteilt, wenn der Steuerpflichtige eine Bescheinigung eines ausländischen Versicherungsunternehmens oder des Trägers einer ausländischen GKV über die Höhe der nach § 10 Absatz 1 Nummer 3 EStG abziehbaren Beiträge im Rahmen der Einkommensteuerveranlagung vorlegt. 149

3. Nachweis bei fehlgeschlagener Datenübermittlung

a) Kranken- und Pflegeversicherungsbeiträge

Werden die erforderlichen Daten aus Gründen, die der Steuerpflichtige nicht zu vertreten hat (z. B. technische Probleme), von der übermittelnden Stelle, einem Mitteilungspflichtigen nach § 22a EStG oder dem Arbeitgeber nicht übermittelt, kann der Steuerpflichtige den Nachweis über die geleisteten und er- 150 statteten Beiträge im Sinne von § 10 Absatz 1 Nummer 3 EStG auch in anderer Weise erbringen. Die übermittelnden Stellen haben die Datenübermittlung gleichwohl unverzüglich nachzuholen.

b) Beiträge zur Basisrente

151 Liegen die in § 10 Absatz 2 Satz 2 EStG genannten Voraussetzungen vor und kann der vorgegebene Übermittlungstermin durch den Anbieter, z. B. wegen technischer Probleme, nicht eingehalten werden, hat er dem Steuerpflichtigen die für den Sonderausgabenabzug erforderlichen Daten nach dem mit BMF-Schreiben vom 18. August 2011 (BStBl 2011 I S. 788) bekannt gegebenen Vordruckmuster grundsätzlich bis zum 31. März des dem Beitragsjahr folgenden Kalenderjahres zu bescheinigen. Die Bescheinigung entbindet den Anbieter nicht von seiner Verpflichtung zur Datenübermittlung. Er hat diese unverzüglich nachzuholen. Bei fristgerechter Datenübermittlung hat der Anbieter keine solche Bescheinigungspflicht, selbst wenn dem Finanzamt im Zeitpunkt der Veranlagung die erforderlichen Daten für den Sonderausgabenabzug (noch) nicht vorliegen.

4. Zufluss- und Abflussprinzip (§ 11 EStG)

152 Regelmäßig wiederkehrende Ausgaben (z. B. Versicherungsbeiträge) sind im Rahmen des Sonderausgabenabzugs grundsätzlich in dem Kalenderjahr anzusetzen, in dem sie geleistet wurden (allgemeines Abflussprinzip des § 11 Absatz 2 Satz 1 EStG). Eine Ausnahme von diesem Grundsatz wird durch § 11 Absatz 2 Satz 2 EStG normiert. Danach sind regelmäßig wiederkehrende Ausgaben, die kurze Zeit (in der Regel in einem Zeitraum von 10 Tagen) vor oder nach Beendigung des Kalenderjahres geleistet werden, abweichend vom Jahr des tatsächlichen Abflusses dem Jahr der wirtschaftlichen Zugehörigkeit zuzuordnen, wenn die Ausgaben kurze Zeit vor oder nach dem Jahreswechsel fällig werden (vgl. H 11 EStH „Kurze Zeit").

153 **BEISPIEL 1:** Der am 1. Januar 2012 fällige Beitrag für den Monat Dezember 2011 wird am 10. Januar 2012 geleistet.

Grundsätzlich wäre der Beitrag im Kalenderjahr 2012 (Zahlung im Jahr 2012) anzusetzen. Da die laufenden Beitragszahlungen aber regelmäßig wiederkehrend sind und die hier aufgeführte Zahlung innerhalb des Zeitraums vom 22. Dezember bis 10. Januar fällig war und geleistet wurde, ist sie abweichend vom Jahr der Zahlung (2012) dem Jahr der wirtschaftlichen Zugehörigkeit 2011 zuzuordnen.

BEISPIEL 2: ► Der am 15. Januar 2012 fällige Beitrag für den Monat Dezember 2011 wird am 5. Januar 2012 geleistet.   154

Da die Fälligkeit des Dezemberbeitrags außerhalb des sog. „10-Tageszeitraums" liegt, ist die Zahlung vom 5. Januar 2012 steuerlich dem Jahr 2012 zuzuordnen.

Bei Erstellung der Datensätze haben die übermittelnden Stellen für die zeitliche Zuordnung § 11 EStG zu beachten (vgl. in diesem Zusammenhang auch H 11 (Allgemeines) EStH).   155

5. Zusammenhang mit steuerfreien Einnahmen

Voraussetzung für die Berücksichtigung von Vorsorgeaufwendungen i. S. d. § 10 EStG ist, dass sie nicht in unmittelbarem wirtschaftlichen Zusammenhang mit steuerfreien Einnahmen stehen. Dieser Zusammenhang ist z. B. in folgenden Fällen gegeben: 156

► Gesetzliche Arbeitnehmeranteile, die auf steuerfreien Arbeitslohn entfallen (z. B. nach dem Auslandstätigkeitserlass, aufgrund eines DBA oder aufgrund des zusätzlichen Höchstbetrags von 1.800 € nach § 3 Nummer 63 Satz 3 EStG)

► Aufwendungen aus Mitteln, die nach ihrer Zweckbestimmung zur Leistung der Vorsorgeaufwendungen dienen:

– Steuerfreie Zuschüsse zur Krankenversicherung der Rentner, z. B. nach § 106 SGB VI,

– Steuerfreie Beträge, die Land- und Forstwirte nach dem Gesetz über die Alterssicherung der Landwirte zur Entlastung von Vorsorgeaufwendungen i. S. d. § 10 Absatz 1 Nummer 2 Satz 1 Buchstabe a EStG erhalten

Beiträge in unmittelbarem wirtschaftlichen Zusammenhang mit steuerfreiem Arbeitslohn sind nicht als Sonderausgaben abziehbar (BFH vom 18. April 2012, BStBl 2012 II S. 721). Dies gilt nicht, wenn der Arbeitslohn nicht zum Zufluss von Arbeitslohn führt, jedoch beitragspflichtig ist (z. B. Umwandlung zugunsten einer Direktzusage oberhalb von 4 % der Beitragsbemessungsgrenze in der allgemeinen Rentenversicherung; § 115 des Vierten Buches Sozialgesetzbuch – SGB IV –). Die Hinzurechnung des nach § 3 Nummer 62 EStG steuerfreien Arbeitgeberanteils zur gesetzlichen Rentenversicherung oder eines gleichgestellten steuerfreien Zuschusses des Arbeitgebers nach § 10 Absatz 1 Nummer 2 Satz 2 EStG und die Verminderung um denselben nach § 10 Absatz 3 Satz 5 EStG bleiben hiervon unberührt; dies gilt nicht, soweit der steuerfreie Arbeitgeberanteil auf steuerfreien Arbeitslohn entfällt.

157 **BEISPIEL:** Der alleinstehende 57-jährige Steuerpflichtige ist im Juni 2012 arbeitslos geworden und bezieht Arbeitslosengeld in Höhe von 1.150 Euro monatlich. Während des Bezugs des Arbeitslosengelds übernimmt die Bundesagentur für Arbeit seine freiwillig an die gesetzliche Rentenversicherung gezahlten Beiträge in Höhe von 130 Euro und seine Beiträge zur privaten Kranken- und Pflegeversicherung in Höhe von 270 Euro.

Die von der Bundesagentur für Arbeit übernommenen freiwilligen Beiträge zur gesetzlichen Rentenversicherung sowie die Beiträge zur privaten Kranken- und Pflegeversicherung stehen mit dem nach § 3 Nummer 2 EStG steuerfreien Arbeitslosengeld in einem unmittelbaren wirtschaftlichen Zusammenhang. Daher sind diese Beiträge nicht als Sonderausgaben nach § 10 Absatz 1 Nummer 2, 3 und 3a EStG zu berücksichtigen.

6. Erstattungsüberhänge

158 Übersteigen die vom Steuerpflichtigen erhaltenen Erstattungen zzgl. steuerfreier Zuschüsse die im VZ geleisteten Aufwendungen i. S. d. § 10 Absatz 1 Nummer 2 bis 3a EStG sind die Aufwendungen mit Null anzusetzen und es ergibt sich ein Erstattungsüberhang. Dieser ist mit anderen Aufwendungen der jeweiligen Nummer zu verrechnen. In den Fällen des § 10 Absatz 1 Nummer 3 EStG ist der verbleibende Erstattungsüberhang dem gem. § 2 Absatz 3 EStG ermittelten Gesamtbetrag der Einkünfte hinzuzurechnen (vgl. § 10 Absatz 4b Satz 3 EStG, gültig ab VZ 2012).

159 **BEISPIEL:** A ist im Jahr 2012 nichtselbständig tätig und privat krankenversichert. Dafür leistet er insgesamt einen Krankenversicherungsbeitrag in Höhe von 1.500 €. Nach Aufteilung durch die Versicherung ergibt sich ein Beitragsanteil in Höhe von 1.200 €, der ausschließlich der Absicherung von Basisleistungen dient, sowie ein Beitragsanteil in Höhe von 300 € für die Absicherung von Wahlleistungen. Außerdem entrichtete er Pflegepflichtversicherungsbeiträge von 300 € und gesetzliche Rentenversicherungsbeiträge von 800 €. Kirchensteuer zahlte er 200 €. Für das Vorjahr erhält er folgende Beitragsrückerstattungen: Krankenversicherung in Höhe von 2.000 € – davon 1.600 € für Basisabsicherung, 500 € für Rentenversicherung. Außerdem erhielt er eine Kirchensteuererstattung in Höhe von 1.500 €.

Die im VZ erhaltenen Erstattungen sind mit den geleisteten Zahlungen wie folgt zu verrechnen:

	Zahlungen im VZ 2012	Erstattungen im VZ 2012	Erstattungs- bzw. Zahlungs- überhang	Verrechnung innerhalb der Nummern (§ 10 Abs. 4b S. 2 EStG)	Hinzurech- nung des Er- stattungs- überhangs zum Ge- samtbetrag der Ein- künfte (§ 10 Abs. 4b S. 3 EStG)
Renten- versicherung § 10 Abs. 1 Nr. 2 S. 1 Buchst. a EStG	800 €	500 €	+ 300 €	–	–
Krankenver- sicherung n. § 10 Abs. 1 Nr. 3 S. 1 Buchst. a EStG	1.200 €	1.600 €	– 400 €	– 400 € + 300 € = – 100 €	100 €
Gesetzliche Pflege- versicherung § 10 Abs. 1 Nr. 3 S. 1 Buchst. b EStG	300 €	0 €	+ 300 €		
Krankenver- sicherung n. § 10 Abs. 1 Nr. 3a EStG	300 €	400 €	– 100 €	Keine Ver- rechnung	Keine Hinzu- rechnung
Kirchen- steuer § 10 Abs. 1 Nr. 4 EStG	200	1.500 €	– 1.300 €	Keine Ver- rechnung	1.300 €

Gem. § 10 Absatz 4b Satz 2 EStG ist ein Erstattungsüberhang bei den Sonderausgaben nach § 10 Absatz 1 Nummer 2 bis 3a EStG im Rahmen der jeweiligen Nummer
zu verrechnen. Daher ist der Erstattungsüberhang aus den Krankenversicherungsbeiträgen zur Absicherung von Basisleistungen mit den Beiträgen zur gesetzlichen Pflegeversicherung zu verrechnen. Eine Verrechnung des Erstattungsüberhangs aus den
Krankenversicherungsbeiträgen für die Absicherung von Wahlleistungen ist mangels
anderer Beiträge nach § 10 Absatz 1 Nummer 3a EStG nicht möglich. Für die Kirchen-

steuer sieht § 10 Absatz 4b Satz 2 EStG keine Verrechnungsmöglichkeit mit Sonderausgaben nach § 10 Absatz 1 Nummer 2 bis 3a EStG vor (BFH vom 21. Juli 2009, BStBl 2009 II S. 38).

Nach § 10 Absatz 4b Satz 3 EStG ist ein sich aus § 10 Absatz 1 Nummer 3 und 4 EStG ergebender Erstattungsüberhang dem Gesamtbetrag der Einkünfte (§ 2 Absatz 3 EStG) hinzuzurechnen. Deshalb sind die Erstattungsüberhänge aus den Krankenversicherungsbeiträgen zur Absicherung von Basisleistungen und aus der Kirchensteuer dem Gesamtbetrag der Einkünfte hinzuzurechnen. Der Erstattungsüberhang aus den Krankenversicherungsbeiträgen für die Absicherung von Wahlleistungen nach § 10 Absatz 1 Nummer 3a EStG ist dagegen mit den entsprechenden Beiträgen im VZ 2011 zu verrechnen. Der Bescheid für den VZ 2011 ist diesbezüglich nach § 175 Absatz 1 Satz 1 Nummer 2 AO zu ändern.

7. Globalbeiträge

160 Anders als bei der inländischen gesetzlichen Sozialversicherung gibt es einige ausländische Sozialversicherungen, in denen – bezogen auf die Beitragsleistung – nicht nach den verschiedenen Sozialversicherungszweigen unterschieden und ein einheitlicher Sozialversicherungsbeitrag (Globalbeitrag) erhoben wird. Mit dem Globalbeitrag werden Leistungen u. a. bei Arbeitslosigkeit, Krankheit, Mutterschutz, Invalidität, Alter und Tod finanziert. Wie die vom Steuerpflichtigen geleisteten Globalbeiträge zur Ermittlung der steuerlich berücksichtigungsfähigen Vorsorgeaufwendungen (u. a. Beiträge an einen ausländischen gesetzlichen Rentenversicherungsträger) aufzuteilen sind, wird für jeden VZ durch gesondertes BMF-Schreiben bekannt gegeben:

▶ für den VZ 2011 und früher:

▶ BMF-Schreiben vom 5. Juli 2011, BStBl 2011 I S. 711,

▶ für den VZ 2012 und teilweise auch für den VZ 2011:

▶ BMF-Schreiben vom 26. Januar 2012, BStBl 2012 I S. 169,

▶ für den VZ 2013:

▶ BMF-Schreiben vom 29. Oktober 2012, BStBl 2012 I S. 1013.

8. Änderungsnorm

161 Ein Steuerbescheid ist nach § 10 Absatz 2a Satz 8 Nummer 1 EStG zu ändern, soweit Daten i. S. d. § 10 Absatz 2a Satz 4 EStG

▶ erstmals übermittelt (§ 10 Absatz 2a Satz 4 oder 6 EStG) oder

▶ zwecks Korrektur erneut übermittelt oder storniert (§ 10 Absatz 2a Satz 7 EStG)

worden sind, diese Daten oder Stornierungen bei der bisherigen Steuerfestsetzung nicht berücksichtigt worden sind und sich durch Berücksichtigung der Daten oder Stornierungen eine Änderung der festgesetzten Steuer ergibt. Dies gilt auch dann, wenn die Daten oder Stornierungen im zu ändernden Einkommensteuerbescheid bereits hätten berücksichtigt werden können. Auf die Kenntnis des Bearbeiters kommt es insoweit nicht an.

Ein Steuerbescheid ist nach § 10 Absatz 2a Satz 8 Nummer 2 EStG zu ändern, wenn das Finanzamt feststellt, dass der Steuerpflichtige die Einwilligung in die Datenübermittlung nach § 10 Absatz 2 Satz 2 Nummer 2 oder nach Absatz 2 Satz 3 EStG innerhalb der hierfür maßgeblichen Frist (§ 10 Absatz 2a Satz 1 EStG) nicht erteilt hat. Ohne diese Einwilligung sind die Voraussetzungen für den Sonderausgabenabzug nicht gegeben. Der Steuerbescheid ist zu ändern, soweit ein entsprechender Sonderausgabenabzug berücksichtigt wurde und sich durch die Korrektur eine Änderung der festgesetzten Steuer ergibt. 162

§ 10 Absatz 2a Satz 8 EStG ist nicht anwendbar, soweit die Daten der Finanzverwaltung im Rahmen der elektronischen Lohnsteuerbescheinigungen nach § 41b EStG oder der Rentenbezugsmitteilungen nach § 22a EStG übermittelt werden. In diesen Fällen sind die allgemeinen Änderungs- und Berichtigungsvorschriften der AO anzuwenden. 163

IV. Günstigerprüfung nach § 10 Absatz 4a EStG

Die Regelungen zum Abzug von Vorsorgeaufwendungen nach § 10 Absatz 1 Nummer 2, 3 und 3a EStG sind in bestimmten Fällen ungünstiger als nach der für das Kalenderjahr 2004 geltenden Fassung des § 10 Absatz 3 EStG. Zur Vermeidung einer Schlechterstellung wird in diesen Fällen der höhere Betrag berücksichtigt. Die Überprüfung erfolgt von Amts wegen. Einbezogen in die Überprüfung werden nur Vorsorgeaufwendungen, die nach dem ab 2005 geltenden Recht abziehbar sind. Hierzu gehört nicht der nach § 10 Absatz 1 Nummer 2 Satz 2 EStG hinzuzurechnende Betrag (steuerfreier Arbeitgeberanteil zur gesetzlichen Rentenversicherung und ein diesem gleichgestellter steuerfreier Zuschuss des Arbeitgebers). 164

Für die Jahre bis 2019 werden bei der Anwendung des § 10 Absatz 3 EStG in der für das Kalenderjahr 2004 geltenden Fassung die Höchstbeträge für den Vorwegabzug schrittweise gekürzt; Einzelheiten ergeben sich aus der Tabelle zu § 10 Absatz 4a EStG. 165

In die Günstigerprüfung nach § 10 Absatz 4a Satz 1 EStG **werden** zunächst nur die Vorsorgeaufwendungen ohne die Beiträge nach § 10 Absatz 1 Nummer 2 166

Satz 1 Buchstabe b EStG einbezogen. Die Beiträge zu einer eigenen kapitalgedeckten Altersversorgung i. S. d. § 10 Absatz 1 Nummer 2 Satz 1 Buchstabe b EStG (siehe Rz. 8 bis 31) werden gesondert, und zwar stets mit dem sich aus § 10 Absatz 3 Satz 4 und 6 EStG ergebenden Prozentsatz berücksichtigt. Hierfür erhöhen sich die nach der Günstigerprüfung als Sonderausgaben zu berücksichtigenden Beträge um einen Erhöhungsbetrag (§ 10 Absatz 4a Satz 1 und 3 EStG) für Beiträge nach § 10 Absatz 1 Nummer 2 Satz 1 Buchstabe b EStG. Es ist jedoch im Rahmen der Günstigerprüfung mindestens der Betrag anzusetzen, der sich ergibt, wenn auch die Beiträge nach § 10 Absatz 1 Nummer 2 Satz 1 Buchstabe b EStG in die Günstigerprüfung nach § 10 Absatz 4a Satz 1 EStG einbezogen werden, allerdings ohne Hinzurechnung des Erhöhungsbetrags nach § 10 Absatz 4a Satz 1 und 3 EStG. Der jeweils höhere Betrag (Vorsorgeaufwendungen nach dem **seit** 2010 geltenden Recht, Vorsorgeaufwendungen nach dem für das Jahr 2004 geltenden Recht zuzügl. Erhöhungsbetrag oder Vorsorgeaufwendungen nach dem für das Jahr 2004 geltenden Recht einschließlich Beiträge nach (§ 10 Absatz 1 Nummer 2 Satz 1 Buchstabe b EStG) wird dann als Sonderausgaben berücksichtigt.

167 **BEISPIEL:** Die Eheleute A (Gewerbetreibender) und B (Hausfrau) zahlen im Jahr 201**2** folgende Versicherungsbeiträge:

Basisrente (§ 10 Absatz 1 Nummer 2 Satz 1 Buchstabe b EStG)	2.000 €
PKV (Basisabsicherung – § 10 Absatz 1 Nummer 3 Satz 1 Buchstabe a EStG)	5.000 €
PKV (Wahlleistungen – § 10 Absatz 1 Nummer 3a EStG)	500 €
Beiträge zur gesetzlichen Pflegeversicherung	500 €
Haftpflichtversicherungen	1.200 €
Kapitalversicherung (Versicherungsbeginn 1995, Laufzeit 25 Jahre)	3.600 €
Kapitalversicherung (Versicherungsbeginn 2005, Laufzeit 20 Jahre)	<u>2.400 €</u>
Insgesamt	15.200 €

Die Beiträge zu der Kapitalversicherung mit Versicherungsbeginn im Jahr 2005 sind nicht zu berücksichtigen, weil sie nicht die Voraussetzungen des § 10 Absatz 1 Nummer 2 und 3a EStG erfüllen.

Abziehbar nach § 10 Absatz 1 Nummer 2 i.V.m. § 10 Absatz 3 EStG und § 10 Absatz 1 Nummer 3 und 3a i.V.m. § 10 Absatz 4 EStG (abziehbare Vorsorgeaufwendungen nach dem **seit** 2010 geltenden Recht):

a)	Beiträge zur Altersversorgung:	2.000 €		
	Höchstbetrag (ungekürzt)	40.000 €		
	zu berücksichtigen		2.000 €	
	davon **74 %**			**1.480 €**
b)	sonstige Vorsorgeaufwendungen:			
	PKV			
	(Basisabsicherung – § 10 Absatz 1 Nummer 3 Satz 1 Buchstabe a EStG)	5.000 €		
	PKV			
	(Wahlleistungen – § 10 Absatz 1 Nummer 3a EStG)	500 €		
	Gesetzliche Pflegepflichtversicherung	500 €		
	Haftpflichtversicherungen	1.200 €		
	Kapitalversicherung (88 % von 3.600 €)	3.168 €		
	Zwischensumme	10.368 €		
	Höchstbetrag nach § 10 Absatz 4 EStG:	5.600 €		
	Beiträge nach § 10 Absatz 1 Nummer 3 EStG			
	(Basisabsicherung + gesetzliche Pflegeversicherung)	5.500 €		
	anzusetzen somit			5.600 €
c)	abziehbar insgesamt			**7.080 €**

Günstigerprüfung nach § 10 Absatz 4a Satz 1 EStG:

Abziehbare Vorsorgeaufwendungen in der für das Kalenderjahr 2004 geltenden Fassung des § 10 Absatz 3 EStG (ohne Beiträge i.S.d. § 10 Absatz 1 Nummer 2 Satz 1 Buchstabe b EStG) zuzügl. Erhöhungsbetrag nach § 10 Absatz 4a Satz 3 EStG:

a)	PKV	
	(Basisabsicherung – § 10 Absatz 1 Nummer 3 Satz 1 Buchstabe a EStG)	5.000 €
	PKV	
	(Wahlleistungen – § 10 Absatz 1 Nummer 3a EStG)	500 €
	Gesetzliche Pflegepflichtversicherung	500 €
	Haftpflichtversicherungen	1.200 €
	Kapitalversicherung	3.168 €
	Summe	10.368 €

	davon abziehbar:		
	Vorwegabzug	4.800 €	4.800 €
	verbleibende Aufwendungen	5.568 €	
	Grundhöchstbetrag	2.668 €	2.668 €
	verbleibende Aufwendungen	2.900 €	
	hälftige Aufwendungen	1.450 €	
	hälftiger Höchstbetrag	1.334 €	1.334 €
	Zwischensumme			8.802 €
b)	zuzüglich Erhöhungsbetrag nach § 10 Absatz 4a Satz 3 EStG /Basisrente		
	(§ 10 Absatz 1 Nummer 2 Satz 1 Buchstabe b EStG)	2.000 €	
	davon **74 %**	1.480 €	
	Erhöhungsbetrag		1.480 €
c)	Abzugsvolumen nach § 10 Absatz 4a Satz 1 EStG somit:		10.282 €

Ermittlung des Mindestbetrags nach § 10 Absatz 4a Satz 2 EStG:

Nach § 10 Absatz 4a Satz 2 EStG ist bei Anwendung der Günstigerprüfung aber mindestens der Betrag anzusetzen, der sich ergibt, wenn auch die Beiträge zur Basisrente (§ 10 Absatz 1 Nummer 2 Satz 1 Buchstabe b EStG) in die Berechnung des Abzugsvolumens nach dem bis 2004 geltenden Recht einbezogen werden:

a)	Basisrente	2.000 €	
	PKV		
	(Basisabsicherung – § 10 Absatz 1 Nummer 3 Satz 1 Buchstabe a EStG)	5.000 €	
	PKV		
	(Wahlleistungen – § 10 Absatz 1 Nummer 3a EStG)	500 €	
	Gesetzliche Pflegepflichtversicherung	500 €	
	Haftpflichtversicherungen	1.200 €	
	Kapitalversicherung	3.168 €	
	Summe	12.368 €	
	davon abziehbar:		
	Vorwegabzug	4.800 €	4.800 €
	verbleibende Aufwendungen	7.568 €	
	Grundhöchstbetrag	2.668 €	2.668 €
	verbleibende Aufwendungen	4.900 €	
	hälftige Aufwendungen	2.450 €	

	hälftiger Höchstbetrag	1.334 €	1.334 €
	Zwischensumme		8.802 €

b)	Mindestabzugsvolumen nach § 10 Absatz 4a Satz 2 EStG	8.802 €

Zusammenstellung:

Abzugsvolumen nach neuem Recht	7.080 €
Günstigerprüfung nach § 10 Absatz 4a Satz 1 EStG	10.282 €
Mindestabzugsvolumen nach § 10 Absatz 4a Satz 2 EStG	8.802 €

Die Eheleute A können somit für das Jahr **2012** einen Betrag von **10.282 €** als Vorsorgeaufwendungen abziehen.

B. Besteuerung von Versorgungsbezügen – § 19 Absatz 2 EStG –

I. Von internationalen Organisationen gezahlte Pensionen

Bei von folgenden internationalen Organisationen gezahlten Pensionen einschl. der Zulagen (Steuerausgleichszahlung, Familienzulagen und andere) handelt es sich um Versorgungsbezüge i. S. d. § 19 Absatz 2 EStG:

▶ Koordinierte Organisationen:
 – Europäische Weltraumorganisation (ESA),
 – Europarat,
 – Nordatlantikvertragsorganisation (NATO),
 – Organisation für wirtschaftliche Zusammenarbeit und Entwicklung (OECD),
 – Westeuropäische Union (WEU),
 – Europäisches Zentrum für mittelfristige Wettervorhersage (EZMV, engl. ECWMF),
 – Europäische Agentur für Flugsicherheit (EASA),
 – Europäische Kommission (KOM),
 – Europäische Organisation zur Sicherung der Luftfahrt (EUROCONTROL),
 – Europäische Patentorganisation (EPO),
 – Europäische Zentralbank (EZB),
 – Europäischer Rechnungshof (EuRH),
 – Europäisches Hochschulinstitut (EHI) und
 – Europäisches Patentamt (EPA).

168

II. Arbeitnehmer-/Werbungskosten-Pauschbetrag/Zuschlag zum Versorgungsfreibetrag

169 Ab 2005 ist der Arbeitnehmer-Pauschbetrag (§ 9a Satz 1 Nummer 1 Buchstabe a EStG) bei Versorgungsbezügen i. S. d. § 19 Absatz 2 EStG nicht mehr anzuwenden. Stattdessen wird – wie auch bei den Renten – ein Werbungskosten-Pauschbetrag von 102 € berücksichtigt (§ 9a Satz 1 Nummer 1 Buchstabe b EStG). Als Ausgleich für den Wegfall des Arbeitnehmer-Pauschbetrags wird dem Versorgungsfreibetrag ein Zuschlag von zunächst 900 € hinzugerechnet, der für jeden ab 2006 neu in den Ruhestand tretenden Jahrgang abgeschmolzen wird (§ 19 Absatz 2 Satz 3 EStG). **Werden neben** Versorgungsbezügen i. S. d. **§ 19 Absatz 2 EStG auch Einnahmen aus nichtselbständiger Arbeit i. S. d. § 19 Absatz 1 EStG bezogen,** kommen der Arbeitnehmer-Pauschbetrag und der Werbungskosten-Pauschbetrag nebeneinander zur Anwendung. **Bei den Versorgungsbezügen i. S. d. § 19 Absatz 2 EStG ist** der Werbungskosten-Pauschbetrag auch **dann** zu berücksichtigen, wenn bei Einnahmen aus nichtselbständiger Arbeit i. S. d. § 19 Absatz 1 EStG höhere Werbungskosten **als der Arbeitnehmer-Pauschbetrag** anzusetzen sind.

III. Versorgungsfreibetrag/Zuschlag zum Versorgungsfreibetrag

1. Allgemeines

170 Der maßgebende Prozentsatz für den steuerfreien Teil der Versorgungsbezüge und der Höchstbetrag des Versorgungsfreibetrags sowie der Zuschlag zum Versorgungsfreibetrag bestimmen sich ab 2005 nach dem Jahr des Versorgungsbeginns (§ 19 Absatz 2 Satz 3 EStG). Sie werden für jeden ab 2006 neu in den Ruhestand tretenden Jahrgang abgeschmolzen.

2. Berechnung des Versorgungsfreibetrags und des Zuschlags zum Versorgungsfreibetrag

171 Der Versorgungsfreibetrag und der Zuschlag zum Versorgungsfreibetrag (Freibeträge für Versorgungsbezüge) berechnen sich auf der Grundlage des Versorgungsbezugs für Januar 2005 bei Versorgungsbeginn vor 2005 bzw. des Versorgungsbezugs für den ersten vollen Monat bei Versorgungsbeginn ab 2005; wird der Versorgungsbezug insgesamt nicht für einen vollen Monat gezahlt (z. B. wegen Todes des Versorgungsempfängers), ist der Bezug des Teilmonats auf einen Monatsbetrag hochzurechnen. Bei einer nachträglichen Festsetzung von Versorgungsbezügen ist der Monat maßgebend, für den die Versorgungs-

bezüge erstmals festgesetzt werden; auf den Zahlungstermin kommt es nicht an. Bei Bezügen und Vorteilen aus früheren Dienstleistungen i. S. d. § 19 Absatz 2 Satz 2 Nummer 2 EStG, die wegen Erreichens einer Altersgrenze gezahlt werden, ist der Monat maßgebend, in dem der Steuerpflichtige das 63. Lebensjahr oder, wenn er schwerbehindert ist, das 60. Lebensjahr vollendet hat, da die Bezüge erst mit Erreichen dieser Altersgrenzen als Versorgungsbezüge gelten. Der maßgebende Monatsbetrag ist jeweils mit zwölf zu vervielfältigen und um Sonderzahlungen zu erhöhen, auf die zu diesem Zeitpunkt (erster voller Monat bzw. Januar 2005) ein Rechtsanspruch besteht (§ 19 Absatz 2 Satz 4 EStG). Die Sonderzahlungen (z. B. Urlaubs- oder Weihnachtsgeld) sind mit dem Betrag anzusetzen, auf den bei einem Bezug von Versorgungsbezügen für das ganze Jahr des Versorgungsbeginns ein Rechtsanspruch besteht. Bei Versorgungsempfänger, die schon vor dem 1. Januar 2005 in Ruhestand gegangen sind, können aus Vereinfachungsgründen die Sonderzahlungen 2004 berücksichtigt werden.

3. Festschreibung des Versorgungsfreibetrags und des Zuschlags zum Versorgungsfreibetrag

Der nach Rz. **171** ermittelte Versorgungsfreibetrag und der Zuschlag zum Versorgungsfreibetrag gelten grundsätzlich für die gesamte Laufzeit des Versorgungsbezugs (§ 19 Absatz 2 Satz 8 EStG). 172

4. Neuberechnung des Versorgungsfreibetrags und des Zuschlags zum Versorgungsfreibetrag

Regelmäßige Anpassungen des Versorgungsbezugs (laufender Bezug und Sonderzahlungen) führen nicht zu einer Neuberechnung (§ 19 Absatz 2 Satz 9 EStG). Zu einer Neuberechnung führen nur Änderungen des Versorgungsbezugs, die ihre Ursache in der Anwendung von Anrechnungs-, Ruhens-, Erhöhungs- oder Kürzungsregelungen haben (§ 19 Absatz 2 Satz 10 EStG), z. B. Wegfall, Hinzutreten oder betragsmäßige Änderungen. Dies ist insbesondere der Fall, wenn der Versorgungsempfänger neben seinen Versorgungsbezügen 173

- ▶ Erwerbs- oder Erwerbsersatzeinkommen (§ 53 des Beamtenversorgungsgesetzes – BeamtVG –),
- ▶ andere Versorgungsbezüge (§ 54 BeamtVG),
- ▶ Renten (§ 55 BeamtVG) oder
- ▶ Versorgungsbezüge aus zwischenstaatlicher und überstaatlicher Verwendung (§ 56 BeamtVG)

erzielt, wenn sich die Voraussetzungen für die Gewährung des Familienzuschlags oder des Unterschiedsbetrags nach § 50 BeamtVG ändern oder wenn ein Witwen- oder Waisengeld nach einer Unterbrechung der Zahlung wieder bewilligt wird (**Zur Neuberechnung beim Versorgungsausgleich siehe Rz. 288). Gleiches gilt für entsprechende Leistungen aufgrund landesrechtlicher Beamtenversorgungsgesetze.** Ändert sich der anzurechnende Betrag aufgrund einer einmaligen Sonderzahlung und hat dies nur eine einmalige Minderung des Versorgungsbezugs zur Folge, so kann auf eine Neuberechnung verzichtet werden. Auf eine Neuberechnung kann aus Vereinfachungsgründen auch verzichtet werden, wenn der Versorgungsbezug, der bisher Bemessungsgrundlage für den Versorgungsfreibetrag war, vor und nach einer Anpassung aufgrund von Anrechnungs-, Ruhens-, Erhöhungs- und Kürzungsregelungen mindestens 7.500 € jährlich/625 € monatlich beträgt, also die Neuberechnung zu keiner Änderung der Freibeträge für Versorgungsbezüge führen würde.

174 In den Fällen einer Neuberechnung ist der geänderte Versorgungsbezug, ggf. einschließlich zwischenzeitlicher Anpassungen, Bemessungsgrundlage für die Berechnung der Freibeträge für Versorgungsbezüge (§ 19 Absatz 2 Satz 11 EStG).

175 Bezieht ein Steuerpflichtiger zunächst Versorgungsbezüge wegen verminderter Erwerbsfähigkeit, bestimmen sich der Prozentsatz, der Höchstbetrag des Versorgungsfreibetrags und der Zuschlag zum Versorgungsfreibetrag nach dem Jahr des Beginns dieses Versorgungsbezugs. Wird der Versorgungsbezug wegen verminderter Erwerbsfähigkeit mit Vollendung des 63. Lebensjahres des Steuerpflichtigen oder, wenn er schwerbehindert ist, mit Vollendung des 60. Lebensjahres, in einen Versorgungsbezug wegen Erreichens der Altersgrenze umgewandelt, bestimmen sich der Prozentsatz, der Höchstbetrag des Versorgungsfreibetrags und der Zuschlag zum Versorgungsfreibetrag weiterhin nach dem Jahr des Beginns des Versorgungsbezugs wegen verminderter Erwerbsfähigkeit. Da es sich bei der Umwandlung des Versorgungsbezugs nicht um eine regelmäßige Anpassung handelt, ist eine Neuberechnung des Versorgungsfreibetrags erforderlich.

5. Zeitanteilige Berücksichtigung des Versorgungsfreibetrags und des Zuschlags zum Versorgungsfreibetrag

176 Werden Versorgungsbezüge, nur für einen Teil des Kalenderjahres gezahlt, so ermäßigen sich der Versorgungsfreibetrag und der Zuschlag zum Versorgungsfreibetrag für jeden vollen Kalendermonat, für den keine Versorgungs-

bezüge geleistet werden, in diesem Kalenderjahr um ein Zwölftel (§ 19 Absatz 2 Satz 12 EStG). Bei Zahlung mehrerer Versorgungsbezüge erfolgt eine Kürzung nur für Monate, für die keiner der Versorgungsbezüge geleistet wird. Ändern sich der Versorgungsfreibetrag und/oder der Zuschlag zum Versorgungsfreibetrag im Laufe des Kalenderjahrs aufgrund einer Neuberechnung nach Rz. 173 f., sind in diesem Kalenderjahr die höchsten Freibeträge für Versorgungsbezüge maßgebend (§ 19 Absatz 2 Satz 11 2. Halbsatz EStG); eine zeitanteilige Aufteilung ist nicht vorzunehmen. Die Änderung der Freibeträge für Versorgungsbezüge kann im Lohnsteuerabzugsverfahren berücksichtigt werden.

6. Mehrere Versorgungsbezüge

Bei mehreren Versorgungsbezügen bestimmen sich der maßgebende Prozentsatz für den steuerfreien Teil der Versorgungsbezüge und der Höchstbetrag des Versorgungsfreibetrags sowie der Zuschlag zum Versorgungsfreibetrag nach dem Beginn des jeweiligen Versorgungsbezugs. Die Summe aus den jeweiligen Freibeträgen für Versorgungsbezüge wird nach § 19 Absatz 2 Satz 6 EStG auf den Höchstbetrag des Versorgungsfreibetrags und den Zuschlag zum Versorgungsfreibetrag nach dem Beginn des ersten Versorgungsbezugs begrenzt. Fällt der maßgebende Beginn mehrerer laufender Versorgungsbezüge in dasselbe Kalenderjahr, können die Bemessungsgrundlagen aller Versorgungsbezüge zusammengerechnet werden, da in diesen Fällen für sie jeweils dieselben Höchstbeträge gelten. 177

Werden mehrere Versorgungsbezüge von unterschiedlichen Arbeitgebern gezahlt, ist die Begrenzung der Freibeträge für Versorgungsbezüge im Lohnsteuerabzugsverfahren nicht anzuwenden; die Gesamtbetrachtung und ggf. die Begrenzung erfolgt im Veranlagungsverfahren. Treffen mehrere Versorgungsbezüge bei demselben Arbeitgeber zusammen, ist die Begrenzung auch im Lohnsteuerabzugsverfahren zu beachten. 178

> **BEISPIEL:** ▶ Zwei Ehegatten erhalten jeweils eigene Versorgungsbezüge. Der Versorgungsbeginn des einen Ehegatten liegt im Jahr 2008, der des anderen im Jahr 2009. Im Jahr 2013 verstirbt der Ehegatte, der bereits seit 2008 Versorgungsbezüge erhalten hatte. Dem überlebenden Ehegatten werden ab 2013 zusätzlich zu seinen eigenen Versorgungsbezügen i. H. v. monatlich 400 € Hinterbliebenenbezüge i. H. v. monatlich 250 € gezahlt.
>
> Für die eigenen Versorgungsbezüge des überlebenden Ehegatten berechnen sich die Freibeträge für Versorgungsbezüge nach dem Jahr des Versorgungsbeginns 2009. Der Versorgungsfreibetrag beträgt demnach 33,6 % von 4.800 € (= 400 € Monatsbezug × 12) = 1.613 € (aufgerundet); der Zuschlag zum Versorgungsfreibetrag beträgt 756 €.

179

Für den Hinterbliebenenbezug sind mit Versorgungsbeginn im Jahr **2013** die Freibeträge für Versorgungsbezüge nach § 19 Absatz 2 Satz 7 EStG unter Zugrundelegung des maßgeblichen Prozentsatzes, des Höchstbetrags und des Zuschlags zum Versorgungsfreibetrag des verstorbenen Ehegatten zu ermitteln (siehe dazu Rz. **180** bis **183**). Für die Berechnung sind also die Beträge des maßgebenden Jahres **2008** zugrunde zu legen. Der Versorgungsfreibetrag für die Hinterbliebenenbezüge beträgt demnach **35,2 %** von 3.000 € (= 250 € Monatsbezug × 12) = **1.056 €**; der Zuschlag zum Versorgungsfreibetrag beträgt **792 €**.

Die Summe der Versorgungsfreibeträge ab **2013** beträgt (**1.613 €** zuzügl. **1.056 €**) **2.669 €**. Der insgesamt berücksichtigungsfähige Höchstbetrag bestimmt sich nach dem Jahr des Beginns des ersten Versorgungsbezugs (**2008: 2.640 €**). Da der Höchstbetrag überschritten ist, ist der Versorgungsfreibetrag auf insgesamt **2.640 €** zu begrenzen. Auch die Summe der Zuschläge zum Versorgungsfreibetrag (**756 €** zuzügl. **792 €**) **1.548 €** ist nach dem maßgebenden Jahr des Versorgungsbeginns (**2008**) auf insgesamt **792 €** zu begrenzen.

7. Hinterbliebenenversorgung

180 Folgt ein Hinterbliebenenbezug einem Versorgungsbezug, bestimmen sich der Prozentsatz, der Höchstbetrag des Versorgungsfreibetrags und der Zuschlag zum Versorgungsfreibetrag für den Hinterbliebenenbezug nach dem Jahr des Beginns des Versorgungsbezugs des Verstorbenen (§ 19 Absatz 2 Satz 7 EStG). Bei Bezug von Witwen- oder Waisengeld ist für die Berechnung der Freibeträge für Versorgungsbezüge das Jahr des Versorgungsbeginns des Verstorbenen maßgebend, der diesen Versorgungsanspruch zuvor begründete.

181 **BEISPIEL:** Im Oktober **2012** verstirbt ein 67-jähriger Ehegatte, der seit dem 63. Lebensjahr Versorgungsbezüge erhalten hat. Der überlebende Ehegatte erhält ab November **2012** Hinterbliebenenbezüge.

Für den verstorbenen Ehegatten sind die Freibeträge für Versorgungsbezüge bereits mit der Pensionsabrechnung für Januar **2008** (**35,2 %** der voraussichtlichen Versorgungsbezüge 2008, maximal **2.640 €** zuzügl. **792 €** Zuschlag) festgeschrieben worden. Im Jahr **2012** sind die Freibeträge für Versorgungsbezüge des verstorbenen Ehegatten mit zehn Zwölfteln zu berücksichtigen. Für den überlebenden Ehegatten sind mit der Pensionsabrechnung für November **2012** eigene Freibeträge für Versorgungsbezüge zu ermitteln. Zugrunde gelegt werden dabei die hochgerechneten Hinterbliebenenbezüge (einschl. Sonderzahlungen).

Darauf sind nach § 19 Absatz 2 Satz 7 EStG der maßgebliche Prozentsatz, der Höchstbetrag und der Zuschlag zum Versorgungsfreibetrag des verstorbenen Ehegatten (**35,2 %**, maximal **2.640 €** zuzügl. **792 €** Zuschlag) anzuwenden. Im Jahr **2012** sind die Freibeträge für Versorgungsbezüge des überlebenden Ehegatten mit zwei Zwölfteln zu berücksichtigen.

182 Erhält ein Hinterbliebener Sterbegeld, stellt dieses gem. R 19.8 Absatz 1 Nummer 1 und R 19.9 Absatz 3 Nummer 3 LStR ebenfalls einen Versorgungsbezug dar. Für das Sterbegeld gelten zur Berechnung der Freibeträge für Versor-

gungsbezüge ebenfalls der Prozentsatz, der Höchstbetrag und der Zuschlag zum Versorgungsfreibetrag des Verstorbenen. Das Sterbegeld darf als Leistung aus Anlass des Todes die Berechnung des Versorgungsfreibetrags für etwaige sonstige Hinterbliebenenbezüge nicht beeinflussen und ist daher nicht in deren Berechnungsgrundlage einzubeziehen. Das Sterbegeld ist vielmehr als eigenständiger – zusätzlicher – Versorgungsbezug zu behandeln. Die Zwölftelungsregelung ist für das Sterbegeld nicht anzuwenden. Als Bemessungsgrundlage für die Freibeträge für Versorgungsbezüge ist die Höhe des Sterbegeldes im Kalenderjahr anzusetzen, unabhängig von der Zahlungsweise und Berechnungsart.

BEISPIEL: Im April **2012** verstirbt ein Ehegatte, der zuvor seit **2007** Versorgungsbezüge i. H. v. 1.500 € monatlich erhalten hat. Der überlebende Ehegatte erhält ab Mai 2012 laufende Hinterbliebenenbezüge i. H. v. 1.200 € monatlich. Daneben wird ihm einmalig Sterbegeld i. H. v. zwei Monatsbezügen des verstorbenen Ehegatten, also 3.000 € gezahlt.

183

Laufender Hinterbliebenenbezug:

Monatsbetrag 1.200 € × 12 = 14.400 €. Auf den hochgerechneten Jahresbetrag werden der für den Verstorbenen maßgebende Prozentsatz und Höchstbetrag des Versorgungsfreibetrags (**2007**), zuzügl. des Zuschlags von **828 €** angewandt. Das bedeutet im vorliegenden Fall 14.400 € × **36,8 % = 5.300 €** **(aufgerundet)**, höchstens **2.760 €**. Da der laufende Hinterbliebenenbezug nur für acht Monate gezahlt wurde, erhält der überlebende Ehegatte **8/12** dieses Versorgungsfreibetrags, **2.760 €** : **12 = 230 €** × **8 = 1.840 €**. Der Versorgungsfreibetrag für den laufenden Hinterbliebenenbezug beträgt somit **1.840 €**, der Zuschlag zum Versorgungsfreibetrag **552 €** (8/12 von **828 €**).

Sterbegeld:

Gesamtbetrag des Sterbegelds 2 × 1.500 € = 3.000 €. Auf diesen Gesamtbetrag von 3.000 € werden ebenfalls der für den Verstorbenen maßgebende Prozentsatz und Höchstbetrag des Versorgungsfreibetrags (**2007**), zuzügl. des Zuschlags von **828 €** angewandt, 3.000 € × **36,8 % = 1.104 €**. Der Versorgungsfreibetrag für das Sterbegeld beträgt **1.104 €**, der Zuschlag zum Versorgungsfreibetrag **828 €**.

Beide Versorgungsfreibeträge ergeben zusammen einen Betrag von **2.944 €**, auf den der insgesamt berücksichtigungsfähige Höchstbetrag nach dem maßgebenden Jahr **2007** anzuwenden ist. Der Versorgungsfreibetrag für den laufenden Hinterbliebenenbezug und das Sterbegeld zusammen beträgt damit **2.760 €**. Dazu kommt der Zuschlag zum Versorgungsfreibetrag von insgesamt **828 €**.

8. Berechnung des Versorgungsfreibetrags im Falle einer Kapitalauszahlung/Abfindung

Wird anstelle eines monatlichen Versorgungsbezugs eine Kapitalauszahlung/ Abfindung an den Versorgungsempfänger gezahlt, so handelt es sich um einen sonstigen Bezug. Für die Ermittlung der Freibeträge für Versorgungsbezü-

184

185 **BEISPIEL:** Dem Versorgungsempfänger wird im Jahr **2012** eine Abfindung i. H. v. 10.000 € gezahlt. Der Versorgungsfreibetrag beträgt **(28,8 %** von 10.000 € = **2.880 €**, höchstens) **2.160 €**; der Zuschlag zum Versorgungsfreibetrag beträgt **648 €**.

ge ist das Jahr des Versorgungsbeginns zugrunde zu legen, die Zwölftelungsregelung ist für diesen sonstigen Bezug nicht anzuwenden. Bemessungsgrundlage ist der Betrag der Kapitalauszahlung/Abfindung im Kalenderjahr.

186 Bei Zusammentreffen mit laufenden Bezügen darf der Höchstbetrag, der sich nach dem Jahr des Versorgungsbeginns bestimmt, nicht überschritten werden (siehe dazu Beispiele in Rz. **181** und **183** zum Sterbegeld).

187 Die gleichen Grundsätze gelten auch, wenn Versorgungsbezüge in einem späteren Kalenderjahr nachgezahlt oder berichtigt werden.

9. Zusammentreffen von Versorgungsbezügen (§ 19 EStG) und Rentenleistungen (§ 22 EStG)

188 Die Frei- und Pauschbeträge sind für jede Einkunftsart gesondert zu berechnen. **Ein** Lohnsteuerabzug ist nur für Versorgungsbezüge vorzunehmen.

IV. Aufzeichnungs- und Bescheinigungspflichten

189 Nach § 4 Absatz 1 Nummer 4 LStDV hat der Arbeitgeber im Lohnkonto des Arbeitnehmers in den Fällen des § 19 Absatz 2 EStG die für die zutreffende Berechnung des Versorgungsfreibetrags und des Zuschlags zum Versorgungsfreibetrag erforderlichen Angaben aufzuzeichnen. Aufzuzeichnen sind die Bemessungsgrundlage für den Versorgungsfreibetrag (Jahreswert, Rz. **171**), das Jahr des Versorgungsbeginns und die Zahl der Monate (Zahl der Zwölftel), für die Versorgungsbezüge gezahlt werden. Bei mehreren Versorgungsbezügen sind die Angaben für jeden Versorgungsbezug getrennt aufzuzeichnen, soweit die maßgebenden Versorgungsbeginne in unterschiedliche Kalenderjahre fallen (vgl. Rz. **177**). Demnach können z. B. alle Versorgungsbezüge mit Versorgungsbeginn bis zum Jahre 2005 zusammengefasst werden. Zu den Bescheinigungspflichten wird auf die jährlichen BMF-Schreiben zu den Lohnsteuerbescheinigungen hingewiesen.

C. Besteuerung von Einkünften gem. § 22 Nummer 1 Satz 3 Buchstabe a EStG

I. Allgemeines

Leibrenten und andere Leistungen aus den gesetzlichen Rentenversicherungen, der landwirtschaftlichen Alterskasse, den berufsständischen Versorgungseinrichtungen und aus Leibrentenversicherungen i. S. d. § 10 Absatz 1 Nummer 2 Satz 1 Buchstabe b EStG (vgl. Rz. 8 bis 31) werden innerhalb eines bis in das Jahr 2039 reichenden Übergangszeitraums in die vollständige nachgelagerte Besteuerung überführt (§ 22 Nummer 1 Satz 3 Buchstabe a Doppelbuchstabe aa EStG). Diese Regelung gilt sowohl für Leistungen von inländischen als auch von ausländischen Versorgungsträgern. 190

Eine Nachzahlung aus der gesetzlichen Rentenversicherung, die dem Empfänger nach dem 31. Dezember 2004 zufließt, wird nach § 22 Nummer 1 Satz 3 Buchstabe a Doppelbuchstabe aa EStG mit dem Besteuerungsanteil besteuert, auch wenn sie für einen Zeitraum vor dem 1. Januar 2005 gezahlt wird (BFH vom 13. April 2011 – BStBl 2011 II S. 915). Dies gilt entsprechend für eine Nachzahlung aus der landwirtschaftlichen Alterskasse und den berufsständischen Versorgungseinrichtungen. Es ist zu prüfen, ob § 34 Absatz 1 EStG Anwendung findet. Die Tarifermäßigung ist grundsätzlich auch auf Nachzahlungen von Renten i. S. d. § 22 Nummer 1 EStG anwendbar, soweit diese nicht auf den laufenden VZ entfallen (R 34.4 Absatz 1 EStR 2012). 191

Ist wegen rückwirkender Zubilligung einer Rente der Anspruch auf eine bisher gewährte Sozialleistung (z. B. auf Krankengeld, Arbeitslosengeld oder Sozialhilfe) ganz oder teilweise weggefallen und steht dem Leistenden deswegen gegenüber dem Rentenversicherungsträger (z. B. nach § 103 des Zehnten Buches Sozialgesetzbuch) ein Erstattungsanspruch zu, sind die bisher gezahlten Sozialleistungen in Höhe dieses Erstattungsanspruchs als Rentenzahlungen anzusehen. Die Rente ist dem Leistungsempfänger insoweit im Zeitpunkt der Zahlung dieser Sozialleistungen zugeflossen. Die Besteuerungsgrundsätze des § 22 Nummer 1 Satz 3 Buchstabe a EStG gelten hierbei entsprechend. Sofern die Sozialleistungen dem Progressionsvorbehalt nach § 32b EStG unterlegen haben, ist dieser rückgängig zu machen, soweit die Beträge zu einer Rente umgewidmet werden (R 32b Absatz 4 EStR). 192

Bei den übrigen Leibrenten erfolgt die Besteuerung auch weiterhin mit dem Ertragsanteil (§ 22 Nummer 1 Satz 3 Buchstabe a Doppelbuchstabe bb EStG ggf. i. V. m. § 55 Absatz 2 EStDV; vgl. Rz. 236 und 237), es sei denn, es handelt sich um nach dem 31. Dezember 2004 abgeschlossene Rentenversicherungen, 193 bei denen keine lebenslange Rentenzahlung vereinbart und erbracht wird. In diesen Fällen wird die Besteuerung im Wege der Ermittlung des Unterschiedsbetrags nach § 20 Absatz 1 Nummer 6 EStG vorgenommen. Die Regelungen in § 22 Nummer 5 EStG bleiben unberührt (vgl. insoweit auch BMF-Schreiben vom 24. Juli 2013, BStBl 2013 I S. 1022).

194 Für Leibrenten und andere Leistungen im Sinne von § 22 Nummer 1 Satz 3 Buchstabe a EStG sind nach § 22a EStG Rentenbezugsmitteilungen zu übermitteln. Einzelheiten hierzu sind durch BMF-Schreiben vom 7. Dezember 2011, BStBl 2011 I S. 1223, geregelt.

II. Leibrenten und andere Leistungen i. S. d. § 22 Nummer 1 Satz 3 Buchstabe a Doppelbuchstabe aa EStG

1. Leistungen aus den gesetzlichen Rentenversicherungen, aus der landwirtschaftlichen Alterskasse und aus den berufsständischen Versorgungseinrichtungen

195 § 22 Nummer 1 Satz 3 Buchstabe a Doppelbuchstabe aa EStG erfasst alle Leistungen unabhängig davon, ob sie als Rente oder Teilrente (z. B. Altersrente, Erwerbsminderungsrente, Hinterbliebenenrente als Witwen- oder Witwerrente, Waisenrente oder Erziehungsrente) oder als einmalige Leistung (z. B. Sterbegeld oder Abfindung von Kleinbetragsrenten) ausgezahlt werden.

a) Besonderheiten bei Leibrenten und anderen Leistungen aus den gesetzlichen Rentenversicherungen

196 Zu den Leistungen i. S. d. § 22 Nummer 1 Satz 3 Buchstabe a Doppelbuchstabe aa EStG gehören auch Zusatzleistungen und andere Leistungen wie Zinsen.

197 § 22 Nummer 1 Satz 3 Buchstabe a Doppelbuchstabe aa EStG gilt nicht für Einnahmen i. S. d. § 3 EStG wie z. B.

- Leistungen aus der gesetzlichen Unfallversicherung wie z. B. Berufsunfähigkeits- oder Erwerbsminderungsrenten der Berufsgenossenschaft (§ 3 Nummer 1 Buchstabe a EStG),
- Sachleistungen und Kinderzuschüsse (§ 3 Nummer 1 Buchstabe b EStG),
- Übergangsgelder nach dem SGB VI (§ 3 Nummer 1 Buchstabe c EStG),
- den Abfindungsbetrag einer Witwen- oder Witwerrente wegen Wiederheirat des Berechtigten nach § 107 SGB VI (§ 3 Nummer 3 Buchstabe a EStG),
- die Erstattung von Versichertenbeiträgen, in Fällen, in denen das mit der Einbeziehung in die Rentenversicherung verfolgte Ziel eines Renten-

anspruchs nicht oder voraussichtlich nicht erreicht oder nicht vollständig erreicht werden kann (§§ 210 und 286d SGB VI), die Erstattung von freiwilligen Beiträgen im Zusammenhang mit Nachzahlungen von Beiträgen in besonderen Fällen (§§ 204, 205 und 207 des SGB VI) sowie die Erstattung der vom Versicherten zu Unrecht geleisteten Beiträge nach § 26 SGB IV (§ 3 Nummer 3 Buchstabe b EStG),

▶ Ausgleichszahlungen nach § 86 Bundesversorgungsgesetz (§ 3 Nummer 6 EStG),

▶ Renten, die als Entschädigungsleistungen aufgrund gesetzlicher Vorschriften – insbesondere des Bundesentschädigungsgesetzes – zur Wiedergutmachung nationalsozialistischen Unrechts gewährt werden (§ 3 Nummer 8 EStG),

▶ Renten wegen Alters und wegen verminderter Erwerbsfähigkeit aus der gesetzlichen Rentenversicherung, die an Verfolgte i. S. d. § 1 des Bundesentschädigungsgesetzes gezahlt werden, wenn rentenrechtliche Zeiten aufgrund der Verfolgung in der Rente enthalten sind. Renten wegen Todes aus der gesetzlichen Rentenversicherung, wenn der verstorbene Versicherte Verfolgter i. S. d. § 1 des Bundesentschädigungsgesetzes war und wenn rentenrechtliche Zeiten aufgrund der Verfolgung in dieser Rente enthalten sind (§ 3 Nummer 8a EStG).

▶ Zuschüsse zur freiwilligen oder privaten Krankenversicherung (§ 3 Nummer 14 EStG),

▶ die aufgrund eines Abkommens mit einer zwischen- oder überstaatlichen Einrichtung zur Begründung von Anrechten auf Altersversorgung übertragenen Werte bei einer zwischen- oder überstaatlichen Einrichtung (§ 3 Nummer 55e EStG)

▶ Leistungen nach den §§ 294 bis 299 SGB VI für Kindererziehung an Mütter der Geburtsjahrgänge vor 1921 (§ 3 Nummer 67 EStG); aus Billigkeitsgründen gehören dazu auch Leistungen nach § 294a Satz 2 SGB VI für Kindererziehung an Mütter der Geburtsjahrgänge vor 1927, die am 18. Mai 1990 ihren gewöhnlichen Aufenthalt im Beitrittsgebiet und am 31. Dezember 1991 keinen eigenen Anspruch auf Rente aus eigener Versicherung hatten.

Renten i. S. d. § 9 Anspruchs- und Anwartschaftsüberführungsgesetz – AAÜG – werden zwar von der Deutschen Rentenversicherung Bund ausgezahlt, es handelt sich jedoch nicht um Leistungen aus der gesetzlichen Rentenversicherung. Die Besteuerung erfolgt nach § 22 Nummer 1 Satz 3 Buchstabe a Doppelbuchstabe bb EStG ggf. i. V. m. § 55 Absatz 2 EStDV, soweit die Rente nicht nach § 3 Nummer 6 EStG steuerfrei ist.

198

199 Die Ruhegehälter, die ehemaligen Bediensteten in internationalen Organisationen gezahlt werden, unterliegen der Besteuerung nach § 22 Nummer 1 Satz 3 Buchstabe a Doppelbuchstabe aa EStG, sofern es sich bei dem Alterssicherungssystem der jeweiligen Organisation um ein System handelt, das mit der inländischen gesetzlichen Rentenversicherung vergleichbar ist. Hierzu gehören z. B.:

- ▶ Bank für Internationalen Zahlungsausgleich (BIZ),
- ▶ Europäische Investitionsbank (EIB),
- ▶ Europäische Organisation für astronomische Forschung in der südlichen Hemisphäre, (ESO),
- ▶ Europäische Organisation für die Nutzung meteorologischer Satelliten (EUMETSAT),
- ▶ Europäische Organisation für Kernforschung (CERN),
- ▶ Europäisches Laboratorium für Molekularbiologie (EMBL),
- ▶ Vereinte Nationen (VN).

b) **Besonderheiten bei Leibrenten und anderen Leistungen aus der landwirtschaftlichen Alterskasse**

200 Die Renten wegen Alters, wegen Erwerbsminderung und wegen Todes nach dem Gesetz über die Alterssicherung der Landwirte – ALG – gehören zu den Leistungen i. S. d. § 22 Nummer 1 Satz 3 Buchstabe a Doppelbuchstabe aa EStG.

201 Steuerfrei sind z. B. Sachleistungen nach dem ALG (§ 3 Nummer 1 Buchstabe b EStG), Geldleistungen nach den §§ 10, 36 bis 39 ALG (§ 3 Nummer 1 Buchstabe c EStG) sowie Beitragserstattungen nach den §§ 75 und 117 ALG (§ 3 Nummer 3 Buchstabe b EStG).

c) **Besonderheiten bei Leibrenten und anderen Leistungen aus den berufsständischen Versorgungseinrichtungen**

202 Leistungen aus berufsständischen Versorgungseinrichtungen werden nach § 22 Nummer 1 Satz 3 Buchstabe a Doppelbuchstabe aa EStG besteuert, unabhängig davon, ob die Beiträge als Sonderausgaben nach § 10 Absatz 1 Nummer 2 Satz 1 Buchstabe a EStG berücksichtigt wurden. Die Besteuerung erfolgt auch dann nach § 22 Nummer 1 Satz 3 Buchstabe a Doppelbuchstabe aa EStG, wenn die berufsständische Versorgungseinrichtung keine den gesetzlichen Rentenversicherungen vergleichbaren Leistungen erbringt.

Unselbständige Bestandteile der Rente (z. B. Kinderzuschüsse) werden zusammen mit der Rente nach § 22 Nummer 1 Satz 3 Buchstabe a Doppelbuchstabe aa EStG besteuert (**vgl. BFH vom 13. August 2011, BStBl 2012 II S. 312**). 203

Einmalige Leitungen (z. B. Kapitalauszahlungen, Sterbegeld, Abfindung von Kleinbetragsrenten) unterliegen ebenfalls der Besteuerung nach § 22 Nummer 1 Satz 3 Buchstabe a Doppelbuchstabe aa EStG. Das gilt auch für Kapitalzahlungen, bei denen die erworbenen Anwartschaften auf Beiträgen beruhen, die vor dem 1. Januar 2005 erbracht worden sind. *Es ist zu prüfen, ob unter Berücksichtigung der vom BFH aufgestellten Grundsätze (Urteile vom 23. Oktober 2013 - X R 33/10 und X R 3/12 -) § 34 Absatz 1 EStG Anwendung findet."* 204

Entsprechend den Regelungen zur gesetzlichen Rentenversicherung sind ab dem **VZ** 2007 folgende Leistungen nach § 3 Nummer 3 Buchstabe c EStG i. V. m. § 3 Nummer 3 Buchstabe a und b EStG steuerfrei: 205

- Witwen- und Witwerrentenabfindungen (§ 3 Nummer 3 Buchstabe c EStG i. V. m. § 3 Nummer 3 Buchstabe a EStG) bei der ersten Wiederheirat, wenn der Abfindungsbetrag das 60-fache der abzufindenden Monatsrente nicht übersteigt. Übersteigt die Abfindung den genannten Betrag, dann handelt es sich bei der Zahlung insgesamt nicht um eine dem § 3 Nummer 3 Buchstabe a EStG entsprechende Abfindung.

- Beitragserstattungen (§ 3 Nummer 3 Buchstabe c i. V. m. Buchstabe b EStG), wenn nicht mehr als 59 Beitragsmonate und höchstens die Beiträge abzügl. des steuerfreien Arbeitgeberanteils bzw. -zuschusses (§ 3 Nummer 62 EStG) nominal erstattet werden. Werden bis zu 60 % der für den Versicherten geleisteten Beiträge erstattet, handelt es sich aus Vereinfachungsgründen insgesamt um eine steuerfreie Beitragserstattung.

- Die Möglichkeit der steuerfreien Erstattung von Beiträgen, die nicht Pflichtbeiträge sind, besteht für den Versicherten insgesamt nur einmal. Eine bestimmte Wartefrist – vgl. § 210 Absatz 2 SGB VI – ist insoweit nicht zu beachten. Damit die berufsständische Versorgungseinrichtung erkennen kann, ob es sich um eine steuerfreie Beitragserstattung oder steuerpflichtige Leistung handelt, hat derjenige, der die Beitragserstattung beantragt, gegenüber der berufsständischen Versorgungseinrichtung zu versichern, dass er eine entsprechende Beitragserstattung bisher noch nicht beantragt hat.

- Wird die Erstattung von Pflichtbeiträgen beantragt, ist eine steuerfreie Beitragserstattung erst möglich, wenn nach dem Ausscheiden aus der Versicherungspflicht mindestens 24 Monate vergangen sind und nicht erneut eine Versicherungspflicht eingetreten ist. Unter diesen Voraussetzungen kann eine steuerfreie Beitragserstattung auch mehrmals in Betracht kommen, wenn nach einer Beitragserstattung für den Steuerpflichtigen erneut eine Versicherungspflicht in einer berufsständischen Versorgungseinrichtung begründet wird und diese zu einem späteren Zeitpunkt wieder erlischt. Beantragt der Steuerpflichtige somit aufgrund seines Ausscheidens aus der Versicherungspflicht erneut eine Beitragserstattung, dann handelt es sich nur dann um eine steuerfreie Beitragserstattung, wenn lediglich die geleisteten Pflichtbeiträge erstattet werden. Erfolgt eine darüber hinausgehende Erstattung, handelt es sich insgesamt um eine nach § 22 Nummer 1 Satz 3 Buchstabe a Doppelbuchstabe aa EStG steuerpflichtige Leistung. Damit die berufsständische Versorgungseinrichtung die Leistungen zutreffend zuordnen kann, hat derjenige, der die Beitragserstattung beantragt, in den Fällen des Ausscheidens aus der Versicherungspflicht auch im Falle der Erstattung von Pflichtbeiträgen gegenüber der berufsständischen Versorgungseinrichtung zu erklären, ob er bereits eine Beitragserstattung aus einer berufsständischen Versorgungseinrichtung in Anspruch genommen hat.

▶ Nach § 3 Nummer 3 Buchstabe b EStG sind auch Beitragserstattungen nach den §§ 204, 205, 207, 286d SGB VI, § 26 SGB IV steuerfrei. Liegen die in den Vorschriften genannten Voraussetzungen auch bei der von einer berufsständischen Versorgungseinrichtung durchgeführten Beitragserstattung vor, handelt es sich insoweit um eine steuerfreie Leistung.

2. Leibrenten und andere Leistungen aus Rentenversicherungen i. S. d. § 10 Absatz 1 Nummer 2 Satz 1 Buchstabe b EStG

206 Leistungen aus Rentenversicherungen i. S. d. § 10 Absatz 1 Nummer 2 Satz 1 Buchstabe b EStG (vgl. Rz. 8 ff.) unterliegen der nachgelagerten Besteuerung gem. § 22 Nummer 1 Satz 3 Buchstabe a Doppelbuchstabe aa EStG.

207 Für Renten aus Rentenversicherungen, die nicht den Voraussetzungen des § 10 Absatz 1 Nummer 2 Satz 1 Buchstabe b EStG entsprechen – insbesondere für Renten aus Verträgen i. S. d. § 10 Absatz 1 Nummer 3a EStG – bleibt es bei der Ertragsanteilsbesteuerung (vgl. insoweit Rz. 212 ff.), es sei denn, es handelt sich um nach dem 31. Dezember 2004 abgeschlossene Rentenversicherungen, bei denen keine lebenslange Rentenzahlung vereinbart und erbracht wird. Dann erfolgt die Besteuerung nach § 20 Absatz 1 Nummer 6 EStG im Wege der Ermittlung des Unterschiedsbetrags. Die Regelungen in § 22 Nummer 5 EStG bleiben unberührt (vgl. BMF-Schreiben vom 24. Juli 2013, BStBl 2013 I S. 1022).

Wird ein Rentenversicherungsvertrag mit Versicherungsbeginn nach dem 31. Dezember 2004, der die Voraussetzungen des § 10 Absatz 1 Nummer 2 Satz 1 Buchstabe b EStG nicht erfüllt, in einen zertifizierten Basisrentenvertrag umgewandelt, führt dies zur Beendigung des bestehenden Vertrags – mit den entsprechenden steuerlichen Konsequenzen – und zum Abschluss eines neuen Basisrentenvertrags im Zeitpunkt der Umstellung. Die Beiträge einschließlich des aus dem Altvertrag übertragenen Kapitals können im Rahmen des Sonderausgabenabzugs nach § 10 Absatz 1 Nummer 2 Satz 1 Buchstabe b EStG berücksichtigt werden. Die sich aus dem Basisrentenvertrag ergebenden Leistungen unterliegen insgesamt der Besteuerung nach § 22 Nummer 1 Satz 3 Buchstabe a Doppelbuchstabe aa EStG. 208

Wird ein Kapitallebensversicherungsvertrag in einen **zertifizierten Basisrentenvertrag** umgewandelt, führt auch dies zur Beendigung des bestehenden Vertrags – mit den entsprechenden steuerlichen Konsequenzen – und zum Abschluss eines neuen Basisrentenvertrags im Zeitpunkt der Umstellung. Die Beiträge einschließlich des aus dem Altvertrag übertragenen Kapitals können im Rahmen des Sonderausgabenabzugs nach § 10 Absatz 1 Nummer 2 Satz 1 Buchstabe b EStG berücksichtigt werden. Die sich aus dem Basisrentenvertrag ergebenden Leistungen unterliegen insgesamt der Besteuerung nach § 22 Nummer 1 Satz 3 Buchstabe a Doppelbuchstabe aa EStG. 209

Wird entgegen der ursprünglichen vertraglichen Vereinbarung (vgl. Rz. 9 **und 14**) ein zertifizierter Basisrentenvertrag in einen Vertrag umgewandelt, der die Voraussetzungen des § 10 Absatz 1 Nummer 2 Satz 1 Buchstabe b EStG nicht erfüllt, ist steuerlich von einem neuen Vertrag auszugehen. Wird dabei die auf den „alten" Vertrag entfallende Versicherungsleistung ganz oder teilweise auf den „neuen" Vertrag angerechnet, fließt die angerechnete Versicherungsleistung dem Versicherungsnehmer zu und unterliegt im Zeitpunkt der Umwandlung des Vertrags der Besteuerung nach § 22 Nummer 1 Satz 3 Buchstabe a Doppelbuchstabe aa EStG. Ist die Umwandlung als Missbrauch von rechtlichen Gestaltungsmöglichkeiten (§ 42 AO) anzusehen, z. B. Umwandlung innerhalb kurzer Zeit nach Vertragsabschluss ohne erkennbaren sachlichen Grund, ist für die vor der Umwandlung geleisteten Beiträge der Sonderausgabenabzug nach § 10 Absatz 1 Nummer 2 Satz 1 Buchstabe b EStG zu versagen oder rückgängig zu machen. 210

Werden Ansprüche des Leistungsempfängers aus einem Versicherungsvertrag mit Versicherungsbeginn nach dem 31. Dezember 2004, der die Voraussetzungen des § 10 Absatz 1 Nummer 2 **Satz 1** Buchstabe b EStG erfüllt, unmittelbar auf einen **anderen** Vertrag **des Leistungsempfängers** bei einem anderen Unter- 211 nehmen übertragen, gilt die Versicherungsleistung nicht als dem Leistungsempfänger zugeflossen, wenn der neue Vertrag nach § 5a AltZertG zertifiziert ist. Sie unterliegt daher im Zeitpunkt der Übertragung nicht der Besteuerung (**§ 3 Nummer 55d EStG**).

III. Leibrenten und andere Leistungen i. S. d. § 22 Nummer 1 Satz 3 Buchstabe a Doppelbuchstabe bb EStG

212 Der Anwendungsbereich des § 22 Nummer 1 Satz 3 Buchstabe a Doppelbuchstabe bb EStG umfasst diejenigen Leibrenten und anderen Leistungen, die nicht bereits unter Doppelbuchstabe aa der Vorschrift (vgl. Rz. **195** ff.) oder § 22 Nummer 5 EStG einzuordnen sind, wie Renten aus

- ▶ Rentenversicherungen, die nicht den Voraussetzungen des § 10 Absatz 1 Nummer 2 Satz 1 Buchstabe b EStG entsprechen, weil sie z. B. eine Teilkapitalisierung oder Einmalkapitalauszahlung (Kapitalwahlrecht) oder einen Rentenbeginn vor Vollendung des **62.** Lebensjahres vorsehen (bei **vor** dem **1. Januar 2012** abgeschlossenen Verträgen ist regelmäßig die Vollendung des **60.** Lebensjahres maßgebend) oder die Laufzeit der Versicherung vor dem 1. Januar 2005 begonnen hat, oder

- ▶ Verträgen i. S. d. § 10 Absatz 1 Nummer 3a EStG.

Bei nach dem 31. Dezember 2004 abgeschlossenen Rentenversicherungen muss eine lebenslange Rentenzahlung vereinbart und erbracht werden.

213 Werden neben einer Grundrente Überschussbeteiligungen in Form einer Bonusrente gezahlt, so ist der gesamte Auszahlungsbetrag mit einem einheitlichen Ertragsanteil der Besteuerung zu unterwerfen. Mit der Überschussbeteiligung in Form einer Bonusrente wird kein neues Rentenrecht begründet (R 22.4 Absatz 1 Satz 2 EStR; **BFH vom 22. August 2012, BStBl 2013 II S. 158**). In der Mitteilung nach § 22a EStG (bei Leistungen i. S. d. § 22 Nummer 5 Satz 2 Buchstabe a EStG in der Mitteilung nach § 22 Nummer 5 Satz 7 EStG) ist der Betrag von Grund- und Bonusrente in einer Summe auszuweisen.

214 Dem § 22 Nummer 1 Satz 3 Buchstabe a Doppelbuchstabe bb EStG zuzuordnen sind auch abgekürzte Leibrenten, die nicht unter § 22 Nummer 1 Satz 3 Buchstabe a Doppelbuchstabe aa EStG fallen (z. B. private selbständige Erwerbsminderungsrente, Waisenrente aus einer privaten Versicherung, die die Voraussetzungen des § 10 Absatz 1 Nummer 2 Satz 1 Buchstabe b EStG nicht erfüllt). Dies gilt bei Rentenversicherungen (vgl. Rz. 19 des BMF-Schreibens vom 1. Oktober 2009, BStBl 2009 I S. 1172) nur, wenn sie vor dem 1. Januar 2005 abgeschlossen wurden.

Auf Antrag des Steuerpflichtigen sind unter bestimmten Voraussetzungen auch Leibrenten und andere Leistungen i. S. d. § 22 Nummer 1 Satz 3 Buchstabe a Doppelbuchstabe aa EStG nach § 22 Nummer 1 Satz 3 Buchstabe a Doppelbuchstabe bb EStG zu versteuern (sog. Öffnungsklausel). Wegen der Einzelheiten hierzu vgl. die Ausführungen unter Rz. **238** ff.   215

IV. Besonderheiten bei der betrieblichen Altersversorgung

Die Versorgungsleistungen einer Pensionskasse, eines Pensionsfonds oder aus einer Direktversicherung (z. B. Rente, Auszahlungsplan, Teilkapitalauszahlung, Einmalkapitalauszahlung) unterliegen der Besteuerung nach § 22 Nummer 5 EStG. Einzelheiten zur Besteuerung von Leistungen aus der betrieblichen Altersversorgung sind im BMF-Schreiben vom 24. Juli 2013, BStBl 2013, I S. 1022, Rz. **369** ff. geregelt.   216

V. Durchführung der Besteuerung

1. Leibrenten und andere Leistungen i. S. d. § 22 Nummer 1 Satz 3 Buchstabe a Doppelbuchstabe aa EStG

a) Allgemeines

In der Übergangszeit bis zur vollständigen nachgelagerten Besteuerung unterliegt nur ein Teil der Leibrenten und anderen Leistungen der Besteuerung. In Abhängigkeit vom Jahresbetrag der Rente und dem Jahr des Rentenbeginns wird der steuerfreie Teil der Rente ermittelt, der grundsätzlich für die gesamte Laufzeit der Rente gilt. Diese Regelung bewirkt, dass Rentenerhöhungen, die auf einer regelmäßigen Rentenanpassung beruhen, vollständig nachgelagert besteuert werden.   217

b) Jahresbetrag der Rente

Bemessungsgrundlage für die Ermittlung des der Besteuerung unterliegenden Anteils der Rente ist der Jahresbetrag der Rente (§ 22 Nummer 1 Satz 3 Buchstabe a Doppelbuchstabe aa Satz 2 EStG). Jahresbetrag der Rente ist die Summe der im Kalenderjahr zugeflossenen Rentenbeträge einschließlich der bei Auszahlung einbehaltenen eigenen Beitragsanteile zur Kranken- und Pflegeversicherung. Steuerfreie Zuschüsse zu den Krankenversicherungsbeiträgen sind nicht Bestandteil des Jahresbetrags der Rente. Zum Jahresbetrag der Rente gehören auch die im Kalenderjahr zugeflossenen anderen Leistungen. Bei rückwirkender Zubilligung der Rente ist ggf. **Rz. 192** dieses Schreibens und **Rz. 48** des BMF-Schreibens vom 7. Dezember 2011 (BStBl 2011 I S. 1223) zu be-   218 achten. Eine Pfändung der Rente hat keinen Einfluss auf die Höhe des nach § 22 EStG zu berücksichtigenden Jahresbetrags der Rente. **Dies gilt auch für Abtretungen.**

c) **Bestimmung des Prozentsatzes**

aa) **Allgemeines**

219 Der Prozentsatz in der Tabelle in § 22 Nummer 1 Satz 3 Buchstabe a Doppelbuchstabe aa Satz 3 EStG bestimmt sich grundsätzlich nach dem Jahr des Rentenbeginns.

220 Unter Beginn der Rente ist der Zeitpunkt zu verstehen, ab dem die Rente (ggf. nach rückwirkender Zubilligung) tatsächlich bewilligt wird (siehe Rentenbescheid).

221 Wird die bewilligte Rente bis auf 0 € gekürzt, z. B. weil eigene Einkünfte anzurechnen sind, steht dies dem Beginn der Rente nicht entgegen und unterbricht die Laufzeit der Rente nicht. Verzichtet der Rentenberechtigte in Kenntnis der Kürzung der Rente auf die Beantragung, beginnt die Rente jedoch nicht zu laufen, solange sie mangels Beantragung nicht dem Grunde nach bewilligt wird.

222 Fließt eine andere Leistung vor dem Beginn der Leibrente zu, bestimmt sich der Prozentsatz für die Besteuerung der anderen Leistung nach dem Jahr ihres Zuflusses, andernfalls nach dem Jahr des Beginns der Leibrente.

bb) **Erhöhung oder Herabsetzung der Rente**

223 Soweit Renten i. S. d. § 22 Nummer 1 Satz 3 Buchstabe a Doppelbuchstabe aa - EStG später z. B. wegen Anrechnung anderer Einkünfte erhöht oder herabgesetzt werden, ist keine neue Rente anzunehmen. Gleiches gilt, wenn eine Teil-Altersrente in eine volle Altersrente oder eine volle Altersrente in eine Teil-Altersrente umgewandelt wird (§ 42 SGB VI). Für den erhöhten oder verminderten Rentenbetrag bleibt der ursprünglich ermittelte Prozentsatz maßgebend (zur Neuberechnung des Freibetrags vgl. Rz. **232** ff.).

cc) **Besonderheiten bei Folgerenten aus derselben Versicherung oder demselben Vertrag**

224 Renten aus derselben Versicherung oder demselben Vertrag liegen vor, wenn Renten auf ein und demselben Rentenrecht beruhen. Das ist beispielsweise der Fall, wenn eine Rente wegen voller Erwerbsminderung einer Rente wegen

teilweiser Erwerbsminderung folgt oder umgekehrt, bei einer Altersrente, der eine (volle oder teilweise) Erwerbsminderungsrente vorherging, oder wenn eine kleine Witwen- oder Witwerrente einer großen Witwen- oder Witwerrente folgt und umgekehrt oder eine Altersrente einer Erziehungsrente folgt. Das gilt auch dann, wenn die Rentenempfänger nicht identisch sind wie z. B. bei einer Altersrente mit nachfolgender Witwen- oder Witwerrente oder Waisenrente. Leistungen aus Anrechten, die im Rahmen des Versorgungsausgleichs durch interne Teilung auf die ausgleichsberechtigte Person übertragen wurden oder die zu Lasten der Anrechte der ausgleichspflichtigen Person für die ausgleichsberechtigte Person durch externe Teilung begründet wurden, stellen einen eigenen Rentenanspruch der ausgleichsberechtigten Person dar. Die Rente der ausgleichsberechtigten Person ist daher keine Rente aus der Versicherung oder dem Vertrag der ausgleichspflichtigen Person.

Folgen nach dem 31. Dezember 2004 Renten aus derselben Versicherung oder demselben Vertrag einander nach, wird bei der Ermittlung des Prozentsatzes nicht der tatsächliche Beginn der Folgerente herangezogen. Vielmehr wird ein fiktives Jahr des Rentenbeginns ermittelt, indem vom tatsächlichen Rentenbeginn der Folgerente die Laufzeiten vorhergehender Renten abgezogen werden. Dabei darf der Prozentsatz von 50 % nicht unterschritten werden. 225

BEISPIEL: A bezieht von Oktober 2003 bis Dezember 2006 (= 3 Jahre und 3 Monate) eine Erwerbsminderungsrente i. H.v. 1.000 €. Anschließend ist er wieder erwerbstätig. Ab Februar 2013 erhält er seine Altersrente i. H.v. 2.000 €. 226

In 2003 und 2004 ist die Erwerbsminderungsrente gem. § 55 Absatz 2 EStDV mit einem Ertragsanteil von 4 % zu versteuern, in 2005 und 2006 gem. § 22 Nummer 1 Satz 3 Buchstabe a Doppelbuchstabe aa EStG mit einem Besteuerungsanteil von 50 %. Der der Besteuerung unterliegende Teil für die ab Februar 2013 gewährte Altersrente ermittelt sich wie folgt:

Rentenbeginn der Altersrente	Februar 2013
abzügl. der Laufzeit der Erwerbsminderungsrente	
(3 Jahre und 3 Monate)	
= fiktiver Rentenbeginn	November 2009
Besteuerungsanteil lt. Tabelle	58 %
Jahresbetrag der Rente in 2013: 11 × 2.000 €	22.000 €
Betragsmäßiger Besteuerungsanteil (58 % von 22.000 €)	12.760 €

Renten, die vor dem 1. Januar 2005 geendet haben, werden nicht als vorhergehende Renten berücksichtigt und wirken sich daher auf die Höhe des Prozentsatzes für die Besteuerung der nachfolgenden Rente nicht aus. 227

228 Abwandlung des Beispiels in Rz. 226:

Die Erwerbsminderungsrente wurde von Oktober 2000 bis Dezember 2004 bezogen.

In diesem Fall folgen nicht nach dem 31. Dezember 2004 mehrere Renten aus derselben Versicherung einander nach mit der Folge, dass für die Ermittlung des Besteuerungsanteils für die Altersrente das Jahr 2013 maßgebend ist und folglich ein Besteuerungsanteil von 66 %.

229 Lebt eine wegen Wiederheirat des Berechtigten weggefallene Witwen- oder Witwerrente wegen Auflösung oder Nichtigerklärung der erneuten Ehe oder der erneuten Lebenspartnerschaft wieder auf (§ 46 Absatz 3 SGB VI), ist bei Wiederaufleben der Witwen- oder Witwerrente für die Ermittlung des Prozentsatzes nach § 22 Nummer 1 Satz 3 Buchstabe a Doppelbuchstabe aa Satz 3 EStG der Rentenbeginn des erstmaligen Bezugs maßgebend.

d) Ermittlung des steuerfreien Teils der Rente

aa) Allgemeines

230 Nach § 22 Nummer 1 Satz 3 Buchstabe a Doppelbuchstabe aa Satz 4 und 5 EStG gilt der steuerfreie Teil der Rente für die gesamte Laufzeit des Rentenbezugs. Der steuerfreie Teil der Rente wird in dem Jahr ermittelt, das dem Jahr des Rentenbeginns folgt. Bei Renten, die vor dem 1. Januar 2005 begonnen haben, ist der steuerfreie Teil der Rente des Jahres 2005 maßgebend.

bb) Bemessungsgrundlage für die Ermittlung des steuerfreien Teils der Rente

231 Bemessungsgrundlage für die Ermittlung des steuerfreien Teils der Rente ist der Jahresbetrag der Rente in dem Jahr, das dem Jahr des Rentenbeginns folgt. Bei Renten mit Rentenbeginn vor dem 1. Januar 2005 ist der Jahresbetrag der Rente des Jahres 2005 maßgebend. Zum Jahresbetrag der Rente vgl. Rz. 218.

cc) Neuberechnung des steuerfreien Teils der Rente

232 Ändert sich der Jahresbetrag der Rente und handelt es sich hierbei nicht um eine regelmäßige Anpassung (z. B. jährliche Rentenerhöhung), ist der steuerfreie Teil der Rente auf der Basis des bisher maßgebenden Prozentsatzes mit der veränderten Bemessungsgrundlage neu zu ermitteln. Auch Rentennachzahlungen oder -rückzahlungen sowie der Wegfall des Kinderzuschusses zur Rente aus einer berufsständischen Versorgungseinrichtung können zu einer

Neuberechnung des steuerfreien Teils der Rente führen. **Ändert sich der Jahresbetrag einer Rente in ausländischer Währung aufgrund von Währungsschwankungen, führt die sich daraus ergebende Änderung des Jahresbetrags der Rente ebenfalls zu einer Neuberechnung des steuerfreien Teils der Rente.**

Der steuerfreie Teil der Rente ist in dem Verhältnis anzupassen, in dem der veränderte Jahresbetrag der Rente zum Jahresbetrag der Rente steht, der der Ermittlung des bisherigen steuerfreien Teils der Rente zugrunde gelegen hat. Regelmäßige Anpassungen des Jahresbetrags der Rente bleiben dabei außer Betracht (§ 22 Nummer 1 Satz 3 Buchstabe a Doppelbuchstabe aa Satz 7 EStG). Die für die Berechnung erforderlichen Angaben ergeben sich aus der Rentenbezugsmitteilung (vgl. **BMF-Schreiben vom 7. Dezember 2011, BStBl 2011 I S. 1223).** 233

BEISPIEL: R bezieht ab Mai 2010 eine monatliche Witwenrente aus der gesetzlichen Rentenversicherung (**keine Folgerente**) i. H. v. 1.100 €. Die Rente wird aufgrund regelmäßiger Anpassungen zum 1. Juli 2010, zum 1. Juli 2011 zum 1. Juli 2012 und zum 1. Juli 2013 jeweils um 10 € erhöht. Wegen anderer Einkünfte wird die Rente ab August 2013 auf 830 € gekürzt. 234

Rentenzeitraum	Monatsbetrag	Betrag im Zahlungszeitraum
1.5. – 30.6. **2010**	1.100,00 €	2.200,00 €
1.7. – 31.12. **2010**	1.110,00 €	6.660,00 €
Jahresrente 2010		**8.860,00 €**
1.1. – 30.6. **2011**	1.110,00 €	6.660,00 €
1.7. – 31.12. **2011**	1.120,00 €	6.720,00 €
Jahresrente 2011		**13.380,00 €**
1.1. – 30.6. **2012**	1.120,00 €	6.720,00 €
1.7. – 31.12. **2012**	1.130,00 €	6.780,00 €
Jahresrente 2012		**13.500,00 €**
1.1. – 30.6. **2013**	1.130,00 €	6.780,00 €
1.7. – 31.7. **2013**	1.140,00 €	1.140,00 €
1.8. – 31.12. **2013**	830,00 €	4.150,00 €
Jahresrente 2013		**12.070,00 €**

Dem Finanzamt liegen die folgenden Rentenbezugsmitteilungen vor:

Jahr	Leistungsbetrag	Anpassungsbetrag
2010	8.860,00 €	0,00 €
2011	13.380,00 €	0,00 €
2012	13.500,00 €	120,00 €
2013	12.070,00 €	206,00 €

Berechnung des steuerfreien Teils der Rente 2011

Jahresrente 2011	13.380,00 €
– der Besteuerung unterliegender Teil (60 % von 13.380,00 €) =	–8.028,00 €
= steuerfreier Teil der Rente	5.352,00 €

Neuberechnung des steuerfreien Teils der Rente im Jahr 2013

Jahresrente 2013 ohne regelmäßige Anpassungen (12.070,00 € – 206,00 €) =	11.864,00 €
(11.864,00 €/13.380,00 €) × 5.352,00 € =	4.745,60 €

Ermittlung des der Besteuerung unterliegenden Teils der Rente in Anlehnung an den Wortlaut des § 22 Nummer 1 Satz 3 Buchstabe a Doppelbuchstabe aa Satz 3 bis 7 EStG

Jahr	Besteuerungsanteil der Rente	
2010	60 % von 8.860,00 € =	5.316,00 €
2011	60 % von 13.380,00 € =	8.028,00 €
2012	13.500,00 € – 5.352,00 € =	8.148,00 €
2013	12.070,00 € – 4.745,60 € =	7.324,40 €

Ermittlung des der Besteuerung unterliegenden Teils der Rente in Anlehnung an die Einkommensteuererklärung/die Rentenbezugsmitteilung

	2010	2011	2012	2013
Jahresrente lt. Rentenbezugsmitteilung	8.860,00 €	13.380,00 €	13.500,00 €	12.070,00 €
– Anpassungsbetrag lt. Rentenbezugsmitteilung	–0,00 €	–0,00 €	–120,00 €	–206,00 €
Zwischensumme	8.860,00 €	13.380,00 €	13.380,00 €	11.864,00 €
darauf fester Prozentsatz (hier: **60 %**)	5.316,00 €	8.028,00 €	8.028,00 €	7.118,40 €
+ Anpassungsbetrag lt. Rentenbezugsmitteilung	+0,00 €	+0,00 €	+120,00 €	+206,00 €
= der Besteuerung unterliegende Anteil der Rente	5.316,00 €	8.028,00 €	8.148,00 €	7.324,40 €

Folgerenten i. S. d. § 22 Nummer 1 Satz 3 Buchstabe a Doppelbuchstabe aa Satz 8 EStG (vgl. Rz. 224 ff.) werden für die Berechnung des steuerfreien Teils der Rente (§ 22 Nummer 1 Satz 3 Buchstabe a Doppelbuchstabe aa Satz 3 bis 7 EStG) als eigenständige Renten behandelt. Das gilt nicht, wenn eine wegen Wiederheirat weggefallene Witwen- oder Witwerrente (vgl. Rz. 229) wieder auflebt. In diesem Fall berechnet sich der steuerfreie Teil der Rente nach der ursprünglichen, später weggefallenen Rente (vgl. Rz. 230 und 231). 235

2. Leibrenten und andere Leistungen i. S. d. § 22 Nummer 1 Satz 3 Buchstabe a Doppelbuchstabe bb EStG

Leibrenten i. S. d. § 22 Nummer 1 Satz 3 Buchstabe a Doppelbuchstabe bb EStG (vgl. Rz. 212) unterliegen auch ab dem VZ 2005 nur mit dem Ertragsanteil der Besteuerung. Sie ergeben sich aus der Tabelle in § 22 Nummer 1 Satz 3 Buchstabe a Doppelbuchstabe bb Satz 4 EStG. Die neuen Ertragsanteile gelten sowohl für Renten, deren Rentenbeginn vor dem 1. Januar 2005 liegt, als auch für Renten, die erst nach dem 31. Dezember 2004 zu laufen beginnen. 236

Für abgekürzte Leibrenten (vgl. Rz. 214) – z. B. aus einer privaten selbständigen Erwerbsminderungsversicherung, die nur bis zum 65. Lebensjahr gezahlt wird – bestimmen sich die Ertragsanteile auch weiterhin nach § 55 Absatz 2 EStDV. 237

3. Öffnungsklausel

a) Allgemeines

Durch die Öffnungsklausel in § 22 Nummer 1 Satz 3 Buchstabe a Doppelbuchstabe bb Satz 2 EStG werden auf Antrag des Steuerpflichtigen Teile der Leibrenten oder anderer Leistungen, die anderenfalls der nachgelagerten Besteuerung nach § 22 Nummer 1 Satz 3 Buchstabe a Doppelbuchstabe aa EStG unterliegen würden, nach § 22 Nummer 1 Satz 3 Buchstabe a Doppelbuchstabe bb EStG besteuert. 238

b) Antrag

Der Antrag ist vom Steuerpflichtigen beim zuständigen Finanzamt in der Regel im Rahmen der Einkommensteuererklärung formlos zu stellen. Der Antrag kann nicht vor Beginn des Leistungsbezugs gestellt werden. Die Öffnungsklausel in § 22 Nummer 1 Satz 3 Buchstabe a Doppelbuchstabe bb Satz 2 EStG ist nicht von Amts wegen anzuwenden. 239

c) 10-Jahres-Grenze

240 Die Anwendung der Öffnungsklausel setzt voraus, dass **bis zum 31. Dezember 2004 für** mindestens zehn Jahre Beiträge oberhalb des Betrags des Höchstbeitrags zur gesetzlichen Rentenversicherung gezahlt wurden. Dabei ist jedes Kalenderjahr getrennt zu betrachten. Die Jahre müssen nicht unmittelbar aufeinander folgen. Dabei sind Beiträge grundsätzlich dem Jahr zuzurechnen, in dem sie gezahlt oder für das sie bescheinigt werden. Sofern Beiträge jedoch rentenrechtlich (als Nachzahlung) in einem anderen Jahr wirksam werden, sind diese dem Jahr zuzurechnen, in dem sie rentenrechtlich wirksam werden. Für die Prüfung, ob die 10-Jahres-Grenze erfüllt ist, sind nur Zahlungen zu berücksichtigen, die bis zum 31. Dezember 2004 geleistet wurden (BFH vom 19. Januar 2010, **BStBl 2011 II S. 567**). Sie müssen außerdem „für" Beitragsjahre vor dem 1. Januar 2005 gezahlt worden sein. Der jährliche Höchstbeitrag ist auch dann maßgebend, wenn nur für einen Teil des Jahres Versicherungspflicht bestand oder nicht während des ganzen Jahres Beiträge geleistet wurden (BFH vom 4. Februar 2010, **BStBl 2011 II S. 579**).

d) Maßgeblicher Höchstbeitrag

241 Für die Prüfung, ob Beiträge oberhalb des Betrags des Höchstbeitrags gezahlt wurden, ist grundsätzlich der Höchstbeitrag zur gesetzlichen Rentenversicherung der Angestellten und Arbeiter (West) des Jahres heranzuziehen, dem die Beiträge zuzurechnen sind. In den Jahren, in denen im gesamten Kalenderjahr eine Versicherung in der knappschaftlichen Rentenversicherung bestand, ist deren Höchstbeitrag maßgebend. Bis 1949 galten in den gesetzlichen Rentenversicherungen unterschiedliche Höchstbeiträge für Arbeiter und Angestellte. Sofern keine Versicherungspflicht in den gesetzlichen Rentenversicherungen bestand, ist stets der Höchstbeitrag für Angestellte in der gesetzlichen Rentenversicherung der Arbeiter und Angestellten zu Grunde zu legen. Höchstbeitrag ist die Summe des Arbeitgeberanteils und des Arbeitnehmeranteils zur jeweiligen gesetzlichen Rentenversicherung. Die maßgeblichen Höchstbeiträge ergeben sich für die Jahre 1927 bis 2004 aus der als Anlage beigefügten Tabelle.

e) Ermittlung der geleisteten Beiträge

242 Für die Frage, ob in einem Jahr Beiträge oberhalb des Betrags des Höchstbeitrags gezahlt wurden, sind sämtliche Beiträge an gesetzliche Rentenversicherungen, an **die** landwirtschaftliche Alterskasse und an berufsständische Versorgungseinrichtungen zusammenzurechnen, die dem einzelnen Jahr zuzurechnen sind (Rz. **240**). **Dabei sind auch Beiträge zu einer ausländischen ge-**

setzlichen Rentenversicherung (vgl. Rz. 4) sowie an Alterssicherungssysteme von internationalen Organisationen, die mit der gesetzlichen Rentenversicherung vergleichbar sind (vgl. Rz. 199), zu berücksichtigen; das gilt unabhängig davon, ob die sich daraus später ergebenden Renteneinkünfte im Inland besteuert werden können. Beiträge zur gesetzlichen Rentenversicherung aufgrund eines Versorgungsausgleichs (§ 187 Absatz 1 Nummer 1 SGB VI), bei vorzeitiger Inanspruchnahme einer Altersrente (§ 187a SGB VI) oder zur Erhöhung der Rentenanwartschaft (§ 187b SGB VI) sind in dem Jahr zu berücksichtigen, in dem sie geleistet wurden. Dies gilt entsprechend für Beitragszahlungen dieser Art an **die** landwirtschaftliche Alterskasse **und an** berufsständische Versorgungseinrichtungen.

Für die Anwendung der Öffnungsklausel werden nur Beiträge berücksichtigt, die eigene Beitragsleistungen des Steuerpflichtigen enthalten. **Bei einer Hinterbliebenenrente ist auf die Beitragsleistung des Verstorbenen abzustellen.** Bei der Ermittlung der gezahlten Beiträge kommt es nicht darauf an, ob die Beiträge vom Steuerpflichtigen vollständig oder teilweise selbst getragen wurden. Es ist auch unerheblich, ob es sich um Pflichtbeiträge, freiwillige Beiträge oder Beiträge zur Höherversicherung handelt. 243

Beiträge aufgrund von Nachversicherungen in gesetzliche Rentenversicherungen, an **die** landwirtschaftliche Alterskasse und an berufsständische Versorgungseinrichtungen sind nicht zu berücksichtigen. Eine Nachversicherung wird durchgeführt, wenn ein Beschäftigungsverhältnis, das unter bestimmten Voraussetzungen nicht der Versicherungspflicht in der gesetzlichen Rentenversicherung oder in einer berufsständischen Versorgungseinrichtung unterlag (z. B. als Beamtenverhältnis), unter Verlust der Versorgungszusage gelöst wird. 244

Zuschüsse zum Beitrag nach § 32 **ALG** werden bei der Berechnung mit einbezogen. 245

Der jährliche Höchstbeitrag ist auch dann maßgebend, wenn nur für einen Teil des Jahres eine Versicherungspflicht bestand oder nicht während des ganzen Jahres Beiträge geleistet wurden (BFH vom 4. Februar 2010, **BStBl 2011 II** S. 579). Ein anteiliger Ansatz des Höchstbeitrags erfolgt nicht. 246

f) Nachweis der gezahlten Beiträge

Der Steuerpflichtige muss einmalig nachweisen, dass er **für** einen Zeitraum von mindestens zehn Jahren vor dem 1. Januar 2005 Beiträge oberhalb des Betrags des Höchstbeitrags gezahlt hat. Der Nachweis ist durch Bescheinigungen der Versorgungsträger, an die die Beiträge geleistet wurden – bzw. von deren Rechtsnachfolgern – zu erbringen. Aus der Bescheinigung muss sich ergeben, 247 dass die Beiträge vor dem 1. Januar 2005 geleistet wurden und welchem Jahr sie zugerechnet wurden. Soweit der Versorgungsträger für Beiträge eine Zahlung vor dem 1. Januar 2005 nicht bescheinigen kann, hat er in der Bescheinigung ausdrücklich darauf hinzuweisen. In diesen Fällen obliegt es dem Steuerpflichtigen, den Zahlungszeitpunkt vor dem 1. Januar 2005 nachzuweisen. Wird der Nachweis nicht geführt, sind diese Beträge, **soweit es sich nicht um Pflichtbeiträge handelt,** nicht in die Berechnung einzubeziehen. Pflichtbeiträge gelten **in diesen Fällen** als in dem Jahr gezahlt, für das sie bescheinigt werden. Beiträge oberhalb des Höchstbeitrags, die nach dem 31. Dezember 2004 geleistet worden sind, bleiben für die Anwendung der Öffnungsklausel auch dann außer Betracht, wenn im Übrigen vor dem 1. Januar 2005 über einen Zeitraum von mindestens zehn Jahren Beiträge oberhalb des Betrags des Höchstbeitrags zur gesetzlichen Rentenversicherung geleistet worden sind. Wurde vom Steuerpflichtigen eine von den Grundsätzen dieses BMF-Schreibens abweichende Bescheinigung vorgelegt, ist als Folge der durch die BFH-Rechtsprechung vom 19. Januar 2010, **BStBl 2011 II S. 567,** geänderten Rechtslage bis spätestens für den VZ 2011 eine den Grundsätzen dieses BMF-Schreibens entsprechende neue Beitragsbescheinigung vorzulegen (vgl. auch Rz. **266** ff.).

g) Ermittlung des auf Beiträgen oberhalb des Betrags des Höchstbeitrags beruhenden Teils der Leistung

248 Der Teil der Leibrenten oder anderen Leistungen, der auf Beiträgen oberhalb des Betrags des Höchstbeitrags beruht, ist vom Versorgungsträger nach denselben Grundsätzen zu ermitteln wie in Leistungsfällen, bei denen keine Beiträge oberhalb des Betrags des Höchstbeitrags geleistet wurden. Dieser Teil wird bezogen auf jeden einzelnen Rentenanspruch getrennt ermittelt. Dabei sind die insgesamt in den einzelnen Kalenderjahren – ggf. zu verschiedenen Versorgungsträgern – geleisteten Beiträge nach Maßgabe der Rz. **252** bis **254** zu berücksichtigen. Jedes Kalenderjahr ist getrennt zu betrachten. Für jedes Jahr ist der Teil der Leistung, der auf Beiträgen oberhalb des Betrags des Höchstbeitrags beruht, gesondert zu ermitteln. Eine Zusammenrechnung der den einzelnen Jahren zuzurechnenden Beiträge und eine daraus resultierende Durchschnittsbildung sind nicht zulässig. Sofern Beiträge zur gesetzlichen Rentenversicherung oberhalb des Betrags des Höchstbeitrags geleistet werden und in diesen Beiträgen Höherversicherungsbeiträge enthalten sind, sind diese vorrangig als oberhalb des Betrags des Höchstbeitrags geleistet anzusehen. Wurde vom Steuerpflichtigen eine von den Grundsätzen dieses BMF-Schreibens abweichende Bescheinigung vorgelegt, ist bis spätestens für den VZ

2011 eine den Grundsätzen dieses BMF-Schreibens entsprechende neue Beitragsbescheinigung vorzulegen (vgl. auch Rz. **266** ff.).

Abweichend hiervon wird bei berufsständischen Versorgungseinrichtungen zugelassen, dass die tatsächlich geleisteten Beiträge und die den Höchstbeitrag übersteigenden Beiträge zum im entsprechenden Jahr maßgebenden Höchstbeitrag ins Verhältnis gesetzt werden. Aus dem Verhältnis der Summen der sich daraus ergebenden Prozentsätze ergibt sich der Prozentsatz für den Teil der Leistung, der auf Beiträge oberhalb des Betrags des Höchstbeitrags entfällt. Für Beitragszahlungen ab dem Jahr 2005 ist für übersteigende Beiträge kein Prozentsatz anzusetzen. Diese Vereinfachungsregelung ist zulässig, wenn 249

▶ alle Mitglieder der einheitlichen Anwendung der Vereinfachungsregelung zugestimmt haben oder

▶ die berufsständische Versorgungseinrichtung für das Mitglied den Teil der Leistung, der auf Beiträgen oberhalb des Betrags des Höchstbeitrags zur gesetzlichen Rentenversicherung beruht, nicht nach Rz. **248** ermitteln kann.

BEISPIEL: ▶ Der Versicherte V war in den Jahren 1969 bis 2005 bei einer berufsständischen Versorgungseinrichtung versichert. Die Aufteilung kann wie folgt durchgeführt werden: 250

Jahr	tatsächlich geleistete Beiträge	Höchstbeitrag zur gesetzlichen Rentenversicherung (HB)	übersteigende Beiträge	tatsächlich geleistete Beiträge	übersteigende Beiträge
	in DM/€	in DM/€	in DM/€	in % des HB	in % des HB
1969	2.321,00 DM	3.264,00 DM	0 DM	71,11 %	0,00 %
1970	3.183,00 DM	3.672,00 DM	0 DM	86,68 %	0,00 %
1971	2.832,00 DM	3.876,00 DM	0 DM	73,07 %	0,00 %
1972	10.320,00 DM	4.284,00 DM	6.036,00 DM	240,90 %	140,90 %
1973	11.520,00 DM	4.968,00 DM	6.552,00 DM	231,88 %	131,88 %
1974	12.600,00 DM	5.400,00 DM	7.200,00 DM	233,33 %	133,33 %
1975	13.632,00 DM	6.048,00 DM	7.584,00 DM	225,40 %	125,40 %
1976	15.024,00 DM	6.696,00 DM	8.328,00 DM	224,37 %	124,37 %
1977	16.344,00 DM	7.344,00 DM	9.000,00 DM	222,55 %	122,55 %
1978	14.400,00 DM	7.992,00 DM	6.408,00 DM	180,18 %	80,18 %
1979	16.830,00 DM	8.640,00 DM	8.190,00 DM	194,79 %	94,79 %

Einkommensteuerrechtliche Behandlung von Vorsorgeaufwendungen u. Altersbezügen

1980	12.510,00 DM	9.072,00 DM	3.438,00 DM	137,90 %	37,90 %
1981	13.500,00 DM	9.768,00 DM	3.732,00 DM	138,21 %	38,21 %
1982	12.420,00 DM	10.152,00 DM	2.268,00 DM	122,34 %	22,34 %
1983	14.670,00 DM	10.900,00 DM	3.770,00 DM	134,59 %	34,59 %
1984	19.440,00 DM	11.544,00 DM	7.896,00 DM	168,40 %	68,40 %
1985	23.400,00 DM	12.306,60 DM	11.093,40 DM	190,14 %	90,14 %
1986	18.360,00 DM	12.902,40 DM	5.457,60 DM	142,30 %	42,30 %
1987	17.730,00 DM	12.790,80 DM	4.939,20 DM	138,62 %	38,62 %
1988	12.510,00 DM	13.464,00 DM	0 DM	92,91 %	0,00 %
1989	14.310,00 DM	13.688,40 DM	621,60 DM	104,54 %	4,54 %
1990	16.740,00 DM	14.137,20 DM	2.602,80 DM	118,41 %	18,41 %
1991	18.000,00 DM	14.001,00 DM	3.999,00 DM	128,56 %	28,56 %
1992	16.110,00 DM	14.443,20 DM	1.666,80 DM	111,54 %	11,54 %
1993	16.020,00 DM	15.120,00 DM	900,00 DM	105,95 %	5,95 %
1994	17.280,00 DM	17.510,40 DM	0 DM	98,68 %	0,00 %
1995	16.020,00 DM	17.409,60 DM	0 DM	92,02 %	0,00 %
1996	20.340,00 DM	18.432,00 DM	1.908,00 DM	110,35 %	10,35 %
1997	22.140,00 DM	19.975,20 DM	2.164,80 DM	110,84 %	10,84 %
1998	23.400,00 DM	20.462,40 DM	2.937,60 DM	114,36 %	14,36 %
1999	22.500,00 DM	20.094,00 DM	2.406,00 DM	111,97 %	11,97 %
2000	24.210,00 DM	19.917,60 DM	4.292,40 DM	121,55 %	21,55 %
2001	22.230,00 DM	19.940,40 DM	2.289,60 DM	111,48 %	11,48 %
2002	12.725,00 €	10.314,00 €	2.411,00 €	123,38 %	23,38 %
2003	14.721,80 €	11.934,00 €	2.787,80 €	123,36 %	23,36 %
2004	14.447,00 €	12.051,00 €	2.396,00 €	119,88 %	19,88 %
2005	13.274,50 €	12.168,00 €	0,00 €	109,09 %	0,00 %
			Summe	5.165,63 %	1.542,07 %

entspricht 100 % 29,85 %

Von den Leistungen unterliegt ein Anteil von 29,85 % der Besteuerung nach § 22 Nummer 1 Satz 3 Buchstabe a Doppelbuchstabe bb EStG.

h) Aufteilung bei Beiträgen an mehr als einen Versorgungsträger

251 Hat der Steuerpflichtige sowohl Beiträge zu einer inländischen als auch Beiträge zu einer ausländischen gesetzlichen Rentenversicherung geleistet, kann er

bestimmen, welcher gesetzlichen Rentenversicherung die Beiträge vorrangig zuzuordnen sind. Weist der Steuerpflichtige im Übrigen die Zahlung von Beiträgen an mehr als einen Versorgungsträger nach, gilt Folgendes:

aa) Beiträge an mehr als eine berufsständische Versorgungseinrichtung

Die Beiträge bis zum jeweiligen Höchstbeitrag sind einer vom Steuerpflichtigen zu bestimmenden berufsständischen Versorgungseinrichtung vorrangig zuzuordnen. Die berufsständischen Versorgungseinrichtungen haben entsprechend dieser Zuordnung den Teil der Leistung zu ermitteln, der auf Beiträgen beruht, die jährlich isoliert betrachtet oberhalb des Betrags des Höchstbeitrags zur gesetzlichen Rentenversicherung gezahlt wurden. 252

bb) Beiträge an die gesetzliche Rentenversicherung und an berufsständische Versorgungseinrichtungen

Die Beiträge bis zum jeweiligen Höchstbeitrag sind vorrangig der gesetzlichen Rentenversicherung zuzuordnen (**beachte auch Rz. 251**). Die berufsständische Versorgungseinrichtung hat den Teil der Leistung zu ermitteln, der auf Beiträgen beruht, die jährlich isoliert betrachtet oberhalb des Betrags des Höchstbeitrags zur gesetzlichen Rentenversicherung gezahlt wurden. Dies gilt für den Träger der gesetzlichen Rentenversicherung entsprechend, wenn die Beiträge zur gesetzlichen Rentenversicherung bereits oberhalb des Höchstbeitrags zur gesetzlichen Rentenversicherung liegen. 253

Beiträge an die landwirtschaftliche Alterskasse sind für die Frage der Anwendung der Öffnungsklausel wie Beiträge zur gesetzlichen Rentenversicherung zu behandeln. Sind Beiträge an die gesetzliche Rentenversicherung und an die landwirtschaftliche Alterskasse geleistet worden, sind die Beiträge bis zum jeweiligen Höchstbeitrag vorrangig der gesetzlichen Rentenversicherung zuzuordnen. 254

BEISPIEL: ▶ Der Steuerpflichtige N hat in den Jahren 1980 bis 1990 folgende Beiträge zur gesetzlichen Rentenversicherung der Arbeiter und Angestellten und an eine berufsständische Versorgungseinrichtung gezahlt. Im Jahr 1981 hat er i. H. v. 22.100 DM Rentenversicherungsbeiträge für die Jahre 1967 bis 1979 nachentrichtet, dabei entfielen auf jedes Jahr 1.700 DM. Im Jahr 1982 hat er neben seinem Grundbeitrag von 2.200 DM außerdem einen Höherversicherungsbeitrag nach § 11 Angestelltenversicherungsgesetz in Höhe von 8.000 DM an die gesetzliche Rentenversicherung gezahlt. Er beantragt die Anwendung der Öffnungsklausel. 255

Jahr	Beiträge zur gesetzlichen Rentenversicherung	Beiträge an die berufsständische Versorgungseinrichtung	Höchstbeitrag zur gesetzlichen Rentenversicherung	übersteigende Beiträge
1	2	3	4	5
1967	1.700,00 DM	–	2.352,00 DM	–
1968	1.700,00 DM	–	2.880,00 DM	–
1969	1.700,00 DM	–	3.264,00 DM	–
1970	1.700,00 DM	–	3.672,00 DM	–
1971	1.700,00 DM	–	3.876,00 DM	–
1972	1.700,00 DM	–	4.284,00 DM	–
1973	1.700,00 DM	–	4.968,00 DM	–
1974	1.700,00 DM	–	5.400,00 DM	–
1975	1.700,00 DM	–	6.048,00 DM	–
1976	1.700,00 DM	–	6.696,00 DM	–
1977	1.700,00 DM	–	7.344,00 DM	–
1978	1.700,00 DM	–	7.992,00 DM	–
1979	1.700,00 DM	–	8.640,00 DM	–
1980	2.000,00 DM	8.000,00 DM	9.072,00 DM	928,00 DM
1981	2.100,00 DM	8.600,00 DM	9.768,00 DM	932,00 DM
1982	10.200,00 DM	8.200,00 DM	10.152,00 DM	8.248,00 DM
1983	2.300,00 DM	9.120,00 DM	10.900,00 DM	520,00 DM
1984	2.400,00 DM	9.500,00 DM	11.544,00 DM	356,00 DM
1985	2.500,00 DM	9.940,00 DM	12.306,60 DM	133,40 DM
1986	2.600,00 DM	10.600,00 DM	12.902,40 DM	297,60 DM
1987	2.700,00 DM	11.300,00 DM	12.790,80 DM	1.209,20 DM
1988	2.800,00 DM	11.800,00 DM	13.464,00 DM	1.136,00 DM
1989	2.900,00 DM	12.400,00 DM	13.688,40 DM	1.611,60 DM
1990	3.000,00 DM	12.400,00 DM	14.137,20 DM	1.262,80 DM

Die Nachzahlung im Jahr 1981 allein führt nicht zur Anwendung der Öffnungsklausel, auch wenn in diesem Jahr Beiträge oberhalb des 1981 geltenden Höchstbeitrags und **für** einen Zeitraum von mindestens 10 Jahren gezahlt wurden, da die Jahresbeiträge in den Jahren, denen die jeweiligen Nachzahlungen zuzurechnen sind, jeweils nicht oberhalb des Betrags des Höchstbeitrags liegen.

Im Beispielsfall ist die Öffnungsklausel jedoch anzuwenden, da unabhängig von der Nachzahlung in die gesetzliche Rentenversicherung durch die zusätzliche Zahlung von Beiträgen an eine berufsständische Versorgungseinrichtung **für** einen Zeitraum von mindestens zehn Jahren Beiträge oberhalb des Betrags des Höchstbeitrags zur gesetzlichen Rentenversicherung geleistet wurden (Jahre 1980 bis 1990). Die Öffnungsklausel ist vorrangig auf die Rente aus der berufsständischen Versorgungseinrichtung anzuwenden. Für die Berechung durch die berufsständische Versorgungseinrichtung, welcher Teil der Rente auf Beiträgen oberhalb des Betrags des Höchstbeitrags beruht, sind die übersteigenden Beiträge (Spalte 5 der Tabelle) – höchstens jedoch die tatsächlich an die berufsständische Versorgungseinrichtung geleisteten Beiträge – heranzuziehen. Es ist ausreichend, wenn die berufsständische Versorgungseinrichtung dem Steuerpflichtigen den prozentualen Anteil der auf die übersteigenden Beiträge entfallenden Leistungen mitteilt. Auf dieser Grundlage hat der Steuerpflichtige selbst in der Auszahlungsphase jährlich den konkreten Anteil der Rente zu ermitteln, der nach § 22 Nummer 1 Satz 3 Buchstabe a Doppelbuchstabe bb EStG der Besteuerung unterliegt.

Eine Besonderheit ergibt sich im Beispielsfall für das Jahr 1982. Aufgrund der Zahlung von Höherversicherungsbeiträgen im Jahr 1982 wurden auch an die gesetzliche Rentenversicherung Beiträge oberhalb des Höchstbeitrags zur gesetzlichen Rentenversicherung geleistet. Diese Beiträge sind der gesetzlichen Rentenversicherung zuzuordnen. Die gesetzliche Rentenversicherung hat auf der Grundlage der Entgeltpunkte des Jahres 1982 den Anteil der Rente aus der gesetzlichen Rentenversicherung zu ermitteln, der auf Beiträge oberhalb des Höchstbeitrags entfällt. Dabei gelten die fiktiven Entgeltpunkte für die Höherversicherungsbeiträge innerhalb der Rentenversicherung vorrangig als oberhalb des Höchstbeitrags zur gesetzlichen Rentenversicherung geleistet. Die Öffnungsklausel ist im Beispielsfall sowohl auf die Rente aus der berufsständischen Versorgungseinrichtung (8.200 DM) als auch auf die Rente aus der gesetzlichen Rentenversicherung (48 DM) anzuwenden.

Die Ermittlung des Teils der Leistung, der auf Beiträgen oberhalb des Betrags des Höchstbeitrags zur gesetzlichen Rentenversicherung (Spalte 5 der Tabelle) beruht, erfolgt durch den Versorgungsträger. Hierbei ist nach den Grundsätzen in Rz. **248** bis **250** zu verfahren.

i) **Öffnungsklausel bei einmaligen Leistungen**

Einmalige Leistungen unterliegen nicht der Besteuerung, soweit auf sie die Öffnungsklausel Anwendung findet. 256

257 **BEISPIEL:** Nach der Bescheinigung der Versicherung beruhen 12 % der Leistungen auf Beiträgen, die oberhalb des Betrags des Höchstbeitrags geleistet wurden. Nach dem Tod des Steuerpflichtigen erhält die Witwe W ein einmaliges Sterbegeld und eine monatliche Witwenrente.

Von der Witwenrente unterliegt ein Anteil von 88 % der nachgelagerten Besteuerung nach § 22 Nummer 1 Satz 3 Buchstabe a Doppelbuchstabe aa EStG und ein Anteil von 12 % der Besteuerung mit dem Ertragsanteil nach § 22 Nummer 1 Satz 3 Buchstabe a Doppelbuchstabe bb EStG. Der Ertragsanteil bestimmt sich nach dem Lebensjahr der rentenberechtigten Witwe W bei Beginn der Witwenrente; die Regelung zur Folgerente findet bei der Ertragsanteilsbesteuerung keine Anwendung.

Das Sterbegeld unterliegt zu einem Anteil von 88 % der nachgelagerten Besteuerung nach § 22 Nummer 1 Satz 3 Buchstabe a Doppelbuchstabe aa EStG. 12 % des Sterbegelds unterliegen nicht der Besteuerung.

j) Versorgungsausgleich unter Ehegatten oder unter Lebenspartnern

258 Anrechte, auf deren Leistungen die Öffnungsklausel anzuwenden ist, können in einen Versorgungsausgleich unter Ehegatten oder Lebenspartnern einbezogen worden sein. Soweit ein solches Anrecht auf die ausgleichsberechtigte Person übertragen bzw. soweit zu Lasten eines solchen Anrechts für die ausgleichsberechtigte Person ein Anrecht begründet wurde (§§ 10, 14 VersAusglG), kann auf Antrag der ausgleichsberechtigten Person auf die darauf beruhenden Leistungen die Öffnungsklausel ebenfalls Anwendung finden. Es besteht insoweit ein Auskunftsanspruch gegen die ausgleichspflichtige Person bzw. den Versorgungsträger (§ 4 VersAusglG). In dem Umfang, wie die ausgleichsberechtigte Person für übertragene oder begründete Anrechte die Öffnungsklausel anwenden kann, entfällt für die ausgleichspflichtige Person die Anwendbarkeit der Öffnungsklausel. Dabei kommt es nicht darauf an, ob die ausgleichsberechtigte Person tatsächlich von der Anwendbarkeit der Öffnungsklausel Gebrauch macht.

259 Die Anwendung der Öffnungsklausel bei der ausgleichsberechtigten Person setzt voraus, dass die ausgleichspflichtige Person bis zum 31. Dezember 2004 **für** einen Zeitraum von mindestens zehn Jahren Beiträge oberhalb des Betrags des Höchstbeitrags zur gesetzlichen Rentenversicherung gezahlt hat (vgl. Rz. **240**). Dabei sind sämtliche Beitragszahlungen der ausgleichspflichtigen Person ohne Beschränkung auf die Ehe- bzw. Lebenspartnerschaftszeit heranzuziehen.

260 Bei Ehen bzw. Lebenspartnerschaften, die nach dem 31. Dezember 2004 geschlossen werden, kommt die Öffnungsklausel hinsichtlich der Leistungen an die ausgleichsberechtigte Person, die auf im Wege des Versorgungsausgleichs übertragenen oder begründeten Anrechten beruhen, nicht zur Anwendung, da

die während der Ehe- bzw. Lebenspartnerschaftszeit erworbenen Leistungen der ausgleichspflichtigen Person insgesamt nicht auf bis zum 31. Dezember 2004 geleisteten Beiträgen oberhalb des Höchstbetrags beruhen.

Erhält die ausgleichsberechtigte Person neben der Leistung, die sich aus dem im Rahmen des Versorgungsausgleichs übertragenen oder begründeten Anrecht ergibt, noch eine auf „eigenen" Beiträgen beruhende Leistung, ist das Vorliegen der 10-Jahres-Grenze für diese Leistung gesondert zu prüfen. Die Beitragszahlungen der ausgleichspflichtigen Person sind dabei nicht zu berücksichtigen. 261

Der auf dem im Rahmen des Versorgungsausgleichs übertragenen oder begründeten Anrecht beruhende Teil der Leistung, der auf Beiträgen oberhalb des Betrags des Höchstbetrags zur gesetzlichen Rentenversicherung beruht, ermittelt sich ehe- bzw. lebenspartnerschaftszeitbezogen. Dazu ist der Teil der Leistung, der auf in der Ehe- bzw. Lebenspartnerschaftszeit von der ausgleichspflichtigen Person geleisteten Beiträgen oberhalb des Höchstbetrags beruht, ins Verhältnis zu der insgesamt während der Ehe- bzw. Lebenspartnerschaftszeit erworbenen Leistung der ausgleichspflichtigen Person zu setzen. Als insgesamt während der Ehe- bzw. Lebenspartnerschaftszeit erworbenes Anrecht ist stets der durch das Familiengericht dem Versorgungsausgleich zugrunde gelegte Wert maßgeblich. Abänderungsverfahren nach §§ 225, 226 des Gesetzes über das Verfahren in Familiensachen und in den Angelegenheiten der freiwilligen Gerichtsbarkeit (FamFG) oder § 51 VersAusglG sind zu berücksichtigen. Mit dem sich danach ergebenden prozentualen Anteil unterliegt die sich aus dem im Rahmen des Versorgungsausgleichs übertragenen oder begründeten Anrecht ergebende Leistung an die ausgleichsberechtigte Person der Besteuerung nach § 22 Nummer 1 Satz 3 Buchstabe a Doppelbuchstabe bb EStG. Entsprechend reduziert sich der Teil der Leistung der ausgleichspflichtigen Person, auf den die Öffnungsklausel anwendbar ist. Hierzu ist zunächst bei der ausgleichspflichtigen Person der Betrag der Leistung zu ermitteln, der sich aus allen durch eigene Versicherung erworbenen Anrechten ergibt und auf bis zum 31. Dezember 2004 gezahlten Beiträgen oberhalb des Höchstbetrags zur gesetzlichen Rentenversicherung beruht, wenn kein Versorgungsausgleich durchgeführt worden wäre. Dabei sind auch diejenigen Anrechte, die der ausgleichspflichtigen Person infolge des durchgeführten Versorgungsausgleichs nicht mehr zustehen, weil sie übertragen worden sind bzw. zu ihren Lasten ein Anrecht für die ausgleichsberechtigte Person begründet worden ist, zu berücksichtigen. Von diesem Betrag wird der Betrag der Leistung abgezogen, der auf Anrechten beruht, die auf die ausgleichsberechtigte Person im Rahmen des Versorgungsausgleichs übertragen wurden und für die die ausgleichs- 262 berechtigte Person die Öffnungsklausel in Anspruch nehmen kann. Der verbleibende Betrag ist ins Verhältnis zu der der ausgleichspflichtigen Person nach Berücksichtigung des Versorgungsausgleichs tatsächlich verbleibenden Leistung zu setzen. Mit diesem Prozentsatz unterliegt die nach Durchführung des Versorgungsausgleichs verbleibende Leistung der ausgleichspflichtigen Person der Öffnungsklausel nach § 22 Nummer 1 Satz 3 Buchstabe a Doppelbuchstabe bb Satz 2 EStG. Diese Berechnung ist auch dann vorzunehmen, wenn die ausgleichsberechtigte Person die Anwendung der Öffnungsklausel auf das im Versorgungsausgleich übertragene oder begründete Anrecht nicht geltend macht.

263 Die Anwendung der Öffnungsklausel auf im Rahmen des Versorgungsausgleichs übertragene bzw. begründete Anrechte ist unabhängig vom Rentenbeginn der ausgleichspflichtigen Person und unabhängig davon, ob diese für sich selbst die Öffnungsklausel beantragt. Der bei der ausgleichsberechtigten Person nach § 22 Nummer 1 Satz 3 Buchstabe a Doppelbuchstabe aa EStG anzuwendende Prozentsatz (für die Kohortenbesteuerung) bestimmt sich nach dem Jahr ihres Rentenbeginns.

264 Bezieht die ausgleichsberechtigte Person vom gleichen Versorgungsträger neben der Leistung, die auf dem im Rahmen des Versorgungsausgleichs übertragenen oder begründeten Anrecht beruht, eine durch eigene Versicherung erworbene Leistung, ist die Anwendung der Öffnungsklausel und deren Umfang für die Leistung aus eigener Versicherung gesondert zu ermitteln. Die Beitragszahlungen der ausgleichspflichtigen Person sind dabei nicht zu berücksichtigen. Der sich insoweit ergebende Prozentsatz kann von demjenigen abweichen, der auf das von der ausgleichspflichtigen Person auf die ausgleichsberechtigte Person übertragene bzw. begründete Anrecht anzuwenden ist. Wird vom Versorgungsträger eine einheitliche Leistung erbracht, die sich aus der eigenen und dem im Rahmen des Versorgungsausgleichs übertragenen bzw. begründeten Anrecht zusammensetzt, kann vom Versorgungsträger ein sich auf die Gesamtleistung ergebender einheitlicher Prozentsatz ermittelt werden. Dabei sind ggf. weitere Rentenanteile, die auf einem durchgeführten Versorgungsausgleich beruhen und für die die Anwendbarkeit der Öffnungsklausel nicht gegeben ist, mit einem Verhältniswert von 0 einzubringen. Solange für Rentenanteile aus dem Versorgungsausgleich die Anwendbarkeit der Öffnungsklausel und der entsprechende Verhältniswert nicht festgestellt sind, ist stets von einem Wert von 0 auszugehen. Wird kein auf die Gesamtleistung anzuwendender Wert ermittelt, sind die einzelnen Leistungsteile, auf die der/die berechnete/n Verhältniswert/e anzuwenden ist/sind, anzugeben.

BEISPIEL: ▶ Berechnung für die ausgleichsberechtigte Person: 265

Nach dem Ausscheiden aus dem Erwerbsleben erhält A von einer berufsständischen Versorgungseinrichtung eine Rente i. H. v. monatlich 1.000 €. Diese Rente beruht zu 200 € auf im Rahmen des Versorgungsausgleichs auf A übertragenen Rentenanwartschaften von seiner geschiedenen Ehefrau. Die Voraussetzungen der Öffnungsklausel liegen vor. Nach Ermittlung der berufsständischen Versorgungseinrichtung unterliegen 25 % der übertragenen und 5 % der durch eigene Versicherung erworbenen Rentenanwartschaft des A nach § 22 Nummer 1 Satz 3 Buchstabe a Doppelbuchstabe bb Satz 2 EStG der Ertragsanteilsbesteuerung.

Weist die berufsständische Versorgungseinrichtung die Renten jährlich getrennt aus, sind die jeweiligen Prozentsätze unmittelbar auf die einzelnen Renten anzuwenden.

800 € × 12 = 9.600 €

95 % nach § 22 Nummer 1 Satz 3 Buchstabe a Doppelbuchstabe aa EStG	9.120 €
5 % nach § 22 Nummer 1 Satz 3 Buchstabe a Doppelbuchstabe bb EStG	480 €

200 € × 12 = 2.400 €

75 % nach § 22 Nummer 1 Satz 3 Buchstabe a Doppelbuchstabe aa EStG	1.800 €
25 % nach § 22 Nummer 1 Satz 3 Buchstabe a Doppelbuchstabe bb EStG	600 €

Insgesamt zu versteuern

nach § 22 Nummer 1 Satz 3 Buchstabe a Doppelbuchstabe aa EStG	10.920 €
nach § 22 Nummer 1 Satz 3 Buchstabe a Doppelbuchstabe bb EStG	1.080 €

Weist die berufsständische Versorgungseinrichtung einen einheitlichen Rentenbetrag aus, kann anstelle der Rentenaufteilung auch ein einheitlicher Prozentsatz ermittelt werden.

Der einheitliche Wert für die gesamte Leistung berechnet sich wie folgt:

$[(800 € × 5 \%) + (200 € × 25 \%)] / 1.000 € = 9 \%$

1.000 € × 12 = 12.000 €

91 % nach § 22 Nummer 1 Satz 3 Buchstabe a Doppelbuchstabe aa EStG	10.920 €
9 % nach § 22 Nummer 1 Satz 3 Buchstabe a Doppelbuchstabe bb EStG	1.080 €

9 % der Rente aus der berufsständischen Versorgungseinrichtung unterliegen der Besteuerung nach § 22 Nummer 1 Satz 3 Buchstabe a Doppelbuchstabe bb EStG.

Berechnung für die ausgleichspflichtige Person:

B hat Rentenanwartschaften bei einer berufsständischen Versorgungseinrichtung von insgesamt 1.500 € erworben. Davon wurden im Versorgungsausgleich 200 € auf ihren geschiedenen Ehemann A übertragen. B erfüllt die Voraussetzungen für die Anwendung der Öffnungsklausel. 35 % der gesamten Anwartschaft von 1.500 € beruhen auf bis zum 31. Dezember 2004 gezahlten Beiträgen oberhalb des Höchstbeitrags zur gesetzlichen Rentenversicherung. Für die Ehezeit hat der Träger der berufsständischen Versorgungseinrichtung einen Anteil von 25 % ermittelt.

Der auf die nach Durchführung des Versorgungsausgleichs der B noch zustehende Rente von 1.300 € anwendbare Prozentsatz für die Öffnungsklausel ermittelt sich wie folgt:

Rente der ausgleichspflichtigen Person vor Versorgungsausgleich:

1.500 € × 12 = 18.000 €

Anteilsberechnung für Öffnungsklausel, wenn kein Versorgungsausgleich erfolgt wäre:

35 % von 18.000 € = 6.300 €;

6.300 € der insgesamt von B erworbenen Rentenanwartschaften unterliegen (auf Antrag) der Ertragsanteilsbesteuerung (§ 22 Nummer 1 Satz 3 Buchstabe a Doppelbuchstabe bb EStG), die restlichen 11.700 € sind nach § 22 Nummer 1 Satz 3 Buchstabe a Doppelbuchstabe aa EStG zu versteuern.

Im Versorgungsausgleich übertragene Rentenanwartschaft:

200 € × 12 = 2.400 €

25 % von 2.400 € = 600 €

Von den im Versorgungsausgleich auf den geschiedenen Ehemann A übertragenen Rentenanwartschaften können 600 € mit dem Ertragsanteil besteuert werden.

Verbleibender Betrag der ausgleichspflichtigen Person für die Anteilsberechnung im Rahmen der Öffnungsklausel:

6.300 € − 600 € = 5.700 €

Der für B verbleibende Betrag, der mit dem Ertragsanteil (§ 22 Nummer 1 Satz 3 Buchstabe a Doppelbuchstabe bb EStG) besteuert werden kann, beträgt 5.700 €.

Rente der ausgleichspflichtigen Person nach Versorgungsausgleich:

1.300 € × 12 = 15.600 €

Anteilsberechnung bei der ausgleichspflichtigen Person:

5.700 € von 15.600 € = 36,54 %

Dies entspricht 36,54 % der B nach Durchführung des Versorgungsausgleichs zustehenden Rente. Dieser Anteil der Rente ist nach § 22 Nummer 1 Satz 3 Buchstabe a Doppelbuchstabe bb EStG zu versteuern. Für den übrigen Anteil i. H. v. 63,46 % (9.900 € von 15.600 €) ist § 22 Nummer 1 Satz 3 Buchstabe a Doppelbuchstabe aa EStG anzuwenden.

Rechenweg für die Anteilsberechnung (Öffnungsklausel) bei der ausgleichspflichtigen Person in verkürzter Darstellung:

(18.000 € × 35 % − 2.400 € × 25 %)/15.600 € × 100 = 36,54 %

k) Bescheinigung der Leistung nach § 22 Nummer 1 Satz 3 Buchstabe a Doppelbuchstabe bb Satz 2 EStG

266 Der Versorgungsträger hat dem Steuerpflichtigen auf dessen Verlangen den prozentualen Anteil der Leistung zu bescheinigen, der auf bis zum 31. Dezember 2004 geleisteten Beiträgen beruht, die oberhalb des Betrags des Höchstbeitrags zur gesetzlichen Rentenversicherung gezahlt wurden. **Wurde der Pro-**

zentsatz für die Anwendung der Öffnungsklausel einmal bescheinigt, ist eine weitere Bescheinigung weder bei einer Neufeststellung der Rente noch für Folgerenten erforderlich. Rz. 269 Satz 4 bleibt hiervon unberührt. Im Fall der Anwendung der Vereinfachungsregelung (Rz. 249) hat der Versorgungsträger die Berechnung – entsprechend dem Beispielsfall in Rz. 250 – darzustellen.

Wurden Beiträge an mehr als einen Versorgungsträger gezahlt und ist der Höchstbeitrag – auch unter Berücksichtigung der Zusammenrechnung nach Rz. 242 – nur bei einem Versorgungsträger überschritten, so ist nur von diesem Versorgungsträger eine Bescheinigung zur Aufteilung der Leistung auszustellen. Der dort bescheinigte Prozentsatz ist nur auf die Leistung dieses Versorgungsträgers anzuwenden. Für die Leistungen der übrigen Versorgungsträger kommt die Öffnungsklausel nicht zur Anwendung. Diese unterliegen in vollem Umfang der Besteuerung nach § 22 Nummer 1 Satz 3 Buchstabe a Doppelbuchstabe aa EStG. 267

Stellt die gesetzliche Rentenversicherung fest, dass geleistete Beiträge zur gesetzlichen Rentenversicherung mindestens einem Jahr zugerechnet wurden, für welches die geleisteten Beiträge oberhalb des Betrags des Höchstbeitrags lagen, so stellt sie – unabhängig davon, ob die Voraussetzungen für die Öffnungsklausel erfüllt sind – eine Mitteilung aus, in der bescheinigt wird, welcher Teil der Leistung auf Beiträgen oberhalb des Betrags des Höchstbeitrags beruht. Für die Frage, welchem Jahr die geleisteten Beiträge zuzurechnen sind, ist Rz. 240 zu beachten. In dieser Bescheinigung wird ausdrücklich darauf hingewiesen, über wie viele Jahre der Betrag des Höchstbeitrags überschritten wurde und dass die Öffnungsklausel nur zur Anwendung kommt, wenn bis zum 31. Dezember 2004 für einen Zeitraum von mindestens zehn Jahren Beiträge oberhalb des Betrags des Höchstbeitrags geleistet wurden. Sind die Voraussetzungen der Öffnungsklausel durch Beiträge an weitere Versorgungsträger erfüllt, dient diese Mitteilung der gesetzlichen Rentenversicherung als Bescheinigung zur Aufteilung der Leistung. Der darin mitgeteilte Prozentsatz ist in diesem Fall auf die Leistung der gesetzlichen Rentenversicherung anzuwenden; eine weitere Bescheinigung ist nicht erforderlich. 268

Die endgültige Entscheidung darüber, ob die Öffnungsklausel zur Anwendung kommt, obliegt ausschließlich der Finanzverwaltung und nicht der die Rente auszahlenden Stelle. Der Steuerpflichtige muss deshalb die Anwendung der Öffnungsklausel beim Finanzamt und nicht beim Versorgungsträger beantragen. Der Versorgungsträger ermittelt hierfür den Teil der Leistung, der auf Beiträgen oberhalb des Betrags des Höchstbeitrags beruht und bescheinigt diesen. Für VZ ab 2011 kommt die Öffnungsklausel nur dann zur Anwendung, 269 wenn der Steuerpflichtige das Vorliegen der Voraussetzungen (vgl. Rz. **240** und **242**) nachweist. Der Versorgungsträger erstellt ihm hierfür auf Antrag eine entsprechende Bescheinigung. Wenn bei einer vorangegangenen Bescheinigung von den Grundsätzen dieses BMF-Schreibens nicht abgewichen wurde, genügt eine Bestätigung des Versorgungsträgers, dass die vorangegangene Bescheinigung den Grundsätzen dieses BMF-Schreibens entspricht.

D. Besonderheiten beim Versorgungsausgleich

I. Allgemeines

1. Gesetzliche Neuregelung des Versorgungsausgleichs

270 Mit dem VersAusglG wurden die Vorschriften zum Versorgungsausgleich grundlegend geändert. Es gilt künftig für alle ausgleichsreifen Anrechte auf Altersversorgung der Grundsatz der internen Teilung, der bisher schon bei der gesetzlichen Rentenversicherung zur Anwendung kam. Bisher wurden alle von den Ehegatten während der Ehe bzw. **von den Lebenspartner während der Lebenspartnerschaftszeit** erworbenen Anrechte auf eine Versorgung wegen Alter und Invalidität bewertet und im Wege eines Einmalausgleichs ausgeglichen, vorrangig über die gesetzliche Rentenversicherung.

271 Das neue VersAusglG sieht dagegen die interne Teilung als Grundsatz des Versorgungsausgleichs auch für alle Systeme der betrieblichen Altersversorgung und privaten Altersvorsorge vor. Hierbei werden die von den Ehegatten **oder Lebenspartnern (§ 20 des Lebenspartnerschaftsgesetzes)** in den unterschiedlichen Altersversorgungssystemen erworbenen Anrechte zum Zeitpunkt der Scheidung innerhalb des jeweiligen Systems geteilt und für den ausgleichsberechtigten Ehegatten **oder Lebenspartner** eigenständige Versorgungsanrechte geschaffen, die unabhängig von den Versorgungsanrechten des ausgleichspflichtigen Ehegatten **oder Lebenspartner** im jeweiligen System gesondert weitergeführt werden.

272 Zu einem Ausgleich über ein anderes Versorgungssystem (externe Teilung) kommt es nur noch in den in §§ 14 bis 17 VersAusglG geregelten Ausnahmefällen. Bei einer externen Teilung entscheidet die ausgleichsberechtigte Person über die Zielversorgung. Sie bestimmt also, in welches Versorgungssystem der Ausgleichswert zu transferieren ist (ggf. Aufstockung einer bestehenden Anwartschaft, ggf. Neubegründung einer Anwartschaft). Dabei darf die Zahlung des Kapitalbetrags an die gewählte Zielversorgung nicht zu nachteiligen steu-

erlichen Folgen bei der ausgleichspflichtigen Person führen, es sei denn, sie stimmt der Wahl der Zielversorgung zu.

Die gesetzliche Rentenversicherung ist Auffang-Zielversorgung, wenn die ausgleichsberechtigte Person ihr Wahlrecht nicht ausübt und es sich nicht um eine betriebliche Altersversorgung handelt. Bei einer betrieblichen Altersversorgung wird bei fehlender Ausübung des Wahlrechts ein Anspruch in der Versorgungsausgleichskasse begründet. 273

Verbunden ist die externe Teilung mit der Leistung eines Kapitalbetrags in Höhe des Ausgleichswerts, der vom Versorgungsträger der ausgleichspflichtigen Person an den Versorgungsträger der ausgleichsberechtigten Person gezahlt wird (Ausnahme: Externe Teilung von Beamtenversorgungen nach § 16 VersAusglG; hier findet wie nach dem bisherigen Quasi-Splitting zwischen der gesetzlichen Rentenversicherung und dem Träger der Beamtenversorgung ein Erstattungsverfahren im Leistungsfall statt.). 274

Kommt in Einzelfällen weder die interne Teilung noch die externe Teilung in Betracht, etwa weil ein Anrecht zum Zeitpunkt des Versorgungsausgleichs nicht ausgleichsreif ist (§ 19 VersAusglG), z. B. ein Anrecht bei einem ausländischen, zwischenstaatlichen oder überstaatlichen Versorgungsträger oder ein Anrecht i. S. d. Betriebsrentengesetzes, das noch verfallbar ist, kommt es zu Ausgleichsansprüchen nach der Scheidung (§ 20ff. VersAusglG). Zur steuerlichen Behandlung der Ausgleichsansprüche nach der Scheidung vgl. BMF-Schreiben vom **9. April** 2010, BStBl 2010 I S. 323. 275

2. Besteuerungszeitpunkte

Bei der steuerlichen Beurteilung des Versorgungsausgleichs ist zwischen dem Zeitpunkt der Teilung eines Anrechts im Versorgungsausgleich durch gerichtliche Entscheidung und dem späteren Zufluss der Leistungen aus den unterschiedlichen Versorgungssystemen zu unterscheiden. 276

Bei der internen Teilung wird die Übertragung der Anrechte auf die ausgleichsberechtigte Person zum Zeitpunkt des Versorgungsausgleichs für beide Ehegatten **oder Lebenspartner** nach § 3 Nummer 55a EStG steuerfrei gestellt, weil auch bei den im Rahmen eines Versorgungsausgleichs übertragenen Anrechten auf eine Alters- und Invaliditätsversorgung das Prinzip der nachgelagerten Besteuerung eingehalten wird. Die Besteuerung erfolgt erst während der Auszahlungsphase. Die später zufließenden Leistungen gehören dabei bei beiden Ehegatten **oder Lebenspartnern** zur gleichen Einkunftsart, da die Versorgungsanrechte innerhalb des jeweiligen Systems geteilt wurden. Ein Wechsel des Versorgungssystems und ein damit möglicherweise verbundener Wechsel der 277

Besteuerung weg von der nachgelagerten Besteuerung hat nicht stattgefunden. Lediglich die individuellen Merkmale für die Besteuerung sind bei jedem Ehegatten **oder Lebenspartner** gesondert zu ermitteln.

278 Bei einer externen Teilung kann dagegen die Übertragung der Anrechte zu einer Besteuerung führen, da sie mit einem Wechsel des Versorgungsträgers und damit regelmäßig mit einem Wechsel des Versorgungssystems verbunden ist. § 3 Nummer 55b Satz 1 EStG stellt deshalb die Leistung des Ausgleichswerts in den Fällen der externen Teilung für beide Ehegatten **oder Lebenspartner** steuerfrei, soweit das Prinzip der nachgelagerten Besteuerung insgesamt eingehalten wird. Soweit die späteren Leistungen bei der ausgleichsberechtigten Person jedoch nicht der nachgelagerten Besteuerung unterliegen werden (z. B. Besteuerung nach § 20 Absatz 1 Nummer 6 EStG oder nach § 22 Nummer 1 Satz 3 Buchstabe a Doppelbuchstabe bb EStG mit dem Ertragsanteil), greift die Steuerbefreiung gem. § 3 Nummer 55b Satz 2 EStG nicht, und die Leistung des Ausgleichswerts ist bereits im Zeitpunkt der Übertragung beim ausgleichspflichtigen Ehegatten **oder Lebenspartner** zu besteuern. Die Besteuerung der später zufließenden Leistungen erfolgt bei jedem Ehegatten **oder Lebenspartner** unabhängig davon, zu welchen Einkünften die Leistungen beim jeweils anderen Ehegatten **oder Lebenspartner** führen, und richtet sich danach, aus welchem Versorgungssystem sie jeweils geleistet werden.

II. Interne Teilung (§ 10 VersAusglG)

1. Steuerfreiheit des Teilungsvorgangs nach § 3 Nummer 55a EStG

279 § 3 Nummer 55a EStG stellt klar, dass die aufgrund einer internen Teilung durchgeführte Übertragung von Anrechten steuerfrei ist; dies gilt sowohl für die ausgleichspflichtige als auch für die ausgleichsberechtigte Person.

2. Besteuerung bei der ausgleichsberechtigten Person

280 Die Leistungen aus den übertragenen Anrechten gehören bei der ausgleichsberechtigten Person zu den Einkünften, zu denen die Leistungen bei der ausgleichspflichtigen Person gehören würden, wenn die interne Teilung nicht stattgefunden hätte. Die (späteren) Versorgungsleistungen sind daher (weiterhin) Einkünfte aus nichtselbständiger Arbeit (§ 19 EStG) oder aus Kapitalvermögen (§ 20 EStG) oder sonstige Einkünfte (§ 22 EStG). Ausgleichspflichtige und ausgleichsberechtigte Person versteuern beide die ihnen jeweils zufließenden Leistungen.

Für die Ermittlung des Versorgungsfreibetrags und des Zuschlags zum Versorgungsfreibetrag nach § 19 Absatz 2 EStG, des Besteuerungsanteils nach § 22 Nummer 1 Satz 3 Buchstabe a Doppelbuchstabe aa EStG sowie des Ertragsanteils nach § 22 Nummer 1 Satz 3 Buchstabe a Doppelbuchstabe bb EStG bei der ausgleichsberechtigten Person ist auf deren Versorgungsbeginn, deren Rentenbeginn bzw. deren Lebensalter abzustellen. 281

Zu Besonderheiten bei der Öffnungsklausel s. Rz. **258** ff. 282

III. Externe Teilung (§ 14 VersAusglG)

1. Steuerfreiheit nach § 3 Nummer 55b EStG

Nach § 3 Nummer 55b Satz 1 EStG ist der aufgrund einer externen Teilung an den Träger der Zielversorgung geleistete Ausgleichswert grundsätzlich steuerfrei, soweit die späteren Leistungen aus den dort begründeten Anrechten zu steuerpflichtigen Einkünften bei der ausgleichsberechtigten Person führen würden. Soweit die Übertragung von Anrechten im Rahmen des Versorgungsausgleichs zu keinen Einkünften i. S. d. EStG führt, bedarf es keiner Steuerfreistellung nach § 3 Nummer 55b EStG. Die Steuerfreiheit nach § 3 Nummer 55b Satz 1 EStG greift gem. § 3 Nummer 55b Satz 2 EStG nicht, soweit Leistungen, die auf dem begründeten Anrecht beruhen, bei der ausgleichsberechtigten Person zu Einkünften nach § 20 Absatz 1 Nummer 6 EStG oder § 22 Nummer 1 Satz 3 Buchstabe a Doppelbuchstabe bb EStG führen würden. 283

2. Besteuerung bei der ausgleichsberechtigten Person

Für die Besteuerung bei der ausgleichsberechtigten Person ist unerheblich, zu welchen Einkünften die Leistungen aus den übertragenen Anrechten bei der ausgleichspflichtigen Person geführt hätten, da mit der externen Teilung ein neues Anrecht begründet wird. 284

3. Beispiele

BEISPIEL 1: Im Rahmen einer externen Teilung zahlt das Versicherungsunternehmen X, bei dem der ausgleichspflichtige Ehegatte A eine private Rentenversicherung mit Kapitalwahlrecht abgeschlossen hat, einen Ausgleichswert an das Versicherungsunternehmen Y zugunsten des ausgleichsberechtigten Ehegatten B in eine private Rentenversicherung, die dieser als Zielversorgung gewählt hat. 285

Der Ausgleichswert ist nicht steuerfrei nach § 3 Nummer 55b Satz 1 EStG, da sich aus der Übertragung keine Einkünfte i. S. d. EStG ergeben (kein Fall des § 20 Absatz 1 Nummer 6 EStG, da es sich weder um einen Erlebensfall noch um einen Rückkauf handelt); mangels Anwendbarkeit von § 3 Nummer 55b Satz 1 EStG kann auch kein

Fall des Satzes 2 dieser Vorschrift vorliegen. Bei Ausübung des Kapitalwahlrechts unterliegt die spätere geminderte Kapitalleistung bei A der Besteuerung nach § 20 Absatz 1 Nummer 6 EStG (ggf. keine Besteuerung wegen § 52 Absatz 36 EStG); Rentenleistungen sind bei A steuerpflichtig nach § 22 Nummer 1 Satz 3 Buchstabe a Doppelbuchstabe bb EStG. Die Leistungen werden bei B in gleicher Weise besteuert.

286 **BEISPIEL 2:** Im Rahmen einer externen Teilung zahlt das Versicherungsunternehmen X, bei dem der ausgleichspflichtige Ehegatte A eine Basisrentenversicherung (§ 10 Absatz 1 Nummer 2 Satz 1 Buchstabe b EStG) abgeschlossen hat, **mit Zustimmung des A** einen Ausgleichswert an das Versicherungsunternehmen Y zugunsten des ausgleichsberechtigten Ehegatten B in eine private Rentenversicherung, die dieser als Zielversorgung gewählt hat.

Der Ausgleichswert ist nicht steuerfrei nach § 3 Nummer 55b Satz 2 EStG, denn die Leistungen, die auf dem begründeten Anrecht beruhen, würden bei der ausgleichsberechtigten Person zu Einkünften nach § 20 Absatz 1 Nummer 6 EStG (bei Ausübung eines Kapitalwahlrechts) oder nach § 22 Nummer 1 Satz 3 Buchstabe a Doppelbuchstabe bb EStG (bei Rentenzahlungen) führen. A hat im Zeitpunkt der Zahlung durch das Versicherungsunternehmen x einen Betrag in Höhe des Ausgleichswerts nach § 22 Nummer 1 Satz 3 Buchstabe a Doppelbuchstabe aa EStG zu versteuern. Die späteren durch den Versorgungsausgleich gekürzten Leistungen unterliegen bei A ebenfalls der Besteuerung nach § 22 Nummer 1 Satz 3 Buchstabe a Doppelbuchstabe aa - EStG. Bei Ausübung des Kapitalwahlrechts unterliegt die spätere Kapitalleistung bei B der Besteuerung nach § 20 Absatz 1 Nummer 6 EStG; Rentenleistungen sind bei B steuerpflichtig nach § 22 Nummer 1 Satz 3 Buchstabe a Doppelbuchstabe bb EStG.

4. Verfahren

287 Der Versorgungsträger der ausgleichspflichtigen Person hat grundsätzlich den Versorgungsträger der ausgleichsberechtigten Person über die für die Besteuerung der Leistungen erforderlichen Grundlagen zu informieren. Andere Mitteilungs-, Informations- und Aufzeichnungspflichten bleiben hiervon unberührt.

IV. Neuberechnung des Versorgungsfreibetrags und des Zuschlags zum Versorgungsfreibetrag

288 Werden im Zeitpunkt der Wirksamkeit der Teilung bereits Versorgungsbezüge bezogen, erfolgt bei der ausgleichspflichtigen Person eine Neuberechnung des Versorgungsfreibetrags und des Zuschlags zum Versorgungsfreibetrag entsprechend § 19 Absatz 2 Satz 10 EStG. Bei der ausgleichsberechtigten Person sind der Versorgungsfreibetrag und der Zuschlag zum Versorgungsfreibetrag erstmals zu berechnen, da es sich um einen neuen Versorgungsbezug handelt. Dabei bestimmen sich der Prozentsatz, der Höchstbetrag des Versorgungsfreibetrags und der Zuschlag zum Versorgungsfreibetrag nach dem Jahr, für das

erstmals Anspruch auf den Versorgungsbezug aufgrund der internen oder externen Teilung besteht.

E. Anwendungsregelung

Vorbehaltlich besonderer Regelungen in den einzelnen Randziffern ist dieses Schreiben ab dem Zeitpunkt seiner Bekanntgabe im Bundessteuerblatt anzuwenden. 289

Das BMF-Schreiben vom 13. September 2010 – IV C 3 – S 2222/09/10041 /IV C 5 – S 2345/08/0001 (2010/0628045) –, BStBl 2010 I S. 681 wird zum Zeitpunkt der Bekanntgabe dieses Schreibens im Bundessteuerblatt aufgehoben. 290

Anlage

Zusammenstellung der Höchstbeiträge in der gesetzlichen Rentenversicherung der Arbeiter und Angestellten und in der knappschaftlichen Rentenversicherung (jeweils Arbeitgeber- und Arbeitnehmeranteil) für die Jahre 1927 bis 2004

Jahr	Gesetzliche Rentenversicherung der Arbeiter und Angestellten		Knappschaftliche Rentenversicherung	
	Arbeiter	Angestellte	Arbeiter	Angestellte
1927	83,43 RM	240,00 RM	383,67 RM	700,00 RM
1928	104,00 RM	280,00 RM	371,25 RM	816,00 RM
1929	104,00 RM	360,00 RM	355,50 RM	901,60 RM
1930	104,00 RM	360,00 RM	327,83 RM	890,40 RM
1931	104,00 RM	360,00 RM	362,48 RM	915,60 RM
1932	104,00 RM	360,00 RM	405,40 RM	940,80 RM
1933	104,00 RM	360,00 RM	405,54 RM	940,80 RM
1934	124,80 RM	300,00 RM	456,00 RM	806,40 RM
1935	124,80 RM	300,00 RM	456,00 RM	806,40 RM
1936	124,80 RM	300,00 RM	456,00 RM	806,40 RM
1937	124,80 RM	300,00 RM	456,00 RM	806,40 RM
1938	136,37 RM	300,00 RM	461,93 RM	1.767,60 RM
1939	140,40 RM	300,00 RM	471,90 RM	1.771,20 RM
1940	140,40 RM	300,00 RM	471,90 RM	1.771,20 RM

1941	140,40 RM	300,00 RM	472,73 RM	1.767,60 RM
1942	171,00 RM	351,60 RM	478,50 RM	1.764,00 RM
1943	201,60 RM	403,20 RM	888,00 RM	1.032,00 RM
1944	201,60 RM	403,20 RM	888,00 RM	1.032,00 RM
1945	201,60 RM	403,20 RM	888,00 RM	1.032,00 RM
1946	201,60 RM	403,20 RM	888,00 RM	1.032,00 RM
1947	201,60 RM	403,20 RM	888,00 RM	1.462,00 RM
1948	201,60 DM[1]	403,20 DM[2]	888,00 DM[3]	1.548,00 DM[4]
1949	504,00 DM	588,00 DM	1.472,50 DM	1.747,50 DM
1950	720,00 DM		1.890,00 DM	
1951	720,00 DM		1.890,00 DM	
1952	780,00 DM		2.160,00 DM	
1953	900,00 DM		2.700,00 DM	
1954	900,00 DM		2.700,00 DM	
1955	967,50 DM		2.700,00 DM	
1956	990,00 DM		2.700,00 DM	
1957	1.215,00 DM		2.770,00 DM	
1958	1.260,00 DM		2.820,00 DM	
1959	1.344,00 DM		2.820,00 DM	
1960	1.428,00 DM		2.820,00 DM	
1961	1.512,00 DM		3.102,00 DM	
1962	1.596,00 DM		3.102,00 DM	

1 Die im Jahr 1948 vor der Währungsreform geltenden Höchstbeiträge wurden entsprechend der Umstellung der Renten im Verhältnis 1: 1 von Reichsmark (RM) in Deutsche Mark (DM) umgerechnet.
2 Die im Jahr 1948 vor der Währungsreform geltenden Höchstbeiträge wurden entsprechend der Umstellung der Renten im Verhältnis 1: 1 von Reichsmark (RM) in Deutsche Mark (DM) umgerechnet.
3 Die im Jahr 1948 vor der Währungsreform geltenden Höchstbeiträge wurden entsprechend der Umstellung der Renten im Verhältnis 1: 1 von Reichsmark (RM) in Deutsche Mark (DM) umgerechnet.
4 Die im Jahr 1948 vor der Währungsreform geltenden Höchstbeiträge wurden entsprechend der Umstellung der Renten im Verhältnis 1: 1 von Reichsmark (RM) in Deutsche Mark (DM) umgerechnet.

1963	1.680,00 DM	3.384,00 DM
1964	1.848,00 DM	3.948,00 DM
1965	2.016,00 DM	4.230,00 DM
1966	2.184,00 DM	4.512,00 DM
1967	2.352,00 DM	4.794,00 DM
1968	2.880,00 DM	5.358,00 DM
1969	3.264,00 DM	5.640,00 DM
1970	3.672,00 DM	5.922,00 DM
1971	3.876,00 DM	6.486,00 DM
1972	4.284,00 DM	7.050,00 DM
1973	4.968,00 DM	7.896,00 DM
1974	5.400,00 DM	8.742,00 DM
1975	6.048,00 DM	9.588,00 DM
1976	6.696,00 DM	10.716,00 DM
1977	7.344,00 DM	11.844,00 DM
1978	7.992,00 DM	12.972,00 DM
1979	8.640,00 DM	13.536,00 DM
1980	9.072,00 DM	14.382,00 DM
1981	9.768,00 DM	15.876,00 DM
1982	10.152,00 DM	16.356,00 DM
1983	10.900,00 DM	17.324,00 DM
1984	11.544,00 DM	18.624,00 DM
1985	12.306,60 DM	19.892,30 DM
1986	12.902,40 DM	20.658,60 DM
1987	12.790,80 DM	20.831,40 DM
1988	13.464,00 DM	21.418,20 DM
1989	13.688,40 DM	22.005,00 DM
1990	14.137,20 DM	22.885,20 DM
1991	14.001,00 DM	22.752,00 DM
1992	14.443,20 DM	23.637,60 DM

1993	15.120,00 DM	24.831,00 DM
1994	17.510,40 DM	28.764,00 DM
1995	17.409,60 DM	28.454,40 DM
1996	18.432,00 DM	29.988,00 DM
1997	19.975,20 DM	32.602,80 DM
1998	20.462,40 DM	33.248,40 DM
1999	20.094,00 DM	32.635,20 DM
2000	19.917,60 DM	32.563,20 DM
2001	19.940,40 DM	32.613,60 DM
2002	10.314,00 €	16.916,40 €
2003	11.934,00 €	19.425,00 €
2004	12.051,00 €	19.735,80 €

STICHWORTVERZEICHNIS

Die Zahlen verweisen auf Randnummern.

A

Abgekürzte Leibrente
– Begriff 1427 ff.
– betriebliche 781, 1016
– Ertragsanteilsbesteuerung 1457 ff.
– gesetzliche Rentenversicherung 1255 f.
– Veräußerungsvorgang 589 ff.
– Vermögensübergabevertrag 309

Abgeordnete
– Kürzung des Sonderausgabenhöchstbetrags 1202
– Versorgungs-Freibetrag 2291

Abgrenzung
– betriebliche Renten gegen Pacht 617
– betriebliche Renten gegen private Renten 611, 946 ff.
– betriebliche Renten gegen Raten 829 ff.
– betriebliche Schadensrenten gegen außerbetriebliche Schadensrenten 1064 ff.

Ablösung
– betriebliche Renten 811 ff., 975 ff., 1001

Absetzung für Abnutzung
– betriebliche Veräußerungsrente 676, 682, 725
– Herabsetzung der Rente 800 ff.

Abzinsung, s. auch Barwert 854 ff.

Änderung
– Rentenhöhe 786 ff.
– Vermögensübergabevertrag 221

Aktivierung
– Änderung 675
– Ansprüche der Personen i. S. d. § 17 Abs. 1 Satz 2 BetrAVG 1058
– betriebliche Schadensrente 1064 ff.
– betriebliche Veräußerungsrente 671 ff.
– betriebliche Versorgungsrente 701 ff.
– Gewinn- und Umsatzbeteiligungen 888 ff.
– immaterielle Wirtschaftsgüter 886
– Renten an lästige Gesellschafter 1041 ff.
– Unterlassen 693, 757 ff.
– Wahlrecht 886 ff.
– Wertsicherungsklausel 677, 789 ff., 861

Altersrentenbezug
– Förderberechtigung 1677

Altersvermögensaufbaugesetz 1630

Altersvermögensgesetz 1631, 1670
– Historische Entwicklung 1629 ff.

Altersvorsorgebeiträge
– Allgemein 1671, 1686 ff.
– Altersvorsorgevertrag s. AltZertG
– Ausschluss der Doppelförderung 1733
– Beitragsbescheinigung 1756
– betriebliche Altersversorgung 1731 ff.
– Datenübermittlung 1756
– Fortführung der betrieblichen Altersversorgung 1733
– kapitalbildende Produkte 1696 ff.
– nachgelagerte Besteuerung 1904
– Riester-Förderung 1670 ff.
– Wohn-Riester 1718 ff.
– Zertifizierung 1687

Altersvorsorge-Eigenheimbetrag
– Allgemein 1781 ff.
– Anschaffungskosten 1783
– Barrierereduzierung 1719, 1788 ff.
– Bausparvertrag 1789
– begünstigte Wohnung 1795
– Entnahmebetrag 1787 ff.
– Entschuldung 1783 ff.
– Herstellungskosten 1783
– Mindestentnahmebetrag 1719, 1784, 1786 f.
– Mindestrestbetrag 1784 f., 1787

1045

- nachgelagerte Besteuerung   1919 ff., 1934 ff.
- schädliche Verwendung   1807, 1819 ff.
- Umbau   1719, 1788 ff.
- Wohnförderkonto   1919 ff.
- wohnungswirtschaftliche Verwendung   1783 ff.

Altersvorsorgevertrag
- Allgemein   1686 ff.
- Anbieter   1724 ff.
- Auszahlungsbeginn   1706 f.
- Einzahlungen zur Minderung des Wohnförderkontos   1925
- Genossenschaften   1689, 1697
- Leistungsarten   1708 ff.
- nachgelagerte Besteuerung   1859 ff., 1869 ff., 1904 ff.
- Provisionserstattungen   1865, 1947 ff.
- s. AltZertG
- Wohn-Riester   1718 ff.

Altersvorsorgezulage
- Allgemein   1736 ff.
- Beitragsnachzahlung   1750 ff.
- Berücksichtigung beim Sonderausgabenabzug   1755
- Berufseinsteigerbonus   1738
- Besonderheiten bei Ehegatten   1677 ff., 1737, 1759 ff.
- Besonderheiten bei Lebenspartnern   1677 ff., 1737, 1759 ff.
- Einstellung ins Wohnförderkonto   1921
- Förderverfahren   1832
- Grundzulage   1736, 1738
- Kinderzulage   1736, 1739
- mittelbare Zulageberechtigung   1677 ff. 1759 ff.
- Mindesteigenbeitrag   1744 ff.
- nachgelagerte Besteuerung   1859 ff.
- schädliche Verwendung   1805 ff.
- Tilgungsförderung   1772 ff.

AltZertG
- Auszahlungsarten   1708 ff.
- Auszahlungsbeginn   1706
- Grundlagenbescheid   1687
- Historie   1633

- Zertifizierungsstelle   1687
- Zusatzrisiken   1715

Altzusage   2101 ff., 2161 ff., 2171 ff., 2181 ff.

Amerikanischer Pensionsfonds   2078

Anbieter von Altersvorsorgeverträgen   1724 ff.

Anfechtung   819, 862

Angehörige   958, 1035

Anschaffungskosten
- betriebliche Grundstücke   671 ff., 886 ff., 986, 1046
- nachträgliche   796 ff.

Anwartschaftsdeckungsverfahren
- Aufteilung von Leistungen für die Besteuerung   1908

Arbeitslose
- Förderberechtigung   1675
- Mindesteigenbeitragsrechnung   1746

Auflösungsbetrag s. Wohnförderkonto

Aufteilung
- Barwert   656
- betriebliche Veräußerungsrente und außerbetriebliche Veräußerungsrente   658, 766, 972
- Kapital- und Zinsanteil   639, 966 ff.
- Tilgungs- und Zinsanteil   639 ff., 678 ff., 725 ff., 874, 977, 1056

Aufteilung von Leistungen für die Besteuerung   1906 ff.

Ausfall von Raten   863

Ausgleich nach der Scheidung
- Abtretung von Versorgungsansprüchen   2453 f.
- Anspruch auf Abfindung   2456
- Anspruch auf Ausgleich von Kapitalzahlungen   2455
- Anspruch gegen Witwe/Witwer   2461
- Ausgleichszahlungen   2432 ff.
- fehlende Ausgleichsreife   2425
- steuerrechtliche Folgewirkungen   2444 ff.
- Vorbehalt ausgleichsreifer Anrechte für den Ausgleich nach der Scheidung   2431
- zivilrechtliche Grundlagen   2425 ff.

Stichwörter VERZEICHNIS

Ausgleichszahlungen
- an Handelsvertreter   1057
- Versorgungsausgleich   2432 ff.
- wegen Herabsetzung der Rente   803

Ausländische Währung   860

Ausscheiden eines Gesellschafters   675, 929, 990

Ausscheiden eines lästigen Gesellschafters   1041

Auszahlungsbeginn
- Altersvorsorgevertrag   1706, 1697 f.

Auszahlungsformen
- betriebliche Altersversorgung   2065 ff.

Auszahlungsplan   1688 f., 1709, 1811, 1839, 1870, 1881

B

Banksparplan
- Altersvorsorgevertrag   1660, 1696

Barwert
- Mittelwerte   855
- nach dem Bewertungsgesetz   671, 854 ff.
- nachschüssige Raten   855
- Renten   617
- Teilbetriebsveräußerung   656
- versicherungsmathematische Ermittlung   671 ff.
- vorschüssige Raten   855
- Wertsicherungsklauseln   672, 789 ff.

Barwertminderung   680, 752, 771

Barzahlung   733, 975

Basisversorgung
- begünstigte Hinterbliebene   1171 ff.
- Behandlung der Beiträge   1149 ff.
- Beiträge an Pensionsfonds   1184
- Beitragserstattungen   1269 f.
- Besteuerung der Leistungen   1236 ff.
- betriebliche Altersversorgung   1186 ff.
- eigene Altersabsicherung   1158
- einschränkende Produktvoraussetzungen   1177 ff.
- eigenständige Risikoabsicherung   1121 ff., 1199 ff.
- ergänzende Risikoabsicherung   1163 ff.
- Form der Beitragszahlung   1159
- lebenslange Leibrente   1160 ff.
- Neuvertrag   1150 ff.
- Umwandlung des Vertrags   1154 ff.
- Zusammenhang mit steuerfreien Einnahmen   1190 f.

Bausparvertrag
- Altersvorsorgevertrag   1690, 1698, 1720

Beamte, s. Besoldungsempfänger

Beendigung der unbeschränkten Einkommensteuerpflicht
- schädliche Verwendung   1829

Beitragsdynamisierung, s. Kapitallebensversicherung

Berichtigungsveranlagungen   796, 800, 805 ff., 819

Berufseinsteigerbonus
- Allgemein   1738
- kein Ansatz beim Sonderausgabenabzug   1755

Berufsständische Versorgung
- keine Förderberechtigung Riester-Rente   1676

Berufsständische Versorgungseinrichtungen   1266 ff.
- Basisversorgung   1121 ff.
- Behandlung der Beiträge   1141 ff.
- Besteuerung der Leistungen   1236 ff.

Berufsunfähige Kinder   1063

Berufsunfähigkeitsrente
- nachgelagerte Besteuerung   1881
- Rürup/Basis-Versorgung   1121 ff., 1193 ff.

Bescheinigung nach § 22 Nr. 5 Satz 7 EStG
- Allgemein   1624, 1956 ff., 2204, 2209
- Aussteller   1956
- Ausstellungszeitpunkt   1957 ff.
- Vordruck   1960 ff.

Bescheinigung nach § 10a Abs. 5 EStG   1756

Beschränkte Steuerpflicht
- Besteuerung von Alterseinkünften   2341 ff.

1047

- des Berechtigten 1086
- des Verpflichteten 1089

Besoldungsempfänger
- Förderberechtigung 1675

Besteuerungsanteil
- Bestimmung Vomhundertsatz 1298 ff.
- Jahresbetrag der Rente 1291 ff.
- steuerfrei bleibender Teil der Rente 1311 ff.

Beteiligung
- Ausscheiden des lästigen Gesellschafters 1041, 1048
- i. S. d. § 17 EStG 623, 766 ff.

Beteiligung i. S. d. § 17 EStG 624, 766 ff.

Betreuungsgeld
- Mindesteigenbeitragsberechnung 1741

Betriebliche Altersversorgung
- Altersvorsorgebeiträge 1731 ff.
- Basisversorgung 1186 ff.
- begünstigte Durchführungswege Riester-Rente 1732
- Direktversicherung 2014 ff.
- Direktzusage 1992 ff.
- Eigenbeiträge 1733
- Finanzierung 2041 ff.
- Fortführung der BAV 1733
- mittelbare Zulageberechtigung 1737
- nachgelagerte Besteuerung 1621 ff.
- Pensionsfonds 2009 ff.
- Pensionskasse 2004 ff.
- Rentengarantiezeit 2030
- Unterstützungskassenzusage 1998 ff.
- Voraussetzungen 2026 ff.

Betriebliche Raten 851 ff.

Betriebliche Raten an lästige Gesellschafter 1041 ff.

Betriebliche Schadensrenten 1059 ff.

Betriebliche Unfallrenten 1074 ff.

Betriebliche Veräußerungsrenten auf Lebenszeit
- Abzugsfähigkeit 680 f.
- Aktivierung 671 ff., 744
- Begriff 616 ff.

- Gewinn beim Berechtigten 631 ff., 701 ff., 714 ff.
- Passivierung 678 ff., 791 ff.

Betriebliche Veräußerungsrenten auf Zeit
- Begriff 828 ff.
- Gewinn beim Berechtigten 876 ff.
- steuerliche Behandlung beim Verpflichteten 845

Betriebliche Versorgungsrenten
- Abfindung 975, 1001 f.
- Abzugsfähigkeit 989
- Aktivierung 986
- Barzahlung 932, 975 f., 986, 1006 ff.
- Begriff 921 ff.
- Gewinn beim Berechtigten 971 ff.
- Passivierung 993 f.
- Renten an ausgeschiedene Gesellschafter 989
- Verrechnung mit Kapitalkonto 972, 988
- Vorabvergütungen 990

Beweiserleichterungen
- Vermögensübergabevertrag 346 ff., 360a f.

Bezieher einer Altersrente
- keine Förderberechtigung Riester-Rente 1676

Bezieher einer Rente wegen Erwerbsunfähigkeit
- Förderberechtigung Riester-Rente 1675

Bindung an frühere Behandlung 1021 ff.

Biometrisches Risiko 2027

Buchhalterische Auflösung 692, 892

Buchwertklausel 620

D

Darlehensverträge
- Tilgungsförderung 1772

Dauernde Last
- Jahreserbschaftsteuer 2496 ff.
- Veräußerungsvorgang 568, 589 ff.
- Vermögensübergabevertrag 320 ff.

Dauerrechtsverhältnis 1022

Stichwörter

Dauersachverhalt 1022
Dauerzulageantrag 1756, 1833
Deutsche Steuerberaterversicherung 1145 f.
Dienstunfähigkeit
- Absicherung im Altersvorsorgevertrag 1707

Direktversicherung
- allgemein 1875 ff., 2014 ff.
- Begünstigung nach § 3 Nr. 63 EStG 1839 ff., 1888
- Begriff 1832
- Behandlung der Beiträge 1731, 2181 ff.
- Besteuerung der Leistungen 1859 ff., 1875 f., 1904 ff., 1979, 2196 ff.
- externe Teilung Besteuerung 1852
- Kapitalertragsteuer 1654
- Kapitallebensversicherungsprivileg 1905
- begünstigter Durchführungsweg Riester-Rente 1732
- nachgelagerte Besteuerung 1859 ff., 1875 f., 1904 ff., 1979
- Pauschalbesteuerung 2126 ff.
- Portabilität 2216 ff.
- Übertragung auf Pensionsfonds 1847 ff.
- Übertragung bei Arbeitgeberwechsel 2116 f.

Direktzusage
- allgemein 1992 ff.
- Ansparphase 2156 f.
- kein begünstigter Durchführungsweg Rieser-Rente 1731 ff.
- Portabilität 2216 ff.
- Übertragung von Versorgungsanwartschaften 1801 ff., 1839, 1847 f., 2241 ff.

Drei-Schichten-Modell 1111 ff.
Durchschnittsfinanzierung
- betriebliche Altersversorgung 2074

Durchschnittssätze 701, 708 f.

E

Ehegatten
- mittelbare Zulageberechtigung 1677 ff.

Eigenbeiträge 2051

Eigenheimrentengesetz 1636, 1689
Einlage 775
Einnahmen 1660
- i. S. d. § 22 Nr. 5 EStG 1659 f., 1881

Einwilligung
- Beitragsübermittlung 1756
- Förderberechtigung Voraussetzung bei Besoldungsempfängern 1675

Elterngeld
- Mindesteigenbeitragsberechnung 1746

Entgelt
- tatsächlich erzieltes Entgelt Mindesteigenbeitrag 1745

Entgeltumwandlung
- Rechtsanspruch 2047 ff.
- Voraussetzungen 2042 ff.

Entnahmen 757
Entschädigung 812, 1001, 1064
Entsendung 1831
Erbverzicht 483
Erhöhung
- betriebliche Renten 790 ff.

Erlebensfall
- Besteuerung des Unterschiedsbetrags 1529 ff.

Ertragbringende Wirtschaftseinheit
- Beweiserleichterungen 346 ff., 360a f.
- Ermittlung der Erträge 320 ff., 357 ff.
- ersparte Nettomiete 339, 357
- Ertragsprognose 342 ff.
- Nutzungsvorteile 330 ff., 357 ff.
- Typuseinteilung 319
- Unternehmerlohn 340, 360
- Vermögensübertragung nach 2007 269 ff.

Ertragsanteilsbesteuerung 1867
- abgekürzte Leibrente 1457 ff.
- Erhöhung der Leibrente 1466 ff.
- Ermittlung des Ertragsanteils 1448 ff.
- Herabsetzung der Leibrente 1469 ff.
- Laufzeitbeginn vor dem 1. 1. 1955 1452 ff.
- Laufzeitunterbrechung 1463 ff.

1049

Erwerbskosten 671, 979
Europarecht
– Riester-Rente 1674, 1677, 1829
EU-Umsetzungsgesetz 1674
Existenzsichernde Wirtschaftseinheit
– Bargeld 256 ff.
– Begriff 241 ff.
– eigengenutzte Wohnung 249 ff.
– Wertpapiervermögen 267 ff.
Externe Teilung
– Ausgleichszahlung zur Vermeidung einer Versorgungskürzung 2416 ff.
– Beamtenversorgungssystem 2407
– Besteuerung der späteren Leistungen 1853 ff., 2413
– Steuerfreiheit der Übertragung 1853 ff., 2410
– zivilrechtliche Grundlagen 2405 ff.

F

Familienpersonengesellschaft 964 f.
Festsetzungsverfahren Altersvorsorgezulage 1836
Finanzdienstleistungsinstitute
– Anbieter von Altersvorsorgeverträgen 1724 ff.
Finanzierung betriebliche Altersversorgung
– Arbeitgeberfinanzierung 2041
– Eigenbeiträge 2051
– Entgeltumwandlung 2042 ff.
Förderberechtigung Riester-Rente
– Allgemein 1673 ff.
– Arbeitslose 1675
– Besoldungsempfänger 1675
– mittelbare Zulageberechtigung 1677 ff.
– Pflichtversicherte gesetzliche Rentenversicherung 1675
– Vertrauensschutzregelung EU-Umsetzungsgesetz 1674a
Förderverfahren
– Allgemein 1672, 1832 ff.
– Dauerzulageantragsverfahren 1833 ff.
– zuständige Finanzbehörde 1835

Fondssparplan 1581 f.
– Altersvorsorgevertrag 1686 ff., 1696
Fortführung der betrieblichen Altersversorgung
– begünstigte Altersvorsorgebeiträge 1733
Freiberufler 701, 951, 1056
Freibetrag für Veräußerungsgewinne 631, 649, 737 ff.

G

Gemischte Schenkung 974
Genossenschaften
– Altersvorsorgevertrag 1686 ff., 1697
– Anbieter von Altersvorsorgeverträgen 1724
– Restverrentung aus einem Altersvorsorgevertrag 1709
Geringe Verzinsung 857
Geringwertige Anlagegüter 729
Gesamtgewinngleichheit 660, 730
Geschäftswert 619, 674, 1041
Gesetzliche Rentenversicherungen
– abgekürzte Leibrente 1255 f.
– Basisversorgung 1121 f.
– Behandlung der Beiträge 1126 ff.
– Beiträge an ausländische – 1132 f.
– Besteuerung der Leistungen 1236 ff., 1251 ff.
– Leistungen aus ausländischen – 1257 ff.
– steuerfreie Leistungen 1251 ff.
Gesetzliche Unfallversicherung 1077
Gesetzlicher Unterhaltsanspruch 946, 1059
Gesonderte Feststellung nach § 10a Abs. 4 EStG
– Allgemein 1764
– Inhalt 1765
– mittelbare Zulageberechtigung 1766
– Versorgungsausgleich 1767
Gewährleistungsansprüche 805 ff., 819

Stichwörter

Gewinnbeteiligung
- Aktivierung 837 ff.
- betriebliche Veräußerung 878 ff.
- betriebliche Versorgung 1034 f.
- lästige Gesellschafter 1048 f.
- Passivierung 886 ff.

Gewinnschätzung 701

Gleichstellungsgeld 298 ff.

GmbH 279 ff.

Grund und Boden
- Veräußerung gegen Rente 658

Grundlagenbescheid
- Zertifizierung nach AltZertG 1687

Grundstückshandel 623, 756

Grundzulage
- Höhe 1720

Günstigerprüfung
- mittelbare Zulageberechtigung 1759 ff.
- ohne Zuschlagssteuern 1764
- Riester-Rente 1757 ff.
- Tilgungsförderung 1777
- Vorsorgeaufwendungen 1591 ff.

H

Herabsetzung
- betriebliche Renten 800 ff.

Hinterbliebene
- Basisversorgung 1171 ff.

Hinterbliebenenrente
- nachgelagerte Besteuerung 1881
- schädliche Verwendung 1812

Historie § 22 Nr. 5 1629 ff.

I

Interne Teilung
- Besteuerung der späteren Leistungen 1852, 1978, 2397
- Steuerfreiheit der Übertragung 1852, 2396
- zivilrechtliche Grundlagen 2391 ff.

J

Jahresbetrag der Rente
- Besteuerungsanteil 1291 ff.

Jahreserbschaftsteuer
- dauernde Last 2496 ff.

K

Kapitalabfindung 811 ff., 1001 ff.

Kapitalauszahlung
- aus einem Altersvorsorgevertrag 1711
- Basisversorgung 1271 ff., 1376
- Rentenversicherungsvertrag 3. Schicht 1481 ff.

Kapitalertragsteuer 1655

Kapitalertragsteuerabzug 1572 ff.

Kapitalgesellschaften 624, 766 ff.

Kapitallebensversicherung
- Absicherung von Zusatzrisiken 1524 ff.
- Altvertrag 1489 ff.
- Beitragsdynamisierung 1496 ff.
- Besteuerung eines Neuvertrags 1506 ff.
- entgeltlicher Vertragserwerb 1555, 1570
- Erlebensfall 1529 ff.
- fondsgebundene – 1522
- Kapitallebensversicherungsprivileg 1486 ff., 1500 f.
- Rückkauf 1530 ff.
- Sonderausgabenabzug 1397 ff.
- Vertragsänderung 1491 f.
- Wechsel des Versicherungsnehmers 1493 f.

Kapitallebensversicherungspriviled, s. Kapitallebensversicherung

Kapitalvermögen 853, 879

Kaufpreisraten 828 ff., 851 ff.

Kaufpreisrenten
- betriebliche 616, 826 ff.

Kinderzuschüsse 1268

Kirchensteuer
- keine Berücksichtigung bei der Günstigerprüfung 1764

1051

Kleinbetragsrente
- Basisrente   1179 ff.
- Höhe   1713
- keine schädliche Verwendung   1811
- Riester-Rente   1712

Korrespondenzprinzip   76 ff., 516 ff., 2480 ff.

Künstlersozialkasse
- Behandlung der Beiträge   1131

Kurzfristige Stundung   858

L

Lästige Gesellschafter   1041 ff.

Land- und Forstwirte   701, 708
- Wohnteil des Betriebs   286 ff.

Landwirtschaftliche Alterskassen
- Basisversorgung   1136 f.
- Behandlung der Beiträge   1136 ff.
- Besteuerung der Leistungen   1236 ff., 1265

Laufende Bezüge
- Betriebsveräußerung   871 ff.
- lästige Gesellschafter   1041 ff.
- Versorgung   1031 ff.

Lebenspartner s. Ehegatten

Lebensversicherung   672

Lebensversicherungsunternehmen
- Anbieter von Altersvorsorgeverträgen   1724

Lebensversicherungsvertrag, s. Altersvorsorgevertrag

Leibrente
- Abfindung einer Kleinbetragsrente   1811
- abgekürzte   781 f., 1016
- Abhängigkeit von der Lebensdauer   1424 ff.
- Begriff   1418 ff.
- Ertragsanteilsbesteuerung   1446 ff.
- Gleichmäßigkeit   1436 ff.
- verlängerte   781 ff., 864

Lex specialis
- § 22 Nr. 5 EStG   1635, 1651 ff., 1666, 1861, 2196

M

Maßgebende Einnahmen Mindesteigenbeitrag   1744

Mängelrügen   805 ff., 819, 862

Minderung
- Erwerbsfähigkeit   1046

Mindestbeitrag
- mittelbare Zulageberechtigung   1677 ff.
- keine Berücksichtigung beim Mindesteigenbeitrag   1748

Mindesteigenbeitrag
- Betreuungsgeld   1746
- Elterngeld   1746
- Ermittlungsgrundsätze   1744 ff.
- Landwirte   1747
- maßgebende Einnahmen   1744
- mittelbare Zulageberechtigung   1748
- Nachzahlungsmöglichkeit   1751
- Sockelbetrag   1749
- tatsächlich erzieltes Entgelt   1745

Mindestzeitrente   781, 864

Mini-Job, s. geringfügig Beschäftigte
- Förderberechtigung Riester-Rente   1676

Missbrauchsregelung   285

Mittelbare Zulageberechtigung
- Allgemein   1677 ff.
- Mindesteigenbeitrag   1737 f., 1748
- Mindestbeitrag   1677 f., 1737
- Nachzahlungsmöglichkeit   1751
- Sonderausgabenabzug   1759

Mitunternehmeranteil   271 ff., 624, 633, 654 ff., 871 ff., 921 ff., 927, 937, 1041 ff.

N

Nachaktivierung   791, 798

Nacherbe   963

Nachgelagerte Besteuerung § 22 Nr. 5 EStG
- Altersvorsorgevertrag   1859 ff.
- Aufteilung der Leistungen   1811, 1906 ff., 1912 ff.

- Bescheinigung nach § 22 Nr. 5 Satz 7 EStG 1624, 1956 ff., 2204 ff., 2209
- Direktversicherung   1621, 1859 ff., 1875
- Direktzusage   1877, 1992, 2181, 2157
- Leistungsbegriff   1881
- lex specialis   1635, 1651 ff., 1666, 1861, 2196
- Pensionsfonds   1621, 1859 ff., 1872, 2171 ff.
- Pensionskasse   1621, 1859 ff., 1873, 2161 ff.
- Provisionserstattung   1865, 1947 ff.
- Riester-Förderung   1670 ff.
- schädliche Verwendung   1863, 1915 ff.
- Sparer-Pauschbetrag   1862
- Steuerfreistellung § 3 Nr. 55b EStG 1852 ff., 1900
- Steuerfreistellung § 3 Nr. 55c EStG   1856, 1902
- Steuerfreistellung § 3 Nr. 56 EStG   1850
- Steuerfreistellung § 3 Nr. 63 EStG 1839 ff., 1888
- Steuerfreistellung § 3 Nr. 66 EStG 1847 ff., 1903
- Unterstützungskasse   1877, 1995
- Werbungskosten-Pauschbetrag   1862
- Wohnförderkonto   1864, 1919 ff.

Nachschüssige Kaufpreisraten   855

Nachträgliche Umschichtung
- Vermögensübergabe   376 ff.

Nachträgliche Versteuerung   633, 635, 650 ff., 660, 839

Nachzahlung   798, 1257
- Beitragsnachzahlung Riester-Rente 1750 f.

Naturalrestitution   1033

Negative Einnahmen   803

Negatives Kapitalkonto   742

Neuzusage   2101 ff., 2164 ff., 2174 ff., 2184 ff.

O

Öffnungsklausel
- 10-Jahres-Grenze   1352 ff.
- allgemein   1346 ff.
- Antrag   1351
- Anwendungsvoraussetzungen   1350
- Beiträge an mehrere Versorgungsträger 1367 ff.
- Ermittlung der Leistung   1372 ff.
- maßgeblicher Höchstbeitrag   1355 ff.
- Nachweis der gezahlten Beiträge 1364 ff.
- Versorgungsausgleich   1377 f.

P

Passivierung
- Erhöhung der Zahlungen aufgrund einer Wertsicherungsklausel   774
- Gewinn- und Umsatzbeteiligungslast 886 ff.
- Pflicht zur Passivierung   678
- Unterlassen   693 f., 757, 886 ff.
- Wahlrecht   693, 886 ff.
- Wertsicherung   791

Pauschalbesteuerung
- Direktversicherung   2126 ff.
- Pensionsfonds   2133
- Pensionskasse   2130 ff.
- umlagefinanzierte Versorgungseinrichtungen   2141 f.

Pensionsfonds
- allgemein   2009 ff.
- Basisversorgung   1184
- Begriff   1837
- Behandlung der Beiträge   1731, 1839 ff., 1903, 1888, 2171 ff.
- Bescheinigungspflichten   1956 ff.
- Besteuerung der Leistungen   1859 ff., 1872, 1884, 1904 ff., 2196 ff.
- Pauschalbesteuerung   2133
- Portabilität   2216 ff.

1053

- Riester-Förderung für Pensionsfondsbeiträge 1731 ff.
- Übernahme von Versorgungsanwartschaften 1903
- Übertragung einer Versorgungszusage auf einen 1847, 2241 ff.

Pensionskasse
- allgemein 2004 ff.
- Behandlung der Beiträge 1731, 1839 ff., 1888, 2161 ff.
- Bescheinigungspflichten 1956 ff.
- Besteuerung der Leistungen 1859 ff., 1873 f., 1904 ff., 2196 ff.
- Pauschalbesteuerung 2130 ff.
- Portabilität 2216 ff.
- Riester-Förderung für Pensionskassenbeiträge 1731 ff.
- Übertragung bei Arbeitgeberwechsel 2116 f.

Pflichtteilsverzicht 483

Portabilität
- arbeitsrechtliche Übertragungsmöglichkeiten 2216 ff.
- Behandlung der Leistungen 2231 ff.
- Steuerfreiheit des Übertragungswerts 2221 ff.

Provisionserstattung
- Altersvorsorgevertrag 1865
- nachgelagerte Besteuerung 1947 ff.

R

Raten
- betriebliche 851 ff.

Realsplitting
- allgemein 2469 ff.
- Begrenzung des Antrags 2475 f.
- Geber nicht unbeschränkt steuerpflichtig 2491 ff.
- Korrespondenzprinzip 2487 ff.
- Zustimmung 2477 ff.

Renten
- Basisversorgung 1236 ff
- übrige Vorsorgeprodukte 1416 ff.

Rentenbezugsmitteilung 2301 ff.

Rentenfreibetrag
- aufeinanderfolgende Renten 1336 ff.
- Ermittlung 1311 ff.
- Festschreibungszeitpunkt 1312 ff.
- Neuberechnung 1321 ff.
- regelmäßige Rentenanpassungen 1330 ff.

Rentengarantiezeit, s. Betriebliche Altersversorgung

Rentennachzahlungen
- Basisversorgung 1257
- Tarifermäßigung 2336

Rentenschuld 1062

Rentenversicherung
- Absicherung von Zusatzrisiken 1524 ff.
- Altersvorsorgevertrag 1686 ff., 1696
- Erlebensfall 1530 ff.
- fondsgebundene 1522
- fremdfinanzierte 2511 ff.
- Rentenversicherung mit Kapitalwahlrecht 1508 ff.
- Rückkauf 1530 ff.
- Sonderausgabenabzug 1149 ff., 1391 ff.

Rentenwagnis 676, 830 f.

Riester-Rente
- Altersvorsorgebeiträge 1686 ff.
- Altersvorsorge-Eigenheimbetrag 1781 ff.
- Altersvorsorgezulage 1736 ff.
- Grundzulage 1738
- Kinderzulage 1739
- Sonderausgabenabzug 1754
- Tilgungsförderung 1772 ff.
- schädliche Verwendung 1805 ff.
- Förderberechtigung 1673 ff.
- Förderverfahren 1672, 1832
- Günstigerprüfung 1672, 1757
- Historie 1630 ff.
- nachgelagerte Besteuerung 1859 ff., 1891 ff.
- Überblick 1670

Risikoversicherung 1161 ff., 1396, 1523

Rückkauf
- Kapitallebensversicherung 1530 ff.

Rücktritt 819

Rückzahlung
- betriebliche Renten 803

Rürup/Basis-Rente
- Basisversorgung 1121 f.
- begünstigte Hinterbliebene 1171 ff.
- Behandlung der Beiträge 1149 ff.
- Beiträge an Pensionsfonds 1184
- Beitragserstattungen 1269 f.
- Besteuerung der Leistungen 1236 ff., 1279 ff.
- betriebliche Altersversorgung 1186 ff.
- eigene Altersabsicherung 1158
- einschränkende Produktvoraussetzungen 1177 ff.
- ergänzende Risikoabsicherung 1163 ff.
- eigenständige Risikoabsicherung 1121 ff., 1193 ff.
- Form der Beitragszahlung 1159
- lebenslange Leibrente 1160 ff.
- Neuvertrag 1150 ff.
- Vertragskündigung, -umwandlung 1154 ff., 1281 ff.
- Zusammenhang mit steuerfreien Einnahmen 1190 f.

Ruhegehalt
- internationale Organisationen 1265

S

Sachwertklausel 793

Schadensersatz 1070

Schadensersatzrenten
- allgemein 2361
- an Unterhalts- oder Dienstleistungsberechtigte 2371 f.
- Beeinträchtigung der Erwerbsfähigkeit 2362 ff.
- wegen vermehrter Bedürfnisse 2376 f.

Schadensrenten 1059 ff., 1067
- betriebliche 1062 f.

Schädliche Verwendung
- Altersvorsorge-Eigenheimbetrag 1807, 1819 ff.
- Allgemein 1805 ff.
- Heilungsmöglichkeiten 1811 ff.

- nachgelagerte Besteuerung 1863, 1891, 1915 ff.
- Rechtsfolgen 1812 ff., 1819 ff.
- Tilgungsförderung 1807, 1819 ff.
- Wohnförderkonto 1919 ff., 1927 ff.
- Wohnsitzverlegung ins Ausland 1829 ff.

Schätzung
- Gewinn 701
- nach Durchschnittssätzen 709

Schenkung 946, 974

Schmerzensgeld 1059 f.

Schmerzensgeldrenten
- allgemein 2361
- an Unterhalts- oder Dienstleistungsberechtigte 2371 f.
- Beeinträchtigung der Erwerbsfähigkeit 2362 ff.
- wegen vermehrter Bedürfnisse 2376 f.

Schuldübernahme 742

Schweizerische Pensionskasse 2077

Sockelbetrag
- nachgelagerte Besteuerung 1892

Sofortversteuerung 634 ff., 649, 659, 841

Sonderausgabenabzug § 10a EStG
- Allgemeines 1754 ff.
- abziehbare Beträge 1755
- Günstigerprüfung 1757
- Förderverfahren 1672, 1735, 1832 ff.
- mittelbare Zulageberechtigung 1759 f.
- Riester-Rente 1670 f.

Sonderausgabenabzug Basisversorgung
- Abgeordnete 1218 ff.
- Gesellschafter-Geschäftsführer 1207 ff.
- Kürzung bei Ehegatten 1229
- Kürzung des Abzugsbetrags 1226
- Kürzung des Höchstbetrags 1199 ff.
- öffentlich Bedienstete 1204 ff.
- Übergangsregelung 1196 ff.

Sonderausgabenabzug übrige Vorsorge
- Kapitallebensversicherung 1397 ff.

Sozialhilfebezieher
- keine Förderberechtigung Riester-Rente 1676

1055

Sparer-Pauschbetrag 1571a
- kein Ansatz bei § 22 Nr. 5 EStG 1862

Spekulationsgeschäfte 770

Sterbegeld 1251, 2262 ff.

Stetigkeitsgrundsatz 1033

Steuerfreie Leistungen
- gesetzliche Rentenversicherung 1251 ff.
- nach § 3 EStG 136 f.
- Übertragungswert Portabilität 2221 ff.

Steuerfreiheit nach § 3 Nr. 63 EStG 1839 ff., 1888 ff.
- Abgrenzung Alt- und Neuzusage 2101 ff.
- begünstigte Auszahlungsformen 2065 ff.
- Beiträge an ausländische Versorgungsträger 2075 ff.
- Durchschnittsfinanzierung 2074
- Grundlage nachgelagerte Besteuerung 1622 ff., 1669, 1883
- Steuerfreistellungsvolumen 2079 ff.
- umlagefinanzierte Versorgungseinrichtungen 2072 f.
- Vervielfältigungsregelung 2087 ff.
- Verzicht auf die — 2146 ff.
- Voraussetzungen 2061 ff.

Steuerfreistellung nach
- § 3 Nr. 55b EStG 1637, 1669, 1883, 1900 f.
- § 3 Nr. 55c EStG 1669, 1856 ff., 1883, 1902, 2205
- § 3 Nr. 56 EStG 1669, 1850, 1860, 1884, 2141, 2151 ff.
- § 3 Nr. 66 EStG 1669, 1847 f., 1884, 1903, 2205, 2241 ff.

Steuerpflicht
- beschränkte 1086 ff.

Stille Gesellschaft 879

Stille Reserven 620, 675

Struktur des § 22 Nr. 5 EStG 1646 f.

Stuttgarter Modell 486 ff.

Subsidiarität 66 ff.

T

Tarifermäßigung
- Rentennachzahlungen 2336

Tarifvergünstigung 634, 649, 737 ff., 752, 839, 851, 1001

Teilbetrieb 623, 654 ff., 871 ff., 921 ff., 937

Teilentgeltliche Vermögensübertragung 903 ff.

Teilwert 671, 725

Termfixversicherung 1507

Testament
- Erb- oder Pflichtteilsverzicht 483
- Vermächtnisrente an Geschwister 482
- Versorgungsleistungen 479 ff.

Tilgungsanteil 556 f., 561 f., 576 f., 586 f., 680, 726

Tilgungsförderung
- Allgemein 1636, 1671, 1772 ff.
- barrierereduzierender Umbau 1788 ff.
- begünstigte Wohnung 1795 f.
- Darlehnsverträge 1718 ff.
- Ehegatten 1774
- Kosten und Gebühren 1721
- nachgelagerte Besteuerung 1919 ff.
- schädliche Verwendung 1805, 1819 ff.
- Umschuldung 1719, 1784 ff.
- Vorfinanzierungsdarlehen 1718 ff.
- Vorfinanzierungsdarlehn 1720
- Wohnförderkonto 1797 ff.
- wohnungswirtschaftliche Verwendung 1783 ff.
- Zinsanteil 1775

Tod des Berechtigten 659 f., 684, 709, 730, 978

U

Übergabeverträge 946

Übergang der Rentenverpflichtung in das Privatvermögen 687

Übergang des Rentenanspruchs in das Privatvermögen 656

Stichwörter

Übernahme einer außerbetrieblichen Rentenverpflichtung   627
Übertragung auf einen Pensionsfonds   2241 ff.
Übertragung einer Direktversicherung   2116 f.
Übertragungswert
– Portabilität   2221 ff.
Umdeutung
– Renten in Raten   726, 783, 794, 864, 867
Umlagefinanzierte Versorgungseinrichtungen
– Besteuerung der Leistungen   2209 f.
– Steuerfreiheit nach § 3 Nr. 56 EStG   1850, 2151 ff.
– Steuerfreiheit nach § 3 Nr. 63 EStG   1840, 2072 f.
Umsatzabhängige Leistungen   878 ff.
Unbeschränkte Einkommensteuerpflicht   1682
Uneinbringlichkeit   650, 821 f., 863
Unerlaubte Handlung   1059
Unfallversicherung
– Beiträge   1396
– garantierte Beitragsrückzahlung   1507
Unfallversicherungsrenten   1074
Unterhaltsleistungen
– Abgrenzung Veräußerungsentgelt   541 ff.
– Kosten der privaten Lebensführung   579 ff.
Unterlassen der Aktivierung und Passivierung   693 f.
Unterschiedsbetrag
– Berechnung   1542 ff.
– Erlebensfall   1530 ff.
– hälftiger Unterschiedsbetrag   1557 ff.
– negativer Unterschiedsbetrag   1564 f.
– Teilkapitalauszahlungen   1554 f.
– Werbungskosten   1568 ff.
– Zurechnung der Einkünfte   1536 ff.
Unterstützungskasse
– keine begünstigten Altersvorsorgebeiträge   1732

– Übertragung auf Pensionsfonds   1847 ff., 2241 ff.
Unterstützungskassenzusage
– allgemein   1998 ff.
– Ansparphase   2156 f.
– Portabilität   2216 ff.

V

Veräußerung
– Abgrenzung gegen unentgeltliche Vermögensübergabe   541 ff.
– Abgrenzung gegen Unterhaltsleistungen   551
– Aufteilung in Zins und Tilgung   556 ff.
– einzelne Wirtschaftsgüter   751 ff.
– ganzer Betrieb   633
– gegen Rente und Barzahlung   737 ff., 975, 1006 ff.
– Privatvermögen   526 ff.
– Ratenzahlung   601 ff.
Veräußerungsgewinn
– Gewinnermittlung nach § 4 Abs. 1 EStG   701 ff.
– Gewinnermittlung nach § 4 Abs. 3 EStG   714 ff.
– Gewinnermittlung nach § 5 EStG   631 ff.
– Renten- und Barzahlung   737 ff., 1006 ff.
– Zeitrenten   836 ff.
Veräußerungskosten   651
Veräußerungsleibrente
– Vermögensübertragung   567
Veräußerungspreis   737, 743, 1007
Veräußerungsrenten
– betriebliche   616 ff., 826 ff.
Vererbung von Altersvorsorgevermögen
– schädliche Verwendung   1813
– Sonderregelung bei Ehegatten   1811, 1814 f.
Verlängerte Leibrente   781 ff.
– Umdeutung in Kaufpreisraten   864, 867
Verlust   660, 721, 863
Verlustabzug   660

1057

Verlustausgleich 660

Vermächtnisrente
- an Geschwister 482

Verminderungsbetrag
- s. Wohnförderkonto

Vermögensübergabeverträge
- abgekürzte Leibrente 309
- Änderung 221
- existenzsichernde Wirtschaftseinheit 241 ff.
- formelle Voraussetzungen 221 ff.
- nachträgliche Umschichtung 376 ff.
- nicht vertragsgemäßes Verhalten 222 ff.
- Rechtsentwicklung 146 ff.
- Vermögensübergeber 296 ff.
- Vermögensübernehmer 290 ff.
- vorweggenommene Erbfolge 211 ff.
- Wert des übertragenen Vermögens 361 ff.
- Wertsicherungsklausel 230 ff.

Vermögensübergeber
- begünstigte Personen 296 ff.
- nachträgliche Umschichtung 412 ff., 431 ff.

Vermögensübernehmer
- begünstigte Personen 290 ff.
- nachträgliche Umschichtung 404 ff., 421 ff.

Vermögensübertragung
- gleitende Vermögensübergabe 468 ff.
- Sicherungsnießbrauch 467
- teilentgeltliche 461 ff.
- unter Nießbrauchsvorbehalt 466

Vermutung für außerbetriebliche Natur der Rente 948 ff.

Verpachtung 617, 691

Versicherungsbeiträge
- begünstigte Vorsorgeaufwendungen 1396 ff.
- Ermittlung des Abzugsbetrags 1406 ff.
- Sonderausgabenabzug 1391 ff.
- Sonderausgabenabzug bei Ehegatten 1411 ff.

Versicherungsmathematischer Barwert 671

Versorgung aus betrieblichem Anlass 933

Versorgungsanwartschaften, s. Übernahme von Versorgungsanwartschaften

Versorgungsausgleich
- Allgemein 1637
- Abtretung von Versorgungsansprüchen 2453 f.
- Anspruch auf Abfindung 2456
- Anspruch auf Ausgleich von Kapitalzahlungen 2455
- Anspruch gegen Witwe/Witwer 2461
- Ausgleich nach der Scheidung 2425 ff.
- Ausnahmen vom Versorgungsausgleich 2419 ff.
- Externe Teilung 1852 ff., 1900 f., 2405 ff.
- Fehlende Ausgleichsreife 2425 ff.
- gesonderte Feststellung 1767
- Interne Teilung 1852 ff., 1978 f., 2391 ff.
- nachgelagerte Besteuerung 1900 f., 1978 f.
- schädliche Verwendung 1767
- Wertausgleich bei Scheidung 2388 ff.

Versorgungsbezüge
- Abgeordnetenbezüge 2291
- Ansparphase 2261
- Berechnung der Freibeträge für — 2270 ff.
- Berechtigung der Freibeträge für — 2262 ff.
- Hinterbliebenenbezüge 2282 ff.
- mehrere mit unterschiedlichem Bezugsbeginn 2278 f.
- Neuberechnung der Freibeträge für — 2280 f.
- Sterbegeld 2282 ff.
- zeitanteilige Gewährung der Freibeträge für — 2276 f.

Versorgungs-Freibetrag
- Abgeordnete 2291
- Aufteilung des 2292 ff.
- Berechtigung 2262 ff.
- Neuberechnung 2280 f.
- Zuschlag zum — 2262 ff.

Versorgungsleistungen
- an Personen i. S. d. § 17 Abs. 1 Satz 2 BetrAVG 1058

- betriebliche 921 ff.
- Bewertung 502 f.
- Instandhaltungskosten 506 ff.
- Korrespondenzprinzip 516 ff.
- Umfang 501
- Wohnraumüberlassung 504 f.

Versorgungszusage
- Änderung einer — 2104 ff.
- Erteilung einer — 2102 f.

Vertragsänderung
- Kapitallebensversicherung 1491 f.

Vervielfältigungsregelung
- Steuerfreiheit nach § 3 Nr. 63 EStG 2087 ff.

Vorabvergütungen 990

Vorerbe 963

Vorfinanzierungsdarlehen
- Altersvorsorgevertrag 1690, 1720 ff.
- Einstellung ins Wohnförderkonto 1924

Vorkaufsrecht 618

Vorschüssige Kaufpreisraten 855

Vorweggenommene Erbfolge 211 ff., 946, 958

Vorweggenommene Werbungskosten
- Rentenversicherungsbeiträge 1243 ff.

W

Wahlrecht
- bei Aktivierung und Passivierung 632 ff., 886 ff.
- zwischen nachträglicher und sofortiger Versteuerung 635 ff., 647, 836, 860

Wandlung 819, 862

Wechsel in der Gewinnermittlungsart 714

Wechselwirkung 611

Wegfall der Rente 659, 709, 721, 730

Werbungskosten bei § 22 Nr. 5 EStG 1666, 1862

Wertaufhellende Tatsache 681

Wertausgleich bei Scheidung
- Externe Teilung 2405 ff.
- Interne Teilung 2391 ff.

Wertbeeinflussende Tatsache 681

Wertsicherungsklausel 230 ff.
- Aktivierung 672, 789 ff.
- bei Kaufpreisraten 861, 866
- Passivierung 791

Wiederkehrende Bezüge
- Abgrenzung gegen Raten 46 ff.
- Begriff 11 ff.
- einheitlicher Rechtsgrund 26 ff.
- Häufigkeit 17 ff.
- Regelmäßigkeit 29
- Sachleistungen 36 ff.
- Wiederkehr 56 ff.

Wirtschaftliches Eigentum 617

Wirtschaftsüberlassungsvertrag 496 ff.

Wohnförderkonto
- Allgemein 1777, 1797, 1919 ff.
- Auflösungsbetrag 1935 f.
- Einmalbesteuerung 1801, 1926, 1938 f.
- jährliche Erhöhung 1919
- Minderung 1925
- nachgelagerte Besteuerung 1864, 1919 ff.
- Ratierliche Besteuerung 1926, 1934 ff.
- Reduzierung 1800
- schädliche Verwendung 1819, 1927 ff., 1944
- Verminderungsbetrag 1926, 1934 ff.
- Vorfinanzierungsdarlehen 1924

Wohnrechtsablösung 492

Wohnrechtsverzicht 490 f.

Wohnungswirtschaftliche Verwendung
- Beginn der Auszahlungsphase 1802
- begünstigte Wohnung 1795 ff.
- Dauerwohnrecht 1795
- Eigentumswohnung 1795
- Entschuldung 1784
- Genossenschaftswohnung 1795
- Selbstnutzung 1796
- Tilgungsförderung 1772 ff.
- Umbau 1788 ff.

1059

Z

Zeitrente
- Abgrenzung gegen Raten 828 ff.
- betriebliche 826 ff.
- Mindestzeitrente 1431 f., 1460
- Veräußerungsvorgang 569 ff., 589 ff.
- Verbindung mit Höchstlaufzeit 1433, 1461 f.
- Vermögensübergabevertrag 311 ff.

Zinsanteil 556 f., 566 ff., 578, 588 ff.

Zinsen 640 ff., 680, 853 ff., 1076

Zinslosigkeit 854, 859

Zinssatz 649, 672, 857

Zinsverbilligung 857

Zufließen 633, 647, 805

Zuflussprinzip
- Allgemein 1637, 1658 ff.
- Verfügungsbeschränkungen 1659

Zulagefestsetzung 1633, 1836

Zurechnung von Einkünften 1536 ff.

Zuschlag zum Versorgungs-Freibetrag, s. Versorgungs-Freibetrag

Zuwendung
- Begriff 86 ff.
- freiwillig begründete Rechtspflicht 96
- freiwillige 91
- unbeschränkte Steuerpflicht des Leistenden 111 f.
- unterhaltsberechtigte Person 101 ff.